房地产策划师职业培训教程

第2版

广州万欣房地产代理有限公司　组织编写
黄福新　等编著

机 械 工 业 出 版 社

本书是一部房地产策划师职业培训教材，系统地介绍了从事房地产策划师职业应具备的房地产策划基础知识、基本原理和操作技能。全书分3篇共17章：第1篇介绍房地产策划的基础知识；第2篇介绍房地产项目策划（前期策划）；第3篇介绍房地产营销策划（后期策划）。

本书由资深房地产策划师基于多年的策划实战、培训经验撰写而成，具有全面性、系统性、专业性和可操作性等特点，适用于房地产策划师职业资格培训机构作为培训教材，也适合有志于从事房地产策划职业的人士阅读，还可作为普通高校、成人高校、职业技术院校的建筑类、房地产类、工程管理类等专业或相关学科的参考教材。

图书在版编目（CIP）数据

房地产策划师职业培训教程/黄福新等编著．—2版．—北京：机械工业出版社，2016.1

ISBN 978-7-111-52596-7

Ⅰ.①房… Ⅱ.①黄… Ⅲ.①房地产－策划－职业培训－教材 Ⅳ.①F293.35

中国版本图书馆CIP数据核字（2016）第001636号

机械工业出版社（北京市百万庄大街22号 邮政编码100037）
策划编辑：闫云霞 责任编辑：闫云霞 刘欣宇
责任校对：刘怡丹 纪 敬 封面设计：张 静
责任印制：李 洋
北京机工印刷厂印刷（三河市南杨庄国丰装订厂装订）
2016年3月第2版第1次印刷
184mm×260mm·47.75印张·1189千字
标准书号：ISBN 978-7-111-52596-7
定价：118.00元

凡购本书，如有缺页、倒页、脱页，由本社发行部调换

电话服务	网络服务
服务咨询热线：010-88361066	机 工 官 网：www.cmpbook.com
读者购书热线：010-68326294	机 工 官 博：weibo.com/cmp1952
010-88379203	金 书 网：www.golden-book.com
封面无防伪标均为盗版	教育服务网：www.cmpedu.com

作者简介

黄福新，男，广西蒙山人。毕业于广东省社会科学院，经济学研究生学历。中国注册房地产估价师、房地产培训师、中国管理科学研究院学术委员会特约研究员、资深房地产策划师。

1993年进入房地产策划与营销领域，在房地产企业历任售楼员、估价师、销售经理、策划经理、副总经理、总经理及营销总监等职务，曾任广东省房地产业协会市场研究部主任，同时担任全国10多个省、市房地产策划师职业培训讲师，以及一些房地产开发项目的营销策划顾问。现任广州万欣房地产代理有限公司总策划师、总经理。

黄福新对房地产开发项目策划、营销策划的运作以及房地产估价技术较为娴熟，主持、参与策划与营销的有广州远洋明苑、沈阳中远颐和丽园、济南七里堡综合市场等100多个项目，成绩斐然。同时，总结、研究珠江三角洲地区及全国各地房地产策划理论与实践，着力创建房地产策划学的新兴学科理论体系，并有10余万字的科研成果发表于《中国房地产》《城市开发》《南方房地产》等专业刊物，在中国房地产策划理论界颇有建树和影响。2004年1月，在全国“首届中国房地产策划大奖赛”评选活动中，黄福新以研究房地产策划的系列论文荣获“中国房地产理论研究贡献奖”称号。2006年5月起，主编国家劳动和社会保障部组织编写的《国家职业资格培训教程——房地产策划师》系列教材。

其获奖代表作品有：论文《对房地产策划学科建设的构想》，获全国第四届房地产及住宅研究优秀论文二等奖（2004年11月）；专著《房地产策划》，获广东省第四届房地产研究优秀成果二等奖（2005年1月）。

作者联系方法：hfuxin@163.com

个人主页：www.wxfdcch.com

第 2 版前言

《房地产策划师职业培训教程》（简称教程）第 1 版自 2006 年 7 月正式出版以来，至今已有 9 个年头。这些年，《教程》得到了房地产策划从业者、社会培训机构以及大专院校的支持和肯定，重印 12 次还满足不了广大读者的需求。由于第 1 版出版时间已经较长，很多内容及案例已经陈旧，适应不了今天的时代发展。为此，作者组织优秀房地产策划师对《教程》进行系统的章节修改和案例更新，以全新的面貌呈献给读者。

9 年来，房地产行业发生了翻天覆地的变化，房地产策划实践与理论也产生了很多新的思想和理念，对《教程》的修改提出了更高的要求。这次修订，主要从以下几方面考虑：一是基本框架、体例不变。二是案例更新。这些年来，房地产策划实践中产生了不少的优秀案例，这些经典案例是广大策划从业者的思想精髓，值得与大家分享。三是增删和调整部分章节内容。四是一些文字上的勘误。

为使《教程》在培训学习中达到更好的效果，弥补案例不够详细的缺陷，作者另行选编一本《房地产策划师案例报告精选》，可与《教程》相互补充，相互印证。该书精选了近三年全国知名策划代理企业 50 多个经典案例，值得大家学习借鉴。

《教程》由广州万欣房地产代理有限公司组织修改，具体分工为：王翠绿负责第 1 篇第 1 ~ 5 章和第 2 篇第 10、11 章；罗嘉瑜负责第 2 篇第 12 章和第 3 篇第 14、15 章；张涛负责第 1 篇第 6 ~ 9 章和第 2 篇第 13 章；刘志强负责第 3 篇第 16、17 章。全书由王翠绿统稿、黄福新审定。

本书得到机械工业出版社建筑分社闫云霞编辑的大力支持和帮助，在此表示由衷的谢意！

编　者

2015 年 8 月 1 日于广州

第1版前言

10多年来，中国房地产业高速发展，已成为国家的支柱产业和国民经济新的增长点。随着我国房地产业的不断发展和从业人员的不断壮大，房地产策划作为房地产开发中一个相对独立的专业化服务体系应运而生。但是，由于房地产策划目前在我国还处于较为年轻的专业服务阶段，房地产企业普遍面临着人才短缺的困境。人才的短缺已成为制约产业升级与管理创新的重要因素之一。

近年来我国的房地产策划行业已取得了长足的进展，并且已经逐步形成了一个产业，直接和间接的从业人员数以百万计，其中从事房地产策划的各级管理人员约10万人，其执业范围涵盖了房地产开发、项目咨询、产品设计、建设规划、广告策划、房地产销售、物业管理等众多领域。

从近几年对各行业职位需求的分析看，房地产行业的职位需求数量始终列居前10位，其中策划管理类职位最紧缺人才。但由于缺乏人才储备，专业人才的供应显然不能满足市场的需要。在这种情况下，国内很多高等院校都开设了房地产、建筑类专业，并根据市场需要设置了各种细分专业课程。各个社会培训教育机构也相继开设了“房地产策划师”职业培训工作。

根据房地产策划行业的发展趋势，2005年3月31日，国家劳动和社会保障部正式向社会颁布了第三批10个新职业，其中就包括了“房地产策划师”职业。“房地产策划师”职业资格的颁布，引起了房地产各界的广泛关注和高度重视，这反映出我国职业结构的变化与发达国家职业结构的变化规律是基本一致的，同时也说明我国“房地产策划师”职业的研发工作基本上与我国房地产产业结构调整的步伐保持一致。

“房地产策划师”国家职业资格颁布以后，全国各省、市都先后开办了“房地产策划师”职业培训和资格认证。但由于各种原因，迄今为止还没有一部专门为“房地产策划师”培训教育机构编写的职业培训专业教材。为此，作者根据自己对房地产策划的从业经验、房地产策划理论的长期研究以及房地产策划师的职业培训工作，积极努力，最终完成了“房地产策划师”的职业培训教材。教材紧靠国家劳动和社会保障部颁布的《房地产策划师（国家职业标准（试行)》（见本书附录），使培训教材与资格认证考试融为一体。

本书主要是为社会职业培训教育机构的教学需要而编写，目的是为房地产策划专业的学生或有志于从事房地产策划职业的人士提供一部入门的、基础性的学习用书。借助本书，他们可以全面系统地了解和掌握有关房地产策划基础知识、房地产策划运作原理以及房地产策划基本操作技能。

《房地产策划师职业培训教程》分三篇共17章：第1篇介绍房地产策划的基础知

识，包括房地产策划简史、策划理念、策划程序、策划模式、策划创意、策划主题、策划师、策划代理、策划报告等内容；第2篇介绍房地产项目策划（前期策划）的基本原理和操作技能，包括房地产市场策划、投资策划、设计策划等内容；第3篇介绍房地产营销策划（后期策划）的基本原理和操作技能，包括房地产销售策划、形象策划、广告策划等内容。

本书写作分工如下：第1篇的第3章、第5章由李华编写，第7章、第8章、第9章由黄雅晴编写，绪论、第1章、第2章、第4章、第6章由黄福新编写；第2篇、第3篇由黄福新编写。

由于本教材内容丰富且篇幅有限，大量经典案例报告无法在书中呈现给读者，这是一大遗憾。为此，作者将另行编写一部本书的配套教材——《房地产策划经典案例报告精选》，以弥补书中不足，敬请读者留意。

衷心感谢广东省房地产业协会副会长兼秘书长蔡穗声、广东《南方房地产》杂志社总编辑王韶对本书提出相当宝贵的意见；感谢广州方特思投资策划有限公司董事长方克城为本书提供了经典案例；感谢广东省房地产业协会、机械工业出版社对本书出版的大力支持和帮助！

《房地产策划师职业培训教程》在编写过程中，参考了大量的有关著作和论文，也参考了互联网上的不少文章和经典案例，在此特向这些著作、论文、案例的作者表示诚挚的谢意！

由于作者时间和水平的限制，书中肯定有不少缺欠之处，敬请读者不吝指正。

作　者

2006年4月20日于广州

目　录

第2篇 房地产项目策划

第3篇 房地产营销策划

绪论 房地产策划概说

0.1 房地产策划是什么

0.1.1 房地产与策划含义

房地产有广义和狭义的说法。狭义的房地产是指土地、建筑物及固着在土地、建筑物上不可分离的部分。它包括三种存在形态：单纯的土地、单纯的建筑物以及土地与建筑物合成一体的“房地”。房地产的特征是：位置固定性、长期使用性、大量投资性、政策限制性、相互影响性和保值增值性。在市场经济中，房地产是一种商品，又是人们最重视、最珍惜、最具体的财产形式。广义的房地产是指社会生产活动中为人们提供入住空间或物质载体的一种服务性行业。

哈佛企业管理丛书编纂委员会认为：“策划是一种程序。在本质上是一种运用脑力的理性行为。基本上所有的策划都是关于未来事物的，也就是说，策划是针对未来要发生的事情作当前的决策。换言之，策划是找出事物的因果关系，衡量未来可采取之途径，作为目前决策之依据。亦即策划是预先决定做什么，何时做，如何做，谁来做……策划的步骤是以假定的目标为起点，然后订出策略、政策，以及详细的内部作业计划，以求目标之达成，最后还包括成效的评估和反馈，而返回到起点，开始了策划的第二次循环。”策划的特征是：程序性、未来性、目的性、创造性和方案性。它包括行业策划、区域策划及其他策划等。

房地产与策划结合在一起，为房地产项目开发成功增添了一种有效的途径。它具有必然性：第一，房地产项目开发需要策划行为的参与。策划行为从某种意义上说也是管理行为，因为策划与管理是共生的。美国管理学家卡内基与梅隆大学教授 H·G·西蒙认为：“管理就是决策”，而决策是通过策划之后做出的。因此，房地产项目开发管理必然要涉及策划行为。第二，策划行为能为房地产项目开发保驾护航。策划作为人们普遍的“运用脑力的理性行为”，它有自身的科学体系与方法。而这些科学体系与方法，就可以使房地产项目开发的操作走向科学化、规范化并获得成功，我们没有理由拒绝它、抛弃它。第三，房地产与策划行为相互结合，为房地产项目开发创造更好的经济效益和社会效益。多年来的实践证明，凡是引入科学规范的策划行为来开发房地产项目，都取得了明显的效果和可观的经济效益。

0.1.2 房地产策划专家释义

目前，我国对房地产策划的规范定义不多，大都是用比喻、形象的说法来表述，缺乏理论化的科学概括。如王志纲说：“什么叫策划？我有一种说法：条条大路通罗马，最近的毕竟只有一条，策划，就是寻找这条路。”按笔者理解，王志纲认为房地产策划就是寻找一条创造良好经济效益的“路”，并且这条“路”是最好的、最快的。这在一定程度上说明了房地产策划的一个侧面，如策划具有对多种手段、多种方案进行最优化的选择和组合的特性。黎振伟认为："策划是激发创意，有效地运用项目中的有限资源，选定可行方案，达成预定目标，解决难题的过程。"这个定义反映了策划的创造性、整合性、方案性、目的性等基本特征，但没有全面体现房地产策划的特性。柏秋、韦达认为，"房地产策划就是为实现房地产投资开发的具体目标，提出创造性的思维对策，并制定出具体的实施计划方案的活动，包括房地产战略策划、房地产广告策划、房地产营销策划、房地产物业管理策划等。"这是针对房地产策划所下的定义，它强调了房地产策划的目的、思维和制定方案的重要特征。

0.1.3　房地产策划要义简析

房地产策划是在房地产项目投资、开发营销中运用科学规范的策划行为，根据房地产开发项目的具体目标，以客观的市场调研和市场定位为基础，以独特的概念设计为核心，综合运用各种策划手段，按一定的程序对房地产开发项目进行创造性的规划，并以具有可操作性的房地产策划文本作为结果的活动。它主要包括房地产主题策划（概念设计）、房地产项目策划（前期策划）和房地产营销策划（后期策划）。

上述房地产策划涵义包括如下几层意思：

第一，房地产策划是在房地产领域内运用科学规范策划行为的活动。

房地产开发项目离不开科学规范的策划行为，策划技术的熟练运用，使房地产开发项目向更高的发展水平推进。

第二，房地产策划具有明确的目的性。

房地产策划一定要围绕项目既定的目标进行，努力把各项工作从无序转化为有序。房地产策划可以使人们正确把握房地产开发项目变化发展可能带来的结果，从而确定能够实现的工作目标和需要依次解决的问题。

第三，房地产策划是在市场调研和市场定位基础上进行的。

房地产策划要尽可能多地掌握房地产市场的各种情况，全面了解形成客观实际的各种因素及其信息，寻找出问题的实质和主要矛盾，再进行有效的策划。

第四，房地产策划是按特定的程序运作的。

房地产策划为了保证策划方案的合理性和高成功率，不可避免地趋向程序化、规范化。策划的程序性保证把各方面的活动有机地结合起来，形成一个合理的整体策划，做到井然有序，提高工作效率。

第五，房地产策划是以概念设计为中心进行的。

在房地产项目开发中，概念是项目集中表达的特殊优势和独特主题，是项目发展的指导原则。概念设计是项目开发的总体指导思想，是项目的"灵魂"，它贯穿项目发展始终的全过程。因此，房地产策划是围绕概念设计为中心进行的。

第六，房地产策划是综合运用各种策划手段进行的。

既可综合运用各种策划手段如投资策划、设计策划和营销策划等，还可以运用房地产领域外的其他手段，如体育、旅游、电子行业等。这些手段都应该体现出项目的总体指导思想。

第七，房地产策划要比较和选择多种方案。

在房地产项目中，开发的方案是多种多样的，我们要对多种方案进行权衡比较，扬长避短，选择最科学、最合理、最具操作性的一种。同时，房地产策划方案也不是一成不变的，应在保持一定稳定性的同时，根据房地产市场环境的变化，不断对策划方案的实施成效进行评估、反馈，对策划进行调整和变动，以保证策划方案对现实的最佳适应状态。

0.1.4 房地产策划本质特征

1. 市场性

房地产策划要适应市场的需求，吻合市场的需要。凡是商品都要考虑适销对路的问题，但对房地产商品来讲，尤为重要。这也是房地产的特性决定的。商品房位置固定，不可移动，没有物流的性质，当地售不出也不能搬到异地出售；商品房投资大，难以变现，一旦空置，很难处理；商品房建设周期长、使用期长，投资或购买后，较难脱手。因此，房地产策划就要时时刻刻考虑市场的方向问题，使房地产经营活动建立在良性循环的轨道上。

为了更好地解决房地产策划适应市场的问题，可以从三个方面来着手：一是房地产策划自始至终要以市场为主导，顾客需要什么样的商品房，就建造什么样的商品房，永远以市场需求为依据。二是房地产策划要随市场的变化而变化，商品房的市场变了，策划的思路、定位都要变。三是房地产策划要造就市场、创造市场。依据市场调研结果，策划要善于发现潜在的市场，占领空缺的市场；根据市场的发展趋向，策划要有超前的眼光，造就市场或创造出市场来。

2. 地域性

房地产策划的地域性特征，是区别于其他行业独有的特征，它是由房地产位置固定性的特性决定的。大家知道，房地产作为不动产，位置的固定性是无法改变的，因而房地产策划就自然地存在地域性的特征。

从事房地产策划首先要考虑项目的地域特征。第一，要考虑房地产开发项目的区域经济情况。在我国，由于各区域的地理位置、自然环境、经济条件、市场状况很不一样，要进行房地产策划就不能不考虑这些情况。第二，要考虑房地产开发项目周围的市场情况。从房地产市场来讲，房地产策划要重点把握市场的供求情况、市场的发育情况，以及市场的消费倾向等。第三，要考虑房地产项目的区位情况。如房地产项目所在地的功能区位、地理区位、街区区位等。

3. 前瞻性

房地产策划的理念、创意、手段应着重表现为超前性、预见性。前瞻性是由房地产策划的本质决定的。房地产策划本身就是对“未来”的未完成的“房地产”进行策划，故它一定要超前和有预见；其次，房地产项目完成的周期少则二三年，多则三五年甚至更长，如果没有超前的眼光和预见的能力，投入不产出，那么企业的损失是巨大的。

房地产策划的超前眼光和预见能力，在各个阶段都要体现出来。在市场调研阶段，要预见到几年后房地产项目开发的市场情况；在投资分析阶段，要预知未来开发的成本、售价、资金流量的走向；在规划设计阶段，要在小区规划、户型设计、建筑立面等方面预测未来的发展趋势；在营销推广阶段，要弄清当时的市场状况，并在销售价格、推广时间、楼盘包装、广告发布等方面要有超前的眼光。

4. 系统性

房地产策划是一个庞大的系统工程，由各个策划子系统组成一个大系统，缺一不可，密切联系，有机统一。房地产项目开发从开始到完成要经过市场调研、投资研究、规划设计、建筑施工、营销推广、物业管理等几个阶段，每个阶段构成策划的子系统，各个子系统又由更小的子系统组成。各个子系统各有一定的功能，而整个系统的功能并非简单地是各个子系统功能的总和，系统的结构与功能具有十分密切的联系。

5. 创新性

房地产策划要追求新意、独创，永不雷同。创新是房地产策划的生命所在。面对客户需求创造新的卖点，如果策划的内容或形式都墨守成规，照别人的做法，人云亦云，那么策划就失去了意义。

房地产策划创新，首先表现为概念新、主题新。因为主题概念是项目的灵魂，是项目发展的指导原则，只有概念主题有了新意，才能使项目有个性，才能使产品具有与众不同的内容、形式和气质。其次表现为方法新、手段新。策划的方法与手段虽有共性，但运用在不同的场合、运用在不同的地方，其所产生的效果也不一样。还要通过不断的策划实践，创造出新的方法和手段来。

6. 操作性

房地产策划要符合实际、易于操作。房地产策划方案的实施是策划的直接目的，因而房地产策划就应该具有充分的可操作性。一是在实际市场环境中有可操作的条件，市场条件不允许，想操作好是相当困难的。二是在具体的实施上有可操作的方法。三是策划方案要易于操作、容易实施。经常有一些策划方案规定了非常理想的策略，但完全脱离了市场或超出了发展商的负担能力和实施能力，因而也只是空洞的纸上谈兵。

7. 效益性

策划的最终目的在于为投资者带来良好的经济效益，因此，必须对其产生的效益进行阶段性评估、反馈，不断修正、补充、完善，以取得更好的效益。

0.2 房地产策划干什么

0.2.1 为企业创造社会价值和经济价值

房地产策划在知识经济时代属于智力产业，能为企业创造社会价值和经济价值。

21世纪是知识经济时代，知识经济的一大特征是智力、智慧产业将得到进一步发展，社会所需的知识比任何时代要丰富得多。美国未来学家阿·托夫勒认为：第二次浪潮经济体系的公司资产，也许可以借由建筑、机器、股票、存货等来衡量，而第三次浪潮经济体系的成功企业，其价值都越来越取决于他们从策略面与左右面上取得生产、分配及应用知识的能力。这种能力，就是思想、智力、方略等。智力与财富结合在一起，就会爆发出巨大的能量。王志纲说过："智慧作为生产要素不仅可以减少创造财富的其他投入，它作为添加剂、催化剂、引爆器一经与财富结合将催生出巨大的经济效益，甚至可能替代其他资源直接转化为财富。"房地产策划是智力产业的组成部分，作为高水平、高运作的智力产品，必将随着它科学规范的发展为更多的企业所接受，并为企业创造出更多的社会价值和经济价值。

0.2.2 为企业充当智囊团、思想库

1. 房地产策划在房地产企业充当智囊团、思想库，是企业决策者的有力助手。

随着现代企业制度的进一步完善，对企业决策知识化提出了更高的要求，智囊团、思想库在决策中发挥着重要作用。企业决策知识化离不开智囊知识的支持，离不开智力产品的帮助。房地产策划属于智力产品的范畴，它给房地产企业以智力、思想、策略的帮助与支持，给房地产企业出谋划策，创造更多的经济效益。

2. 房地产策划在房地产开发项目建设中自始至终贯穿一起，为项目开发成功提供智力支持。

房地产开发项目建设要完成一个项目周期，需要经过市场调研、项目选址、投资研究、规划设计、建筑施工、营销推广、物业管理等一系列过程，这些过程中的某一环节出现问题，都会影响到项目的开发进程，甚至使项目变成“半拉子”工程，使企业的增产扩效成为一句空话。房地产策划参与项目的每个环节，通过概念设计及各种策划手段，使开发的商品房适销对路，占领市场。

0.2.3 避免项目运作出现偏差

房地产策划能使企业决策准确，避免项目运作出现偏差。

房地产策划作为“一种理性行为”，它是在对房地产项目市场调研后形成的，它是策划人不断地面对市场而总结出来的智慧结晶。因此，它可以作为房地产企业的参谋，使企业及企业家决策更为准确，避免项目在运作中出现偏差。南方一些城市出现的一些“烂尾”楼盘，从真正意义上说，大都是决策的错误；决策的错误，来源于“拍脑袋”做事，来源于事先不进行市场调研，归根结底来源于事先的“理性行为”不到位。

0.2.4 增强项目竞争能力

房地产策划能使房地产开发项目增强竞争能力，使其稳操胜券，立于不败之地。

从事房地产业的人士都知道，以前是有地有房不愁卖，现在是有地有房卖不出，这样的前后对比，使很多房地产企业压力很大。特别是近年来房地产企业重新“洗牌”，概念不断创新，开发模式不断突破，一个个近千亩的大楼盘相继出现，竞争越来越激烈，决策者大有“四面楚歌”的感慨。怎么办？唯一的出路是面对市场，精心策划，规范操作，以“精品”与人竞争，以“品牌”占领市场。在这种情况下，房地产策划就更能发挥它的特长，增强项目的竞争能力，赢得主动地位。

0.2.5 整合众多项目资源

房地产策划能有效地整合房地产项目资源，使之形成一种新的优势。要开发好一个房地产项目，需要调动很多资源协调发展，如概念资源、人力资源、物力资源、社会资源等。这些资源在房地产策划还没参与以前，是分散的、凌乱的，甚至是没有中心的。房地产策划参与到各种资源中去，理清它们的关系，分析它们的功能，帮助它们团结一起，围绕中心形成共同的奋斗目标，使房地产项目开发成功。一些楼盘首次推出时出现意外情况，抓不到市场，门可罗雀。原因是多方面的，但整合性差，操作不规范，也是一个重要因素。

0.2.6 提升楼盘价值和附加值

一个项目楼盘的价值在其他因素不变的情况下，在特定的地域基本是一样的。但由于房地产策划的介入，它的价值就会有所提升，甚至比近邻不做策划或策划做不好的楼盘价值高出许多，这有很多经典项目可以例证。此外，房地产策划还可以增加楼盘的附加值。所谓“附加值”，简言之就是附加在一些楼盘上的价值，不经过精心的策划有时还看不出来。一些人文故事，一些民间风俗，一些自然现象，往往经过绞尽脑汁而使之显现出来。广州“颐和山庄”，在整理山庄内的“昆明湖”时挖出一口硕大的温泉井，这使发展商及业主们惊叹不绝！于是，这口温泉井的发现，竟使“颐和山庄”又一次增加“附加值”的良好机会。借此东风，“颐和山庄”又获得了提升项目楼盘价值的动力。

0.3 房地产策划有什么

0.3.1 房地产主题策划

房地产策划主题是项目集中表达的特殊优势和独特思想，是发展商倡导的某种生活方式。策划主题包括宏观主题和微观主题。宏观主题是指贯穿于整个项目的中心主题，它是房地产项目开发思路、市场定位、规划设计、营销推广、物业服务等各个方面的综合体现。微观主题是指在中心主题统率下各个环节体现出来的具体主题，如市场主题、设计主题、营销主题、广告主题等，它们是房地产项目各个方面思想的分别体现。宏观主题从项目的整体上统领着微观主题，微观主题在项目的具体环节上支撑着微观主题。

房地产主题策划亦称概念设计或称理念设计，是房地产策划的一项相当重要的内容，它是策划人通过房地产策划实践总结出来的一种有效方法。主题策划是房地产策划的核心，通过主题策划的贯穿和支持，可以推动房地产开发项目的全面创新。

主题策划（概念设计）有狭义与广义之分。狭义的主题策划（概念设计）是指为规划设计或建筑设计所赋予的一种创意概念。广义的主题策划是指为项目开发所赋予的总体指导思想，是贯穿项目发展始终的“灵魂”。

0.3.2 房地产项目策划

目前，人们所说的房地产项目策划，实际上就是指房地产项目的前期策划。因此，为使大家明了，不至于概念混淆，这里还是采用目前的惯用说法，把房地产项目策划当成是房地产项目前期策划，简称项目策划或前期策划，意思都是指房地产项目的前期策划。房地产项目策划是为达到房地产项目预期的目标，根据对现状的充分了解、对未来发展的科学预测，围绕项目目标所采取的方式、方法、程序等进行全面、缜密的构思、设计及优选所组成一系列的工作。

房地产项目策划是个复杂的思维性工作，涉及的领域很多，并经常彼此有重叠，于是对项目策划的分类标准也就难以统一。广义的房地产项目策划是整个房地产项目过程中一切的有目的性的对未来进行创造性思考及实践的工作，包括项目前期策划和项目后期策划。狭义的房地产项目策划是指站在项目的最高点，从统领全局的角度出发，对房地产项目的总体运作，做出对项目有决定性的前瞻统筹，也就是常说的房地产前期策划。本书所讲述的是狭义的房地产项目策划。

房地产项目策划包括市场策划、投资策划和设计策划三大部分。

0.3.3 房地产营销策划

房地产营销策划是以综合运用市场营销学及相关理论为基础，以房地产市场调研为前提，从项目竞争的需要出发，科学地配置企业可运用的资源，制定切实可行的营销方案并组织实施，以实现预定的营销目标。

房地产营销策划是营销管理活动的核心，企业的营销管理活动很多，诸如营销组织、营销决策等等，但它的营销管理核心还是营销策划，这是由营销策划在管理活动中的重要性来决定的。

房地产营销策划是一个综合性、系统性的工程，需要在先进的营销理论指导下运用各种营销手段、营销工具来实现房地产价值的兑现，实质上是一个从了解市场、熟知市场到推广市场的过程，其中心是顾客。顾客的需求千差万别，从而注定房地产营销策划从单一化趋向全面化，营销服务从注重表面趋向追求内涵。它不仅要体现物业特征，还要体现市场特征和消费习惯及发展要求，体现市场的要求。

房地产营销策划属于市场要素整合学。我们知道，任何一宗房地产在市场上都是独一无二的。每一宗楼盘有不同的区位，在同一区位有不同的路段，在同一路段有不同的地块，在同一地块有不同的幢号，在同一幢号有不同的房型等等。这是房地产产品天然所具有的差别化。针对不同房地产的营销策划自然就是因时、因地、因人而进行完全不同的排列组合过程。因此，任何房地产项目的营销策划必须忠实于房地产项目本身所占有的资源，必须忠实于与这些资源的排列组合相对应的市场定位和细分市场。

房地产营销策划包括销售策划、形象策划和广告策划三大部分。

房地产策划内容如图 0-1 所示：

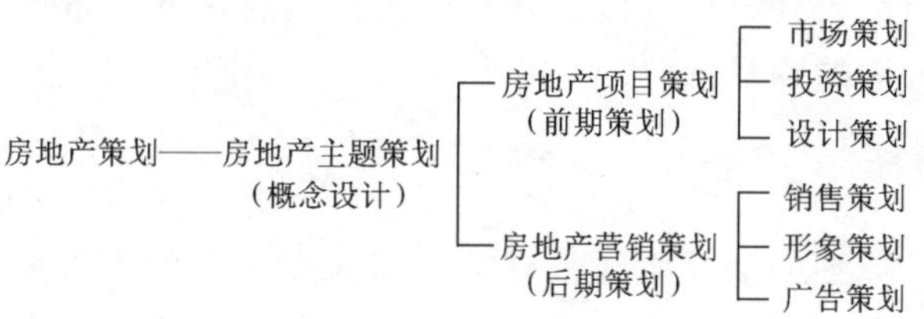

图 0-1 房地产策划内容

0.4 房地产策划想什么

0.4.1 独创原则想法

独创原则是房地产策划最重要的原则。无论房地产项目的定位、建筑设计的理念、策划方案的创意、营销推广的策略，没有独创、毫无新意，要在市场竞争中赢得主动地位是不可能的。独创就是独到、创新，差异化，有个性。独创具有超越一般的功能，它应贯穿房地产策划项目的各个环节，使房地产项目在众多的竞争项目中脱颖而出。

房地产策划要达到独创，永不雷同，必须满足以下几个要求：

1. 房地产策划观念要独创

策划观念是否独创、新颖，关系到策划人的基本素质。有的人策划观念经常有新的创意，有的人只能“克隆”或照搬别人的概念，这些都影响到策划人的策划项目的成败。在众多房地产项目中，能在强敌中站稳了脚并销售成功的，策划观念一定是创新出奇的。广州“星河湾”大型住宅小区，开盘时以高素质、高价位出现，引来了过万人的光顾，这个独创新颖的策划观念，在中国华南地产板块中独具一格，使顾客感到“星河湾”真是“一个心情盛开的地方”。

2. 房地产策划主题要独创

主题是房地产开发项目的总体主导思想，是发展商赋予项目的“灵魂”。策划主题是否独创、新颖，立意是否创新，关系到房地产项目的差异化和个性化，并直接影响到项目在竞争中取胜。大到贯穿整个项目主题，小到报纸广告主题，无不是这样。策划主题独创，与市场发展潮流有很大的关系。在人们都沉醉在市中心区建住宅的时候，一些有远见的发展商却发起一场“郊区化运动”，建起一栋栋低容积率、高绿化率的住宅小区，迎合市民们返回大自然的心理状态；在人们欣赏小区内花草成片的时候，一些有创见的策划人却举起了山景、江景、海景的大旗，使居民们的窗外视线无比宽阔，风景悦人。这一切，策划主题不独创、不新颖，策划人不独具创新，富于创意，是不可能有这样高的境界的。

3. 房地产策划手段要独创

房地产策划手段就是房地产策划的具体方式、办法。方法、手段不同，策划出的效果也就不一样。最著名的例子是广州“奥林匹克花园”，在人们还在用单一手段策划楼盘的时候，奥林匹克花园的发展商却用复合手段策划楼盘，地产业和体育业的复合，引领了房地产策划领域的新里程。策划手段独到，往往会达到意想不到的效果。如广州“远洋明珠大厦”，在建好的住宅中，推出十套主题样板间，以不同人的个性及生活方式进行延伸、发挥、变形，使人看了以后大开眼界，体会到我们居住的空间可以那样艺术、舒适和优美。策划手段独到，增添了人们的购买欲。

0.4.2 定位原则想法

定位原则是房地产策划的基本原则，贯穿于房地产策划的方方面面。所谓“定位”，简单地说，就是给房地产策划的项目确定具体位置和方向，找准明确的目标。房地产开发项目的具体定位很重要，关系到项目的发展方向。一个目标定位错了，会影响其他目标定位的准确。很难想象，一个应该定位为二次置业目标客户的高尚住宅小区，被错误地定位为首次置业者的却还能获得成功。

要在房地产策划中灵活运用好定位原则，它的具体要求是：

第一，要对房地产开发项目定位准确，具体要从“大”“小”两方面入手：大的方面是房地产项目的总体定位，包括开发项目的目标、宗旨，项目的指导思想，项目的总体规模，项目的功能身份，项目的发展方向等等。小的方面是房地产项目的具体定位，包括主题定位、市场定位、目标客户定位、建筑设计定位、广告宣传定位、营销推广定位等等。房地产项目的总体定位确定了项目的总体位置和方向，对项目的具体定位有指导、约束作用；房地产项目的具体定位是在总体定位下进行的，具体定位是对总体方向的分解，各个具体定位要符合总体定位的方向。

第二，策划人对具体的定位内容要相当熟悉，把握各项定位内容的功能作用。要做到这一点，策划人要全面掌握定位内容的内涵，深入其中间去，确定其定位的难易点，有的放矢地找准目标。其次，每项定位内容的具体功用是不一样的，要把它们整合好、利用好，为整个项目的总体定位服务。

第三，要熟练地运用项目定位的具体方法和技巧，使定位准确，方向集中。在项目定位过程中，方法和技巧运用得好，往往会达到事半功倍的效果。如对建筑设计定位、建筑设计的最新理念不能不了解，设计市场的流行趋势不可不知道。在此前提下，是追逐潮流还是着意创新？是停留现状还是适度超前？这都要根据开发项目的总体定位有所取舍，确定方向。这里就涉及策划人的思维方法和技巧了。

0.4.3 整合原则想法

整合原则是房地产策划的一个比较独到的原则。所谓“整合”，就是把不同的客观资源集中一起，通过策划人的整理、分类、组合以及提携，形成围绕主题中心的有效资源，为项目发展的共同目标而出力。

在房地产开发项目中，有各种不同的客观资源，大概可分为两大类：

一是从是否能明显看出来分，有显性资源、隐性资源。前者明显看到，是摆在人们面前的资源；后者隐藏起来，是需要策划人去挖掘、发现的资源。

二是从具体形式来分，有主题资源（或称概念资源）、社会资源、人文资源、物力资源、人力资源等。

以上这些资源在没有策划整合之前，是松散的、凌乱的、没有中心的，但经过整合以后就会团结一起，为整个项目的发展服务。

为了有效地整合好房地产开发项目的客观资源，必须做到以下几点：

第一，要把握好整合资源的技巧，在整理、分类、组合中要有的放矢，抓住重点，使客观资源合力加强，达到 $1+1>3$ 的效果。

第二，整合好的各个客观资源要围绕项目开发的主题中心，远离主题中心的资源往往很难达到目的。

第三，要善于挖掘、发现隐性资源，这是策划人的一个主要任务。如主题资源，创新、独到的主题资源大都是隐藏起来的，不易被人发现，需要策划人聪慧的头脑去提炼、去创造。

0.4.4 人文原则想法

人文原则是房地产策划的一个独有原则，它强调在房地产策划中要认真把握社会人文精神，并把它贯穿到策划的每一个环节中去。人文精神包括人口及文化的意识，人口意识是指人口的数量和质量水平、人口的布局、年龄结构、家庭婚姻等表现出的社会思想；文化意识包括人们在特定社会中形成的特定习惯、观念、风俗及宗教信仰等表现出的社会思想。

人文精神对房地产项目的开发成功影响很大。凡是对当地的人口及文化精神意识有深入透彻的了解并融化到项目中去的策划方案，都获得成功。“名牌的背后是文化”，就是这个道理。人口、购买力、购买动机及购买行为是构成市场的主要因素，对房地产项目的开发成功有着不可低估的影响。人们沉淀在文化中的民族心理、思想观念、生活习惯、地方风俗等因素，对房地产项目的总体设想有重要的影响作用。最近兴起的“亲水住宅”主题，就是因为吻合了人们的民族心理和地方习俗而得到认同。

在房地产策划中要把握好人文原则，必须注意以下几点：

1. 对我国人文精神的精髓要深入地领会

我国的人文精神经过几千年演变，逐渐冲破封闭的藩篱，向着开放的方向进取。百折不挠、开放进取的人文精神将贯穿到整个社会的方方面面。社会经济的发展与否，取决于人文精神的先进与落后。在房地产策划中把握准人文精神的精髓，并在人文精神的具体形式中深入贯彻，将起到意想不到的效果。

2. 运用社会学原理，把握好人口的各个要素

社会学原理告诉我们，人口的各个要素在社会各个方面起着重要的作用。房地产策划领域也同样如此。在策划中把握好人口各个要素的内容、形式以及它们的功用，分析它们对市场影响的大小、轻重，找出它们运行的具体规律，开发出的房地产项目就会与众不同，赢得人们的信赖。

3. 把文化因素渗透到策划项目的各个方面

近年来，发展商越来越意识到，文化承载量越大的项目就越受到人们的欢迎。房地产策划必须把文化因素渗透到开发项目中去，才能迅速占领市场，建立自己的项目个性。以广东顺德“碧桂园”为例，它开发的理念和模式首先是中国传统文化的代表——儒家思想的建大功、立大业及望子成龙的思想，在家庭伦理上倡导中国传统文化的天伦之乐、合家欢乐和刻意追求中国传统家庭的温馨。在园内创办的“贵族学校”，体现了教育先行、配套完善的思想。在自然环境上，发挥有山有水、自然环境好的优势，大力渲染“乡村中的都市和都市中的乡村”的概念。在管理服务上，产品最终定格为“碧桂园——给你一个五星级的家”的生活方式。所有这些，完全符合山水城市所倡导的田园式居住文化生活方式。

4. 通过民族文化的积累，促进产品及企业品牌的形成

实践证明，产品品牌、企业品牌的形成，除了其他方面以外，民族文化的积累也是一个不可忽视的重要因素。因为在项目中民族文化的显现会起到“画龙点睛”的作用，使产品在顾客中迅速传颂，从而促进品牌的形成。

0.4.5 全局原则想法

全局原则是房地产策划的一个主要原则，它要求在房地产策划过程中要注重项目整体，避免因为局部利益而影响全局效益。全局原则从整体、大局的角度来衡量房地产策划的兴衰成败，为策划人提供了有益的指导原则。从房地产策划的整个过程来讲，有人把它分为“开局、析局、创局、选局、布局、运局、馈局和结局”八大过程，每个过程都跟全局有密切的联系，每个局部的运作好坏都会对整个全局造成影响，这一分析是很有见地的。

房地产策划全局原则的主要要求是：

1. 房地产策划要从整体性出发，注意全局的目标、效益和效果

在整体规划的前提下，部分服从整体，局部服从全局，不要因为局部的问题而影响整个项目的正常运作。在市场调研阶段，如果图省事，不深入了解当时的市场状况、竞争态势、对手强弱、以及宏观政策等问题，盲目上马项目，结果造成惨重的失败，这些例子不胜枚举。

2. 房地产策划要从长期性出发，处理好项目眼前利益和长远利益的关系

在房地产策划中，常常有这么一些倾向，不是注重眼前利益就是注重长远利益，为了眼前利益损害长远利益，为了长远利益而不顾眼前利益。这些都是对二者的关系没有辨证地处理好的缘故。有远见的策划人，他不会重蹈“杀鸡取卵”之覆辙，而会辨证地看待二者的关系。

3. 房地产策划要从层次性出发，总揽全局

房地产策划是个大系统，任何一个分系统都可以被看成是一个全局。而系统是有层次性的，大系统下有子系统，子系统下还有孙系统，层次分明。对不同的系统要有不同的策划，就要体现不同层次的全局性。全局和局部的划分是相对的，孙系统的全部相对于子系统来说，只是后者的一个局部，局部服从全部。因此，考虑下一个层次的策划时，应该同上一层次的战略要求相符合。

4. 房地产策划要从动态性出发，注意全局的动态发展

从房地产项目全局角度说，任何一个局部的变化都会影响全局的动态发展，这对全局来说，是不愿意看到的。但房地产市场是变化莫测的，变化发展有时会影响全局。这时，策划人要善于抓住市场的动态规律，掌稳全局，避免市场变化触动全局的根基。

0.4.6 可行原则想法

房地产策划的可行原则亦称可行性原则。是指房地产策划运行的方案是否达到并符合切实可行的策划目标和效果。策划方案如果没有达到预期的效果和目标，没有达到经济性和有效性，那么这个方案是不可行的，是没有意义的。可行原则就是要求房地产策划行为应时时刻刻地为项目的科学性、可行性着想，避免出现不必要的差错。

贯彻房地产策划的可行原则，可从以下几方面着手：

1. 策划方案是否可行

在房地产策划过程中，确定方案的可行性是贯彻可行原则的第一步。从房地产策划的本质特征可以看出，在多种策划方案中选择最优秀、最可行的方案是项目成功的基础。任何一个房地产开发项目，在策划过程中都有各种方案可以选择，每一种方案也都有长处和短处，这就需要我们根据项目的实际情况进行选择，找出切实可行的最佳方案。有了可行的方案以后，还要对方案实施的可行性进行分析。房地产市场是千变万化的，今天的市场和明天的市场就不一样。在方案实施时，对策划实施方案的可行性分析是贯彻可行原则的第二步，使方案符合市场变化的具体要求。

2. 方案经济性是否可行

策划方案的经济性是指以最小的经济投入达到最好的策划目标。这也是方案是否可行的基本要求。像目前一些房地产项目的广告投入，每次动辄百万以上，而效果是否达到呢？有些楼盘才卖出几套房，这种方案的经济性就是不可行的，要寻找新的方案路子。

其次，投资方案的可行性分析也是一个不可忽视的重要因素。投资方案通过量的论证和分析，可以确定策划方案是否可行，为项目的顺利运作保驾护航。

3. 方案有效性是否可行

房地产策划方案的有效性是指房地产策划方案实施过程中能合理有效地利用人力、物力、财力和时间，实施效果能达到甚至超过方案设计的具体要求。策划方案要达到有效、可行，一是要用最小的消耗和代价争取最大的利益；二是所冒的风险最小，失败的可能性最小，经过努力基本上有成功的把握；三是要能完满地实现策划的预定目标。

0.5 房地产策划讲什么

0.5.1 房地产策划学科简介

房地产策划学是一门综合性、边缘性的科学，也是一门应用性科学，它具有如下的特质：

1. 房地产策划学是一门实践科学

房地产策划学与一些学科不同，它不是通过推理、假说来产生的，而是在房地产策划实践的不断发展中产生的。房地产策划实践是这一学科形成的源泉。从房地产策划历史可以看到实践性的主要表现：第一，房地产策划从实践中来，策划实践的不断深入使房地产策划理论更加成熟。第二，房地产策划不但要有很好的思路和谋略，而且要考虑市场需求、人们的消费水平、文化等客观实际，并有切实可行的操作性。第三，在房地产策划实践的动态中不断修正策略，使之适应市场竞争的需要。没有房地产策划实践，房地产策划要成为一门学科就成了无源之水。

2. 房地产策划学是一门思维科学

房地产策划作为一门创造性的思维活动，它实质上是一门思维科学。思维科学的最大特点是“脑力活动”。房地产策划“本质上是运用脑力的行为”，从思维特点、思维方法、思维习惯、思维创意等方面都体现了思维科学的基本特征。特别是房地产策划创意，要靠各种科学的思维方法如逆向思维、灵感思维、发散思维、超常思维等来综合完成，没有经过长期的策划实践和艰苦的创新训练是很难达到的。

3. 房地产策划学是一门整合科学

在房地产策划的过程中，要面对各种不同的资源，如概念资源、人力资源、物力资源、社会资源等。这些资源在策划没有介入之前是零乱的、无头绪的。房地产策划就是要参与到这些资源中去，理清它们的关系，分析它们的功能，分辨它们的主次，帮助它们团结一起，围绕中心，形成一个共同的目标，使房地产项目开发成功。杂乱的资源经过整合，就会产生聚变的效应。从这个意义上来说，房地产策划学也是一门整合科学。资源整合的好坏，将影响整个房地产开发项目的成败。

4. 房地产策划学是一门策略科学

房地产策划，实际上是给房地产开发项目出谋划策。在出谋划策过程中，策略运用的成功与否，将影响房地产开发项目的成败。策略、谋略的合理运用，可使项目获得成功。策略是思维活动的一种重要表现形式，它作为人类的高级思维活动，是个体实现意志行动的智慧保证。只有策略、谋略在策划中到位了，房地产策划才会达到“出神入化”的境界。策略的研究和探索，是房地产策划不可缺少的内容之一，因此，房地产策划学实际上也是一门策略科学。

5. 房地产策划学是一门艺术科学

房地产策划学是一门艺术科学，可以从以下几方面来理解：一是房地产策划是通过人的思维进行的，思维艺术运用得当会使策划更具活力、更具智慧、更具魅力、更有创造力。二是房地产策划除了依赖科学的房地产策划理论和方法外，还必须依赖房地产策划人的实践经验和创新能力。三是房地产策划也是运筹艺术。作为艺术，它使得房地产策划运筹既充满科学理性，又饱含艺术之美。因此，房地产策划可以说是科学与艺术的完美结合。

对房地产策划的研究，是从 1995 年开始的，如李辉、郭辉著的《房地产营销策划实务》（海天出版社 1996 年版），倪时锋、黄长乐等著的《房地产营销策略与技巧》（广东经济出版社 1997 年版）等。

1998 年以后，房地产策划理论的研究得到了前所未有的发展，相继出现了一大批高水平的房地产策划研究文献、专著、演讲实录和案例专集。具有代表性的有曹春尧著的《房地产营销策划》（上海财经大学出版社 1999 年版），柴强撰写的论文《全方位把握房地产开发项目策划》（中国房地产年鉴 2000 年版），柏秋、韦达编著的《房地产策划——房地产作局艺术》（知识产权出版社 2000 年版），王志纲演讲实录《策划旋风》（广东经济出版社 1998 年版），冯佳、喻颖正等编著的《现代房地产经典营销全录》（暨南大学出版社 1999 年版），傅冠长、金贻国等著的《房地产策划——经典实战案例全录》（广东经济出版社 2001 年版），王志纲工作室著的《财智时代——王志纲观点》（广东人民出版社出版 2001 年版）、贾士军编著的《房地产项目全程策划》（广东经济出版社 2002 年版）等。

2001 年，《当代建设》刊载了黄福新的论文《建立〈房地产策划学〉的几个理论问题》，论文首次提出把房地产策划作为一门学科来建立的设想。2004 年，《房地产项目策划》（高等教育出版社）、《房地产营销策划》（机械工业出版社）两书列入高等院校教材。同年 8 月，黄福新著的《房地产策划》出版，为房地产策划学的学科建设向前推进了一步。

0.5.2　培训教程框架体系

《房地产策划师职业培训教程》主要是为社会职业培训教育机构的职业房地产策划师教学需要而编写的，目的是为房地产策划职业学生或有志于从事房地产策划职业的人士提供一部入门性、基础性的学习用书。借助本书，他们可以全面系统地了解和掌握有关房地产策划基础知识、房地产策划运作原理以及房地产策划基本操作技能。

本书基本内容体系安排如下：

第 1 篇，房地产策划基础知识，分 1 ~ 9 章。这一篇首先从纵的方面，简要介绍房地产策划发展的历史脉络及现状；然后从房地产的策划理念、策划程序、策划模式、策划创意、策划主题方面，介绍有关房地产策划的基础知识；接着从房地产策划师、策划代理、策划报告方面阐述房地产策划的运作原理。通过这部分的学习，读者可以对房地产策划一些必要的背景情况、基本要素和运作原理有一个较为全面、系统的理解。

第 2 篇，房地产项目策划，分 10 ~ 13 章。这一篇主要是讲述房地产项目策划（前期策划）的具体操作和案例分析，着重介绍房地产市场策划、投资策划和设计策划的内容、基本操作方法和技能。

第 3 篇，房地产营销策划，分 14 ~ 17 章。这一篇主要是讲述房地产营销策划（后期策划）的具体操作和案例分析，着重介绍房地产销售策划、形象策划和广告策划的内容、基本操作方法和技能。

通过第二篇和第三篇的学习，读者可以了解到房地产项目策划、营销策划的内容、操作规程及技巧，为从业实践打下基础。

0.5.3 学习方法提示

1. 要理论联系实际

房地产策划理念、理论以及操作方法是从房地产策划实践中来的，必然要与实际相联系。学习的目的，也是加强我们实际的策划能力。因此，要把房地产策划基本知识放到实际业务中去消化和把握，才能学到真正的策划本领。

2. 要在工作中学习

在实际的策划工作中学习房地产策划基本知识，要比看了不做、纸上谈兵容易得多。这样做不但更加领会房地产策划方法、技能，而且还能锻炼自己的策划思维，领略房地产策划自由王国的真谛。

3. 要善于开动脑筋

在学习中，不要局限于现有房地产策划知识理解，还要开动脑筋，善于思考，多问个为什么？由于房地产策划理论正在发展之中，各种理念、方法、技巧都有适合与不适合的方面，要扬长避短，有的放矢，不能生搬硬套，要灵活使用。

4. 要学会博览群书

房地产策划是一门集企业策划学、房地产经济学、项目投资学、市场营销学、城市规划学以及人文科学于一体的新兴的综合性学科，对房地产策划师的知识体系要求较高。在学习中不但要深入领会书本的内容，还必须根据房地产策划学科的特征，学习有关方面的知识，完善自己的知识结构，从而收到更好的学习效果。

第1篇

房地产策划基础知识

房地产策划简史

1.1 房地产策划发展的历史背景

1.1.1 房地产策划产生的背景

20 世纪 80 年代末期以前，中国房地产仍处于计划经济体制下，房地产市场基本没有形成。当时整个国家处于经济短缺时期，造什么房，分什么房；造多少房，分多少房；质量再差的房子也有人要，也无须策划。因而在当时，房地产策划缺乏必要的市场空间和生存条件。

从 1989 年开始，我国国民经济经过三年治理整顿以后，1992 年开始回暖。政治上，邓小平到南方深圳等地巡回考察，发表了关于促进经济改革的重要讲话，掀起了又一次改革开放的新高潮；经济上，国家宏观经济运转良好，微观经济加速前进，货币发行量加大，银行放宽银根，经济形势一片看好；政策上，出台优惠政策鼓励外商投资，经济技术开发区、保税区加快投资建设。特别是中国南方的海口市、北海市、惠州市以及珠江三角洲地区，投资建设轰轰烈烈，一夜之间城市变成了大工地。“东南西北中，发财到广东”，内资、外资全都流到这些地区。房地产开发是各地区经济发展的重中之重，轰轰烈烈的泡沫经济使房地产业催生了一股前所未有的房地产开发热潮。房地产开发项目遍地开花，投机现象层出不穷。1993 年 7 月，国家对国民经济进行宏观调控，银根紧缩，控制投资规模，清理开发区，对房地产开发作了严格的限制。一些玩空手道的发展商无法生存，房地产业从此进入低潮。

1.1.2 房地产策划产生的原因

据有关资料显示，房地产策划的孕育产生是从 1993 年开始的。它的产生和发展有着深厚的历史原因。

首先，房地产业进入低潮的客观现实和要求促使房地产策划的产生。这是房地产策划产生的客观基础。没有这种客观现实和要求，房地产策划是没有根基并且无法出现的。房地产进入低潮后，各个房地产项目投入了大量的资金，开发建设也难，不开发建设也难，陷进了进退两难的地步。此时，一些有远见的发展商有意寻找新的运作模式，引进策划行为，使本已“死火”的项目喜迎春天。

其次，计划经济向社会主义市场经济转型的大环境，为房地产策划的产生提供了良好土壤，使房地产策划有着广阔的发展空间和表演舞台。

最后，知识经济时代的到来使智力、智慧普遍受到了人们的重视。于是，智慧与房地产相结合的问题就摆在一些发展商的面前。发展商们意识到智慧所产生的原子能量不可估量，纷纷通过各种渠道引进大脑，以实现智慧与经济的相互融合；而一些文化人也不忌言商，深入到房地产项目开发的最基层，运用自己的智慧和胆略，为奄奄一息的房地产开发项目把脉，开出良方，并初见成效。这些先例引起了人们的极大关注，为开创建立房地产策划咨询业立下了不朽功勋。

1.2 房地产策划发展的历史阶段

1.2.1 单项策划阶段（1993.6～1997.3）

1. 广东顺德“碧桂园”

单项策划阶段是以著名策划家王志纲成功策划顺德“碧桂园”作为起点和标志的。此前，房地产策划正处于孕育时期，未真正引入策划的理念。不过，人们还是感受到房地产策划的萌芽。1990年至1992年间一位从台湾请来的销售专家仇福宪女士，对广州“世界贸易中心大厦”进行推广销售。她精心培育销售队伍，倡导按揭贷款楼盘，首推“卖楼花”的理念等，使“世界贸易中心大厦”的销售大获全胜。仇女士带来的全新的销售风格和销售技巧，可以说是房地产策划的滥觞。

1993年6月，顺德“碧桂园”因王志纲的加入而使房地产策划在项目开发中起到了关键作用，开创了房地产策划实践成功的先河，王志纲因而成了房地产策划的开山鼻祖。他持“名牌的背后是文化”的理念给“碧桂园”项目赋予“给你一个五星级的家”的全新生活方式，并整合和调动了强大的新闻资源将这一思想传播出去。特别是推出的“可怕的顺德人”系列悬念广告，使“碧桂园”在人们的心目中瞬间变成了“成功人士的家园”。

2. 阶段特征

单项策划阶段房地产策划的主要特点是运用各种单项技术手段进行策划，并用某种技术手段深入开展，规范操作，取得了良好的效果。如获得广州首届房地产营销成功案例奖杯的“文昌广场”项目，就是投资策划的经典之作。被多次评为“全国优秀住宅小区”的广州“名雅苑”，历年名声不衰，其最大的优点是设计策划有独到之处，诸如“骑楼”与“架空层”融于一体的新颖岭南特色，让每户分享绿地的绿化理念，建筑群体变化丰富的空间设计，人车分流、动静兼顾的功能分区等。此外，具有代表性的策划个案还有广州“太阳广场”品字户型的设计策划，广州“天河城广场”出租的市场策划，广东番禺“金业别墅花园”前期的投资策划等。

3. 策划理念、思想逐渐形成

随着房地产策划实践的日益深入，经过房地产策划的成功个案不断增多，房地产策划的理论思想也逐渐形成，其代表人物首推王志纲。他指出：“好项目不是找来的，而是策划出来的”，强调策划在项目开发中的重要性。“名牌的背后是文化——文化承载量越大的项目其效益释放量越大”。他把每个房地产项目文化内涵作为策划的切入点，强调项目蕴含的文化对产生“名牌”项目的主导作用。他认为“精确的市场定位是成功策划的核心，对社会大趋势的精妙把握是能否定位准确的前提”；“思路决定出路——正确的思路可使‘跳楼项目’起死回生，迷乱的思路常会弄巧成拙”。他还提出策划人以“智力”创造出生产力的思想。由于王志纲这一阶段忙于房地产策划实践，系统理论总结不多，但这些只言片语是他从房地产策划实践中产生的真知灼见，在房地产策划界影响很大，具有一定的理论意义。

由于房地产开发项目在各个阶段引入策划的理念和手段而获得成功，因而房地产策划普遍得到了人们的认可。于是，发展商在企业内部设立策划部，专业策划代理公司、物业顾问公司也应运而生，以房地产策划为谋生手段的自由策划人也比比皆是。此阶段出现了几个知名的策划代理机构，如以前期投资策划著称的广州珠江恒昌房地产顾问有限公司，以销售策划代理闻名的广州经纬房产咨询有限公司，以设计策划著名的深圳万创建筑设计顾问有限公司。以“独立策划人”自居的王志纲，于1997年成立了王志纲工作室，专事房地产及其他领域的策划实践和探索。

4. “大陆奇书”——《谋事在人——王志纲策划实录》

房地产策划经过几年的实践，策划实践总结也开始出现。此时期影响最大、被海外华人称为“大陆奇书”的是1996年3月出版的《谋事在人——王志纲策划实录》。此书作者用流畅的笔调，描述了王志纲从顺德“碧桂园”进入房地产策划王国的神秘历程，是一部不可多得的介绍房地产策划人及策划神秘领域实录的好书。

由于房地产策划在实践中创造出典范项目并为企业创造了可观的经济效益，引起了人们的极大兴趣和关注。以致出现了对房地产策划和策划人的神化、无限夸大策划作用等思潮，使以后房地产策划的发展受到了不同程度的影响。

【策划分析：从性格看广州“碧桂园”巨无霸】

性格特色一：大气

人们在谈到对碧桂园的印象时，常常这样感叹：“碧桂园就是大气”。这里的“大气”指的是大家风范，不小家子气，做人处事有气度、有气魄。有调查公司对碧桂园品牌印迹进行分析时，大气、雍容大度、华贵等“印迹”也十分明显，有人甚至把碧桂园描述为一个高大威猛、声音洪亮、衣着华丽、豪气十足的大汉。人们何以对碧桂园会有如此“感觉”，社会上也有各种各样的说法。有的说碧桂园的品牌塑造就是如此，有的说碧桂园的经营作风就是这样，有的则说仅看楼盘的规划布局、绿化建设就能感觉到。人们根据一鳞半爪的印象，有感而发，其“感”不一定正确而完整，但一斑之见，有时也能窥“全豹”。人们之所以觉得碧桂园大气，大概与碧桂园的一贯作风有关。碧桂园旗下物业，每一个盘都堪称大型，之前的几个盘都在千亩以上，大盘必须要大投入，还需大配套，大投入往往会有大风险，但碧桂园的决策者具有百战百胜的气魄，对风险的控制充满信心，人们对碧桂园这种“风格”叹服之余，难免心生感慨。碧桂园每开发一个楼盘都是一次大手笔，为了使业主真正拥有一个“五星级的家”，只要能力许可，碧桂园总是主动尽一切努力，满足住户的需要。在顺德，碧桂园为使住户生活方便，虽已建有三个大型会所，西苑还有一个正在建的大型会所，但在原来可用来建房出售的碧江边，竟留出宽达9m，长达3km的江岸，建设成绿树婆娑的江滨公园，为此少赚了4000多万元；在碧江边投入6000万元，修整建成了独一无二的沙滩泳池。花重金征用不能建房出售的桂山，专门建成让住户晨运或散步的山顶公园。而在广州碧桂园，要划出100亩用地，建设成一个有丰富多彩活动项目的公共场所，广州碧桂园会所建筑面积就达4万多m^2。广州城门下的两个盘的会所——广州碧桂园、华南碧桂园会所泳池，面积都在500m^2以上，华南碧桂园仅网球场就多达20个，这在广州楼盘中是绝无仅有的。所有这些，都表现出碧桂园的做事风格，当人们了解到体验到这一切时，心中油然而生的大概就是这么几个字——“真大气”。

性格特点二：踏实

碧桂园实施的“统一规划、综合开发、配套建设同步到位”开发模式，使业主、住户避免入住后遇到“开门七件事”的生活烦忧，已被市场证明极其成功。对房地产业界的贡献是不可忽视的。但回过头来看，若没有碧桂园创业者们非凡的胆略与眼光以及踏踏实实的实干精神，就没有今天“碧桂园”这一环宇震响的名字。在连夜赶工、灯火通明的工地上，碧桂园公司董事长带着一干人马在察看建筑情况；在售楼部大堂里，董事们和他们的助手仍在听取购房者的想法，在某一住户的家里，你也能发现创业者为解决业主投诉的问题而亲自登门拜访。决策层不分日夜，认真地分析、策划如何贴近市场……多少个日日夜夜，多少次日出日落，就是这样微不足道的小事，一件件、一桩桩积累起来，才有今天“碧桂园”这一响当当的房地产业名牌。没有哗众取宠，没有空洞的宣传，仍然是“八年抗战”，埋头苦干，把一个又一个实实在在的、美丽的碧桂园凸显在人们面前，请大家欣赏，任大家挑选，让大家评论。看看华南碧桂园的推盘手段，那才叫大发展商风范。

性格特点三：专心

正如“洁尔玛创业法则”第一条专心于自己的事业。非洲的狮子追捕羚羊的时候，只会盯住一只不停地追，即便追赶中遇到很近的羚羊，也从不更改目标。经营企业同样需要这种专注。碧桂园总裁曾经对部下说：我是怎样走过来的，打个比方，我明天有很重要的事一定要去广州，那我肯定会提前准备，我一定会赶到。如果没车，我就骑摩托车去，如果没摩托车，我就骑单车去，如果没单车，就走路去，如果前面河流挡道，没有渡船，我就游过河，走得累倒，我爬都要爬去。我有今天，靠的就是这种精神。

对于一个房地产公司老总来说，韧性不仅仅指精力和体力的持久性，它还包括对诱惑、过分自信以及轻率的时时警醒，是明察天下大势的胸怀与寸土不让的决心的有机结合。

另外，韧性与慎重在某种意义上讲也是谦逊的一种表现形式。我们在说一个人有韧性或很慎重时通常也是指很含蓄、不外露，于不声不响中增长自己的才能，发挥自己的特长。

碧桂园公司始终坚持以房地产开发为主，专注于本业发展，并在这一战略方向的指引下，走上一条目标明确、定位清晰、动作规范的道路。

性格特点四：灵活

最可怕的企业是像恐龙一样庞大却可以像跳蚤一样敏捷地跳来跳去的企业。

1998年7月底，碧桂园的建筑大军开进南浦岛现场工地，到年底，近50万m^2建筑面积的180栋花园洋房进入内装修阶段；春节期间，当人们还沉浸在节日气氛之中，广州碧桂园以迅雷不及掩耳之势，在大规模广告攻势和各种促销手段的配合下强势推出市场，在接着两个月时间内，3000多个单位一扫而光；1999年9月，住户入伙，建筑面积近4万m^2的大型会所同时投入使用……

这一连串快速敏捷的攻取动作，让人看得眼花缭乱。

从概念到现金的时间最小化，这一点是碧桂园颇为自豪的“独家规章”。

1.2.2 综合策划阶段（1997.4~1999.6）

1. 广州“锦城花园”

综合策划阶段是以广州“锦城花园”成功销售作为标志的。

广州“锦城花园”项目开发成功，堪称房地产综合策划的典范，它以主题策划为主线

（品质、价格、舒适与和谐），贯穿于投资策划（写字楼变更为住宅）、市场策划（占领十二层带电梯小高层住宅的市场份额）、设计策划（欧陆立面设计、集中共用绿地、合理安排建筑户型、结构设备满足建筑功能及美观要求）、营销策划（淡季入市、显示身份的高档住宅）、广告策划（连登悬念广告、积聚人气）、形象策划（寓意深刻的标识、标志），整个综合策划手段整合得较好，一气呵成。

2. 阶段特征

此阶段房地产策划的主要特点是各项目根据自己的情况，以主题策划为主线，综合运用市场、投资、广告、营销等各种技术手段，使销售达到理想的效果。

自此之后，以主题策划为主线的综合策划手段在广州、深圳等全国各地流行起来，出现综合策划成功的不少典范楼盘，如以“成功的白领人士”为主题概念的广州“碧桂园”，以“和谐社区文化”为主题概念的广东番禺“丽江花园”等。在各种策划手段的整合中，各项目还根据自己的特点有所侧重、创新。广州“翠湖山庄”主题概念是“非一般度假或生活居所”，其他手段则是园林设计策划（万象翠园），独特营销策划（搭单大行动、试住大行动、减价大行动），公关活动策划（目标品酒会、万象翠园开放日）。广州“颐和山庄”的主题概念是“绿色、空气、空间与文化”，其他则侧重自然环境策划（山顶公园），山庄文化策划（电影浪漫音乐会、科技记者学术交流会），人文活动策划（专家聚会评定楼盘、重阳节登高）。广州“中旅广场”则侧重建筑设计策划（古典风情与现代韵味于一体），商业功能策划（商业形式选择和布局），销售推广策划（实实在在营销），楼盘形象策划（大型电脑喷画包装整个楼盘）。

3. “概念地产”理念

由于房地产策划实践的不断深入，各种策划思想、策划理论、策划流派层出不穷。最具代表性的房地产策划思想有王志纲的“概念地产”理念。他认为“很多项目都是先给他们一个概念，这个概念被社会接受以后，这个概念所支持的硬件就能被消费者对象所接受，基本上是不愁市场的”。从“概念地产”思想出发，王志纲提出房地产项目要进行“概念设计”或“理念设计”，“概念设计”影响项目的成败，是项目“成功策划的核心”。“理念就是项目的灵魂”。

所谓理念设计，就是将待建的楼盘“人格化”，赋予她深厚而独特的文化内涵，赋予她多彩而丰满的外部形象，赋予她鲜明而个体的性格，并在随后的功能和设计配置上“物化”这一文化底蕴，在宣传推广上“强化”这一文化形象，从而把发展商售楼的过程和消费者买楼的过程升华为“寻找志同道合者”、“人以类聚，物以群分”的过程，升华为“加入一种新的生活方式”的过程，总之，把“做”房地产升华为“表达和普及文化追求，设计和推广生活方式”的一种系统工程。王志纲的“概念地产”思想，对整个房地产策划领域产生很大影响，不少房地产项目策划就是在“概念地产”思想的指引下，通过独特的概念（理念、主题）设计（策划）使开发的楼盘顺利走向市场，获得成功。

4. “策划基本理论”和“全程策划理论”

此阶段产生的主要策划理论有王志纲的“策划基本理论”和冯佳的“全程策划理论”。

王志纲的“策划基本理论”大都散见于他的巡回演讲中。“策划基本理论”的内容主要包括：策划的“四个”理论基础（策划是一门思维科学、设计科学、整合科学、监理科学），策划的“生产力”本质，策划的“辨证”作用，策划的“因时、因地、因人制宜”

与“唯一性、排他性、权威性”原则，策划成功的“出成果、出机制、出人才、出品牌”的目标和标准，策划的“十大”流程，以及策划人的思维特征和素质等。王志纲的“策划基本理论”阐述精辟，内容丰富，深入浅出，富有创见，基本涵盖了策划基本原理的范畴。

冯佳的房地产“全程策划理论”主要强调两方面：一是房地产策划应从市场调研、项目论证、概念设计、规划布局、建筑设计、工程控制、营销推广、售后服务等一系列环节中进行“全过程”策划，环环相扣，缺一不可。二是在每一策划环节中以提高产品价值为主要目的，强调项目开发提升价值的手段和空间。“全程策划”主要内容有：土地价值的研制、概念和视觉设计、营销推广和媒体组合、工程控制、物业管理及售后服务、品牌培植与运用。冯佳的房地产“全程策划理论”从策划实践中产生，是综合策划阶段理论研究的结晶，为房地产策划领域提供了一种全新的模式，影响深远，被广泛运用。

5. 策划流派多元化

经过深入的房地产策划实践，此阶段逐渐形成不同的策划流派，共同引领房地产策划的发展。以王志纲为首的“战略策划”流派，以“王志纲工作室”作为阵地，对项目从大势上进行战略把握和监理。以冯佳为首的“全程策划”流派，以深圳国际企业服务有限公司为依托，对项目提供标本兼治的全程策划服务。以曾宪斌为首的“品牌策划”流派，以“自由策划人”的身份，转战南北，从楼盘品牌的挖掘、塑造来提升楼盘的价值。以黎振伟为首的“投资策划”流派，强调项目的市场调研和投资论证。以周勇为首的“实战策划”流派，强调实战操作、技术规范来提高策划水准。各种流派各有特色，各有所长，以自己的智慧和毅力，创造出精彩绝妙的成功案例，共同促进了房地产策划的多元化发展。

6. 策划研讨活动

此阶段各种房地产策划研讨活动也不断出现。一是各种房地产策划巡回演讲活动。影响最大的是 1997 年底王志纲在广州、上海、深圳等几大城市进行的“王志纲策划实践和理论演讲会”。他把几年来积累的策划实践案例与理论原汁原味地奉献给房地产界，使人们真真正正地领会到策划家的风采。二是各种与房地产策划有关的研讨活动。1997 年 11 月和 1999 年 11 月，首届、第二届中国策划峰会在上海举行。全国著名的策划家王志纲、李光斗、余明阳等参加此会，并把自己多年的策划心得与大家进行了交流。这两次峰会对策划业产生了积极影响。1998 年 11 月 6 日，中国房地产南方峰会在广州举行，房地产策划界王志纲、冯佳、黎振伟等策划家参加了峰会并做了专题发言。冯佳在会上公开了他研究的房地产“全程策划”理论，令人耳目一新。三是房地产策划方案招标活动。1997 年 10 月，深圳“特力花园”进行策划方案招标，中标者为世联房地产咨询服务（深圳）有限公司。此次招标成功，为房地产策划方案规范化做了有益的尝试。

7. 策划运作模式

经过几年的房地产策划实践，房地产策划人形成了三种不同的运作方式。一是以公司的组织形式，如深圳国际企业服务有限公司的冯佳先生、广州珠江恒昌房地产顾问有限公司的黎振伟等。二是以策划研究与实践相结合的组织形式，如王志纲工作室的王志纲先生。三是以自由策划人身份出现的形式，如曾宪斌等。策划家或机构还把自己的策划实践进行了总结，编写了各种房地产策划书刊以宣传个人的策划思想。王志纲策划文库中的《成事在天》、《策划旋风》两本书，是其房地产策划实践的总结。《现代房地产经典营销全录》收录了广州、深圳等地区房地产策划的经典案例以及部分策划人的理论总结。《房地产开局与残局策略》是周勇房地产策划实战的总结。广州凌峻广告公司多年来侧重于房地产广告策划，他们把策划的经验总结在《推广无难事》这本书中。

8. 策划思想争鸣出现

此阶段房地产策划思想争鸣也开始出现。较有代表性的争论是《现代房地产经典营销全录》中的“做房地产策划的王志纲——老师下课罢”这篇文章。该文以王志纲一些策划思想为焦点，进行了认真的批评。文章辛辣，似有偏见之嫌。不过，文章里的一些观点还是值得肯定的：一是不能过于迷信策划及策划人，二是要建立科学的策划概念思想。另一争论是对房地产“全程策划”的异议。有人认为，现在专业分工将越来越细，各种专业公司只能各司其职，谁也不能通吃天下，那种一家公司“全程策划”、包打天下的模式是行不通的。此阶段的房地产策划争鸣活动虽已出现，但还比较薄弱，加上争论风气不顺，阻碍了正常的学术争鸣。

【策划案例：积聚价格势能，销售水到渠成】

1997 年、1998 年，“锦城现象”一直是广州房地产行业内外都十分关注的热门话题。几度发售，“锦城花园”都引来了滚滚“买家潮”，销售热浪一波强过一波，在整个大势趋于疲软的状态下，取得了令无数发展商眼红心热的销售业绩。而令人津津乐道的关键成功因素，应该是发展商对价格策略的巧妙运用，即：“提升心理价位，积聚销售势能”，迅速占领市场制高点。

锦城花园推入市场的时候，别墅豪宅一类的楼盘销售正处于一片萧条的困境，偏偏锦城花园又是作为新一代的豪宅推向市场的，其销售阻力可想而知。如果没有好的营销方式作指引，一招不慎就可能满盘皆输。为此，发展商确定了上述的价格策略作为营销指引后，在项目设计、规划配套和推广手法上下了很多功夫，力图由此抬高锦城花园在消费者心目中的心理价位，然后以远低于心理价格的实际售价推出，以形成巨大的销售势能，从而使销售水到渠成。

针对如何提高消费者心理价位的问题，发展商做了大量的工作：

第一，楼盘的设计独特且具超前意识，内部典雅大气，外形华美富丽，兼具古典与现代美。

第二，环境与配套上，小区绿化率超过 20%，楼宇都环绕中心花园而建，绿意盎然，环境优雅。小区内商场、小学、生活娱乐设施一应俱全。

第三，现代化的物业管理，使小区内不但有完备的硬件保障设施，而且拥有一支现代化、高水准的物业管理队伍，为业主提供全方位、全天候服务。

第四，品牌形象包装上，力图使小区成为 21 世纪都市家居生活的典范，在买家心中形成良好的印象。

通过各种手段，在正式入市前，发展商已经不声不响地将小区素质提升到了一个非常高的档次，根据对买家心理价格的调查，大家都认为锦城花园价格完全有可能达到每平方米 1 万元以上。不料，就在大家没有一点思想准备的情形下，发展商冷不防抛出一个每平方米 7500 元均价的低价位，与心理价格之间的差距达到 3000 元以上。一时间，锦城花园售楼部被潮水般涌来的买家挤得水泄不通，一连几次发售，都在几天内将所有单位全部卖完，在当时波澜不惊的豪宅市场上掀起了几波巨浪。尽管后来锦城花园几次提价，但销售业绩一直独占鳌头。

1.2.3 复合策划阶段（1999.7～2001.4）

1. 广州“奥林匹克花园”

复合策划阶段是以广州“奥林匹克花园”成功销售作为标志的。

1999年7月8日，广州“奥林匹克花园”正式推出首期，引起业内轰动，有许多顾客提前三天开始排队购买，一举成为广州乃至全国的超级楼盘。广州“奥林匹克花园”的销售成功，被誉为“复合地产”策划的里程碑。“奥林匹克花园”在运用房地产领域内各种策划手段的同时，吸收体育业的最新理念和手段，两者相互嫁接、复合，浑然一体，突出了“奥园”“运动就在家门口”的主题，体现了“运动型、健康型”的生活方式，迎合了顾客购房就是购买“健康”的消费心理。

2. 阶段特征

该阶段房地产策划的主要特点是狭义地产与泛地产相复合，即房地产策划除了在房地产领域运用各种技术手段外，还可以运用房地产领域以外的其他手段。广州“奥林匹克花园”就是房地产业与体育产业嫁接成功的复合地产典范。

广州“奥林匹克花园”的成功，使人们对房地产策划领域内的传统手段进行反思，获得启迪。开发房地产可以不局限于房地产，还有更广阔的领域等待人们去开拓、去探索。如有房地产与IT业相复合的南海东方数码城，房地产与自然山水园林相复合的广州山水庭园和江南世家，还有房地产与养生保健业相复合，房地产与旅游业相复合，房地产与海洋业相复合等领域正被发展商考虑。

3. “泛地产”理念

此阶段的房地产策划思想以王志纲的“泛地产”理念最有创见。王志纲指出：“所谓‘泛地产’，就是不局限于以‘房子’为核心，是在某一特定概念下营造一种人性化的主题功能区域，‘房子’在这里可能是主体，也可能成为附属的配套设施，这种功能区域的主题各有不同，如生态农业度假区、高科技园区、高尔夫生活村、观赏型农业旅游区等。”王志纲的“泛地产”理念是对其“概念地产”理念的进一步发展，对此阶段的房地产策划影响巨大。

4. “概念地产”顶峰——“SOHO现代城”

1999年底，一本出自北京“现代城”发展商之手的长篇文字《SOHO现代城·居家办公#·酷.com》出现在诸多媒体上，SOHO的概念被正式推出。2001年1月初，以前卫光头形象出现的“SOHO现代城”的广告大范围出现，同时一本银灰色封皮、长达一百多页的“SOHO现代城”楼书，以大量的照片、漫画与插图讲解“SOHO现代城”的三个空间，“有点前卫、有点另类”的风格引起市场的关注，SOHO一词开始被广泛提及。2001年1月8日，SOHO现代城开盘认购，不到一个月的时间就被认购了十之七八，尤其是开盘的前三天，日销售过亿。客户夜间排队发号的热烈场面让人联想起二十年前北京人排队购买大白菜。此时，SOHO的样板间还未建成。春节过后，样板间正式对外开放。第一天前来参观的人数达3500人。至3月份，购房的客户已经买不到理想的户型，只能侥幸等待其他的客户退房。

5. “战略策划”理论和“房地产全程营销”理论

此阶段房地产策划理论有以王志纲为首的“战略策划”理论和以朱曙东为首的“房地

产全程营销”策划理论。

“战略策划”理论强调房地产项目的策划要从“战略”的高度来把握大势，然后才回答做什么、谁来做、怎样做的问题。具体内容有：“大势把握——出思路、理念创新——出定位、策略设计——出方案、资源整合——出平台和动态顾问——出监理”。“战略策划”理论内容丰富，体系规范，很有指导意义。

“房地产全程营销”策划理论强调运用科学的营销思想贯穿于房地产开发的各个环节，形成独到的策划理论体系。主要内容有房地产全程营销工作流程和全程营销思想。“房地产全程营销”策划理论对房地产策划名词概念进行了较为科学的定义，表明房地产策划理论开始趋向成熟。

此外，曾宪斌的房地产“品牌策划”理论也有独到之处。主要内容有：一个“中心”，是以建立品牌为中心；两个“基本点”，就是建立一流的品质和一流的推广；三个“推广重心”；四个“推广阶段”；五个“快速品牌推广方法”；六个“工程”。他提出了较为完整的房地产“品牌理念”，使人们进一步加深认识房地产“品牌策划”在营销推广中的作用。

房地产策划思想的不断成熟，推动了房地产策划理论研究的开展。在房地产策划理论研究的文章中，最有代表性的是柴强撰写的《全方位把握房地产开发项目策划》一文。他在文中提出了“房地产开发项目策划是房地产开发成败的关键”的重要论断，为人们对房地产开发是否需要进行策划所产生的怀疑和抵触指明了方向。他还用相当篇幅从八个方面论述了房地产开发项目进行策划的主要内容，构架了房地产项目策划的具体内涵。文章不长，内容丰富，言简意赅，是一篇高质量的房地产策划理论研究文献。专门研究房地产策划的专著有《房地产策划——房地产作局艺术》，该书借棋艺的博弈过程对房地产策划进行“全局”的论述与分析，并对房地产策划的基本原理作了探究。不过，由于该书房地产实战的精彩案例不多，书中的内容带有空洞之感。此阶段，四川大学成立了房地产策划研究所，由杨继瑞博士担任所长，这对房地产策划理论研究起到促进作用。

房地产策划活动也相当活跃，1999 年 6 月至 1999 年 8 月间，首次以房地产策划为探讨、研究主题的“中国房地产著名策划家峰会——房地产有效策划论坛”相继在深圳、北京举行。此次论坛的顺利召开，标志着房地产策划理论思想发展达到了前所未有的高度。来自北京、深圳、广州、以及台湾等地房地产策划家欢聚一堂，共同交流和畅谈自己在策划实践中形成的理念、思想。会上探讨的内容有房地产策划基本理论、房地产策划比较研究和房地产实战研究。这次论坛为房地产策划理论体系的形成打下了坚实的基础，影响深远。

6. 策划界出现混乱现象

这一阶段，房地产策划界出现了一些较为混乱的现象。个别策划人在策划中违背职业道德，给企业带来不必要的损失；一些刚入门的策划者也大肆鼓吹个人能力，把策划说得神乎其神，动辄伸手要高价，使企业望而止步；一些以房地产专家自居的人士对房地产策划界不屑一顾；房地产策划界实战型与战略型阵营之间有时也互相拆台，相互指责。凡此种种，使刚刚兴起的房地产策划业迷失了方向，对房地产策划业的健康发展很不利。此时，南方的几家新闻媒体对房地产策划界出现的不正常现象给予极大的关注，纷纷推出不同的专题版面予以讨论。《南方日报·南方楼市》推出【策划，有名无姓的美女】专版，对房地产策划的现状、作用、策划人的素质以及策划人与发展商的关系进行了讨论。《南方都市报》推出【房地产策划还能走多远】专版，对房地产策划界出现的问题如策划人的职业道德、对策划及策划人的神化、策划界的“文人相轻”现象等展开了讨论。《羊城晚报》推出【房产策划时代：终结还是来临】专版，对房地产策划在企业发展中担任什么角色、在房地产项目中起什么作用、房地产策划是否已经过时等几个问题作了探讨。通过几大报纸的讨论，澄清了当时出现的一些错误认识，促进了房地产策划业健康发展。

7. 策划介入互联网

随着互联网信息业的发展，房地产策划理论思想通过互联网站来探索、研究成了这一阶段的鲜明特征。著名的网站有：http：//www. wzg. net. cn（王志纲网），这是一个专门探索策划咨询业的网站，网站中设有【策划论坛】、【理论探索】专栏，那些基于大势的行业分析、源于实战的策划方法以及特殊视野的独家见解，让浏览者受益匪浅。http：//www. soufun. com（搜房网）中设有【营销策划】栏目，发表有房地产营销策划的理论探讨文章。这些网站的房地产策划探讨及案例，来自实战第一线，创意独到，短小精悍，成为房地产策划者的专业指导和贴心顾问。

1.2.4 整合策划阶段（2001. 5～2006. 5）

1. 广州“星河湾”

整合策划阶段是以广州“星河湾”的成功推广为标志的。

2001 年 4 月 28 日，广州“星河湾”在华南板块中第一个楼盘开盘，开始接受认购登记。5 月 1 日正式开盘，“星河湾”熙熙攘攘，人们拥挤得几乎找不到北。“五一”放假期间，前来参观“星河湾”的人数达到破纪录的 15 万多，内部认购超过 600 套，此时距离“星河湾”广告正式出街还不到 20 天。至 5 月底，“星河湾”开盘一个月，累计售房达 500 套以上，实现销售回款超过 3 个亿。广州“星河湾”如此的开盘场面和销售效果，主要是由于出版了“买家选择住宅的首选标准正由一向以来的价格因素向环境因素转变”的潜在市场需求，整合了各种理念（战略理念、大盘理念、超前理念和泛地产理念）、各种产业（房地产、园林业、教育业、水业）、各种智力（策划公司、设计公司、园林公司、规划公司）、各种风格（夏威夷风格、墨西哥风格、西班牙风格、新加坡风格和地中海风格），集于一体，融会贯通，创造出了“高尚住宅要有高尚环境”的项目主题。

2001 年 7 月 21 日～22 日，广州“南国奥林匹克花园”创造两天销售 731 套住宅的楼市奇迹。“南国奥林匹克花园”的成功，也在于整合的魅力。她以买家追求“运动健康、和谐平等”的生活方式，整合了各种理念（参与性、国际性、趣味性）、各种产业（房地产、体育业、旅游业和教育业）、各种活动（萨马兰奇发来贺电、选南奥园长邓亚萍、国际奥委会一行来参观、国家体育领导题词）、各种第一（第一个社区高尔夫、第一‘学村’、第一个没有样板房但‘家家都是样板房’、第一个‘撒野’公园、第一个年龄相差最大的业主运动会），使每期开盘都取得相当成功，发展商变成了“整合大师”。

2. 阶段特征

该策划阶段的主要特点是以客户的市场需求或潜在需求为中心，整合各种产业、理念、智力和手段，使推出的楼盘升级换代，在激烈的竞争市场中脱颖而出，赢得消费者的青睐。

在整合策划阶段比较突出的楼盘还有广州“华南新城”、深圳“阳光棕榈园”、上海“中远两湾城”、北京“远洋天地”等，这些楼盘都体现了这一阶段的基本特点。

3. 整合策划三大走向

在此阶段，房地产策划出现几个方向：

一是大盘策划。大盘策划是由于“大盘”出现产生的。所谓“大盘”，一般来说是指上千亩以上的大项目，如广州“雅居乐花园”（4500 亩），北京“远洋山水”（3000 亩）等。从广州“星河湾”（1200 亩）开始，大盘策划时代才真正形成，从而流行全国。有人干脆就叫“大盘时代”。

二是连锁策划。最著名的是“奥林匹克花园”连锁项目，除了“广州奥园”、“南国奥园”外，北京、上海、大连等城市都有“奥园”连锁项目。共同的特点是：以奥林匹克精神为主线，以“运动与健康”为特色和先导，根据市场需求，开发和策划具有当地人文内涵的楼盘。这种连锁策划的模式才真正具有差异化和个性化，别人无法“克隆”。

三是城市策划。城市策划是从城市经营的提出开始的。成为“中国城市策划第一人”的是何学林，他在 2002 年 7 月策划的珠海——“世界婚礼文化名城”闻名于世。而在房地产策划领域，极力倡导并身体力行的是王志纲。他提出城市经营首先要做好城市定位，其次才是城市规划和城市运营的问题。2003 年 4 月 16 日，他用城市经营和城市策划的理念去指导“祥和丽城”的开发项目开始启动。丽江的定位是：香格里拉大旅游圈的门户，世界精品体验旅游名城——“东方体验之都”。而“祥和丽城”将建设成为“大香格里拉国际旅游核心服务平台”“丽江城市之心”。

城市经营引出的城市策划在一些城市也开始运作起来。2003 年 6 月 10 日，广州土地开发中心发出信息，首次向社会公开征集“城市运营商”，整体策划琶洲国际会展中心的土地开发。

4. 策划模式形成

经过多年的项目策划实践，房地产策划的具体模式在此阶段基本形成。如以王志纲为首的“战略策划模式”，强调从大势的把握来策划房地产项目，著有《才智时代——王志纲观点》一书，阐述了他的战略策划理论观点；以冯佳为首的“全程策划模式”，强调提升项目价值的角度来全程策划房地产项目；以周勇为代表的“产品策划模式”，强调房地产项目的产品特性来策划楼盘，著有专著《产品主义——北京康堡花园审美解读》，全面地阐述产品主义理论思想；以曾宪斌为首的“品牌策划模式”，强调以“快速推广”来塑造房地产项目品牌，著有《品牌旋风》一书，展示了品牌策划的具体模式及案例。此外，这一阶段也形成了一种“另类”策划模式——“发展商策划模式”。以潘石屹、王石为代表的一些发展商，着重强调房地产项目中发展商的重要作用，认为在企业里不需要策划人，发展商才是真正的“策划大师”。这一策划模式也存在于成熟、规范的房地产开发企业中。

在此阶段，房地产策划活动也相当频繁。各地房地产行业部门及房地产策划咨询公司相继举办了房地产策划培训班，培养造就了一大批房地产策划的实际操作人才。2001 年 12 月 2 日、12 月 3 日，搜房研究院在北京成功地举办了“房地产全程策划成功模式研修班”，会上主讲的是全国著名的房地产策划家、理论家和企业家林少洲、彭远才、叶剑平等，在房地产策划的流程、方法以及策划过程都做了全方位的阐述和解密，使与会者收获不少。2002 年 3 月，广东省房地产业协会在全省举办了“房地产营销与策划高级研讨班”，为房地产企业培养营销策划人才。

5. 策划理论走向成熟

房地产策划的理论研究，在这一阶段有了长足的发展，涌现出不少优秀理论研究人才和学术成果。在房地产策划理论研究中，西安和广州的研究尤为突出。在西安的于强、朱芳两个人，近几年来，他们依托当地的房地产策划实践，对房地产全程策划进行了深入的理论探索和研究，撰写了近十篇文章，为房地产全程策划的理论发展打下了基础。而在广州的黄福新，扎根于珠江三角洲地区房地产策划实践的土壤，近年来也发表了十几篇房地产策划基本理论的文章，为建立房地产策划学学科而不懈努力。他的论文《对房地产策划学科建设的构想》被评为全国第四届房地产及住宅研究优秀论文二等奖。2004 年 8 月，黄福新的专著《房地产策划》出版，并荣获广东省第四届房地产研究优秀成果二等奖。更值得可喜的是，一些大专院校的教授、专家，也加入了房地产策划理论研究的队伍，广州大学的贾士军副教授，编著了《房地产项目全程策划》一书，为房地产策划的系统研究做了有益的探索；四川大学的杨继瑞教授、上海财经大学的印坤华教授，以及一些青年教师都投入对房地产策划基本理论的研究并发表了自己的看法。房地产策划理论的研究在这一阶段才真正得到了有关专家、学者的关注。

房地产策划理论逐渐走向成熟，开始进入一些大专院校的课堂。部分实战策划人为大专院校的学生进行房地产策划的演讲，如曾宪斌、王志纲等。有的专著被大学列为参考书，如《房地产开局与残局策略》（周勇著）被北京大学房地产专业指定必备参阅书。普通高校教材也开始出现，如《房地产项目策划》（贾士军编著）、《房地产营销策划》（祖立厂主编）等。

6. 策划人才“北伐”

在整合策划阶段，南方的房地产策划理念和技术已经比较成熟，而北方则稍微滞后。南方的一些策划机构看到了商机，纷纷挥师北上，占领房地产策划咨询的市场份额。深圳的世联公司、王志纲工作室、广州的 TUT 公司、珠江恒昌公司等，在全国各地的大中城市都有策划代理的项目，把南方先进的房地产策划思想、理念和技术传授到各地。

7. 学术争鸣走向理性

此阶段，由于房地产策划活动得到了房地产行业的肯定，民间兴起的房地产策划咨询也得到了有关政府部门的支持，房地产策划的学术思想争鸣已经走向了理性。互相诋毁、攻击的少了，而相互学习、借鉴对方的策划模式和理念的却多了起来。在学术思想争鸣中，主要是对房地产营销策划的误区进行了讨论，澄清了实际操作上的错误做法。而对在此阶段出现的“大盘时代”“复合地产”“城市运营商”“住宅郊区化”等流行概念，也有人提出异议，认为这些概念过分强调对房地产开发经营有负面影响，不值得提倡。

随着房地产业的进一步发展和深化，房地产策划也越深入，内容更丰富、更有成效。

1.2.5 创意策划阶段（2006.6～2008.12）

1. 北京“华远·企业号”

创意策划阶段是以北京“华远·企业号”项目成功推出作为标志的。

2006 年 6 月 28 日，北京“华远·企业号”以创意地产理念开发的项目正式开盘，便赢得客户的追捧，中影集团等传媒企业正式入驻华远·企业号，被媒体誉为“创意地产经济市场上一股举足轻重的新势力”。“华远·企业号”位于北京西城区西外大街，定位于高端的办公商业群落，强调房地产业与创意产业联姻，为客户办公、购物、消费、休闲、娱乐、文化等多方面消费提供全新的消费感受。

2. 阶段特征

此阶段的主要特征是在整个房地产产业链的各个环节中都投入大量创意因素，从理念、策划、规划、设计、建造，到营销和物业管理各个环节都要有创意，形成整个产业链各个环节的创意整合，提升产品的品牌效应和无形资产，使房地产开发创意项目成功推向市场。

较早进行创意地产实验的项目有2004年上半年北京“峻峰亭”推出的错层创意空间；2004年上半年上海“海上海创意LOFT”项目等。自2006年北京“华远·企业号”项目开发后，相继出现了一大批创意地产项目，如东莞“中信慧坊”、上海“创智天地”等。

3. “创意地产”理念

这一阶段，出现了众多较为新颖的房地产策划理念，如“创意地产”理念、“开放式社区”理念、“节能省地”理念、“亲情和谐”理念、“精细化设计”理念等，其中“创意地产”理念最为精辟，引领时代潮流。

“创意地产”一词最早见于2005年12月的《房地产世界》刊物中的《当商业地产遇上创意产业——创意地产解密》（作者戴承良），其后“创意地产”的提法流行起来，并得到了业内外人士的肯定。

对“创意地产”理念的理解，有两种代表性的观点：

第一种观点，创意地产是房地产业的一种门类，也是创意产业的一个分支，具有双重隶属关系。创意地产是房地产业与创意产业融合的交叉产业。它以泛地产为理念，进行创意产业运营，其核心是新型商业地产运作，主干为创意商铺、创意办公楼、创意园区，兼及创意住区，创意地产的灵魂是创造意义，注重时尚、文脉、体验的经营。

第二种观点，房地产业与创意产业的美妙联姻诞生了创意地产。创意地产并不是一种与住宅地产、商务地产、体育地产、旅游地产、会展地产、娱乐休闲地产等各类房地产产品相并列的地产品种，而是房地产产品的一种新的运作理念和方法。创意地产，不仅是指含有创意因素的房地产产品，而且是指在整个产业链的各个环节中都投入大量创意因素。从理念、策划、规划、设计、建造，到营销和物业管理各个环节都要有创意，形成整个产业链各个环节的创意整合，提升产品的品牌效应和无形资产。

“创意地产”理念的内涵还在发展之中。

4. 策划行业活动

此阶段的房地产策划行业活动众多，代表性的有：

（1）“2007中国房地产策划代理企业百强研究”活动。该活动由中国房地产TOP10研究组举办，从2005年开始，已经进行了3年。策划代理企业的百强研究，通过众多指标综合评价企业在销售能力、策划能力、发展能力等方面的突出表现，得出策划代理企业的百强排名和发展趋势。2007年前3强是：易居（中国）控股有限公司、世联地产顾问（中国）有限公司和合富辉煌集团控股有限公司。

（2）“创意地产”活动。“创意地产”活动在这一阶段也是一个亮点，主要有：2007年1月30日，新浪网、《蓝筹地产评论》杂志等单位举办的“创意地产2006中国年会”、2007年4月25日中国房地产经理人俱乐部主办的“创意地产规划设计高峰论坛”以及易居房地产研究院、东方房地产学院发起并主办的系列“创意地产研讨班”，等等。这些“创意地产”活动的举行，进一步促进“创意地产”向前发展。

5. 策划理论深入发展

这一阶段房地产策划理论发展迅速，涌现出一大批房地产策划理论著作，特别是商业房地产策划理论相当显著，如《商业地产策划与投资运营》（董金社著）、《大型商业地产定位与策划》（朱连庆著）等。这些理论著作总结了商业地产策划的实践，具有较高的理论价值。其他如王志纲工作室编写的10本一套的《王志纲战略思想库》，是一部不可多得的策划理论文献。

许多专家学者对“创意地产”理念的探讨也成为这一阶段策划理论的特征之一。孙德禄的《创意地产三大特征》、邵念强和赵毅的《创意地产——多元化理论与房地产整合营销的有机互动》、戴承良的《创意地产初探》、张元端的《创意地产——房地产业与创意产业的美妙联姻》等文章，从不同角度阐述了创意地产的内涵，为创意策划阶段的房地产策划实践提供了理论指导。

6. 策划教育与职业资格认证

随着房地产策划行业的蓬勃发展，社会上对房地产策划人才的需求日益增大，对房地产策划正规教育也提到议事日程。这一阶段，在高等院校（职业技术院校）开设房地产策划专业的呼声日益高涨，2008年开设房地产策划专业（或方向）的职业技术院校已有21所。可以相信，未来几年，开设房地产策划专业的高等院校（职业技术院校）将会像雨后春笋一样出现，为房地产策划行业提供德才兼备的创意人才。

另一方面，房地产策划师职业资格认证工作在这一阶段也开展得有声有色，试验性职业资格认证工作在全国部分省市相继铺开。不久将来，房地产策划师职业资格认证将会成为房地产策划人取得国家职业资格证书的又一途径。

1.2.6 产业策划阶段（2009.1至今）

1. 北京“绿地启航国际”

全新概念的产业策划阶段是以北京房山区绿地启航国际系列项目的开发建设为标志的。

2009年，绿地京津事业部进入房山区开发建设，立足为企业提供基础价值服务，解决企业成长中问题，助力企业提升自身价值，积极探索“产城一体化”的投资运营新模式，从发展楼宇经济做起，开拓政企联手新模式，将政府、开发商、入驻企业、投资人四方紧密结合形成“绿地合伙人模式”，致力于打造开发建设区域写字楼集群，营造严谨、专业的商务氛围，实现最完善的商务休闲、商业经营等高端配套以及三大层级六大板块的十九大功能的软性服务扶持。

截至2015年，绿地京津事业部在北京、天津、河北等地已落地产城融合开发项目达27个，商办总体量为483万m^2。

2. 阶段特征

产业地产以产业为依托，地产为载体，实现土地的整体开发与运营。在满足消费型地产以健康、生态、人居环境与自然相融合高级别价值的同时，以其更适宜人的创业发展、自我价值实现和投资的可持续增值为其本质特征。

该策划阶段的主要特点是将地产、第一二三产业、城市三方面发展有机结合，也是将资金、地产、产业三要素合理配置，以提升城市产业价值、产业能力，聚集人口与资本，调整经济结构，促进产业升级，实现“创新驱动、转型发展”为目标。

产业策划是中国特有的经济现象。第一批做产业地产的是十几年以前的人，他们最早还没有提出产业地产这个概念，直到2003年该概念首次被提出，当时是工业地产的升级与换代。

随后产业地产市场呈现纷繁复杂、难以名状的混沌状态，形形色色的产业地产商，商业模式迥异，所处发展阶段极不均衡。首先是住宅地产黄金十年的离去，高库存率、低利润率已经成为房地产领域的新常态，在新常态下，大中型传统开发商谋求公司的多元化发展，跨界往产业地产转型愈演愈烈。国内排名前20的房地产商，由绿地打开新局面，陆续有一半以上涉足产业地产，如万科、富力、碧桂园、世茂、招商、绿城、首创、远洋、中粮等，成立了专门的产业地产事业部、部门或中心，打造企业的新增长板块。纵览进入产业地产的企业，似乎每家都宣称自己有独到的商业模式，如产业综合体模式、商贸物流城模式、产业新城模式、总部基地模式和office park模式，等等。其次以往的工业企业也想在产业地产的运作中分得一杯羹，以孵化园、创业区、总部基地等见多，如田安数码城、青羊总部基地、大旗·底特律城、东大·川南家居城、联东U谷等。

在产业层面，产业地产将进入住宅与商业、文化创意、休闲旅游、养生养老、生态科技、物流、汽车、新型工业等业态多元化协同发展的新阶段。正在适应新型城镇化、工业化、信息化、服务化、农业现代化的要求，进入了一个新理念、新模式发展的新阶段。产业策划将是未来房地产策划发展的主流方向。

在房地产调控和鼓励产业升级转型发展的大背景下，产业与地产的结合也越来越紧密。产业地产既作为房地产企业新的转型方向受到地产企业的关注，也在国家政策和地方政府的支持下蓬勃发展，然而存在的问题也不容忽视。中国房地产学会副会长、北京大学教授陈国强表示，产业地产是企业战略转型的重要方向，成功的产业地产运营商未来所获收益，应该数倍于房地产项目，包括城市基础设施建设、土地一级开发与转让、房地产开发与销售以及后期运营管理带来的持续收入等四方面利润。陈国强指出，目前产业地产也存在着一些问题与困惑，土地价值发掘不足、低端重复建设与同质化、缺乏可持续发展能力、伪产业地产泛滥、软硬环境缺失、资源整合难度大、投资回收期长以及缺乏投资运营管理经验等都是未来产业地产发展的软肋。

3. 产业地产是研究生

有位专家曾说过，住宅地产是高中生，商业地产是大学生，产业地产是研究生。这句话从三者的经济影响力、功能类型、综合实力区别上可见一斑。

经济影响力：产业地产不单是以好地段所在地形成的自然辐射，而是在产业集聚优势、区位发展优势的基础之上，借助城市发展的综合资源优势，依托地区经济能量、城市功能的提升，促进城市的繁荣和提升。

功能类型：住宅地产的功能较单一，商业地产的功能较多样化，例如购物功能、餐饮功能、娱乐功能、休闲功能、商务功能，等等；但产业地产的功能更全面、更为突出，例如打造企业集群、提升城市形象、提高政府税收、提升企业竞争力等。

综合实力：从资金运作角度来看，产业地产资金运作时间更久，资金回收较慢，产业地产的运作对于后期资金的需求量也很大，项目建成前需要大量的资金投入建设，建设建成后，还需要大量的资金完成产业运营，实现利润，招商成功后，仍需要很多资金为企业完成后期运营服务，也就是说，产业地产的运营需要更加有资金实力、技术实力的企业，才能做好产业地产。

目前南城北谷东园西仓中光谷武林格局初成，较重的地域特性相对限制了产业地产的扩张步伐。

4. 产城融合

实现产业园区运营与新型城镇化建设国家战略相结合，实现产城融合是发展的重要趋势。各级各地政府把产业地产当作能换来土地收益，又能培育产业，还可以培育税源，又可以实现工业化现代化的利器，而产业地产的市场化运作，正好迎合了政府的需求。产业地产运营商承载了城镇化建设与服务企业发展的资源整合重任，兼具产业的规划者、专业服务提供者、物业经营者、企业投资者、园区管理服务者五种角色，致力于实现产业园区与城镇融合发展，产业园区的要素和城市的功能相结合，发展“园区运营＋配套”的产业新城模式。我国沿海的部分开发区，比如说天津、苏州、广州、上海等已经进入到以工业、商务、居住多功能为一体的新型产业园区发展的初始阶段。

5. 定位精准化、差异化

目前园区缺乏特色，各地园区定位趋同，自身特色不明显，园区品牌影响较弱。突出表现为园区定位不清晰，导致很多园区按照一个模式、一种发展路径，最后形成各地园区重复建设，甚至园区只是开发房地产的一个幌子，不孵化企业，无心顾及产业特色，这是诸多园区招商困难的重要原因之一。园区的产业定位和产品、服务的精细化管理，加强完善园区配套建设和服务体系，是未来产业园区的核心竞争力。据此，产业地产发展要紧密结合国家政策，2015 年可根据国家鼓励的文化传媒、生物产业、节能环保、新一代信息技术产业等行业的政策引导和地区经济实际情况来制定产业地产的发展主题。

6. 专业化运营管理

运营商应按照企业的需求将服务内容分为若干模块，如物业管理服务、融资担保服务、企业咨询服务和人力资源服务等，摒弃传统的住宅地产思维只追求短平快赚钱来建设产业地产，也不再简单复制、模仿一些成功产业地产商的经验和做法，意识到项目前期定位的重要性，在实践中逐步摸索出自己个性化的发展模式，清晰自己的个性化的定位和独特的模式，并深刻意识到服务和运营是产业地产的关键，更深刻体会到产业地产是要构建一个产业发展的生态体系。

7. 互联网化电商化

“互联网＋”成为该阶段的标配，智慧园区、生态园区成为亮点。一方面，客户对环境的要求越来越高，尤其是生物技术、信息技术、新能源、新材料行业、文化创意产业等，从业人员专业化程度高，对园区的环境挑剔，对服务要求越来越精细化，园区运营商要从环境方面进行改善，提高园区环境舒适度。另一方面，地方政府在新的绩效考核机制下，由过去单一的 GDP 经济增长考核转化到经济、社会、生态环境、科技创新等立体化、多元化评价方面，对自然资源利用效率、生态环境保护、低碳环保等方面要求较高，因此号召建立智慧园区、生态园区。产业地产纷纷或携手共建 O2O 平台，打造产业园区行业的电商交易平台，或利用移动互联网 APP 工具打造智慧园区，实现园区服务智能化，或携手共建生态园区，借助互联网来优化传统服务，寻找社会资源来解决园区的服务需求，以简化园区的运营成本。

在产业策划阶段，互联网、移动互联网、电子商务等从产品到用户，从服务到思维模式等方面都对房地产业产生了颠覆性的变化。首先，以 Airbnb 为代表的新型地产形式的涌现代表着互联网给房地产产品到客户的通路上带来了新的机遇和变化，而以房多多为首的出现在新房、二手房等各个市场中多个房地产经纪公司或平台的激烈竞争使房地产传统销售在“互联网 +”时代不可避免地面临瓦解的可能。其次，智能设备给房屋带来的变革是 BAT 和创业公司虎视眈眈地将房屋变成一个最大的集成系统入口，无论是消费终端，还是移动硬件，都将成为一个家具信息生活站点，智能化的家居生活将风靡社会。再者，结合移动互联网的 O2O 模式产生了以彩生活为代表的一大批生活服务类创业项目，生活电商、社区服务 O2O 正迅速渗透到用户，生活 O2O 取代传统物业管理服务模式已成必然。然后，传统地产以供应决定需求的思维模式也发生了改变，开始产生了从用户需求出发的住房定制众筹新模式，未来更容易实现的不是大规模的房屋量产复制，而是个性化定制，小而美的房屋定制节约成本，从用户需求出发，将为房产开发带来新的思路。

随着移动互联网逐渐打破熟人、陌生人之间的沟通壁垒，过去非常单一的空间局限被打破。随着陌生人之间的交往频次越来越高，人的交往和公共的场所需求不断增加，交往目的的多样化创造出更多的对于新空间的需求，类似 you +、Urwork 等创新的共享型工作生活空间进一步涌现。

8. 房地产业未来的出路在于融入现代服务业

产业地产成功与否的评判标准全部着眼于其与产业的结合程度，在多大程度上能够真正有效地扶持、引导、孵化产业，服务于实体经济。立足产业园区的特点，瞄准目标企业，形成系统的多层次招商模式，以标杆企业形成先导效应，以中小企业形成集聚效应，以中介服务体系形成保障效应，提升园区品牌效应，提高招商的成功效率。

未来，房地产业将融入更多的现代服务业，房地产策划愈加焕发时代性与创新性。

1.3　房地产策划发展的未来方向

1.3.1　房地产策划发展的特征

1. 房地产策划产生于计划经济向市场经济转型时期，带有明显的经济转型痕迹。

房地产策划咨询自 1993 年出现以来，显现出勃勃生机，但经济转型的痕迹不可避免地存在，诸如策划基础理论稚嫩、策划咨询技术不成熟、行业行为不规范、过于神化而盲目崇拜等。如房地产策划的结论以定性为主，人为因素影响较大。由于房地产策划的信息搜集、分类、处理等不成熟，没有一个大家可以相信和共用的信息平台，加上忽视数字思维，得出的策划咨询结论定性为主，说服力不强，用以决策就会出现较大的偏差。国外的咨询结论大都以定量为主，客观因素比重大。在经济咨询过程中，任何一项建议的提出都建立在大量数据事实及严谨逻辑推理基础上，杜绝凭感觉非量化分析。这些经济转型的痕迹一直遗留到今天，具有明显的国情特色。发达国家的经济咨询产生于高度发展的市场经济，得到政府和行业协会的参与、支持和规范，经济咨询的各个方面都显得成熟、规范和科学。

2. 人们对房地产策划价值的看法在思想上比较混乱。

房地产策划是伴随着人们的争议成长、发展起来的。多年来，虽然人们普遍认可了房地产策划的经济价值和社会价值，为一些房地产项目因引入策划手段使项目起死复生而赞叹不已，但是，还有不少人否认房地产策划存在的价值，对房地产策划的地位作用存有怀疑。主要有两种观点：一种认为房地产策划在房地产开发项目中根本没有作用，开发项目主要是管理与操作问题，并不是什么策划不策划的问题，特别是一些以专家自居的人士对房地产策划的价值不屑一顾；另一种观点认为房地产策划很神秘，过分夸大策划的作用，以至于对策划入神化。“大师”如云，动辄要价高昂，使企业望而止步。上述两种观点都是对房地产策划认识的两种极端看法，如果大家都以平常心来对待发展之中的房地产策划咨询业，对之就不会出现这种过分苛刻和盲目崇拜的心理。

3. 房地产策划从沿海发达城市向内地城市推进，“克隆”现象比较普遍。

房地产策划的兴起和最早为市场认可，应当是由沿海发达城市开始的，如广州、上海、深圳等。多年的房地产策划实践，使从事第一线的策划人积累了丰富的策划案例和极有价值的策划思想和理论。近几年来，内地城市也开始在房地产项目中兴起策划行为。这些城市引入策划行为的途径有：一是派专业人员到沿海城市学习、取经，参加各类策划培训班；二是邀请知名策划人前往内地房地产开发项目担任总策划或顾问；三是内地举办各种房地产策划演讲会，并邀请知名策划人参加交流，从中获得沿海地区房地产策划的最新理念。通过这几种方式，沿海城市先进的房地产策划理念和优秀的经典案例，就在内地城市开花结果。同时，内地策划人在策划理念和手段上，不可避免地出现了“克隆”现象，这已经引起同行们的关注。其实，策划者应该注意的是：创新，才是房地产策划可持续发展的本质所在。

4. 房地产策划模式多元化，策划理论日益丰富，策划价值得到肯定。

自从王志纲提出“泛地产”理念以来，房地产策划模式可谓多姿多彩。“泛地产”的开发策划，可以说是真正的“跳出地产做地产”，追求人与自然的和谐，在更大的空间尺度上体现对人的呵护，顺应了人类消费需求层次多元化的大趋势。以广州为例，有复合地产模式、品牌连锁模式、生态住区模式、社区文化模式以及康居家园模式等。这些模式最大程度地满足房地产开发项目适应市场的需求，赢得顾客的信赖。

策划人通过各种活动推介自己在实践探索中形成的房地产策划思想和理论。经过多年的实践和摸索，部分优秀策划人积累了丰富的房地产策划理念、思想，并以各种方式进行推介、传播。据了解，每年有十多位知名策划人在全国各地巡回演讲、传授。他们还举办各种房地产策划培训班，以自己的策划经验总结作为培训教材。

房地产策划注重盈利性，智慧价值得到肯定。房地产策划咨询是智力的产物，它所得到的报酬也往往超过房地产行业的平均利润，智慧的价值得到了前所未有的肯定。据了解，一些知名的咨询公司全程策划一个项目，收费最低不少于100万元，可见策划价格的高昂。但随之而来，咨询服务的质量也出现一些不尽人意的地方，如没有达到预期的策划效果，策划过程跟进不力，策划观念陈旧，等等。国外的经济咨询是盈利与非盈利性并重，特别注重咨询服务的质量，使客户得到超过付出报酬的服务。在美国，经济咨询80%以非盈利性为主，这与国内房地产策划咨询的状况大不一样。

5. 房地产策划侧重现有市场的分析和谋划，对未来市场预测和新市场的开拓力不从心。

对现有市场的分析和谋划是经济咨询的出发点，对未来市场预测和新市场的开拓是经济咨询的重中之重，这是国外经济咨询的经验所在。由于国内预测手段不成熟及信息处理缺乏良好的技术分析基础，往往本末倒置，着重强调现有市场的分析和谋划，抓不住房地产策划咨询的重点之处。

6. 房地产策划咨询与民族文化渗透一起，具有鲜明的民族特征。

在房地产策划咨询中，民族文化的精髓和风韵深深地贯穿其中，诸如民族心理、民俗民风、风水地理等。每一个策划成功的房地产品牌项目背后都有民族文化精髓的支撑，真可谓“名牌的背后是文化”。国外则大不一样，由于现代科技的影响，在经济咨询中，大多与科技文化融合一起，具有突出的现代科技意识。

7. 房地产策划咨询以知名策划人领衔，其他人员具体操作的情况出现。

这是国内房地产策划咨询的一大特点。前几年，一些“自由策划人”经过艰辛的努力和不断的探索，创造出许多项目典范和营销经典，赢得房地产开发企业的认同，名声在外，小有成就。于是，他们纷纷成立各类房地产策划咨询公司，为房地产策划发展的专业化、规范化而不懈努力。但是，以知名策划人领衔主演的形式一直保持至今，为房地产策划咨询业的一大风景。究其原因，主要是房地产策划咨询公司没有知名策划人的担纲主持是很难维持下去的，故还会持续一段时间。随着房地产策划咨询业的日益成熟，这种领衔主演的形式会有所改变。国外的经济咨询则以专家及技术人员咨询为主，像美国的麦肯锡咨询公司、安达信咨询公司，创建公司的名人大都退居幕后，而大批的专家和技术人员走到前台，为客户提供专家咨询服务。

1.3.2 房地产策划发展的思路

1. 房地产策划咨询不会走向消亡

有人认为，在我国加入世界贸易组织以后，大批国外专业咨询公司进入，会把不成熟、不规范的房地产策划咨询挤出咨询领域，进而消失掉，这种观点是不对的。国外专业咨询公司进入我国也还有个如何适应的问题：一是怎样与咨询领域的我国国情相吻合；二是怎样消化我国民族文化的精髓；三是怎样适应咨询信息匮乏及不准确的现状。加入世界贸易组织后，国内的房地产策划咨询不会消亡，它将与进驻我国的外资专业咨询公司在竞争中共同发展，达到“双赢”。

2. 房地产策划咨询需要借鉴国外管理经验和咨询技术

在房地产策划咨询领域，有不少人对引进、借鉴国外管理经验和咨询技术存有怀疑，认为房地产策划咨询的国情特点不同，国外的那套东西在国内不适用。其实，面对世界贸易组织的到来，国外管理经验和咨询技术摆在这里，你不学习、借鉴，也会有“无形的手”逼你去做。因此，轻率排外和盲目引进都是不可取的。唯一的途径是积极地面对它，利用它，结合房地产策划咨询的国情特点，为我所用。

3. 房地产策划咨询需要建立完善的资格准入制度

当前，从事房地产策划咨询的人员来自各行各业，专业素质参差不齐，职业道德难以恪守，进而影响了行业声誉。对此，建立完善的资格准入制度已迫在眉睫，但有人认为：现在的房地产策划咨询产生不久，鱼龙混杂，不值得予以规范，待发展完善再说。房地产策划咨询在房地产中介行业中处次要地位，不太重要，任其自生自灭等。这些观点的实质是对房地产策划咨询的社会地位作用不理解所致。建立完善的资格准入制度，规范从业人员的专业素质和职业道德，将对房地产策划咨询的健康发展起到积极的推动作用。

4. 房地产策划咨询需要成立行业协会来规范其各种行为

房地产策划咨询有不少专业行为，如技术规程、洽谈程序、咨询守则、职业操守、保密原则、收费标准等，这些咨询专业行为没有一个专业机构来组织、规范是很难统一的。当前，房地产策划咨询的行业专业行为五花八门，极不规范统一，使咨询客户无所适从，影响了行业信誉。因此，很有必要成立行业协会来规范房地产策划咨询的各种行为，为咨询客户提供专业、规范、完善、满意的策划咨询服务。

5. 房地产策划咨询需要加快其产业化的进程

房地产策划咨询经过多年的发展，从业队伍日趋壮大，经营产值不断增加，并有一大批稳定的客户群予以支持，这些为加快其产业化进程提供了有利的条件。据了解，广州、深圳等地的一些专业的房地产策划咨询公司，其策划咨询业务量很大，年产值在2000万元以上的咨询公司为数不少，这些为加快其产业化发展打下了坚实的基础。加入世界贸易组织后，随着房地产策划咨询的科学化、规范化，加快其产业化进程就必然提到议事日程上。

1.3.3 房地产策划发展的趋势

1. 房地产的策划观念从产品品牌观念基础上向企业品牌的观念转变，从追求社会效益和经济效益观念基础上向生态效益和可持续发展的观念转变。

这两个转变的实现，标志着房地产策划思想观念达到理想的高峰。目前，一些房地产开发项目策划已初步表现出以上观念的转变。广州“中海名都”项目的策划已在观念转变中大做文章。该楼盘在名称上着重体现企业品牌的声誉，在观念上着重表达“都市生态园”的主题概念，追求生态住区可持续发展的至高境界。实现这一理念，不是策划人的刻意做作，而是人们对住区观念要求变化、创新的必然结果。

2. 房地产的策划组织从“自由策划人”走向群体组织；从群体组织走向专业分工、相互协作的轨道上。

由于房地产策划最早是由“自由策划人”实践、探索而逐渐发展起来的，至今还有不少“自由策划人”。即使现在已经进入组织的“自由策划人”，也不可避免地留下一些“自由”思想烙印。随着房地产策划业的深入发展，策划人必然走向规范的组织化道路。这是因为：房地产业的发展，项目开发涉及人文、经济、管理、建筑、IT业、生态与环境等多个方面，各方面需要互相协作。而“自由策划人”不深入掌握多学科知识，是难以胜任这些策划任务的。再有，策划人要使策划的项目成功，必须充分利用与策划有关的信息，但策划者个人无法收集、分析、整理、归纳大量的动态信息，从而做出正确的判断和决策。

3. 房地产的策划手段依据房地产项目的具体特点，既有宏观把握，也有微观切入；既有战略引导，也有实战操作；既有人文参与，也有科技配合的多元化、立体化策划技术手段。

策划技术手段的多元化和立体化，是由房地产项目开发的差异性决定的。随着楼盘越来越大，策划内容越来越丰富，技术含金量越来越高，策划技术手段的变化和更新程度就越来越快。开发项目竞争激烈，策划手段在不断地创新，每位策划人都有自己的主打技术。这些主打技术汇集在一起，构成庞大的房地产策划技术体系，对塑造项目的差异品牌和避免同质化将起重要作用。

4. 房地产的策划方法从侧重项目概念转到项目概念与项目细节并重的方法上。

项目策划概念是当前房地产策划方法上的主要特征，它强调某个概念的创意而使楼盘热销。随着消费者消费出发点的改变，消费者买房不只是买“概念房”，还要买“精品房”。因而，楼盘的细节、细部的完美和舒适将进一步引起购买者的重视。未来的房地产策划，将从侧重项目的概念转到项目的概念与项目的细节、细部并重的方法上。既有美好的概念创意，又有项目细节完善的楼盘必然得到人们的青睐。

5. 房地产的策划理论由单薄、零散的思想、理念逐步形成全面、科学的理论体系。

几年来，房地产策划经过优秀策划人的辛勤努力，策划思想、理念不断丰富，策划理论研究日益深入，这些实践积累起来的真知灼见是房地产策划理论不可多得的财富。2001 年 3 月 1 日，专门探讨"中国海外"精品设计成功实践与探索的论坛在广州召开，论坛突出总结以概念设计作为房地产项目发展的中心主题，推动房地产业向高品位、高素质方向发展的技术和经验。论坛的召开，丰富了房地产策划理论，意义深远。再过几年、十几年，经过策划人不懈地实践、积累和摸索，全面、科学的房地产策划理论必然会呈献在人们面前。

6. 房地产的策划信息从人脑搜集转移到人机结合；在信息的分析上，从定性分析转移到定性定量相结合。

现代计算机业、互联网业的发展，使人们利用计算机和互联网进行房地产信息的搜集、分析、加工、整理乃至运用成为可能。计算机、互联网等信息工具可以成为人脑不足的补充和人脑思维的延伸。现代信息工具可以帮助人们收集、分析大量信息，通过综合归纳并运用各种技术手段可模拟策划结果和实战状况，为策划达到的预期效果提供参考。目前，房地产策划的信息分析大都只处于定性分析面上，使得策划过程中的科学性不够，往往出现一些无法讲清楚的问题。从发展的观点看，处理信息时定性与定量相结合，互为补充、互为促进，才能使信息处理达到科学化，才能准确地反映市场动态情况。如果这样，房地产策划水平就会产生新的提高、新的飞跃。

7. 房地产的策划工具和渠道与时代紧密结合，愈加智慧化与重用户体验。

从互联网到物联网，城市是智慧城市，社区是智慧社区，家是智慧家，传统行业也带上互联网的翅膀焕发智慧光芒。作为传统行业的房地产业与互联网的结合由来已久，并不断迭代。先是 1999 年搜房网开拓了房地产信息网站网络营销的模式，其核心属性是媒体，本质是开发商和二手房中介公司的广告平台。自此媒体电商开启了长达十余年的发展。直到 2011 年，随着中国房地产经历长期政策调控显示颓势，乐居与 SOHO 中国联手首次网上拍卖正式开启中国房地产渠道电商业务大潮，带上互联网思维的渠道电商形式五花八门，崭露头角。媒体电商企业也逐步向渠道电商转型，主要做法是用广告服务换取楼盘折扣再将折扣销售给购房者以赚取差价。同时其他新生力量也加入该领域，如房多多、365、好屋中国等，房地产的网拍、网售充溢互联网，其本质是整合极其分散的传统新房销售、代理与二手房经纪公司的渠道，在房地产低迷的情况下，高速为开发商拓客，完成买卖双方的匹配，加速去化。在移动互联网时代，渠道电商又把竞争延伸到移动 APP 端，结合移动互联网，房地产行业进入一片新的蓝海。腾百万牵手成立万达 O2O 电商平台、万科社区生活"住这儿" APP 等，各大势力争相入局移动互联网竞争。

2014 年房产电商最大的价值是完成了对开发商群体的用户教育，应用场景与使用习惯牢固构建，电商和房地产的合作模式已经在开发商不断受教育的过程中逐渐升级，成为主流营销方式。楼市自发大调整，更为所有的电商工具创造了一个空前的试验田，谁能展示价值，谁关注用户体验，谁就能占领一壁江山。

第2章 房地产策划理念

房地产策划从产生到现在，是依据一定的思想、理念、观念进行的。纵观策划成功的房地产经典项目，无不例外。近二十年来，在我国的城市建设中，出现了不少的新思想、新理念、新观念，它们对房地产策划很有指导作用。如钱学森先生倡导的“山水城市思想”、王志纲提出的“地产论”（概念地产与泛地产）、卢铿呼唤的“新住宅运动”，还有“生态住宅”、“居住郊区化”等观念。这些思想、理念和观念新颖、独到，在一定程度上反映了现阶段我国城市建设、城市规划、城市建筑及城市房地产开发的基本要求和基本规律。

房地产策划如果没有这些思想、理念和观念的指导，就会失去思想根基，很难策划出有影响的房地产经典项目。因此，把握和领会这些思想、理念的本质、内容和精髓，对房地产策划运作的顺利开展具有不可估量的作用。

2.1 概念地产与泛地产论

2.1.1 概念地产与泛地产的提出

1. 概念地产的提出

1993年至1996年间，广州、深圳及珠江三角洲等地的一些项目，发展商采用了一种新的运作手段。在楼盘推出时以某种概念、理念作为出发点，进行全方位的宣传，使该楼盘全民皆知，销售取得成功。最有代表性的是广东顺德“碧桂园”，它以“给你一个五星级的家”为主要概念，并贯穿于项目的各个环节，在当时引起了空前的轰动。接着，深圳“联合广场”、广州“名雅苑”、番禺“丽江花园”、深圳“万科花园”等楼盘相继采用这一手段，使各个项目名声在外，取得不同寻常的效果。

1996年11月，身为王志纲工作室首席策划的王志纲在深圳召开的房地产专题学术演讲会上对当时的房地产形势进行总结，提出了著名的房地产“三阶段论”：即1991年至1993年为房地产“炒家市场”阶段；1993年下半年至1996年为房地产“用家市场”阶段；1996年以后为“概念地产”阶段。

概念地产阶段的主要特征是房地产开发项目被赋予鲜明的主题和以新的生活方式概念去吸引消费者，从而在竞争的市场中获得成功。

2. 泛地产的提出

1998年7月，中国房地产（南方）峰会在广州举行，王志纲应邀参加了会议。会上，王志纲根据他对房地产形势的洞察与了解，提出了“泛地产”理念。他认为房地产经过一段的“概念地产”后，现已进入了“泛地产”阶段。他还透露已开始对“泛地产”进行实质性的探索。会后，南方各大传媒对王志纲提出的新理念进行了报道。

2.1.2　概念地产与泛地产的内容

1. 概念地产的内涵

王志纲提出的“概念地产论”包含以下几方面内容：

第一，房地产开发项目是由概念、主题支持的。

王志纲指出：“很多项目都是先给他们一个概念，这个概念被社会接受以后，这个概念所支持的硬件就能被消费者所接受，这样，项目基本上是不愁市场的”。

第二，概念地产是一种经营理念。

指的是房地产开发与营销中无形的要素，诸如社区文化、生活方式、品牌形象等，通常寓于有形的实物地产中，并赋予有形地产的主题和灵魂。“理念就是项目的灵魂”。

第三，房地产开发项目要进行“概念设计”或“理念设计”。

“概念设计”影响项目的成败，是项目“成功策划的核心”。没有进行“概念设计”的项目或“概念设计”不好的项目，是很难走向市场的。

2. 泛地产的内涵

王志纲提出的“泛地产论”是对“概念地产论”的进一步完善和发展，它包含以下几方面内容：

第一，泛地产继承概念地产的精髓，并进一步深化和完善。

真正的概念地产时代的开始，与泛地产阶段的到来是一脉相承的。从概念地产的角度来理解泛地产，就是整合各种概念、理念而有机形成的复合体。

第二，泛地产是与狭义地产相对的概念。

泛地产，或称广义地产，是与狭义地产相对的概念。狭义地产是指人们通常理解的房地产，主要指住宅、写字楼、商铺等商品房的开发，即盖房子，并为房子配套设置一些附属设施（道路、停车场、绿地、小品、幼儿园、学校、游泳池、大门、会所等）。总之其核心是“房子”。

所谓泛地产，就是整合各种概念、理念而有机形成的复合体。它的直接意义在于，能满足人们对体育、教育、休闲等多重生理与精神的需求。

实际上，泛地产就是以发散的思维方式，跳出行业，整合资源，即将狭义的房地产与工业、农业、商业、旅游业、体育产业、教育业、科技业等产业融合起来，营造新的文化与生活方式。泛地产不再局限于以“房子”为核心，“房子”可能是主体，也可能成为附属的配套设施。泛地产是在某一特定概念下营造一种人性化的主题功能区（社区），如城郊休闲型住宅社区、生态农业度假区、高科技园区、休闲养生园区、高尔夫生活村、观赏型农业旅游区等，即将狭义的房地产与工业、农业、商业、旅游业、体育产业、教育业、科技业等产业融合起来，形成各种“产业房地产”。泛地产要求摆脱传统房地产开发的思维定式，不局限于“以房子为核心”，房子可能是主体，也可能成为附属的配套设施，它在某一特定概念下营造一种人性化的主题功能区域（社区）。泛地产对房地产项目策划更综合、更宏观、更富于原创性，适度超前地将项目置于即将到来的大势潮流之前，让潮流推动项目往前走。

3. 泛地产的关键是理念创新

理念创新就在于适度超前地研究未来适合人类发展的各种新的生活方式，并将它们充分地消化、升华和提炼成能够统帅全局的思想精华，并使其渗透、融合、演绎在房地产的开发之中。创新可分两个层次，一类归于技术和操作层面，如：设计创新、产品创新、营销创新、服务创新等。但是作为一个房地产开发商来说，更要关注哲学、思维层面的创新问题，主要指理念创新。王志纲认为，房地产靠克隆，靠模仿，靠经验已经走不通了。市场在计划经济时期是等来的，在市场经济的早期是找来的，在市场经济的今天是做出来的。哪里有创新的开发理念，哪里就有好卖的房子和相应的生活方式或工作方式。所以，理念创新是发展商必须面对的永久课题。

2.1.3 概念地产与泛地产论对房地产策划的影响

王志纲提出的概念地产与泛地产论（以下简称地产论），对整个房地产策划领域产生了很大的影响，不少房地产项目策划就是在“地产论”理念的指引下，通过独特的概念（理念、主题）设计（策划）和泛地产理念创新，使开发的楼盘顺利走向市场，获得成功。

“地产论”的提出，为房地产策划实践提供了一种科学的理论指导，具有深远的历史意义。

1. “地产论”是房地产策划的重要指导理念，具有理论指导意义。

众所周知，房地产策划作为一种智慧咨询业一开始是在实践中诞生的，由于策划行为能为房地产企业带来效益而逐渐得到社会的认可。在房地产策划实践的不断摸索中，王志纲以他思想者的功底把房地产策划的客观现象抽象为客观规律，这是房地产策划不可多得的理论财富。“地产论”的提出，影响了整个房地产界，一直沿用至今，是房地产策划的重要指导理念，具有普遍的理论指导意义。

2. 在房地产策划实践中创造了经典案例，具有现实意义。

在“地产论”理念的指导下，策划人（或发展商）以聪明的智慧和无畏的毅力，创造了一个又一个项目典范和营销经典，把“概念地产”和“泛地产”策划理念发挥得惟妙惟肖。

广州的“中海明都”、深圳的“天海花园”、成都的“锦官花园”、上海的“名人轩居”等项目无不是这样。把“概念地产”理念发挥到顶峰的要数北京“现代城”了。北京“现代城”在全国炒得沸沸扬扬，“现代城”的老板潘石屹也成了名星级公众人物。外行看热闹，内行看门道。姑且不论“现代城”台前幕后的是是非非，透过现象看本质，我们可以捕捉到北京房地产“概念地产”阶段的端倪。归根到底，“现代城”的成功，是开发理念上的成功。它抓住了北京人追逐时尚、前卫的心理，在互联网热潮狂卷北京的背景下，适时推出“SOHO”概念，对项目进行准确而独特的定位，跳出同质化竞争，并大肆炒作张扬，公关造势，从而取得了空前的成功。其吃透地方人文特点、寻找理念突破的思路很有借鉴意义。

在“泛地产”理念的影响下，复合地产经典项目也层出不穷。竞争日益激烈的房地产市场，单靠一个卖点是无法打动消费者的。楼盘竞争的利器便是其附加值，而复合地产则最大限度地提升了产品的附加值。有了深圳“蔚蓝海岸”和北京师范大学的合作，教育地产应运而生；有了深圳“高尔夫花园”，高尔夫地产也应运而生；随之有了深圳万科盐田的“运动休闲住宅”。而深圳的“华侨城”更是“旅游地产”的典范。

【策划案例：广州“奥林匹克花园”】

广州“奥林匹克花园”具有划时代的意义。该小区在运用房地产各种策划手段的同时，吸收体育产业的最新理念和手段，两者相互嫁接、复合，浑然一体，突出“运动就在家门口”的主题，体现“运动型、健康型”的生活方式，迎合顾客购房就是购买“健康”的消费心理。在项目经营理念上，发展商在成功开发广州“奥林匹克花园”的基础上，以连锁经营的模式实现房地产业与体育产业的有效嫁接；以复合房地产的产业理论，整合各种资源；以全新的服务理念，满足有效的需求；以超常规的策划思维启动新的市场热点；以领先的技术手段，创造一种“科学运动，健康生活”的全新生活方式。在项目设计理念上，遵循时代精神与地区特色相结合的原则，其风格有别于其他社区，突出了奥林匹克“更高、更快、更强”的奥运精神，将“以人为本、科学运动、健康生活”的基本宗旨贯穿于项目规划建设的全过程和各个环节，力求将本项目塑造为整个珠江三角洲地区最具差异性、标志性的新世纪物业。

2.2 新住宅运动

2.2.1 新住宅运动的提出

1. 提出的背景

新住宅运动提出的背景，是住房实物分配结束之后出现的失衡与冲突，一边是由于城市化加速、科技进步带来新技术、新材料的应用、观念更新呈现出新的住宅需求，一边是我国住宅产业仍然处在落后的前工业化水平，资源浪费严重，质量问题层出不穷。

受文化殖民主义影响，我国城市住宅建筑发展先天不足：城市化以惊人的速度发展，但缺乏有效控制，混乱不堪；住宅建筑创造性和想象力匮乏，欧风劲吹，缺乏个性和本土特点。因此，目前的大部分住宅，不完全是我们生活本身的表达。

2. 新住宅运动的提出

1999年12月2日，在北京万通大厦召开的“中国城市房地产协作网络”（简称“中城房网”）的首次会议上，沈阳华新国际公司总经理卢铿针对住宅产业存在的众多需要各界和全民关注的问题，倡议酝酿和发起“新住宅运动”。1999年12月6日，卢铿撰文《中国呼唤新住宅运动》，并致函深圳万科集团董事长王石，阐述新住宅运动的必要性与意义。其后，王石将该函转发中国房地产界多位知名企业首脑，获得普遍认同。

2000年6月24、25日，“新住宅运动论坛”在上海浦东国际会议中心召开，会议发表《新住宅运动宣言》。与会的550名人士中，有文化学家、建筑学家、房地产商、建材商、经济和金融专家、媒体人士、网络业代表，其中房地产开发商是实际上的主角。2001年3月13日，“中城房网”成员集结深圳，再次将人们共同关心的这些问题总结，提纲挈领地提出了一个崭新的主题，这就是“新住宅运动”。

为使提出的“新住宅运动”形成理论，众多的企业家、建筑学家、经济学家等撰写了一批文章从不同角度对“新住宅运动”的内涵进行阐述。主要有卢铿的《新住宅运动的源起与基本思想》《新住宅运动宣言》《为什么新住宅运动》，有贺承军的《关于新住宅运动的思考》、《新住宅如何运动下去》，有王维新的《演绎新住宅运动》等文章。中城房网网站专门辟出“新住宅运动”专栏，供大家研究、讨论。

2.2.2 新住宅运动的内容

新住宅运动的内容集中反映在《〈新住宅论坛〉上海宣言》，主要内容如下：

1. 新住宅运动的含义

“新住宅运动”是由中国城市房地产开发商协作网络（中城房网）和一批建筑师、社会学家、经济学家和IT界人士共同发起的一次住宅观念和实践的创造性运动。

2. 新住宅运动的目的

“中城房网”是一个由万科、华远、中国海外等中国大陆比较具备市场影响的房地产企业发起的开放性的实体网络，目标是建设一个市场化的平台，通过开展共同培训、联合采购、集体融资和联合开发等深层次的合作，引导并规范中国的房地产市场。

作为中国百万人口以上城市的主流发展商、建筑设计师和知识界人士，希望能够为推进中国住宅产业的创新尽微薄之力。这种创新，既包括居住理论的革新，也包括住宅观念的刷新，更包括住宅建设的创新。

3. 新住宅运动的内容

（1）“新住宅论坛”是一场住宅开发实践的创新活动。今天，在中国的许多城市，越来越多的新建住宅区在开发商和建筑师的共同努力下，正在有力地推动住宅实践的不断创新。

“新住宅论坛”主张住宅开发要关注普通人，面向普通人。更多地考虑为普通的人群设计和建造住宅，以满足中国城市化进程中的广大人群对居住的需求，而不仅仅是面向某些特殊的社会阶层。

“新住宅论坛”呼吁业者深入研究住宅市场，拒绝急功近利的商业炒作。消费者是住宅开发的最终受众，因而也是“新住宅论坛”的最终评判者。

“新住宅论坛”呼吁所有的从业者认真研究市场和消费者的心理、行为，以满足消费者不断增长、不断变化的居住需求。

（2）“新住宅论坛”是一场住宅技术和材料的创新活动。“新住宅论坛”响应建设部积极推进住宅产业化的号召，扎扎实实地促进建筑材料、设备及建造技术的发展和进步。

（3）“新住宅论坛”是一场居住观念和居住文化的创新活动。今天，已经有越来越多的人认识到，好的住宅不仅仅是一套漂亮的房子，而且应该提供和引导一种新的生活方式。在这一共识的前提下，社会学界、经济学界和文化研究者们都在为推动居住观念和文化的创新而努力。

“新住宅论坛”呼吁在住宅开发中更重视人的价值，使我们建造的新住宅更符合人的基本尺度，更好地满足现代人个性化的需求。

“新住宅论坛”提倡合理利用宝贵资源，呼吁建筑师、开发商和所有的人都来关注城市环境和自然生态，使人的安居与自然和睦共处。

“新住宅论坛”主张住宅开发要尊重并努力延续地方文脉，使今天的新住宅也有机地融入城市的传统之中。

（4）“新住宅论坛”是一场重建行业新秩序的创新活动。“新住宅论坛”呼吁开发商和消费者尊重建筑师的设计成果，并通过市场价格体现建筑师的劳动价值，切实保护和激发建筑师的创造欲。

“新住宅论坛”呼吁业者尤其是开发商，尊重承建商的意见和利益，为“新住宅”的实现创造更和谐的合作关系。

“新住宅论坛”致力于通过市场化的运作，反对住宅行业在低水平上的不正当竞争，重建行业价值规范和行业信誉，创建一个有序、高效、多元的行业新秩序。

(5) 住宅是社会生活的载体，影响面非常广泛。“住”，与每一个个体息息相关。因此，“新住宅运动”呼吁每一个相关行业和每一个个人的关注和参与，使之成为一个开放的、可持续发展的产业创新和文化创新运动。

新住宅运动将实现一个伟大而平凡的梦想：美丽而有浓郁文化氛围的城市，广大市民能享用的舒适的社区、网络化的居住，以及自由和尊严的生活。

2.2.3 新住宅运动对房地产策划的影响

新住宅运动的提出和产生，得到了众多关心我国住宅产业的发展商、建筑学家、经济专家等同仁的支持和赞同，这是史无前例的。而且，聚集在一起探讨的大都是民营企业，这就更难能可贵了。新住宅运动的思想将对房地产策划产生积极的影响。

1. 新住宅运动的思想对房地产策划具有普遍的指导意义

从新住宅运动的内容可以看出，它的运动范围涉及住宅开发实践、住宅技术和材料、居住观念和文化、住宅行业新秩序等各个方面，内容广泛，思想深邃。特别是重视人的价值及对居住的普通人的关心，达到了前所未有的高度。房地产策划的最终目的也是为需要居住的普通人提供舒适的居住空间、优美的城市环境和自然生态。因此，新住宅运动的思想对房地产策划具有普遍的指导意义。

2. 新住宅运动的思想运用于房地产策划实践，可以创造出住宅项目经典

新住宅运动提出到现在已有多年。一些著名的企业如北京万科、中国海外、沈阳华新国际等，都把新住宅运动理念落实到了实践，取得了明显的效果。

【策划案例：北京万科“青青家园”】

继万科城市花园、万科星园之后，北京万科将目光引向了2008年——在奥林匹克的光环和北京的风采交相辉映时，万科声称其推出的“青青家园”将提供一种针对都市新锐的全新社区模式，万科称这是面对未来主流市场的产品。

2001年8月25日，北京万科在嘉里中心饭店宴会厅举办万科“青青家园”优先认购会，客户根据排号的优先顺序现场订房。活动从9：30正式开始，热情的客户一大早就来到这里，人们都兴奋地挑选最满意的房号。有1000多名客户参加了排号选房。由于是优先认购，客户在当时还看不见样板间的情况下，挥金落订，万科“青青家园”创下了一天销售276套的历史新高。

万科“青青家园”位于京沈高速路旁，距离国贸14km，项目规划为4~5层的低层、低密度住宅社区，容积率约为1。在万科“青青花园”，三度人性化空间设计允诺了一个独立但又和谐、极具美感的栖居方式：私有空间——首层住户都拥有私家花园，并通过层层退台的方式，令楼上每一家都拥有私家露台；趣味空间——住宅内外充满趣味性，小区内有水系贯通，建筑错落布局，房间内的布局和功能分区体贴周密，同时考虑对家庭人数变化的适应性，令房子具有可持续发展的能力；自然空间——几乎每三至五家住户，共同拥有一块半私密的中庭或内庭。

万科“青青家园”一亮相就赢得了广大客户的喜爱，其人性化的设计、明快的色彩、层层退台的丰富立面以及温馨的物业管理模式都引起了市场的普遍关注。在设计上，它与传统有别，根据北京人的居住需要和经济承受能力，吸取了低层住宅便于邻里交往、居住安全及别墅亲切自然、舒适休闲的特点，拥有“有天有地”的私家花园、大面积花园平台以及跃层式设计。

成功的项目定位，知名开发商与世界级建筑大师的强强联合，确保了“青青家园”精品住宅的品质，合理的价格实现了万科地产“让更多的人花更少的钱买更好的房”的愿望。2001年7月，“青青家园”得到了建设部专家们的一致赞赏，赢得“新世纪人居经典综合大奖”。

2.3 居住郊区化与新都市主义

2.3.1 居住郊区化与新都市主义的提出

1. 欧美国家提出背景

居住郊区化与新都市主义理念源自于美国等西方国家。美国一些城市在1920年前，人们的工作、生活还是主要集中在城市的中心地带。但是，1920年后，郊区人口的增长率开始大于城市中心人口的增长率，主要因素是：美国人渴望居住在人口密度低的城市外围地带。

20世纪50至60年代，是美国城市郊区化的高潮阶段。1930年前，由于工业的发展，大中城市规模急剧膨胀，导致城市居住环境恶化。美国的中产阶级越来越倾向于在郊区购买房子，依赖小汽车每日往返于城市商业中心的上班场所和郊区的住家之间。为适应人口流动的趋势，同时改善大城市人口恶性膨胀的状况，美国在20世纪50年代提出了在郊区建设小城市的观点，60年代以后，美国又实行“示范城市”试验计划，实现分散型城市化。实施这些措施的结果是居住空间的急剧郊区化。

20世纪80年代晚期，一种旨在再造城市社区活力的新理论开始在北美出现，即“新都市主义”（New Urbanism）。新都市主义起源于第二次世界大战前的城市发展模式，即寻求重新整合现代生活诸种要素（如家居、工作、购物、休闲等），试图在更大的区域开放性空间范围内以交通线相连，重构一个紧凑、便宜行人的邻里社区。

新都市主义模式迥异于城市郊区化扩张模式。后者的低密度发展特征，造成了各种庞大、单一用途的“豆荚式”建筑，如写字楼停车场、小区住宅群、复合型公寓、购物中心等，这一切只有借助私家车才能到达。

新都市主义最初被称为“新传统规划”，因其在一些新兴地区的建筑规划而闻名于世。如佛罗里达的Seaside，马里兰的Kentlands和加利福尼亚的Laguna West。新都市主义主张的原则，同样可以在旧都市地区的再塑和填补方面成功应用。事实上，新都市主义的主要支持者们认为，旧都市的填补性发展应该优先于新地区的拓展，以利于再造城市中心活力并限制城市的延展性扩张。若干新都市主义先行者曾宣称：“我们首先再造、充实旧有社区，其次要规划可为生活于其中的居民成功服务的新社区。”

2. 我国提出的缘由

20世纪90年代中期，随着城市人口的膨胀和工业高度发展，交通拥挤、污染严重已成为我国许多城市的通病。而在远离尘嚣、环境幽静、有自然景观的郊区定居，便成为追求田园生活、崇尚自然人士的理想家居模式。上海、广州、深圳等一些发展商纷纷迎合这些人的心理，在郊区开发大面积的住宅小区并获得成功。这样一来，在城市内建楼的发展商受到的压力越来越大，他们也打着“新都市主义”的营销理念，又赢得一部分顾客的光顾。

2.3.2 居住郊区化与新都市主义的内容

1. 居住郊区化的内容

（1）居住郊区化是以市场份额为核心的新的营销理念，它既是对中心城市化的补充，更是超越。居住郊区化是对居住文化、消费模式的细分，是房地产供求发展的一种必然趋势。

（2）居住郊区化需要一个渐进的过程，也就是说，居住郊区化的实施需要有一些前提条件。比如，便利的交通设施，如地铁、高速公路等（使人口大量流动成为可能），规模大、上档次的居住小区（真正意义上的郊区住宅），消费者一定的经济实力（郊区住宅不一定是低档物业，为解决交通问题，有时需要购买私家车），突出的小区特点和较大的价格差距（郊区住宅通常自然景观好、密度低，同时与市区住宅相比有较大的价格优势，能吸引市区工作的人们舍近求远）。

2. 新都市主义的内容

（1）新都市主义是对居住郊区化的极度低密度、分散化的反思。新都市主义居住模式最根本的优越之处，就是在于城市资源交汇的中心地带，将现代人的时间、交通成本缩至最短，反之将机遇、情感等概率提高，形成最具个性、时代、广泛、效率的新都市主义居住主张。

（2）新都市主义主张：任何发展都应采取紧凑方便适于步行的邻里街区形式，这样的地区应有清晰界定的中心和边界。地区中心应包涵一个公共场所，如广场、绿地或重要街道枢纽以及公共建筑，如图书馆、社区中心、车站和零售商店。邻里街区应该是紧凑的，而且应该细致到可供行人与汽车各行其道。街道应安排有序，如同一个关联网络，交通道路应该使邻里街区相互沟通，并与周边地区联结在一起。再者，住宅设计应有广泛的选择空间，以使收入、年龄、家庭类型等差异很大的不同人群可以生活在同一街区。公共建筑，如政府办公楼和图书馆，应该建在黄金地点。开放性场所，如停车场、游乐场、广场和绿化带，应该分布在邻里街区的方便之处。

（3）新都市主义居住区有三个要素：第一，生态性。即社区开发的中心要素是保护自然生态环境，划出一定规模的地块作为自然环境区，使整个社区处于自然的环境和气氛中，并对公共自然环境保护制度化、行为化。第二，经济性。如住区内提倡“组团设计”，节约土地，社区规划上采取混合密度的形式，疏密有致，建筑多元化、户型多样化，形式统一又富于变化，提高社区的文化价值。第三，产品高品质性。

2.3.3 居住郊区化与新都市主义对房地产策划的影响

居住郊区化与新都市主义理念的提出和实践，引起了人们的极大关注，一些发展商、专家学者对此发表了很多不同的看法和主张。对房地产策划来说，影响也是很大的，值得策划人借鉴。

1. 居住郊区化与新都市主义使房地产策划的思路更加开阔和活跃

居住郊区化的理念迎合了部分远离尘嚣、追求田园生活、崇尚自然人士的理想家居追求，而新都市主义的理念又吻合了部分使居住、工作、购物、休闲等“链”结起来，构成一个相当完善、便利、现代的生活空间，确保日常各类生活、公务、商务性活动可在此范围内迅速得以解决的理想生活方式。这两部分客户是市场细分的结果，为房地产策划提供了新颖的策划理念。

2. 居住郊区化与新都市主义的策划实践，创造了成功的典范项目

以广州为例，居住郊区化早在1995年就有萌芽了，番禺“丽江花园”就是一个例子。而真正主张居住郊区化的楼盘是广州“碧桂园”，它的目标客户是广州的“白领成功人士”，1997年推出并获得成功，为广州居民认同居住郊区化理念奠定了基础。从此，居住郊区化成了广州居民居住的一种模式。广州“奥林匹克花园”“广地花园”“华南新城”“星河湾”“锦绣香江”等大型楼盘的相继推出，使广州居住郊区化真正成为一种趋势，引起人们的极大关注。据统计，远离广州闹市的番禺区2000年登记成交的商品房达175万平方米，比居第二位的天河区多出20多万平方米。2001年1～5月商品房交易总面积又高达122万平方米，占全广州市总量的29%。

在此情况下，广州居住郊区化的趋势使市中心的一些楼盘感到前所未有的竞争压力，发展商及策划人想办法来向郊区楼盘抗衡。最早有新都市主义理念且推出成功的楼盘是广州“中海名都”了。按照“中海名都”对都市居住的理解，就是以“都市生态圈，岭南新加坡”的发展理念来指导小区的开发建设，实现每个居住者心中的梦想。优美的自然景观是新都市的一重意思，它的另一重意思，是“中海名都”生活的便利。新加坡主题的引入，首先是确立小区现代、整洁、文明、秩序、温馨的生活方式，并且把其先进高超的高层住宅建筑设计理念、空间功能处理、环境营造等专业手法引入“中海名都”加以借鉴。岭南新加坡的提法，更力图使文化本土化，强化住区的亲和力。正是在这样一种思路的牵引下，“中海名都”有了一系列阳光车库、阳光电梯厅等室内室外生态环境。“中海名都”可以说是新都市主义的成功实践者，也正基于此，项目一经推出，就得到了买家的追捧。

【策划案例：深圳“都会100”】

在深圳，首先倡导新都市主义理念的最典型代表作，当属2001年春交会新亮相楼盘——“都会100”，通过其自身强烈的时代个性、多元化表现手法及丰富的时代色彩，充分彰显出新都市主义居住时尚最丰富本质的内涵，和其所倡导的方便、快捷、先进、高质量的现代都市生活方式。这个位于深南大道上海宾馆东、紧邻中航路的建筑，可以说是对新都市主义生活的一次精彩演绎。高31层，集商场、会所、住宅、公寓于一身的“都会100”不但拥有中心商务圈全方位的交通便利与都会繁荣，更收藏了中心公园150万平方米的绿意。其住宅户型以87平方米的两房和121平方米的三房为主，并设有170平方米的复式单位。公寓户型则以30～46平方米的单房和一房一厅及56～61平方米的两房为主。其独特的创意弹性空间令户型小得精彩，大得实用。而会所和不同楼层多达20多个空中花园营造的公共空间以及泛会所概念，旨在让居者更亲近街区，亲近邻里。其绝版的地块出身和优异素质，更令许多置业者看好宅的投资前景。“都会100”的全新概念在地产界引起了强烈反响，其传达的文化底蕴更撼动了众多置业者，令人反省自己的生活方式和价值观念。

“都会100”倡导新都市主义生活模式：方便、快捷、先进和高质量的都市生活方式；最大限度地享用都市公共资源；最大限度地珍惜我们的生命成本。

在春交会，“都会100”及其所倡导的新都市主义居住模式颇受业内外人士关注，据统计，七天黄金周销售现场共接待八九百人次，来访者对其规划、户型设计等均给予较高评价。尚未正式推出的“都会100”已与超过300位人士签订了认购意向书。

2.4 生态住宅理念

2.4.1 生态住宅的提出

从1998年开始，北京、上海、深圳、广州等城市出现了一些发展商打出“生态住宅”“绿色住宅”的口号推销楼盘。不过两年时间，全国各大中城市都掀起一股强烈的“生态住宅”风。由于人们对“生态住宅”的内涵不了解，以至于出现了一些混乱的现象：有的楼盘绿化多一点，就说是生态住宅；有的楼盘“山+水”又说是生态住宅；更有的搞了一点太阳能新科技，又说是生态住宅等。这对“生态住宅”是个很大的误解，并误导了消费者，引起了政府有关部门及行业协会的极大关注，加大力度制定生态住宅技术标准进行规范成为当时的重要任务。

2001年5月27日，建设部住宅产业化促进中心主持编写的我国首个较为系统、完整地提出“绿色生态小区的概念内涵和技术原则”的《绿色生态住宅小区建设要点及技术导则》，在北京通过了建设部专家评审。据了解，该导则是该中心为贯彻落实国家可持续发展战略，在我国住宅产业发展的重要时期，适时提出立项研究的战略性课题。

2001年7月14日，由中国房地产业协会主办，广州市房地产协会、锦江房地产公司等共同协办的“国际居住新潮流——中国绿色生态住宅”论坛在广州花园酒店举行。在本次论坛上，与会专家就绿色生态住宅发展前景等问题进行了深入的探讨。

2001年9月28日，由建设部主办的为期两天的“首届中国国际生态住宅新技术论坛”在广东外商活动中心隆重召开。本届论坛特邀建设部科学技术委员会副主任聂梅生教授、清华大学建筑学院院长秦佑国教授、国际人类生态学会副主席王如松教授、国家863节能领域首席科学家华贲教授及德国供热技术协会技术委员会主席Burger教授等近20位国内外生态住宅领域的专家，进行14项议题的讲座，探讨可持续发展建设与生态住宅的关系。同时还根据《中国生态住宅评价指标体系》，对广州侨鑫集团“汇景新城”进行生态环境评价，这也是全国首个对项目进行全面、系统的生态环境规划的住宅小区。本届论坛全面推出由国内外知名专家、学者编制的《中国生态住宅技术评估手册》。

2.4.2 生态住宅理念的内容

1. 生态住宅的含义

生态住宅是运用生态学原理和遵循生态平衡及可持续发展的原则，即综合系统效率最优原则，设计、组织建筑内外空间中的各种物质因素，使物质、能源在建筑系统内有秩序地循环转换，获得一种高效、低耗、无废无污染，生态平衡的建筑环境。这里的环境不仅涉及住宅区的自然环境，如空气、水体、土地、绿化、动植物、能源等，也涉及住宅区的人文环境、经济系统和社会环境。培育生态住宅概念主要是在这种观念的影响下，在住宅建设与发展中始终以生态问题为中心，在环保、绿化、安居、道路管网等方面进行系统规划与管理，使住宅区生态环境处于良性循环状态之中。

2. 生态住宅的类型

生态住宅在功能上更趋于原始状态和自然状态，它将许多可能发生的自然能源有机地导入住宅，使居住人在自然状态里可以相对任意地选择连通自然的门径。有关专家分析认为目前“生态住宅”有六种：

（1）“生态住宅类”，主要提倡以艺术为本源，最大限度地开发生态住宅的艺术功能，把这类与艺术衔接的生态住宅当成艺术品去创造、去营造，使这类住宅无论从外部还是内部看起来都是一件艺术品。

（2）“生态智能类”，主要是以突出各种生态智能为特征，最大限度地发挥住宅的智能性，凡对人的居住能够提供智能服务的可能装置，都在适当的部分被置入，使主人可以凭借想象和简单的操作就可以达到一种特殊的享受。

（3）“生态宗教类”，主要是以氏族图腾为精神与宗教的宅式产物。

（4）“原始部落类”，造型均以原始人、土著人的部落形式为主要依据，它是一种提供人回味、体验部落和栖息方式的住宅。

（5）“部分生态类”，是在受限制的条件下的一种局部或部分尝试，是若干房间中的几间，或者是房间中一部分装饰成具有生态要求的“部分生态住宅”。

（6）“生态荒庭类”，就是在生态住宅中造就两极分化的可能，一方面从形式上最大限度地回归自然，进入一种原始自然状态中，另一方面又在利用现代科技文化的成果，人们可以在部落里一边快乐地品尝咖啡的美味，一边用计算机进行广泛的网上交流，为人们造就一种特别有趣味的天地。

3. 生态住宅的特点

生态住宅的一大特点是健康。

根据世界卫生组织（WHO）的定义，所谓“健康”就是指人在身体上、精神上、社会上完全处于良好的状态。据此定义，“健康住宅”不仅仅是“房地产住宅＋绿化＋社区医疗保健”，而是指在生态环境、生活卫生、立体绿化、自然景观、噪声降低、建筑和装饰材料、空气流通等方面，都必须以人的健康为根本。

4. 生态住宅系统

（1）能源系统。对住宅的围护结构和供热、空调系统要进行节能设计，建筑节能至少要达到50%以上。在有条件的地方，鼓励采用新能源和绿色能源（太阳能、风能、地热及其他再生能源）。

（2）水环境系统。住宅小区的水系统要考虑水质和水量两个问题。室外要设立将污水、雨水处理利用的中水系统。小区供水设施宜采用节能型设备。要强制淘汰耗水型室内用水器具，推行节水型器具，在有需要的地方，同步规划设计管道直接饮用水系统。

（3）气环境系统。室外空气质量要达到二级标准。室内要自然通风，卫生间具备通风换气条件，厨房设有烟气集中排放系统，达到室内空气质量标准。

（4）声环境系统。室外声环境系统设计应满足：日间噪声小于50dB，夜间小于40dB。室内日间噪声小于35dB，夜间小于30dB。

（5）光环境系统。住宅小区的光环境一般强调满足日照要求，室内要尽量采用自然光。居住区内要防止光污染，如避免有强光广告、玻璃幕墙等。室外公共场地采用节能灯具，提倡采用绿色照明。

（6）热环境系统。冬季供暖室内适宜温度：20～24℃，夏季室内适宜温度：22～27℃。住宅供暖、空调要采用清洁能源，因地制宜采用新能源和绿色能源。

（7）绿化系统。住宅小区生态的绿化系统应具备三个功能：生态环境功能，休闲活动功能，景观文化功能。

（8）废弃物管理与处置系统。生活垃圾的收集要全部袋装，密闭容器存放，收集率应达到100%。垃圾应实行分类收集，分为有害物、无机物、有机物三类，分类率达到50%。

（9）绿色建筑材料系统。提倡使用3R材料（可重复使用、循环使用、再生使用）。要用无毒、无害、不污染环境、有益人体健康的材料和产品。

5. 生态住宅的要求

（1）舒适。日本学者曾总结出舒适环境的八要素：①空气清新，没有污染和臭味；②宁静，没有噪声；③丰富多彩的绿化；④与水景亲近；⑤街道美丽而整洁；⑥具有历史文化古迹；⑦有适于人们散步的场所和空间；⑧有游乐设施。其中，人们对安静、空气、绿化这三要素最为关心，并列为舒适性的基础要素。目前，我国主要用5个指标来衡量舒适度：①居住密度；②绿地面积；③室外活动场所与设施标准；④室外环境的噪声标准；⑤日照。

（2）方便。居住环境的方便主要依据下列因素：居住区内外交通的方便程度；公共服务设施的配套程度；服务方式、服务项目、服务时间的方便程度。

（3）安全。居住区环境不仅要保证居民的日常安全，还要考虑在发生特殊情况时的安全，如火灾、地震等。

（4）卫生。居住环境保持空气清新，对有害气体和有害物质的浓度要规定标准。居住区的饮用水也应符合标准，尤其是水池二次供水的情况下，室外公共环境要清洁卫生。

（5）美观。居住小区的室外环境主要取决于建筑群体的空间组合、建筑小品的装饰、绿化种植的配置方式、建筑立面处理和建筑墙面装饰材料与色彩的选配等。居住小区环境还应与其周围的环境有机地结合，给人以明快、淡雅、亲切之感，富于人情味、生活气息和地方风格。

2.4.3 生态住宅理念对房地产策划的影响

从“生态住宅”提出到“生态住宅技术评估”的规范出台，表明我国住宅产业的发展迈上了一个新的台阶。生态住宅理念对房地产策划有着深远的影响。

1. 生态住宅理念是房地产策划的基本理念，具有普遍指导意义

在房地产策划中，策划人要在生态住宅理念指导的前提下，通过积极创新，策划出不同风格的生态住宅。生态住宅的策划不只是绿化，从规划上看，生态小区的总体布局、单体空间组合、房屋构造、自然能源的利用、节能措施、绿化系统以及生活服务配套的设计，都必须以改善及提高人的生态环境、生命质量为出发点和目标。具体设计上，注重绿化布局的层次、风格与建筑物要相互辉映。注重不同植物各方面的相互补充融合，例如，除普通草本植物外，注重观赏花木、阔叶乔木、食用果树、药用植物和芳香植物等的种植。同时注重发挥绿化在整个小区生态中其他更深层次的作用，如隔热、防风、防尘、防噪声、消除毒害物质、杀灭细菌病毒等，甚至从视觉感官和心理上消除精神疲劳等作用。在房屋的建造上，则要考虑自然生态和社会生态的需要，注重节省能源，注重居住者对自然空间和人际交往的需求。

生态住宅策划更要把健康落在实处。房地产不是以卖地皮为最终目的，也不是以卖“钢筋+水泥”的房子为最终目的，更不是以卖概念和环境为最终目的，而是以营造符合人类社会发展和人性需求的健康文明新家园为最终目的。可以说，房地产是卖一种生活方式，是卖一种亚文化，卖一种新社会和新的时尚。作为一个社区的业主要真正享受社区健康文明新生活，不仅体现在房地产商的设计图上，也不仅是在房地产小区的配套硬件设施上，而是要落在社区服务软件上，要让你真正享受到身心愉悦，这才是进了健康文明的家园。

2. 运用生态住宅理念进行房地产策划，创造出不少有代表性的项目

在生态住宅理念的指导下，我国一些大中城市已出现了一些真正的生态住宅项目。

2001年6月，在上海，由中国政府和新加坡政府合作建设的外资内销商品住宅“东上海新城”三林城生态型示范居住区首期50万平方米商品住宅全部竣工。它是中国、新加坡“手拉手”引进外资加快住宅建设工程。“三林城”居住区是上海四大示范居住区之一，也是浦东区唯一的一个示范居住区。这个项目是具体运用生态住宅理念建设的典范项目之一。

2001年6月17日建设部在南京召开“绿色生态住宅”专家评审会，南京“亚东花园城咏梅山庄”成为建设部命名的我国首家“绿色生态住宅”示范小区。建设部住宅产业办公室负责人表示，“绿色生态”是住宅产业的发展方向，亚东的实践将为制定统一的“国标”提供有益尝试和宝贵经验。

2001年9月28日，根据《中国生态住宅评价指标体系》，建设部对广州侨鑫集团“汇景新城”进行生态环境评审，这是全国首个对项目进行全面、系统的生态环境规划的住宅小区。

【策划案例：广州“汇景新城”】

“汇景新城”成为我国第一个生态住宅品牌——“亚太村”生态住宅的第一个拥有者。“汇景新城”位于广州天河五山地段，华南快速干线东侧，广园东路北侧。总占地面积约76万平方米，建筑面积100多万平方米，住宅10100户（别墅130户）。随着地铁3号线的开通，小区将迅速成为广州快速交通的枢纽，四通八达的快速干道不但使小区至市内主要生活区、商贸中心及交通要地的距离大大拉近，更能高速地在香港、珠海、澳门、中山、东莞等城市中往来穿梭，其地理位置极具战略性意义。区内山水环绕，空气清新，是城市规划确定的生态敏感区；在2000年，小区相继通过建设部一系列评审，获得建设部住宅性能认定3A级（最高级），被批准列入国家康居智能化系统三星级示范小区。

2.5 山水城市思想

2.5.1 山水城市思想的提出

山水城市是我国科学家钱学森1990年提出来的。“我近年来一直在想一个问题：能不能把中国的山水诗词、中国古典园林建筑和中国的山水画融合在一起，创立'山水城市'的概念？人离开自然又要返回自然。社会主义的中国，能建造山水城市式的居民区。"这是中国著名科学家钱学森于1990年7月31日致清华大学教授吴良镛的一封信中的一句话，被视为是山水城市概念的正式提出。

1992年，钱学森提出："现在我看到，北京市兴起的一座座长方形高楼，外表如积木块，进去到房间则外望一片灰黄，见不到绿色，连一点点蓝天也淡淡无光。难道这是中国21世纪的城市吗？我建议：要发扬中国园林建筑，特别是皇帝的大规模园林，如颐和园、承德避暑山庄等，把整个城市建成为一座大型园林"。

在钱学森的倡议下，中国城市科学研究会、中国规划学会、中国建设文协环境艺术委员会于1993年2月27日在北京召开的"山水城市讨论会"认为，建设山水城市"应成为城市建设和发展最高目标"。中国历史文化名城保护专家委员会副主任、高级建筑师郑孝燮和中国建筑学会高级建筑师顾孟潮都认为"山水城市代表着一种先进的思想方向"，"对于我国城市学的建立及今后城市规划与建设有着极其重要的指导意义和奠定理论基础的价值。"

1993年，钱学森在发表的《社会主义中国应该建山水城市》一文指出："城市的规划设计者可以布置大片森林，让小区的居民可以去散步、游息。如果每个居民平均有70多平方米的林地，那就可以与今天乌克兰的基辅、波兰的华沙、奥地利的维也纳、澳大利亚的堪培拉相比了，称得上是森林城市了"，"所以，山水城市的设想是中外文化的有机结合，是城市园林与城市森林的结合。山水城市不该是21世纪的社会主义中国城市构筑的模型吗？我提请我国的城市科学家们和我国的建筑师们考虑"。1996年，钱学森又进一步提出："我设想的山水城市是把我国传统园林思想与整个城市结合起来，要让每一个市民生活在园林之中而不要市民去找园林绿地、风景名胜。"钱学森强调，作为我国城市环境建设的理想模式，"山水城市"是远景、是努力的方向，"所以不要随便把'山水城市'加在任何在建的城市上，那是太不严肃的！"山水城市的概念渐趋成熟后，其思想相继体现在国内的一些城市的规划中，如重庆、江苏常熟、山东章丘等。这同时也摸索总结出了一些建设山水城市的实践经验，从而进一步丰富和完善了山水城市的理论。

1992～1997年，已有北京、杭州、南京、大连、深圳、珠海、中山等12个城市获国家园林城市称号。目前，许多城市纷纷提出建设山水城市，在全国范围内掀起了一股热潮。不少城市正在研究、研讨或制定山水城市规划。例如，"武汉承诺五年内初步建成山水园林城市"，"市长提出创建山水园林城市，武汉市民为之一振"。武汉市政府已编制了《武汉市创建山水园林城市综合规划纲要（1998～2002年）》和《武汉市创建山水园林城市实施方案》。重庆市计划用10年时间初步建成山水园林城市。福州市在"显山露水"工程中，将被各种建筑包围起来的山头和河流、湖泊"解放"出来，还福州以山水园林城市的本色，甚至不惜拆除环左海公园而建的"西游记宫"（1992年投资1500万元建设，占地6000多平方米）建回同等面积的绿化草地。天津、昆明、苏州、肇庆、自贡、常熟、烟台等一批大、中、小城市都相继提出建设山水城市，并进行了学术研讨或规划设计。

2000年初，在广州市政府所提出的城市建设总体规划中，首次明确了"要把广州建成山水城市"的远景目标。2000年10月29日，"广州山水城市建设论坛"在广州鸣泉居召开。此次论坛由南方日报报业集团和中国城市科学研究会主办，广州伟成房地产开发有限公司承办。著名科学家钱学森专门给论坛发来贺信。国内一批城市规划专家、建筑学家、社会学家、经济学家、环境及生态园林专家将围绕广州山水城市建设的主题进行研讨，为政府决策提供参考。两院院士吴良镛、周干峙，在穗的中国工程院院士莫伯治、何镜堂等在会上发表精辟见解。

2.5.2 山水城市思想的内容

1. 山水城市的含义

所谓山水城市，其核心精神是以人为本，天人合一，建设最适宜人居住的城市。山水城市的基本含义是人与自然的和谐统一。

2. 山水城市的特征

（1）山水城市表现是“四高”，即高文化、高技术、高情感、高级生态城市（包括自然生态、社会生态、人的行为心理状态等都考虑到了）。山水城市体现“三性”，即科学性、民主性、时代性。山水城市显现“一个基本特色”，即山水城市构想具有鲜明的社会主义中国特色，它使人与自然、城市、乡村建筑之间的关系，具有共生、共存、共享、共乐、共雅五大基本特点，即：体现出生态关联的自然性、环境容量的合理性、构成因素的协同性、景观审美的和谐性及文脉经营的承续性。

（2）山水城市观念主张，用现代科学技术，把整个城市建成一座大型园林，让现代中国的居民百姓能享受到“回归自然”“天人合一”的美好境界。

2.5.3 山水城市思想对房地产策划的影响

山水城市思想经过人们多年来的研究、探讨，已逐渐形成较为完善的思想体系，对我国的城市建设、城市规划、城市建筑以及城市房地产开发具有广泛的影响，房地产策划也不例外。

1. 山水城市思想是房地产策划的又一指导理念，具有普遍意义

山水城市思想是中国文化、现代科技、回归自然三位一体的思想结晶，对我国的房地产开发建设具有普遍的指导意义。房地产策划应深入地体会山水城市理念的精髓和本质，从“回归自然”“天人合一”的美好境界高度上进行策划，为山水城市的建设添砖加瓦。

2. 山水城市思想造就了一大批房地产策划经典项目

在我国，在山水城市理念指引下策划的房地产开发项目不计其数。发挥得淋漓尽致的要数广州的一些发展商了。在广州市着意建设规划山水城市的同时，策划人已经在房地产项目中贯穿山水城市理念了。在山水城市的大概念下，广州发展商已经有意识地将“山水楼盘”的理念渗入到规划设计当中，强调高度景观化与生态化居住模式，用个性化山水楼盘来演绎对于山水城市的理解。广州是岭南风情的山水城市文化集大成者，发展商因此非常注重对中国传统山水文化的吸收与改进。

广州南湖板块的几大房地产项目，如“颐和山庄”“山水庭苑”“白云堡豪苑”和“南湖半岛花园”等，特别注重对于绿色生态社区的建设。以“颐和山庄”为代表的山水园林小区，借真山真水造山水楼盘，注重协调人与自然的关系，强调人与环境的共生，尊重岭南地域文化，主张人文精神融入社区生活。在广州华南板块中，“华南新城”“星河湾”“广地花园”“南国奥林匹克花园”“锦绣香江”“华南碧桂园”等，都可以让人感觉到发展商对于自然和原有生态环境的尊重。位于广州从化流溪河畔的“逸泉山庄”，容积率仅为0.3，建筑密度不足20%，区内绿树簇拥、溪水环绕，充分体现着开发商对山水家园的深刻理解。

【策划案例：广州“江南世家”】

从广州“江南世家”，很能看出山水城市思想的精髓。

1. 地处天然，尽享山水

“江南世家”位于广州南湖旅游度假区内，与绿荫浓浓的白云山共卧，和微风涟漪的南湖相拥，是目前广州南湖板块占地面积较大的山水豪宅，也是广州目前屈指可数的纯别墅区。它占地超过80万平方米，坐拥40万平方米的狮子林森林公园，环抱3万多平方米的天然狮子湖，周边群山叠翠，俨然一个“聚宝盆”。

2. 40万平方米的森林公园

作为纯天然的生态别墅区，“江南世家”从开发伊始就精心呵护和致力于项目的优化。森林公园占地40万平方米，随处可见盘根错节的参天大树，树干般粗的原林竹，山顶有天然瀑布倾泻而下，山涧有泉流成潭，山中有碧绿澄清的天然叠湖（湖上有湖）。生态果林中，荔枝、黄皮、芒果等随处可见，另有奇峰异石，江南茶馆、咸亨酒楼、卵石清溪、三大会所等。久居闹市的成功人士在此居家，随时可在别墅环抱的3万多平方米天然湖上泛舟观景，临湖垂钓。或沿林荫小道拾级而上私家森林公园，或相约三五亲朋到江南茶馆，品山泉泡茶，赏湖光山色。

3. 人工造景配合自然

“江南世家”优美的自然山水是千年文化的沉淀，人文景观尽量利用自然造景，让住户不仅能“看风景”，更能投入到与山水田园真正的接触中，进行互动式的生态生活行为，使人真正亲身参与自然，享受自然而不破坏自然。在每一处人工造景上都力求配合天然景观，因地势而筑，如狮子林森林公园的仙湖路，“曲径通幽”，每一处转折都是因地势而造，延续其原有的山间小径，利用山上原有地形铺以鹅卵石；半山泳池和天然湖既相连又各自独立，浑然天成；利用天然泉眼，有泉流出形成大大小小的潭，又别有一番景象。

4. 注重人居文化的内涵

“江南世家”的豪华是内敛的豪华，是内在气质的流露，注重功能性和舒适性结合，满足入住者不断的居住要求。“世家”正是文化的一种积淀，一种内敛的尊贵豪派，真正的回归大自然的自由和舒适，山水纯天然。“江南世家”的业主都是高层次、高素质的成功人士，他们更愿意追求超越物质的享受，祈望居住环境有更多高格调的文化氛围，以怡情养性陶冶情操。

5. 十五种户型尽显个性

清漪园别墅共有15种户型，面积为201～453m^2，每栋别墅都在根据各自的地形景观条件进行针对性的设计。以G型、H型为代表的山景别墅，每个窗户都有碧水青山，以A型、B型、C型为代表的花园别墅，倚靠各大绿化园林组团，花园就近在家门口，而以L型为代表的全景别墅亲水而建，总揽湖景、山景、园景，堪称极品别墅。在别墅的结构设计当中，具备现代建筑流行的设计手法，以M型别墅为例，户内兼顾跃式、错层、中空的设计，空间丰富而层次分明，堪称户型之王。

6. 户户有景，家家有园

除了得天独厚的天然大环境、户户都能享有山水美景外，每座别墅又分别配有造型各异的私家花园，面积为70～726m^2，不仅可以遍植奇花异草假山趣石，而且有的还可以独建私家泳池、亭台水榭；在数座别墅中，还专设一个偌大的公用花园，这样的公用花园在清漪园别墅区内就有5个之多。据数字显示，“江南世家”的绿化率达73%，住户人均拥有公园山水园林$288m^2$，加上生活区内的绿化面积则近$400m^2$。

2.6 互联网+理念

2.6.1 互联网+理念的提出

2015年3月5日，在第十二届全国人民代表大会第三次会议开幕会上，李克强总理在政府工作报告的“新兴产业和新兴业态是竞争高地”部分提到：“制定‘互联网+’行动计划，推动移动互联网、云计算、大数据、物联网等与现代制造业结合，促进电子商务、工业互联网和互联网金融健康发展，引导互联网企业拓展国际市场。”至此，“互联网+”上升到国家战略层面。

国内“互联网+”理念的提出，最早可追溯到2013年11月腾讯马化腾提出的：“互联网加一个传统行业，代表了一种能力，或者是一种外在资源和环境，对这个行业的一种提升。”

2014年11月首届互联网大会政府工作报告提出“大众创业、万众创新”的重要主题，而互联网是大众创业、万众创新的新工具，包括房地产业在内的各行各业均欲插上互联网的翅膀以飞得更高更远。在互联网思维的影响下，任何可持续的健康盈利，都是建立在真正为用户提供更多服务的基础之上。在互联网+房地产的理念指导下，各大开发商或外来互联网大势力围绕“让居者优其屋”的宗旨，围绕房子做更多为业主解决诸多生活配套的生活方式的增值服务，解决更多与房地产相关的产业链的融合，从而更为有效地实现项目增值。可以说，未来卖房子卖的将是以房子为载体的更多、更好的生活方式。未来房企的生存空间在于，谁能提供给业主更多生活服务，谁就能走得更为长远，开发商的角色，也将从提供房子延伸到提供各种生活需求。

2.6.2 互联网+房地产的内容

1. 新房营销

互联网应用渗透最早的房地产领域是新房营销，即“网上卖房”。2011年，SOHO中国与乐居联手首次网上拍卖正式开启中国新房网上营销业务大潮；2014年3月；建业集团电商旗舰店上线，推出了全国首家全盘电商；再如佳兆业、招商地产等企业携手明源scrm推行微信营销，实现项目的精准营销和客户资源高效管理。作为龙头企业的万科也进行了多元化的创新尝试，大力试水互联网营销，如：借力世界杯开启了全新的“夜售”模式；与淘宝、百度等互联网巨头携手开发移动营销端口；北京万科与链家地产一、二手房联动，在全国十几个城市使用带客通产品主打全民营销与移动案场数据管理等；旅游地产项目与途家网合作，与明源“地产云客”携手打造微信营销……各路开发商寻求在互联网发展的千军万马中脱颖而出，以占得一席之地。

说到新房营销的另一创新之举则不得不提房多多们。房多多是基于互联网与房地产整合服务平台，合作方遍及万科、保利、万达等一线品牌房地产企业。其之所以引起资本关注，是在于其交易模式有别于普通电商，有所创新。一是与房地产企业的B2B，以较大折扣拿到批量房源，再与房地产经纪公司合作将房源出售；二是房地产的 C2B + O2O 模式，即购房者通过 Web 和 APP 客户端提交购房意向，线上匹配信息，线下对接出售。房多多的模式以新技术手段冲击了传统房地产代理销售行业，包括房地产中介，其所采用的类似经纪人渠道分销、一、二手联动销售模式，无疑是对整个传统销售代理业的颠覆。

在众多力量的推动下，房地产电商由饱受争议的“噱头”到高市场接受度的营销手段，只用了短短三年时间。

2. 二手房及租赁业务

房地产中介行业是最先感受到“互联网 + 房地产”变革的领域。与传统房地产中介企业需要设立大规模门店相比，互联网企业采取低佣金、无门店等超常规做法，推动了整个行业的创新与整合。2014 年爱屋吉屋进军北京后租房佣金为半月房租，二手房佣金是 1%，为迎击爱屋吉屋，链家地产推出的丁丁租房也制定“不要租户一分钱，转而向房东收取 5 天房租作为中介费”的重要战略，而我爱我家也借公司 15 周年庆推出“120 平方米以上房源佣金 1.5%”的价格策略，各大互联网房地产中介无疑是以“零利润”在抢占市场。“零利润”背后的依据之一是去门店化。采取无门店经营也并不单是出于经营成本方面的考虑，而是互联网改变了消费者的信息接收模式和消费模式，中介门店聚拢客源的传统商业模式在逐渐消逝，信息收集、品牌宣传等功能也在弱化。

而互联网房地产中介企业，也不再满足于收取端口费，而是真正涉足房地产交易，通过客户端直接面对客户、提供服务，推进房地产中介的线上线下融合。从 2014 年下半年开始，互联网房地产中介企业逐步活跃，掀起了并购高潮，开始互联网资源整合。以“爱屋吉屋”客户端为载体的移动互联网房地产中介依靠强大的数据后台吸引买家及提供更好的服务已成为经纪行业转型升级的强大引擎；原房地产信息发布平台搜房网在经历北京、上海等地中介多次联合抵制后，入股深圳世联行和合富辉煌进军线下服务领域。

租房市场也出现了多种互联网模式。如亿家网根据租客的喜好提供公寓化定制装修服务，并通过线下活动等方式促进租客间的社交行为；you + 国际青年社区定义为面向现代都市青年的连锁生活社区与线下创业社区；6apt 主要面向出国留学人群提供租房信息服务等。

3. 金融业务

2014 年房地产网站、房企、保险行业等多方势力在互联网金融方面相继大动作。新浪和易居中国联手成立房金所金融服务股份有限公司，推出互联网房地产金融服务平台“房金所”；远洋联手京东轰轰烈烈地开始“11 元筹首付”活动；平安集团依靠金融企业的优势，推出“好房贷”产品，开启“房地产 + 互联网 + 金融”的全新模式，在买房置业的准备金阶段、首付阶段、按揭贷款阶段均提出不同形式的金融工具，通过金融产品，让消费者实惠买房，让开发商增加去化，让营销机构实现成交，以期达成多方共赢的结果，目前平安好房贷已和绿地集团、世贸地产等国内多家房地产大佬结成金融战略合作。

远洋联手京东众筹以失败告终；“房金所”“好房贷”等金融产品，模式很美好，但仅仅能够暂时缓解一部分购房者的资金短缺问题。互联网金融和房地产“纠缠不清”才刚刚开始。

基于对房地产未来发展趋势的分析，从 2014 年开始万达商业地产进行全面转型，其中万达商业地产的转型方向以轻资产为主。投资建设万达广场，万达负责选址、设计、建造、招商和管理，使用万达广场品牌和万达全球独创的商业信息化管理“慧云”系统，全部资金由别人出，如基金保险等机构投资、众筹等。所产生的租金收益万达与投资方按一定比例分成。

对房地产商来说，“运营+金融”以及轻资产无疑是未来的发展模式。

4. 社区O2O业务

互联网模式与传统商业模式的差异就在于改变了利润端的来源，从直接销售产品盈利，延展到后期服务盈利，与新房营销相比，社区服务属于后端服务，确实互联网技术与房地产结合最能够产生突破和利润增长点的领域。社区服务包括社区商业、物流、社区管理、社区邻居社交等范围。

从花样年、万科、龙湖、绿城、招商地产等几家标杆房地产企业的布局来看，大家都开始抓住房子里住的人在做文章，进行着利用互联网技术的创新尝试。花样年集团是实现社区服务互联网化的典型，其主导的彩生活社区服务，通过互联网改造已经实现了物业不收费，通过社区O2O来获取运营利润。而万科，从其与百度合作的模式看来，它尝试以个性化的体验式购物撬动社区商业的大金矿，主要通过“百度迁徙”的定位技术和大数据技术，指引以业主为主的消费者到其社区商业店铺消费，而这种定位技术，如果试验成功，未来在给业主提供个性化的社区服务，包括邻居社交平台、物业水电费用的移动支付以及建立在熟人社区大数据基础上的社区金融等领域将充满着想象力。在社区服务这一环节，绿城、龙湖、招商地产等企业也纷纷试水与互联网的合作，这一环节是房地产开发企业能够主导也能够实现更多创新和增值利润的环节，是房地产企业最看重的部分，也是未来最能出彩的部分。

5. 商业运营

商业运营环节的互联网+则是商业地产商最为关注的领域，为应对阿里巴巴、京东、百度糯米等电商“野蛮入侵”服装、日用品、化妆品、数码产品、食购等零售领域，商业地产开发商不惜投入重金，绞尽脑汁应对。除了在商业地产的规划和设计上进行调整，以体验式业态，如娱乐、餐饮等业态扩张来带动零售业态外，万达、中粮、银泰等开发商主动出击电商领域，以期用互联网技术打通线上线下资源。万达通过“万汇网”将线下资源与线上资源整合，打造O2O智能电子商务平台，打造智能化商场。中粮则是将旗下的大悦城作为互联网化的试验场，与阿里巴巴合作率先试水淘宝移动支付，以体验和电子化尝试打通赢得用户的线上线下通路。自营平台的银泰则先入为主以自己的商业地产基因快速与马云的“菜鸟”网络捆绑在一起，撬动基于线上与线下的新的商业模式。

除了上述几大方面，房地产企业还尝试打开其他领域的互联网创新入口，如在开发、设计、建材采购等前端领域都有标杆房地产企业在进行实验。在采购领域，绿城推出“网络商城+实体体验”的建材采购和供应新模式，提供线上、线下一站式的专业建材采供服务；最前卫的实验则是万通的“人人都做开发商”的虚拟快开发商平台自由筑屋计划。在这个计划里，个人可以直接参与产品的设计，达成一定的数量，就进行订单化生产。

2.6.3 互联网+理念对房地产策划的影响

互联网席卷中国大地的时候，也正是中国住宅与房地产业飞速发展的时候。从房地产应用互联网来看，已经出现了智能住宅、网络社区，还有越来越多的房地产电商，等等。房地产与互联网的结合使房地产业的科技含量成数倍增长，同时，互联网也将引发房地产策划革命，将策划引入一片新的领域。

1. 互联网+为房地产策划带来新的工具与模式

互联网+实现了房地产的工具创新与模式创新。先是于房地产前期策划阶段融入互联网思维，用互联网手段与方法协助完成市场资讯的采集及分析研究，再从广度、深度、高度上用互联网思维展示包装项目差异排他性的魅力，继而“黏”住目标客户群。无论是从策划的基本任务、基本思路，还是从策划的基本方法，甚至是从项目发展思路上，均全面贯穿互联网+，用互联网思维指导项目开发的全过程。再到房地产营销策划阶段，所采用的新工具与新模式成为“检验互联网+房地产营销活力”的试金石。互联网+强化了消费者、销售者、企业多方有针对性的即时交流，极大地突破了时间和空间对消费者的制约，使企业与消费者能够展开全方位的沟通。在虚拟的网络空间里，有形商品的唯一性与消费者消费选择的多元性不再成为矛盾，同时互动营销强化了买卖双方交易信息的完备性。企业与销售者可以借助互联网全天候地面向不同地域范围的消费者，不仅能够提供最全面、及时的信息，还可以有效整合各类资源，以超低成本为消费者提供个性化服务。消费者足不出户就可以获得全新的物业消费体验。

2. 互联网+丰富了房地产策划经典案例

互联网+概念愈加流行，房地产策划也在尝试从传统的思维模式向互联网思维转变，产生了大量经典的案例。位于深圳东的碧桂园十里银滩瞅准先机，成为房地产行业第一个试水微信营销的开发商。南京世茂海峡城全城派发滴滴打车红包。万科联手淘宝账单抵房款，开启互联网购房时代。绿地智慧办公打造“云上生活”。

【策划案例：you+国际青年社区】

雷军斥资一亿入股you+国际青年社区被业界认为是互联网颠覆房地产的重要之举。

you+公寓成为我国第一个拥有互联网概念的真正意义上的线下创业社区。第一家店广州凤凰店于2012年6月正式开业，是一个面向现代都市青年的连锁生活社区，将以北京、上海、广州、深圳为主要城市，快速进行连锁扩张。

you+国际青年社区的logo颜色是玄色和黄色。“盘古开混沌，天地现玄黄二色。”you+藉此希望能为青年人开辟一个崭新、阳光、快乐、品质、个性、充满爱心的生活空间。凭着“挡风遮雨，有爱陪伴”的经营理念，定位为青年生活和青年创业两大主题，迅速得到广大新锐青年的认可，成为越来越多青年才俊新青年生活方式的承载。

在强调企业使命、愿景与社会价值观的营销3.0时代，you+国际青年社区树立“让所有的有志向的年轻人汇聚在一起，产生创造力，解放年轻人”的使命，把公寓作为载体，围绕社区这个核心，营造良善的公共空间和紧密的社区氛围，让所有的租客生活在“家”的文化里，让年轻人之间有更好的社交机会和环境，更好地交流。

you+国际青年社区成功的重要因素在于其虽然涉足传统市场，但是做的事情却是非传统的。除了优质居住环境外，它可以给所有创业者提供一个寻求合作和资源整合的平台，把you+的体验先做到极致。而且，在社区中融入更多的互联网概念，把租客聚合在一起研究项目，并提供来自各行各业的家友间的资源互补，还能为他们提供创业者的研讨与分享会，并引入投资人与项目对接，相当于把创业链条上的每一个环节整合起来，可以说，you+国际青年社区是一个创业孵化基地。

接下来，凭借you+国际青年社区这个“入口”，小米顺势发展线下粉丝社区与打造智能家居的实验厂，互联网将大范围逆袭房地产业。

第3章 房地产策划程序

3.1 房地产策划程序含义与内容

3.1.1 房地产策划程序含义

房地产策划是按一定的程序进行的。所谓策划程序，就是一个项目在进行策划的行为中，按其内在联系性排列的先后工作顺序。简单一点讲，房地产策划程序是要完成以一项房地产策划工作从头到尾应做哪些工作，应当先做什么，后做什么。因此，透过房地产策划程序，可以看出策划一个房地产项目的全过程，也可以了解一个房地产策划项目的各项具体工作之间的内在逻辑联系。

房地产策划是一项较为复杂专业性强的活动，应当有一套科学严谨的工作程序。按照科学严谨的策划程序开展策划工作，可以使策划工作有计划性，避免不必要的反复和浪费，提高策划工作的效率；可以使策划工作规范化、精细化，保证策划工作的质量。这种工作顺序是在长期的策划活动中逐渐形成的，为我们每做一项工作确定了工作的具体内容和先后顺序。

在房地产策划程序中，每一阶段的工作内容很多、很琐碎，需要我们认真地去落实、安排和执行。

3.1.2 房地产策划程序内容

房地产策划程序的内容如下：

第一阶段：项目洽谈阶段。

这一阶段的工作主要是解决策划代理机构的业务来源问题，也是决定策划代理机构是否存在的一个主要环节。这一阶段的工作如果做得不好，后面的其他工作就无从谈起，更淡不上策划代理机构的业务发展了。

第二阶段：组建项目组阶段。

这一阶段工作是保证委托代理的业务在人员配备、工作计划、时间安排以及业务经费上得到落实，以便为下一步开展业务做好一切精神和物质的准备。经常有这样的问题，在没有配备好人员的情况下，仓促上阵，欲速则不达，影响了整个计划的进行。

第三阶段：项目调研阶段。

这一阶段是整个策划代理工作的重头戏，也是策划成果的主要内容。在项目调研阶段，最能反映一个策划师或策划机构的能力和水平。另外，这一工作阶段也是最辛苦的。策划人员为了取得大量的项目调研的第一手真实资料，须走访许多政府部门、业务机构、项目现场。同时，策划人员还要翻阅大量的资料和文件，以取得项目调研的书面资料。没有深入第一线的

“钻劲”，策划师是不可能获得客观、真实的材料，更不能为以后工作打下良好的基础。

第四阶段：项目研讨阶段。

在策划师通过调研取得了大量的资料以后，紧接下来就是针对项目进行研究、讨论、论证、创意的时候了。这一阶段工作的好坏，直接影响到策划方案的质量和可行性问题。通过大家召开碰头会认真研究、论证，或经过大家的头脑风暴进行创意，一个比较理想的方案就呈现在我们面前。

第五阶段：提交报告阶段。

通过项目策划小组一段时间的积极努力，就进入了编写报告、向委托公司提交策划成果的时候，也就是说，房地产策划程序已经开始接近尾声了。这一阶段的重点是保证策划成果的质量，如果在编写时感到策划结果没有达到预期的效果，还要再一次回到上面的调研和研讨阶段，直到得到满意的结果为止。

第六阶段：实施方案阶段。

策划方案或报告得到了委托企业的肯定，就进入了实施方案阶段。但作为房地产策划代理机构，不能以为到这里就算完成了任务，还要对实施的效果进行监测。监测的结果如果达不到方案的目的，还要进行修正。

如果在方案实施阶段，策划代理机构还一同实施和执行（不是配合），那这一阶段还是最重要的，它关系到策划代理机构的策划成果是否产生效益，关系到策划代理机构是否得到更好的报酬。

房地产策划程序如图 3-1 所示。

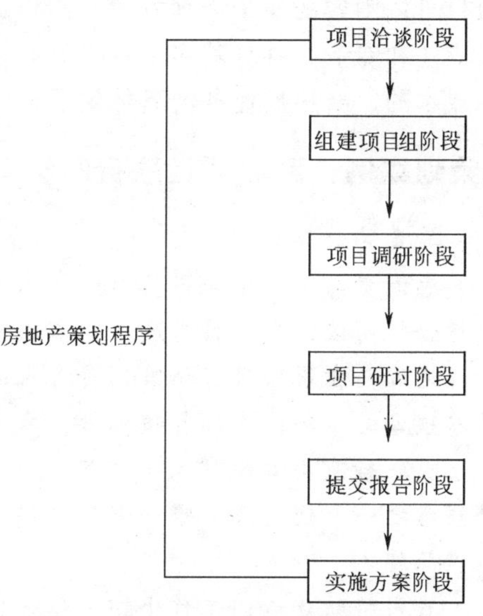

图 3-1　房地产策划程序

3.2　项目洽谈阶段

3.2.1　策划业务来源

要进行房地产策划代理，首先要解决房地产项目的业务来源问题，“巧妇难为无米之炊”。由于房地产策划代理竞争日益激烈，如何开拓业务，如何取得好的项目，如何取得大的项目，成为房地产策划代理机构最头疼的问题，也是决定策划代理机构生死存亡的重大事情。一些策划代理机构都组织了最好的人才，运用最得力的手段对开发商进行“攻关”，以期达到预期的目标。

一般来说，策划代理机构想取得项目业务有四个渠道：

1. 主动联系开发企业

这是策划代理机构惯用的办法，特别是对那些刚刚成立或还没有什么影响的策划代理机构来说更是如此。在房地产策划代理竞争激烈的今天，需要一个主动营销自己的手段。主动联系要注意几个问题：

（1）要做好推销自己的宣传资料。宣传资料目前采用的多是印刷手册和电子演示文本。印刷手册要搞得较为精美，手册内容要把策划机构的业务范围、擅长领域以及机构的服务理念等放在里面，供开发商认识自己的业务能力。电子演示文本更直接，把手册里面的内容放在演示文本里面，到开发企业去当场演示，或把演示文本刻录成光盘寄送给开发企业。

对于已经达成初步意向（还没有签订合同）的项目，电子演示文本更是推销自己的好办法。在这个时候，更要主动了解项目的具体情况，或派人员搜集项目的资料，形成针对该项目具体内容的初步策划方案，制作成电子演示文本给开发商，开发商会认为你对他的项目很专注和专业，胜算就多了一个筹码。这比把书面材料给开发商好得多。不过，这要花一定的成本的，要根据业务的具体情况而定。

【策划案例：深圳“世联行”公司项目策划代理工作说明书】

尊贵的×××：

感谢贵司邀请世联行参与“××广场”、“××花园”项目（下称两项目）的策划代理执行合作商谈，我司将高度重视本次与贵司初次合作的机会！

通过与贵司项目营销策划负责人的沟通交流和对现有项目资料的研判，并仔细分析讨论了本项目的市场因素和各项资源，我司谨以真诚向贵司表示：

世联行有决心使“××广场”、“××花园”两项目成为××市201×~201×年度最畅销楼盘之一，使之成为市场瞩目的精品楼盘，创造楼市佳绩！并与贵司携手打造“×××”地产品牌。

我司将组建专门工作小组，结合世联行二十年资源平台及在××场三年的项目策划及代理的专业经验，为贵公司成功开发制定专业策划营销方案，作为贵司科学决策的市场专业支持，并以精英销售团队圆满实现销售目标。愿与贵司精诚合作，携手并进，共创辉煌！专此奉达，即颂商祺！

深圳世联行地产顾问股份有限公司

二〇一×年×月××日

1. 专业诚信的合作伙伴

——二十年组织智慧和智慧的专业营销策划人员

深圳世联行地产顾问股份有限公司拥有二十多年房地产市场策划代理专业经验，现有员工超过15000人，拥有涉及房地产、规划、建筑设计与管理、工程、园林、经济、营销等多个领域的专业人才。××分公司于今年×月正式注册成立，拥有一支100余人的专业团队。

——训练有素、善打硬仗的销售精英

世联行实行项目销售目标管理和淘汰制度，以确保销售精英团队的持久的高销售力。

——深度挖掘物业价值，实现项目的利润最大化

世联行针对项目所在的区位和所拥有的各项资源条件，全面深入的挖掘卖点，以规避风险，最大化提升物业价值，实现利润最大化。

——节省项目营销成本，解决实际问题

世联行将结合项目卖点，通过细分市场，寻找并锁定目标客户，实施有针对性的营销手段，最大限度地为发展商节省营销费用，解决客户实际问题。

——坚持到最后，实现快速完美销售

从世联行历年代理的项目中，超过90%的项目实现90%以上的销售率，超过50%的项目实现100%的销售率。

2. 平台资源，创造价值

——策划基础数据库

世联行设有专门的集团数据中心，拥有一整套完善的多省份多市历年来开发的房地产项目的基本资料数据库，并根据市场变化随时更新，为项目提供及时准确的市场资料和成熟交易案例。

——销售管理软件系统

专业开发，并为本项目专案定制；可以提供查询、统计、在线实时浏览成交状况的功能。

——客户资源管理网络

世联行拥有逾60万条代理项目的上门客户和成交客户信息，其中包括近年来所有高端项目（包括住宅和写字楼）的客户信息，并仍以每周2000条的速度增长；建立针对本项目客户手机短信群发功能，有效降低项目营销成本。

3. 规范服务，优质保证

——地产专家，完美销售保证

针对贵司两项目的需要，世联行将特别配备具有多年项目实操成功经验的精英销售团队，确保达至开发商的销售目标。

××分公司总经理将作为项目总负责人，直接把握两项目操作的方向。

世联行中国策略资源中心及项目评审委员会全程为两项目提供全程智力支持。

——“三级四点”评审，严把报告质量关

世联行一贯坚持对项目定位、形象定位及宣传推广策略、开盘策略、价格方案等四个重大方向进行营业部、分公司（或事业部）及总公司三个层级的评审。

三级四点评审加强了对报告品质的控制，确保每份出品报告凝结了包括分部总经理、代理部总经理等公司高层在内的整个工作团队的知识和经验，以准确把握市场，并为降低项目交易风险、实现项目收益的最大化打下坚实的基础和提供有力的保障。

——过程控制，确保服务品质

世联行将选派销售精英为两项目服务，在销售执行阶段对销售人员进行专案培训，执行目标管理和淘汰机制，公司和分部实行不定期的巡盘检查制度，及时帮助和解决销售中遇到的问题，保持一贯的高品质服务水准，以确保实现两项目的完美销售目标。

4. 项目操作流程

——前期筹备阶段

双方签署合作协议后，世联行将结合目前项目及市场情况出具《项目定位市场检验及营销总纲》，确保项目定位准确，降低项目开发风险。

——销售筹备阶段

世联行全程参与项目各项方案的修改对接。在本项目达预售条件之前三四个月向发展商提供《项目销售执行报告》，并讨论反馈，形成完备的执行方案，最大限度挖掘并实现项目物业价值。

——销售执行阶段

在本项目正式销售之前一个月内，提供《项目价格执行报告》。

世联行密切关注市场变化，及时对销售情况进行评估，对广告宣传效果进行评价，最大限度降低推广费用。

销售管理软件全程监控、统计、分析项目销售。

5. 项目合作方式及条件

——全程策划代理，一站式营销服务

为使两项目快速高效实现优异的销售业绩，世联行坚持对项目进行独家代理，世联行将对本项目的市场定位、项目开发战略、营销策略安排、营销行动执行、销售代理执行从专业角度提出系统方案建议。

本项目世联行只收取人民币××万元整策划费。

鉴于希望建立双方友好合作关系，世联行代理销售本项目后，将全额返还所收取的营销策划费。

本项目的代理费实行爬坡补差费率，即代理费率随代理期内实现的销售率递增而递增，并在执行较高费率进行结算时，对之前已支付的较低费率阶段的代理费根据较高费率进行补差。

鉴于贵司诚意委托我司同时代理“××广场”、“××花园”两项目，双方本着互惠、互利、真诚合作的原则，世联行给予优惠的代理费率，我们收取的代理费率以×．×%起，以×．×%为上限，详细收费方式以最终协商确定的策划代理合同为准。

以上意见，供贵司决策参考。

（2）要组织专门的人员负责联系。一般来说，房地产策划机构都有自己的业务开拓部门，如拓展部、业务发展部等，这些部门专门负责主动联系开发企业的业务。这些部门的人员在团队精神、知识结构、语言口才、客户来源等方面都要技高一筹，才能在开发商面前有一个好的印象。

（3）平时要跟开发企业打成一片。负责拓展业务的人员要经常与客户联系，与他们打成一片，必要时还要做点感情投资；不要平时少来往，有业务时拼命推销，这样的短期行为是不可取的。

2. 开发企业慕名前来

对于一个业务能力很强，并在社会上有影响的策划代理机构，很多开发企业是慕名找上门来的。他们不用推销自己，业务就做不完了，这当然是好事！这也是一些房地产策划代理机构梦寐以求的事情。这些策划代理机构能得到开发企业的慕名而来，说明了他们的策划队伍素质很高，得到开发企业的信赖，并做出过很多成功的经典案例。一些策划代理机构要达到开发商找上门来的时候，必须在策划代理方面做出成绩，才能得到企业的认同。

3. 通过关系来联系业务

这也是获得项目策划业务的好办法。关系很多，又是“铁哥们”，哪能没有业务？但是，市场经济的规律是：付出就要有回报。在策划机构取得项目的时候，也要付出一笔费用，实际上，关系就是金钱。不过话又说回来，只要拿到的项目能赚钱，支出的一笔中介费用也就没什么了，有钱大家赚！

4. 通过互联网获取业务信息

在全民互联网时代，互联网同样在房地产策划行业充当起寻找并获得业务的便利工具。

获取方式主要有两种：与开发商直接洽谈或通过招标投标。代理商可以通过房地产专业网站、论坛、各地政府采购网站、开发商或代理机构公司网站等获得相关的策划业务信息，再根据自身的实力进行信息筛选。可以说，互联网渠道让所有的代理商站在了同一竞争起跑线上，相对公平、公正，能否成功获取业务，代理商凭借的更多的是公司实力与策划的专业能力。另一方面，互联网渠道也能起到节约成本的效果。一般可以由行政或策划人员兼任，通过计算机搜索就能发现业务信息，初步洽谈也大多通过通信工具来进行，节省了交通及专业外拓人员工资等成本。

在市场竞争激烈，代理商获取业务形势愈加严峻的今天，互联网成为获取策划业务信息的重要渠道，受到代理商的关注，尤其是大型知名代理机构，其更为重视，往往由专人负责。

3.2.2　签订策划合同

通过策划代理商的努力，如果开发商有意把项目委托给策划代理机构，接下来就是商议签订策划代理合同的事宜，就策划代理的基本事项、完成时间、收费标准、付款方式等加以明确，签订正式的委托代理合同，以明确双方的权利与义务。

1. 明确策划代理的基本事项

策划代理的基本事项有：项目策划的目标、项目策划的对象、项目策划的时间和项目策划的收费。

项目策划的目标是指经过项目策划以后应达到什么效果，如进行市场策划，最后得到的是市场调研报告，作为项目市场定位的基础；进行销售推广策划，不但得到的是推广报告，还要付之于实施，进行销售执行等。策划目标的明确是最基本的事项。

项目策划的对象也就是说策划的是哪个项目，这些项目的基本情况怎么样？有没有策划机构代理过？现在的开发进度到哪里了？还是正在寻找项目？等等。搞清楚这些问题，对项目的把握、策划深度以及对收费都有好处。例如，一个广州开发商想到内地去进行房地产开发，到哪里去找项目好呢？在委托了策划代理机构以后，双方就要明确这是搞区域房地产市场调研，开发商理想的区域是哪里？北京？上海？还是其他地方？这些问题经双方沟通以后，就对委托策划项目的情况有一个大概的了解。

项目策划的时间也很要紧，往往客户对委托策划的项目要求时间很紧，有时根据项目的规模无法在一定的时间内完成，这就要在签合同前双方明确好，或者据理推迟时间，或者要求对方给予一定时间的松动，留有余地。对一些时间要求特别紧的项目，如果委托代理机构确实无法在规定时间完成，可以对开发商说明清楚，或者放弃，拿出诚信来，不要影响或损害到客户的要求。

项目策划的收费是个大难题。对客户来说，希望最少的钱办最大的事；而对代理机构来说，更希望得到更多的报酬。在策划代理市场竞争激烈的情况下，一般策划代理机构都有一个最低界限，如果低于这个界限就很难做了。如策划兼代理销售的业务，除了基本的策划代理费以外，销售提成已经搞得很低，从2%～3%已经降到了不到一个百分点，而且还拖着时间付费。但不管怎样收费，双方都要给予明确，避免以后出现纠纷。

2. 策划代理合同的内容

在明确策划代理的基本事项以后，策划代理机构与客户就要签订项目策划代理合同了。策划代理合同是双方经济业务来往的法律依据，里面明确了双方的权利与义务，也明确了策划代理的基本事项。

策划代理合同一般包括以下内容：

（1）委托人和策划代理机构。

（2）策划代理项目须达到的目标。

（3）策划代理项目的具体内容。

（4）策划项目的代理时间。

（5）策划代理的服务费用以及支付时间。

（6）违约责任及争议解决的办法。

（7）委托人和策划代理机构需要说明的其他事项。

以上是策划代理合同的基本内容，一些策划代理机构根据委托项目的具体情况还会增加一些其他的内容。

【策划案例：深圳××公司房地产策划代理合同】

房地产策划代理合同

委托人（甲方）________

代理人（乙方）________

依据国家有关法律、法规和本市有关规定，甲、乙双方在自愿、平等和协商一致的基础上，就甲方委托乙方完成________的有关事宜，订立本合同。

第一条　策划（咨询）项目

____

第二条　委托项目进度

策划工作分为两个阶段：

1. 第一阶段：策划市场调查，包括商圈调查、目标人群调查、目标市场调查、产业链调查和竞争对手调查5个内容，并对整体项目进行初步定位，双方沟通达成共识后进入第二阶段，本阶段完成双方沟通用的《____________》的中期汇报演示文本，期限为自合同书生效之日起________至________个工作日。

2. 第二阶段：在甲方认可乙方对项目得出的定位主体的前提下，对定位策划有关内容做出进一步完善，完成《____________》，期限为______至______个工作日。

上述工作在程序上顺延，总体累计时间不超过___个工作日。

第三条　合同金额和付款方式

1. 策划咨询费为________元人民币（￥______元）。

1）合同签订之日起____日内，甲方向乙方支付策划费用的50%作为预付费，即人民币________元（￥____________元）。

2）乙方完成项目整体策划方案后，通过正式的演示文稿，向乙方当场做出演示讲解，甲方认可后____日内，甲方足额支付策划费余款人民币____元（￥______元），乙方方能将《______》的正式文本交付甲方。

2. 乙方前往甲方所在地或项目所在地进行策划（咨询）工作，差旅、食宿等费用由甲方承担，如因特殊原因由乙方垫付差旅、食宿等费用，乙方将提供相应发票向甲方实报实销相关费用。

第四条　甲方责任与权利

1. 甲方须指派专人（须书面指定）作为联络人，负责与乙方联络并协助乙方工作；

2. 为乙方工作及时提供所需的背景资料和信息；

3. 为乙方各阶段成果提出建议性要求，并在审定通过后及时给予书面确认；

4. 及时向乙方支付报酬；

5. 如果就委托项目内容、期限做出原则性改变的决策，应及时通知乙方，并采取适当措施，便于乙方及时调整工作。

第五条　乙方责任与权利

1. 由＿＿＿＿＿＿担任专家组总负责人，指派专人担任专门联络人；

2. 按进度计划完成各阶段任务，保证质量，及时与甲方沟通；

3. 按甲方提出的指导性要求修改和完善各阶段策划成果；

4. 保守甲方的商业机密，未经甲方同意，不得向第三方透露本合同履行过程中涉及的保密内容。

第六条　成果归属和冠名宣传

1. 成果归属甲方所有；

2. 乙方在保守甲方项目相关商业机密的前提下，对成果有冠名宣传的权利。

第七条　违约责任

由于甲方原因致使本合同无法履行或中断，应承担违约责任，并支付当期款项。

第八条　合同终止

1. 本合同履行完毕自动终止；

2. 一方违约并承担责任后自动终止；

3. 任何一方无权单方面要求终止，待双方协商一致后，签订终止协议；

4. 甲乙双方同意终止时须书面形式确定。

第九条　合同争议

本合同履行过程中出现争议，甲乙双方友好协商解决，并以补充协议形式载明，协商不成时，任何一方可向人民法院起诉。

第十条　合同有效期

本合同正本一式两份，甲乙双方各持一份（本合同附件为本合同有效组成部分）同具法律效力，本合同自甲乙双方签字盖章之日起，仅视为达成策划意向；自甲方支付第一笔款项××万元到达账户之日起，本合同正式生效。

甲方（公章）：	乙方（公章）：
营业执照号码：	营业执照号码：
法定代表人（签章）：	法定代表人（签章）：
地址：	地址：
邮编号码：	邮编号码：
联系电话：	联系电话：
开户行：	开户行：
＿＿年＿＿月＿＿日	＿＿年＿＿月＿＿日
签于：	签于：

3.3 组建项目组阶段

3.3.1 组建策划项目组

当策划代理业务落实以后，组建策划项目组就成了重要环节。策划项目组组建和配备的好坏，直接影响项目工作的质量和进度。

1. 项目前期策划的组织结构

如果是房地产项目前期策划业务，策划项目组的人员数量和配备如下：

（1）项目组。人数一般在10人左右，由策划总监总体负责，负责总协调。下设宏观调查组、微观调查组、产品设计组和投资分析组四个小组，依据项目的大小，每组人数在2~3人。

（2）宏观调查小组。小组成员主要由市场策划人员和市场研究人员组成，主要负责区域宏观经济的调查和研究工作，侧重区域政治法律环境、区域经济环境以及区域房地产环境方面信息。

（3）微观调查小组。小组成员主要由房地产市场研究人员、营销策划人员组成，主要负责区域房地产市场的状况调查研究工作，侧重房地产市场的总体供求情况、各种不同物业的供求情况，以及房地产营销状况方面信息。

（4）产品设计小组。小组成员由房地产策划、规划设计师、建筑设计师等人员组成，主要负责房地产产品设计的调查和研究工作，特别围绕着项目物业类型对产品的构成信息进行收集和研究。

（5）投资分析小组。小组成员由房地产估价师、投资分析等人员组成，主要负责区域房地产投资信息的调研工作，侧重房地产价格和成本等方面信息。

以上各个小组各自分头工作，但互相沟通、交流信息，策划总监协调日常各方面工作。

2. 项目后期策划的组织结构

项目后期策划即房地产营销策划阶段的策划业务，策划项目组的人员数量和配备如下：

（1）项目组。人数一般在10人左右，由营销总监总体负责，负责总协调。下设市场调研组、销售策划组、广告策划组三个小组，依据项目的大小，每组人数在2~3人。

（2）市场调研小组。小组成员由房地产市场调研人员、销售策划人员组成，主要负责区域楼盘信息的调查和研究，为制定销售策略制定依据。

（3）销售策划小组。小组成员由销售策划人员、销售执行人员组成，主要负责本楼盘的销售策划和计划执行工作。

（4）广告策划小组。小组成员由广告策划人员、销售策划人员组成，主要负责楼盘广告业务的调研和本楼盘的广告策划工作。

如果还有销售代理工作，还要组织一批销售人员进行前期的销售培训工作。

3.3.2 编制工作计划

在此阶段，除了组建项目组织结构以外，还要做好编制工作计划和工作进度安排，这是保证项目调研工作顺利进行的有利保证。根据计划和进度，可以有效地发现调研工作期间与原定计划是否相符、需要怎样调整等。

1. 调研工作计划

对于调研工作计划，一般采用市场调研计划表来制定。市场调研计划表简单明了，计划目标、人员结构、完成任务量、主要方法与程序、完成计划时间、所需费用等方面一目了然。如表 3-1。

表 3-1 前期策划市场调研计划书

调研目的				
调研内容与范围	成员及特长	完成任务量	责任人	完成时间
人员结构				
项目组				
宏观调查小组				
微观调查小组				
产品设计小组				
投资分析小组				
主要方法与程序				
所需费用	项目			费用
	总体方案策划或设计费			
	抽样方案设计费（或试验方案设计）、调查问卷设计费（包括调试费）			
	调查问卷印刷费			
	调查实施费（包括培训费、资料费、交通费、食宿费、礼品费、复查费等）			
	数据统计分析费			
	调研报告撰写、制作费			
	资料费、复印费、通讯联络等办公费、行政管理费			
	专家咨询费、劳务费（公关、协作人员劳务费等）			
	税金			
	其他不可预见费			
	预计总费用			

2. 分组工作进度

每个小组都有一个工作进度，来衡量小组的工作进展情况，一般用工作进度表来表达。分组工作表由项目组统一制作，发给每个项目组每天（周）填写之用。工作进度表用来监督以后市场调研的工作进展，量化当天完成工作量占总量的比例。如表 3-2 所示。

表 3-2 ××小组工作进度表

时间	工作事项	完成程度(%)	责任人

3.4 项目调研阶段

3.4.1 搜集调研资料

1. 搜集资料应注意的问题

项目调研阶段的主要工作是调查搜集资料，搜集资料的多少决定项目的具体情况，但一般来说，有关资料越多越好。大量地占有材料，可以在以后对材料有意识地进行分析和选择，如果资料太少，就没有对比性，谈不上整理出高质量的资料来。搜集资料要注意以下几点：

（1）快速了解区域情况。无论是在陌生的城市，还是在熟悉的地区调查，一定要尽快了解该区域城市的大体情况，人手一份区域城市地图，分清城市坐标。在此基础上，每人最好有一张房地产资料地图（类似楼盘分布图、置业图等），找出项目位置和调查的行走路线，然后依路线、依计划进行。

（2）善于乔装打扮，套取信息。有些调查对象难以获取，尤其是个别一手资料，必须善于动用脑筋。调查人员要注意变换身份，灵活对付。如了解楼盘时，可以以买家的身份出现，也可以以房地产同行身份进行交流。

（3）充分利用人际关系。有些信息价值较高，一般通过调查无法得到，如充分利用人际关系，可以得到事半功倍的效果。

（4）二手资料也不能放过。要充分利用政府部门、行业协会、房地产同行、资料信息部门等机构进行调查、了解，必要时出钱购买也值得。

还要注意利用互联网进行资料的搜集。目前，国家有关部门对很多能公开的信息都在网上发布，这样可以省了许多时间和金钱。不过，这些信息有的不一定可信，最好找出一手资料与其对照，找出真实、客观、有用的信息来。

（5）做好问卷调查工作。针对项目的具体情况，分别设计出调查问卷表，对消费者进行调查，也是市场调查的一种常见办法。通过整理调查问卷表的信息，可以在一定程度上了解消费者对项目有关情况的反映。

2. 调研资料的主要内容

房地产调研的内容很多，要依据委托策划代理项目的具体内容进行搜集，这里把调研的内容全部列出，具体调查时应根据具体情况有所取舍。

（1）房地产市场环境调查。

1）法律环境调查。

① 国家、省、城市有关房地产开发经营的方针政策。如房改政策、开发区政策、房地产价格政策、房地产税收政策、房地产金融政策、土地制度和土地政策、人口政策和产业发展政策、税收政策等。

② 有关房地产开发经营的法律规定。如《房地产开发经营管理条例》《中华人民共和国房地产管理法》《中华人民共和国土地管理法》。

③ 有关国民经济社会发展计划、发展规划、土地利用总体规划、城市建设规划和区域规划、城市发展战略等。

2）经济环境调查。

① 国家、地区或城市的经济特性，包括经济发展规模、趋势、速度和效益。

② 项目所在地区的经济结构、人口及其就业状况、就学条件、基础设施情况、地区内的重点开发区域、同类竞争物业的供给情况。

③ 一般利率水平，获取贷款的可能性以及预期的通货膨胀率。

④ 国民经济产业结构和主导产业。

⑤ 居民收入水平、消费结构和消费水平。

⑥ 项目所在地区的对外开放程度和国际经济合作的情况，对外贸易和外商投资的发展情况。

⑦ 与特定房地产开发类型和开发地点相关因素的调查。

⑧ 财政收支。

3）社区环境调查。社区环境直接影响着房地产产品的价格，这是房地产商品特有的属性。优良的社区环境，对发挥房地产商品的效能，提高其使用价值和经济效益具有重要作用。社区环境调查内容包括：社区繁荣程度、购物条件、文化氛围、居民素质、交通和教育的便利、安全保障程度、卫生、空气和水源质量及景观等方面。

（2）房地产市场需求和消费行为调查。

1）消费者对某类房地产的总需求量及其饱和点、房地产市场需求发展趋势。

2）房地产市场需求影响因素调查。如国家关于国民经济结构和房地产产业结构的调整和变化；消费者的构成、分布及消费需求的层次状况；消费者现实需求和潜在需求的情况；消费者的收入变化及其购买能力与投向。

3）需求动机调查。如消费者的购买意向，影响消费者购买动机的因素，消费者购买动机的类型等。

4）购买行为调查。如不同消费者的不同购买行为，消费者的购买模式，影响消费者购买行为的社会因素及心理因素等。

（3）房地产产品调查。

1）房地产市场现有产品的数量、质量、结构、性能、市场生命周期。

2）现有房地产租售客户和业主对房地产的环境、功能、格局、售后服务的意见及对某种房地产产品的接受程度。

3）新技术、新产品、新工艺、新材料的出现及其在房地产产品上的应用情况。

4）本企业产品的销售潜力及市场占有率。

5）建筑设计及施工企业的有关情况。

（4）房地产价格调查。

1）影响房地产价格变化的因素，特别是政府价格政策对房地产企业定价的影响。

2）房地产市场供求情况的变化趋势。

3）房地产商品价格需求弹性和供给弹性的大小。

4）开发商各种不同的价格策略和定价方法对房地产租售量的影响。

5）国际、国内相关房地产市场的价格。

6）开发个案所在城市及街区房地产市场价格。

7）价格变动后消费者和开发商的反应。

（5）房地产促销调查。

1）房地产广告的时空分布及广告效果测定。

2）房地产广告媒体使用情况的调查。

3）房地产广告预算与代理公司调查。

4）人员促销的配备状况。

5）各种公关活动对租售绩效的影响。

6）各种营业推广活动的租售绩效。

（6）房地产营销渠道调查。

1）房地产营销渠道的选择、控制与调整情况。

2）房地产市场营销方式的采用情况、发展趋势及其原因。

3）租售代理商的数量、素质及其租售代理的情况。

4）房地产租售客户对租售代理商的评价。

（7）房地产市场竞争情况调查。

1）竞争者及潜在竞争者（以下统称竞争者）的实力和经营管理优劣势调查。

2）对竞争者的商品房设计、室内布置、建材及附属设备选择、服务优缺点的调查与分析。

3）对竞争者商品房价格的调查和定价情况的研究。

4）对竞争者广告的监视和广告费用、广告策略的研究。

5）对竞争情况销售渠道使用情况的调查和分析。

6）对未来竞争情况的分析与估计等。

7）整个城市，尤其是同（类）街区同类型产品的供给量和在市场上的销售量，本企业和竞争者的市场占有率。

8）竞争性新产品的投入时机和租售绩效及其发展动向。

3.4.2 分析整理调研资料

调查得来的资料，要经过分门别类的分析和整理，分析哪些是重要的资料？哪些是次要的资料？哪些资料最能说明问题？哪些资料与项目关系最密切？等等。这样有的放矢地分析和整理，资料的价值就慢慢地显现出来。

具体步骤是：

1. 分析整理资料

分析整理资料是每天常规工作，包含三个工作内容：填写当天工作进度表；当天搜集的资料信息，最好安排当天开会交流；当天搜集的资料信息，最好安排在当天整理完毕。

2. 资料质量过滤

按计划，每组基本资料搜集完成时，进行资料质量过滤。即在定量的基础上，有选择地定性过滤，取精去粗，存真弃伪。包含三个工作内容：数据统计分析、情报裁剪提炼、信息分类整理。此阶段要充分利用计算机信息系统软件功能，提高数据处理分析效率。

如有遗漏或忽略资料，在这个阶段应及时补充，重点调查对象要不遗余力地重复了解。

3. 各组信息资料汇合

各组将过滤的信息资料汇总一起，由项目负责人总体监控把关。调查时的相关图片也应分类汇总。

3.5 项目研讨阶段

3.5.1 分析研讨

在掌握了大量调查资料的基础上，就进入了项目研讨阶段。在市场调查过程中，每人对项目调查后都有自己的想法和感悟，都有一些零碎或不成型的“火花”和“念头”，这些就是我们对项目发展的一些思路，虽然还没有得到大家认可，但这离策划的创意就不远了。这时候，项目的分析研讨、沟通论证就不能缺少。

为了使项目分析研讨工作做好，一般采用碰头会的形式进行策划创意。在举行碰头会之前，要注意几个问题：

1. 要明确碰头会的目标

每开一次碰头会，项目总负责人都要明确碰头会所要达到的目标，比如依据大家的对项目的调查资料，已经达到坐下来分析研讨的时候，如果这次碰头会主要讨论项目的市场定位问题，那就要达到这一会议目标而努力，不要分散会议的主题。

2. 各小组成员做好会议准备

在碰头会召开之前，每个成员都要明确碰头会所要解决的问题和目标，并准备好在会议上发表自己想法。有备而来，碰头会就不会出现无人说话的境遇。做好会议准备，每人还要把自己调查的资料基本整理出一个大纲来，分发给与会人员，必要时也可以利用幻灯片进行演示。

3. 畅所欲言，碰出“火花”

在进行碰头会时，大家针对自己的想法畅所欲言，为的是碰出“火花”，达到创意。会上也可以相互争论，据理力争，不下结论，运用“头脑风暴”，触动灵感。如对一个新项目的开发，通过调查分析找出项目开发的总主题是很重要的一环，会上就可能有很多不同的想法和思路如文化主题、体育主题、生态主题、老年主题等；正是这些不同的想法和思路，经过大家结合项目的特点、市场的态势、消费者的购买倾向等进行认真的分析和探讨，最终会得出一个大家认为比较合适的项目主题来。

4. 确定策划创意成果

经过大家的热烈讨论和思想碰撞，一个个策划创意想法就浮现出来。这时，大家还要对这些策划创意进行论证，分析这些创意的可行性，如果这些创意想法不行，还要重新进行讨论和思想碰撞，如此循环反复，直到得出满意的策划创意成果来。这种创意过程是很富于创造性的，只要持之以恒，一个别人没有想到的策划创意就会呈现出来。河北“苹果城”的案名及项目主题的产生，据说就源于项目的几百亩苹果园而经过几个人思想碰撞的结果。

3.5.2 草拟初稿

项目经过多次的分析和研讨，并确定了策划创意成果以后，草拟报告初稿就提到日程上来。草拟初稿一般有两种形式：

1. 一个人草拟完成

在草拟报告的时候，有时就由一个人完成。一个人对调查的资料进行分析、取舍，报告的构思、起草也是一个人独立进行。个人独立完成的优点是具有全局在握、思路贯通，但既要搜集资料，又要构思起草，人单手只，精力分散；在材料取舍、观点提炼、角度选择上，受个人眼界、水平、能力的制约，编写效果会因人而异，难以保证。

个人独立完成报告的编写一般在项目不大、调查不深、篇幅稍短、人手不够的情况下才能进行。对于较为规模的项目策划报告一般不采用这种个体编写形式。

2. 集体草拟完成

由于一些项目调查复杂、动用的人手较多、涉及的专业人员不少，或者由于报告的时效性需要，常常采用集体草拟完成的形式，由多个人或多个部门共同完成策划报告的编写工作。

集体草拟报告有两种：一种是由多人共同讨论、构思，分头准备材料，推一人执笔。这种多人构思、一人执笔的形式，能弥补个人局限，发挥群体优势。相互启发、拓宽思路、分工负责、各司所长、提高效率。采用这种形式编写报告，要注意处理好统一指挥和分工合作的关系，其中慎重确定执笔人尤为重要。

另一种是由起草小组共同酝酿思路，由多人分工执笔，一人统稿贯穿。采用这种编写形式，必须明确一人担任主笔，总负其责；召开各编写人共同讨论，明确主旨，集体构思理顺层次，拟定大纲；根据个人所长，分配编写任务，撰草过程中要及时互通情报，适时调整；对草成的各部分初稿进行总装，串联、修改，确保全文思想一致、内容协调、风格统一。

房地产策划报告多采用集体草拟完成的形式，例如分小组负责的市场调研报告、房地产市场分析报告、房地产营销策划报告等。

3.6 提交报告阶段

3.6.1 协商策划结果

在房地产策划报告初稿编写出来以后，还有一个程序是与客户沟通、协商策划结果。与客户协商策划结果的目的，一是试一试客户对策划报告结果的反映怎样？是同意还是反对？或者还需要怎样的修改？二是为了在正式提交策划报告前进行全面的修改，避免无用的返工。

与客户协商策划结果时要注意的是：

1. 沟通时不要直接说出结论，而是通过介绍项目的调查、分析、论证后取得的客观结论。这样协商结果有水到渠成的优势。

2. 尽量采用直观、简洁的方式来与客户交流，避免呆板枯燥的气氛，如活泼的图表、彩色的图片、电子文本的演示等。

3. 如客户对项目策划的结果有看法，应耐心、诚恳地给予说明，以取得统一的意见。不要过分地坚持，也不要过分地顺从。如客户说的确实有道理，就谦虚地修改；如客户说的不是那么明白，就认真地解释；如客户对策划结果很不满意，那只能推倒重来，别无选择。

4. 对于一些数据的问题，一般来说客户是没有什么意见的，除非你的专业不过关。但对一些定性的问题，那就要双方认真的商议和斟酌了。有的开发商不大喜欢太超前的东西，而你做出来的策划报告与他的想法不吻合；而有的开发商不想花那么多的钱来搞销售推广，而你却大量的花钱投入……诸如此类的事情，只能与开发商相互协商、磨合解决。毕竟策划师是开发商的“外脑”，不能左右开发商的决策。

3.6.2　修改策划报告

修改策划报告是提交策划报告阶段不能忽视的一个环节。由于各种原因，策划报告初稿以后都要经过多次修改才能完成，这是保证策划报告质量的具体措施之一。

1. 项目小组要对报告进行修改

在策划报告编写出初稿以后，或由于调查资料的不完善而需要补充和修改；或由于报告的质量不高需要修改；或因为报告出现重大的纰漏需要修改；或报告的形式等方面需要修改等。对于出现这些问题，项目小组要本着对客户负责的态度，认真地进行修正和改动，不能马虎从事。一个连自己都不满意的报告，怎么能使客户满意呢？这是一个基本的职业道德问题。

2. 客户要求对报告进行修改

在与客户协商策划报告结果的过程中，客户根据自己的感受和判断，肯定提出很多需要修改的地方，有时甚至要求推倒重来。本着为客户服务的原则，项目策划小组应不厌其烦地认真对待，修改出高质量的报告来。

3.6.3　提交策划报告

1. 策划报告形式组成

在策划报告与客户协商又经过认真负责的修改以后，就可以正式地提交报告给客户了。在提交报告前，要做好策划报告的装订工作。

一份完整的策划报告由以下几个部分组成：

1）封面。封面的内容包括有：策划项目及报告名称、策划代理机构、委托策划机构、策划完成时间以及策划报告编号几项。

2）扉页。项目策划小组和负责人的名单。

3）提要。一些大型的房地产策划报告，还需要写出报告提要，一般在600字左右，把报告的结果浓缩在这里。提要部分一定要文字简练，能反映出报告的主要成果来。

4）目录。通常按前后次序列出策划报告的各个组成部分的名称及其对应的页码，以使策划报告使用者对报告的框架和内容有一个总体的了解，并容易找出其感兴趣的内容。

5）正文。这是策划报告的主要部分，应按文字编辑规范分章、分节做好，文字、图表应前后统一。

6）附件。把能打断正文部分的一些重要资料放进附件中。附件通常包括图表、照片等。策划报告文本的外形尺寸应当统一，如采用国际标准A4型。

报告的组成及印刷好以后，就可以装订了。

2. 提交策划报告

根据委托策划代理合同的要求，按质、按量、按时提交房地产策划报告给客户。提交报告的形式有两种：一种是传统的印刷文本，一种是电子文本。在电子文本中，有Word文档和幻灯片文档。一般情况下都要具备好。

在提交报告时，有时还要进行现场幻灯片演示和解说，使报告使用者对报告里面的精神易于领会。

提交报告时，还要同时做好费用的结算工作。

3.6.4 策划报告归档

房地产策划报告提交给客户后，策划师及策划机构应及时对涉及该策划报告的一些必要的文字、图表、声像、电子文档等不同形式的资料进行整理，并将它们保存起来，进行归档。

策划资料归档的目的是建立资料库和备案，以方便今后的策划及管理工作。策划资料归档有助于策划师不断提高策划水平，有助于监控和评估房地产策划方案的实施，有助于以后房地产策划项目的借鉴和学习。

策划师不应将策划项目的策划资料据为已有或者拒不归档。策划机构应建立策划资料管理制度，保证资料妥善保管，有序存放、方便查阅，严防毁损、散失和泄密。

3.7 实施方案阶段

3.7.1 指导方案实施

策划机构在向客户提交策划报告后，策划工作就已经完成了。但是为了使策划报告最大限度地发挥作用和价值，还要对策划报告的实施进行指导和监控，这不但对客户有个策划业务的延伸，还可以了解策划方案最终的实施情况，以便评估策划的效果。

有些策划机构在与客户签订策划业务的同时，也代理了楼盘销售业务，策划与销售是捆绑在一起的，这就更要对策划方案的实施进行指导和监督。

1. 要与销售人员进行沟通，把策划方案的内容和执行要点解释清楚，避免出现策划方案在销售过程中出现变形或偏离策划方向。如销售策划方案在执行时，经常出现策划方案贯彻不下去的情况。这一方面是销售人员领会的问题，另一方面主要是策划师不认真去指导执行的问题。

2. 最好是与销售人员打成一片，共同把销售执行的事情当作自己的分内事。可以采用策划人员与销售业绩挂钩的做法，激励策划师的积极性。

3. 由于市场的千变万化，策划方案实施以后会经常出现一些偏差，策划师经常在第一线进行工作，就会很快纠正这些偏差，调整思路，策划出适合市场变化的策略来。

3.7.2 策划效果评估

对策划方案实施后的效果评估，是策划机构经常做的工作，特别是策划项目实施方案较多的策划机构，还要派出专门人员进行跟进，针对每一项目进行评估，写出策划方案评估报告；对策划实施过程中出现的问题进行评价，采取措施调整思路，修正策划方案，使策划方案适应市场的需要。

房地产策划模式

4.1 房地产策划模式含义

房地产策划是按一定的模式进行的。所谓“模式”，就是使人们可以照着去做的具体样式。房地产策划在发展过程中，经过策划人不断的实践和总结，策划模式开始慢慢形成。策划模式的形成为后人不断地学习和不断地完善，最终就会变成一种标准形式或标准样式，体现了房地产策划的一些基本规律。从目前情况来看，策划模式正在发展之中，还没有形成具体的标准形式，这是因为房地产策划历史不长，模式的体系、内容不完整，形成还需要一定的过程；再就是人们对一些策划模式有争议，是否可以成为房地产特有的策划模式还有不同的看法。但不管怎样，一些策划模式的存在已是事实，并且运用某种模式后还创造出很多经典项目。因此，我们不必要求全具备，只要反映了房地产策划的一些基本规律的，我们就该本着实事求是去予以总结、发展。

在房地产策划界流行了不少策划模式，如概念策划模式、全程策划模式、点子策划模式、产品策划模式、战略策划模式、等值策划模式等。这些策划模式在不同程度、不同侧面反映了策划的基本规律。有的比较成熟，有的正在发展之中。每种策划模式都有它的长处，也有一些不尽人意的地方。这里介绍几种在房地产策划领域影响较大、运用中创造了不少项目经典和营销典范的策划模式，供大家参考、学习和完善。

4.2 房地产战略策划模式

4.2.1 战略策划模式的产生

战略策划模式是一种在宏观市场上把握房地产策划的具体模式。从房地产策划层面来说，一种是从宏观、整体来把握项目的策略设计，它们从理念切入做的是思维方式的引导、文化概念的引导、生活现象的描述、市场现象的挖掘，它创造的是思想、呈现的是概念，注重的是大势的把握和整体的思路；一种是从微观、局部来把握项目的技术操作，它们从市场的角度进行商业化的思考，引入的是技术的理念、美术的理念、艺术的理念、建筑的理念，它创造的是美感、呈现的是造型，注重的是专业和技术的操作。这两种形式都在不同程度上对房地产项目开发和营销起到了催化、催生的推动作用。

战略策划模式是我国著名策划家王志纲及王志纲工作室提出和倡导、并在房地产策划实践中证明可行的策划模式。王志纲工作室于 1995 年在深圳成立，是一家策划研究、策划咨询、“策划设计和‘平台’设计”公司，策划业务 70% 是房地产专业策划。经过多年的研究和探索，王志纲工作室逐渐形成了战略策划模式，具有独特的策划风格。正如《工作室浪潮》所描述的：王志纲工作室“提供的服务与别人的业务有三个明显的区别：第一，王志纲工作室是属于上、中游的策划设计和‘平台设计’公司；第二，工作室所提供的服务是一般公司所没有的，做不了的，必须要有唯一性；第三，工作室所起的作用是承上启下、左右逢源。承学术之上，启实战之下；承战略之上，启战术之下。同时又能把看似不搭界的行业整合在一起，创造新的需求和市场。”战略策划模式最大特征是强调大势的把握与分析。

4.2.2 战略策划模式的内容

1. 战略策划的含义

战略策划是为企业发展或项目开发设计总谱，并帮助企业从全局的需要出发，有效整合这些专业性操作，使其在统一的平台上，协调一致地实现总体目标。

2. 战略策划的原则

创新原则，三性原则（唯一性、权威性、排他性），系统化运作原则，多兵种联合作战原则，背景分析原则，核心优势原则，思路开放原则，市场定位原则，审时度势原则，战略至上原则，量身度造原则（因时、因地、因人制宜），中医诊断原则，预留管线原则，文化把握原则。

3. 战略策划的方法

（1）大势把握——出思路。在大势把握的前提下，要帮助企业搞清它昨天从哪里来，今天处于什么方位，明天向哪里去。从而根据每一个企业的不同特点，找到适合它的发展思路。大势把握包括中国经济大势，区域经济大势，区域市场需求大势，区域行业竞争大势，区域板块文化底蕴。

（2）理念创新——出定位。思路有了，准备要做了，那么怎么选择摆脱同质化竞争的迷局，确定差异化发展的突破点，然后按照扬长避短、度身定造的原则，总结、提纯出一个能体现并统帅企业或产品发展的灵魂和主旋律。理念创新包括概念创新、预见创新、整合创新。

（3）策略设计——出方案。量身定造，针对企业特点设计一套科学、独创、有前瞻性的，且具可操作性的对策方案，解决怎么干的问题。策略设计包括项目总体定位，项目理念设计，项目功能规划，项目运作模式，项目经营思路，项目推广策略。

（4）资源整合——出平台。帮助企业整合内外资源，包括整合各种专业化公司的力量，创造一个统一的操作平台，让各种力量发挥应有的作用。资源整合包括企业内部资源整合，企业外部资源整合，行业内部资源整合，行业外部资源整合。

（5）动态顾问——出监理。操作过程主要由企业家完成，策划人作为顾问起参谋作用。一是防止走偏，二是根据实际情况及时调整策略和捕捉机遇，扶上马送一程。顾问监理包括项目重大事件，项目重要环节，项目节奏把握，项目时常引爆，项目品牌提升。

4.2.3 战略策划模式的适用性

战略策划模式从宏观战略的高度来策划项目，因而成功率较高，它具有明显的特长：

第一，战略策划模式对宏观大势的把握能使项目定位准确，找到项目最合适的发展思路；

第二，战略策划模式能有效地协调各专业公司围绕项目的总目标进行操作，并从全局出发实现项目的总体目标；

第三，战略策划模式由于是从宏观战略的高度来策划项目的，因而最适宜操作大盘项目。

战略策划模式对策划人各方面的素质要求很高，具有哲理型、思想型、创新型素质的策划人才能胜任。

4.2.4　战略策划模式的应用

战略策划模式运用到房地产开发项目中，创造出了不少项目典范。在这里，列举一个经典的例子：

【策划案例：广州“星河湾”】

广州“星河湾”，位于番禺南村华南干线收费站两侧沿江1200亩土地。

王志纲工作室从以下几方面进行战略策划：

1. 大势把握（1999年10月~2000年1月）

市场的评估：华南版块绝不是洛溪版块的延展，而是新城市中心区的概念，在市场营造过程中各种利好消息会不断。华南版块竞争态势：同质低档化——个性高档化。项目条件评估：华南版块的门户。企业能力评估：三大优势：有实力、有良好的社会资源、制造一个精品的心愿 。三大劣势：没有品牌、没有社区开发经验、没有班底。

项目组得出结论：华南板块不是广州楼市在郊区的简单延伸，而是未来广州的新城市居住中心区；广州楼市同比淘汰的时候已到，郊区楼盘正处在升级换代的前夜；华南板块可以出现高品位的大社区，该项目作为广州的门户必须走全面创新的道路。

2. 理念创新（2000年1月~2000年3月）

总体策略：高筑墙——高起点、高素质，提高华南板块竞争门槛；广积粮——用全新的开发理念整合国内外一流的合作资源，让他们在统一的总谱下施展才华；深挖洞——依托项目自身的地理优势，最大限度地打造和演绎项目的氛围、品位与个性化。

总体理念：回归家本位，做足水文章，打好环境牌，开发泛地产。

3. 策略设计（2000年1月~2000年3月）

主要内容：采取要素整合与市场营销同步进行的特殊战略；规划设计必须建立在把握未来趋势的基础上——未来的房地产开发是一首交响曲；争取政府更大程度对项目的支持。

4. 资源整合（2000年1月~2000年3月）

工作室参加项目规划设计评审会，整理和提纯了专家们对于项目规划设计具有参考价值的意见和建议，沉淀了评审会有价值的参考意见。工作室针对瞬息万变的市场再次进行了详细的调查研究，提交了进一步的项目市场调研报告。针对项目首期开发，提交项目定位及经济分析、项目户型比例、环境及配套提案、物业管理提案等报告。

工作室积极物色并推荐了管理、营销人才，积极建议独家引进宝墨园的活水技术。同时，针对项目智能化建设和园林景观设计等方面，都提交了相关的建议和提案。确定广东省广告公司作为“星河湾”的全面广告代理公司。针对项目社区配套和社区服务，工作室提交了社区服务系统、会所功能设置、首期引入商家服务联盟的建议、服务系统销售情景描述、组团内小型会所项目设置原则及建议等报告，确定“星河湾”的特色服务及会所的功能设定。

5. 顾问监理（2000 年 3 月 ~2000 年 11 月）

对项目的要素与内涵、主题风格、建筑规划、园林景观、户型、项目 LOGO 设计、广告创意、社区服务系统、营销等各个方面提出方案或意见，并与各专业力量充分沟通，整体推进项目的建设。

6. 前期推广（2000 年 11 月 ~2001 年 3 月）

提交《星河湾软性文章要点》、《星河湾目标客户群分析》、《星河湾居住理念》、《星河湾广告诉求内容》等报告，并制定《星河湾前期推广总体方案》。

7. 市场引爆（2001 年 3 月 ~2001 年 5 月）

与广州三大媒体《南方都市报》《广州日报》《羊城晚报》商谈具体合作方案。负责策划、撰写关键性的软性文章；策划中国房地产界的第一份媒体化、杂志型楼书——《星河湾生活杂志》28 版随《南方都市报》于开盘前一天刊出。

8. 长期顾问（2001 年 5 月以后）

王志纲提出“把会战机制转为经营机制，实现从闪电战到阵地战、持久战的转变”的指导思想；工作室与开发商续签长期顾问咨询协议，共同打造“星河湾”的未来。

广州“星河湾”战略策划效果——万人空巷。

4 月 28 日，“星河湾”作为番禺并入广州市区后华南板块第一个入市楼盘开盘，开始接受认购登记。5 月 1 日，“星河湾”人满为患。“五・一”放假期间，前来参观“星河湾”的人数达到破纪录的 15 万，内部认购超过 600 套，此时，距离“星河湾”广告正式出街还不到 20 天。5 月 28 日，“星河湾”开盘一个月，累计售房达 500 套以上，实现销售回款超过 3 个亿。

4.3 房地产全程策划模式

4.3.1 全程策划模式的产生

房地产全程策划模式是目前在全国房地产行业流行广泛的一种房地产策划模式，由于它的策划理念和内涵既实用又丰富，而且运用这种策划模式创造了不少的经典项目，受到许多房地产企业以及房地产策划咨询公司的推崇和爱恋。

房地产全程策划模式的产生可追溯到 1996 年。当时，掌管深圳国际企业服务有限公司的冯佳倡导了一种新的策划理念——“全程策划”，即在策划成都“银都花园”时，从项目土地价值的发现、规划布局、建筑风格、环艺设计切入，以及最后的物业服务，来提升产品价值空间，为投资者提供标本兼治的“全过程策划服务”，使项目开发取得成功。用冯佳的话说，就是“第一次完整的证明了全程策划的可行。”此后，深圳国际企业服务有限公司把房地产全程策划模式作为公司的策划咨询手段进行充实、完善，策划成功很多项目，如上海“万科城市花园”、深圳“俊园”等。

1998 年 11 月 6 日，在“中国房地产南方（广州）峰会”上，冯佳把房地产全程策划的理论与实践进行披露，主讲《房地产全程策划的内涵及运用》。从此，房地产全程策划模式在全国各地广泛流行。

房地产全程策划模式经过策划人的不断丰富、完善，影响越来越大。各种培训班不断召开，培养了一批又一批房地产策划人员，如在2001年4月在深圳举办的“房地产全程策划专训班”、11月在北京举办的“房地产全程策划成功模式培训班”等。这些都为房地产全程策划人才的成长和全程策划理论的丰富做了有益的尝试。

4.3.2　全程策划模式的内容

1. 全程策划的含义

房地产全程策划，简单地说就是对房地产项目进行全过程的策划，即从市场调研、土地取得、投资分析、项目定位、规划设计、建筑方案、建筑施工、项目形象、项目营销、品牌培植以及物业服务等各个方面都进行全方位策划，使项目的开发价值提升到最理想的位置。

2. 全程策划的内容

在房地产策划中，强调为投资者提供标本兼治的全过程策划服务；在全过程策划服务中，每个环节都要以提升项目的价值为重点，围绕提升项目的价值来运用各种手段，使项目以最佳的状态走向市场。

房地产全程策划的具体内容是：

（1）市场研究——研究项目所处的经济环境、项目当前房地产市场供求状况、项目所在区域同类楼盘进行调研分析。

（2）土地研制——挖掘土地的潜在价值。对土地的优势、劣势、机会和威胁进行分析。

（3）项目分析——通过对项目自身条件及市场竞争情况分析，确定项目定位策略，决定目标客户及楼盘形象，决定项目市场定位、功能定位及形象定位。

（4）项目规划——提出建议性的项目经济指标、市场要求、建筑及园林风格、户型设计及综合设施配套等。

（5）概念设计——做好规划概念设计、建筑概念设计、环境概念设计、艺术概念设计。

（6）形象设计——开发商与项目的形象整合，项目形象、概念及品牌前期推广。

（7）营销策略——分析项目环境状况，凸现其价值；找准项目市场营销机会点及障碍点；整合项目外在资源。挖掘并向公众告知楼盘自身所具有的特色卖点，如地段、功能、配套、管理、投资等。

（8）物业服务——与项目定位相适应的物业管理概念提示，将服务意识传播给员工，以服务为圆心的组织架构。

（9）品牌培植——抓住企业和项目培养品牌，延伸产品的价值。

4.3.3　全程策划模式的适用性

全程策划模式比较适应中小型项目操作运行，各方面比较容易策划到位，大的项目如几千亩的住宅社区就会感到力不从心。这时，就应该采用其他策划模式与全程策划模式交叉进行，取长补短，创造出成功的项目。

房地产全程策划模式在运用中逐渐形成了三种不同的策划方向：

1. 在项目接手后，从市场调研、规划设计、建筑方案、概念设计、形象设计、营销策划、广告推广、销售代理以及售后服务等一系列环节都参与进去，并在各个专业上具体操作，直到项目成功推出市场。这种策划方向要求策划人员素质好、水平高、技术全面，从策划总监、策划主管、策划操作的各层面人员都要相互协调、相互合作。而且，要求最低层面的技术人员如建筑设计、广告平面、销售代理等人员都对策划规律全面熟悉。这种全程策划方向难度相当大，目前还较少有房地产策划咨询公司能承受这样的全程策划。但这种策划方向能保证策划目标、策划主题、概念设计贯穿到项目的各个环节，不会使策划意图半途而废，达到策划的最佳效果。

2. 在项目接手后，从项目的一系列环节也都参与进去，但不涉及具体专业操作工作。市场调查由专业的调查公司去做，建筑设计由专业的设计公司去搞，形象设计由专业的形象策划公司参与，广告发布请广告公司，销售由销售代理公司去操作，等等。全程策划公司只是做总策划的统筹，把各种不同的专业公司整合在一起，按照总策划的方向行事。这种策划方向人手不多，但都是策划精英，能主持各方面的专业工作，把各个方面的专业公司协调、统筹好。此策划方向被运用到大部分房地产策划咨询公司。

3. 在项目接手后，由于接手的策划咨询公司的专业特长不一样，在全过程策划服务的前提下，有的在规划设计、建筑设计、环境设计方面专业参与比较多；有的在市场调研、投资分析方面有擅长；有的在广告策划方面有突出的表现；还有的在策划销售方面最有能力。他们运用自己的专业特长有所侧重，但不丢掉全过程策划服务的宗旨，也取得了较好的策划效果。这种策划方向在房地产策划咨询公司中也不少。

上述三种全程策划方向，虽然在策划过程中重点不一样，但都围绕全过程策划服务的模式进行，因而不会脱离全程策划的影子。

4.3.4 全程策划模式的应用

房地产全程策划模式经过全国各地策划人的多年探索、实践，积累了众多的项目经典，如贵阳“山水黔城”项目、长春“我的家园”、“我的时代”项目等。

这里以广州“中旅商业广场”为例，看房地产全程策划模式的运用。

【策划案例：广州“中旅商业广场”】

广州“中旅商业广场”是由香港中旅集团独家投资开发的综合项目，位于广州市商业中心的中山五路。该项目总建筑面积12万平方米，是以商业功能为主导的。地下2层到地面7层为5.6万平方米的大型综合商业、饮食、娱乐中心，10～17层为3.7万平方米的现代化高级写字楼，18～25层是围合式的，为都市成功人士量身定做的顶级豪宅，总层高80米。

1. 市场调研

从1997年看，广州商铺价格继续下跌，商铺空置量继续上升。总体市场的淡市并不排除局部市场的活跃。商铺发展商在淡市里的灵活的市场应变能力是商铺走强的主要因素。商铺走强的关键：一是楼盘要有较高的素质，二是发展商应具备灵活的市场应变能力和高超的推广策略。

2. 土地价值挖掘

策划人员从项目的市场诊断入手，进行土地的价值分析。在土地的价值分析中，着重抓住项目土地的潜在价值挖掘。

3. 项目分析

确定项目的定位策略是：具有原创性与独创性的大型商业物业，可以领导未来商业的潮流。如商业形式，代表了新兴购物中心的发展趋势，具备了其他百货公司所不具备的多样性；商业布局，中旅商业城独具匠心，集“通”“透”之势，使所有的店铺都极尽便利。独特构思，首层骑楼保留了传统骑楼商业氛围，而二层则类似香港的城市步行通道相连。

4. 项目规划

从建筑风格看，中旅商业城糅古典风情与现代韵味于一体，体现了文艺复兴时期的建筑风范；从建筑造型看，远远看去，仿佛一座空中城堡浮在云端；从商业配套看，集餐饮、娱乐、健身、购物、观光于一体。建筑风格定位：为欧陆风格，城堡式的复合建筑。

5. 概念设计

建筑概念设计：使中旅商业城成为广州商圈中“最可去”的地方，中旅商业城有什么——只要你想到的，它都有。

6. 形象设计

在施工现场，用大尺寸的大型电脑喷画将地盘包装起来，被谓之“彩绘楼房”。

7. 营销策略

不搞炒作，不搞花样，老老实实的销售手法，以项目的品质来吸引顾客、打动顾客。当人们对它的工期表示怀疑时，它的地下室便已完工，主体框架也以非常快的速度向上延伸；正当人们对它的商铺面积太大，市场能否受得起说三道四时，其首层许多过千万的大铺却已基本售罄。

广州“中旅商业城”的全程策划效果，正如专家分析：“据说中旅商业城最初的目标利润是零，即只要保本就算成功，营销策划人员通过科学的市场调研与分析，从项目的市场诊断入手，进行土地的价值分析。并通过投资竞争要素分析，制定严密的投资成本和价格策略，令市场承受准确无误，在专业运作下，中旅商业城成为淡市中的热盘，发展商投资回报逾十亿”。

4.4 房地产品牌策划模式

4.4.1 品牌策划模式的提出

房地产品牌策划模式是策划人从不断的策划实践中总结出来的一种有效的策划模式。随着不少的项目策划成功，项目以及企业的品牌效应就显现出来了。广东顺德“碧桂园”就是一个典型的例子。一句“给你一个五星级的家”的广告语，就使人们感受到了品牌的威力。从顺德“碧桂园”到广州“碧桂园”，从广州“碧桂园”到广园东“碧桂园凤凰城”照样获得成功，企业项目的品牌效应起了极大的作用。在这种情况下，一些策划人明显地感到品牌对房地产策划所取得的效果是那么的好，于是，通过策划实践，在品牌的作用下进行策划，楼盘同样畅销，再次证明品牌策划可行。

在实践中总结出来的房地产品牌策划模式，曾宪斌是主要倡导者。他在广州“碧桂园”和“翠湖山庄”两个项目中已经是品牌策划的探索者。在广州“金桂园”策划中，他有意识引入品牌的概念而使该项目成为“广州市中心首席住宅特区”，引起人们的极大关注。此后，他又把品牌策划的理念运用到全国其他城市，终获成功，如哈尔滨“金桂园”、成都“锦官新城”等项目，房地产品牌策划模式开始赢得人们的肯定。

为了推广房地产品牌策划模式，曾宪斌先生于1999年在不同的房地产研讨会上总结他的品牌策划心得，逐渐形成了品牌策划理论体系。特别是1999年4月在中山大学生命科学院的演讲中，他的房地产品牌策划理论体系基本形成。著有《品牌旋风》一书，阐述了他的品牌策划理论体系和案例。

4.4.2 品牌策划模式的内容

1. 品牌策划的含义

品牌就是差异，就是个性。品牌标志着商品的特殊身份，将自身与其他类商品区别开来。每一个品牌都有自己特定的内涵，表明有独特的目标市场和共同认知的目标客户群。房地产品牌就是房地产项目具有区别于其他项目的个性，有独特的目标市场和共同认知的目标客户群，它具有较高的知名度、美誉度和忠诚度。房地产品牌策划是对房地产品牌的内涵进行挖掘、发现和推广，使商品房赢得人们的信赖，创造新的生活方式和新的需求。

2. 品牌策划的内容

品牌策划简单地说就是品牌的品质设计及推广，它包括以下几方面内容：

（1）品牌策划以建立品牌为中心。在房地产策划中，建立品牌有两大作用：一是取得较大的市场份额，二是取得较高的利润。

（2）品牌策划就是建立一流的品质和一流的推广。品质是品牌的基础。品质分为内在品质和外在品质，内在品质是小区红线范围内的一切硬件和软件；外在品质是与楼盘直接或相关的事物。品牌的推广要推广一流的附加值，要有一流的战略战术，要建立一流的物业管理队伍。

（3）品牌策划中的附加值推广要有侧重点。一是要融入自然的和谐环境，二是要社区服务的社会化，三是要家居生活的信息化。

（4）品牌策划推广有四个阶段。

1）“人工造雨”阶段，这个阶段主要通过一些公关活动、软性广告令开发项目有一个较为精彩的亮相，从而吸引区域内目标客户的注意。

2）“筑池蓄水”阶段，这个阶段主要以持续的软性推广、定期的新闻炒作、公关活动、现场销售为手段，不断积累起社会对本项目的认识，以其量变到质变，形成品牌的知名度和美誉度。

3）“开闸泄流”阶段，这个阶段是在以前的推广上做一个总结，并在短期内投放大量的硬性广告，吸引目标客户的购买。

4）“持续蓄水”阶段，公开销售后要及时总结经验，调整策略，为随后的蓄水提供依据。

（5）品牌策划推广的五种方法。

1）“筑巢引凤”法。以配套为“龙头”，带动房地产项目开发成功。

2）“盆景示范”法。先把“盆景”做好，如园林绿化，再配合相应的公关活动。

3）“借花献佛”法。发展商依仗以前品牌的名气、口碑，不需大量广告，就已备受瞩目。

4）“马良神笔”法。发展商从方方面面展示出项目美丽的生活图案，加深人们的印象。

5）“巨量广告”法。对于资金雄厚的发展商，用大量的广告叫响品牌，因为品牌是一定量的广告堆砌成的。

（6）品牌策划的六个工程。

1）软性推广工程。要注意长期的持续的积累。

2）公关活动工程。要以树立品牌为中心。

3）卖场的包装工程。

4）口碑工程。服务要与档次相配，建立“口碑”，做好物业管理工作。

5）公关危机工程。要经常检查工作中出现的问题，树立好与新闻界的关系。

4.4.3　品牌策划模式的适用性

房地产品牌策划模式的最大特点是除了着重强调打造品牌的内在品质和外在品质外，还强调项目品牌的推广。通过工地包装、现场销售包装、电视报纸广告造势、样板房推动、软性新闻宣传、公关活动介入等，把不知名的楼盘短时间内变得家喻户晓，吸引客户购买，从而达到品牌策划的目的。这就是“快速推广品牌”。

品牌策划模式对一些内外品质稍差的项目来说，效果是很好的，通过“快速推广”，使项目赢得人们的认同。但是，如果在推广时片面追求“造势”“炒作”，对产品不进行精雕细琢，虽取得首次开盘成功，后几期就会卖不动了。因此，在“快速推广”的同时，也不能忘了打造品牌的品质，因为最终得到客户信赖的还是项目的真正品质。

4.4.4　品牌策划模式的应用

运用房地产品牌策划模式，可以创造出不少的经典案例。现以成都“锦官新城”为例，看看品牌策划的实际运用：

【策划案例：成都“锦官新城”】

成都“锦官新城”位于成都城南，占地386亩，规划建筑面积34.1万平方米，绿化面积近60%。住区中心分布着数十栋约2万平方米的顶级别墅，9～15层的电梯公寓及酒店公寓，建筑面积28万平方米，设计可容纳近2000户，居住人口约6000人。区内规划有小学、幼儿园、文化广场、体育沙龙、商务会所、健康会所、影视剧院、医疗诊所、购物中心、室内游泳馆及社区公建配套设施4.1万平方米。

品牌策划要点如下：

1. 营造一个品牌中心：“最适合居住示范小区”。

2. 建立一流的品质和一流的推广：一流品质外在的要体现在规模、社区配套、发展商形象、建筑质量等方面；内在的要体现规划设计、户型平面、小区配套、小区绿化环境等方面。一流的推广首先是一流的附加值，如施工进度快、环境绿化有保证；二是在售楼书、售楼部的包装、围墙的包装、工地的绿化等都要做到一流的；三是在首期要投放大量的广告，造成影响。

3. 三个推广重心：一是建立一个健康家园，要从绿化环境、生态建筑、医疗保健、绿色食品等方面来考虑；二是建立一个智能家园，要从网上教育、网上生意、网上管理、网上生活来入手；三是建立一个高尚家园，要从社区家政服务系统、社区文化等方面来加强。

4. 推广四个阶段："人工造雨和筑池阶段"，要把"最适合居住的城市"的提案及讨论逐渐引导到讨论"锦官新城为最适合居住的高尚小区"上来，并做好广告推广、项目包装、物业管理等事宜。"蓄水阶段"，通过软性宣传、工程形象、地盘包装、新闻炒作等，现实的潜在的客户都吸引过来，但引而不发，只是要知名度、美誉度，不发生交易。"开闸阶段"，通过短期的立体巨量广告，全面覆盖人们的听觉、视觉。现场作秀，军乐队表演。预先销售后形成成都有史以来第一次通宵排队奇观，新闻跟踪报道。"持续阶段"，根据开盘销售情况，或封盘、或调整价格。推广上继续以软性推广和公关活动来保持品牌的可持续发展。

5. 五个一工程：一是一个软性推广系列，在开盘前，每星期至少一篇软性推广文章，对"适合居住"的概念进行演绎，每次一个主题和侧重点。二是一个征文活动，延续"成都是最适合居住城市"的讨论，将焦点引导到"锦官新城如何成为最适合居住小区"的主题上来。三是一次大型研讨会，把成都与项目示范结合起来研讨。四是一个景点，项目工地成为成都的一个景点，如在围墙上要把"最适合居住概念"用形象的画面表现出来，描绘一幅21世纪成都"清明上河图"的美妙图案。五是启动一个健康家园，与华西医大附属医院合作成立家庭医疗保健中心，承诺对购房者发健康卡，实现九项健康服务的承诺，购房者当月可全家免费体检等。

6. 六项近期重点工作：一是示范小区的确认，二是选择广告公司，三是选择物业公司，四是与华西医大洽谈合作成立家庭医疗保健中心事宜，五是销售阶段培训、策划人培训、答客问的制定，六是网络化工作。

7. 危机公关的防范：各项工作要落实做好，经常检查，避免出现问题。

成都"锦官新城"的品牌策划结果是：开盘时，买房人排起长队，首期龙珠园别墅、丹桂园电梯公寓128套房一抢而光，成交金额近一亿元。

4.5 房地产产品策划模式

4.5.1 产品策划模式的产生

目前，产品策划模式是较受到策划人和策划公司推崇的一种房地产策划模式。从全国各地房地产策划情况看，无不是这样。究其原因，主要有四个理由：一是房地产产品是人们最重要的资产，比如住宅，它的位置、质量、形象等最受到人们的关注；二是房地产产品为不动产，价值巨大，人们不会随意购买；三是房地产产品目前"同质化"明显，使之"差异化"更能受到客户的信赖；四是随着人们生活水平的提高，对房地产产品的要求就越来越高。产品策划模式就是这样发挥它的作用。

自从1999年国家取消福利分房以后，住房的购买者大部分已经是个人了。在此情况下，对住宅的居住要求就发生很大的变化。有人把住宅产品分为三代：第一代住宅产品是粗放型、实用型的行列式布局，无风格化特征；第二代住宅产品则是精细型、舒适型的圆合布局，有风格化倾向；第三代住宅产品应是环境与科技结合的产品，而且在未来一定时期内会成为市场主流。

住宅蓬勃的发展趋势，使住宅产品的策划明显地摆在策划人的面前。从2000年初开始，发展商和策划人都在不同的项目中贯彻产品策划的理念，注重项目的细节和细部的完美和舒适，创造了很多著名的楼盘。一些对产品策划有实践经验的策划专业人士，也不惜余力地倡导产品策划模式，如广州的周勇、北京的童渊、深圳的茅巍等，用自己的实践证明产品策划的作用，并且还总结出产品策划模式的一些基本规律。周勇著有《产品主义》一书，深刻阐述了产品策划的理论精髓。

4.5.2　产品策划模式的内容

1. 产品策划模式的含义

所谓房地产产品策划，就是对房地产及住宅产品进行调研、定位、设计、营销以及物业管理等内容的谋划和运筹，以适应人们对房地产产品不断变化、提高的要求。

2. 产品策划模式的内容

产品策划模式的内容包括：

（1）产品策划的重点。“顾客就是上帝”，一切围绕着客户的需求来策划产品，注重产品的舒适性和艺术性，使人们对产品的喜爱和喜悦而促进人们的身心健康。

产品策划的另一个重点是产品定位和产品设计，产品定位应先于产品设计。产品设计出来才找目标客户，这是本末倒置的做法。

（2）产品策划的内容。

1）产品调研。产品的前期策划中最重要的是调研，目的是知道需求和供应状况，为产品定位作准备。调研的内容很多，有宏观的、有微观的；有大市场的，有小市场的；有项目方面的，有非项目方面的等。

2）产品定位。在产品调研的前提下，对产品进行恰如其分地具体位置确定。包括目标客户定位，这最重要，因为产品完工后是卖给他们的。还有产品品质定位、产品功能定位、产品地段定位、产品规模定位、产品形象定位等。

3）产品设计。根据目标客户的特性分析，产品就为它量身而做。包括规划设计、建筑设计、环境设计、其他设计等。

4）产品工艺。这是保证产品质量的关键之处。

5）产品营销。怎么把产品的半成品和成品卖给预先针对的目标客户。包括产品的包装、产品的推广等。

6）产品服务。这里主要是售后服务，即物业管理。目的是把产品的价值提升和延长。

住宅开发流程应是：市场调研分析→发现市场机会和需求→寻找条件适宜的地块→项目调研与产品定位→规划、户型、环境、物管、形象等设计→顾客沟通与设计校正→施工、宣传、销售等。在这个过程中，建立顾客、设计、销售、施工四方的互动关系是一个项目成功的保证。

（3）住宅产品的要求。随着社会经济、科学技术的发展及居民生活水平的提高，住宅在先进性、实用性、安全性、舒适性、生态性、耐久性方面都有更高的要求，并且要求注入更多的人文主义精神，将我们的家营造得舒服、富有情调、实用坚固。

1）地段要看发展的潜力。对于自住和投资来说，地段的选择也是不同的。若自住，更多地要考虑居住者的年龄、上下班的情况、家里有没有老人、有没有小孩上学。对个人而言真正好的地段，应是最符合自己需求的地段，方便自己及家人的出入、生活及社交。针对不同的购买群，好地段的概念也是不同的。我们要考虑住宅长远的保值和增值，要了解今后城市的规划及发展，更要预测以后的交通状况。交通的改善，可以把整个城市的版图缩小，有了好的道路网，只要有人去，就能慢慢发展起来。

2）社区关注舒适、生态。高质量的住宅都非常注重社区周围的环境氛围。社区内部格局划分合理，建筑设计应遵循高低错落、疏密有致的原则。在小区里不但要拥有室内、室外的活动空间，绿色更是必不可少。绿地要具有可达性，使人充分融入自然之中。并且自然景观与巧夺天工的人工景观互相呼应，体贴照顾男女老幼的休闲与健身，增加邻里之间的交流机会。

3）户型功能齐全。户室安排布局合理，强调公私分离、动静分离、干湿分离、洁污分离、居寝分离。好的户型不一定要大，但一定要功能齐全，因为真正的实用存在于简单合乎功能的结构中。

4）完善硬件配套。完善的硬件配套包括电梯、暖通、供水、保温系统、供电、智能化配套、保安系统、闭路电视、红外线控头等。

5）配套贴近生活。站在以人为本的角度，社区内应提供一个全天候的休闲、活动场所，多设置乒乓球、篮球、羽毛球、小型室内足球、手球、壁球、游泳及健身等设施。这些地方除了可锻炼身体，也是一个交友的空间，更能节省家中健康娱乐的开销。

6）物业管理人性化。物业管理公司水平的优劣直接关系到业主的生活质量、物业的保值增值。不但要重视开发商的实力、口碑、信誉，还要聘用专业的物业管理公司。这样的物管公司不但能提供优质良好的服务，还能与业主融洽相处，推出更具人性化的软性服务。

4.5.3 产品策划模式的适用性

房地产产品策划模式的适用性相当广泛，只要产品机会分析做对、产品目标市场准确、产品设计到位、产品营销手段新颖，加上策划人有强烈的创新专业精神和较高的专业素质，差不多都会运用得当，获得成功。不过，如果只强调产品的品质方面，对大势的把握、全程的参与、品牌的推广等策划理念不重视，甚至不屑一顾，那么，策划出来的楼盘也不一定畅销，这是人们交“学费”总结出来的真理。

4.5.4 产品策划模式的应用

房地产产品策划模式创造了不少项目经典，现以广州“颐和山庄”为例，说明产品策划模式的具体运用：

【策划案例：广州“颐和山庄”】

广州“颐和山庄”，地处环境优雅的广州南湖国家级旅游度假区内，开发商为广州颐和山庄房地产开发有限公司。山庄东临南湖，紧邻南湖高尔夫球会；南至华南北路；西为丘陵地带；北接山林和南湖。“颐和山庄”小区占地面积约 11 万平方米，建筑面积 13 万平方米，另有 8 万多平方米的私家山顶公园和 2.5 万平方米的昆明湖，容积率 1.25，绿化率达 60%，是一个低密度、低容积率、高绿化的生态园林高尚社区。

“颐和山庄”产品策划要点如下：

1. 产品调查

1996 年的广州，楼盘竞争极为激烈，各种营销理念和手段层出不穷，要使一个楼盘脱颖而出很不容易。为此，项目策划人做了深入的产品调查，得出这样的结论：一是买房的人最关注的是健康，能使人健康的楼盘是有新鲜的空气、阳光、绿色和生态环境良好，具备这些条件最优的是有山有水的楼盘。这个结论使策划人对产品发展方向有了新的发现。而在 1999 年年底推出第二期时，广州市政府正在为建设“山水城市”作论证。这跟调查发展方向不谋而合。

2. 产品定位

“颐和山庄”地块做“山水楼盘”是最好不过了。于是，概念主题是“生态山水园林示范社区”；目标客户群是热爱健康、有意返回大自然而又有较好经济能力的二次置业人士；产品命名是“颐和山庄”，含义是山水的和谐；产品塑造以自然环境为主，着力加强“山顶公园”和“昆明湖”的山水形象；产品层次是高尚和联排别墅的结合；产品配套是健身公园、私家园林、山庄会所、游泳池等。这些产品定位，把“颐和山庄”建设成一个低密度、低容积率、高绿化的生态园林高尚社区。

3. 产品规划

“颐和山庄”在规划设计上，在自然生态上做文章，使人回归大自然；又利用现代的园林、建筑，使天赋与人工融为一体。在总体规划上较恰当地反映“广州的颐和园”（夏天的宫殿）的意念，构成较浓厚的生态意境，表现出带有古典气息的意大利式的山地园林风貌。不仅为居民提供了一个宽松、幽雅、舒适的居住、休闲、度假的理想场所，同时把天然与人工、现代与古典、东方与西方文化较好地融合在一起，有较浓厚的文化氛围，成为真正的“颐和山庄”——生态园林住宅区。

4. 户型设计

“颐和山庄”为目标客户群提供不同面积的优质住宅单位，区内 A、B 型为高层公寓，J、K 型为六层高级公寓，另有五区 3 层联排别墅及少数豪华临湖大型别墅。公寓以中型单位为主，大部分高层做复式，尽取远景优势。别墅区单位面积为 290 ~ 510 平方米，附设屋面平台，部分连私家花园泳池，以增加室外活动空间。另外，为使室内有良好采光通风，颐和山庄在单位设计上尽量为所有房间设置大型阳台或开窗台。各种别墅及公寓均有充足的有盖车库以供住户使用。

5. 产品制造

“颐和山庄”选有实力强、资信好的开发、规划、设计、施工、监理企业的参与建设，为产品的质量和工期打下了坚实的基础。

6. 产品营销

“颐和山庄”的市场定位是中、高档并举，价格上采取“低开高走”策略，起步阶段价格较平，较优惠，有利于启动市场，已成功地走出第一步。“颐和山庄”的最大卖点是产品升值潜力和产品生态环境，这两点在营销中极力使之显现出来，达到了明显的效果。

山庄的人文活动也使产品销售达到高潮。如“楼盘评价”活动、重阳登高活动、记者联谊活动等。

广州“颐和山庄”产品策划结果，被誉为历年长盛不衰的“明星”楼盘。

1996 年 6 月 19 日首期公开发售，均价定为每平方米 3930 元（人民币），市场反应热烈，仅三天便售罄；1999年8月28日，又推出第二期，接受公开认购，价格在原来基础上上浮13%，销售业绩仍颇佳。在1998年到2001年的短短三年时间里，由首期公开发售的价格飙升至8000元/平方米，湖畔别墅价格甚至高达13500元/平方米，直逼广州二沙岛豪宅。

广州“颐和山庄”名不虚传，荣获八大奖项：2000年全国优秀住宅社区环境特别金奖；羊城十大山水楼盘之一；2000～2001年度广东省消费者协会推荐楼盘；广东省优质楼盘；2000年十大明星楼盘；2000年十大康居楼盘；十大最佳山水住区；十大最佳名牌住区。

4.6 房地产发展商策划模式

4.6.1 发展商策划模式的产生

发展商策划模式可以说是房地产另类策划模式，有人称它为“非策划主义”模式。倡导这种策划模式的首先是万科企业集团的掌门人王石先生。他在不同的场合都说过：我不相信策划，我的企业没有策划人。但是，他属下的房地产企业开发的项目没有一个不成功的，如深圳、上海、天津、北京的“城市花园”。究其原因，“发展商策划”是万科企业房地产项目开发成功的主要因素。

再一个推崇发展商策划模式的是北京“现代城”的发展商潘石屹。他开发的项目也不需要策划人帮忙，自己亲自操作，从项目的市场机会分析、策划主题确定、设计思想挖掘、目标客户寻找等，无不一手包揽。北京“现代城”轰动北京，风靡全国，再一次印证了发展商策划模式的威力。

在全国各地，有很多房地产企业运用发展商策划模式策划项目的，有的以前需要策划人帮忙的，而现在就不需要了，如广州的部分发展商。

发展商策划模式之所以存在和产生，有以下几个原因：

（1）发展商本人有着很高的房地产开发水平，思想理念超前，对房地产开发的各个环节了如指掌，能从容地驾驭房地产市场的风云变幻。具备这样高超水平的发展商，实际就是高水平的策划大师。曾宪斌说的好：“我觉得任何一个不借助策划公司、策划人员而能够做成比较成功楼盘的老板，都是真正的策划大师。你想一想，从选地开始，选不选这块地是他决定的，建设什么样的房子是他在策划，包括选什么样的策划人员、销售人员，在你的策划方案里面，他选这个，不选那个，也体现了他的策划。而且，从选地到最后销售，到物业管理，都是他在管，你凭什么说不是他在策划呢？他不仅是策划，而且每一步的小的战术策划他也在做……他也是策划家的一种。”

（2）发展商企业经过多年的房地产开发实践，积累了丰富的运作机制和开发经验。万科企业就是一个典型的例子。万科企业在十多年的地产生涯中，造就了她独特的经营风格和有特色的企业文化，也形成了她与众不同的运作机制。万科地产企业中分为三部分：万创设计、地产经营和物业管理。三者并行，共同围绕着保持设计优良、产品优良、服务优良的宗旨，为广大消费者提供物美价廉的产品。

（3）发展商企业的各个部门人才济济，每个人都是实际的策划能手。这在运用发展商策划模式的企业中普遍可以看到。各方面专业的人才经验丰富，技术娴熟，观念超前，自然就会对发展商的开发思想和宗旨理解深刻，贯彻到位。如果具体操作的专业人员水平低下，是很难做好的。

4.6.2　发展商策划模式的内容

发展商策划模式的内容归纳起来，有以下几个方面：

（1）要有过人胆略、经验丰富、思想敏锐、理念超前的发展商做总策划的领航人，还要有技术娴熟、观念灵活的专业人员相互配合，为共同的项目开发目标进取。

（2）要有自己企业的团队精神和有特色的企业文化，造就一种公认的企业“品牌效应”。

（3）发展商自己要有鲜明的气质和独特的个人风格，能在不同的场合感染人，形成一点“明星”效应，塑造好发展商的形象。

（4）要重视发展商、物业管理在规划设计方面的作用。因为发展商和物业管理人员长期从事市场操作并接触客户，有丰富的市场意识与经验。他们对市场的需求比较敏感，研究比较深入，通过与他们的沟通，往往能够得到很多形成优良方案的资料和信息。

（5）发展商要有永远的创新精神，对目标市场的变化相当灵敏，能准确地找到项目的目标客户群，并善于发现目标客户的正确“密码”。

（6）发展商要会善于发现问题，总结经验，使项目开发走向新的台阶。

4.6.3　发展商策划模式的适用性

发展商策划作为一种策划模式，运用它达到的效果也是相当明显的。这里最重要的因素是发展商本人的开发运作水平。从目前情况看，发展商策划模式的运用有越来越广泛的趋向，这是因为现在发展商的知识水平、操作水平比以前更高、更娴熟了；而且思想观念的超前、创新能力更不可比拟。因此，发展商策划模式的广泛运用就不足为奇了。另一方面，发展商策划模式可以使发展商本人统率全局，避免难以跟策划人或策划机构沟通、协调之苦。另外，运用发展商策划模式也不是不要策划人的帮助，他的下属各个部门还是有策划人协助的，只不过这些策划人所起的作用没有发展商本人那么大而已。

运用发展商策划模式可以看出发展商本人的真正的开发运作水平，如果达不到那么高的水平，借用“外脑”，聘请策划人或策划公司来协助也未免不可。因为，每个人不管水平多高、能力多强，处理事情都有一定的局限性，何况是高智力的策划思维活动。总之，对发展商策划模式的运用，我们一定要正视现实，根据发展商的情况灵活取舍，只要对项目发展有利，可以大胆运用各种策划模式。

4.6.4　发展商策划模式的应用

用发展商策划模式策划的项目有独特的个人风格，北京“现代城”项目的成功，是一个活生生的例子：

【策划案例：北京“SOHO 现代城”】

北京“现代城”位于东长安街延长线，国贸以东 800 米，北京中央商务区（CBD）内。“现代城”分为现代城公寓区和 SOHO 现代城两个区。现代城公寓区由 6 栋 28 层高的塔楼组成，SOHO 现代城总建筑面积近 21 万平方米，占地面积 2.6 万平方米，共分为 A、B、C、

D独立的四座，1～3层裙楼相连。

地下共三层，为大型停车场，建筑面积约为4万平方米。地上部分约17万平方米，整个建筑的一、二层大部分为近2万平方米的商场，内设步行街，设计中有艺术庭院。D座二、三层为俱乐部，其中三层为6米高的特殊设计，可供对层高有特殊需求的客户使用，如画廊、展览厅等。B、C座为4万平方米的写字楼，A、D座为10万平方米的SOHO公寓。

发展商潘石屹对“现代城”的策划，重点是：

1. 市场机会分析

潘石屹认为，选择一个项目的条件概括起来有三条：第一，是不是符合未来的发展趋势？第二，对于用户是不是方便舒适？第三，这个产品的质量是不是上乘的？而北京的市场调查表明，客户认定自己过上现代化生活要满足四个条件：第一，家的周边要有现代化的生活气息和商业氛围；第二，要有方便的出行条件；第三，要有人与自然的亲和；第四，要有个性的充分张扬。潘石屹就从这四点来把握投资的市场机会。

2. 投资区位选择

潘石屹用“灯光理论”来判断区位的可行性。在北京晚上看城市灯光，城区西边一片黑暗，城区东边灯火通明。潘石屹认定，东边会发展起来，项目投资区位放在东边。这东边区域，恰好是北京未来的中央商务区（CBD）。

3. 寻找目标客户

“现代城”选在北京未来的中央商务区，潘石屹认为，它的目标客户群主要是一些年龄在30～40岁之间，文化层次高，善于与国际接轨的中国新兴的一批“yuppies”（雅皮士）。他们之中有的喜欢在互联网上畅游，有的喜欢在家里办公，有的喜欢享受现代家庭生活。特别是在家里办公的白领会是“现代城”的主要客源。

4. 规划概念设计

简约、亲和与个性的张扬是规划设计的基本理念。于是，就有50平方米的宽大客厅，就有阳台观景功能的外探式全落地中空双层玻璃，就有可灵活分隔的住宅空间，就有智能高速宽带网接入，等等。潘石屹认为这些设计理念最能体现目标客户的个性要求。

5. 住宅户型定位

潘石屹提出“现代城”的主力户型应是188平方米，认为最适合目标客户群的要求。这个户型反对意见不少，但“我作为总经理，主力户型作为188平方米，对了就对了，错了就错了。”

6. 设计最大卖点

“现代城”的最大卖点是项目的升值潜力。对于这一点，一般客户是看不出来的。围绕着“升值潜力”这一卖点，现代城营销策划人员为买家设计了清晰的租金回报率说明，使客户清楚看到了投资升值的走向。

7. 制定销售措施

本着为客户着想的目的出发，“现代城”精心准备了三项措施：提供九成十五年按揭，由银行控制购房款的流向，请消费者协会来监督。三项措施增强了客户的购买信心。

8. 掌握销售时机

“现代城”1998年9月2日拿到许可证，时间已经比较晚。按照往年北京的习惯，一到圣诞节前后，就没有人买房，进入淡季了。在这种情况下，潘石屹仍坚持销售，效果还真的不错。从12月初开始，到月底止，每天销售没有低过7套房子，最高一天销售17套房子，销售额达到3000万元。

9. 把握危机公关

“现代城”售后出现的“氨气事件”，闹得沸沸扬扬。潘石屹向媒体说明情况，取得和解；接着又通过媒体发表公开信向业主道歉，然后公开召开除氨招标会，把事情完全扭转过来。

北京“现代城”的发展商策划效果：自1998年开盘以来，持续热销，1999年累计销售额10多亿；2000年1月8日“现代城”又开始认购，当天有超过3500客户到场，成功预售出22套；此后，不断有客户彻夜排队等候销售，并且在不到两个月的时间内基本售完，创造了北京楼盘项目个案销售奇迹，令业界同行叹为观止。

4.7　房地产策划模式相互关系

以上阐述的房地产战略策划模式、全程策划模式、品牌策划模式、产品策划模式和发展商策划模式，是人们通过策划实践总结出来的，都能创造出房地产项目开发的策划经典。它们的异同如下：

（1）战略策划模式、全程策划模式、品牌策划模式和产品策划模式是从不同的角度来进行策划的。战略策划模式侧重从宏观大势上来把握房地产项目的策划；全程策划模式侧重从项目开发的全过程和价值提升来把握房地产项目的策划；品牌策划模式侧重从项目的品质和推广来把握房地产项目的策划；产品策划模式侧重房地产产品定位和设计来把握房地产项目的策划。

（2）发展商策划模式是一种“另类”策划模式，它是从策划主体是发展商的角度来进行房地产策划的，这是与上述四种策划模式的最大不同点。在策划实践中，发展商策划模式吸取了战略策划模式、全程策划模式、品牌策划模式和产品策划模式的擅长之处，进行综合运用，并以发展商聪明的智慧和敏锐的眼光来运作房地产项目。

（3）战略策划模式、全程策划模式、品牌策划模式、产品策划模式和发展商策划模式作为目前房地产策划的流行模式，在实际操作中都有适应性和非适应性的问题，我们在运用时应根据策划人的水平和项目的具体情况进行恰当的选用。随着房地产策划的不断深入和发展，房地产策划模式也会不断地完善和发展。

房地产策划创意

5.1 房地产策划创意的含义与作用

5.1.1 策划创意

1. 房地产策划创意

创意的“创”是创始、创新和首创的“创”；创意的“意”是意境、意念和新意的“意”。创意的含义是指通过创新思维、构思出新的设想方案的过程。它往往是灵机一动中的一闪念，这就是创意的开端。再把这种闪念构思成可能实现的创意设想，并将其细化设计为行动方案，便是创意。

创意是文学家和艺术家为表现文学艺术作品情与景、意和境交融在一起，形成一种新的艺术境界，说明创意是一种创新思维。创意从文学艺术领域被引进房地产策划领域后，虽使创意的含义更加丰富，但它仍是一种创新性质的思维活动。

房地产策划创意是指在房地产策划过程中，策划师为实现房地产策划目标而进行程序化的创新思维活动。策划创意是以策划师的创新思维为核心的房地产策划全过程中的一个特殊活动。也是策划师充分利用自身的知识和经验以及想象力和创造力，在突发念头的基础上，经过原型激发和创新思维的运作过程，构思出可实施的新奇独特的设想并转化为计划方案的过程。

2. 房地产策划创意与“点子”

房地产策划创意与“点子”既有联系又有区别，二者的主要区别是：

（1）策划创意与房地产策划程序有紧密联系，是房地产策划全过程的一个阶段，并渗透在房地产策划程序之中，成为科学策划程序的一个具有创造性的因子。它通过房地产策划方案的实施而实现。因此，创意是不能分离出来单独出卖的；而“点子”则与房地产策划程序没有关系，它的实施也不受房地产策划方案的制约。就是说“点子”是与策划的科学运作没有多大联系，因此，它是可以单独作为知识商品出卖的。

（2）策划创意不仅是房地产策划程序的重要组成部分，它的自身运作也是程序化的。策划创意是从针对问题而灵机一动的突发念头开始，经过确立目标和轮廓构想到方案设计和论证的全过程，是按创意的科学运作程序行进的，有如“十月怀胎，一朝分娩”；而“点子”则因缺乏科学运作程序，基本停留在灵机一动一闪念的念头上，有如“眉头一皱、计上心来”。

（3）策划创意的程序过程是同房地产策划程序相吻合，是在形成房地产策划方案之后，通过计划来实施的；而“点子”则因为是一种单纯的念头，在众多的“点子”之中，最后能化为方案的只有很少一部分，能转化为计划实施的比例更少。

总之，房地产策划创意与“点子”的本质区别是：策划创意的成功率远远高于“点子”。策划创意的外延大于“点子”，涵盖着“点子”，通过房地产策划程序和创意程序的双重运作，排除了没有成功希望和作用不大的“点子”，择优留下收效大的“点子”，并将其转化为策划方案和计划予以实施。

5.1.2　策划创意作用

策划创意在房地产策划中具有重要的作用：

(1) 房地产策划中的奇谋妙计，都来源于策划创意。因此，房地产策划创意的水平，决定着房地产策划的“能量”，是房地产策划成功的关键。

(2) 策划创意是房地产策划的灵魂，没有策划创意，房地产策划方案就成了没有能源的机体，有了精妙的策划创意，房地产策划方案才会奇招妙法荟萃，房地产策划过程才会真正成为一种创造性的社会实践过程。

可见，策划创意在房地产策划活动中占有极其重要的地位，是房地产策划活动的能源。

5.2　房地产策划创意过程

房地产策划创意是根据策划方案的程序结构的需要，进行创新思维、产生创意构想的活动。创意思维是策划人员左右两半脑都处在高度紧张状态下的一种十分复杂的心理活动过程。一个创意构想的产生，有时看似很突然，显得令人难以捉摸，实际上，任何从事创造性活动的人，都具有同样的心理活动规律，都经历着类似的活动过程。房地产策划创意要经过启动、探索、闪现和验证四个思维阶段。

5.2.1　策划创意启动阶段

1. 启动创意动机，发现策划问题

房地产策划创意的前提，是必须具有激励创意的动力，形成创意动机。创意的直接动机来源于策划目标和进一步分析调研资料及其对策划问题的进一步认识和对市场机会的深入把握。这就是说，策划师以策划目标为动力，通过深入分析调研资料，或者进一步认识到策划问题的存在和解决问题的必要性，于是就形成了对策划问题或事态的严重不满和解决它的欲望；或者意识到市场环境和条件有可能为策划主体的新发展提供机会，于是就产生了某种未雨绸缪的愿望，促使策划提高创意的程度。这种功能能够唤起和引发策划的创意意向。

创意动机启动后，还会产生指向功能和强化功能。动机的指向功能是指策划师在动机的驱使和激励之下，把自己的创意能力、智慧、精力和时间集中在策划目标规定的方向上，直到实现策划目标为止；动机的强化功能则是指正确而强烈的动机起着肯定和加强创意意向的作用。而真正强烈的创意动机是由诸如策划职务的责任感、策划事业的成就感、策划竞争的紧迫感和策划创意的满足感等因素的激励形成的。

2. 界定策划问题，确立创意目标

在通过创意新思维寻求创意构想之前，准确界定策划问题是非常必要的。这就是要从性质、特点、范围、程度和原因等方面把策划问题搞清楚，以求全面准确地把握住策划问题。在界定了策划问题之后，确立创意目标是启动阶段的又一项重要活动。它之所以重要，是因为创意目标既是策划目标在创意活动中的具体化，又是探索各种创意构想的前提，既是评估和选定设想的度量标准，又是对创意实施运行、实行控制的依据。

在策划创意的启动阶段，策划师要在进一步分析调研资料的基础上，加强信息资料的积累和知识、经验的储备。因为这是产生灵感的一个重要条件。策划人员在策划创意的启动阶段，就必须足量思考并充分考虑待解决的中心问题。一个在头脑中缺乏解决问题动力的策划人员，绝不会产生解决策划问题的灵感。

5.2.2 策划创意探索阶段

1. 调度组合信息，构思创意设想

策划创意探索阶段是根据策划问题和创意目标的指向，调度组合信息和构思创意设想的阶段。这就必须充分发挥左右两半脑的功能优势，进行交叉思维探索。“垃圾箱”理论认为，人的思维成果是客观世界在人脑中的反映。人的大脑把客观世界反映进来的信息分为两类，分别储存在左右两半脑中。有些信息经常地、反复地作用于人的大脑，人们便逐渐认识了它们以及它们之间的联系，于是就按照认识的过程把它们系统地储存在大脑的左半球之中。一旦需要把这些物资或数据调出时，即可按存储规则的系统顺序去查找。

同样的道理，人们要从头脑中查找这些信息时，也可按系统顺序去搜寻，这个系统顺序的逻辑思维就是左半脑的功能优势。还有一些信息，因为它们不是经常、反复和连带地反映到人的头脑中，利用也较少，所以一时还没有认识到它们与其他信息之间有何种联系，因此也就没能把它们系统地有序地储存在大脑中，就像个“垃圾箱”一样杂乱无章地堆放在大脑右半球中，要想从这个“垃圾箱”中找某种信息，因没有顺序和规律可循而只能乱翻，即靠心理活动中的非逻辑因素，这就是右半脑专司创造性思维的功能优势。

2. 发挥半脑优势，进行交叉运作

借鉴上述大脑两半球功能优势的研究成果，探索策划创意就要充分发挥左右两半脑功能优势，主动进行逻辑思维和创造性思维的交替运作和交叉探索。一方面要充分发挥左半脑功能优势，展开逻辑思维。另一方面，更要充分开发和发挥右半脑的功能优势，展开创造性思维。就是说，长期储存在策划人员大脑深处的各种浩瀚的信息，一旦在潜意识的作用下被调动出来，就会促使策划人员意识范围的极大跃迁，诱发灵感的出现，从而形成绝妙的创意设想。

5.2.3 策划创意闪现阶段

1. 半脑交替思维，策划创意孕育

策划创意闪现阶段，是通过左半脑与右半脑之间的功能优势互补和逻辑思维与创造性思维互补，而产生的策划创意灵感。其交替运行途径是：侧重于逻辑思维的左半脑，通过“脑梁”（左右两半球有数十亿根神经纤维每秒钟传递400亿次信息）向侧重于创造性思维的右半脑祖先遗传因子信息库里寻找解决策划问题的创造力信息，右半脑适应左半脑之需，通过创造性思维，调度创造性解决策划问题的创造力信息，并及时通过“脑梁”将其传递回左半脑，这种信息双向交流与组合的一瞬间便产生了灵感。当然，左半脑接收到右半脑传递的创造力信息之后，通过逻辑思维，还要进行逻辑加工和验证。左半脑与右半脑各有功能优势，不可以半脑功能优势论英雄；逻辑思维与创造性思维各有所长，也不可割裂开来单独论短长。虽然右半脑及其创造性思维是策划人员创意活动的主体与核心，然而策划创意活动是一个完整的行为过程，完全依靠右半脑及其创造性思维是无法完整地完成创意方案设计和全面完成创意活动总任务的。因为策划创意活动不仅需要右半脑及其创造性思维的支撑，而且也必须有左半脑及其逻辑思维的紧密配合。

2. 闪现创意灵感，跃为创意成果

在策划创意活动中，以右半脑为主体的创造性思维，一旦突破原有逻辑，必然要在左半脑形成更高层次的新的逻辑思维，并把新的知识纳入到已知体系中，继而作为已有信息储存起来。如果右半脑及其创造性思维不在更高层次上同左半脑及其逻辑思维进行交替与合作，策划创意活动就会中断，也就不可能产生策划创意的新突破和新成果。因此，进行左右两半脑交替思维，不仅可以抓住在智慧之光的闪烁中迸发的灵感火花，抓住新奇构想的创意闪现，而且还可以使创造性思维与逻辑思维的交替循环形成良性状态。这就是由左半脑及其逻辑思维→脑梁→右半脑及其创造性思维→脑梁→左半脑及其更高层次的逻辑思维→脑梁→右半脑及其更高层次的创造性思维……这样无限地交替下去，使闪现的创意灵感跃升为高创意成果。

5.2.4 策划创意验证阶段

策划创意验证阶段是对策划创意的全过程进行反思，检验、论证创意闪现和解决问题方法是否正确，并对策划创意成果进行总结的阶段。由于策划创意中闪现的灵感是在显意识与潜意识的交叉转化中产生的，这就决定了创意灵感具有模糊性。就是说，创意灵感产生的新思路、新结论、新成果往往并不很清楚，需要进行整理加工成完整成熟、明确清晰而又完善的成果。因为创意闪现的灵感，大多数是一些可能性结果，其中有一些是正确、可行的，也有一些是不够合理和不可行的。这就要通过逻辑分析和判断，检验其是否正确、可行及其可行的程度。还要通过集体论证取得共同认可，如果论证的结果令人满意就表明策划创意任务已经完成。如果创意方案经过论证问题较多，或者完全经不起论证，那就进一步完善，或者重新进行探索。

【策划案例：房地产策划的三重境界分析】

1. 昨夜西风凋碧树，独上高楼，望尽天涯路

此乃房地产策划人的第一层境界，原指入门前求索无门的疑惑与痛苦。对于一个专业房地产策划人而言，进入房地产界，成为房地产策划人的那一天起，寻找“芝麻开门”的口诀便成为首要任务。

“独上高楼”，第一个望到的便是金海燕花园。当时，金海燕花园面临产品已经成型，周边配套不成熟，红树湾还在“沉寂”，到访客户出现“断流”，常规广告已失去效果的情况。开发商和当时的代理商先后进入销售死角，整个项目危在旦夕，茫无头绪与疑惑填满了整个深圳湾。

根据项目现状，我们决定走别人从未走过的路：天天开展销会，同时在主要商场设点10多处，调动销售人员200人次，展开大规模展销活动。当月便销售60余套，一举打开缺口。在接下来的销售阶段，我们先后组织了秋交会复式多选促销、大规模人员直销之“三大战役”，4个月共销售200余套，成功完成了项目销售的大逆转。

2. 衣带渐宽终不悔，为伊消得人憔悴

此乃策划人的第二层境界，原指叩门时以苦作舟，以勤为径、上下求索的执着与忍耐。对于房地产策划人而言，操作项目的过程就像指挥一场持久战，比的是智谋，更是毅力。

都市 e 站，是深圳地产第一个 SOHO 概念物业，具有标志性意义，成为深圳房地产开发中的一个经典作品，但在后期销售过程中，遇到了不少的麻烦。我们经过多方面的调查和分析后，发现那个阶段正处于目标客户群形成周期的波谷。纵观项目大局，不计较一池、一地的得失，进而确定在此阶段以培育和寻找新客户群为主攻方向。随后，在住交会派发宣传挂历，结合目标客户特征，联系湖南卫视，与新老客户参加大梅沙玫瑰派对电视节目录制等活动，通过一系列品牌宣传，形成了良好的市场口碑，为后期销售奠定了坚实的基础。在分析、制定解决销售办法的过程中，执着与坚韧就成了房地产策划人的必备因素。

3. 众里寻他千百度，蓦然回首，那人却在灯火阑珊处

此乃策划的第三层境界，原指灵犀一点通、参透真谛的喜悦与释然。对于房地产策划人而言，在经过多个项目的操作后，已经可以做到收放自如，信手拈来。我们接手雅云轩时，正值销售进入死角，以前的主打卖点已不能吸引客户，所剩余单位均为高楼层单位，且价格过高。在寻求打开销售“瓶颈”的答案的过程中，我们提出了在房地产策划的概念中，没有不好的单位的观点。

世上万物都在变，以前项目的顶层带花园一直被认为是项目的销售难点，在区域市场细分的情况下，市场发生变化了，项目本身的卖点也在变。项目销售的顶层在市场已发生变化的情况下，已由原来的难点转化为项目最具攻击力的卖点，销售问题自然迎刃而解。

5.3 房地产策划创意思维

5.3.1 策划创意思维

策划创意思维就是创新性思维，它不仅能把握事物的本质特征，而且能够综合已有的思维成果创造具有新价值的思维成果。

1. 策划创意思维的本质

房地产策划创意活动是一种综合性的创新活动，是一种不同于以前的思维创新、观念创新、理论创新和行为创新的过程。贯穿于策划创意活动的创意思维具有不同于一般思维的特点：

（1）策划创意思维是多种思维形式有机结合的辩证统一过程。

（2）策划创意思维是同中求异和异中求同相统一的思维过程。

（3）策划创意思维是多种思维方式和逻辑模式的综合运用过程。

（4）策划创意思维是一个机智的思维过程。

2. 策划创意思维的特征

策划创意思维以不断发展变化的动态市场为基础，不局限于一种思维形式，是一种灵活多变的、富于探索性的、以不断变化的现实为标准的思维形式。它有以下特征：

（1）思维目标具有专一性。目标专一性一般来源于策划师强烈的事业心，这种强烈的事业心是策划师对策划的项目产生强烈兴趣的基础。

（2）思维方向具有灵活性。也就是说，策划师要达到某个策划目标，必须围绕某个中心进行多路思考。所谓多路思考，就是对房地产项目进行全方位的思考，从不同视角、不同侧面、不同方位和不同层次上加以把握。

（3）思维方式具有求异性。这种求异性是指在认识房地产项目的过程中着力于发掘项目之间的差异性、现象与本质的不一致性等，是对习惯的现象和人们已有的习以为常的认识持怀疑、分析和批判的态度。

（4）思维进程具有突发性和偶然性。这种突发性和偶然性表现在思想火花的爆发没有固定的时机，它的出现带有极大的随机性。如对一个项目的主题，可以在读书时由于某种精辟的论述而突然萌生；也可以在项目的调查现场看到一个广告而爆发出来等。

（5）思维成果具有原创性、新颖性和突破性。"复合地产"理念的产生，就具有原创性、新颖性和突破性，给人以前所未有的思维成果。

5.3.2　策划创意思维形式

策划创意思维既然是综合性的思维，那么它的具体表现形式是复杂多样的。大体可以分为发散思维、逆向思维、想象思维和联想思维等。

1. 发散思维

发散思维是策划创意思维的表现形式之一，又叫求异思维、分散思维、辐射思维。发散思维可以使人思路活跃、思维敏捷、办法多而新颖，能提出大量可供选择的方案、建议和思路。

发散思维，是指在房地产策划的思考过程中，不拘泥于一点或一条线索，而是从已有信息出发，尽可能向各个方向扩展，不受意志或现存方式、方法、规则或范畴的约束，并且从这种扩散、辐射和求异式的思考中，求得多种不同的解决办法，衍生出多种不同的结果。

发散思维的特点是：

（1）流畅性（丰富性）。是指在思考过程中，反应敏捷，通过扩展思维的广度，能在较短时间内表达出较多观点的特征。

（2）变通性（灵活性）。是指在思考一个事物、观点或者问题的过程中，能够在较大的范围内联系起别的事物、观念和问题，而不是局限于某一方面，能跨越许多不同领域进行思考。

（3）独创性。策划创意思维所要解决的问题，是没有现成答案可供参考的，重复、模仿、常规、传统的方式，是不能解决问题的。独创性是建立在流畅性、变通性基础上的更高层次的策划创意思维的特征。

2. 逆向思维

逆向思维是与一般思维方向相反，与传统的逻辑的或群体的思维方向相反的一种思维，是策划创意思维的基本形式之一。

逆向思维是从结果到原因反向追溯的思维形式，即对任何问题哪怕是现成的结论，都不满足于"是什么"，而要多问几个"为什么"，敢于提出不同的意见，敢于怀疑，反其道而行之。从广义上说，一切与原有的思路相反的思维都是可以称为逆向思维。

逆向思维的特点是：

（1）逆向性。逆向思维专门从相反的、对立的、颠倒的角度去思考问题，是一种非常规思维。一般情况下，人们思考问题多从相近的角度去想，相反的角度因为反差很大，非特意很少为之；而逆向思维必须是有意识地、主动地进行逆向思考。

（2）求异性。逆向思维的求异性是指用挑剔的眼光去审视事物，富于批判性。逆向思维在多数情况下表现出超出惯例、反对传统的性质，成为对常规和偏见的批判，在思维的范围上将人们的视野从熟悉引向陌生，从效果上具有耳目一新的感受，从行为上呈现出特立独行的特点。

【策划案例：策划对比思维方式的拓展】

楼盘的创新——对比思维

1. “不战而胜”的楼盘——递进思维

“不战而胜”的楼盘一般都具有明显的排他性，如位置好、环境优、人气旺、商机大，要寻找利益和效益的最大化，递进式思维是最容易获得突破的。如北京“现代城”的SOHO概念，因商圈而引入家庭办公。

2. “以进取胜”的楼盘——正向思维

“别无我有”形成产品的特质。如其他楼盘外墙内保温，自身楼盘外墙外保温；其他楼盘用单层玻璃，自身楼盘用双层玻璃；其他楼盘户型双向不通风，自身楼盘户型双向通风；其他楼盘出售毛坯房，自身楼盘出售装修房；其他楼盘6层不安装电梯，自身楼盘6层安装电梯。

“以进取胜”的楼盘，在策划思维方式上属正向思维，是大多开发商所采纳的，对于设计而言，就会产生“均好性”的设计理念。

3. “以退取胜”的楼盘——反向思维

不随波逐流，形成产品的特质。如其他楼盘追求高容积率，自身楼盘削减容积率；其他楼盘都是大中户型，自身楼盘是小户型；其他楼盘南向开大阳台，自身楼盘取消南向阳台；其他楼盘绿地大而集中，自身楼盘绿地小而分散；其他楼盘先确定户型比，自身楼盘在规划后确定户型比。

“以退取胜”的楼盘，在策划思维方式上属反向思维，对市场的把握准确、科学。对于设计而言，就会出现“价值定位”的设计理念。

上述三种策划思维方式，都脱离不开对比思维。策划实际是在不断地对比和否定的过程中完成的，策划的意义不是为了炒作，它是为消费者提供产品的信息、服务的信息和理性的引导，从而引起消费者的共鸣和购买欲望。宣传产品的差异，开发商首先应在自己的头脑中形成“定位差异”，至少要对以往的楼盘进行对比和反思，楼盘的创新是对消费者的新奉献。无论是传统的还是时尚的，我们必须回答在今后的住宅建设中应摆脱什么，追求什么。

3. 想象思维

人类如果离开了想象，这个世界真不知道会怎么样。想象思维作为策划创意思维的一种形式，是人类思维的活力所在。

想象思维是和人脑对记忆中的表象进行加工改造而创造新形象的策划创意思维。想象力是思维力和创造力的基础，是产生思维爆发式飞跃的内在根据之一。

想象思维的特点是：

（1）形象性。想象思维是一种创造性的综合，是经过改造的各个成分纳入新的联系，经过创新整合而建立起来的新的完整形象。作为想象思维的结果，往往形成概念内容从直观上得到加深的“形象概念”。这种想象思维能够创造新的概念和概念体系，它能够孕育新奇的思想。

（2）超前性。想象思维是以组织起来的形象系统对客观现实的超前反映，想象中的内容往往出现在现实之前。想象本身就包含一种筛选和设计的过程，它能帮助人们从整体上去把握机制和本质而舍去不必要的细节，能帮助人们超越现实事物。

4. 联想思维

联想思维是策划创意思维的一种重要形式。联想思维体现出了思维的跳跃性，它不是一般地思考问题，而是对问题思考的深化，是由此及彼的思考。

所谓联想思维，是一种由此及彼、由表及里的思维，就是人们通过一件事情的触发而转移到另一些事情上的思维。当人的思想受到某种刺激或在某种特定的环境下通过会议可以产生三种类型的联想：相似联想、对比联想和接近联想。

联想思维具有自觉性和悟性等特点：

（1）自觉性。进行联想就一定要有打破砂锅问到底的精神，能主动有意识地联想，则联想的范围越广，越有深度，对创意活动就越有裨益。比如，从落地电风扇可以调节的特性联想而发明的升降篮球架；从伞的开合性联想发明的能开合的菜罩等。

（2）悟性。“悟”，是在思考过程中，经过思维的跳跃，突然了解、领会、判断、把握事物的一种思维现象。悟性就是经过思维的跳跃而把握事物本质和规律的水平和能力。悟性的作用在于它能帮助理性完成把具体提升到抽象，进一步用抽象指导具体的过程。

5.4　房地产策划创意思维方法

目前，世界上的策划创意思维方法不下100种，借鉴到房地产策划创意的思维方法也很多，这里为大家介绍几种常见、常用的策划创意思维方法。

5.4.1　个体策划创意思维方法

1. 展开思维创想

（1）灵感法。灵感是人类创意活动中最奇妙的精神现象，是思维的迅速升华与高度浓缩，是过程的省略。任何策划师经过一番刻苦训练与开发，都可以在不同程度上开发出成果来，得到灵感思维的帮助而大大提高创意思维能力。

1）追捕热线法。“热线”是指显意识孕育成熟了的并和潜意识相沟通的一种思路。大脑中的“热线”一旦出现，一定要紧紧追捕，迅速将思维活动和心理活动同时推向高潮，并向纵深发展。

2）暗示右脑法。右脑是负责潜思维的。孕育灵感的潜意识主要居于右脑。具体来说，就是抑制左脑的显意识活动、加强右脑的潜意识活动，比如训练左手、左脚的运动等。

3）寻找诱因法。“诱因”就是指能够诱导灵感发生的有关信息。荣获第一个诺贝尔奖的物理学家伦琴，就是从高压真空管造成的荧光现象中发现X射线的。

4）搁置问题法。如果问题总是悬而未决，那就需要把它搁置下来，去研究另外的问题，或者置换一种新的环境，过一段时间再回到这个问题来，或不自觉地立刻使你回到原题目上来，突然悟出解决的办法。

5）西托梦境法。在西托状态中做梦，常常会迸发出创意灵感。“西托”是指一个人身心进入似睡似醒状态时，脑电图显示出一系列长长的西托波，即脑电波，它的频率为四至八周，科学家把这称之为“西托”。

（2）联想思考法。联想是感性形象对思维过程渗透的一种运动形式。联想会将令人觉得意外的事物联系起来，从而产生奇特的设想。

（3）假想法。在世界上还没有“克隆”技术的时候，西方许多科学家就已预言“克隆”技术将在20世纪末实现。1997年，英国“克隆羊”的诞生证实了预言的正确性。这是用假想法的思维方法来获得创意成果。

1）假想希望法。这是一种以希望的手段提出假设的思考方法。它不受原有事物的束缚，是一种积极、主动的思考方法。

2）假想推测法。这是一种用推测的手段进行假想的方法，有点类似于英语中的虚拟语态，它是思考一种不可能发生的事，如果真的发生了会怎么样的思维过程。运用这种方法，人们可以进行无限丰富的想象，从而提高创意能力。例如，假如世界上没有老鼠，然后你尽量地设想一下，如果这个假设真的出现，那么世界会怎么样呢？

2. 拓展思维视角

（1）朝四面八方想。高质量、高水平的策划方案，一般都不可能是一想就马上想出来的。在创新思考过程的前期，必须通过朝四面八方想，尽可能多地网罗进有关的重要信息，力求提出大量的各种各样设想，然后才从中筛选和加工出高质量、高水平的新的策划方案来。朝四面八方想就是发散思维的作用。

（2）倒过来想。倒过来想，也就是一般所说的逆向思维或反向思维。按常规思路去思考，大家都能；如果你想要有新的突破、新的创造，那就常常有必要在按常规思路作了一定思考之后，再沿着非常规的思路去想想。其中在顺着想了以后，再倒过来想一想。

1）作用颠倒。出于特定的需要，就某种作用倒过来想，有可能想出更好地利用该事物或与其相关事物的新设想、新主意来。

2）方式颠倒。人如果从某种需要出发，采用一定措施，使某一事物起作用的方式有所颠倒，那就可能引起该事物的性质、特点或作用也相应地产生符合人的需要的某种改变。

3）过程颠倒。过程颠倒作为一种倒过来想的创新思考方法是指，事物起作用的过程一旦方向有所颠倒，人们对它的认识和态度便会有所改变，从中引发新设想的萌生。

4）位置颠倒。在创新思考过程中，将事物之间的位置关系颠倒过来，也有可能产生新的看法和设想。

5）结果颠倒。结果颠倒作为一种倒过来想的创新思考方法是指，对具有因果关系的事物之间，从作为结果的事物乙出发，颠倒回去思考作为原因的事物甲，以及思考事物乙的发生发展过程，往往能获得新的认识和设想。

（3）换个角度想。换个角度想，即对一个事物或问题力争从众多角度去观察和思考它，会获得更多的对事物的新的认识，从而萌生和提出更多的解决问题的新办法。

1）要素转换。认识了一个事物包含的要素和这些要素在事物中所起的作用，那就有可能通过采取措施，改变其中的某个或某些要素，使事物发生人们所希望的某种变化。“要素改变”也可以成为我们对事物和问题换个角度想的一种办法。

2）问题转换。可以把不可能办到的问题转换为可以办到的问题；也可以将复杂困难的问题转换为简单容易的问题；还可以将生疏问题转换为自己熟悉的问题。

【策划创意：花坛与钢筋混凝土】

19世纪末，法国园艺家莫尼哀想设计制作一种牢固坚实的花坛，可是如何设计、制作花坛，这是他所生疏的。作为园艺家，他对植物十分熟悉。于是他将“花坛的结构”转换为“植物的根系”来思考：盘根错节的植物根系，是因为牢牢地和土壤结合在一起。如果使植物的根系转换为一根根铁丝，将土壤包裹根系转换为用水泥包裹铁丝。通过这样的转换思考和反复实际操作，不仅制成了牢固坚实的新型花坛，而且在建筑史上起着划时代革新作用的新的建筑材料——“钢筋水泥土”，便由莫尼哀这位建筑业的门外汉这样发明出来了。

5.4.2　团体策划创意思维方法

策划创意大都是群策群力的结果，即使个体的独立创意，也离不开学习与借鉴他人的策划创意，更无法离开他人策划创意的启发和撞击。现重点介绍团体策划创意思维的典型方式——头脑风暴法。

头脑风暴法是法国BBDO广告公司负责人奥斯本于1938年首创，又称脑力激荡法、BS法、智力激励法。它是指组织一批少则5~10人，多则10~15人的人员，召开一种特殊的会议，使与会人员围绕一个明确的会议议题，在20~60min内，共同思索、互相启发和激励，填补彼此的知识和经验的空隙，从而引发创意设想的连锁共振反应，以激发出众多的创意火花。这种方法简单有效，因而运用十分广泛，是世界最著名的团体策划创意思维方法。

奥斯本头脑风暴法的实施步骤是：

1. 确定主题

动脑会议不是制定战略和决策，而是产生具体的创意。因此，会议议题应尽量明确、单一，议题越小越好。比如，设计一条广告口号、对一个楼盘进行命名等，越是简单，越易于产生创意。会议支持者最好能提前两天将题目通知与会者，预先思考、准备。

2. 脑力激荡

这是整个头脑风暴法的核心，也是产生创意的实质阶段。在脑力激荡时，必须遵循四条基本原则：

（1）自由联想原则。要求与会者尽情敞开思维，排除一切障碍，无所顾忌地胡思乱想，异想天开，想法越新、越奇越好。

（2）延迟批评原则。这是一条极其关键的一条原则，即动脑会议期间不允许提出任何怀疑和反驳意见，无论是批判否定自己还是批判否定别人。违反了这一原则，自由畅想就失去了保证。

（3）综合改进原则。鼓励在别人的构想上衍生出新的构思。只有这样，才可能引发群体思维的链式反应，产生相互激励的效果。

（4）谢绝礼仪原则。

3. 筛选评估

动脑会议上的设想虽然很多，但可能质量并不是很好，有的想法平淡；有的具有雷同性；有的甚至荒诞离奇，不具有可行性。这时就需要进行筛选工作。比如，按科学性、实用性、可行性和经济效益等多种指标来综合评价，分门别类，去粗取精，最后选出一二个相对最优的方案。

到此，绝妙的策划创意就基本完成了。如果策划创意还不大完善或不大理想，可进行第二次智力激荡，直到满意为止。

【策划思路：策划创意十略】

第一略：[奇幻极胜]

新、奇、诡、异，制胜致理。适时地推出新鲜、奇特、诡秘、怪异的融合运用策略往往在策划活动、竞技活动，特别是商战及营销活动中可以成为克敌制胜、取得先机的致理。

第二略：[常规反破]

思；行事；行常人不为，得求新生。策划活动中归的纳剖析的逆向突破思维定式有三：打破传统思维，做常人所不可能做，可适时求得谋胜创意策略；结合、吸收、参照逆向创见理念可拓展谋划意念；从常规策划程序到逆向思维理念的反复跳跃可求胜算。谋划常致胜于突然爆发的逆向活动之中。

第三略：[平衡逆生]

正负相消，逆而生，生而用。衡平反破，其意可得。“无”可谓“正负相生”而成，平衡的突破是创意策略的起始。在暂时无法发现外在的可用因素时，对已知事物反向分析，不断求得正反两方面思路，时时谋划，优化整合则是开拓新思维、力求新策略的必经；竞技谋胜，有鉴于此。

第四略：[微处立业]

知小者大，建微者广；小，巨之始；微，胜之始。创意于微小，策划于毫厘，寻机于细腻，谋略于小中见大，成名于秋毫拓展。胜术源于世人不可见之“小”，不可求于世人皆可见之“大”；策划立足于世人可见强势之底，不能谋于世上强势之巅。

第五略：[百思求真]

一变千百，各思其异，正负兼之，择取，归原。在策划活动、公关活动、创意活动中，一个事例的发展变迁往往会有多样的结果，谋略的策划方案须立足于多层次、多角度、多方位的异变之中，不应立于自身。竞技谋胜就在于策划的多维化，即在变迁中驾驭众多模式，择选还原以求本色。

第六略：[进守得势]

进，造势壮威；退，兴势避规；创，其势同在。在实践中，进取的策划须在创造声势、形成自己的气势、展示自己的形象中进行；转移的策划须在打破常规、退出结合的新的开拓中，保留原有声势中进行；创意活动的策略须在贯穿“势”的情形下同“创”共生共发。

第七略：[传统归兴]

人新我旧，古为今生，今古一体。在策划、创意、公关、管理和新产品开发等诸多活动中的上乘制胜谋略在于：开发新的创见不可盲目追“新”，在所谓“旧”的事物中找寻谋胜之道、制胜“宝典”具有更胜一筹的潜力，开拓“新”与开发传统“旧”的有机结合可堪竞技求胜的佳作。

第八略：[纵深切入]

寻点分线介入空间，回切突击，胜于网中。在现实的有关活动中建立大纵深、立体观模式是策划、创意、公关、管理和新产品开发等诸多竞技活动的最好方略，与此相应，策划活动必须分析找寻突破点，以此为基点分别从不同角度、不同线路介入，相互突击，形成控制层面，以谋胜算。

第九略：[外力拓充]

外势变，借入，自我超拓，以外势带内势，由表及里。在市场竞争、公关策划和竞技活动中，必须学会利用外界势态变化引发我方的策应变化，策划制胜方略就在于：反向分析外界变迁形成相应模式，介入自己的发展策略中，形成自我超越，由外在形象引发内在核心的变化，策动己方势力的变迁。

第十略：[虚幻似真]

实加虚，化其攻，求稳；虚幻实，变其守，求新。策划活动讲求分解和创意相结合，分解就是分散对方的势力，创意就是在分散对方的实力中的创新；在自己的实力上通过策划活动增加虚幻的东西，分化对方的注意力和实力，换取有利的生存环境；将虚幻以策划活动转换为创新行动，改变双方态势。

5.5　房地产策划创意运作

策划创意在确保房地产策划成功中具有重要的地位和作用。而策划创意的实际运作是在策划创意理论指导之下运行的。科学的创意理论是在创意和创新活动实践基础上的总结。它的重要意义就在于它能指导房地产策划师的策划运作。

5.5.1　运用魔岛理论激发灵感产生

在古代水手们的航海记录中，传说海上存在一种“魔岛”。即根据航海图的指示，在某一时点上，应该是一望无际的汪洋大海，但突然间冒出许多环状的海岛。更神奇的说法是，他们入睡之前，海上还是一片汪洋，一觉醒来却发现周围出现了许多岛屿。不过，现代科学技术已经揭开了“魔岛”的秘密，所谓“魔岛”实际上是无数的珊瑚在海中长年累月的生长，于最后一刻长出海面的结果。

美国广告人詹姆斯·韦伯，在其名著《产生创意的方法》一书中对此作过解释，他说：“创意有某种神秘特质，就像传奇小说般在南海中会突然出现许多岛屿。……许多创意的形成也是如此。它们的出现，好像脑际白茫茫一片飘浮中，突然便跳出了一些若有若无的岛屿，和水手所见一样的充满奇幻气氛……”。他认为这是付出艰辛劳动的结果，只有通过知识积累和细心观察，并用创新思维去点燃灵感的火花，才能“突然间出现的创意，会在你最没期望它出现的时机出现”。著名广告人杰美也认为，创意的发生也像“魔岛”一样，它在策划师的潜意识过程中，也是经过足够的知识积累，也是经过无数的孕育过程。这种积累越丰富，这种孕育越深刻，思维碰撞产生的火花越多，创意的灵感就会越活跃。

房地产策划创意来自于策划调研，经过策划调研和调研策划，收集资料，分析、研究资料，在策划师知识和经验积累基础上，不断地进行孕育和构思，房地产策划创意就会像“魔岛”一样自然地浮出海面。

5.5.2 运用组合理论变化无穷创想

台湾一位广告专家用万花筒的原理来解释创意的组合构成现象，就是把万花筒内装有一定数量的彩色玻璃片，在一个万花筒中，这些碎片的数量和质量是不变的。但只要转动万花筒，促使这些碎片发生新的组合，就会发生无穷的新图案和新花样，这种组合理论是创造学组合原理的延伸，有同类组合、异类组合、附加组合和重新组合四种组合形式。

1. 同类组合

把相同或相近的事物组合起来进行创意，如日本松下公司把电源单头插座改为双头插座和三头插座获得成功，取得了巨额利润，又如锯条组合起来当作锉刀，用300个易拉罐组合成救生筏等。

2. 异类组合

把不相干的事物组合起来，如日本索尼公司的“随身听”产品的创意就是来源于“走路和音乐”。盛田昭夫走在街上看到小孩手提收音机在跳舞，于是就创意设计了这种既可以走动又可以听的产品，异类组合的结果是无穷无尽的，并且完全可以形成一种全新的概念，如把打字机和个人电脑组合起来，组成文字处理机的王安电脑，把台灯和时钟组合起来成为台灯式时钟等。

3. 附加组合

在原有的物质产品上增添新的功能附件，如把折扇上加上导游图，组成的导游折扇特别畅销等。

4. 重新组合

把许多旧要素进行重新组合，组合后成为一种新的创意，往往取得出人意料的成功，如战国时代田忌赛马的故事就是一种旧有因素重新组合的成功创意，齐威王与大将田忌经常赛马，比赛时二人各自拿出上中下等马分别对阵，齐威王的马每个等级都比田忌的马强，所以田忌屡屡败阵。后来孙膑给田忌出了个主意，让他以下等马对齐威王的上等马，再以上等马对齐威王的中等马，以中等马对齐威王的下等马。这样重新组合的结果，田忌以一负二胜战败了齐威王。

5.5.3 运用移植理论突破原有领域

移植，原本是指植物幼苗的移栽，后来扩展为把某一领域的原理、技术、方法或材料、结构应用到另一个领域的借鉴。它山之石，可以攻玉。把一个已知对象中的概念、原理、内含和方法应用到其他研究对象之中，使其产生质的改变和新的突破，称为移植理论。一般有同质移植、扩展移植和嫁接移植三种移植形式。

1. 同质移植

就是将一个对象的概念、原理和方法直接运用到另一个对象之中。如1864年巴斯德发表论文，证明有机物的腐败是由于微生物的活动引起的。英国医生黎斯特把这一成果直接移植到外科手术上，从而创造了手术前消毒的新方法，并使手术获得极大的成功。

2. 扩展移植

就是用扩展的眼光对原有领域的再思考，从而产生新的创意。管理学家玛丽·佛利特首创的“情势律”说明了这种扩展移植的再思考。所谓“情势律”就是自问“我到底干的是什么”？玛丽·佛利特曾经为她的客户做这种思考：有一家客户做窗帘生意，但玛丽·佛利特却说：“不，你做的不是窗帘生意，你做的是调节光线的生意”。这种扩展性的设问，使这家公司从思考如何生产更多窗帘、扩展为思考如何运用各种材料和方法去调节光线，因而公司的发展机会完全改观了。

3. 嫁接移植

就是把某一种领域已知的概念、原理和方法嫁接到另一领域的研究之中。如一种用于染布时保护手的药嫁接到军队水战的创意发挥了极大作用。这是《庄子·逍遥游》中记载的一段故事：宋国有个人擅长做防止皮肤皲裂的药，世世代代以染布为生。染布工人的手每天都泡在水里，有了这种药，能防止手部皮肤皲裂。有个人听到这种事，花一笔钱买到了药方，献给吴王。后来，吴王拜他为将，与越国作战，恰逢冬天与越国军队水战，他的部队因有了这种药的帮助而不怕受冻，因而大败越国。他自己也被割地封侯。

5.5.4 运用联想理论拓展想象创意

联想就是扩大人脑固有的思维，以此来收集更多的创意设想。一个人对联想的原理理解的程度，将决定他联想能力的大小。房地产策划创意过程中的联想形式如下：

1. 相似联想

人脑中会自然而然地产生一种倾向，想起同这一刺激或环境相似的经验。如：

（1）形似。人们应用最为广泛的创意源泉则为形似，如在服饰方面的西瓜帽、蝴蝶结、荷叶边裙和燕尾服，都是对生物某种形状的模仿。

（2）神似。我国的笔墨山水画和古典园林建筑是神似的产物。近几年创造的铁画、指画、泼漆画、叶贴、绒贴、撕纸、根雕、水仙造型和微型盆景插花艺术，都着意于神似。

（3）情似。形似、神似、情似在创造层次上是一个深似一个，并且往往由形似、神似引出情似来。如布绒形大熊警备玩具在亚运会期间特别受到亚洲运动员及观众的欢迎，因此他们带去的是“盼盼”（熊猫“盼盼”是11届亚运会吉祥物）的友好情谊，在未来岁月会勾起他们对北京亚运会的美好回想。

（4）原理相似。历史上曹冲称象、阿基米德测皇冠含金量都是运用原理相似的典型。南京将此原理移植于住宅楼设计，并参考老式居民阁楼的可行性，进行夹层和壁橱的添加设计，推出高效空间住宅楼，建筑面积$38m^2$的住房，使用面积可由原来的$28m^2$增加到$52m^2$。

（5）功能相似。许多发明构思旨在得到相似的功能。如苏州研制的可调焦双画面自动近视防治器，模仿人眼，有规律地远近交替使用，可缓解眼睫的痉挛，以恢复眼睫肌的张弛功能。

（6）方法相似。方法相似是技术创新的原型或依据。导弹相似于响尾蛇和田鼠决斗时的“热眼”，自动跟踪，追击目标，苏州医院据此发明生物导弹，可将药物直接送至脑胶质瘤处，不用在头颅上开刀即可消除脑部肿瘤。

2. 自由联想

是不定框框，不设前提，不受限制的联想技巧。例如从石头想到石雕，想到石针，想到石屋，想到石人，想到石凳，想到石花，想到石画等等，还可以自由联想下去，一直到发现有创意的事物为止。

3. 强制联想

是规定了范畴或指向的联想方式。例如从花想到花型，想到花型游船，花型床垫等，是按指定目标联想诱发创意的显例。

4. 接近联想

想起在时间上或空间上与这一刺激有关联的经验。

联想，不是胡思乱想，而是抓住事物的联系所进行的认真思考，所以联想不是一般的思考，而是思考的深化，是由此及彼的思考。联想有助于房地产策划创意，但不是每个人都能通过联想做出创意的。在联想上一定要有打破砂锅问到底的精神，联想的范围越大，深度越深，对创意能力的开掘越有益。

5.5.5 运用稽核理论改进策划方案

稽核是围绕既有事物和定型产品提出各种问题以及可能改进的方案。

1. 杂交和分离

杂交是将远缘或近缘，同种或非同种事物的内核或精髓吸纳、融合为一体，从而诱发质的升华的高级创意。作物杂交育种是为显例。分离是把某一对象进行科学分解和离散。比如，把扬声器从收录机中分离出来而发展成音箱。用创造思维对事物进行科学分离，就会将事物“化整为零”，减少了空间或面积，改善了分离后各部分的性能或提高其效率。从该意义上说，分离也是一种创意。

2. 颠倒和逆向

颠倒是转换思考方法：S 是 P→P 是 S，1880 年英国戴维发现电能转化为磁，之后法拉第研究 10 年，证明磁也可以转化为电，发电机即据此原理制成，此乃借颠倒创意的显例。逆向包括对原理、性能、方向、温度、形状和方法等逆向思考，是用途大、效益佳的一种创意。逆向原理的另一种形式是反向综合思考，即从事物的反面寻求合理因素，化入正面合理因素，或取代正面不合理因素的原理。

在策划创意中，有时遇到一个不能解决的难题，往往从其相反的途径却能顺利地解决，这就是创意的逆向原理。这种原理在房地产策划创意中使用非常广泛，与它相关的思维方式是逆向思维。

3. 转换和重新调整

代换是指从新的性质、新的功能和新的形态的事物局部构造或材料，取代原有事物部分功能的创意方式；转换是指将事物处于部位甲的局部转移到部位乙的局部获得创意的方式。例如汽车发动机从车头部位移到车尾部位从而造出新型汽车即为显例。重新调整是将事物结构的主、次、偏、正位置或左、右、先、后的时空次第，以及轻、重、多、寡的结构成分，进行富于新意的调整，以实现创意。

4. 简化和强化

简化是重点突出、功能鲜明、构造净洁、一目了然的高级技巧。简化，不是简单化、粗疏化，而是高度合理化、功能高效化、一物多用化和效能充分化的思路特征。有许多事物一经简化常使人耳目一新，获益良多。强化就是利用对某事物进行的精炼、压缩或聚焦，进行创意活动。比如对维生素 A、B、D 进行强化，提炼并制成强化麦乳精等。根据这一原理，可以通过强化的手段，提高产品质量，改善性能、增加寿命。体积的缩小与重量的减轻，往往是人们所追求的创新目标，如压缩饼干、缩微胶卷、袖珍字典、小型机械和微型计算器。

5. 放大和缩小

放大是事物的常态（这往往与最初形成的印象有关）经放大后的形态，往往可给人以耳目一新的感觉，是创意思路中常被忽略的技巧，如腕式手表放大为挂钟的款式即为显例。缩小就是微型化效益的利用。缩小，不是功能的减少，而是功能的精致化、小巧化。如书籍的精美袖珍本、微型电视接收机等，当属此例。目前，缩小是风行于欧美的创意思路之一，亦是高技术的展示。

6. 增添和减轻，加厚和变薄

增添是在某种事物已有的性能的基础上再增加某种性能，使之成为具有更大吸引力的事物。许多轻工产品的新品种的推出，多有采用；减轻是以最少的材料和能量实现或完成尽可能大的结构、功能和效率的技巧，是现代节约材料和能源的主要创意思路。加厚是有些事物一经加厚处理可改变性状或应用范畴。如某些品种的玻璃加厚后不怕撞击，可承受巨大压力，从而可以制成楼层透明地板或墙幕之类，成为代替混凝土的先进取代型材料；变薄不是薄化，往往可以引起事物性能的变化。超薄地膜的应用效益，就是直观的一例。

【策划案例：哈尔滨“冰雪大世界”旅游地产项目创意构想】

任何旅游项目都由硬件与软件构成，同样的硬件，策划创意不一样，其效果就会大相径庭。更有人说，旅游就是编故事来吸引游客。面对“冰雪大世界”这样的现代主题项目，28 万 m^2 大的容量必须有丰富的创意才能把它搞活。为此策划者构想了一连串创意：

1. 千年“白雪公主”评选

哈尔滨向来以冰雪所著称；“冰雪节”要在“冰”和“雪”上下功夫、做文章；“白雪公主”则是家喻户晓的童话人物，在人们心目中有一定的号召力和影响力，如何将这两者有机结合，为“冰雪节”吸引注意力，千年“白雪公主”评选应运而生。在国外，特别是像委内瑞拉、泰国等国家，选美已成为一种产业，成为经济发展的支柱之一。在“冰雪节”，则要把评选“白雪公主”作为辅助活动之一，目的是利用人们对选美的一种关注和好奇心理，一方面为“冰雪节”打造良好的声势，吸引住人们的注意力；另一方面可以以此吸引广告与赞助，扩大“冰雪节”的辐射范围。

这项评选活动分为三个评选范围，12 岁以下评选娃娃“白雪公主”，12 ~ 18 岁评选青少年“白雪公主”，18 岁以上评选成年“白雪公主”。三种一共评选 2000 名。待这 2000 名“白雪公主”评选出来后，在“冰雪节”中，组成方队在哈尔滨主要街道和“冰雪大世界”现场巡游，必将会造成极大的轰动效应，使人们争相关注“冰雪节”。这次评选的范围是全国性的，这样就可以使全国各地人们的目光聚焦于此，大大加强了全国人民的参与性，即造成“冰雪节”不但是哈尔滨的，也是中国的。这项活动不仅要在本届“冰雪节”上举办，以后在每一届“冰雪节”上都要继续办下去，使之就像“米老鼠”与“唐老鸭”是迪士尼的名片一样，而“白雪公主”以后亦可能成为哈尔滨“冰雪节”的一张亮丽的名片。“白雪公主”亦成了此活动的吉祥物。

2. 空中飞毯

从地理位置来看，黑龙江的乌苏里镇在中国大陆地图的最东边缘。为了满足人们争相观看新千年第一缕阳光的欲望，可以在乌苏里镇举办主要由青少年学生参加的冬令营，来迎接新千年的晨光。在每年 12 月 31 日午夜的钟声敲响后，人们都载歌载舞，欢庆新千年的到来；接着，大家等待新千年的阳光，等到天亮之时，用摄像机将太阳升起进行全程拍摄……然后用充气飞毯把祝福、晨晖迅速送到“冰雪大世界”，通过大屏幕电视放映出来，让在场的人们共同感觉到新千年的来临。飞毯也可用飞艇或其他空中飞行物代替，这样可以引起“眼球效应”，大大增加“冰雪节”的影响力。

3. 千年雪龙

世纪之交恰逢中国传统的龙年，炎黄子孙是龙的传人。黑龙江名字的由来也与龙有关。龙在中国人心目中有着特殊的地位，为此，有必要在冰雪大世界中突出“龙”来。最好的做法就是将大世界的门建成二龙戏珠的形象，使人们从很远处就能感受到龙的气息。而大世界的围墙则雕刻成龙身，围墙上盖上千米长的绣有龙头、龙珠、龙鳞、龙爪的“龙布”，使整个“冰雪大世界”由两条龙所环绕。这两块“龙布”是开放式的，可承载成千上万游客的签名，让大家在龙身上表达自己对新千年的美好祝愿。最后组委会以阿城金代遗址的千年铜座龙为此次活动的标志，名曰“千年雪龙”。

4. 门票创新

以往一些主题公园或娱乐场所的门票一般采用两种，一种是单项门票，另一种是通票或联票，即一票到底。对于通票来说，有些游客并不是对每个景点都感兴趣，而是钟情于某几个景点，这样通票对他来说意义不大。策划者设计了这样一种门票：这种门票使用次数不限，用打孔结算。本次“冰雪大世界”具有世纪之声、冒险乐园、欢乐广场、卡通世界四个景区，拿着这张门票可以四个都去，也可以用一张门票在某个景区里玩四次。比如说，一家三口来玩，家长一般要照顾孩子的要求，儿童喜欢在卡通世界里游览，这样就可以让他拿一张门票在此多玩几次。

5. 多层次景区

如果说整个哈尔滨“冰雪大世界”是一篇大文章的话，那么这篇大文章下还包含着世纪之声等四篇中文章，但并不到此为止，每篇中文章下还有若干个小文章，而这些小文章则由小小文章组成，要进一步深化冰雪的内涵，增加冰雪作品的创意内容，这样使整个“冰雪大世界”成为一篇多层次立体性的动态大文章。上万件作品亦有上万个创意，做到“一步一风景，一品一创意”，人们来到此后可以满足其各方面的多样化需求。

6. 旅游一条龙

整个哈尔滨并不是仅有“冰雪大世界”这样一个卖点，可以以“冰雪大世界”为核心，将哈尔滨周边的其他旅游景点包括进来，如亚布力的滑雪场、东北虎园等。这样，旅游景点穿成了一条线，人们可以在一次旅游中尽情领略不同特色的北国风光。“冰雪大世界”组委会可以设计几条不同的旅游路线，分别适用于一日游、二日游、三日游等，来满足不同游客的需求。

房地产策划主题

6.1 房地产策划主题与主题策划

6.1.1 策划主题

房地产策划就像创作文章一样，需要有鲜明、独特的主题和统一的“中心思想”。主题是概念的外显，是概念形象、感性的表述。主题是一个成功策划的灵魂，它统率着整个房地产项目策划的创意、构想、方案、形象等各个要素，像一根红线贯穿于整个项目策划之中，使策划的各个要素有机地组合成一个完整的策划作品。项目建设活动有了主题，就像优秀的散文一样有了灵气，颇具传神魅力。一个策划没有主题，或有多个零散主题，或主题激发不了参与者的兴趣，那么，这一策划必然逃脱不了失败的命运。

房地产策划主题是项目集中表达的特殊优势和独特思想，是发展商倡导的某种生活方式，也是该项目的主要特点。特殊优势是客观具备的有利条件，其中有些是一目了然的，无须过分强调，本身就有吸引力，如区位、地段、交通、环境等；有些则是潜在的，要通过反复调研、考察、分析，才逐步明了；而发展、昭示并且淋漓尽致地渲染和表达这些潜在优势，往往会使项目独具特色。特殊思想是主观创造的特殊个性，通过主动营造某种主题氛围，激发人们对特定生活意向的联想，赋予项目以生命，从而使居住的物质环境变得人性化、亲情化，真正符合“以人为本”的思想。

策划主题包括宏观主题和微观主题。宏观主题是指贯穿于整个项目的中心主题，它是房地产项目开发思路、市场定位、规划设计、营销推广、物业服务等各个方面的综合体现。微观主题是指在中心主题统率下各个环节体现出来的具体主题，如市场主题、设计主题、营销主题、广告主题等，它们是房地产项目各个方面思想的分别体现。宏观主题从项目的整体上统领着微观主题，微观主题在项目的具体环节上支撑着宏观主题，使之既鲜明又丰满。

6.1.2 主题策划

主题策划亦称理念设计，是主题确定后的具体展开，是房地产策划的一项相当重要的内容，它是策划人通过房地产策划实践总结出来的一种有效方法。主题策划是房地产策划的核心，通过主题策划的贯穿和支持，可以推动房地产开发项目的全面创新。

主题策划（理念设计）有狭义与广义之分。狭义的主题策划（理念设计）是指为规划设计或建筑设计所赋予的一种创意概念。王志纲指出：“如果我们能在房地产建筑工程设计以前，就赋予它一个非常到位的概念、理念，最后用建筑语言去阐述这个概念，这样做出来的房地产，市场可靠性就非常大了，而且升值的潜力也非常大”。这里指的是狭义的主题策划。广义的主题策划是指为项目开发所赋予的总体指导思想，是贯穿项目发展始终的“灵魂”。两者是整体同部分的关系，宏观是统领和指导全局的，而微观必须服从宏观，并丰富、实现宏观策划。

【策划创意：深圳欢乐海岸】

欢乐海岸地处深圳湾商圈核心位置，位于深圳华侨城主题公园群与滨海大道之间，是深圳市“塘郎山——华侨城——深圳湾”城市功能轴的起点，占地面积约125万平方米，汇聚全球大师智慧，以海洋文化为主题，以生态环保为理念，以创新型商业为主体，以创造都市滨海健康生活为梦想，开创性地将主题商业与滨海旅游、休闲娱乐和文化创意融为一体，整合零售、餐饮、娱乐、办公、公寓、酒店、湿地公园等多元业态，形成独一无二的“商业+娱乐+文化+旅游+生态”的全新商业模式，真正实现集主题商业、时尚娱乐、健康生活三位于一体的价值组合，以实际行动推动中国主题商业的创新和发展。

欢乐海岸依海而建，以水相连，由欢乐海岸购物中心、曲水湾、椰林沙滩、度假公寓、华侨城湿地公园五大区域构成；并以区域内自然环境资源为依托，形成各具特色的主题发展模式。

1. 欢乐海岸购物中心——看得见海洋的购物天堂

欢乐海岸购物中心位于项目核心位置，总建筑面积约19.3万平方米。区域内汇聚了世界顶尖建筑智慧及商业风情：深圳唯一临水体验型主题购物中心，国际标准建造的SOHO办公楼及公寓，国际建筑大师理查德·迈耶担纲设计的中国顶级城市会所，中国新锐建筑师朱锫倾力打造的OCT创意展示中心及海洋奇梦馆等，真正实现了主题商业、商务办公、商务休闲、创意展示等特色功能交融的蓝色商业创想。

2. 曲水湾——曲水邀欢处，羽觞随波泛

曲水湾位于项目东区，建筑面积约6.5万平方米。以“找回深圳消失的渔村”为故事主线，采用独栋环水街区式布局及“现代都市商业+历史文化渔村”交融组合概念，用近1000米蜿蜒水系和七座景观桥串联起区域内的特色建筑群落，形成小桥流水、庭院步道、绿树簇拥、碧水环抱的现代岭南文化渔村建筑风格，集中展现深圳创新城市建筑艺术。

深圳湾深海的优质海水，蜿蜒流入这个南中国最大的餐饮和时尚娱乐水岸街区，湾区内将聚集俏江南、小南国、老房子等中高端知名餐饮品牌，并囊括中影集团中国最大旗舰店——欢乐海岸中影影城、深圳首家国际标准创意设计型精品酒店、高端爵士乐酒廊CJW、苏荷音乐吧、散发中国传统文化底蕴的紫苑空间等，融合多层次的中外餐饮、娱乐演艺、文化创意等项目，打造高端商务接待、时尚消费新聚点，必将成为深圳全新的娱乐湾、潮流港、不夜城。

3. 椰林沙滩——滨海音乐沙滩，全城狂欢主场

位于欢乐海岸项目南区，占地面积约10.2万平方米，以独特的地景式建筑连接滨海大道及红树林海滨生态公园，成为深圳湾滨海休闲长廊的东起点，是集景观、休闲、餐饮、购物于一体的城市近海、亲海、乐海欢乐广场。

4. 度假公寓——顶级国际商邸，至尊海岸私享

位于欢乐海岸项目西区，占地面积约13.5万平方米，南邻滨海大道，北接白石路，水岸蜿蜒曲折，与心湖水面形成环抱之势。区域以风格独特的高端休闲度假公寓为主，设有各种顶级配套设施，掩映在绿树浓荫的湖光倒影中，私密宁静、清幽怡人，是现代都市人颐神

养性的理想居所，也是高端商务会晤、商务度假、休闲旅游的绝佳胜地。

5. 华侨城湿地公园

华侨城湿地公园中心湖水面积约90万平方米，分为南、北两个湖区，是深圳唯一深入城市中心并拥有大面积水域和天然红树林植被的城市生态景观带，也是欢乐海岸项目的主要水系支撑、水上交通中心和水上娱乐活动中心。中心湖水质通过截污、治污、深海引水、生态净化等方式重新恢复和生态养育，形成美丽的湿地风光，以自然生态的设计手法和绿色健康的设计理念，营造人与自然、人与人和谐共生的生态环境。其水系与深圳湾相通互联，与滨海大道南侧的深圳湾红树林海滨生态公园共同构成一个庞大的自然生态系统。

6.2　房地产策划主题作用

策划主题是项目开发理念的抽象概括，它是房地产项目开发思想、市场定位、规划设计、营销推广、物业服务等各方面的综合体现。一个成功的策划主题，它对整个房地产开发项目具有如下的作用：

1. 策划主题能统率、贯穿项目的各个环节，使项目的各个因素围绕着中心思想展开。

房地产项目从开发到完成要经过很多环节，各个环节要在主题概念的统率下才能不偏离项目开发的中心和方向。除了策划主题能起这样的作用，其他因素是无法完成的。开发商的土地选择、规划设计、建筑工程、营销推广、物业管理、社区文化建设等行为均围绕这一中心完成。如广州“保利花园”，它的主题是“国家康居示范工程小区”这一概念。为了赋予主题概念以内容，“保利花园”为达到国家康居示范工程标准，规划、设计通过市场招标，设计方案改了数次；政府允许容积率为3，但“保利花园”仅为2.2，牺牲的容积率，换来了好环境。为了使概念支撑好内容，“保利花园”在“国家康居示范工程标准”方面付出了巨大努力。

【策划案例：红酒主题度假庄园】

1855年，世界万国博览会在巴黎举行。当时的法国国王拿破仑三世命令波尔多商会将波尔多产区的葡萄酒进行等级评定，波尔多五大顶级酒庄也由此闻名世界。由社会名流和葡萄酒专业人士组成的葡萄酒行会世代相传，延续至今。

从世界到中国，被贴上法式标签的项目数不胜数，然而真正系出名门尤其是从设计到管理皆能拥有顶尖世界级团队的更谓凤毛麟角。海昌置地·波尔多庄园系列作品在创始之初，就奠定其“法国空运、原版复刻”的价值基因。着眼于大连西拓北进的步调，布局创新城市核心功能板块“金州新区”，身处全国首座“5A旅游度假核心区位，坐拥东北首座大型主题乐园”海昌发现王国，近享未来投资近500亿元的大连金石国际旅游区，一座法国空运的大型波尔多葡萄酒庄艺墅小区，将复兴浪漫，醇酿已久的异域庄园启封。

作为海昌集团倾力打造的高端红酒休闲旅游地产项目，主要包括三大功能板块：

1. 原生态葡萄种植园区。海昌集团将从法国波尔多引进品种优良的葡萄苗，并邀请波尔多资深的葡萄园艺师，精心培育出品种优良的葡萄，为人们提供与葡萄亲密接触、与自然完美融合的香甜世界。

2. 红酒小镇。这里汇集了红酒酿造厂、红酒窖、品酒中心、红酒博物馆、红酒学校、红酒文化影院、红酒堡、红酒坊、古城堡酒店以及欧洲美食街等功能业态，不仅为来自世界各地的葡萄酒商提供红酒贸易的理想平台，为人们提供与红酒文化零距离接触的机会，也为金石滩创建一处红酒文化旅游休闲区和四季繁荣的红酒贸易集散中心。

3. 由双拼别墅、联排别墅、叠拼别墅及公寓构成的法式庄园度假区，以浓郁的人文氛围及周边的景观资源，融入醇香的红酒文化，在这片风土里深嵌醇香花园及法式庭院，再以极品珍酿的苛求基准细筑，为全城乃至国内外的名流绅士勾画出一种纯汁的波尔多天地，构筑一片久违的法兰西情调住宅，力求在大连再创法式原版红酒庄园……

2. 策划主题能体现项目产品的综合设计创意，使产品在文化内涵上满足人们的精神需求，在品质功能上满足人们的物质需求。

房地产产品与其他商品相比，具有物质功能复杂、精神内涵丰富的特征，特别是住宅产品更是如此。优秀的主题概念，在文化内涵上给予人们精神上的愉悦和满足，在品质功能上给予人们舒适和满足，这是因为策划主题能体现项目产品的文化内涵、科技内涵和服务内涵。广东顺德“碧桂园”的主题概念“给你一个五星级的家”，使客户住进去后享受星级酒店的待遇，有“宾至如归”的感受。这种感受无论在精神上还是在物质上都是相当明显的。

3. 策划主题能使项目具有区别于其他项目而展现出来的特有的个性。

这种项目个性，无论在内容、气质上，还是在形式、手段上均独具一格，别人难于模仿。著名的例子是广州“奥林匹克花园”，它的主题概念是“运动就在家门口”，把奥林匹克精神的体育理念贯穿于项目之中，在建筑造型、配套设施、社区文化等各个方面都与“运动”有关，最终使项目体现出人们极力追求的“健康”心理，具有独特的个性。到目前为止，人们想“克隆”都比较难。可见，独特的策划主题在项目中的巨大作用。

4. 策划主题能使项目在推广时易于体现项目优势，也就是鲜明的特点，赢得买家的广泛认同。

每个项目都应有自己的项目优势，每个项目优势的来源是多方面的，有的在建筑风格方面，有的在规划设计方面，有的在地理位置方面，有的在生态环境方面，还有的在配套实施方面，等等。这些项目优势如果不在策划主题上体现出来，是很难引起买家注意的。往往有这样的问题，一个相同项目在不同的策划人手里，项目的命运就不一样。这里除了其他原因外，有的策划人不善于用主题概念来表达项目的优势，以至于导致项目的滞销就是一个主要的原因。

5. 策划主题能提升商品房的价值。

策划主题作为概念资源，如果没有具体的内容来支撑是无价值可言的。但是它由具体的内容支撑着，就有一定的价值，这个价值就是人们所说的附加值。主题概念能提升产品的价值，实际上就是使产品的附加值增大了。新颖、独创的主题概念，能使项目的价值高出同类项目的价值很多，但仍然很快销售出去，这是什么原因呢？这就是策划主题作怪。

6. 策划主题给项目注入了文化附加值。

人们在购买住宅的同时，也选择了一种生活方式。针对居住者不同的需求提出的各类概念，如生态、健康、艺术、亲情等，其实是在策划各种不同的生活方式。房地产开发中，通过概念策划以及规划设计、施工、运营等工作，将人们的居住理想凝结在楼盘中，从而使得住宅具有了精神层面上的意义和价值。这种精神层面的意义和价值最终会对住宅产品的销售价格产生巨大的影响。要实现概念的增值作用，必须具备两个条件：一是概念的各种承诺在住宅产品中得以充分实现；二是住宅产品有着优良的品质，如果住宅本身的品质不是优质的，那么附加的概念也会失去意义。

【策划案例："音乐"主题别墅区】

2001年，在人们正在为用什么创新的主题概念而绞尽脑汁时，北京的发展商用音乐理念融入楼盘而使项目大获成功。最先起用"音乐"主题的楼盘是地处京郊顺义马坡的"维也纳森林别墅"，该项目开发商美好愿望公司将目标客户群定位在喜爱音乐、追求优雅生活一族，面市之初即赢得了市场的热烈响应，300多套别墅的70%已经被买家预订。而在这个项目旁边也有两个别墅项目，销售情况就大不如"音乐"主题这个项目了。

在我国众多房地产项目中，纯别墅项目是较缺乏个性的一类。其产品所附加的文化内涵相对贫乏，更缺乏鲜明的主题。"维也纳森林"开创了国内别墅之先河，成为全国首家"音乐"主题别墅区，使其具有丰富的文化艺术内涵、高雅的品位与个性。"健康"是现代社会最关心的一个话题，而完整的"健康"概念应该是"身心两方面的健康"。音乐基本上与体育同等并列为人们生活内容中最重要的元素，如果说体育的主要功效是促进人们的身体健康的话，那么音乐的主要功效就是促进人们的心理健康。因此，以音乐为主题建造的楼盘将有较强的号召力和市场效应。

"音乐"主题别墅区符合有效差异化的各项原则，即符合重要性、明晰性、优越性、可沟通性、可接近性、收益性等条件；将"音乐"主题概念导入楼盘，一改过去那种"优美环境+豪华别墅=别墅区"的千篇一律的模式，给楼盘赋予了旺盛的生命力与鲜明的个性，使楼盘促销宣传的诉求主题鲜明、突出、富有感召力，而且为促销活动，尤其是广告、公关活动留下广阔的创意空间。另外，"音乐"主题导入小区，有利于今后社区文化建设，使社区文化活动的题材更加丰富多彩。例如，举办社区小型音乐会、"音乐大赛"演唱或乐器演奏、舞蹈大赛、音乐知识竞赛、音乐作品评介及欣赏会等。

6.3　房地产主题策划基本原则和要求

6.3.1　主题策划的基本原则

1. 主题概念的要求

（1）立意新颖、富于个性。项目主题流于形式，陈旧、雷同，不是好的主题概念。

（2）主题简洁、易于流传。主题概念朗朗上口，平易近人，是最容易流传的。

（3）含意深刻、便于挖掘。主题概念在简洁的基础上，要含意丰富、深刻，内容广泛，使其在进一步挖掘时有广阔的空间。

（4）适度超前、合于实际。发现的主题概念最好是前人没有用过的，并且要有适度超前意识，但又要合乎实际不能与现实脱节。

2. 主题概念的基本原则

（1）主题概念必须迎合市场与行业发展的趋势与机遇。这就要求主题概念一方面要根植于买家生活中的根本需求和成长性需求；另一方面要高度重视市场及行业走势，特别注重那些已经被人们认同，却又没有在市场上得到充分满足的需求。

（2）主题概念必须立足于项目或企业自身的资源优势。如果不符合项目或企业独特的优势，主题概念一定做不好。不以自身优势迎合市场，即使主题概念做出来，它的演绎和支持体系也不完善。甚至很容易被别人克隆，而且有可能比我们做得还好。尽管我们花了很大的力气去做，却被别人所利用，让别人出尽风头。

（3）主题概念要有足够的深度和广度。主题概念的内涵要有足够的深度，才能充分挖掘出源源不绝的题材以吸引买家；主题概念的外延要有足够的广度，才能包容社区开发的种种要素。

（4）主题概念要有独特性。主题要非常独特，与众不同。如果是市场上已有的概念，就要在内容上有突破、创新和提高，在表现形式上别具一格。

（5）主题概念要有完善的支持体系。完善、坚强的主题支持体系是主题概念能得以实现的有利保证，否则在市场和竞争中，只不过是一种包装，经不起时间的考验。

【策划案例：办公空间也是开放式的运动主题公园】

远处橙色条、黑色条、白色条相间的建筑，那种竟然能在北京蓝色的天空下绽放出活力的建筑，与周围永远灰白色的低调建筑形成鲜明对比的建筑，这和印象中的办公楼完全不一样的建筑就是李宁中心。

李宁中心，占地140亩，建筑面积6万多平方米，功能齐全。在4栋连体建筑周围，是漂亮的运动场馆与花园。这座多功能的建筑是由著名的澳大利亚建筑公司COX设计的，整个建筑表现了李宁公司作为中国体育用品头号品牌的企业核心和公共形象，设计的理念是创造一个“开放式的运动的主题公园”，即使是周边社区的人也可以随时享受运动的环境，这种开放式的理念也是李宁公司的理念——以开放的胸怀去做事情。

COX将李宁希望表达的元素变成三个泾渭分明的建筑形状——办公楼、体育、展览中心以及联结所有要素的一座中庭。12米高的开放屋顶的中庭形成了一条生动的内部街道、中央聚集区和员工、参观者以及体育设施使用者的活动中心。金属覆面的会议、博物馆、体育建筑坐落在场地东边，有着单一的棚屋屋顶，并采用了天窗。园区风格的办公室用四座连接的附楼组成，每一座附楼有着不同的功能（例如1号楼为运营管理中心、2号楼为营销管理中心、3号楼为设计创意中心）。附楼用绿色的景观空间来分割。景观设计是一大特点，创造了贯穿东西形成一条绿化带。

除了硕大的办公楼空间，这里有李宁旗下众多品牌的形象展示店（LI-NING、AIGLE、LOTTO、KASON等）。员工可以在午休的时候享受一下标准的游泳馆与瑜伽房，办公楼外有标准的篮球馆、足球场、网球馆，以及标准的田径跑道。楼的地毯印有跑道的花纹，很有律动感。办公室随处可以看到小的运动器械，工作中可以随时用，暂时缓解疲劳。有大大小小近30间会议室，而名字都跟运动有关，最主要的会议室都是以奥运会的城市命名的，比如最大的会议室叫“北京”，第二大的叫“雅典”，其他的叫亚特兰大、蒙特利尔、巴黎、东京、罗马等，每次开会的时候，会说“今天去哪儿开会?”，上午在“巴黎”了，下午就去“伦敦”了，会议室里面的陈设跟名字会有一一对应的关系。相对小一点的会议室就以运动项目命名，“体操”“网球”“篮球”等。1号楼中有一个图书馆，备有分门别类的书籍，也提供很好的咖啡，图书馆的设计是倚着整面的玻璃墙选择的一个把角的空间，所以采光特别好，还正对着足球场的景观，下午阳光好的时候，来这里坐一坐，喝一杯咖啡，看一本书，随意想象一下，怎么都不会感觉自己正置身在一个办公室里。

当年建设李宁中心的时候，所有的建筑材料都达到了环保标准，建筑的采光很好。最有特点的是，每天中午12点到1点的时间段里，当员工休息、午餐的时候，整个办公区的灯就会自动熄灭，除非有需要可以自己选择把延时的灯打开。而运动完后的人们，洗浴用的热水都是太阳能的。李宁中心这样的办公空间更像一个创意集散地或者创意孵化器——创意是很广泛的概念，不仅仅是在设计中，在这样的空间里，跟人交流的方式，都会变得很有创意。

当在一个开放的空间里工作的时候，心思是敞开的，于是，人与人的交流会变得很开放。

6.3.2 主题策划的基本要求

1. 策划项目要采用最新或独到的思想理念

主题策划是房地产策划的主要构成部分，策划的好坏关系整个项目的成败。要取得较好的主题策划效果，在最新的策划思想理念指导下是分不开的。房地产理念创新日新月异，各种新思想、新观念、新理念层出不穷，策划人要深刻地领会这些理念的精髓，把握好它们的实质，灵活地运用到策划实践中去。运用这些新理念的同时，还要进行筛选，把带有独到的思想理念运用好，引导主题策划的新潮流。

实践证明，凡是积极采用最新的独到的思想理念策划出来的项目，都能产生较大的震撼力和很好的效果。北京的“现代城”，运用“概念地产”理论来指导策划，达到了炉火纯青的地步，被广大的专家学者认为不可思议，以至于被誉为“SOHO现代城”，发展商也得到了额外的回报。

2. 策划项目要领先引导消费者的需求

主题策划不但要满足消费者的需求，而且还要引领消费者的需求。这是因为主题策划总是走在市场的最前面，发现市场的潜在需求，为项目的开发做好思想准备。值得可喜的是，在激烈竞争的市场环境下，部分发展商已不再被动地迎合消费者的口味，而是努力引导市场，创造超越现有的生活需求，将自身对居住文化的理解和独特的审美品位融入房地产项目中，形成风格独特、个性鲜明的“明星楼盘”，有些甚至因其过于前卫的风格而被人归于“异类”。像用“音乐”概念作为项目的主题，真是有点不可想象了。

在引领消费者需求的同时，还要着重体现项目独特的功能需求，实现“以人为本”的开发理念。目前市场楼盘的主题策划更为注重在目标客户群定位准确的基础上，进一步分析特定的功能需求，增加度身定做的空间和相应的设施，在开发理念和设计细节等各方面更深层次地体现“以人为本”的思想。

3. 主题策划要善于挖掘项目的文化科技内涵

在房地产策划中，人们往往运用“家居”“社区”“社会”等概念，将文化铺垫成房地产底蕴，把房地产经营提升为一个系统的文化工程，更贴近生活的文化内涵。广州“翠湖山庄”，其万象翠园包罗万象，从苏州园林到美洲酒吧，从古烽火台到古罗马廊柱，一幅幅融汇中西、贯通古今的时空画卷展现在人们面前。万象翠园有景五十多处。江南园林式的“翠居”用亭台、园门、小桥流水、竹篱柴扉，勾画了一幅江南风情画。会所前的龙马广场，古朴的天然石块凝结了中国传统文化的精髓。利用地下应急通道出口而建的烽火台，沧桑味十足，是孩子们发挥时空想象的乐园。流水与瀑布相映的灵泉飞瀑、秋千椅和攀爬架组成的拾趣园、天圆地方的十二生肖广场等，都显现了人与自然亲近的中国园林文化的妙处。

随着科技的发展，运用各个科技概念来策划项目的也为数不少，使项目呈现更加特性化的特色。在生态住宅、因特网、智能化、新科技、新材料的使用等方面，较之以往有更深层次的内涵挖掘。策划人就要善于挖掘项目的文化科技内涵，使项目的民族文化精髓和科技文化理念融为一体，比翼双飞。

【策划案例：岭南印象园】

岭南印象园位于广州大学城（小谷围岛）南部，原练溪村的区域内，总占地面积16.5万平方米，是集观光、休闲、娱乐、住宿、餐饮、购物于一体，体验岭南乡土风情和岭南民俗文化的旅游景区。

岭南印象园中富有特色的街巷、宗祠、民居和店铺等，充分展现了岭南传统文化的精华。景区突出原生的岭南文化和乡土景观，复原岭南民间繁荣生活场景，适应蓬勃发展的大城市周边旅游日益生活化的趋势，旅游需求，将成为以岭南建筑完整、民间文化深厚、田园乡村风情浓郁，融文化溯源、旅游观光、乡村度假、休闲娱乐等功能为一体的文化旅游大观园。成为现代人了解岭南古文化的窗口，岭南人回味溯源本土文化的沃土，外地人短时间了解岭南文化的课堂，满足了广大游客一天了解岭南民间千年古文化的心愿。

岭南印象园是典型的岭南传统风格建筑群落。民居依水而建，或窄门高屋，或镬耳高墙。悠长的青云巷、古朴的趟栊门、精致的满洲窗，小溪蜿蜒，池塘清澈，处处散发着岭南水乡的韵味。形状独特的镬耳墙又名锅耳墙，因其形状与菜锅的手柄相似得名。在元明清时代，只有拥有功名的人才有此资格建造，官位大小决定锅耳墙的高低。民间还有一种传说：修锅耳墙可以保佑子孙当官，蕴涵富贵吉祥丰衣足食。锅耳墙后又称为“鳌头墙”，有“独占鳌头”的寓意。简易耐用的蚝壳墙是练西村居民的日常建材。练溪村依山傍江，村民就地取材使用蚝壳建房或建围墙。墙心采用石块，外墙用黄泥加石灰，然后把蚝壳斜着贴上，在保持美观的同时，又可让雨水排流通畅。此外，蚝壳墙因其结构材料特点更具坚固耐用、冬暖夏凉、防火防台风等优点，为村民喜爱，并成为岭南建筑特色。祠堂是封建社会家族观念浓厚的反映。练溪村曾生活着几大姓氏的家族，保留下来比较典型的是霍氏大宗祠和萧氏宗祠。这些祠堂包含了木雕、砖雕、石雕、灰塑、陶塑等传统工艺，凝聚了众多艺术创作者的心血，具有很高的艺术价值。

4. 策划项目要十分注重建筑设计的理念创新

在房地产项目主题策划中，有相当重要的建筑设计理念的策划和创新。建筑设计理念的策划和创新，不仅仅是发展商塑造产品个性特征、营造独特生活氛围的有力手段，同时也是具有繁荣建筑创作、促进建筑文化、改善城市景观的良好社会效益。大家知道，建筑设计是产品定型的主要阶段，这个阶段的建筑造型、建筑风格、建筑规划、平面布局以及立面效果等，很大方面影响项目的个性化和差异化。如果在这个阶段没有把握好，在建设的时候要修改是相当困难的，即使不计较金钱，那也是费时费力的。因此，在建筑设计阶段就要考虑好建筑设计理念和策划创新问题，使产品跟上时代的要求。

【策划案例：华润中心，高密度城市综合体的标杆】

华润中心项目占地约8万平方米，总建筑面积约55万平方米。首期项目由美国RTKL

建筑设计公司担纲规划及建筑设计。为了做到“超前性”，华润中心所有设计全部出自美、澳、港等地国际知名机构，从建筑、园林、灯光到幕墙、交通、机电等，概莫能外。光整个方案设计周期就长达1年半。

华润中心进行的都市规划和总体设计，以清晰、明快、简洁的设计理念为主线，自布吉河畔，层次分明地将不同功能的区域，通过室外广场、庭院、步行街等巧妙连接，有机融为一体。整个城市综合体包括商业办公大楼、购物、娱乐中心、酒店及高档公寓等，通过内外广场、庭院的分隔，创作不同的功能分区。以88部自动扶梯、几十部电梯和楼梯井然有序地沟通楼层间的立体空间，从平面到立体，勾勒出便利交通网络，这在当时可是相当超前，即便是现在，也都是城市综合体的标准配置。

其中住宅部分，除充分发挥视野、方位及布局的优势，还同时与酒店塔楼弧线相呼应，而其中架空层就高达9米。其住宅产品不仅有90～95平方米的经济型产品，还有95～249平方米的高端户型及顶层penthouse，超过15平方米的空中内庭院，中、西厨设计，无不走在设计的前沿，逐渐成为后来其他地域开发综合体的模仿对象。

5. 策划项目要把握好主题概念的整合和推广

有了独特、富于个性的策划主题后，怎么把它整合和推广好也是一个不可忽视的问题。主题概念就像一条主线，把项目分区分期推出的产品珍珠串成一条项链；主题就是一个中心，土地选择、规划设计、建筑工程、营销推广、物业管理、社区文化建设等行为均围绕这一中心完成；主题概念是一种包装或一种说法，整个项目的构成、功能、风格、规范、形象均通过它得到合理的、深入人心的阐述。因此，整合和推广好策划主题就显得格外重要。目前，发展商更加重视在项目运作中对概念主题的全面演绎，楼盘为消费者“讲故事”越来越生动，具有强烈的感染力，有效地促进了项目的销售。这样，策划的效果才能达到它的真正目的。

6.4　房地产策划主题分类

在房地产策划实践中，主题概念丰富多彩，主题类型多种多样，要想把主题系统理出个头绪来是很难的。这里根据房地产策划的具体情况，把主题系统分为两大类：即宏观主题和微观主题。

6.4.1　宏观主题系统

宏观主题是贯穿于整个项目的中心思想，它是房地产项目开发思路、市场定位、规划设计、营销推广、物业服务等各方面的综合体现。依照房地产策划的实际情况，宏观主题系统可以从不同的类型、不同的角度来分。

它的主题系统有：

1. 从复合地产的角度来分，有教育主题、旅游主题、体育主题、IT主题、科技主题、艺术（音乐）主题、商业主题、生态主题等。

2. 从国家倡导的角度来分，有国家康居工程主题、国家科技住宅主题、国家生态社区主题等。

3. 从生态环境的角度来分，有园林主题、山水主题、景观（市景、园景、山景、水景、海景等）主题、公园主题等。

4. 从配套设施的角度来分，有绿化主题、会所主题、运动主题、智能化主题等。

5. 从目标客户或职业来分，有白领主题、老龄主题、教师主题、学生主题、富豪主题等。

6. 从概念资源的角度来分，有五星级服务主题、身份象征主题、生活方式主题等。

7. 其他方面的主题。

以上的分类是相对的，还会有交叉，只是使大家容易理解而已。

【策划案例：智能时代下的数字化社区】

进入智能化时代后，人们对生活的智能化要求越来越高，打着“智能”标签的小区也日益受宠。佳源集团的佳源都市紧跟时代步伐，打造数字化社区。早在佳源都市小区新盘亮相的发布会上，智能家居的概念就被引入，过去只有电影里才能看到的高科技如今在佳源都市就可以实现。

由佳源集团自主开发研制的家居智能化系统，不仅能够提供基础的智能安防功能，还设置了语音留言系统、背景音乐系统、家电遥控系统、智能照明系统、家中购物平台等，带给业主高品质的舒适生活。出门前预约电梯，不需要花费时间等候；智能电动窗帘、开关灯、切换电源，一键搞定家庭琐事，这些设施还可以设置在家、离家、睡眠等模式；足不出户就可以阅览小区通知、天气预报，还有超市购物功能，贴心便利。

此外，全小区实现安防智能化，保安24小时巡更系统能够保证业主的安全。该小区对物业管理十分重视，聘请国家一级资质物业服务企业担任物管顾问，为业主量身打造包括家政服务、贴心服务、商务服务、资产管理在内的六大特色服务，真正做到让业主舒心生活。

6.4.2 微观主题系统

微观主题是在宏观主题统率下，在项目开发进行中的各个环节表现出来的次中心思想。如在建筑设计环节中的设计主题，在广告宣传环节中的广告主题，等等。

从房地产项目开发的过程看，微观主题系统包括项目前期策划和后期策划两大部分：

1. 前期策划的微观主题，有目标市场主题、项目定位主题、目标客户主题、项目设计（规划设计、建筑设计、方案设计、环境设计、会所设计、样板间设计等）主题等。

2. 后期策划的微观主题，有项目包装主题、楼盘定价主题、广告宣传主题、形象设计主题、促销活动主题等。

以上的微观主题因为深度不一样，在微观主题下还会有更小的主题构成。

6.4.3 宏观主题和微观主题的关系

宏观主题和微观主题的关系是从属、依赖、支撑的关系。宏观主题统率着微观主题并串联着微观主题，使微观主题在项目的各个环节中不走样；微观主题围绕着宏观主题来进行分解、阐述，从各种不同角度的主题概念来支撑着宏观主题。宏观主题和微观主题的相互统一和相互依赖，使项目的策划主题更加丰满，更加有说服力。

房地产策划主题经过策划人的不断创新、完善，策划主题日益刷新，主题类型日趋多样，构成了一个庞大的策划主题系统。

房地产策划主题系统的关系及主题系统如图 6-1 所示。

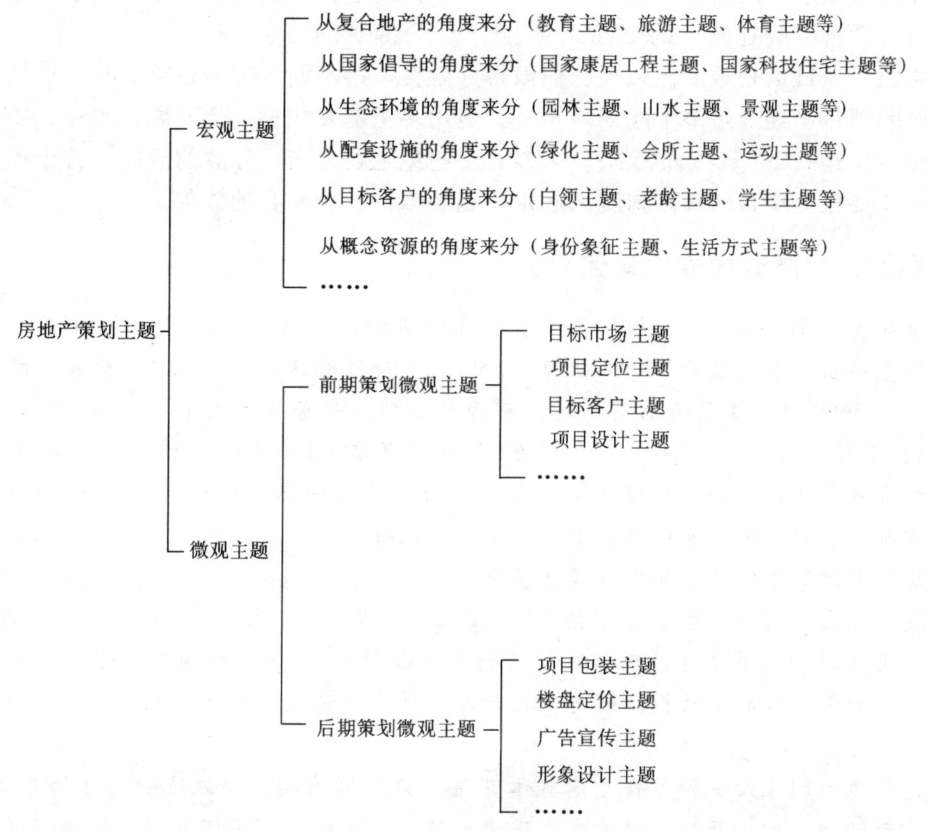

图 6-1　房地产策划主题系统图

6.4.4　单主题与多主题的策划

在房地产的策划实践中，一般用单主题就已经取得了很好的效果。但是，策划人为了使项目主题更加丰富和饱满，运用了两个以及两个以上的宏观主题来策划项目，同样取得项目的成功。

多主题的策划一般有两种形式：

1. 一个主题为主，几个副主题烘托

在项目中为主的中心主题起到主导的地位，而若干个副主题主要是起烘托的作用。这样策划的宏观主题不会单调，起到了加强、丰富的作用。如在“体育运动”的中心主题下，又用“生态”副主题来强调、烘托，达到的效果就比单主题要好，而且它们联系得很紧密，两个中心主题、副主题都与人的“健康”有关，很能吻合购买者的心理需求。

2. 多个主题齐头并进，互相补充，互相映衬

还有的项目宏观主题不是以一个为主的，而是若干个主题混在一起，共同在不同的角度、方面来互相补充、互相映衬，达到双赢或多赢的目的。广东顺德“碧桂园”的主题就是一个多主题策划的项目，物业服务主题（星级管理）、教育主题（国际学校）、配套主题（豪华会所）三个主题糅合一起，与项目目标客户的需求相当吻合。这些先富起来的乡镇老板们考虑最多的就是这三个方面：在外赚钱经常不在家需要完善的物业服务；小孩要继承父辈的产业需要高水平的教育；钱多了要有像样体面的地方来消费。这三个需求刚好与三大主题相一致，顺德“碧桂园”的“起死回生”就不言而喻了。

多主题的项目策划难度比较大，但做得好就会取得不同凡响的效果。从目前情况看，运用多主题的项目已经开始多了起来。不过，运用多主题要注意几个问题：第一，要注意互补性和融合性，达到 1 + 1 > 2 的效果。第二，要避免主题过多、分散的倾向，善于抓住中心主题。第三，要根据项目的实际情况来确定主题的多寡，做到有的放矢。

【策划案例：台湾长庚养生文化村】

长庚养生文化村位于台湾桃园龟山乡高速公路旁，占地一个山头，约 34 万平方米，由台塑集团董事长王永庆投资 500 亿新台币，依托长庚医院建成。该地环境优美，绿化景观像公园。全村 3600 户，房屋为七层建筑，有两种房型，一房一厅式 14 坪，约 46 平方米，一房二厅式 22 坪，约 73 平方米。凡年满 60 岁配偶年满 50 岁都可申请入住，入住前进行体检，有病者可住旁边的长庚护理之家。全村均为无障碍的环境设计，24 小时安全保卫，进出村庄需刷卡。村内附属有超市、书店、银行等服务性设施，村内居民除了自己做餐外还可到小吃店、餐厅等餐饮区就餐或选择送餐服务。

长庚养生文化村设计理念有“怡亲”“健康”“养生”“文化”“社区”“体验”“教育训练”七大主题，但最主要的理念是“活到老，做到老”。例如村内有会议厅，可举办学习演讲活动，如果入住的是教授，则可以在此指导学生写论文，其他老人也可增加与年轻人的交流。

村内养生休闲生活多种多样，建有体育馆、健康俱乐部、游泳池、网球场等休闲场所，还设有宗教活动场所，开展运动养生、娱乐交谊、艺文技艺、民俗活动、宗教活动等。养生村内的健康服务内容包括设立社区医院，提供居民特约门诊、康复及照顾护理等医疗服务；定期健康检查、防疫注射与体能检测，建立个人健康资料库；规划居民个人健康计划，提供养生处方和配膳建议，定期举办健康讲座、养生咨询；设立全天候监控中心，每户有紧急呼叫设施，确保高效率的紧急救护。

6.5 房地产主题策划具体运作

6.5.1 策划主题的来源与获取

要进行主题策划，就要寻找主题概念的源头，即主题概念来源于哪里？这实际上是概念的创意过程，策划主题可以从以下几个方面来获取：

1. 可从该项目区域的文化内涵中抽象出来。
2. 可从竞争性项目对比中挖掘出来。
3. 可从项目自身内在素质中分析出来。
4. 可从顾客需求中选择出来。
5. 可从社会经济发展趋势中演绎出来。
6. 可从房地产发展的最新理念中提取出来。

【策划案例："夕阳红"金港花苑（一）】

成都金港花苑是一个占地只有31亩的小型楼盘，成都港都花苑实业开发有限公司也是一家年轻的公司，刚介入房地产领域，自身缺乏知名度。经济实力也不济，没有成片大规模开发的实力，竞争能力弱。如果走中低档路线，又发现：特色不突出的竞争对手非常多，而且对手实力较强劲，打价格战，港都花苑实业公司不仅没把握取胜，说不定连本钱都收不回来。龙舟路沿线为旧城改造、老成渝公路拓宽改造的重点城区，房地产开发新项目非常多，并且由于成都东门国营老厂单位非常多，经济效益普遍较差，故价位低，卖点雷同。怎样能在中低价位的楼盘上做出鲜明的个性概念，填补市场空白，切中市场特色需求，是金港花苑面临最大的难题。

经过广泛的市场调查，对全市楼盘分布、项目特色、开发成本、周期和营销实效的深入了解分析，发现现实条件下，从概念出发的特色牌几乎开发殆尽，开发商的经济实力和地段条件又不允许涉足如"高科技""古典""欧美风情"这类豪华概念。必须从新的角度寻求市场空白。在对地块周边服务设施的调查中，策划团队遇到一对老年夫妻，他们到附近的医院就诊，由于排队挂号、候诊排长队、拍肺部X光片和血液检查、在两幢大楼间来回奔波、等候检查和化验结果、交费取药排队等原因，为了一点普通感冒折腾近5个小时，心情痛苦烦躁反而使病情加重。"老年人看病难"的诉求触动了策划团队的灵感。能不能从年龄切入，开发专门适合老年人安度晚年的住宅楼盘呢?

统计显示：由于生产力发展，人民群众物质文化生活水平的提高，中国60岁以上老龄人口占总人口的比例不断上升，目前已接近10%，标志着中国即将进入老龄社会。全国60岁以上人口超过1.2亿人，占世界老年人口的五分之一，居世界第一位，预计今后还将长期居于世界首位，这将对中国社会经济发展产生深远影响。而成都市60岁以上老龄人口约130万，占全市总人口比例接近13%，已提前进入老龄社会。

我们针对这130万老龄人口进一步细分：具备中低档楼盘购买力者应占10%以上，即13万人；统一按"老两口"计算，则为6.5万个老龄家庭。再把成都市区分为东南西北四大块，东门片区占四分之一，则有意在东门买楼盘的老龄家庭约为1.6万户。针对这1.6万户基数，开发全成都有绝无仅有的百余套老年住宅，完全具备成功的条件。有了目标消费群的量化指标，策划团队又对老年住宅的需求心理和资金来源等进行了深入的分析。

1. 需求心理分析

老年人和下一代、下两代由于生存环境、所受教育等诸多原因，生活方式、习惯及思想观念等方面难免产生"代沟"。多数被访问者认为：解决"代沟"的最佳方式是老年人与子女分开居住，节假日儿女上门探望，全家团聚。年轻人有自己的生活和工作特点，现代生活节奏加快，竞争加剧，压力加大，生活无规律；与老年人住在一起相互干扰影响，令人头痛。敬老院虽然"火爆"，但入院使人心理上有"被遗弃"的感觉，子女也有不孝的负罪感。只要不是孤寡老人，一般不愿意入敬老院。老人再婚后，新建立的老年家庭不易与子女完全和睦共处，分户购房是最佳选择。老年人喜欢安静、淡泊、朴素、平静的生活，对物质要求不高，不愿地处闹市和商业区、工厂区，与子女的居住要求差异较大。老年人怕孤独，在相对集中的老年公寓，子女上班、上学后，老人们仍有同龄伙伴、共同话题、共同乐趣。

2. 资金来源分析

老年人常常有多年的积蓄和稳定的退休金；子女们可以共同出资为老人买房，既尽了孝心，日后也可成为遗产；本来准备送父母入敬老院的子女，可以用入院费转为购房款，既解决了后顾之忧，又摆脱了“负罪感”。通过以上分析，策划团队和开发商确立了开发老年公寓的决心，将楼盘定名为“夕阳红”。整个项目策划主题的来源就是从项目自身的条件和周边潜在客户的需求分析得来的。

6.5.2 策划主题的提炼与确定

主题概念的素材有了以后，就要进行提炼与确定，实际上是概念创意的论证过程。在提炼与确定主题概念的时候，我们应着重考虑几个问题：

1. 主题概念是否富于个性、与众不同。这是取舍主题概念的主要标准。如果达不到这个要求，宁可舍弃，也不勉强使用。

2. 主题概念是否内涵丰富，易于展开，充分展现项目的优势和卖点。有些主题概念内涵狭小，展开时支持点不够，不利于主题概念的体现与贯彻。

3. 主题概念是否符合自身情况，是否与本项目的要求相吻合，那些脱离项目实际情况的主题概念是不可取的。

4. 主题概念是否迎合市场买家及目标顾客的需求，这是判断主题概念的关键所在。那些不能激起买家购买欲的主题概念，最终会断送项目的前途。

6.5.3 策划主题的支撑与体现

主题概念经提炼与确定后，就要在项目具体因素中支撑与体现出来，营造一个实现这一主题概念的支持体系，使项目主题站稳脚，不至于是空乏说教的概念。支持体系有项目选址、规划设计、营销推广和物业服务等部分。在这几部分中，重点是规划设计部分，它是主题概念支撑与体现的中心。规划设计体现了主题概念的内涵，其他方面就迎刃而解了。规划设计有环境设计、住宅设计、建筑造型设计、社区服务设计等多个方面，设计中可根据重点有所侧重，统一布局，使主题概念得到了全面的贯彻与体现。

【策划案例：“夕阳红”金港花苑（二）】

为支撑“夕阳红”及“成熟地爱一次”口号，项目针对老年人的心理和生理特点，紧紧围绕老年人的生活需求，广泛开展调研和征询，为老人群体量身定做最合理、最合适的住房。

1. 特色设计

所有路面都进行防滑处理；所有通道、门槛都采取无障碍设计；户型设计上，力求通风、干燥、采光、隔音、结构合理；装修适用合理，不奢侈豪华；其他公寓配置大面积花草绿地，老年公寓配置各户“自留地”；高档小区配置游泳池，老年公寓配置钓鱼池；水龙头不用螺丝头，防止拧不紧，拧不开；窗户采用推拉杆式，避免头、手伸出窗外；阳台外设自动晾衣架，收晾衣物十分方便；通过楼盘的物管系统，成立钓鱼协会，老年棋协，与外部挂钩联办川剧座唱、老年大学等；通过楼盘物管系统，配备专职保健医生、护士，方便老年人常见病就诊，开设家庭病房，上门医疗、护理。

2. 环境配套设施

利用附近的农贸市场，解决老人柴米油盐等生活必需品的采购；利用附近3、12、14、31、38、51、68、75、77路公交车，充分解决老年人办事、亲友子女探望等交通问题；与附近的医院挂钩，解决老人“就医难”的问题；与附近公园挂钩，解决老人休闲、锻炼、娱乐的需求；与附近的幼儿园、小学挂钩，解决老人替子女照料孙子孙女，就近入托、入学、方便接送的需求。

项目主题在公寓自身特色的设计及周边环境配套设施的支撑下，一幅老年人安享晚年的画卷直接呈现在人们面前。

6.5.4　策划主题的检验与反馈

当一个项目开始推向市场的时候，主题策划是否达到预期效果，获得成功，这就要靠市场来检验与反馈了。检验与反馈的结果好坏，为项目的发展作调整并为新的项目开发提供有益的借鉴和参考。

【策划案例：广州“远洋明苑”】

广州“远洋明苑”，是一个占地仅3万平方米的住宅小区，位于天河区的东圃板块，距天河商业中心有10千米。2001年，在项目进行目标客户定位时，项目策划组作了大量的前期市场调查，认为：每平方米4000多元的售价最适合天河商业中心的IT精英及白领居住。于是，“IT白领，到新家看看”的主题就这样确定了。根据这些IT精英及白领的购买意向，小区取名为“竹园民居”，以暗示他们在“石屎森林”中返回“乡间民居”的心理特征；住宅平面户型以小一房、二房以及小三房为主，满足目标客户的经济水平；外立面以深灰色调来烘托在城市中的“乡间民居”形象；局域网为他们提供家庭办公的条件；甚至在售楼部的装修风格上也刻意追求民族民间风格……一期200多套住宅推出时，出乎意料，原来针对的目标客户——IT精英及白领却没有，而来购买的基本都是周边十里范围内的打工一族、刚进城不久的商贩，以及想享受城市生活方式的村民。更使策划人大跌眼镜的是，这些客户对价格及公共部位的装修相当敏感，宁可公共部位的装修差一点也企求价格低一点。为什么IT精英及白领不愿意购买呢？经过分析，原来，他们基本上是高学历者，而且大部分是小城市及县城来到大都市的，他们的购买倾向是在商业中心区域，享受现代都市的信息发达和繁华便利，而“竹园民居”的地理位置以及“乡间”形象就不适合他们了。为此，策划人根据一期推出时目标客户发生变化的情况，对项目主题进行变更，确定为“成功人士，到新家看看”，使主题内涵更加丰富；二期的外立面改为浅白色，装修标准尽量降低，使售价有所下降；删除了为IT白领专设的局域网及一些智能化系统，小区改名“远洋明苑”来淡化“民居”色彩而强调品牌效应……以满足新目标客户的要求。项目主题及营销策略调整后，一、二期全部500百多套房在不到半年的时间全部售完。

【策划案例：中山“云山雅墅”】

中山三乡的云山雅墅，该楼盘以前名为龙山御景，卖到一半突然改名。楼盘缘何改名？

该楼盘原名为龙山御景，是联创地产于2011年投资2亿多元开发、占地面积100亩，在2012年改名为云山雅墅。说起改名原因，是因为在一期推出后，发现原来的名字叫的太大了，因为龙山御景这个名字听起来跟中山御龙山有关，这座山位于五桂与三乡之间。名字叫得太大了，不符合楼盘的定位，就把名字改小一点，而且改得更诗意一点。原来的别墅都是两三百平方米的，接手后改小了一点。采用了奥园集团做别墅的理念。改造了地下停车场，业主在地下室停车之后可以直接走上楼。

除了名字变得更诗意以外，户型变小了，单价高了，还有总价更低。2011 年年底，该楼盘更名前，在售产品面积为 182 套 299 ~ 427 平方米的联排及独栋别墅，起价 5800 元/平方米；不过更名之后，该楼盘二期目前在售 240 ~ 260 平方米，毛坯均价 7500 元/平方米。

6.6 房地产主题策划案例分析

房地产主题策划是在实践中产生，在实践中发展，在实践中总结，在实践中完善的。因此，主题策划原理最重要的是回到实践中去检验。在房地产策划实践中，有的项目策划主题比较明显，一眼就能看出来；而有的项目却比较隐晦，不能立即看出来，需要分析才能弄清楚它的策划主题内容。

在这里，通过北京“建外 SOHO”和重庆“童兜天地 TICO 店”两个主题策划的典型例子，进一步剖析主题策划的基本规律。

6.6.1 北京“建外 SOHO”

项目概况：北京“建外 SOHO”位于北京市朝阳区东三环中路 39 号（国贸中心对面），总建筑面积约 70 万平方米。“建外 SOHO”被媒体称为北京“最时尚的生活橱窗”，由 20 栋塔楼、4 栋别墅、16 条小街组成。“建外 SOHO”没有围墙，16 条小街在占地约 17 万平方米的建筑群中流动，制造出充满人情味的小街文化。

1. 策划主题的来源和确立

“建外 SOHO”的总设计师山本理显的设计灵感来自于一个休达的摩洛哥城市。所以可能的一切混杂在一块——人、驴、羊、店铺、清真寺、餐馆、薄荷和烟草的香味，还有人体发出的异味。穿过一条布满商铺的小巷，突然来到了一条街道，两边都是房子。街上有一个入口通往清真寺，一口饰有极为漂亮瓦片的水井，还有一个小广场，偶尔有房子的走廊在头顶交叉会合。顷刻间我感觉迷失了方向，因为这个城市整个就是迷宫。

想要一个建筑成为一个城市元素或细胞。和建筑有关联，不管是什么类型的建筑，就必定和城市有直接的关联。建筑可以是一个房子，一座低成本、多用途的租赁建筑，一个商业设施，一所剧院，或是艺术博物馆。只要是建筑，不论属于哪种类型，都可以是城市细胞。一个是细胞的建筑也许是一栋大楼，但它同样拥有繁殖成为一个城市的能力。

因此，这种“无边界，反限制，自由生长”的主题直接体现在“建外 SOHO”上，SOHO 是混合的，在这里可以办公可以居住，这里的房子可以是一个茶室，一个花店，一个艺术工作室，也可以是一个幼儿园，这里的生活有无数种可能性，这也与“SOHO”本身提倡的时尚、轻松、自由的生活方式和生活态度高度吻合。

2. 策划主题的支撑和体现

（1）建筑设计方面

公寓与商业相结合，裙楼与底商相结合，商业顶层通过连廊相连，将整个商业和公寓连接成一个完整的活力体；各式连廊的设计，增添建筑美感，交通动线合理，同时使整个社区紧密相连。

住宅设计灵活，没有居住和办公间的明显界限，可以进行随意组合。

外立面设计简洁时尚，落地的玻璃幕墙，通透明亮，运用纯粹的白色，清新自然。

地下一层的走廊种植一些树木增添生机，树冠长出一层地面给人感觉树从地底下长出来。

不设围墙，16 条小街在建筑群中穿梭相连，制造充满人情味的小街文化；设置的弧形和直线的走道容许不同角度的风景；每栋建筑都以不同角度站立；住客能看人也能被看，但同时保持着一种安全的距离。

（2）业态组合方面

在整个项目中，集合居住、办公、购物、娱乐、休闲等多种功能于一体；由 2 栋写字楼、18 栋商务公寓、4 栋 SOHO 别墅、16 条小街以及 300 个店铺组成。

1）写字楼

SOHO 办公楼各单位均有独立入口，且具有灵活的室内空间分割方式，其入口都面向内侧，大堂挑高 7 米设计，面街商铺大部分为餐饮（一拖二为主）。

2）公寓

18 栋 2069 套公寓是混合和模糊的，可以办公也可以居住，这里为办公和生活提供了无数种可能性；为了照顾到办公需要，厨房被牺牲，仅配备了电磁炉；卫生间面积设计得非常紧凑；除了壁橱，衣帽间和储藏室等公寓基本构成元素均被舍弃；卧室和工作室被简易分离，可方便的分割组合；面向外部空间较大，采光通风良好。

3）SOHO 别墅

平层可划分为 1 ~ 4 家商户出租，或者持有多层经营。

内部商业增强了商业的规模性和整体性，使内外商业相互融通，打造社内开放步行景观，独具特色。其特色点有：曲折多变的街道和临街面、尽可能多的玻璃面、大面积的招牌和广告空间、一层转角处为弧形、连廊和桥、玻璃外廊、趣味性路标等。

公寓楼底部为裙楼底商，沿街铺市政道路和内部小区设置，形成 16 条街坊式商业街，共约 300 个商铺，独立进出，面积 100 ~ 600m^2；1 ~ 3 层为临街商铺，其商铺全部临街；设置商业广场，突出时尚主题，引入独具风格的主力店，其中包括星巴克旗舰店、同仁堂旗舰店等。

“建外 SOHO”没有任何大型集中商业，但经营火爆，其主要原因是通过准确的主题策划抓住社区业主需求，另一方面则通过塑造起来的商业氛围，吸引了更多的外来消费者。

6.6.2　重庆“童兜天地 TICO 店”

1. 重庆“童兜天地 TICO 店”概况

“Kid’s Fiesta 童兜天地”成立于 2009 年，是世纪金源集团鼎力打造的一站式儿童主题商业地产连锁品牌。2014 年，“Kid’s Fiesta 童兜天地”高举“童兜来了！”的旗帜登陆重庆市场，并于 5 月 19 日童兜天地携手重庆著名卡通文化品牌 TICO 少儿，成功签订战略合作协议，共同打造全国领先的体验式儿童购物中心——“童兜天地 TICO 店”。项目位于重庆北滨路金源时代购物中心一层至三层，总面积高达 30000 平方米，它将成为西南地区地标级的儿童主题购物中心，集运动娱乐、亲子教育、营养美食、休闲购物于一体，定位于满足中高端收入家庭的消费需求，为孩子提供全方位成长体验及活动空间的体验式儿童主题 MALL。

2. 策划主题来源和获取

2008 年金融危机以来，全球经济持续疲软。据许多各行各业专业人士分析，到目前为止，危机并没有过去，而是逐渐从国际贸易，蔓延到国内贸易、投资领域，逐渐影响到实体领域，甚至钢铁、能源等基础领域。值得欣慰的是，在危机面前，中国儿童产业却呈现相对强劲的势头。由于儿童消费的独特性，在各个消费与市场领域，儿童消费的增长速度明显高于成年人消费增长，甚至高层政府开始把儿童经济当作扩大内需的重要推手来对待。在儿童消费各市场领域中，儿童娱乐市场表现非常突出，成为增长较为明显的领域。而其他儿童饮食、儿童教育领域则增长较慢。

因此，聚合儿童娱乐、亲子教育、营养美食、休闲购物的一站式儿童体验购物中心就能占领市场空白点，“童兜乐园”应运而生。

3. 策划主题的支撑与体现

（1）建筑及装修风格方面。西南地区营业面积最大、业态种类多、主题性超强的互动体验儿童购物中心，无论是一楼的梦幻仙境，还是二楼的森林王国，再到三楼的天空之城，虽各有不同，却又相互辉映，童话般的意境充满了整个“童兜天地 TICO 店”，每个细节都体现出了浓郁的童趣元素和匠心独运的设计风格。“童兜天地 TICO 店”与传统购物中心的儿童区域不同，“童兜天地 TICO 店”在整体装修风格上就围绕着儿童主题进行完美打造，并且，在购物中心临街一层开设儿童主题 MALL，这在国内也是绝无仅有的。

（2）业态配比方面。童兜天地拥有独创的体验 + 零售深度融合的商业模式，即以灵活多变的卖场形态和超大的游乐体验占比，带动零售业态销售的商业模式。其中娱乐业态以 50% 的比例满足儿童“好玩”的需求，零售和培训则分别以 20% 的比例作为辅助业态，满足针对儿童的家庭消费；外加周边配套等 10% 的比例。“童兜天地 TICO 店”拥有全西南最大的室内主题儿童游乐场——googo 乐园，占地面积达到 3000 平方米；而 TICO 少儿频道则打造了高度达 18 米的自有卡通元素主题互动游乐设施——TICO 火箭，还有全国首家室内儿童真人 CS 互动射击馆，以及拥有全国最大赛道的卡雷拉轨道赛车等特色游乐体验设施，“童兜天地 TICO 店”最大程度的吸引家庭消费人群，为儿童零售业态带来稳定目标消费客流，一站式满足儿童欢乐及购物的家庭消费需求。

（3）主题活动营销方面。强调以孩子为中心的企划营销思路，让孩子成为真正的主角，关注儿童的成长及体验感受，让他们得到独一无二的欢乐，实现在快乐活动中教育孩子的目的。如“童兜天地 TICO 店”将定期举办童兜之星选拔赛，评选出“春、夏、秋、冬”四季之星；全年推出“春节童兜庙会”“我是地球小卫士”“童兜生日会”“童兜夏令营”等丰富的各季主题营销推广活动；让孩子在活动中学习到更多知识，从玩耍中交到更多朋友，从自助动手中发散思维提升个人能力，令孩子在快乐中成长。

（4）入驻品牌方面。将服务儿童的各类品牌聚集在一起，发挥集聚效应，扩大辐射范围，形成一个巨大的围绕儿童为核心开展的 MALL，同时国内外著名儿童品牌的强势入驻也将成为“童兜天地 TICO 店”未来持续稳定发展的保证。世界知名品牌 Clarks 和 THE NORTH FACE 的儿童品牌首次入渝即落户“童兜天地 TICO 店”，另外，爱的米迪、骆驼、斯乃纳、水孩儿、DR. KONG、汪小荷、ELLE、哥比兔、梦洁宝贝、好孩子星站旗下品牌：Nike Kids、adidas、CONVERSE、PUMA、SKECHERS 等一大批国际儿童品牌也在童兜天地设立重庆首家品牌旗舰店……

（5）车位设置方面。重庆各大商圈时常会遇到停车位难求的尴尬局面，尤其是节假日尤为严重，且需要停车费。“童兜天地 TICO 店”不但拥有 7000 个停车位，还提供免费停车服务，是重庆拥有最大免费停车位的体验 MALL。这对于居住较远家庭来说或将成为一个巨大的聚客前提。想象一下，在周末及节假日带着宝贝到“童兜天地 TICO 店”玩耍，享受天伦之乐，无停车位烦恼，更无须停车费用。

第7章

房地产策划师

7.1 房地产策划师含义

过去二十年中国房地产业高速发展，已成为国家的支柱产业和国民经济新的增长点。随着我国房地产业的不断发展和从业人员的不断壮大，房地产策划作为房地产开发中一个相对独立的专业化服务体系应运而生。但由于房地产策划目前在我国还处于较为年轻的专业服务阶段，房地产企业普遍面临着人才短缺的困境。人才的短缺已成为制约产业升级与管理创新的重要因素之一。

近年来我国的房地产策划行业已取得了长足的进展，并且已经形成了一个产业，直接和间接从业人员数以百万计，其中从事房地产策划的各级管理人员约 10 万人，其执业范围涵盖了房地产开发、项目咨询、建设规划、产品设计、广告策划、房产销售、物业管理等众多领域。

从近几年对各行业职位需求的分析来看，房地产行业的职位需求数量始终列居前 10 位，其中策划管理类职位属于最紧缺的人才。但由于缺乏人才储备，专业人才的供应显然不能满足市场的需要。在这种情况下，国内很多高等院校都开设了房地产、建筑类专业，并根据市场需要设置了各种细分专业课程。

根据房地产策划行业的发展趋势，2005 年 3 月 31 日，国家劳动和社会保障部正式向社会发布第三批 10 个新职业，其中就包括了“房地产策划师”职业。“房地产策划师”职业资格的颁布，引起了房地产各界的广泛关注和高度重视，这反映出我国职业结构的变化与发达国家职业结构的变化规律是基本一致的，同时也说明我国房地产策划师职业的研发工作基本上与我国房地产产业结构调整的步伐保持一致。

纵观全球的房地产行业，中国的房地产业是发展最快、也是发展规模最大的。根据世界银行预计，在未来二十年当中，中国的房地产开发总量将接近全世界开发总量的 50%。中国的房地产业即将进入一个充满机遇的时代。房地产策划是房地产业的灵魂，中国房地产业的高速发展，也为房地产策划人才带来前程似锦的发展商机。房地产策划师职业的确立，不仅可以培养大批专业人才，解决房地产行业对人才的迫切需求；而且可以扩大社会就业途径，保证房地产行业的健康、持续、高速发展，对加快推进社会主义现代化具有十分重要的意义。

7.1.1 房地产策划师含义

从国家颁布的职业定义来看，房地产策划师是指“从事房地产业的市场调研、方案策划、投资管理、产品营销和项目运营等工作的人员”。

房地产策划师从事的主要工作内容是：

1. 房地产项目的市场调研和咨询策划。

2. 整合设计、建设、营销、广告、服务等资源，制定策划方案。

3. 房地产项目的产品营销工作。

4. 房地产项目的运营工作。

从其工作性质看，“房地产策划师”可归入“咨询业”。根据房地产策划工作的内容不同，可分为“房地产项目策划师”和“房地产营销策划师”两大类。“房地产项目策划师”又可分为“市场策划师”“产品（设计）策划师”和“投资策划师”三类；“房地产营销策划师”又可分为“销售策划师”“广告策划师”和“形象（品牌）策划师”三类。

“市场策划师”主要从事房地产市场的调查、分析、研究工作，为房地产项目提供市场方面的数据和定性支持。

“产品策划师"也可称“规划设计师”或“建筑策划师”，主要从事房地产项目规划工作前期的建筑或设计方面的概念设计、规模与功能策划、空间策划、户型策划以及景观设计等，为房地产项目提供产品设计的概念规划支持。

“投资策划师”主要从事房地产项目的选址、投资方向、投资分析以及财务评估等方面的工作，为房地产项目提供投资方向、经济分析方面的定性和定量支持。

“销售策划师”主要从事房地产项目的销售策划工作，如项目分析、营销推广、公关活动、销售安排等工作，是直接面对客户为完成项目销售目标的策划和执行人员，为楼盘提供进入市场的前期各方面工作策略支持。

“广告策划师”主要从事房地产项目的对外宣传、广告创作、广告安排与发布、媒体选择等工作，为楼盘提供广告宣传方面的策略支持。

“形象（品牌）策划师”主要从事企业或楼盘形象的塑造工作，包括企业（项目）的品牌塑造、楼盘的形象塑造以及楼盘推广的现场包装等，与销售策划师、广告策划师一起，整合项目的品牌、形象资源，为房地产企业或项目提供品牌形象的策略支持。

以上可以看出，房地产策划师的工作内容范围相当广泛、工作性质特殊（创造性），主要是从事“外脑”的工作，为房地产企业、开发商提供智力、智慧、策略、方略上的支持。

【策划杂谈：也谈房地产策划人】

我们经常在微信上看到这样的段子：房地产策划累，房地产策划连续N个通宵，房地产策划的报告都被命名“修改版8、修改版9、终究修改版”等等。房地产策划工作累，这个是事实，被甲方千百次地虐，也是事实，被虐后又不能甩手不干，这也是事实，就是应了那句“……千万遍，……如初恋”。

他们为什么这么累？甲方也是人，虐人的同时，自己也在自虐，如果报告真的做到了甲方内心，没有甲方愿意浪费喝茶的功夫去虐你。造成这种现象的最主要原因便是：房地产策划人并未准确把脉甲方需求，闭门造车，为了显示自己的劳动成果，连夜通宵做了几百页毫无意义的高大上报告，然后交差，结果交不了差，被无数次修改，结果再次造成更多的通宵。

今天来全面剖析（盘点）前期策划的9大顽疾。

这便是房地产策划为什么累。一句话简而概括，因为他们要“高大上”，或者被逼高大上，或者自己想高大上。今天我们就来谈谈房地产策划这个行业，策划行业范围很广，严格意思上说，连郑州楼市也是一个策划行业，我们今天只说说策划环节中最重要的前期策划。

今天我们来彻底把脉这个“前期策划”行业，希望从业者有所收获。

本文分为三大话题：

1. 前期策划决定了一个项目成功与否的70%。

2. 费尽心思，开发商选择什么样的方式与各大咨询中介公司合作？

3. 前期策划报告中的9大顽疾与解决之道。

第一个话题：前期策划决定了一个项目成败的70%。

如果问开发商拿到地以后第一件事是做什么，一般会说，找设计院设计。如果问做一个房地产项目最关键的环节是什么，一般会说，是销售。其实行业人都知道，第一个答案是错误的；资深人士知道，第二个答案是越来越错。先说第一个，如果你拿了一块地，让设计院设计，设计院怎么设计？设计多大面积的？80平方米，300平方米？设计三房，还是二房？三房和二房的占比是30%比40%还是50%比60%，是设计成多层还是小高层，是设计欧式风格还是北美风情？很显然，这个活不是设计院所能做的，这就需要一个公司，通过市场调研，了解一下，这个片区是三房好卖，还是二房好卖，这个区域的客户是喜欢住高层还是小高层，是喜欢欧式还是喜欢北美。这就是我们常说的咨询公司，他们所做的工作就是项目前期定位，做这项工作的人就是我们今天的主角，房地产策划人。

再说第二问题，现在做房地产项目，哪个环节最重要，是销售吗？如果说以前是，现在已经不是了。当然，房地产项目最重要的目的是卖掉形成销售收入，但未来一个项目能不能卖掉或者卖得怎么样，其实在前期定位完后已经定性了。如果定位准确，销售方会轻松完成任务，如果在定位失败的前提下，销售方还能完成任务，这就会造就“一个伟大的销售团队和一群被忽悠、投资失败、未来悔断肠的客户”。

如果一个项目的成功比例过去是：“销售占70%”的话，现在以及未来已经是：“定位占70%”了，唯一待定的就是我们承认不承认的事情了。为了证明这个待定的疑问，举个例子：一个人饿了，想去吃点东西，进了一家饭店，服务员推荐吃回锅肉，顾客不爱吃，选择了番茄炒蛋，服务员报了，然后厨师做了一份番茄炒蛋，顾客吃了，感觉很好，满意地走了。其实这个过程就是一个房地产开发的缩影。在这个过程中什么最重要？厨师？是的，在这个环节中，厨师一个人干了几个人的活，而房地产项目是一个分工高度精细化的项目，在房地产行业，没有厨师。我们假设，厨师只会操作厨具，再从头梳理一下，要做好一份番茄炒蛋，首先要有个菜谱，对吧，大家都看过菜谱，这个菜谱很厉害，明确告诉了你，需要什么材料，用什么样的火候，油烧几分熟，什么时候放什么料，然后，就有人去采购这些，东西买回来了，洗好切好交给厨师，厨师按照菜谱的说明把这个菜端给顾客，顾客吃得比较满意。在这个过程中：那个服务员就是销售方，易居、同致行之类。厨师其实就是设计院和建筑单位，中天建设、河南五建之类。而那个咨询公司就是那个菜谱。

而过去，为什么从没感觉到咨询公司的重要性？原因有二：

1. 过去的人都很饥饿，刚从58年过来，别说番茄炒蛋味道好坏了，你直接给他一个番茄和鸡蛋，他都能给你生吃了，谁在乎这个味道好坏呢？

2. 过去做菜谱的活都被点菜员都兼职了。我们知道国内品牌的菜谱商，诸如世联行、中原和易居都是既做前期定位又做销售。既负责给客户推荐菜，也负责编辑菜谱，当然，这还是有一点逻辑性的，点菜员比厨师更知道客户想吃什么口味的菜。可惜的是，虽然点菜员和厨师是一个公司，但不是一个团队，其实还是两个单体。

随着客户的口味要求越来越高，如果菜谱出了问题，哪怕你点菜员磨破嘴皮，估计客户也不会认账。

所以说，每一个地产策划人都是一个项目的菜谱谱写人，是一个“项目大餐”的灵魂。

第二个问题：费尽心思，开发商选择什么样的方式与各大咨询中介公司合作？

既然前期定位这么重要，当然每一个开发商在拿到一块地后，都会先确定一家咨询公司做前期定位。一般来说房地产公司会采用以下几种方式做前期定位。

第一种：阴险欺骗式。这种方法常见于一些为了省钱而不择手段的无良开发商，这种开发商会随着时间的推移逐步被淘汰出局。这种方法很简单，通知各大咨询单位，告诉其让各家单位来竞标，当然要求竞标单位在竞标提报中简述对这个项目的发展建议，就是要说这个菜怎么做。各家单位为了中标，费尽心思，将自己准备做这个菜的做法合盘而出，结果，招标会结束后，开发商宣布谁都没中标，自己根据各家单位的方案琢磨一下，自己研究出了这个菜谱，开始做菜了。这种骗方案的事情，在××市场，尤其严重。这种情况常见于中小房企开发的项目、只准备干一个项目捞一把就走的项目公司。

第二种：货比三家，选取一家做，目前这种方式是市场主流。

第三种：用两家或者三家。这就是土豪的做法了，选两家同时做，对比出真知。多用于规模较大，对企业重要性较高的项目。

第四种：免费送报告，条件是后期代理销售，这个免费是先收费，代理后再返还前策费用，有的全额返还，有的50%返还。

以上四种是最为常见的常规模式，当然还有下面两种非常规模式。

第五种：其实自己已经拿定主意怎么做了，就是自己已经把菜谱做好了，找咨询公司后，不告诉咨询公司自己的菜谱，最后看自己的菜谱与咨询公司的菜谱差别在哪里，重点找到差别，然后要求咨询公司通过市场解决差别。

第六种：有自己的产品线，根本不用别人做菜谱。这种最常见的比如万达、中海等艺高人胆大的大牌企业。他们找咨询公司做的唯一的事情就是一些未解决点。比如万达的中原万达项目，拿了一块地，怎么盖自己知道，盖什么样的自己也知道。可是能卖多少钱，对于刚进郑州市场的他们就不知道了。所以还是要找咨询公司做前期定位，只是这个只是前期定位的一个模块——价格定位。

第三个问题：前期策划报告中的9大顽疾与解决之道。

我们先搞清楚前期策划报告的结构：

前期策划报告的结构一般是3+1：市场报告+定位报告+经济测算以及一份设计任务书，其实设计任务书就是定位报告的总结，就是“成本菜谱”给设计院的，设计院就要按照这个菜谱来做菜。而经济测算就是算账，暂不涉及，今天我们就简单说说市场报告和定位报告的9大顽疾。

顽疾1：市场报告高大上内容过多。

其实个人觉得市场报告和定位报告是不该分开的，分开的原意是好的，但目前的房地产策划人将原意给破坏了。怎么破坏的，我们来看一看。我们先给“市场报告”定个位，市场报告是干什么的？是“定位报告”的依据，他唯一的作用就是为定位报告的结论提供依据，如果定位报告确定了，市场报告就没任何意义了。而我们现实中的市场报告和定位报告是什么关系呢？完全是两个报告，一份300页的市场报告，看起来是相当高大上，但是和后面的定位报告完全没有关系。而根据后面的定位报告要找市场依据的时候，在市场依据里面又找不到，即使找到，也是寥寥几张。

比如市场报告的第一部分基本上都是城市经济，城市经济包括城市GDP、人均GDP、三产比值、支柱行业、人均可支配收入、社会消费品零售总额……不嫌事多的甚至连银行存款余额、美联储、国际汇率、PPI、CPI、国景指数都搬了出来装高大上，结果有什么用呢？但就是这些无用的市场报告的多数内容累倒一批批前期策划的房地产人。对于这些高大上的内容是不是非要有，有时候是要有，那是针对一些："房地产不是主业第一次想涉及房地产的企业、刚涉及房地产业务的中小型房企以及通过关系拿一块地想开发捞一笔就走的企业"。对这些企业，不高大上是不行的，但这类企业是越来越少了，会被市场逐一淘汰。前期策划的房地产人高大上的机会越来越少。

顽疾2：数据不成体系。

市场报告中，要运用大量的数据资料，如果前期策划人员不建立完整的数据体系，累死是早晚的事。比如，郑州，所有在PPT中的宏观经济图表，数据带上链接，做出30页出来。只要是郑州的项目，这30页直接CtrlC、CtrlV加上去，然后逐页更新数据，基本用不了20分钟。

顽疾3：报告构思与排版浪费大量时间。

比如市场报告中有一项必有内容是"城市概况"，就是简单描述房地产项目所在的这个城市的概况。再比如报告中的项目"地块认知"就是简单描述项目所在地块的各类禀赋。

同样，如果想高大上，可以写上50多页，即使不想高大上，也得写上七八页。即使是这七八页，要求高的人也要认真选材、排版、编辑、修正，同样消耗大量的时间。

我们对"城市概况"禀赋进行分析，这部分内容属于"不重要，大家都知道，但是还必须要有"，既然这样，我们完全可以模板化，做出模板，做项目的时候，根据模板内容，找到相关内容，镶嵌进去即可，这个可以省略选材、排版、编辑部分，这样找材部分，可以节省70%以上的时间。

如果前期策划人员建立完善的模板库，将会在排版和构思上节省大量的时间，当然，这仅仅限定于前期策划报告中本来就适合模式化的部分。前策报告本身就是一个需要大量创新，大量发散性思维的东西，如果落入模式化，将是前策报告的灭顶之灾。

顽疾4："客户调研"执行困难。

市场部分中的"客户研究"种类很多，这个根据不同项目的不同前期策划需求而不同的，有的项目是豪宅，需要研究整个城市的高端客户置业分析；有的是区域典型项目，定位就需要去研究这个区域的各类客户情况。客户研究是一项十分矛盾的工作，做还是不做，是个问题。做了，大多数时候和不做差不多，不做，编出来的甚至比做的还准确。当然，开发商也知道咨询公司很矛盾，于是有的开发商甚至派人全程参与这个过程，尽管这个数量还是很少的。但是不论怎么犹豫，一般情况下，这个活咨询公司还是会做的，这一项是最花钱的工作，不但要走访很多地方，客户访谈甚至要购买礼物，如果遇到高端访谈，礼物价值也随之增高。随着市场竞争的加剧，前期咨询公司的服务价越来越低，50万元以上的前期策划报告已经很少见了，而即使是一份30万元的咨询报告，大多数费用是税费、行政费用、人员工资、住宿餐饮差旅费用，而除了以上费用，在编写报告过程中，唯一花费最大的莫过于这部分客户研究内容了。

在这项工作的过程中，要印制大量的访谈问卷，花费大量的时间去街头巷尾做问卷，回到办公室要进行问卷录入，最后做出交叉分析。费如此人力、物力做这些事情，得出的结论其实还是自己想要的那些结论，如果结论偏了，多数不是自己判断错了，多数是调研出了问题，当然这是针对一个经验极为丰富的前期策划负责人。那这份内容到底怎么做？如果客户没有特殊要求，就编喽，当然这个编也不是空编，而是需要经验丰富的负责人根据已经完成的城市分析，区域分析，竞品分析，地块分析后，进行结论定调，然后根据结论会调取简单的几组客户数据去验证结果，这样的话，可以节省95%的工作量。这不是对甲方的不负责任，少了一项劳民伤财效果小的工作，策划组可以腾出大量的时间做更多有用的事。如果客户有特殊要求，那根据实际情况与甲方协商，甲方又不是傻子，双方讨论出共赢的调研模式。

以上4大顽疾基本是市场报告中常见的问题，下面我们谈谈定位报告中常见的顽疾。

顽疾5：吹。

这个环节发生在项目定位之“形象定位”上。何谓形象定位，就是将来社区以什么样的特质面向社会。

这个顽疾便是我最恶心的现象之一：吹高大上。不把项目吹上天，绝不罢休。我亲眼见过一个前期策划组要把“一个××省四线贫穷县城的128亩的地产项目”做成“生态、低碳、时尚的国际化社区”，解说词更是激扬澎湃，不知者以为这里是巴黎，而听者更是得意洋洋。是啊，全中国的小区都“国际化”“低碳化”“生态化”了，我能不国际吗？

定位中心化，不管项目在哪个旮旯角落里，定位时都会被“中心化”，要把项目打造为行政中心，商业中心，区域中心，要成为城市的一极。更有高大上者，还要用英文，什么CLD，CPD……

大家都知道自己的社区不是国际化社区，但都心照不宣地要标榜自己是“国际化社区”，于是，咨询公司必须给您定位成“国际化社区”。在××，如果一个社区的宣传字眼里没有国际两个字，那可真是国宝级动物大熊猫了。如果要在××找一个“国际化社区”，同样，那也是国宝级动物大熊猫了。

前期策划组为什么这样？你去整形医院，医生说，我要把你整成国色天香的梦露，你是不是会异常兴奋，哪会有功夫去想可能性有多大……所以，开发商也是这样。

顽疾6：抽签式定位。

抽签式定位，这种行为多出现在建筑风格定位以及景观风格定位上，诞生这种奇葩顽疾的原因便是在郑州城市本身特质，各类建筑、园林风格花样繁多，看前期策划组主编个人喜欢哪种风格了，自己喜欢哪种就给你栽哪种，至于理由，经验丰富的主创人可以找出100个理由说给你。

顽疾7：外表专业，骨子“胡整”的价格定位。

有些表格看起来很专业，那算出的价格一定很科学了。其实不然，这种模式大多是前期策划组成员“根据前期策划组领导给的价格然后倒推出来的表格”。可是，我想说的是，尽管这个不科学，谁又能说一个科学的方法吗？就像我们抱怨国民经济的数据不科学一样，谁能找到科学的吗？

在价格定位上最准确的其实恰恰就是经验丰富的前期策划负责人的估价，之所以出现倒推表格，也是为了让甲方更为舒服而已，这个高大上是不得已。

再次陈述一下：有人说价格定位是前期策划最高大上的地方，我不认同，项目定位不是 1 +1 等于几的问题，而是从北京怎么到南京的问题，没有标准答案，途径很多，项目只会采纳一种，也就无从验证。如果价格定位不准确的话，那形象定位，客户定位，产品定位更是无稽之谈，根据调研后分析结合经验预计价格倒编价格评价表是如今最接近正确的方式。

顽疾 8：脱离生活体验而定位。

我遇到过这样一件事，一个 3 线城市的城郊刚需盘的定位项目，策划组定位的“慢生活社区”，讲究慢，讲究养生。结果被开发商当场否决：“我的这个楼盘是刚需盘，主要客户是刚刚进城的农村人，以前天天过得是慢生活，刚要想体验城市繁华的快生活，您又一竿子给打回去了。您所说的慢生活更适宜历经城市繁华后的成功人士”。我认为开发商说的不无道理。

顽疾 9：不懂装懂，班门弄斧。

一个前期策划房地产人需要十分强大的知识面，要上知天文下知地理，通晓经济，深识城市，会给项目把脉，更懂财务测算，十分不易，遇到不懂的，完全可以借力，同样，开发商亦是如此。比如在“户型建议”内容里就不要再提那些“动静分区”“干湿分离”“偷面积”之类小儿科的建议了。在户型建议选项里，我们的客户只有两类，一类是专业，成熟的开发商，这类开发商有自己的产品线，户型基本不用你操心，列举当下比较热的户型，找到热点即可。另一类是开发经验不足的非成熟开发商，这类的企业就不要再在户型上下功夫了，这就好比你自己要在家里做一根火腿肠出来，您花巨资不一定能做出来，花 5 块钱去超市买根双汇得了。把那些微信圈里发的那些所谓“万科打死也不换的 90 平方米户型设计”类的成熟户型拿过来照搬即可，这都是户型中的精髓，让设计院去根据自己地块排布就行了。

我们前期策划房地产人为什么累，因为我们生活在这个形式主义的社会里，工作在高大上风格的行业里，被忙晕了，忙得甚至已经不知道总结归纳了。

本文仅仅罗列了前期策划报告中的常见的顽疾以及解决顽疾的简单模式，甚至仅仅是形式上的解决方案。目前前期策划组最大的问题是“做得多，想得少”，做 500 页，只有 20 页是深思熟虑思考的，剩余的多是模式化。而实际需要的是“想得多，做得少”，做 80 页，60 页都是自己的。

前期策划，需要一场变革。

我认为一份好的前期策划报告，市场 40 页，定位 40 页，两个表格，两页 word 足矣。在这么少量的报告中解决开发商的诉求的核心便是“摸透开发商诉求，搞定项目本身”。

（摘录于公众微信号“郑州楼市观察”）

7.1.2 房地产策划师队伍

房地产策划作为一种中介服务，是在 1994 年之后房地产市场由卖方市场向买方市场过渡的过程中，经过激烈的市场竞争逐渐形成和发展起来的。

当市场转型后，房地产策划师对房地产项目营销所起的作用显得日益重要。但由于历史的原因，尽管房地产的学科已经细分得很细，高校里也有了房地产开发、物业管理等各个专业，可对于房地产策划，目前的还只是一些较零散的知识，没有形成一个系统的学科，因此基本是没有什么科班出身的房地产策划师，即使将来哪一天高校里开了房地产策划这样的专业，但也不见得毕业后就可以立刻胜任房地产策划工作，因为房地产的策划涉及的内容很广——房地产开发、建筑设计、经济学、市场营销、心理学、广告学等。同时还要求房地产策划师有一定的工作经验和阅历，才能从宏观的角度来把握市场，并且要在实际操盘中对地域性的文化、生活方式、消费观念有深刻的理解。

由于缺乏人才储备，大专院校培养出来的“科班”人才又较少，专业人才的供应显然不能满足市场的需要。在这种情况下，各行各业转行从事房地产策划工作的人员不计其数，而不同的“出身”又对他们现有的工作产生了不同的影响。

房地产策划师队伍的成员来源如下：

1. 市场营销行业

这是房地产策划师队伍来源最多的行业。由于房地产策划最早是从楼盘销售发展、演变过来的，这些销售人才逐渐发展成策划人才，在房地产策划方面积累了丰富的从业经验，为房地产策划师职业的发展和确立立下汗马功劳。如售楼员可以说是一个“青春饭”的行业，有些上进心强，悟性高的售楼员有意识地往策划人的方向发展。他们是从市场一线成长起来的人，对消费者熟悉是他们最大的优势。这种策划人往往兼任售楼部销售经理的角色，销售现场掌控能力很强。

2. 人文社科行业

目前，在房地产策划队伍中，很多是从人文社科行业转行过来的，如媒体、广告等，这些房地产策划人才由于具有广泛的人文知识，在对项目的发展和定位有着独到的见解，但由于经济方面的知识相对缺乏，在项目定量分析方面有一定的局限性。

房地产行业经常和媒体打交道，从新闻发布到广告，都离不开媒体。而一些媒体的人士，如记者等是“常在河边站，哪有不湿脚”。可能一开始只是利用自己信息资源的优势，“通风报信”，在旁边支支招，后来干脆摇身一变，成了房地产的策划人。这种策划人有以往在媒体行业的工作经历，能接触到方方面面的人，对于一些资讯的了解比别人快捷。他们文字功底不错，无论是写正面的宣传报道还是软文都得心应手，也擅长各种炒作。

3. 其他行业

还有其他一些与房地产有些相关或完全不相关的行业改行而来的策划人。这在房地产策划里也很常见，如一些从事 IT 的人后来就成为了策划人。另外一些就是从物业管理，建筑这些行业改行来从事房地产策划人的。这些人从事地产行业之前往往都有了一个较为完整的知识体系与思维方式，所需要的是要完成一个行业的嫁接。而这过程中，一些人原从事的行业就对后来的房地产策划工作产生了显性或隐性的影响。如从事 IT 行业的人成为策划人后，原有的缜密性的思维，照样在房地产行业表现得很明显，他们会如写程序一样论证每一个步骤，考虑种种的可能，他们的操盘思路也显得理性、严谨。

随着房地产行业的飞速发展，以后还会有各路英雄往房地产策划这个行业进军。其实，英雄莫问出处，业绩是策划人能力高低最好的证明。但对于每一个策划人而言，房地产策划是一个高智慧的工作，策划人需要根据自身的不足，认真学习，取长补短。不同的“出身”决定了策划人能力各有侧重。房地产策划人必须熟悉市场行情、熟悉市场调研、熟悉规划设计、熟悉建筑施工、熟悉房地产广告的制作、熟悉销售技巧，还必须熟悉整个房地产的企业运作。策划人除要全面学习房地产策划所需要的各门专业知识并在此基础上形成一套自己完整的知识体系与系统的工作方法外，更重要的是，还要有创新意识，永不满足，不断推陈出新，才能在激烈与剧变的市场竞争中处于不败之地。

7.1.3 房地产策划师转型

策划是专业特长与智慧运行相结合的产物，自古就有之，但被人们关注，并发展成为一个行业，则是近几年间的事情。当今，国际经济日益融合加深，市场转型加速，企业面临着前所未有的挑战，经济的发展迫使企业需要建立高素质的企业家队伍，策划业更需提升整体水平，策划人作为市场经济智慧产业中一个特殊群体，亟须更新换代。这方面在房地产业表现得尤为突出。

1. 第一代策划人需加速转型

1995 年前，广州、上海、北京等几个房地产业发展得较快的城市，一些文化人借助自身的专业特长为房地产项目的某些环节进行策划。这些策划，大多是对项目宣传推广或销售促进方面有较好建议，这一阶段的文化人可以说是第一代房地产策划人的初级阶段，他们的先锋精神对推进智慧业市场化的作用功不可没。

随着中国房地产业市场化进一步加深，房地产策划业出现了前所未有的机遇。房地产项目由于投入大、周期长、受政策的影响也较大，因而需要有准确市场定位策划，成功的推广策划为房地产项目降低风险、尽快回收资金。这一阶段出现了不少以广告创意设计为主要特色和以市场调研为基础的房地产策划公司，他们凭借自身的智慧、勤奋，策划了房地产行业多个成功项目，形成了真正意义上的房地产业第一代策划人。

但同时也应看到，随着中国加入世界贸易组织，世界经济一体化已成必然趋势，国际上的智慧产业诸如兰德、麦肯锡等世界一流咨询公司以其雄厚的实力、科学的运作直逼中国的咨询业。如果新兴的中国策划业未能做好自身的应对准备，将难以做好国内与国际两个市场的顺利对接，这一现实状况对第一代策划人提出了严峻的挑战。房地产策划行业所面对的市场已经不再是粗放型的房地产市场形态，新的市场形态为新一代的房地产策划人提供了广阔的发展空间，同时也提出了更新、更高的要求，原有策划人单靠某一方面的技能已很难形成自身竞争优势。

2. 第二代房地产策划人需定位

有位著名的房地产策划人士指出“策划是马拉松，而不是百米冲刺，中国策划业经历过‘春秋战国’时代之后，终将会走上产业化、规范化和品牌化之路”。当今，中国房地产业的策划人正处在如何提升和再造的阶段。有人提出，房地产行业的第二代策划人在素质上应当更全面、更综合、更系统和更专业。房地产项目的成功和发展商品牌的塑造绝不是一两个策略和一两次活动就可以解决的，第二代房地产策划人群体与发展商应当是战略伙伴关系。通过对项目的全面深入调研分析，制定出一系列切实可行的策划方案，并与发展商一起将方案落实到具体运作流程之中，一同解决开发过程中的一系列问题，这一过程短则一年，长则数年，这种给发展商提供全程跟踪、贴身服务方式的新一代策划师及策划公司目前在国内已悄然兴起。

房地产第二代策划人群体的基本定位是：（1）有较为深厚的经济学、管理学、市场营销的理论基础。（2）拥有自身的专业特长，最好是精通房地产开发经营、建筑规划等。（3）

是一个由不同智能结构组合成的最优群体。(4) 始终能站在房地产领域的最前沿。

7.2 房地产策划师的地位与价值

7.2.1 房地产策划师的地位与价值

1. 房地产策划师的地位

策划师是劳动者，策划本身就是劳动。因此，策划师只是一个劳动阶层。劳动者是光荣的，虽然分工不同，但所有的劳动都是值得尊重的。不同的劳动，价值又是不同的，阶层之间应该是平等的，但现实中是有等级的。就策划师的地位，目前在中国市场上，仍属被动地位、从属地位和打工地位。然而，策划师既然有一种社会属性，他自然也就承担起一种很特别的社会角色。表现在他既为客户打工，又为社会打工，有时也在为消费者打工。

先说策划咨询公司，它首先是一个企业，他的产品就是策划，它将产品卖给客户，客户将策划过的产品卖给消费者。而策划师的产品价值既应该体现客户的意志，又应该体现消费者的意志。因此，他在客户面前必然站得低，看得远。所谓“站得低”，是说他不能站在客户的头顶上，在客户面前他只能是个参谋；所谓“看得远”，他必须将客户的利益和社会的利益统筹考虑。

2. 房地产策划师的价值

面对创新的时代，策划师的价值首先表现为创新。策划师的思维创新、观念创新尤为重要。他们必须要在追求自身利益的同时，不断满足社会的需求，从而实现其双重价值。具体来说：策划师就是要在消费者和企业之间架起沟通的桥梁。如果可能，让自己、客户和消费者全都受益。

7.2.2 企业对房地产策划师的要求

作为一个房地产策划师，在策划中应符合房地产开发企业的要求。

1. 策划要给企业合理支持

土地是房地产开发的前提条件，开发商以什么样的价格拿到一块什么样的土地，对楼盘的市场价值具有决定性意义。对于开发商来说，在拿地之前，良好的市场调研和评估相当重要。这些策划活动在土地获取过程中，需要解决的一个核心是土地“值不值得拿，多少钱可以拿”的问题。策划人不但要具备数据分析的能力和技巧，还得在此基础上，对项目的运作提出建议以供公司决策参考。另外，判断力也非常重要，一个优秀的策划师要依据企业的发展战略，给予企业合理的策略支持。策划其实就是在博学的知识基础上进行科学合理的判断的一门关于价值的活动。

2. 策划应统筹精品创造过程

房地产项目必须重视过程。房地产开发是一个系统工程，在开发项目时，需要整合各种社会资源，以实现项目良好的市场价值。那么，在这个价值实现过程中，策划应该为房地产开发企业把好关。房地产精品创造是有过程的，房地产策划应该为精品的创造做好统筹工作，使项目运作变成一个闭合的、完整的区间。好的策划不仅能为项目带来更多的利润，还应该让项目在运作中节省更多的成本。

3. 策划要与规划设计互动

在项目规划设计中，策划思想具有重要意义。开发商对于产品具有长远的责任，“一个楼盘要管 70 年”。消费者的居住要求已经大大提高，只有让消费者在使用产品过程中真正满意的房子才能称为好房子。市场的需求对策划提出了很高的要求，策划人员必须能够把握住市场变化的趋势和消费者的潜在心理，必须根据项目具体情况提出规划设计要点。策划人员的预见能力也很重要，尤其是在规划设计阶段，正确预见是保证项目“现在不落后，以后也不落后”的决定性因素。

4. 整合营销资源与手段

当项目进入营销阶段时，策划需要把各种营销资源和营销手段整合起来。简单地说，策划需要确保产品的销售组织管理且营销推广具备明确的目的和有序的组织。在当前房地产市场出现楼盘同质化、信息泛滥的形势下，差异化营销已经成为一种必然性的选择，这个时候，策划的整合力显得尤为重要。除此之外，策划还需要思路，需要有发现问题的灵敏感觉，需要解决问题的智慧。比如，如何使消费者了解楼盘，如何应对突发情况，以及如何保持宣传策略的针对性。在这些具体问题的解决上，都需要策划提供一种系统性支持。

【策划新闻：房地产策划师的未来道路】

随着长沙房地产行业的迅猛发展，长沙房地产行业的各种工作职位也随着发展，比如房地产策划师、房地产销售、房地产推广等都在逐渐的兴起并发展壮大。

作为高知识含量的职业，房地产策划师共分为策划员（国家职业四级）、助理房地产策划师（国家职业三级）、房地产策划师（国家职业资格二级）与高级房地产策划师（国家职业资格一级）四个等级，是目前从事房地产策划工作的唯一国家认可的标准，是从事房地产策划工作的准入证书。

我国的房地产策划师国家职业资格认证体系自 2005 年开始进行试点考试以来，参加房地产策划师培训的人员直线攀升，我们有理由相信，在房地产作为我国国民经济支柱产业的今天，随着中国城市化、城市国际化的进程的加快，将会有越来越多的专业人才入职到房地产行业，也就需要更多专业的房地产策划师职业人才。

当前，中国的房地产策划师行业正朝着规范化、职业化迈进，房地产策划师国家职业资格的出台正说明了政府大力提倡房地产策划师的就职与职业发展，房地产公司均将策划人才看作公司的核心成员，大部分房地产企业高管更是策划出身，同时，许多房地产企业已经将房地产策划纳入企业发展的核心范畴，目前，SOHO 中国、华侨城地产、远洋地产等房地产巨头，都十分认同具有国家资格认证的房地产策划人员，并不惜花费重金争相聘请。

据住建部中国房地产研究会研究报告指出：“中国目前有 65% 的房产企业急需策划人员，有 90% 的企业出现岗位空缺。”这表明，目前中国从事房地产策划工作的人员还远远不够，专业人员更是少之又少，市场需求越来越大，据智联招聘 7 月出台的统计数据显示，2012 年房地产策划师已经连续三年蝉联智联招聘十大热门职位，房地产策划师的年薪已经屡创新高，超越想象，强大的社会需求已经为房地产策划师提供了一个绝佳的舞台。

7.3 房地产策划师的知识体系

房地产策划师是一个“通才”，因而合格的房地产策划师应具有独特的创新能力，又要有精深的专业技术，还要有娴熟的操作技能。这三方面做到了，就达到了房地产策划师职业资格的基本标准。从房地产策划师的职业定义，我们可以看出从事这一职业应具备的知识和技能。

7.3.1　初入行时应具备的知识结构

一个要从事房地产策划的人，或者说是以房地产策划作为自己职业的人，不管他是大专毕业还是大专以上毕业，均应具备初入行时的基础知识。这些知识包括：

1. 企业策划知识

企业策划理论是20世纪90年代末从管理科学分离出的一种理论，是经济决策理论的一门分支科学。企业策划理论强调：一是企业的任何决策应在策划以后进行，这是避免决策失误的有效途径；二是“策划是一种程序，在本质上是一种运用脑力的理性行为”；三是在策划过程中，能影响管理者的决策、意见、方向等问题，决策后又以策划保证决策的成功实施；简言之，策划即是管理。

企业策划理论是房地产策划的理论根基，企业策划理论的一般规律对房地产策划在理论上有指导作用。

2. 房地产经济知识

房地产经济理论包括房地产投资分析、房地产开发、房地产经营管理等，它揭示了房地产经济的一般规律。房地产策划是在房地产领域运用科学规范的策划行为，因此，房地产经济理论是房地产策划的基础，它的基本规律指导着房地产的策划行为。

3. 市场营销知识

房地产产品经过设计、建设以后，最终要推向市场。在推向市场时，经过市场营销使产品引导到消费者手里，在这一过程中，没有市场营销理论的贯穿是难以实现的。市场营销理论是房地产策划的理论根基，房地产策划离不开市场营销理论的指导。房地产全程营销策划的理念就体现了这一原则。

4. 项目管理知识

项目管理理论是近年来才从国外引进的一门知识，由于它的科学性和新颖性，愈来愈受到人们的重视。项目管理理论的最大特点是以项目寿命周期来进行管理，“通过项目经理和项目组织的努力，运用系统理论和方法对项目及其资源进行计划、组织、协调、控制，旨在实现项目特定目标的管理方法体系”。

项目管理理论对房地产策划影响较大，房地产策划中的房地产项目策划，实际上也是项目管理理论的一个分支。

5. 规划及建筑知识

城市规划和建筑设计是两门技术含量很高的科学，房地产产品设计以及产品的建设就与它们息息相关。对一块地来说，如要进行规划设计，就离不开规划的要求和限制；如要进行建设施工就与建筑设计的方方面面知识有关。如果房地产策划师对这两门知识不懂或懂得不多，虽然在其他方面有所擅长，但还不是一位合格的策划师，最多算是一位蹩脚的房地产策划师。在当前，真正掌握规划及建筑知识的房地产策划师还是不多，需要认真地加以补课。

6. 人文基础知识

人文基础知识包括社会学、心理学以及文、史、哲等人文学科内容，它们为房地产策划师提供人文知识和人文思想的支持。就拿社会学知识来说，就与房地产策划密切相关。社会学理论强调社会关系、社会群体、社会生活、社会人口、社会文化以及社区发展等问题，这些都是房地产策划的思想依据。因为房地产策划涉及的产品是社会最重要的消费品，这些消费品可以构成一个庞大的社会，这个社会涉及众多的社区问题需要去解决。以大型的住宅小区为例，它相当于一个小社会，住宅社区的生活方式、群体倾向、文化需求、家庭爱好等要素，都是房地产策划要深入的具体内容。没有社会学理论的有力支持，房地产策划是空洞无物的。

7.3.2 取得职业资格应具备的知识与技能

房地产策划师掌握了初入行时的房地产策划师知识结构，又从事房地产策划职业工作几年，积累了房地产策划实战的一些经验。这时，想要取得房地产策划师职业资格，还应具备职业资格的知识和技能。

这些知识和技能包括三大部分：

1. 房地产政策与法规

房地产政策与法规有两部分，一是房地产的基本政策与法规，如城市房地产管理法、土地出让条例等；二是当前房地产开发的最新政策和法规，如房地产的最新政策、土地政策及招拍挂法规、拆迁制度及宏观金融政策等。

2. 房地产策划知识与操作技能

房地产策划知识与技能有：房地产策划基础知识，如房地产策划理念、模式、创意、程序、代理及文案写作等；房地产策划实务和技能，如市场策划、产品（设计）策划、投资策划、销售策划、广告策划、形象（品牌）策划实务等。

3. 房地产项目运营

房地产项目运营工作有：土地项目的开发运营、住宅房地产项目的开发运营、商业房地产项目的开发运营、工业房地产项目的开发运营以及旅游房地产项目的开发运营等。

以上房地产策划师职业资格的知识和技能通过了，再加上又具备了多年的房地产策划实战经验，一个合格的房地产策划师就这样诞生了。

7.4 房地产策划师能力与素质

7.4.1 房地产策划师的能力

房地产策划师在工作中要整合建筑、营销、设计等多方面因素，运用自己的综合职业能力为项目规划出合理的建设取向——在设计、建设、营销、服务、管理等方面提出比竞争者更能满足顾客需求的实施细则，因此房地产策划师在职业要求上需要具备很高的综合能力。

1. 掌握全局的能力

房地产属于资金和人才密集型产业，某一个环节出现失误可能导致整个楼盘血本无归。因此，作为一个好的策划师要能够整合包括设计、建筑、融资等在内的各种可以利用的资源。同时要协调好这些资源发挥其特定的价值。因此，要有掌握全局的能力，这种能力不仅仅是长期积累下来的工作能力，更是一种魄力的体现。

2. 充分的实战经验

由于房地产业的特殊性，任何成功的经验都很难照搬应用在新项目上，而且前一个项目的成功也不能保证未来项目一定成功。在充分的实践经验基础上锻炼出来的吸收各种策划元素，进而去粗取精，优化组合的能力是策划成功的关键所在。

3. 出色的创新意识

随着竞争加剧，如何创新以吸引顾客的眼球成为房地产商吸引顾客掏腰包的杀手锏。因此，差异化虽然不是房地产企业唯一的生存战略，却是获取竞争优势的重要手段。房地产策划、咨询机构没有创新意识，或创新能力不足，就抓不住差异化的机会，而没有差异的同质项目，必然导致价格的恶性竞争。

4. 娴熟的预见能力

所谓预见能力，是指房地产策划师具有对市场有效需求变化的敏感程度与预测能力。房地产项目投资大、建设周期长，受政策、社会环境、经济环境、管理水平、资金来源等因素制约，制约因素稍有变化，就会导致市场有效需求发生变化，预先的项目定位就有可能发生变化甚至落空。房地产策划师对市场可能的变化必须有敏锐的洞察力，及时修正与市场有效需求相悖的定位，否则，项目前期的准确定位，一样会导致项目建成后将是没有需求或需求有限的市场。

5. 较强的整合能力

整合能力包括整合项目资源和人力资源两方面的能力。

策划师要能够使其项目的“理念设计”“目标市场定位”“项目规划”“建筑设计”“营销执行”“经营运作”“品牌建设”等方面资源与项目操作同步进行整合。这不是单个阅历丰富、才华横溢的策划人所能肩负的重任，需要众多的专业人士通力合作。

7.4.2　房地产策划师的素质

素质是指一个人具备的基本素养和品质，对房地产策划师来说，应具备的基本素质有：

1. 对民族传统文化和人文精神有普遍的认识

文化、人文是最为持久稳定的因素，它不会轻易地因政策、政党的改变而改变。文化的延续性对中国人产生的影响是难于估量的。可以说，政策、政党是暂时的，社会、市场也是暂时的，唯独文化源远流长、成熟而稳定。文化的变化只会是一点一滴的、渐进的，他不会出现断裂或在某一瞬间发生重大的质的改变。纵然是异族入侵，血火相逼，文化依然是那样淡定而从容，从不变色，从不变节。

中国文化五千年，各家各派思想争奇斗艳。孔孟之儒，韩家之法，老庄之道，及至两宋理学，无不对民族心理产生过重大的影响。《诗经》《周易》《楚辞》《论语》，陶渊明的依归田园的思想、李白追求自我快乐的思想、杜甫忧国忧民的思想、苏东坡的人生感叹哲学、柳永的市井人文、李清照暗香自恋情结等，都对当代社会人文留下了深刻的影响。民族传统文化的影响虽然没有当代流行文化影响那么直接，但他是文化和精神的基础，是潜藏在民众心中底层的一个最基本层面的意识，类似于弗洛伊德学说中的潜意识，会自觉不自觉地支配着民众的行为。了解这些传统文化，对当代社会民众的精神就有了一个基本的认识，它是房地产策划师应具备的一个基本素质。

事实上，挖掘传统文化，一样可以发现房地产的市场机会。上海“新天地”，这个家喻户晓又与众不同的房地产品牌，就是在传统文化中发现现代经济机会的一个卓越典范。上海“新天地”尽量保存原有的古老建筑，保存了历史积累的资产，并巧妙地化入现代生活的“休闲”追求中来，将古典、休闲、现代美食、购物等做了一次史无前例的整合。就是这一整合，使上海“新天地”获得了源源不尽的投资回报。上海“新天地”的开发模式，成了房地产策划中一本独特的教科书。从某种程度上说，房地产策划师同时应是一个国学大师。

2. 对当代国际精神、流行文化、生活形态有着较为深入的理解

当前，我国在各方面正努力地与国际接轨。在经济方面，一个重大的表现，即是加入世界贸易组织。在律法体制方面，我国正在不断地制订和修正律法，使它更便于与国际接轨。如果说经济和法律还是我国政府及民众在主观愿望上主动地接受，则在流行文化思潮、生活形态方面就是一种在历经挣扎之后不得不接受的局面。

现在，国际文化正以强大的气势迅速渗入我国，各种流行思潮，现代后现代生活方式、生活形态汹涌而入。这些流行文化、生活形态对房地产起着直接的领引和促进作用。深入研究国际文化、流行思潮、生活形态，对房地产策划师十分必要。只有了解这些文化思潮，才能深入地了解当代人，了解他们在做些什么，在想些什么，有哪些需求，才能发现更多的市场机会。例如，原本是电影术语的“蒙太奇”，被房地产企业巧妙转化，用在了“今典家园”，成为“今典家园”的创新的主题概念。

3. 对特定区域、特定城市的历史文脉、城市精神、价值取向和民众的生活习惯有着系统而深刻的认识

尽管房地产行业在我国影响深远，但具体到某一个楼盘，却是典型的区域产品。房地产营销也是典型的区域营销。因此针对某一特定的楼盘，深入挖掘该城市、该区域的特定的城市精神、人文精神、民众的生活习惯就显得十分必要。每一个城市都有它与众不同的城市精神，都有它与众不同的生活习性、审美情趣和对新事物的接受方式。

比如，深圳是一个年轻的新兴的滨海城市，年轻使得深圳极易接受新事物，因此，深圳总是时不时涌现出新的事物，并在一夜之间就成了城市的一种普遍现象。而中年或年老者则不那么容易接受新事物，如古老的文化都城西安，对新事物则通常持一种极度怀疑的态度。但同样是滨海城市，深圳对海一往情深，对滨海风格也是极尽颂扬，而同样作为滨海城市的秦皇岛，则对滨海没有多少感觉，滨海对他们来说是与生俱来的，因为与生俱来，所以也就不可避免地变成了司空见惯的东西。上海最洋化，而北京则最有民族味，但北京人常常是皇城根下，容易自大，不思进取。熟谙各个城市的城市精神、民情风俗，是房地产策划师必须具备的基本素质之一。

策划师经常出现跨地域策划的情况，他们对某个城市的民情风俗的认识可能存在某种差距，这就要求在策划之前应做好详细的市场研究工作。市场调研不是简单的人口、GDP、购买力、交通、地段等可量化的指标，更包括特定城市、区域的心理特点、生活习惯、审美情趣等不可量化的因素。而且后者往往更加深刻地影响着消费者对某一房产的购买行为。

4. 对民族以及世界的建筑历史、建筑文化、建筑思潮有着较为全面的了解

中国人以木头建造了历史，希腊人（以及后来的欧洲人）则以石头建造了历史（赵鑫珊教授语）。因此中国的建筑空灵而唯美，充满生活的情趣，而欧洲人的建筑则雄浑而伟岸，气势雄伟，撼人心魄。古希腊建筑、罗马建筑、中世纪建筑、哥特式建筑等，各具特色，各领风骚。意大利著名的建筑家布鲁诺·费维曾在《建筑空间论》中写下与居住生活息息相关的建筑艺术的历史进程：埃及式——敬畏的时代；希腊式——优雅的时代；罗马式——武力与豪华的时代；早期基督教式——虔诚的时代；哥特式——渴慕的时代；文艺复兴式——雅致的时代；各种复兴式——回忆的时代。

每一个时代的建筑都表达一个时代的思想。对建筑的历史有一个系统的回顾和反思，对建筑及流派思潮的发展历程进行系统的梳理，对建筑的未来和居住的未来才能有更为准确的把脉。

5. 对各种营销理论、微观经济理论有着系统而深刻的认识

房地产策划最终必然要走向营销，营销是策划的终端。因此策划师对各种营销理论、微观经济理论应能游刃有余地熟练运用。世界营销史，可以上溯到上个世纪初。从大面积营销到后来市场细分营销、市场定位营销、整合营销等，伴之而生的则是一代又一代的营销理论层出不穷，市场细分理论、市场定位理论、独特销售主张、个性化营销、服务营销、深度营销、网络营销、品牌营销、直效营销、客户关系营销、整合营销传播、生活形态营销、体验经济营销等。这些营销理论都在特定的市场条件下对市场营销产生过重大影响。

在当前，房地产营销往往是多种营销方式并存，并会因具体的市场环境和产品形态的不同而有所侧重。比如，华新国际开发的沈阳“锦绣山庄”，作为沈阳房地产最高端的独立式别墅产品，营销方式更多地侧重于品牌营销、客户关系营销和一对一深度营销，实践已证明，采取这三种营销方式给“锦绣山庄”的营销带来重大成效。

6. 深谙各种广告、品牌传播理论的精义，熟练运用宣传造势手法，同时具有较强的驾驭语言的能力

当前的市场特征是“好酒也怕巷子深”，任何产品、品牌都需要广告来宣传，需要各种手法来进行造势。全球广告发展经历了半个多世纪，广告、品牌理论同样层出不穷，广告教皇大卫·奥格威的品牌形象论，韦伯·扬的创意五部曲，威廉·伯恩巴克的“原创性、关联性、震撼性”的创意观，达彼斯的品牌轮环，李奥·贝纳的“挖掘与生俱来的戏剧性”的创意观，电通的“鬼十则”等，每一种广告观念都催生过流传后世的广告经典。虽然在一般情况下，广告会由专业广告公司来完成，但很多时候广告不得门径，因此房地产策划师不能不具备广告策划和广告文案的能力。策划师最好同时也是一个广告策划大师和创意大师，具有较强的语言驾驭能力，能撰写优秀的广告语和广告文案。

7. 对艺术和美的想象能力和领悟能力，以及沟通执行的能力

居住是一种美，居住是一种艺术和诗意。德国大哲学家海德格尔说过：“人诗意地栖居在大地上。”作为房地产策划师，必须具有足够的想象能力，具有对艺术和美的领悟能力，才可能策划出具有美的居住感觉的房子，才能策划出符合生活艺术的居住空间。由于策划是一种市场行为，策划师会同时面对许多方面的人，如投资者、建筑规划师、园林设计者等，因此，还应具备一定的沟通能力和将美好的思想付诸现实的说服执行能力。

8. 对设计的技术处理和建筑施工有一定的认识

策划是一种思想，策划可以天马行空，但技术上是否可行，技术上是否能实现，应在策划之时就加以考虑。如果缺乏技术可行性，则策划出来的东西是没有意义的。因此，策划师还应对设计技术和建筑施工有一定的认识。

房地产策划是一个高智商、高要求的行业，必须是一个通才。房地产策划至少跨越了文化、建筑、营销、广告专业。在策划业风起云涌，社会各界人士蜂拥而上的情况下，必然泥沙俱下，素质高低不一。当前的策划师，可能不缺营销知识，也不缺广告知识，但最缺的就是文化知识的浸润。他们认为策划既是一种市场经济行为，则与文化是扯不上关系的。事实上，成功的策划师都是以深厚的文化知识和宽阔的视野为背景的。

7.5 房地产策划师职能

随着房地产策划职业的逐步完善，策划师、咨询顾问在房地产开发中的作用就越来越重要。从策划师所担负的职责角度来考虑，至少有六个方面的职能。

1. 医生的职能

就好像医生为了对症下药，选择最佳医疗方法，必须对患者进行仔细检查，通过对各种诊断结果、化验报告进行综合分析，最后得出正确的诊断结论。

房地产策划师受房地产开发商委托，对所开发的项目进行详细的诊断分析，在了解了项目所在地的区域规划、区域经济发展水平、居民收入、周边房地产业竞争状况、区域人文地理环境、生活习性等信息后，针对“建什么”“怎么建”“卖给谁”等要素，提出项目的概念设计定位，画出概念规划图。而住宅对居住者的健康有很大关系，房地产策划师既要从市场有效需求角度，还要从居住者健康与舒适的角度，恰当地为项目进行人性化的定位。

2. 法律顾问职能

为了规范房地产市场，国家和地方政府颁布了各种与房地产建设有关的法律制度和法规条文，还有一些仅靠法律法规解决不了的问题，如项目对周边居住环境的影响（施工噪声、阳光遮盖等），土地代征、国际政治风云、国家对外关系以及国内经济发展、或类似奥运、世界贸易组织、西部开发等对房地产开发的影响情况，甚至城市规划、区域建筑物高度、道路宽度限制……必须以法律法规为准绳或合理避规、或进行调解、或遵照执行，而这些房地产开发商并不完全掌握。

3. 财务专家职能

房地产开发商拥有资金，但房地产策划师可以告诉你如何更有效地运用资金。房地产策划师是站在开发商的立场上，为开发商的项目进行系统策划，并要保证项目在未来畅销，其目的就是要在同样的资金投入情况下，获取最大的投资收益。其手段主要不是通过降低成本，而是通过资金的合理分配——将资金投在能使项目增值的创意设计上。

4. 导演的职能

房地产策划师是房地产开发商与设计单位、施工单位、销售公司、广告代理商、物业管理公司的桥梁和纽带，其职责就是通过上述企业的协调配合，将项目的概念定位演绎成功。

5. 船长的职能

认为房地产策划师的工作只是出主意的人也有很多，实际上，当项目的概念定位成为设计图、施工图后，其重要工作就是在现场进行监理，如果把设计图看作海图的话，就是要严格按照海图航线航行，局部变动必须征得船长同意，只有这样才能保证项目概念定位准确实施。

6. 环境问题专家

这里所谓的环境问题不是地球变暖、酸雨增加的“大环境”问题，而是居住小区的环境美化、社区景观与周边街道环境、自然环境的协调的“小环境”问题，同时居住区的人性化，也往往是通过居住区景观的可入性得以体现。而居住区景观构成将极大地影响项目的未来销售，而景观风格定位及如何实现则取决于房地产策划师的作用。

可见，房地产策划师是通才型人才，同时，一个房地产项目的全程策划也不是一个或几个房地产策划师就可以完成，而是数个甚至数十个专家组成的群体才能够完成。

7.6 房地产策划师职业道德

与房地产估价师、律师、会计师等智力咨询行业一样，房地产策划师也需要具备合格的职业道德。在房地产策划师职业逐渐走上正轨的过程中，从业时面临的最大挑战，不只是能力问题，更是一个道德风险问题。

在实际的策划咨询工作中，我们经常会碰到这种情况：策划师根据自己的研究和分析，判断该开发方案不能实施；但当开发商执意要实施时，策划师则不再坚持自己的观点，而是附和开发商。更有甚者，一些策划人刻意揣摸开发商的意图，然后曲意逢迎。目的只是为了能够拿到“订单”，哄取开发商的咨询费。结果常常是既损人，又害己。即使眼前做成了一笔生意，实际上却自毁往后生路。

房地产策划师的职业道德，是策划师素质的又一重要方面。一般情况下他们不会在主观上坑害企业，可他们常常有意识地在帮助企业坑害消费者，这是一个普遍的现象。这中间存在一个为谁服务，怎样服务和提供什么样服务的问题，因而提高策划师的职业道德的综合素质变得尤为重要。

房地产策划师的职业道德包括以下两大方面：

1. 职业道德要以为人民服务为核心

“社会主义道德建设要以为人民服务为核心”。过去十年，我们在房地产策划实战方面比较注重，在一定程度上弱化了房地产策划职业道德建设。现在，房地产策划作为一种独立职业，加强职业道德建设理所当然。特别是房地产策划又是一种服务性职业，加强职业道德建设更有其特殊意义。要大力推行房地产策划服务社会化、专业化、市场化，树立房地产策划面向群众、面向行业、面向社会的全方位的服务观念，拓展服务领域，增加服务项目，充实服务内容，强化服务意识，明确服务准则，规范服务行为，改善服务质量，提高整个行业的服务水平。总之，在房地产策划从业之中，要始终把握“为人民服务”的社会主义职业道德建设核心。只要不偏离这个核心，良好的房地产策划职业道德将会大力推进房地产策划行业健康有序的发展。

2. 遵循房地产策划职业道德准则

“大力倡导爱岗敬业、诚实守信、办事公道、服务群众、奉献社会的职业道德”。这句话所概括的五个方面的内容是所有行业都应当遵循的公共性的职业道德准则，其中每一个方面都是同“为人民服务”紧密联系在一起的。没有“为人民服务”的思想，就不可能“爱岗敬业”“办事公道”，更不能做到“服务群众”和“奉献社会”。对职业岗位的热爱和对群众的真诚关心，都必然出于一种发自内心的“为人民服务”的献身精神。

下面根据房地产策划职业的性质、特征，具体阐述这五个方面的内容。

（1）爱岗敬业。爱岗就是安心本职工作，敬业是爱岗的升华。要做到爱岗敬业，首先，要热爱本职工作。房地产策划是一种新兴职业，需要我们去开拓。我们要以恭敬、虔诚的态度对待房地产策划职业，在策划岗位上，决不能以自己不感兴趣或者不是自己选择的职业为借口，消极无为，要积极调整自己的工作方式和行为态度，努力培养自己对策划职业的兴趣。其次，要有“敬业”的进取精神。房地产策划创新性、技术性很强，做好房地产策划，需要掌握广博的知识，而且还要不断吸收本职工作所需要的新知识，要有成为本职岗位上的能人、专家的雄心壮志。再次，要坚守岗位责任。房地产开发项目价值较大，如果不严格坚守岗位责任，就有可能出现项目的流产，甚至引起一些不必要的纠纷。房地产策划职业责任是与其策划行为相伴随的，作为一名房地产策划人员，理应坚守岗位责任，要有对自己的策划行为承担一切责任的高度警觉意识。

（2）诚实守信。一个单位或者一个行业的整体形象取决于该单位、该行业内职业劳动者普遍的信用和诚实程度。为了树立良好的房地产策划职业形象，作为房地产策划师，在策划过程中要始终诚实守信，应当做到：一是实事求是。在房地产市场调研时，要忠于事物的本来面目；在确定项目的市场定位时，不要受不正当因素的干扰，要根据其前因后果和市场态势科学地做出结论；在搜集整理资料、撰写策划方案报告书等其他方面，同样要坚持实事求是的原则。二是恪守合同。接受房地产策划业务，要签订委托策划合同，严格按照合同约定收取策划咨询费，出具策划方案报告书。三是保守商业秘密。不能把影响企业声誉的商业秘密透露出去。

（3）办事公道。遵纪守法、坚持原则是办事公道的指导思想。在这个思想的指导下，做到正确行使职业权力，不假公济私、时时处处注意自己的言行，约束自己。绝对不能错误地认为，顾客委托策划，就是有求于自己，而不主动热忱地为他们提供服务，却利用工作之便敲诈服务对象，把职业权力变成谋取私利的手段，从而导致职业权力的蜕变，影响房地产策划结果的客观性、公正性。

（4）服务群众。服务群众是各行各业职业行为的本质，这是与“为人民服务”这个核心相一致的。房地产策划人员要牢记“为人民服务”这个宗旨，接受委托策划，首先应当尊重群众，仔细讲解如何配合做好策划准备工作，认真询问策划目的，这都是尊重群众的表现。绝对不能出现“脸难看、门难进、事难办”的怪现象，要按程序策划，照章收费，按约定时间出具策划方案报告书。

（5）奉献社会。房地产策划人员在策划过程中，要把社会利益置于行业利益和个人自身利益之上，把奉献社会与个人幸福和人生价值紧密联系起来，把奉献社会的献身精神在爱岗敬业、诚实守信、办事公道和服务群众的具体要求中时刻体现出来。

总之，房地产策划师职业道德是房地产策划职业蓬勃发展的主要特征，是全体策划师遵循的基本准则。只要有高尚的情操和合格的职业道德，房地产策划师才能在策划实践中赢得企业的欢迎和爱戴。

房地产策划代理

8.1 房地产策划代理含义

房地产策划代理是指由具有专业执业资格的机构和人员全部或部分的介入房地产开发经营活动，以提升房地产项目价值为目的，提供项目策划（土地政策建议、土地规划建议、经济评价、土地出让策略、市场进入战略、土地竞投策略、物业项目开发策略等）和销售代理（营销策划、代理销售）专业服务的现代服务行业。从房地产市场体系及开发价值链来看，房地产策划代理主要服务于一级市场和二级市场，服务对象主要是政府、土地运营机构及开发商或者个人。我国房地产策划代理行业市场主体主要可以分为房地产顾问策划企业、房地产代理销售企业以及综合性的两种业务兼有的房地产策划代理企业。

8.1.1 房地产策划代理

1. 为何需要策划代理

随着越来越多的市民加入购房行列，许多购房者都知道，售楼现场的售楼人员往往不是开发商的，而是属于“策划代理”商的。“策划代理”由一个新生事物到被市场普遍认同，反映出房地产行业的一种发展趋势。

20 世纪 90 年代初期，我国的住房供应机制开始由“福利分房”向“货币分房”转变，此时，由于房地产市场供需矛盾过于突出，供给远远小于需求，因而开发商开发的项目往往很快就被市场消化，房地产代理机制是没有生存可能的。由于房地产业“一夜暴富”可能的存在，使得社会其他行业资本迅速向房地产业转移，房地产业的竞争由此展开。但大多数地产商往往与政府机构有着密切的联系，因而竞争并不剧烈，往往是在分割市场上达成了一种默契。随着各地土地市场的“公开、公平、公正”的透明化操作以及行业准入机制的公平性，促使各种社会资本进入房地产业，房地产业的竞争愈演愈烈。此时，“代理”行业也随之浮出水面，被开发商所重视。

房地产作为一种特殊的商品，要使其在市场上有竞争力，必须和其他商品一样进行认真的包装。对大部分开发商而言，一个楼盘的开发涉及方方面面，如项目资本运作、前期各种手续、建筑规划设计、施工质量及进度等，而在市场营销策划方面越来越感到力不从心。而另一方面，由于竞争日趋残酷，一个楼盘不仅要讲究地段，还要从小区平面规划、户型设计、建筑外形设计、生态环境、科技含量等方面大做文章，市场对楼盘品质的要求越来越高。而在市场调查、市场定位、市场引导、客户资源整合等方面，恰恰是众多策划代理商的优势所在。

2. 策划代理拥有以下方面的优势

1）人员的专业性强，对房地产行业的市场脉搏把握较准确，能够为开发商提供项目可行性测算，为其投资决策提供专家式建议。

2）了解市场需求最新趋势以及项目客户群组成，因而能在建筑规划方案、楼盘市场定位给开发商提供参谋。

3）前瞻性强，因而能在项目价格定位及潜力挖掘上为开发商出谋划策，从而实现项目利润最大化。

4）与广告业及各界新闻媒体有良好的合作关系，因而项目包装较开发商自身更为到位，而且成本减轻。

5）一个“点子”、一项“创意”给企业带来上千万回报不再是天方夜谭。策划代理商往往在项目营销上有一系列的创意及“金点子”，从而给开发商带来丰厚回报。

6）售楼团队经验丰富，在客户心理把握及沟通方面较出色，能使买家迅速完成交易，提高项目运作效率。

策划代理机构优势明显，而大部分开发商在转制以后为了减轻管理成本、节省精力做好项目投资工作，在平时往往不需要大批营销人员，因而双方存在了合作的可能。同时，由于策划代理成功操作的案例不断涌现，也令开发商由衷地与之携手共进。如闻名全国的广州的“碧桂园”项目、深圳的“星河明居”项目、天津的“通达园”项目等。

由“无法生存”，到“被市场接受”，再到“平等互助，实现共赢”，策划代理业走过了一条艰辛而曲折的道路，终于迎来了希望的曙光。

8.1.2 房地产策划代理基本要求与素质能力

1. 基本要求

房地产策划代理机构的基本要求是：

（1）高素质人员组成。策划业是一门智慧型产业，必须拥有一支高学历、高水平、勤奋敬业、团结向上的队伍。

（2）专业功底深厚。开发商之所以请策划代理机构出谋划策，是因为策划代理机构必须在该领域有“专家”级水平，对所处地域的房地产有广泛的知识积累及研究心得，对市场走势、价格定位、目标客户群分析有远见卓识。

（3）要有资源整合优势。既然策划就是整合资源，策划商必须擅长创意，将看似不相干的元素组合起来，为项目所用。做策划离不开媒体配合，策划商必先具备媒体宣传优势。

（4）要有胆识，敢决策。策划商应摒弃“小打小闹”或“坐收渔利”的小农思想，对于自己看好的项目，要敢于在营销宣传手笔投入资金，先造势将楼盘人气拉升，再考虑逐步盈利回收，当然，这种胆识及手笔也与策划商的专业水平底气及媒体成本优势是密不可分的。

（5）要了解当地市场。由于策划行业在南方及上海等大城市较为领先，因而深圳、广州、上海甚至台湾一些策划代理机构纷纷来到内地拓展市场。然而，房地产策划与房地产市场一样，具有极强的地块个性、区域市场特征以及项目不可复制、不可照搬等特点，因而，对当地市场了解深入地策划代理机构在资源掌握上会更加拥有优势。

2. 素质能力

房地产策划代理机构的素质能力表现在以下几个方面：

（1）较高的理论水平。理论来自于实践并指导实践，观念落后导致策划保守，没有好的观念就没有好的策划。根据其所掌握的房地产策划的基础理论处于策划理论何种发展阶段，是标准规划阶段、销售策划阶段、概念策划阶段、等值策划阶段还是增值策划阶段？是推销观念阶段，还是营销观念阶段？是全程策划阶段，还是营销策划？采用的是什么理论模式？总之，关键是要运用所掌握的理论、通过科学的思维方式和方法，对现实环境做出准确的判断。因此，掌握房地产策划的基本理论、基本原理，并灵活运用，决定着房地产策划、咨询机构50%的策划运作能力。

（2）丰富的实战经验。实战经验可以避免重蹈覆辙，并是策划者项目的运作能力、市场反应能力、市场应变能力的具体体现。由于房地产业的特殊性，以往任何成功的经验很难完全照搬应用在新开发的项目上，甚至如果不能摆脱以往成功的经验的束缚，或者照搬别人的成功经验，反而会给新项目的开发带来灭顶之灾，换句话说，前一个项目的成功并不能保证未来项目一定成功，而以往失败的定位却未必不能应用在新项目上，这也就是为什么大名鼎鼎的策划人，却策划了一大堆卖不出去的空置房，而那些精品楼盘、畅销楼盘却往往是名不见经传的开发商的杰作的原因。房地产业类似例证不胜枚举。因此，实战经验决定着房地产策划、咨询机构30%的策划运作能力。

（3）独特的创新能力。差异化虽然不是房地产企业唯一的生存战略，却是获取竞争优势的重要手段，房地产策划、咨询机构没有创新意识，或创新能力不足，就抓不住差异化的机会，而没有差异的同质项目，必然导致价格的恶性竞争。房地产策划、咨询机构的创新能力表现在以下几个方面：1）项目定位既适应市场有效需求，又有别于竞争项目。2）采用新技术。3）发现、开拓并满足新的市场有效需求。4）采用新材料。5）观念创新——基础理论、设计思想、营销手段、服务理念。因此，创新能力决定着房地产策划、咨询机构8%的策划运作能力。

（4）敏锐的洞察能力。所谓洞察力，就是房地产策划、咨询机构对市场有效需求变化的敏感程度与预见能力。房地产项目所面临的是一个相对狭窄的消费市场，是现在生产的未来需求的特殊产品。由于投资大、建设周期长，受政策、社会环境、经济环境、管理水平、资金来源等因素制约，制约因素稍有变化，就会导致市场有效需求发生变化，预先的项目定位就有可能发生变化甚至落空。房地产策划、咨询机构对市场可能的变化必须有敏锐的洞察力，及时修正与市场有效需求有悖的定位，否则，项目前期的准确定位，一样会导致项目建成后，面对将是没有需求或需求有限的市场。因此，洞察力决定着房地产策划、咨询机构5%的策划运作能力。

（5）良好的合作能力。团队作战不是乌合之众，不是策划大师的灵机一动的“奇招”“概念”，而是具备上述能力、数十种专业的通才型人力资源协同作战的有机结合体。项目经理与市场总监、策划总监、设计总监、营销总监、CI总监及其助手所组成的项目组团，整合社会资源、市场资源、企业内部人力资源，是所策划项目始终如一的充分必要保证。由于策划咨询机构是从市场调研、概念定位、项目规划、工程施工到开盘上市、现场展示、销售服务、售后服务等的全过程介入，要协调和判断各专业公司的工作进度与成果质量，并提出改进意见，团队的协作精神、宽泛的专业知识、良好的沟通能力是策划咨询机构取得成功的保证。因此，团队作战决定着房地产策划、咨询机构5%的策划运作能力。

【策划调研：2015中国房地产策划代理百强企业研究报告（节选）】

1. 研究背景与目的

由国务院发展研究中心企业研究所、清华大学房地产研究所和中国指数研究院三家研究机构共同组成的“中国房地产TOP10研究组”，自2004年以来开展中国房地产百强企业研究，已连续进行了十一年。研究组紧随行业发展脉搏，深入研究房地产企业经营规律，为促进行业良性运行、企业快速成长发挥了重要作用，相关研究成果已成为评判房地产企业经营实力及行业地位的重要标准。

2. 百强企业发展特点

（1）销售业绩与资产规模创新高，市场份额达30.70%。中国房地产百强企业在2013年继续跑赢大市，伴随着量价齐升的良好市场形势，领先优势进一步彰显。百强企业全年实现销售总额25038.4亿元，销售面积23425.6万平方米，同比增长率分别达到34.00%和25.50%，高于全国平均水平7.7和8.2个百分点；以销售额来看，百强企业2013年的市场份额达到30.70%，较上年增加了1.7个百分点，而综合实力TOP10企业的市场份额则达到12.00%，占百强企业销售总额的39.10%，领先优势显著。

（2）把握一、二线刚需市场，高周转、强合作成主流。2013年，百强企业在城市选择、产品结构、推盘节奏等方面做出了明显调整，以顺应持续分化的房地产市场走势，实现了业绩的快速增长。如前50企业抓住一、二线城市主流市场，聚焦符合政策导向的“首置、首改”刚需产品，重点项目来源于一、二线城市的销售额累计占比为84.90%，普通及中端项目的个数占比达到84.20%；此外，百强企业普遍采取“高周转”策略保障较快发展速度，总资产周转率、存货周转率和存量资产周转率均值分别为0.41、0.48和0.60，分别较上年提升了0.02、0.04和0.08。

（3）盈利规模持续扩大，平均土地成本再创新高。2013年，百强企业的盈利规模不断提升，营业收入均值为196.3亿元，同比增长26.90%；净利润均值为29.8亿元，同比增长22.10%。受近年来土地成本持续提升和上年“以价换量”项目进入结算期的影响，百强企业利润率下滑态势延续。2013年百强企业融资成本优势显著，综合资金成本率均值仅为9.60%，但2013年土地成本上涨超30.00%，创近年新高。

（4）扩投资致资金面趋紧，巧布局使经营风险可控。2013年百强企业在销售回款加速、账面资金充裕的条件下显著加大投资力度，资产负债率均值为72.30%，比2012年同期上升2.5个百分点；经营性现金流净额均值由正转负，为-4.2亿元，但财务水平整体处于安全、合理的范围。此外，百强企业注重管控经营风险、积极调整市场布局，2013年主要集中于北京、上海及重点二线城市拿地，城市布局风险也处于可控范围。

（5）纳税总额同比提升25.00%，全面履行企业公民责任。2013年，百强企业通过依法纳税、大力投入保障房、自住型商品房建设，积极发展慈善公益事业，树立了令社会认可、消费者信任的企业公民形象。百强企业全年缴纳营业税金及附加值均值为12.6亿元，所得税均值为9.0亿元，同比分别增长26.00%及23.30%，纳税总额同比提升25.00%。

3. 2014年中国房地产策划代理百强企业发展状况

（1）增强竞争实力提升市场份额，全国布局拓宽发展空间。2013年百强企业顺应良好房地产发展形势，一手物业代理实现销售面积均值为236.87万平方米，同比增长27.20%，提升市场份额（按销售面积计算）至18.14%。策划代理行业集中度进一步提升，行业优势资源向百强企业聚集。百强企业规模化发展首先来源于市场布局的拓宽，2013年进入城市以及分公司个数均值分别为28.97个、14.26个，全国布局发展突出；其次，得益于营销渠道的不断拓宽，通过与电商平台合作等方式抓住市场机会，业绩得以大幅增长。

（2）创新能力成为盈利的关键要素，人均绩效持续大幅增长。2013年百强企业实现盈利6925.86万元，同比大幅增长30.92%，一方面百强企业形成规模化发展优势，营收大幅增长，另一方面严格控制经营成本费用，且创新营销方式，多元化开拓客户来源，共同促进百强企业净利润的稳步增长。在传统营销方式利润空间不断被压缩的情况下，创新能力成为百强企业提升盈利能力的关键要素：2013年百强企业毛利率与净利润率分别为45.82%、21.45%。2013年，百强企业策划代理业务的人均绩效为37.83万元，同比大幅增长42.97%。

（3）围绕核心能力延伸经营业务，构建地产综合服务体系。百强企业代理销售和营销策划业务稳步扩张：2013年百强企业代理收入均值达到25063.54万元，同比增长29.00%，业绩贡献率高达77.61%，仍是百强企业最为重要的收入来源；策划收入均值达到6730.85万元，大幅增长30.43%，连续四年增幅高于代理收入增长率，成长空间较大。百强企业一方面夯实现有成熟产品，保持收入稳定，为未来发展和业务创新提供动力和支撑；另一方面以策划代理业务现有渠道和机构客户、小业主客户等为依托，全面整合品牌资源和社会资源，加快在金融、资产运营等领域布局，谋求发展新模式。百强企业在不断整合自身资源，加快发展模式创新转型的同时，部分百强企业通过突出自身的发展特色，市场领先地位稳固。伟业顾问以“全产业链服务”为特色，针对客户的全面需求，逐步创新、细化、整合服务体系，建立起包括营销代理、投资顾问、商业管理、房地产金融在内的全程化、专业化、集成化的综合服务模式；金网络以“全客户主体、整合型服务、区域性布局、国际化标准”为发展定位，通过融合各业务链的资源优势，成功构建了完整的房地产综合服务平台；华燕置业秉承“地产金融综合服务商”的核心服务理念，以全新的商业模式以及金融服务团队，将经纪、金融两大领域完美结合，实现房地产流通领域一站式服务。

（4）互联网时代电商大行其道，百强企业与时俱进绘蓝图。房地产营销渠道不再局限于传统坐销方式，通过与网络的紧密结合，房地产电商的营销模式被房地产开发企业以及相关企业接受并不断创新。2013年百强企业积极调整营销策略，通过房地产电商对主营业务进行正向促进，有力推进规模化发展。一方面，百强企业依托房地产电商成熟平台进行拓展，如搜房网作为最早一批进入房地产电商领域的房地产服务企业，已经发展到搜房电商6.0，结合金融业务为客户群体提供更为全面的服务，领导房地产营销渠道的创新拓展；另一方面，百强企业为应对市场挑战，积极接受互联网思维，通过自建网络营销平台对房源以及客户资源进行有效整合。

4. 中国房地产策划代理百强企业十年发展总结

（1）企业营收稳步增加，年均复合增长率达到17.10%。十年中，策划代理百强企业的营收基本稳定。2004年百强企业营收均值为7798.8万元，2013年增长为32294.39万元，年均复合增长率达到17.10%。从营收年增长率走势来看，百强企业遭遇了两次收入下降的情况，分别出现在2005年和2008年。2005年国务院出台八点意见稳定房价，百强企业业绩大幅下滑；2008 年美国金融危机爆发，投资者对中国楼市的悲观预期蔓延，策划代理行业亦受到较大影响。但是在紧接下来的一年，百强企业营业收入都出现了“报复性”反弹，例如，2009 年营业收入年增长率达到了 53.91%。

（2）净利润增长 2.5 倍，规范发展促百强企业做大做强。整体来看，百强企业的平均净利润波动较为明显，但整体保持了上涨的态势。2010 年以前，在政策调控和金融危机之年，利润出现了较大幅度的下滑；2010 年以后，利润的主要风险转向了行业内部风险，企业间的竞争加剧、人力成本的提高和代理项目结算周期的延长，拉低了百强企业的净利润率，从前几年的 30.00% 左右下降到近三年来的 20.00% 左右。

（3）中国房地产策划代理百强企业发展趋势分析。未来十年，我国经济增速将有所放缓，国家对房地产行业的管理也将实行“长效机制”；同时，因为城镇化及人口因素的推动，房地产行业前景仍将看好；另外，产业升级与新技术的应用，也将为策划代理百强企业发展提供良好的外部环境。

百强企业凭借丰富的市场经验、专业的营销手段以及优质的客户资源，仍将保持持续发展的良好势头，但我们也应该看到，随着新房与存量房市场比例的转换，市场危机必然存在，百强企业应该积极应对，充分体现自身的智力价值，走规模化、专业化、品牌化发展之路。

5. 结语

随着市场集中度进一步提升，竞争加剧态势不可避免，“愈大愈快、强者恒强”态势仍将是主导未来行业生态格局的基本定律。2014 年，百强中的龙头企业将有可能开启崭新的“2000 亿”时代，房地产业的生态环境也将面临更趋复杂的背景：新型城镇化将给房地产各个领域的发展带来新的增长红利，三、四线城市房地产市场的变化将继续引领市场的结构性调整；房地产民生导向将更为突出，行业利润率面临较大挑战。百强企业亟待从战略布局、业务结构、运营成本方面迈出调整步伐，寻找新的发展路径，“分化”是 2013 年乃至未来更长时间里房地产行业运行的主要特征，分化发展也是百强企业在竞争中突破自身、谋求长远发展的必然选择。“百舸争流，智者领航；千帆竞发，勇者争先”，我们期待百强企业以全新的姿态描绘行业未来发展的美好蓝图。

8.2 房地产策划代理运作环节

在房地产市场上，房地产策划代理机构以其拥有的策划能力和销售能力为核心竞争力，以项目前期策划为项目代理权竞争利器，以项目营销策划为驾驭代理项目的主要营销手段，以项目销售代理执行为实现代理项目销售的主要营销内容，在房地产市场竞争中取得一席之地。经过多年的努力，形成了一套较为成熟的房地产策划代理的运作环节。

8.2.1 市场资讯管理与资讯调研

第一环节：市场资讯管理与资讯调研——代理市场在哪里？

目前中国房地产策划代理市场竞争十分激烈，中介机构要在竞争中立于不败之地，首先必须做好市场资讯基础工作，唯此才能在策划代理市场开拓中做到心中有底，有的放矢。

1. 市场资讯管理

策划代理机构应建立健全区域城市房地产市场资讯管理动态系统，其重点资讯包括：

（1）区域房地产宏观资讯。土地规划状况、土地开发状况、一级市场（土地出让市场）土地供需状况、二级市场土地转让供需状况、二级市场房地产供需状况、三级市场房地产供需状况、房地产平衡状况、相关政策环境（如土地政策、金融政策、住房政策、销售政策、财税政策、人口政策、产业政策、区域发展政策）、相关人口环境（如人口总量与人口增长、人口的年龄结构、家庭规模与结构）、相关经济环境（如宏观经济形势、产业结构、城市化进程、经济体制、通货膨胀率）等。

（2）区域房地产微观资讯。房地产开发公司（包括专业开发商和项目开发商）数量与结构、投资商数量与结构、开发公司及投资公司土地储备状况、开发公司已开发项目情况、开发公司开发动态（如市场调查动态、报批动态、规划设计动态、开工建设动态等）、开发公司项目销售组织情况（自有营销机构状况、自销项目数及效果评估、委托代理项目数及效果评估、新项目销售组织方式倾向或意向）、竞争对手数量与竞争手段等。

2. 市场调研

策划代理机构要建立健全区域房地产市场的宏、微观资讯系统，应设法使资讯来源变得日常化、规范化、高效化，除了建立有关媒体（如报刊、网站等）和政府统计渠道外，还可以和有关市场调研与信息统计机构建立资讯交流渠道。

在建立日常的资讯渠道基础上，策划代理机构还有必要定期或不定期进行相关资讯调研，其目的是补充及核实相关资讯。

8.2.2 代理市场开拓与前期策划

第二环节：代理市场开拓与前期策划——如何赢得代理权？

1. 代理市场开拓

策划代理公司拓展代理市场，切忌“临时抱佛脚”，在平时就要十分注重和开发商及相关政府机构建立友好互信的业务合作关系。只有在具备良好合作关系的基础上，充分发挥自身所掌握的各种相关资讯优势，才可在开拓代理市场时，立见事半功倍之效。

2. 项目前期策划

为赢得房地产项目策划销售代理权，策划代理机构一般必须根据项目的基本情况准备项目策划报告。由于在取得项目销售代理权之前，策划代理机构尚无法对项目进行深入的论证和研究，所出具的项目策划报告具有初步性质，可称之为项目前期策划或预策划。但为了顺利赢得项目代理权，策划代理机构必须对项目前期策划引起足够的重视，其策划产品（报告）应能基本体现策划代理机构的策划能力和销售能力。

项目前期策划的主要内容：

（1）项目基础判断及SWOT分析。项目是否可行？项目的优势和劣势在哪里？项目的机会和威胁是什么？

（2）项目市场预调研及市场预定位。项目相关宏观区域形势如何？客户在哪里？如何确定项目的核心竞争力？如何保证项目在竞争中取胜？

（3）项目物业发展建议。项目分期开发建议、物业类型建议、户型及面积比例建议、户型功能及结构体系建议、配套设施建议。

（4）项目规划、建筑设计方案评价。市场将怎样看待现有项目规划及建筑设计方案？

8.2.3 项目市场调研与营销策划

第三环节：项目市场调研与营销策划——如何进入实战？

在经过“代理市场开拓与前期策划”环节，策划代理公司成功取得项目策划代理权后，将转入实战阶段。

项目实战阶段的“项目市场调研与营销策划”环节的市场调研主要服务于正式的项目营销策划报告，并成为营销策划报告的一个有机组成部分。

1. 项目市场调研

项目相关宏观区域形势如何？客户在哪里？竞争形势如何？如何确定项目的核心竞争力？如何保证项目在竞争中取胜？

2. 项目市场定位

项目功能、形象、文化、客户、价格如何定位？品牌如何定位及推广？

3. 营销包装策略

项目识别体系如何建立？卖场如何包装？样板房如何包装？地盘如何包装？户外广告如何策划包装？媒体广告如何策划包装及投放？销售资料及用品（楼书、折页、单张、模型、展板等）如何策划包装印刷？

4. 整合推广与销售策略

项目入市时机成熟吗？项目卖点在哪？项目销售阶段及促销策略怎样安排？项目的销售价格怎么走？如何宣传造势？

8.2.4 项目营销管理与销售执行

第四环节：项目营销管理与销售执行——如何打赢实战？

销售现场如何管理？日常销售如何控制？销售队伍如何管理及激励？如何与发展商保持良好沟通？如何监控竞争对手？如何确定竞争应对策略？

8.2.5 项目策划总结与案例管理

第五环节：项目营销总结与案例管理——如何总结实战？

策划销售过程中竞争对手和客户给了我们怎样的启示？我们的策略和销售还存在什么问题？

策划代理公司在进行代理项目营销的同时，还应积极总结项目案例，并归档管理，择机宣传造势。

策划代理机构要顺利赢得项目代理权，并打赢营销代理实战，必须具备良好的竞争力保障。

1. 策划力保障，包括：策划理论力——驾驭项目的能力、策划实战力——运作项目的能力、市场创新力——差异化战略的实施能力、市场洞察力——对市场有效需求变化的预见能力、团队合作力——团队协同作战，保证项目成功的综合实力。

2. 销售力保障，可概括为销售计划力、销售执行力、销售促进力、销售控制力、销售管理力。

为营造良好的竞争力保障体系，策划代理机构应配备高素质的多专业（岗位）的员工队伍，如市场调研师、资源信息师、投资分析师、策划师、销售经理、规划与建筑师、房地产估价师等。

【策划案例：××房地产策划代理机构全程策划工作程序】

1. 初步接洽阶段

（1）项目资源条件整合及判断

负责部门：策划部、代理部、研究部

报告名称：《××项目策划大纲》

中心内容：某项目的总体概况

宏观资料：市场整体、片区趋势、基本行情

地段资料：规划要点、坐标

周边资料：交通、配套、楼盘的规划、设计、包装、销售

发展商资料：背景、关系、资金、技术等的实力情况

判断内容：优势、难点、突破口、把握度

（2）多方案初步规划、设计或调整建议

负责部门：策划部

报告名称：《会议纪要汇总》

《××项目概念设计提示》

或《项目调整建议》

中心内容：草图、立意、说明、交流记录

2. 前期策划阶段

（1）地块内在条件整合及价值分析

负责部门：策划部、投资部

报告名称：《××项目土地价值与分析报告》

中心内容：适合的规则布局和建筑类型及其投入和产出价值比较

（2）资源综合及定位

负责部门：策划部

报告名称：《××项目综合定位报告》

中心内容：上述各内容汇总，初步定位或创意

（3）依据定位针对性的市场调查

负责部门：策划部、研究部

报告名称：《××项目市场调查报告》

中心内容：客户群、消费观念、价格水平、推广渠道和方式、市场缺口等，或根据创意寻找市场依据

（4）经济可行性分析

负责部门：投资部、策划部

报告名称：《××项目经济可行性分析报告》

中心内容：静态的综合成本（地价、造价、管理、财务、资金、推广、销售、税金）收益率与销售价格的分析

（5）初步营销框架

负责部门：策划部

报告名称：《××项目初步营销报告》

中心内容：推广主题、通道、销售策略及产品设计立意和要求相互关系

（6）规划、设计方案及跟踪

负责部门：策划部

报告名称：《××项目初步营销报告》、《××项目建筑概念设计》、《××项目环艺概念设计》或《××项目设计修改意见》、《××项目设计要点》

中心内容：草图、设计创意、任务书、设计交底、指导

3. 营销策划阶段

（1）营销整体规划

负责部门：策划部、代理部

报告名称：《××项目营销整体规划》

中心内容：VI，推广的主题。方式、渠道、策略、步骤，包装的类型、风格和销售的入市时机、节奏、付款、策略、附加促销手段，如装修套餐等与施工进度相结合的创意及其相互协调关系部署

（2）经济敏感分析

负责部门：投资部

报告名称：《××项目经济敏感性分析报告》

中心内容：造价、进度、售价、回报率间的变量关系图表

（3）价格策略执行计划

负责部门：投资部、代理部

报告名称：《××项目价格策略报告》

中心内容：依据经济敏感性分析结合对市场走势的判断，进行价格的高低、提升、折率的编排和修整

（4）物业准备工作计划

负责部门：投资部

报告名称：《××项目的物业模型》

中心内容：配合营销推广而设立的新型物业管理概念和“标准”物业管理模式的融合

（5）销售准备工作计划

负责部门：代理部、策划部

报告名称：《××项目前期工作计划表》

中心内容：文件、合同、票证、礼品、用品等催办、设计和制作计划安排及费用预算

（6）项目包装执行计划

负责部门：策划部

报告名称：《××项目包装概念设计》

中心内容：VI设计、导视系统、销售中心、楼书、展板、模型、示范单位（装修套餐）

等的设计和制作计划安排及费用预算

(7) 广告宣传炒作计划

负责部门：策划部、代理部

报告名称：《××项目新闻炒作提纲和广告发布计划》

中心内容：户外广告、报刊广告、新闻炒作、网上广告和炒作的计划安排及费用预算

(8) 销售活动规划及策划

负责部门：策划部、代理部

报告名称：《××项目公关活动计划报告》或《××项目××活动报告策划书》

中心内容：开工、开盘、封顶、竣式、入伙等的仪式，新闻发布会、展销会的其他公关活动的计划安排及费用预算

(9) 装修套餐

负责部门：策划部、代理部

报告名称：《装修套餐服务计划报告》

中心内容：售后装修和装修按揭服务

4. 销售实施阶段

(1) 销售培训

负责部门：代理部、策划部、投资部

教材名称：《销售基础知识》《××项目销售相关内容》

中心内容：建筑知识、楼盘背景、项目优胜、对手比较、付款方式、法律手续、销售技巧等方面的系统培训

(2) 执行修正

负责部门：代理部、策划部

往来文件：《××项目销售情况总结》《××项目策划执行修正方案》

中心内容：根据销售状况和市场动向的反馈，适时调整营销计划

(3) 置业锦囊

负责部门：策划部代理投资部

报告总称：《置业锦囊》

中心内容：根据项目优势选编的购楼、选房须知，各阶段项目卖点的序列

8.3 房地产策划代理形式

房地产策划代理机构作为中介企业，获取的业务就是策划代理房地产项目或楼盘，以维持企业的正常运转。在房地产市场竞争激烈的情况下，房地产策划代理形式多样，并且不断出新，从而达到开发商与代理商的共赢。

策划代理形式从业务的角度分有综合性策划代理和专业性代理；从策划代理的参与者分有独家代理和多家代理；从策划代理的阶段性分有阶段策划代理和全程策划代理；从策划代理的渠道分有传统代理和房地产电商；还有其他代理形式如保证酬金代理、底价代理以及包销代理。

8.3.1 综合性策划代理与专业性策划代理

由于房地产策划代理机构各代理商的背景不同、成长经历不同，所以它的业务擅长也有所不同，有的代理商从销售开始起步；有的从广告设计入门；也有的是从管理开始介入房地产销售的。因此，各策划代理机构的擅长面就有所侧重。

1. 综合性策划代理

综合性策划代理是指策划代理机构的业务能力相当强和业务范围相当广泛，从市场调研、规划设计、销售推广、广告平面、形象设计等都很内行，因此策划代理的项目业务基本上是全部包揽的，不需要其他专业公司参与。

这种综合性策划代理目前在国内还不多，一些大的策划代理机构正在向这方面发展。

综合策划代理的形式是专业化、立体化、规范化的大型策划代理形式，对一些超级大盘的策划特别有用。

2. 专业性策划代理

这种策划代理形式相当普遍，因为在房地产策划代理中由于策划代理机构的背景不同，因而形成了有的擅长战略把握，有的擅长广告宣传，有的擅长销售，有的擅长商场招商，有的擅长销售写字楼，有的擅长推广住宅等不同的专业特长。这种专业策划代理机构会根据自己的擅长和特长去寻找适合自己的业务。

8.3.2 独家策划代理与多家策划代理

在房地产策划代理中，根据策划代理机构参与者的多寡，又形成了独家策划代理和多家策划代理形式。

1. 独家策划代理

顾名思义，就是开发商选择一家有能力的策划代理商独家代理其楼盘策划销售。使用这种形式的开发商在代理协议期间不会再委托其他代理商，因此开发商将承担较大的风险，而代理商的责任也相应加重，但是它的代理佣金自然可较多家代理形式高一些。

2. 多家策划代理

多家代理亦称普通代理，是指开发商委托多家代理人策划销售其楼盘，实行“按劳分配”，谁卖掉了房产，谁拿佣金；或者一家搞前期策划、一家负责销售；或者你搞规划设计、我搞广告策划，等等。由于各个策划代理机构的业务擅长和业务渠道不一样，策划代理机构发挥了自己的特长，开发商形成了各个有效资源的整合，协同达到最好的效果。不过，由于多家代理的“多”字作怪，也会出现开发目标和主题走偏的现象，这就要看开发商的协调能力了。

【策划案例：万科·渝园入渝之路】

万科·渝园，是重庆万科房地产开发有限公司在重庆开发的第一个纯别墅项目。作为万科入渝的首个项目，万科自然想要一炮而红，于是重庆万科联手立足于重庆的优点广告公司，制作了万科·渝园《感谢系列》广告：一个企业的品牌之重，非我们所能轻易论道。品牌如人。理解、尊重、延续，是我们在项目推广中对母品牌必需的态度。万科进入重庆，也许面对了比之前任何一座城市都艰难的“品牌困境”，携金字招牌而来的品牌，面对组合竞争品牌的强大，有人选择傲视，有人选择无视，有人选择仰视，面对这个刚性的城市，万科这个行业巨头，应该以什么方式对重庆“say hello”？

富有感召力的广告和知名房企的实力组合下，万科·渝园迅速在重庆声名鹊起，并茁壮成长，万科也趁机在重庆打开了市场。

8.3.3 阶段策划代理与全程策划代理

在房地产项目策划代理过程中，也常常出现阶段策划代理和全程策划代理形式。

1. 阶段策划代理

按一般的策划代理机构来讲，他们最喜欢的是全程策划代理形式，可以贯穿策划思路、可以把握全局、可以从头到尾做一个项目而不半途而废，可以……还有很多理由。可为什么还是有阶段策划代理的形式出现呢？

这是有很多原因的。例如本来开发商是委托策划代理机构全程策划代理的，可天有不测风云，全程策划代理夭折了。后一家策划代理机构又进入了，想全程策划代理也不可能了，还有，开发商本来就不打算做什么全程策划代理委托，你先做市场调查吧！策划代理机构又无法进行全程策划代理了，等等。以上只是个表面原因，更深层次的是代理商或开发商对全程策划代理形式的误解，以为一个项目经策划代理机构从买地一直到销售完才是全程策划代理，实际上很少有这种项目或楼盘。

2. 全程策划代理

这是目前房地产市场最时髦的一种代理形式，对一些房地产策划代理机构来说言必“要做全程策划”，这样才能显示策划代理机构的实力。其实，全程策划代理要求很高，无论从策划理念、技术含量以及人才素质，对我们做策划代理人士来说的确是一个“梦想”或“理想”，而不是从头到尾做一个项目就是“全程策划代理”了。如果哪一天我们做到真正的“全程策划代理”，那么，整个房地产策划代理行业就达到了至高的水平和无限的境界。

8.3.4 传统策划代理与房地产电商

由于策划代理的渠道不同，因而形成了不同的代理形式。

1. 传统策划代理

由专业策划机构或企业提供项目策划和销售代理专业服务的代理形式，它多是由策划代理公司与房地产商线下充分接触了解后形成的策划代理形式。

2. 房地产电商

由于互联网高速普及的大环境，产生了区别于传统策划代理模式的房地产电商，房地产电商整合房地产平台（房产网站）；房地产软件（房地产端口）；网络营销工具；新闻公关传播；房地产业内企业的不对称信息；应用该模式企业的内部资源；以及房地产周边产业的商机资源，经过客户价值创新开发，经营者为消费者带来“省时、省力、省心、省钱”消费体验的同时，完成房地产项目策划代理工作。目前房地产电商更多侧重于房地产项目的营销策划和代理销售。

房地产电商可以分为三个层次：媒体电商、渠道电商和交易电商。

（1）媒体电商是过去几年普遍存在的形式，主要的代表是搜房网，其核心属性是媒体，货币化模式是广告，本质是传统策划代理模式下的广告平台。

（2）渠道电商是近年来迅速发展的一种新型电商，主要代表是房多多、好屋中国、吉屋科技等，其本质是渠道的整合，它们存在和发展的逻辑是传统策划代理渠道极其分散，在房地产市场低迷的情况下，单一代理或多家代理都无法高效地完成买卖双方的匹配，特别是新房领域，只有把分散的渠道整合起来才能为开发商快速拓客、加速去化，同时整合之后的集中渠道才有能力向开发商拿到更多的优惠以及更快的结佣。

（3）交易电商代表未来的模型，无论是新房，二手房还是其他物业类型，房地产电商的终极目标必须是最大限度地接近交易，事实上，也只有以交易为中心的电商才能在真正意义上称之为电商。相比之下，无论是媒体，还是渠道整合，距离最终的交易都还有一段路程，虽然都有效率的提升，但是它们都没有真正意义上颠覆或取代传统策划代理渠道，而只是使传统策划代理渠道更有效。然而，交易电商的未来一定是局部或彻底颠覆传统策划代理公司的。目前看，初步具备交易电商雏形的典型代表是链家网、Q 房网以及正在向交易转型的网站等。除了第三方交易电商外，部分大型房地产公司也正在自建电商平台。

【策划新闻：房地产电商与中介争夺代理权】

当“无坚不摧”的移动互联时代对零售、金融、服务等行业攻城拔寨时，房地产行业看起来似乎依旧无孔可入。

2011 年后房地产电商进入快车道，模式也从单纯的媒体资源利用到渠道整合的复合型进化，甚至还包括金融方案、拓客暖场。在部分项目的实践证实，整合媒体资源以及营销渠道的电商平台，是现行常规营销模式一种较好的补充和延伸，但其效果远没达到电商平台宣称的颠覆营销格局的时节。

在房地产下行态势下，市场庞大的供应与相对理性的购房者之间博弈的销售去化压力，给电商起步提供了良好的契机。理论上消费者可以在电商平台因开发商促销换量买到更便宜房子，与此同时电商平台的团购、竞拍、秒杀等多种方式也为促销披上一层华丽而朦胧的外衣，电商也变成开发商的促销平台。

现行电商模式是抓住购房者对价格敏感程度，适时提供一个用来进行价格区分的心理屏障。最大的好处是可以召集网上购房客户，但透过市场对电商项目的态度，以及近期搜房战略入股合富辉煌、世联，被认为电商是行业趋势，而似乎又困难重重，房地产这种高标号而又非标产品真适合电商吗？电商能解决开发商房子难卖的问题吗？互联网在这一块看不到经验。

市场反馈结论是，电商标准和执行程序是和开发商人为约定，如果无法完善其交易流程和行为准则，做好媒介平台和线下的服务连接，防止拍卖、竞价中的托市暗箱操作行为，那电商平台的信息则无法给予购房者更多的信心。

电商相对降低了购房者购房成本，而非降低开发商的渠道成本，因无法取消售楼处，到现场体验的购房依旧占据主力，此外电商也无法代替开发商的销售团队，无论代理公司或开发商自建销售团队，在未来可预见的相当长时间内依旧是销售主力队伍。其能够减少的只是相对的营销成本，但这部分费用在房子买卖总支出中比例不高。

当下电商的操作模式也基于开发商对楼盘产品信息进行较为完整的披露基础上，而后再利用搜房、乐居等网络进一步推动信息的扩散、发布。在购房者的购房过程中开发商的销售策略正是基于信息不对称而设计的，开盘组织、房源销控、现售楼处的销售正是在制造和利用信息不对称，凭借电商信息中体现的“价格优势”去实现销售目标，电商短时间无力改变这一维系数年的行业潜规则。

但我们也看到了一些有意义的尝试，如新浪乐居开启的整合行业渠道的电商模式，和金融合作，金融依托电商的渠道获取客户，为电商客户提供购房贷款等解决方案，都是极具前瞻性的组合，未来这类创新会随着市场变化和新技术的运用大量增加，会极大地弥补现行市场电商模式的不足。

这是房地产行业度日如年的“最坏的时代”，亦是房产电商出现的“最好的时代”。6月中旬，代理商与电商之间的“战火”赫然升级。中原地产、世华地产、中联地产和美联物业四大代理公司抱团结成“深圳中介联盟”，对搜房网近年来多次以升级名义推出多个版本端口、变相涨价的行为提出抗议，并宣布“即日起停止与所有电商公司的一、二手联动业务合作”。

就在此场战争硝烟弥漫之际，业界又传出令人啼笑皆非的消息，搜房网上演绝地反击战，继入股世联行之后，又注资合富辉煌。在楼市稍显疲软的大环境下，开发商、电商、代理商、购房者正联袂出演一部“电商时代”。而房地产这块大蛋糕，电商又将触动谁的利益？

房产电商缘起2011年4月，潘石屹领衔的SOHO中国携手新浪乐居房地产电商频道，对朝阳门SOHO和银河SOHO的两套商铺进行零起价网上竞卖。这是房地产行业与电子商务的首次合作，也诞生了中国房地产电商史上的第一拍。

SOHO中国首次试水成功让电商概念迅速渗入房企心，电商作为一个新生的营销模式开始大放异彩。在万科等领军房企的示范效应下，包括北京、上海、广州、深圳在内的近30个城市、数百家开发商开启了与电商平台合作的求索之路。

“电商是移动互联时代下房地产市场的新产物，其与在移动互联时代改变原有传统行业的趋势是一样的。面对着新技术对传统行业的冲击，若不变革推新，房地产行业就无法适应这个时代的发展和变化。”惠州世联行总经理苏剑认为，互联网大背景下，房地产行业拥抱电商，寻求创新转型之路不可避免。

8.3.5 其他策划代理形式

除了以上的策划代理形式以外，还有保证酬金代理、底价代理、包销代理等形式。

1. 保证酬金策划代理

保证酬金代理即在策划代理协议签订后，只要房地产在代理期限内出售了，那么无论是代理人，还是开发商或其他人，协议中的策划代理人均可以获得协定的佣金。否则，策划代理人将得不到任何佣金。

2. 底价策划代理

有一些开发商采取标定楼盘或房屋的底价，在楼盘或房屋被策划代理机构出售后，开发商净得这部分的收入，而超出底价的部分则作为策划代理机构的佣金，这显然容易给策划代理机构钻空子，隐瞒房地产的真实卖价而欺瞒开发商，但在实践中这一方式还是存在的。

3. 包销策划代理

所谓“包销”指的是一手策划代理公司把开发商的楼盘全部包揽或买断，然后对外销售，同时双方签订相关协议，如代理商支付一笔“风险保证金”，确保代理商“包销”承诺的兑现。

这种策划代理形式曾流行一时，引起很大的争议。2002 年下半年，一些城市由于楼市日益火爆，许多楼盘根本用不着聘代理公司也能卖光，在这种情况下，一手代理公司所起的作用越来越小，开发商对代理商也越来越挑剔。为争夺代理业务，代理公司之间展开空前激烈的竞争。一些资金实力强的代理商抓紧时机推出“包销”形式，承诺向开发商让更多的利以争取代理成功。此举正中开发商下怀，因为“包销”这种方式既减少开发商诸多问题，又可从中获得一笔数量可观的“风险保证金”，对开发商来说当然是“保证金”多多益善。哪家代理商支付的“保证金”越多，被选中代理楼盘的机会也就越多。于是代理商们在支付“保证金”上展开比拼，行情随之越涨越高，有的高达亿元之巨。对此，更多的代理商感到不公平，他们提出要制止这种“并非凭本事吃饭”的“包销”形式。

此外，还出现根据策划代理责、权大与小来分的几种形式：（1）承担广告发布费的代理。（2）不承担广告发布费的代理。（3）纯策划设计。（4）一家策划代理，发展商自销一部分。（5）咨询顾问等。

需要特别强调的是，依据自身的核心竞争力或优势以及针对不同的项目、开发商，众多策划代理机构将采取灵活多变的策划代理模式，有免收策划费、分销和与开发商共同承担风险（如承担广告费用或交风险抵押金）等。近来出现的代理商以股东的形式介入开发领域也是一种更新型、更有效的策划代理商与开发商共担风险的好方式。

8.4 房地产策划代理来源与模式

8.4.1 策划代理机构来源

1. 独立策划人成立的策划代理机构

在房地产策划代理出现的早期，一部分有能力的文化人加入到房地产策划领域来，他们凭着个人的智慧和能力，为一个个项目把脉，取得了成功，创造了很多策划经典，得到了企业的肯定。于是他们纷纷以个人的名誉成立了策划代理公司，为房地产策划代理创了先河。

2. 政府部门分离出来的调研策划机构

在改革开放以前，社会上不存在专业的调研策划机构。只有隶属于政府的专门从事社会人口、经济收入等方面的调研机构。这是中国最早的调研机构。从事工作仅仅限于为政府提供必要的社会因素状况报告。为国家政策的出台提供相应的数据分析。机构的性质属于单纯的“事业单位”，不从事策划工作。改革开放以后，外资企业进入中国市场。由于国外市场经济发展水平远远高于国内，相应的，每进行一次投资活动，外企都非常重视市场调查工作。于是在国家政策放宽的情况下，隶属于政府的调研机构开始接受国外投资商的委托进行市场调研工作。从此，此种调研机构开始进入市场环节。随着市场经济改革的进一步深化，政府的调研机构部分分离出来，不但接受国外投资者的委托，同时接受国内企业的委托从事调研工作。并开始着手策划工作的开展。随着我国地方房地产市场的日趋成熟，此种调研策划机构在积累了其他行业的大量经验后，开始从事房地产的营销和策划。

3. 广告公司分离出来的策划代理机构

广告公司的出现和发展已经是处于中国商品经济一个相对比较成熟的时期。随着商品房市场发展，房地产开发商对房地产的营销策划专业化要求较高，同时能提供相对较大的利润空间。于是一些广告公司或放弃或保留原来的业务，转而从事更为专业的房地产策划代理。

4. 外资房地产策划代理机构

国外的商品房市场成熟期远早于中国。当中国的房地产市场日趋成熟时，境外机构凭借其成熟先进的房地产策划理念。在中国经济发达地区，开始接受中国房地产项目的委托，从事房地产的策划代理。

5. 开发商内部分离出来的策划代理机构

随着商品房经济的发展，许多房地产开发商都配备有自己的策划部。在某种程度上，策划部隶属于开发商，但有时也接受其他非本公司的项目委托。在经营形式上带有一定的灵活性。久之，脱离开发商成为独立的经济单位。

8.4.2 策划代理机构运作模式

1. 全程代理型策划模式

时下的房地产营销策划业中，最盛行的莫过于“全程策划代理”了，全程策划代理是相对于广告策划、营销策划的一种作业模式，是以发展商的立场，开创性地提供从项目选址到营销策划的全过程服务。

在开发体量不大、市场要求不高的情况下，这种形式或许因其整体、全面性有其市场空间。然而，随着房地产产业链形态的形成，房地产开发重要特征已经从“土地决定论”走向了“技术决定论”。房地产开发涉及几十门专业和技术，要实现最终开发成功的目标，没有高度集中的无缝拼接能力是不行的。新的市场形势下，“全程策划”力不从心的弱势逐渐显露。

(1)“全程策划代理”的所谓与开发商融为一体的服务，更多的是停留在指导、把控的层面上，其策划思想与执行操作在复杂的过程中容易出现偏离。

(2)“全程策划代理”的策划服务范围广，要求具备一支由各行业专家组成的“团队”共同作战，而这个“团队”又不可能致力于一个或少数几个项目，因为那样会投入与产出比不合理，没有利润保障。到了最后，其实就是“每人都要负责一大把客户”，这样的服务难以保障“深度合作”。

(3)“全程策划代理”是一个标准不一、深浅各异的认知概念，它其实就是市场初期“全能型开发商”的翻版。

鉴于此，随着买方市场的形成、产业化进程的加快、大盘时代的到来，新的游戏规则催生出新的房地产策划代理模式。

2. 项目运营型策划模式

随着技术应用多元化、资源整合的密集性与系统性，房地产行业的竞争告别了“纯卖点时代和纯概念时代”。开发商开始关注更宏观和更微观层面的问题，项目的运作执行力被推向了前台，“项目运营”的服务模式应运而生。简单地讲，项目运营模式就是一个“房地产职业经理人”的全程服务，它强调以丰富的全案操盘经验与开发商深度互补、互动，强调开发节点的控制与推进。它的执行力就表现在深度上的操盘实力运作上。某种程度上讲，项目运营模式和“全程策划模式”存在着一定的共性，即都是提供全面性的服务，区别在于前者侧重执行，而后者侧重于策划指导。

一些业内人士对房地产运营商的出现持肯定态度，认为这是符合产业化进程的职业经理人运作模式的初显。

然而，换另外一种角度看，项目运营模式更多的是在做着现在许多开发商做的事情，严格意义上说，它已经在疏远相对独立的“策划行业”，这将会在战略高度上为其带来一定的创新局限性。也就是说，他们可能会很出色地完成一个项目的市场运作，却很难搞出如“复合地产”那样创新性的开发模式来。

3. 顾问监理型策划模式

这种模式就比较侧重于战略、策略的提供，对于实力型的运作执行，则只是监理、把控了。再细分，又可分为项目整体层面的顾问监理，从开发理念、项目定位、地位选择、规划设计到营销推广、市场销售，都提供顾问、策划服务。不同于一般全程策划模式的是，这种模式的运作讲究高度把控、战略定位和策略制定，它是站在整个市场乃至整个社会发展的层面上去审视一个项目的来源去处。它所关注与整合的资源不仅仅是产品本身、企业本身或者行业本身，还包括其他行业及一切可以利用的社会资源。它的威力在项目推向市场时以“创新”的面孔奇招迭出，实际上它最重要的工作在于项目前期的定位，它的运作非常注重方法论，讲究组合之道，信息传达直接、有力。另外一种顾问监理机构，就是项目局部的顾问咨询工作，最多的就是销售顾问。目前广州、上海的部分营销策划公司抢滩中原，就是运用这一服务模式。他们提供更多的是销售培训、现场指导等技术性的支持，对项目整体运营的全方位接手还很少见。

4. 专业执行策划模式

这是相对处于下游的服务层面，主要执行范围如媒体投放代理、广告设计制作、促销活动执行、市场调查咨询等。他们利用各自专业领域的优势，在既定的营销策略指导下提供具体服务，他们的服务带有很强的专业性与技术性。目前，相当一部分广告公司涉足房地产，其实就是以这种服务模式为主，一般称之为“广告推广机构”。

随着市场的发展，房地产策划的形态还会更加纷呈，然而，无论哪一种形态，“土”也好，“洋”也罢，适合的才是最好的。

8.5 房地产策划代理收费

房地产策划代理机构，通过业务服务收费来维持公司的正常运转和生存。目前，对于房地产策划代理的收费问题，国家已经颁布了收费标准，但在实际竞争中，主要是开发商和代理商之间协商确定。

8.5.1 国家收费标准

1995年，国家计委、建设部颁布了《关于房地产中介服务收费的通知》(计价格[1995]971号)，规定了房地产咨询代理的收费标准是：

1. 口头咨询费，按照咨询服务所需时间结合咨询人员专业技术等级由双方协商议定收费标准。

2. 书面咨询费，按照咨询报告的技术难度、工作繁简结合标额大小计收。普通咨询报告，每份收费 300～1000 元；技术难度大，情况复杂、耗用人员和时间较多的咨询报告，可适当提高收费标准，收费标准一般不超过咨询标额的 0.5%。

3. 房地产经纪收费是房地产业经纪人接受委托，进行居间代理所收取的佣金。房地产经纪收费根据代理项目的不同实行不同的收费标准。

房屋租赁代理收费，无论成交的租赁期限长短，均按半月至一月成交租金额标准，由双方协商议定一次性计收。

房屋买卖代理收费，按成交价格总额的 0.5%～2.5% 计收。

实行独家代理的，收费标准由委托方与房地产中介机构协商，可适当提高，但最高不超过成交价格的 3%。

以上规定了房地产咨询收费的具体标准。这一收费标准也是房地产策划代理收费的法定标准。不过在房地产策划代理收费的实际业务中，开发商和策划代理商也会依据项目代理的实际情况协商具体的收费标准和额度。

8.5.2　企业收费标准

在策划代理公司与开发商协商收费的时候，一般有两种作法。

1. 固定费用

也叫总包干费，是指开发商对项目的代理确定了总的固定费用，并确定了业务范围和时间进度，无论发生什么情况就按约定的费用收费。如委托房地产策划代理公司做一份市场策划报告，规定了报告的质量、范围、深度、进度等内容，也确定了支付费用的额度和时间，交策划报告时全部付完费用。

这种付费做法相当普遍，但只能用于一些业务比较明确的策划代理项目，对于与销售有关的业务收费就不适应了。

2. 非固定费用

非固定费用是指策划代理公司和开发商协议的收费方法是不固定的，是以业绩的多少来支付的。非固定费用也有两种做法：

（1）基本费用加销售业绩提成。即开发商既支付策划代理的基本费用，又以销售业绩来进行销售提成的做法。比如策划代理一个建筑面积 10 万平方米的楼盘，按理说策划代理的楼盘要 120 万元，可双方协商先付 20 万元的前期策划费，剩下 100 万元在销售时按销售额的 1‰提取，收费与策划代理业绩挂钩。这种收费方法把双方的利益都绑在一起，风险共担，普遍在企业中采用。

（2）销售业绩提成。这种收费只与业绩挂钩，一般提成额度比有基本费用的稍高，以激励策划代理商。如果策划代理商策划代理项目的效果很好，也会得到很高的报酬；如果策划代理的楼盘效果不好或一般，那么策划代理公司的收益就有所下降。在房地产市场竞争较为激烈的情况下，很多策划代理公司也愿意接受这种收费方法。

【策划分析：国内顶级房地产咨询公司各自有何特长和优势】

论国内前策咨询巨头：世联行，易居中国和中原地产。众人皆知，世联、易居、中原在如今的房地产代理江湖早已形成三足鼎立之势，三大门派各有所长，但其详情却不为外界所知。简单说来。

1. 整体评价

易居渠道整合无人可敌，世联策划研发能力独步天下，中原营销执行能力相对优势。

说易居的整合能力：上市对于一个公司来说是大事，难事，可是对于易居来说则是轻而易举，易居是中国第一家在美国上市的轻资产房地产企业，上市后，其将克而瑞拆分，与新浪乐居合并，中国房产信息集团再次上市，去年又将新浪乐居单独再次上市，周忻老板的一系列行为犹如将美国资本玩弄于股掌之间。看看目前易居旗下的板块吧，小的不说，营销板块易居代理，咨询信息板块克而瑞咨询，线上板块新浪乐居，培训板块沃顿商学院，上海易居学院，中国旅游服务集团，甚至连房地产行业的年度重头戏中国房地产企业500强排名都是易居来排的，这也足以印证了易居的整合能力。

世联的策划能力其实主要集中在前期策划以及专业学术研究上，论房地产企业的黄埔军校，世联的人才输入绝对不亚于易居中国，从某种意义上说，世联的专业性要高于易居中国，而国内著名房地产企业的职业经理人才贡献中，世联也是最重要的中坚力量，总体来说，世联更为保守与踏实。

中原其实是最中庸的，其最大的特色就是基本没什么特色。使其能跻身于中国咨询机构三甲的是中原地产的华南市场，华南市场一直以来都是中原的天下，尽管后来被世联蚕食较多。中原起家于香港，时至今日，香港基本是中原一家的地盘。

2. 格局

前面说了，华南是中原和世联的天下，华东是易居和同策的天下，北京的思源较为厉害。其他区域都是群雄逐鹿了，一般情况下，大家还是安分守己相安无事的，2013 年易居欲借助代理广州亚运村的机遇大举进入华南市场，最终花费了巨资还是败下阵来。

如果将三者比喻为魏蜀吴，真是太恰当不过了。易居就是魏国，有格局，有视野，有气场；世联就是蜀国，能人辈出；中原就是吴国，守好自己那一亩三分地。

从大势来说，模式为王。易居的模式和平台，在不久的将来会独占鳌头，世联和中原未来必须会臣服于易居旗下。但是易居亦有硬伤，易居老板周忻是我最佩服的地产人，周老板已近五旬，却仍像个年轻人一样全国各地到处奔波，甚至亲自在郑东新区一个小会议室，面对坐得稀稀拉拉坐了几十个级别又不甚太高的房地产同行人员的会场上连讲两个小时，讲得满头是汗。但是，周老板的思路太时尚太超前，他的一系列计划：百城计划，深耕计划，电商计划，理念都十分先进，效果都不佳，最后也是耗费巨资后流产，就是那句话，步子大了，容易扯着……

最后，还是来看我们今天要说的前期策划部分。前期策划，刨去那些依靠西装领带和满口英文“高大上鼻祖”的国际 5 大行，国内公司最强的仍是易居和世联，易居依靠其专业市场机构克而瑞的力量在市场的把握能力远强于世联，而世联在前期策划的发展历史上却远远早于易居，应该说是易居的前辈。一个市场把握能力强，一个项目操盘经验丰富。选择机构，看您看中哪个方面了。

最后，说最核心最关键的，如果选择一个前期公司，和这些都没关系，和谁有关系，就和这个项目的主创有关系。有这么一件事，一个本地国有企业在东区拿了一块地想做房地产开发，因为没有房地产开发经验，做前期策划的时候，就特意找了易居和世联，不找小公司，因为他看重的是这两个公司强大的企业品牌和资源力量，最后选择了世联，因为世联报价高，国企不差钱，认为一分价钱一分货，结果谁都没料到的，最后给这个项目做前期的这位主创，3个月前刚刚从深圳的一家小中介机构跳槽来到世联，其实他选择的是谁，不是世联，而是北京那家公司，最后做得很不好，开发商十分失望，停止合同，被迫卖地。

（摘录于公众微信号“郑州楼市观察”）

8.6　房地产策划代理业发展趋势

总体上看，策划代理业与房地产整体市场为同发展共进退关系，但策划代理业的发展目前也出现了几个新情况，市场持续热销，开发商不愿分杯羹于策划代理商；代理市场运作尚不成熟，存在很多不规范的操作行为，导致策划代理商位处被动；大牌开发商在市场摔打多年，已经成熟，且着意于长期发展，纷纷自建营销公司；代理行入行门槛低，山门林立，鱼龙混杂，影响整个行业公众形象；从业人员职业素质参差不齐，从长期发展来看，随着房地产市场的整体前行趋势，未来策划代理业定会有五大趋势。

1. 市场容量会扩大，但代理利润空间减少。

2. 市场极有可能形成垄断竞争局面：专业化程度提高，资源将向有品牌优势、有传统沉淀的大型公司集中，尤其是具备一、二手市场联动资源与能力的大公司。

3. 代理业是人才汇集之地，单兵作战能力依然重要，但市场更看重的将是能够整合各项资源，从市场研究到推广销售各环节都能形成强大合力的团队与公司。因此，开发全程的引导、辅助能力将是必需的，在建筑、产品、法规、市场、策划、营销推广，还有物业管理、客户关系维护等各方面，策划代理公司必须做到“通才”。

4. 开发经验丰富的大型房地产开发公司大都形成完整的产业链组合，因此，策划代理公司将主要为中小型房地产开发公司或新入行者服务。

5. 在一个规范的房地产市场环境里，开发商的预期利润与他准备承担的风险是正比关系，开发商需承受的压力更大，因此，必然会有一部分开发商要求策划代理商帮他分担更多，保证金、包销等经营方式生存空间更大。

第9章

房地产策划报告

9.1 房地产策划报告的重要性

9.1.1 什么是房地产策划报告

房地产策划报告，是房地产策划代理机构或房地产策划师提供给开发商的对项目或楼盘调研、分析、论证、研究后得出的书面成果。

房地产策划报告是房地产策划所有报告的总和，包括调研报告、分析报告、建议书、方案、提案、文案等各类书面成果，为开发商进一步实施各类想法、思路提供书面的依据。

9.1.2 策划报告的重要性

房地产策划报告是提供给开发商的书面成果，策划报告的质量好坏直接影响到开发商的具体实施和执行，因此富有创意、质量高的策划报告就成为开发商和策划代理机构追求的共同目标。

1. 对房地产策划代理机构来讲，策划报告是衡量房地产策划师或策划代理机构策划创意水平高低的标准之一。

策划师通过调查研究，经过认真的分析、论证和创意，得出了自己对委托项目的想法和思路。如果得出的书面报告创意俗气、观点陈旧、人云亦云、思路不清、逻辑矛盾、漏洞百出，就降低了策划师的水平并影响到策划师的声誉；反之，则使策划师得到很高的评价和报酬。

策划代理机构通过调集各类专业精英，动用财力物力，花了不少时间，得出了一份代表企业的策划报告，如果得出的报告又产生了以上所说的不良结果，对策划代理机构以后的生存都有影响。

因此无论是策划师还是策划代理机构，都应该把策划报告的编写业务提到一个重要的高度来认识，避免出现各种差错。

2. 对房地产开发商来讲，策划报告是花钱买下的，质量的好坏是用金钱计量的，但更是用实施的效果来衡量的。如果将质量不高的方案付之于实施，得出来的效果不佳不说，若出差错就坏了。经常听开发商有这样的抱怨，策划报告洋洋几万字，报告重是重了，但实施的效果就不敢恭维。其原因很简单，就是报告的质量不高，报告的质量不高就是策划师或策划代理机构的水平不高，水平不高归根结底是策划师对项目的把握力不从心而勉强进行，这样既害了开发商又害了策划师自己。

房地产策划报告的编写对开发商和策划师来说都很重要，都要认真对待才行。

9.1.3　策划报告的类型

房地产策划报告的类型多样，一般可作以下分类。

1. 从项目策划的整体与部分来分：有总体策划报告和单项策划报告两种。

总体策划报告是对项目的各个方面如市场研究、项目定位、产品策划、营销推广等方面进行全方位的策划与分析，以求对项目一个总体的把握和全面的了解，目的是对项目有个总体的设想。

单项策划报告是对项目其中的一个方面进行详细的分析和论证，以便深入地把握某一方面的具体内涵，得到一个全面而又有深度的想法。如只从项目市场定位来对项目进行深入的分析和研究，找出项目在某一区域环境中的市场空白点，而不涉及其他方面问题。

2. 从项目策划的具体内容来分：有市场策划报告、产品（设计）策划报告、投资策划报告、营销推广报告、形象策划（设计）报告、广告策划报告等。

这是目前运用得最多的一种分类形式，各个内容的策划报告基本反映了项目策划的具体工作。也有把前三个报告合在一起进行策划编写的，变成了一个内容极为丰富的前期策划报告；也有把以上一个报告内容中的一部分拿出来编写，如在市场策划报告中只拿目标客户群的分析定位来进行编写详细的策划报告。

3. 从与客户是否签订合同来分：有纲要策划报告（签合同前）和实际策划报告（签合同后）两种。

纲要策划报告是指与开发商洽谈业务时，提供给客户的一份策划报告。这份报告的内容是纲要性的，目的是让客户知道以后策划代理商服务的大概内容，报告里面还有一部分是策划代理商宣传自己的内容和收费标准。纲要策划报告的存在，是因为很大一部分开发商对房地产策划代理的内容了解不多，提供这样的纲要性报告给他们，可以给开发商一个大概的策划内容和范围，以便进行决策。

实际策划报告就是与客户签订委托代理合同后，按合同约定的策划内容和时间提交给开发商的实际策划报告。

此外，从提交给客户的储存媒介来分，还有打印文件报告和电子文件报告两种。

9.2　房地产策划报告的编写要求

9.2.1　策划报告主旨与材料要求

1. 策划报告主旨

（1）策划报告的主旨特征。任何房地产策划报告的编写都要考虑编写的目的和效果，这就形成了房地产报告的主旨。主旨是房地产策划报告在调查研究、说明问题、阐述道理、提出思路、确定目标时所表达出来的基本思想或编写意图。

房地产策划报告的主旨有两个表现形态：思想型主旨和信息型主旨。思想型主旨体现在对项目的分析、评判和提出的处理意见、办法措施上。如市场调研报告的调查结论及建议，产品设计报告的规划方向及建议等。信息型主旨体现在策划师的编写意图仅仅是向开发商提供某种信息、说明产品的形状、作用、使用方法等。思想型主旨具有倾向性，信息型主旨具有客观性。

主旨对房地产策划报告编写的作用十分重要。这表现在两个方面：

1）策划报告主旨是衡量一份报告价值大小的标尺。衡量一份报告价值大小，主要是看其思想观点是否正确、深刻，提出的办法是否可行，提供的信息是否真实有用，而这正是策划报告的价值标尺。

2）策划报告主旨是选取材料、安排结构、运用语言的依据。主旨在策划报告编写中居于统帅地位，材料的取舍、布局的谋划、词句及表达方式皆依主旨而定夺，皆为表现主旨服务。主旨是策划报告的灵魂，报告的其他要素是以主旨为核心而组成一个有机的整体。

（2）策划报告主旨的表达要求。房地产策划报告主旨的表达，主要要求正确、鲜明、集中。

1）正确。房地产策划报告所要求的主旨正确，是指在符合国家在房地产方面的方针政策、法律法规，符合实际情况的基础上，正确反映项目或楼盘的本质规律，其提出的观点、意见，采取的办法、措施要求合理、现实，经得起实施的考验。如一个大型的建设项目要投资，必须对这个项目的各方面条件进行可行性研究，对建设单位的资金、设备、人力、技术水平等多方面做出正确的评估，对产品的消费市场做出准确的预测。

2）鲜明。房地产策划报告是以实施为目的的，其报告主旨的表达必须鲜明。对项目要有针对性，有的放矢地立言表意。编写者的态度要鲜明，赞成什么，反对什么，提倡什么，都必须鲜明地表达出来。用语要显明，直述不曲，容易理解。

3）集中。房地产策划报告主旨的集中是指一份报告无论内容多少、篇幅长短，都要有一个集中的、突出的、单一的主旨。主旨单一，笔墨集中，便于把问题说清说透；主旨复杂，笔墨分散，容易造成“意多乱文”。

（3）策划报告主旨的表达方式

1）标题概括主旨。标题由于位置醒目，给读者的印象最为深刻。策划报告对读者有无吸引力，标题是个首要因素。以标题概括主旨，能唤起读者的注意，使读者迅即了解策划报告的主旨，把握其要点。例如：“上海世纪花园项目策划报告”“美丽华庭目标客户群分析”“广州太阳广场产品设计建议书”“天上人间营销推广方案”。

2）篇首点明主旨，即开门见山，开宗明义。报告开篇亮明主旨，从编写上说，有提纲挈领、纲举目张的作用；从阅读上说，能使读者得到一个总印象，便于把握全文的精神实质。

3）小标题揭示主旨。用小标题揭示主旨是把报告分解成几个部分，每部分由小标题概括领起，每个小标题皆从不同方面、不同层次对主旨加以揭示。用小标题揭示主旨常用于内容复杂、篇幅较长的报告，如房地产市场调查报告等。

4）撮要突出主旨。撮要即“片言居要”，用简明的文字概括出全文或全段的主要内容或意见、观点。如：“写一份活动策划流程方案，往往以段头撮要的形式贯通首尾：活动宗旨、活动时间、活动地点、活动内容、参加人员、具体安排、负责人员等。”一些大型的调查报告、营销推广方案等，常以段头撮要的形式分述主旨。

5）篇末显示主旨。篇末显示主旨即“卒章显旨”。篇末是报告的收口处、结穴处，许多报告常在篇末提出建议、处理意见、归纳观点。

2. 策划报告材料

所谓材料，是策划报告编写者为着某一写作意图，从现实市场和文字资料中搜集、摄取的市场情况实事和理论依据。

(1) 获取材料的意义与途径。材料是房地产策划报告的基本要素之一。如果说主旨是报告的灵魂，那么材料则是报告的血肉。材料对房地产策划报告编写的作用可用三句话概括：材料是形成报告的基础，是提出观点的依据，是表达主旨的支柱。

获取材料的途径有：

1）从平常中观察感受。不到实际的房地产经济工作中去观察感受，不参与实际的策划活动，就难以采集到反映房地产市场变化的信息，就难以发现房地产市场中的实际问题，就不能提出有针对性的切实的观点、主张、办法、措施。

2）从调查采访中搜集储存。调查采访是有目的的、有对象地深入房地产市场进行考察，并向有关人员了解询问有关情况，以获得真实丰富的第一手材料。如房地产市场预测报告，如果不对现有的商品房价格、行情、销售现状、消费者的消费需求及观念等做出调查，就难以对销售市场的走向作准确的预测。

3）从文字资料中采集积累。从文字资料中采集积累，即通过阅读书籍、报刊、各种文件等文字资料来采集积累材料，在信息时代，还可以通过互联网来收集材料。现在很多策划人员，很会利用互联网来收集房地产方面的信息，但要与现实的调查资料相结合，在网上收集的材料毕竟是二手货，有时会出现网上资料与现实调查的差错。

(2) 选择材料的要求。搜集积累了丰富的材料，还有待选择。搜集材料时要多而细，选择材料时要百般挑剔，严格把关。选择材料的要求是：

1）选材要围绕主旨。围绕主旨选择材料，是选择材料的基本原则。与主旨有关，能说明、烘托、突出主旨的材料应选而留之；与主旨无关的或关系不大、作用不大的材料则应扣而舍之。只有围绕主旨选择材料，才能衡量选择的材料是否典型、精当。

2）选材要真实、准确。所谓真实，是指所选的材料必须实有其人，实有其事，所叙述的现象、事例、数据、问题都是房地产市场中客观存在，经得起核查。与真实有关，是准确。所谓准确，是确凿无疑，可靠无误。

3）选材要典型、新颖。所谓典型，是指所选的材料能够深刻地反映事物的本质和规律，在同类材料中据有广泛代表性和强大的说服力。典型的材料能使策划报告具有强大的表现力和说服力，但要使报告具有吸引力，选择的材料还必须新颖。所谓新颖，是指所选的材料新异鲜活。材料具有时代气息，新异鲜活，就能增加报告的魅力，吸引读者。

9.2.2 策划报告编写要求

1. 基本要求

(1) 准——准确表达房地产策划报告的主旨。

(2) 深——要有深刻的思想内涵，有强烈的冲击力。

(3) 新——创意别出心裁、不落俗套。

(4) 透——说明清楚、分析透彻。

(5) 明——条理清晰、重点突出。

(6) 活——图、表、文并茂，生动活泼。

2. 具体要求

(1) 主旨要单一，继承总的营销思想。在策划活动的时候，首先要根据企业本身的实际问题（包括企业活动的时间、地点、预期投入的费用等）和市场分析的情况（包括竞争对手当前的广告行为分析、目标消费群体分析、消费者心理分析、产品特点分析等）做出准确的判断，并且在进行 SWOT 分析之后，扬长避短地提取当前最重要的、也是当前最值得推广的一个主旨，而且也只能是一个主旨。在一次活动中，不能做所有的事情，只有把一个最重要的信息传达给目标消费群体，正所谓“有所为，有所不为”，这样才能把最想传达的信息最充分地传达给目标消费群体，才能引起受众群关注，并且比较容易地记住你所要表达的信息。

（2）直接地说明利益点。在确定了唯一的主旨之后，受众消费群体也能够接受我们所要传达的信息，但是仍然有很多人虽然记住了广告，但是却没有形成购买冲动，为什么呢？那是因为他们没有看到对他们有直接关系的利益点，因此，在策划中很重要的一点是直接地说明利益点，如果是优惠促销，就应该直接告诉消费者你的优惠额数量，而如果是产品说明，就应该贩卖最引人注目的卖点，只有这样，才能使目标消费者在接触了直接的利益信息之后引起购买冲动，从而形成购买。

（3）要围绕主题进行并尽量精简。很多策划文案在策划活动的时候往往希望执行很多的活动，认为只有丰富多彩的活动才能够引起消费者的注意，其实不然。其一，这样容易造成主次不分。很多市场活动搞得很活跃，也有很多人参加，似乎反响非常热烈，但是在围观或者参加的人当中，有多少人是企业的目标消费群体，而且即使是目标消费群体，他们在参加完活动之后是否纷纷购买产品？目前一些策划者经常抱怨的一个问题就是围观者的参与道德问题，很多人经常是看完了热闹就走，或者是拿了公司发放的礼品就走了。其实这里的问题就在于活动的内容和主题不符合，所以很难达到预期效果。其二，提高活动成本，执行不力。在一次策划中，如果加入了太多活动，不仅要投入更多的人力、物力和财力，直接导致活动成本的增加，而且还有一个问题就是容易导致操作人员执行不力，最终导致案子的失败。

（4）具有良好的可执行性。一个合适的产品，一则良好的创意策划，再加上一支良好的执行队伍，才是成功的市场活动。而执行是否能成功，最直接和最根本地反映了策划案的可操作性。策划方案要做到具有良好的执行性，除了需要进行周密的思考外，详细的活动安排也是必不可少的。

（5）变换写作风格。一般来说，策划人员在策划报告的编写过程中往往会积累自己的一套经验，当然这种经验也表现在策划书的写作形式上，所以每个人的策划书可能都会有自己的模式。但是往往是这样的模式会限制策划者的思维，没有一种变化的观点是不可能把握市场的。而在策划报告的内容上也同样应该变换写作风格，因为如果同一个客户三番五次地看到你的策划都是同样的壳子，就很容易在心理上产生一种不信任的态度，而这种首因效应有可能影响了创意的表现。

（6）切忌主观言论。在进行策划的前期，市场分析和调查是十分必要的，只有通过对整个市场局势的分析，才能够更清晰地认识到企业或者产品面对的问题，找到了问题才能够有针对性地寻找解决之道，主观臆断的策划者是不可能做出成功的策划的。同样，在策划报告的编写过程中，也应该避免主观想法，切忌出现主观类字眼，因为策划案没有付诸实施，任何结果都可能出现，策划者的主观臆断将直接导致执行者对事件和形式产生模糊的分析，而且，客户如果看到策划报告上的主观字眼，会觉得整个策划案都没有经过实在的市场分析，只是主观臆断的结果。

9.3 房地产市场策划报告

房地产市场策划报告是以房地产市场调研、定位为内容的一种策划报告形式，从它的内容看，可分为房地产市场调查报告、房地产市场分析报告和房地产项目市场定位报告三种。

9.3.1 房地产市场调查报告

1. 房地产市场调查报告的特点

(1) 内容丰富。报告涉及的调查内容很丰富，从宏观到微观，从大环境到小环境，从消费者到产品等都进行全面的调查。

(2) 篇幅较长。一份报告至少上万字以上，有的甚至五六万字才能把调查的内容说完。

(3) 多为集体负责完成。由不同专业的人员组成一个小组，统一分工，共同完成。

2. 房地产市场调研报告的内容

第一部分　房地产市场环境调查

(1) 政治法律环境调查。

1) 国家、省、城市有关房地产开发经营的方针政策。如房改政策、开发区政策、房地产价格政策、房地产税收政策、房地产金融政策、土地制度和土地政策、人口政策和产业发展政策、税收政策等。

2) 有关房地产开发经营的法律规定。

3) 有关国民经济社会发展计划、发展规划、土地利用总体规划、城市建设规划和区域规划、城市发展战略等。

(2) 经济环境调查。

1) 国家、地区或城市的经济特性，包括经济发展规模、趋势、速度和效益。

2) 项目所在地区的经济结构、人口及其就业状况、就学条件、基础设施情况、地区内的重点开发区域、同类竞争物业的供给情况。

3) 一般利率水平，获取贷款的可能性以及预期的通货膨胀率。

4) 国民经济产业结构和主导产业。

5) 居民收入水平、消费结构和消费水平。

6) 项目所在地区的对外开放程度和国际经济合作的情况，对外贸易和外商投资的发展情况。

7) 与特定房地产开发类型和开发地点相关因素的调查。

8) 财政收支。

第二部分　社区环境调查

(1) 房地产市场需求。

1) 消费者对某类房地产的总需求量及其饱和点、房地产市场需求发展趋势。

2) 房地产市场需求影响因素调查。如国家关于国民经济结构和房地产产业结构的调整和变化；消费者的构成、分布及消费需求的层次状况；消费者现实需求和潜在需求的情况；消费者的收入变化及其购买能力与投向。

（2）消费行为调查。

1）需求动机调查。如消费者的购买意向，影响消费者购买动机的因素，消费者购买动机的类型等。

2）购买行为调查。如不同消费者的不同购买行为，消费者的购买模式，影响消费者购买行为的社会因素及心理因素等。

第三部分　房地产产品调查

（1）房地产市场现有产品的数量、质量、结构、性能、市场生命周期。

（2）现有房地产租售客户和业主对房地产的环境、功能、格局、售后服务的意见及对某种房地产产品的接受程度。

（3）新技术、新产品、新工艺、新材料的出现及其在房地产产品上应用情况。

（4）本企业产品的销售潜力及市场占有率。

（5）建筑设计及施工企业的有关情况。

第四部分　房地产价格调查

（1）影响房地产价格变化的因素，特别是政府价格政策对房地产企业定价的影响。

（2）房地产市场供求情况的变化趋势。

（3）房地产商品价格需求弹性和供给弹性的大小。

（4）开发商各种不同的价格策略和定价方法对房地产租售量的影响。

（5）国际、国内相关房地产市场的价格。

（6）开发个案所在城市及街区房地产市场价格。

（7）价格变动后消费者和开发商的反应。

第五部分　房地产促销调查

（1）房地产广告的时空分布及广告效果测定。

（2）房地产广告媒体使用情况的调查。

（3）房地产广告预算与代理公司调查。

（4）人员促销的配备状况。

（5）各种公关活动对租售绩效的影响。

（6）各种营业推广活动的租售绩效。

第六部分　房地产营销渠道调查

（1）房地产营销渠道的选择、控制与调整情况。

（2）房地产市场营销方式的采用情况、发展趋势及其原因。

（3）租售代理商的数量、素质及其租售代理的情况。

（4）房地产租售客户对租售代理商的评价。

第七部分　房地产市场竞争情况调查

（1）竞争者及潜在竞争者（以下统称竞争者）的实力和经营管理优劣势调查。

（2）对竞争者的商品房设计、室内布置、建材及附属设备选择、服务优缺点的调查与分析。

（3）对竞争者商品房价格的调查和定价情况的研究。

（4）对竞争者广告的监视和广告费用、广告策略的研究。

（5）对竞争情况、销售渠道、使用情况的调查和分析。

(6) 对未来竞争情况的分析与估计等。

(7) 整个城市，尤其是同（类）街区同类型产品的供给量和在市场上的销售量，本企业和竞争者的市场占有率。

(8) 竞争性新产品的投入时机和租售绩效及其发展动向。

9.3.2 房地产市场分析报告

1. 房地产市场分析报告的特点

(1) 侧重于以房地产市场分析为主，在分析中得出结论。

(2) 围绕项目进行，为项目的市场定位做准备。

(3) 关键是把握房地产市场的供需状况和市场空白点。

2. 房地产市场分析报告的内容（以住宅项目为例）

第一部分　宏观区域分析

(1) 区域社会经济发展状况。

1) 区域概况（网上资料或统计局）。

2) 地理位置（位置、所辖区域、面积、市区面积）。

3) 城市性质及地位（城市的历史、文化、所占的重要地位）。

4) 城市规模（城市用地规模、人口规模）。

5) 城市总体布局（城市格局、所含区、规划方向、突出特色）。

6) 区域经济发展概况（数据来源统计局）。

7) 区域国内生产总值及增长比例、人均国内生产总值及增长比。

8) 人均可支配收入及增长，消费性支出及增长、平均工资。

(2) 区位分析。

项目区域位置与自然概况。

1) 项目所在区域概况（项目所在区域是大区域的什么地带、占有什么地位、起到什么作用）。

2) 区域位置（项目具体位置、占地及位置优势）。

3) 区域景观条件（项目所在区域景观）。

(3) 项目与城市主要商业区及就业区的联系分析。

1) 项目所在区域的交通情况（项目周边的快速路、主干路、次干路、支路；项目周边的公交线路；项目到达市中心的乘车路线及时间）。

2) 主要商业区、就业区的分布及与项目的关系。

(4) 分析项目与上述区域的关系。

1) 城市规划对项目开发的影响。

2) 区域整体规划概况。

3) 项目周围规划概况。

4) 规划对项目的影响。

(5) 区域分析结论。

1) 经济发展、人均收入及支出消费。

2) 项目的区位优劣势。

3）项目的交通优劣势。

4）大规划与项目周边的小规划对项目的影响分析。

第二部分　区域房地产的市场分析

（1）区域市场的发展状况。

1）区域市场的发展状况及概况。

① 起步兴起期（时间、首批代表作、产品特征）。

② 平稳发展期（时间、代表作、产品特征、需求状况）。

③ 整合提升期（时间、代表大盘、产品及战略理念、需求状况）。

2）近年来区域住宅（商业）市场供求分析。

① 市场供应方面（近几年来的施工面积及增长）、市场需求方面（近几年来的销售面积及增长，销售总额）。

② 价格变化（各类房产项目的价格及涨幅：经济适用房、多层住宅、高层住宅、别墅、高级公寓、写字楼、商业用房）。

3）区域住宅（商业）市场的发展特点。

① 政府对市场的管理调控力强（相关房地产政策及区域房地产政策的出台及作用）。

② 市场体系逐步完善（主要包括出现多层次的供应房及二手房的发展）。

③ 市场热点向规模化的转移（大盘的出现、配套的完善，社区的规划设计）。

④ 房地产企业的汰弱留强进程加快（外地开发商的进入和现有开发商的状况及分析）。

⑤ 区域住宅（商业）市场格局（根据市场状况将城市划分为几个区域板块，再根据板块进行分析）。

⑥ 板块发展背景：区域状况、交通、配套、规划。楼盘特点：该板块内的楼盘共性。销售情况：价格、交房、档次、销售率。

4）项目所在区域的房地产特性。

前面板块分析中应涉及该部分内容，再将该区域目前销售的具体代表项目进行分析，为本项目提供依据。

项目所在区域住宅（商业）项目概况。

（2）项目所在区域的产品特点分析。

1）开发规模及配套情况。

① 项目所在区域代表性项目占地面积规模比较。

② 规划设计及户型特点（本区域以什么建筑为主：多层、小高层、高层。建筑风格以什么为主：欧式、现代。社区文化，环境，项目主力户型情况、分析以何种户型为主）。

③ 装修标准及智能化系统。

2）项目所在区域的销售特点。

① 营销推广特点（通过对当地在售楼盘在报纸、电视、路牌、杂志、工地现场等不同媒介上所做宣传画面、诉求内容、表达形式等方面的分析，以及对楼盘销售人员、销售场所的包装调查）。

② 从营销策略层面看：宣传主题、主诉内容、销售控制。

③ 从营销执行操作层面来看：销售场所、样板房、销售服务、人员素质。

④ 售价情况：集中销售均价、最低价格、最高价格、销售率。

⑤ 客户特点：主要区域客户来源、档次、目的、原因。

⑥ 项目所在区域市场发展预测：项目区域规划与项目联系，项目所在区域的市场供求及消化预测。

⑦ 典型个案（详细介绍区域内主要项目的特点或区域内最成功的案例）。

3）区域市场需求调查分析。

① 调查问卷内容（附表）。

② 问卷调查说明及统计分析。

③ 问卷统计分析结论。

第三部分　项目条件分析

（1）项目地块自身条件分析。

1）地理位置（现场）。

2）地质状况（发展商提供勘察报告、风水情况）。

3）土地面积及其东线图（发展商提供）。

4）七通一平现状（现场、与发展商交流）。

（2）项目周围环境分析。

1）地块各方面的环境（建筑物、污染状况、近景、远景及视野遮盖情况）。

2）地块适当半径内历史人文景观列示（标明距离项目地块车距）。

3）项目用地居住情况：周边小区居住情况。

4）项目周围居民状况。

5）项目外围情况。

6）地块交通状况。

7）周边市政路网纵横图。

8）周边公交系统起始状况、频次及远景规划。

9）直入地块的道路交通状况。

（3）项目附近公建配套设施分析。

1）购物中心（商场、超市、菜市场）。

2）文化教育（幼托、小学、中学、大学图书馆及质量）。

3）医疗（各级医院、药店及质量）。

4）金融（各种银行）。

5）邮政局、所。

6）娱乐餐饮（体育健身、歌舞餐饮）。

7）周边已成社区状况。

8）附近小区列图。

9）各楼盘及小区的居民阶层。

10）小区规划、价格等。

（4）项目条件分析结论。

第四部分　市场分析结论

（1）从区域市场的发展来看。

1）房地产的发展趋势。

2）供需关系。

3）区域开发实力。

4）市场产品主要竞争点及产品趋势。

（2）从项目所在区域的市场分析来看。

（3）从项目开发的规模来看：区域项目类型、主力户型。

（4）从项目所在区域的销售情况来看：期房销售率、现房销售率、售价从客户情况来看，主要客户群体。

（5）从项目的营销推广来看，综合评估。

（6）从对区域市场的调查分析来看：选择在本区域购房的客户，其年龄、文化程度、家庭结构、家庭收入、区域、从业潜在客户对区域房价的接受能力。

（7）从潜在客户对户型面积的选择上看。

9.3.3 房地产市场定位报告

1. 房地产市场定位报告的特点

（1）侧重房地产具体项目的市场定位内容。

（2）从总体上把握项目的发展方向。

（3）为市场推广打好基础。

2. 房地产市场定位报告的内容（以别墅项目为例）

第一部分　项目市场环境研究

（1）全国宏观经济、政策及房地产业环境分析。

（2）区域房地产宏观经济及房地产产业环境分析。

（3）低中高端房地产市场发展态势。

1）国内及国际房地产市场发展态势分析。

2）地区房地产市场发展态势分析。

第二部分　竞争环境研究及市场机会分析

（1）板块房地产市场环境概况。

（2）区域市场环境分析。

（3）项目概况。

（4）项目SWOT分析。

第三部分　项目定位研究

（1）项目总体定位。

1）项目开发原则和总体定位。

2）项目定位思路。

3）项目物业功能定位。

4）物业类型及档次定位。

5）项目规模及其体量分配建议。

6）项目关键竞争力定位。

（2）目标市场定位。

1）目标市场分布区域。

2）目标市场年龄结构。

3）目标市场家庭结构。

4）目标市场文化特征。

5）目标市场职业特征。

6）目标市场经济特征。

7）目标市场消费特征。

（3）产品定位。

1）建筑风格建议。

2）建筑规划布局建议。

3）园林景观系统建议。

4）住宅户型建议。

5）配套设施。

6）交房标准建议。

（4）价格定位。

（5）项目形象定位。

（6）项目服务模式定位。

9.4　房地产概念规划报告

房地产概念规划报告是以房地产产品的规划、设计、定位为策划内容的一种策划报告形式，从报告内容看，可分为房地产项目设计定位建议书、房地产项目设计任务书两种。

9.4.1　房地产项目设计定位建议书

1. 房地产项目设计定位建议书的特点

（1）重点是项目设计定位问题。在房地产策划中，产品设计定位很重要，它为房地产项目进行规划设计和建筑设计提供依据。

（2）建议书是规划设计前不可缺少的一个环节。房地产项目产品设计定位建议书提出的产品定位方向等问题，全部形成房地产项目设计任务书，提供给规划、建筑设计部门进行设计时参考。

2. 房地产项目设计定位建议书的内容（以住宅项目为例）

第一部分　项目定位

（1）目标客户群定位。

（2）产品定位。

（3）文化风格主题概念定位。

第二部分　区域与城市关系

（1）项目概况。

（2）上位规划。

第三部分　总体规划策划

（1）总体布局、组团构成模式。

（2）空间规划设计，公共建筑布置要求和拟形成的空间氛围。

（3）路网系统（道路、交通规划）：确定居民出行的交通方式（机动车、非机动车、步行交通），根据居民出行交通方式确定居住区交通组织和车辆停放形式。

第四部分　建筑设计建议

（1）建筑类型及各种类型的建筑面积和功能要求。

（2）建筑单体设计。

（3）户型建议，包括设计要点、房型、面积、所占比例。

（4）建筑风格建议，住宅和公建的风格描述。

（5）主要建筑设备及材料要求。

（6）智能化设施要求标准：包括安全防范系统、信息管理系统、信息网络系统。

第五部分　环境设计建议

（1）环境景观设计主题概念。

（2）主要的环境设施描述。

（3）景观节点描述。居住区外部景观综合形象、中心公共绿地、商业步行街、样板区样板房与周边绿化环境的塑造。

第六部分　配套建议

（1）会所及周边环境（会所面积功能的要求）。

（2）商业服务配套建议。

（3）教育配套建议（幼儿园、小学、中学）。

（4）其他休闲娱乐配套建议（根据具体项目提出的其他配套设施建议）。

（5）交通配套建议（小区停车方式建议，停车场、停车位设置建议）。

第七部分　装修标准策划建议

（1）公用部分。外墙、墙体；入口及电梯、大堂、地面、墙面、天棚，楼层电梯厅：地面、墙面、照明。

（2）户内部分。装修偏好、装修与否、装修档次（中、高、低档）或毛坯房。

第八部分　项目创新点、卖点

（1）景观环境。

（2）文化风格。

（3）生活设施。

（4）规划设计。

第九部分　样板区及开发顺序描述

（1）首期开发规模。

（2）考虑因素：园林景观、道路、居住建筑、会所及其他公共建筑。

（3）人行路线。

9.4.2　房地产项目设计任务书

1. 房地产项目设计任务书的特点

（1）通过项目定位研究后提交给规划设计部门的文件。

（2）规划设计部门原则上按任务书的内容进行设计。

2. 房地产项目设计任务书内容（以深圳某项目为例）

第一部分 项目概况

（1）项目区位。

（2）项目四至。

（3）项目现状。

（4）项目景观。

第二部分 主要技术经济指标

第三部分 项目发展目标及定位

（1）项目发展目标。

（2）项目定位。

1）客户定位。

2）形象定位。

3）档次定位。

4）主题定位。

5）户型产品定位。

第四部分 规划设计理念原则

（1）规划设计思路。

（2）规划设计理念。

（3）规划设计原则。

第五部分 规划设计建议

（1）建筑形态。

（2）建筑风格。

（3）住宅户型建筑设计建议。

（4）产品细节品质提升建议。

1）社区单位入口。

2）入户大堂。

3）电梯厅。

4）地下车库。

5）特色信箱。

（5）园林环境建议。

1）园林主题概念。

2）主题概念构成元素。

3）各园林主题打造。

（6）配套设施建议。

1）会所设置主题构成。

2）会所主题分解。

3）架空层泛会所。

4）其他重要设施。

（7）智能化新材料建议。

（8）商业设计建议。

第六部分　设计成果要求

第七部分　设计时间要求

9.5　房地产投资策划报告

房地产投资策划报告是以房地产项目投资环境、项目选址、经济评价为策划内容的一种策划报告形式，从报告内容看，可分为房地产投资分析报告和房地产可行性研究报告两种。

9.5.1　房地产项目投资分析报告

1. 房地产项目投资分析报告的特点

（1）主要侧重项目的投资分析和评价。

（2）为项目投资决策提供经济上的支持。

2. 房地产项目投资分析报告内容（以租售型项目为例）

（1）市场分析和需求预测。

（2）建设指导思想。

（3）建设规模。

（4）规划选址。

（5）规划与住宅布局。

（6）小区绿化。

（7）方案设想。

（8）实施进度计划及计算期。

（9）用款计划。

（10）投资估算。

（11）资金筹措。

（12）贷款条件。

（13）税费率。

（14）销售与出租计划。

（15）财务分析。

1）分析依据。

2）盈利能力分析。

3）清偿能力分析。

4）资金平衡分析和资产负债分析。

5）敏感性分析。

6）临界点分析。

（16）分析结论。

9.5.2　房地产项目可行性研究报告

1. 房地产项目可行性研究报告的特点

（1）市场研究与经济评价并重。

（2）报告主要提交给有关部门，如立项、申请贷款等。

2. 房地产项目可行性研究报告内容

第一部分　项目总论

（1）项目概况。

1）项目名称。

2）项目建设单位。

3）项目位置（四至范围）。

4）项目周边目前现状。

5）项目性质及主要特点。

6）项目地块面积及边界长。

7）研究工作依据。

8）研究工作概况。

（2）可行性研究结论。

1）市场分析预测。

2）项目地块分析。

3）项目规划方案。

4）项目工程进度。

5）投资估算及资金筹措。

6）项目财务与经济评价。

7）项目综合评价结论。

（3）主要技术经济指标表。

（4）项目存在问题与建议。

第二部分　项目背景

（1）项目提出背景。

1）项目所在区域商业发展情况。

2）所在区域政策、经济及产业环境。

3）项目发起人及发起缘由。

（2）项目发展概况。

1）已进行的调查研究项目及成果。

2）项目地块初勘及初测工作情况。

3）项目建议书编制、提出及审批过程。

（3）项目投资的必要性。

第三部分　市场研究

（1）市场供给。

1）所在区域内商业用房现有供给量及结构情况调查。

2）所在区域内商业用房未来供给量及结构情况调查。

3）其他替代性产品供给量情况调查研究。

（2）市场需求。

1）所在区域内商业用房的租用情况调查。

2）所在区域内在售商业用房销售情况调查。

3）其他替代性产品租售情况调查。

（3）市场价格。

1）所在区域内商业用房销售价格情况调查。

2）所在区域内商业用房租赁价格情况调查。

（4）市场预测。

1）未来该区域内商业用房需求预测。

2）销售及租赁价格预测。

（5）市场推销。

1）推销方式及措施。

2）产品推销费用预测。

第四部分　项目研究

（1）地块特征分析。

1）项目区位分析。

2）项目交通分析。

3）项目人流分析。

4）项目周边规划。

（2）项目 SWOT 分析。

1）项目优势分析。

2）项目劣势分析。

3）项目机会分析。

4）项目威胁分析。

（3）项目定位方案。

1）项目产品方案。

2）主要功能建筑规模。

3）主要技术经济指标。

第五部分　投资估算

（1）土地费用。

（2）前期工程费用。

（3）建筑安装工程费用。

（4）基础设施建设费用。

（5）公共配套设施建设费用。

（6）管理费用。

（7）销售费用。

（8）财务费用。

（9）各种税金支出。

（10）其他成本支出估算。

第六部分　开发进度

（1）建设周期安排。

(2) 施工进度安排。

(3) 销售周期安排。

第七部分 资源供给

(1) 资金筹集与使用计划。

(2) 建筑材料的需要量、供应计划和采购方式。

(3) 施工力量组织计划。

(4) 项目施工期间的动力、水电等供应。

(5) 项目竣工投入使用后水、电、气、通讯等的供应。

第八部分 财务评价

(1) 获利性评价。

1) 成本利润率。

2) 销售利润率。

(2) 效率评价。

1) 经营比率。

2) 资金利用率。

(3) 信誉评价。

1) 流动比率。

2) 杠杆比率。

(4) 静态获利分析。

1) 投资收益率 (R)。

2) 投资回收期 (Pt)。

(5) 动态获利分析。

1) 财务净现值 (FNPV)。

2) 财务净现值率 (FNPVR)。

第九部分 风险评价

(1) 盈亏平衡分析。

(2) 敏感性分析。

1) 变动因素一。

2) 变动因素二。

第十部分 综合评价

(1) 经济评价 (定性)。

(2) 社会评价 (定性)。

(3) 环境评价。

(4) 存在问题与建议。

(5) 总体结论及建议。

9.6 房地产营销策划报告

房地产营销策划报告是以房地产项目销售推广为策划内容的一种策划报告形式，从报告内容看，主要有房地产项目营销策划报告一种，但由于营销策划内容较多，也有的把营销策划报告内容中的一部分单独抽出来形成一个独立的报告，如房地产定价策划报告、楼盘开盘策划报告、公关活动策划报告等。

1. 房地产营销策划报告的特点

（1）报告重点放在营销策略上，为楼盘的销售提供策略和计划上的支持。

（2）报告内容注重实际操作，指导具体销售。

2. 房地产营销策划报告的内容

（1）项目概况。

（2）区域房地产宏观市场综述与评析。

（3）项目 SWOT 分析。

1）项目地块的优势。

2）项目地块的劣势。

3）项目地块的机会点。

4）项目地块的威胁及困难点。

（4）类比竞争楼盘调研。

1）类比竞争楼盘基本资料。

2）项目户型结构详析。

3）市场定位。

4）销售价格。

5）销售政策措施。

6）广告推广手法。

7）主要媒体应用及投入频率。

8）公关促销活动。

9）其他特殊卖点和销售手段。

10）综合评判。

（5）项目主卖点荟萃及物业强势、弱势分析与对策。

1）项目主卖点。

2）项目强势、弱势分析与对策。

（6）项目市场定位。

1）区域定位。

2）主力客户群定位。

3）功能定位。

4）建筑风格定位。

（7）项目营销整体思路与战略思想。

（8）目标客户群定位分析。

1）项目所在地人口总量及地块分布情况。

2）项目所在地经济发展状况和项目所在地人口就业情况。

3）项目所在地家庭情况分析。

家庭成员结构、家庭收入情况、住房要求、生活习惯。

4）项目客户群定位。

① 目标市场：目标市场区域范围界定、市场调查资料汇总、研究、目标市场特征描述。

② 目标客户：目标客户细分、目标客户特征描述、目标客户资料。

（9）价格定位及策略。

1）项目单方成本。

2）项目利润目标。

3）可类比项目市场价格。

4）价格策略：

定价方法、均价、付款方式和进度、优惠条款、楼层和方位差价、综合计价公式。

5）价格分期策略：

内部认购价格、入市价格、价格升幅周期、价格升幅比例、价格技术调整、价格变化市场反应及控制、项目价格、销售额配比表。

（10）入市时机规划。

1）宏观经济运行状况分析。

2）项目所在地房地产相关法规和市场情况简明分析。

3）入市时机的确定及安排。

（11）开发节奏建议。

1）影响项目开发节奏的基本因素。

政策法规因素、地块状况因素、发展商操作水平因素、资金投放量及资金回收要求、销售策略、销售政策及价格控制因素、市场供求因素、上市时间要求。

2）项目开发节奏及结果预测。

项目开发步骤、项目投入产出评估、结论、项目类比价值计算。

（12）广告总体策略及广告的阶段性划分。

1）广告总体策略。

2）广告的阶段性划分。

3）广告主题。

4）广告创意表现。

5）广告效果监控、评估、修正。

（13）媒介策略。

1）媒体总策略及媒体选择。

媒体总策略、媒体选择、媒体创新使用。

2）软性新闻主题。

3）媒介组合。

4）投放频率及规模。

5）费用估算。

（14）销售策略及销售实施。

1）销售阶段性策略。

内部认购期、蓄势调整期、开盘试销期、销售扩张期、强势销售期、扫尾清盘期。

2）政策促销。

3）销售活动。

4）销售承诺。

（15）公关活动策划。

SP 活动创意。

（16）现场包装。

9.7 房地产广告策划报告

房地产广告策划报告是以房地产广告宣传、推广为策划内容的一种策划报告形式，从报告内容看，主要有房地产项目广告策划报告和项目推广文案两种，前者是整个项目广告策略、媒体策略、投放安排等内容，后者是广告文案创意和写作，本节主要介绍前者。

1. 房地产广告策划报告的特点

（1）主要以项目的宣传推广为目的而进行的策略安排。

（2）报告写作比较活泼，创意丰富、带有艺术趣味。

2. 房地产广告策划报告的内容

（1）项目市场分析。

1）楼市总体分析。

2）楼市分区分析。

3）本项目区域详尽分析。

（2）项目 SWOT 分析。

1）项目优势分析。

2）项目劣势分析。

3）项目机会点分析。

4）项目障碍点分析。

（3）项目主要竞争对手分析。

（4）项目价格策略分析。

（5）目标消费群分析。

1）目标消费群界定。

2）目标消费群各层面分析。

3）目标消费群的消费观。

4）广告对目标消费群的影响。

（6）品牌传播定位。

1）产品定位。

2）品牌名定位。

3）品牌传播定位。

（7）广告策略。

1）广告宣传目的。

2）广告宣传的卖点界定。

3）总体策略。

4）要树立的形象。

5）分期广告的整合策略。

6）案名及推广主题：推广案名、推广主题、主题诠释、系列主题。

7）广告语。

8）软文策略。

（8）促销活动方案。

1）促销在项目推广中角色。

2）项目主题传播策略。

3）促销活动方案。

（9）媒体策略。

1）媒体投放目的。

2）目标受众。

3）目标消费群媒体接触习惯分析。

4）媒介投放策略。

5）媒体投放选择。

6）广告预算及分配。

第2篇

房地产项目策划

第10章 房地产项目的前期策划概说

10.1 房地产项目与前期策划

10.1.1 房地产项目及生命周期

1. 项目的含义

项目是一个用得比较广泛的概念，在市场经济的今天，使用频率极高，成为了十分时髦的词语，大至“三峡工程”“南水北调”称之为“项目”，小至公司节日庆典亦可谓之“项目”，故人们把一项有头有尾的工作都说成是项目。实际上，项目是为了达到特定目标而调集到一起的资源组合。是由一些独特的、复杂的和相关的活动所组成的一个序列，它有一个必须在特定时间内、在预算之内根据规范完成的目标。

项目的基本特征是：（1）目的性。项目是一种有着规定要求的最终产品的一次性活动。（2）寿命周期。项目从开始到结束的过程中，都要经历慢开始、快增长、慢结束的几个阶段。（3）独特性。每个项目都有一些独特的成分，没有两个建筑项目或研究与开发项目是完全相同的。从经济学的角度，项目可以划分为两大类：一是非营利性的项目，这类项目的进行不是围绕增加主体经济利益，而是着眼于社会效益方面，如“希望工程”；二是营利性的项目，项目主体的一切行为都是以经济效益的增加为最终目的，此类项目在现实生活中占绝大部分。

2. 房地产项目

房地产项目即在房地产开发中，通过规划设计、建设施工、产品销售等一系列工作而形成的最终产品。它的寿命周期有前期、中期和后期三个阶段。前期包括市场调研、项目选址、市场定位、投资分析、规划设计等工作；中期主要是建设施工；后期是产品销售及售后服务。在房地产项目寿命周期中，前期和后期是房地产开发最主要的工作，也是房地产策划最主要的方面。抓住了房地产项目的前期和后期，就抓住了房地产策划的重心。较早期的房地产项目生命周期一般到产品销售完毕就中止，对销售后的服务提供较为忽视。随着房地产市场的日益发展成熟，消费者对购买房产后物业的维护、服务越来越关心，从而使得开发商对物业管理的重视程度不断提高，并将其作为品牌建立及产品甄别的有效途径，物业管理也就成为房地产项目生命周期中一个不可或缺的组成部分。

3. 房地产项目策划——前期策划

目前，人们所说的房地产项目策划，实际上就是指房地产项目的前期策划。简称项目策划为前期策划，意思是指房地产项目的前期策划。

10.1.2 前期策划的含义

房地产前期策划是为达到房地产项目预期的目标，根据对现状的充分了解、对未来发展的科学预测，围绕项目目标所采取的方式、方法、程序等进行全面、缜密的构思、设计及优选所组成一系列的工作。

前期策划是个复杂的思维性工作，涉及的领域很多，并经常彼此有重叠，于是对前期策划的分类标准也就难以统一。广义的房地产前期策划是整个房地产项目过程中一切的有目的性的对未来进行创造性思考及实践的工作，包括项目前期策划和项目后期策划。狭义的房地产前期策划是指站在项目的最高点，从统领全局的角度出发，对房地产项目的总体运作做出对项目有决定性的前瞻统筹。本章所研究的是狭义的房地产前期策划。

房地产前期策划包括市场策划、投资策划和设计策划三大部分。

10.1.3 前期策划在房地产策划中的位置

1. 前期策划是房地产策划的前提。前期策划在项目正式成立之前就展开，通过对项目的研究分析，做出项目是否投资运作的关键性决定。若是得出的结论可行，项目建立，按照项目各环节的要求进行各种房地产策划工作；若得到项目不可行的结论，则后续的工作将停止。所以前期策划是房地产策划开展的前提。

2. 前期策划是房地产策划的基础。前期策划阶段需要掌握项目的宏观、微观投资环境、区域的经济发展情况、城市规划、竞争对手的详细情况、客户群体的消费特征等资料，前期策划积累下来的这些资料是进行决策的基本依据，是房地产其他策划工作的基础。

3. 前期策划在房地产策划中起着提纲挈领的作用。前期策划工作中包含了对项目的总体开发思路的研究制定、对项目产品规划设计的具体要求、对项目工程建设的成本费用预控等项目的方向性工作做出了定性、某些甚至定量的规定要求。前期策划宛如一个基本骨架，其他策划工作在前期策划的基本架构下添加血肉、不断地丰满完善。

10.2 房地产前期策划的发展阶段

10.2.1 老板决策阶段

1992～1993年，中国经济高速增长，固定资产投资迅速膨胀，房地产投资回报率极高，被誉为“财富加速机”，举国上下热衷于房地产开发投资，借用开发区名义进行圈地开发，土地价格在短时间内暴涨，房地产价格完全扭曲，上升至极其不合理的高水平。由于土地市场的不规范，大量的各种非正常途径得来的土地流入市场，而房屋价格高昂，造就了房地产开发的巨大利润空间。此时的投资与其说是房地产开发，不如说是土地倒卖。谁拿了地块，隔夜就能成为百万富翁。因此，房地产开发的模式就简单化为：寻找土地——转让土地——赚取利润——投资成功。市场处于非理性的阶段，任何的市场调查、前期策划都显得“多余”。此时如何提高运转的频率、加快决策效率与项目盈利直接挂钩，于是“老板决策”便成为了最有效的途径。在此阶段，前期策划基本空白，房地产项目主要依靠公司领导层根据自己经验及对未来的粗略判断，人为因素影响整个项目。

10.2.2 “拍脑袋”阶段

1994年后，国家实行宏观调控，紧缩银根，房地产市场迅速由顶峰跌入低谷，许多楼盘出现滞销，市场上的空置房数量大幅度攀升，数以百亿计的资金沉淀在荒废的钢筋水泥里。此时，“点子大王”应运而生，为楼盘包装镀金，赋予一两个闪光点，以打开市场销路，房地产前期策划进入了“拍脑袋”阶段。

拍脑瓜法又称创意法，是指策划人收集有关产品、市场、消费群体的信息，进而对材料进行综合分析与思考，然后打开想象的大门，形成意境，但不会很快想出策划案，它会在策划人不经意时突然从头脑中跳跃出来。“拍脑瓜”法其实并不是在短时间内一拍即完，而是经过一个长时间的前期准备工作，思绪积累到一定程度，自然而然地流露出来，它需要策划人具备一定的策划功底，具有渊博的专业知识。此阶段是系统性策划的雏形，策划意念在摸索中积累经验，架构各自的体系，同时也培养了一大批专业策划人员，成为了推动房地产策划发展的主力军。

10.2.3 可行性研究阶段

进入1996年，房地产市场逐渐转向买方市场，消费群体中个人购房的比例不断增加，对产品的性价比关注程度高，引导房地产行业的利润水平向社会平均水平回归，房地产投资不再是某个老板的英明决策或是一两个新颖的卖点所能获得丰厚回报。房地产行业多年的曲折道路促使业内人士积极学习、探索新思想、新理论，引入了在国外受到高度重视的可行性研究方法。

可行性研究是在项目决策阶段对拟建项目进行技术经济分析的一种科学方法。可行性研究的主要任务是研究项目在技术上、经济上的可行性，论证不同方案的经济效益，为决策者选定技术先进、经济效益大的最佳方案提供科学可靠的依据。

可行性研究的根本目的是实现项目决策的科学化、民主化，减少或避免投资决策的失误，提高项目开发建设的经济、社会和环境效益。在可行性研究阶段，前期策划由此前的定性策划转入了科学的定量策划，是房地产前期策划发展的重要标志性时期。

10.2.4 专业策划阶段

可行性研究很好地解决了前期策划中的定量分析的难题，但市场总是处于瞬息万变的状态，可行性研究偏重于经济指标的核算，对市场发展的预测较为薄弱。有些项目做了详细的可行性分析，论证项目可行，当产品推出市场后却不为消费者接受，项目陷入困境，原因就是在可行性研究中对市场的把握不够准确。于是，对市场发展的研究提高到前所未有的高度。

进入2001年，以星河湾为代表的倡导新生活理念楼盘在市场上取得了巨大成功，其红火的销售成绩与市场上许多楼盘的惨淡经营形成了鲜明的对比。总结星河湾等楼盘的成功经验发现，其在前期策划中不遵循传统的跟踪市场、模拟市场发展的旧路子，而是跳出市场找市场，以专业系统的分析研究，在项目中号召全新的生活理念、引导消费、创造需求。前期策划进入了专业策划阶段。

专业策划阶段中前期策划上升到新层次，演进成为复杂的系统性、复合型的策划体系，对策划人员提出了新要求，对项目的策划不仅仅是对产品设计、功能附加、经济盈利等方面的策划，在某种程度上，前期策划更为重要的是对未来生活模式的策划。

10.3　房地产前期策划的特征及作用

10.3.1　前期策划的特征

1. 房地产前期策划具有功利性

前期策划的功利性是指策划能给项目投资方带来经济上的最大回报。功利性是前期策划要实现的目标，是策划的基本功能之一，也是前期策划存在的前提。功利性、利益主导使得前期策划有优劣之分，优与劣是相对而言，其评价是根据利益取得的大小，于是促进了前期策划自身水平的提升。

2. 房地产前期策划具有社会性

前期策划要依据国家、地区的具体实情来进行，它不仅要注重项目本身的经济效益，更应关注项目的社会效益，经济效益与社会效益两者的有机结合才是前期策划的功利性的真正意义所在，因此说，前期策划要体现一定的社会性，只有这样，才能为更多的受众所接受。

3. 房地产前期策划具有前瞻性

前期策划是基于现在，预测未来，具有明显的前瞻性。前期策划的工作，必须预测未来行为的影响及其结果，必须对未来的各种发展、变化的趋势进行预测，必须对所策划的结果进行事前事后评估。因此，前期策划肩负着重要的任务，要想达到预期的目标，必须满足策划的超前性。

4. 房地产前期策划具有创造性

前期策划作为一门新兴的策划理论，也应该具备策划学的共性——创造性。新者代替旧者的行为本身就是一种发展，因此策划要想达到策划客体的发展时，必须要有创造性的新思路、新创意、新策划。真正的策划应具有创造性，模仿、抄袭别人固有的模式不是真正的策划。“兵无常势，水无常形”，策划应随具体情况而发生改变，需要创造性的思维，不能抱残守缺，因循守旧，要想不断地取胜，必须不断地创造新的方法。

10.3.2　前期策划的地位作用

1. 项目前期策划是房地产开发的基础

“凡事预则立，不预则废”，“预”是事前的策划，应用在房地产项目中就是前期策划。投资房地产项目只有经过精细、全面的前期策划，对项目有全方位的认识后，投资才能减低或避免失败的风险。前期策划起到甄别优劣项目，经过科学系统的分析，为决策者提供项目投资回报能力的可靠结论，是决定项目是否投资的先决条件，所以项目策划是房地产项目的基石。房地产项目开发要经过前期、中期和后期三个阶段。在这三个阶段中，前期开发阶段是最重要的，产品的市场需求、产品的投资方向、产品的设计定位都在这一阶段完成，没有这一阶段的深入的完善的策划，房地产项目开发是无法进行下去的。因此，项目前期策划是房地产项目开发的基础。

它主要体现在以下几方面：

（1）项目前期市场策划为房地产项目吻合市场需求打下基础。市场策划最主要的目的是找出项目的市场空间，找到项目的目标客户，为后期产品与市场需求的对接做好准备。这一基础做好了，以后的产品销售就不愁卖不出去了。

（2）项目前期投资策划为房地产项目获取利润打下基础。投资策划不仅仅是进行投资分析或可行性研究，而最重要的是怎么使项目开发最经济、成本最低、利润最大化。这一基础工作如果放在以后来做，或投资策划不扎实，使得投资基础工作不牢固，产品建成后是否有利润就很难说了。

（3）项目前期设计策划为房地产产品市场定位打下基础。设计策划最终的目的是使产品符合目标客户的需求，如果这一目的定不准或与目标客户的需求有一定的距离，产品出来以后就很难更改了。精明的发展商就在设计策划期间做好每一方面的基础工作，使产品符合目标客户的需求。

2. 项目前期策划是房地产项目成败的关键

一方面，前期策划对项目的开发模式、规划设计、客户群体定位等方面进行了界定、初步定型。房地产项目进入到中后期的建设、销售环节，其操作已被限定于前期策划制定的大框架、大方向下，其他策划理念服从于前期策划中制定的总体思路。前期策划统领整个项目各阶段的工作，是房地产项目的总设计师。

另一方面，前期策划对项目的区域规划、经济水平、周边竞争对手情况资料收集分析，立足于对项目现状的充分理解。同时，前期策划站在统领全局的制高点，科学地预测项目未来的发展模式。故前期策划就宛如给了房地产项目一双明亮的眼睛——洞悉现状、展望未来。

当前，房地产发展商越来越重视项目的前期策划，投入大量的人力、物力和财力，这是因为，他们深深地懂得：前期策划是房地产开发项目成败的关键。

首先，没有认真做好项目的前期策划，整个项目开发必败无疑。这些惨痛的教训实在是太多了。1996年，在我国的一些大城市，投资商对整个经济环境过于乐观，在没有做好前期策划的基础上，盲目上马写字楼项目，以至于规模过大，形成了不少的“半拉子”工程。而在大量上马写字楼萌芽的时候，有专家就提出要警惕。但由于政府的一些部门急功近利，着意宣传经济发展的前景空间如何大，误导了发展商。最终，在一些城市的主要干道上，不少写字楼变成没有排栅的水泥框架。这是没有做好前期策划的典型例子。

其次，做好了项目的前期策划，项目开发就有成功的保证。房地产项目开发前期策划与决策是方向性的问题，方向有了偏差或失误，就会造成项目的失败；而做好了项目的前期策划与决策，项目就有成功的可能和保证。房地产市场竞争越来越激烈，一些发展商把前期策划工作做得很细致，从市场调研、市场细分、项目选择、客户定位、项目设计等方面都用了相当大的功夫。特别是在项目设计方面，针对市场需求，不惜成本，聘请国外著名的设计公司来担纲设计。还精益求精，做了十多次修改才定稿。与此同时，还引进世界先进的设计理念与项目的现实情况相结合，创造了项目设计的经典作品，赢得了市场，这为项目的成功推广做出有力的保证。

10.4　房地产前期策划基本原则

10.4.1　市场定位原则

定位一词被誉为20世纪最重要的营销理论之一，最早出现在广告行业，后来推广至整个营销领域。在1972年由艾尔·里斯和杰克·屈劳特在《广告时代》杂志上发表文章《定位时代》时提出。“定位起始于一件产品、一种商品、一次服务、一家公司、一个机构、甚至一个人……然而定位并不是你对一件产品本身做什么，而是你在有可能成为顾客的人的心目中确定一个适当的位置”。房地产前期策划的市场定位就是在详细的房地产市场调研和分析的基础上，选定目标市场，确定消费群体，明确项目档次，设计建设标准。它是前期策划的基本原则之一。

市场是项目运作的载体，前期策划要遵循市场规律，以市场导向作为策划的基本方向，准确地把握市场成为决定项目成功与否的关键。市场有如浩瀚的大海，客户的需求成百上千，因人而异。项目由于规模的限制，不可能也不必要做到满足市场上所有消费者的要求，对市场进行细分，选取最能使项目达到最大经济效益的那部分客户的要求进行前期策划即可，也就是前期策划的市场定位原则。

做好市场定位，要注意以下几点：

1. 要在市场调研工作的基础上进行。对宏观经济状况不了解，对项目所在地的房地产情况不了解，是很难做好市场定位的。

2. 在各个环节中都要进行市场定位。如果只在某个环节做好市场定位，其他方面省略，那是不完善的，达不到预期目的的。

3. 市场定位的中心是目标客户的现实需求和潜在需求。在市场定位的过程中，不但要抓住目标客户的现实需求，而且要挖掘目标客户的潜在需求，只有这样，市场定位才能达到真正的目的。

10.4.2 主题贯穿原则

主题是策划的灵魂，统率着整个房地产项目策划的创意、构想、方案、形象等各要素。“主题是一条主线：如果说项目分区分期推出的产品是一颗颗珍珠，那么项目的主题就像一条主线，把这些珍珠串成一条项链”。前期策划中要坚持项目主题的如一，主题贯穿项目策划的始终。前期策划的项目规划、环境营造、户型设计、建造工艺革新等方面要支撑及体现项目的主题，以使主题在项目中构造立体的表现体系，避免出现主题空泛、平白的弊病。

项目主题是项目各方面体现出来的中心思想，是项目的灵魂，因此，在前期策划中就要确定项目的主题。在项目主题确定后，还要使主题的精髓贯穿到前期策划的各个环节，使之得到统率，不至于有些环节游离于主题之外。

主题贯穿原则是前期策划的一个独特原则，它使项目的灵魂与骨肉有机地展示在市场面前，为项目的个性化和差异化做好准备。

主题在项目策划的过程中贯穿还有利于通过不同环节工作中体现的主题概念，彼此进行优化组合，形成项目的新亮点，达到意想不到的效果。深圳“金海湾花园”位于深圳湾畔，临海地段长度四百余米。开发商——金地地产确定了以“海的家园”作为项目的主题，在前期策划阶段始终贯穿此主题；环境设计以“花园全环境，环境全海景”作为反映主题的设计概念；户型设计坚持“全海景”设计，最大限度地为每户提供海景景观……在大环境——海湾畔及小环境——“海的家园”和谐的配合下，项目营销阶段自然地派生出——“海文化”社区，由建筑、环境提升到人文艺术的层次，丰富了项目主题，有效地增加楼盘价值，销售空前火爆，奠定了金地在深圳地产界的领先地位。

10.4.3　项目营销原则

前期策划以项目盈利最大化为目的，要达到目的必须借助营销。

营销是永恒的主题，是社会生产目的决定的，是企业生存和发展的客观要求所决定的。

从商品到货币，既是一个生产经营过程的完结，又是一个新的、更加生动活泼的、带来增值的另一个生产经营过程的开始。从某种意义上讲，前期策划与项目营销是一致的，它是建立在对市场的深刻理解的基础上的高智能的策划。它蕴含在企业生产开发经营的全过程，由市场调查、方案制定和建筑总体设计、价格定位、广告中介服务、售后服务以及信息反馈等组成。营销就是发展商全方位、全过程地去适合、适应市场需求的自觉行为。从理论上讲，客户既是顾客，也是未来的业主，营销运作的结果，就是主客易位的过程。也就是从购买者变成所有者。这种转变，使我们实现了收益，实现了资本的回收与增值，同时，也创出了品牌，占领了市场。从这个意义上讲，顾客就是上帝，顾客就是一切。营销策划是连接产前市场与产后市场之间的一种行为方式。由于房地产开发的长期性以及市场反馈的间接性和滞后性，使得产前产后市场是不尽相同的，而营销策划就是沟通的桥梁。所以前期策划必须坚持营销原则。

项目营销作为一个原则体现在前期策划中，使项目在开始就引进科学的房地产营销思想，这是房地产项目策划的一大突破。一般人认为，房地产营销策划是指后期的销售策划，对前期策划是否引进营销观念存有怀疑。通过不断的策划实践，人们才意识到前期策划没有营销思想的介入是无法达到预期效果的。因此，项目营销原则在前期策划中的运用就没有什么异议了。

10.4.4　重点突出原则

房地产项目前期策划要抓住重点，突出主要方面，才能有的放矢，带动全面。因为在前期策划的各个因素中，有的因素相当重要，不重点抓好就会影响全局；而有的因素则相对次要。

依据策划经验，目标客户定位和规划设计定位是前期策划的最主要的因素，它影响着其他各方面因素。在市场策划中，最关键是寻找项目的目标客户，目标客户群找到了，其他问题就迎刃而解了。而在设计策划中，怎么样的设计与目标客户群的需求吻合就摆在突出的位置上。有人把这方面的工作说成是“密码对接”，是有一定道理的。如果“密码对接”得好，产品出来以后，这些目标客户群就会自动找上门来；如果“密码对接”不上，目标客户群与设计出来的产品相脱节，产品就无法卖出去了。

再有，房地产市场处于激烈的竞争时期，众商家各显神通为自己的产品包装润色，房地产广告铺天盖地，卖点多如牛毛，由于对房地产产品的复杂性，普通消费者难以分辨信息的真伪，由此对常见的流于形式的卖点信息轰炸产生抗拒心理。若项目的卖点众多，且彼此差别不大，在前期策划中均匀用力，则最终出来的产品很容易淹没在同质化的市场大军中。鲜明突出的主题重点，有利于将项目的构思、主张传递给消费者，并吸引其留意、主动了解产品、购买产品。因此，在前期策划中主要处理好主题的主要表现方面与次要表现方面的关系，做到重点突出。

重点突出原则要求策划人分清主次，把握重点，深入拓展，使房地产前期的策划效果更好。

10.4.5　战略介入原则

战略介入原则要求房地产前期策划要从宏观大势的角度来入手，准确把握战略上的层面，使房地产企业及项目定位准确。在大势把握的前提下，帮助企业搞清项目昨天从哪里来，今天处于什么方位，明天向哪里去。从而根据每一个企业的不同特点，找到适合项目的发展思路。

房地产开发成功与否最重要的是战略定位，这种定位是以适量的超前意识对项目进行总体规划，关键是在前期策划阶段体现。开发一个小区或一幢大厦，时间2～5年不等，这期间政策、环境、消费行为和消费观念、方式以及人们对房屋的功能结构要求往往有较大的变化，而且这种变化有越来越快的趋势。如何能适应这种变化，符合新的消费时尚，这就需要掌握变化的走势。此外，现在的房地产行业内产品同质化十分严重，克隆手法高明，仅仅依靠战术上的创新难以保持产品的领先地位，只有在项目开发前战略介入前期策划，以适度超前的战略思想策划项目才能在较长的时间内占领行业的制高点，获取丰厚的经济回报。

战略把握包括中国经济大势的把握，区域经济大势的把握，区域市场需求大势的把握，区域行业竞争大势的把握，以及区域板块文化底蕴的把握等。战略把握如果在后期策划才来补救，那样做已经迟了，没有什么作用。因此，在前期策划中就要贯彻这一原则，避免宏观大势把握的失误。

10.5 房地产前期策划系统

10.5.1 前期策划的系统

前期策划作为房地产策划的一个子系统，它本身也就是一个庞大的系统，这是由系统的层次性决定的。对前期策划系统的研究，有利于揭示前期策划系统的内在关系以及功能，为寻找其规律性打下基础。

1. 前期策划系统的分类

前期策划系统从时间的先后和策划的内容来看，可分为三个子系统：市场策划系统、投资策划系统和设计策划系统。

市场策划系统的内容包括开发市场调研、项目区位选择、目标市场细分、目标客户定位、客户需求分析、项目营销定位、项目品牌定位和物业服务定位等。

投资策划系统的内容包括投资时机选择、项目经济分析、项目融资选择和项目合作选择。

设计策划系统的内容包括规划设计定位、建筑设计定位、景观设计定位、会所设计定位和销售设计（销售中心、样板间等）定位等。

2. 前期策划子系统的功能

前期策划的每个子系统都有自己的功能作用，共同支撑着前期策划的运行。各个子系统的功能作用分别是：

（1）市场策划子系统。市场策划的作用主要是针对房地产项目开发的市场进行调研与预测，确定项目的市场位置，找出项目现有的潜在的目标客户，分析目标客户的需求方向，从而对项目的营销、品牌以及物业服务进行定位，最终为项目的进一步策划做好基础性的工作。

（2）投资策划子系统。投资策划的作用是在市场策划的前提下，从投资的角度来对项目进行经济评价，对投资方案进行筛选，使项目投资更加优化；同时，对项目投资的时机、项目的合作方式和融资方法进行选择，使项目的效益达到预期的目标。

（3）设计策划子系统。设计策划的作用是使各方面的设计内容与形式围绕着市场策划和投资策划所确定的方向来进行，并根据目标客户的需求来量身定做产品，为后期营销策划的成功做好铺垫。

3. 前期策划子系统的相互关系

市场策划、投资策划和设计策划子系统之间不是孤立的，它们相互影响、相互促进、相互制约。

（1）市场策划是投资策划和设计策划的基础。市场策划出现偏差，会直接影响投资策划和设计策划的准确性和差异化。就拿目标客户的定位来说，如果对目标客户的群体来源、职业特征、因素构成、消费心理、购买行为、思想意向等方面分析不准或出现偏差，在设计策划时就会无所适从，做不到“密码对接”。而对投资策划来说，目标客户定位不准，对楼盘的售价和成本等因素都会造成模糊状态，直接影响经济评价的准确性。

（2）投资策划从经济上对市场策划和设计策划作了把关。投资策划除了从量的方面为市场策划和设计策划把关以外，还从质的方面影响市场策划和设计策划。如投资时机的选择，就是一大学问。是在市场高潮投资好，还是低潮投资好？是投资一手项目好，还是投资二手项目好？等等，都左右着市场策划和设计策划的方向。

（3）设计策划的好坏对投资策划和市场策划起决定性的作用。在市场策划和投资策划都比较完善的情况下，设计策划搞得不好就会前功尽弃，把以前的成果一概抹杀，这种教训也是很多的。有的项目从市场和投资的角度看很不错，但设计理念陈旧，设计出来的产品得不到市场的认同，最终毁了整个项目；而有的项目市场前景一般，经济评价也没有什么特别好，但由于在设计策划中精益求精，注重个性与独特，为项目提升了价值，走进了市场。

4. 项目前期策划系统见图10-1。

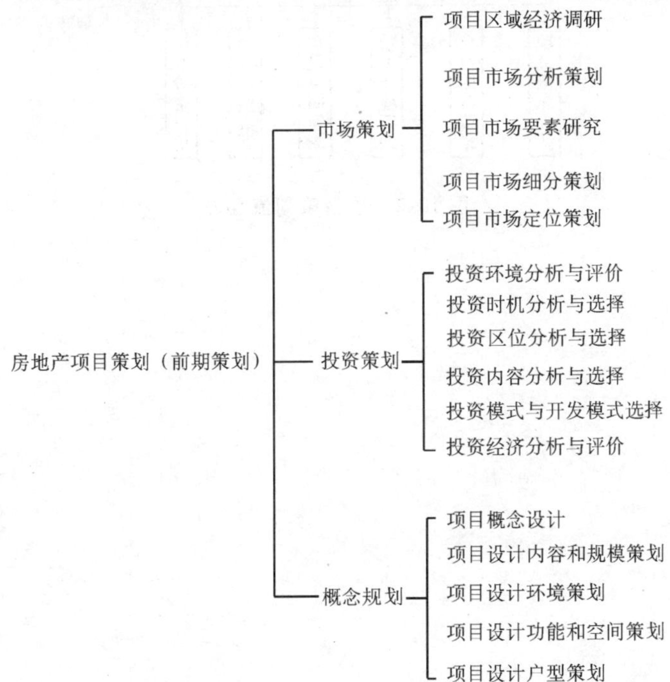

图10-1 项目前期策划系统图

10.5.2 项目策划流程

项目策划流程是指房地产项目从市场调研到产品设计出来各项工作安排的程序，它是项目策划的基本操作秩序，也是策划人根据实践总结出来的具体运作的客观规律。

项目策划流程一般来说是从时间的先后来进行的，如图10-2所示。

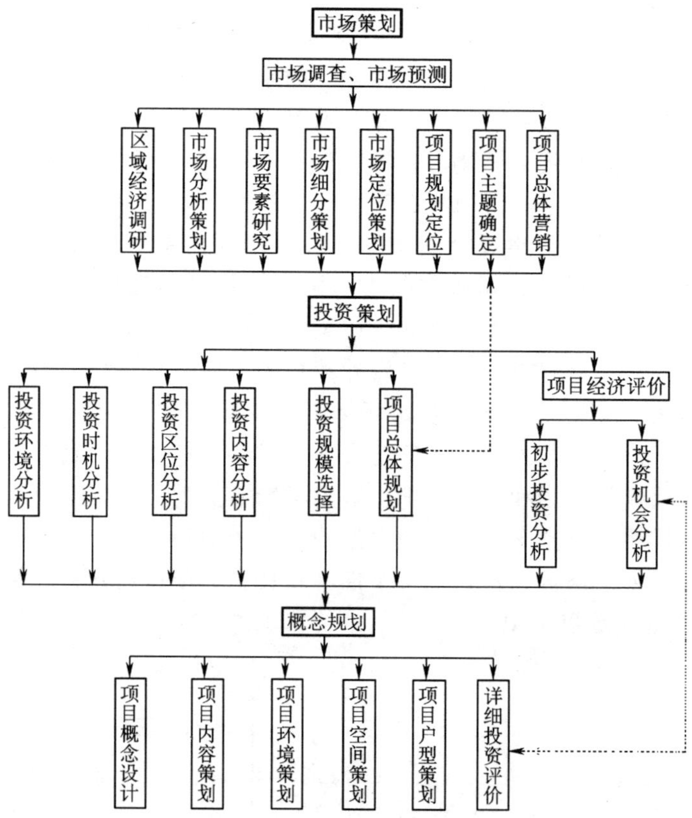

图10-2 项目策划流程图

第11章 房地产市场策划

11.1 房地产市场策划概说

11.1.1 市场策划的含义

房地产市场策划是指房地产策划师依据项目发展的总体要求，从房地产市场的角度出发，对房地产项目进行内外部经济环境调研，进行房地产市场分析与研究，找出项目的市场空白点，最后进行房地产项目定位的创造性过程。房地产市场策划是房地产前期策划的基础性工作，为以后房地产投资策划和房地产设计策划从市场的角度提供专业性意见，使项目的发展吻合市场的要求。

11.1.2 市场策划的目的

市场策划的目的是针对房地产项目开发的市场进行调研与预测，确定项目的市场位置，找出项目现有的潜在的目标客户，分析目标客户的需求方向，从而对项目进行总体定位，最终为项目的进一步策划打下良好基础。

11.1.3 市场策划的内容

房地产市场策划从市场的内容看有：

(1) 项目区域的经济调研。

(2) 项目市场的分析策划。

(3) 项目市场的要素研究。

(4) 项目市场的细分策划。

(5) 项目市场的定位策划。

(6) 房地产市场策划应用案例。

【策划案例：养老地产模式，需求为重】

传统的养老模式有“敬老院养老”“机构养老”“居家养老”“社区集中养老”等，随着人口老化速度加快、规模加大，养老问题日趋严峻，同时人们生活水平和经济能力提高，传统的养老模式已不能满足其他老年人的需求。

万科也早已经开始试水养老地产，全国各地万科所提供的养老地产服务形式因本地市场与客户需求存在差异而各不相同。以北京房山窦店的万科幸福汇为例，其主要以养老概念来“卖房子”。该项目在2013年完工，推出100多套养老地产房源作为试点，分成两种业态，分别是利用商业配套建设的“活跃长者之家”、配建于住宅部分的“活跃长者住宅”。其中，

“活跃长者之家”是老年公寓，共有130套房间，户型面积在60～80平方米、规划建筑面积为1.6万平方米，公寓周边配套医疗服务站、心理咨询、老年学校等设施，以及24小时呼叫护理服务、送餐、果蔬超市等送货上门、收费代缴等服务，公寓的持有者即万科本身。“活跃长者住宅”则直接面向市场销售。

11.2 项目区域经济调研

区域宏观经济分析一般从两个视角展开：一是从时间延续上进行分析，从历史的波动来推测未来的发展趋势；二是从时间的横断面上进行分析，分析某一时点或某一时期中各影响因素的作用方向、部位和结果。

首先，是总体国民经济和区域经济的发展状况和趋势。房地产业是国家和区域经济的构成部分，尤其是在我国经济发展现阶段，房地产业是国民经济的重要支柱之一，经济形势总体的走势和速度与房地产业发展走势和速度是相关的。

其次，是国家及区域经济政策的整体方向和动态，虽然国家的宏观经济政策不会直接影响房地产业，但可以指示出宏观经济环境的状态。时时跟踪政策动向，有利于把握经济脉络，预测经济波动对房地产市场的影响。

11.2.1 宏观经济总量分析

区域宏观经济总量分析是对能够反映区域经济发展状况的主要社会经济指标，通过历年数据的统计和分析，可以观察其变化趋势。由于反映宏观经济状况的指标众多，为了使分析更加具有针对性和有效性，而且要与房地产的相关性强，我们可以将众多的指标分成五个大类，如表11-1。

表11-1 与房地产相关的宏观经济指标

类　别	指　标
M—生产类	M_1—国民经济总产值、M_2—国内生产总值、M_3—GDP指数、M_4—人均GDP等
I—投资类	I_1—固定资产投资、I_2—吸收外资等
F—财政金融类	F_1—财政收支、F_2—银行存贷余额、F_3—证券发行量和交易量等
P—人口劳动类	P_1—人口数、P_2—户数、P_3—人口结构（年龄、教育等）、P_4—就业率、P_5—行业从业人数等
R—居民生活类	R_1—家庭人均可支配收入、R_2—家庭人均消费支出、R_3—居民消费支出结构、R_4—人均居住面积等

11.2.2 宏观经济增长因素分析

区域宏观经济的增长在各个时期具有不同的经济增长因素，但概括起来一般分为供需两方面。

1. 需求方面

需求带动经济增长一般指投资、消费、出口三大需求要素。

（1）投资需求。投资需求近年来一直是我国拉动经济增长的主要动力。投资包括基础设施、高新技术产业的设备投资及技术改造以及某些供不应求的服务领域的投资等方面。

（2）消费需求。社会消费需求的增长也是经济增长的一个重要因素，在实务分析中，人们多使用社会消费零售总额对 GDP 增长的贡献比例来判断其对经济增长的影响程度。

(3) 出口需求。出口这一经济因素反映的则是国际市场需求对国内经济发展的带动作用。

2. 生产供应

生产供应方面对经济增长的影响主要是指三大产业对经济增长的影响作用。根据因素分析法原理分析各产业对宏观经济增长的影响程度。

11.2.3　区域未来经济走向分析

1. 未来宏观经济走势

未来宏观经济走势分析是对未来宏观经济将会产生影响的因素按照有利因素和不利因素分别进行判断其对经济走势的影响方面和影响程度。

2. 未来区域发展规划

未来区域发展的规划蓝图在一定程度上能够反映区域经济未来的发展方向和变化趋势。这部分要分析的区域发展规划主要包括三个方面的内容。

(1) 经济发展规划：包括经济增长速度、产业发展规划等。

(2) 社会发展规划：例如人口规划、就业规划、教育规划等。

(3) 城镇建设规划：包括区与城市布局规划、功能分区规划、重点区块规划、基础设施规划、交通网络规划等。

根据区域未来发展规划对区域未来经济的影响来预测未来经济的走势。

【策划文献：从社会经济变化情况统计三张图表看房地产开发状况】

第一张图表见表 11-2。

表 11-2　宏观政策行为变化情况统计图表

<table>
<tr><th colspan="2">基础设施投资</th><th colspan="2">财政收入</th><th colspan="2">土地供给数量</th><th colspan="2">土地价格</th><th colspan="2">拆迁量</th><th colspan="2">最低住房标准</th><th>最低收入标准</th><th colspan="3">住房政策</th><th>公积金贷款</th><th>个贷担保制度</th><th>二手房交易政策</th></tr>
<tr><td rowspan="3">量</td><td rowspan="3">增长率</td><td rowspan="3">量</td><td rowspan="3">增长率</td><td rowspan="3">量</td><td rowspan="3">增长率</td><td rowspan="3">平均元/m²</td><td rowspan="3">增长</td><td>户</td><td>m²</td><td rowspan="3">m²</td><td rowspan="3">户</td><td rowspan="3">元/月</td><td colspan="3">减税、补贴</td><td></td><td></td><td></td></tr>
<tr><td rowspan="2">增长</td><td rowspan="2">增长</td><td colspan="3">经济适用房政策</td><td></td><td></td><td></td></tr>
<tr><td>量</td><td>价格</td><td>其他</td><td></td><td></td><td></td></tr>
</table>

政府行为，尤其是政府的政策变化可能对房地产业产生巨大影响。

作为开发商，第一个需要了解的数字是由政府公布和统计的基础设施投资额。政府投资越大，给房地产带来的效益就越好。国家宏观调控要压缩房地产投资的其中一个重要原因就是我们的基础设施投资没有太大的变化。北京通州区域 2014～2015 年的房地产快速发展的原因之一就是政府对基础设施的大量投资。在政府大量投资进行基础设施建设的时候，开发商就可以随之大量地投入资金进行房地产开发，因为政府对基础设施投入时带来大量的拆迁，这个拆迁量就是住房需求。

第二个需要开发商了解的是所在地区的财政收入状况。财政收入和政府基础设施投资共同对当年的拆迁量产生重要作用，从而直接影响到对当年开发产品的需求量和生产量。

政府确定的最低的住房标准和最低收入标准也是开发商应该考虑的重要因素。当政府将居民最低住房标准定为人均 $6m^2$ 的时候，如果拆迁户的住房面积低于 $6m^2$，那么开发商就需要给拆迁户补足 $6m^2$；如果最低住房标准涨到了 $7m^2$、$8m^2$。就意味着开发商的拆迁成本要大幅度提高，最低收入标准也是同样道理。所以二者均影响到了开发商的拆迁行为和拆迁户的购买行为。

地区间的住房政策差异是非常大的，包括政府的减税和补贴政策，经济适用房政策等。其中经济适用房对市场产生的影响已经越来越少，但是它的供应量的大小会对需求产生影响，开发商需要了解每年购买经济适用房的人的比例是多少。

公积金贷款政策会对市场造成很大的影响。比如北京市允许公积金组合贷款，购房者可以用公积金贷款买二手房等，这些政策都会促进二手房和一手房的交易。

个人担保制度和二手房市场的交易政策也会对房地产市场产生影响。比如在北京可能一个星期或 15 天，有的甚至需要 30 天才能办理完毕一套二手房的交易手续，但是在南方城市当天就能全部完成。制度和政策的保障会有利于二手房市场发展，而进行二手房交易中的 90% 的人又会重新进入一手房市场，或者在进入二手房市场。有了个担保政策后，银行对购房者的税收、收入方面的要求也会相应地减少，一定程度上刺激了需求。

第二张图表见表 11-3。

表 11-3　银行金融政策变化情况统计图表

对政府基础设施投资的支持力度		对政府土地储备的支持力度		对开发信贷的政策				对个人消费的支持			对二手房与转按揭的政策		对中小企业的信贷支持		对施工企业的支持		上市
								住房	汽车	其他							
额	增长	额	增长	量	条件	利率	增长	量		增长	量	增长	量	增长	量	增长	

银行金融政策对房地产市场的影响主要有以下几个方面：

1. 银行对政府基础设施投资的支持力度、对政府土地储备的支持力度、开发信贷的政策是影响土地供应一个重要的条件。

2. 目前银行名义上没有提高存款利率，但是增加了对贷款利率的限制。首先是放开了再贷款的利率，其次是开发信贷的利率已经大大提高了。大部分的续贷的贷款利率都要增加 10% 到 30%，新贷的贷款利率可能要提高 10% 到 30%，个别地区开发信贷的贷款利率已经涨到了 70%；此外银行对个人消费信贷的支持越弱，对开发商贷款的影响就越大，这是联带反应。

3. 有一些地区的银行已经开始限制二手房的按揭或第二套房的按揭。还有很多地区不允许对别墅和其他高档产品、二手房进行借贷。这些政策都会对房地产市场产生影响。

4. 银行对中小型企业的信贷支持和对施工企业的支持的变化都会对房地产市场产生影响。

最后，如果更多的企业，包括许多中小企业，可以上市融资，可能对房地产市场的影响也是比较大的。

第三张图表见表 11-4。

表 11-4　城市经济发展情况统计图表

工商注册登记企业数			民营企业数量				规模企业数量（生产规模）			吸引外资		外资企业数量		进出口贸易		居民消费情况		GDP		消费价格指数		旅游情况	对周边城市的影响力
国有	集体	其他	数量	规模		增减	亿元	千万	百万	量	增长	量	新增	出	进	量	增长	量	增长	量	比例	接待人数与能力	辐射能力
量				注册资本	人数									增长	增长								
增减																							

通过查阅工商注册登记企业数可以很轻松地知道有多少人可以买得起房子。比如北京市大概有 40 万企业，最少有 40 万个经理，如果每个企业中有 5 个人是高收入，那么也就是说最少有 200 万个家庭是高收入，这占到北京 600 万户家庭的 1/3，如果每年只有 5% 的住房供应量，那么最少需求六年才能满足这些企业的需要。

此外，根据民营企业的注册资本情况和经营情况来判断企业的规模，可以知道这个地区大概每年有多少人需要住房。

吸引外资的增长会对当地的购房和租房市场，尤其是高档房的租房市场产生巨大影响。进出口贸易的增长、居民消费情况、GDP 的情况、消费物价指数都会对市场产生一些影响。比如截至 2015 年 5 月份，居民消费物价指数同比上涨 1.2%，它预示通货紧缩的风险，如果发生通货紧缩，就会造成经济衰退，房地产市场价格就可能会下跌。

某城市（如青岛、海南）的旅游业房地产政策等情况也会对城市的发展产生影响。

研究一个城市的需求的时候，还要看这个城市对周边城市的辐射能力有多大，非本地人购买时出于什么需要，以及它会对所在地区的需求产生多大的影响？当所在地区对周边城市的影响力越大的时候，市场需求中境外收入所占的比例就越大。

11.3　项目市场分析策划

房地产市场的基本分析即对区域总体市场或细分市场的供给量、需求量、价格水平、区块分布等市场数据指标进行整理统计，从而分析归纳出市场特征及预测未来变化趋势。

11.3.1　房地产市场分析基本框架

对房地产市场的基本分析着重从分级市场和物业细分市场两个体系进行。

1. 区域房地产分级市场分析

区域房地产分级市场分析的依据是按照房地产开发的流程将房地产市场划分为土地市场、增量房市场和存量房市场三级，即我们所说的房地产一、二、三级市场。由于不同的市场具有不同的市场特征，对不同市场进行分析的内容有差异，如表 11-5。

表 11-5 分级市场分析

分级市场		分析内容
土地市场分析		土地出让面积及分布分析、出让土地结构状况（级别、用途等）、土地价格走势、土地开发投资量、未来土地出让规划、土地市场存在的问题
增量房市场分析	整体供应分析	商品房开发投资量、商品房施工面积、商品房新开工面积、商品房竣工面积、商品房批准预售面积、商品房批准销售面积等量的历年数据分析、商品房的类型结构特征
	整体需求分析	商品房预售登记面积和预售额、商品房登记预售面积和预售额等量的历年数据分析、商品房需求特征分析
	价格分析	不同区域历年商品房的价格水平、价格指数的变动
	新开楼盘分析	新开楼盘总体情况、新开楼盘的位置分布情况、新开楼盘的价格分布情况
存量房市场分析		交易总量分析、交易价格变动分析、交易物业类型分析、交易户型及面积分析、交易热点区域分析

2. 区域房地产物业细分市场分析

不同的房地产物业具有不同的产品特征和市场需求特征，这就决定了不同物业细分市场具有不同的市场特征，我们必须按照物业类型对房地产市场进行横向划分，对不同的物业细分市场分别进行分析。细分市场的内容详见表 11-6。

表 11-6 细分市场分析

细分市场		分析内容
住宅市场	普通住宅市场 别墅市场	分区供应量及特征分析 需求量及特征分析 新增物业分析 潜在需求调研分析 市场未来发展趋势分析
商业市场	住宅底商	周边商业业态分析 业主的消费档次、消费需求、消费心理、生活习惯等分析 物业价格分析 租户特征分析 租金分析 入驻率分析
	零售商业市场	零售商圈的划分 零售商业的地区分析 零售商业市场供应分析 零售商业项目租金分析 零售商业项目入驻率分析 零售商业出售市场分析 零售商业项目租户特征分析 零售商业终端消费者需求分析 零售商业未来发展趋势分析 零售商业项目竞争分析

（续）

细分市场		分析内容
商业市场	区域酒店市场	酒店市场的供应分析 酒店市场的入住率分析 酒店市场的价格变动分析 酒店市场专题分析（如产权式酒店、商务酒店等） 商业投资需求专题分析 酒店市场发展趋势分析
	写字楼市场	区域中心商务区发展状况（经济发展状况、基础设施建设、商务区规划、商务区相关政策） 区域写字楼市场特征分析 区域写字楼区块分布及特征分析 区域写字楼市场供需分析 区域写字楼市场租金研究 写字楼租户特征分析 写字楼未来市场发展趋势分析 写字楼项目竞争分析
	专业市场	区域专业市场特征分析 区域专业市场的发展状况、分布、运行状况 区域专业市场的供应分析 区域专业市场的地区分布及价格表现 区域专业市场的空置情况 专业市场的未来发展方向 专业市场的客户分析 专业市场项目竞争分析
	物流市场	区域物流市场的发展状况、分布、运行状况 区域物流市场的供应分析 区域物流市场的地区分布及价格表现 物流市场的未来发展方向 物流市场的入驻率 物流市场项目竞争分析
工业物业市场		区域工业园区的发展状况、分布、运行状况 区域工业物业的供应分析（规模、建设材料、配套设施等） 区域工业物业的地区分布及价格表现 区域工业物业的空置情况 工业物业的未来发展方向 工业地产项目竞争分析
旅游市场		区域旅游资源分析 区域旅游市场分析 区域旅游需求特征（接待人数、过夜人数、旅游经营收入等宏观经济指标分析） 区域旅游发展阶段和趋势分析 客源市场分析 旅游季节性特点分析 综合性主题项目微观需求分析（商务客旅需求、会议奖励旅游需求、休闲观光旅游需求等） 旅游地产项目竞争分析

（续）

细分市场	分析内容
养生养老市场	区域养生养老产业发展概况 区域养生养老产业布局及发展阶段 区域养生养老基础设施体系分析 区域养生养老产业发展规划 养生养老产业相关政策研究 养生养老市场发展概况 历史供应、需求及其特征分析 市场表现情况分析（售价、租金、空置水平分析等） 新增供应量 养生养老地产项目竞争分析 产品特征及相关配套
文化创意市场	区域文化创意产业发展基础 区域文化创意产业发展概况 区域文化创意产业的分布 区域文化创意产业发展规划 文化创意产业相关政策研究 历史供应、需求及其特征分析 市场表现情况分析（售价、租金、空置水平分析等） 新增供应量 文化创意地产项目竞争分析 产品特征及相关配套

11.3.2 供需分析

1. 供给分析

目前市场上对供给分析的主要障碍是对市场供应数据的获取难度较大。开发商和策划师很难找到权威的、系统的、准确的市场信息。因此，多数是通过大量的人力物力进行实地调研的方式来获取单个项目的信息，这种最原始的办法费时费力，而且还很难保证数据的准确性。而政府主管部门拥有较充分的供应信息，这些信息使其可以全面掌握市场的状况。如果政府部门能够通过一个共享的信息资源系统将这些信息合理利用，就可以得到相对准确的市场供应量数据。

对任何市场的供给分析都必须包括供应量和供应结构两大项内容。

（1）供给量分析。供给量分析分为现有供给量分析和潜在供给量分析。

1）现有供给量分析。现有供给量分析可以根据在售物业数据来统计。随着行业信息的公开化、透明化进程的发展，市场现有供给量的获取难度将越来越小。如广州的房地产管理部门已经开始筹建网上商品房预售、销售信息公众查询系统，公众可以通过远程登录的方式来查询任何在售物业的任何一个产权单位是否已经登记预售或销售。这样，任何时刻的现有市场供应量都可以随时从数据库中调出。

2）潜在供给量分析。潜在供给量可以依据政府部门审批开发项目过程中形成的各种数据进行统计获得，即通过以房地产开发程序为基础的管道分析法。

按我国房地产管理法的规定，土地出让之前，要政府进行土地利用的整体规划及功能分区规划。土地批租以后，建设单位要上报建设规划和施工方案，再由政府主管部门批准，获得建设规划许可证和建设工程开工许可证。在获得了建设规划许可证和建设工程开工许可证以后，在工程进行到三分之二后，才可以申请预售，得到商品房预售许可证后就可以卖期房。

现房和期房都是现在房屋供应量，要对未来时期房屋供应量进行预测，还应了解在预测期将竣工项目的供应量。预测期将竣工的项目数量、建筑面积可以通过建设工程开工许可证发放部门得到。每天都有可能会有新的项目获得建设规划许可证或建设工程开工许可证、商品房预售许可证。因此，只要把整个管理过程当作一个流动的过程，把一个个审批环节连接起来看成是一个“管道”，分析“管道”中各部分的数据，从中获得所需要的信息。如图11-1所示。

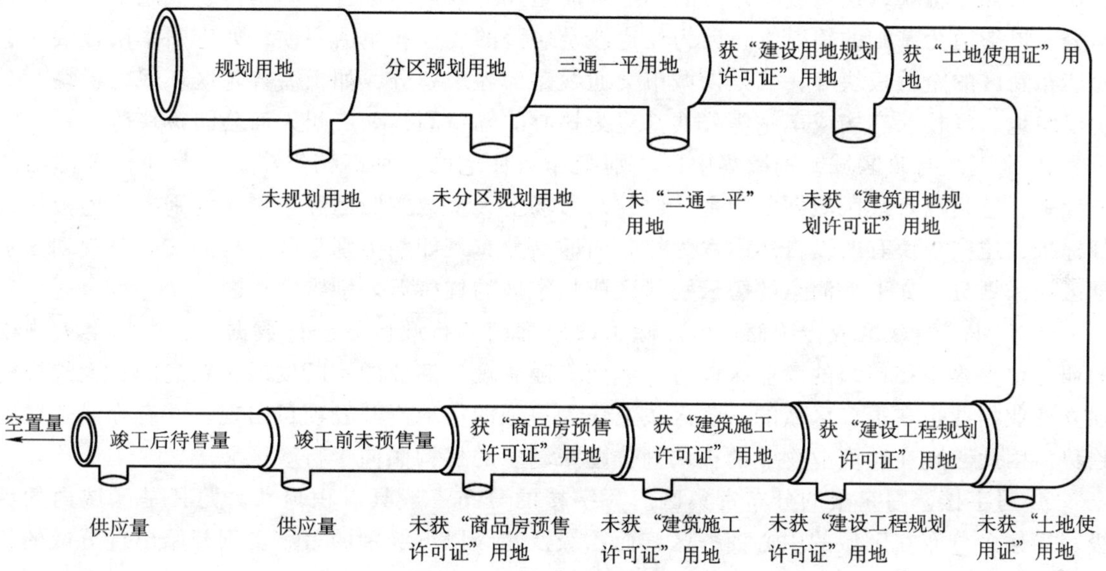

图11-1 管道分析法示意图

从管道图可以看出行业主管部门在审批各个环节上可以获得的与供应量有关的数据有：①获得《建设用地规划许可证》用地面积；②获得《国有土地使用证》用地面积；③获得《建设工程规划许可证》用地面积；④获得《建筑工程开工许可证》用地面积；⑤获得《商品房预售许可证》用地面积。

由于项目的性质不同，获得每个许可证的时间不同，但我们可以将一些特殊情况忽略处理，例如可以简单地认为每个证件的获取时间为一年，从获得预售许可证到售完这个周期的时间为两年，那么

未来两年的供应量 = ⑤ + ④

未来三年的供应量 = ⑤ + ④ + ③

未来四年的供应量 = ⑤ + ④ + ③ + ②

未来五年的供应量 = ⑤ + ④ + ③ + ② + ①

当然这里的办证周期是假设的，在实际工作中可以总结一个经验数值。如果政府对审批工作各个环节的工作时数有规定，对估计审批时间更加有利。另外在所有申请立项的项目中，会有一些项目由于得不到批准而暂时或完全退出市场。所以进行供应量预测应不断进行修正数据值，或者提前打出一定比例的折扣。

（2）供给结构分析。供给量的分析只能提供一个总量的概念，要对供给进行深入分析必须对其供给结构分析，包括区块供给量结构分析、细分物业供应量结构分析等。

由于房地产的区位的唯一性，决定了任何区域的不同物业类型在不同区块上都具有不同的市场特征，因此，有参考价值的房地产市场分析一般都要细化到一种类型的一定区块上。

1）区块划分的方法。

① 普通住宅。行政区块或板块区块。一般市级主管部门对住宅市场的统计指标都是按照行政区为单位进行统计的，策划咨询公司对住宅市场的常规调研分析也是以行政区为一级细分单位进行数据收集和统计的。但要对每个行政区市场进行深化细致的分析，还要将行政区域分为几个板块，这些板块划分的标准可能是几个因素的综合：一是传统概念上对区域的划分，以街道为基础的辐射圈，因为住宅涉及居民的居住和生活习惯，如广州华南板块、上海浦东新区的金桥板块等；二是以城市交通线路为界来划分，如上海普陀区环线内板块；三是以绿地、学校、广场或车站等公共基建为核心的辐射圈，如广州天河公园板块等。

② 别墅。行政区域或别墅集中区。别墅作为住宅的一种高档类型，因此在行政部门的统计上，还是以行政区域划分为主。此外，市场上大多数按照已经或形成的别墅区为板块划分标准，这些板块有的以自然山水为核心向四周分布，如茶山别墅区；有的按政府规划的别墅区域来划分，如上海浦东的碧云别墅区或长宁区的虹桥涉外别墅区。

③ 商业。行政区或传统商业区。除了政府部门的行政区划统计数据外，市场上大规模的业务也多集中在传统的商业区周边。然而，随着现代商业的不断发展，新建的、大规模的独立商业物业也在很多区域的众多区块上作为单独的房地产开发项目出现，并有弥漫全城的趋势。因此，现在对商业物业的板块划分越来越多的机构倾向于行政区域。

④ 写字楼。写字楼的分布密集区。写字楼的分布一般具有积聚性，尤其是区域内的甲级写字楼多分布在区域的中心商务区，而乙级及乙级以下级别的写字楼刚开始出现分散的趋势。因此，甲级写字楼的板块细分一般按照区域中心商务区划分，而乙级及乙级以下的写字楼则以行政区域为主划分。

⑤ 工业物业。工业园区。城市整体规划使大面积的工业物业一般集中分布在工业园区内，因此，对工业物业的区块供给结构分析可以以重要的工业园区为主。但对工业物业的分析一直以来都是房地产市场分析的盲点，无论政府主管部门还是策划公司。

2）物业类型划分方法。物业类型的大类划分一般按物业的用途来划分为：普通住宅、别墅、商业、写字楼、工业物业等。但每种类型再细化的分类方法又有差异。如普通住宅物业可根据价位档次分为高档、中档和低档住宅，根据层数分为洋房、多层、高层和超高层住宅等。商业可以分为商业街、购物中心、小区商铺等。别墅分为独栋别墅、叠加别墅、双拼别墅、联体别墅等。

3）区域供给结构分析应用。

① 单一区块的供给结构分析。对区域市场供给量结构分析时，一般都是按照区块和物业类型两维指标来划分，即在供给量分析基础上收集某一区块某类型物业的资料，然后对该区域的该类产品按户型、面积、价位进行分类，分别计算其供给量。这样就能得到统一区块的不同物业类型供给机构和同一类型物业的不同区域供给结构。

② 不同区块供给结构分析比较。在对某个区域的市场供给量结构进行分析以后，还可以将各区的供给结构进行对比，从而发现区块的市场供给特征的异同。

【策划案例：山前大道板块住宅市场供给结构分析】

山前大道板块所属的花都有广州北大门和后花园之称，近年来，随着“大广州战略蓝图”的展开，广州的发展重心向北部转移，楼市的“热”也蔓延到北部。以优越的自然环境为依托的山前大道板块迎来了楼市风华正茂的好年华，成为地产界巨头云集之处。2012年初，在售的楼盘有8个，基本数据如表11-7。

表11-7　2012年山前大道板块在售楼盘基本数据表

项目	占地/平方米	建面/平方米	洋房			别墅		
			均价元/平方米	户数/户	户型面积/平方米	均价元/平方米	户数/户	户型面积/平方米
玖珑湖	124.7万	83.6万	—	—	—	28763	390	150~550
万科城	68.9万	137.8万	4738	4152	40~120	9250	51	150~200
天湖峰境	71.4万	50万	7189	2298	40~191	15192	406	200~1400
南航碧花园	141万	45万	—	—	—	11789当期	272当期	184~1469当期
碧桂园假日半岛	100万	67万	—	—	—	4880	1856	150~1550
美林湖	120万	48万	4880	656	100~260	7600	1011	200~1082
恒大银湖城	95.5万	191万	5094当期	646当期	40~180当期	—	—	—
万科兰乔圣菲	21.2万	14.8万	—	—	—	7251	304	150~1120
汇总	742.7万	637.2万		7752			4290	

根据上表我们可以分析山前板块房地产开发体量大，占地面积742.7万平方米，总建筑面积637.2万平方米，洋房总户数有7752户，别墅总户数为4290户。

1. 供应结构——价格，见表11-8。

表11-8　供应结构——价格

洋房	均价区间	(4738~7189)元/平方米
	总价区间	(19~138)万元/套
别墅	均价区间	(4880~28763)元/平方米
	总价区间	(73~2128)万元/套

板块内洋房均价区间为（4738~7189）元/平方米，总价区间为（19~138）万元/套；别墅均价区间为（4880~28763）元/平方米，总价区间为（73~2128）万元/套。

2. 供应结构——户型面积见表11-9。

洋房户型面积在40~191平方米的一房~五房；别墅户型面积在150~1550平方米的三房~八房。

表11-9　供应结构——户型面积

洋房	户型	一房~五房
	面积	40~191平方米
别墅	户型	三房~八房
	面积	150~1550平方米

3. 供应结构——建筑类型见表 11-10。

板块内建筑类型有小高层、高层洋房，联排、独栋别墅。

表 11-10　供应结构——建筑类型

类型	小高层洋房	高层洋房	联排别墅	独栋别墅
物业个数	4	3	7	6

4. 供应结构——绿化率见表 11-11。

区域内绿化水平较市区楼盘高，高于 50% 及以上的占比 50%。

表 11-11　供应结构——绿化率

类型	物业个数	所占比例
<50%	4	50%
50% ~60%	3	37.5%
60% 以上	1	12.5%

5. 供应结构——营销策划见表 11-12。

板块内楼盘基本选择专业营销策划代理机构进行营销策划及销售，只有 1 个楼盘是开发商自行营销策划。

表 11-12　供应结构——营销策划

公司类型	物业个数	所占比例
开发商	1	12.5%
代理公司	7	87.5%

6. 供应结构——物业管理见表 11-13。

板块内开发商基本都组建自己品牌的物业管理公司，也有相当一部分聘请国际的物业公司，而选择国际物业公司的楼盘基本都规划有中高档的别墅，经济性不是主要的考虑因素。

表 11-13　供应结构——物业管理

公司类型	物业个数	所占比例
国际物业	3	37.5%
自有物业	5	62.5%

2. 需求分析

房地产市场需求分析包括成交需求分析和未来需求分析两部分。成交需求，即对已经成交的需求进行分析归纳；未来需求，即未来的需求潜力和需求偏好。

（1）成交需求分析。已成交需求的数据一直以来都是房地产策划咨询机构需要但却难以获得的数据。因此，这一分析行为必须由行业主管机构来进行。因为对行业部门而言，区域的每一笔成交数据都需要在房地产管理部门的数据库中进行登记。为了能够实现供需的对比分析，需求分析也应该分区块分类进行统计。

对成交需求的分析内容取决于交易登记数据，成交需求的分析基本上能够涵盖以下要点：区域分布、建筑类型、户型面积、单价结构、总价结构、交付标准、付款方式等。

（2）未来需求分析。

1）未来需求潜力分析。未来需求潜力分析的重点是住宅，其主要有两种分析方法：一是运用人口资料进行分析；二是运用收入资料进行分析。

人口资料包括：区域人口增长状况、年龄结构分布、家庭结构、人口地区来源状况、就业状况等。根据人口增长状况，这些资料我们可以统计和预测出现有和未来的人均住房需求量、市场总体需求量；根据人口来源及就业状况我们可以分析消费群体的差异化消费特征及消费能力。例如，对移民特征明显的深圳而言，国际化及港澳台地区的客商及高级管理人员在总人口中占很高的比例，因此高档住宅的需求量较大，同时住宅需求的国际化特征明显。另外，外来劳务工人数量较大，市场上对低价房的租赁需求量较大。

未来需求潜力与人口有关，更与居民的收入状况有关。城镇居民的工资收入、家庭年收入、人均可支配收入、城镇居民储蓄等收入资料直接反映了区域居民的购房和租房需求潜力。

而商业、写字楼、厂房的未来需求潜力则与城市商贸业、服务业、工业的发展水平直接相关。

2）未来需求偏好分析。区域未来需求偏好的分析依据主要是对市场需求的直接调研采访。为了能够及时把握市场的需求动向，房地产策划咨询机构可以联合调研公司进行定期的未来需求偏好调研。调查资料的统计和分析也需要根据该项调研分析的特征建立独立的数据库系统。未来需求偏好的调研应按物业类别分别进行。

对未来需求偏好的调研除了要包括上述成交需求中已列举的因素外，还应该将众多的方面进行细化，如对户型面积的需求要具体细化到各厅室的进深、开间及朝向。

(3) 供需对比分析。很长时间以来，在房地产界的供需对比分析仅局限于政府部门公布的批准预售面积与登记预售面积之比、批准销售面积与登记销售面积之比两个指标上。当该指标比值大于1时就是供大于求，接近1时为供求基本平衡，而小于1时则为供不应求。虽然这种分析结果能够在一定程度上反映市场的总体供需状况，但在市场细部上的意义不是很大。尤其是不能反映供需在结构上是否平衡，未来的供需走向等。因此，供需对比除了对供需总量的对比外，还要对供需结构进行对比，这样的分析结果对市场才会有更大的决策指导价值。

1）供应量与需求量对比分析。成交需求反映了当前市场需求的现实状况。通过当前的市场供应量与成交需求量之间的对比，来反映供需之间的数量对比关系。

2）供给结构特征与需求特征对比分析。总量的供需对比平衡与否并不能反映供需结构是否平衡，市场供需结构的对比分析能够在市场细部结构上为宏观调控和微观项目开发提供一定的依据。

【策划调研：2015年第一季度上海住宅市场特点及未来走势】

1. 新政春风，楼市扬帆再起航

上海住宅市场第一季度成交12907套，成交总面积189.19万平方米，成交均价28912元/平方米，成交量同比下降8.09%，环比下降45.87%，成交价格同比增长12.38%，环比增长1.16%。供销比达到1.00，相比去年同期（供销比0.82）明显提升。2015年第一季度上海市商品住宅市场反弹低于预期，但仍在合理范围，楼市复苏正当时。

2. 新兴高端住宅板块领跑楼市

值得注意的是，高端住宅市场起着引领楼市复苏的作用。其中，单价5万元以上高端住宅成交1012套，总面积19.56万平方米，同比增长23.96%，环比下跌44.02%；平均售价约69000元/平方米，同比增长9.33%，环比增长2.98%。单套1000万元以上住宅成交746套，同比增长48.04%，环比下跌44.00%。显然，高端住宅市场成交量逆势大涨，引领着第一季度楼市的新一轮复苏，而售价方面则创3年以来新高。

而从板块分析来看，新兴高端住宅板块第一季度贡献超过9.6万平方米成交面积，成交量同比增长超过80%，环比下跌42%；平均成交单价约70000元/平方米，同比增长14.3%，环比增长2.57%，套均成交面积约170平方米。可见，一季度高端住宅市场延续2014年第四季度的走势仍由新兴板块领跑。

据分析，2015年第一季度普通住宅80%以上的购房者为上海本地人或者非本地家庭，公司购房占不到20%。但高端公寓的主要买家仍为上海本地人士，超过总数的50%。自住和改善型自用型住宅均占到一定比例。在不动产登记条例、房产税双重压力下，第一季度上海本地买家对别墅的购买需求受到压制，随着上海与长三角其他城市交通提升及经济交融，江浙买家比例反而相应提升。市中心房价在政策全面利好、交通配套便利、出租方便的情况下，高端公寓半数以上买家为上海本地人士。

3. 新政助力，楼市将量价齐升

对于前不久陆续出台的楼市政策，在新政助力下，楼市将出现量价齐升的局面。首先，从政策层面来说，今年全年GDP增长目标为7%，房地产重要性重新凸显；中央新政提出去行政化，由市场干预转变为市场自发调节。目前的政策针对普通住宅，相信未来对高端住宅的利好政策也会进一步出台；其次，从开发商层面而言，实力大牌开发商会收缩三、四线城市，主攻一、二线城市，尤其加强一线城市布局。事实上，在第一季度全国销售20强的上市房企在一线城市拿地高达6成，创历史新高。

对于楼市未来走向，受政策利好刺激，2015年楼市将呈现出“量价齐升”的走势，第二季度后成交量会继续上升，全年有望达到1000万平方米以上的成交。对于大众关心的房价，预计中低端住宅价格上涨10%，高端住宅上涨5% ~8%。

（调研报告来源：戴德梁行）

11.3.3 外部关键影响因素分析

在房地产市场分析中有两个关键的外部影响因素，即房地产政策和城市规划。它们对区域房地产市场总体价格、供需总量和供需结构、细分市场的发展等起着重要的影响作用。因此站在策划的角度，应该对分析期内这两个关键的影响因素进行深入和全面的分析。

1. 房地产政策影响分析

中国房地产起步较晚，土地实行公有制，政府部门在房地产中既担任土地所有者的身份又担任市场调控的角色，因而房地产政策对房地产市场的影响作用更加明显，对房地产政策分析就成为市场状况变动分析的一个重要方面。对房地产政策分析能够更加明显解释统计数据的变动，因此我们对房地产政策的影响应在定性分析的基础上，且尽可能进行量化。目前，房地产行业主管部门、策划咨询类公司虽然已经将房地产政策的收集和整理作为一项常规性工作，但对政策影响的追踪、分析却比较缺乏。

房地产政策影响分析是一项科学和艺术共融的市场分析工作。它的主要难点在于收集足够的政策信息；对政策未来作用进行有效预期。要整理、理解和分析房地产政策，可以从政策目标的号召力、影响市场行情的程度、可操作的程度、影响的部位、政策部位、政策效果、政策实施主体、政策决策主题等多方面。

房地产政策影响分析的基本思路分为以下三个步骤：

(1) 进行政策信息的收集。房地产市场的相关政策很多是来自本行业的主管机构，也有部分来自上级主管机构或本行业以外的兄弟单位。因此，策划咨询公司应该对这些机构所发布的政策信息进行有效的收集。

(2) 正确理解房地产政策信息的内容，分析它的背景、政策目标以及潜在的政策目标。

(3) 对政策的影响进行分析，包括政策影响的市场主体、市场部位，判断政策影响程度。

对房地产政策影响进行分析主要是把握几个主要环节，针对不同的政策影响进行不同的侧重。

(1) 跟踪市场政策动向信息，了解最新政策动态及其背景。

(2) 联系相关政策，比较其中差异或进行前后对比，发现其中的变化和联系脉络，由此判断政策目标和意图。

(3) 判断政策影响的确切部位以及对主体的影响程度。

(4) 尽可能对政策影响进行定量分析。

(5) 分析说明政策的可能后果，对市场走势的影响预测。

(6) 尽可能地进行政策得失分析。

2. 城市规划影响分析

城市规划与房地产的发展向来是相辅相成的关系。合理的城市规划，优良的城市生态能够吸引更多的房地产开发投资，也能增加房地产价值。反之，房地产开发过程中所涉及新建、扩建和旧城改造项目也是决定城市规划能否实现的一个重要方面。从这个角度看，城市规划将直接影响着城市房地产市场的发展动向，尤其是房地产的区域市场发展以及细分物业市场的发展。因此，城市规划影响分析是分析房地产整体市场及细分市场的一种重要的基本分析方法。如在房地产热点区块分析中，热点区块的产生和发展在很大程度上与区域城市规划有关。

由于城市规划的实施对城市的影响是局部的、渐进的、分时段的，因而城市规划对房地产市场的影响是个别的，因项目地点不同而不同。因此，我们对城市规划影响的分析主要分区块整体功能性规划和基础设施规划两大块。

区块功能性规划主要是指城市规划中对某块区域在城市功能上的确定，如上海一城九镇的城镇及产业规划、浦江两岸综合开发规划等；基础设施主要由交通系统、通信网络、园林绿化和大型公共设施构成，它的开发建设有点（如公共绿地）、线（如轨道交通）、面（如工业园区）三种形式。它对房地产市场的影响也可以从这几个方面来认识：

(1) 城市规划重心和方向。

(2) 公路、铁路、桥梁、轨道交通。

(3) 公共绿化建设。

(4) 河流治理状况。

(5) 功能区域规划。

11.3.4 市场基本预测分析

运用科学的方法，对房地产市场供应关系及其发展趋势和相联系的各种因素加以分析和预测，可以为房地产项目制定发展战略服务，从而有效地提高市场资源配置的效率。因此，我们在房地产市场分析中对每一细分物业市场都要进行预测分析。房地产市场预测分析方法主要分为两大类：定性分析和定量分析。

1. 定性预测分析

定性预测分析是指对市场未来的发展趋势进行定性的描述，即通过对市场基础信息资料的收集，分析市场的重要特征，对其进行预测。如通过市场供需的对比可以预测未来供需总量间在数量与结构上的平衡状况 ，以及供需理论所产生的价格走势；由城市规划的大方向可以预测是未来发展的热点区域；根据产业政策的调整可以预测其对市场的作用部位及程度等。

对市场进行定性分析通常的方法有：

（1）经验判断法。经验判断法包括集合意见法、专家咨询法等。对于房地产市场分析，最有效的经验判断法就是专家咨询法。房地产主管部门或策划咨询机构可以组织各种类型的房地产发展趋势论坛，将众多行业的房地产市场研究专家、市场实务操作专家聚集一起，共同探讨区域房地产市场的发展趋势。

（2）预测调查法。预测调查法包括典型调查、抽样调查、全面调查等。这类方法在区域房地产市场分析中最主要的是针对房地产需求特征的调查预测，如对某个区块潜在购房者的需求偏好特征的抽样调查就可以预测出未来该地区市场需求的变动特征。对某一类型的房地产展销会进行投资者需求意向专题调查，就能够预测出未来市场投资需求行为的特征。

2. 定量预测分析

由于我国目前的房地产市场还处于较低的发展阶段，非市场因素对市场的影响较大，因此定量预测分析方法的应用还很少，但随着市场的日渐完善和成熟，定量分析会逐渐展示出它在市场预测方面的明确性和直观性等特征。

按照一般的市场量化预测理论，定量预测分析方法可以分为时间序列分析法（亦称趋势预测分析法）和因果关系分析法。时间序列分析法又可分为：移动平均法、指数平滑法等。

根据我国目前房地产市场的发展状况，很难通过回归和模拟的办法来对市场进行预测，现重点放在移动平均法、指数平滑法、投入产出法和预测模型法上。

（1）移动平均法。移动平均法的基本原理是假设市场的发展具有一定的连贯性，一定的市场过去随时间而发展变化的趋势，也是该事物随时间而发展变化的趋势。

1）简单移动平均法。简单移动平均法是将过去若干个按照发生时间顺序排列起来的同一变量的观测值中最近几期的数值进行加总，然后，被最近几期的观测值的个数除，求出观测值的平均数，以这一平均数作为未来期间该变量预测值的一种趋势预测方法。

假设用下列符号表示各有关的数值：

t——期间数；

x_1——第 t 期的观测值；

n——最近几期观测值的个数；

M_{t+1}——移动平均数（即预测值）。

则简单移动平均数的计算公式如下：

$$M_{t+1} = (x_t + x_{t-1} + \cdots + x_{t-n+1})/n$$

2）加权移动平均法。这是利用过去若干个按照发生时间顺序排列起来的同一变量的观测值中最近几期的数值，并以这一期间的时间序数为权数，计算出观测值的加权移动平均数，并以它作为预测未来期间该变量预测值的一种趋势预测方法。

假设用下列符号表示各有关的数值：

t——期间数；

x_1——第 t 期的观测值；

n——最近几期观测值的个数；

w_1——第 t 期的观测值的对应权数；

y_{t+1}——加权移动平均数（即预测值）。

则加权移动平均数的计算公式如下：

$$y_{t+1} = (x_t w_t + x_{t-1} w_{t-1} + \cdots + x_{t-n+1} w_{t-n+1})/(w_t + w_{t-1} + \cdots + w_{t-n+1})$$

移动平均法在房地产租金走势的预测中应用较多，因为租金受前一期的影响比较明显，而且根据实际的租赁实务，很多合同条款都有类似租金递增的条款规定。

（2）投入产出法。在基础产业投入方面一个单位的变化，可能引起整个地区其他产业投入的变化，要对两个基础产业的变化联动影响进行分析，就必须借助投入产出分析。投入产出模型描述的是部门间的内在联系，其功能决定了它可以反映基础产业投入的变化对房地产业的影响，从而发现一个区域房地产业的发展趋势。它还可以用来估计房地产业在投入方面的条件制约，以及这些条件给房地产业的发展空间带来的限制，即运用投入产出分析来确定房地产业发展的适度规模和空间。

房地产的发展空间预测无疑对房地产业是非常重要的。在我国，土地一级市场是由政府垄断的，所以土地供应计划是房地产业首要的信息来源。政府的土地供应计划又是对上年各行业的发展需要进行平衡，对房地产业的发展及其对其他行业的影响进行测算之后才做出的。因此，国民经济整体的投入产出是预测房地产行业发展空间的重要信息来源和数据库。

利用投入产出表进行房地产分析，需要投入产出表的消耗系数。因为在下一个开发周期，房地产业发展空间是受土地、资金、建材这三大要素中的最短缺的一项的数量制约，于是用这一“瓶颈”要素的预计投入数乘以另外两项对它的消耗系数，便可得到另外两项要素预测期应投入的数量，则：

土地供应量 = 预计资金供应量 × 土地对资金的消耗系数

同理，土地供应量 = 预计瓶颈建材可供量 × 土地对该建材的消耗系数

（3）预测模型法。用预测模型法进行预测分析通常是将预测的目标设定为一个实物量。在区域房地产市场分析中运用最多的是未来需求量预测，也可以理解为未来需求的增量预测。比如以办公楼需求量可以用公式来表示为：

$$Q_t = H_t \cdot N_t - S_o$$

式中　Q_t——t 时刻办公楼物业的需求量；

H_t——t时刻办公楼从业人员人均办公面积；

N_t——t时刻办公楼物业从业人员的数量；

S_o——t时刻办公楼物业的存量。

其中，人均办公面积与预期的行业或企业增长率和办公物业的价格有关；办公楼从业人数与产业从业人数和各行业办公人员所占比例有关。其中各行业办公人员比例可根据区域各产业和行业办公人员的分布情况加权得出。而现有办公物业存量一般通过历年统计资料可以得出，因此，可粗略的认为是个常数。

【策划案例：2014 年广东省房地产市场分析报告】

1. 社会经济环境

2014 年，全国国内生产总值达 636463 亿元，同比增长 7.4%。广东省经济总体保持稳定发展态势，同时稳中有升，GDP 达到 67792.24 亿元，比上年增长 7.8%。全社会固定资产完成投资 25900 亿元，增长 15.9%。居民收入持续增加，城镇居民人均可支配收入 32148.1 元，增长 8.8%，扣除物价因素，实际增长 6.4%。

2. 基础数据分析

（1）房地产投资

1）完成开发投资数据见表 11-14。

表 11-14　按用途完成开发投资数据表　（单位：亿元）

年 份	完成投资	住宅	办公楼	商业用房	其他
2013 年	6519.47	4540.98	347.82	716.02	914.65
2014 年	7638.45	5187.32	489.44	958.43	1003.26
同比增长(%)	17.7	14.2	40.7	33.9	9.7

2014 年广东房地产开发投资每月保持比较稳定的增长态势，全年增长 17.7%，增速比上年降低 4.1%。房地产开发投资增长主要由办公楼和商业营业用房投资带动，两者增速分别为 40.7% 和 33.9%，住宅投资量比去年增加 646.34 亿元，同比增长 14.2%。

购地影响企业投资能力，投资增长质量有所下降。2014 年，广东房地产完成投资额 7638.45 亿元，同比增长 17.2%。按投资构成分，建安工程投资 5427.18 亿元，同比增长 12.5%，占总投资额的 71.1%；设备工器具购置 78.03 亿元，同比增长 19.1%；土地购置费 1591.35 亿元，占总投资额的 20.8%，同比大幅增长 60.6%；土地购置费的大幅增长既反映出企业的投资能力受到土地成本的挤压，也意味着房地产的投资增速对于带动经济增长的质量明显下降。

表 11-15　房地产完成投资按构成分　（单位：亿元）

年 份	本年完成投资				
	总投资额	建安工程	设备工器具购置	土地购置费	其他费用
2013 年	6519.47	4824.12	65.51	991.11	638.73
2014 年	7638.45	5427.18	78.03	1591.35	541.9
同比增长(%)	17.2	12.5	19.1	60.6	15.2

2）开发资金来源。2014 年，广东房地产企业到位资金 11326.60 亿元，同比增长 8.2%，增幅为 2003 年以来的次低水平，也是除 2008 年之外，唯一实现个位数增长的年份。从本年到位资金来源看，国内贷款 2432.61 亿元，同比增长 13.5%；利用外资 63.65 亿元，

同比增长75.4%；自筹资金3705.57亿元，同比增长32.4%；其他资金来源（销售回笼资金）5124.77亿元，同比下降6.7%。从资金结构看，国内贷款占到位资金比重21.5%，较去年同期提高1.0%；利用外资占比0.6%，同比下降0.2%；自筹资金占比32.7%，同比提高6.0%；其他资金来源占比45.2%，同比下降7.2%。反映出2014年广东房地产企业的资金成本处于相对较高水平。

表11-16　房地产资金来源基础数据表　（单位：亿元）

年份	资金来源 总额	国内贷款		外资		自筹		其他(销售回笼)	
		金额	所占比例(%)	金额	所占比例(%)	金额	所占比例(%)	金额	所占比例(%)
2013年	10472.94	2143.72	20.5	36.75	0.3	2799.22	26.7	5493.25	52.5
2014年	11326.6	2432.61	21.5	63.65	0.6	3705.57	32.7	5124.77	45.2
同比增长(%)	8.2	13.5		75.4		32.4		-6.7	

（2）土地市场方面，全省土地购置面积1956.99万平方米，同比下降13.1%；土地成交价款856.58亿元，同比增长25.7%；土地成交均价4377元/平方米，同比大幅上涨44.6%。从地价与房价水平的比较看，在同样不考虑容积率因素的情况下，2014年土地平均购置价格相当于商品房平均销售价格的48.2%，大幅高于其他年份水平，地价的过快上涨推高了市场风险。

表11-17　土地购置面积与价格数据表

年份	面积(万平方米)	总价款(亿元)	均价(元/平方米)
2013年	2252	681.45	3027
2014年	1956.99	856.58	4377
同比增长(%)	-13.1	25.7	44.6

（3）商品房建设。全省商品房施工面积5.40亿平方米，同比增长16.1%。其中，2014年新开工面积1.34亿平方米，同比下降6.2%。竣工面积7327.99万平方米，同比增长16.8%，虽然当年竣工面积同比实现两位数增长，但从2004年以来的累计竣工率走势看[假定建设周期为3年，即第（n-2）年的新开工项目基本在第n年达到竣工]，2014年的竣工率为72.7%，竣工率连续3年持续下行并创下最低水平，意味着企业对在建项目的资金投入负担持续加大，承受着较重的资金压力。而2014年多达1.34亿平方米的新开工面积，将逐步形成供应而进一步放大当前供大于求的局面。

表11-18　商品房建设数据表　（单位：万平方米）

年份	施工面积	新开工面积	竣工面积
2013年	46511.6	14285.7	6274
2014年	54000	13400	7327.99
同比增长(%)	16.1	-6.2	16.8

（4）房地产交易。2014年，广东商品房销售面积9315.76万平方米，同比下降5.3%；销售额8461.84亿元，同比下降5.4%；销售均价9083元/平方米，小幅下降0.1%。按用途分，商品住宅销售面积、销售额分别为8163.56万平方米、6960.26亿元，同比分别下降

7.6%和6.9%；合计销售73.94万套，同比下降6.5%；销售均价8526元/平方米，小幅增长0.7%。办公楼销售面积230.45万平方米，同比下降10.3%；商业营业用房销售面积491.06万平方米，同比增长13.2%；其他房屋销售面积430.70万平方米，同比大幅增长36.7%。数据显示，商品住宅销量占商品房总销量的87.6%，同比下降2.2%；办公楼占2.5%，小幅下降0.1%；商业营业用房占5.3%，同比提高0.9%；其他房屋占4.6%，同比提高1.4%。数据反映，商业营业用房和其他房屋销售面积有较大幅度增长，或与过去几年商用物业投资建设加大，企业为减轻资金压力减少持有，加大销售有关。

表11-19　广东商品房销售面积（按用途分）　　（单位：万平方米）

年份	住宅		办公楼		商业营业用房		其他房屋	
	数值	占比(%)	数值	占比(%)	数值	占比(%)	数值	占比(%)
2013年	8830.95	89.8%	256.86	2.6%	433.61	4.4%	314.96	3.2%
2014年	8163.56	87.6%	230.45	2.5%	491.06	5.3%	430.70	4.6%
同比增长(%)	-7.6	-2.2	-10.3	-0.1	13.2	0.9	36.7	1.4

注：由于会计结转时间一般迟于统计报表上报时间，因此销售面积与实际年报会有差距，但趋势没有大变动。

(5) 库存方面，截至2014年期末，全省商品房待售面积5467.99万平方米，同比增长22.3%。其中，商品住宅待售面积3545.82万平方米，同比增长24.6%；办公楼198.69万平方米，同比下降4.5%；商业营业用房818.36万平方米，同比增长16.9%；其他房屋905.13万平方米，同比增长26.4%。除写字楼之外，其他各类用房的待售面积均创下历史新高，说明后市总体面临较大的去化压力。

表11-20　广东商品房库存面积（按用途分）　　（单位：万平方米）

年份	住宅	办公楼	商业营业用房	其他房屋
2013年	2845.76	208.05	700.05	716.08
2014年	3545.82	198.69	818.36	905.13
同比增长(%)	24.6	-4.5	16.9	26.4

注：由于会计结转时间一般迟于统计报表上报时间，因此空置面积与实际年报会有差距，但趋势没有大变动。

3. 生成指标分析

(1) 生成指标的定义。依据现有基础统计数据，在开发建设与市场销售和资金风险等方面建立相关的市场衡量指标。为了方便使用，所有指标均是无量纲的。

表11-21　房地产市场评价指标

名称	计算公式
市场消化系数1(X_1)	销售面积/(k×竣工面积)
市场消化系数2(X_2)	销售面积/(k×竣工面积+库存面积×以月为单位的时段数/12)
投资风险系数(F)	1-自筹资金/总投资资金来源

“市场消化系数”是通过计算一定时期内商品房吸纳量占市场供应量的比值，反映市场消化能力。为了全面衡量市场供求和交易情况，这里设计两个系数分别在不同层次反映市场消化能力。结合现有统计资料，这里只针对一手市场。

系数1的一般公式定义为：市场实现吸纳量/市场新增供应量。

系数2的一般公式定义为：市场实现吸纳量/市场有效供应量。

根据统计数据的含义，销售面积包含现楼和预售两部分，所以统一作为两个系数的分子，差别则体现在分母。系数1只考虑新竣工面积，由于一般有约两成的竣工面积是公建配套、回迁补偿等，因此可销比例k取为0.8；系数2在系数1的基础上，假设满足库存面积将在本年被均匀地吸纳的条件，系数2在分母中对待库存面积后面的处理都是为了满足不同时间段计算系数的可比性。两个系数的详细应用计算公式见表11-21。该系数越大，说明市场越活跃，消化能力越强。

“投资风险系数”利用非自筹资金占总投资资金来源的比例，反映开发商开发资金运作的风险大小，也反映资金结构的健康合理与否。风险系数的取值区间为（0，1），该值越大，说明投资风险越高。

（2）生成指标的分析。生成指标数据表见表11-22。两个系数均有所下降，其中市场消化系数1（X_1）持续大于1，市场消化系数2（X_2）趋近于1，一方面说明销售面积小于可售市场新增供应量；另一方面说明库存压力较大。在投资风险方面情况也有所改善，与2013年相比投资风险系数有所下降，但潜在风险问题仍需继续关注。

表11-22　生成指标数据表

名称	2013年	2014年	同比增长
市场消化系数1(X_1)	1.96	1.589	-0.189
市场消化系数2(X_2)	1.037	0.822	-0.207
投资风险系数(F)	0.733	0.673	-0.082

4. 结论及建议

（1）关于交易市场。2014年市场进入自我调整阶段，全年销售量同比小幅下降，仍为历史次高水平；销售均价总体趋于平稳；市场潜在供应充足，加快去库存仍是当务之急。

（2）关于资金状况。下半年信贷新政效应初步显现，销售回笼资金有所加快，但本年企业到位资金增速大幅下滑；自筹资金比重偏高，销售回笼资金相应降低，行业资金成本较高，资金压力依旧沉重。应拓宽其他渠道的资金来源。

（3）关于投资建设。全年房地产投资增速总体平稳，但近半是由土地购置费所拉动，投资增速对带动经济增长的质量明显下降；商品房竣工率处于历史低位，后续资金需求持续加大；土地市场量降价升，土地成本大幅上涨推高了市场风险。

11.4　项目市场要素研究

11.4.1　消费者研究

在市场经济的环境中，消费者是企业的上帝，是企业的衣食父母，同时也是房地产策划活动的出发点。对于消费者购买行为的分析，是市场策划的重点。房地产市场策划的目的是为了满足消费者的需要和欲望，但是，要了解消费者并不简单，消费者对自己的需要和欲望的叙述是一回事，实际行为可能又是一回事，有时他们往往会由于一些原因在最后一刻改变主意，有时也可能连他们自己也没有意识到一些潜在的需要和欲望。这些都要策划师来加以分析和引导。

具体来说，对消费者的研究，则包括以下几个方面。

1. 消费者的购买行为

消费者购买行为是指消费者为获取、使用、处置消费物品或服务所采取的各种行动，包括决定这些行动的决策过程。消费者行为是与产品或服务的交换密切联系在一起的。

对房地产消费者购买行为的描述，我们可以简单地概括为七个问题（6W＋1H）。

（1）谁来买房地产（Who）。在这里我们主要分析研究谁是主要的消费者以及各种类型的消费者，谁是主要的消费者，即从房地产商品的本身出发，要将房地产卖给什么样的消费对象解决一个消费者层次定位的问题。例如，高档商住楼营销的对象主要是在这一地区设立办事处或分公司的外省市的大型企业。商住楼既可以办公又可以解决外地工作人员的住宿问题，而高档又决定了必须是具有一定实力的较大企业。又比如高标准的公寓主要面向的消费对象可能是高收入阶层，如外资企业的高级职员、成功的企业家等。

消费者类型的划分。由于消费者所受教育、文化修养、处事方式存在差异，即使确定了主要消费对象，这些消费对象的各个个体之间也存在很大的差异。因此仅仅确定主要消费者还是远不够的，还应该对消费者进行分类，以便在营销活动中采取正确的策略来加以突破。

一般来说，房地产商品的消费者可以大致划分为以下几类：从容不迫型、优柔寡断型、自我吹嘘型、豪爽干脆性、喋喋不休型、沉默寡言型、吹毛求疵型、虚情假意型、冷淡傲慢型、情绪冲动型、心怀怨恨型、圆滑难缠型。

（2）谁参与买家的购买行为（Whom）。由于房地产商品所具有的价值高的特点，在购买行为的过程中还存在许多参与者，如购买的决策者可能不是最终的使用者。因此在研究主要消费对象的同时，还要对谁参与了购买的决策进行研究和分析。谁进行购买决策，谁出资购买房地产，谁对购买决策产生影响，谁最终实际使用房地产。这里的重点是要对购买的决策者和购买决策的影响者进行研究和分析，确定主要消费者是对消费者购买行为进行描述的第一步，也是最重要的一步，它为房地产项目进行策划，划分最终的目标市场提供了依据。

（3）为什么要买房地产（Why）。消费者为什么购买房地产，为什么要购买这一区位，这一类房地产从经营角度来说，我们称之为购买动机。消费者的购买动机有理性的动机和带有感情色彩的动机。

理性的购房动机是指个体在购房时所关注的内容，主要是价格、质量、售后服务等特征。商品在这些方面能够让消费者满意，就会促进消费者购买行为的实现。理性的购物动机遵循的是经济原则，并确实在人们的购物活动中起着一定的作用。由于房地产价格昂贵，众多的买家是倾多年的积蓄买房子的，因此，购房者的行为相对于其他商品消费的行为来说是非常理智的，并且即使伴随感情色彩的购房动机，也是在理性的购房动机主导和支配下的常见的理性购房。

动机有投资动机与自住动机，作为以出售为目的的炒家，不在乎现楼、楼花，甚至连发展商的实力都不太在乎，关键是楼宇升值潜力与出手的可能性。作为以出租为目的的炒家，售价高一点也没关系，关键是位置。自住动机，持这种动机的购房者一般以多年的积蓄来购房，往往希望质量可靠，物有所值。同时年轻人还希望付款轻松，三口之家希望小区有学校，而且是名校等。

带感情色彩的购房动机。常见的带感情色彩的购房动机有以下几种求新动机，即以追求新颖、构思巧妙的商品，往往能极大地激发消费者的兴趣，使其忽略实用性、价格等因素，不惜代价地要求拥有。这一般在年轻人身上表现得更为突出。策划人员可以利用人们的好奇心来吸引对楼盘的注意和兴趣——求美动机，美的东西总是让人们产生强烈的满足和欢乐；楼盘的建筑风格、小区的设计是否符合审美标准，都是购房者考虑的对象。

还有效仿或炫耀动机、权力动机、癖好动机、健康和舒适动机等。

【策划故事：SOHO 潮流，一夜成名】

潘石屹在美国哈佛、斯坦福等几所大学游走时，看到了不同系别的学生争相投入到 Internet 的狂潮中，这时他听到了一句关键的话，Internet 狂潮中 80% 是泡沫，另外有 20% 左右的东西会沉淀下来，进而改变世界。回国后，他就开始思考，网络会给这个世界带来哪些变化？作为一个房地产商，应该如何应对？房地产产品哪些方面应该随着网络给世界带来 20% 的变化而改变？

Internet 时代的来临，给世界带来的第一个变化是“反空间的”，第二个变化是“融合的”。潘石屹想响应这两个变化，在中国房地产产品上做出一个新东西。在给楼盘定位之前，他满世界地在国外转悠，希望开阔自己的思路，也希望国外的游历能点燃他将要做的项目定位的灵感。作为一个纯粹的商人，他想做一个真正市场化的产品，“房子是给人住、给人用的，我就重点考虑房子和人的关系，至于政策、法规、条款、规定，随着时代的变化都是可以改变的”。这时，他第一次从一个法国人嘴里听到了“SOHO”的字眼。潘石屹敏锐地捕捉到了这个商业讯息。他意识到，“SOHO”不仅仅是“居家办公”的意思，“SOHO”的背后是物业品种之间的边界在模糊，是人们对新的房地产产品需求的一个明确信号。它打破了大工业时代对房屋品种的细分和房屋内格局严格的功能性划分。这个概念的提出也使 SOHO 现代城一夜成名，创造了北京房地产市场空前的热销场面。

(4) 在什么地方买房地产（Where)。什么地点、什么样的场所和气氛更有利消费者做出购买决定。通过对这些问题的分析和研究，可以为项目策划人员在制定渠道策略和促销策略时提供参考依据。房地产商品具有价值大和固定性的特点，在多数情况下，消费者都最终会倾向于到现场进行实地了解、查看。因此，施工现场的环境（如建材放置井井有条会使消费者感觉管理井然有序，对质量也就有了信心）、售楼处的布置（给消费者营造一种随和轻松的氛围，有利于增强消费者对营销人员所介绍内容的信任程度）、样板房的设计（样板房是消费者对未来房地产商品的透视，良好的设计效果则会提高消费者购买的欲望）、现场所分发的广告宣传资料（现场资料则对一些尚无法目睹的内容进行补充介绍）都会对消费者的购买决策起到影响作用。这些都是房地产项目策划人员需要重点研究的问题。

(5) 在什么时候买房地产（When)。研究消费者在什么时候购买或者在什么时候更愿意表示购买的愿望，有助于策划人员选择最合适的时机将楼盘推向市场。房地产市场不像中秋节买月饼那样具有明显的时间特征，但也不是毫无规律可循。例如，夏天天气热，消费者不太愿意冒酷暑外出选购；每逢双休日、节假日询问选购房地产的消费者要较平时多。此外，在元旦、春节、劳动节、国庆节前后结婚的人较多，在这之前的几个月，年轻人可能购买婚房。每年的年中和年末，企业发奖金，消费者可能持有较多的货币，在这之后的几个月春秋两季，为房地产销售的旺期。可以在这个时期举行一定规模的楼盘促销活动。当然也要充分考虑竞争对手推出楼盘的时间。

（6）买什么样的房地产（What）。由于消费者所处的社会环境、经济条件不同以及心理因素的作用，因此消费者所需购买房地产也是多样的。例如，新婚夫妇需要一室一厅，三口之家可能就需要二室一厅，孩子成年后可能需要三室一厅。同时由于受到经济条件的制约在购买房地产区位上也会有所选择。再如，在商业活跃、规模迅速扩大时，市场可能对商业用房的需求上升；地区经济发展水平迅速提高时，市场可能对办公用房的需求上升；当居民生活水平迅速提高时，市场可能对住宅的需求上升。通过对消费者需要购买什么样的房地产的研究分析，可以使房地产企业及时正确了解消费者的需求，适时推出合适的房地产商品。

（7）如何来购买房地产（How）。消费者购买房地产的方式，不仅会影响市场营销活动的状态，而且还会影响房地产产品的设计以及营销计划的制定。例如，消费者拥有足够的支付能力，会一次性付款；当消费者支付能力不足时，消费者将分期付款或以按揭方式付款。金融的支持使房地产快速迅猛发展，现在的购房者，一半以上是通过银行贷款解决的。没有银行的支持，房地产寸步难行，因此，开发商提高自己实力的同时在银行有良好信誉是至关重要的。

2. 消费者的购买力水平

消费者的购买力水平是影响住房消费最重要的因素，它直接决定了消费者的购房承受能力。消费者购买力水平的主要指标是家庭年收入。

3. 消费者的购买倾向

消费者的购买倾向主要包括物业类别、品牌、户型、面积偏好、位置偏好、预期价格、物业管理、环境景观等。

影响顾客购买倾向的影响因素主要有两类因素：一类因素来自顾客本身，另一类因素来自可供选择的产品。

顾客自身的因素主要是顾客的偏好。导致顾客形成特定偏好的影响因素有很多，比如性别、年龄、性格、社会阶层、收入水平、居住区域等。这些因素都属于顾客属性因素。我们发现，这些因素正好都可以用来作为企业进行市场细分依据。各细分依据上的差别可以用来区分具有不同偏好的消费群体，从而划分出特定的产品市场。

来自产品的影响因素则主要是各可供选择产品间被顾客感知的差异。需要注意的是这种差异必须是被消费者感知和识别的。从信息传播的角度分析，我们可以发现，这种差异主要来自三个方面：一是指产品信息的接收方，即顾客。其自身对产品信息的感知和识别能力或倾向的不同而造成的偏差。这类差异的影响可以归入前面讨论的顾客自身因素。二是指产品信息在传播过程中由于渠道的不同和传播强度的不同形成的信息失真，例如，广告类型和其他产品信息的发布方式都是导致这类差异的因素。三是信息源的不同而形成的实际差异。这里主要是产品的实质性差异以及所发布的产品信息的差异。

除了以上两类主要的影响因素之外，还有其他一些因素也会对顾客的决策产生影响，如顾客的人际环境和社会经济整体环境即购买环境等。其中有的因素事实上也包括在顾客所要选择的对象当中。就拿购买环境来说，顾客选择购买地点就是对环境的选择，而有的因素则在顾客属性因素的区分中表露出来，如人际环境等因素。因此，这些因素基本上可以间接地在前两类因素中得以体现。

4. 消费者的共同特征

主要包括：消费者年龄、文化程度、家庭结构、职业、原居住地等。

一般说来，在未确定目标消费者之前，可通过二手资料的收集对房地产市场的消费者做一个普遍、粗略的了解；在确定目标消费者之后，则主要是通过问卷调查的形式就想要了解的问题对目标调查对象进行访问。目标消费者的确定可参考同类物业的已成交客户进行划分。必要的时候，甚至还可针对核心购买者进行再一次的调查，如此反复，直至得到较为准确可靠的结论。

【策划案例：摸客后搭售与解筹】

湖城大境在项目立案之初，就瞄准西安顶级资源型买家与希望享受全新生活方式的买家，每次推盘，都会对高价值的明星产品与相对劣势的产品进行搭配推出，同时，为了保证每次推售房源的产品段齐全，会将大面积户型与小面积户型搭配推售。为实现开盘时较高的解筹率，开盘前都采用逐一约访谈判签约的形式，蓄客认筹之后，再多轮次摸查客户意向房源及预期价格，对房源有冲突的客户线下疏导沟通，在保证客户选房意向的基础上再行开盘，也一定程度上满足了高端客户渴望受尊重的心理。

在市场形势严峻的情况下，项目推广形象由虚转实，重点强调西安极度稀缺的水域资源曲江池、曲江唐式建筑主题、新东方立面元素和中式园林水景规划，以及涵盖小高层、高层、别墅的复合物业类型。随后配合细致的客户梳理、持续的暖场活动、节点性公关造势，仍然完成了32亿销售任务。湖城大镜的综合营销打法大大考验了策划和销售团队的拓展力和毅力。

11.4.2 竞争者研究

有市场的地方，就存在着竞争。狭义的竞争对手是指以类似价格提供类似产品给相同客户的其他公司；广义的竞争对手是指制造相同产品或同级产品的所有公司。在房地产市场研究中，对竞争对手的研究主要包括下面内容。

1. 确定研究内容

对竞争对手的研究可从以下几个方面进行考察：

(1) 专业化程度。竞争对手将其力量集中于某一产品、目标客户群或所服务的区域的程度。

(2) 品牌知名度。竞争对手主要依靠知名度而不是价格或其他度量进行竞争的程度。目前，房地产企业越来越重视品牌知名度，不仅重视项目的品牌，更重视企业品牌。

(3) 推动度或拉动度。竞争对手在销售楼盘时，是寻求直接在最终用户中建立品牌知名度来拉动销售，还是支持分销渠道来推动销售的程度。

(4) 开发经营方式。竞争对手对所开发的楼盘是出售、出租还是自行经营，如果出售，是自己销售还是通过代理商销售等。

(5) 楼盘质量。竞争对手所开发楼盘的质量，包括设计、户型、材料、耐用性、安全性能等各项外在质量与内在质量标准。

(6) 纵向整合度。竞争对手采取向前（贴近消费者）或（贴近供应商）进行整合所能产生的增值效果的程度。包括企业是否控制了分销渠道，是否对建筑承包商、材料供应商施加影响，是否有自己的物业管理部门等。

(7) 成本状况。竞争对手的成本结构是否合理，企业开发的楼盘是否具有成本优势。

（8）价格策略。竞争对手的商品房在市场中的相对价格状况。价格因素与其他变量关系密切，如财务、成本、质量、品牌等。

（9）开发情况。竞争对手历年来的项目开发情况。

（10）未来发展状况。竞争对手的土地储备情况以及未来的开发方向及开发动态。

2. 在上述针对竞争对手的调研基础上进行对比分析，评价竞争对手的优势和劣势。

3. 把竞争者研究的成果提供给项目开发机构，为企业实施开发战略提供准确的依据。

11.4.3 竞争楼盘研究

竞争性楼盘分为两种类型，一类是与所在项目处于同一区域的楼盘；另一类是不同区域但定位相似的楼盘。竞争楼盘调研包括楼盘区位、产品特征、销售价格、销售情况等方面。

1. 楼盘区位

（1）地点位置，指楼盘的具体坐落方位，与本项目的相对距离以及相邻房地产的特征。

（2）交通条件，指地块附近的交通工具和交通方式，包括城市铁路（地铁）、公路、飞机等。交通条件一方面表示地块所在区域与周边各地的交通联系情况，表明进出的方便程度；另一方面，一个地区的交通状况如何也左右着该地区的未来发展趋势。

（3）区域特征，指相对聚集而产生的、依附于地域的特有的一种物质和精神形态，主要取决于地域的经济发展水平、产业结构、生活水准、文化教育状况等。

（4）发展规划，指政府对城市土地、空间布局、城市性质的综合部署和调整，是一种人为的行为。

（5）周边环境，指开发地块周围的生活配套情况，还包括由人口数量和素质所折射出来的人文环境和生态环境。

2. 产品特征

（1）建筑参数，主要包括该项目总建筑面积、总占地面积以及容积率等，是由规划管理部门确定的，也是决定产品形态的基本数值。

（2）面积户型，一个楼盘的面积和户型基本决定了其产品品质的好坏，其中包括各种户型的使用面积、建筑面积、使用率以及面积配比、户型配比等。

（3）装修标准，一是公共部位的装修，包括大堂、电梯间、走道以及房屋外立面，二是对户内居室、厅、厨、卫的处理。

（4）配套设施，分两大部分：一是满足日常生活的最基本设施，如水电、燃气、保安、车库、便利店和中小学等；二是为住户专门设立额外设施，如小区会所等相关的娱乐设施。

（5）绿化率，绿化的多少越来越受到人们的重视，成为判断住宅品质的一条重要标准。

3. 销售价格

价格是房地产项目中最基本、最便于调控的，在实际的调研中也是最难取得真实信息的。一般从单价、总价和付款方式来描述一个楼盘的价格情况。

（1）单价。它是楼盘各个因素的综合反映，是判断一个楼盘真正价值的指标，可以从以下几个价格来把握：1）起价，这是一个楼盘最差房屋的销售价格，为了促销，加入了人为的夸张，不足为凭。2）平均价，指总销售金额除以总销售面积得出的价格。3）主力单价，是指总销售面积比例最高的房屋的标定单价，这才是判断楼盘客户地位的主要依据。

（2）总价。虽然总价是销售价格和销售面积的乘积，但单价反映的是楼盘品质的高低，而总价反映了目标客户群的选择。通过楼盘总价或一套住宅总价的调研，能够掌握产品的市场定位和目标市场。

（3）付款方式。这是房屋总价在时间上的一种分配，实际上也是一种隐蔽的价格调整手段和促销工具，用以缓解购房人的付款压力，扩大目标客户群的范围，提高销售率。付款方式不外乎下面几种类型：1）一次性付款；2）按照工程进度付款的建筑期付款；3）按照约定时间付款；4）按揭付款，即利用商业贷款或公积金贷款付款等。

4. 销售情况

销售情况是判断一个楼盘最终的指标，但它也是最难获得准确信息的，主要包括：

（1）销售率。这是一个最基本的指标，它反映了一个楼盘被市场的接纳程度。

（2）销售顺序。这是指不同房屋的成交先后顺序，可以按照总价的顺序，也可以按户型的顺序或是面积的顺序来排列。可从中分析出不同价位、不同面积、不同户型的房地产单元被市场接纳的原因，它反映了市场需求结构和细节。

（3）客户群分析。通过对客户群职业、年龄、家庭结构、收入的统计，可以反映出购房人的信息，从中分析其购买动机，找出楼盘影响客户购买行为的因素，以及各因素影响的大小。

【策划案例：刚需房，再创热销佳绩】

2012年6月16日，位于惠州市惠山区的融创理想里景观高层盛大开盘，现场爆棚，前来排队买房的客户将现场挤满，保安全体出动，火爆场面从早晨持续到晚上。主力户型不到半小时去化过半，销售速度再创惠山楼市传奇！开盘当天创造了单日3小时劲销265套，揽金1.8亿的记录。据悉，此次刚需购房者中以首次置业为主，对本次推盘的价格表示满意，其中多数对融创理想里的学区资源极为看重。

刚买到一套电梯公寓的小刘说：“像我这种工作时间不长的年轻人，存款不多，但又不想买那种品质没保障的房子，找来找去，对比过多个楼盘后，还是决定买了融创理想里。我这个人对居住环境的要求很高，这里山清水秀，鸟语花香，非常宜居，加上出行、购物、孩子上学什么的都很方便，完全符合我的需求。”

11.4.4　项目自身研究

项目自身研究一般采用SWOT分析法进行，通过SWOT具体分析，策划师很快地找到自身项目的优势、劣势以及存在的机遇和威胁，以便对项目的资源进行有机地整合，采取对策，扬长避短，走向市场。

SWOT分析法就是将研究对象密切相关的各种主要内部优势因素（Strengths）、弱点因素（Weaknesses）、外部机会因素（Opportunities）和威胁因素（Threats），通过调查罗列出来，并依照矩阵形式排列，然后运用系统分析思想，把各种因素相互匹配起来加以分析，从中得到一系列相应的结论（如对策等）。

SWOT分析法的一般步骤如下。

（1）分析环境因素。运用各种调研方法，分析出项目所处的各种环境因素，即外部环境因素和内部环境因素。外部环境因素包括机会因素和威胁因素，它们是外部环境对项目的发展直接有影响的有利和不利因素，属于客观因素，一般归属为经济的、政治的、社会的、人口的、产品和服务的、技术的、市场的、竞争的等不同范畴；内部环境因素包括优势因素和劣势因素，它们是项目在其发展中自身存在的积极和消极因素，属主动因素，一般归属为管理的、组织的、经营的、财务的、销售的、人力资源的等不同范畴。

（2）构造SWOT矩阵。将调查得出的各种因素根据轻重缓急或影响程度等排列方式，构造SWOT矩阵。在此过程中，将那些对项目发展有直接的、重要的、大量的、迫切的、久远的影响因素优先排列出来，而将那些间接的、次要的、少许的、不急的、短暂的影响因素排列在后面。

（3）制定市场对策。在完成环境因素分析和SWOT矩阵的构造后，便可以制定出相应的市场对策。制定市场对策的基本思路是：发挥优势因素，克服弱点因素，利用机会因素，化解威胁因素；考虑过去，立足当前，着眼未来。

在一个项目没有开始之前，策划师一般都要对项目的地理环境因素、人文环境因素、政治环境因素、竞争环境因素、经济环境因素等各方面进行SWOT调研和分析。各种因素在同一个项目中可能表现为优势，也可能表现为劣势；可能会成为机遇，也可能成为威胁。但在策划师分析并拿出解决方案后，劣势同样可以转化为优势，威胁可转化为机遇。如当地产开发商们集中在CBD地区开发一些高容积率，低绿化率的项目时，有些开发商却针对有车一族转而到郊区开发低容积率、高绿化率的项目。尽管地理位置并非处于CBD地区，处于劣势。但谁又能证明有钱人不想远离CBD地区的喧嚣而回归大自然呢?

SWOT分析法包括优势分析（S）、劣势分析（W）、机遇分析（O）和威胁分析（T）。

（1）优势分析。优势是指项目自身所具备的区别于其他项目的长处和优点。不管是哪个项目，它总有自己的长处和优点，通过详细的分析和研究，把项目的优势挖掘出来，进而在策划中予以发扬，形成项目的闪光点。

（2）劣势分析。劣势是指项目自身存在的不利因素。找出在市场上竞争的不利因素，并进行完善、整改和规避，可以有效地避免不健康的项目勉强走向市场，达到扬长避短的目的。

（3）机遇分析。机遇是指项目走向市场时各种因素赋予项目的一种机会，善于抓住项目或楼盘的各种机会，是策划师的一种职责。很多机会和机遇是隐性的资源，不认真进行分析，很难看得出来。俗话说“机不可失，时不再来”，只要抓住了项目的机遇，搭上竞争时代的便车，项目就会取得意想不到的效果。

（4）威胁分析。威胁是项目在竞争市场中遇到的一种困难，这种困难一旦被克服，威胁就可以转化为优势。对威胁分析，我们一定要分析透彻，找出威胁的不同层面，抓住主要问题，使威胁因素降到最低点。

以上SWOT分析主要是从项目自身的角度进行的，但在实际分析中，往往要扩大分析范围，从宏观政策、市场大势、竞争对手、公司实力、目标市场等因素进行，从全方位的角度把握项目的实质，为项目的市场定位打下基础。

【策划案例：大连罗斯福·天兴国际中心SWOT分析】

通过对项目自身、外部环境、竞争以及消费者等相关因素进行SWOT分析，充分发现天兴国际中心项目的优势和机会，寻找人文价值以及目标群体的欲望符号，深层次地挖掘产品的价值个性与市场差异点，加以整合运用，为项目发展提供思路。

1. 优势分析（S）

(1) 西部商圈最核心黄金地段的小户型城市公寓，拥有稀缺性的地块资源、弹性使用的建筑空间，具有升值的美好前景。

(2) 四通八达的公交线路，畅达城市的每一角落，交通的便利吸引大范围的目标客户群。

(3) 成熟完善的消费环境，从金融、交通、购物、餐饮、娱乐等各个方面满足生活所需，一站式消费特征明显。

(4) 以繁华地段上的高品质生活小户型在西部地区尚属市场空白点。

(5) 项目商用部分形成的 Shopping mall 将成为项目的最大亮点，其规模与档次对项目价值感的提升带来巨大的空间。

(6) 项目建筑外观气势雄伟，恢宏壮观，提供巨大的中庭挑空，其航母型的建筑外观形成了具有规模感和豪华感的建筑群体，使项目形象在现实中得以充分的精彩展现。

(7) 项目的规划设计、经营管理、物业管理等方面具有国际性，为提升项目的高品质奠定了良好的基础，同时也增添项目的竞争力。

(8) 项目的发展商在大连有较高的知名度和良好的品牌美誉度，其成功已开发的楼盘为本案奠定了良好的诚信基础，增强了目标客户群的购买信心。

2. 劣势分析（W）

(1) 目前，楼市的主流产品是中高档楼盘，其中围拢在繁华市中心的楼盘以区位性的高价位分摊了部分市场份额。

(2) 在同区域的楼盘中，其价位较高，对于消费能力相对薄弱的西部地区，形成了一定的销售压力。

(3) 对于居住者来说，其绿化景观较少，容积率较高，缺少居住环境的自然生态。

(4) 户型上的优势不明显，显示产品设计的不足。

3. 机会分析（O）

(1) 政府“建设大连”“西进北拓”“城市中心西移”以及“住在大连”的相应政策为本案带来宏观上的发展契机。

(2) 名仕国际和花香维也纳的热销显示了市场良好的需求力，使小户型的投资概念相对成熟，铺垫了市场认知，有利于本案为目标消费群所接受。

(3) 消费者的消费观念容易引导。大连是一个移民城市，使目标受众对潮流、先进、外来的东西表现出很大的关注和兴趣，有利于我们创造一种消费趋势去引导消费需求。

(4) 本案的商业影响会带动项目的知名度，会成为写字楼和小户型的旺销强心针，“以商带住”会成为项目热销的一条途径。

4. 威胁分析（T）

(1) 同质化、同区位的项目成为本案最大的竞争者，同时会与本案的销售价格形成明显的对比而产生影响受到来自对于商务上的投资机会。

(2) 对于商务上的投资机会受到“青泥洼”有投资价值的商住两用项目的冲击，从而显得优势不明显。

(3) 项目自身的老社区的建筑比较落后，如果在短时间内不改善，会对项目带来负面的影响。

(4) 政府因素等一些外界因素不可抗拒的影响。

11.5 项目市场细分策划

11.5.1 市场细分的作用

房地产企业要想扩大市场份额，在竞争中立于不败之地，就要进行房地产的市场细分，在此基础上确定目标市场，提供相应的房地产商品。

市场细分的概念是美国的温德尔·密斯提出的。所谓市场细分就是利用一定的需求差别因素（细分因素），把某一产品整体市场消费者划分为若干具有不同需求差别的群体的过程。是指根据消费者对产品不同的欲望与需求，不同的购买行为与购买习惯，把整体市场分割成不同的或相同的小市场群。

市场细分的营销观念已经进入房地产领域，成为发展商和策划师进行项目前期策划的一种有效途径。市场营销活动是以消费者的需要为基础的，而消费者对某项产品或服务的期望和要求是不同的。尤其在买方市场条件下，消费购买或者使用商品，往往追求商品的个性，从而形成不同消费者群体对不同类商品或服务的需求偏好差异。市场细分的目的就是把需求差异的消费者加以分类，以便了解消费者需求差异，以针对不同消费者提供满足不同需要的商品，从而提高消费者的满意度，发展有力的营销机会，提高企业的竞争力。

我们平时所说的项目有没有“市场”，就是指目标市场价值。项目目标市场价值的发现，一般是运用市场细分的手段来进行。房地产项目的目标市场细分就是在房地产市场调研与预测的前提下，针对房地产项目的目标市场，根据消费者的不同需求，划分不同的目标客户群的过程。它是房地产项目前期策划的一个重要步骤，为以后的项目区位选择、目标客户定位、客户需求分析、产品规划定位等工作做好准备。

目标市场细分具有以下作用。

（1）项目市场细分有利于发掘市场机会，开拓新市场。通过市场细分，房地产开发项目可以对每个细分市场进行了解，掌握不同市场群顾客的需求，从中发现各细分市场的购买者的满足程度，同时，分析和比较不同细分市场中，竞争者的营销状况，着眼于未满足需求的而竞争对手又较弱的细分市场，寻找有利的市场营销时机，开拓新市场。

市场细分带来量身定做的住宅。深圳“ARTPIA 雕塑家园”，是一座专为前卫、卓尔不群的艺术界人士建造的公寓，它以醒目的建筑符号充斥着另类色彩的公共空间，构筑起一座极具冲击力的个性住宅。从立项、定位到规划、设计，为特定的群体盖独具特色的住宅，将是今后个性化住宅的发展方向之一。2000 年北京市场上出现的太阳城老年公寓，即可看作是市场细分的案例。购房人因此可期待一种“量身定做”的住宅，更适合自己的职业、年龄、性格。

通过对市场进行细分，可以全面了解项目市场广大消费者群体之间在需求程度上的差异，而在市场中，往往满足程度不够。或者满足出现真空时，市场便有可获利的余地，市场机会也就随之而来。抓住这样的时机，结合自身的资源状况，推出特色的项目产品，占领市场，取得效益。

（2）项目市场细分有利于集中人力、物力投入目标市场。细分市场对于竞争力弱小的企业更加有效，因为这些企业资源能力有限，在整体市场上缺乏强有力的竞争能力和手段，通过细分市场，可选择符合自己需要的目标市场，集中有限的资源能力，去取得局部市场上的相对优势。对市场进行细分，深入了解每一个子市场，衡量子市场的开发潜力，然后集中投入人力、物力、财力资源，形成相对的力量优势，减少费用，提高效益，降低风险，发展能力。

（3）项目市场细分有利于提高项目的成功率。房地产市场细分充分关注了项目消费者的需求的差异性，以消费者为中心来进行市场理性思考，市场细分的间接效果，是广大消费者的需求得到满足，在项目活动中获益，从而营造起项目企业的美誉度，达到企业的可持续发展。

北京房地产市场原是“同质化”非常严重的，自1997年北京万通公司从公建开发转入住宅开发伊始，经过认真分析，他们得出，居住的发展方向应该是都市边缘区域低层、低密度、高绿化率的高尚住宅社区。因此，万通领先一步推出了“差异化”极其明显的纯多层带电梯住宅——万泉新新家园，博得市场青睐，成为北京的明星楼盘之一。今天，亚运新新家园坚持走“差异化”之路，独特的区位和环境优势做到了“鱼和熊掌兼得”，既拥有都市的繁华、便利，又拥有静谧、自然的环境和舒适度极高的居住空间，是城区高层住宅的更新换代产品，在同质化的Townhouse市场中凸显了“差异性”，成为亚运村区域唯一的由Townhouse和多层带电梯花园洋房组成的大型高尚住宅社区。

（4）项目市场细分有利于提高项目的应变能力和市场竞争力。对消费者市场进行细分，增强市场调研的针对性，市场信息反馈较快，项目企业能够及时、准确地规划项目活动的进行。楼盘的个性相当于一种标识，能圈住特定的消费群体，所谓“物以类聚”，在同一个楼盘上“英雄所见略同”的人必然会成为融洽的邻居。因此，个性化楼盘可为选择者提供明确标识，并可轻松实现择邻而居。随着网络的无限延伸，家庭办公室也开始流行起来。家庭办公室首先要处理好家居气氛与办公气氛的矛盾，尽可能将两者协调起来。SOHO社区将办公间与其他房间统一规划以形成统一的基调，再结合家庭办公特点，在家具式样的选择和墙面颜色处理上作一些调整，使得办公间庄重大方，满足了SOHO一族的要求。

市场细分的过程中，不仅要对消费者需求进行细分，而且也是对竞争对手进行细分，能够清楚地知道，哪个子市场上存在竞争者，哪个子市场上竞争者比较少，哪个子市场竞争压力大，哪个子市场竞争比较缓和，清楚此种情况，制定合理的项目战略，夺取市场份额，增强竞争能力。

【策划案例：万科派、万科云、万科里】

过去十年，万科专注于住宅房地产开发，形成了四季花城、金色家园、城市花园等一系列中高低档的住宅产品线组合，在互联网重构传统行业格局的今天及未来十年，万科将用“万科派”“万科云”“万科里”三大产品系列布局传统住宅、商业地产、产业地产三大战略方向，意在满足一个完整的城市生活生态。

万科派的诞生，正是万科进军商业地产的结果。作为地铁上盖的商务公寓，万科派将成为万科未来主要的租赁产品，以租赁方式解决城市人群的居住问题。2014年9月，位于广州的首个被命名为“万科派”的商住项目正式发售，这是万科在广州的首个商业综合体项目，也是万科在广州首个自持的一站式购物中心。该项目当天推出不到300套48~73平方米LOFT公寓，两个小时去化近八成。

万科云则是万科转型城市配套服务商后布局产业地产的新产品，提出互联网式的与入驻企业共同筹建一个动态的产业生态圈，是由万科与所有参与者共同筹建而成的一个产业集聚。2013 年 9 月，万科以约 54 亿元拿下留仙洞总部基地，土地用途为新型产业用地 + 商业服务业用地 + 绿地，被定位为总部基地用地，将共筹筹建出全球最大的设计中心——万科云城。整体占地约 39.4 万平方米，计容总建筑面积约 133.55 万平方米，其中建设用地面积约 15.4 万平方米，将建设研发用房、商业用地、商务公寓等。一期建设项目位于南山区西丽留仙洞总部基地的 DY03 地块，首推写字楼和商务公寓产品，预计 2015 年下半年入市，万科云城是万科产品打造去中介、去核心、去精英化的实践，万科是其中的联络者、缔造者，也是服务者，也是委托管理者。

万科里是万科未来打造的社区服务中心，不再仅仅是邻里中心或者社区商业，其核心是围绕社区教育打造的万科社区学校，用万科社区提供一个不同的教育空间，将针对 3 ~ 12 岁学生打造最好的社区学校。关于万科里的设想还处于前期的雏形阶段。

11.5.2 市场细分的依据

市场细分是一个分析诸多变量的过程，因为消费者需求的差异，使市场细分成为必要，同时，消费者需求的差异性的诸多变量又成为市场细分的依据。房地产消费市场的细分变量可归纳为这几个方面：人口统计因素、消费者心理因素、消费行为因素、地理环境因素和利益因素，以这些变量作为依据细分市场，则产生了人口细分、心理细分、行为细分、地理细分和利益细分等五种市场细分类型。

1. 人口细分

人口细分有其独特的优越性，及人口统计资料一般比较完整，而且比较容易获得，人口统计变量是区分消费者群体最常用的，消费者的欲望、偏好与使用率与其有着密不可分的因果关系。不同的文化水平、年龄、经济收入对房地产产品质量、档次、风格面积、房型等有不同的需求差异。人口统计变量中较主要的变量有：

（1）家庭人口组成。不同的家庭结构，对住宅的需求种类不同，下表 11-23 列了不同家庭人口组成与其所偏好的住宅类型。

表 11-23 家庭人口组成与其所偏好的住宅类型

家庭人口组成	住 宅 类 型
青年单身 无子女夫妇	出租房或套房，多在工作地附近 小公寓租借或自有
成年家庭（有子女） 老家庭（家庭人口较多）	较大单家住宅或套房，要有良好的子女学习环境和居住环境 最大单家住宅，具有供子女活动的户外空间
空巢（子女成年离家）	较小的单家住宅或公寓，要有方便的生活设施
老年单身	养老院或老年公寓

（2）家庭收入。家庭收入小于其购买力和有效需求起支配作用，直接决定了有效需求的旺盛程度。消费者根据家庭的经济收入，决定消费的住宅产品类型，这也是房地产市场营销中价格策略的关键所在。如高收入型住户的住宅经常代表这住户的社会地位，因此，他们对住宅的质量、面积、交通条件和环境条件要求很高，倾向于居住在城市交通便捷、风景优美的地段，如地势较高的海滨、湖滨、山丘等地。

（3）文化因素。文化概念是指社会意识形态，是由知识、信仰、艺术、法律、伦理道德、风俗习惯等方面组成的一个复杂的整体。每一个文化群体均含有较小的构成体，即次文化群体。在每一个次文化群体中，其成员显示出更具体的认同和更具体的社会化。文化因素对消费者的行为产生广泛而深远的影响，而次文化群体对个人行为影响比总文化更大。一般来说，某住宅产品在某一次文化群体中有很大市场时，也许在另外一个文化群体中就会遭到冷落。因此，在进行市场细分时，必须充分重视文化因素对消费者购买行为的影响。

2. 心理细分

就是按照消费者的生活方式、个性等心理变量来细分消费者市场。消费者的欲望、需要和购买行为，不仅受人口变量影响，还要受心理变量影响。来自相同的亚文化群、社会阶层、职业的人们可能各有不同的生活方式。生活方式不同的消费者项目产品各有不同的需要；一个消费者的生活方式一旦发生变化，就会产生新的需要。这就是说，生活方式是影响消费者的欲望和需要的一个重要因素。另外，西方国家有些企业还按照消费者的不同的个性来细分消费者市场。这些企业通过广告宣传，试图赋予其产品以与某些消费者的个性相似的“品牌”个性，树立“品牌形象”。

在房地产市场营销中，常常可以发现，不同的消费者对于同一房地产产品需求有较大的差异，其原因在于消费者的心理因素在起作用。

动机——可将消费者在购买住房时追求实用、新颖、便利、保值等心理因素进行细分，划分出消费者购买动机细分市场。

偏好——住宅需求的家庭个性，表现在对于住宅的户型、装修等方面的要求，可将对住宅具有共同个性、兴趣、主张、价值取向等心理偏好的需求归类，划分出消费者偏好细分市场。

不同的社会阶层，对房地产产品的消费也有较大的差异。社会阶层是具有相对的同质性和持久性的群体，它们按等级排列，每一阶层的成员具有类似的价值观、兴趣爱好和行为方式。社会阶层是市场细分的重要心理因素。在住宅消费的社会阶层里，可有五种层次：

一是遮风避雨消费层次。在现阶段，该层次消费人群主要是刚进城的农民，职业不固定，将有限的收入用于生活积累或邮寄回家，城里住所作为暂时的落脚点，大多几口人挤在低矮狭小的平房或者许多人在一个工棚里面，将居住需求压到极限，仅仅是满足遮风避雨的作为基本的生存要求。

二是基本安置消费层次。该层次在城市里也不少，如一些居民的住房，多为分散建设的低层或多层住房，大都不成套，设施简陋，一间房集卧、厅、餐等功能于一体。许多刚毕业想留城的大学生也如此。这个层次的消费需求主要基于基本生理和安全需求，面积较小，设施功能较差。

三是成套适用消费层次。该层次主要是广大工薪阶层，住房面积为50平方米左右，卧室、起居厅、厨房、卫生间基本空间齐全。对室外环境、物业管理要求不高，基本满足扩大化的生理、安全和归属需要。

四是舒适享受消费层次。处于这一层次的消费者主要以金融精英、网络精英、律师等白领阶层为代表，收入较高，具有新的消费观念，注重生活品质和水准。住宅不仅宽敞舒适，而且要求有齐全的功能使日常居住能成为一种紧张工作后的享受；不仅要较好地满足生理、安全要求，而且满足年龄、辈分、性别合理分室，主人卧室附带卫生间等伦理需求。相当一部分家庭还有发展的需要，要有书房、智能化设施等。

五是豪华高档消费层次。这是住宅消费的奢侈品，俗称“豪宅”。这种住房消费需求往往追求外立面的豪华气派，体现业主的社会地位和财富。注重环境，注重个性和品位，不计成本。豪华高档消费层次，是居于社会财富分配最上层人士的消费需求，以满足其被尊敬和自我实现等深层次的心理需要。这种消费主体是“老板”级的成功人士，有很强的经济能力。

3. 行为细分

消费者行为变量是消费者对住宅产品的使用态度或反映，依据其对房地产产品的住宅消费数量、了解程度、使用情况、购买或使用的时机等行为变量为基础划分消费者群，成为住宅市场的行为细分。如依据消费数量规模细分市场的“数量细分”；依据消费者进入房地产市场的程度区分为再次购买使用者、初次购买使用者和潜在购买使用者；如依据消费者的“品牌偏好”细分市场，依据“消费时机”细分市场等。如依据使用时机变量细分，依据消费者对住宅的使用时机，房地产企业及时地提供与其需求相一致的各类商品住宅及其服务，是房地产企业占领住宅市场的有效策略，如某经济开发区吸引海外投资，吸引了大量劳动人口，使得该城市住宅市场扩大时，房地产企业捕捉这一时机，发现消费者的住宅需求，进行市场营销。

4. 地理细分

地理细分是将消费者和住宅所处的不同地理位置、自然环境、人文环境进行归类，划分为不同的细分市场。处于不同地理位置、自然环境、人文环境的消费者对于同样的房地产产品有着不同的需求和偏好。对同样的房地产产品的价格、户型、付款方式、优惠内容的态度也有明显的差异。如城市郊区的消费者对城市住宅的布局感到狭窄，觉得市中心的房价较高，而城市中心的消费者在购买住宅时，常常很重视周围的人文环境——学校、医院、商场、俱乐部、邻居、社区等。地理细分能够分析不同的地理区域消费者对房地产产品的需求特点、需求总量和需求变化，对于极其重视区域、选址的房地产业，地理细分是必不可少的。

5. 利益细分

即依据消费者对房地产产品追求的不同利益细分市场，因为消费者在追求具体利益方面形成了差异。房地产的利益细分市场往往有改善居住环境、便于工作或学习、保值、投资等几类，每个类别还可以在利益的数量和程度上细分。

消费者在购买住宅有追求闹市地段的，有注重视野景观赏心悦目的小区环境的，有对厕所和厨房面积很重视的，有选择注重邻居的等。如交际型住户热衷于购物、逛街、看电影、听音乐及其他文化娱乐活动，他们把精神享乐列为主要目的，而对住宅的宽敞和舒适程度要求不高，追求的是闹市区热闹繁华的氛围和丰富多彩的文化娱乐设施，因此他们多选择中央商业区附近的高层公寓居住。

此外，企业还可按照使用者情况、消费者对某种房地产产品的使用率、品牌忠诚度、消费者对产品的态度等变量来细分市场。

【策划案例：万达广场48克拉Mini公寓】

凭借优越地段、完善配套的单身公寓成为市场的宠儿，万达广场48克拉开盘当日即狂销4亿元，成交逾800套。

万达广场48克拉是一幢总高159米，总层数48层的超高层Mini公馆，位于宁波万达商业广场东侧，西南面是已经交付入住的万达广场公寓，与五星级索菲特万达大酒店共同组成万达广场酒店商务区。项目总占地面积为30378平方米，总建面积为70000平方米，总套数为1148套，产品规划为主力户型面积50平方米左右的精装Mini公馆。

万达广场48克拉整体设计简洁俊朗。从细节上，建筑构件采用了现代的金属、玻璃材料，构筑出经典的三段式：顶部丰富，中段处理大气，而底部却细腻感性，满足了人的尺度构件转换。浓厚的商业氛围、便捷的交通、完备的设施配套，以及个性化的装修，处处体现万达CBD核心地标物业价值，充分满足单身贵族要繁华商圈更要享受自由的需求。

11.5.3　市场细分的步骤

房地产项目在进行市场细分时，可按如下步骤进行。

1. 依据需求选定产品市场范围

每一个房地产项目，都有自己的任务和追求的目标，作为制定发展战略的依据。它一旦决定进入开发，接着便要考虑选定可能的产品市场范围。

房地产产品市场范围应以市场的需求而不是产品特性来定。比如一家住宅出租公司，打算建造一幢简朴的小公寓。从产品特性如房间大小、简朴程度等出发，它可能认为这幢小公寓是以低收入家庭为对象的，但从市场需求的角度来分析，便可看到许多并非低收入的家庭，也是潜在顾客。举例来说，有的人收入并不低，市区已有宽敞舒适的住房存在，但又希望在宁静的乡间再有一套房间，作为周末生活的去处，所以，公司要把这幢普通的小公寓，看作整个住宅出租业的一部分，而不应孤立看成只是提供低收入家庭居住的房子。

2. 列举潜在顾客的基本需求

选定产品市场范围以后，策划人可以通过“头脑风暴法”，从地理变量、行为和心理变量等各方面，大致估算一下潜在的顾客有哪些需求，这一步能掌握的情况有可能不那么全面，但却为以后的深入分析提供了基本资料。

比如，这家住宅出租公司可能会发现，人们希望小公寓住房满足的基本需求，包括遮蔽风雨，停放车辆，安全，经济，设计良好，方便工作、学习与生活，不受外来干扰，足够的起居空间，满意的内部装修、公寓管理和维护等。

3. 分析潜在顾客的不同需求

然后，策划人再依据人口变量做抽样调查，向不同的潜在顾客了解，上述需求哪些对他们更为重要？比如，在校外租房住宿的大学生，可能认为最重要的需求是遮风避雨、停放车辆、经济、方便上课和学习等；新婚夫妇的希望是遮蔽风雨、停放车辆、不受外来干扰、满意的公寓管理等；较大的家庭则要求遮蔽风雨、停放车辆、经济、足够的儿童活动空间等。这一步至少应进行到有三个分市场出现。

4. 移去潜在顾客的共同需求

现在需要移去各分市场或各顾客群的共同需求。这些共同需求固然很重要，但只能作为设计市场营销组合的参考，不能作为市场细分的基础。比如说，遮蔽风雨、停放车辆和安全等项，几乎是每一个潜在顾客都希望的。策划人可以把它用作产品决策的重要依据，但在细分市场时则要移去。

5. 各个分市场暂时取名

策划人对各个市场剩下的需求，要做进一步分析，并结合各分市场的顾客特点，暂时安排一个名称。比如说：

——好动者。客户年轻、未婚，爱玩好动。

——老成者。比好动者稍年长、更成熟，收入及爱好更高，追求舒适与注重个性。

——新婚者。暂住，将来希望另找住房。夫妻皆有工作，所以房租负担不重。

——工作为主者。单身，希望住所离工作地点近、经济。

——度假者。社区有住房，希望节假日过一点郊外生活。

——向往城市者。乡间有住房，但希望能靠近城市生活。

——家庭。

6. 近一步认识各分市场的特点

现在，策划人还要对每一个分市场的顾客需求及其行为，作更深入地考察。看看各分市场的特点掌握了哪些，还要了解哪些。以便进一步明确，各分市场有没有必要再作细分，或重新合并。比如，经过这一步骤，可以看出，新婚者与老成者的需求差异很大，应当作为两个分市场。同样的公寓设计，也许能同时迎合这两类顾客。策划人要善于发现这些差异。要是他们原来被归属于同一个分市场，现在就要把他们区分开来。

7. 测量不同分市场的规模

经由以上步骤，基本决定了各分市场的类型。策划人紧接着应把每个分市场同人口变量结合起来分析，以测量各分市场潜在顾客的数量。因为项目进行市场细分，是为了寻找获利的机会，这又取决于各分市场的销售潜力。不引入人口变量是危险的，有的分市场或许根本就不存在顾客。比如，策划人把好动者与人口因素相联系，可以确定他们是 18～25 岁的年轻人。从有关部门可以找到详尽的年龄资料。计算出好动者的人口比例，便可推算不同地区这一群体的顾客数量。

在美国的达拉斯市，有一家公司在市场细分后，开发好动者公寓出租市场。针对这一客户群体的特性，还提供游泳池、俱乐部、池畔舞会等设施和服务项目。为了维护产品形象，公寓管理者坚持新婚住户要尽早搬出以收容新的未婚好动者。结果，其他未提供任何服务的公司，却经常为客源发愁。因为他们提供的公寓住房，除了是个遮蔽风雨的“小盒子”外，再也找不出吸引客户的地方。

【策划科技：一店一库智慧家】

2013 年海乐地产承接“一店一库智慧家”产业战略，充分整合集团产业链优质资源，打造网络化时代智慧产业地产。

海乐地产协同全国 42 家海乐家电家居旗舰店，500 家社区体验店，100 个国际物流库，以物联网为主体，打造“营销网、虚网、物流网、服务网”四网融合竞争力，通过“线下体验、线上下单、物流配送、售后服务”为用户提供虚实网融合的最佳体验。其中，位于海乐·时代广场项目的家电家居体验旗舰店为全球首个“一店”，融科技、文化、互动、体验为一体，是海乐品牌与用户的交互平台；在这里，用户可以订制到几乎所有满足自身需求的家电组合和家居设计，享受到海乐特色的零缺陷服务。

在产品系列上，根据用户不同的需求，海乐地产打造了四个不同的住宅系列，分别是华府系列（首置、刚需产品）、时代系列（首改再改产品）、小镇系列（城郊综合型大盘）、公馆系列（高档、奢侈产品），可以满足不同客户的多样化需求。这些产品并不是房子，而是一个家，一个充满智慧的家。将智慧赋予地产，把科技作为发展重点。为用户打造高效、舒适的智慧生活。其中，U-Home是营造的智慧家的强劲支撑。有了U-Home智能系统后，用户便可以利用通讯网、互联网、广电网、电力网等多网融合的网络平台，把手机、电脑、Pad等通过信息传感设备与网络互联。有了它，用户可以随时随地通过电脑、手机了解家里的情况，实景模式一键掌控，真正做到“身在外，家就在身边；居于家，世界就在眼前”。

11.5.4 确定目标细分市场

通过对不同的细分市场进行评估，策划人会发现一个或几个值得进入的细分市场，而且必须决定要进入哪几个细分市场。进入细分市场的模式，有五种可供采用：

第一种是密集单一市场。

最简单的方式是选择一个细分市场进行开发。发展商可能本来就具备了在该细分市场获胜必需的条件；它可能资金有限，只能在一个细分市场经营；这个细分市场中可能没有竞争对手；这个细分市场可能会成为促进细分市场继续发展的开始。

发展商通过单一市场的开发，更加了解本细分市场的需要，并树立特别的声誉，因此便可在该细分市场建立巩固的市场地位。另外，发展商通过设计、建设、销售和促销的专业化分工，也获得了许多经济效益。如果细分市场选择得当，项目公司的投资便可获得很高的报酬。

但是，密集单一市场开发较之一般情况风险更大。个别细分市场可能出现一蹶不振的情况，或者某个竞争者决定进入同一个细分市场。鉴于这些原因，许多项目公司宁愿在若干个细分市场分散营销。

第二种是有选择的专门化。

发展商采用此法选择若干个细分市场，其中每个细分市场在客观上都有吸引力，并且符合项目公司的目标和资源。但在各细分市场之间很少有或者根本没有任何联系，然而每个细分市场都有可能盈利。这种多细分市场覆盖优于单细分市场覆盖，因为这样可以分散项目公司的风险，即使某个细分市场失去吸引力，公司仍可继续在其他细分市场盈利。

第三种是产品专门化。

发展商用此法集中开发一种房地产产品，并向各类顾客销售这种产品。例如项目公司专门为一次置业的客户开发住宅产品，并准备向不同的顾客群体销售不同种类的住宅，而不去开发二次置业客户需求的其他住宅。通过这种策略，在普通住宅产品方面树立起很高的声誉。

第四种是需求专门化。

是指发展商专门为满足某个顾客群体的需求服务。例如项目公司为豪华高档消费层次开发“豪宅”。这种消费主体是社会上的成功人士，经济能力很强。项目公司专门为这个顾客群体服务，而获得良好的声誉。如果这个顾客群体由于社会经济进入低潮而突然发现预期的收入已经削减，他们就会不敢购买开发的“豪宅”，这就会造成“豪宅”产品滑坡的危险。

第五种是完全市场覆盖。

是指发展商想用各种房地产产品满足各种顾客群体的需求。只有大项目公司才能采用完全市场覆盖策略，例如像在一个大型楼盘里，既有为“白领”阶层定做的小洋楼，又有为“富豪”阶层设计的别墅等。但这种策略对房地产项目开发来说困难是很大的，因为与“人以群分，物以类聚”的细分市场有冲突。与什么样的人做邻居也是一个非常重要的决策因素，人们选择物业的过程实际上也是在选择邻居，人们既不想与比自己富裕很多的人住在一起，也不愿意与比自己穷很多的人住在一起，而是希望与自己生活水平相当、生活方式类似的人住在一个小区。

11.5.5 发现目标客户

在目标市场确定以后，项目的目标客户就“原形毕露”了。找到了楼盘的目标客户就找到了项目的市场，因为项目最终是由客户消费出去的。如果只是停留在明确一些项目客户层的概念，没有进一步细分到特定群体，准确找到客户定位，并有针对性量身定做合适产品，那么，这样的市场细分还没有到位。凡是市场上成功的楼盘，项目定位都非常有针对性，目标客户很明确，发展商一切都是围绕目标客户群下足功夫。如深圳“东海花园”就是主要针对香港的富有阶层，“中海怡翠”则是面向香港一般客户，“香榭里”的目标市场定位在北方移民，等等。

【策划案例：书香弥漫的学习型社区】

诚品建筑秉承海淀人文氛围、眼望西城山川黛色，通过自身学知与艺术气质的营造、通过对业主真诚而体贴的关怀，使建筑成为一座承载学问的精神家园——北京首座学习型社区。诚品建筑占地5.93万平方米，总建筑面积14.8万平方米，由六座两组连体的9~12层及三座12层独立圆形板楼组成；建筑高度30~45米，造型优美典雅，是四环路上的地标建筑。项目共分三个组团，1~3号楼围合部分为牛津区；4~6号楼围合部分为剑桥区；7~9号楼围合部分为哈佛区。通过图书馆、学知园林以及交流空间的建设，和人文与艺术的生活氛围的塑造，诚品建筑从而创造了一种全新的居家生活风尚：阅读与自由思考。

社区文化气质的培养，来自大环境的文化氛围熏陶；诚品建筑位于海淀区四季青桥东南角。这里是北京科技文化汇聚之地，具有百年历史的北大、清华，蜚声中外的人大、外语学院、首都师范大学等百余座名校与高等学府坐落于此；而中国硅谷中关村距离诚品建筑亦只有7分钟车程；浓郁的学术、文化氛围，得天独厚的科技时尚环境，将使诚品建筑业主的生活以及子女的教育倍获熏陶。提倡阅读、讲究心灵的沉淀，是诚品建筑一贯的主张，并首创京城咖啡图书馆售楼处，图书馆中不仅收藏了许多名品佳作，更邀请到众多有名的学者和名人推荐了一批高质量，高层次的文学作品，满足人们对书的热爱。

11.6 项目市场定位策划

11.6.1 市场定位的作用

根据消费需求的变化、竞争的格局，选择自己的目标市场是房地产业在市场竞争中取得优势的关键。经过对要开发的区域进行严谨细微的调查研究和科学的评估之后，才能确定目标市场。目标市场选定以后，房地产企业必须进行市场定位，为自己或者产品在市场上树立一定的特色，塑造预定的形象，并争取目标顾客的认同，它需要向目标市场说明，本企业与现有的及潜在的竞争者有什么区别。房地产市场定位是勾画房地产企业形象和所提供的价值的行为，以使目标顾客理解和正确认识本公司有别于其竞争者的象征。在市场营销过程中，市场定位离不开房地产产品，故又称为产品定位。

市场定位有利于采取与之相应的市场营销组合。比如一家采用“优质、高档”定位的房地产开发企业，必须为此推出优质产品，制定较高售价，以及精美的广告，才能树立持久而令人信服的优质形象。

市场定位还有利于建立企业及其产品的市场特色，树立良好的市场形象，从而在顾客心中留下深刻印象，形成一种特殊的偏爱，使产品更具吸引力，从而扩大产品的销售。

11.6.2　市场定位的方法

市场定位的方法有多种，主要分为四种。

1. 根据产品特色定位

以房地产产品特色进行定位，如某办公用房强调所处的区域优势和优良的物业管理；住宅小区则突出结构合理，设施配套，功能齐全，环境优雅。

2. 根据利益定位

这种定位方法注重强调消费者的利益，如有的房地产产品定位侧重于“经济实惠”“价廉物美”，有的侧重于“增值快速”“坐拥厚利”，而有的强调“名流气派”“高档享受”。

3. 根据使用者定位

房地产企业的经营者们常常试图把他们的产品指引给适当的使用者或某个分市场，以便根据该分市场的看法创建恰当的形象，如有些企业把普通住宅定位于“工薪阶层理想的选择”。

4. 根据竞争需要定位

如果企业所选择的目标市场已有强劲有力的竞争对手，则可以根据竞争需要进行定位，一般有两种策略。

(1) 与现有竞争者并存。就是将自己的产品位置确定在现有的竞争产品的旁边，从实践看，一些实力不太雄厚的中小房地产企业大多选用。采用这种策略必须具备两个条件：首先目标市场区域内有一定量还未得到满足的需求；其次，企业开发的产品要有一定的竞争实力，要能与竞争对手相抗衡。

(2) 逐步取代现有竞争者。就是将竞争者赶出原有位置并取而代之，占有他们的市场份额。主要为实力雄厚的房地产大企业所选用。同样必须具备两个条件：首先新开发的产品必须明显优于现在产品；其次，企业必须做大量的宣传推销工作，以冲淡对原有产品的印象和好感。

事实上，许多房地产企业进行市场定位的依据往往并不只是一个，而是多个结合使用，因为作为市场定位所体现的企业及其产品的形象必须是一个多维的、丰富的立体。

房地产企业在市场上定位即使很恰当，但在遇到以下情况时，仍应重新考虑：

(1) 竞争者推出的产品定位于本公司企业产品附近，侵占了本企业的部分市场，使本企业产品的市场占有率下降。

(2) 消费者的偏好发生变化，从喜欢本企业产品转向竞争对手的产品。企业在做出重新定位的决定前还应考虑两个因素。

一是企业将自己的产品定位从一个分市场转移到另一个分市场的全部费用。

二是企业将自己的产品定位于新的位置上的收入有多少，收入取决于这个分市场购买者、竞争者以及产品价格。

企业市场营销人员应将上述的支出与收入作一比较，权衡利弊得失，然后决定是否要重新定位于该新位置上，以免得不偿失。

【策划案例：舒适的“退休”社区】

北京东方太阳城以“退休社区”的独特市场定位引起人们的关注，该楼盘的负责人表示，北京东方太阳城是为社会上已经退休，愿意享受高质量生活的老年人而建造的，社区中所有的设施大都是为老年人设计的。在植物选配上，选用了大量适宜当地生长的杀菌、防风、防沙的品种，起到净化小环境、有益健康的作用；在地形组织上，既增加了景观的深度效果，又有效地降低了地表的径流量。另一方面，从树、树篱、灌木、花到蔬菜及各种药草和香草，甚至遍布在2000亩自然森林间的野花和野草都大量选用了具备疗效的植物，为社区内的居民特别是老年人的居住和活动，设计了具有理疗、保养作用的绿色植物群。

北京东方太阳城全部采用了无障碍设计，每栋楼不超过4层，并且配有在北欧普遍使用的新型电梯，其优点是空间大，可以放下轮椅和担架，而且这种电梯的按钮设在一米的高度，方便坐轮椅的老人按到；每套房子的门把手都是手柄型的，老人如果不方便用手开门，用胳膊压一下把手就能开门；采用门卡制，即用业主中的卡往识卡机旁一靠，就能将门打开，除去了传统钥匙的很多弊病；另外，房间里还有呼叫系统，与社区服务社连在一起，当老人遇到危险时可以及时得到社区的帮助。北京东方太阳城还成立了太极拳、民族舞、合唱等一系列适合老年人兴趣的俱乐部，提倡业主参加自我管理、时间置换等，旨在极大地丰富社区活动，在精神上关心老人，以实现“老有所养、老有所医、老有所学、老有所为、老有所乐”。

11.6.3 市场定位的步骤

市场定位的主要任务，就是通过集中房地产企业的若干优势，将自己与其他竞争者区分开来。市场定位是一个企业明确其潜在的竞争优势，选择相对的竞争优势以及显示独特的竞争优势的过程。

1. 明确潜在的竞争优势

房地产企业可以通过集中若干竞争优势，将自己与竞争者区分开来。竞争优势一般包括成本优势和产品差别化两种基本类型。明确潜在的竞争优势，要求房地产企业从以下三个方面寻找明确的答案。

（1）目标市场上的竞争者做了什么？做得如何？包括对竞争者的成本和经营情况做出准确的估计。

（2）目标市场上的足够数量的顾客确实需要什么？他们欲望满足得如何？房地产企业要在充分调查研究的基础上，深刻地认识顾客需求以及需求最显著的特征，并且提出独到的见解，这是市场定位成功的关键。因为只有比竞争者更了解顾客，才能提供更让消费者满意的产品。

(3) 本企业能够为此做些什么？仍从成本和经营方面进行考虑。

通过以上分析会发现，并非每一家房地产企业在成本和经营方面都能获得充分的竞争优势，且有些企业往往只具备微弱的优势，这些优势及以他人为效仿，不能长久保持下去。因此这些企业应该不断寻找和发现潜在优势，并充分加以利用，以此来赢得市场占有率。切不可期望过高，谋求获得巨大而持久的优势，而使企业错过机会。

2. 选择相对竞争优势

房地产企业找到若干潜在的竞争优势，还应该分析它的可行性，以便做出选择。可行性分析评价主要从成本、质量、技术和售后服务等方面进行，在分析评价中会发现有的竞争优势是现有的，有的是具备发展潜力的，还有的是可以通过努力创造的。因此企业要结合自身的实力，抓住现有的竞争优势，并不断挖掘和创造新的竞争优势，以维护企业长久的竞争地位。

3. 显示独特的竞争优势

选定的竞争优势不会自动地显示出来，房地产企业要进行一系列营销活动，通过自己的一言一行使其独特的竞争优势进入目标顾客的脑袋里，并留下深刻的印象。

(1) 建立与市场定位相一致的形象。房地产企业应经常积极、主动地与顾客知道，让目标顾客知道、了解和熟悉企业的市场定位，并对其认同、喜欢和偏爱。例如企业在形象设计师推出企业精神、企业文化和企业特色时，通过大量宣传，与消费者进行交流。

(2) 巩固与市场定位相一致的形象。在建立了初步形象的基础上，企业要继续经常性地与顾客保持沟通，强化目标顾客的印象，不断向顾客提供新观念、新论据，并采取强有力的营销活动，加深消费者的行为与感情的倾向。

(3) 矫正与市场定位不一致的形象。一旦目标顾客对企业市场定位的理解出现偏差，必须及时加以矫正，否则容易引起失误。因此企业要加强信息系统的完善，实现其良性循环，及时、准确地传递企业的定位，以实现其营销的目的。

【策划案例：宜昌国际汽车城项目市场定位】

1. 项目总体分析

(1) 项目概况。项目处于宜昌猇亭区空港经济圈的范围之内，总用地面积10.4万平方米，地块较为方正平整，地块东北面为一待开发的小山区，地势略高于南部，略有坡度，不过绿化资源、景观配套丰富。西边有变电站，地块内部有高压线穿过，对项目规划与建筑造成一定影响。项目周边工业氛围浓厚，工业产业园汇集，而处于先锋路的产业园大多为正在建设之中。

(2) 项目资源分析。

1) 临近猇亭空港经济圈所在地，为该区域的大发展奠定了基础。

2) 先锋路周边良好的产业基础，为该区域的发展储备强劲动力。

3) 开发商行业背景资源优势，为该项目的开发经营提供软实力。

4) 交通路网四通八达，水路空三线齐头并进。

5) 政府宏观政策支持，是重点规划的汽车产业园。

6) 市场需求较大，吻合宜昌城区和周边县市区对汽车产品的消费需求。

(3) 区位发展机遇分析。

1）宜昌交通网络水路空三线齐头并进。公路：构建高速公路主骨架形成宜昌区域1小时经济圈。铁路：扩网大动脉，增强宜昌与外界铁路交通联系。港口：打造三峡航运中转中心，打造亿吨大港沿江强港。机场：构架大走廊，建空港口岸物流中心。

2）区位发展机遇。

① 宜昌廉价的水电及旅游业都要依托三峡，三峡仍是宜昌发展最大、最重要的机遇。

② 宜昌的沿江工业走廊，从城区下至枝城大桥，东可承接沿海及武汉的辐射，西可连接重庆的发展。拥有丰富的长江沿线资源、良好的基础设施，聚集了一批国内外知名的大型工业企业，具备发展工业密集区的良好条件。

③ 距武汉和重庆几乎等距。架构与汉渝的城市结构关系，促进与汉渝的交通对接，可借汉渝之力，发展、壮大自己。

3）猇亭区空港经济圈路网规划完善。猇亭区是宜昌市唯一的空港经济所在地，除了辖区的三峡国际机场，还拥有云池港、毗邻白洋港，辖区内有三条高速公路、两条铁路以及一条318国道，交通区位优势明显，这些也为猇亭区的大发展奠定了坚实的基础。

2. 项目市场分析

（1）湖北汽车产业概况。

1）近几年湖北省汽车产量及增长率呈起伏式发展。2013年湖北省累计生产汽车158.7万辆，同比增长9.6%，产量占全国汽车总量的7.2%，居全国第七。其中，乘用车累计产量98.5万辆，同比增长24%。

2）湖北省汽车产业综合实力居全国前三强，零部件产值和成本控制两项居全国前两名。初步形成了“重、中、轻、轿、微、专、农”的生产格局。汽车工业已成为了湖北省的第一支柱产业。

3）十堰、襄阳、武汉汽车产业群侧重点不相同，各有特点。武汉作为东风公司的总部所在地，主导总部经济，并突出发展自主创新。襄阳在壮大传统汽车产业的同时，正重点发展新能源汽车，是国务院批准的“国家公共领域节能与新能源汽车示范推广试点城市”。十堰打造国家级商用车及零部件产业集群创新示范区，积极发展装备制造业，把十堰建设成为全国机械及汽车工艺装备的重要生产基地。

4）湖北省四大汽车制造基地发展方向各不同，涵盖了汽车制造的所有车型制造。武汉是乘用车制造基地，以乘用车为发展方向，以建设“国内一流乘用车制造基地”为发展目标。十堰是商用车制造基地，以重型商用车为发展方向，以建设“世界著名商用车制造基地”为发展目标。襄阳是轻型商用车及中高档轿车制造基地，以轻型商用车和中高档轿车为发展方向，以建设“国内有影响力的汽车制造基地”为发展目标。随州是专用汽车产业基地，以专用汽车为发展方向，以全面繁荣“中国专用汽车之都”为发展目标。

5）三大汽车零部件聚集区分工发展方向各不相同，涵盖了汽车所有零部件的生产。武汉及周边城市汽车零部件“环状”聚集区。以为乘用车配套的高端零部件为发展方向，以打造“国内核心汽车零部件聚集区”为目标。“十襄随”汽车零部件“带状”聚集区，以为重中轻型商用车、专用汽车和发动机配套总成零部件为发展方向，以打造“国内重要汽车零部件聚集区”为目标。“荆荆宜”汽车零部件“三角状”聚集区，以外向型和特色零部件为发展方向，以打造“省内汽车零部件出口基地和聚集区”为目标。

（2）湖北汽车市场概况。

1）近几年湖北汽车新注册量逐年增长，汽车拥有量也随着增长，但增长速度均有所减缓。2012年湖北新注册民用汽车拥有量为51.5万辆，同比增长32.46%；民用汽车拥有量293.64万辆，同比增长17.7%；私人汽车拥有量227.45万辆，同比增长22.7%，在民用汽车拥有量中的占比是77.46%。

2）汽车新注册量和拥有量远低于沿海发达省份。2012年广东汽车新注册量和拥有量分别为136.36万辆、1037.42万辆和863.46万辆；山东汽车新注册量和拥有量分别为167.16万辆、1027.16万辆和877.56万辆；江苏汽车新注册量和拥有量分别为137.47万辆、802.2万辆和646.69万辆。

（3）宜昌经济发展状况。

1）近几年宜昌市社会经济发展稳中有进，总体向好。宜昌全市生产总值连续九年实现两位数增长，但近两年GDP增长有所减缓。2013年宜昌市全年GDP是2816亿元，人均GDP是68879元，这两项在湖北省地级市排名中均列第二位。

2）近几年宜昌市城镇和农村人均可支配收入逐年增加，固定资产连续三年增长率超30%，但2013年增长速度有所减缓。

（4）宜昌汽车行业概况。

1）近几年宜昌市汽车保有量和上牌量逐年增加。2013年宜昌市全年汽车保有量为32万辆，汽车上牌量达到6万余辆。猇亭区汽车保有量略有起伏，在2010年出现了负增长，但在2011年迅猛增加，总体有所增长。

2）汽车市场发展特征。

① 分散状态向集群片区发展。以前宜昌本土汽车产品销售店面主要呈分散状态，分别藏身于市区较为偏僻的道路支线的片区。如今宜昌已形成了几大专业市场，并聚集成汽车市场片区。

② 本土汽车品牌繁盛，汽车品牌越来越丰富。各大享誉全球的汽车合资品牌、进口品牌与自主突围的国内知名汽车品牌云集在这里，组成了一道汽车品牌交融荟萃的长廊。

③ 本土与外来车商竞争日益激烈。近几年本土汽车行业不断发展，宜昌成立了多家汽车销售公司，其中有本地汽车销售公司，也有外来汽车销经销商，并彼此之间展开了激烈的竞争。

④ 汽车市场服务更专业、更规范。以前宜昌多数汽车品牌没有专门的4S店，无法进行车辆维修、保养。汽车销售服务也缺乏专业性和规范性。而今国内外知名品牌4S纷纷进驻宜昌，带来更完善、更专业的汽车售前售后服务。

（5）宜昌汽车市场分布。

宜昌市现有汽车市场的重心在伍家岗区和西陵区一带，东部地区暂无成熟的汽车市场，下辖三市近年来均开始建设汽车市场，但均还未成型。下辖的五个县均暂时没有成熟的汽车市场。

（6）宜昌汽车市场案例分析。

表11-24 宜昌汽车市场案例分析表

	位置	规模	规划特点	优势	劣势
宜昌汽车贸易城	港窑路5号	——	四周为商铺店面，共设有31个展厅，办公室20间，汽修厂1家。	1）港窑路是宜昌汽车市场起源地，市场发展成熟，已成行成市，在当地有一定知名度和口碑。	1）规模小，影响力有限。 2）场内无汽配类和美容装饰类商铺，未能形成一站式服务。

（续）

	位置	规模	规划特点	优势	劣势
宜昌汽车贸易城	港窑路5号	——	中间为停车场和二手车露天展示场，约15000平方米。	2）积累了一定的客户资源。 3）项目周边配套设施完善，交通便利。	3）建筑老化，所经营的多为自主品牌的新车和二手车，整体形象较低。
宜昌汽车后市场	宜昌西陵经济开发区发展大道91号	占地10万平方米，总建面13万平方米	场内商铺多为三层，一层为商铺，二、三层可作住所或仓库。	1）规划理念先进，是现宜昌最大汽车后市场。 2）于2009年当选第一届中国汽车配件用品市场协会副会长单位，一定程度上提升信誉和知名度。	该项目地处西陵经济开发区发展大道91号，地理位置较偏，周边配套不完善。
三峡鑫物汽车城	宜昌东大门伍家岗区伍临路	占地8.5万平方米，建面4.2万平方米	1）设政务中心、新车销售区、二手车露天展示场、维修间。 2）打造汽车廊桥直通二楼。 3）楼间空地可作停车场或商户展示用地。	1）项目位于宜昌东大门伍家岗区伍临路，临近荆宜、沪蓉、沪渝、襄宜高速公路出口，交通发达。 2）该项目由物资总公司投资新建的，是宜昌重点商贸物流建设项目，受到政府政策扶持。	1）项目周边生活配套不完善，现有配套设施环境差，档次低下。 2）项目现在以二手车销售为主，中低档自主品牌新车销售为辅的汽车城，整体形象偏低。
发展大道（中高端品牌4S店汽车大道）	发展大道	——	中高档汽车品牌集结。	1）有国内外30多家中高端4S店，是宜昌最大的中高档汽车品牌集结地。有相当高的知名度和口碑。 2）发展大道为宜昌主要交通干道，且临近市区，地理位置优越，交通便利。	可能在政府规划改造范围内。并随着汽车市场的发展，汽车大道也必将过渡到汽车城或汽车园区，因此未来发展潜力不大。
鑫鼎汽配机电城	伍临路33号	占地340亩，总建筑面积41万平方米	1）根据商铺经营产品方向的不同，鑫鼎汽配机电城将市场合理划定。 2）场内设有高层写字楼和地下停车场。	1）在政府打造三峡区域重要商贸物流大区范围内，也是城市东扩的重要项目，得到政府政策的关照和扶持。 2）利用汽配市场和机电市场相结合拉动人流，增加人气和知名度。 3）周边大专业市场云集，商业氛围浓。	项目自身配套不齐全，未能满足自身的需求。

综上分析，宜昌市汽车市场发展的借鉴有：

1）宜昌市高档汽车品牌集中在发展大道4S店汽车大道，其他汽车市场多数以自主品牌和少数合资品牌为主的新旧汽车展厅，只存在少数的中低档自主品牌4S店。故自主品牌和少数中低档合资品牌4S店存在巨大的市场潜力。

2）宜昌市汽车市场营销模式大致分成两种，一是只租不卖；二是以“返租”的形式统一招商、统一管理。建议本项目采用第二种营销模式，这样能在最短时间回笼资金并有效提高项目经营管理水平和项目形象，使得项目后期能顺畅、成功运营。

3）在规划设计方面，商铺采用二层建筑，一、二层捆绑联营，一层为商铺店面，二层作为仓库或住所；品牌展厅可借鉴汽车展厅“中庭”的设计；宜昌各汽车市场普遍把项目中心放置在路边最繁华处，但经营效果不佳，建议本项目把中心（政务中心）放置在项目内部，一是增加项目内部人气，二是将土地价值最大利用化。

4）宜昌各汽车市场大部分属于综合性比较强的项目，虽能在业务上起到互补的作用，但是各方面比重多数持平，没能形成向心力很强的中心业务。例如“鑫鼎汽配机电城”的汽配部分和机电部分的比重是1:1；“三峡鑫物汽车城”新车与二手车销售占比也几乎持平。故建议本项目建设成以新车销售为主，汽车后市场为辅的汽车市场。

3. 项目SWOT分析

为了使项目定位准确，要对项目本身的优势、劣势、机会和威胁进行研究和分析，找出项目的可发挥点以及项目需要解决的问题，保证项目定位准确和项目的顺利开发，项目的SWOT分析表见表11-25。

表11-25 项目SWOT分析表

内部条件 / 外部条件	优势(S)	劣势(W)
	1. 区位优越，项目位于空港经济圈范围内。 2. 交通网络发达，具备水运、铁路、公路、航空的综合交通优势。 3. 开发商从事汽车相关行业多年，在汽车领域具有较强的竞争力。 4. 项目吻合区域发展的趋势，蕴含着巨大的市场潜力。 5. 项目周边没有成熟的汽车市场。	1. 所在区域经济发展水平偏低，居民消费水平较低。 2. 商业氛围较淡，难聚集人气，影响客户对项目价值的认知与判断。 3. 项目西边存在一大型变电站，对西边的建设与规划存在一定影响。 4. 地块内部现存在两条高压线，如若迁移，需增加成本。
机会(O)	S-O：发挥优势，抢占机会	W-O：利用机会，克服劣势
1. 项目处于空港经济圈范围内，蕴含巨大的市场发展潜力。 2. 项目的建设符合宜昌“加快建设省域副中心城市”“发展现代物流产业”的战略目标，和猇亭区建设新型产业区的规划构想。 3. 宜昌市汽车市场需求迫切，行业情景兴旺。给项目带来良好的发展前景。	1. 借助地块优越位置，建设区域品牌项目，提高知名度。 2. 凭借便捷的交通，提升项目居住氛围。 3. 抓住市场空缺机会，顺应发展趋势，开发设计出创新实用的产品，引领汽车市场。 4. 依靠开发商资源，迅速打开市场。 5. 借助空港经济圈的影响力，提升项目知名度。	1. 利用政府对该区域的规划与建设的机遇，提升区域汽车市场的知名度。 2. 抓住市场需求迫切的机遇，打造项目品牌，增加生活配套，吸引人流。 3. 利用优化规划方案，不迁移高压线，降低成本。 4. 引进先进经营管理理念，提高经营质量，提升管理水平。
威胁(T)	S-T：发挥优势，减少威胁	W-T：减弱劣势，避免威胁
1. 未来项目所在区域的竞争者将与日俱增，市场竞争将日益激烈。 2. 区域市场认知度较低，部分综合类市场将分流目标客户。 3. 宜昌其他区域汽车市场已经很成熟，对项目招商带来一定压力。	1. 综合项目各项优势，降低市场竞争激烈所带来的威胁，差异化竞争，挖掘市场空白点，避免同质竞争。 2. 借助项目所处区位的发展趋势和潜力及规划利好，提高项目整体质素，减少空置率威胁。	1. 彰显项目个性形象，提升项目知名度，推广区别于竞争项目的市场形象。 2. 完善项目生活配套，提高本项目的竞争力。 3. 提升规划、经营和管理的水平。

4. 项目市场定位

（1）项目目标市场分析。

1）目标客户群类型可分为两大类：商户类型和消费类型。商户类型有自营客群和投资客群。其中自营客群包括品牌汽车企业直营店（含4S店），品牌经销企业4S店，一般汽车经销商和代理商，汽车后市场服务配套商等。投资客群包括当地与周边具有超前投资理念的投资商，中型以上寻找资金出路的投资者，汽车行业实力雄厚有自主投资意向的经营商、代理商、厂商等。而消费类型客户有购车者与汽车城配套的消费者，如住宅（公寓）、酒店、办公等配套服务需求的客户。

2）客户群定位。本项目市场消费客户群以购买中低档汽车品牌的客户群为主，区域分布以宜昌本地为主，辐射枝江市、宜都市、当阳市等周边市场。

（2）项目目标市场定位。

根据对宜昌市汽车交易相关市场及周边汽车市场的调研分析，整合地区汽车市场发展需求的相关要素和本项目的实际情况。本项目目标市场定位为：以自主品牌和少数中低档合资品牌的汽车展销为主，辅以相关的金融信贷、办证上牌、行政办公等服务，并配套相关特色主题的汽车酒店、汽车配套住宅（公寓）、汽车生活配套等。

（3）项目发展战略和方向。

1）填补市场空白，差异化竞争，抢占先机，立足鄂西地区，辐射渝东、湘北、豫南地区。以自主品牌和少数中低档合资品牌4S店、品牌展销为主的一站式新车销售中心。

2）引进与汽车销售相关的工商、税务、银行、保险、车管等部门进驻汽车城，建立为销售者提供全过程、全方位、便捷高效的一站式服务体系。

3）以办公、居住、生活等为一体的一站式生活服务中心。

（4）项目主题定位。

以新车展示销售为主，以金融信贷、办证上牌、生活配套、行政办公等为辅的综合性、体验式、节能环保、多元化汽车商业地产型的时尚国际汽车园区。

（5）项目总体商业定位。

以自主品牌和少数中低档合资品牌4S店，汽车品牌经销、代理商为主，以生活配套和行政办公为辅的国际汽车园区。

（6）项目功能定位。

集4S店集群区、品牌展示厅、金融信贷、办证上牌、生活配套、行政办公等服务功能于一体的高层次、全方位、多元化的国际汽车园区，为汽车市场提供专业的贸易电子服务平台和汽车文化交流中心。

（7）项目产品类型定位。

1）4S店是汽车品牌个性形象的展示窗口和品牌独特文化的展示交流平台。在统一规划范围内，每个品牌在各个城市都拥有统一的外观形象，统一的标识。

2）品牌展厅是自主品牌或合资品牌汽车集中展示、销售、交流的平台，是品牌角逐的竞技场。品牌展厅在设计方面应注重宽敞、明亮、时尚等特点，为各品牌提供一个高端上档次的展厅。并在外围保留可作为露天展示的车位和停车位。

3）汽车住宅（公寓）包含住宅和公寓两大部分。根据市场需求，以小户型住宅为主，辅以部分公寓。且这部分在城市主干道旁，代表项目的形象。在设计方面应追求精品、精致、时尚，有区别于现在传统的住宅产品设计。

4）汽车酒店属商务型酒店，包含住宿、会议室、宴会厅、商务中心等。这部分处于城市主干道旁，代表着本项目的形象，在设计方面必须有品位、时尚、大气、上档次。

（8）项目形象定位。

1）宜昌首个汽车商业地产型的国际汽车园区。

2）鄂西地区最具潜力的都市汽车文化生活休闲主题乐园。

3）汽车流通贸易的重要集散地。

4）宜昌市汽车交易市场的领头羊、风向标。

5）宜昌市生态环保、节能减排的典范。

6）一站式购车消费服务、一站式工作生活服务，人性化配套服务的模范。

7）广大汽车厂家展销汽车品牌的博物馆。

8）商家汽车经营的聚宝盆。

9）爱车族车主的天堂。

10）市民生活、休闲的绿洲。

（案例来源：广州万欣房地产代理有限公司）

11.6.4 市场定位的内容

市场定位包含多方面的内容。比如项目的目标客户群的定位，房子是要卖给什么人的，对这些人进行全面的分析，找出他们的需求；项目自身的定位，通过对市场的研究，结合项目的背景、先天条件、目标客户及区域内项目间的比较，确定项目的整体形象、文化内涵、项目档次、进而对项目的功能进行定位，包括室内空间和室外空间，对功能进行系统策划，满足客户需要。

市场定位是相对的而不是绝对的，定位的目的，是使项目的规划设计、项目的销售具有一定购买倾向性，吸引目标客户。

房地产市场定位可分为以下内容。

1. 项目类定位

项目定位是对整个项目开发的系统价值规划，是指导整个项目全流程的纲要方案。

（1）项目功能定位。一个产品由内到外依次由三层次组成：核心层、形式层和附加层。核心层是指产品能给购买者带来的基本利益和效用，是构成产品最本质的核心部分；形式层是指消费者需要的产品实体外观，是核心产品的表现形式，向市场提供识别实体的面貌特征，如名称、包装、价格、样式等；附加层是指消费者购买产品时所能得到的附加服务与附加利益的总和，如产品说明书、免费维修、三包服务、购买后感受等。功能定位就是对产品核心层的纲领性总结。

（2）项目形象定位。房地产形象定位是指为房地产的具体项目或楼盘塑造一个恰当的公众形象，透过这样的形象体现楼盘的各方面优势和卖点，经过形象的表现和推广，达到房地产项目的营销目的。

2. 目标客户定位

所谓目标客户，是指项目所针对的那部分客户群体。在市场策划中，寻找目标客户群或者说给目标客户定位，是整个房地产策划的重头戏，要对项目的内外环境和影响因素了如指掌才能轻松自如地掌握。

【策划案例：从寻找目标客户入手——成都“夕阳红”项目定位过程】

1. 项目因素分析

成都××实业开发有限公司在成都东门的龙舟路有一块占地31亩的土地待开发，需进行项目定位及整合营销策划。

××企划公司选派精兵强将组成强大阵容，对该楼盘做了大量的市调工作。经调查，发现该楼盘的重要优势有：楼盘地处东门，土地价格便宜；位置紧临龙舟路，交通方便；牛市口小学、幼儿园、四川师大附中分布四周；紧邻府南河，背靠望江公园、河心公园，环境清幽；莲花新区及农贸市场、牛沙便道农贸市场就在附近，生活方便。

同时也发现几处明显的劣势：小区占地面积小，不可能开发高档楼盘，因为不能满足高档楼盘必须配置的会所及其他大型配套项目设施。

成都××实业开发有限公司是一家年轻的公司，刚介入房地产领域，自身缺乏知名度。经济实力也不济，没有成片大规模开发的实力，竞争能力弱。如果走中低档路线，又发现：特色不突出的竞争对手非常多，而且对手实力较强劲，打价格战，××实业公司不仅没把握取胜，说不定连本钱都收不回来。龙舟路沿线为旧城改造、老成渝公路拓宽改造的重点城区，房地产开发新项目非常多，并且由于成都东门国营老厂商单位非常多，经济效益普遍较差，故价位低，卖点雷同。

怎样能在中低价位的楼盘上做出鲜明的个性色彩，填补市场空白，切中市场特色需求，是项目面临最大的难题。

经过广泛的市场调查，对全市楼盘分布、项目特色、开发成本、周期和营销实效的深入了解分析，策划小组感到：现实条件下，从概念出发的特色牌几乎开发殆尽，开发商的经济实力和地段条件又不允许涉足如“高科技”“古典”“欧美风情”这类豪华概念。必须从新的角度寻求市场空白。在对地块周边服务设施的调查中，遇到一对老年夫妻，他们到附近的医院就诊，由于排队挂号、候诊排长队、拍肺部X光片和血液检查、在两幢大楼间来回奔波、等候检查和化验结果、交费取药排队等结果，为了一点普通感冒折腾近5个小时，心情痛苦烦躁反而使病情加重。“老年人看病难”的诉求触动了策划小组的灵感。能不能从年龄切入，开发专门适合老年人安度晚年的住宅楼盘呢？

2. 寻找目标客户

统计显示：由于生产力发展，人民群众物质文化生活水平的提高，中国60岁以上老龄人口占总人口的比例不断上升，目前已接近10%，标志着中国即将进入老龄社会。全国60岁以上人口超过1.2亿人，占世界老年人口的五分之一，居世界第一位，预计今后还将长期居于世界首位，这将对中国社会经济发展产生深远影响。而成都市60岁以上老龄人口约130万，占全市总人口比例接近13%，已提前进入老龄社会。

针对这130万老龄人口进一步细分：具备中低档楼盘购买力者应占10%以上，即13万人；统一按“老两口”计算，则为6.5万个老龄家庭。再把成都市区分为东南西北四大块，东门片区占四分之一，则有意在东门买楼盘的老龄家庭约为1.6万户。针对这1.6万户基数，开发全成都绝无仅有的百余套老年住宅，完全具备成功的条件。

3. 目标客户分析

有了目标消费群的量化指标，策划小组又对老年住宅的需求心理和资金来源等进行了深入的分析。

（1）需求心理分析。

1）老年人和下一代、下两代由于生存环境、所受教育等诸多原因，生活方式、习惯及思想观念等方面难免产生“代沟”。多数被访问者认为：解决“代沟”的最佳方式是老年人与子女分开居住，节假日儿女上门探望，全家团聚。

2）年轻人有自己的生活和工作特点，现代生活节奏加快，竞争加剧，压力加大，生活无规律；与老年人住在一起相互干扰影响，令人头痛。

3）敬老院虽然“火爆”，但入院使人心理上有“被遗弃”的感觉，子女也有不孝的负罪感。只要不是孤寡老人，一般不愿意入敬老院。

4）老人再婚后，新建立的老年家庭不易与子女完全和睦共处，分户购房是最佳选择。

5）老年人喜欢安静、淡泊、朴素、平静的生活，对物质要求不高，不愿地处闹市和商业区、工厂区，与子女的居住要求差异较大。

6）老年人怕孤独，在相对集中的老年公寓，子女上班、上学后，老人们仍有同龄伙伴、共同话题、共同乐趣。

（2）资金来源分析。

1）老年人常常有多年的积蓄和稳定的退休金。

2）子女们可以共同出资为老人买房，既尽了孝心，日后也可成为遗产。

3）本来准备送父母去敬老院的子女，可以用入院费转为购房款，既解决了后顾之忧，又摆脱了“负罪感”。

通过以上分析，开发商确立了开发老年公寓的决心，将楼盘定名为“夕阳红”。

4. 公寓特色设计

项目确定后，我们立即着手，针对老年人的心理和生理特点，紧紧围绕老年人的生活需求，广泛开展调研和征询，为老人群体量身定做最合理、最合适的住房。

1）所有路面都进行防滑处理。

2）所有通道、门槛都采取无障碍设计。

3）房型设计上，力求通风、干燥、采光、隔音、结构合理。

4）装修适用合理，不奢侈豪华。

5）其他公寓配置大面积花草绿地，老年公寓配置各户“自留地”。

6）高档小区配置游泳池，老年公寓配置钓鱼池。

7）室内设计处处突出安全第一，壁柜防止碰头，插座防止碰撞踢踏。

8）水龙头不用螺丝头，防止拧不紧，拧不开。

9）窗户采用推拉杆式，避免头手伸出窗外。

10）阳台外设自动晾衣架，收晾衣物十分方便。

11）通过楼盘的物管系统，成立钓鱼协会，老年棋协，与外部挂钩联办川剧座唱、老年大学等。

12）通过楼盘物管系统，配备专职保健医生、护士，方便老年人常见病就诊，开设家庭病房，上门医疗、护理。

5. 环境配套设施

1）利用附近的农贸市场，解决老人柴米油盐等生活必需品的采购。

2）利用附近3、12、14、31、38、51、68、75、77路公交车，充分解决老年人办事、亲友子女探望等交通问题。

3）与附近的医院挂钩，解决老人“就医难”的问题。

4）与附近公园挂钩，解决老人休闲、锻炼、娱乐的需求。

5）与附近的幼儿园、小学挂钩，解决老人替子女照料孙子孙女，就近入托、入学、方便接送的需求。

6. 宣传促销

针对老年人特点，制定了与众不同的老年公寓促销策略。

1）大力宣扬中华民族“尊老爱幼”的传统美德，倡导“孝心”消费，引导子女为老人集资买房。

2）调查有关“尊老敬老”、为老年人排忧解难办实事的正反两方面新闻素材，通过新闻热线向媒体提供。巧妙联系社会对“老年公寓”“老年社区”的舆论期盼呼吁，利用新闻扩大本楼盘的知名度和美誉度，既提高效率，又降低成本。

3）制定相对较低的价格，采用分期付款，银行按揭等灵活的收费方式。

4）从下岗职工中招聘一批中年妇女担任售楼代表，既能提高与老年人的亲和力，又相对降低了用工成本。

5）创造“拉家常”售楼方式，让中年妇女售楼代表充分“倾听”老人们的“唠叨”，与老人们推心置腹，陪老人们货比三家。

7. 策划效果

经缜密的策划后，楼盘以“夕阳红”命名，正式开盘。响亮提出是专门为老人量身定做的房子。全面的户型设计，环境、配套都完全符合老人们的习惯和内在需求，并响亮地传播了楼盘的广告主题语：“成熟地爱一次！”。楼盘推出后，由于定位准确，特色突出，营销独特，房价便宜，功能完善，因而大受好评，创造了开盘两个月销售一空的奇迹，并赢得了可观的社会效益和经济效益。

3. 价格定位

价格定位主要是以销售（租赁）价目表为目的，以价格来衡量物业在置业者心中的价值地位。

4. 产品类定位

（1）环境定位。区位很重要，有了区位如果能再有一个好环境就会锦上添花。环境包括交通环境、生态环境、商业购物、医疗、景观、繁荣程度、风向、龙脉、地脉、文脉等，以及区内环境、建筑物大体布局等。

（2）功能定位。房地产不等于土地加瓦片，功能可能是人们购买房子的第一利益着眼点。根据功能不同，房地产可划分为商用房、住宅、工业用房等。商业用房与工业用房的开发要求也明显不同。此外还可以把“功能定位”进一步细分，如分为中央商务区、高级别墅区、文化居住区、涉外公寓区等，不同的功能社区对房子的设计、施工、管理等的要求明显不同。

例如中央商务区对房子的地段、施工、装饰以及物业管理的要求特别高，而文化居住区则突出文化氛围的渲染与铺陈。回龙观地处京昌高速公路边，本是属于城县两不管地带，但是开发商以教育为依托，开发出回龙观高教小区，不仅把城里人吸引到市郊，同时为全国树立了样板，成为重点示范小区。这就是功能定位的妙用。

（3）户型定位。任何产品都有核心层、紧密层、外围层、无形辐射层之分。消费者买房最主要的是买核心层——户型与面积。尽管现在的商品房早已告别了“火柴盒”时代，但是究竟是大开间还是小开间、狭长形还是蝴蝶型、有多少个采风采光口、有多少根罗马柱石膏门、是否设置家庭舞池及吧台、是否带有网络家居色彩……这一切都必须在开工前筹划于胸，设计到纸面。

（4）材质定位。不同的功能、风格、户型显然需要不同的材质。仓储式大商场可能需要大钢架结构，既省时又省料；欧式豪宅可能除非自来水无法进口外都需“德国制造”；艺术家可能只需要在一个角落，搞一座怪怪的木头草房，既省钱又美观。材质定位准确，开发商可大大节省成本，客户则心满意足，实在是双赢的事情。

5. 概念类定位

（1）主题概念定位。有人把“主题概念”称为房地产的“灵魂”与“核心”。中关村由于电子高科技而价位疯涨，亚运村由于体育概念而寸土寸金，国贸商圈号称“东方曼哈顿”而使物业价格高居京城之首。主题概念并不是可以随意命名的，它必须符合具体的环境，要因地制宜。一旦发生错位，便可能是“差之毫厘，失之千里”。

（2）特色定位。房地产特色定位，就是根据房地产企业的文化、小区环境、楼盘风格、文化概念等，集约、整合、升华出一个最具吸引力的一点作为“诉求点”，以此去吸引相应的目标。很可惜现在楼盘“概念”满天飞，真正有“特色”的楼盘并不多。

（3）科技定位。国外房地产增长的主要杠杆之一是“高科技”，而拉动国内房地产的主要是政策因素与金融杠杆，高科技因子所占比率很少。但随着知识经济时代、互联网时代的来临，随着新材料、新工艺的不断应用，房地产的科技含量肯定会提高。

（4）文化定位。人不能整天吃高科技住高科技，高科技需要有多样化的文化配套才能转化成生产力。因此，房地产主题、特色、科技、风格……一切只有围绕“以人为本”“人性化”这个文化定位去展开才有意义。

（5）生态定位。对于整天淹没于城市物欲中的人们来说，回归自然是他们最热烈的渴求，所以绿地、森林、阳光、水、空气成了诸多楼盘的重要卖点。

【策划案例：郑州市郑东新区龙湖项目市场定位】

项目分为两部分，15 亩商业地块和 127.5 亩住宅地块，本案例重点研究 127.5 亩住宅项目。项目位于郑州城市东北区域，为郑东新区仅存的待开发区域，郑东新区是郑州市城市建设及房地产开发的头号热点区域。更是郑州市重点规划区“龙湖区域”，CBD 副中心。兼有郑州北区和郑东新区的双重板块价值。在市场竞争激烈的环境中，龙湖以何种独特的市场定位以求得市场青睐呢？

1. 地块价值梳理

（1）区域：位于郑东新区龙湖区域，中原经济区核心中的核心。

（2）位置：位于龙湖区域中心，地段价值无可比拟。

（3）环境资源：紧邻龙湖水系，是天然的宜居区域。

（4）市场价值：区域具有超高认知度，高端客户对本区认可度高，有庞大的高端客户群体。

（5）用地现状：地块平整，施工难度小，目前周边基础道路系统尚不健全。

（6）地块指标：地块有大规模、低密度、限高、高楼面地价等特点。

（7）交通配套：规划多条南北向城市主干路，联系CBD中心与CBD副中心，规划环形轻轨线路（LRT系统）、水上交通网络等，规划配套丰富，休闲、购物、市政等配套一应俱全。

（8）限制条件：必须配建10%保障房，且90平方米以下户型必须占总套数的30%。

2. 整体定位：重现一个王朝的风雅。

湖居体验+舒适产品+辉煌文脉，扮演终极居住及市场领导者的角色，引领龙湖新一轮开发浪潮，为河南低奢一族打造城市豪宅，溯源北宋士大夫阶层的生活风尚。

3. 形象定位：大郑东，金融区，隐于市的湖居豪宅。

4. 客群定位：河南的高端低奢人群。

（1）客户家庭年收入高，是富裕阶层，他们是社会中的主导力量，在各自的领域里扮演关键性的角色。

（2）客户以郑州范围内为主，其次是在京港澳和连霍高速沿线的地市潜在客户。

（3）为多次置业，对价格相对不敏感，不喜欢露财，安全防范意识很强，追求产品的舒适性，关注居住环境和社区规划，需要产品形象体现身份。

5. 产品定位：提高项目形象的绝对高端产品——类独栋与洋房，与适当提高项目容积率，丰富产品类型的高层住宅，旨在打造最舒适的豪宅。

6. 价格定位：别墅价格暂定40000元/平方米，洋房价格暂定28000元/平方米，高层住宅价格暂定23000元/平方米。

（1）定价策略。

1）跟随策略：根据周边项目定价、高性价比策略。

2）价格细分策略：差异化价格策略。

3）弹性策略：低开高走策略。

（2）别墅价格调整建议。

1）由于目前市场类独栋产品的稀缺性、本案的高档定位及产品自身配套，均支撑项目类独栋产品具备同类定价的话语权。

2）通过市场比较法进行分析得知，本案低密度产品均价适合在33625元/平方米，但由于市场参考的低密度产品档次低于类独栋，因此此价格相对于本案高端产品而言，理论值偏低。

3）类独栋产品属于本案的明星产品，具备奠定项目高端形象及提升其他产品溢价的能力，其价格制定应远高于理论均价，同时为明显区别于花园洋房类产品的定价，因此暂定价格为40000元/平方米。

（3）洋房价格调整建议。

1）本案洋房产品属于6+1层退台式情景花园洋房，无论从面积和结构上，其类别墅的属性明显，同时对于社区内外景观的利用效果更佳，因此此类产品价格应当高于理论推导的本案市场均价25510元/平方米。

2）考虑到本案入市周期的滞后性，项目将会有一定的自然调价空间，因此将本案洋房产品价格暂定为28000元/平方米。

3）由于此类洋房首层和顶层户型设计中有天有地，居住的舒适度相对较高，同时，首层赠送地下室及前后花园，所以首层价格优势较为明显，根据房源位置不同，其价格范围暂定为30000~32000元/平方米；顶层赠送阁楼及屋顶露台，其价格优势居次，暂定为28000~30000元/平方米；中间层户型赠送价值相对较小，暂定其价格区间为25000~26000元/平方米。

（4）高层住宅价格调整建议。本案属于复合型产品项目，由类别墅+洋房类+高层类产品组合，考虑到高端低密产品对高层类产品价格的溢价支撑能力，建议高层类产品价格暂定为23000元/平方米。

表11-26　各类产品初步均价建议

产品	均价（元/平方米）	价格区间（元/平方米）
类独栋别墅	40000	38000~42000
花园洋房	28000	25000~32000
高层住宅	23000	22000~24000

11.7　房地产市场策划应用案例

【应用案例：山东潍坊“可林奇·桃花源”市场策划方案】

11.7.1　市场研究

1. 潍坊市2012年经济发展状况（略）

2. 潍坊市2012年房地产市场分析

2012年潍坊市生产总值（GDP）达到4012.43亿元，同比增长10.6%，呈现平稳上升且持续发展的趋势。人均GDP43681元，同比上升9.8%，人均可支配收入25817元，同比上升14.7%。

（1）潍坊房地产市场日益活跃。

1）房地产市场发展有所减缓。2012年全市共完成房地产开发投资468.8亿元，同比增长15.5%。其中，住宅投资336.9亿元，增长7.6%。但是，全年商品房销售额427.2亿元，下降4.3%；商品房销售面积1107.9万平方米，下降10.8%。

2）经济实力与房地产市场价格不匹配。山东17个地级市的综合经济实力排名中，潍坊稳居第四。而潍坊2012年商品房均价为4435元/平方米，房价水平倒数第七。房价与经济实力之间的矛盾，造成了潍坊市经济实力强、工业发达，但房地产市场相对落后，房价长期较低徘徊的奇特现象。从经济发展潜力来看，该市房地产市场发展空间较大，房价也具有与其经济实力相匹配的补涨空间。

3）国内大型开发商强势进驻。万达集团、恒大集团、亚特尔地产、阳光100、绿城地产、中信集团等国内房地产巨头纷纷抢滩潍坊，为传统潍坊房地产市场带来新的活力和挑战。

4）欧美建筑风格盛行。目前潍坊商品房市场的产品建筑风格以欧美风格为主，其中有代表性的如潍京、盛世华庭、亚特尔·庞庭等；而中式风格产品相对较少，主要有天同·宜江南、宝地·御园、浮烟山国际社区等。

5）楼盘规划注重外部环境，忽视内部园林景观设计。由于潍坊自然景观资源丰富，很多楼盘在规划设计时主要都围绕外部景观资源做文章，使项目环境更加宜居。但很多本土开发商的项目都忽视内部园林景观的设计，大大降低了楼盘的品质。

6）房地产市场主要为潍坊市本地居民消费，外地购房者较少。市场对外地购房者吸引力较弱，房地产市场需求主要集中体现在市内本地居民的消费，外地购房者相对较少，所占比例不高。

7）刚性需求占主导地位。购买市场以刚性需求为主，改善性需求为辅。近两年潍坊楼价上涨过快，大大超出居民收入增长及心理接受度，购买面积小、总价低的产品成为消费者可接受的选择。随着居民对生活品质的不断追求，近年市场对中大户型面积的产品需求也有所增加。

8）产品设计单一，设计理念较为保守。近三年市场上的房地产产品单一性高，户型设计重复，面积集中在一定范围内，缺少选择性。虽然有个别项目引进一些先进的设计理念，但尚未形成规模，难以引导市场消费。

（2）潍坊2012年土地市场供需分析。

2012年潍坊土地推出总量为325宗，成交193宗。土地成交率为59.3%，相对较低，说明开发商拿地较为谨慎。但住宅用地成交率接近90%，住宅市场仍是潍坊房地产市场的热点。开发商对住宅土地的需求说明房地产市场对住宅的需求量依然很大，住宅市场竞争会异常激烈。

（3）潍坊住宅市场价格分析。

1）近两年潍坊市区平均房价为4300元/平方米。2011年全年房价波动最大为775元/平方米，潍坊总体房价上涨23.91%，上涨较快。2012年全年房价波动最大仅为65元/平方米，各月房价变动不大。

2）截止到2013年4月19日，潍坊地区在售住宅项目共126个。近一个月内，共有4个项目的销售价格出现上涨，2个项目的销售价格出现下跌，另外120个项目的销售价格与之前持平。在售住宅项目的销售均价为4792元/平方米，与近半年来持平。由此可见，近年潍坊房地产市场均价相对平稳。

3. 潍坊城区房地产供需分析

（1）2012年潍坊住宅成交分析。

2012年潍坊住宅总成交面积为324万平方米，成交面积与成交量基本持平。下半年推盘量增加，且以市区房源居多，这一定程度上刺激对了销量的上涨；同时开发商大打折扣牌，优惠力度较大，低首付极大地减轻了购房者特别是刚需客户的购房压力。购房者观望情绪有所缓和，不再一味地等待“房价拐点”“房价下跌”。

（2）2013年第1季度潍坊住宅成交分析。

2013年第1季度住宅共成交8652套。年后刚需客户集中爆发，购房者的观望态度逐渐消除，特别是3月初二手房新政的出台，部分有二手房购买意向的购房者开始将选择范围转向新房，很大程度刺激了新房的成交。2013年第1季度成交量多出去年同期3009套，同比涨幅高达53%；除2月以外（春节假期），整体成交量较高，自去年年底开始的楼市回暖态势，在2013年第1季度得到有效巩固。

（3）近三年潍坊各区开盘信息分析。

2011 年全年开盘共 145 个，2012 年全年开盘共 126 个，较 2011 年减少 13%；从各月开盘数量来看，2011 年开盘最高的 7 月份共开盘 29 个，而 2012 年开盘数量最高的 10 月仅有 20 个。但从 2012 年整个开盘数量走向来看，虽然楼市与 2011 年相比略显低迷，但是开发商开盘力度在“金九银十”同样为全年最高。

虽然政府楼市调控不放松，但随着累积的刚性需求不断爆发，预计 2013 年潍坊楼市将逐步回暖，各开发商也将加快推盘速度。2013 年第 1 季度，潍坊楼市开盘项目达到 16 个，其中 3 月份推盘数量达到 12 个，占到了 1 季度推盘总量的 75%，潍坊楼市“小阳春”悄然引爆。

（4）2013 年潍坊可售期房数据统计。

目前潍坊住宅市场的存量约有 61524 套，可售面积达 677 万平方米。其中，坊子区的住宅存量有 6269 套，可售面积达 73 万平方米，仅次于高新区、奎文区和潍城区，名列第四。2013 年潍坊商品住宅供应充足，随着中建集团、亚特尔集团、恒大集团的产品陆续入市，潍坊楼市进入“大盘时代”，竞争压力再度升级。

4. 潍坊城区 2013 年房地产市场发展走向。

（1）房地产投资、开发、销售规模将小幅攀升。

中央房地产调控政策对属于三线城市的潍坊来说，直接影响相对较小；另一方面，潍坊的刚性需求和改善性需求依然旺盛，持续压抑后房价回落的愿望破灭，将进一步刺激和释放住房需求，预计开发投资规模和新房供应将小幅攀升。

（2）房价整体理性上扬，稳中有升。

潍坊市经济实力在山东位列第四，但平均房价水平则相对较低，房价仍有较大上涨空间。随着潍坊经济的加速发展，土地、建安、税费和营销管理费用等刚性成本费用将不断上涨，房价也将随之增长。另外，恒大、中建、亚特尔等一批高端项目的持续开发并相继推出市场，也会拉高整体房价，而潍坊房地产市场也将迎来一轮品质大餐。

（3）房企洗牌加剧，市场将呈现出规模化和品牌化局面。

近年来，多数一线开发企业开始进行偏向三线城市的战略转移。随着大企业越来越多地占据市场，潍坊房地产市场将逐步呈现出规模化、品牌化的良性态势。而一些不具备品牌开发实力和开发资质的企业将会被洗牌，甚至被淘汰出局。

（4）位于城市东南部的坊子新区升值空间较大。

坊子新区位于城区东南部，占据了“一心一环一廊一轴”的轴射区域的城市框架优势。而随着政府行政中心的东移，主城区向东南快速推进，中心区的位置也向东南发展，坊子区与城市中心的联系更加紧密，房地产升值潜力较大。

（5）刚性需求占主导，改善性、投资需求比例逐步增大。

随着潍坊城市化进程的加快，城市人口将持续增加，刚性需求仍将为 2013 年潍坊房地产市场发展提供稳定的动力。但投资性需求、改善性需求有所增加，预计潍坊中大户型产品会逐年增多。

5. 潍坊城区中高端住宅市场分析

（1）潍坊城区中高端住宅市场竞争格局与特征分析。

1）区域集中性。潍坊城区中高端住宅市场的竞争主要集中在白浪河、虞河两岸以及两河之间。目前此区域的房地产市场相对活跃，中高端住宅市场在此表现鲜明突出，竞争激烈。

2）品牌竞争性。目前潍坊中高端住宅项目大多数为知名品牌产品，各品牌的市场占有率相当，竞争实力相当，市场的品牌化竞争明显。

3）竞争激烈性。近年来，国内众多知名品牌房地产企业纷纷进驻潍坊，为潍坊房地产市场注入新的活力的同时也带来挑战，促使潍坊中高端房地产市场竞争更加激烈。

4）日益成熟性。外地开发公司的到来，为潍坊房地产市场带来新颖的建设开发理念，促进当地原有市场机制、竞争机制、营销模式的改革，促进潍坊房地产市场的科学、理性发展，中高端房地产市场日益成熟。

（2）潍坊城区中高端住宅市场供需分析。

1）潍坊市城区中高端住宅项目比较稀缺。目前在售的住宅楼盘项目共有 261 个，中高端住宅楼盘仅有 32 个，占整个市场份额的 12% 左右。据实地调研分析，潍坊市区中高端楼盘中含有别墅的楼盘共有 17 个，在中高端楼盘中占到一半以上。但别墅产品在单个楼盘项目中所占比例较小，平均比例仅为 18%。中高端项目主要是集高层、多层、别墅等多种产品业态为一体的住宅项目。形式主要以高层或者多层的大面积户型、复式 Loft 为主，别墅产品较少。奎文区和高新区是城区内中高端住宅需求最为旺盛的区域，产品表现形态主要以多层、高层的大面积户型为主。而坊子区与寒亭区的中高端住宅产品类型则以别墅形态为主。

2）城区中高端住宅供应分析。2012 年潍坊市预售普通住宅预售面积约 196.62 万平方米，中高端住宅的预售面积约 29.38 万平方米。中高端住宅供应所占市场份额相对较小，约 13% 左右。2013 年 1～3 月，商品住宅预售总建筑面积 59 万平方米。其中，中高端住宅预售总建筑面积约 7.3 万平方米，所占比例仅为 12%。

3）城区中高端住宅需求分析。2013 年 1～3 月城区住宅总成交面积 91.11 万平方米。其中，一般住宅面积约 79.25 万平方米，多层、高层的中高端住宅成交面积约 10.61 万平方米，别墅成交面积约 1.23 万平方米。

4）中高端住宅需求特征分析。形成“南北通透，住东不住西”的需求习惯；户型面积主要以 140～230 平方米洋房、300～500 平方米别墅户型为主；另外，在中高端楼盘中，小户型住房相对比较畅销；市场需求以本地居民为主，外地购房者较少；需求主体主要为改善型、自住性需求，投资观念相对比较保守。

（3）城区中高端住宅综合分析。

1）市场上好品质的中高端产品稀缺，社区总体质量差，影响消费者购买欲望。

2）高品质项目的缺乏导致高端消费群体外流现象严重。

3）中高端市场空白点较多。企业以市场需求为导向在因地制宜的基础上坚持创新，就可以在较大程度上占得先机，赢得市场。

（4）城区中高端住宅市场形态分析。

1）物业类型大多数是集高层、多层、别墅为一体的综合业态，也有少数纯高层项目。

2）建筑风格多以欧式为主，而中式建筑风格相对较少。

3）规划布局多呈兵营式或单排沿街的总体楼盘布局。

4）当地开发商名下的物业管理水平相对较低，物业管理滞后。

11.7.2　案例研究

1. 金鸾·御景城

(1) 项目区位、周边配套。该项目位于奎文区樱前街与宝通街中心，毗邻虞河，主干道新华路、樱前街、文化路、宝通街构成快捷的交通网。周边有多所学校、购物中心、医院、银行等。

(2) 项目规划。项目分南北两个组团，分别采取单独的物业管理、满足不同消费群体需求。北区的翰林府组团由建设中的7栋56000平方米的多层和10栋17万平方米的高层组成。南区的漪岚府组团由21栋10万平方米的双层叠拼别墅组成。

(3) 项目数据。项目占地面积203亩，总建筑面积32.61万平方米，规划别墅21栋，多层7栋，高层10栋，总套数920套，由10万平方米户均面积300平方米的叠式建筑群和20万平方米的平层官邸组成，分别管理。

(4) 项目整体质素评价

1) 项目优势。

① 区位优势：项目东临虞河景观带，湿地公园，周边市政配套、生活配套齐全，拥有快捷的交通网（由新华路、樱前街、文化路、宝通街构成）。

② 景观优势：位于市规划建设的虞河生态景观廊道，毗邻生态景观公园，景观资源优越，居住环境休闲舒适。

③ 项目目标市场定位为中高端住宅市场。基于优越区位、景观环境，结合潍坊目前房地产市场来分析定位；区位优越、配套齐全、临河景观优美，并且目前优质中高端住宅市场缺少。

2) 项目不足方面。

① 项目内部绿化、配套设施与项目定位不符合。项目定位为中高端住宅，广告语“潍坊最贵的房子”，户型设计几乎都是大面积的户型，面对的客户群体是改善、二次置业型住房人群。但小区绿化较差，景观休闲设施较少。

② 营销策略不协调。经过一期开发与销售以及广告宣传，人们对本项目的形象认知为：高端、有档次、居住环境优美、物业管理服务良好。但项目的营销中心装修相对简陋，与其高端住宅的定位落差较大，不能体现其高端品质。

2. 恒大·名都

(1) 项目区位、周边配套。项目位于金马路以东、樱前街以南、潍县中路以西、宝通街以北。周边配套设施齐全，教育投入力度大，医疗设施完善，以及方便市民休闲娱乐购物的富华游乐园、佳乐家金马店、中百益家园、潍坊植物园、银座购物广场等都在15分钟生活圈内。

(2) 项目规划。潍坊恒大·名都将建成拥有世界级皇家园林以及近万平方米中央内湖，自然环境极其优越，集居住、休闲、娱乐、购物、文化、教育于一体的、无可比拟的现代化都市综合大城，以东部首席中央居住区定位高度，呈现都市生活名城。

(3) 项目数据。项目占地面积约29万平方米，总建筑面积约127万平方米，其中包括35栋高层住宅，沿街商业，高档写字楼，全天候运动中心，五星级会所，双语幼儿园，星级剧场等，规划社区住户为6332户。项目整体拟分四期开发，首期工程除未拆迁区域部分已于2011年5月20日全面开工，二期工程计划于2011年9月1日开工，整个项目计划于2014年开发完毕。首期开发建筑面积32万平方米，包括10栋33层高层住宅、大门、综合楼、运动中心和中央湖区。

（4）整体评价。

1）项目优势。

① 开发商实力雄厚，开发经验丰富，开发手法：先做小区绿化、配套，再做实体建筑。营销理念成熟，对潍坊房地产开发营销有借鉴作用。

② 景观实景绿化率高，恒大自己物业有品质保证，小区内部配备幼儿园，业主子女就学有保证，是集居住、休闲、娱乐、购物、文化、教育于一体城市综合体。

2）项目劣势。

① 距离市中心距离较远，周边的生活配套设施较欠缺。

② 房价过高，项目认同度较低。

3. 盛世·华府

（1）项目规划及户型。盛世·华府项目位于奎文区健康东街与文化路交汇处西南侧，整个项目总用地面积60695平方米，总建筑面积219319平方米，地上建筑面积178600平方米，其中住宅建筑面积142272平方米，商业建筑面积33634平方米，幼儿园建筑面积1300平方米，会所建筑面积910平方米，地下建筑面积40719平方米。整个社区容积率为4.1，绿化率超过35%，建筑密度27.6%。社区规划设计户数1112户，建成后可容纳居住3336人，小区共设计配备停车位1434个。

盛世·华府户型面积从95～161平方米，多种户型可供选择，户型方正大气，空间阔绰明亮，观景视野好，内部设计自由灵动，极具格调，成就居者优雅惬意的品质生活。

（2）区位及周边配套。项目所在地为城市行政和商业核心区，城市快速干道健康街可通达火车站、汽车站和济青高速，是进出城市重要出入口，周边交通方便，配套设施齐全。并且紧邻虞河景观带，周边有新华路佳乐家、银座购物中心、南下河市场等超市、商业配套，有人民广场、植物园、虞河公园等城市景观，有新华书城、日向友好、新华中学、广文中学等名校和人民医院等文化医疗配套，坐拥文化路餐饮文化特色街区，与新华路商业、商务城市新中心毗邻，是真正的奎文中央商务区核心地段。

（3）开发定位及建筑风格。该项目以“富有新古典风格，具有和睦、共融的住区文化，轻松、休闲的社区功能和宁静、浪漫的社区品位”为开发定位，旨在打造一处城市CBD核心区内的具有浓郁英伦风情的都市领袖阶层高端华府美宅。项目毗邻虞河城市景观带，产品建筑采用纯正英伦新古典主义ARTDECO风格。社区内部按照原味英式风情进行设计，以围合式中庭园林景观打造出一种地道的欧式尚品生活空间。

（4）项目整体评价。

1）项目优势。

① 区位优势明显，奎文中央商务区核心地段，商业氛围成熟、人文气息浓郁、城市管理水平高的地块。城市行政和商业核心区，城市快速干道健康街可通达火车站、汽车站和济青高速，是进出城市重要出入口，周边交通方便，配套设施齐全。

② 潍坊首创智能生活体验。将引进智能触屏阅览设备、智能互动游戏设备、智能化健身器材及Wi-Fi无线网络公共空间覆盖。并配备四大尖端智能体系：智能安防系统、智能归

家系统、智能共享空间、智能物业平台。

2）项目劣势。

① 项目纯高层为主，人口居住密度大，可能会影响居住环境的舒适度。

② 缺乏样板间展示，楼盘形象不被具体化。

4. 天同·宜江南

（1）楼盘概况。天同·宜江南位于坊子新区龙山路与双羊街交汇处，白沙河畔，紧邻双羊新城；项目定位为中式徽派建筑风格，占地面积65522平方米、总建筑面积49848.80平方米，户型建筑面积220～360平方米。

（2）项目整体质素评价。

1）项目优势。

① 建筑风格采用中国传统的徽派建筑风格，潍坊首席纯中式楼盘。

② 项目位于坊子新区，具有较好的区位优势。

2）项目劣势。

① 纯中式建筑，房子外立面采用灰色屋顶、白色的外墙等冷色调，缺乏温馨感，未做到因地制宜，造成项目认同度与认知度不匹配的局面。

② 项目整体质量档次不高，产品与中高端项目要求尚有一定差距。户型设计较为普通，与其他市场产品差别不大，没有明显优势。

5. 亚特尔·庞庭

（1）楼盘概况。项目位于坊子区北海路与金山街交叉口东500米路南。总占地1000多亩，总建筑面积100万平方米，容积率仅为1.1，绿化率高达45%，是一个低密度、高品质、高绿化的百万平方米大盘，也是目前潍坊市区范围内建成体量最大的一座洋房社区。洋房均价5300元/平方米，别墅均价8000元/平方米。

（2）产品形态。亚特尔·庞庭整个项目分为D\F两个区，包括情景电梯洋房和独栋类联排两种产品。项目整盘融合了阶梯花园洋房、电梯洋房、别墅以及后期25万平方米的文化产业总部基地城市综合体等多种物业形态。

（3）建筑风格与外观。项目采用托斯卡纳风格，在设计上注重对线条、造型和颜色块面的灵感性运用，采用淡黄色的STUCCO建筑外立面和红色陶土瓦屋顶相结合，并融入意大利建筑风格五大元素：红色坡屋顶、一步式阳台、铁艺栏杆、手工抹灰墙和文化石外墙。建筑材料以天然材质为主，以木头、石头、抹灰来表现建筑肌理，给人以直观的视觉感和生态性。

（4）内部配套。内设1座学校：12000平方米小学，2个幼儿园（均为伊顿双语幼儿园），3处会所，4条商业街：115000平方米。在硬件的打造上采用了多项世界上最先进的低碳环保技术，是山东省首家通过国家2A级住宅性能认证的社区，也是潍坊首席千亩低碳生态科技示范社区，可谓是打造“千亩城市洋房，万人时代之城”，已逐步成为潍坊极具发展潜力的1千米中央生活区，带动区域的繁荣和价值增值。

（5）项目整体质素评价

1）项目优势。

① 本项目是百万平方米成熟社区凤凰太阳城的产品升级，高端居住区，依托太阳城成功的知名度和高认同度，营造了良好的产品形象。庞庭项目全封闭式独立管理，同时又享有

凤凰太阳城的成熟的配套。

② 项目西侧是潍坊最著名的第一景观大道——北海路，南侧为龙泉街，北侧是金山街，它与北海路主干道的打通，更加便捷的连接奎文区和高新区，出行非常方便。项目东侧紧邻白沙河，白沙河总长 5 千米，经过庞庭项目的 1.5 千米是湿地公园，使业主可以零距离的接触白沙河。

2）项目劣势。白沙河景观湿地公园建设还不完善、不成熟，景观优势尚未发挥出来。

3）借鉴点。

① 园林景观设计符合高档品位，与项目的托斯卡纳建筑风格协调。整个小区的规划设计、园林景观等均与目标市场定位相吻合。

② 户型设计合理，动静干湿分离，其中别墅采用下沉式庭院，有助于充分利用空间及提升别墅的居住感觉。并且户型适中，总价相对较低，易于被消费者接受。

11.7.3 项目及 SWOT 分析

1. 项目地块现状分析

（1）地块宏观现状分析。项目扼山东内陆腹地通往半岛地区的咽喉，占据蓝、黄经济发展机遇最重要战略空间，成为环渤经济圈的重要支点。

（2）地块中观现状分析。项目所在的坊子区位于城市未来发展主方向的东南板块，占据了“一心一环一廊一轴”的辐射区域的城市框架优势，同时具有土地资源丰富，高标准、高起点发展的空间优势。作为以“生态城市居住社区”为特色的“现代化综合城市功能”的坊子区，地块价值突出。

（3）微观地块现状分析。地块周边人居氛围不够成熟，但是景观资源丰富，占据虞河湿地公园生态景观优势。位于坊子区生态文化休闲区，政府正致力将其打造成为一个以旅游、休闲健康、生态绿色、低碳环保为理念的高端住宅区域。

2. 项目 SWOT 分析

（1）项目优势（S）。

1）大区位优势：项目位于潍坊市未来城市发展方向的东南板块的坊子区。根据城市规划，潍坊市委、市政府中心驻地都将逐步东移，使坊子新区与城市中心更加紧密相连。

2）大交通优势：境内交通纵横交错，胶济铁路、青银和潍莱高速、206 和 309 国道贯穿全区，潍莱高速公路起点就在境内；区驻地与潍坊机场毗邻，距青岛机场、青岛港仅 1 小时车程，离城市交通主干道北海路仅两百多米。

3）地块区位优势：项目西临虞河景观带，湿地公园，周边市政配套齐全。

4）景观优势：项目位虞河上游西岸。优越自然景观，是生活定居首选。

（2）项目劣势（W）。

1）目前周边生活配套缺乏，居住条件不够成熟。

2）项目地块较为平整，缺少高端项目应有的地块特点。

3）项目地块的南面是安居房小区，拉低项目作为高端住宅社区的周边环境氛围。

（3）项目机遇（O）。

1）本项目的开发建设符合城市未来走向，迎来政府致力打造“以生态城市居住社区”为特色“现代化综合城市功能区”的机遇。

2）消费观念不成熟，有一定的市场引导和操作机会。

3）高端住宅市场的不成熟为项目带来有利的发展空间。

（4）项目威胁（T）。

1）房地产企业纷纷引进先进开发理念、逐渐认识到营销策略的重要性，竞争将相当激烈。

2）项目所在地块区位优势日趋明显，可能存在拟建设项目与本项目同期推出，竞争难免。

3）市场上中高端住宅空置率高，房源充足，并且坊子区目前已有如亚特尔·庞庭、天同·宜江南、恒信·伯爵公馆等高端楼盘，项目在营销推广及争取客户方面将面临较大挑战。

3. 项目核心竞争力分析

（1）环境优美、景观资源丰富。潍坊城市的地势是南高北低，从风水和地理科学的角度来看，本项目位于虞河的上游，靠近“九龙问源”主题景区源头，符“择上游而居”的传统居住观念，是健康生态居住的最佳选址。

（2）深厚的“桃文化”历史人文底蕴。项目地处“孔孟之乡”，受“孔孟文化”影响较深，具有深厚的历史文化底蕴。而作为中国传统文化的重要组成部分，“桃文化”在此处也具有良好的人文基础，有利于充分挖掘项目的文化价值赋予项目以灵魂。

（3）具有创新型本土开发企业优势。作为本土房地产开发企业，可林奇在潍坊市耕耘多年，熟悉本地房地产市场状况及当地消费习惯、人文风俗等，同时又注重创新、引入先进的开发理念。这决定了其在实际开发建设过程中既能创新，又能推出适合本地居民喜爱的房子。

4. 项目目标市场分析

（1）消费者的消费观念转变，为本项目市场定位提供依据。通过调查，市民普遍对小区的景观设计、园林规划、物业管理等小区内在因素十分重视，期盼度较高，认为住房代表一种人际关系和生活方式。

（2）潍坊市中高端住宅市场初见端倪，项目市场定位应填补市场空缺。潍坊市大部分项目定位为高端的住宅却并未达到高端的品质，有购买力的客户群体的需求没有得到真正满足。本项目应抓住市场机遇，开发符合居民需求的品质住宅项目。

（3）根据本项目情况，结合市场，找准项目的目标市场。项目占据四通八达的交通优势，市政配套齐全，生态宜人、景观资源突出，具备了高端纯别墅一些优势，但从另一方面来说，周围多是已成熟的普通住宅小区，并且项目西南部为在建安居小区，一定程度上拉低其高端形象。

11.7.4　项目市场定位

1. 项目目标客户群分析

（1）目标客户群分布与类型。

1）目标客户群的分布区域。50%的客户来源于潍城区、奎文区和高新区，而坊子区等其他潍坊城区的客户约占到30%左右。另外，还有约20%的客户来自潍坊市周边县市区及其他区域，其中有5%的客户属于跨市甚至跨省的客户群体。

2）目标客户群的类型。涵盖中等及以上的所有阶层，涵盖各行各业人士；年龄在22～

60 岁之间，主力群体的年龄在 35 ~ 50 岁之间；经商人士、政府公务员、事业单位管理人员、企业中高层管理人员、私营业主等中高收入人群为主。

（2）目标客户群特征。

1）社会背景：社会阶层中等偏上，社会阅历丰富，消息灵通，同时富有商业投资观念。

2）文化背景：参差不齐，公务员、教师等较高，自主创业者较低。

3）年龄层次：以中年为核心线向两边分散，但相距不远，主要集中在 35 ~ 50 岁。

4）生活态度：责任心较强，希望为家人创造更好地生活条件；在追求舒适和高品质的生活基础上，强调个性化的生活方式；关注细节，懂得享受生活。

5）生活品位：性格沉稳内敛，注重仪表，但相对低调；生活品位相对较高，拥有其身份和个性的标志物；对自己所追求的理想境界欲望强烈。

6）消费心理：对商业价值有自己的判断；追求性价比较高的产品；容易受到媒体、专业人士及朋友的引导。

7）消费行为：个人判断力较强，一般不受从众心理的影响；容易受到同层次朋友的消费影响。

8）居住观点：认同项目的产品形式，追求超越现有居住环境的新天地；实用、美观、配套完善、交通便捷，追求投资回报。

（3）目标客户群定位。

1）热爱中国传统文化，对西式建筑产生审美疲劳的群体。

2）热爱生活，追求有情调、高品质生活的群体。

3）具有“桃花源”情节，追求闲舒、传统品位生活的群体。

4）具有“隐士”情节，希望返璞归真，向往平淡自然的田园生活的群体。

2. 项目主题分析及命名

（1）项目命名及演绎。

本项目命名为：可林奇 · 桃花源。

1）“桃花源”象征着一种和平宁静的生活，是中国人的理想生活境界。自陶渊明的《桃花源记》开始，“桃花源”在中国人心中已经成为“世外桃源”的代名词，那种与世无争、怡然自乐的生活境界令无数人心生向往。中国人大抵是有隐士情节的，而现代人的生活节奏较快，压力巨大，当人们被这种快节奏的生活逼得无路可退的时候，当人们面临种种诱惑而身心俱疲的时候，当人们整日为烦恼、恩怨、包袱和羁绊所累却无法找到心灵慰藉的时候，则更是容易对那种闲云野鹤、恣意遨游的美妙的田园生活产生憧憬与向往。

2）项目正临虞河景观带，风景宜人，景观资源优越。潍坊市政府自 2005 年开始花数亿打造了虞河景观带，自南向北依次建成九龙问源、虞水帆影、虞河古道、北宫春早、踏雪寻梅等十二个主题景区，形成了珍珠项链式的城市风景带。而本项目正处于最南端的“九龙问源”主题景区的源头，沿河景观带长达近 700 米。周围水、石、树、花、草交相辉映、相得益彰，水景相融，如诗似画、碧水绿妆，多处景色“虽由人作，宛自天开”，非“世外桃源”四字不足以道其妙。

3）“桃文化”在我国源远流长，博大精深。自夸父逐日，“弃其杖，化为邓林（即为桃林）”，继有桃树开始，“桃”在中国文化中承载了太多的含义。中国古代尊称桃树“仙木”，桃则被认为是“仙家之物”，有延年益寿之功效。《诗经 · 桃夭》一文最早对桃花进行了审美意识的描述，并以桃花比喻婚姻爱情之先河。李白“桃花潭水深千尺，不及汪伦送我情”，将友谊比之桃花潭水，成为以桃比喻友谊的千古绝唱。王安石的诗句“千门万户曈曈日，总把新桃换旧符”中的“桃符”逐渐演变为现在的春联。经过历代文人的演绎与挖掘，“桃文化”包含了吉祥、长寿、健康、福禄、富贵、情爱、忠贞等美好的寓意。

4）潍坊市作为“中国蜜桃之乡”，具有良好的历史人文基础。本项目地块以南，相距不过30千米的安丘，自古便以出产俗称“笑桃”“喜桃”的蜜桃闻名，并于1996年被中国特产之乡组委会命为“中国蜜桃之乡”。潍坊市现已形成以石堆、担山、安丘、贾戈四大基地，发展种植安丘蜜桃达6.5万余亩，成为名副其实的“中国蜜桃之乡”。作为潍坊的主要特产之一，桃子在潍坊人心中也具有特殊的情结和历史文化意义，这不仅为本项目的开发提供了一定的人文环境基础，也为社区园林的栽培与后期维护提供了可借鉴的因素。

综合以上各方面因素，将本项目命名为“可林奇 · 桃花源”。

（2）项目主题概念体系与内涵。

项目主题——中国（潍坊）首席“桃文化”主题社区。

中国的“桃文化”博大精深，蕴含着多重含义。在本项目的主题阐释和规划设计中，我们将选择其最具代表性的三大元素进行重点打造。

1）桃花——给爱情一个美好的归宿。人们对于桃的喜爱，首先是源于桃花的。桃花是春天早发的花卉，它粲如锦浪，艳如红霞，装点盎然春意。桃花在人们心中代表了三个最美丽的意象，即女性、爱情和春天。《诗经 · 桃夭》用春水般美妙而明媚的语言，描写了美好而悱恻，单纯而坚定的爱情，赞美了男女婚姻宜室宜家之美好。后世便以“桃夭”比喻婚姻，用桃花形容爱情的美好绚烂。桃花同时也表现了最完美的女性气质：艳丽，妩媚却又飘零。世人常将其与女性相提并论，如崔护的《题都城南庄》，短短四句诗既表现了爱情的朦胧美好又写出了爱情的淡淡忧伤和些许惆怅。于是，后人便将女子得到称心的郎君，或男子得到女子的特别爱恋称为“桃花运”，是为天下熙熙皆有所盼的一种缘分。将“桃花”作为主题概念体系之一，就是要向人们展示生活与爱情的美好，表现生活的美好希望。同时，也是向人们传达一种浪漫的爱情宣言。

2）桃林——莫愁无知己，相知在桃林。孔子是赞扬桃子的，《论语》中有多处提到桃子，并且他还以“桃李不言，下自成蹊”来形容有才之士。而刘备、关羽和张飞三位志士意气相投，选在一个桃花盛开的季节在一个桃花绚烂的园林，举酒结义，对天盟誓，希望共同实现美好理想。其中所表现出的优秀气节——忠、孝、节、义，也是我们中华民族最为崇尚的文化精髓，而“桃园”也逐渐成为友谊与忠贞的象征。作“桃文化”主题概念体系中的重要子系统，“桃林”体系所要表达的正是这样一种理念：因为对居住环境的追求和品位相同，邻居也可以变成知己。

3）寿桃——深藏功与名，悠然享天年。在中国的神话中，桃树是由逐日英雄的手杖幻化而来，这就肯定了桃树的生而不凡，是为人们所认同的“神木”。而在传统观念中，桃始终被作为福寿吉祥的象征。在我国尊老祝寿习俗中，晚辈就以“寿桃”相赠，或画一幅“寿星捧桃”图案以表达祝福和吉祥。当然，这也有一定要求，如画桃要画双不能画单、画的桃越多越象征寿长等。

在中国传统文化中，桃子承载着吉祥、长寿、健康、福禄、富贵等文化内涵。“寿桃”

体系所推崇的是那种“似出复似入，非忙亦非闲”“种杏栽桃拟待花”的生活方式，一方面表现了对人们美好愿望的祝愿，同时也传达给人们一种豁达的生活境界：不求长生不老，但愿健康平安。

（3）项目主题概念支撑。

1）规划设计系统。在项目的整体布局方面，根据项目主题概念体系将整个社区自东向西划分为桃花、桃林、寿桃等三大片区，分别表现爱情、友谊以及健康三大主题。而三大片区之间以及各片区内部都修建较大面积的园林景观，以营造出符合“桃花源”意境的田园式园林景观。在建筑风格方面，则采用现代中式建筑风格，通过中式建筑的典雅与稳重，突出“桃花源”以及“桃文化”的历史厚重感。同时在吸取中式建筑的精华的基础上，对中式建筑中的重要元素如马头墙、山墙、垂花门、游廊等进行改进，使其更加符合现代审美。而社区内建筑物的布局与排列，则错落而又整齐，呈“屋舍俨然”之势，使整个社区形成类似于传统村落形态的具有人情味的丰富的邻里空间。在建筑色彩上则采用尊贵、典雅的暖色调，以求与周围环境相协调，构建一个田园式园林社区。

2）园林景观系统。社区在植物景观的营造上主要以桃花林为主，并利用临河的优势引入虞河之水修建小桥溪水，营造桃林“夹岸数百步”“芳草鲜美”、良田美池、小桥流水人家的“世外桃源”景观。在小区的主入口处设计小桥流水、两岸桃花林的景观，一方面复原了《桃花源记》中的景观，另一方面也表现出曲径通幽、别有洞天之感。同时，小区还根据三大片区不同主题的要求打造出不同主题的园林景观。桃花片区以表现浪漫爱情为主，修建小岛、溪水环绕，岛上遍植桃林，体现出爱情的绚烂多彩；桃林片区园林则以桃林及红叶李为主，其间溪水穿行，临水修亭，并修建“桃园三结义”主题小型雕塑广场；在寿桃片区叠砌假山石洞及一线天，造“桃花流水，福地洞天”之景，同时修建庭宇，造就“偶闻黄发石中语，时有白云衣上生”之意境。另外，在寿桃片区采用中国传统的吉祥符号——蝙蝠，与寿桃交映，体现“福寿双全”之意。

3）人文生活系统。社区内配备三个分别以《桃花源诗》中的诗句命名的文化会所——高举馆、蹑风馆和怡然馆，馆内建设分别面向青年、中年和老年等不同群体的娱乐设施，鼓励大家加强锻炼，健康生活。同时，社区内还建有一座小型的“桃文化”博览园，以展览、视频等不同形式向人们展示“桃文化”的博大精深，并不定期举办相关“桃文化”的主题讲座、知识竞赛、绘画展等。另外，小区内的幼儿园命名为“行歌学堂”，一方面表现了孩子的童真活泼，另一方面也向人们传达“娱乐＋学习”的教育理念，让孩子的童年生活更加丰富多彩。小区内建有桃花街，街上设有便利店、茶馆、酒馆等完整齐全的商业配套，与其他生活设施、园林景观等和谐统一，构成一切悉如外界却又相互独立的“世外桃源”。

4）视觉识别系统。首先，在小区的整体视觉效果方面，小区入口立一巨石，并以隶书书写“可林奇·桃花源”，以突出小区的文化底蕴。小区内的建筑外观也多采用尊贵、典雅的暖色调。其次，小区内的建筑、道路、流水等均以“桃”的各种意象或者历代著名“桃花诗”中的诗句命名，如桃源路、桃花街、悠然亭、高举馆、桃花溪等。另外，小区以桃花作为象征图案，并用抽象或简化的手法，运用多种形式镶刻于小区景墙、大门、廊架、景亭、地面铺装、座凳上。VI设计均体现“桃文化”元素，等等。

5）营销推广系统。首先，在售楼部装修方面，装修风格典雅别致，并在墙上悬挂《桃花源记》和相关桃花、桃子的书法字画以及“桃文化”相关故事，如“桃园三结义”“王母蟠桃会”等的故事简介及连环画。其次，在营销推广活动方面，不定期举办相关“桃文化”主题活动，如“桃园相亲会”“桃花茶品鉴会”“寿星生日会”等。第三，在广告推广方面，以陈思思《梦入桃花源》作为主题推广歌曲，同时做好“桃文化”的推广宣传工作。最后，对售楼部人员进行专业培训，全部人员必须掌握《桃花源记》以及“桃文化”相关知识，能对客户进行熟练解说。

3. 项目总体定位

(1) 战略定位。建议将项目定位为中国（潍坊）首席“桃文化”主题社区，利用地块资源较好（地块大、区位好、景观美）、开发商实力雄厚等有利条件把项目打造成潍坊城市住宅标杆，一个真正反映潍坊人民居住追求的楼盘，建成潍坊唯一的“世外桃源”，为山东可林奇房地产有限公司在潍坊市以至山东省和全国赢得良好的口碑。

(2) 功能定位。可林奇·桃花源在项目功能定位上，是集“独栋别墅、双拼别墅、叠拼别墅、联排别墅、高层观景洋房、风情商业街、星级会所、国学幼儿园、生态停车场、现代中式园林、桃文化博览园”等功能主题，占地面积202亩，总建筑面积约为20万平方米的“桃文化”主题社区。

本项目自东向西分为桃花、桃林、寿桃三大片区。其中，桃花片区的住宅类型主要是小高层，主要满足初婚年轻人或三口之家的居住要求。桃林片区的住宅类型主要是联排别墅及少量的双拼和叠拼别墅，主要满足三世同堂以及经济条件较好的家庭居住。寿桃片区的住宅类型包括双拼别墅、叠拼别墅、联排别墅和独栋别墅，主要针对四世同堂以及具有较高经济能力的家庭。

(3) 形象定位。本项目的形象定位为：可林奇·桃花源，潍坊虞河岸边的世外桃源。

不论是初出茅庐、新婚燕尔的青年人，还是功成名就、妻贤子孝的中年人，又或者是淡泊名利、含饴弄孙的老年人……在这里，任何人都可以找到心中的“桃花源”。清新自然是我们的生活环境，时间缓缓是我们的生活节奏，优雅安逸是我们的生活情调，离尘不离市是我们的生活状态。“桃花源”不只是生活，更是一种境界。

(4) 产品定位。

本项目的产品主要分为三大类型。

1) 桃花片区，以小高层为主、联排别墅为辅。小高层主要以刚需为主，户型面积在90～120平方米之间，主要针对初婚年轻人或者三口之家。少量联排别墅的户型面积在180～250平方米，主要针对三世同堂或经济条件较好家庭。

2) 桃林片区，联排别墅为主，叠拼别墅、双拼别墅和独栋别墅为辅。户型面积在200～280平方米，主要面向三世同堂或者经济条件较好的家庭。

3) 寿桃片区，以叠拼别墅、双拼别墅为主，联排别墅、独栋别墅为辅。户型面积在250～400平方米，主要面向四世同堂或有较高经济能力的家庭。

(5) 项目总体定位。本项目的总体定位为中国（潍坊）首个集人文居住、生态休闲、健康养生于一体的中高端“桃文化”主题社区。

（案例来源：广州万欣房地产代理有限公司）

第12章

房地产投资策划

12.1 房地产投资策划概说

12.1.1 投资策划的含义

投资是一种社会经济活动，是一定经济主体为了获得预期不确定的效益而投入资金用以转化为实物资产或金融资产的行为过程。投资有直接投资与间接投资之分。直接投资是指投资者掌握股权，能够控制投资项目的投资；间接投资则是投资者仅为获得股债息、利息而进行的不控制企业的投资，也就是把资本拿来买债券或进行贷款。房地产投资是指人们为实现某种预定的目标，直接或间接地对房地产的开发、经营所进行的投资活动。

房地产投资策划是指房地产项目在房地产市场调研和预测基础上，以投资效益为中心，从机会选择、项目构思到正式立项等一系列的策划工作，是以获取具体的投资方案为目的的创造性活动。由于房地产项目投资期长，资金占用量大，涉及面广，技术复杂，风险大，投资策划必须按系统的方法，有计划、按步骤地进行。

12.1.2 投资策划的目的

由于房地产项目的不可移动性，使得房地产市场有“十里不同天”或“一步三市”的特点，即使在市场低潮，若开发商能够根据市场走向，结合地段特性，做好、做足项目的投资策划，也会使自己的项目脱颖而出，取得成功。

投资策划的目的是针对房地产项目，从环境、地点、内容、筹资、经济等方面进行具体的分析和研究，使项目沿着正确的轨道发展，避免项目在以后的运作中出现偏差。

12.1.3 投资策划的内容

房地产投资策划的内容有：

(1) 项目投资环境的分析与评价。

(2) 项目投资时机的分析与选择。

(3) 项目投资区位的分析与选择。

(4) 项目投资内容的分析与选择。

(5) 项目投资模式与开发模式的选择。

(6) 项目投资的经济分析与评价。

(7) 房地产投资策划应用案例。

12.2　项目投资环境分析和评价

12.2.1　投资环境

投资环境是围绕投资主体影响或制约投资动机、投资决策行为、效益和投资活动整个过程的各种外部境况和条件的总称。投资环境包括与一定投资活动有关的政治、经济、自然、社会等方面的因素，投资效益的高低一般与人们对投资环境认识的正确程度成正比，在不同的投资环境中，从事投资活动所获得的效益差别很大。概言之，投资环境是一定区域影响投资行为的一切投资条件与投资效益的总和。

构成投资环境系统的各种要素可以根据其不同的功能从不同的角度进行分类。

1. 按照投资环境因素作用范围的大小，可以分为宏观投资环境和微观投资环境

宏观投资环境是指影响总体投资行为的要素系统，通常表示一国或一区域总的投资环境。如一国的政治制度及稳定性、经济的发展水平、经济政策及对外资的态度、法制的健全程度、行政机构的办事效率、消费水平、该国居民的文化素质和传统观念等。微观投资环境是指影响具体投资项目的环境状况，也就是具体项目所选择的建设地点及周围的投资环境，用以从具体条件去考察投资项目在该地投资有利的程度。如投资地点及对投资的态度、当地的交通和通信等基础设施的情况、产业技术水平、当地劳动力素质等。一国或一区域的宏观投资环境良好，不能保证微观投资环境都良好，对某些产业或项目可能存在不利条件。相反，宏观投资环境不良，也不等于微观投资环境都不好，对有些产业或项目却是有利可图的。

2. 按投资环境因素的不同性质，投资环境可以分为硬环境和软环境

硬环境是指投资环境的硬件方面，即与投资活动直接有关的物质条件，主要是指自然地理环境、基础设施等，一般包括地理位置、自然条件、资源条件、基础设施、技术与管理水平、工资水平、原材料的供应和产品销售、交通运输、通讯和信息渠道、资金融通、纳税负担等。软环境是投资环境的软件方面，即对投资活动产生影响的非物质条件，主要包括政治环境、经济环境、文化环境、法律环境等。一般而言，建设或改善投资硬环境需要消耗较多的财力和物力，但也容易在短时间内见效。相比之下，投资软环境却不是一朝一夕就能见效的，有些甚至要付出相当大的努力才能实现。

3. 按照投资环境因素不同的内容，或者说是按投资环境的构成要素，投资环境可分为自然地理环境、经济环境、社会政治环境、法律环境、社会文化环境、基础设施、社会服务环境等几个方面

项目有大小，项目的性质也千差万异，并不是任何投资项目的研究都要涉及上述环境的所有内容。策划师应视项目的具体情况，针对那些确实对项目投资方案、投资效益和投资决策产生影响的环境条件进行分析研究。

对于房地产项目而言，由于其自身所具备的不可移动性，以及投资数额大、投资期限长、影响因素复杂等特征，对投资环境的研究，除了市场、竞争、资源等经济环境外，尤其重视产业政策的分析和研究。如土地供应的优惠政策、税费的优惠政策等；除一般的研究宏观环境条件外，更注重中观、微观环境条件。如城市和地区的经济状况、购买力水平、产业政策、资源条件；建筑地块的基础设施条件、配套设施条件等。

【策划案例：酿造热销“风暴”的三大催化剂】

广州美博城把握了区位、交通的先机，并准确挖掘了市场的空白，酿造了热销“风暴”的三大催化剂：

第一剂——身处专业批发市场云集地。

由于与火车站、飞机场临近，与外省市联系方便，故美博城的战略目标定为“成为锁定全国、面向世界的化妆品行业窗口”。

1. 历史地缘影响大

站西、站南路等地由于贴近广州火车站、省市汽车客运站等，客货运条件较优，目前已成为以服装、鞋类、钟表为主题，辐射全国的专业批发市场集中地，与市内其他地区相比具有历史地缘优势，具有一定的影响力和号召力。美博城所处的位置与站西相距不远，具有做专业市场的与生俱来的认同感和知名度。历史地缘强大的聚集效应，为专业市场的成功经营奠定基础。美博城与附近专业市场的绝对距离见表12-1。

表12-1　美博城与附近专业市场的绝对距离

目　的　地	站西钟表专业市场	站西鞋业专业市场	站西服装专业市场
车行/min	3	5	6
步行/min	13	15	23

2. 硬件配套充足

美博城位于广州火车站——机场高速公路的中间位置，具有一定的交通优势；其周边已有较多的客运、货运场硬件条件，并可依托灵活、多样的交通运输方式，这些区位因素为项目的长期发展提供了较好的交通条件，见表12-2。

表12-2　美博城与附近专业市场的绝对距离

目　的　地	广州火车站	省客运站	市客运站	三元里客运站	广州西站	易发交易市场	羊城联运交易市场
车行/min	6	5	5	2	2	2	0.5
车行/min	20	15	15	10	10	10	3

第二剂——占尽四通八达交通优势。

一个成功的商场有职责为客户提供交通上的方便，特别是对于专业批发性质的商城，交通比地段更为重要。美博城是幸运的，四通八达的运输工具犹如运载财富的巴士，为其带来滚滚商机。

1. 实时交通流向顺畅

内环线、地铁为缓解市内交通压力和提高经济效益发挥重要作用，美博城通过广园西路、环市路迅速与之连接，客流、货流在市内各经济活跃区域穿梭，来去无阻。

（1）内环线：由美博城出发，沿广园西路南行至环市西路即可接上内环线。

（2）地铁：美博城临近地铁二号线“广州火车站”站，快速辐射市内各经济活跃的区域。

2. 在建交通发展迅速

近几年，广州市对道路基础设施建设的投入持续加强，为配合新白云国际机场投入使用，广州北部的高速路、快速路建设率先大规模启动，至今机场高速公路（一期）等高速路已顺利竣工。

美博城位于城市快速路广园西路上，占得城市北部优越交通的先机，与广州各个出入口连接，将来便捷程度将更进一步提高。

3. 外向交通联络多元化

美博城拥有公路、铁路、航空组成的多元化外向交通联络方式，辐射能力极强。未来几年，广州的城市建设仍然以改善市内、市际的交通设施为重点，和美博城关系密切的项目也为数不少，届时交通可达性将不断提高。

第三剂——叫板市场“无底漏洞”。

确定专业市场的经营内容时，细致的市场调研是关键。美博城在立项时，对当前国内的化妆品市场做了精确的分析，使美妆市场的“无底漏洞”浮出了水面，最终一心认定了为填补这个漏洞而奋发。

1. 市场需求扩大

通过对1996年以来全国化妆品市场零售额的统计对比，发现化妆品市场总量连年保持稳定增长。由于我国经济保持稳定发展的趋势，可以预测化妆品市场的需求也受关联而扩大。

2. 行业经济地位提高

（1）全国从事美容行业的人员超过600万；全国在工商登记的美容机构有120万家。

（2）全国的美容消费大概每年有（800～1000）亿元。

（3）全国注册的化妆品企业有3000家。

（4）每年两届在广州举行的美博会规模是世界第二、亚洲第一，参观洽谈人士超过30万人次。

（5）广东美博会每年为广州的交通、餐饮、酒、广告等相关行业带来280亿人民币的收益。

3. 美博会催生

广州每年春秋两届的美容美发化妆品博览会，发展至今已是仅次于法兰克福的美容化妆品行业固定的盛会和节目。但展会形式不可避免的缺点，如时间、场馆有限等，给参会的企业带来诸多不便，也错失了一部分良机，这成为美博会乃至广州美容美发化妆品行业的一大遗憾，急需一个能长期按会展模式运作的多功能行业集中办公区作为美博会的补充。

4. 中高档市场空白

当前，美容美发化妆品专业市场档次较低，基本处于传统的商品集散地，需要建设一个高品位、高档次的展览、交易中心，担起大任，统领整个行业走上正规发展的道路。

12.2.2　项目投资环境要素

房地产投资环境要素分为自然环境要素、经济环境要素、行政环境要素和社会文化环境要素等四大基础要素，每一大类基础要素之下又有影响权重大小不一的要素和子要素，以下分别做出分析说明。

1. 自然环境要素构成与影响分析

（1）基础设施状况。这是构成投资物质技术环境的一个极重要的方面。主要包括能源、交通、邮电通讯三个方面。能源设施包括煤、电、水、气、燃料等的供应设施；交通设施包括了水、陆、空三个方面的交通运输条件；邮电通讯设施是指邮政、电报、电话、卫星等方面的通讯服务设施。基础设施的好坏对投资者具有很大的作用，因为这些服务设施对投资项目的顺利运行关系很大。良好的基础设施有利于提高工作效率，降低成本，增加项目的盈利；落后的基础设施则有与此相反的结果。

（2）区位交通条件。含公路、铁路、水运、航空、轨道交通等方面状况，对于城市内的不同区域而言，交通条件的改善能够增加客流量，缩短与市中心的相对距离，减少经济与生活活动成本，提高区位的繁荣程度和区位效益。对于不同城市或地区而言，交通条件的改善可以促进城市或地区的外界交流和联系，扩大城市或地区的外界影响力和经济辐射范围，从而在更大的层面上促进内部的经济繁荣和消费水平提高。区位交通条件在房地产投资环境评估中，与基础设施状况一样，也是一项相当重要的投资环境要素。

（3）环境状况。主要指环境质量及绿化两个方面，环境质量又包括大气质量、水质量、噪声污染、废渣处理状况等，绿化方面的主要指标即绿地覆盖率。当今世界日益追求生存质量，保护环境、优化人居环境成为共识，房地开发投资中也是日益注重绿化，将环境绿化作为重要的卖点。2010 年广州《南方日报》的“南方楼市”所做的广州十大明星楼盘评选中，入选明星楼盘的位置都不一定优越，但普遍具有优美的生态环境，这就给我们一个启示，时代发展到今天，环境质量已是影响人类发展的主要指标之一，环境状况的重要性会越来越高。

（4）土地状况。土地是一种兼有资源和资产双重属性的生产要素。如果评价房地产个体项目，土地状况即指项目地块的面积、形状、地质、地势等，这里我们要评价的对象是针对城市或城市内不同区域，属于宏观区位层次，土地状况即指城市或区域的地形状况及可供土地面积的大小。

2. 经济环境要素构成与影响分析

（1）物价。物价总水平有一定上涨或者说有一定的通货膨胀对于房地产投资是有益的，房地产具有保值增值性质。通货膨胀会带动房地产的投资需求，从而带动房地产价格以比物价上涨更快的速度上扬。现实发生的通货膨胀，一般是较均衡的通货膨胀，只要物价上涨率不过分高，不发生恶性膨胀和经济动荡。一定的物价上涨对于房地产投资而言是较有利的。鉴于国内各城市各区域物价的联动性，各城市各区域之间的物价上涨差异微乎其微，一般做房地产区域投资环境评价比较时，也可将此因素忽略。

（2）地价。地价是房地产价格构成中的重要部分，由于土地供给的稀缺性，土地价格从长期来看是上涨的，政府土地出让一般有协议出让、招标出让和拍卖出让三种，以前国内还是以协议出让为主，导致出现不少暗箱操作和不公正竞争，转手牟利情况较多，也还未形成透明规范的地价系统。从 2004 年开始，政府出让土地一律进行挂牌出让，土地资源的分配才趋于公平。总体而言，各城市的地价因为土地供给和土地需求的不同情况而会有差别，从而对于房地产价格成本产生影响。

（3）居民收入水平。房地产投资涉及的资金量较大，许多居民一生也许只有一次购房经历。居民收入水平实际反映了居民购买力大小，它与房地产投资效益之间具有正相关关系。尤其在中国这样一个发展中国家，居民人均可支配收入很低，房地产的消费水平一时难以大幅提高，潜在需求难以转化为现实的有效需求。2013 年我国商品住宅房价收入比为 7:3，接近 6 ~ 7 的合理区间，但仍略偏高。房价收入比最高的五个地区是北京、海南、上海、浙江、福建，均超过 9。最高的北京达 14.5，相差如此悬殊，使广大工薪阶层无力问津商品房。

考察国内各大、中城市的房地产市场，凡是居民收入水平较高的城市，市场销售一般较为活跃，房价水平也较高，可见居民收入水平是一个极其重要的投资因素，应给予重点关注。在房地产的投资环境分析中，对于这一要素应尽量收集到量化的统计指标，如人均可支配收入等，纳入综合评价计算。

（4）利率与银行按揭状况。当利率上升时，房地产开发商和经营者的资金成本会增加，消费者购买欲望会降低，因此，整个房地产市场将形成一方面生产成本增加；另一方面市场需求降低。这无疑给投资者和经营者带来损失。银行利率的高低和银行住房按揭的支持状况直接决定了居民真实的资金购买力，银行利率调低可以刺激需求，对于房地产投资是有利的。

（5）经济增长水平。经济增长迅速，表示国民所得提高，居民购买力增强，有利于物业价格提升和房地产投资。地区与城市之间具体情况不同，经济增长快慢不一，从而使房地产消费潜力有强有弱。经济增长率也是一项比较重要的经济环境指标。

（6）房地产开发供应状况。房地产开发供应状况实际上反映了房地产供应总量是否适度以及房地产业的竞争程度，严重供过于求的城市或区域房地产市场对于投资来说显然是不利的，有时还起到决定性的主导作用。例如海南的房地产积压问题就是如此，由于投资过热，占全国人口千分之六的海南岛积压商品房面积却占到全国的 10%，造成大量土地闲置，银行资金积压达 400 多亿元，扰乱了正常的经济秩序，给地区经济的发展造成了不应有的损失。

房地产市场的价格也是受供求关系决定的，供求关系的周期性变化，会使房地产市场价格随之波动变化。房地产开发供应状况也是一项极其重要的投资环境要素，实际的投资环境评价之中，应该充分收集资料，尽量采用房地产空置率或房地产施工、竣工面积增加率等定量指标，实事求是地评价城市区域房地产市场的竞争状态和竞争程度。空置商品房通常是指商品房竣工后 18 个月还未售出而积压的房屋。商品房空置面积与近三年的商品房可供应量（即房屋竣工面积）之比形成商品房空置率。国外一般认为，较合理的商品房空置率应在 5% ~ 8% 之间，国家统计局提出目前我国商品房空置率应控制在 10% 以内的标准，这比较适合我国当前国情。

3. 行政环境要素构成影响分析

（1）政治稳定性与战争风险。政局动荡与战争风险对于房地产的影响很明显，一旦发生就会导致房地产价格暴跌。目前一般区域投资比较，特别是国内区域之间投资比较时，这一点可以不予以考虑。

（2）房地产政策与政府办事效率。各地各政府对于房地产都有专门的行业主管部门，每年都要核查房地产企业资质，制定并维护地方管理政策。房地产开发所涉及立项审批、土地转让、报建等手续相当复杂，办理各项手续往往费时费力，政府办事效率也是投资决策时必须考虑的一层因素。

（3）税费水平。房地产业牵涉到的政府税费名目繁多，数额较大的有城市基础设施配套费、垃圾处理费、人防费、营业税、土地增值税、交易契税、规划管理费、质监招标费、抗震审查费等，各地根据自身实际对于房地产税负水平不一，特别是许多税费减免政策灵活性很大，尺度不一，政府在管理上需要改进完善。这样，房地产业投资决策与区域选择必须考虑区域真实的税负水平，其中交易契税收取水平对于房地产二、三级市场都有较大的作用，各地的差别也较大，应予重点关注。

4. 社会文化环境要素构成影响分析

（1）区域人口数量。区域人口数量与区域房地产价格之间关系密切。在人口数量因素中，反映人口数量的相对指标是人口密度。人口密度从两方面影响房地产价格，一方面，人口密度的提高，有可能刺激商业、服务业等产业的发展，提高房地产价格；另一方面，人口密度过高会造成生活环境恶化，又有可能降低房地产价格。所以人口密度的提高只要没有影响到生活环境质量，对于房地产投资环境是有益的。

（2）区域人口素质。人类社会随着文明的发展、文化的进步，一些公共设施必然日益完善；同时居住空间也必然力求宽敞舒适，凡此种种都能增加对房地产的需求。相反，如果区域中居民素质低、组成复杂，人们多不愿就居，房地产价格也会低落。

（3）家庭人口。这里所说的家庭人口是指社会或某一区域家庭平均人口数。一般而言，随着每个家庭人口平均数的下降，即家庭小型化的趋势，区域房地产价格会呈现上涨趋势，房地产的整体投资环境也会改善。

（4）消费文化与价值观念。东方人都普遍较西方人更加关注房地产投资，其中可能不乏人口因素，但消费文化和价值观念不同可能是主要原因所在。即使在同一民族的不同地区，由于区域气候和地理条件的不同，也会导致日积月累的文化差异，从而产生不同类型的文化和价值观念。譬如像深圳这样一个年轻化的沿海城市，与西安、北京这样的历史名城相比较，购房观念可能有很大差别。研究消费文化和价值观念上的这种差别，对于房地产投资的区域选择，甚至具体的房地产内部功能设计都有所裨益的。

5. 房地产业投资环境评价要素

综上所述，可建立房地产投资环境评价要素系统，其中在社会政治环境、文化环境、法律环境、自然环境、基础设施、经济环境等六个基础要素之下有 23 个投资环境要素，在投资环境要素之下，又有若干投资环境子要素，子要素尽量使用量化指标，具体如图 12-1 所示。

12.2.3 项目投资环境要素评价

投资环境评价方法研究是投资环境研究中极为活跃的领域，目前较常见的方法大约有 10 余种，它们是冷热比较分析法、等级尺度法、多因素和关键因素评价法、多因素加权平均法、抽样评估法、投资障碍分析法、体制评估法、国家风险评级法、准数分析法、主成分分析法、聚类分析法、综合分析法等。选择和确定合理的评价方法是非常重要的，在此运用需要结合房地产业的具体特点，对于这些分析评价方法既继承又扬弃，才能真正符合理论发展和实践的需要。

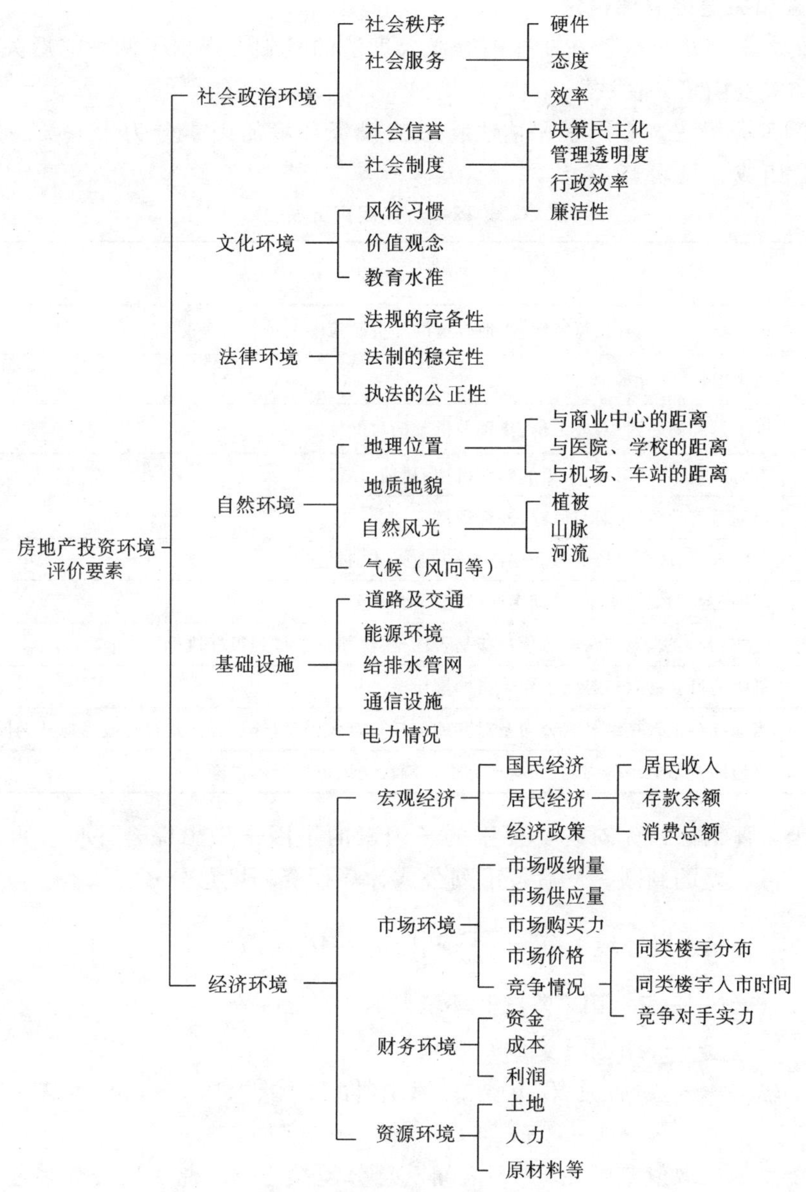

图 12-1 投资环境评价要素

科学合理的投资环境评价方法却是遵守投资环境评价原则的，如主观与客观相结合的原则、全面与重点相结合的原则、静态与动态相结合的原则、绝对与相对相结合的原则以及定性与定量相结合的原则等，房地产业投资环境评价也不例外。投资环境评价方法中，有些方法偏重定性，有些则偏重定量，但所有评价方法必须是将定性与定量有相结合，两者缺一不可。

为了使评价方法易于接受和推广，并考虑到房地产业的具体特点，现选择多因素和关键因素评价法、准数分析法和参数分析法三种方法作为房地产投资环境评价的三种可用方法。

1. 多因素和关键因素评价法

香港中文大学闵建蜀教授在斯托伯等级尺度法的基础上提出了两种前后关联又有一定区别的多因素和关键因素评估法。

（1）多因素分析法。多因素评估法将影响投资环境的因素分为十一类，每一类因素又由一组子因素组成，见表 12-3。

表 12-3　多因素分析

影响因素	子因素	权数
政治环境	政治稳定性；国有化可能性；当地政府的外资政策	0.15
经济环境	经济增长；物价水平	0.10
财务环境	资本与利润外调；对外汇价；集资与借款的可能性	0.15
市场环境	市场规模；分销网点；营销的辅助机构；地理位置	0.10
基础设施	国际通信设备；交通与运输；外部经济	0.15
技术条件	科技水平；适合工资的劳动生产力；专业人才的供应	0.05
辅助工业	辅助工业的发展水平；辅助工业的配套情况等	0.10
法律制度与执行	商法、劳工法、专利法等各项法律是否健全；法律是否得到很好执行	0.10
行政机构效率	机构的设备；办事程度；工作人员的素质等	0.05
文化环境	当地社会是否接纳外资公司及对其的信任与合作程度；外资公司是否适应当地社会风俗等	0.05
竞争环境	当地的竞争对手的强弱；同类产品进口额在当地市场所占份额	0.05

根据多因素评估法，先对各类要素的子因素的子因子做出综合评价，再对各因素做出优、良、中、可、差的判断，然后按下列公式计算投资环境总分：

$$\text{投资环境总分} = \sum_{i=1}^{11} W_i(5a_i + 4b_i + 3c_i + 2d_i + e_i)$$

式中　i——表示第 i 类投资环境要素；

W_i——表示第 i 类因素权重；

a_i、b_i、c_i、d_i、e_i——分别是第 i 类因素评价为优、良、中、可、差的百分比（且 $a_i + b_i + c_i + e_i = 1$，$i = 1, \cdots, 11$）。

投资环境总分的取值范围在 1～5 之间，总分越接近 5，说明投资环境越好；相反越接近 1，说明投资环境越差。

（2）关键因素评估法。上述多因素评估法只是对某一地区投资环境作一般性的评价，尚未涉及到各类不同投资动机对环境的具体要求。因而与多因素评估法不同，闵氏关键因素评估是从具体投资动机出发，从影响投资环境的一般因素中，找出影响具体项目投资动机实现的关键因素，依据这些因素，对某一地区投资环境做出评价，仍采用上述公式计算总分再进行比较评价。

闵氏根据不同的动机归纳出影响投资环境的关键因素为六类，并逐一进行了分解，见表 12-4。

关键因素评估法从影响投资环境的一般因素中，找出影响具体项目投资目标实现的关键性因素，然后依据这些因素对投资环境进行综合评价。多因素评价是关键因素评价的基础，关键因素评价是多因素评价工作的深化，二者结合起来评价效果更为理想。

表 12-4　影响投资环境的关键因素分解

投资动机	影响投资环境的关键因素
降低成本	适合当地工资水平的劳动生产；土地费用；原料及元件价格；运输成本
发展当地市场	市场规模；营销辅助机构；文化环境；地理位置；运输条件；通信条件
获得元件和原料的供应	资源；当地货币汇率的变化；当地的通货膨胀率；运输条件
风险分散	政治稳定性；国有化可能性；倾向汇率；通货膨胀率
追随竞争者	市场规模；地理位置；营销的辅助机构；法律制度等
获得当地的生产技术和管理技术	科技发展水平；劳动生产率

对于房地产投资项目而言，投资动机没有闵氏所列的那么复杂，但是需要考虑的因素远远不止表中所列的那几种。根据各类房地产投资需重点考虑的环境因素再按权重分为五类。对我国开发建设的普通住宅投资项目其环境评价因素可分为五类。

(1) 最重要因素：居民收入水平。权重系数 $W_i=0.2$。住宅购买涉及金额巨大，因而居民收入水平是影响住房消费最重要的因素。没有一定的家庭收入和家庭积累支持，住房消费不过是一句空话。所以居民收入水平成为房地产投资环境评价的最重要因素。

(2) 很重要因素：房地产开发供应状况。权重系数 $W_i=0.15$。了解一个区域或城市的某一片区的房地产开发供应状况的目的在于掌握市场现状和发展潜力。

(3) 重要因素：基础设施状况、区位交通条件、环境状况、税费水平权重系数 $W_i=0.1$。良好的基础设施有利于提高工作效率，降低成本，增加项目产出和盈利；区位交通条件关系到产品的价格、产品定位类型、区域商业繁荣程度等，因此区位交通条件成为房地产投资评价的一个重要因素；各区域由于其条件不同，使得上述各因素在消费者选择时构成了区域环境偏好；在投资考察时必须把各种税费所带来的成本因素考虑进去的。

(4) 较为重要因素：经济增长水平。$W_i=0.05$。一方面，国民经济的增长会扩大对不同类型的房地产的需求；另一方面又从资金、物质和技术上为房地产业的发展创造了条件，而房地产市场的活跃又带动相关产业的发展，进一步促进了国民经济的发展。经济增长水平高的区域，人均收入高，房地产市场有效需求水平就高。

(5) 略微重要因素：土地状况、地价、房地产政策、区域人口数量、区域人口素质、家庭人口数，消费文化与观念。权重系数 $W_i=0.025$。第五类因素对房地产投资会产生一定的影响，但其影响重要程度不如前四类因素那么高，因此权重系数取为 0.025。

在上述各投资环境要素在房地产投资环境评价中的不同重要程度给予不同权重的基础上，分析各要素的子要素的不同影响性给予不同的权重。例如区位交通条件要素中，其子要素分别是公路、铁路、航空、水陆。由于公路子要素对区位交通条件影响最大，给予其权重系数 $W_i=0.5$。铁路、航空次之，分别给予其权重系数 $W_i=0.2$。水陆子要素影响最小，取权重系数 $W_i=0.1$。

当然在给予各投资环境要素和子要素的权重系数大小时带有主观性。这与不同的投资主体看待不同要素和子要素的影响重要程度有关，同时也受到对以上各因素和子因素影响大小的掌握程度有关。

各投资环境要素、子要素及相关权重，见表12-5。

表12-5　各投资环境要素、子要素及相关权重

投资环境要素	子要素及权重	要素权重
基础设施状况	交通设施(0.5)、能源设施(0.3)、通信设施(0.2)	0.1
区位交通条件	公路(0.5)、铁路(0.2)、航空(0.2)、水运(0.1)	0.1
环境状况	环境质量(0.6)、绿化水平(0.4)	0.1
土地状况	土地面积大小(0.5)、地质状况(0.5)	0.025
房地产开发供应状况	房地空置率(1)	0.15
地价	地价水平(1)	0.025
居民收入水平	居民年人均收入(1)	0.2
经济增长水平	经济增长率(1)	0.05
房地产政策	土地政策(0.5)、房地产综合政策(0.5)	0.025
政府办事效率	政府办事效率(1)	0.025
税费水平	契税(0.4)、城市基础设施配套费(0.3)、其他(0.3)	0.1
区域人口数量	区域人口密度(1)	0.025
区域人口素质	区域人口素质(1)	0.025
家庭人口数	家庭平均人口数(1)	0.025
消费文化与观念	消费文化与观念(1)	0.025

【策划应用：用多因素评估法对湖北省投资环境进行分析与评价】

1. 湖北省投资环境分析

（1）经济环境。

1）经济增长水平。湖北省经济较发达，经济连续多年高速发展。2013年地区生产总值达到24668.5亿元，增幅高于全国2.4%。规模以上工业增加值过1万亿元，达到11159.7亿元；社会消费品零售总额过1万亿元，达到10465.9亿元；全社会固定资产投资总额过2万亿元，达到20753.91亿元；地方公共财政预算收入过2000亿元，达到2190亿元；出口总额首次突破200亿美元大关，达到228.4亿美元。

2）物价水平。就全国比较，湖北整体物价水平偏低，2013年湖北省八大类商品价格“七涨一降”。湖北省居民消费价格同比上涨2.8%，其中食品价格上涨4.9%，占全部涨价因素的57.1%；非食品价格上涨1.8%，其中居住价格上涨3.1%，衣着价格上涨2.2%，医疗保健价格上涨2.1%，家庭设备用品价格上涨1.9%，娱乐教育文化用品价格上涨1.5%，烟酒价格上涨0.5%；只有交通通信价格下降，降幅为0.6%。

3）固定资产投资水平。湖北省固定资产投资水平不高，但增速较快。2013年全社会固定资产投资达到21775.5亿元，比上年增长25.8%。城镇固定资产投资7856.7亿元，增长30.8%。分产业看，第一产业投资250.9亿元，增长9.0%；第二产业投资5046.2亿元，增长38.1%，工业投资5002.1亿元，增长37.6%；第三产业投资3478.5亿元，增长26.1%。分投资主体看，国有经济投资2178.6亿元，增长24.1%；非国有投资6596.9亿元，增长35.0%，其中民间投资6134.4亿元，增长40.7%。

（2）市场环境。

1）市场规模。湖北省消费品市场蓬勃发展，比较繁荣。2013年，湖北省社会消费品零售总额首次突破万亿大关，达到10465.94亿元，累计同比增速为13.8%。

2）地理位置。湖北省位于中国的中部，长江中游洞庭湖以北故称湖北，简称鄂。北接河南省，东连安徽省，东南和南邻江西、湖南两省，西靠重庆市，西北与陕西省为邻。濒临中国改革开放的前沿，为长江三角洲经济带腹地，易于接受发达地区的产业梯度转移，做沿海发达地区产业梯度转移的“接力手”，从而大大节省转移成本。

（3）基础设施。

1）交通运输。湖北省交通运输能力稳步提高。2013年全省铁路、公路、水运完成旅客运输量76446.8万人，增长8.4%；完成货物运输量100324.9万吨，增长17.2%。全省机场旅客吞吐量561.7万人，增长18.8%，其中武汉天河机场旅客吞吐量474.9万人，增长20.6%。湖北省民用航空运输发展迅速，已形成了一个以武汉天河机场为轴心，以宜昌三峡、襄阳刘集、恩施许家坪连接全国和世界各地的航空运输网。

2）邮电通信。湖北省邮电通信能力不断提高。据统计，2013年全省完成邮电业务总量684.1亿元，比上年增长9.6%。其中邮政业务量24.1亿元，下降22.6%；电信业务量660亿元，增长11.3%。年末固定电话用户709.6万户。全年新增移动电话用户264.0万户，年末达到1811.3万户。年末互联网用户数达256.1万户，增长4.1%。

（4）技术条件。

1）科技水平。湖北省科技投入逐年增长，总体研发能力取得进一步提升。2013年，湖北省研发支出34.8亿元，增长20.6%，占GDP的0.75%，比上年提高0.04%。湖北省已经形成了以航空航天、新材料、生物医药、医疗器械、光机电一体化为支柱产业，以武汉市高新技术产业开发区为龙头的高新技术产业发展格局。

2）教育水平。湖北省教育水平较发达，高校数量位于各省份前列。目前高等院校已发展到85所，在校大学生和研究生总数已达到118.33万人，占全国在校大学生和研究生总数2473.1万人的4.78%，在全国名列第一，也位居全球大城市中第一名。

（5）辅助工业。

1）工业发展水平。湖北省工业比较发达，建立起了相对完善的现代化工业体系，工业产业特色鲜明。近几年，湖北省大力实施以新型工业化为核心的发展战略，汽车航空及精密制造、特色冶金和金属制品、中成药和生物制药、电子信息和现代家电产业、食品工业、精细化工及新型建材六大支柱产业有了较好的基础；光电、高精铜材、优特钢材、特种车船、精密机械、生物医药、特色化工、绿色食品、度假旅游、新型服务等产业呈现了良好的发展势头。

2）工业园区建设情况。湖北省确立了以工业化为核心，依托工业园区办工业的发展思路，各地掀起了依托园区办工业的高潮，目前全省工业园区的数量为79个。到2013年底，全省入园投产工业企业达9319家，安置从业人员1126.4万人，园区完成工业增加值19239.8亿元，增长39.8%。

（6）政策法规环境。为了鼓励投资，湖北省政府积极推动招商引资政策环境建设，并且出台了一系列有利于投资的优惠政策法规，具体内容如下。

1）在湖北省高新技术产业开发区内的投资高新技术企业，按15%的税率征收企业所得税。

2）在湖北省范围内设立的经营期在十年以上的生产性投资企业，从开始获利年度起，前二年免缴企业所得税，第三年至第五年减半缴纳企业所得税。

3）属国家鼓励类投资企业，在现行优惠政策期满后3年内，减15%的税率征收所得税。

4）企业技术开发费比上年增长10%以上的，经税务机关批准，按技术开发费实际发生额的50%抵扣当年度的应纳税所得额。

5）凡税法及其实施细则和国家统一规定免征企业所得税的，地方所得税同时给予免征，减征企业所得税的，地方所得税同时给予相同幅度的减征。

6）先进技术企业，经营期在十年以上的，从开始获利年度起，第一年至第五年免征地方所得税，第六年至第十年减半征收地方所得税。

7）凡当年企业出口产品产值达到当年企业产品产值70%以上的，免征地方所得税。

8）能源、交通、港口码头、科技开发企业，经营期在十年以上的，从获利年度起，第一年至第五年免征地方所得税，第六年至第十年减半征收地方所得税。

9）投资企业土地使用年限和企业经营权的最高年限为：商业、旅游、娱乐业用地四十年；工业用地或教育、科研、文化、卫生以及农业开发性项目五十年；居住用地七十年。

（7）自然环境。

1）矿产资源。湖北省矿产资源丰富，是我国主要的有色、稀有、稀土矿产基地之一，也是我国矿产资源配套程度较高的省份之一。在目前我国已知的150多种矿产中，湖北省已发现各类固体矿产资源147多种，其中探明工业储量的92种；矿产地800余处，其中大型矿床90余处，中型矿床120余处。在探明的92种矿产储量中，居全国前五位的有37种。

2）水资源和水力资源。湖北省水资源丰富，水质好，淡水面积16.1亿平方米，占全国的9.3%，居全国第四位。丰富的水资源为湖北一大潜在优势，全省平均年降水量1180毫米，相应平均每年降水总量约2193亿立方米。河川多年平均径流总量1385亿立方米（据全国水资源调查评价统一规定计算），折合平均径流深828毫米，径流总量居全国第三位，按人口平均居全国第五位。

（8）总结。综上所述，湖北省投资环境有以下七个方面显著特点：第一，经济基本面整体运行态势趋好，综合实力逐年增强；第二，市场投资环境持续改进之中，中部区位优势明显；第三，交通、通信建设迅猛加速，基础设施显著完善；第四，技术水平提高快，已形成一批集聚度和技术含量双高的高新技术产业；第五，工业体系得到整体完善，工业园区建设发展迅速；第六，湖北省政府招商引资战略思路明晰，正积极优化良好的政策环境；第七，继续保持优良的自然资源，湖北省投资环境的王牌仍旧是生态资源。

2. 湖北省投资环境评价

（1）评价因素的选取。运用闵氏多因素法对湖北省的投资环境进行分析。闵氏多因素评价法把影响投资环境的因素分成十一个大类，每一大类因素由一组子因素组成。本次暂取其中的七大因素进行分析，具体分析见表12-6。

表 12-6 闵氏多因素评价法之主因素与子因素组成

主因素	子因素
经济环境	经济增长水平、物价水平、固定资产投资水平
市场环境	市场规模、地理位置
基础设施	交通运输、邮电通信
技术条件	科技水平、教育水平
辅助工业	工业发展水平、工业园区建设情况
政策法规	企业所得税、关税、营业税
自然环境	矿产资源、水资源、水力资源

闵氏多因素评价法就是先对各类因素的子因素做出综合评价，再对各主因素做出优、良、中、可、差的评价，最后按下列公式计算投资环境分值：

$$\text{环境投资总分} = \sum_{i=1}^{7} W_i(5a_i + 4b_i + 3c_i + 2d_i + e_i)$$

其中，W_i——第 i 类因素的权重，a_i，b_i，c_i，d_i，e_i——第 i 类因素被评为优、良、中、可、差的百分比。投资环境总分值的取值范围在 11 ~ 55 分之间，分值越高，投资环境越佳。

(2) 数据处理。通过对湖北投资环境总体分析，并结合我们对各类子因素做出综合评价，本调查小组成员（计 16 人）对各因素做出了优、良、中、可、差的五种类型判断。判断结果见表 12-7。

表 12-7 湖北投资环境多因素评估汇总表

因素＼评价	优 5	良 4	中 3	可 2	差 1
经济环境 2	—	2	4	8	2
市场环境 2	—	2	4	6	4
基础设施 1.5	—	2	8	4	2
技术条件 1	—	2	6	6	2
辅助工业 1.5	—	4	6	4	2
政策法规 1	—	4	8	4	—
自然环境 1	6	6	4	—	—

依据闵氏多因素评价法的公式计算湖北投资环境总分，可得：

湖北投资环境总分 $=2\times(4\times2+3\times4+2\times8+1\times2)/16+2\times(4\times2+3\times4+2\times6+1\times4)/16+1.5\times(4\times2+3\times8+2\times4+1\times2)/16+1\times(4\times2+3\times6+2\times6+1\times2)/16+1.5\times(4\times4+3\times6+2\times4+1\times2)/16+1\times(4\times4+3\times8+2\times4)/16+1\times(5\times6+4\times6+3\times4)/16=27.06$ 分

(3) 结论。根据闵氏多因素评价法，投资环境总分高的就是最具有投资价值的，其取值范围一般在 11 ~ 55 分之间。

根据计算，湖北投资环境尚处于全国中等偏下之水平，这与湖北省投资环境在全国实际地位基本相符。其中，经济环境评价为“可”，市场环境评价居于“中”“可”之间，基础设施评价为“中”，技术条件评价居于“中”“可”之间，辅助工业评价为“中”，政策法规评价为“中”，自然环境评价为“良”。

说明：

1. 调查人数有限，且不能保证所有问卷的真实性，做出的结论自然有些偏差。

2. 各类因素做出优、良、中、可、差的判断，是我们结合本文第一部分的投资分析和主观臆断给出的，尚带有比较重的主观因素判断。

2. 准数分析法

这种方法由林应桐提出。他将投资环境因素分为八类，每一类因子又分为许多子因素。评价时，首先对子因素进行类似多因素评估法的加权评分，得到该类因子的总分。其次根据各类因子的有机联系特征，在经济分析的基础上提出投资环境准数的数群概念并加以计算，其公式为：

$$\text{准数}\ N = KB/ST(P+L+M+F)+X_0$$

X_0 表示其他机会因素，可正可负，对 N 值起修正作用。其他指标表示有关因素见表 12-8。N 越大，投资环境越好。

这种方法同多因素评估法的区别是在得出各因素的评分之后，没有将各因子分数简单相加，而是根据要素的内在联系予以总和，在要素选择和方法上均有可取之处。见表 12-8：

表 12-8　准数分析法要素及内涵

项目要素代号	内　　涵	评分/分
1. 投资环境激励系数 K	政治经济稳定；资本汇出自由；投资外交完善度；优惠政策；对外兴趣度；币值稳定	0～10
2. 城市规划完善因子 P	有整体经济发展战略；利用外资长、中期计划；总体布局配套性	0～1
3. 税利因子 S	税收标准；合理收费；金融市场	0.5～2
4. 劳动生产率因子 L	人工劳动素质与文化素养；社会平均文化素质；技术工人数量	0～1
5. 地区基础因子 B	基础设施、交通电信；工业用地；制造业基础；科技水平；外汇资金充裕数；自然条件；第三产业水平	2～10
6. 效率因子 T	政府机构管理科学化程度；有无完善的涉外服务体系；咨询体系；管理手续简化程度；信息资料提供系统；配套服务系统；生活环境	0.5～2
7. 市场因子 M	市场规模；产品市场占有率；进出口限制；人、财、物供需市场开放度	0～2
8. 管理权因子 F	开放城市管理权范围；三资企业外资股权限额；三资企业经营自主权程度	0～2

3. 参数分析法

参数分析法又叫综合评价指标（参数）体系法、相似度法。这种方法以若干特定的指标为统一尺度，运用模糊综合评判原理，确定评价标准值（参数集或指标体系），得出被评价地区在诸指标上与标准值的相似度，据此评判该地区的投资环境质量。这种方法是国内郭文卿等人提出的，在经过广泛的详细考察不同种类的投资与不同层次的投资环境因素之间的关系后，郭文卿等提出了评价投资环境的 10 个参数。

（1）投资获利率（H）。指一定时期内所获得的利润额（P）与投资额（T）之间的比率，即 $H=P/T$。对盈利性投资而言，这是评价投资环境优劣程度的主要参数。把相等数量的投资用于不同地区，获利越多的地区其投资环境越好。

(2) 投资乘数 (C)。指盈利增量 (ΔP) 与投资增量 (ΔT) 之间的比率，即 $C=\Delta P/\Delta T$。这一参数主要反映在现有投资之外追加投资所带来的经济效益。投资乘数越大，投资环境越好。

(3) 边际耗费倾向 (B)。指耗费增加额与获益增加额之间的比率。如获益从 40 万元上升到 50 万元，而耗费额则从 30 万元上升到 35 万元，表明获益 10 万元需耗费 5 万元，即边际耗费倾向为 0.5。在确定生产性投资流向时，投资环境中的边际耗费货币高低必须予以考虑和计算。

(4) 投资饱和度 (D)。指在一定条件下，某一投资领域已投入的资金额与该领域投资容量的比值。当该值等于或大于 1 时，称为投资饱和，投资应中止。在该值小于 1 时，可考虑继续投资。这一参数主要从市场容量方面反映投资环境状况。

(5) 基础设施适应度 (J)。指某地区的交通运输、能源、水源、通信等基础设施对拟投资项目的适度程度。

$$J=(k_1a_1+k_2a_2+\cdots+k_na_n)/n$$

式中，n 表示基础设施种类；a_1，a_2，…，a_n 表示各项基础设施与 1（假定每项基础设施完全适应拟建项目需要时 $J=1$）对比的适应程度；k_1，k_2，…，k_n 表示各项基础设施的权数，根据拟建项目的具体需要而定。

(6) 投资风险度 (F)。指人们对投资活动可能遇到的风险大小的评估。这个参数随机性很强而且摄取难度较大，一般应根据投资的内容与投资环境之间的关系选用合适的评价方法。

(7) 有效需求率 (Y)。指社会平均利润或利息与产品销售收入减去要素成本再减去使用者成本的比值，可用下式表示：

$$Y=（社会平均利润或利息）/（产品销售收入-要素成本-使用者成本）$$

式中，要素成本是投资者支付在土地、劳动力、固定资产等生产要素上的费用，使用者成本是其支付在原料等流动资金占用上的费用、从产品销售收入中扣除这两种成本后的剩余部分就是利润。

(8) 国民消费水平 (G)。指一定区域内居民储蓄总额与当地国民收入总额的比值。该参数用来反映区域内居民生活消费水平，其结果对不同类型的投资具有不同的意义。

(9) 资源增值率 (Z)。指某种资源加工后产品价值总额与该资源开发的最初价值总额之间的比率。该参数用来反映开发一定地区的某种资源能带来的盈利大小。资源增值率高，表明当地生产技术与经营管理水平高或交通运输等基础设施条件良好，有利于资源深加工，从一个侧面反映出投资环境状况的良好。

(10) 优化商品率 (S)。指一定地区的名优商品总数与全部商品总数的比率。该参数可以初步反映地区生产力发展水平、科技力量的强弱和产品竞争能力的大小，也可间接反映投资环境的适应性。在优化商品率高的环境里投资，只有生产出新颖、价廉、质优的产品，才能与当地名牌产品抗衡，取得较好的经济效益。

以上 10 个指标，基本上可以较全面地反映一个地区投资环境的状况，但由于这 10 个指标在同一地区的适宜度并不相同，因而对 10 个指标要进行综合评价。在评价时先计算出各指标的数值，然后选择世界上公认投资环境好的地区的同类指标计算相似度，二者越相似，则表示投资环境越好，反之则越差。

12.3 项目投资时机分析和选择

12.3.1 投资时机

房地产开发项目，无论是一栋楼宇，一个组团，一个小区，一个居住区，开发成功与否，投资时机的分析和选择是重要的因素之一。所谓投资时机，也就是投资的时间和机会。时间确定了投资的时点，机会确定了投资的方向，两者相辅相成，构成了投资的两个方面。时机对所有的人来说，都是平等的，就看你如何把握。时机，一旦失去很难回来，抓住了时机，也就抓住了成功的一半。

在房地产开发中，谁抓住时机，谁就主动。时机，看起来是虚的，而实际上却是实的，抓住了就是实的。时机是客观存在的，但更需要我们主观去努力。

时机可分为两种。

1. 客观时机

房地产业作为朝阳产业，是大有希望的。住宅是人们生活的永恒主题，尤其在我国，远远不能满足人们的需要。作为不动产，其本身还有一个寿命问题，也就是一过年限，就需要考虑翻建、重建。作为房地产企业如何抓住客观时机，使效益达到预期的希望值是要下一定的功夫的。

政府的政策是客观时机之一。如房改、危改、安居工程等，都与建房有直接的关系。有哪些优惠政策，地点在哪里，都与建房有直接关系。有哪些优惠政策，地点在哪里，这些在项目策划时，对成本有较大的波动率。因为有些政策有时空性，过期、别地就不能执行，一味套用或超时空将会陷投资商于不义之地。

城市的总体规划也是客观时机之一。总体规划，一般的房地产企业都会去规划部门了解、掌握，但关键在于如何掌握变更的情况。随着社会、经济的发展，过三年五载，总体规划就得修正，如有的道路要拓宽、要延伸，有的用地性质要改变，如工业变住宅、变商贸等。

客观时机不会自己送上门来，要靠开发商去消化、融通，去掌握、利用。

2. 主观时机

所谓主观时机，也就是判断、决策时机。运筹帷幄才能取得胜利。你的决策是否正确，关系到企业的经济效益。信息的收集、分析是判断的前提。通过收集政府部门的信息、规划部门的信息、统计部门的信息、兄弟公司同行的信息等，从中掌握政策、掌握市场、掌握现状和未来需求。当捕捉到一个项目时，根据掌握的情况，及时分析出该地段是建商贸好，还是写字楼好，还是公寓、住宅好，规划有无调整的可能性，用静态和动态的方法对项目作一估价，从而得出项目的年投资回报率是否在公司的预期范围之内，进而作出投资时机的判断。

决策失误，导致两种情况，好的项目从你眼皮下溜走了或者不怎么样的项目投进了你的怀抱，两者的结果是一样的，效益损失。

时机是可变的，不是死的。成语“随机应变”告诉我们不要死抱着条条框框，得有应变能力。如有的项目动工时间比人家旁边的项目还早，结果人家已交付使用了，而自己的项目打完桩后因种种原因搁浅了，已投入的资金沉淀了，原设想的效益破灭了，抓住的时机也就没了。

12.3.2　投资时机分析

房地产作为国民经济的一个新兴产业，在经济转型阶段，其发展态势是与国家产业政策、金融政策及国民经济总体状况紧密相关的。房地产时机因素的分析也是从这几个方面来进行。

1. 产业政策分析

产业政策是国家总体经济政策的组成部分。它关系到国民经济的发展方向目标、各产业之间合理的发展比例、一定时期重点产业发展的途径和支持政策。因此，房地产投资时机应主动与国家尤其是区域的产业政策结构调整政策对接。

宏观经济政策说明了国家和地区将重点支持和发展的方向。国家和地区会加强在相关产业的投资力度和政策倾斜。因此，房地产投资要注意将企业的微观需求和国家的宏观要求相结合，符合国家和地区的产业发展方向规划，权衡利弊，科学决策。一般来说，蕴藏着国家和区域产业导向的信息主要如下。

（1）国家的各项重大决议、政策，国家和地区的中短期社会经济发展战略规划、区域规划、行业规划等，重大项目的建成投产及相关配套需求等。

（2）国家新的产业政策、技术政策、银行信贷政策、利用外资政策、国家贸易政策及关税政策的调整，将要推行的重大新的政策措施和经济计划等。

（3）即将或已经发生的重大政治经济事件，如北京成功申办奥运、加入 WTO 等，重大科学技术的突破及商业应用。

（4）从传统的计划经济体制向社会主义市场经济体制过渡时期的特征和尚需解决的系列问题，国家重点开发建设地区和沿海经济特区的发展方向状况、产业特征、发展趋势。

2. 金融政策的分析

投入大、周期长，是房地产投资的特征。没有大量的资金供应，房地产投资是难以为继的。因此房地产业离开了金融业的支持就不可能得到有效的发展。而国家正是通过金融政策，即运用货币供应量、利率、税率及汇率等经济杠杆对房地产业进行宏观调控，引导房地产经济运转，使之与国民经济发展相互协调，实现房地产经济的社会总供需的动态平衡。2004 年房地产业出现的房价上涨过快现象，正是由于国家实行了一系

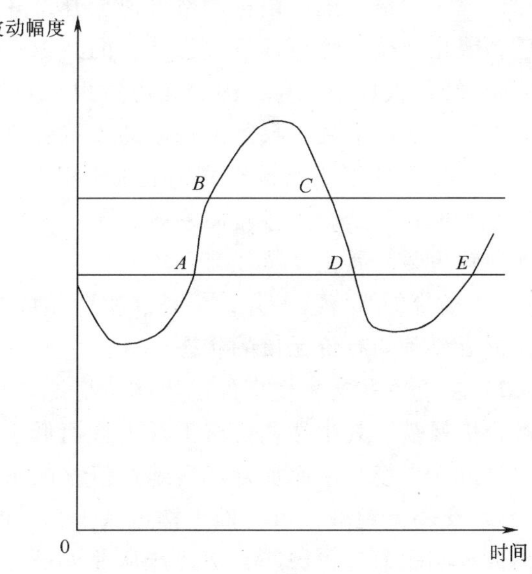

图 12-2　房地产周期波动曲线

列的金融调控手段，才使房价稳定下来，并逐步走向良性循环的发展道路。

3. 房地产周期的分析

与经济增长过程中的周期波动现象相似，在房地产发展过程中也客观存在着房地产周期波动。房地产的周期波动，是指房地产在发展过程中的扩展和收缩的交替循环现象。这种交替循环，即与国民经济总的发展态势密切相关，又与房地产业与国民经济的协调有关。房地产的周期波动主要表现在投资额的增减、产业增长率、价格涨跌、交易旺衰等经济指标变化上。房地产投资应充分利用国家产业政策及金融政策所给予的有利条件，选择适当的投资时机，以最小的风险获取最大的效益。

纵观境外市场经济比较发达的国家和地区房地产业发展历程，房地产业周期性发展可以分为四个阶段，即逐步增长、繁荣、危机、萧条四个阶段，如图 12-2 所示。

（1）逐步增长阶段。一般而言，该阶段会经历比较长的一段时间。这一阶段的主要特征为：

1）在阶段初期，楼花价格仍然低于现楼价格，炒家少，购房者大部分都是自用，房价止跌企稳。

2）房地产开发投资逐渐增多，购房者也开始增加，少数炒家开始入市，需求趋旺，刺激现楼楼价逐步绘声绘色。交易量的增加促进房地产开发数量的上扬，市场加速回暖。

3）随着市场的进一步回暖，广大消费者对市场形势和前景充满乐观态度，购房者尤其是炒家进一步进驻市场，不但现楼价格迅速上涨，楼花价格也开始大幅度回升，市场交易尤其是三级市场活跃，物业开发、管理与建设加速发展。

（2）繁荣阶段。相比较而言，这一阶段持续的时间较短，其主要特征有：

1）房地产开发企业对土地以及物业开发与建设规模进一步增大，其他行业的企业对该领域的高额利润并对市场前景持乐观态度而大举进入市场，房地产投资量急剧增加，于是现楼和楼花大量推出，各级市场的物业成交量激增。

2）楼价愈来愈高，先是楼花价格紧跟现楼价格，然后两者并驾齐驱，接着楼花价格慢慢超过现楼价格，最后楼花价格迅速上升，并在楼价上涨过程中起带头拉动作用，市场炒风日盛，限止炒楼的呼声日益成为社会的共识。

3）楼价被炒得太高，国家无力负担，并且严重影响了国民经济的发展，真正自用购房者大多被迫挤出市场，只留下炒家的投机资金支撑旺市，形成有价无市的局面。

（3）危机阶段。当楼价高到把真正房地产消费者挤出市场，仅仅依靠投机资金支撑时，房地产业也就开始由兴盛转向衰落，预示着危机的到来。这一阶段与繁荣阶段一样，持续的时间比较短暂。其主要特征有：

1）楼价仍然持续上升，但是涨幅明显放缓，现楼价格基本上停顿不前，交易量明显减少，形成显著的有价无市的状态。

2）受到一些突发性事件的影响，房地产价格急剧下降，炒家因转手困难纷纷抛售，房地产价格暴跌。其中楼花价格下跌更快而低于现楼价格。暴跌的价格势必阻止真正的消费者及炒家进入市场，从而加剧了房地产价格的下跌速度。

3）交易量锐减，市场推出楼盘减少，一些实力较差、抗风险能力较弱的开发商因为资金债务等问题而宣告破产，房地产从业人员减少，失业率和破产率增加。

（4）萧条阶段。这一阶段持续的时间较长，其主要特征有：

1）房地产价格继续自衰退期以来的跌势，楼花价格加速下降而大大低于现楼价格。

2）随着房地产价格大幅下跌，房地产交易量锐减，其中楼花交易量降幅更大。

3）房地产企业破产现象更为普遍，甚至涉及一些有实力的大型公司。

4. 市场需求的分析

市场经济时代，房地产企业的价值必须通过市场来实现，生产和开发必须围绕市场的需求。而对于供给和需求这两个市场的方面而言，需求是矛盾的主要方面，需求大则市场潜力大，需求小则市场必然萎缩。因此，投资机会必须具有较大的市场需求和潜力。要以市场需求为投资机会选择的趋向，必须以充分可靠的信息为依据。

适应市场需求的变化，可以有两种不同的方式：一种是被动式的适应，即市场上什么产品走俏就立即生产什么。如果投资建设期短，能很快形成生产能力，企业的产品在一定时间内还能走俏市场；如果投资建设期长，等投资形成生产能力时市场供应已经饱和了，企业不得不调整方向。另一种方式是主动的适应市场需求变化，企业投资时不仅要看市场上何种产品走俏，还应对市场的变动趋势作超前性预测，并依据需求变动规律，发现市场上还有没有能为市场接受的“冷点”，通过投资创造需求和引导需求。

应注意的有两点：一是随着社会生产力的发展，科学技术进步的速度不断加快，市场需求的变化也越来越迅速，新的产品层出不穷，产品更新换代的周期日趋缩短。二是对市场的预测应全面，不仅要预测未来市场的需求，还必须预测其他企业的投资趋势，不能简单地根据市场单一信号进行预测。

12.3.3 投资时机选择

对于房地产投资时机的选择，应结合国家和区域的宏观经济状况、房地产周期、房地产市场需求以及房地产价格等因素进行综合考虑。一般来说，进行房地产投资时机的选择主要从以下几个方面考虑。

1. 经济萧条、危机时期

一般说来，任何国家的经济运行，都存在着萧条、复苏、高涨和衰退四个阶段所组成的经济周期。在经济由萧条走向高涨的时期，房地产价格猛涨。而在相反的情况下，对于大多数的国家，则表现价格稍有下跌和停滞、市场清淡的状况，房地产投资开发的过程由八个阶段组成，即买地、安排贷款、中间贷款、出租、收入、成熟、老化、拆除。在这个开发周期的不同阶段投资，有不同的效益，也有不同的风险。

经济萧条是一种系统风险，涉及全社会。经济萧条使人们的购买力普遍下降，从而将减少对房地产需求。这样房地产价格必将下降。但当经济复苏后，随着人们购买力的上升，房地产价格也必然会上升。因此，在经济萧条时投资房地产，这是最佳的时机。

对于投资期为1~2年的多层住宅，最好是在经济复苏和高涨的时期内，房地产看涨时投资和收获；而对于投资期为3~5年甚至更长的商厦、写字楼等大型物业，最好在经济萧条时投资，以便经济高涨时收获。

由于大型房地产开发企业的资金雄厚，抗风险能力强，因此可以从投资开发过程中任何一个阶段入手或退出，只不过是选择最有厚利可图的阶段罢了。而中小型房地产开发企业，应尽量避免过高风险的投资，把获取高回报的投资留待经验成熟、规模扩张之后。

一般来说，处在经济高涨和房地产价格猛涨的时期，应尽可能多地向银行等金融机构贷款，或发行股票债券融资，以扩张的方式负债经营，以此达到扩展规模的目的，大型房地产企业以此实现全力谋求收益的目的。

2. 通货膨胀来临之前

通货膨胀实际上是一种“泡沫经济”，是一种虚假的经济繁荣，常常引起货币贬值。凡遇有通货膨胀时期，尤其是严重的通货膨胀时期，人们为了避免损失，达到最佳增值之目的，会将自己手中的资金投入房地产业，加之通货膨胀本身带来的不动产价格上升的自然力的作用，房地产价格会上升到较高的水平。但通货膨胀不会持久。国家为了稳定经济、政治局势，必将通过提高利率等经济杠杆来抑制通货膨胀。因此房地产价格上涨也是暂时的，涨到一定程度会随着通货膨胀受到抑制而停止甚至下跌。房地产投资者如能对经济形势有个比较全面的了解，在通货膨胀到来之前投资房地产，就会避免因通货膨胀引起房地产涨价带来的损失。

3. 房地产周期在低谷时

由于房地产开发通常需要的时间较长，一般应采取“反周期”和“逆向思维”运作。所谓反周期运作，是说房地产市场在一定程度上是周期性波动的，有高潮、有低谷。除了房地产投机炒作和“短平快”的项目之外，如果在房地产市场低潮时进入，可供选择的项目多，竞争对手少，取得开发场地的成本低，但开发完成后往往迎接的是高潮；而在房地产市场高潮时进入，则刚好相反：可供选择的项目少，竞争对手多，取得开发场地的成本高，开发完成后往往迎接的是低谷。因此，在房地产市场高潮时反而要持相当审慎的态度。

所谓逆向思维运作，是说大家都想做的项目最好不要去做，避免一哄而起；相反，大家都不想做的项目此时如果去做，将会有意想不到的收获。正如美国一本投资著作所言：“当舆论普遍对某种投资的评价不乐观时，此刻加入投资，通常可以提高你的投资报酬率。”“反周期”和“逆向思维”应当结合起来运用。

以上是从三个大的经济环境来选择房地产投资的最佳时机，实际上，房地产企业有时在选择投资时机时，往往从一些主要的因素来判断入市时机。例如，在房地产价格跌到较低的时候来选择投资时机；在国家取消实物福利分房、进行住房货币分配政策改革的时候来选择投资时机；在房地产市场出现求大于供的时候来选择投资时机，等等。因为从这些局部的、个别的、微观的因素，也可以反映出全部的、整体的、宏观的层面，俗话说“一滴水反映出太阳的光辉”，也就是这个道理。由于选择投资时机受到诸多因素的牵制，项目策划者需长期耐心地进行广泛而完整的情况收集，并作系统的整理和分析，才能较好地把握房地产投资的最佳时机。

12.4 项目投资区位分析和选择

12.4.1 投资区位

区位的概念从经济地理学来讲，是指某一经济事物或经济活动所占据的空间位置以及与其周围微观主体或中观环境之间的经济地理关系。对房地产开发而言，区位即项目所处的位置和具体地点。

区位有以下几点特征：

一是区位的动态性。区位的自然地理位置是固定不变的，但由于其他各种区位因素是处于不断变化之中的，因而区位也将随之发生变化。

二是区位的相对性。同一区位会因区位经济活动类型的差异而产生不同的区位效益，即区位质量的优劣只是相对意义上的。

三是区位的层次性。从区位选择和设计角度出发，区位可以分为宏观区位和中观区位，前者指国际或国家内的区位，后者指区域或城市中的区位。

四是区位的等级性。对于某类经济活动，区位效益的好坏或区位质量的高低因位置不同而呈现一定的差异性。

五是区位的稀缺性。相对于大量的或多类型的经济活动而言，适宜或优良区位的供给总是小于相应的需求。

六是区位的可设计性。区位可以通过人们有意识地规划而改变，人们可以根据自身需求，在不违背自然生态规律的前提下改善区位质量、提高区位效益。

区位有广义和狭义：广义区位是指某个国家、某个地区、某个城市，以及它们位置所处的社会、经济、自然环境或背景。狭义区位是指城市中某个街区、某个地点。房地产的不一致性决定了某一地区的位置是排他的、独一无二的，根据对某一地区位置的描述，我们可以从图上或现场找到该地。房地产开发与广义区位和狭义区位均有关系。因为广义区位制约着狭义区位，而房地产开发项目最终要落实到狭义区位。

房地产业有句名言：第一是区位，第二是区位，第三仍是区位。可见选择最佳区位（地理位置）对房地产项目开发至关重要，特别是在中国这个自然条件和社会经济差异十分悬殊的大国，更应重视区位的选择，因为房地产增值很大程度是区位增值。

最优区位应该具备三点。

1. 通达性强

交通条件是考察项目或楼盘区位优劣的一个关键因素，它直接决定着居民的出行成本。如居民在选择住宅时，不管工作多远，总希望一部车在1千米内到达，如果满足了这样的需求，会吸引众多的居民居住。

2. 政府重大项目的启动

一个重大的建设项目，尤其是国家级或省市级的重大建设项目，一旦在一个地区确立，必将吸引大量的人流、物流，从而引起周围房地产的迅猛发展。因此，把握时机，选择最优区位，必将获得巨大的经济效益。

3. 可供开发的土地资源

有丰富的土地资源可供开发是房地产进行区位选择的必要条件，城市周围的坡地、农田，新增滩地以及需要改造的旧城区，都可作为房地产开发的土地资源。

12.4.2　投资区位理论

区位经过人们长期的研究和实践，总结出众多的理念或理论，现列举如下：

1. 区域化理论

是指市场上同种物业正趋于区域化发展，同种类的物业聚集效应明显，这样便形成了一个个区域性的物业群体，如写字楼、住宅群等。区域化群体的出现逐渐斩断开发商某些独特的卖点，使商品在质量、服务、价格等硬件上的比拼更厉害。

2. 聚边效应理论

聚边效应随着城市化的膨胀，一方面城市中心土地的价格日益飞涨。另一方面，城市中心的环境日益恶化，污染严重。同时，由于汽车工业的发展拥有汽车人群所占比例的提高以及人们崇尚自然观念的深化，在城市郊区置业变成置业者的首选，也就是所谓的聚边效应。由聚边效应所折射出来的消费群体主要分两类：一是低收入群体，这部分人难以承受市中心高昂的房价，而只能到郊区置业，所注重的是房屋的居住功能。二是高收入群体，这部分人是社会上的富裕阶层，到郊区的置业属于二次置业，所注重的是自然环境和精神享受。

3. 农村包围城市论

随着近几年来的房地产开发热潮，一些比较有实力的大型房地产企业均已经或正在完成在全国大城市的市场战略布局。在这种情况下，中小型房地产企业应迅速抢占中小城市，走“农村包围城市”的道路。一方面，中小城市的土地升值潜力在不断扩大。另一方面，在中小城市进行房地产开发所需要的投入少、产出多，竞争对手也不强，有利于企业增加原始积累和迅速提高产品的影响力。

4. 上风口发展理论

市场将主要向上风口发展，上风口的位置是好的投资地段。由于城市的烟尘污染严重，为免受其害，人们必然涌向城市的上风口地带，从而上风口的位置是好的投资地段。

5. 高走理论

市场将主要向地势高的地方发展。明显高于周围地区的地段是好的投资地段。由于地势高的地方受周围环境干扰小，有居高临下的感觉，所以人们必然选择地势高的房地产地块。

6. 近水发展理论

城市将主要向河、湖、海的方向发展，从市区到水边的地段是好的投资地段。有水的地方景色美好，空气新鲜，人们愿意到这里来。离水较近的地方应是投资地段的主要所在。

7. 沿边发展理论

城市将主要沿着铁路或公路道边，江河岸边，境界边发展，沿边地段是好的投资地段。铁路或公路道边、江河岸边，交通方便；境界边也是互通有无，进行贸易的必经之地，有过境贸易的地利优势。

8. 集聚与分散理论

集聚是商业布局的重要原则，因而在商业繁华区投资开发商业会有很好的市场，但这样企业间同样存在非常激烈的竞争。开发商可在城市边缘地段投资，填补城市消费区的空白，在远离高档商业集聚的繁华区，在城市某一城内开辟新的商贸中心，将拥有属于自己的销售范围，这样其投资回报也将非常可观，这就是分散原则之所在。

房地产企业在选择项目地段位置时，依据以上的区位理念或理论，进行认真的分析与选择，可以找到好的项目区位。

12.4.3 投资区位影响因素分析

房地产具有增值性，其很大程度上在于土地增值，增值潜力大的区位是房地产投资获利的首要条件，而房地产投资区位的影响因素很多，不同区位的影响因素不一样，影响程度也不同。

1. 自然条件因素

区位的自然条件包括地理位置、土地面积、地块地形和地势、日照、风力和风向、温度、降水量等。

一般来说，区位越接近市中心，地理位置越好，地价越高，越容易出手，但竞争也越激烈，对投资者的资金要求也越严格。地块面积的大小直接影响到土地利用效果，在城市繁华区，地块面积越大越是好的投资地段；地块地形和地势也直接影响到土地的利用效果，直接影响到建设费用的高低。一般来说，土地平坦，地势较高，地形形状越规则，临街长度越大，则该地块就越作为好的投资地段来对待；上风地区的日照良好，风力、温度、降水量适中的地区，越作为好的投资区位。

又如，随着经济收入的增长，人们已经不仅限于对生理环境（住房面积和功能）的需求，对生活环境（社区的购物环境、出行的交通环境、子女的上学环境等）和生态环境（环境质量）的要求也越来越高，周边自然环境优美的区位也是投资的好地段。

2. 经济条件因素

区位周围的经济条件包括当地的经济发展状况、物价水平、储蓄利率、投资水平等。经济发展状况好的地区，投资比较活跃，对房地产的需求比较旺盛，这些地区的许多地块是好的投资地段。银行利率较低、工资水平较高、物价水平相对较低的地区，往往是好的投资区位。一个地区投资力度大的地区，是好的投资地段。

3. 社会条件因素

区位的社会条件包括地块附近的城市基础设施情况，附近的房地产情况，社会治安情况，政局的稳定情况等。城市基础设施越齐全的区位，越容易发挥作用，越是好的投资地段，按照基础设施建设，选择建设地块也是常用的一种投资策略，附近的房地产情况对房地产投资地段也有很大的影响作用。如果某地区治安良好、政局稳定、政策宽松，那么该地区是好的投资场所，否则必须远离此地投资。

4. 政策限制因素

政策限制包括价格限制、税收限制、优惠政策、土地制度等。房地产价格限制严格的地区，不利于房地产投资收益，不是好的投资地段；房地产价格放开的地区，有利于市场竞争，有利于房地产投资收益，是好的投资地段；税收减免程度大，税收政策稳定，优惠政策多，土地制度科学合理的地区是好的投资地段。

5. 城市规划因素

城市规划因素包括土地用途、容积率、覆盖率、交通道路等。土地用途允许范围越广，越便于规划设计，越利于投资收益；土地用途改变的地块可能是较好的投资地段，因为随着城市化的发展，可利用的土地资源渐少，一般土地用途改变多为使用价值低的土地（如农业用地、工业用地等）转变为使用价值较高的土地（如商业服务用地、住宅用地等），转型后升值潜力较大。但也存在特例（如近郊的住宅用地，转变为工业用地来满足工业企业外迁的需要），因此在投资时要充分考虑土地未来的价值；容积率的大小直接决定了建筑面积的大小，容积率大的地块，往往投资效率较好。覆盖率越大，允许建造的建筑面积越大，越便于规划设计，因而越应按好的投资地段看待。交通道路对地段的影响很大，越接近交通要道的地块，越应按好的投资地段看待。

对具体的房地产项目区位来说，影响的区位因素分析如下。

（1）位置分析。项目成功的先决条件是占据好的区位，这是由房地产的位置固定性和不可移动性所决定的。一个开发投资策略的形成，需要正确理解和综合考虑特定的国家、地区或城市的政府政策、经济基础、经济增长前景、人口条件（包括人口规模与结构、人口密度、规划增长率、增长方式、就业状况以及家庭收入情况等）、发展趋势及其对市场价格水平的可能影响。房地产投资者还应当认真分析备选位置的进入性、交通模式、优势条件及已有竞争性项目的情况，确保开发投资项目的规划用途与周围环境相匹配。例如，随着城市建设向郊区的不断推进和居民生活水平的提高，在城市边缘地区特别是靠近居住区的区域，掀起了一阵大型商业购物中心开发热潮，由于有些商业设施不靠近对外交通枢纽，集聚效益较差，对城区和外地的顾客缺乏吸引力，客流量远远没有达到预期设想的水平。在这种情况下，开发者应选择交通优良，有大面积停车位的场地进行建设，以扩大商业购物中心的吸引范围。选址前还应详细测算购物中心服务半径内的常住人口数量、购买力水平能否维持商场一定的租金回报，还要在购物中心形象、商品种类与档次、价格竞争优势等方面做文章，以吸引市中心和其他地区的顾客。

（2）场地分析。如果说区位是项目开发的大前提，那么场地条件可称为项目开发的小前提。场地条件包括建设用地的大小、形状、地质地形条件、临街状况、基础设施水平、利用现状及分区限制等方面。例如，在许多城市进行房地产开发时，场地周围的市政基础设施条件往往存在很大差异，有时需要到项目用地红线外几公里远的地方去接驳某些市政管线；场地当前的土地使用状况差异很大，当前土地用途，是单位还是居民，居住密度大小等，均会导致拆迁安置补偿和其他土地开发费用投入及所耗费的时间存在巨大差异。而建设用地的临街状况、大小和形状等，会对场地的有效利用、建筑物的平面布局等产生影响。尤其是商场类建筑，临街状况等对其未来的营业收入和租金回报产生重要影响。一个场地如上述条件都不错，但不巧处于洪泛区、地震带或者场地附近存在“三废”污染，都会对场地的价值产生影响。一个居民小区，如邻近垃圾处理场、传染病医院或流动人口聚集地，居民的不安全感将会直接影响住宅的租金或售价。

（3）开发潜力分析。房地产开发应追求最高、最佳利用，也就是说在技术可行、规划许可且财力允许的前提下达到最有效利用。设计应舒适有效，即楼群布局与场地达到协调一致，楼层各单元的分割实用并具有一定弹性，以利于物业投资者及时调整其功能。新开发项目应符合时代潮流，建筑设计要具有超前意识，以延长物业经济寿命。

6. 获取场地开发权的方式

从目前国内获取土地使用权的途径和方式来看，有通过政府土地出让和从当前土地使用者手中转让等两种途径。政府土地出让的途径操作比较简单，尤其是对于那些熟地出让项目，如果是城市毛地出让，则房地产投资者还需进行拆迁安置补偿等土地再开发工作。从当前的土地使用者手中获取土地，则有许多种具体的操作方式，既可以从土地使用者手中买断，也可以探讨合作开发的可能性，提供土地的一方将土地作价入股，待项目建成后可以获得相应的分配利润或获得相应的房屋建筑面积。从减少初始投资、降低投资风险的角度，土地作价入股的方式较为理想；但从操作的方便性角度看，多方合作必然导致各方利益协调上的矛盾，这些矛盾有时会制约房地产投资者开发方案的顺利实施。

7. 影响区位选择因素的汇总

综合分析的结果表明，影响区位选择的因素主要包括以下九个方面：

（1）城市规划方面的因素。包括：场地的合法用途，规划设计条件如建筑密度、高度、容积率和建筑物平面及立面布置的限制，相邻地块的土地用途等。

（2）自然特性。包括场地面积大小、形状及四至范围，基地的水文地质特征等。

（3）市政基础设施条件。包括：雨、污水排放管道，供水管道，电力、煤气、热力、通信条件等。

（4）交通通达程度。包括场地的可及性、出入口的位置、容易识别的程度等。

（5）停车条件。在需要地面停车的情况下，停车场用地会对建筑用地形成竞争关系。

（6）环境条件。包括：空气、水和噪声污染水平，公园开放空间和绿地的数量与质量等。

（7）公共配套服务设施完备情况。包括治安和消防服务，中小学校、卫生保健设施和邮电通信，垃圾回收与处理，政府提供配套条件所收取的配套税费等。

（8）当前土地使用者的态度。主要看当前土地使用者对场地开发的态度，如果反对，那么反对的力量有多大？如果支持，则看他们能否对项目的实施有所贡献？还要分析项目的社会成本，当地社区能从项目中得到的益处以及项目开发是否符合公众的利益。

（9）土地价格。主要看包括出让金、市政设施配套费和拆迁安置补偿费等在内的土地成本的高低。

12.4.4　投资区位的选择方法

投资区位的选择要遵循两个基本规律和一项重要内容：

两个基本规律：一是距离递减规律；二是区域分离规律。

一项重要内容：即如何预测新中心区位或门户区位。中心区位即市中心是城市交通线汇集、商业繁荣的地区；门户区位即城市对外联络的枢纽，由于城市流动人口是购物的重要成分，如火车站、港口、机场路口也是商业的繁华区，房地产企业抢占中心或门户区位是普通常识。问题的关键是如何预测近期将形成的新城市中心或门户区位。预测城市中心或门户区位的移动主要是预测市场平面变化的方向，城市主要向何处扩展？城市扩展主要受所处地区地形、水系、交通线的影响，并受外部经济区域或重要城市的吸引。我们可以采取定点综合研究某一区位的最佳经济利用方式及其经济效益，最后确定哪种利用方式获得最大的经济效益。

投资区位的选择方法有很多。

1. 根据城市总体规划来进行区位的选择

城市规划是政府干预和调控房地产区位的重要手段，它规定了房地产开发者的行动空间，约束了开发商的区位选择。所以，房地产开发项目选址，首先遵从城市总体规划的要求。

2. 针对不同收入水平灵活布局

房地产开发商要针对不同消费阶层的消费需求，以其为导向进行需求定位。以住宅为例，从居民支出能力分析，中低收入家庭成为住宅消费的主体，因此住宅消费的热点应以中低价位的商品住宅为主，该价位的消费者多，潜力大，因支出能力有限，可以在城郊接合部，地价较低处开发，以起到缓解中心城区人口过密的作用。

3. 按照地产商的实力进行区位选择

房地产项目开发成本包括地价、规划配套费、建筑成本费、各种税费及销售税金等，由于级差地租的原因，地价有较大的浮动。近郊区土地出让金相对于中心城区要低得多，批租规模上受限制较小，有利于住宅规模化开发，从而建房成本降低，其住宅成本的总体水平要比市区低30%～50%，所以对于经济实力不太雄厚的开发商可以选择从近郊入手。而对于中心城区来说，地理位置优势明显，生活、购物和娱乐设施完善，许多高级白领乐意居住，但对开发商而言，旧城改造开发成本高，风险大，资金回收时间长，只有实力雄厚的开发商能够承担，因此开发商应根据自身的经济实力来选择使自己获得最大经济效益的区位进行开发。

4. 要针对热点投资区域来选择区位

在选择投资区位时，要重点针对热点投资区域来选择区位，这样获利的可能性较大。既要判断近期热点投资区位，也要考虑中长期热点投资区位。为达到此目的，首先要用全局的观点来考虑问题，其次要认真地调查研究，充分掌握第一手资料，最后要透过现象看本质，通过材料分析找出关键所在。

5. 要考虑区位的升值潜力

选择房地产投资区位时，要考虑区位的升值潜力，不仅要注意预见其升值的潜力，选择那些升值潜力相对较大的地区，同时还要注意避开那些因各种原因而可能降值的地段，城市规划和地区性质的变化往往是导致某些地段降值的重要原因。

不同的地块升值潜力是有大小的，房地产投资区位分析的目的就是把升值潜力大的区位找出来进行投资。为选择升值潜力大的地块，往往需要对地块划分类型后进行比较。

（1）在未开发的土地上建设房屋，虽然价格看起来并不贵，但建设过程中的配套资金却非常大。如果该地区的经济发展不是很快，这类土地上建设的房地产在短期内增值幅度就不会很大，因为房地产的增值总是随着当地的社会经济发展实现的。

（2）已开发的土地是指已经具备城镇规模的土地，在建筑规模和居住人口已趋向饱和的情况下，其价格往往比较高，而且可利用的空间也相当少，房地产日后增值的潜力不大，而在升值潜力尚待开发的地段，国家又有政策鼓励投资，还是可供选择的投资地段。

（3）开发中的土地是指已经完成了区域规划，具备基本的交通条件的供水、供电等有保障的地区，多指城镇周围的郊区或新开发区，这类土地的价格适中，投资后的增值潜力比较大。

6. 要预测到未来区位的发展变化趋势

为实现获取最大利润这一目标，房地产投资不仅要重视现在的地段位置，更要重视预测未来的地段位置的变化趋向，如果能预测出某一地段位置将随着经济的、社会的、文化的发展，处于更加优越的地位，就应该毫不迟疑地选择这一地段投资。如果能在低价位时进入市场则更好，这类地段的潜力最大，风险也最大。为保证投资积极稳妥地进行，预测地段未来的发展方向还必须考虑制度因素，包括城市发展规划，土地利用的总体规划、分区规划和详细规划等。

总之，投资任何区位都要冒一定的风险，只不过风险有大有小而已，世界上不存在只有收益没有风险的投资区位。在选择投资区位时，既要认真分析，尽量避免投资地段风险，又要敢于冒险，以敢冒风险的勇气去争取投资的巨大收益。

12.4.5 不同类型物业对投资区位的要求

投资项目的选择是房地产开发企业投资的主体，不同的投资项目对投资时机、地理位置、开发模式、消费群体等有不同的要求。同时，由于区域差异性以及不同物业的特征，因而不同类型的物业对投资区位也有不同的特殊要求。

1. 居住项目

居住项目主要为人们提供一个安静舒适的生活休息空间，此类项目的投资区位选择时要考虑其主要因素。

(1) 市政公用和公建配套设施完备的程度。市政公用设施主要为居民的生活居住提供水、电、煤气等，公建配套设施则包括托儿所、幼儿园、中小学、医院、邮局、商业零售网点、健康设施等，国内大量空置的商品住宅，许多是因为不具备上述配套条件造成的，尤其是小型居住项目，其本身不具备提供上述配套条件的能力，对场地周围当前已具备的配套条件的依赖性就更大。

(2) 公共交通便捷程度。从目前家庭居民的结构来分析，工薪阶层属大多数，对方便快捷的公共交通系统的依赖程度非常大，因此居住项目区位选择时应认真考虑公共交通系统的完备程度。

(3) 环境因素。随着城市居民生活水平的提高，对居住环境提出了越来越高的要求。山、水、绿地、阳光、清新的空气、无噪声污染等，都是居民选择安居，进而也是房地产投资者在选择居住项目区位时要慎重考虑的因素。

(4) 居民人口与收入。居住项目的市场前景受附近地区人口数量、家庭结构和规模、家庭收入水平、人口流动性、当地居住状况等方面的影响。居住项目投资如果选择在人口素质高，支付能力强的地区进行，就意味着提高了获利的可能性。

在居住项目中，不同类型的住宅对投资区位的要求也不一样。

(1) 对中高档公寓投资，起主导作用的区位因素是决定区位通达性的就业区、商业区、城市公共设施的位置和交通运输条件及地价。中高档公寓这类住宅的市场需求者为中高档收入阶层，大多是“白领阶层”，他们对住宅所在区位的通达性要求较高，因而交通的时间成本（机会成本）很大，为此他们宁可选择市区内通达性好而单位面积价格高的住宅，也不愿意在出行的往返路程上浪费宝贵的时间。另一方面，房地产开发商在选择住宅的建造区位时，要考虑包括所选区位的地价在内的房价或房租，有哪些阶层及其居民家庭能够支付得起。在市区建造住宅，房地产开发商不仅要承担较高地价造成的较高的土地成本，而且还要承担拆迁等带来的开发成本，因而该地区的住宅价格自然也高，这是中低收入者无力支付的。所以在这样的区位修建普通住宅，会使房地产开发商陷入一种尴尬的境地。即普通住宅的需求者——中低收入者无法接受其较高的价格，而中高收入阶层又嫌其修建标准过低而不愿购买。因此，中高档公寓多分布于距市中心近、交通条件好的地区。

(2) 对以经济适用房为代表的普通住宅投资来说，影响区位选择的主导因素是地价和城市规划。经济适用房的建设用地是通过行政无偿划拨的。因此房地产开发商对这类住宅区位的选择范围就被限定在政府可以无偿划拨的土地上，而政府为了尽量减少土地收益方面的损失，往往选择城市边缘或近郊的土地，这就决定了普通住宅多分布于城市的边缘带或近郊区。此外，鉴于交通成本与房价之比悬殊，中低收入家庭在房价相对低廉的驱使下，也可能放弃一些对通达性方面的要求，从而选择位于城市边缘或近郊的普通住宅。

（3）对花园别墅的投资，起主导作用的区位因素莫过于自然条件。花园别墅这类住宅的需求者无疑属于中国城市居民中收入最高的阶层，他们更多地注重自然环境，追求享受型的住宅条件，并大多拥有小汽车这一较为便捷的交通工具，愿意并能够承担由与市中心距离较远而造成的额外支出。

2. 写字楼项目

广义的写字楼是指国家机关、企事业单位用于办理行政事务或从使业务活动的建筑物。但投资性物业中的写字楼，是指公司或企业从事各种业务经营活动的建筑物及其附属设施和相关的场地。依照写字楼所处的位置、自然或物理状况和收益能力，专业人员通常将写字楼分为甲、乙、丙三个等级。影响写字楼项目的区位选择的特殊因素包括：

（1）与另外的商业设施接近的程度。商业办公也存在着聚集效应，同样位于城市中心商务区的项目，则其未来的使用者就可以方便地同位于相同区域的客户开展业务。因此与另外商业设施接近的程度，决定了写字楼项目对未来使用者的吸引力，虽然这种吸引力也会由于城市建设的发展而经常发生变化，但其对写字楼项目位置选择过程的影响则是不言而喻的。

（2）周围土地利用情况和环境。如果写字楼项目所处的位置周围有很多工业建筑，环境恶劣，就会大大降低该写字楼的吸引力。写字楼的位置还可能由于其邻近政府、大型公司或金融机构的办公大楼而增加对租客的吸引力。

（3）易接近性。写字楼项目位置选择还应重视其易接近性。大型写字楼建筑往往能容纳成千上万的人在里面办公，是否有快捷有效的道路进出写字楼，会极大地影响到写字楼的档次。写字楼建筑周围如有多种交通方式可供选择（公共汽车、地铁、高速公路等），能极大地方便在写字楼工作的人。是否有足够的停车位也会影响到写字楼的易接近性。一般来说，中心商贸区的写字楼不能像郊区写字楼那样提供足够的停车位，但位于大城市中心商贸区的写字楼，周围往往有方便快捷的公共交通。

3. 零售商业项目

零售商业项目所包括的范围相当广泛，从小型店铺、百货商场到大型现代化购物中心，面积规模从十多平方米到十几万平方米，其服务的地域范围，从邻里、居住区到整个城市甚至全国。传统的零售商业区域主要坐落在市中心的城市中心商业区，但随着城市道路交通设施、交通工具的发展和郊区人口的快速增长，位于城市郊区和城郊接合部的大型零售商业设施不断涌现，使传统中心商业区的客流得以分散。

商业辐射区域分析的结果极大地影响着零售商业项目建设区位的选择。商业辐射区域是指某一零售商业项目的主要消费者的分布范围。商业辐射区域分析包括可能的顾客流量、消费者行为、喜好和偏爱及购买能力分析。此外，新零售商业项目的落成并不能创造出新的购买力，它必须从其他的零售商业项目那里吸引或争取消费者，因此对处于同一供需圈内其他竞争性物业的竞争条件分析也对场地选择有主要影响。

商业辐射区域通常被分为三个部分：主要区域、次要区域和边界区域。主要区域是与项目所处地点直接相邻的区域，其营业额的60% ~75%都来自该区域；次要区域是距离项目所处地点（5 ~15）千米的区域（对市级购物中心而言），项目营业额的15% ~20%来自该区域；边界区域是距物业所处地点15千米以外的区域，占营业额的5% ~15%。对于每一个零售商业项目来说，不管其规模大小如何，都有其辐射区域和影响范围，这些辐射区域和影响范围的大小，随每一具体零售商业项目的规模、类型、位置而有较大差异。人们购买食品一直愿意走一两千米，购买服装和家庭生活用品的出行距离可达到（5~8）千米，出行10千米以上往往是为了大宗综合性购物。因此，在某一商业辐射区域内，项目建设区位的选择还受消费者到达该地点是否方便，即项目的易接近性或交通通达程度的制约。对于大型商场来说，还要考虑停车的方便程度。

4. 工业项目

工业项目区位的选择须考虑的特殊因素包括：当地提供主要原材料的可能性，交通运输是否足够方便以有效地连接原材料供应基地和产品销售市场，技术人才和劳动力供给的可能性，水、电等资料供给的充足程度，控制环境污染的政策等。

12.5 项目投资内容的分析和选择

12.5.1 项目投资内容

房地产开发内容的分析和选择，应在符合城市规划（或有可能得到城市规划主管部门的允许）的前提下，按照“最高最佳使用原则”，选择最佳的内容和最合适的开发规模。

所谓最高最佳使用，是指法律上允许、技术上可能、经济上可行，经过充分合理的论证，能够带来最高收益的使用。选择和判断最高最佳使用，首先应尽可能地考虑各种潜在的使用方式，然后从下列四个方面依序筛选。

（1）法律上的许可性：对于每一种潜在的使用方式，首先检查在法律上是否允许。若是法律上不允许的，应被淘汰。

（2）技术上的可能性：对于法律允许的使用方式，其次检查在技术上是否能够实现，包括建筑材料性能、施工技术手段等到能否满足需求。若是技术上不可能的，应被淘汰。

（3）经济上的可行性：凡是法律上允许、技术上可能的使用方式，还要进行经济可行性检验。经济可行性检验的一般做法是：将估计的投资成本进行比较，只有经济可行性，否则应被淘汰。

（4）能带来最高收益的才是最高最佳使用。在开发内容的分析与选择中，要有细分市场的观念。在此基础上有两种极端的方式可供选择：一种是寻找市场空白点，另一种是开发同类项目。从理论上讲，最好是寻找到合适的市场空白点，此时可选择开发市场上已有的大量项目，进行面对面的竞争。但是这样做时特别要注意发掘出在某些方面优于他人之处，制定相应的产品定位策略，如低价定位、优质定位、优质服务定位等，以使将来消费者在与其他同类项目的比较中选择本项目。

在开发规模方面要注意的是，并不是建筑容积率越高，在同等土地面积上建筑规模越大就越好，尤其是住宅，随着生活水平的提高，人们对环境、绿化的要求会越来越高，所以低密度越来越成为现代人追求的发展趋势；而通常所讲的住宅小区规模，则是大一些为好，因为它便于物业管理，便于公共配套，有利于营造良好的居住环境。

目前，可供选择的投资内容有六大类：土地房地产、住宅房地产、商业房地产、工业房地产、旅游房地产和综合房地产。其中的工业房地产和旅游房地产，在当今房地产投资领域越趋火热，有很好的发展前景。

12.5.2 土地房地产类

1. 土地房地产

土地是指地球上陆地表面及其上下一定范围的空间。土地房地产是指对土地进行投资的一种形式，简称为地产，这是就狭义而言。广义的地产就是我们所说的房地产。从投资的角度来说，土地分为：生地，是指不具有城市基础设施的土地，如荒地、农地；毛地，是指具有一定城市基础设施，但尚未完成房屋拆迁补偿安置的土地；熟地，是指具有较完善的城市基础设施且土地平整，能直接在其上进行房地产开发的土地。

2. 土地房地产的投资特征

（1）最基本的投资形式。土地是房地产投资中最基本的形式，马克思在资本论中讲过级差地租概念，自己投资而使自己土地增值这叫级差地租Ⅰ，别人投资而使自己土地增值这叫级差地租Ⅱ。土地投资商所追求的永远应该是级差地租Ⅱ，这也是最基本的收益方式。投资土地房地产，要靠眼光和判断，是衡量一个土地投资商精明与否的尺度。

（2）易受政府政策的制约。土地是不可再生、不可多得、稀缺难寻的自然资源，就其产品一经形成不可移动、长久存在、长期使用来讲，增值可能大于贬值。政府永远会控制着土地一级市场，避免无序的土地投机。因此，政府政策的影响是土地投资的最大风险。

（3）土地投资简单、灵活。相比其他类型房地产来说，土地投资较为简单、灵活。其他类型的房地产都要经过开发建设这一环节，变成物业产品出售，回收投资收益。而土地房地产则不需要那么复杂，可以今天拿到地皮，明天就可以转手，短期获利；也可以储备几年，待达到预期收益时转让出售；还可以根据当时房地产市场的发展情况，开发成物业连同建筑物一起出售。

（4）投资获利最为明显。由于土地不可移动、供给有限、保值增值的固有特点，使得土地房地产投资收益远远超过其他类型房地产投资收益的水平，有时甚至达到几倍之多，精明的房地产商都意识到这一点，因而产生土地投资行为就不足为怪了。

3. 土地房地产的分类

土地分类是根据土地的性状、地域和用途等方面存在的差异性，按照一定的规律，将土地归并成若干个不同的类别。

我国土地分为三大类：即农用地、建设用地和未利用地。

农用地是指直接用于农业生产的土地，包括耕地、林地、草地、农田水利用地、养殖水面等；建设用地是指建造建筑物、构筑物的土地，包括城乡住宅和公共设施用地、工矿用地、交通水利设施用地、旅游用地、军事设施用地等；未利用地是指农用地和建设用地以外的土地。

具体来说，我国土地分为了八大类、四十六小类。

（1）耕地是指种植农作物的土地，包括新开荒地、休闲地、轮歇地、草田轮作地；以种植农作物为主间有零星果树、桑树或其他树木的土地；耕种三年以上的滩地和海涂，耕地中包括南方宽小于1.0米，北方宽小于2.0米的沟、渠、路和田埂。耕地中又分出灌溉水田、望天田、水浇地、旱地和菜地五个二级地类。

（2）园地是指种植以采集果、叶、根茎等为主的集约经营的多年生木本和草本作物，覆盖度大于50%，或每亩株数大于合理株树70%的土地，包括果实苗圃等用地。

(3) 林地是指生长乔木、竹类、灌木、沿海红树林的土地，不包括居民绿化用地，以及铁路、公路、河流沟渠的护路、护草林林地又分出有林地、灌木林、疏林地、未成林造林地、迹地和苗圃六个二级地类。

(4) 牧草地是指生长草本植物为主，用于畜牧业的土地。草本植被覆盖度一般在15%以上、干旱地区在5%以上、树木郁闭度在10%以下，用于牧业的均划为牧草地，包括以牧为主的疏林、灌木草地。牧草地又分出天然草地、改良草地和人工草地三个二级地类。

(5) 居民点及工矿用地是指城乡居民点、独立居民点以及居民点以外的工矿、国防、名胜古迹等企事业单位用地（包括内部交通、绿化用地）。

居民点及工矿用地中又分出城镇居民点、农村居民点、独立工矿用地、盐田和特殊用地五个二级地类。

(6) 交通用地是指居民点以外的各种道路（包括护路林）及其附属设施和民用机场用地。交通用地中又分出铁路、公路、农村道路、民用机场、港口码头五个二级地类。

(7) 水域是指陆地水域和水利设施用地，不包括泄洪区和垦植三年以上的滩地、海涂中的耕地、林地、居民点、道路等。水域用地中又分出河流水面、湖泊水面、水库水面、坑塘水面、苇地、滩涂、沟渠、水工建筑物、冰川及永久积雪九个二级地类。

(8) 未利用土地是指还未利用的土地，包括难利用的土地。未利用土地中又分出荒草地、盐碱地、沼泽地、沙地、裸土地、裸岩石砾地、田坎和其他八个二级地类。

对房地产投资开发来说，目前只能投资城市建设用地部分，而对于农用土地，国家有严格的控制要求。

12.5.3 住宅房地产类

1. 住宅房地产

由于世界各国的历史文化、自然条件以及生活习惯的不同，住宅的形式是多种多样的，由于语言思维和理解的不同，对住宅的概念、定义也差异较大。但通常的定义是：供家庭居住使用的建筑（residential building）。

住宅房地产是指满足人们起居、卫生、饮食等基本要求的居住空间，以及与其配套的环境和设施。住宅房地产不同于一般商品，甚至也不同于其他房地产，它不但具有等价交换、按质论价、供求决定价格等商品的共性，还带有鲜明的社会保障性。

2. 住宅房地产的投资特点

住宅房地产与其他类型房地产不同，具有自己的投资特点。

(1) 住宅需求量最大。住宅是人们最基本的居住形式，从普罗大众到富豪人家，都离不开它，是人们最基本的生活标准之一。

(2) 住宅的作用在于居住、保值或升值。投资的关键是准确的产品定位及目标消费群体定位，最后通过销售实现开发价值。而商业房地产的价值在于经营，通过经营创造高于价格的价值。一个商业项目必须要系统考虑项目的商业定位、招商、经营，才能实现高水平的商业物业开发，达到预期的盈利目标。

(3) 住宅投资风险较小。相对商业房地产来说，住宅投资开发风险较小，因为住宅消费群体较广，住宅业态既具有居住功能，也具有投资功能，其双重作用为销售提供了广阔的购买群体。

（4）住宅的样式丰富多样。由于消费者的需求不同、收入不同、职业不同、家庭结构不同，以及购买心理行为的不同，使得市场上的住宅样式丰富多彩，千姿万态，有效地满足人们的各种不同的需要。

（5）住宅是房地产开发的主流。从政府部门到一般平民，都对住宅予以高度的关注。住宅是国民经济的主导产业之一，各级政府把振兴住宅产业当作解决居民生活的重要事情来抓；居民则永远关注着住房的价格高低，梦想自己能否有一天能买得起。因此，住宅房地产是房地产开发永恒的主题。

3. 住宅房地产的投资前景

（1）人居环境生态化。我国传统民居历来注重选择依山傍水、自然环境优越的地方建造住宅。即使地处寸土寸金闹市的民居，也设计了可以种花植草、气息清新的庭院和天井，或者是叠石为山、聚水为湖、绿树掩映的私家园林。并通过建筑结构的变化来改善日照、通风、温度，防止噪声侵扰和灾害侵入（如高院墙、风火墙等）。

新居住文化在继承这个传统的同时，又依托于发达的现代科学技术，把生态理念的实践不断推向新的高度，着手研究制订小区环境的生态量化指标和其评价体系。

（2）住区布局分散化。我国正在向城市化国家大踏步前进，2014 年的城市化水平已达 54.77%。采用“开发新区——松动旧城——进而改造旧城”、把居住区分散到城乡接合部和近郊区的发展模式，既可以避免城市化前期人口大量涌到城市中心；又可避免城市化后期因人口大量迁出中心区而造成城市中心区空洞化。从而走出一条中国特色的城市化和城市发展路子。

（3）住区规模大型化。住区布局分散化以后，城乡接合部和近郊区成为住宅开发的首选之地。目前，这些地带的大型住宅区比比皆是。大规模的人口集聚和造城运动，是新居住文化的重要表现。它迅速地改变着城市的格局和社会的空间形态，对城市经济、社会的发展产生着深远的影响。

（4）建筑结构高层化。鉴于我国人多地少，城市建设用地尤其紧缺，居住向空中发展势在必行。居民从小平房、大杂院到住高楼这种生活方式即居住文化的巨大变化，已逐步从过去的惧避心理转变为向往“一览众山小”，眼界开阔的高层住所。

（5）造型风格多样化。住宅造型是居住文化的重要体现。过去的住宅往往是造型呆板，千篇一律的“火柴盒”。现在随着住宅商品化的发展，建筑造型日趋多样化，可谓百花齐放，琳琅满目。

（6）功能配置合理化。人们对住宅的要求，已从过去的着重解决有无问题（生存型）逐步转变为解决优劣问题（享受型），要求以舒适、健康、实用、安全为目标，对住宅内部功能区进行优化和细化配置，合理分配各功能区的面积，以及私密性的保障等。

（7）住宅设施现代化。一方面，以厨房、卫生间成为现代生活方式的鲜明符号；另一方面，宽带网进入了小区、电子保安设备普及。日益完善的信息服务设施，使许多住宅小区不仅为居民创造了既安全又开放、信息灵通、通信便捷的生活条件，同时也提供了居家经商等的办公条件。

（8）庭院景观园艺化。新开发的住宅小区继承了我国民居带私家花园的传统居住文化，使我国作为园林大国的杰出造园艺术进一步发扬光大，使我们的居住环境实现了回归自然，融入自然的美好理想。许多住宅小区已成为城市的靓丽景点。

(9) 社区氛围亲情化。许多小区开发商和物业管理商都花大力气来营造充满着“家庭亲情、邻里亲情、物业服务亲情三位一体”的小区氛围，使我国尊老爱幼、亲和睦邻的传统伦理道德观念重放异彩。

4. 住宅房地产的类型

(1) 按住宅的建设档次来分。

1) 普通住宅。它是为普通居民提供的，符合国家住宅标准的住宅。普通住宅符合国家一定时期的社会经济发展水平，符合国家人口、资金和土地资源等基本国情。它代表一个国家或地区城市居民实际达到或能够达到一定经济条件下的居住水平。我国城市中量大面广的是普通住宅（即经济适用房），此类住宅采用地方或国产建筑材料，进行一般水平的装饰装修，选用国产中档厨卫洁具和设备。现阶段国家对普通住宅往往既制定下限标准，也制定上限标准，以利于宏观调控。普通住宅的工程造价和房屋售价均较适中。

随着社会经济的发展，普通住宅的标准也会逐渐呈阶段性提高。

2) 高级住宅。它是为满足市场中高收入阶层的特殊需求而建造的高标准豪华型住宅，包括高级公寓、花园住宅和别墅等。这类住宅的户型和功能空间多样化；每套建筑面积较大，从一百多平方米到几百平方米不等；装修、设施和设备高档化，较多地采用进口和出口高级装饰材料和洁具设备；户外环境要求高；服务标准高，管理系统完善，往往采取封闭式安全保卫措施和高质量的物业管理。高级住宅税费额度大，其工程造价和市场售价均较高。

(2) 按住宅的通用名称来分。

1) 一般住宅。多层住宅。是指七层以下的住宅。目前，我国多层住宅普及率较高，占80%以上。广泛建造多层住宅的优点在于：它比低层住宅在占地上要节省，同时又比高层住宅建设期短，一般开工一年即可竣工；无须像高层住宅那样增加电梯、高压水泵、公共走道等方面的投资；结构设计成熟，通常采用砖混结构，建材可就地生产，可大量工业化标准化生产，工程造价较低，易被购房者接受。

但多层也有不足：底层和顶层的居住条件不理想；由于设计和建筑工艺定型，使得多层在结构、建材、布局上难以创新，造成多层住宅建筑立面、建筑风格的呆板和缺乏变化。

小高层住宅。小高层是指楼层在8~12层间，配备电梯的住宅。在建设部有关规定中，只有多层与高层的高规定，没有小高层这个概念。自1996年上海、深圳等地出现小高层楼盘，并取得骄人销售业绩后，小高层开始走俏。目前一些品质较高的花园式洋房也采用小高层的形式。

小高层有以下特点：小高层通过电梯的配置，使原有意义的多层住宅具有了高层的优点。小高层以现浇楼板施工，建筑结构上与高层基本相同，建筑质量好，住户上下方便。小高层的房型、建筑系数又接近多层，间距大、得房率高、通风好、采光条件优越。特别是一些建筑优良、档次高的小高层，水电配置精良，集供冷暖气、冷热水于一身，双路供水供电，且采用智能化的布线系统，使楼宇更易于管理、居住舒适、安全性高。很多小高层的得房率不低于普通多层，且通过多阳台、多露台的设计，使住宅的有效使用面积大大增加。小高层视野宽阔、景观美好，更是多层住宅难以企及。因此，小高层在南方城市越来越受到人们的喜欢。

高层住宅。高层住宅是城市化、工业化的产物，钢筋和混凝土的使用，电梯的发明，使住宅建设向空间发展成为可能。高层住宅最大的优点，就是可以节约土地。同样的地基建造六层住宅与建十二层住宅，土地利用率可提高一倍。同时，高层住宅还有双路供水，供电系统，可提供更有保障的供应，集中安全的住宅环境，规模化的管理服务，以及良好的采光通风条件等优势。

2）公寓住宅。公寓式住宅是相对于独院独户的西式别墅住宅而言的。公寓式住宅一般建在大城市，大多数是高层大楼，标准较高，每一层内有若干单户使用的套房，包括卧室、起居室、客厅、浴室、厕所、厨房、阳台等，还有一部分附设于旅馆酒店内，供时常往来的中外客商及家眷中短期租用。公寓住宅的特点是拥有者大部分都是投资人或投资单位，主要目的是收取租金。

公寓式住宅大致可分为三类。

① 普通公寓。以出租给租客使用为目，称之为出租公寓；公寓的每个单位属于不同的拥有者，有独立的产权的为自住公寓。面积不大，但包括了卧室、起居室、客厅、浴室、厕所、厨房等。主要供中等收入的高级职员、政府公务员居住；还有一部分附设于旅馆酒店之内，供一些常常往来的中外客商及其家眷短期租用。

② 商住公寓。商住公寓又可称为商务公寓，根据不同的形态又可以细分为SOHO，SCHO，STUDIO等形式，是一种既可居住又可办公的高档物业，在产权上属于公寓类型，但其中又完全具备写字楼的功能，是近年来出现的一种极具投资价值的物业。商住公寓为中、小公司及居家办公的自由职业者提供了一个可商可住的场所，它一般除了提供一些生活配套设施外，还设置了宽带局域网、商务中心、会议室、票务中心及充足的车位等商务设施。

商住公寓是目前房地产市场上使用频率较高的一个词汇，产品也由以前的做商住两用的普通住宅发展到有较强商务功能的SOHO，再发展到户型可以多种分割的STUDIO。商住公寓除了自住客户外，还有较大比例客户是作为投资。

③ 酒店式公寓。酒店服务式公寓，意为“酒店式的服务，公寓式的管理”，是一种只做服务、没有酒店经营的纯服务公寓。既有酒店的性质又相当于个人的“临时住宅”。

与传统的酒店相比，酒店式服务公寓在硬件配套设施上毫不逊色，其房型以类似酒店标准间为主，配有豪华商务套房，向住客提供家庭式的居住布局、家居式的服务，提供居家生活所需的厨卫、家具等多种生活设施。高档的酒店服务式公寓一般统一装修，其物业管理由星级酒店直接管理或有酒店背景的物业公司进行管理。

3）花园别墅。花园别墅也叫西式洋房或小洋楼，也称花园式住宅。一般都是带有花园草坪和车库的独院式平房或二、三层小楼，建筑密度很低，内部居住功能完备，装修豪华，并富有变化，住宅水、电、暖一应俱全，户外道路、通信、购物、绿化也都有较高的标准。

花园别墅可按户型结构、景观、品质等方面来进行分类。

① 按照别墅的户型结构分类：独立别墅——独立的别墅，居屋四面有窗，主力面积300平方米左右，独立花园车位，且将向双车位发展。联体别墅——双拼型，两户连在一起，三面有窗，200～220平方米独立花园车位；多联型，四至六户连在一起，180平方米，有车位。联排别墅——多户连在一起两面有窗，170～180平方米。

② 按照别墅的景观设施分类：人文景观别墅——人工建造的娱乐休闲设施，别墅区内人造的水系、山系等。自然景观别墅——周边的山、海、湖等形成了别墅的景观。

③ 按照别墅的品质价格分类：豪宅型别墅——设计、施工、环境、管理等品质较高。经济型别墅——价格适中、功能实用，适合一般工薪阶层消费水平的。联排式别墅——低层联排住宅，或低层联排城市公寓（Townhouse）。

12.5.4 商业房地产类

1. 商业房地产

商业房地产指以商业物业的建设与经营为目的的房地产开发，通过经营管理可以获取可持续回报或者可以持续增值的物业。从经营模式、功能和用途上区别于普通住宅的房地产形式。

商业房地产的形式多样，规模也有大有小。规模大的商业房地产如 Shopping mall 项目，可以达到几十万平方米，规模小的商业房地产项目仅几百平方米，甚至更小。对于规模庞大的商业房地产，其经营多采用开发商整体开发，项目统一经营管理，以收取租金为投资回报形式的模式；对于规模较小的商业房地产而言，大多数项目依然采取在统一经营管理模式下租金回收的方式，但很多小规模商业房地产中住宅、公寓等项目的底商和各类商业街、商品市场则采用商铺出售、零散经营的模式。

在过去 20 多年里，中国房地产开发的主要形式为普通住宅房地产为主，如住宅、公寓、别墅等，以上各种开发形式的用途相对简单，面对的客户群相对单一，成功个案绝大多数是针对小规模、特定客户群的产品。另外，普通住宅、公寓、别墅等，则绝大多数采取开发销售的模式，而且出现了产权酒店的开发模式，其资金回收模式相对简单，资金循环体系主要表现为非资本市场化的体内循环方式。

2. 商业房地产的投资特征

（1）开发模式专业化。开发目的决定开发模式。商业房地产由于其自身高度专业化的特点，开发的目标应着重于前期的项目招商和后期的商业经营方面。招商的成功是项目实施的根本保证，而商业运营管理的成功才能给项目的业主长久回报的保证。

商业房地产开发近年来渐趋成熟，在发展初期很多商业项目的开发沿用住宅开发的模式，思路上出现了偏差。由于忽视了商业地产的专业性，低估了开发难度，为进行专业的商业市场调研或套用住宅市场调研的方法，结果导致选址失当，定位失准。许多项目连重新定位，改造招商的机会都没有。而且，有些知名或招商成功的项目经验又不能照搬。在既缺乏经验，又没有能同国际接轨的招商渠道情况下，经历了众多失败的商业地产在跌跌撞撞中走向专业化的道路。

（2）开发金融产品化。商业地产开发有其行业特殊性，商业店铺经营的好坏及其短、中、长期的运营状态，直接决定商业价值的实现。欧美国家经过几十年商业地产的发展，形成了相对标准的价值确定方法及标准化的开发模式。而目前，国内大部分开发商分辨不清商业地产投资习惯和投资特性，只以售出房产和土地为目标，缺乏客观、公正的数据支持。若要与国际接轨，与资本市场相对接，主动、科学地开发商业房地产，必然要实现商业地产开发的“金融产品化”，以制造“金融产品”的方式进行商业房地产开发及运营，创造更高的商业价值。

（3）顾问机构专业参与。在商业房地产开发的产业链中，专业的顾问机构是明显缺乏的一环。在国际的商业地产的运作中，专业的顾问机构的价值被广为接受。由于专业机构的存在，开发商、投资商、零售商的职责更清晰，操作更专业。项目的成功就越有保证。如大型 Mall 的开发中最重要的角色不是财团和开发商，能够整合商家资源并合理配置业态的专业顾问机构才是四两拨千斤的关键。

专业顾问的优势之一就是有招商渠道。专业顾问机构在整合商业资源过程中必须兼顾零售商的利益，不仅仅代表开发商的利益。开发商在招商过程中的角色目的性过强，招商材料的可信度偏低。而投资商家最关注的是能代表其利益的项目的评估。因为专业顾问机构的中介角色不可少，专业顾问机构同商家的信任关系是从几十年合作过程中建立起来的。这样的鱼水关系是开发商不具备的，也就是中国商业地产最缺乏的招商渠道。

（4）招商先于规划设计。多数开发商在招商没有结果的情况下就开始规划设计，甚至开工建设。导致许多设计招标完成，甚至已竣工的项目无法落实招商和营销。事实上，与项目的整体商业规划相比，建筑的规划设计属于下家。建筑的规划设计必须满足中介机构提出的整体商业业态搭配构想。合理的业态搭配是对零售商的专业吸引力。所以，为降低风险，也为了持久盈利，招商和商业规划应在建设规划设计之前。

近年来商业项目的开发将在计划性、综合性及开发与运营的统一性方面大幅度提高。在不同业态的统筹方面，结合购物、餐饮、娱乐等多种业态。在零售商业方面，促进主力店、次主力店及小型店面之间的位置、规划、档次上的合理搭配。并且，为实现统一的筹划和长久回报还需要运营商的早期介入和开发与运营的统一管理。只要开发与运营的高度配合，商业与地产的统一才能标志商业地产达到规范化和专业化的新高度。

3. 商业房地产的投资模式

对商业房地产的投资模式，目前市场上比较先进的是“定单式商业地产投资模式”，即在商业地产项目开始运作阶段就寻找目标合作伙伴，与潜在需求对象深入沟通商业地产的建设标准和软硬件条件，使目标客户的需求尽可能多地融入项目中来，尽量避免后期经营中存在许多产品设计的问题。

建立这个模式，降低项目的租售风险，开发商应着手与酒店集团、零售企业及国际、国内商业企业建立战略合作伙伴关系，来为其量身定做商业经营场所，在与一流商业流通企业建立战略合作框架协议的前提下，用他们的品牌效应来为商业地产项目聚集人气和商气，带动其他商业面积的出租和出售，这样既保证了现金回流成本的需求，又保留了部分优良商业地产资产并能够长期经营。

具体来说，房地产开发商介入零售商业的投资模式分为三种。

（1）“营业额提成 + 保底”的委托经营模式。此模式是指开发商与有一定知名度、实力较强、业绩较佳的零售服务商合作，由开发商提供商业物业，零售服务商负责其余部分的投资，并负责经营管理。开发商每月将按一定比例的营业额提成作为利润，若此利润额低于某一约定金额时，零售服务商应向开发商补足至此约定的金额（通常称保底利润）。一般情况下，超市类商品的提成比例为 1.5% ~2%，而百货类商品提成比例约为3.5% ~5%；双方约定的保底利润额通常也低于该项目正常出租时的租金水平。

对开发商来讲，此模式主要优点：容易引入知名商家，并产生其他方面的正效应；不参与经营管理，不承担零售经营带来的风险。

主要缺点：收益没法最大化；承担零售经营存在周期性波动带来的风险；当物业增值时，受合作期的约束，不容易使物业套现。

此模式适合欲引入知名商家带来其他物业销售和招商的大型商业物业，一般应在40000平方米以上的商业物业，其中部分设计成商铺销售。零售服务商须具备较强的经营管理能力和盈利能力，评估指标有单店平均销售额、单位面积销售额、毛利率、最近三年销售额增长率等。如零售服务商不提供保底利润，则建议开发商不采用此模式。

(2) 参股经营模式。此模式是指开发商为了吸引国内外知名主力店，而出资参股该主力店设在其开发商业物业的分店。开发商参股比例一般不超过20%，并按参股比例分红。分店作为有限责任公司每年按双方约定的价格向开发商租用物业，同时，因涉及知名商家的无形资产和管理人员的输出，分店每年亦须向零售服务商交纳商店品牌使用费和人员输出管理费，这部分一般为营业额的1%～2%。作为不专业的开发商，一般仅委派董事会决策，并不直接安排人员参与经营管理。

对开发商来讲，此模式主要优点：容易引入知名商家，并产生其他正效应；收益可能最大化；可带租约销售整体物业。

主要缺点：参股资金分红情况受分店经营状况的限制，并承担因此引起的风险。与委托经营模式相似，对零售服务商的盈利能力要求更高。

(3) 控股（或全资）经营模式。此模式是指开发商自行在自有物业投资设立零售（服务）公司，自行经营零售业，此亦深度介入零售业。一般情况下，开发商控股或全资的零售（服务）公司独立核算，而实际上则非自负盈亏，零售（服务）公司实际上每年并未向开发商交纳物业租金，营运资金的使用基本上由开发商安排。而在内部管理上，有的则将零售（服务）公司作为开发商的一个部门来管理。

对开发商来讲，此模式主要优点：物业价值可能最大化。

主要缺点：误入竞争激烈的零售业的陷阱中，承担零售经营风险；容易出现房地产企业指挥零售企业的现象；将零售企业作为房地产开发公司部门来管理，更容易使商业物业加速“死亡”；开发商没有零售资源（特别是人才和品牌资源）支持，经营不容易成功；容易加大资金压力。

选择此模式之前需三思而后行。

4. 商业房地产的类型

商业房地产的类型可分为四大类。

(1) 零售商业类。

1) 购物中心。购物中心是一种商业物业类型，由欧洲拱廊商业建筑发展演变而来，在美国这类建筑称之为Shopping mall和Shopping center，是指由开发商规划、建设、统一管理的商业设施，拥有大兴主力店、多元化商品街和宽广停车场，能满足消费者的购买需求与日常活动的商业场所。

购物中心的投资特点是：

① 有计划的商品经营组合。购物中心的各个经营元素是有计划地组织在一起，经营元素包括购物元素、餐饮元素、娱乐元素等，这些经营元素的类型、规模、数量、特色、品牌档次等在购物中心里都有明确的规定。购物中心各种经营元素的选择及组合方式是根据购物中心服务的目标商圈的特点来确定的，其目的是全面满足目标商圈人群的物质和精神方面的需要。购物中心的各个经营元素均衡地组合在一起，它们之间互补性较强，相互促进的作用大，共同对消费者形成较强的聚集力、吸纳力。并尽可能避免同类经营元素之间的恶性竞

争，从而使购物中心各个经营元素的经营利润最大化。

② 统一管理。购物中心是统一规划、统一开发建设、统一管理的商业物业。其物业产权比较集中，主要集中在少数投资商、开发商手中，经营管理公司对购物中心进行统一的经营管理。购物中心的商品组合、经营布局、招商推广、形象宣传、营销活动等都统一进行经营运作管理；购物中心的保安、卫生、停车场、公共设施及租户的经营活动等都进行统一管理。

③ 分散经营。购物中心是商业群的集合体，是众多的零售商汇集在一起从事商品零售经营活动的商业场所。虽然零售商的经营活动服从于购物中心整体管理的要求，但零售商的经营活动是分散的、独立的，他们独自承担经营风险，自负盈亏，他们之间的经营状况也毫不相干。购物中心分散经营的特点充分说明了购物中心具有商业区的属性特征，是具有良好规划的商业区。

2）商业街区。商业街区是指在城市街道两边形成的购物场所，这在我国的大小城市比比皆是。商业街区经过城市的不断改造，形成了很多著名的购物街区，如广州的北京路、上海的南京路、北京的王府井等。

商业街区的特点是：

① 商业街区的人流众多是商业街区的主要特征。一般商业街区人流量越大，其购买力就越强；其购买力就越强，商业街区的购物消费的档次就越高。商业街区多集中在城市交通较为便利的地段，以方便区域的居民前往购物。

② 商业街区的商圈特征相当明显，服务于一定的区域和范围，有些商业街区是以大型的百货商店或超级市场为中心的商店群的集合体，形成了中心商圈。

③ 商业街区一般是由多个各自独立经营的商店自发地组合在一起的，其管理较为松散，多由街道等政府有关部门管理。

根据商业街区的商圈特征的不同，商业街区的类型可分为：中心商业街区——是全市最大的零售中心，对全市的消费者均有一定的吸纳力，它往往是城市最繁华的区域，是城市商业繁荣的象征。次级商业街区——又称区域性商业街区，是一个区域的商业中心，其消费人流主要来自本区域，主要为本区域的居民提供购物消费服务。次级的商业街区的经营规模和商圈范围均较中心商业街区小。邻里商业街区——是指存在于居民区中，为居民区的居民提供便利性商品和服务的商业街区。邻里商业街区非常贴近居民区，一般与居民的住宅区融为一体，以满足住宅区居民便利性购物消费的需要。专业性商业街区——是指经营商品类型相同或属性相似的商店汇集在一起形成的商业街区。有时又称为特色的商业街区，如广州状元坊，主要经营饰品、精品、时尚服装等。

（2）餐饮娱乐类。餐饮娱乐是传统的商业房地产形式，在我们的日常生活不可缺少。随着社会的不断发展，餐饮娱乐也注入了各种新的形式，成为房地产开发商投资的主要领域之一。

餐饮房地产是指营业性的供人吃饭使用的房地产，包括酒楼、美食城、餐馆、快餐店等。

娱乐房地产是指供人消遣使用的房地产，包括游乐场、娱乐城、康乐中心、俱乐部、夜总会、影剧院、高尔夫球场等。

餐饮娱乐地产的投资特点是：

1）餐饮娱乐地产投资开发后主要以出租的形式回收投资，业主购置房产作为经营场所的很少，房地产开发商要分析预测好投资回报率和投资回收期。

2）地产商在规划设计时，要充分考虑到餐饮娱乐地产的特殊性，要科学地测算出停车位、人流量等数据，做到招商操作先于规划设计。

3）餐饮娱乐地产与小区住宅、商务的配置应该紧密结合，还要注重现代的文明和传统的氛围结合，研究餐饮娱乐文化是商业地产开发所必须面对和思考的问题。

4）餐饮娱乐地产的开发有两个途径：一是以餐饮娱乐业直接带动地产业，类似于开发美食城、影视城，实现双赢；二是以餐饮娱乐业的操作模式启发、带动地产业。

5）餐饮娱乐地产开发在选址、商圈、人流量等方面有着特殊的要求，政府部门在建设中对消防、卫生、噪声、人数、停车场以及治安等也有严格的规定。因此，开发商要因地制宜地处理好各方面的关系，并按严格的规定进行开发建设，不可草率行事。

(3) 写字楼类。广义的写字楼是指国家机关、企事业单位用于办理行政事务或从事业务活动的建筑物，但投资性物业中的写字楼，则是指公司或企业从事各种业务经营活动的建筑物及其附属设施和相关场地。

写字楼的投资特点是：

1）投资要防范贬值风险。贬值风险主要来自写字楼本身所处的地段贬值和未来的新兴楼盘的过多涌现，从而对现有写字楼市场构成的冲击。

2）选择增值的区域。在投资前应着重关注写字楼所在区域环境的政策、技术创新、人才、商贸、人气等方面的独特优势，关注该区域基础设施和其他配套设施的建设及今后的发展，并了解相毗邻的周边都有哪些国内外知名企业加入。同时，注意该地域的人流、物流、信息流、资金流汇集，商机勃发，区位优势是否得天独厚。

3）要投资甲级写字楼，即便造价昂贵。因为目前有这样一种实事，当甲级写字楼租价在不断上涨时，乙级写字楼的租价是在下跌的。

写字楼通常分为甲、乙、丙三个等级。

① 甲级写字楼。据有优越的地理位置和交通环境，建筑物的自然状况优良、建筑质量达到或超过有关建筑条例或规范的要求；其收益能力与新建成的写字楼建筑比美。甲级写字楼通常有完善的物业管理服务，包括24小时的维护维修及保安服务。

② 乙级写字楼。具有良好的地理位置，建筑物的自然状况优良、建筑质量达到有关建筑条例或规范的要求；但建筑的功能不是最先进的（有功能陈旧因素影响），有自然磨损存在，收益能力低于新落成的同类建筑物。

③ 丙级写字楼。物业以使用的年限（楼龄）较长，建筑物在某些方面不能满足新的建筑条例或规范的要求；建筑物存在较明显的自然磨损和功能陈旧，但仍然能满足低收入租客的需求并与其租金支付能力相适应；相对于乙级写字楼，虽然租金较低，但仍能保持一个合理的出租率。

(4) 酒店宾馆类。酒店宾馆是指向宾客提供住宿、餐饮服务，提供购物、健身、娱乐、邮电、通信、交通等多方面服务的接待设施。

具体来说，酒店宾馆是一座设施完善的接待设施；拥有一定数量的客房，这些客房是由各种规格的房间按合理的比例组成的，而且具有相应的服务配套设施；具有能提供特色佳肴的各类餐厅；除了向宾客提供住宿和餐饮服务外，还提供购物、健身、娱乐、邮电、通信、交通等多方面服务。

酒店宾馆的投资特点是：

1）服务性。酒店宾馆从本质上说，并不生产和销售有形的物质产品，而是凭借投资的物质设施向客人提供一种无形的服务，客人最终得到的只是一种服务的效用和服务过程的一种体验。

2）综合性。即酒店宾馆构成要素的复杂性和内外联系的紧密性。在现代社会，人们住店不仅是一种基本的生活需要，而且也是追求享受的一种方式。要满足客人的需要，酒店必须功能齐全、设施配套、项目丰富、服务优良。

3）波动性。即酒店投资经营的不稳定性。酒店受到多种因素的制约，其最基本的客观因素有三：一是社会政治因素，即国家的政策、社会秩序、外交关系等；二是经济因素，即商品经济的发达程度、国家经济的发展速度、人们的消费水平等；三是本地区旅游资源的吸引力及季节性影响和交通状况等。上述因素是一个变量，而它们的任何变化都将直接影响到酒店的投资收益。

4）文化性。即酒店的文化氛围和内涵。酒店的文化特性主要体现在有形的物质文化和无形的精神文化两个方面。有形的物质文化主要表现在：具有文化艺术氛围的建筑造型、功能设计、装饰风格、环境烘托和艺术画廊、音乐厅、表演展览厅等文化娱乐设施，以及有民族文化和西洋文化的菜馐等物质产品；无形的精神文化主要表现在物质文化和服务活动的思想意识，以及经营活动中的经营思想和管理文化。

酒店宾馆的分类有：

1）根据客房数量可划分为：600间客房以上为大型酒店；300~600间为中型酒店；300间以下为小型酒店。

2）根据客源市场和接待对象可划分为：商务型酒店；长住型酒店；会议型酒店；度假型酒店。

3）根据投资费用可划分为：经济型酒店；舒适型酒店；豪华型酒店；超豪华型酒店。

4）根据地理位置可划分为：城市酒店；城郊酒店；乡村酒店；景区酒店；公路酒店；机场酒店。

5）根据经营方式可划分为：独立经营酒店；集团经营酒店；联合经营酒店。

6）根据价格形式可划分为：欧式报价酒店；美式报价酒店；修正美式报价酒店；欧陆式报价酒店；床位与早餐式报价酒店。

7）根据等级划分，可分为五个星级：一星、二星为经济性酒店，三星为舒适性酒店，四星、五星为豪华性酒店。

8）根据创新形式可分为：产权酒店；主题酒店。

（5）物流中心。物流中心和商品物流活动的基础设施，是商品的周转中心、分拣中心、保管中心、在库管理中心以及流通加工中心。

物流中心可以分为自用型的物流中心和公共型的物流中心。自用型的物流中心是企业自己开发建设，并且主要满足企业自身的物流活动需求的基础设施；公共型的物流中心则主要是满足社会其他企业物流活动的需要。

公共型的物流中心是一种商业地产，开发商可以通过开发建设公共型的物流中心而进行出租获利。通过选择合理的开发地块，按照物流中心的规划要求开发建设物流中心，并且提供必要的配套设施和统一的管理服务，然后将物流中心的物业出租给多个物流的经营者而获取租金回报。

物流中心按功能分类有：集货中心、分货中心、配送中心、转运中心、储调中心和加工中心。

物流中心按经营者的特征分类有：原材料供应商类物流中心、商品制造商类物流中心、分销商类物流中心、零售商类物流中心以及第三方物流类物流中心。

12.5.5 工业房地产类

1. 工业房地产

工业房地产是指工业类土地使用性质的所有毛地、熟地，以及该类土地上的建筑物和附属物。有别于住宅和商业房地产，工业房地产具有专业性强和投资回报稳定的特点。郊区城市化和大公司总部效应带动，加之市区地价攀升同大公司业务扩张需求的矛盾，市区外围工业房地产正在升温，在功能上也日趋商务化和综合化。需求增加伴随着其他类型房地产利润空间降低和潜在风险提高，使得国内外投资、自用，包括热钱关注相对稳定、空置率较低、回报合理的工业房地产，也促使开发商大力进军该领域。

工业地产在国外往往是一个城市乃至国家的经济支柱。日本的工业地产占全世界的30%，对日本GDP贡献在40%以上；美国工业地产占全世界的27%，对本国GDP贡献也超出了30%。

在我国沿海城市，工业地产正成为众多开发商争抢的对象。深圳工业园区的一块土地拍卖，四家开发商经过14次的举牌，以远远高出标底价才竞得。据数据显示，中国在2010年全球竞争力排名中排名第七，比2000年上升了16位。在2014年，中国以制造业产出占世界比重的20.8%，连续四年位居首位。工业地产的发展有如此优厚的经济条件支撑，势不可挡。

2. 工业房地产的投资特点

（1）有稳定的投资收益率。工业地产投资与住宅、商铺和写字楼投资最大的不同，是工业企业相对稳定，一般厂房的租期是8至10年，租金也相对稳定。工业地产的利润与住宅房地产不同，主要来源于经营。一方面，开发商将土地“深加工”，使生地变熟地，在土地上和区域环境上实现升值；另一方面，用招商引资实现投资回报。有专家预测，虽然工业地产与其他地产差距尚远，但其稳定的投资收益率还是使业界对这一市场前景看好。工业地产投资以其低风险、高回报正在房地产投资领域悄然掀起。

（2）以工业园区引进企业。在我国，工业地产主要以工业园区的形式出现。工业园区经过二十多年的发展，从一般工业园区发展到科技（高新）工业园区，进而上升到生态工业园区。在工业园区内，政府对各类企业按不同的产业要求进行招商建设，并为其量身定做厂房及配套设施。而在生态工业园区，根据可持续发展和生态工程学的要求，还促使各类企业形成上、中、下游的产业链，相互协调、相互弥补、共同发展。

（3）目标侧重“微型工业”。工业地产一般都以“微型工业”为主攻客户。“微型工业”是指那些新兴的、从事技术含量较高、所需厂房面积不大的企业。对他们来说，自己买地建厂面临诸多困难：首先，拿地不容易，费时费力，经营成本增加；其次，由于不能解决配套，不能建立销售网络，谈不上物管、治安；再者，一次性买下50年土地使用权，对于刚起步的企业来说，风险较大，也不现实。

一般而言，工业园区都有良好的生活、休闲配套，还可以为企业搭建销售渠道。有些工业园区还为企业提供海关、商检、外汇、国际货运、保税、仓储等各项服务，协助企业办理注册、税务登记。标准厂房可自由分割，企业可以要多少租多少。还可将复合化产业链带入园区，为入驻企业搭建销售网络，还建有物流中心、商务酒店、会展中心、人才交流中心等配套设施。最为重要的是，经济开发区可以为企业争取税收等优惠政策，这对“微型工业”相当有吸引力。

3. 工业房地产的类型

(1) 工业房地产从园区的角度来分，有一般工业园区、科技（或高新）工业园区和生态工业园区。

1）一般工业园区。一般工业园区是政府根据区域工业分布的需要而在城市郊区设立的。一般工业园区有三种投资方式，一是政府将土地划给厂主，由厂主自己投资盖厂房；二是政府根据企业的要求、结构样式等“按需”盖厂房，厂主必须与政府签订租赁长约；三是部分急于开业或想试探开发区环境的厂家租赁现有的厂房，作为过渡用。由于工业园区中的厂房、仓库的建造商及经营商为开发区管委会下属的开发公司，所以该物业的投资可能性较低，且政府多看中的是进驻企业的长期产值、税收等，对租金利润让利较大。但工业房地产中还包含了配套的工业写字楼和住宅，这部分是放开市场的，仍有利润空间。

2）科技（或高新）工业园区。科技工业园是世界科技和经济发展到较高阶段的产物。此时科技和经济、高校及科研机构和企业之间的紧密协作变得必要和可能，为更好地实现这一目标，科技工业园作为一种新型组织形式应运而生。

① 科技工业园的投资特点。以智力密集为特点的高技术产业和以消耗大量实物资源为特点的传统产业有较大区别。由于高技术产业所需实物资源量少，产品体积小，重量轻，附加值高，便于运输。因此，与传统产业受实物资源约束或销售市场约束不同，高技术产业发展主要依赖广泛的智力资源、高素质的劳动力、良好的自然环境和完善的基础设施等要素的支持。

智力资源。科技工业园区通常位于智力密集区，对高技术产业有促进作用的智密区不是一般意义的大学与科研机构的所在地，而是指研究性的理工科大学和科研机构等结合在一起，构成高水平能力的智力资源集中区。围绕实力雄厚的智密区兴办科技工业园是一条捷径，因为这里基础条件好，起步快，竞争力强。

劳动力资源。科技工业园的发展，不但需要大批高素质的科技和管理人才，而且对普通劳动者的素质也提出了更高的要求。实际上，一些拥有大批高素质劳动力资源的科技工业园在很大程度上弥补了其在智力资源方面的不足。

自然环境。由于高技术产业生产的特点，以及吸引人才的需要，科技工业园绝大多数分布在气候适宜、环境良好的地域。绝大多数高技术产品，如微电子产品、精细化工产品在生产过程中，一般要求空气清新（保持车间清净）、温度湿度适中，这是保持高成品率的前提。此外，良好的气候条件也有利于吸引和聚集人才，而足够数量的高素质人才是园区得以发展的前提。

基础设施。高技术产业不是孤立的产业，特别是综合性的科技工业园，要求有完善的基础设施保证，以创造良好的投资环境。高技术产业尤其需要空运和高速公路的支持，由于分工精细，许多产品不在同一工厂或同一地区全部完成，利用制品轻小、单位价值高的条件，多用航空作长距离的运送。此外，完善的空运和高速公路系统还有利于人才与信息的交流。

② 科技工业园的基本模式。

研究园模式。研究园凭借雄厚的技术和人才资源，主要从事研究开发和技术创新，斯坦福研究园、剑桥科学园等是较典型的研究园。高技术企业的总部和研究开发部位于区内，而生产基地很可能分布在园外。这种模式有利于充分发挥智密区的优势，规避了智密区劳动力价格高昂，土地等资源稀缺的缺陷，也有利于保护研究园良好的环境。

孵化器模式。孵化器用来帮助有潜力的企业家将其初创的尚不能独立运作的小企业转变发展为能够获利的企业，它大大减少了企业发展初期的风险，提高了高技术企业创业的成功率。孵化器既可以独立地存在，也可能附着于其他类型的科技工业园。一般而言，研究园大都同时具有孵化器的功能，这些园区实际上扮演了研究园与孵化器的双重角色。

高技术加工区模式。高技术加工区是高技术企业的加工基地，主要从事高技术产品的生产，较少进行研究开发工作。

科学城模式。科学城作为科研机构和高校的集结地，主要从事基础研究和应用研究，为国家的长远发展提供科学和技术支持。随着世界新技术革命的发展，科学城对周边地区及其企业的辐射作用日益增强，随着高技术企业的靠拢和渗入，当今科学城逐渐发展成为以研究开发为主，同时兼备高技术生产、服务功能的一种新型社区。

复合模式。复合模式是指以上两种或多种模式的复合。实际上，大数科技工业园不是单一、简单的模式，而是两种或多种模式的复合，当然，往往是其中的一种模式居主导地位。

3）生态工业园区。生态工业园是继工业园区和科技（或高新）工业园区的第三代工业园区，是指以工业生态学及循环经济理论为指导，使生产发展、资源利用和环境保护形成良性循环的工业园区建设模式，是一个能最大限度地发挥人的积极性和创造力的高效、稳定、协调和可持续发展的人工复合生态系统。它是高新技术开发区的升级和发展趋势，体现了新型工业化特征及实现可持续发展战略的要求。

① 生态工业园的投资特点。

高效益的转换系统。生态工业园的各项活动在其自然物质——经济物质——废弃物的转换过程中，应是自然物质投入少，经济物质产出多，废弃物排泄少。通过发展高新技术使工业生产尽可能少地消耗能源和资源，通过高新技术提高物质的转换与再生和能量的多层次分级利用，从而在满足经济发展的前提下，使生态环境得到保护。

高效率的支持系统。生态工业园应有现代化的基础设施作为支持系统，为工业园的物质流、能量流、信息流、价值流和人流的运动创造必需的条件，从而使工业园在运行过程中，减少经济损耗和对生态环境的污染。

高水平的环境质量。对生态工业园生产和生活中产生的各种污染和废弃物都能按照各自的特点予以充分的处理和处置，使各项环境要素质量指标达到较高的水平。

多功能的绿地系统。生态工业园的绿地普及应根据联合国有关组织的决定，绿地覆盖率达到50%，居民人均绿地面积达90平方米，居住区内人均绿地面积为28平方米，这样才可能维持工业园区生态系统的平衡。

高质量的人文环境系统。生态工业园应具有高质量的人文环境系统，包括较高的教育水平和人口素质水平，良好的社会风气和社会秩序，丰富多彩的精神文化生活，发达的医疗条件和祥和的社区环境以及自觉的生态环境意识，只有这样，才能吸引人才、留住人才。

高效率的管理系统。生态工业园应具备高效的园区管理系统，对园区内的各个方面，如人口、资源、社会服务、就业、治安、防灾、城镇建设和环境整治等实施高效率的管理，促进工业园区的健康运行。

② 生态工业园的投资模式。

企业主导型。一是以原有某一或几个企业为核心，吸引生态链上相关企业入园建设的生态工业园区；二是以企业集团为主，集团内部企业根据生态工业学和循环经济原理建成的生态工业园区。

产业关联型。将产业关联度较高的相关产业以生态的观念联合在一起，充分发挥互补效应的园区。如以加强农业与工业之间的产业关联，促进可持续工农业发展为主的农业生态工业园。

改造重构型。在原有的工业园区、高新技术园区的基础上进行改造，重新构架创造生态企业集聚的升级生态工业园。

（2）工业房地产从用途的角度来分，有工厂厂房、研究与开发场所、仓储与配销库房以及附属配套设施。

1）工厂厂房。工厂厂房是企业生产制造的地方，厂房面积有大有小，可根据生产的需要来定做。工厂厂房分为标准厂房和非标准厂房。标准厂房是根据一般标准如面积、高度等来建造的，非标准厂房则不一样，它是依据企业的生产设备、生产工艺以及生产流程的不同而量身定做的。

2）研究与开发场所。研究与开发场所是工业企业产品前期设计、研究、中试、开发、定型的地方，类似企业的写字楼。该场所有办公室、实验室、培育室以及一些仓储设施。

3）仓储与配销库房。仓储与配销库房主要负责生产产品的堆放、储备、配销等，根据企业产品和数量的不同，面积大小不等。由于仓储物业自动化程度越来越高，面积在1万平方米以上的物业很常见，很多库房面积达到了3万平方米；仓储的技术水平也达到了较高的水平，存储和配销实现高度自动化已达到即时盘存。

4）附属配套设施。工厂企业的附属配套设施一般为企业员工的生活而设置，如住房、便利店、超市、邮局、娱乐场所等等。一些大的工业园区，还在不远的地方建设了商业一条街，各类配套设施一应俱全，以满足员工日常生活的需要。

工业园的发展还聚集了一批产业主及科技人员、高级管理人员进驻，这是具有强大购房消费力的群体。他们对高端住宅如别墅、酒店式公寓的需求高，对住宅社区的高级配套，尤其是教育配套的要求也不低。

12.5.6 主题房地产类

1. 主题房地产

主题房地产是传统房地产的升级或者转型，是区别于商业地产、工业地产、住宅市场外的另一种存在形式。它其实也是复合地产的一种引申，是一种以地产为载体，以一个或多个主题为引导，整合文化产业、旅游产业、住宅房地产、工业房地产等多个领域的优秀资源，创造的地产经营模式。自2012年以来，房企纷纷把目光转向此领域，主题房地产成为下一个红海指日可待。

主题房地产是指以项目策划为导向，将主题文化导入房地产的“整体规划、建筑造型、园林绿化、园林景观、宣传推广和社区文化活动”之中，将开发项目建设成为一个“集文化艺术和居住公园于一体”的城市生活体。

2. 主题房地产的分类

(1) 旅游房地产。旅游房地产是传统房地产的一个分支，是近年来兴起旅游、休闲业与地产业结合的物业。随着经济的发展，人类居住和生活环境的改善，休闲时间和可支配收入不断增加，人们从事职业活动以外，追求个性发展、身心健康的愿望正在逐步实现，并将成为当代社会的基本需求。5+2 的生活工作方式、一年中的各种休假制度，为生活节奏越来越紧张的人们提供了难得的休闲放松时间。一批批颇具特色的旅游住宅、产权式酒店、酒店式公寓在市场上连连走红，就是一个佐证。以旅游、娱乐、运动、健康为目标的大众化休闲时代已经到来。

旅游房地产是以旅游为目的，以旅游资源（包括自然景区和人造景区）为卖点，以房地产开发为营销方式，开发全部或部分实现了旅游功能的房地产。

1) 旅游房地产的投资特征。

① 投资和消费的双重性。旅游房地产首先是一种投资品，从开发的环节来看，开发商投资旅游房地产是一种固定资产投资，而固定资产投资通常被认为是拉动地方经济增长的三架马车之一，旅游房地产的开发首先在开发的环节上具有拉动经济增长的作用。在消费的环节上来看，消费者购买旅游房产，一方面是为自己旅游消费的方便；另一方面旅游房地产和一般的房地产项目一样，具有保值增值的潜力，且增值空间较大，因此，对消费者来讲，旅游房地产也是一种投资品，消费者在消费的过程中还有可能同时获得资产的增值，对消费者来讲是一种投资生财的方式，这也是旅游房地产的魅力所在。

② 功能上的娱乐性和休闲性。旅游房地产由于在功能上是为旅游服务的，这一点决定了它除了具有一般房地产所具有的居住功能以外，还应具有较强的休闲和娱乐功能，因此，旅游房地产的开发更加注重旅游度假氛围的营造。一般依托优美的自然环境或者人为建造的环境，需要诸多的休闲娱乐设施与之相配套，在旅游房地产本身的设计上，也与一般的住宅项目有很多的不同，在户型设计、内部环境的设计上要考虑休闲度假者的放松身心、休闲度假的需要，在设计中比一般的住宅项目融入更多旅游的元素。

旅游房地产多选择在风景名胜区，风光秀丽、气候宜人，同时也注重当地历史文化氛围及文脉的开发。旅游房地产还注重营造和谐、舒心、安静、轻松的气氛，营造一种旅游文化。使消费者脱离日常工作压力、复杂人际关系的困扰，寻到自己的一片净土，身心得到调节。

③ 消费档次高。旅游房地产自诞生便具有贵族化色彩，在国外它还是中产阶级的消费品。国内旅游房地产的消费者群集中在城市的中高收入阶层，他们经济状况良好，希望拥有较高品位的住宿条件和度假环境，传统的旅游项目已不能满足需求。传统旅游业中，酒店高中低档的设立涵盖了各个收入阶层人们的消费，景区游览更是面向大众推出的产品。

④ 消费的可存储性和期权消费。旅游房地产在消费时间上可以是多次的，即一次性购买多个时间段或生前永久性（如养老型酒店）的消费权。时权酒店出售的便是每一单位的每一个时间份的一定年限内的使用权。购买分时度假产品的消费者还可将自己的度假权益交换至分布于世界各地的度假村。在旅游业的其他领域，一般是在当时当地购买或提前异地预

定产品，而在当时当地消费，不存在储存消费和期权消费。

2）旅游房地产的类型。

① 娱乐类旅游地产，主要指在旅游区内为游客活动建造的各种娱乐等非住宿性质的房地产。

娱乐类旅游房地产开发是市场主导型模式，其发展取决于旅游地的区域人口、宏观经济发展条件与潜力、城市腹地非农业人口比例、区域人均收入、市场消费预期等因素，还受到旅游者的兴趣、爱好和迁移等因素的制约。由于游客的迁移和爱好没有固定的格式，具有不确定性和随意性，房地产开发具有随机特征，因此，开发前的市场调查是准确定位的必要前提。开发区域主要除了具有便利的交通与地理位置的城市化地区，如城市公园、城市游憩带等外。目前随着汽车得越来越普及，人们度假休闲的地点早已不受地域的限制，娱乐类旅游房地产开发区域主要以景观为主要权衡条件。目的地娱乐旅游包括主题公园娱乐活动、公园娱乐活动（主题公园以外的公园）和旅游景区娱乐活动等旅游项目。

相应的房地产开发主要有以下类型：

a. 主题公园房地产开发。小型主题公园开发对游客不构成单独吸引力，往往附属于一个大型公园或旅游区内，如北京动物园内的西游记宫等。大型主题公园开发具有高投资、高风险和成片占用土地特点，需要庞大客流来维持正常营运和收回成本，要求在宏观选址上必须是经济发达的大城市和特大城市，微观上则选择用地限制较小、地价便宜的城市边缘地区。但随着主题公园开发，边缘地区有发展为卫星城或新城中心的可能。中国开发主题公园从 20 世纪 80 年代初兴建游乐场开始，但真正取得显著影响和巨大经济效益的是 20 世纪 80 年代末以深圳华侨城为代表，先后投资 18 亿元建设了以仿古文化、民族文化、世界文化、娱乐为主题的锦绣中华、中国民俗文化村、世界之窗和欢乐谷等四大主题公园，形成面积近 500 万平方米，富有良好景观和生态环境的文化旅游区，带动了周边房地产的大幅升值。

b. 公园房地产开发。公园是城市中供公众游览、观赏、娱乐等的园林。早期的公园主要是园林式公园。20 世纪中期以来，公园功能逐渐完善，综合类公园逐渐形成公园造景和娱乐两大分区，其造景部分通常是乔灌木和亭台楼阁的交错分布。娱乐部分则汇集了旱冰场、舞厅、影剧院、儿童游乐场、现代运动场、体育运动场等现代设施。侧重于某一特殊娱乐功能的专类公园如儿童乐园、动物园、植物园、体育公园、纪念性公园也大量涌现。

c. 旅游景区娱乐房地产开发。旅游景区娱乐是借助景区工作人员和景区活动设施给游客提供的表演欣赏和参与性活动，使游客得到视觉及身心的愉悦，按场地可以分为舞台类、广场类、村寨类、街头类、流动类（如大篷车歌舞）及特有类（如枪战场、滑翔基地）。

② 观光类旅游地产，主要指在旅游区内为游客活动建造的各种观光、休闲等非住宿性质的房地产。

观光类房地产开发多具有非盈利性特点，属政府主导型模式。其发展受制于先天文化传承、历史、特殊地域等条件，一般投资巨大，投资主体为政府或相关的宗教团体等，不适合大规模新建，往往要按照修旧如旧的原则“修复”。观光塔类型建筑多附有其他功能，甚至以其他功能为主，如上海东方明珠就是以广播电视发射为主，旅游是其附加功能。观光类房地产一般可以形成当地的标志性建筑。

观光类旅游房地产包括历史遗迹、博物馆、宗教建筑、标志性景观建筑、历史修复性建筑等。

③ 接待类旅游地产，主要指在旅游区内或旅游区旁边提供旅游服务的商店、餐馆、娱乐城建筑物及关联空间。

接待类旅游房地产开发是市场主导型模式，其发展必须有一定的游客基数，所依托城市经济条件好，市民消费层次较高，度假旅游市场发达，交通便利以及完善的配套服务与设施等。开发区位是具有开发度假旅游的资源基础或具有独特的资源条件（如温泉等）的区域。一般需要景区统筹规划再投资建设，不能因建设而破坏景观。

接待类旅游房地产包括旅游度假村、旅游酒店、旅游餐饮设施、旅游交通设施（停车场、售票厅等）、会展旅游设施和RBD（城市游憩商业区）中的接待设施等。

旅游度假村、旅游酒店、旅游餐饮设施是指开发商利用旅游区优越的自然条件和地理位置而开发的具有投资回报的度假、住宿和餐饮等房地产项目。度假村和酒店可采用分时销售的营销方式，即将旅游设施一定时期内的所有权出售给旅游者，使旅游者能够以较低的价格获得高档享受，同时，旅游设施经营者也通过一定的会员费回笼资金，用规模经营的方式降低成本。也可采用“旅游+投资”的产权酒店营销模式，产权酒店是开发商将酒店的每个单位分割出售给投资人，投资人再将客房委托酒店管理公司同意出租经营获取年度客房利润分红，同时获得酒店管理公司赠送的一定时期的免费入住权。

“产权酒店+分时度假”两者结合也是旅游房产较为流行的模式，既满足了投资者稳定的租金回报，同时也满足了租赁客对酒店的使用，并可在整个系统内交换使用，产生“闲暇时出租，旅游时自用”的效果。

会展旅游通过举办各种类型的展览会、交易会、招商会，吸引游客进行洽谈贸易、观光旅游、技术合作、信息沟通、人员互访和文化交流，带动会展中心、饭店、购物、餐饮等房地产业发展。会展旅游房地产市场开发是多层面的，而竞争也将更加充分。

RBD（城市游憩商业区）中的接待设施包括住宿、购物、交通等设施。RBD区位常常决定于自然的或历史的景点，或一个历史区域内。旅游点是影响RBD最重要的力量，并不一定位于城市中心区，由此能获得更多相对低廉的土地。

④ 景观型旅游住宅地产，是指在景区范围内利用旅游开发带来级差地租升级而开发的房地产，主要是与旅游区相连接的各类住宅建筑。

景观型住宅区开发受地价因素影响较大，是旅游房地产开发的成熟模式，属于区位主导型模式，一般与大型游乐场、大型游憩场所、大块水面等相依托。项目开发对旅游景区的破坏性大，分成借景式开发和构景式开发。促进景观型住宅区开发的因素有：居民对旅游住房需求量大，居民消费结构改变，居民住房需求景观化等。其主要销售对象是景区当地居民。随着景区开发，景区周围基础设施逐渐完善，也形成一定数量和规模的产业集聚，促进了所在地的地价升值和房地产开发。深圳华侨城1988年华侨城多层房屋售价只有深圳中心商务区（CBD）罗湖区的65.8%，但到1991年锦绣中华开业后，华侨城售价为罗湖区的92.3%，1992年基本持平，为罗湖区的98.2%，房地产成为华侨城的支柱产业之一。

景观型旅游地产还包括养老型公寓，高尔夫度假村、登山滑雪运动度假村、旅游休闲培训基地等。

（2）养生养老房地产。随着我国老龄化人口规模的快速膨胀，养老问题已经成为重大社会问题。据预测，到2020年，中国的老龄人口将增加到2.5亿左右，存在巨大的市场需求。一些拥有前沿思想的大型房企也纷纷进军养生养老产业，未来养老房地产将成为“朝阳”产业。目前养生与养老的解读基本都是在一起的，但从市场客群来分析，二者无论从项目选址、功能划分、营销渠道、业态布置、产品设计等方面都有细微区别或明显不同。

1）养生房地产。选址多位于生态环境较好的区域，投资性属性较强，以养生度假功能为主，具备第二居所的功能，目标客群定位于活跃阶段长者及投资性客群，年龄覆盖较宽泛，业主具有候鸟特点，房屋设计考虑了老年人的生活习惯等。

2）养老房地产。养老房地产是以老年人为目标客户群体而进行建筑设计、设施配套和服务跟进的房地产项目。养老房地产的特色应该是为老年人提供家政、餐饮、娱乐、休闲、社交、康复、医疗、介护、照料等一条龙服务，而不是仅仅提供老年人居住的“房地产”。

与养生地产相比，养老地产属于刚需产品，从区位上来说一般选择城市的郊区，其特色是为老年人提供家政、餐饮、娱乐、休闲、社交、康复、医疗、介护、照料等一条龙刚需服务，而不是仅仅提供老年人居住的“房地产”。面临的人群绝大部分是高龄老人、失能老人、失智老人。因此，养老房地产更注重的是后续的运营与服务，受我国目前退休人员的工资替代率较低所限，即使在子女提供资金帮助的情况下，该类型项目后期运营也是呈现“刚需＋微利”的特点。

3）养生养老地产的投资特点。

① 以销售经营获利，持有经营利润低。养生养老房地产持有经营需考虑资金风险，因为一般经营收益不足10%，贷款利息都不足以偿还，所以养老房地产的持有经营是没有利润的。因此目前养生养老房地产（除公益性养老机构外）的运营通常都是以租售结合的形式来进行的。

②投资和消费的双重性。与旅游房地产一样，养老养生房地产也兼具投资和消费的特点。由于这类项目一般选址在拥有较佳环境资源，远离市中心的地方，养生养老房地产的目标客户人群多是久居城市，具有一定消费能力的活跃阶段长者及投资性客群，这类消费者由于交通原因不能经常往来，具有候鸟特点。产品本来就具有一般房地产的保值能力，购买物业的使用权后有需求时可以多次消费使用，物业空置时又可以通过专业的运营机构进行出租或管理，在一些连锁的养生养老房地产项目，消费者还可将自己的使用权益交换至分布于世界各地的项目。

③政府支持，获得土地成本较低。由于养生养老房地产具有一定的公益性，在获取土地的过程中享受政府土地优惠政策的可能性较大。2013年，国家发布《关于加快发展养老服务业的若干意见》，在政策、服务及产业三个层次保障了养老服务业全面发展。2014年4月，国土资源部发布《养老服务设施用地指导意见》，意味着建设性养老用地有了国家规范；出让或租赁建设用地使用权可以抵押获取资金，拓展融资渠道，减缓资金压力。

④ 运营模式多样。有以下六种运营模式。

a. 本地出售型社区模式。以面向市场出售的住宅产品为主，注重社区环境的打造和养老配套设置的完善。这种模式的盈利绝大部分甚至全部来源于住宅出售，有极少部分来源于配套产品的经营。而随着养老地产的发展，本地出售型社区模式的养老地产投资收益水平也在不断接近房地产平均投资收益水平。

这种模式有助于资金快速回笼，能够有效提高资金周转率，但是是以获得土地为前提，因此享受政府土地优惠政策的可能性很小，同时不能得到养老房地产升值的部分和通过养老房地产及配套设施运营获得的长期稳定收益。代表企业：北京东方太阳城。

b. 异地出售型社区模式。这种模式形成原因是利用移入地和移出地不同地域的房价、生活成本的巨大差异和气候、环境等自然养老资源的巨大差异，从而满足老年人追求高品质退休生活的养老需求。项目一般位于环境和自然资源优良的旅游胜地，利用自然资源，与养老住宅和设施进行融合，以住宅产品出售盈利。由于其特有的资源环境条件，这种模式难以普遍模仿复制。

这种模式同样具有资金回笼快、经营风险小的优点，但同时又具有其他模式不能比拟的地理优势、价格优势和环境优势。由于地域限制，这种模式在具有自然资源及旅游资源优势、环境优良的城市更容易获得成功。代表城市有三亚、海口、大连、青岛。

c. 租售组合型综合社区模式。该模式通过养老住宅销售与养老公寓出租及养老配套设施持有运营相结合，由专业的运营机构负责养老公寓及配套设施的运营。这种模式通常构建了“住宅销售+养老公寓出租+养老配套持有经营”的综合性的项目盈利体系。通过住宅销售获得一次性投资收益，而通过养老公寓出租和配套持有经营获得了长期稳定的收益。而收益的比例则因项目定位中产品配比不同而不同，一般销售与持有部分比例为8:2。

这种模式不仅解决了全部出售对养老产业发展不利的问题，还解决了全持有经营资金占压大、市场难以消化的问题。使资金回笼较快，收益多元化，关键是在土地方面可采取灵活策略，在用地性质上，可以是居住用地、医疗用地、商业用地、公建用地等多种用地性质搭配的综合性开发。但其资金投入较大，总成本投入比单纯的住宅开发高得多，建设周期相对较长。持有部分后期需要持续的经营管理和投入，投资回收期较长，通常在15~20年。代表企业：北京太阳城。

d. 养老房产金融组合型社区模式。这种模式运用各种金融组合手段，促进养老社区产品的租售，为企业发展融资，但多数金融创新手段还处在尝试阶段。目前，国内出现的金融组合型社区模式的产品主要有以房养老、押金或养老金返还和绑定养老保险3种。代表企业：泰康之家养老社区。

e. 会籍制社区模式。该模式通过打造医疗保健社区，全部持有运营，采取会员制管理模式，出售长、短租会员卡。同时，对自理、半自理、非自理客户区别对待，收取不同租金，收费水平比福利型养老机构的收费水平高。通常销售的会籍，对年龄有一定限制，主要针对保健养生格外关注及身体健康欠佳的老年人。因而，在一定程度上抬高了目标客户入住的门槛。盈利以房屋出租收益为主，配套产品经营收益为辅。可通过使用配套用地、行政划拨用地等灵活的手段获取土地，用地性质也可以是公建用地、医疗用地等低成本土地，但经营模式为全部持有经营，资金占用量大、投资回收期长。同时，服务完善的市场化养老社区收费高昂，从而使得高入住率较难达到。代表企业：上海亲和源。

f. 床位出租型养老机构模式。这种模式根据投资主体，有公办、民办、公办民营、公助民办等多种经营模式，以床位出租为主要盈利模式。目前而言，公办养老机构收费较低、补贴多，严重供不应求，但体制机制不活、服务成本较高、经济效益较低。民办养老机构数量较少，缺乏政策扶持，经营状况不容乐观，发展不平衡，只有少数高端民办养老机构经营状况较好，而中低端民办养老机构盈利性则较差。代表项目：养老院。

⑤ 产品档次高。养生养老房地产的特殊性要求其产品的具有较高的档次。从自然资源看，养生养老房地产较一般旅游房地产更注重居住环境的舒适性及便捷性，为了打造具有优越自然资源、便捷的交通条件的项目，要求房企的前期资金投入较大；从配套设施看，长者

较年轻人对医疗设施、餐饮起居、专业护理等服务的要求更高，需投入更大的精力去进行管理；从消费客群看，消费的主体是活跃阶段长者，他们较注重养生，与金钱相比，更重视健康，也愿意花费金钱去享受优质服务。

（3）文化房地产。文化房地产是以文化软实力为核心竞争力的房地产开发模式，是用文化引领规划、建筑设计、园林景观、营销体系、物业服务的系统工程。房地产传统开发模式是以“建筑”为核心，文化和概念仅作为营销手段；而文化房地产是以“文化和生活方式、居住理想”为核心，用文化提升固化建筑价值。从“十二五”中文化产业被确立为国家战略新兴产业，从新型城镇化战略到“一路一带”，从长江经济带到京津冀一体化协同发展，一系列影响中国经济布局的国家战略为文化产业发展进入新常态提供了宏大的叙事背景。“互联网＋”的发展为跨界融合的新型文化业态的生成与壮大创造了前所未有的发展空间。

1）文化房地产的类型。

① 博物馆模式。这种模式以展览和旅游开发为主，艺术家和文化机构进驻后，成规模地租用和改造空置厂房，逐渐发展成为画廊、艺术中心、艺术家工作室、设计公司、餐饮酒吧等各种空间的聚合，国内目前把这种模式发展得较好的是“北京798”。

②公共游憩空间模式。公共游憩空间是指处于城市或城市近郊的，游憩者可以进入的，具有休息、交往、锻炼、娱乐、购物、观光、旅游等游憩功能的开放空间，建筑物及设施。该模式最典型案例为德国北杜伊斯堡景观公园。设计师将公园设计与建筑原用途紧密结合，将工业遗产与生态绿地融为一体，是后工业景观设计代表作之一。

③ 商旅文联合开发模式。这种模式深度挖掘项目所在地的文化内涵并加以升华，把历史文化特有元素、特色建筑、特色餐饮相结合，发展成文化旅游特色景区。典型案例为上海城隍庙。

④ 开辟创意新区模式。为响应“一带一路”战略，国家在政策、财税金融方面出台了相关政策，规范和扶持国内文化产业园区的发展，加强对文化企业、人才培育的培育，为我国文化产业的发展提供机遇。这种模式的重点为一站式体验、创意元素吸引及产业链延伸。除一些本身就具有文化底蕴的产业园（如山东潍坊可林奇文化创意园）外，目前市场上由老厂房改造而成的文化创意园区也占有较大比重。

2）文化房地产的投资特征。

① 组合混搭的商业模式。为了保证消费者的关注度，延长其停留时间，为项目的运营提供保障，开发商会尽可能地丰富项目的功能业态和配套设施，运用文化产业与其他产业相融合的商业模式进行发展，使项目成为一个可以满足大多数消费者需求的“文化综合体”。

② 独特的建筑风格。建筑风格是文化底蕴最直接的表现，文化地产较其他产业来说，建筑风格应最为突出。在开发项目的过程中，要深挖其特有的文化内涵，以建筑风格的形式深化，赋予项目独特的形象。山东青州宋城以中国宋朝时期的独特建筑吸引眼球，知名度较高。

③ 盈利模式多样。有“全部自持”“全部销售”及“自持＋销售”组合模式三种主要的盈利模式。“全部自持”模式主要以租金为主要运营收入，出租物业使用权，资金回笼周期长，由于资金对开发商的资金要求较高，一般为国家支持的公益性及私人项目所用；“全部销售”模式以销售物业所有权为主要盈利形式，利于开发商的资金回笼，但物业所有权

不属于开发商，后期管理难度大，不利于项目的发展；“自持＋销售”组合模式既能解决开发商的资金问题，又较利于项目的后期运营管理，受到开发商的青睐。

（4）体育房地产。2013 年 3 月，国务院办公厅发布了《关于加快发展体育事业的指导意见》，许多城市政府部门也纷纷颁布发展体育产业的政策，众多房地产开发商瞄准体育地产与房地产的复合开发，体育楼盘、体育城和体育花园等地产项目掀起建设高潮。奥林匹克花园系列、四川龙泉阳光体育城、上海新体育广场和昆明新亚洲·体育城等高品位大型体育主题地产不断涌现。体育与地产的联姻，充分整合了双方优势资源，使体育产业与商业地产在资源和市场等要素方面有机整合，创造价值最大化，满足居民日常体育需要，带动地域房地产经济发展。

1）体育房地产的类型。

① 体育休闲型模式。是一种引进以运动健康、文化教育、旅游度假为主的体育项目和配套设施，并把体育休闲旅游作为新的开发题材整合到商业地产中，在休闲娱乐层面实现体育与商业地产的结合，进而提升商业地产区块核心竞争力的模式。深圳观澜高尔夫是体育休闲型模式的代表作品。它由香港骏豪集团开发，该公司旗下观澜湖高尔夫球会、观澜湖高尚生活社区、观澜湖水疗度假酒店等多个产业。

这种模式需要依托当地的自然环境、文化资源，使房地产与体育最大程度上实现融合。或者是在城市边缘地段开辟新的体育环境和房地产项目，带动周边房地产的滚动发展。

体育主题社区是该模式的典型代表。体育社区除居住生活区和运动场所之外，还具备养生服务、休闲商业和生态公园等配套功能。大型体育社区通常还包含为重大体育活动提供的公共体育场馆和配套设施，可以承办高水平赛事，成为当地体育展示的重要窗口。

② 体育商贸型模式。这种模式是在区域层面上实现体育与商业房地产的结合，通过体育经济力量驱动城市区域发展，涵盖功能包括体育、商贸、旅游、城市和区域经济等方面。

该模式是对大块成片土地进行整体开发，以体育项目为先导或核心项目，把附着功能与项目的分块土地作为产品进行经营，同时全部或部分开发其中的项目。如在体育中心为核心的综合片区上发展赛事经济，吸引商贸、房产、会展和酒店等行业入驻，产业间相互合作，形成产业集聚，增强区域综合竞争力。广州天河体育城是体育商务模式的典型代表。为举办第六届全国运动会，广东省广州市政府投资 3 亿元建造天河体育中心，目前天河体育中心已发展为广州城区最繁华的商圈之一。

③ 中央体育区模式（Central Sport District）。CSD 是典型的以体育为主题的现代服务业集聚区。主要由体育、商业和住宅三大职能设施组成，进而形成体育商贸居住中心，区内往往聚集了规模宏大的居住群，覆盖了体育产业的硬件资源和软件资源，还有与其匹配的商贸中心，有利于带动住宅、消费和旅游等一系列相关产业的发展，形成城市新经济增长链，发挥价值的最大化。

2）体育房地产的投资特点。

① 对象的普遍性。无论是处于什么社会地位的人，只要注重健康，都需要运动，因此体育房地产的消费群体广泛，体育房地产市场存在巨大的市场需求。

② 产业的多元化。体育房地产的发展不能依靠单一的体育产业的支撑，还需要整合其他产业的资源，如目前流行的体育与旅游相结合、体育与商贸相结合等模式。只有发展多元化的产业，才能为项目建造良好的运营环境。

③ 收益的两极化。同样是体育房地产，但收益差距却非常大。如体育场馆经营投资大，盈利模式较为单一，以门票、大型比赛、大型演艺、纪念品售卖为主要获利途径，收支难平衡。目前广州众多体育场馆中，能实现盈利的只有广州体育馆、天河体育中心等少数体育馆，其他大多数都是亏本经营。而体育旅游地产的盈利方式主要是房地产开发、景区门票及周边配套收入等，某些拥有俱乐部的项目还可向消费者收取会员费用，收益较为可观。

12.5.7 综合房地产类

1. 综合房地产

综合房地产又称都市综合体，是指将城市中分散的商业、办公、居住、旅店、展览、餐饮、会议、文娱、交通等不同性质、不同用途的社会生活空间的三项以上集中起来组合，并在各个部分之间建立一种相互依存、相互助益的能动关系，形成一个完整的街区，或一座巨型的综合楼，或一组紧凑建筑群体的一种房地产类型。

2. 综合房地产的特征

（1）整体协同性。整体协同性首先是指建筑物在风格上的统一。建筑设计应以城市设计为基础，强调各单体建筑之间的相互配合、衬托、影响和联系；整体协同性还指建筑群与外部空间的配合，特别是建筑群与外部整体环境的统一与协调。通常，综合房地产要设置大型的开放空间，同时设置多条出入通道，以便使庞大的建筑空间呈现有秩序、有节奏、有关联的观感，实现建筑群内部与外部的资源共享与交流。

（2）功能复合性。功能复合性是指建筑群落内部实现完整的工作生活服务供应。如瑞典斯德哥尔摩中心改建时，采用都市综合体形式，将行政办公建筑布置在商业和娱乐设施之上，使得该综合体的功能多样化、互补化；日本大阪的新梅田中心、美国华盛顿的西南改造区等，都是综合了商业、行政、办公、居住等多种功能；法国巴黎德方斯街区更是综合了城市的全部功能，俨然就是完整的“小巴黎”。

（3）使用均衡性。使用均衡性是指注重均衡的土地使用方式，避免土地过分集中于某一项特定用途。一方面，要使不同种类的土地相对均衡地分布于不同功能的建筑群中；另一方面，要兼顾白天和晚上、平时和周末等不同时间段对建筑群使用的不同的需求。

（4）空间连续性。空间连续性包含三个方面的内容：一是平面上的连续。综合房地产一般都是占地规模庞大的建筑群落，任何隔断都会为整体设计带来很大的麻烦，而且影响整体效果；二是立面上的连续。这主要是从建筑效果考虑，要保持建筑物同一朝向上建筑风格的统一，不允许有任何的不协调；三是空间上的连续。综合房地产开发一般都在城市中心，为了最大限度地利用现有土地资源，要使建筑向高空、地面、地下三向空间发展，形成流动的、连续的空间体系。

（5）交通平衡性。交通平衡性是指交通车辆和行人对街道的使用保持恰当的平衡关系。对大多数区域来说，应鼓励步行系统和街面的活动，鼓励人们使用公交运输方式，并在步行区外围设计交通工具换乘的空间节点，形成人行天桥、地面交通和地下交通的平衡利用。

（6）环境艺术性。环境艺术性是指建筑群内部及其外部环境设计要做到协调优美。综合房地产是在城市设计理论的基础上发展起来的，对环境的要求非常严格。

3. 综合房地产的投资特点

(1) 投资大但收益高。综合房地产一般处于城市土地开发的成熟地段，占地多达数十万平方米，建筑面积高达数百万平方米，所需要的资金动辄数十亿。如此庞大的资金规模要求建设者和参与者要综合各种融资手段，以便保障工程建设的顺利进行。但综合房地产由于开发在地段好、升值潜力大的地区，因而具有较高的投资回报率。

(2) 独特的风格设计。综合房地产承担的重要的社会功能，使得社会对其建筑形式的要求近乎苛刻。都市综合体中，具有代表性的建筑风格包括：步行街、大面积的开放式广场、高架桥、人行道和车行道隔离、各建筑之间联系、环境、建筑小品等。

(3) 社会各界的广泛支持。综合房地产的建设首先必须得到政府的鼎力帮助，帮助有关建设者筹集资金和进行市政基础设施建设等；其次，要得到民众的认可和支持。综合房地产开发是城市象征性建筑的开发和建设，只有得到民众的认可和积极支持，才能为建设营造良好的环境。

(4) 科学的综合管理。庞大的建筑群落，多样化的功能空间，对开发商来说是需要综合考虑的问题；综合房地产建成之后的运营与管理，还需要政府及有关部门进行科学的运筹和安排。

(5) 良好的功能互补。综合房地产中的各种功能可互为补充，在为对方提供发展潜力的同时又促进自身的发展，在一定范围内实现自给自足，使整个综合体获取良好的经济效益，甚至形成“城中城”的经营方式。

12.6 项目投资模式与开发模式的选择

12.6.1 投资模式与开发模式

投资模式是指投资收益的具体方式，主要是从投资的过程来说的，即从投入资金开始，进入开发建设到变成产品，最后形成新的价值的具体过程。在房地产项目投资中，企业会根据对经济形势的判断、自身的资金实力、市场的前景、企业的投资特长以及投资区位的具体特征等，来最终确定具体的投资模式。

开发模式是指投资开发的具体方式，是在确定具体投资模式的基础上，灵活地选择各种开发方式，使房地产投资更加科学、规范地进行。

项目投资模式和开发模式随着房地产市场的发展而不断地发展，原有的模式会不断地被更新，进而形成一些与各种不同项目相适应的创新模式。对具体的房地产项目而言，选定符合投资目标和内容的创新模式，是房地产投资策划的一个重要的方面。

12.6.2 投资模式

项目投资模式有多种，有些是传统的，有些是创新的，有些是比较特殊的，现列举如下。

1. “投资—转让（出售）”模式

“投资—转让（出售）”模式的特点是企业投资购买标的（土地或物业）后，不经过开发建设环节，经测算项目出手后达到了企业的预期效益时及时转让或出售，从而实现了企业的投资收益。这是最传统的一种投资模式。

这种模式主要运用于土地的投资以及一些成品物业的投资。一些开发商在看中某块地购买以后，自己不开发，而是搁置一边静候土地升值。由于城市建设不断深化，尤其是随着各地政府不断投入大量资金，对各地市政环境进行配套建设，从而令土地升值。据此赚取土地升值后溢价而获得额外收益。这种投资盈利模式是最传统、也是最为消极的。有人称之为土地增值型模式。

有时，投资者看中了一些物业的市场前景，如住宅、商铺等，这些物业不需要开发建设，等待升值后而伺机出售，赚取买卖差价，这也属于"投资—转让（出售）"模式。对成品物业的投资，无论是企业还是个人，在实际操作中都很普遍。

土地的投资有生地和熟地之分，生地是没有经过开发、整理、拆迁的，地价一般比较便宜；熟地就不同，已经拆迁、平整的，或我们所说的已经三通一平的土地，地价就比较贵，如果投资购买七通一平的净地，那地价就更贵了。生地有拆迁整理的困难，需要花上一定的时间，特别是拆迁的问题，有时还会拖了开发建设的后腿，但由于地价便宜，也可弥补因拆迁整理而带来的一定的损失。而熟地价高，但也免去了拆迁整理带来的麻烦。投资商要根据企业的具体情况来进行选择，不可一概而论。

2. "投资—开发—出售"模式

"投资—开发—出售"模式的特点是完成了房地产投资开发的整个流程，即投资土地后，经过了开发建设，最后把建好的物业出售，实现了投资资金的增值。这种模式是典型的房地产投资开发模式。

这种模式主要运用于住宅项目的投资开发。在土地上开发建设物业，有如将原材料加工成为产品后出售。这种模式既可以稳收土地增值带来的收益，还可以获得产品销售带来的收益，因此其一般都能获得合理的投资回报。这种房地产投资模式目前在很多发展中国家风行，国内更是如此。

住宅开发运用该模式是由住宅项目的特性决定的。对初涉房地产开发的企业来说，住宅项目开发最能锻炼企业的基本功。第一，住宅开发体现了投资最基本的模式，完成了房地产开发的所有程序；第二，住宅的客户是普罗大众，需求相当广泛，很能锻炼企业的经营能力；第三，住宅项目在市场上是分套出售的，面积不大，总价不高，对比商业项目来说，比较好操作和销售。因此，一般房地产开发企业都是以住宅项目开发为主的。在住宅项目开发积累了经验以后，就可以向其他类型的项目投资发展。

3. "投资—开发—出租"模式

"投资—开发—出租"模式的特点也是完成了房地产投资开发的整个流程，即投资土地后，经过了开发建设，最后把建好的物业出租，通过一定的时间来回收投资收益。与"投资—开发—出售"模式不同的是："投资—开发—出租"模式不是一次性回收投资，而是分期、分年回收投资，从而达到企业的投资目标。该模式是典型的商业物业投资开发模式。

该模式主要运用于商业项目的投资开发，如大型商业中心、写字楼、专业市场等。由于商业项目，特别是大型商业项目，投资大、价值高、业态丰富、客户流动性强，整栋出售给客户的可能性是比较少的，一般都是把商业按功能分层、分块出租给小业主经营，开发商以出租来回收投资。鉴于该类商业房地产是以出租为根本经营模式，那么就意味着开发商必须先通过金融措施筹措到足够的资金，将该类商业房地产建设完成，并投入运营，再依靠租金收入回收投资、赚取利润。如果开发商不能解决项目开发完成、投入运营及运营初期所需要的资金，那么项目是缺乏可行性的。

商业项目与住宅项目的投资开发有较大的区别，在功能定位、业态分布、招商推广等方面要有相当高的专业水平，一般的开发商较难介入，大都依靠专业的招商推广和商业管理公司来协助，进行招商事宜。招商出现纰漏，或者定位不准，都会危及整个项目的发展。因此，对商业项目不熟悉或水平不高的开发商，一般都不会选择这种投资模式。

4. "投资—开发—出售、出租"模式

"投资—开发—出售、出租"模式实际上是模式二、三的变化，在最后一个环节又租又售。对于商业地产来说，企业在开发完成以后，会对物业租或售的策略进行统筹安排，以便实现企业开发项目的增值。

该模式在商业地产如大型购物中心、甲级写字楼及一些上规模的专业市场，都广泛运用，只不过是租售的比例不同而已。一般来说，一、二层商业用来出租，赚取较高的租金收入，使企业长时间有较好的资金流；其他商业层则可以出售，回收建设资金。对于租售的比例和具体租售的范围、层数，没有一个标准的做法，企业可以依据自身的情况、开发的目标以及市场的前景进行合理的分配。

5. "投资—开发—自营"模式

"投资—开发—自营"模式的特点是在最后一个环节不是出售、出租或租售并举，而是把开发的物业拿来自己经营和管理，以谋取更长时间的稳定的经营收益。此模式对一些大的开发企业集团来说，用得较多，而对一些中小型开发企业则一般不会运用。这是因为"自营"环节需要的不但是财力物力的雄厚，而且还需要高超的管理水平和高素质的管理人才。

该模式也是多用于商业房地产，如高级酒店、大型购物中心等。一些跨国房地产巨头更多地采用这一模式。例如，作为物流仓储设施开发商和服务商的普洛斯，其开发物业配套设施并提供服务，但却不是为了将物业出售；作为房地产服务及投资管理公司的仲量联行，其会选择购买一些现有的物业通过专门的经营管理以提升其价值；凯德置地开发的项目也都归由自己经营，即使出售，也要"通过公司专业管理，使物业价值充分体现出来"后再出售等。

6. "投资—开发"模式

"投资—开发"模式少了最后一个环节：租售，那它是怎样实现企业的收益呢？实际上，这种模式是只投资建设，土地和租售都不用管，在供地单位把投资款及利润给投资商后就完成了。这种模式具有中国特色，是我国一些企事业单位为解决职工住房的一种非市场化的投资模式。

该模式主要适用于企事业单位集资建房、政府建设的经济适用房等。由于投资商不用考虑土地和销售问题，大大减少了精力，主要重视施工建设环节就是了。运用这种模式首先要考虑的是项目与众不同的特殊性（是否有关系拿到地），如果没有这种能力那就不可能运用这种模式。其次，这种模式所赚的利润是较低的，一般在3%以内，如政府规定的经济适用房的开发利润也是3%，想赚大钱最好不要考虑用这种模式。再有，由于利润低，风险也低，如果拿到上规模的地块，还是值得投资。

7. "收购—包装—租、售、营"模式

"收购—包装—租、售、营"模式主要是针对所谓的"烂尾楼"来说的。它的主要特点是收购因各种原因不能运作的现成物业，通过包装或改造，以崭新的物业形象出现，进而完成物业的出租、销售和经营。这种模式在实际中运用也较多，而且投资收益不错。

此模式对任何地产项目都可运用，如土地、住宅地产、商业地产、工业地产以及旅游地产等。在房地产项目开发中，有很多因为资金原因、合作原因、经营原因使物业无法运作下去，要无奈抛售。在这种情况下，如果开发企业得到了这些项目的线索，不妨与之商洽，以低价投资收购，可以得到意想不到的获利。要收购此类项目，应注意以下几个问题：

（1）是否有债权债务纠纷。

（2）位置是否优越。

（3）是否有很好的市场前景。

（4）收购后操作是否顺利。

（5）收购项目是否低于市场价格。

通过分析，如果以上问题都有利于收购方的，可以启动收购方案；反之，则不要轻举妄动，以免引火烧身。

8. “思路—选定城市—融资—拿地—开发—租售”模式

在实际的房地产投资开发过程中，一些房地产企业根据以上的投资模式发展成“思路—选定城市—融资—拿地—开发”的模式。虽然这种投资模式并非“放之四海而皆准”，但对于中国房地产企业走“强者”之路，具有一定的可行性。

（1）模式的主要环节。

1）思路。这里所提到的思路就是指“投资思路”。思路在企业拿地之前，并非为了后期开发而“圈地”。它们是在房地产开发企业管理层的超前投资开发理念下诞生的，也就是说企业管理层首先根据目前的市场状况来预测房地产走势，然后对当时的房地产开发市场进行分析并对主流产品进行评价，最后才确定合理的“投资思路”。

2）选定城市。在“投资思路”的指导下，企业根据这种思路来选择最佳实施对象，也就是选择最符合设想开发方式的城市，而且在产品上市后，能够引起“市场轰动”。所选择的对象应该具备投资思路的所有条件，而且跟其他城市相比，它具有绝对的优势。

3）融资。在城市选定后，开发项目往往需要大量的资金，多数企业往往需要通过融资渠道来解决资金问题。这种资金筹集方式的特点在于运作灵活多变，而且后期管理便捷。

4）拿地。在融资成功后，合资公司通过各种渠道在定点城市中选定最佳地块。由于这个过程持续的时间往往比较长，而且政府每年都有相应的土地供应计划，所以不少企业会在这个程序中停滞不前。其实如果企业投资思路具有绝对的可行性，企业完全可以通过跟当地政府面对面的交涉来解决土地问题。

5）开发。在前面几项工作顺利完成之后，企业就可以正式进入房地产开发轨道了。在这个程序中，企业必须严格按照预先的投资思路进行设计与建造。

6）租售。通过租售来回收投资的租金。在租售过程中，项目的营销推广必须紧紧围绕企业的“投资模式”，以“高位”和“与众不同”的姿态入市，在最短的时间里达到市场“轰动”的效应。

（2）模式的优点。

1）对公司性质没有严格要求。这种开发模式并非局限于房地产开发公司。因为“企业理念”才是主导，所以房地产代理公司等也同样能够胜任这项工作。但是房地产开发企业与其他性质的企业相比，通常占有较大的优势。因为在以往的开发过程中，他们积累了丰富的开发经验，而且对于房地产开发流程相当娴熟。

2）有助于企业介入市场空白点。这种新型的投资模式首先注重的是自身的开发思路。在以“管理层投资开发思路”为主的前提下，企业往往会从中发现不少市场空白点，从而放弃市场主流产品的设计风格，进而开发一些较为超前的房地产项目。

3）有助于规避盲目的市场竞争。在以往开发模式的影响下，企业在产品设计风格上通常与市场的主流产品相差无几，所以就很容易引发企业之间的盲目竞争，最终导致两败俱伤。而这种投资模式中的开发思路与众不同，所以无论在开发过程，还是在销售过程中，他们遭遇的市场竞争是最小的。

4）有助于提高企业的市场快速反应能力。因为这种开发模式对于企业的市场调查和信息处理能力具有很高的要求，而且在市场信息收集方面，企业往往需要专业人员使用最为快捷的渠道来完成，所以在这种工作压力下，他们的市场反应能力就能够得到迅速的提高。

5）有助于提高企业的品牌影响力。在这种投资模式指导下的开发企业，他们所创造的产品具有很强的市场竞争力，而且可以在销售市场中“脱颖而出”。所以他们面对的销售工作自然就比较顺利。另外，企业“创新”的项目开发还有助于自身品牌价值的提高，企业的社会影响力也就得到相应提高了。

（3）较其他投资模式对企业要求更高。当然，这种房地产开发模式并非任何企业都能够效仿的。与其他投资模式相比，它对企业具有较高的要求。

1）企业管理层具备创新意识。只有企业管理层具有一定的创新意识，他们才会领导公司“大刀阔斧”，往更高的层次拼搏。

2）企业具有一定的实力。这种开发模式由于前期市场工作繁杂，而且持续时间相对较长，所以需要企业付出较大的人力、物力和财力。因此并非所有公司都能够完成这种系统而又复杂的开发工作。

3）企业具备快速的市场反应能力。企业在确定投资思路之前，需要及时和准确地收集市场信息，这也就要求企业必须具备快速的市场反应能力。

4）企业要具有一定的专业人士。虽然项目是由企业管理层的投资思路指导执行的，但是这种投资思路的依据和后期开发执行工作都需要专业人士来完成。

12.6.3　开发模式

房地产开发商实际上扮演着双重角色：一是商人，二是城市建设者。第一种角色要求开发商不可避免地追求开发利润的最大化，第二种角色又要求开发商追求开发的社会效应。目前，房地产开发存在以下几种开发模式。

1. 短平快的合作开发模式

“联合开发”和“项目公司”是我国房地产开发中的一大特色，造成这种局面的直接原因是早期为数不少的建设项目用地是以协议出让方式取得，某些取得开发权的企业或个人因种种原因，不能在短时间内启动项目，致使开发周期大大延长，甚至使土地长期闲置。而随着房地产市场的持续升温，房地产业对资本的吸引也与日俱增，一些拥有资金或技术管理优势的企业迫切希望获取土地资源，于是合作开发这种形式应运而生。

合作开发使一批搁置已久的项目进入开发流程，大大加快了项目开发进度，在一定程度上缓解了一段时间相对供应不足的矛盾，一些企业也在项目开发的过程中积累了经验和资金，得以迅速发展。

但是这种模式的先天缺陷也是显而易见的。合作开发的项目公司存续期与项目开发周期几乎相同，项目完工，公司的使命也结束了。因此，项目公司通常追求的是开发利润的最大化和快速实现，不可避免地会采取一些短平快的手法。再者，在市场销售形势持续变好的情况下，企业追求的是产品的快速消化和成本控制，对产品创新和品质的提升不会花费太多精力，也不可能去完成售后服务，走的是合作、建设、销售、结算的路子。

2. 小而全的多项目开发模式

一些有相当开发经验的企业或是因为取得项目的条件限制，或是主动地希望完善企业自身的产品层次，开始注重后续发展的取向，并希望多点出击，四面开花，扩大企业在不同客户层面的影响力。这就出现了小而全的多项目开发模式。

这种开发模式可以在一段时间内增加企业的曝光率和知名度，以不同的产品形成系列。但是除非该企业有足够的人力资源、管理制度以及对不同类型产品的深入研究，否则很难要求它在从普通住宅、高档住宅和别墅等不同类型产品上均取得市场认可，稍有闪失，则可造成对企业整体印象的损害，而且产品交叉会使开发商不自觉地将不同产品概念混用，造成产品个性的方向性偏差。

3. 精耕细作的成片开发模式

相对于前两种模式，成片开发无疑更具活力，也更加符合城市经济发展和扩张对房地产开发和城市建设的客观要求。

成片开发的原则是总体规划，适度调整，即小区总体布局、建筑风格、景观规划通盘考虑。对产品而言，成片开发可以有足够的空间和规模实现产品品质的最优化设计；对开发商来说，可以体现更完整的开发理念，使企业获得持久的发展动力和持续品牌建设，更加具有责任感；对消费者来说，一个大规模的规划成型的小区，不确定因素较少，不会因为日后周围环境变化（如改变用途、道路、新建）等造成现有居住环境质量的改变或下降；从整个行业发展来说，成片开发客观上促进了精品住宅的形成。像广州的华南板块，一批大盘出现，使精品楼盘成为市场的标兵，规模化、集约化效应可以实现成本优化，提高产品的性价比。

成片开发使城市容易形成多个各具特色、定位不同、环境景观各异而又在城市整体交通网络的连接下的有机统一体，使城市真正呈现无限生机。同时，这样的模式有利于政府部门规范房地产业，更重要的是能够集中利用有限而宝贵的土地资源，并根据可持续发展的原则科学地制定城市建设布局，使城市充分发挥自身的作用。

12.7 项目投资的经济分析与评价

项目投资经济分析与评价是指在房地产投资策划阶段，投资者运用自己及投资分析人员的知识与能力，全面地调查投资项目的各个制约因素，对所有可能的投资方案进行比较论证，从中选择最佳方案并保持投资有较高水平的分析活动。它的目的是研究投资项目的经济可行性和社会可行性。

12.7.1 项目投资费用估算

投资费用的估算是指在整个投资分析过程中，依据现有的资料和一定的方法，对房地产开发项目投资数额进行估计，是项目决策的重要依据之一。投资估算要有准确性，如果误差太大，必将导致决策的失败。因此准确、全面地进行房地产项目的投资估算，是项目投资分析乃至整个项目投资决策阶段的重要任务。

1. 项目投资成本费用构成

房地产项目各项费用的构成复杂，变化因素多，不确定性大，各个地方的收费又不一样，尤其是依房地产项目的类型不同而有其自身的特点，因此不同类型的房地产项目之投资和费用的构成有一定的差异。对一般房地产开发项目而言，其投资及成本费用由开发成本和开发费用两大部分构成。

（1）开发成本。

1）土地费用：土地使用权出让金；土地征用及拆迁安置补偿费。

2）前期工程费：项目策划及可行性研究费；规划设计费；勘察测绘费。

3）建安工程费：土建工程费；设备及安装工程费。

4）基础设施费。

5）公共配套设施费。

6）开发期间税费。

7）不可预见费。

（2）开发费用。

1）管理费用。

2）销售费用。

3）财务费用。

2. 项目投资成本费用估算

（1）开发成本的估算。

1）土地费用。

① 土地使用权出让金。国家以土地所有者的身份，将土地在一定年限内的使用权有偿出让给土地使用者，并由土地使用者向国家支付土地使用权出让金。土地出让金底价的估算一般参照政府定期出让的类似地块的出让金数额并进行时间、地段、用途、临街状况、建筑容积率、土地出让年限、周围环境状况及等因素的修正得到；也可以依据政府颁布的城市基准地价或平均标定地价，根据项目用地所处的地段等级、用途、容积率、使用年限等因素修正得到。

② 土地征用及拆迁安置补偿费。土地征用费是指国家建设征用农村土地发生的费用，主要有土地补偿费、劳动力安置补偿费、水利建设维修分摊、青苗补偿费、耕地占用税、耕地复垦基金、新菜地、鱼塘开发基金、征地管理费等。这些费用的估算可参考国家和地方有关标准进行。拆迁安置补偿费，是因国家出让土地使原用地单位或个人造成经济损失，新用地单位应按规定给予合理的补偿。

在国家实行土地挂牌出让或拍卖出让以后，按法律程序经拍卖得到的“三通一平”的土地，一般来说地价已经包括了土地使用权出让金和土地征用及拆迁安置补偿费两项内容。

2）前期工程费。前期工程费主要包括开发项目的策划（含可行性研究）、规划、设计、水文地质勘测以及“三通一平”等土地开发工程费支出。

① 项目策划、规划、设计所需的费用一般可按项目总投资的一个百分比估算。一般情

况下，项目策划占总投资的0.2%～1%，规划及设计费为建安工程费的3%左右，水文、地质、勘测所需的费用可根据工作量结合有关收费标准估算，一般为设计概算的0.5%左右。

②“三通一平”等土地开发工程费用，主要包括地上原有建筑物、构筑物拆除费用、场地平整费用和通水、电、路的费用。这些费用的估算可根据实际工作量，参照有关计算标准估算。

3）建安工程费。建安工程费是指直接用于工程建设的总成本费用，主要包括建筑工程费（结构、建筑、特殊装修工程费）、设备及安装工程费（给排水、电气照明、电梯、空调、煤气管道、消防、防雷、智能系统等设备及安装）以及室内装修工程费等。

在项目策划及可行性研究阶段，建安工程费的估算，可以采用单元估算法、单位指标估算法、工程量近似匡算法、概算指标估算法等，也可根据类似工程经验估算。

4）基础设施费。基础设施费包括供水、供电、道路、绿化、供气、排污、排洪、电信、环卫等工程费用。

基础设施费通常采用单位指标估算法来计算。如供水工程可按水增容量（吨）指标计算，供电及变配电工程可按电增容量（千伏安）指标计算，采暖工程按耗热量（瓦特）指标计算，集中空调安装按冷负荷量（瓦特）指标计算，供热锅炉安装按每小时产生蒸汽量指标计算，各类围墙、管线按长度米指标计算，室外道路按道路面积平方米指标计算。

粗略计算时，则各项基础设施工程均可按平方米或用地平方米造价计算。

5）公共配套设施费。公共配套设施费主要包括不能有偿转让或部分有偿转让的开发小区内公共配套设施发生的支出，如教育、卫生、文娱、商业服务、公用设施等。公共配套设施费的估算可参考“建安工程费”的估算方法。

6）开发期间税费。开发项目投资估算应考虑项目在开发过程中所负担的各种税金和地方政府或有关部门征收的费用。在一些大中城市。这部分税费已成为开发建设项目投资构成中占较大比重的费用。各项税费应当根据当地有关法规标准估算，部分费用有的城市收，有的城市不收。这部分税费包括：配套设施建设费（简称配套费）；建筑工程质量与安全监督费；用电负荷费（供电增容费）；预算定额管理费；建设工程交易中心招投标服务费；工程建设监理费；其他税费（包括开发建设报建费、排水设施有偿使用费、城市占道费等）。

7）不可预见费。不可预见费包括备用金（不含工料价格上涨备用金）、不可预见的基础或其他附加工程增加的费用，不可预见的自然灾害增加的费用。它依据项目的复杂程度和前述各项费用估算的准确程度，以上述1）～5）项费用之和为基数，按3%～5%计算。

（2）开发费用的估算。

1）管理费用。管理费用是指企业行政管理部门为管理和组织经营活动而发生的各种费用。

管理费用可按项目前述开发成本之和为基数，取一个百分比计算，一般为3%左右。

2）销售费用。销售费用是指开发建设项目在销售产品过程中发生的各项费用以及专设销售机构或委托销售代理的各项费用。主要包括如下三项：营销策划、广告宣传及市场推广费，约为销售收入的2%～3%；销售代理费，约为销售收入的0.5%～2%；其他销售费用，约为销售收入的0.5%～1%。

以上各项合计，销售费用约占到销售收入的4%～6%。

3）财务费用。财务费用是指为筹集资金而发生的各项费用，主要为借款利息和其他财务费用。借款利息主要包括长期借款利息和流动资金利息。长期借款利息的计算，其计算公式为：每年应计利息 =（年初借款本息累计 + 1/2 本年借款额）× 年利率，长期借款本息的偿还方式有两种：每年等额偿还本息和；等额还本，利息每年照付。流动资金借款部分是按全年计息。利息计入财务费用，每年照付，期末一次还本。

（3）投资与成本费用估算结果的汇总。为了便于对房地产开发项目各项成本和费用进行分析和比较，常把估算结果以汇总表的形式列出，见表 12-9。

表 12-9　房地产开发项目投资与成本费用估算汇总表

项　　目	计 算 依 据	单价/（元/m^2）	合计/万元
1. 开发成本	以下 1 ~ 7 项之和		
1.1　土地费用 1.2　前期工程费 1.3　建安工程费 1.4　基础设施费 1.5　公共配套设施费 1.6　开发期间税费 1.7　不可预见费	1 ~ 6 项之和的 3% ~5%		
2. 开发费用	以下 1 ~ 3 项之和		
2.1　管理费用 2.2　销售费用 2.3　财务费用	1 项的 3% 销售收入的 4% ~6%		
3. 合计	1 项 +2 项		

3. 房地产销售税费

房地产销售税费主要是指在销售与交易阶段发生的税费，它们不参与投资与成本费用的构成，只是作为销售收入的扣减。这些税费主要包括三大部分。

1）与转让房地产有关的税费。

① 营业税。营业税是对在我国境内提供应税劳务、转让无形资产或者销售不动产的单位或个人所获得营业额征收的一种税。房地产经营销售按营业额（销售收入）的 5% 计征。

② 城市建设维护税。城市建设维护税是对在我国境内既享用城镇公用设施，又有经营收入的单位和个人征收的一种税。对房地产销售而言，以单位和个人实际交纳的营业税税额为计征依据，税率为 7%。

③ 教育费附加。对房地产销售而言，以单位和个人实际交纳的营业税税额为计征依据，附加税率为 3%。

④ 交易印花税。印花税是对经济活动中书立领受各种凭证而征收的税种。房地产经济活动中书立设计、建筑施工承包合同、房产租赁合同、借款抵押合同、房地产转让合同、领受产权证书等，均要规定缴纳印花税。计税标准是按房地产交易价的 1‰，买卖双方各负担一半，即各负担 0.5‰。

⑤ 房地产交易服务费。该费用包括了与房地产交易有关的一切手续、估价及表格、资料等费用。按当地房地产管理部门的有关规定标准缴纳。

2）土地增值税。土地增值税，是以转让房地产取得的增值额为征税对象征收的一种税。其实质是对土地收益的课税。

土地增值税实行四级超率累进税率。增值额未超过扣除项目金额 50% 的部分，税率为

30%；增值额超过扣除项目金额50%，未超过扣除项目金额100%的部分，税率为40%；税率超过扣除项目金额100%，未超过扣除项目金额200%的部分，税率为50%；税率超过扣除项目金额200%的部分，税率为60%。

由此可知，土地应纳税额的计算，按下列公式进行：

土地增值额 = 转让房地产的总收入 - 扣除项目金额

应纳税额 = 土地增值额 × 适用税率

若土地增值额超过扣除项目金额50%以上的，即同时适用于二档或二档以上适用税率，则需分别计算。

3）企业所得税。企业所得税是指对在我国境内实行独立经济核算的企业或组织的生产、经营所得和其他所得征收的一种税。按企业应纳税所得额（房地产经营利润）的25%计征。

12.7.2 项目投资收入估算与资金筹措

1. 项目投资收入的估算

从投资分析的角度出发，市场分析与预测的最终目的就是对投资项目租售方案的确定、租售价格的确定和经营收入的估算。

1）租售方案的确定。房地产项目应在项目策划方案的基础上，制定切实可行的出售、出租、自营等计划（以下简称租售方案）。

租售方案一般应包括以下几个方面的内容：

① 项目出售、出租、还是租售并举？出售面积和出租面积的比例是多少以及整个项目中哪些出售、哪些出租、哪些自营？

② 可出售面积、可出租面积、自营面积和可分摊建筑面积及各自在建筑物中的位置。

③ 出售和出租的时间进度和各时间段内租售面积数量的确定，并要考虑租售期内房地产市场可能发生的变化对租售数量的影响。

④ 售价和租金水平的确定。

⑤ 收款方式与收款计划的确定。确定收款方式应考虑房地产交易的付款时间，以及分期付款和各期付款的比例。

这一过程在实际工作中，可参照以下表12-10、表12-11、表12-12、表12-13进行。

表12-10　房地产开发项目销售计划及收款计划表　（单位：平方米、元）

销售期间		第1期		第2期		…	第N期		合　计
销售计划	面积								
	百分比								100%
	期间	百分比	销售收入	百分比	销售收入		百分比	销售收入	
	第1期								
	第2期								
	第3期								
	…								
	第N期								
总计									

表 12-11　房地产开发项目出租计划及出租收入计划表（单位：平方米、元）

序号	项目名称	建设期			经营期				
		第1期	第2期	第3期	…	…	…	第 $N-1$ 期	第 N 期
1	可出租建筑面积								
2	单位租金								
3	可能毛租金收入								
4	出租率(%)								
5	有效毛租金收入								
6	转售收入								
7	转售成本及税费								
8	经转售收入								

表 12-12　房地产项目销售收入汇总表（全部出售方案）（单位：万元）

项目	建筑面积/平方米	售价/(元/平方米)	2013年		2014年		2015年		合计
			上半年	下半年	上半年	下半年	上半年	下半年	
商业部分									
住宅部分									
车库部分									
总计									

表 12-13　房地产项目出租收入汇总表（全部出租方案）（单位：万元）

物业类型	初始租金/(元/平方米)	年期	3	4	5	…	14	15	总计
		入住率							
商业部分		收入							
住宅部分									
车库部分									
其他部分									
总计									

2）租售价格的确定。租售价格应根据房地产项目的特点确定，一般应选择在位置、规模、功能和档次等方面可比的交易实例，通过对其成交的分析与修正，最终得到房地产项目的租售价格。

租售价格的定价流程是：搜集交易实例；选择比较实例房地产；建立价格可比基础；比较实例和修正；确定该房地产的比准价格。

【策划举例：某住宅销售价格的确定】

在广州，分析人员为确定一住宅物业在2014年6月15日的售价，在该物业附近调查、收集到类似该物业条件的7个交易实例，见表12-14。已知2012年下半年该城市类似住宅物业价格的月平均变动率为－0.2%。2013年1月至今住宅价格的月平均变动率为＋0.1%。关于区域因素和个别因素，表中数字为正（负）的，表示条件比待定物业好（差），数值表示好或差的幅度。请根据上述条件，确定该住宅物业的销售单价（单位：元/平方米，保留小数点后两位）。

表 12-14　七个交易实例的情况　（单位：元/平方米）

交易价格	成交实例	交易时间	交易情况	区域因素	个别因素
A	19800	2012.08.15	正常	0	0
B	18000	2012.06.15	低于市价 5%	-3%	0
C	19000	2012.12.15	正常	0	0
D	19500	2013.12.15	正常	-4%	-3%
E	20000	2013.04.15	正常	-2%	0
F	19700	2013.06.15	正常	0	4%
G	19200	2014.06.15	正常	0	-1%

分析：根据已知条件，我们知道，各交易实例与需定价的物业在同一供需圈内且各方面条件类似，因此我们应重点考虑的是交易日期接近的实例。按照交易实例的成交日期与该房地产的定价时点至少应在 1~2 年内的要求，我们从七个交易实例中选择三个作为比较实例，即 D、F、G。不过，我们选取的这三个实例除了在交易情况方面均属于正常不用修正以外，对其他三个方面即交易实例的交易时间因素、区域因素和个别因素尚需修正。

[解] 根据公式：

需定价的房地产销售价格 = 比较实例房地产实际价格 × 交易情况修正系数 × 时间因素修正系数 × 区域因素修正系数 × 个别因素修正系数

得修正后：

D 房地产的销售价格 = 19500 × 100 ÷ 100(1 + 0.1% × 6) × 100 ÷ (100 - 4) × 100 ÷ (100 - 3)
= 19618（元/平方米）

F 房地产的销售价格 = 19700 × 100 ÷ 100 × (1 + 0.1% × 12) × 100 ÷ (100 + 4)
= 19169（元/平方米）

G 房地产的销售价格 = 19200 × 100 ÷ 100 × 1 × 100 ÷ (100 - 1)
= 19394（元/平方米）

则，通过简单算术平均数计算，需定价的房地产的销售价格（即比准价格）为：

(19618 + 19169 + 19394) ÷ 3 = 19394（元/平方米）

3）经营收入的估算。经营收入是指向社会出售、出租房地产商品或自营时的货币收入。房地产投资项目的经营收入主要包括房地产产品的销售收入、租金收入、土地转让收入、配套设施销售收入（以上统称租售收入）和自营收入。

① 销售收入。销售收入包括土地转让收入、商品房销售收入和配套设施销售收入。其计算公式为：

销售收入 = 可出售面积 × 销售单价

这里应注意可出售面积比例的变化对销售收入的影响以及由于规划设计的原因导致不能售出面积比例的增大对销售收入的影响。

② 租金收入。租金收入包括出租房租金收入和出租土地租金收入。计算公式为：

$$租金收入=可出租建筑面积\times租金单价$$

这里应注意空置期（项目竣工后暂时找不到租户的时间）和出租率对租金收入的影响。

③ 自营收入。自营收入是指开发企业以开发完成后的房地产为其进行商业、服务业等经营活动的载体，通过综合性的自营方式得到的收入。

在进行自营收入估算时，应充分考虑目前已有的商业和服务业设施对房地产项目建成后产生的影响以及未来商业、服务市场可能发生的变化对房地产项目的影响。

经营收入是按市场价格计算的，房地产开发投资企业的产品（房屋）只有在市场上被出售、出租或自我经营，才能成为给企业或社会带来收益的有用的劳动成果。因此，经营收入比企业完成的开发工作量（产值）更能反映房地产开发投资项目的真实经济效果。

2. 项目投资的资金筹措。

1）项目投资资金的来源分析。房地产项目资金来源的渠道主要有：资本金（股本金）、银行贷款、预收收入。

① 资本金。资本金是投资者对其所投资项目投入的股本金、通常来自投资者的自有资金。资本金既是投资者“赚取利润”的本钱，也是其承担投资风险的具体表现。大多数房地产开发企业或是利用现有的自有资金支持项目的开发，或是通过多种途径扩大自己的资金基础，尤其是房地产开发投资的特性本身，就要求开发商必须有一定量的股本金投入。从投资者的角度来说，只要预计项目的投资利润率高于同期银行存款利率，就可以根据企业的能力适时投入自有资金作为股本金。开发商的自有资金，包括现金和其他速动资产，以及在近期内可以收回的各种应收款等。

② 银行贷款。任何房地产开发商要想求得发展，都离不开银行及其他金融机构的支持。如果开发商不会利用银行信贷资金，完全靠自由资金周转就很难扩大投资项目的规模及提高自有资金的投资收益水平，还会由于投资能力不足而失去许多良好的投资机会。利用信贷资金经营。实际上就是“借钱赚钱”或“借鸡生蛋”，充分利用财务杠杆的作用。

③ 预售款。预售款是房地产投资者在商品房交付使用之前，预先向购房者收取的价款。这种筹资方式较受欢迎，是因为对房地产的买卖双方来说都比较有益。

对于房地产的买方而言，在房地产市场前景看好的情况下，他们只需先期支付少量定金或首期付款就可以买到楼层和位置好的房地产，甚至可以享受到未来一段时间内的房地产增值收益。

对房地产卖方而言，由于预售可提前获取资金，从而为后续投资需要做好准备，而且又可将部分市场风险分散给买方，另外还可以通过找差价来减少低价预售的损失。所以卖方的积极性也不言而喻。

除了以上三种形式，建筑承包商带资承包和合作开发也经常被开发商作为筹资的渠道。

2）资金筹措计划和使用计划。资金筹措计划是根据房地产项目对资金的需求以及投资、成本与费用使用计划，来安排资金来源和相应数量的过程。在制定资金筹措计划时应当注意以下几点：严格按照资金的需要量确定筹资额；认真选择筹资渠道；准确把握自有资金与外部筹资的比例；避免利率风险对项目的不利影响。

当资金来源的情况分析以后，就该对资金的如何使用确定一个计划了。房地产投资项目的资金使用计划应根据可能的项目施工进度与资金来源渠道进行编制。

在编制的过程中，应考虑各种投资款项的付款特点，要考虑预收款、欠付款、预付定金以及按工程形象进度结算付款等方式对编制资金使用计划的影响。在房地产项目可行性研究阶段，计算期可取年、半年、季度甚至月为单位，资金使用计划应按其编制。其表格形式见表 12-15。

表 12-15　投资计划与资金筹措表　　（单位：万元）

序　号	项　目	合　计	1	2	3	…	N
1	项目投资						
1.1 1.2	开发建设投资 经营资金						
2	资金筹措						
2.1 2.2 2.3 2.4 2.5	资本金 借贷资金 预售资金 预租资金 其他收入						

注：上表中的期限可按年、半年、季度、月划分。

12.7.3 项目投资财务分析

房地产项目财务分析也称项目财务评价，是指在房地产市场调查与预测，项目策划，投资、成本与费用估算，收入估算与资金筹措等基本资料和数据的基础上，通过编制基本财务报表，计算财务评价指标对房地产项目的财务盈利能力、清偿能力和资金平衡情况进行分析。

1. 项目财务分析基本报表

项目财务分析的基本报表主要有：现金流量表、资金来源与运用表、损益表和资产负债表。

（1）现金流量表。现金流量表反映房地产项目开发经营期的现金流入和现金流出，按期编制，用以计算各项评价指标，进行房地产项目财务盈利能力分析。

按投资计算基础不同，现金流量表一般分为：

① 全部投资现金流量表。该表不分投资资金来源，以全部投资作为计算基础，用以计算全部投资财务内部收益率、财务净现值及投资回收期等评价指标，考察房地产项目全部投资的盈利能力，为各个投资方案（不论其资金来源及利息多少）进行比较建立共同的基础。全部投资现金流量表见表 12-16。

② 资本金现金流量表。该表从投资者整体的角度出发，以投资者的出资额作为计算基础，把借款本金偿还和利息支付视为现金流出，用以计算资本金财务内部收益率、财务净现值等评价指标，考察项目资本金的盈利能力。资本金现金流量表见表 12-17。

③ 投资各方现金流量表。该表以投资者各方的出资额作为计算基础，用以计算投资者各方财务内部收益率、财务净现值等评价指标，反映投资者各方投入资金的盈利能力。投资各方现金流量表见表 12-18。

表 12-16　全部投资现金流量表　　（单位：万元）

序　号	项　目	合　计	1	2	3	…	N
1	现金收入						
1.1	销售收入						
1.2	出租收入						
1.3	自营收入						
1.4	净转售收入						
1.5	其他收入						
1.6	回收固定资产余值						
1.7	回收经营资金						
2	现金流出						
2.1	开发建设投资						
2.2	经营资金						
2.3	运营资金						
2.4	修理费用						
2.5	经营税金及附加						
2.6	土地增值税						
2.7	所得税						
3	净现金流量						
4	累计净现金流量						

计算指标：1. 财务内部收益率（%）；2. 财务净现值（i_e =　%）；3. 投资回收期（年）；4. 基准收益率（%）。

表 12-17　资本金现金流量表　　（单位：万元）

序　号	项　目	合　计	1	2	3	…	N
1	现金收入						
1.1	销售收入						
1.2	出租收入						
1.3	自营收入						
1.4	净转售收入						
1.5	其他收入						
1.6	回收固定资产余值						
1.7	回收经营资金						
2	现金流出						
2.1	开发建设投资						
2.2	经营资金						
2.3	运营资金						
2.4	修理费用						
2.5	经营税金及附加						
2.6	土地增值税						
2.7	所得税						
2.8	借款本金偿还						
2.9	借款利息支付						
3	净现金流量						
4	累计净现金流量						

计算指标：1. 资本金财务内部收益率（%）；2. 财务净现值（i_e =　%）。

表 12-18　投资各方现金流量表　（单位:万元）

序　号	项　目	合　计	1	2	3	…	N
1	现金收入						
1.1	应得利润						
1.2	资产清理分配						
(1)	回收固定资产余值						
(2)	回收经营资金						
(3)	净转售收入						
(4)	其他收入						
2	现金流出						
2.1	开发建设投资出资额						
2.2	经营资金出资额						
3	净现金流量						
4	累计净现金流量						

（2）资金来源与运用表。资金来源与运用表反映房地产项目开发经营期各期的资金盈余或短缺情况，用于选择资金筹措方案，制定适宜的借款及偿还计划。资金来源与运用表见表12-19。

表 12-19　资金来源与运用表　（单位：万元）

序　号	项　目	合　计	1	2	3	…	N
1	现金来源						
1.1	销售收入						
1.2	出租收入						
1.3	自营收入						
1.4	资本金						
1.5	长期借款						
1.6	短期借款						
1.7	回收固定资产余值						
1.8	回收经营资金						
1.9	净转售收入						
2	现金运用						
2.1	开发建设投资						
2.2	经营资金						
2.3	运营资金						
2.4	修理费用						
2.5	经营税金及附加						
2.6	土地增值税						
2.7	所得税						
2.8	应付利润						
2.9	借款本金偿还						
2.10	借款利息支付						
3	盈余资金						
4	累计盈余资金						

(3)损益表。损益表反映房地产项目开发经营期各期的利润总额、所得税及各期税后利润的分配情况,用以计算投资利润率、资本基本利润率等评价指标。损益表见表12-20。

表12-20　损益表　（单位:万元）

序　号	项　目	合　计	1	2	3	…	N
1	经营收入						
1.1 1.2 1.3	销售收入 出租收入 自营收入						
2	经营成本						
2.1 2.2	商品房经营成本 出租房经营成本						
3	运营费用						
4	修理费用						
5	经营税金及附加						
6	土地增值税						
7	利润总额						
8	所得税						
9	税后利润						
9.1 9.2 9.3	盈余公积金 应付利润 未分配利润						

计算指标：1. 投资利润率（%）；2. 投资率税率（%）；3. 资本金利润率（%）；4. 资本金净利润率（%）。

(4) 资产负债表。资产负债表是反映房地产投资在计算期内各年末资产、负债与所有者权益变化及对应关系的报表。该表主要考察项目资产、负债、所有者权益的结构，进行项目清偿能力分析。资产负债表见表12-21。

表12-21　资产负债表　（单位：万元）

序　号	项　目	1	2	3	…	N
1	资产					
1.1 1.1.1 1.1.2 1.1.3 1.1.4 1.2 1.3 1.4	流动资产总额 应收账款 存货 现金 累计盈余资金 在建工程 固定资产净值 无形及递延资产净值					
2	负债及所有者权益					

（续）

序　号	项　目	1	2	3	…	N
2.1	流动负债总额					
2.1.1	应付账款					
2.1.2	短期账款					
2.2	长期借款					
2.2.1	经营资金借款					
2.2.2	固定资产投资借款					
2.2.3	开发产品投资借款					
	负债小计					
2.3	所有者权益					
2.3.1	资本金					
2.3.2	资本公积金					
2.3.3	盈余公积金					
2.3.4	累计未分配利润					

2. 项目财务盈利能力分析

项目财务盈利能力分析主要考察房地产项目的财务盈利能力水平。根据房地产项目研究阶段、研究深度以及项目类型的不同，通过上述报表，有选择地计算下列评价指标。

1）财务内部收益（*FIRR*）。房地产项目的财务内部收益率是指房地产项目在整个开发经营期内各期净现金流量现值累计等于零的折现率。其表达式为：

$$\sum_{t=1}^{n}(CI-CO)_t(1+FIRR)^{-t}=0$$

式中　CI——现金流入量；

CO——现金流出量；

$(CI-CO)_t$——第 t 期的净现金流量；

n——开发经营期（开发与经营期之和）。

财务内部收益率可根据财务现金流量表中的净现金流量表用试差法求取。在财务评价中，将求出的全部投资或资本金的财务内部收益率与投资者可接受的最低收益率（*MARR*）或设定的基准收益率 i_e 比较，当 $FIRR \geqslant MARR$ 或 $FIRR \geqslant i_e$ 时，即认为其盈利能力已满足最低要求，在财务上是可以接受的。

2）财务净现值（*FNPV*）。财务净现值是指按照投资者最低可接受的收益率或设定的基准收益率 i_e，将房地产项目开发经营期内各期净现金流量折现到开发期初的现值之和。以 i_e 为例，其表达式为：

$$FNPV=\sum_{t=1}^{n}(CI-CO)_t(1+i_e)^{-1}$$

财务净现值可根据财务现金流量表计算求得。财务净现值大于或等于零的房地产项目，在财务上是可以考虑接受的。

3）投资回收期（主要适用于出租和自营的房地产项目）。投资回收期是指以房地产项目的净收益抵偿总投资所需要的时间。一般以年表示，并从房地产项目开发期的起始年算起。其表达式为：

$$\sum_{t=1}^{n}(CI-CO)=0$$

投资回收期可根据财务现金流量表（全部投资）中累计净现金流量求得，其详细计算公式为：

投资回收期 =（累计净现金流量开始出现正值期数 -1）
+（上期累计净现金流量的绝对值 ÷ 出现正值期数的净现金流量）

上式得出的是以期为单位的投资回收期，应再把它换算成以年为单位的投资回收期。

4）投资利润率。

投资利润率 = 年平均利润总额 ÷ 总投资 ×100%

5）资本金利润率。

资本金利润率 = 年平均利润总额 ÷ 资本金 ×100%

6）资本金净利润率。

资本金净利润率 = 年平均所得税后利润总额 ÷ 资本金 ×100%

12.7.4 项目投资不确定分析

房地产项目不确定分析是分析不确定因素对项目可能形成的影响，并进而分析可能出现的风险。不确定分析是房地产项目经济评价的重要组成部分，对房地产项目投资决策的成败有着重要的影响。房地产项目不确定分析可以帮助投资者根据房地产项目投资风险的大小和特点，确定合理的投资收益水平，提出控制风险的方案，有重点地加强对投资风险的防范和控制。

房地产不确定分析主要包括敏感性分析、临界点分析和概率分析。可进行不确定分析的因素有：租售价格、销售进度、出租率、开发周期、项目总投资、土地费用、建安工程费、融资比例、融资成本等。

1. 敏感性分析

敏感性分析是通过预计房地产项目不确定性因素发生的变化，分析对项目经济效益产生的影响；通过计算这些因素的影响程度，判断房地产项目经济效益对于各个影响因素的敏感性，并从中找出对于房地产项目经济效益影响较大的不确定因素。

房地产项目敏感性分析主要包括以下几个步骤：

1）确定用于敏感性分析的经济评价指标。通常采用的指标为内部收益率，必要时也可选用其他经济指标。

2）确定不确定因素可能的变动范围。

3）计算不确定因素变动时，评价指标的相应变动值。

4）通过评价指标的变动情况，找出较为敏感的变动因素，做出进一步的分析。

进行房地产项目敏感性分析时，可以采用列表的方式表示由不确定因素的相对变动引起评价指标相对变动的幅度，也可以采用敏感性分析图对多个不确定因素进行比较。

2. 临界点分析

临界点分析是测算一个或多个不确定因素发生变化时，房地产项目达到允许的最低经济效益时的极限值，并以不确定因素的临界值组合显示项目的风险程度。不确定因素临界值的分析计算可以采用列表或图解的方法。通常可进行临界点分析的因素有：

1）最低售价和最低销售量、最低租金和最低出租率。

2）最低土地价格。

3）最高工程费。

3. 概率分析

概率分析是使用概率研究预测不确定因素对房地产项目经济效益影响的一种定量分析方法，通过不确定因素的变化情况和发生的概率，计算在不同条件下房地产项目的经济评价指标，说明房地产项目在特定收益状态下的风险程度。概率分析的一般步骤为：

1）列出需要进行概率分析的不确定因素。

2）选择概率分析使用的经济评价指标。

3）分析不确定因素发生的概率。

4）计算在给定的概率条件下经济评价指标的累计概率，并确定临界点发生的概率。

12.7.5 项目投资方案的比选

房地产项目投资的分析和方案的比选是房地产投资策划的一项重要内容，它是从经济的角度来把握房地产投资项目的可能性和效益性，对房地产项目策划给予经济上、财务上的支持。

项目投资方案比选，也就是投资方案的比较与选择，是在投资分析后所进行决策的最后一个过程，是寻求合理的房地产开发方案的必要手段。对于房地产项目策划中提出的各种可供选择的开发经营方案，都要进行经济分析和计算，从中筛选出满足最低可接受收益率要求的可供比较方案，并对这些方案进行比较和选择。

项目投资经济分析是方案比选的前提，方案比选反映了项目投资分析的最终结果。

在进行可供比较方案比选时，应注意各方案之间的可比性，遵循费用与效益计算口径对应一致的原则，并根据项目实际情况，选择适当的经济评价指标作为比选指标。房地产项目通常采用的方案比选指标有：

1. 差额投资内部收益率（ΔIRR）

差额投资内部收益率是两个方案各期净现值流量差额的现值之和等于零时的折现率。其表达式为：

$$\sum_{t=1}^{n}[(CI-CO)'_t(CI-CO)''_t](1+\Delta IRR)^{-1}=0$$

式中　$(CI-CO)'_t$——投资大的方案第 t 期净现金流量；

$(CI-CO)''_t$——投资小的方案第 t 期净现金流量；

n——开发经营期。

在进行方案比选时，可将上述求得的差额投资内部收益率与投资者的最低可接受收益率（$MARR$）进行比较，当 $\Delta IRR \geqslant MARR$ 时，以投资大的方案为优选方案；反之，以投资小的方案为优选方案。当多个方案比选时，首先按投资由小到大排序，再依次就相邻方案两两比选，从中确定优选方案。

2. 净现值（NPV）

$$NPV=\sum_{t=1}^{n}(CI-CO)_t(1+i)^{-1}$$

在进行方案比选时，以净现值大的方案为优选方案。

3. 等额年值（AW）

$$AW=NPVi_e(1+i_e)^n/(1+i_e)^n-1$$

在进行比选时，以等额年值最大的方案为优选方案。

当可供比选方案的开发经营期相同时，可直接选用差额投资内部收益率、净现值或等额年值指标进行比选。当开发经营期不同时，一般宜采用等额年值指标进行比选，如果要采用差额投资内部收益率指标或净现值指标进行方案比选，须对各可供比较方案的开发经营期和计算方法按有关规定作适当处理，然后再进行比选。

对于开发经营期较短的出售型房地产项目，也可直接采用利润总额、投资利润率等静态指标进行方案比选。

对效益相同或基本相同的房地产项目方案进行比选时，为简化计算，可采用费用现值指标和等额年费用指标直接进行项目方案费用部分的比选。

1）费用现值（PC）指标。

$$PC = \sum_{t=1}^{n} (C - B)t(1 + i)^{-1}$$

式中 C——第 t 期投入总额；

B——期末余值回收。

在进行方案比选时，以费用最小的方案为优选方案。

2）等额年费用（AC）指标。

$$AC = PCi_e(1 + i_e)^n/(1 + i_e)^n - 1$$

在进行方案比选时，以等额年费用小的方案为优选方案。

12.8 房地产投资策划应用案例

【应用案例：湖南郴州“北湖·水晶城”项目可行性研究报告】

总论

1. 项目名称：北湖·水晶城
2. 项目拟建地：郴州市同心路2号（原玻璃厂）
3. 项目建设单位：郴州市顺原房地产开发有限公司
5. 项目概况

随着郴州市城市建设的发展，郴州市迅速崛起了许多商住小区，全市房地产业发展势头强劲。本次研究项目位于郴州市同心路北湖公园北侧，北依流星岭，南临北湖公园，东靠汽车总站，距郴州火车站1千米，交通方便。地段环境优越，超市、医院、学校等生活配套完善，面对北湖公园，背靠流星岭，远眺苏仙岭，湖光山色尽收眼底，娱乐、休闲十分便利。项目规划用地面积47784.30平方米，其中：住宅用地面积27135.30平方米，公共建筑用地面积5293.00平方米，道路用地面积8060.00平方米，公共绿地面积7296.00平方米。总建筑面积21.71万平方米，停车位867个，居住户数1482户，容积率3.85，建筑密度21.66%，绿地率38.61%，是一个大气、时尚、新颖的高档纯住宅小区。该地段房产开发前景好、升值潜力大。本项目的开发建设将完善该地段城市整体功能，改变周边环境，提升该地段城市品位。

6. 编制依据

1）《郴州市城市总体规划》。

2）建设部《关于发布<房地产项目经济评价方法>》的通知［建标（2000）205号］。

3）国家计委、建设部颁发的《建设项目经济评价方法与参数》（第二版）。

4）郴州市人民政府办公室《关于修改龙凤嘉园等8个项目建筑容积率的批复》［郴政办函（2008）143号］。

5）郴州市规划局《建设用地规划条件通知书》［郴规（地）（2008）108号］。

6）建设项目环境影响报告表。

7）国有土地使用权证［郴国用（2006）393号］。

8）企业法人营业执照、中华人民共和国房地产企业资质证书。

9）云南省城乡规划设计研究院总平面图。

10）相关各专业的国家设计规范。

11）建设单位提供的其他相关资料。

7. 重要经济技术指标

表12-22　经济技术指标

序号	名称	单位	数量	比例(%)	备注
1	规划总用地面积	平方米	47784.30	100.00	
1.1	其中:住宅用地	平方米	27135.30	56.79	
1.2	公建用地	平方米	5293.00	11.08	
1.3	道路用地	平方米	8060.00	16.86	
1.4	绿地	平方米	7296.00	15.27	
2	规划总建筑面积	平方米	217139.98	100.00	
2.1	其中:住宅建筑面积	平方米	179502.91	82.67	
2.2	公建配套设施	平方米	4372.48	2.01	
2.3	地下建筑(车库)面积	平方米	33264.59	15.32	
3	居住户(套)数	户(套)	1482		
4	居住人口	人	4742		平均3.2人/户
5	容积率	/	3.85		
6	建筑密度	%	21.66		
7	绿地率	%	38.61		
8	停车位	个	867		
9	项目总投资	万元	44104.66		
10	销售收入	万元	69635.96		
11	项目净利润	万元	13856.60		税后
12	内部收益率	%	23.08		
13	投资回收期	年	3.22		
14	财务净现值(i=12%)	万元	5323.20		
15	建设总工期	年	3		

8. 结论与建议

(1) 结论。

1) 本项目符合国家产业政策，符合国家宏观经济政策。本项目的建设可促进区域经济及城市建设的发展，改善市民居住条件。

2) 本项目的建设，符合郴州市总体规划，较好地贯彻了市政府加快中心城区改造与基础设施建设的决定；有利于完善北湖区同心路——北湖公园周边的配套设施建设，促进郴州市旅游资源的开发。

3) 本项目建设用地处于郴州市北湖区，位于北湖公园同心路北侧，区位独特，自然环境优越，向西与107国道相连，向东与城市主干道——国庆北路相接，位于北湖公园与流星岭之间，依山傍水，景色宜人，商业服务设施及各项市政设施如水、电、路、通信等基础设施均较完备，地理优势明显，是一幅优质福地，是商务办公、居住的理想之地，开发前景良好。

4) 项目总投资为44104.66万元，其中：工程费用28859.12万元，其他费用14168.36万元（其中建设期贷款利息2052万元），预备费577.18万元，项目周转用流动资金500万元；建设资金总额44104.66万元，其中：项目资本金19694.19万元，申请商业银行贷款20000万元，预售收入投入4410.47万元。

5) 从项目建设的经济效益评价来看，项目经营收入69635.96万元，税前利润18475.47万元，税后利润13856.60万元；项目的财务净现值（i=12%）5323.20万元；全部投资财务内部收益率（税后）23.08%；投资回收期3.22年；项目投资税前利润率41.89%，税后利润率31.41%。从以上指标看出，项目有较好的经济效益。且项目当经营收入下降5%，项目投资增加5%时，仍有较好的经济指标，项目抗风险能力较强。因此，从经济角度分析，本报告认为项目是可行的。

6) 该项目建设对增加就业机会，改善投资环境，提升郴州市的城市形象，带动郴州市经济发展也有一定的现实意义。

从以上分析可以看出，该项目启动的各项基础条件已具备，项目的各项优势明显，具有投资稳定，风险小的特点，既符合国家的有关方针、政策，又能产生客观的经济效益和良好的机会效益。因此该项目可行。

(2) 建议。

1) 该项目的社会和经济效益良好，建议上级主管部门和银行给予支持，促使该项目早日上马，早见成效。

2) 建议认真做好工程的招标、施工图设计和施工工作，加强工程质量监控，保证工程质量和施工进度。

3) 在建设中要充分注意公用设施、环境设施、生活环境建设。

4) 精心编制工程实施计划，在确保工程质量和进度的同时，要严格控制建设投资，加强营销运作，加强营销运作，以尽快回收资金和减少资金投资；同时狠抓项目建设质量，争取获得最佳的经济和社会效益。

市场分析

1. 全国房地产市场现状及发展趋势

自2003年开始升温以来，中国房地产市场持续增长了将近四年，到2007年达到了顶峰，虽然这种势头在2008年出现减缓，全国楼市走向低迷，但GDP仍保持了9.8%的增长。在政府保增长的决心下，预计2009年GDP仍有望保持8%以上的较快增长，房地产市场的发展仍有巨大的潜力。这源于相互影响的三方面事实。

（1）中国是一个经济转型国家。对于一个发展中国家来说，城镇化是一个不可避免的问题。自1978年推行市场化改革以来，中国的城镇化就开始持续进行，1996年以后步伐明显加快。持续的城镇化对房地产市场的不断发展提出了要求。不仅如此，中国到目前为止已经历了长达30年的经济持续高速增长，人民收入水平的提高和对生活质量的追求，为房地产市场的发展提供了强劲动力。

（2）中国是一个体制转型国家。中国正从严格传统的计划经济体制国家逐渐转变为市场经济体制国家，住房改革也是伴随着其中的诸多改革措施之一。以往城镇居民主要依靠单位分房，而现在则已基本由市场解决。住房推向市场，促成了一个巨大的房地产市场的产生和发展。

（3）中国是一个人口大国，十几亿的人口总量在世界各国之中绝无仅有，庞大的人口数量也意味着巨大的住房需求。

以上三个方面，分别从不同层面反映了中国的现状和特色。它们共同揭示了中国房地产市场发展不可估量的潜力。只要这些因素没有改变，房地产市场发展的趋势就不会改变。而在相当长一段时期内，这些因素很难改变。因此，我们对房地产前景保持乐观。

2. 近几年来郴州市房地产状况及发展趋势

近几年来，房地产作为郴州新的经济增长点和城市居民新的消费热点，对于扩大内需（包括投资与消费需求）拉动经济增长，加快城区扩容提质步伐，改善居民住房条件和提高人民生活质量等方面做出了积极的贡献。近几年来，随着福利房全面停止上市和中心城区建设步伐的加快，郴州房地产开发投资增幅进一步加快，房地产市场日趋成熟。

3. 销售前景预测分析

（1）项目价格分析。

位于郴州市国庆北路的福云国际公寓，其二手房销售价高达4000元/平方米左右；位于郴州市人民西路翔云国际，其销售均价在3200元/平方米左右；位于香雪路与龙泉路交界的天润天城，其均价在3100元/平方米左右；位于燕泉路的新贵华城，其销售均价在3300元/平方米左右，位于郴州大道的爱莲湖畔，8月份开盘其销售均价预计在3500元/平方米左右。与上述项目比较，本项目在产品设计、景观资源、区域位置等方面拥有相对优势。

根据项目的定位，以及郴州市总体房价水平，预计本项目2010年至2012年住宅销售平均价为3600元/平方米，地下车库平均销售价为65000元/个，超市20000元/平方米。根据郴州市目前商品房的销售价格及未来趋势，结合本项目的特点，本报告认为该价格在郴州具有较强的竞争力。

（2）销售前景分析。

本项目定位明确，位置优越，资源丰富，交通便利，设计独特，较其他房地产开发项目比具有十分明显的价格优势。可以预见，本项目具有良好的销售前景。

主要技术方案

1. 设计原则

（1）符合“统一规划、合理布局、因地制宜、综合开发、配套建设”的原则，符合城市规划要求，满足消防、交通、安全疏散、环境保护等要求。

(2) 尊重场地环境特征，合理利用地形地貌，塑造具有识别性与归属感的居住小区。

(3)“以人为本”，充分考虑居民的行为模式与心理需求，合理组织交通和空间布局，尽能提升居住空间的环境品质。

(4) 消防、环保必须做到“三个同时”。

2. 规划设计依据

(1)《中华人民共和国城市规划法》。

(2)《城市规划编制办法》(2006 年 4 月 1 日实施)。

(3)《湖南省（城市规划法）实施办法》。

(4)《城市居住区规划设计规范》GB50180—93 (2002 年版)。

(5)《郴州市城市总体规划 (2005—2020 年) 纲要》。

(6) 郴州市规划局—郴规发 (2006) 45 号。

(7) 郴州市规划局—郴规（地）条 (2008) 108 号。

(8) 建设方提供的相关资料。

3. 总体规划及总平面布置

(1) 以“观念新颖、整体协调、定位恰当、切合市场”为指导思想，解决“人、建筑”的密切关系，使建筑融入到环境中，提高居住质量。根据位置不同，采用不同的组合方式，丰富了小区的整体形态。

(2) 从城市设计的高度出发，力图在周边繁杂无序的背景上，创造出一组完整、大气、时尚、新颖的高档小区，结构由北向南分延伸式设计，采用行列式的布局方式，形成层次鲜明，错落有致的建筑布局。采用塔楼式的布局方式，以节约更多用地，形成开阔空间。综合考虑采光、通风、消防、视觉、卫生等要求确定大于 28 米的建筑物间距，满足视觉、私密性、通风及绿化空间景观要求，实现“大视野、大尺度、大自然”的居住环境品质。同时充分利用地形，车库采用半掩埋形式、阶梯状由北及南逐级降低，在减少投资的基础上，保证了车库的连通性、整体性，最大程度地满足了日照要求及人居住环境的要求。

(3) 充分考虑住宅的基本功能，采用紧凑的平面布局、良好的通风采光布局，通过设置较大的入户花园、空中庭院及大阳台，提升居住品质。单元式住宅每套面积范围控制在 43 ~ 260 平方米之间。通过用建筑空间语言书写建筑形象，用轻巧的构件去概括零散琐碎的窗、阳台等界面，在局部细节上重点刻画比例、机理来确立小区的清新形象，在总体简洁的基础上，通过对塔楼顶部屋顶的重点处理而突出小区的个性特征。

(4) 小区的对外交通主要是通过同心路与中心城区相连。并以入口广场为对景，北侧及西侧均设有次入口，通过小区北部环形道路连接，保证道路畅通及人员的疏散。小区内主要道路宽 4 米，次要道路宽 3 米。采用人车分流形式。从主入口广场进入小区，通过竖向交通，沿内部道路直通各栋大楼。

(5) 小区配套布置幼儿园、卫生站、会所、综合商店、餐饮、社区服务中心、物业管理用房、配电房等公共服务设施。配套设施采用集中布置和就近利用的原则。

项目的实施进度计划

项目的建设得到了有关部门及领导的大力支持，建设单位也做了大量的前期准备工作，本报告认为，为保证工程顺利进行，项目的建设实施过程中应做到有条不紊，科学管理，注重施工安全和质量，并协调好建设和周边环境保护的关系，尽量减少对周边居民生活、生产、学习的影响。经与建设单位商定，并根据项目建设的实际特点，实施进度初步安排如下：

2008 年 5 月～2009 年 10 月，完成项目前期各项审批工作。

2009 年 7 月～2009 年 11 月，完成场地平整及建筑设计、施工招标。

2009 年 11 月～2010 年 12 月，主体工程完工。

2010 年 11 月～2011 年 5 月，主体装修及室外配套工程。

2011 年 7 月，竣工验收。

投资估算与资金筹措

1. 投资估算

（1）投资概况

项目规划总用地为 47784.30 平方米，总建筑面积 217139.98 平方米，经测算，项目总投资为 44104.66 万元，其中：工程费用 28859.12 万元，其他费用 14168.36 万元，预备费 577.18 万元，项目周转用流动资金 500 万元，见表 12-23。

表 12-23　项目投资估算表　（单位：万元）

工程项目或费用名称		建筑工程费	设备及安装工程费	其他费用	合计
1	工程费用				
1.1	住宅及地下车库	26404.43	1600.00		28004.43
1.2	公建配套设施	524.69	330.00		854.69
	工程费用合计	26929.12	1930.00		28859.12
2	其他费用				
2.1	征地费(71.68 亩)			8990.80	8990.80
2.2	建设单位管理费			538.95	538.95
2.3	勘察设计费			217.14	217.14
2.4	监理费			269.47	269.47
2.5	建设期的借款利息			2052.00	2052.00
2.6	其他规费等			2100.00	2100.00
	其他费用合计			14168.36	14168.36
3	预备费			577.18	577.18
4	项目周转用流动资金			500.00	500.00
	建设投资合计	26929.12	1930.00	15245.54	44104.66

（2）估算依据及说明。

1）工程费用，根据湖南省建设厅颁发的湘建价（2001）第 72 号文件《湖南省建筑工程概算定额》估算，同时参照郴州市目前同类建筑单位工程造价。

① 土建工程：包括整个建筑物及其他构筑物等投资。

② 给排水、供配电工程：包括给水、排水、供水、配电、通讯等设备投资及安装费用。

③ 总图：主要包括道路工程、绿地工程等投资。

2）安装工程参照郴州市目前类似工程的造价指标进行估算。

3）其他费用中包括各种规费、征地费、建设单位管理费、勘察设计费、监理费等。征地费，根据建设单位提供的取得国有土地使用权所支付的成本进行估算。

4）预备费：主要是指因设计变更及施工中增减工程量引起的不可预见费部分，以及考虑价格变动带来的费用增加。

2. 资金筹措

项目总投资44104.66万元，所需资金拟申请商业银行贷款20000万元，项目资本金19694万元，预售收入投入4410.47万元。

项目的资金筹措及运用情况见表12-24。

表12-24　项目资金筹措及运用表　（单位：万元）

项目	合计	1
建设投资	44104.66	44104.66
资金筹措	44104.66	44104.66
其中:银行借款	20000.00	20000.00
自筹资金	19694.19	19694.19
项目	合计	1
项目预售收入	4410.47	4410.47

3. 贷款还本付息估算见表12-25。

表12-25　借款偿还计划表　（单位：万元）

序号	项目	合计	2009	2010	2011	2012
1	借款	20000.00	0	20000.00	20000.00	
1.1	年初本息余额	0	0	0	0	
1.2	本年借款	20000.00	0	20000.00		
1.3	本年应计利息	2596.00	0	1296.00	1296.00	
1.4	本年还本付息	22596.00	0	1296.00	21296.00	
	其中:还本	20000.00	0		20000.00	
	付息	2596.00	0	1296.00	1296.00	
1.5	年末本息余额	0	0	20000.00	0	

注：年利率按6.48%计算。

项目经济评价

1. 经济分析的主要依据

（1）《建设项目经济评价方法与参数》（第二版）。

（2）《房地产开发项目经济评价方法》。

（3）国家及地方有关政策。

（4）项目设计方案及相关市场调查。

2. 经营设计及营业收入

（1）经营设计。

本项目设计用途为商品住宅区，项目建成后，共形成高层商品住宅177137.95平方米，多层商品住宅2364.96平方米，地下车库33264.59平方米（675个停车位），地上停车位192个，公共配套设施4372.48平方米。除社区会所、市政配套房建筑用于物业公司管理使用外，其他建筑均以出售形式经营。

（2）营业收入测算。

1）价格预测。根据建设单位提供的有关资料以及对项目周边地区范围内的商品住宅、写字楼、宾馆、商场及门面销售价格进行的抽样调查，本报告对水晶城小区的商品住宅、配套商业设施（超市）、地下车库的价格预测如下：商品住宅均价为3600元/平方米，配套商业设施（超市）均价为20000元/平方米，车库65000元/个。

2）营业收入及税费估算。

① 营业收入。

商品住宅销售收入：177137.95平方米×3600元/平方米=63769.66万元。

配套商业设施（超市）销售收入：739.4平方米×20000元/平方米=1478.80万元。

地下车库销售收入：675平方米×65000元/个=4387.50万元。

合计：69635.96万元。

② 销售税费费率表见表12-26。

表12-26 销售税费费率表

税（费）种	计税依据	税（费）率
营业税	销售收入	5%
土地增值税	销售收入	1%
城市维护建设税	营业税	7%
教育费附加	营业税	4.5%

根据上述税费规定估算经营期间销售税费额，具体情况见表12-27。

营业税：69635.96万元×5%=3481.80万元。

土地增值税：69635.96万元×1%=696.36万元。

城市维护建设税：3481.80万元×7%=243.73万元。

教育费附加：3481.80万元×4.5%=156.68万元。

合计：4578.57万元。

表12-27 销售收入及销售税费估算表 （单位：万元）

序号	项目	合计	2010	2011	2012
1	经营收入	69635.96	6963.60	41781.58	20890.78
1.1	商品住宅销售收入	63769.66	6376.96	38261.80	19130.90
1.2	配套商业设施（超市）销售收入	1478.80	147.88	887.28	443.64
1.3	车库销售收入	4387.50	438.75	2632,50	1316.25
2	销售税金及附加	4578.57	457.86	2747.15	1373.56
2.1	营业税	3481.80	348.18	2089.08	1044.54
2.2	土地增值税	696.36	69.64	417.82	208.90

（续）

序号	项目	合计	2010	2011	2012
2.3	城市维护建设税	243.73	24.37	146.24	73.12
2.4	教育费附加	156.68	15.67	94.01	47.00

③ 营业成本费用估算。经营期间成本费用主要有营业费用、管理费用和财务费用。

a. 营业费用。营业费用主要包括广告费、销售人员的工资及福利费等，按销售收入的2%估算。

营业费用：69635.96 万元×2% =1392.72 万元。

b. 管理费用。管理费用主要包括办公费用、水电费、招待费、管理人员的工资及福利费等，按销售收入的1.5%估算。

管理费用：69635.96 万元×1.5% =1044.54 万元。

c. 财务费用。财务费用按建设期以外的银行贷款利息估算。本项目除项目贷款20000万元外，不考虑其他贷款，估算财务费用为540 万元。

d. 项目总成本费用。上述各项与项目开发成本之和即为项目总成本费用。经测算，其总成本为46581.92 万元，见表12-28。

表12-28 总成本及费用估算表 （单位：万元）

序号	项目	合计	2009	2010	2011	2012
1	项目开发成本	43604.66	14253.06	18495.23	10856.37	
2	经营成本及费用	2977.26		243.73	1305.67	1427.86
2.1	营业费用	1392.72		139.27	835.63	417.82
2.2	管理费用	1044.54		104.46	470.04	470.04
2.3	财务费用	540.00				540.00
3	合计	46581.92	14253.06	18738.95	12162.04	1427.86

4. 财务效益分析

(1) 静态收益评价。项目根据国家计委、建设部1993年4月颁布的《建设项目经济评价方法与参数》(第二版）的要求进行经济评价。项目总销售收入扣除销售税金及附加与总成本费用即得利润总额，见表12-29。项目投资回收期为3.22年。

表12-29 损益表 （单位：万元）

序号	项目	合计	2009	2010	2011	2012
1	经营收入	69635.96		6963.60	41781.58	20890.78
1.1	商品住宅销售收入	63769.66		6376.96	38261.80	19130.90
1.2	商业配套设施（超市）销售收入	1478.80		147.88	887.28	443.64
1.3	车库销售收入	4387.50		438.75	2632.50	1316.25
2	销售税金及附加	4578.57		457.86	2747.15	1373.56
2.1	营业税	3481.80		348.18	2089.08	1044.54

（续）

序号	项目	合计	2009	2010	2011	2012
2.2	土地增值税	696.36		69.64	417.82	208.90
2.3	城市维护建设税	243.73		24.37	146.24	73.12
2.4	教育费附加	156.68		15.67	94.01	47.00
3	成本及费用	46581.92		4604.19	27468.47	14509.26
3.1	销售成本	43604.66		4360.46	26162.80	13081.40
3.2	营业费用	1392.72		139.27	835.63	417.82
3.3	管理费用	1044.54		104.46	470.04	470.04
3.4	财务费用	540.00				540.00
4	税前利润	18475.47		1901.55	11565.96	5007.96
5	所得税	4618.87		475.39	2891.49	1251.99
6	税后利润	13856.60		1426.16	8674.47	3755.97
6.1	盈余公积金	2078.49		213.92	1301.17	563.40
6.2	应付利润					
6.3	未分配利润	11778.11		1212.24	7373.30	3192.57
7	累计未分配利润	11778.11		1212.24	8585.54	11778.11

（2）动态收益分析。经过测算，得到财务内部率为23.08%，财务净现值为5323.20万元。具体数据见表12-30。

表12-30　现金流量表　　（单位：万元）

序号	项目	合计	2009	2010	2011	2012
1	现金流入	70135.96	0.00	6963.60	41781.58	21390.78
1.1	物业销售收入	69635.96		6963.60	41781.58	20890.78
1.2	回收周转金	500.00				500.00
2	现金流出	56279.36	14753.06	19672.20	18205.68	3648.42
2.1	开发成本	43604.66	14253.06	18495.23	10856.37	
2.2	销售税费	4578.57		457.86	2747.14	1373.57
2.3	营业费用	1392.72		139.27	835.63	417.82
2.4	管理费用	1044.54		104.46	470.04	470.04
2.5	财务费用	540.00			540.00	
2.6	所得税	4618.87		475.39	2756.49	1386.99
2.7	项目周转金	500.00	500.00			
3	净现金流量	13856.60	－14753.06	－12708.60	23575.90	17742.36
4	累计净现金流量	13856.60	－14753.06	－27461.66	－3885.76	13856.60
计算指标		财务内部收益率(%)			23.08	
		财务净现值(i＝12%)			5323.20	
		投资回收期(年)			3.22	

(3) 财务盈利能力分析。根据项目成本与收入情况测算的主要指标见表12-31。

表12-31 项目主要经济指标表

序号	指标名称	单位	指标	备注
1	全部投资内部收益率			
	所得税前	%	30.34	
	所得税后	%	23.08	
2	全部投资回收期			
	所得税前	年	3.03	
	所得税后	年	3.22	
3	全部投资财务净现值(Ic=12%)			
	所得税前	万元	8932.34	
	所得税后	万元	5323.20	

5. 项目敏感性分析

本报告作了所得税后全部投资的敏感性分析，分别就销售收入（即综合价格）、项目总成本（主要为开发成本、管理费用、销售费用）两项主要指标进行了敏感性分析，分析其变动对项目收益的影响程度。项目的敏感性分析情况见表12-32。

表12-32 项目敏感性分析表 （单位：万元）

序号	项目	财务内部收益率（%）	财务净现值（i=12%）	项目净利润
1	现有指标	23.08	5323.20	13856.60
2	销售收入下降5%	19.17	3417.5	11416.95
3	项目总成本上升5%	19.41	3707.01	12130.03

从以上分析看出，本项目当销售收入下降5%或总成本支出上升5%时，项目仍有较好的财务指标，说明项目的抗风险能力较强。

6. 经济评价结论

综上所述，项目经营收入69635.96万元，税前利润18475.47万元，税后利润13856.60万元，财务内部收益率23.08%，财务净现值5323.20万元（折现率12%），投资回收期（税后）3.22年，故本报告认为，项目建设从经济角度分析是可行的。

【应用案例：山东烟台“嘉信福汽车博览园”可行性研究报告】

项目概况

1. 项目发起人及发起缘由

(1) 项目发起人：深圳市嘉信福实业集团有限公司。

(2) 项目发起人简介。深圳实业嘉信福集团创建于1993年，注册总资本1.5亿元，现有员工300多人。嘉信福是一家集房地产开发、建筑装饰设计、商业贸易、物流仓储于一体的多元化集团公司，下属子公司有深圳市嘉信装饰设计工程有限公司、深圳市中银信置业有限公司、深圳市嘉信松山置业有限公司、深圳市太谷投资发展有限公司、清远市深嘉投资开发有限公司、深圳市深汇贸易有限公司等，形成了多产业并进的发展格局。

2. 项目发起缘由

目前烟台市新车交易市场仍处于汽车有形市场初级阶段——汽车大道和汽车贸易市场。且目前所现有的汽车市场普遍存在形象低下、产品及服务档次低、规模小等特点，相对比烟台火热的汽车市场，烟台急需一个综合性、大型的汽车市场来引领烟台汽车市场，带动汽车市场的升级换代，项目的建设弥补市场空白、顺应行业大势。项目地块位于机场路北段东侧，处于2010年政府规划的烟台汽车文化产业城项目区域范围内，项目的建设吻合政府对汽车行业的规划发展方向。

3. 项目位置及现状

（1）项目地址：山东省烟台市芝罘区机场路北段东侧，加德士加油站北侧。

（2）项目四至。项目东至规划路，往东为荆子山和通世南路；西至机场路，往西为交运驾校；南至加德士加油站和鸿运汽车交易广场；北至高压线走廊边。

（3）项目周边目前现状。项目位于机场路北段东侧，沿机场路汽车交易市场活跃，相比之下汽车后市场氛围稀缺。项目所在区域房地产开发力度大，存在众多的居住楼盘，但商业房地产开发项目较少，商业氛围不浓。项目东靠荆子山，地势较高，但绿化好，自然景观环境良好。

（4）项目性质及主要特点。项目位于烟台市芝罘区机场路，是烟台真正意义上的综合性一站式汽车专业市场，是烟台首个以中高档汽车及用品交易为主的国际汽车博览园，并规划建设烟台首个汽车超市、首个汽车博览中心。

（5）项目地块面积及边界长。项目地块面积：13.33万平方米（合199.95亩）。

项目可建设用地面积：10.98万平方米（合164.7亩）。

项目地块边界长：边界总长为1475米。东边长约422米，南边长约341米，西边约422米，北边约290米。

（6）项目周边环境现状。

1）项目周边配套情况。

① 机场路两边项目周边酒店缺乏，现正经营的酒店几近没有，而正规划建设的酒店也几乎没有。烟台酒店集中在市中心地带。

② 项目周边未存在写字楼，而在建的“怡丰佳苑”有两座写字楼已被社保局租用。同样在建的“东和科技园”虽存在大量的写字楼，但其距离本项目较远，地理位置较偏。

③ 项目周边商业配套集中在魁玉路两侧，基本能满足人们生活需求，但档次均不高。且项目周边楼盘都规划有沿街商铺，待开发成熟，能满足项目所在片区的生活需求。

2）项目周边规划。

① 机场路东侧地块将建桦林集团汽配车间。该项目位于芝罘区机场路以东，天航汽车销售服务有限公司以南，勤河以北。规划可建设用地面积约5885平方米。规划总建筑面积20621.03平方米。

② 芝罘区原塑料六厂地块规划8组高层。芝罘区原塑料六厂地块规划建筑设计方案显示，芝罘区机场路以东，蓁山屯路以北，原塑料六厂厂区范围内，规划了8组高层，规划总用地面积约3万平方米，其中可建设用地面积约2.8万平方米。规划总建筑面积近7万平

方米。

③ 芝罘区将建嘉诚蓝海科技港。该项目位于芝罘区卧龙北路以南，烟台嘉诚油脂食品有限公司榨油车间以北，威利发食品有限公司以东，隆泰塑料包装制品有限公司以西。规划总用地面积约 1.23 万平方米，其中可建设用地面积约 1.14 万平方米。规划总建筑面积近 5 万平方米。

④ 芝罘区将建宏伟管业研发园。根据宏伟管业研发园规划建筑设计方案，该项目位于芝罘区卧龙园区内，通世南路以东，劳教所以北，东和新城以南。规划可建设用地面积约 5.3 万平方米。规划总建筑面积达 10 万平方米。

(7) 主要技术经济指标见表 12-33。

表 12-33　主要经济技术指标表

项目		指标	备注
规划用地面积(平方米)		133300.0	可建设用地面积为 1098800.0
规划总建筑面积(平方米)		230398.8	
其中	沿街商业面积(平方米)	37332.2	
	汽车大卖场面积(平方米)	88709.0	中庭面积为 2667.1×4
	办公建筑面积(平方米)	35568.4	包括政务中心 2088.2
	酒店建筑面积(平方米)	11856.2	可兼容其他业态、在底层设出入口
	快修市场面积(平方米)	10963.8	
	公寓建筑面积(平方米)	45929.2	
	附属建设面积(平方米)	40.0	公厕、垃圾站、配电房等
地下室总建筑面积(平方米)		54228.1	车位面积为 50000、其他为设备空间
建筑占地面积(平方米)		39386.3	
建筑密度		35.0%	按可建设用地面积计算
容积率		2.10	按可建设用地面积计算
绿地率		20.5%	按可建设用地面积计算
总停车位(个)		2500	
其中	地上停车位(个)	1250	大卖场 650 个车位
	地下停车位(个)	1250	每个地下停车位按 40 平方米计算

投资环境及市场分析

1. 市场分析

(1) 项目所在区域汽车行业发展情况。

1) 烟台市汽车行业现状。据烟台统计局统计数据显示，近年来烟台市汽车产量持续高速发展，2013 年烟台汽车产量达 60.09 万辆，同比上年增长 30.20%。同时烟台汽车拥有量和每年上牌量也持续快速上升，2013 年烟台民用汽车拥有量和上牌量分别是 109.72 万辆和 14.44 万辆，同比上年分别增长 13.50% 和 10.10%。

2) 烟台汽车专业市场概况

烟台汽车市场约在 2000 年就开始起步，形成了最早的汽车交易市场——山东鸿运汽车交易广场，最早的汽配市场——北方汽配交易中心。然而在十几年过去后的今天，烟台除了在幸福周边增加了几个汽配市场而形成汽配一条街外，再无规划建设新的汽车专业市场。烟台汽车专业市场主要是沿着城市主干道发展，形成汽车大道和汽配一条街，如以新车销售为主的机场路、衡山路、北京南路，和以汽配、装潢美容为主的幸福南路和福海路。

机场路汽车市场有山东鸿运汽车交易广场、烟台汽车交易广场，其普遍存在形象低、档次低、规模小等特点。机场路汽车交易主要以4S店展销为主，汽车展厅为辅，目前约有40家4S店，进驻品牌达70个。衡山路原是汽车4S店一条街，由于城市发展规划而需搬迁所有的4S店。近年来衡山路有部分4S店陆续搬迁到北京南路，现仍有5家4S店在营业。而北京南路将规划建设成汽车4S店聚集区，目前已经进驻15家。

幸福南路和福海路形成了汽配一条街，其所经营销售的产品及其所提供的服务档次均偏低，未能满足中高档次客户的需求。中高档汽车需维修保养、装潢美容则需到4S店去。烟台市汽车市场主要集中在芝罘区和福山区，其他几个城区和下辖县市到目前为止仍未出现成规模的汽车专业市场或汽车聚集区，汽车销售店门和汽配店门零散分布在路边。

（2）项目所在区域政策、经济及产业环境。

1）烟台市城市规划。

① 确定发展方针，促进城市发展。烟台继续大力提升中心城市辐射带动能力，在空间战略上坚持“东拓、西联、南进、北展、中优”的方针，促进城市快速发展。

② 努力培育支柱产业簇群，承接外来产业辐射。努力培育支柱产业簇群，大力发展第三产业，建立以先进制造业和现代服务业为主的产业体系，提升产业结构，强化中心城市的功能。积极接受外来产业转移，主动融入全球经济。

③ 推进“青-烟-威”协调发展。在环渤海层面，积极参与区域城市群的整合，共同构建环渤海城市群。

在山东半岛层面，积极推进“青岛-烟台-威海”的产业协作和一体化发展。

在市域层面，实施中心城市促进战略和空间结构集聚战略。促进中心城市的发展，培育烟台的中心职能。同时以北部滨海的各级中心城市为依托，培育集聚性空间结构。

④ 市域航空运输。莱山机场规划为民用干线机场，飞行区技术等级指标达到4E级标准。规划加强机场与城区及周边地区的交通联系，将城市轨道交通线与城际轨道换乘站、火车客运站、机场等相衔接，扩大机场吸引范围。

⑤ 商品交易市场体系规划。规划建设6个市场群，分别为：黄务市场群、珠玑市场群、三站市场群、西山市场群、开发区市场群、澳柯玛市场群。规划若干专业市场包括：黄务汽车交易市场、福山汽车零配件市场。

⑥ 产业区布局。规划形成五大工业区，分别为八角工业区、开发区工业区、福山工业区、莱山工业区、牟平工业区。其他小型工业区包括夹河东侧的APEC（只楚）工业区、黄务卧龙工业园、APEC马山工业园等。规划要求在现有基础上控制其整体规模，逐步调整产业结构。

⑦ 城市远景用地布局结构。进一步完善已有的带状组团结构，芝罘、莱山、开发区、福山、牟平、八角六大组团相应拓展、完善功能，同时将西部的蓬莱和南部的回里、桃村纳入城市建设范围，形成“T”型城市结构，而项目正好处于该范围内。

⑧ 烟台规划建设烟台国际汽车文化产业城。2010 年 8 月，烟台市规划建设国际汽车文化产业城，并做初步规划方案。项目位于芝罘区世回尧办事处马山与荆子山之间，机场路东侧，通世南路西侧，与青年南路相邻，南北长约 1800 米，东西宽约 300 ~ 500 米，占地面积超过 1000 亩。项目定位为汽车商务、汽车运动和旅游、娱乐等多种功能于一体的汽车贸易服务及汽车经济文化综合型生态园区，并将配套建设一处汽车主题森林公园。

⑨ 芝罘区建设南部新城。在芝罘区“北隆、南展、西延”的城市发展，芝罘区规划建设南部新城。南部新城东至芝罘区与莱山区区界，西至机场路，北至红旗中路，南至夹河，规划面积约 1900 万平方米。

规划结构为：四轴四片一核心，有机聚合多中心。“四轴”是指依托港城西大街、机场路、化工南路和篆山路（接永安街）形成功能联系轴、商务集聚轴和公共服务轴；“四片”是指生态宜居片区、站前服务综合片区、南部新城核心区和产业升级带动片区；“一核心”是指依托机场路，在机场路与港城西大街交汇区域形成整个基地的发展核心；“有机聚合多中心”是指将居住、商贸、新型产业及城市服务等多种功能进行融合，从而使城市功能更丰富，城市生活更加富有活力。

2）烟台市总体经济状况。2013 年，烟台市经济总量达到 5613. 87 亿，高于全国平均水平，同比增长 10. 20%，经济运行稳中有进、总体向好。2013 年，烟台国内生产总值在山东省地级市排名中仅次于青岛市，排名山东第二。人均 GDP 是 80424 元，排名山东第四。

近五年来，烟台市固定资产投资稳步上升，持续五年固定资产投资增长率均超过 20%。

从产业角度看，第二产业贡献最大，增加值 27422. 5 亿元，增长 10. 7%；第三产业居次，增加值 22519. 2 亿元，增长 9. 2%；第一产业增加值 4742. 6 亿元，增长 3. 8%。经济运行稳中有进。2013 全年全省规模以上工业企业实现增加值 24222. 16 亿元，比上年增长 11. 0%。其中，高新技术产业实现增加值 39582. 74 亿元，增长 14. 7%。

2013 年，烟台城镇居民人均可支配收入达 32956 元，增长 9. 7%，均高于全国城镇人均可支配收入。2013 年全国城镇人均可支配收入为 26955 元，增长 7. 0%。

3）烟台经济状况小结。2013 年，烟台国内生产总值 5613 亿元，在山东省地级市排名中仅次于青岛市（8007 亿元），排名山东第二；人均 GDP 达 80424 元，排名山东第四。烟台市固定资产投资持续保持超过 20% 的增长率快速增长。烟台市第一产业增长有所减缓，第二产业和第三产业增长相对较快，居民人均可支配收入逐年稳步增长，2013 年城镇居民人均可支配收入达 32956 元。烟台总体经济运行稳中有进、总体向好，居民人均收入逐年增加，生活水平不断上升，为项目的发展提供了良好的经济环境，也提供了良好的市场环境。

2. 项目自身分析

（1）项目优势分析（Strength）。

1）区位环境优越，市场氛围浓厚。项目所在的机场路为烟台市汽车交易最为火热的地带，也是汽车交易市场规模最大的地区，为项目的发展提供良好的市场环境。市场培育周期短，收益见效快。

2）地理位置良好，交通网络发达。项目所在的机场路属于国道 204 的一段，并通过黄务立交与绕城高速连通，项目距离黄务立交约 3 千米；项目距离火车站约 10 千米；项目距离莱山机场约10千米；项目距离烟台港约9千米，路网发达，交通便利。

3）开发商实力雄厚，保障项目规划建设和运营管理。嘉信福集团在房地产开发建设、房地产投资和市场运营管理具有相当丰富的经验和资源。为项目前期开发建设与后期运营管理提供有力的保障。

4）市场空白大，市场机遇大。目前烟台汽车市场未形成大规模的综合性汽车专业市场，市场资源得不到充分的整合和优化。随着市场的发展和需求的不断增加，项目将得到巨大的发展潜力，打开广阔的发展空间。

5）行业总体规划，政府大力支持。早在2010年8月，政府便对烟台汽车文化产业城项目进行总体规划布局，而本项目位于总体规划范围内，政府将大力支持，并得到众多优惠政策扶持。

（2）项目劣势分析（Weakness）。

1）项目北边因临近高压线，并存在高压线，故需退让，造成项目可建设用地面积减少。

2）项目北边临近芝罘区殡仪馆，对地块价值带来严重影响，导致北面业态难以卖出或租赁。

3）项目东靠荆子山，地势最高处高于西边机场路约30米，这将对项目的规划建设带来一定的困难。

4）作为一个新兴的汽车市场，项目在区域内的认知度较小，存在培育市场的时间周期。

5）外来企业进入市场难度不小。由于地方均有区域保护政策，保障本地企业利益，且烟台本地汽车商家在烟台汽车商会的引导下已抱作一团，影响外部企业的招商。

6）项目东边和南边规划道路目前规划不明确，影响项目规划及周边物业招商销售。

（3）项目机会分析（Opportunity）。

1）项目处于机场路，市场交易火热，汽车市场氛围浓厚。浓厚的市场环境必将带动项目的良好发展。

2）政府宏观政策扶持，前景无限。政府在机场规划建设大型的烟台汽车文化产业项目，项目正是在这样的前提下而开始筹备规划建设的，势必得到政府的大力扶持。并且项目的规划建设正符合烟台有关“建立黄务市场群体系”“建设黄务机场路汽车专业市场”和“加速建设南部新城”的有关政府法规，也同样将得到政府和社会的支持。

3）中高档汽车及用品市场需求迫切，行业前景兴旺，随着当前经济的不断发展，烟台当地居民对汽车市场的消费需求越来越旺盛，要求也越来越高，市场潜力巨大。

4）目前该区域缺乏规模化、专业化、集中化的一站式汽车专业市场，本项目作为首个国际汽车博览园将取得了该区域的市场先机，具有良好的发展前景。

（4）项目威胁分析（Threat）。

1）项目所处区域汽车市场发展良好，现有市场抢占了市场先机，分流了客户群体，本项目的市场收益造成威胁。

2）开发商作为外来企业，跟当地政府和本土企业需要一定的磨合期，方能适应当地政策和市场。

3）对比烟台其他的竞争性项目，汽车市场已经成型，本项目在规划上必须更具创造性和差异性，否则会造成后期招商运营困局。

4）烟台下辖县市汽车市场正处发展期，其未来对汽车市场的规划与建设，对项目存在潜在的威胁。

（5）项目综合分析。

1）优势机会战略。

① 借助地块优越位置，建设区域品牌项目，提高知名度。

② 抓住市场空缺机会，顺应发展趋势，开发设计出创新实用的产品，引领汽车市场。

③ 借助开发商资源，加强前期规划建设和后期运营管理，打造精品工程。

④ 借助机场路浓厚的市场氛围，提升项目知名度。

2）优势威胁战略。

① 综合项目各项优势，降低市场竞争激烈所带来的威胁，差异化竞争，挖掘市场空白点，避免同质竞争。

② 借助项目所处区位的发展趋势和潜力及规划，提高项目整体素养，减少空置率威胁。

③ 积极寻求政府的扶持，得到政策的支持，顺利进入本地市场，充分利用当地资源，迅速打开市场。

④ 抓住目前市场的空白点，优化规划设计，提升经营管理理念，使得项目在未来几年内不落后于新建的市场。

3）劣势机会战略。

① 利用政府对该区域的规划与建设的机遇，提升区域汽车市场的知名度。

② 抓住市场需求迫切的机遇，打造项目品牌，打造区域标志性汽车市场，引领区域汽车市场潮流。

③ 利用优化规划方案，规避地块存在的不利因素。

④ 引进先进经营管理理念，提高经营管理质量，提升管理水平。

4）劣势威胁战略。

① 彰显项目个性形象，提升知名度，推广区别于竞争项目的市场形象。

② 完善项目自身功能，提高本项目的竞争力。

③ 提升规划、经营和管理的水平。

3. 竞争性项目分析

（1）山东鸿运汽车交易广场。

1）项目概况。山东鸿运汽车交易广场于2001年开业，是机场路沿线众多汽车市场中作的最久的一个市场，是附近汽车市场的标杆。场内被划分为A、B、C、D、E、F、G、H八个区域，其中E座和D座是用于住宅商务，H座是新车展场，此外还划分了专门的维保停车和维保车间。场内招商的主要是A、B、C、H、F、G六个区域，共28户商家，进驻的商家多为自主经营的本土品牌，如长安轿车、长安铃木、郑州日产、广汽传祺、中华华晨、长安商用、五菱汽车、金杯轻卡等。场内多为自主经营品牌的总部。鸿运汽车市场是机场路沿线知名度最高，最成熟的一个市场。

2）租赁价格情况。

① 二层商铺租金是46元/(平方米·月)。现在招租的是靠近加德士加油站的东风小康4S二层，面积为900多平方米。

② 维修车间租金约是27元/(平方米·月)。现正招租的是东风小康4S店东面，面积为1200平方米。

③ 首层沿街底商租金约是83元/(平方米·月)。现正招租的是机场路沿路的商铺（原双环汽车展厅），面积约为200平方米，租金为一年一付，店前提供四个车位。

④ 场内进大门商铺租金约是95元/(平方米·月)。现正招租的是鸿运汽车交易市场内部的商铺（原福田汽车展厅），商铺面积约为140平方米。

⑤ 管理方面，鸿运汽车市场管理方免收物业费，商户水电开支需自理，要求商户为车买保险。

⑥ 场内角落商铺租金约42元/(平方米·月)。

⑦ 场内有配套的公寓，位于项目南面，租金（300～500）元/间。

（2）烟台汽车交易广场。烟台汽车交易广场主要业态有汽车展销、汽车维修，配套保险中心和公寓。项目临街首层为汽车展厅，所销售的汽车多为自主品牌。二层均是维修车间，并有建设通道可直接让车驶进二层场内，层高约9米。场内有天航汽车销售服务有限公司汽车超市，可是从外观看来十分低端，经营不善，缺少人气。场内中心停放了很多中低端品牌汽车，如比亚迪、众泰汽车、金杯汽车、福田汽车、解放牌、南京依维柯、东风标致等，多为小皮卡和轿车。

（3）机场路汽车大道。项目所在的机场路从红旗中路到港城西大街之间的路段（约5.5千米），存在大量的汽车市场，其类型有4S店、城市展厅、二手车市场、汽配店面等，据不完全统计，该路段进驻品牌达70个。其中所销售的汽车品牌多为自主品牌，含少量的合资品牌。而且，机场路所有的汽车市场存在形象较低，规模偏小等缺点，但是由于起步得早，拥有一定的客户源和知名度，但目前出现跟不上市场变化和不能满足市场日益中高端的需求。

机场路展厅以自主汽车展厅为主，少数合资汽车展厅为辅。机场路现有的汽配店面目前皆为零散店面，没形成规模的汽车后市场，且档次低下。

机场路进口高档车4S店集中在机场路与空港路交界西侧，距离项目地约8千米。其并非是一个4S店集群的汽车城，而是由政府导向，汽车品牌经销商拍得土地而自建4S店，由于地块小，进驻品牌有限，目前进驻品牌有9个，分别是凯迪拉克（在建）、奥迪（在建）、宝马、奔驰、雷克萨斯、红旗、奇瑞、路虎与捷豹。

据芝罘区招商科孟科长介绍，2013年机场路全年汽车销售总额达140亿元。

（4）烟台交运集团二手车交易市场。

1）项目概况。烟台交运集团二手车交易市场隶属于烟台交运集团的全资子公司，位于烟台市芝罘区幸福南路4号（原车管所地址），于2011年5月投入使用。市场占地面积约43亩，可出租房屋57间，可租赁车位700余个。该市场可为交易用户提供二手车交易、二手车评估鉴定、车辆检测、维修、保养、美容，代办过户、转籍、上牌、保险等全方位服务。目前该市场所销售的二手车以自主品牌二手车为主，兼少数合资品牌。

2）租赁价格情况。① 城市展厅：350元/(平方米·年)[约合30元/(平方米·月)]。如：288平方米，共计年租金10.8万元。

② 场内办公室：A 区 3 万元/年/间，房间实用面积 20 平方米；C 区 1.5 万元/年/间，房间实用面积 15 平方米。

③ 场内停车位：每车位租金 2400 元/年（约合 200 元/月），适宜经营二手车业户租用。

(5) 烟台汽车城。

烟台汽车城位于幸福南路 9 号，占地约 2.5 万平方米，可提供办公用房 50 间、汽车展示厅 2500 平方米、场内空旷场地可提供二手车展位 500 多个。汽车城以服务性管理为主，兼自营。进驻单位可自主经营、自主交易，也可委托经营。并可办理烟台地区旧机动车市场交易、转籍过户。

目前该市场所销售的二手车以自主品牌二手车为主，兼少数合资品牌，并存在及少量的高档二手车。

(6) 北方汽配交易中心。

1) 项目概况。项目位于烟台市福山区福海路，建筑面积 12.6 万平方米，占地面积约为 5 万平方米，大约 75 亩。项目自 2004 年开始营业至今已经将近 10 年，规划的商铺约有 618 间，商铺为一拖二形式，且均有私人地下室。但由现场营业情况看，在场经营的商户约为 120 多家，多数商铺处于关门状态。

当初开发商是以销售的形式把商铺都售罄后就离场，店铺的业主再把场地进行转租，造成场地缺乏管理，地面坑坑洼洼，有的商户甚至出现地下室渗水情况，由于没有对业态有一个统一的规划，汽修的店铺四处分布，造成环境卫生脏乱差。店铺多空置，有一些被租作商铺，有一些被租作居住用途，商铺的二三楼基本空置。

2) 租赁价格情况。

① 公寓租售价：三楼面积为 44.2 平方米的公寓楼售价为 22 万。

② 门口位置商铺租金约 16 元/(平方米·月)。如市场门口位置一润滑油商铺，共三层，其中一层为地下室，面积约为 340 平方米（含地下室），租金是 65000 元/年，一年一付。

③ 中心大道商铺租金约 15 元/(平方米·月)。如面积约为 225 平方米的商铺（含地下室），租金为 4 万元/年，每平方米每月租金约为 22 元。

④ 场内商铺租金约 8 元/(平方米·月)。如场内临街的区域只有西边的角落（靠近汽修店的区域）有商铺出租，面积为 150 平方米，租金为 15000 元/年。

⑤ 物业管理费为 0.4 元/(平方米·月)，水电费用需自行到物业管理处缴纳。

(7) 衡山路和北京南路。

1) 衡山路。衡山路是开发区老 4S 店一条街，前两年存在 10 家 4S 店，分别是大成的荣威、奇瑞，金德的北京现代、富金帝豪，裕华的长安福特，福日的广东本田、东风本田，中升的奥迪、雪佛兰、别克。占地面积 18.92 万平方米。近年来由于城市化进程加快，衡山路上 4S 店将集体迁移，目前只剩下雪佛兰、别克、奇瑞、福特、北京现代五家。

2) 北京南路。北京南路是开发区唯一的汽车 4S 店指定集聚区，总体规划面积 27 万平方米。目前已进驻 15 家 4S 店，高档品牌的有国际高档品牌，低档品牌的有自主品牌。如今进驻的品牌有：名爵、荣威、吉利帝豪、北京现代、东风本田、长安福特、奔驰、哈弗、奥迪、保时捷、广汽丰田、进口现代、五菱、雷诺、东风日产。根据现场观察，北京南路 4S 店群周边还有些许空地，预计在未来几年还有新的 4S 店在这里建设开业。

(8) 烟台果品汽配市场。烟台果品汽配市场是由三站汽配城整体搬迁至幸福南路而形成的汽配市场，新的汽配城改名烟台果品汽配城，位于车管所原址对面，营业面积7000余平方米，分为A区和B区，A区共11栋，B区共9栋，共有约250个商铺，规模较大但装修老旧，场内经营的大部分都是中低端车辆的汽车配件，高端的很少，只有一家经营奔驰、宝马、沃尔沃、路虎、捷豹的汽配销售店面。

项目总体定位

1. 项目定位

（1）总体商业定位。本项目总体商业定位为：以中高档汽车及用品交易、汽车博览为主，以中高档二手车、中高档汽车装潢美容、汽车快修保养为辅的国际汽车博览园。

（2）项目功能定位。根据对市场的调查分析和项目的实际情况，本项目功能定位为：集汽车博览、汽车展销、精品汽车用品销售、汽车快修美容、商务酒店、公寓住宅、餐饮娱乐、金融信贷、办证上牌、行政办公等服务功能于一体的高层次、全方位、多元化的国际汽车博览园。

（3）项目产品类型定位。

1）汽车博览中心。汽车博览中心借鉴专业市场大卖场和会展中心的规划设计理念，在地块中间建设4层的汽车博览中心，一层作为高档车展厅，二、三层作为精品汽配超市，四层作为娱乐餐饮等配套。整个汽车超市采用中部镂空形式，在中央形成一巨大中空场地，同一层可作为汽车博览场地，用以举办汽车博览会、汽车展销会、新车发布会的活动场地。在设计方面追求现代简约时尚、流线型动感美。

2）汽车展厅。汽车展厅是自主品牌或合资品牌汽车集中展示、销售、交流的平台，是品牌角逐的竞技场。汽车展厅在设计方面应注重宽敞、明亮、时尚等特点，为各品牌提供一个高端上档次的展厅。并在外围保留可作为露天展示的车位和停车位。

3）汽车公寓。汽车公寓包含公寓和住宅两大部分。根据市场需求，以公寓住宅为主，辅以部分小户型。在设计方面应追求精品、精致、时尚，以区别于现在传统的住宅产品设计。

4）汽车商务酒店。酒店属商务型酒店，包含住宿、会客室、宴会厅、商务中心等。这部分处于城市主干道旁，代表着本项目的形象，在设计方面必须有品位、时尚、大气、上档次。

5）汽车企业总部。汽车企业总部为汽车行业企业、政府相关部门、汽车相关协会提供行政办公、商业管理的场所。且这部分在城市主干道旁，代表项目的形象。在设计方面应注重品位、档次的追求。

6）汽车快修、汽车美容。该部分市场涵盖了汽车快修、汽车保养美容、汽车用品销售，产品采用一般专业市场的设计模式，采用“一拖二”形式，二楼可作为休息室或者仓库。产品设计时应注重实际使用过程的各方面便利，如快修部分应注意一层的楼高，道路设计要确保商铺门口有停车位等。建议用“U”形建筑设计。

规划说明及建设方案

1. 规划空间结构

本项目空间结构为：“一心、二轴、三片区”。

“一心”：即汽车博览中心。以大卖场的形式全力打造成本项目的汽车文化博览中心、汽车交易中心、汽配销售中心、景观中心和文化娱乐中心。

"二轴"：即东西走向的中心景观轴和南北走向的功能发展轴。中心景观轴的宽度最少为36米，以拓展开放空间。通过精心的设计具有汽车文化内涵景观小品，以提升本区域的活力，为打造烟台市的汽车消费市场标杆创造条件。纵向的功能发展轴可以使汽车消费者和汽车文化体验者沿着此轴体会不能功能空间的变化，领略汽车文化的魅力。

"三片区"：即汽车商务区、快修美容区和汽车生活区。

汽车商务区：位于地块的西面，可以充分发挥本片区沿机场路的区位优势，打造集汽车展示、交易、娱乐、餐饮、酒店、商务办公等于一体的复合功能区。

快修美容区：位于地块的北面，紧邻双回110kV高压线，规划的通世路还未修建，其北面现状为芝罘区殡仪馆，对消费人群会产生消极的心理影响。因此适合布置汽车快修、贴膜、装潢、保养等业态，将不利的影响降至最低。

汽车生活区：位于地块的南面，紧邻近期地块主出入口，东面是荆子山，生态环境良好。因此可以在此处布置公寓、展厅以及轮胎市场等。

2. 规划整体布局

项目中部的中心景观大道和外围的两条环形道路将整个地块分成四大部分。

项目西面紧邻机场路，地块的价值最高，因此适宜布置利润空间大的零售业和汽车展厅，同时在其上面增加三栋高层写字楼和一栋高层酒店，彰显项目形象和实力。

地块的南面是近期地块的主入口，承担着疏散来自机场路的所有人流和车流的功能，发挥着交通节点的作用。而且地块紧邻荆子山，拥有得天独厚的生态资源条件，因此适宜布置城市展厅、公寓和汽车轮胎市场等零售商业。

地块北面紧邻双回110kV高压线，东边规划的通世路还未修建。因此适合布置汽车快修、贴膜、装潢、保养等以配套功能为主的业态，既可以降低不利的影响也，可以带来丰厚的经济效益。

地块中部由于在交通等先天性区位条件较其他地区稍差，因此就要通过精心策划，引入先进的开发理念和开发模式，立足烟台市的消费实际情况将劣势为优势转化为带动整个项目甚至周边区域发展的增长极核。规划建议在此打造一个以中高档新车展示、销售，进口二手车展示、销售，汽车用品销售和汽车文化娱乐城于一体的汽车博览中心。打造烟台人民汽车消费的首选地和烟台市汽车消费和汽车文化体验的标杆，全面提高本区域的辐射能级，增强整个项目在烟台的竞争力。

3. 项目实施进度

项目自2014年10月份取得土地使用权，并用半年时间做开工建设筹备，完成各项手续申办和各类设计方案设计。项目开工建设周期为两年，分两期完成。2017年5月，项目竣工后，用半年时间做项目开业准备，完成商户进驻、商铺装修、商户试营业。2017年10月，项目盛大开业。

租售价格方案策划

1. 销售价格方案策划

通过对项目周边同类业态的销售价格进行市场比较法和市场导向定价法，从而确定项目业态的定价。

（1）公寓销售价格：5500元/平方米。

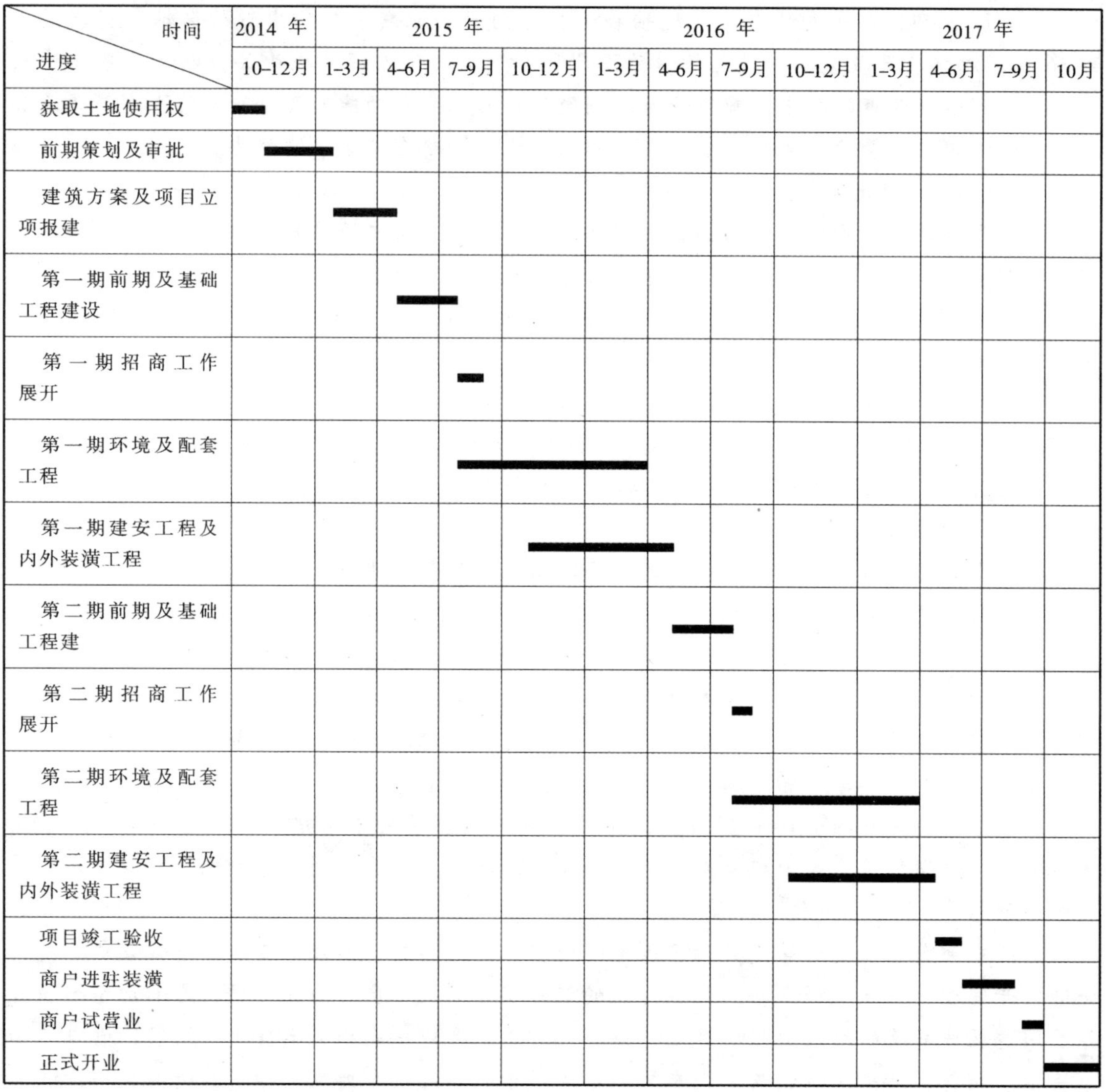

时间 进度	2014 年	2015 年				2016 年				2017 年			
	10–12月	1–3月	4–6月	7–9月	10–12月	1–3月	4–6月	7–9月	10–12月	1–3月	4–6月	7–9月	10月
获取土地使用权													
前期策划及审批													
建筑方案及项目立项报建													
第一期前期及基础工程建设													
第一期招商工作展开													
第一期环境及配套工程													
第一期建安工程及内外装潢工程													
第二期前期及基础工程建													
第二期招商工作展开													
第二期环境及配套工程													
第二期建安工程及内外装潢工程													
项目竣工验收													
商户进驻装潢													
商户试营业													
正式开业													

图 12-3　项目开发进度横道图

表 12-34　公寓价格方案表

	修正因素	地段因素	交通因素	品质因素	规划因素	配套因素	工程进度	报价
天鹅堡（香槟小镇二期）	权重	20%	20%	10%	20%	20%	10%	/
	案例权重系数	75	75	80	85	75	88	4100 元/平方米
	本案权重系数	100	100	100	100	100	100	3230. 8
	价格修正系数	0. 15	0. 15	0. 08	0. 17	0. 15	0. 088	0. 788
金长城数码大厦	修正因素	地段因素	交通因素	品质因素	规划因素	配套因素	工程进度	报价
	权重	20%	20%	10%	20%	20%	10%	/
	案例权重系数	101	101	80	85	90	88	10500 元/平方米
	本案权重系数	100	100	100	100	100	100	9681
	价格修正系数	0. 202	0. 202	0. 08	0. 17	0. 18	0. 088	0. 922

（续）

	修正因素	地段因素	交通因素	品质因素	规划因素	配套因素	工程进度	报价
怡聚德广场	权重	20%	20%	10%	20%	20%	10%	/
	案例权重系数	101	101	80	80	85	88	5700 元/平方米
	本案权重系数	100	100	100	100	100	100	5141.4
	价格修正系数	0.202	0.202	0.08	0.16	0.17	0.088	0.902
合创·烟台公馆	修正因素	地段因素	交通因素	品质因素	规划因素	配套因素	工程进度	报价
	权重	20%	20%	10%	20%	20%	10%	/
	案例权重系数	75	75	80	80	101	88	5200 元/平方米
	本案权重系数	100	100	100	100	100	100	4316
	价格修正系数	0.15	0.15	0.08	0.16	0.202	0.088	0.83
富顺苑星都	修正因素	地段因素	交通因素	品质因素	规划因素	配套因素	工程进度	报价
	权重	20%	20%	10%	20%	20%	10%	/
	案例权重系数	85	85	80	80	101	88	6500 元/平方米
	本案权重系数	100	100	100	100	100	100	5655
	价格修正系数	0.17	0.17	0.08	0.16	0.202	0.088	0.87
本案公寓最终价格：							5604.84 元/平方米	

（2）写字楼销售价格：8000 元/平方米。

表 12-35 写字楼价格方案表

	修正因素	地段因素	交通因素	品质因素	规划因素	配套因素	工程进度	报价
三站经纬广场	权重	20%	20%	10%	20%	20%	10%	/
	案例权重系数	101	101	75	80	101	80	8800 元/平方米
	本案权重系数	100	100	100	100	100	100	8104.8
	价格修正系数	0.202	0.202	0.075	0.16	0.202	0.08	0.921
金长城数码大厦	修正因素	地段因素	交通因素	品质因素	规划因素	配套因素	工程进度	报价
	权重	20%	20%	10%	20%	20%	10%	
	案例权重系数	101	101	80	80	85	80	11000 元/平方米
	本案权重系数	100	100	100	100	100	100	9834
	价格修正系数	0.202	0.202	0.08	0.16	0.17	0.08	0.894
金融国际大厦	修正因素	地段因素	交通因素	品质因素	规划因素	配套因素	工程进度	报价
	权重	20%	20%	10%	20%	20%	10%	
	案例权重系数	102	80	80	85	80	80	7600 元/平方米
	本案权重系数	100	100	100	100	100	100	6490
	价格修正系数	0.204	0.16	0.08	0.17	0.16	0.08	0.854

（续）

	修正因素	地段因素	交通因素	品质因素	规划因素	配套因素	工程进度	报价
鲁东国际	权重	20%	20%	10%	20%	20%	10%	
	案例权重系数	101	101	80	80	101	80	11200 元/平方米
	本案权重系数	100	100	100	100	100	100	10371.2
	价格修正系数	0.202	0.202	0.08	0.16	0.202	0.08	0.926
润华大厦	修正因素	地段因素	交通因素	品质因素	规划因素	配套因素	工程进度	报价
	权重	20%	20%	10%	20%	20%	10%	
	案例权重系数	102	75	80	80	85	80	7280/平方米
	本案权重系数	100	100	100	100	100	100	6144.32
	价格修正系数	0.204	0.15	0.08	0.16	0.17	0.08	0.844
本案写字楼最终价格：								8189 元/平方米

（3）外临街商铺首二层销售价格：20000 元/平方米。

表 12-36　外临街商铺首二层价格方案表

	修正因素	地段因素	交通因素	品质因素	规划因素	配套因素	工程进度	报价
富顺苑星都	权重	20%	20%	10%	20%	20%	10%	/
	案例权重系数	101	101	85	85	101	85	21300 元/平方米
	本案权重系数	100	100	100	100	100	100	20149.8
	价格修正系数	0.202	0.202	0.085	0.17	0.202	0.085	0.946
天和大厦	修正因素	地段因素	交通因素	品质因素	规划因素	配套因素	工程进度	报价
	权重	20%	20%	10%	20%	20%	10%	/
	案例权重系数	102	85	85	85	80	80	21500 元/平方米
	本案权重系数	100	100	100	100	100	100	18684
	价格修正系数	0.204	0.17	0.085	0.17	0.16	0.08	0.869
怡丰佳苑	修正因素	地段因素	交通因素	品质因素	规划因素	配套因素	工程进度	报价
	权重	20%	20%	10%	20%	20%	10%	/
	案例权重系数	103	85	101	85	85	80	24800 元/平方米
	本案权重系数	100	100	100	100	100	100	22246
	价格修正系数	0.206	0.17	0.101	0.17	0.17	0.08	0.897
开元新村	修正因素	地段因素	交通因素	品质因素	规划因素	配套因素	工程进度	报价
	权重	20%	20%	10%	20%	20%	10%	/
	案例权重系数	80	85	80	85	101	85	24000 元/平方米
	本案权重系数	100	100	100	100	100	100	20808
	价格修正系数	0.16	0.17	0.08	0.17	0.202	0.085	0.867
南大街购物城	修正因素	地段因素	交通因素	品质因素	规划因素	配套因素	工程进度	报价
	权重	20%	20%	10%	20%	20%	10%	/
	案例权重系数	102	102	101	80	101	80	23000 元/平方米
	本案权重系数	100	100	100	100	100	100	21873
	价格修正系数	0.204	0.204	0.101	0.16	0.202	0.08	0.951
本案外临街商铺首二层最终价格：20000 元/平方米								20752 元/平方米

（4）内临街商铺首二层销售价格：13000 元/平方米。

表 12-37　内临街商铺首二层价格方案表

	修正因素	地段因素	交通因素	品质因素	规划因素	配套因素	工程进度	报价
现代国际·新城	权重	20%	20%	10%	20%	20%	10%	/
	案例权重系数	85	85	102	102	85	85	12500 元/平方米
	本案权重系数	100	100	100	100	100	100	11262.5
	价格修正系数	0.17	0.17	0.102	0.204	0.17	0.085	0.901
天鹅堡（香槟小镇二期）	修正因素	地段因素	交通因素	品质因素	规划因素	配套因素	工程进度	报价
	权重	20%	20%	10%	20%	20%	10%	/
	案例权重系数	85	85	102	85	85	101	17000 元/平方米
	本案权重系数	100	100	100	100	100	100	15011
	价格修正系数	0.17	0.17	0.102	0.17	0.17	0.101	0.883
怡聚德广场	修正因素	地段因素	交通因素	品质因素	规划因素	配套因素	工程进度	报价
	权重	20%	20%	10%	20%	20%	10%	/
	案例权重系数	98	98	105	101	105	101	15800 元/平方米
	本案权重系数	100	100	100	100	100	100	15958
	价格修正系数	0.196	0.196	0.105	0.202	0.21	0.101	1.01
机场路商铺	修正因素	地段因素	交通因素	品质因素	规划因素	配套因素	工程进度	报价
	权重	20%	20%	10%	20%	20%	10%	/
	案例权重系数	85	85	80	80	98	95	11700 元/平方米
	本案权重系数	100	100	100	100	100	100	10190.7
	价格修正系数	0.17	0.17	0.08	0.16	0.196	0.095	0.871
幸福河市场附近商铺	修正因素	地段因素	交通因素	品质因素	规划因素	配套因素	工程进度	报价
	权重	20%	20%	10%	20%	20%	10%	/
	案例权重系数	102	102	80	85	101	95	14100 元/平方米
	本案权重系数	100	100	100	100	100	100	13465.5
	价格修正系数	0.204	0.204	0.08	0.17	0.202	0.095	0.955
本案内临街商铺首二层最终价格:13000 元/平方米							13178 元/平方米	

（5）南部临街商铺第三层销售价格：6000 元/平方米。

表 12-38　南部商铺临街第三层价格方案表

	修正因素	地段因素	交通因素	品质因素	规划因素	配套因素	工程进度	报价
爱汀堡	权重	20%	20%	10%	20%	20%	10%	/
	案例权重系数	90	85	85	102	85	102	8500 元/平方米
	本案权重系数	100	100	100	100	100	100	7743.5
	价格修正系数	0.18	0.17	0.085	0.204	0.17	0.102	0.911

（续）

	修正因素	地段因素	交通因素	品质因素	规划因素	配套因素	工程进度	报价
松霞新苑	权重	20%	20%	10%	20%	20%	10%	/
	案例权重系数	85	85	85	102	102	101	6000 元/平方米
	本案权重系数	100	100	100	100	100	100	5604
	价格修正系数	0.17	0.17	0.085	0.204	0.204	0.101	0.934
泰晤士新城	修正因素	地段因素	交通因素	品质因素	规划因素	配套因素	工程进度	报价
	权重	20%	20%	10%	20%	20%	10%	/
	案例权重系数	103	85	101	85	101	85	6000 元/平方米
	本案权重系数	100	100	100	100	100	100	5604
	价格修正系数	0.206	0.17	0.101	0.17	0.202	0.085	0.934
现代国际新城	修正因素	地段因素	交通因素	品质因素	规划因素	配套因素	工程进度	报价
	权重	20%	20%	10%	20%	20%	10%	/
	案例权重系数	85	85	102	80	80	101	6200 元/平方米
	本案权重系数	100	100	100	100	100	100	5350.6
	价格修正系数	0.17	0.17	0.102	0.16	0.16	0.101	0.863
本案南部临街商铺第三层最终价格：								6076 元/平方米

（6）快修市场首二层销售价格：12000 元/平方米。

表 12-39　快修市场首二层价格方案表

	修正因素	地段因素	交通因素	品质因素	规划因素	配套因素	工程进度	报价
三站经纬广场	权重	20%	20%	10%	20%	20%	10%	/
	案例权重系数	102	102	101	80	101	102	16000 元/平方米
	本案权重系数	100	100	100	100	100	100	15568
	价格修正系数	0.204	0.204	0.101	0.16	0.202	0.102	0.973
幸福路商铺	修正因素	地段因素	交通因素	品质因素	规划因素	配套因素	工程进度	报价
	权重	20%	20%	10%	20%	20%	10%	/
	案例权重系数	102	101	85	80	85	85	12000 元/平方米
	本案权重系数	100	100	100	100	100	100	10872
	价格修正系数	0.204	0.202	0.085	0.16	0.17	0.085	0.906
通世新城	修正因素	地段因素	交通因素	品质因素	规划因素	配套因素	工程进度	报价
	权重	20%	20%	10%	20%	20%	10%	/
	案例权重系数	85	80	101	85	85	85	11300 元/平方米
	本案权重系数	100	100	100	100	100	100	9673
	价格修正系数	0.17	0.16	0.101	0.17	0.17	0.085	0.856
本案快修市场首二层最终价格：12000 元/平方米								12037.6 元/平方米

2. 租赁价格方案策划

通过对项目周边同类业态的租赁价格进行市场比较法和市场导向定价法，从而确定项目个业态的定价。具体业态租赁价格如下：

大卖场一层租金：55元/(平方米·月)。

表12-40　大卖场一层租赁价格方案表

	修正因素	地段因素	交通因素	品质因素	规划因素	配套因素	工程进度	报价
九开家居	权重	20%	20%	10%	20%	20%	10%	/
	案例权重系数	101	101	93	90	102	101	32元/(平方米·月)
	本案权重系数	100	100	100	100	100	100	31.42
	价格修正系数	0.202	0.202	0.093	0.18	0.204	0.101	0.982
红星美凯龙全球建材生活馆	修正因素	地段因素	交通因素	品质因素	规划因素	配套因素	工程进度	报价
	权重	20%	20%	10%	20%	20%	10%	/
	案例权重系数	90	90	102	101	90	101	80元/(平方米·月)
	本案权重系数	100	100	100	100	100	100	75.60
	价格修正系数	0.18	0.18	0.102	0.202	0.18	0.101	0.945
本案大卖场一层最终租金:55元/(平方米·月)								55元/(平方米·月)

根据市场中大卖场租金定价规律得出：大卖场第二层的租金是28元/(平方米·月)，第三层的租金是23元/(平方米·月)，第四层的租金是18元/(平方米·月)。

投资估算与资金筹措

1. 开发成本估算

(1) 土地费用。土地成本由土地出让金及税费组成。结合项目在烟台的地理位置，参照目前市场上土地拍卖价格标准并以此为依据，本项目的土地成本60万元/亩，经测算土地费用总额为人民币11997万元。

(2) 前期工程费用。前期工程费用主要包括项目前期策划、规划、设计、勘测费用等，费用确定主要参考区域及国内房地产开发项目的情况，估算为人民币2532万元。

(3) 建筑安装工程费用。建筑安装工程费用包括土建工程费、水电工程费、设备工程及安装工程费等，参考烟台市建筑工程概预算和区域同类房地产开发项目的实际建造成本，经估算为人民币72614万元。

(4) 基础设施建设费用。基础设施建设费用包括给排水工程、供电工程、燃气工程、供热工程、室外绿化及照明等，参考烟台市区域同类房地产开发项目的实际基础设施建设费用及公共设施建设标准进行估算，约为人民币6125万元。

(5) 政府行政性收费。主要包括基础设施配套费、工程交易服务费、安全监督费以及房地产开发管理费等，经估算为人民币8796万元。

表12-41　开发成本估算表

序号	项目	费用(万元)
2	开发成本	90067
2.1	前期工程费	2532
	筹建开办费	200
	勘察费	267
	策划及可行性研究	100

（续）

序号	项目	费用(万元)
	三通一平	400
	设计费	1565
2.2	建安工程费	72614
	土建工程费	64076
	水电工程费	5693
	设备及安装工程费	2846
2.3	基础设施费	6125
	室外供水拱电供热工程	2846
	道路、绿化工程	1428
	排污、排污水工程	854
	弱电、防雷工程	285
	智能化工程	712
2.4	政府税收及行政收费	8796
	基础设施配套费	7201
	工程交易服务费	1452
	安全监督费	
	房地产开发管理费	142

2. 开发费用估算

(1) 管理费用。管理费用是指房地产开发企业的管理部门为组织和管理房地产项目的开发经营活动而发生的各项费用，如管理人员工资、职工福利费、办公费、差旅费、咨询费等。按烟台市同类房地产项目的水平和本项目的具体情况，管理费按开发成本的3%计取，经估算为人民币2702万元。

(2) 销售费用。包括广告宣传费用及代理费等，参考目前烟台市一般房地产开发项目的标准，经估算为人民币8071万元。

(3) 财务费用。主要指银行贷款利息及各种税费。假设本项目向银行贷款46000万元，期限为3年，贷款年利率按10%计（含各种资金成本），经估算为人民币8149万元。

表12-42　开发费用估算表

序号	项目	费用(万元)
3	开发费用	18922
3.1	开发商管理费	2702
3.2	销售费用	8071
3.2.1	销售代理费	3165
3.2.2	广告宣传费	4748
3.2.3	交易管理费	158
3.3	财务费用	8149

3. 土地增值税估算

通过销售收入、销售成本、销售费用及销售税金及附加的计算得到增值额，并确定增值率及增值税税率，经估算土地增值税约为 24172 万元。

表 12-43 土地增值税估算表

序号	项目	计算依据	计算结果(万元)
1	销售收入		158257
2	扣除项目金额	以下 3 项之和	86958
2.1	开发成本		63177
2.2	开发费用		14998
2.3	销售税金及附加		8783
3	增值额	(1)-(2)	71299
4	增值率	(3)/(2)100%	81.99%
5	增值税税率	50%≤(4)≤100%	40%
6	土地增值税	(3)40% -(2)5%	24172

4. 不可预见费估算

不可预见费按开发成本的 5% 计取，经估算为人民币 4503 元。

5. 项目总投资估算

表 12-44 项目总投资估算表

序号	项目名称	总投资(万元)
1	土地费用	11997
2	开发成本	90067
2.1	前期工程费	2532
	筹建开办费	200
	勘察费	267
	策划及可行性研究	100
	三通一平	400
	设计费	1565
2.2	建安工程费	72614
	土建工程费	64076
	水电工程费	5693
	设备及安装工程费	2846
2.3	基础设施费	6125
	室外供水供电供热工程	2846
	道路、绿化工程	1428
	排污、排污水工程	854
	弱电、防雷工程	285
	智能化工程	712
2.4	政府税收及行政收费	8796

（续）

序号	项目名称	总投资(万元)
	基础设施配套费	7201
	工程交易服务费	1452
	安全监督费	
	房地产开发管理费	142
3	开发费用	18922
3.1	开发商管理费	2702
3.2	销售费用	8071
3.2.1	销售代理费	3165
3.2.2	广告宣传费	4748
3.2.3	交易管理费	158
3.3	财务费用	8149
4	不可预见费用	4503
5	项目总投资	125489

6. 项目总成本估算

项目总成本包含项目开发总投资及土地增值税、销售税金及附加、所得税等税金，由于本项目利润总额为负，因此应缴纳的所得税为零，项目总成本为158444万元，见表12-45。

表12-45 项目总成本估算表

项目名称	总成本(万元)
项目总投资	125489
土地增值税	24172
销售税金及附加	8783
所得税	0
合计	158444

7. 资金筹措与使用计划

（1）项目投资计划及资金筹措计划。根据以上分析测算，本项目总投资由开发成本和开发费用两大块组成，投资的资金来源包括自有资金、银行融资、预收销售回款。

本项目总投资预计为人民币125489万元，按企业自有资金为30000万元计，结合项目投资计划和资金来源与运用分析，本项目申请46000万元的信贷额度，期限为3年。

自有资金：30000万元；银行融资：46000万元；本项目按半年为一个计算期，从2014年10月开始到2017年9月结束，共六个计算期。预计在建设期内第三个计算期有销售回款。

表12-46 资金筹措与投资计划表

序号	项目名称	合计(万元)	计算期					
			1	2	3	4	5	6
1	建设投资	125489	55000	7500	23321	18357	12140	9171
2	资金筹措	125489	55000	7500	23321	18357	12140	9171
2.1	自有资金	30000	9000	7500	6000	4500	1500	1500
2.2	借贷资金	46000	46000	0	0	0	0	0
2.3	预售收入再投入	49489	0	0	17321	13857	10640	7671

(2) 贷款本息偿还计划。本项目申请46000万元的信贷额度，一次投于项目初期的建设，以半年为一个计算期，从2014年10月开始到2017年9月结束，共六个计算期，按10%的年利率分期进行偿还。预计在建设期内第三个计算期有销售回款，三年内偿还。

表12-47　借款还本付息估算表

序号	项目名称	合计(万元)	计算期					
			1	2	3	4	5	6
1	借款还本付息							
1.1	年初借款累计	139977	0	47150	49508	24754	12377	6188
1.2	本年借款	46000	46000	0	0	0	0	0
1.3	本年应计利息	8149	1150	2358	2475	1238	619	309
1.4	年底还本付息	54149	0	0	27229	13615	6807	6498
1.5	年末借款累计	139977	47150	49508	24754	12377	6188	0
2	借款还本付息的资金来源							
2.1	投资回收	54149	0	0	27229	13615	6807	6498

8. 政府行政性收费估算

政府行政性收费包括基础设施配套费、工程交易服务费、安全监督费、房地产开发管理费等。

(1) 基础设施配套费。基础设施配套费以建筑面积计，单价为253元/平方米，即基础设施配套总费用为284626.9平方米×253元/平方米=7201万元。

(2) 工程交易服务费、安全监督费。二者之和为建安费用的2%，即72614万元×2%=1452万元。

(3) 房地产开发管理费。房地产开发管理费的计算以建筑面积为基础，为单价为5元/平方米，即房地产开发管理费为284626.9平方米×5元/平方米=142万元。

(4) 政府行政性收费合计。

表12-48　政府行政性收费合计

项目	基础设施配套费	工程交易服务费	安全监督费	房地产开发管理费
费用(万元)	7201	1452		142
合计(万元)	8796			

销售收入及税金

1. 租售收入预测

(1) 汽车商务区租售收入。汽车商务区进行销售的业态有沿街商铺(首二层)、内部临街商铺(首二层)、办公楼、酒店、销售收入合计75275万元，具体数据见表12-49。

表12-49　汽车商务区销售收入表

用途	可售数量(平方米)	预测销售单价(元/平方米)	销售收入(万元)
沿街商铺(首二层)	13086.8	20000	26174
对内街商铺(首二层)	11694.7	13000	15203

（续）

用途	可售数量(平方米)	预测销售单价(元/平方米)	销售收入(万元)
办公建筑	33480.2	8000	26784
酒店	11856.2	6000	7114
合计(万元)	70117.9	/	75275

（2）快修美容区销售收入。快修美容区的业态为汽修市场，建筑面积为10963.8平方米，销售收入合计13157万元，具体数据见表12-50。

表12-50　快修美容区销售收入表

用途	建筑面积(平方米)	预测销售单价(元/平方米)	销售收入(万元)
快修美容	10963.8	12000	13157
合计(万元)	10963.8	12000	13157

（3）汽车博览中心区租售收入。汽车博览中心区的业态为四层的汽车大卖场，开发商自行持有75%的建筑面积，25%的建筑面积作为销售，销售部分和租赁部分的建筑面积分别为22177.25平方米和66531.75平方米，销售收入为22177万元（表12-51）。租赁总收入为2395万元/年（表12-52）。结合目前市场上的租赁情况，商铺出租存在一定的空置率，假定空置率为20%，预测汽车大卖场的租赁收入为1916万元/年。地下车库为公寓和写字楼配套的900个车位可以出售，车位销售收入为900个×100000元/个=9000万元。

表12-51　汽车博览中心销售收入

用途	建筑面积(平方米)	预测销售单价(元/平方米)	销售收入(元)
大卖场75%的物业	22177.25	10000	221772500
合计(万元)	22177.3	/	22177

表12-52　汽车博览中心租赁收入

用途	建筑面积(平方米)	预测租赁单价[元/(平方米·月)]	租赁收入(元·年)
大卖场25%的物业	66531.75	30	23951430
合计(万元)	66531.75	/	2395

（4）汽车生活区销售收入。汽车生活区的销售部分为东南侧的汽车展厅，总建筑面积为12550.8平方米，总销售收入为38649万元。

表12-53　汽车生活区销售收入

用途	建筑面积(平方米)	预测销售单价(元/平方米)	销售收入(万元)
公寓建筑	45929.2	5500	25261
南侧规划路商铺(首二层)	5470.7	13000	7112
南侧规划路商铺(三层)	4183.6	6000	2510
东南角沿通世路商铺	2896.5	13000	3765
合计(万元)	58480	/	38649

（5）各物业及分期销售一览表。根据以上各项销售收入，项目预计销售总收入为158257万元。依据市场实际情况及各个时间段的特点，本项目物业分为一期、二期进行销售（表12-54-1、表12-54-2、表12-54-3、表12-54-4）。

表 12-54-1 物业分期销售一览表（一期）

销售分期	时间阶段 物业类型	销售总收入预测			2015.10-2015.11			2015.12-2016.01		
		总销售面积（平方米）	预测销售单价（元/平方米）	预测销售总收入（元）	销售占比	销售面积（平方米）	销售收入（元）	销售占比	销售面积（平方米）	销售收入（元）
一期 临机场路部分—西边及北边部分	展厅（里临街）	11694.7	13000	152031100	30%	3508.4	45609330	15%	1754.2	22804665
	展厅（外临街）	13086.8	20000	261736000	30%	3926.0	78520800	15%	1963.0	39260400
	写字楼	33480.2	8000	267841600	20%	6696.0	53568320	10%	3348.0	26784160
	酒店	11856.2	6000	71137200	20%	2371.2	14227440	10%	1185.6	7113720
	快修市场	10963.8	12000	131565600	20%	2192.8	26313120	15%	1644.6	19734840
	停车位	400 个	100000 元/个	40000000	20%	80	8000000	10%	40	4000000
	总计	81081.7	/	924311500	23%	18774.5	226239010	12%	9935.4	119697785

表 12-54-2 物业分期销售一览表（一期）

销售分期	时间阶段 物业类型	2016.02-2016.03			2016.04-2016.05			2016.06-2016.07			2016.08-2016.09		
		销售占比	销售面积（平方米）	销售收入（万元）	销售占比	销售面积（平方米）	销售收入（元）	销售占比	销售面积（平方米）	销售收入（元）	销售占比	销售面积（平方米）	销售收入（元）
一期临机场路部分—西边及北边部分	展厅（里临街）	15%	1754.205	22804665	25%	2923.675	38007775	15%	1754.205	22804665	0%	0	0
	展厅（外临街）	15%	1963.02	39260400	25%	3271.7	65434000	15%	1963.02	39260400	0%	0	0
	写字楼	10%	3348.02	26784160	30%	10044.06	80352480	15%	5022.03	40176240	15%	5022.03	40176240
	酒店	10%	1185.62	7113720	30%	3556.86	21341160	15%	1778.43	10670580	15%	1778.43	10670580
	快修市场	15%	1644.57	19734840	15%	1644.57	19734840	20%	2192.76	26313120	15%	1644.57	19734840
	停车位	10%	40	4000000	30%	120	12000000	15%	60	6000000	15%	60	6000000
	总计	12%	9935.435	119697785	27%	21560.86	236870255	16%	12770.445	145225005	10%	8505.03	76581660

表 12-54-3　物业分期销售一览表（二期）

销售分期	时间阶段 物业类型	销售总收入预测			2016.10-2016.11			2016.12-2017.01		
		总销售面积（平方米）	预测销售单价（元/平方米）	预测销售总收入(元)	销售占比	销售面积（平方米）	销售收入（元）	销售占比	销售面积（平方米）	销售收入（元）
二期一期剩余部分	公寓	45929.2	5500	252610600	40%	18371.68	101044240	20%	9185.84	50522120
	大卖场	22177.25	10000	221772500	0%	0	0	0%	0	0
	展厅(首二层)	8367.2	13000	108773600	40%	3346.88	43509440	15%	1255.08	16316040
	展厅(三层)	4183.6	6000	25101600	40%	1673.44	10040640	15%	627.54	3765240
	停车位	500 个	100000 元/个	50000000	40%	200	20000000	20%	100	10000000
	总计	80657.25	/	658258300	29%	23592.00	174594320	14%	11168.46	80603400

表 12-54-4　物业分期销售一览表（二期）

销售分期	时间阶段 物业类型	2017.02-2017.03			2017.04-2017.05			2017.06-2017.07			2017.08-2017.09		
		销售占比	销售面积（平方米）	销售收入（元）	销售占比	销售面积（平方米）	销售收入（元）	销售占比	销售面积（平方米）	销售收入（元）	销售占比	销售面积（单平方米）	销售收入（元）
二期一期剩余部分	公寓	15%	6889.38	37891590	10%	4592.92	25261060	10%	4592.92	25261060	5%	2296.46	12630530
	大卖场	20%	4435.45	44354500	30%	6653.175	66531750	20%	4435.45	44354500	30%	6653.175	66531750
	展厅(首二层)	15%	1255.08	16316040	25%	2091.8	27193400	5%	418.36	5438680	0%	0	0
	展厅(三层)	15%	627.54	3765240	25%	1045.9	6275400	5%	209.18	1255080	0%	0	0
	停车位	15%	75	7500000	10%	50	5000000	10%	50	5000000	5%	25	2500000
	总计	16%	13282.45	109827370	18%	14433.795	130261610	12%	9705.91	81309320	11%	8974.635	81662280

注：一期所销售的停车位为同期所销售写字楼的相应配套，车位配比为 100 平方米：1.2 个；二期所销售的停车位为同期销售公寓的相应配套，车位配比为 1:1。

(6) 销售与自持物业比例。本项目可租售的总建筑面积为230398.8平方米，自持部分面积占总建筑面积的28.9%，为66531.7平方米，业态是汽车博览中心75%的物业。出售部分占总面积的71.1%，面积为163827.1平方米，业态有展厅、写字楼、公寓、商务酒店及汽车博览中心25%的物业，销售与自持的比例将近7:3。

2. 销售税金估算

销售税金分为营业税、城市建设维护税、教育附加税及印花税，其中营业税占销售收入的5%，比重最大。

(1) 营业税。项目预计销售收入为158257万元，营业税为销售收入的5%，即158257万元×5%=7913万元。

(2) 城市建设维护税。城市建设维护税为营业税的7%，即7913万元×7%=554万元。

(3) 教育附加税。教育附加税为营业税的3%，即7913万元×3%=237万元。

(4) 印花税。印花税为销售收入的0.05%，即158257万元×0.05%=79万元。

3. 招商运营费用估算

(1) 运营收入。

1) 大卖场租赁收入预测。项目大卖场四层可租赁的建筑面积共66531.75平方米，其中根据对烟台市租赁价格及租赁情况的综合分析，预测目前项目大卖场的均价为30元/(平方米·月)。

表12-55 预测大卖场运营收入

用途	建筑面积(平方米)	预测租赁单价 [元/(平方米·月)]	租赁收入(元/年)
大卖场一层	66531.75	30	23951430
合计(万元)	66531.75	/	2395

结合实际情况，大卖场商铺招商存在一定的空置情况，经调查空置率约为20%，因此预测大卖场年租赁收入为2395万元×80%=1916万元。

2) 车展收入预测。本项目预计每年举办4次车展，每次车展收入30万元，即年收入为30万元×4=120万元。

3) 物业管理费收入。本项目建筑面积为230398.8平方米，物业管理费为0.5元/(平方米·月)，即物业管理费年收入为230398.8平方米×0.5元/(平方米·月)×12个月=138万元。

4) 运营收入合计。

表12-56 运营收入汇总表

	大卖场	车展	物业管理费
运营收入(万元)	1916	120	138
合计(万元)	2174		

预计一年的运营收入为2174万元，经过对烟台房地产市场的调查，开始运营后三年依次约能获得40%、70%、100%的运营收入，即运营后第一年的运营收入870万元，第二年运营收入为1522万元，第三年运营收入为2174万元。

（2）运营成本及税金。

1）行政管理费预测。行政管理费包括水电费、办公费等，预测费用为 30 万元。

2）人员工资福利。预测人员工资福利年支出为 424 万元，具体数据见表 12-57。

表 12-57　人员费用年支出成本预算表

<table>
<tr><th colspan="2">项目</th><th>人数(人)</th><th>费用(元)</th><th>合计费用(元)</th><th>总计</th></tr>
<tr><td rowspan="7">人员年工资支出(含年终奖)</td><td>管理人员</td><td>8</td><td>经理:8000 元/月 ×14 月 ×1 人 =112000
副经理:6600 元/月 ×13 月 ×1 人 =85800
主管:5600 元/月 ×13 月 ×6 人 =734000</td><td>931800</td><td rowspan="7">408</td></tr>
<tr><td>人力人员</td><td>3</td><td>3900 元/月 ×13 月 ×3 人 =152100</td><td>152100</td></tr>
<tr><td>工程人员</td><td>5</td><td>4900 元/月 ×13 月 ×5 人 =318500</td><td>318500</td></tr>
<tr><td>保洁人员</td><td>20</td><td>2400 元/月 ×13 月 ×20 人 =624000</td><td>624000</td></tr>
<tr><td>秩序维护人员</td><td>42</td><td>2800 元/月 ×13 月 ×42 人 =1528800</td><td>1528800</td></tr>
<tr><td>运营人员</td><td>6</td><td>4600 元/月 ×13 月 ×6 人 =358800</td><td>358800</td></tr>
<tr><td>财务人员</td><td>3</td><td>4200 元/月 ×13 月 ×3 人 =163800</td><td>163800</td></tr>
<tr><td rowspan="2">人员福利支出</td><td>管理人员</td><td>8</td><td>经理:600 元/次 ×7 次 ×1 人 =4200
副经理:500 元/次 ×7 次 ×1 人 =3500
主管:400 元/次 ×7 次 ×6 人 =16800</td><td>24500</td><td rowspan="2">16</td></tr>
<tr><td>基层人员</td><td>79</td><td>250 元/次 ×7 次 ×79 人 =138250</td><td>138250</td></tr>
<tr><td colspan="2">合计(万元)</td><td>87</td><td></td><td colspan="2">424</td></tr>
</table>

3）折旧费。

运用直线折旧法求得本项目的折旧费用，其中钢筋混凝土的残值以 0% 计算，公式为：

折旧费用 =［固定资产原值 −（固定资产原值 ×0%）］÷ 产权年限

=［16633 −（16633 ×0%）］万元 ÷40年 =416万元/年。

4）物业维护费

表 12-58　物业维护费用表

项　　目	费用(万元)
物业公共部位、设施设备日常运行维护费	25
绿化养护费	6
清洁卫生费	5
秩序维护费	1
特种设备年检费	4
合计(万元)	41

5）招商费用。

① 宣传费用。宣传费用为运营收入的 12%，即宣传费用为 2174 万元 ×12% =261 万元。

② 代理费用。招商代理费用为运营收入的10%，即代理费用为2174万元×10%＝217万元。

6）税金。经调查目前烟台房地产租赁需要交纳房产税、印花税、营业税、城建税及教育费附加，单位出租经营用房综合税率为17.70%，出租物业的运营收入为1916万元，即本项目进入运营后需要交纳17.70%×2174万元＝385万元的税金。

7）运营成本及税金合计。

表12-59 运营成本及税金合计表

项　目	费用(万元/年)
行政管理费	30
人员工资福利	424
折旧费	416
物业维护费	41
税金	385
招商费用	478
合计(万元)	1774

（3）收入支出分析。本项目年运营收入为2174万元，年运营成本为1774万元，进入运营后正常年利润为400万元。预计开始运营后三年依次能获得约40%、70%、100%的运营收入，即运营后第一年的运营收入870万元，第二年运营收入为1522万元，第三年运营收入为2174万元。

第一年运营收益＝运营收入－运营支出＝870万元－1774万元＝－904万元

第二年运营收益＝运营收入－运营支出＝1522万元－1774万元＝－252万元

第三年运营收益＝运营收入－运营支出＝2174万元－1774万元＝400万元

综上所述，本项目在开始运营的第三年及以后可以获得年收益400万元。

项目财务评价

1. 投资收益评价

（1）成本利润率。本项目的成本利润率为－0.15%。

（2）销售利润率。本项目的销售利润率为－0.12%

2. 静态收益分析

（1）投资收益率（R）。本项目投资收益率为－0.15%，利润总额为－187万元。

3. 动态收益分析

（1）财务净现值（FNPV）。税后全部投资财务净现值为－167万元，税后自有资金财务净现值为－7443万元。

（2）财务净现值率（FNPVR）。财务净现值率＝财务净现值/项目总投资×100%，税后全部投资净现值率：－0.13%。

（3）财务内部收益率（FIRR）。税后全部投资内部收益率：－0.09%，税后自有资金内部收益率：－10.28%。

（4）现金流量表。

表 12-60　全投资现金流量表

序号	项目名称	投资收益率	i=12%					
		合计（万元）	计算期					
			1	2	3	4	5	6
1	现金流入	158257	0	0	46563	45868	36503	29323
1.1	汽车展厅	54764	0	0	24826	16551	9371	4016
1.2	写字楼	26784	0	0	10714	16070	0	0
1.3	快修市场	13157	0	0	6578	6578	0	0
1.4	公寓	25261	0	0	0	0	18946	6315
1.5	大卖场	22177	0	0	0	0	4435	17742
1.6	停车位	9000	0	0	1600	2400	3750	1250
1.7	酒店	7114	0	0	2845	4268	0	0
2	现金流出	158444	55000	7500	33017	27908	19741	15277
2.1	建设投资	125489	55000	7500	23321	18357	12140	9171
2.2	销售税金及附加	8783	0	0	2584	2546	2026	1627
2.3	土地增值税	24172	0	0	7112	7006	5575	4479
2.4	所得税	0	0	0	0	0	0	0
3	净现金流量（1）—（2）	（187）	（55000）	（7500）	13546	17959	16761	14046
4	累计净现金流量	（211869）	（55000）	（62500）	（48954）	（30994）	（14233）	（187）
5	折现净现金流量	（167）	（49107）	（6696）	12095	16035	14965	12541
6	累计折现净现金流量	（189168）	（49107）	（55804）	（43709）	（27674）	（12708）	（167）
13	税后全部投资净现值（万元）	（167）						
14	税后全部投资内部收益率	-0.09%						

表 12-61　自有资金现金流量表

序号	项目名称	投资收益率	i=12%					
		合计（万元）	计算期					
			1	2	3	4	5	6
1	现金流入	158257	0	0	46563	45868	36503	29323
1.1	销售收入	158257	0	0	46563	45868	36503	29323
2	现金流出	166593	9000	7500	60246	41523	26549	21775
2.1	自有资金	30000	9000	7500	6000	4500	1500	1500
2.2	预售收入再投入	49489	0	0	17321	13857	10640	7671
2.3	贷款还本付息	54149	0	0	27229	13615	6807	6498
2.4	销售税金及附加	8783	0	0	2584	2546	2026	1627
2.5	土地增值税	24172	0	0	7112	7006	5575	4479
2.6	所得税	0	0	0	0	0	0	0
3	净现金流量	（8336）	（9000）	（7500）	（13683）	4345	9954	7548
4	累计净现金流量	（105741）	（9000）	（16500）	（30183）	（25838）	（15884）	（8336）

（续）

序号	项目名称	投资收益率	i=12%					
		合计（万元）	计算期					
			1	2	3	4	5	6
5	折现净现金流量	（7443）	（8036）	（6696）	（12217）	3879	8887	6740
6	累计折现净现金流量	（94412）	（8036）	（14732）	（26949）	（23070）	（14182）	（7443）
13	税后全部投资净现值（万元）	（7443）						
14	税后全部投资内部收益率	-10.28%						

4. 项目损益与利润表

表12-62　损益表

序号	项目名称	合计（万元）
1	销售收入	158257
2	总成本费用	125489
3	土地增值税	24172
4	销售税金及附加	8783
5	利润总额	（187）
6	所得税（25%）	0
7	税后利润	（187）
8	全部投资的投资利润率（5）/（2）×100%	-0.15%
9	全部投资的投资利税率[（3）+（4）+（5）]/（2）	26.11%
10	资本金投资利润率（5）/资本金	-0.53%
11	资本金净利润率（7）/资本金	-0.53%

12.9.9　项目风险评价

1. 盈亏平衡分析

（1）保本销售均价。本项目销售部分的保本销售均价为8013元/平方米。意味着在售价不变、成本不变的前提下，项目的销售价格至少需要为8013元/平方米，项目才能达到静态盈亏平衡，也即投资刚能保本。

（2）保本销售率：100.09%。本项目销售部分的销售率的盈亏平衡点为100.09%。意味着在售价不变、成本不变的前提下，项目的销售率要达到100.09%，项目才能达到静态盈亏平衡，也即投资刚能保本。对于商业项目而言，盈亏平衡点不超过70%为较好，可见开发本项目具有一定的风险。

2. 敏感性分析

从经济效益分析的评价指标及现时的市场情况看来，在各主要成本要素中，本项目的土地成本、税费等因素相对固定，而建安成本是其中对项目收益影响最大的一项；另外，项目的推出面临一定的市场竞争，预期售价的变化会对项目产生影响。因此，本项目的敏感性分析确定选取物业销售价格及建安成本两项进行考察，分别算出上述两个因素各自在其他条件不变的情况下，分别计算售价上下波动5%、10%和建安成本上下波动5%、10%时，对主要经济评价指标的影响，在正常的变化范围之内，售价的变化对指标的影响尤其明显。

（1）变动因素一：销售价格。以变动10%为例。在售价变动率上升10%时，本项目的经济指标变化如下：项目总成本从125489万元增加为126295万元，成本利润率从－0.15%上升为6.34%，上升了6.19%；售价变动率下降10%时，项目总成本减少为124682万元，投资利润率为－6.73%，下降了6.58%。

表12-63　敏感性分析表（销售价格表敏感性分析）

售价 变动率	销售收入 （元/平方米）	项目总成本 （万元）	成本利润率 （税后利润/总成本）
10%	8803	126295	6.34%
5%	8403	125892	3.10%
0	8003	125489	－0.15%
－5%	7603	125085	－3.43%
－10%	7203	124682	－6.73%

（2）变动因素二：建安费用。以变动10%为例。在建安工程费用变动率上升10%时，本项目的经济指标变化如下：项目总成本从125489万元增加为132741万元，成本利润率从－0.15%下降为－4.15%，下降了4%；建安工程费变动率下降10%时，项目总成本减少为118225万元，投资利润率为3.78%，上升了3.93%。

表12-64　敏感性分析表（建安费用表敏感性分析）

建安工程费变动率	建安费用 （元/平方米）	项目总成本 （万元）	投资利润率 （税后利润/总成本）
10%	2806	132741	－4.15%
5%	2679	129126	－2.34%
0	2551	125489	－0.15%
－5%	2423	124088	1.63%
－10%	2296	118225	3.78%

（3）变动因素总结。销售价格与建安费用的变动二者比较，从销售价格与建安工程费用对经济效益影响程度的比较中可以看出，销售价格的影响程度比建安工程费用的影响程度大。因此，在项目运行中，不仅要注意成本控制，还要注意销售计划的实现。

3. 项目风险及防范建议

（1）项目风险。

1）项目本身风险。

① 项目销售报批中的不确定因素。

② 项目开发模式对项目的影响。

③ 项目所处地块内部情况和区位的影响。

④ 政府政策指导对本项目的影响。

2）市场风险。

① 烟台当地的汽车市场和汽车消费人群对该类型产品的接受程度。

② 汽车行业的波动或者市场价格暴跌等情况对本项目的影响。

③ 预期金融政策的调整对投资性物业销售的影响。

④ 烟台当地政府对本项目的支持力度的影响。

3）经营风险。

① 烟台汽博园的盈利能力直接决定对承诺投资回报的实现，所以汽车城的经营也承担了一定的风险。

② 烟台汽车业未来竞争形势较大，项目周边分布着多个较专业化的汽车城和汽配城，这些当地的汽车城对本项目有可能构成的威胁。

4）资金风险。

① 本项目需申请46000万元的信贷额度，在项目投资过程中由于资金不按计划到位有可能影响项目的实施过程，错过时机，造成项目的投资失败。

② 在项目投资过程中，本项目总投资大约预计为人民币125489万元，由于项目本身规模较大，配套资金的压力较大，如配套资金不落实，会造成项目的投资失败。

（2）防范建议。

1）加快汽车城的销售准备工作，在目前烟台市汽车行业竞争较小时抢占市场先机。

2）加大汽车城的营销推广力度，缩短销售周期，规避政策调整对房地产市场的冲击。

3）优化营销策略，引导当地人群更好地对汽车的消费。

4）提高对汽车城的经营管理水平，保证未来合理的投资回报。

5）项目投资过程中，与有关部门密切合作，确保自有资金、国家配套资金按时按计划足额到位。

12.9.10　项目综合评价

1. 经济评价

本项目的销售总收入为158257万元，成本利润率为－0.15%，销售利润率为－0.12%。项目全部投资税前、税后财务内部收益率为－0.09%，自有资金税前、税后财务内部收益率为－10.28%，远小于基准收益率12%；全部投资税前、税后财务净现值为－167万元，自有资金税前税后财务净现值为－7443万元；在计算期内没有投资回收期。因此，本项目销售部分在经济上是不可行的。

2. 社会评价

项目整体建成后将完善板块规划功能，总共能提供将近272个商铺（每个商铺面积约300～400平方米），可为社会提供近3000个就业机会。项目正常运营后将有利于增加区域经济收入，也可为各级政府提供相当的税收来源。根据对所在区域各业态的营业额调研分析（见下表），预计项目运营成熟之后，整体年总产值将达167亿元，完成年政府税收8000万元，并呈逐年上升态势。

表12-65　所在区域各业态年产值调研情况

调研案例	车辆单价（万/辆）	月销量（台）	年营业额（万元）
长安马自达展厅	10～20	50～60	9900
进口现代	20～30	40～50	13500
进口起亚	16～42	平均：20	7200
超越名车行	均价：60	平均：10	7200

（续）

调研案例	车辆单价（万/辆）	月销量（台）	年营业额（万元）
果品广盛源汽配	/	/	平均:120
果品淳联汽车用品	/	/	平均:120
果品内场店面	/	/	50～60
金佰利汽车美容	/	/	80～100

表 12-66　项目各业态年产值统计表

项目业态	外临街展厅	内临街展厅	卖场展厅	汽车用品	快修美容	卖场四层	酒店	合计
数量（个）	43	84	17	92	36	/	/	272
年营业额（万元）	14000	11000	8000	60	80	/	/	/
总计（万元）	602000	924000	136000	5520	2880	2000	1500	1673900

3. 环境评价

本项目为烟台首个综合性、大规模的汽车专业市场，也是烟台首个国际汽车博览园区，将作为领头羊带动烟台地区汽车产业的兴旺发展，促进烟台汽车市场的升级换代。同时也带动周边配套环境设施的兴建与改善，对周边环境的整顿和带动起着显著地作用。促进芝罘区产业升级、完善产业结构、增加经济效益、提升区域经济价值。对整个烟台的环境都将有历史性的提升。

（案例来源：广州万欣房地产代理有限公司）

第13章 房地产概念规划

13.1 房地产概念规划概说

13.1.1 概念规划的含义

房地产概念规划亦称建筑策划或设计策划，是指房地产策划师、设计师及建筑师依据城市规划的总体要求，从建筑角度出发，在房地产市场策划的前提下，对房地产项目的设计进行设想和构思，为建筑设计师进行项目设计时提供指导性意见，以便进行项目规划设计和建筑设计的创造性过程。简言之，即通过概念规划寻找一条达到目标的最佳途径，使建筑设计和规划设计既能最好地满足业主的使用要求，又能满足社会和环境的要求，保证投资效益与今后运营的合理性，而提供科学、简洁、易于理解的设计依据。

13.1.2 概念规划的目的

目前在我国，对房地产概念规划往往不大重视，大多由建筑设计师来完成。究其原因：一是大部分房地产策划人对规划设计和建筑设计不内行，因而提不出有价值的设计理念和设想，以为建筑设计师会完成概念规划的具体任务。殊不知，在建筑设计领域，概念规划也是这几年才引起重视的，建筑设计师大多理解掌握也不精深。二是部分房地产开发商还不知道在房地产策划中还有概念规划的内容，对房地产概念规划的无知就可想而知了。三是概念规划的知识涉及技术因素太多，一般对规划、工程领域不了解的策划者有时也力不从心。实际上，房地产概念规划是房地产开发中的一个很关键的程序，在项目产品中忽略了这一程序和内容，对项目产品开发是相当不利的，值得从事房地产策划的人士重视。

进行概念规划的主要目的，就是使项目设计的产品符合客户的需求，为项目顺利走向市场打下坚实的基础。

【策划案例：中邦 MOHO：商务独栋触发无锡办公理念创新】

MOHO 的直观表述取自“Modern + Office + Hotel + Commerce + Culture”，是继 SOHO（居家办公）后出现的又一新概念——移动办公。与 SOHO 相比，MOHO 在空间上不再受到限制，体现出一种更为自由、更为新型的工作方式。中邦 MOHO 主张创新的商务办公模式，集现代建筑、现代办公、现代生活为一体，上海中邦 MOHO 将艺术、建筑、文化相互融合，是中邦房地产开发的成功商务典范。

无锡中邦 MOHO 项目位于太湖新城科教产业园区内，处于园区的东侧中部地带，西眺太湖、东临青祁路、与蠡湖大道相通；北接江南大学园区，距环太湖高速公路入口 3 分钟车程，距火车站25分钟车程，距江阴港50分钟车程，距无锡苏南国际机场25分钟车程，距商业中心20分钟车程，距无锡市新行政中心5分钟车程；规划中的无锡轨道1号线将在辖区内穿境而过。无锡中邦MOHO项目占地130亩，总建筑面积18万平方米，容积率2.0，绿化率38%。

无锡中邦MOHO所处的太湖新城科教产业园这座智慧谷是以发展科技研发、工业设计、软件产业、动漫产业、教育培训等产业为主的高科技产业研发孵化区，含盖了中国服务外包示范区（无锡太湖保护区）、无锡国家动漫产业基地、江苏基础软件产业园、无锡（国家）工业设计园南区和江南大学国家科技园C区。目前园内已聚集了许多知名企业与名校。例如，软通动力SOA创新中心，IBM“云计算中心”以及北京大学软件与微电子学院等。太湖新城科教产业园作为K—PARK科教产业城重要组成部分，周边产业集群已形成规模优势，整个园区将打造成为创新创业、教育培训、生态宜居的名园，将成为无锡打造设计名城的重点板块，无锡中邦MOHO的进驻无疑加速了园区建设的步伐，为更多企业提供了高端时尚的办公场所。

中邦MOHO的独特之处在于什么地方呢？她给出的答案是：

（1）原创立方，商务独栋。独特的产品设计，让无锡中邦MOHO在无锡写字楼市场中独树一帜。无锡中邦MOHO分成两个区域，商务别墅区总建筑面积30000余平方米，均为三层双拼别墅产品，设立独立的地下室。另外，商业组团也均设地下室，包括公寓式酒店、公寓式办公、纯办公、商业服务建筑部分。无锡中邦MOHO一期推出32幢独栋商务楼，户型组合多达12种，建筑面积约310～1050平方米，独特的石材建筑、玻璃建筑，将生态景观与内部的空间自然结合起来，产生流水般的自由形态。可根据自己的要求自由组合。市场预测，设计类、研发类和创意类的企业，将是MOHO项目的主要客户。

（2）外观打造，独具匠心。中邦MOHO的建筑打破传统的四平八稳办公空间，采用全新的商务“立方—城”规划。“立方—城”是什么概念？即通过同种元素的重复组合创造整体构成，而元素的差异变化创造丰富有趣的透视图，创造出屋顶花园、小进深的阳台和大面积的露台、阳光室等功能空间，赋予建筑灵动的生命。项目采用石立方多层次的组合使立面更富有立体感，使建筑更具有生命的张力。清晰刚劲的纹理，细腻致密的质地，淡雅古朴的色调，折射出一种返璞归真的效果。与周边的整个环境较好地结合起来，情景交融，符合了人们崇尚自然，回归自然的生活理念。

（3）精致配套，便捷商务。无锡中邦MOHO规划有星级酒店式商务会所，全方位满足商务人士需求。项目周边现有太湖国际社区、万科城市花园、顺驰天鹅湖等高档国际化住宅小区；周边亦配有湖滨饭店、太湖饭店在内的4星级以上的涉外饭店；附近无锡体育中心有会展中心、射击馆、网球馆、高尔夫球场、太湖游艇俱乐部等高档体育娱乐设施。无锡中邦MOHO精致的生活配套必将带给成功商务人士一个良好的归宿。

13.1.3 概念规划的内容

房地产概念规划具体内容有：

（1）房地产项目的概念设计。

（2）项目设计的内容和规模策划。

（3）项目设计的环境策划。

（4）项目设计的功能和空间策划。

（5）项目设计的户型策划。

（6）房地产概念规划应用案例。

13.2　房地产项目的概念设计

13.2.1　概念设计的含义

1. 项目的概念

在营销学中，概念的定义是指对企业、产品、服务甚至管理、营销理念等方面的特殊性做出的一个概括。概念本身又可被分为两类，一类是提炼性概念，一类是目标性概念。前者是指对产品现有的特殊优势的概括，后者是指对新产品所具备的特殊优势的目标设定。房地产项目的“概念”是指用综合、通俗、简明的消费者术语对楼盘产品的品质、功能、价格、服务等方面的特殊的优势因素的概括。这里面有两层意思：“综合、通俗、简明的消费者术语”是概念的表达方式；“楼盘产品的品质、功能、价格、服务等方面的特殊的优势因素”是概念的实质。在种类齐全，名目众多的楼盘市场上，具有特殊的优势，或者说具有独特“概念”的楼盘更能从激烈的竞争中胜出，吸引并打动购房者。在房地产策划中，主要工作是对市场进行充分的调查研究，在了解当前市场供应与需求的状况基础上，结合市场缺口、项目的开发条件和开发商的自身条件分析的结论，对项目竞争力、个性与特色进行分析，并形成项目自身的发展计划，以保证产品能具有独特的竞争优势。从中可以看出，对于一个商业楼盘的策划而言，以定位产品的特色和优势竞争力为内容的概念策划或概念设计是它的核心和关键。

2. 项目的设计

将按一切预设目的来构思出用文字、符号和图形等表达的实施方案的全过程，我们称之为广义设计。设计的目的是要创造人为的事物。因此，设计本身是创造人为事物的开端。没有这种开端，哪来形形色色的人为事物，造福人类，开创未来。房地产项目设计是为未来的建筑物规划蓝图，是以后项目建设的主要依据。在这一阶段，项目设计或者说是产品设计，是房地产项目开发相当重要的阶段，一些项目的成败，取决于项目的设计，有人说房地产开发“设计是灵魂”就是这个道理。

设计要决定实现预设目标的实施方案。从设计的全过程来看，可分为两个阶段：一是概念设计，二是详细设计。概念设计或者说概念策划是设计的前期工作过程，它体现了策划师、规划师、设计师对预设目标深刻理解，体现了策划师、规划师、设计师完美的设计思路和设计理念。概念设计时需要进行形象思维和抽象概括，需要灵感和发散。因此，概念设计阶段是十分富有创造性。没有这种创造性是难以使项目设计达到尽善尽美的程度。当然，概念设计的最后结果还是要确定出设计方案。方案是策划师、规划师、设计师设计思想和设计理念的具体表现，是实施项目规划的重要依据。

详细设计是对概念设计阶段所得的方案进行细化，提出具体的规划图、建筑图和工程图，提出具体的实施方法。详细设计工作中也会有创新，但在层次和程度上不及概念设计时的创造影响大。因此重视房地产项目的概念设计是提高我国房地产项目开发水平的重要途径。

概念设计是实现开发项目创新的关键，概念设计阶段是设计中最富有创造性的阶段，概念设计的含义可以说成是在对预设的房地产开发目标充分理解后，确定设计理念，构思实现目标的途径和方法，采取适合预设目标的表达形式，构成多种可行方案，评价和决策最优方案，作为详细设计的依据的一种设计过程。

3. 概念设计的作用

（1）概念设计使得房地产项目能够有效地满足市场需求。商业楼盘的成功开发有赖于对目标市场的需求的正确判断，以及以比竞争者更有效的方式去满足消费者的需求。因此，概念的设计把对使用者的需求进行调研、分析作为工作起点，其内容是发掘未被充分满足的需求和由于人们生活方式的改变而引发的新的需求，在此基础上，提出相应的解决方案，从户型、景观、环境、建筑质量、物业管理以及各种技术细节方面对住宅产品进行改进，使得住宅更加实用和适合居住。概念设计的成果最终作为房地产策划的一部分，指导随后的建筑规划设计、施工建设直至运营服务，这使得整个过程是“由外而内”的需求指导生产的过程，产品能够有效地适应市场需求。

（2）概念设计以概括、形象、简单的方式来传递楼盘的优势信息。目前我们看到的概念无不开门见山，直奔主题并且通俗易懂。通过概括、形象、简单的用语，将复杂的专业信息转译成购房者比较熟悉的东西，利于购房者理解和接受新的住宅产品，这是概念作为一种销售策略的主要作用。营销学的理论表明，一个新产品的接受率受到以下几个因素的影响：

1）比较优势。即新产品与现有产品相比的优势。如果使用新产品的可察觉相对优势越大，该产品被接受的速度越快。

2）和谐程度。即新产品与潜在的消费者的价值观和经历的适合程度。和谐程度越高，该产品被接受的速度越快。

3）复杂性。即新产品在理解和使用方面的困难程度。容易理解和使用的新产品要比复杂的新产品更快地被人接受。

4）可分割性。即新产品能被部分使用的程度。若人们可以使用附带购买选择权的租赁方法，它们的接受率就会上升。

5）可沟通性。即新产品利用的结果可能被观察、说明的程度。如果用产品本身来做展示、说明，它们的使用将会在消费者中更迅速地传开。商品住宅概念在突出楼盘的比较优势、提高和谐程度、降低复杂性以及加强沟通方面起着至关重要的作用，能够有效提高消费者对住宅产品的接受率。

（3）概念设计对房地产开发的各项工作起指导和约束作用。王志纲认为“主题概念是一个中心，开发商的土地选择、规划设计、建筑工程、营销推广、物业管理、社区文化建设等行为均围绕这一中心完成”。概念设计是房地产策划的一部分，从内容上说，概念设计确定了住宅的使用内容和功能，如“纯住宅”概念、“SOHO”概念；决定了住宅的基本性格和风格特色，如“美国小镇”“西山庭院”；奠定了整个社区建设的文化基调，如“健康社区”“运动社区”。从整个开发流程来看，它是第一步的基础工作，也是以后的建筑设计、建筑施工、使用运营等工作的依据。同时，要真正地实现项目概念，必须在后续工作中把概念融入到住宅开发建设的各个方面，将概念落到实处。

（4）向消费者传达概念主体的核心价值。商品住宅概念的主体可分为楼盘、品牌、企业。品牌是一个名称、术语、标记、符号、图案，或者是这些因数的组合，用来识别产品的制造商和销售商。商品住宅的品牌建立需要开发商向目标住户提供一系列住宅产品特点、利益和服务。随着房地产市场的发展和完善，新一轮的竞争是品牌的竞争。市民选购住房时，必须考虑资金投入的安全性，自然就会选择信誉好、品牌佳的企业。品牌楼盘带来的高附加值已逐渐为卖家认识，它为开发商带来开发楼盘各环节中的良性循环机制所产生的收益也愈加显著。商品住宅概念非常直观道出了住宅产品的特点、优势和服务。因此，透过作为“一叶”的楼盘概念，消费者可以相对准确地了解品牌和企业。对于很多正在建设和经营品牌的房地产企业来说，设计并实现好的楼盘概念是他们工作的起点。

【策划案例：凌空SOHO，一个关于四列高铁的故事】

上海虹桥临空经济园区位于长宁区西侧，毗邻虹桥交通枢纽，规划总面积约为500万平方米。随着虹桥交通枢纽的投入使用，临空经济园区迅速成为企业总部，IT产业和物流的聚集地。2010年8月，SOHO中国摘牌获得临空经济园区15号地块。临空15号地块用地面积约8万平方米，地上建筑面积约22万平方米。经济园区是中国经济高速发展的一个特殊产物，往往首先在一片平地上开始，然后在几年里迅速完成高密度的聚合和运营。临空园区也是如此。2010年的15号地块周边几乎一望无际，现在周边已经与携程、明基、联强、易贸、神州数码等总部为邻。

项目开始时，通过对于区域的研究和分析，发现临空园区没有城市中心的传统文脉。凌空SOHO由于其长宁区西部大门的地理位置，肩负着塑造临空园区和长宁区地标的使命。设计开始之前，首先进行的是办公业态的研究和定位。由于紧靠虹桥交通枢纽并面向长江三角，凌空SOHO 20万平方米的办公空间将以展、创意和总部为主。由于毗邻虹桥机场，整个经济园区的建筑限高为40米。如何合理规划一个20万平方米的水平向建筑并且成为地标，是凌空SOHO对于设计师的挑战。在类似的园区，通常的规划原理是化整为零，将总建筑面积化解为一系列的独栋建筑。基地面积和凌空SOHO相仿的美国加州的谷歌总部即采用了这一原理。其周边园区也不例外。但当我们步入互联网时代，一切都将建立在联结（Connectivity）的基础之上，包括我们的办公环境。在谷歌筹划中的新总部，已经改用了化零为整的规划原理。所有的建筑和空间都不再独立而是有机的联结。化零为整的原理在苹果新总部发挥到极致，整个公司实现了空间和体验上的全面联结。其庞大的建筑形体如同一栋水平的摩天大楼，从另外一个角度创建了一个地标。

凌空SOHO如何实现联结并且缔造地标？来自世界各地的四位大师参加了方案设计竞赛：来自于英国的建筑大师扎哈·哈迪德；来自于挪威的建筑事务所的Snohetta，作品包括开罗亚历山大图书馆、奥斯陆歌剧院和纽约911纪念馆；来自于英国的新锐设计师David Adjaye，美国华盛顿的非洲裔博物馆是他的新作；来自于美国的事务所的Morphosis，其创始人Thom Mayne享誉全球，普利兹克奖获得者。方案竞赛历时两个月，各事务所在一个月中期汇报时，几乎不约而同地提交了化零为整的方案，其目的都是通过形体的有机组合，创建一个与众不同的形象。扎哈的中期方案借鉴了中国传统“结”的概念，在基地上呈现了互相联结的四条办公楼。Snohetta设计理念来自于颠覆的天际线，整个建筑抬高于地面，与地面产生镜面呼应的空间，全部屋顶保持水平，为办公室提供花园，地面上的“天际线”则为大众提供了更多的公共空间，加强了人与人之间的交流。David Adjaye方案的灵感来自于中国的城墙，其方案不仅将建筑处理成一道连续的墙，而且注重于墙外和墙内的空间塑造，在“城墙”内，David Adjaye设计了一系列的花园。如同苏州园林一般，虚实相间，将人与自然联结在一起。Morphosis的方案起源于四个向心的院子，富有不同用途的院子，与抬高的办公楼体，构造成又分又合的独特空间。参赛大师们在强调建筑连续性的同时，都在寻求更加适合当代人工作与交流的公共空间。

扎哈的最终方案采用最为简洁的方式，达到了大家共同追求的境界，流线型的形体处理让人联想到虹桥交通枢纽的高铁列车，四栋办公楼端部，子弹头般的设计，更仿佛象征了高铁列车的火车头。办公楼之间如同峡谷般的公共广场，然后办公楼在不同层面上的互相联结，创造连续延伸的办公空间。四列高铁中间的一条“弄堂”的设置，不仅在建筑立面上增加了变化，而且也让人感受到上海弄堂里面特有的走东逛西的空间体验。经过综合考量，扎哈的高铁列车方案中标。随后的数月里，四列高铁的火车头设计得以深化。

晚霞映照下的四列高铁，满载着速度与激情。入口广场的水景，通过倒影，在视觉上增加了建筑的高度。高铁之间的天桥和“弄堂”通道，将整个空间立体地组合。“弄堂”通道，供人穿街走巷。下沉广场的引入，增加了空间尺度上的变化。不同的场所，给人以不同的享受。广场尽端的景观平台，将地面和下沉广场的活动连接起来。夜幕下的凌空SOHO，通体透明。办公大堂室内，一切都充满动感。已经建成的凌空SOHO办公区，简洁明快。不久的将来，当您在虹桥机场起飞或降落时，都将看到这一地标。

【策划案例：“都市绿洲”——厦门规划大厦】

厦门市规划大楼拟建于美丽的湖西堤南端、湖滨北路北面。基地呈南北向“一字形”，其北、东、南均有城市道路通过。西北方向为西海域，属景观效果良好的地段。业主在设计任务书中对于方案提出了一些概念性要求：“首先是作为政府职能功能的形象，必须要有独特的创意和理念，造型别具性格的特色；再则应有迈向21世纪的时代精神，建筑必须有鲜明的现代化氛围，具有时代感……”于是我们从一开始就把“政府职能形象”和“21世纪的时代精神”这一“概念”作为本方案的重要“思路”贯穿于设计的始终；同时给大楼作了一个恰当的“定位”：她是集规划设计与建设成果展示，学术交流和城市规划管理于一身的文化展示、政府办公的综合体，属文化展览办公建筑，从中我们不难发现她不是单纯的政府职能管理大楼，由于具有向公众半开放的性质，所以她是一座公共文化建筑。在理清了“思路”和明确了“定位”以后，接下来的工作便是给出一个巧妙的“立意”（概念）：“都市绿舟”——一艘满载绿色希望的“船”。这艘“船”正引领着厦门的城市建设驶向21世纪的春天，而驾驶这“船”的“船长”就是她的主人——厦门市规划局。从这个意义讲，厦门市规划局作为政府的城市规划建设管理者肩负着非常重要的历史使命。我们抛出这一“概念”，无非是想尽最大的努力去鼓励我们的“船长”，牢牢地握好手中的“舵”，带领我们这些水手（城市建设者）克服困难迎浪而上，最终驶向成功的彼岸！方案的立意及特殊的地理位置环境决定了大楼的外部空间形态，面对周围拥挤不堪的水泥森林，我们采取了一种避实就虚的非常规设计手法，将大楼沿基地南北向“一字形”横向展开，通过一个由南向北徐徐缓升的“绿色生态大屋面”将规划展示大厅、规划局办公和规划院办公三大功能部分统合成一个有机的整体；玻璃大厅是规划展示大厅和规划报建大厅之间的过渡空间，是大楼的交通集散中心；而规划院办公人员则单独从大楼北端进出。规划展示大厅南面临湖滨南路布置了一个由室外到室内的过渡性空间——公共休闲广场，市民可由广场进出展示大厅，亦可沿广场台阶拾级而上步入屋顶大花园游玩……

“都市绿舟”这一“概念”的确立，为业主塑造了一个理想的室内外功能场所，通过“绿色生态大屋面”的建构，又将建筑本身融入到花园城市的大环境中去。

13.2.2 概念设计的内容

概念设计可分为前阶段的概念设计和后阶段的概念设计。

1. 前阶段的概念设计

前阶段的概念设计是确定设计理念，构思设计思想，进行形象思维和抽象思维，是策划师形成创新思维，产生创新灵感的重要时期。

概念设计前阶段的重点进行创新思维，决定了项目的创新性；概念设计的后阶段重点进行收敛思维，决定了项目的可行性。一前一后，相得益彰，使概念设计达到完美的地步。深思熟虑又突发奇想这就是设计灵感。马来西亚吉隆坡国际机场的设计理念是“丛林中有机场，机场中有丛林”，将机场与丛林融为一体，成为机场建设中的一绝。悉尼歌剧院的设计理念是“蔚蓝大海，飘浮着几张白帆”，将动静结合，蓝白相映给人一种诗意般的享受。上海金茂大厦的设计理念是“似塔似竹高耸入云霄”，象征上海的飞速发展、蒸蒸日上，又融合了中华民族传统文化，成为吸引游人的标志性景点。由此看来，概念设计的前阶段工作，看来似虚实际是实。这需要策划设计人员具有广泛的知识，优良的素质，丰富的想象，深厚的经验，高尚的品德。

2. 后阶段的概念设计

概念设计的后阶段工作同样重要，它是具体确定实施方案，不少策划设计者称之为方案设计。但方案设计又不同于详细设计，方案设计是按系统的功能结构需要，采用实现功能的可能载体组成多种可行方案。在方案设计中只是用文字、符号、图形表示功能相互关系和功能载体的基本参数的实施方案。这种实施方案具体表达了设计理念和功能实现。具有简单明了、便于分析的特点。但是要真正实施此方案还有待进行详细设计。

房地产项目概念设计由于不断地深化、发展，其内容也不断地丰富和充实，主要体现在：

（1）在设计理念上融入了策划师、规划师、设计师以智慧和经验为结晶的新的设计哲理和创新灵感，使概念设计更具创新性。

（2）在设计内容上更加广泛，需求分析、功能分析、功能结构选择、方案组成、评价体系和评价方法等等。概念设计全过程的好坏成为方案设计的关键。

（3）在设计方法上更加融合各种现代设计方法，例如价值工程、系统分析、建模技术、动态仿真、评价决策……采用一切现代设计方法均旨在寻求全局最优方案，同时使设计过程更加具创造性。

总之，概念设计是方案全面创新的一个设计过程，它集中了策划师、规划师、设计师的智慧和灵感、先进设计方法的综合运用，设计资料和数据库的广泛采纳，相关的专业知识和经验的运用等等。

【策划概念：智能化办公理念】

智能化办公已在发达国家兴起，实现办公智能化就是利用先进的技术和设备来提高办公效率和办公品质，改善办公条件，减轻劳动强度，实现管理和决策的科学化，防止或减少人为的差错和失误。

利尔达物联网科技园位于浙江省杭州市余杭区文一西路与绿汀路口，总占地面积40.8亩，拥有6幢建筑，其中地上面积9.4万平方米，地下面积4.4万平方米，建筑最大高度79.59米，整个园区拥有物联网大厦、传感网大厦、移动互联网大厦、信息软件大厦、产业服务大厦以及商业广场，可同时容纳6000多人办公，实现物联网产业集聚发展。

利尔达物联网科技园立足优势、突出特色、准确定位，高起点规划、高标准建设，以绿色办公、智能化办公理念和完善的配套服务打造物联网产业链的经典园区。在办公服务配套方面，充分运用物联网技术，打造智能办公环境，在地下车库安装智能化停车引导系统，在会议室安装远程会议系统，园区全面安装智能楼宇系统；在产业配套方面，为入驻企业提供全方位的配套服务，将建立物联网产品体验展示中心，物联网嵌入式技术实验室，由院士工作站、博士后工作站及物联网专家顾问组成的物联网技术专家服务中心，人才培训、人才服务在内的人力资源配套服务；另外还将建立健身、食堂、员工小孩接送等员工生活配套，商业广场、超市、商业酒店等商业配套，注册、法务、金融等中介服务配套。

13.2.3 概念设计的主要理念

1. 生态理念

生态住宅是运用生态学原理和遵循生态平衡及可持续发展的原则，即综合系统效率最优的原则，设计、组织建筑内外空间中的各种物质因素，使物质、能源在建筑系统内有序地循环转换，获得一种高效、低耗、无废、无污染和生态平衡的人居环境。

在房地产开发项目中，拥有生态资源的楼盘，不仅具有秀丽迷人的自然风光，而且还是花卉、水果的观赏地方，这样独具特色的休闲、居住文化，成了都市独具魅力的生态居住环境。一方面，人们可以在住所中最大限度地回归自然，进入一种原始自然状态中；另一方面，人们又可以在住宅内充分利用现代科技文化的成果，在住房旁的果林花园中一边快乐地品尝咖啡的美味，一边利用计算机进行广泛的网上切磋与交流。一些都市城郊的楼盘就是生态概念的杰作。

【策划创新：瑞典·马尔默 Bo01 生态住宅示范区】

尽管世界各地房地产商经常宣称自身所开发的房地产项目为生态住宅，但房产商主要考虑建筑立面丰富点、小区绿化景观漂亮点，对住宅内涵重视不够。相比之下，瑞典·马尔默 Bo01 社区真正做到了住宅的生态化。

瑞典·马尔默 Bo01 生态住宅示范区是瑞典南部最有吸引力的住宅项目，也是欧洲生态节能住宅最成功的项目。值得注意的不仅仅是它对于先进生态科技的最佳运用，概念规划方面利用了散落式社区、公共空间的共享以及复合开发等概念，将整个新区融入现有城市中心，另外，在建筑的设计上也保证了较高质量。

项目位于瑞典马尔默市的西码头，是距离市中心最近的滨海地区。Bo01 生态住宅示范区是西码头项目的第一期，整个项目占地3000万平方米，提供1100多套住宅和超过40000平方米的办公空间。所在地是原来的船坞厂，但是由于造船业的衰落，导致该地区荒废。后来由于与丹麦之间的跨海大桥的修建，该地区成为马尔默乃至瑞典的大门。

（1）理念创新——Bo01生态住宅示范区采用了散落式规划，消除了建筑与建筑之间平行或是垂直的感觉，保留了欧洲古镇的规划精髓。建筑产品多样化与功能的复合开发，保证了社区居住人口的均衡性以及地区的经济活力。丰富的建筑设计和立面以及合理的开放空间尺度给人视觉上的惊喜，对大众了充满了吸引力。

（2）环保节能——Bo01生态住宅示范区全面依靠可再生资源，减少了对于石化的依赖。社区使用的措施包括：风力发电站、太阳能取暖和发电、地源热泵等技术；采用断桥式喷塑铝合金门窗、高效暖气片（配以可调式温控阀）、可调式通风系统、节能灯具、空心砖墙及复合墙体技术、热量回收的新风系统、加厚的复合外墙外保温墙板等措施减少建筑能耗；植被绿色屋顶，有助于保温、减少能耗，而且能够对雨水进行净化回收利用；通过低密度、紧凑、私密、高效的用地原则达到节地的目标，其容积率高于普遍的瑞典居住小区。

（3）建筑设计——建筑风格在保持统一的情况下各具特色。通过统一的建筑导则来保证风格统一；通过21个著名建筑大师的参与保证每个建筑各具特色。产品通过外部阳台、窗户、墙壁、屋顶以及退台来实现丰富的外立面，使得社区产生错落有致的感觉。建筑在色彩上丰富，均采用明快、亮丽，具有跳跃感的湖蓝、柠檬黄、砖红、亮白色，活泼但不缺乏品质感。

2. 绿色理念

绿色住宅绝不是绿化了的住宅，它的基本要求是：

（1）居住环境的绿色不但是种树种草，还应体现绿化的四季分明和绿化品种的层次性，尤其是要在春华、夏荫、秋果、冬绿上做文章。

（2）要利用楼盘中难得的天然或人工湖泊，为绿色住宅创造可贵的自然景观，要尽可能巧借自然水面，在依山傍水的区位布局高档住宅小区和别墅群落。

（3）利用自然能源，节约水资源，小区垃圾要分类处理。在充分利用自然净化能力的同时，特别要防止人的居住对环境的污染和破坏。

（4）利用出产率低的坡地和台地进行房地产开发，采用新型环保节能的建材和装饰材料，尽量就地取材。

（5）构建具有充分环保意识和人文关怀的物业公司的有效管理机制，让楼盘的绿色住宅具有独特的文化内涵。

【策划案例：三重绿意保护，成就亦庄东区低密大宅】

在空气污染日渐严重的今天，住宅所处的生态环境，越发成为购房人考量的决定性因素之一。而位于经济开发区的亦庄东区拥有京城最好的天然湿地、万亩滨河公园和绿色森林公园，以其优越的生态环境筑造了亦庄宜居新城。

（1）首都第二国门，亦庄宜居新城。

亦庄新城在享受“首都第二国门”巨大机遇的同时，仍然不忘以创建“宜居城市”为目标，高标准构筑亦庄新城生态绿地系统，实现城市功能和生态环境的协调统一。2010年建设区人均公共绿地达到15平方米，人均城市绿地达到45平方米。2020年建设区人均公共绿地达到21平方米，人均城市绿地达到53平方米，全面实现系统完善、布局合理、指标先进、定额达标、公共绿地500米服务半径全面覆盖、安全和谐的生态绿地系统。

（2）东区崛起，京城最好生态。

北京奥运会前，市政府投入4亿元打造凉水河滨河景观带，如今凉水河美景正从富力尚悦居北侧蜿蜒而过。而北京市最大的湿地公园——南海子郊野公园规划总面积1165万平方米，相当于4个颐和园大，重点建设湿地景观、皇家文化、麋鹿保护、生态休闲等功能区，使之与北部奥运文化、中心城历史文化遥相呼应。而三条城市景观主轴线的主轴线之二为路东产业区中部的规划路及向南延伸通过物流仓储区至六环路，与轴线一并行，东西呼应。这使得亦庄东区拥有了京城最好的天然湿地、万亩滨河公园和绿色森林公园。

（3）千万级实景园林，和成璟园低密呈现。

在如此优良生态环境下生长出来的和成璟园，以其1.6的超低容积率、63%绿化覆盖率、70米超大楼间距，低密荣冠亦庄。而斥资千万重金打造的实景园林，不仅拥有三大集中绿地景观，四进式园林，人车分流设计，更在2015年升级，多株成树全冠移植，在盛夏之时，展现了一幅活色生香、姹紫嫣红的游园大戏。

3. 健康住宅理念

健康住宅，不仅仅强调居住环境的优化，而且主要强调居住活动本身有益于满足居住者的健康。具体体现在使居所满足居住者生理和心理的需求，使人生活在健康、安全、舒适和环保的室内、室外居住环境中，杜绝因住宅和居住活动而引起的生理及心理疾病。

健康住宅理念的含义是：一种体现在住宅室内和社区的居住环境方式，它不仅可以包括与居住相关联的物理值，诸如：温度、湿度、通风换气效率、噪声、光和空气品质等；而且还应包括主观性心理因素值，诸如：平面空间布局、私密保护、视野景观、感官色彩、材料选择等等。也就是说，在人的居住过程中，要尽量回归自然关注健康，制止因住宅内外环境和居住活动而引发的疾病。包括居住小区及其附近地区，要有文体活动场所和人际交往空间，要有医疗保健服务设施等等。

健康住宅与绿色生态住宅是有区别的。绿色生态住宅强调的是资源和能源的利用，注重人与自然的和谐共生，关注环境和材料资源的回收和重复利用，以减少废弃物，贯彻环境保护原则。可见，绿色生态住宅内涵要宏观一些。而健康住宅围绕人居环境有益于人体“健康”二字展开。从某种意义上讲，健康住宅是绿色生态住宅在“以人为本”层面上的具体化和实用化，是绿色生态住宅关注人的表现。健康住宅比生态住宅更易感知，是居住者看得见、摸得着的。

【策划创新：生态商务区】

随着社会的进步和城市的发展，人们在追求城市生活的方便与快捷的同时，越来越关注办公环境的质量。于是，公园化商业、办公、居住的概念在全球兴起。纵观商务办公需求的转变之路，可以看到，从最早的“有得住”，人们拥挤在狭小的老式写字楼格子间里，代表如上世纪的写字楼；到后来的“住得好”，白领们开始有了宽阔的办公区域和完善的商务配套设施，代表如郑东新区CBD和高铁商务区；但现实中，人们更希望有一种绿色健康的办公环境，能够在工作之余得到更加充分的休憩——这就是龙子湖生态商务聚集区出现的原因。

在国外，办公环境公园化已经存在，如纽约中央公园里的时代华纳、IBM、洛克菲勒等，都是这方面的代表。在这样的环境中办公，不仅是出于对提高员工工作效率的考虑，也将会最大限度地激发出人的创新精神和创造欲望。曾经在社交网络上大面积传播的谷歌、微软总部的绿色办公环境，其外部满目绿色、自然植被丰富、生态水系环绕的优越办公环境，让不少中国白领大呼过瘾，并有人表示："上班就该去这样的地方。"

龙子湖湖心岛区域，被1371亩水面、196亩湿地和1299亩绿地环抱，并通过运河与龙湖及其他河渠相连，共同形成郑东新区的生态水系，岛上规划有高科技孵化基地及产业园、学术交流中心、文化中心及商场、超市、酒店、医院、影剧院、游泳中心、专家公寓等配套设施，是目前郑州独一无二的首席生态商务区。

（1）生态水系——龙子湖水系与龙湖水系相连。龙子湖北侧的两条规划引水渠及南侧的退水渠，分别连接魏河与东风渠，将龙子湖与郑东新区的水域系统连为一体，此外，它还是郑州市生态水系的一部分。下一步，郑州市市区内的金水河、熊儿河、十七里河、十八里河、东风渠等都将连成一体，这样，龙子湖、龙湖、如意湖及东西运河、南北运河等都将贯通，它们将一起构成郑州市生态水系。

（2）绿化景观——龙子湖内外环10公里"环绿带"。龙子湖区的绿化景观主要包括湖区及南北3条水渠的景观绿地。其中，龙子湖外环将建设全长6.2公里的环形绿带，内环将建设全长4.2公里的绿带。北侧两条引水渠均宽25米，分别由20米宽的绿带及5米宽的渠组成，属于纯景观水域。南侧退水渠宽80米，涉及功能性排水，该区域设计渠宽为44米，绿带宽36米。

（3）教育配套——不仅有大学，基础教育也完善。规划高级中学3所，规划初级中学5所，生均用地指标不应小于20平方米，学校规模一般控制在30班以上，占地规模一般不应小于3万平方米，每班不应超过50人。生均用地指标不应小于13平方米，学校规模控制在24班以上，占地规模不应小于1.4万平方米，每班不应超过45人，规划小学9所，规划幼儿园20所。

（4）宜居规划——文化体育设施应有尽有，医疗卫生设施面面俱到。园区内将设3处文化活动中心，服务内容包括：小型图书馆、科普知识宣传与教育中心；影视厅、舞厅、游艺厅、球类棋类活动室、科技活动中心、各类艺术训练班及青少年和老年人学习活动场地等。还有7处文化活动站，服务内容包括：书报阅览、书画、文娱、健身、音乐欣赏、茶座等，主要供青少年和老年人活动。设置居民体育运动场馆1处。

（5）其他公共配套——绿色慢行系统：为给市民提供一个休闲、亲近大自然的环境，湖滨公园交通采用"绿色慢行系统"，即自行车道、散步道、亲水场地、林荫广场等。步行体系渗透到湖滨公园的各个景点、广场、亲水平台及码头。以提高绿地的利用率为宗旨，整合后的滨河步道兼具巡河及游赏功能。另外，自行车道与步行体系中的一级路结合，同时还将在园内设置自行车租赁点。樱花广场：大型的亲水开放空间，也是大学城形象展示的重点区域，提供一个滨湖漫步、交往中心。滨湖水吧：文化沙龙场所。消暑花园：消夏休闲的好去处，布置餐饮、休闲设施，形成各类咖啡、酒吧休闲场所，并同亲水台阶、滨湖大道连成一体，形成一道富有动感的滨湖风景线。

4. 可持续发展理念

可持续发展理念意在寻求自然、建筑和人文三者之间和谐统一，即在"以人为本"的基础上，利用自然条件和人工手段来创造一个有利于人们舒适、健康的生活环境，同时又要保护和控制对于自然资源的使用，经济合理地利用土地和其他自然资源，以实现向自然的适度索取与最优回报之间的均衡。

在大力发展房地产业的今天，必须更好地演绎房地产开发中的可持续发展理念。要严格限制风景旅游区开发经营房地产，以防止较大程度地毁坏植被和森林。要尽可能地在都市城郊植被稀疏的坡地、台地、河滩地上开发房地产，在这些区位上较大面积地植树种草，以对自然的生态环境进行人工的拾遗补缺。

5. 山水人居理念

“山水”泛指自然环境，“人居”泛指人工环境，山水人居就是人工环境与自然环境协调发展的结晶，其最终目的在于建立人工环境与自然环境相融合的人类居住空间。因此，“依山傍水”自古以来就是人们所追求的理想居住环境。城市化的进程在带给人们现代文明的同时，一度却使人们远离了山水。山水人居使消费者回归了崇尚现代文明和自然生态相结合的居住理念，是我们从传统文化观念的精髓切入来追求21世纪人居发展模式的一种抉择。创造山水人居是一项巨大的自然与人相结合、生态措施与工程措施相结合的系统工程。

（1）从美学意义上看，山水人居追求居住环境中既有人工的艺术创造，又有大自然的天然魅力。因此，在房地产开发中应该巧借草坪、树木、湿地、山丘、河流，形成与自然环境的和谐。正如中国传统风水理论的精髓所描述的山水人居的特征：人工艺术与自然景观“共生、共荣、共存、共乐、共雅”。

（2）从生态学意义上看，山水人居应该与自然界形成一处良性的生态平衡：环境污染被有效地控制和处理，废弃物得以重新利用，可再生性资源取代了一次性资源；被损害的环境得以重新修补、恢复，一切有害于生态平衡的开发活动都被制止；与自然和平共处成为人类普遍遵从的社会道德和人生哲学。

6. 休闲人居理念

现代紧张的工作之余，人们更加追求轻松与安逸，都市城郊的休闲人居便由此应运而生。休闲人居可以通过多元化的形式来实现。

（1）“5 +2”居住模式（五天上班在都市中心区，双休日回城郊休闲度假）。立足于都市城郊所具的自然生态环境的先天优势，“5 +2”居住模式可以为现代繁忙的都市人营造闲适的田园生活，彻底消除五天工作所致的疲惫。

（2）“白 +黑”居住模式（白天在都市中心区上班，晚上回城郊居住）。每天沿途的美好风景，让居住在都市城郊的白领们在上下班的途中都感受一种永远的快乐。对于崇尚走进城市，又回归自然的都市人来说，在都市城郊居家无疑是追求时尚居住方式的一种满意选择。

（3）“1 +1”居住模式（子女在都市中心区居住，父母住在都市城郊）。都市城郊特有的自然生态居住环境，为老年人提供了安享晚年的美好空间；同时，都市城郊快捷的交通，非常方便子女随时探望，实现“常回家看看”的愿望。

【策划案例：万科云城米酷颠覆想象空间】

印象中古代文人的住所要么是坐北朝南的大宅院，门口两尊石狮子，还带入户花园的大户人家，要么应该是隐居田园的茅屋，虽是简陋，却也宽敞自如，坐看田园景色。直到有一天，忽然发现，古人也曾有过蜗居时代，白居易走的是大多数工薪阶层省吃俭用的老路子，在离上班挺远的地方租了几间茅草屋，虽然远了点，但房租便宜。再后来，还在偏远郊区买下一处宅子，终于也为拥有一套自己的房产安心了。再说到北宋的平民百姓，大都是“四邻局塞，半空架版，叠垛箱笼，分寝儿女”，即住房使用面积不够，就自己动手改造，在房子天花板和地板的中间加一层，隔成小复式。卧室太小，放不下床，就把箱子柜子什么的拼起来，让孩子们睡。

看来，从古至今，每个人都想拥有属于自己的一套住房，哪怕远也不怕，买得起就行。有了房不够住，便想方设法提高它的使用率，尽可能满足自己的住房需求。这种做法贯穿到现在，也就演变成万科云城米酷这一新型住宅产品！万科云城米酷主要产品为12平方米、18平方米、25平方米、35平方米极小百变公寓，百纳风格几乎让所有的墙壁没有多余的留白，每一寸空间都得到很好的利用。主要适用对象为单身群体或创业初期的事业青年，总价仅20余万元，月薪3000元的白领都可以供得起。特色一是极高的使用率，功能可以多变为工作、休息、聚会三个模式，而且模式之间转换相当灵活。特色二是更低的总价可以让更多的年轻人买得起房，也给了更多人投资这种产品的可能性，小户型和低总价，变现更为容易，取得了在自住和投资属性上的统一。

（1）工作模式提供工作狂的私密空间。

带滑轮可移动办公桌搭建的办公区可谓是相当灵活，想远眺阳台景观而工作，想面壁沉思，又或想找一个独特的风水位，都相当简单，稍微移动下办公桌即可，完全可以搭建一个小的工作室。小茶几和可折叠沙发床便可组成客户洽谈区。

（2）聚会模式提供嗨翻天的PARTY场所。

一般的PARTY场所都需要一个大大的空旷的空间，小小18平方米何以达到如此效果。这就得发挥它强大的收纳能力了。一进门左侧就设计了一个具有多功能的收纳柜，衣服、鞋子等闲置物品通通可归纳进里面，还是墙上的各种收纳空间，统统都可以归置你的物品。沙发床折叠成座椅，可移动办公桌收拾出来摆放PARTY用品，一个空旷的PARTY场所就出来了，容纳18个人都不是问题。

（3）休息模式提供宅男宅女的私人空间、恋人的浪漫约会空间。

折叠沙发一打开，便是1.5米的双人床，宅男、宅女或是恋人的二人世界的休息模式又展开了！平时折叠起来，不占地方。各种“活动机关”，使空间利用率最大化，将生活杂物收纳能力做到极限。而且，在家的人总免不了偶尔会煮些东西，这边还有个小橱台提供电磁炉煮食物，恋人间偶尔做个爱心餐，还是很不错的。而带滑轮可移动的办公桌，便随时可成为合格的餐桌。

一倍空间三倍享受的生活，真真正正的一酷到底。

7. 以人为本理念

房地产项目，特别是住宅项目与人们的生活密切相关，因此也是最能够反映人的生理需求和精神需求的产物。现今的住宅消费市场越来越趋于理性，人们对住宅的认识也越来越专业。可以说，只有能够充分体现个性的楼盘，能够准确地抓住目标消费群体的心理的楼盘才能倍受青睐。应该设计么样的产品？人们追求什么、需要什么？这些信息大都来自市场，因此只有充分了解市场，充分调查分析市场，就可以清楚应该做什么。

【策划案例：旅游房地产进阶艺术主题社区】

自2010年海南国际旅游岛上升为国家重大战略部署之后，随着建设的深度推进，海南旅游市场也进入快速发展通道。旅游产业在旅游方式多样、游客花费多元及旅游住宿多选等方面逐渐向“深度体验式——长期居住度假”转型，而新模式下的升级产品也因此备受市场的认可。

金手指太阳谷温泉城作为海南首家艺术博物馆度假社区，首次将艺术博物馆酒店引入社区，结合海南现阶段旅游产业的实际条件，突破式发展，全新定义海岛度假价值标杆，打造融合古董珍品展览、五星级酒店、天然温泉SPA、风情商业街、西班牙式洋房、湖畔MINI别墅于一体的540亩大型雨林山海度假城邦，让游客旅居时光尽情游弋艺术海洋。

（1）创新——升华艺术主题社区，开启海南度假全新格局。

太阳谷艺术博物馆酒店，是由海南金手指地产旗下21度假连锁有限公司投资花费5亿元倾情打造，在将近50000平方米的五星级酒店内，除了8000平方米用于酒店房间的使用外，其余面积均设立博物馆展示区，包括有：金银器、紫砂、汉陶、玉石、字画、瓷器、青铜等。届时，均可品鉴到数万件近20亿元的各类藏品，让居者在度假之余感受艺术珍品的魅力，更将成为书画家采风、创作基地；收藏家交流的平台；博物馆专家、鉴定师、拍卖师培训中心；收藏艺术爱好者旅游度假、参观购物的最佳选择，打造成为海南文化产业的重要基地。

（2）品质——全方位定制幸福居所，万千业主的绝佳选择。

在海南东海岸这条发展最为迅速繁华的幸福海岸线，金手指太阳谷温泉城雄踞兴隆、石梅湾、神州半岛三大国际级度假区中央地段，接驳立体交通枢纽，出则繁华入则静谧。石梅湾、神州半岛、五大高尔夫球场、亚洲最大游艇码头、奥特莱斯旗舰店、万顷原生珍贵青皮林……一切美好细数而来近在咫尺，更享三亚半小时生活圈触手可得，幸福拴在了家门口。

幸福的时光总是让人流连忘返，金手指太阳谷20000平方米中央广场配有私家水域，罗马庭院、大型泳池以及19个免费温泉SPA泡池，将赋予建筑更多的生动和灵气，在这个四季追逐鲜花和流水的地方，让生活和心灵一起得到润泽。项目10000平方米一站式特色风情商业街，充分发挥品牌和资源优势，与各行各业的实力品牌商家建立联盟，咖啡馆、西餐吧、特色纪念品超市等一应俱全。

13.2.4 概念来源的具体途径

1. 围绕楼盘实用性或居住者感情需求来设计概念

“实用”具有经济、安全、舒适、便捷、生态、健康等特点，在满足人们居住功能的同时，也能够合理地安排其他的活动，如工作、出行、社会活动、教育、购物、运动、育幼和老人护理等。居住者的感情需求是多方面和多层次的，既有文化方面的，如对不同生活方式和行为习惯的认同，对传统文化和价值观念的尊重以及实现自我价值的需要等。居住者的感情需求也有心理方面的，如安全感、私密性、领域感、交往、美感等等。

这类概念的范围最广，数量也最多，典型的例子有“宽HOUSE”“低密度社区”“生态住宅”“环保小区”“健康住宅”“网络社区”“北美小镇”“公园里的家”“CEO府邸”“亲情社区”“教育社区”“艺术村”“运动概念”“旅游地产”等。

【策划案例：碧桂园豪庭：全方位运动概念社区】

生命在于运动，然而在快节奏的城市生活之下，运动已成了一件奢侈的事。也正是洞察到这一点，不少房地产开发商开始思考将运动融入楼盘的打造，为业主提供更为健康的生活方式，碧桂园豪庭就是如此。不过，凭借零距离滩美湖景区的地段优势，加上小区内丰富的运动设施配备，以及社区各类休闲空间的打造，碧桂园豪庭的运动社区理念又更深了一层，即全方位运动概念社区。

碧桂园豪庭的“全方位运动”概念在住宅规划设计中主要从三个方面得以充分体现。

（1）200万滩美湖景区，运动就在家门口。

也许在有些人看来，景区更多的是供人们一个旅游、观光、休闲的地方。对大部分景区而言确实如此，在滩美湖景区却不尽然。除了旖旎的风光，滩美湖景区还是一个天然的运动场。全面满足周边人们的运动需求，不同喜好的运动者，在这里都能做自己喜欢的运动，一边呼吸清新的空气，一边运动，感觉一定非同一般。

景区有大量的绿道，纵横交错。单是环绕滩美湖的绿道长度就达10公里之长，所有的绿道长度相加，相信会是这一数字的数倍之多。人们可以在这些绿道散步、长跑、骑行，无论哪种运动方式，都是释放身心、缓解压力的很好方式。

（2）丰富运动场馆，运动也在社区里。

外部有滩美湖，碧桂园小区内部，运动同样无处不在。小区内，运动场所非常丰富，如五星级会所的豪华健身房，跑步机、哑铃、举重器等一应俱全，工作生活之余，都可以在这里锻炼身体、健美身材；会所里有专供儿童使用的天使乐园，爸妈们可在这里与宝宝做各种亲子互动；会所的标准室内恒温泳池，一年四季、白天黑夜都能使用，不受时空限制。会所外面，还有一个露天的无边际泳池，每年都能畅享清凉夏日。

小区园林里，到处安装有大众健身器材，适合各个年龄段的人在这里健身锻炼、活动筋骨；还有儿童游乐区的城堡与滑梯，给孩子一个快乐的童年时光。

（3）大量休闲空间，健康无处不在。

倡导“自然、健康、运动”的生活方式，碧桂园豪庭除了名副其实的运动设施，还注重休闲空间的打造。区别于东莞很多小区首层设置成停车场的做法，碧桂园豪庭将这一空间建成数量众多的架空层，让老人、小孩有更多的地方休憩、嬉戏；同时，这里也是一个邻里之间沟通、交流的桥梁，从而让社区的居住氛围更为温馨和睦。

此外，凭借强大的造园技艺，碧桂园精心打造出五重水景皇家园林，假山、栈道、亭台、小径等遍布其中，业主随时都可以自由自在休闲、娱乐，为运动社区这一概念，注入了新的内涵。

2. 围绕项目的优势资源来设计概念

优势资源可能是区位、交通、环境等因素，也有可能是项目基地内的某些特殊资源如温泉、原生树林、文化遗址等。这类资源具有不可复制的特性，是一个楼盘区别其他楼盘的重要标志。属于这类概念的有：“CBD”“CLD”“奥运商圈”“中心区”“中关村”“圆明园花园”；高速公路、地铁、轻轨；海景、江景、水景、山景等。

【策划概念：长岛蓝湾：完美诠释什么是真正海岸生活】

面朝大海，春暖花开，海，作为亘古不变的目的地，从一种追求继而变成了一段停留。忙里偷闲去“挥霍”掉一段生活，在碧海蓝天里消耗的时光，换来的是一种内心无法名状的充实和丰盛感，俨然成为世界永远的度假主题。

长岛蓝湾总占地约1100亩，呈狭长半岛形状，三面环海，为海南省临高县临高角风景区开发规模最大的滨海社区。项目分三期开发，一期总用地面积约 23 万平方米，总建筑面积约 32 万平方米，容积率 1.27，绿地率 60.11%，建筑密度 7.28%。黄金海岸线举步即至，将私家海滨度假变成生活常态。

（1）100 万平方米真正海岸生活综合体。

长岛蓝湾雄踞临高未来行政办公区澜江新城与沿海生态旅游开发带的热力板块，以打造“国际度假头等舱”理念，集合星级酒店、精品会所、绿地休闲广场、滨海乡村音乐街、户外运动中心等配套，打造临高首席真正海岸生活综合体。

（2）浓墨重彩海岸生活。

将所有滨海生活所能想象的最富裕之缤纷为你收藏在一起：3.9 公里的私属天然海岸线，绝美双湾海景，最平缓的沙滩和进海观光栈道，充沛的阳光、清凉的海水、凉爽的海风、满足你与大海亲密接触的各种臆想。把自己随意放在躺椅上，享受海风轻拂美好海边清晨，在进海栈桥的木地板上，依偎恋人肩旁，看琉璃般的橘色光芒染红漫天云彩，染醉无垠海面。或者夜里退潮后，和孩子们步入礁石深处摸螃蟹，数着夜空里一颗一颗闪烁的星星……

对大多数人来说，真正的海岸生活，不应只是一处度假居所，更应是一个有品位的生活居所。长岛蓝湾的魅力正在于呈现真正的海岸生活感受。精品酒店完善的商务会议、健身娱乐设施，SPA 会所为你完美呈现滨海度假生活新体验。滨海乡村音乐街及海上户外运动休闲中心多姿多彩的娱乐节目挑战你的感观极限，让您享受激情四射的海岛度假时光。

（3）精装小户，户户瞰海，悠享完美海居人生。

聚合规划设计大师，挥手筑就卓尔不凡的建筑天际线，现代简约滨海风格，为海岸生活畅想者量身定做，独特帆船造型高雅中尽显海洋气息。简洁、利落的建筑线条，既强调质感又张扬个性。42 ~97 平方米精装户型，10 平方米非凡尺度观景阳台，退层意趣大露台，吸养碧海蓝天大美恩泽，畅享盎然海居人生。

长岛蓝湾，这个在双湾上绽放出的近 100 万平方米的真正海岸生活综合体，整体规划概念源于深圳世界之窗主设计师袁永杰的“国际度假头等舱”理念，拔着最原始的海洋冲动与渴望的帆船造型建筑，个性鲜明，亲近自然，复刻威尼斯似水柔情的 11.8 万平方米水景园林；同时配合项目升级的精品酒店、高端会所、星级管家服务等带来全方位的贴心呵护……

3. 围绕项目的功能、类型来设计概念

商品化初期的住宅功能比较单一，以纯居住为主。发展至今日，随着需求的扩大以及科技的进步，住宅的功能进一步拓展，在居住的基础上融入了工作、学习、修养、服务、旅游、体育等功能，出现了多种复合的住宅功能。住宅类型众多，有低层、多层、高层；有塔式、板式、独立式、联排式；有普通住宅、公寓、别墅。住宅的空间也更加丰富，跃层、错层等空间处理手法在住宅设计中普遍应用。

这类概念比较典型的有：“酒店式公寓”“商住式公寓”“纯居住小区”“养生公寓”；联体别墅、叠加别墅、“SOHO”“SOLO”“Townhouse”等。

【策划案例：广州万达文化旅游城】

著名经济学家马光远曾说过“中国已从过去的温饱经济转向休闲经济，相应地文化地产、旅游地产、休闲地产将会出现好的发展”。他认为，房地产投资会出现新的方向，文化旅游投资符合未来社会发展需要，或成为2015年房地产投资的新热点。

广州万达文化旅游城作为万达集团首个布局一线城市、投资高达500亿元的项目，是万达文化产业集大成者，集万达集团多年在商业、文化、旅游产业积累的丰富经验于一身，是被万达集团董事长寄予厚望，可超越迪士尼，成为“世界旅游目的地”的大型文化旅游商业综合体。广州万达文化旅游城规划有全球顶尖第四代室内滑雪场、室外主题乐园、文旅商综合体万达茂、粤秀、电影科技乐园、大型室内水公园、星级酒店群和滨湖酒吧街等丰富业态。

相关研究报告显示，2015年中国将成为世界第一大旅游目的地，多个文化旅游项目存在客房供不应求的现象，香港迪士尼乐园开园十年后不得不宣布再次扩建酒店。据了解，广州万达文化旅游城在建成开业之后也将极有可能面临住房供需失衡的情况。规划显示其建设两家四星级酒店和1家超五星级酒店，仅可提供1500间客房共2500个床位。

按照万达集团的测算，广州万达文化旅游城2018年开业后每年预计将迎来全球超2000万游客，每天的游客数量为5～8万人次，高峰期可以达到10万人次每天。一位业内人士表示，广州万达文化旅游城拥有丰富的业态，一天不可能玩完，配套酒店2500个床位数量和日均超5万人次的游客数量的对比，势必会造就大量的住宿需求，这就给公寓型产品提供了非常强而有力的市场。因此，万达文化旅游城根据实际情况设计38～58平方米的平层及LOFT度假公寓，部分直接带精装修，精品度假生活一次性到位。

可期的完美度假生活体验及良好的投资回报，直接引发销售狂潮：半月内连续两次开盘即售罄、两小时热销925套公寓，广州万达文化旅游城则当仁不让地成为广州最受青睐的项目之一。

4. 围绕项目的高质量来设计概念

项目质量一直是购房者最为关心的因素之一，对购房行为有直接影响。由于房地产开发公司的实力和业绩，设计公司和施工企业的水准，物业公司的档次与住宅产品的质量直接相关，因而成为购房者衡量住宅产品质量的外部参照。

这类概念常用的语汇有：“房地产10强上市企业”“名师设计”“贴身管家”“鲁班奖”“某某市优秀住宅金奖”等。

【策划案例：《大腕》里的英式管家】

“一定得选最好的黄金地段，雇法国设计师，建就得建最高档次的公寓！电梯直接入户，户型最小也得400平方米，什么宽带呀，光缆呀，卫星呀能给他接的全给他接上，楼上边有花园，楼里边有游泳池，楼里站一个英国管家，戴假发，特绅士的那种，业主一进门，甭管有事没事，都得跟人家说May I help you sir（我能为您做点什么吗）？一口地道的英国伦敦腔，倍有面子！”这段出现在冯式喜剧的《大腕》里的经典台词脍炙人口、令人印象深刻。尤其是英国管家这段，画面感十足。其实英式管家就是世界级精品物业管家管理的模式。

胜利广场·兰公馆引进了总部位于伦敦的全球前五名的物业管理公司——戴德梁行。戴德梁行为胜利广场·兰公馆量身打造了酒店式公寓楼管理服务模式，让兰州人首次享受到世界顶级的“英式管家”高端服务。戴德梁行最让业界津津乐道的是其独具特色的“英式管家”。管家起源于欧洲，是中世纪时期奢华生活的标志。管家职业理念和职责范围的成熟是在英国完成的，“英式管家”在西方尤其是在欧洲大约有六七百年的历史，只有英国的王室家庭或世袭的贵族和有爵位的名门才有资格正式雇佣管家。“英式管家”代表了国际家政服务领域的最高境界。“英式管家”服务的核心即业主有相关诉求仅需通知其管家，而后则只需等待结果。期间若干沟通、组织、协调、跟进及落实的烦琐事项均由管家代为安排，管家或亲自操作，或协调后台的保洁、秩序维护、维修、绿化等服务人员，或动用其他外部社会资源信息，一直跟进服务直至业主满意为止。

首先，管家式服务的内容包含了一般小区物业管理基础性、公共性服务内容，如公共秩序维护服务、公共区域消防管理、公共区域日常维护服务、公共区域保洁服务、公共区域绿化维护等。

其次，管家式服务又设定专属于管家的服务项目。如为业主当家理财、料理服务、站在业主的立场管理和使用好业主的财产。管家通过走进业主户内，零距离贴近业主生活，在第一时间了解业主服务需求，并为其提供帮助。如空置房管理、代为咨询等，是不需额外向业主收取费用的。业主没有想到的管家为业主想到；业主想到的管家为业主做大；真正体现“英式管家服务”，如为业主洗衣服、家政服务、洗车等服务（均属有偿服务）。

“管家式服务”将突破传统物业管理服务的模式，它突出个性化的服务特色，提升服务品质，最大限度地满足业主生活的各项需求。减少服务环节，提高效率，为业主提供更便捷的服务。突出物业管理创新特色，“管家式服务”成为物业服务的亮点。

5. 围绕项目的价值来设计概念

住宅产品的价格是消费者最为关注的因素之一，希望购买的住宅产品“物有所值、物超所值”是购房者的普遍心理。一般开发商在开发项目时会充分考虑住宅产品的价格与性能之间的平衡，甚至有时适当降低自己的利润，让购房者感到满意。当项目的区位较好，如邻近商业、金融业繁华地带，有较好的物业出租机会时，一般会在规划设计及物业管理上作相应的考虑，提高客户获得投资回报的可能。这类概念在表达时常用的语汇有：“性价比”“高回报”“超值”“经济”等。

小户型住宅是与“高价值”概念关系最密切的一种住宅产品。对于小户型的概念，目前没有一个严格规范的说法，但地产界人士比较认可的一种说法是，一居室销售面积在60平方米以下，二居室销售面积在80平方米以下，三居室销售面积在100平方米以下。小户型由于面积小，空间安排得相对紧凑，厅的面积在20平方米以内，卧室的面积在15平方米以内，无论一居室、两居室还是三居室，一般都只有一个卫生间。其特点是每个空间面积都比较小，但“麻雀虽小，五脏俱全”，在房间里，厨房、卫生间都具备，能满足人们生活的基本需求。

小户型住宅用途广泛，市场需求量大，很多开发商开始转做小户型。小户型住宅主要满足了以下几种需求：

1）自住单身。大城市里有经济能力又有购房需求的单身人士追求的不是一步到位的“家”，而是能拥有真正属于自己的“一隅”，哪怕只有三四十平方米。

2）公住。不少企业或公司需要给员工准备临时住处，或是为鼓励员工而购买住房，小户型更易承受和实用。

3）长线投资。选择小户型做房地产投资收益较稳定且更具投资灵活性，成本和风险相对大户型也要小些。

4）送礼。从来自市场销售一线的消息来看，有一定比例的购房者是买房来送人、送礼的，而小户型再小也是一份大礼。

市场的需求也说明了小户型是有优势的。首先，不影响居住的前提下总价最低。在经济能力有限的情况下，对住房的追求更多应放在其实用性上。只要尺度合宜，功能齐全，面积可以尽可能地小。其次，用较低的价格享受到同样成本的房子。对于房地产发展商来说，房子的价格取决于地价和建安成本。建安成本与总建筑面积有关，由于采用小户型会导致同等面积下户数增加，每户必备的门窗、各种上下管道、暖气片等用材必然增加，相对而言成本是增加的。但是房屋的单价不可能因为户型小而增加，因此，这实际上是压低了开发商的利润空间。同样的道理也反映在家具购买、装修费用、物业管理费等多方面。

【策划案例：蜂鸟社区“小户型、大生活”概念】

“小户型、大生活”是蜂鸟社区的概念，专门针对在中关村工作的25~30岁的IT精英及北大、清华等周边名校的年轻教师等目标客户。该住宅项目位于万柳生态居住区内，占地面积30000平方米，建筑面积约80000平方米，主力户型40~50平方米，两梯4~8户，独立厨卫，全套精装修。与一般的项目不同，蜂鸟社区避免了在一个单元里既设计有小户型，又有几百平方米的大户型。同一社区产品的过于复杂，不同文化背景、不同经济收入的业主集中到一起容易产生矛盾和冲突。

该项目的“高价值”体现在以下几点：

（1）万柳有近9000平方米Gamepark。Gamepark园林规划了步入式公共绿地、S型慢跑道，三人篮球场、空中网球场等构成社区公共运动空间。以中央绿地为核心规划了下沉式旱喷泉广场、东西贯通的水溪等景观。

（2）中关村门户、两大环线、八大学府。

（3）万柳核心唯一上万平方米社区商业、8100平方米美食、娱乐广场。

（4）超大楼距135米，私密非常，景观无限；距昆玉河仅150米，柳岸长堤的漫步是生活的一部分；在河边可以远眺西山，尽情舒展心情。

（5）总价35~40万元每套，首付七八万、月供一两千；厨、卫精装修，送水源热泵冷暖系统、中央空调；高性价比立体车库，每单位仅售三万六千元。

蜂鸟社区的区位和交通优越、环境良好、配套和服务齐全，住户以较低的总价享受到类似高档成熟社区的生活，是一个“高价值”概念的楼盘。

6. 围绕项目的可信度来设计概念

由于房地产市场普遍存在“概念虚假”的现象，一个概念往往会在短期内被很多楼盘沿用。对于这种混乱的状况，购房者往往不知所措，不知道谁真谁假。为了提高可信度，增强购房者的信心，项目推出时用一些表明其身份“正统”的概念，如：国家示范工程概念、整体开发概念、经济适用房的政府概念；或者是让购房者直接去看、去体验，验证其概念的真实性，如：“现房销售”概念、“无理由退房”概念。

【策划案例：国家康居示范工程的龙悦居】

由住建部举办的“2014年省地节能环保型住宅国家康居示范工程与住宅产业化技术创

新大会”上，深圳龙悦居保障性住房三期工程被授予“省地节能环保型住宅国家康居示范工程”称号，龙悦居三期缘何获此殊荣？

龙悦居保障性住房项目位于深圳市龙华新区，北邻深圳北站，据梅林关约3公里，离深圳市中心9.3公里，是深圳市首个按绿色建筑标准建设的保障性住房住宅区。项目由1～3层地下室、2层商业区、1栋3层幼儿园及11栋33～35层高层住宅，其中项目三期由万科承建的工业化住宅小区。

龙悦居三期保障性住房项目大面积应用工业化技术建造。结构采用内浇外挂体系，外墙、楼梯、室外走廊采用工业化PC构件，通过工业化建造方式，工期比使用常规技术缩短6个月，建筑垃圾减少80%，材料损耗减少60%。

龙悦居三期能得一致好评主要由于绿色的建筑设计和住宅产业化标准。

（1）绿色的建筑设计。

为创造宜居的居住环境，设计结合场地特点，保留用地西侧原始山林，将其设计为小区登山公园，充分体现“用设计提升价值”的保障房设计理念。

住宅建筑以南偏东30°的夹角迎向过渡季和夏季主导风向，使人们的居住更加舒适，实现低成本的绿色建筑。

半地下室充分利用自然采光和自然通风，并与地面的园林景观相互渗透，紧密结合，形成生态的阳关地下车库，运营和维护的成本大大降低，节约资金。

结合模拟分析绿色建筑设计的方式，应用太阳能热水系统、人工湿地、雨水收集等技术完善的绿色技术。

（2）住宅产业化。

在进行建筑设计时，由始至终贯穿工业化生产方式的模块化设计理念，尽量减少预制构件和模具的种类，使得模具的使用率大大提高，减少生产成本。

大幅减少了对社会资源的消耗。预制构件在工厂采用钢模板生成，采用循环水养护，减少对水资源的浪费。

现场装配化施工提升效率，建造周期大幅缩短，并且使建造质量和建筑性能更加安全可靠。

一体化室内精装设计施工，大规模集中采购，装修材料更安全、环保，标准化的装修保障了装修质量，避免二次装修对材料的浪费，最大程度的节约材料。

13.3 项目设计的内容与规模策划

概念规划是研究投资立项之后的项目建设规模、空间内容、使用功能要求、心理环境等影响建筑设计和使用的各种因素，从而为建筑师进行设计提供科学的依据。概念规划对项目规模进行研究时除了对整体规划进行反馈修正外，还需要对社会环境、功能要求、使用者状况、使用模式、技术条件进行研究分析，通过概念设计及各种策划手段，使开发的商品房适销对路，占领市场。其实质上是一项以战略为重、战术为辅但又必须可以实现由抽象概念向客观具体转化的策划工作。概念规划的内容可以包括：

（1）建设目标的确定。

（2）通过调研，对建设目标进行构想，寻找实现目标的手段。

（3）对构想结果、使用效益的预测。

（4）对目标相关的物理、心理量及要素来进行定量、定性的评价。

（5）设计任务书的拟定。

建筑立项是概念规划的出发点。达到目标的手段和过程都是建设目标决定的，而且通过目标来进行评价。研究和选择立项目标的手段是概念规划的中心内容，而对手段的功力和效率预先进行评定分析至关重要。为了对手段进行评价分析，对该手段的效果的预测是不可缺少的。而正确的预测，又始于相关信息的收集和调查。最终，设计任务书的拟定规定或论证了该项目的设计规模、性质、内容、实现模式。

13.3.1 设计项目的调查研究

房地产开发商都有自己的开发目标，会常选择不同的物业类型进行开发，或在不同地点进行开发。但房地产概念规划不是凭空想象，必须以深入、扎实的房地产市场调研和预测为基础，以了解房地产市场的过去和现状，把握发展动态，认识发展趋势，为分析和确定开发项目概念规划中有关项目建设的必要性、用途、档次、规模等提供决策依据。

要进行设计项目的内容与规模策划，也是离不开市场调查研究的。从设计项目的实践来看，房地产市场调研和预测主要包括房地产投资环境和房地产市场状况的调查研究和预测。

1. 投资环境的调研与预测

对投资环境的调研预测应在国家、区域、城市这些有大小的层次上进行，主要内容包括政治、法律、文化、自然地理、城市规划、基础设施等方面。这就必须获取所需的客观资料。这些资料主要取自于城市统计部门和城市规划部门统计收集和积累的有关材料以及同行业房地产开发的实际统计情况等。这些材料涉及的内容直接或间接地对项目自开发到竣工，直至运营都产生一定正面或负面的影响。所以，对这些资料进行筛选，整理形成资料库以被随时提取。对项目概念规划来说，这些资料有：

1）城市总体规划，控制性详细规划，地段的规划条件。由此可知该地段最适宜的土地开发内容和建筑风格、建筑容积率、建筑限高、建筑退缩的限制等制约因素。

2）市政设施。可以了解地段开发的基础设施条件，有无给水、排水、燃气、热力、电力、电信等生活必要基础设施。

3）交通因素。了解地段的交通便捷程度与未来交通的发展趋势。

4）社区因素。掌握社区现状和未来发展因素，并对开发地段周围邻里进行分析，了解开发项目是否与之矛盾。

5）服务设施。对治安、消防、商业、学校，医院等多方面的调查。

6）建筑现状。包括主要公共建筑的分布状况、项目内容、用地面积、建筑风格及其相关因素，如城市历史资料、景观资料等。

【策划资料：铜陵市城市总体规划（2011～2030）（节选）】

第一章　城市发展现状分析（略）

第二章　城市发展目标与发展战略

1. 城市发展目标。以推动科学发展为主题，以转变经济发展方式为主线，以结构升级、创新强市、环境立市和城乡一体为战略，以“调结构、促增长、惠民生”为主要工作内容，努力实现经济社会全方位、各领域的转型发展，构建世界铜都、山水城市、宜居家园、休闲胜地，建设成为皖江地区经济繁荣、社会和谐、环境友好、人民幸福的区域中心城市。

2. 区域协调：强化中心城市地位。发挥资源组合优势，放大经济区位优势，提升城市竞争力；强化区域交通枢纽地位，促进区域交通网络和基础设施的一体化，形成综合交通联运优势；调整产业结构，着力推动第三产业的发展，提升城市综合服务功能；优化城市品牌形象，建设宜居、宜业、宜游的铜陵，强化中心城市地位。

3. 产业多元：促进资源型城市转型。增强铜产业的国际竞争力。加强铜精深加工前沿技术的研发，形成、壮大具有国际竞争优势的铜产业链；双轮驱动，提升产业能级。工业和服务并重，经济和社会共荣，生产和消费并举，发展和环境共赢，全面促进产业结构升级和发展方式转型。以建设资源节约型和环境友好型产业体系为目标，加快培育和发展战略性新兴产业，改造提升传统产业，严格限制“两高一资”产业，淘汰落后产能。多业融合，促进城市动力的多元化。突出生产性服务业与消费性服务业并重，重型工业与轻型工业并举，扩大城市就业，提高城市空间发展对产业布局优化的支撑能力。

4. 环境立市：营造高质量城市环境。建立环境友好的工业生产体系，优化工业用地的空间布局；突出自然山水格局，营造生活环境特色；完善中心城区功能，营造高质量城市环境，增强城市吸引力。

5. 空间集约：控制发展边界，调整空间结构。整合空间结构要素，通过结构要素的合理配置和优化，提高空间生长的效率与发展的协调；强化地域增长极核的带动作用，培育空间增长极，以重点地区功能开发带动区域发展；增强规划的调控能力，协调处理好用地配置的弹性和空间管制的刚性，积极应对发展需求的不确定性。

城乡一体化：促进社会和谐发展。针对“大城区，小郊区”的地域分布特点和“镇/乡/矿”地域组织模式，探索具有地域特色的城乡统筹道路，促进城乡和谐发展。以城乡一体化为目标，提高城乡公共服务水平，以交通组织的网络化、市政公用设施配置的合理化、城乡公共服务均等化为基础，合理、均衡配置城乡发展的公共资源；打破“镇/乡/矿”以行政建制为单元的地域组织模式，构筑市域城乡统筹发展的空间网络；以不同的禀赋条件为基础，强化不同单元产业发展特色；适应地区特点，探索城乡统筹的创新机制，包括建立推进资源要素向农村配置的长效机制；鼓励农村合作组织，繁荣农村经济的多元化模式；在土地流转、农村金融服务等方面突破城乡二元化制度的束缚。

第三章　城市性质与规模

1. 城市职能

国家层面：世界铜产业基地和铜基材料产业基地。安徽省层面：铜池城市组群中心城市（综合交通枢纽和商贸中心，铜池一体化服务基地）；皖江地区新兴服务业和承接产业转移基地（皖江地区承接产业转移基地之一，皖江地区商务服务和休闲旅游服务基地）。市域层面：市域政治、经济、文化中心。

2. 城市性质

世界铜产业基地，铜池城市组群中心城市，皖江地区商务贸易、休闲旅游服务中心之一。

3. 城市人口规模

规划2015年中心城区人口70万人，2020年中心城区人口80万人，2030年中心城区人口为100万人。

4. 城市用地规模

建设用地标准：2015年人均建设用地控制在110平方米/人；2020年人均建设用地控制在105平方米/人；2030年人均建设用地控制在100平方米/人。规划2015年中心城区城市建设用地77平方公里，2020年中心城区城市建设用地82平方公里，2030年中心城区城市建设用地100平方公里。

第四章 市域城镇体系与城乡统筹规划

1. 城镇化与城乡统筹发展的目标

2. 市域城镇体系布局

3. 区域协调和铜池一体化建设

4. 市域综合交通规划

5. 城乡产业布局规划

（1）城乡产业发展目标。加强城乡产业集聚，推动城乡产业结构调整和升级，以中心城区产业服务化、城乡产业多元化为基本思路，传统产业升级与战略性新兴产业并重，促进一、二、三产业的协调、工业化与城市化协调，形成城乡产业统筹发展的格局。

城乡产业发展策略。加快农业现代化发展，大力发展现代设施农业、优质高效农业、绿色生态农业、休闲观光农业、农副产品深加工业和农产品物流。加快农业科技投入，提高农业综合生产能力，形成集都市农业和生态休闲功能于一体的现代农业新格局。

转变工业发展方式。加强铜精深加工前沿技术的研发，壮大具有竞争优势的铜产业链；突出工业的集群化发展，巩固壮大电子基础材料产业优势；改造提升化工产业、能源产业、建材产业三大传统产业。积极发展先进装备制造业和节能环保产业等新兴产业。

提高服务业发展水平。优先发展生产性服务业，大力提升生活性服务业，加快建设中央商务区、专业大市场、购物中心与商业街区，扩大消费商圈，提升城市消费层次；深入发掘自然山水资源、历史文化遗产，建设大型文化主题公园，丰富旅游产品，形成特色旅游品牌和精品线路，大力发展旅游业；有序发展房地产业，建立满足多层次、多样化需求的住房供给体系。

城乡产业布局原则。加强产业布局与城乡空间发展格局的协调，调整污染工业对城市布局的影响，加强对外交通对产业布局的支撑作用，强化支撑性要素对产业集聚发展的作用。

农业向规模经营集中，形成产业化、专业化、特色化、市场化；工业按照“布局集中、要素集约、企业集聚、产业集群”的要求，向园区集中，促进产业集聚集群发展，降低工业布局对城市环境的影响；第三产业突出区域中心城市职能，中心城区第三产业布局突出与地理区位、交通条件和滨水景观资源相结合，各乡镇积极利用自身特色和各镇资源优势发展第三产业。

（2）城乡产业布局。规划形成两个农业产业片区，五个工业集中区以及五个现代服务业集聚区的产业空间布局结构。

两个农业产业片区，主要分为南北两片，北片包括胥坝乡、老洲乡、西联乡，是基本农田保护相对集中的区块，规划建议北片巩固发展生态农业，并结合农业发展生态休闲、观光旅游；南片包括天门镇、新桥工矿区及钟鸣镇部分范围，主要发展山区农业及其特色产业，结合白浪湖、凤凰山风景资源和山体保护发展旅游业。

五个工业集中区，包括铜陵经济技术开发区、承接产业转移集中示范园区、大桥工业区、金桥工业区、狮子山工业区五个产业集中区。

铜陵经济技术开发区位于铜陵中心城区的东北部，巩固提升城市现有优势产业，提升产品附加值，提高土地使用效率，大力发展循环经济，重点发展铜材加工、电子信息、冶金化工、装备制造和现代物流业，努力提升该开发区作为以循环经济为特色的国家级开发区的地位。

承接产业转移集中示范园区位于铜陵市东北，长江以南，京福高铁以西，顺安河以东，铁路北环线以北地区。作为铜陵临港产业和战略性新兴产业的主要承载区，重点发展港口物流、船舶制造、电子信息、铜材深加工、新能源、新材料等产业。

大桥工业区位于城市南部，依托岸线资源发展临港物流及加工业，调整现有工业布局，主要以一、二类工业为主，加强综合交通的整合，积极发展综合交通联运，严格控制污染型工业的发展。

金桥工业区是铜陵县工业集聚的主要空间，重点发展机械、电子元器件等加工业，大力发展中药材加工等农产品深加工产业，积极发展农业物流。

狮子山工业区位于狮子山站南侧，是中心城区工业发展的重要补充，大力发展机械设备制造、食品加工和电子元器件加工等民营科技产业。

五个现代服务业集聚区，包括环西湖市级公共中心、环天井湖市级公共中心、铜陵东站商贸服务区、铜陵北站商贸服务区、大通旅游服务区。

环西湖市级公共中心围绕东、西湖发展区域性服务中心，集聚旅游、会展、商务、办公、商业等多种服务功能；环天井湖市级公共中心基于老中心原有的商业基础进一步发展商业服务；铜陵东站商贸服务区位于铜陵东站及其东北侧，主要发展商业贸易和专业市场。铜陵北站商贸服务区，利用京福高铁建设的机遇，增强铜陵作为区域客流枢纽地位，强化站前区的综合开发。大通旅游服务区积极利用铜池一体化的契机，依托大通古镇和天目湖旅游资源，成为区域性旅游服务集聚区。

6. 旅游休闲产业发展规划

1）旅游休闲产业发展目标。积极融入“两山一湖”及长三角旅游圈，实施错位发展模式，大力发展旅游和体现山水生态铜都特色的休闲度假、商务旅游。

加快专项旅游产品开发，深入发掘自然山水资源、历史文化遗产，建设大型文化主题公园，丰富旅游产品，形成特色旅游品牌和精品线路，争创中国优秀旅游城市。

2）旅游休闲产业布局。规划形成“一带、三圈、四区”旅游休闲产业的整体格局。

一带：长江风光带。以长江大桥、桥南公园、白鳍豚养护场、大通历史文化街区、铜百休闲度假区、老洲头景区等为主规划形成长江风光旅游带。

三圈：大通古镇历史风貌圈、天井湖休闲观光圈、西湖文化休闲圈。

大通古镇历史风貌圈，即以大通古镇历史文化资源为依托，形成古镇历史风貌圈；天井湖休闲观光圈，借助天井湖本身的自然风景及其周边的商业、休闲、娱乐等公共服务功能，形成休闲观光圈；西湖文化休闲圈，依托西湖的自然景色以及周边新建的文化服务功能，形成文化休闲圈。

四区：东湖湿地休闲区、铜官山风景区、凤凰山风景区和天目湖-白浪湖风景区。

东湖湿地休闲区，即围绕东湖形成的休闲旅游度假区域；铜官山风景区，在城区东南部，由乌木山、铜官山、羊山、章目山等山系及市林场组成，是联系和分隔主城与横港的绿色过渡地带；凤凰山风景区，包括金牛洞古采矿遗址、凤凰山铜矿、相思树、滴水崖、王荆公书堂、大明寺、葛仙洞及金榔各景点，凸显历史、人文景观与山区自然风貌；白浪湖风景区，包括十里长冲珍稀动物养殖场、天目湖白鹭岛、牌坊头垂钓园，以自然水体景观为主。

2. 城市发展概念规划的调研

城市发展概念规划或战略规划，对房地产概念规划有很重要的指导作用。这几年来，我国很多城市都邀请规划设计公司、技术公司进行概念规划或战略规划，为自己城市的城市定位、战略地位、城市功能、空间布局、产业调整、房地产开发等方面进行规划，取得了很大的成绩。如南方的广州市、中山市等。这些概念规划是在充分调研、论证、研究的基础上得出来的，并且得到了当地城市政府的批准，为这些城市规划了未来的发展方向。

策划师、设计师在进行设计项目调查研究的时候，一定要对这些具体投资城市的发展概念规划弄清楚。拥有大量的资料，才能有的放矢进行房地产概念规划，因为城市发展概念规划是当地城市规划发展的行动指南。

一般来说，城市发展概念规划的内容包括以下几部分：

（1）城市发展的现实基础。

（2）城市发展的长远目标。

（3）城市发展的功能定位。

（4）城市发展的区域战略。

（5）城市发展的空间布局。

（6）城市发展的形象塑造。

（7）城市发展的开发策略。

对房地产项目概念规划来说，着重要弄清楚当地城市发展的战略定位、长远目标、空间布局、城市开发、道路网络等，特别注意的是城市发展规划对房地产项目开发的影响以及带来的机遇。

【策划资料：山东博山城市发展战略规划纲要（节选）】

1. 宏观背景与现实基础

（1）国内外宏观经济背景。

（2）山东省经济发展背景。

（3）博山发展的现实基础。

1）经济基础——结构合理、特色鲜明、实力雄厚。

2）社会基础——科教发达、文化深厚、保障健全。

3）政策基础——公平公正、政策灵活、市场规范。

4）环境基础——资源丰富、环境优美、交通发达。

5）区位优势——新增长极、区域一体、鲁中重镇。

（4）现行总体规划回顾。

（5）博山战略规划的思路。

2. 核心理念与战略定位

（1）博山城市发展的核心理念。

（2）博山城市发展的功能定位。

1）特色工业城——高技术装备下的全国特色工业基地。以现有的大中型机电、陶瓷、化纤等特色工业为基础，抓好创新体系、创新机制、创新能力和创新环境建设，加大对高新技术发展的投入，努力开发高新技术产品，提高高新技术在传统产业当中的比重，通过对现有大中型企业的改革，加快建立现代企业制度，搞活机制，增强竞争力，用高新技术装备大中型企业，巩固作为中国和山东特色工业基地的地位。

2）精品旅游城——山东省区域生态精品旅游基地。以原山国家级风景区和齐文化遗址为依托。以观光旅游、休闲度假和会议旅游为重点，以省内地区为主要市场，构筑博山区鲜明的旅游形象，形成与泰山和胶东半岛等省内外景区互相配合、合理分工的大旅游格局，把博山建设成为面向山东全省的旅游度假区。

3）山水人居城——淄博市适宜人居的后花园。要以“人居城市”为博山城市发展的理念，聚焦于特定的人群，围绕着提高城市生态和景观环境质量，大力治理城市环境污染，提供一流的生活服务及文化、教育、医疗、健身设施，形成“住在博山”的城市品牌效应，建设成为淄博市亮丽的后花园。

（3）博山城市发展规模。

1）城市人口规模。现状人口规模：2002 年博山城市人口规模约为 29.2 万人。预测人口规模：近期 2010 年城市人口规模为 35.0 万人，远期 2020 年城市人口规模为 45.0 万人。

2）城市用地规模。规划采用人均 120 平方米的建设用地的指标计算，则博山城区 2020 年城镇建设用地约 54 平方千米，远景城市建设用地控制在 70 平方千米以内。

3. 经济发展与产业调整

（1）博山经济产业现状分析。

（2）博山经济产业发展定位。

1）胶济沿线地区中部重要的现代制造业基地。

2）淄博南向经济联系的物流中心和胶济沿线主要生态旅游基地。

3）鲁中山区特色农业产区之一。

（3）博山经济产业发展策略。

（4）博山经济发展产业布局。

主导产业的选择。工业主导产业：化纤纺织服装、机电行业、陶瓷及玻璃制造产业、新材料和耐火材料产业。第三产业主导产业的选择：旅游业、物流业、房地产业。

（5）博山产业布局调整。

4. 空间布局与城市开发

（1）区域一体化发展。

1）城镇体系规划。

2）区域空间布局战略。规划以适应博山区域特点，形成合理有序的“山——城”关系为目标，采取以下区域空间发展战略：逐步迁移南部山区的人口，退耕还林，保护良好的生态环境，使之成为城区的后花园，大力发展旅游业；壮大区域规模，做大做强中心城区，使之成为区域生产生活的中心，以“游玩在山区，吃住在城里”为目标，以博山悠久的饮食文化为依托，大力发展餐饮、会展等第三产业，强化旅游服务业；延伸张博铁路至源泉镇，与新泰铁路相接，使源泉成为博山区域重要的门户，大力发展工业与物流业使之成为区域内的重要发展节点；以205国道，两条省级公路为博山区域城镇主要发展轴心，形成“X”形的城镇发展主空间，以新泰铁路、其他市级道路为补充，形成完整的、网络状的城镇发展空间体系。

3）旅游发展战略。依据博山风景旅游资源特色，规划将其分为两大旅游系统：一是自然风光旅游系统，主要是指博山国家级风景名胜区旅游；二是城市旅游系统，主要是指博山城区人文及城市建筑观光。

(2) 城市用地选择。城市拓展方向。博山城市向西北为主要的发展方向，集中投资，强化中心，提高中心的吸引力和集聚度，从而使得城市向平原地带发展，提高城市效能。与此同时，对中心以外的组团，也应当明确未来的发展方向和定位，积极调整，形成良好的单中心的组团型城市布局。

(3) 城市空间结构。规划提出未来博山的整体城市功能为：三大组团融绿野，两轴并行串山水。三大组团是北部工业组团、中心工业综合组团和南部特色工业及旅游组团。两轴是孝妇河及铁路轴。

(4) 城市绿化系统。

(5) 市政工程规划。城市道路交通系统、公共服务设计规划、给排水工程规划、供电工程规划、通信工程规划、燃气工程规划、供热工程规划、环境卫生设施规划、环境保护规划、城市防灾规划。

5. 文化创新与形象再塑

(1) 城市文化创新。

(2) 城市形象再塑。

6. 开发策略与行动计划

(1) 规划的延续性。

(2) 城市发展战略。

(3) 近期建设重点。

1）策略发展地区。双山南路线综合开发，北山路（迎宾大道）综合开发，陶硫组团建设，焦庄组团建设。

2）策略改善地区。老城区工厂搬迁及土地开发，轨道交通开通准备，原山古文化广场建设，孝妇河沿线商业开发。

3）生态培育地区。绿化城市入口及高速公路沿线，孝妇河两岸综合治理，生态绿地及绿化隔离带建设。

7. 道路交通专题研究

(略)

8. 城市设计研究

(略)

3. 房地产市场的调研

要对房地产市场进行调研，主要是指市场的供求状况，包括供给量、有效需求量、空置量，不同地段、用途、档次、价位、平面布置等房地产的供求情况。特别要进行消费者的调查和分析，对开发项目区域的住户和机关团体进行实态调查，了解掌握地区年龄、职业、收入、社会地位及对房地产产品的兴趣和态度，以及个人或团体单位的经济承受能力等。

在房地产项目设计内容与规模策划过程中，对市场进行实态调查和研究时，应注意以下内容：

（1）关于消费者：①消费者的生活方式；②消费者需要什么样的开发项目；③消费者对开发项目的反映；④消费者对开发产品服务水平的要求；⑤对未来房地产产品期望的变化趋势。

（2）关于房地产市场：①开发项目的地理位置；②房地产分类及市场分割情况；③房地产产品的分配渠道；④房地产市场的发展趋势；⑤房地产产品在不同市场内的经济效益；⑥政府对房地产开发方面的影响。

（3）关于房地产市场的竞争情况：①房地产市场竞争的基本策略；②竞争者房地产项目的优缺点；③竞争对手房地产项目的价格定位；④竞争对手的促销方式和销售渠道。

（4）社会人口情况及发展趋势：①人口分布特点；②城市化趋势；③城乡人口的生活习惯；④文化教育水平；⑤不同的年龄分布群；⑥社会风俗和传统习惯；⑦劳动就业情况；⑧不同消费者的收入情况和消费方式。

通过有针对性的市场调研与研究，可以分析出不同的情况对开发的不同需求，以此来进行策划才能有章可循，有的放矢，使策划结果具有客观性、科学性和合理性。

【策划调研：盐城市写字楼市场调研报告】

本案位于盐城市城南片区市政府行政办公区内，紧邻市政府办公楼，世纪大道、解放南路、跃马路环绕四周。项目开展之初，对盐城市的写字楼市场进行了全面的调研工作，把握盐城市写字楼市场状况，对项目提供借鉴意义。

1. 写字楼销售市场分析

（1）盐城市在售写字楼汇总见表13-1。

表13-1　盐城市在售写字楼汇总表

项目名称	位置	发展商	规模/m^2	办公形式	当前价格/（元/m^2）	销售率
东方大厦	建军路＊文港路	江苏亨达房地产开发有限公司	2万	纯办公	4200	5%
隆盛苑	大庆东路	隆盛房地产开发有限公司	12万	纯办公	4500	85%
中远·世纪城	世纪大道	中远投资发展有限公司	18万	SOHO户型	3600	30%
博客领地	世纪大道	盐都区住宅建设有限公司	3.4万	SOHU户型	一期4000	售罄
					二期3450	停止销售
中茵·海华广场	建军中路＊迎宾路	中茵置业	6万	SOHU户型	4100	80%

（2）盐城租售写字楼楼盘分布。盐城租售写字楼主要分布在大庆东路沿线及世纪大道沿线。

（3）个案分析。

1）东方大厦。

项目概况：东方大厦位于建军路与文港路交汇处，该项目是由江苏亨达房地产开发有限公司全力打造的精品大厦．总建设规模近2万平方米，地下室为小轿车车库、设备间；底层为银行、超市；二层为餐饮用房；三层为沐浴休闲中心；四至六层为宾馆、办公、会议室等。

户型面积：70～150平方米，层高5.2米。

配套设施：24小时安保，管家式物业服务，无负压供水，两部电梯。

销售情况：均价4800元/平方米，目前特价房4200元/平方米，目前尚未开盘，但接受预定。

项目优势：项目地处亭湖经济开发区的核心地段，是目前盐城房地产市场上为数不多的纯商务办公楼，交通方便。项目规划有地下停车场，可满足停车要求，面积适中，适合小型企业入驻。

项目劣势：项目为低层写字楼，整体形象较差，对需求高形象的办公群体吸引力较低。

2）隆盛苑。

项目概况：隆盛苑位于大庆东路，该项目是由江苏盐城隆盛房地产开发有限公司开发。该项目总建筑面积20545万平方米，包括：一幢三层高的商业楼，一幢10层高的写字楼，一幢10层高的住宅楼。其中写字楼12万平方米。

户型面积：60～150平方米。

配套设施：水、电、宽带；两部电梯。

销售情况：均价4500元/平方米，该写字楼项目为返迁项目，大部分面积返迁给原拆迁村委会办公所用。

项目优势：项目处于盐城市老城区与新城区衔接处，紧邻交通主干道——大庆东路，交通便利，配套齐全，项目前有一小型广场，可适当满足停车需求。

项目劣势：项目属返迁项目，配套较差。整体形象较差，对需求高形象的办公群体吸引力较低。

3）中远世纪城。

项目概况：中远世纪城位于盐城市世纪大道88号，为小高层电梯房，项目总面积18万平方米。

户型面积：45平方米，SOHO户型。

配套设施：24小时新风、24小时供暖、24小时供热水、24小时智能化。

销售情况：均价3600元/平方米。

项目优势：挑高5.2米，买一层得两层。SOHO户型，可住可办公；项目紧邻红星美凯龙，周边开元路、开发大道、西环路、解放路等网状交通，迅速连接市区与工业区，先天优势，无与伦比。

项目劣势：项目位于城西南片区，该区域目前配套尚不完善。SOHO户型，不适合企业型办公需求。

4）博客领地。

项目概况：博客领地位于盐城城南新区世纪大道与西环路交界处东南，世纪大道、西环路通往盐城市区的主干道路，道路宽敞，交通十分方便。项目总建筑面积3.4万平方米，6层带电梯精装修商务公寓，主力户型为30～60平方米，项目一层为沿街商铺，2～6层为商务公寓。

户型面积：30～60平方米，SOHO户型。

配套设施："通力"品牌电梯，品牌物业"紫竹物业"全方位呵护，菜单式总台服务，地上+地下停车场。

销售情况：一期均价4000元/平方米，售罄；二期均价3450元/平方米，目前已停止销售。

出租情况：60平方米，租金600～800元/月。

项目优势：项目地处盐都新区的行政中心位置，交通便利，紧邻盐都区政府。面积小，总价低，适合于居住、办公、投资。

项目劣势：项目位于城西南片区，该区域目前配套尚不完善。SOHO户型，不适合企业型办公需求。

5）中茵·海华广场。

项目概况：中茵·海华广场位于盐城市中心繁华商圈的最显赫位置，是旧市政府所在地。三条城市主干道解放路、建军路、迎宾路环绕，是盐城目前最大的商住办综合项目。项目总面积21万平方米，其中商业面积12万平方米，住宅面积6万平方米，地下建筑面积3万平方米，地下停车位681个。

户型面积：办公户型60～200平方米。

配套设施：水、电、宽带、品牌电梯、品牌物管、地下停车场。

销售情况：均价4100元/平方米尾盘。

项目优势：项目占据盐城市区最核心位置，交通便利，各项商业配套设施齐全，是目前盐城市最大的商住办综合项目。

项目劣势：主要为商业项目，作为办公物业不够纯粹，不适合企业型办公需求。

6）缤纷亚洲。

项目概况：缤纷亚洲是盐城市首个以文化为主题的，集餐饮、娱乐、休闲购物和办公于一体的大型室内综合性项目。项目位于解放南路与东进路交汇处，紧邻盐城市广播电视中心，属于中心地段和重点发展区域，配套成熟，交通便捷。整个项目占地3万平方米，总建筑面积6万多平方米，分两期开发，总投资2.5个亿。商业面积4.4万平方米。有大小商铺600多间，酒店式精装修商务公寓1.7万平方米，近200套。

户型面积：商务公寓60～80平方米。

配套设施：水、电、宽带、品牌电梯、停车场。

租售情况：该盘已售罄，租金情况60平方米，1000元/月。

项目优势：项目位于解放南路与东进路交汇处，紧邻盐城市广播电视中心，属于中心地段和重点发展区域，配套成熟，交通便捷。

项目劣势：主要为商业项目，作为办公物业不够纯粹，不适合企业型办公需求。

2. 潜在写字楼物业分析

（1）潜在写字楼物业统计见表13-2。

表13-2 潜在写字楼物业统计表

项目名称	潜在供应量	推出时间	位置	开发商	备注
浙商大厦	8万平方米	未定	解放南路*东进路	盐城市苏嘉房地产开发有限公司	该项目只列入规划，目前尚无推出计划
华夏国际	5万平方米	未定	盐城跃马路*聚亨路	瑞尔房地产开发有限公司	该项目迫于销售压力目前尚无推出计划

（续）

项目名称	潜在供应量	推出时间	位 置	开 发 商	备 注
海华云顶	6.3万平方米	2009～2010年	建军中路59号	盐城中茵置业有限公司	该项目为海华广场二期，高层部分一为邮政局17层高的办公楼，二为24层高的海华云顶商务公寓
合计	19.3万平方米				

（2）楼盘分布。潜在写字楼物业主要分布在世纪大道两侧及建军东路。

3. 市场分析总结

（1）办公销售市场的结论。

1）目前盐城市场上在售办公性质物业中，纯办公写字楼较少，大多为可住可办公的SOHO商务公寓，能符合企业群体办公需求的纯粹写字楼项目在盐城基本没有。

2）从在售办公物业的区域分布来看，以城南片区为主，该区规划将打造成盐城未来的CBD。

3）目前市场上交易的办公物业以30～80平方米为主，单套的接受总价区间为12～32万，比较易于接受的办公单价区间为3500～4200元/平方米之间。

4）办公物业出租市场上，收益率较低，在3%～4%，因此当前销售市场中办公物业的购买群体以自用型群体为主，投资客较少。

（2）潜在办公供给市场的结论。

1）潜在供应量：19.3万平方米，潜在体量较大；但受当前销售行情影响，近期内推出可能性较小。

2）从区域分布来看，后期市场供应以城南新区为主，该区域规划打造成盐城未来的CBD区域。

3）从推出时间来看，近期推出市场可能性最大的为：海华云顶，该项目办公楼部分主要为17层邮电局办公楼，另外一栋24层规划为商务公寓。

因此，近期内与本项目形成直接竞争的可能性比较小。

（3）市场预测。

1）销售价格：受宏观经济环境的影响，目前盐城市观望气氛较为浓厚，房地产市场的价格短期内上涨受阻，但综合分析盐城市场，因开发商成本方面的原因，盐城房价短期内向下调整的幅度也不会太大。

2）销售速度：一方面，当前盐城市房地产市场供需关系逆转，市场表现为供大于求；另一方面，对房地产市场价格调整的心理预期抑制了购房客户——尤其是“投资”客户的购买欲望，短期内投资客户对房地产市场的购买力降低（尤其是投资型物业），成交量显著下滑，各项目面临较大的市场销售压力。

3）市场竞争：从短期范围内看，受市场销售行情影响，与本案形成竞争关系的潜在中高档写字楼尚无推出计划，而目前市场在售办公性质物业客户群体与本案并不冲突，因此近期内，并无供应项目与本案形成竞争关系。

4）从办公分布区域分析：城南片区将规划打造成盐城未来的CBD，该区域已规划有数个高档写字楼项目，而本案位于该聚集区的中心位置。

5）从市场发展角度分析：短期内，多数开发公司从发展战略上的主要意图——“过冬”，减少开发支出，以应付当前的金融危机，因此本案将面对一片市场蓝海。

13.3.2　项目设计内容与规模策划

项目的规模、性质、目标客户的定位策划是解决建筑设计中的物业给谁建？建多大？建哪种类型的问题，是项目概念规划中必须最先解决的问题，也是后面一系列概念规划内容的依据。它们三者本身既相互联系，也互为依据，但其策划中所考虑的内容又有不同。对于性质和规模由于有总体规划的定位，在这里是验证、细化和修改的过程，目标客户则必须通过调查分析确定出来。明确目标客户，项目的规模和性质也就比较容易确定，相反如果规模和性质是确定因素，其目标客户定位也能轻易解决。如控制性详细规划中确定某用地为低层高档住宅区，其目标客户也就可以定位在收入较高的人群，然后可根据调查结果进一步细化。但通常控制性详细规划所给的是控制值，如控制高度、容积率等，因此策划师、设计师还须对规模、性质、目标客户进行策划。

1. 目标客户定位

这是解决物业“给谁建”的问题，也是“卖给谁”或“谁来买”的问题。以住宅小区为例，拟定目标客户群就是要对其生活轨迹、生活需求、年龄和家庭结构有一个概念性的分析，从而确定以下内容：配套设施的设置；户型比例；户型面积；房间面积分配；户型优势分析；住区环境艺术取向；停车及交通环境设想；单位楼价估算及销售进度估算。

结合市场调查，我们发现消费者买一种商品而不买另一种商品主要有两个方面原因：一是产品与产品之间的差异性；另一方面是市场的需求。产品的差异性是企业为了强调自己的产品与竞争者的产品有不同的特点而采用的一种策略。实行产品的差异化可以使用较少的花费，争取到较大的市场占有率。市场需求情况可以通过市场营销信息的调查分析、相关专家咨询、甲方营销策划资料等综合研究确定。

把握项目产品的差异性和掌握市场的需求状况是确定项目目标客户的根本所在。

2. 确定项目规模

在项目概念规划中，规模常常指项目的容积率、建筑密度、建筑高度等，这些在控制性详细规划中都有控制指标。但房地产项目首先是能卖出去，同时获得最大的经济效益。对于容积率问题，越来越多的经验事实告诉我们，容积率并非是越大越好。一个项目的容积率、建筑密度、建筑高度的确定涉及两个方面的因素，即项目的经济性和市场接受度的问题。一块用地的开发在什么规模时最经济的，这种情况下市场能否接受，如果两个条件满足，这种规模是可以认同的。如果只满足其简单的“账面”经济，市场接受度低，房子卖不出去，则无从谈其经济性。现在市场上仍然闲置着一些高密度的、连基本的居住环境都不满足的小区，这类小区市场的接受度极低，其规模也是不可取的。当然，一些项目虽得到很高的市场接受度，却不能满足开发商的经济利益，开发商是不会做的。

（1）规模与经济性问题。这主要是进行项目成本收益分析，也是使开发方案最优化的过程。通常包括六个方面：需求测算、底价测算、工程造价成本测算、管理及财务成本测算、售价测算、开发周期的风险测算。通过循环滚动的测算，及时对规模进行调整，可更好地达到开发决策所拟定的目标，实现综合效益最大化。

（2）经济性与项目“卖点”的关系。在分析规模与经济性时，我们要注意“卖点”与经济性的关系，事实上，项目真正的“卖点”隐藏在规划设计的每一个步骤、每一个细节里。“卖点”的创造可以带来售价的提高，但影响房屋价格的因素很多，有时改变其中一点因素获得的溢价并不能抵消所追加的投资，或者有限的资金不能改进相应的因素，达不到预期的要求，所以需要投资者进行判断，以确定追加投资的方向。

(3) 规模与市场接受度问题。在不同的城市、不用的目标客户群对不同的产品接受程度不尽相同，但一般情况下，人们易于接受环境好、日照通风好、间距大、容积率适宜、建筑密度相对小的项目楼盘。

3. 确定项目性质

在项目目标客户定位和规模确定的同时，项目的性质论证也在同时进行。

一个建设项目是“多层或高层”仅仅是最一般的项目性质论证，因为这种宽泛的性质论证不能说明住宅是公寓式的还是错层式的“空中别墅”，常常导致设计师性质不明确而返工。通常项目性质的确定多是由开发商、建筑师、投资分析师、营销策划师一起确定的，为的是使项目的性质得到各个专业特长人员有效的配合，达到最优。

【策划案例：山东潍坊“可林奇·桃花源”项目规划设计建议方案】

1. 项目用地分析

(1) 区位现状分析。

项目地块位于潍坊市坊子区，西接虞河东岸，东邻规划路，南北介于龙泉街与风华街之间。具体地块的四至情况如下：

东至：东面是雷沃花苑、龙居甲苑。往东数百米就是城市交通主干道——北海路景观大道。区政府等行政事业单位均分布在本项目东面1千米左右的半径范围内。

西至：本项目地块东面紧邻虞河绿化带，环境资源丰富。

南至：本地块南面是凤华街，盛世·虞河湾项目的安居工程小区与本地块刚好被风华街隔开。

北至：项目西北地块的北面邻龙泉街，雷沃企业与本地块隔龙泉街相望；东北地块的北面是凤中街，凤中街将本项目东北地块与雷沃花园（已入住）分开。经过雷沃花苑往南依次是龙泉街、恒信·领海国际在建项目。

(2) 地块价值分析。

本项目的地块形状呈不规则状。项目地块中心处最窄，长80米左右。从整个地块来考虑，此中心正对虞河最开阔处，面对优雅的观景吊桥、曲折别致的水上观景大平台水景资源、绿化资源、景观配套最为丰富，是本项目地块最优位置。

目前地块的外部主要交通路线有龙泉街、凤中街、泰和路、凤华街及环虞河绿化带的顺河路。龙泉街长约300米，凤中街到规划路约420米，凤华街长约500米、东西最宽处约720米，南北长度约350米。顺河路的虞河绿化带长达640米左右。

从地块形状图可以看出，贯穿整个项目地块中心的凤中街，东、西距离约500米，刚好把整个地块分为西北地块（约80亩）、东南地块（约120亩）。其中，西北地块临虞河湿地生态公园带较长且三面临绿化带，价值高于景观资源相对逊色的东南地块。

(3) 用地条件分析。

1) 项目地貌条件。本项目地块地面基本平整，地势从东往西到虞河带存在略微高差，但相对较小。

2）项目周边配套条件。

① 项目周边生活配套稀缺。生活配套主要分布在地块东面，坊子区政府以及其他政府机关单位多分布在向东1千米左右的距离半径内。因此，本项目开发建设时，需要配套建设对应的生活配套。

② 市政基础配套设施齐全。道路交通四通八达。距北海路入口仅两百米，建设好的道路有泰和路、龙泉街、凤中街、凤华街等。水、电、暖等供应齐全完善。

3）项目周边景观条件。占地100多亩的虞河生态湿地公园，围绕着项目的整个西面，自然景观得天独厚。近年来，政府巨额投资，加大力度对虞河治理、湿地生态公园建设，景观环境更加优美、宜人，休闲娱乐设施也渐趋于完善。

综合项目地貌条件、周边配套条件、周边景观条件分析，本地块适合开发建设成为风景宜人、水景资源丰富、休闲健康的中高端生态居住社区。

（4）景观资源分析。

本项目地块的景观资源丰富多样。

1）自身环境资源：虞河岸自然景观绿化带、水景资源。

2）景观配套资源：亲水榭亭、水堤坝、正在修建的吊桥等。

2. 项目开发策略

（1）项目开发周期。

根据项目的价值分析，本项目可分三期开发，并在三年内开发完毕。一期首先开发位于项目东南部沿泰和路及凤华街的部分；二期开发项目中部沿虞河绿化带部分；三期重点开发项目东北部沿龙泉街和虞河绿化带部分。

（2）项目开发次序。

本项目总的开发次序建议先做配套后做主体。即在项目开发过程中，首先建设项目最核心的营销中心、园林景观以及商业配套，然后再按照项目周期要求进行住宅主体的开发建设。并且在每一期项目的开发过程中都坚持这样的原则：先做园林，后做主体。

3. 规划案例借鉴

（1）晋合水巷邻里花园。

1）项目基本情况见表13-3。

表13-3　晋合水巷邻里花园基本情况

占地面积	104687平方米	建筑面积	147803.24平方米
容积率	0.99	户数	519户
绿化率	50%	建筑密度	18%
物业类型	独栋、联排、多层、小高层	产品户型	别墅：精装独栋28套（带电梯，300～400平方米） 洋房：精装1014小高层，两梯二户（125～400平方米） 公寓：精装18层（50～180平方米）
建筑风格	新古典现代主义风格	项目地址	江苏省苏州市吴中区金鸡湖路1号
形象定位	国际亚洲·人文生态居住地		
客户群定位	工业园外资企业的CEO、高层、港澳台人士、海归派、新加坡人士等，其次是华东地区社会各界精英与江浙地区投资客等		

2）项目可借鉴之处。

① 新古典现代主义建筑风格容纳自然景观，蜿蜒中央水系贯穿小区，亲水效果明显。

② 依河三层规划，阶梯式、环抱式布局让景观视觉最大化，层次错落。

③ 由东向西、由低至高的空间建筑布局，结合对社区整体的抬高，可以获得开阔的观景视野，同时保障内部良好私密性。

④ 项目建筑设计以单体双塔式坡屋面造型为主，稳重精致的坡屋面和下方挑板承托。

⑤ 外立面运用高级石材及特质面砖丰富立面层次和品位，注重材料的质感与色彩比例的巧妙运用。

⑥ 通过特质造型墙将南北立面统一于同一建筑元素中。整个建筑的立面风格韵律中有对比，简洁中富有个性。

（2）城开汤城公馆。

1）项目基本情况见表13-4。

表13-4　城开汤城公馆基本情况

占地面积	145142平方米	建筑面积	150000平方米
容积率	0.80	户数	750户
绿化率	50%	建筑密度	20%
物业类型	独栋、联排、多层、小高层	产品户型	公寓40～89平方米；别墅150～330平方米
建筑风格	民国建筑风格	项目地址	江宁汤山街道温泉路6号（温泉路以南·汤铜路以北）
形象定位	具有特色的现代中式住宅		
客户群定位	极具学知的高收入者，家教氛围浓郁。有较深的中国文化情结，但同时比较喜欢现代的生活方式。注重人情沟通，向往山水田园、较亲人文、对生活理解能力强，有个人的观点与主见		

2）项目可借鉴之处。

① 建筑风格带有民国时期的高贵气质和大家风范，融入了现代建筑的流行风格，使建筑有传统韵味，又带有浓郁的现代气息。改写黑白灰的中国传统风格。

② 前庭后院中天井，高密度兼容错落围合形成街道、院落、溪流，层面以丁字街为骨架，平面基本为方形，外观多以水平形高墙封闭，少门窗，无太多装饰，重自家内院的视觉效果。

③ 汤山之温泉，入户到家。以温泉为动脉，连贯整个社区。亲水效果好。

④ 组团围合式建筑布局，形成内部小庭院。各组团外围组合，构成大组团建筑布局。小庭院与大庭院相辅相成，承续了传统“家”的精华。

（3）中建·瀛园。

1）项目基本情况见表13-5。

表13-5　中建·瀛园基本情况

占地面积	13.82万平方米	建筑面积	22.8万平方米
容积率	1.5	户数	1314户
绿化率	45%	建筑密度	25%
物业类型	花园洋房、独栋别墅、双拼别墅	产品户型	独栋别墅470～500平方米 联排别墅400～410平方米 花园洋房150～220平方米
建筑风格	现代简洁中式建筑风格	项目地址	济南市长清区大学城紫薇路西园博园南邻
形象定位	济南首个纯中式高端山水生活之“园”		
客户群定位	以本地高端客户群为主，重点客户为大学城教职工，本地企业高管，政府事业单位负责人及开发区高级技术人才。以改善居住生活条件为置业目的		

2）项目可借鉴之处。

① 前、中、后、空中庭院和沉式庭院，一宅五院的多位立体的变化空间。

② 重视内院空间的设计，庭院、大面积的阳台、入户花园和露台，既丰富了建筑空间，又达到了引自然入室的目的。

③ 对原生地貌做了完好保留，充分体现尊重自然的本质，所有的建筑布局均依照原有坡地地形而建，重现中式建筑与自然元素的贴合关系。

④ 以现代简洁中式建筑风格为主要设计元素，在规划设计中引入传统特色的套花窗棂、屋檐、筒瓦、灰砖墙面、灰砖院落、实木宅门、抱鼓石等中式元素，构成丰富立面的进退关系，承袭古典韵律，展现现代艺术。

4. 项目布局

（1）项目总体空间规划。

项目空间结构：一心两轴三片区。

以桃花街与桃源路交汇处为中心，桃花街（商业街）和桃源路（景观路）为两轴，分桃花片区、桃林片区和寿桃片区三大片区。

一心——以桃花街与桃源路交汇处为中心，形成本项目的人流中心、商业中心、活动中心、博览中心、景观中心。

两轴——桃花街（商业街）和桃源路（景观路）为两轴。

桃花街作为本项目的商业街，把桃花街打造成一个以“桃文化”为主题的文化商业街。

桃源路作为本项目的景观路，与虞河景观带相辅相成，把虞河景观一直延伸到社区，形成具有标志性、唯一性的景观带。

三片区——根据本项目的地形、环境、价值等因素，把本项目的整个地块划分为三个片区：桃花片区、桃林片区、寿桃片区。每个区域所包含的物业种类不同，尽量满足市场的需求，以规划来提升项目的档次，以规划来增加消费者的购买信心，以规划将生态环保理念融入项目中，提升项目的物业价值。

（2）项目整体布局。项目整个规划的总平面，强调合理的功能分区，便捷的交通组织，优秀的景观空间处理。规划用地北边的龙泉街设计了门面商业，并在商业街的右端断开，形成小区的主入口，以满足住户的出入要求。北面的桃花街中部和南面的凤中街中部分别设置了小区次入口，以满足不同片区住户的出入。

居住整体上的建筑布局和龙泉街形成平行关系，局部错落有致，讲究景观的空间效果。住宅设计是自东向西依次排布小高层、联排别墅、叠拼别墅和独栋别墅。整个小区的建筑布局采用朴素的坐北朝南平行布置方式，具有显著的节约用地、保证住户日照通风均好的优点。

户外景观设计的规划布局讲究园林化景观的塑造，打造步移景异的景观效果，并追求现代中式自然园林化的空间意境。在满足交通等功能需求的同时，精良空出绿地作为景观。为了塑造“世外桃源”的景象，本项目的三个片区分别做了小岛，小岛被小溪围绕，岛上种满以桃树为主的植被，桃花岛的意境就显现出来，并让小区安静、深邃、更加私密。

5. 项目功能分区

（1）项目主要经济技术指标。项目规划公建用地面积约 19421 平方米，住宅约 142419 平方米（具体经济技术指标见表 13-6）。由此可见，项目的住宅建筑面积所占的比例较大，而且相对高端，因此项目的规划设计中应充分考虑项目物业种类、物业档次、物业面积及物业价格，要符合当地市场的需求。

表 13-6 项目主要技术经济指标

序号	项 目	指 标	序号	项 目	指 标
1	总占地面积	134867 平方米	4	建筑密度	30%
2	总建筑面积	161840 平方米	5	总配套面积	约 19421 平方米
3	容积率	1.2	6	住宅面积	约 142419 平方米

（2）桃花片区规划。桃花片区占地面积约 42904 平方米，总建筑面积约 64356 平方米。该片区由 12 栋小高层以及一栋约 1500 平方米的幼儿园组成。其中小高层为 12 层，面积为 85～120 平方米不等。桃花片区的西北角和西南角分别设置了一个小区次入口，以满足人们日常生活的出入需求并方便消防车的进出。

片区中央设置一座景观小岛，小岛由小溪围绕，突出桃花岛的效果和意境。西面一所小区内部设置幼儿园，方便业主的小孩就学。片区道路环绕住宅区，具备良好的可达性，方便居民出行。围绕园路的视线和景观通过精心处理，使得每户住户在家都能享受到居住区的中央景观，以及社区外围的虞河景观。同时道路的布置也解决了疏散要求，打造了良好的现代中式景观形象。

（3）桃林片区规划。桃林片区占地面积约 42904 平方米，总建筑面积约 34323 平方米。该片区以联排别墅为主，叠拼别墅、独栋为辅。所有建筑坐北朝南。联排别墅共 16 栋，分布在此片区的南面。叠拼别墅 5 栋，分布在此片区的北面。独栋别墅 4 栋，分布在此片区的西面，并且西面邻近虞河景观带。桃林片区中心有一座景观山坡。东北角和西北角各有一个小区次入口，方便桃林片区和桃花片区的住户进出。西北处有一条商业街，作为小区的商业配套。

（4）寿桃片区规划。寿桃片区占地面积约 49059 平方米，总建筑面积约 43740 平方米。该片区的东北口是小区的主入口，方便整个小区的居民出入。建筑以叠拼双拼别墅为主，联排别墅、独栋别墅、小高层为辅。20 栋叠拼别墅在寿桃片区的中间带，由西往东分布。五栋联排别墅分布在寿桃片区的南面。3 栋独栋别墅沿西面虞河景观带分布。7 栋小高层分布在该片区的北面，沿龙泉街依次排列，小高层的一、二层为商铺，规划成对外开放的商业中心。为了不使该片区的环境受到影响，小高层和别墅完全分开隔离。

6. 规划产品定位

（1）桃花片区。

1）产品类型。根据市场分析建议，桃花片区产品类型为 12 层小高层。

2）面积配比。从市场角度出发，依据主力户型及所需实现的功能，建议小高层的主力面积为 100 平方米左右。其详细套型配比见表 13-7。

表 13-7 桃花片区面积配比表

物业类型	层数	总面积/平方米	户型面积/平方米	户型	数量配比	占比面积/平方米
小高层	12 层	64356	85～95	两居室	15%	6436
			95～110	三居室	65%	41831
			110～120	四居室	25%	16089

（2）桃林片区。

1）产品类型。根据市场分析建议，桃林片区产品类型以联排为主，叠拼、双拼、独栋为辅。

2）面积配比。从市场的角度出发，依据主力户型及所需实现的功能，建议联排别墅的主力面积为200平方米左右。其详细套型配比见表13-8。

表13-8 桃林片区面积配比

物业类型	层数	总面积/平方米	户型面积/平方米	户型	数量配比	占比面积/平方米
联排别墅	3层	34323	170~220	四居室	69%	23683
			225~280	五居室		
叠拼别墅	5层		170~220	四居室	27%	9267
			220~280	五居室		
独栋别墅	3层		300~400	六居室	4%	1373

（3）寿桃片区。

1）产品类型。根据市场分析建议，寿桃片区产品类型以叠拼别墅为主，联排别墅、独栋别墅、小高层为辅。

2）面积配比。从市场的角度出发，依据主力户型及所需实现的功能，建议详细套型配比见表13-9。

表13-9 寿桃片区面积配比

物业类型	层数	总面积/平方米	户型面积/平方米	户型	数量配比	占比面积/平方米
联排别墅	3层	43740	170~220	四居室	14%	6124
			225~300	五居室		
叠拼别墅	5层		220~300	五居室	57%	24932
			300~400	六居室		
独栋别墅	3层		300~400	六居室	9%	3936
			400~550	六居室		
小高层	12层		85~95	两居室	20%	8748
			95~110	三居室		
			110~120	四居室		

（4）桃花街区。

1）产品类型。根据市场分析建议，桃花街区产品类型以商铺和会所为主。

2）面积配比。从市场的角度出发，商铺及会所需实现的功能，建议详细面积配比如下：

表13-10 桃花街区面积配比

物业类型	层数	占地面积（平方米）	建筑面积（平方米）	占总面积比例
商铺	2层	2547	5093	3%

7. 各项规划建议

(1) 环境景观建议。

1) 风格建议。园林景观以现代中式风格为主，以“桃文化”为园林主题，建议围绕桃花街区、公共绿地打造景观核心区，与虞河景观带形成互动，体现世外桃源的特色。

景观整体设计可采用主题鲜明，风格清晰、风情引入打造强势中式现代园林——“桃文化”主题风格。

多组团园林：各组团之间采用不同的小主题，主题要与产品在项目中的级次相匹配。加强品质感，注重细节处理，以细节体现品质。

2) 风格说明。

水系的运用：本身具备观赏性的同时，强调人的参与性及自然结合。

植被的搭配：草坪、野花丛、桃林、古树。

色彩的穿插：丰富的色彩来源与多样化布置。

人文自然元素：主题下特有的图腾，纹饰；原生态材质使用，特色风情的园林小品。

(2) 建筑风格建议。整体建筑设计采用现代中式风格。可以使用形态简洁、具有冲击力的建筑外形，采用暖色调、几何感、挺拔感来适应潍坊市场。建筑细节体现中式风格元素，以国际上著名的现代中国风主题为基调。

建筑设计还需要注意建筑主题一定要通过建筑形象明确传达，给消费者以直观的感受。建筑设计开阔、开放，整体感强、通透性好，体现出“桃文化”的中国特色。建筑外部以色彩对比强烈、清爽的明亮色系，来弥补北方冬天色彩单一的缺陷。建筑风格通过外观色彩和线条传达。

(3) 配套设施建议。配套设施应符合高档社区总体定位，通过“桃文化”艺术气息的配套设施，积聚人气并提高影响力，以商业和生活配套创造价值和制造亮点。

(4) 交通动线建议。

1) 设计原则。

① 人车分流：人行和车行道路完全分离。车辆通过小区的地下车库出入口进出行驶，地上行人，使小区有个安静舒适的环境。

② 人行道路避免过多弯路。

2) 人行道路铺设。

① 道路功能便利通达性好，避免过于复杂，注重与景观的结合。

② 别墅步行道宜曲不宜直，突出蜿蜒形态，加强铺装的精致度。

③ 要体现人工雕琢的价值感，配合高档社区形象。

8. 规划方案比选

房地产项目在进行投资决策时经常会碰到最优方案的比选问题，以什么标准作为依据、采用什么方法进行比较都将对项目的投资收益水平产生重要影响。以下就综合建设方案、纯洋房方案和纯别墅方案三个不同物业类型的项目规划方案做出经济分析，来确定本项目的优选方案（表 13-11）。

(1) 根据目前潍坊房地产市场的情况来看，刚需市场仍然是 2013 年的主导力量，市场对中小面积的户型需求量大，如本项目采用纯高层洋房的规划方案，能够适应市场所需，可以迅速回笼资金。从经济指标上分析，如住宅建筑面积为 28 万平方米，则市场投资收入约

表 13-11　项目规划方案比选分析

项　　目		综合建设方案	纯洋房方案	纯别墅方案
总占地面积		134867 平方米	134867 平方米	134867 平方米
总建筑面积		161840 平方米	296707.4 平方米	94406.9 平方米
容积率		1.2	2.2	0.7
建筑密度		30%	38%	20%
土地费用/万元		16184	16184	16184
开发成本	前期费用/万元	1450.31	2057.22	1146.87
	建安工程费/万元	21039.20	38571.96	12272.90
	基础设施费/万元	7285.84	9106.55	6375.49
	政府税费/万元	72.42	124.62	39.65
	小计/万元	29847.77	49860.35	19834.91
开发费用	管理费用/万元	895.43	1495.81	595.05
	销售费用/万元	2518.06	3266.43	1859.65
	财务费用/万元	5860.78	7706.95	4937.10
	小计/万元	9274.27	12211.32	7391.8
不可预见费/万元		1492.39	2493.02	991.75
销售税金/万元		4508.15	5806.38	3329.37
总投资预算/万元		61306.58	86555.07	47731.83
销售收入	别墅/万元	51986.25	—	59988.72
	洋房/万元	29241.6	105368.83	—
	小计/万元	81227.85	105368.83	59988.72
净利润/万元		19921.27	18813.76	12256.89
投资收益率		32%	22%	26%

注：1. 综合方案：洋房均价 4000 元/平方米（总 73104 平方米），别墅均价 7500 元/平方米（总 69315 平方米）。
2. 纯洋房方案：洋房均价 3800 元/平方米（总 277286.4 平方米）。
3. 纯别墅方案：别墅均价 8000 元/平方米（总 74985.9 平方米）。

1.88 亿元，投资回报率达 22%。而本项目处于政府重点打造的虞河生态走廊的绿色地带，环境优雅，并处于坊子新区与奎文区交界处，地段优势明显。纯洋房社区的方案未能达到理想的社区品质，不能更好地发挥优势。所以，纯洋房规划方案仅作参考。

（2）近年潍坊社会经济迅速发展，经济排名稳居山东第四名，2012 年人均 GDP 也高达 43681 元。随着经济的发展，人们对生活的品质不断提高，近年房地产高端市场的需求量逐渐增大。本项目如采用纯花园别墅的规划方案，由于市场的稀缺，市场的认知度高，有利于树立良好的形象，打造企业品牌。从经济指标上分析，如住宅建筑面积为 7.5 万平方米，则市场投资收入 1.2 亿元，投资回报率达 26%。但目前潍坊市场的高端住宅项目的年消化率不是太好，高端住宅市场还处于萌芽阶段，具有较多的不确定因素，存在一定的投资风险。所以，纯别墅规划方案仅作参考。

（3）本项目如采取综合形式的方案，建设有小高层、多层和低层为一体的综合型社区，则既可以适应市场的需求，又使项目地段优势得以体现，降低纯别墅的投资风险。从经济指标上分析，如建筑面积为 14 万平方米，则市场投资收益近 2 亿，投资回报率达 32%。因此，综合建设方案的是三个方案中最优的，应为本项目建设重点考虑的方案。

13.4 项目设计的环境策划

开发项目的环境策划是指通过调查、掌握有关各项立法、法规和城市规划中的限制条件，进行分析处理，了解项目的道路交通、地段开口、建筑限高、允许的容积率、城市各项基础设施，并确定开发项目的建筑高度、建筑容积率、建筑密度、绿地率等；同时，考虑项目所处的社会环境、经济环境、文化构成及生活方式等人文环境，以便确立和把握项目开发设计的指导思想，使之符合城市设计的要求，重视创造城市特色，保持和延续城市的人文环境。

13.4.1 自然环境策划

房地产开发项目在项目的内容和规模大致确定以后，遇到的问题就是研究开发地段的环境，如地块周边的地理环境和项目自身的地理环境，项目所在地的基础设施状况等等。在用地布局上要与城市总体规划相符，服从总体布局。

1. 掌握城市规划部门的限制条件

在环境策划过程中，了解并掌握城市土地使用控制指标不仅可以起到使项目开发符合城市总体规划要求的作用，而且还在一定程度上为开发提供正确的指导意见。

在环境策划中，按照城市土地使用控制指标，结合项目的实际情况，合理确定项目所在土地的开发容量是至关重要的。城市土地使用控制指标包括：容积率、建筑密度、建筑限高、后退红线、规划路、停车场面积、绿地率、公建配套面积等。这些控制指标是由有关专家通过调查研究分析而制定、再由规划部门颁布实施的，具有较强的合理性和科学性。

有关专家确定这些土地使用指标的合理依据是环境和基础设施的承受能力以及土地市场的供求关系。但这些因素并非静止不变的，而是随着科学技术、市场投资和社会发展而不断变化。一个城市规划部门实施的控制指标不一定对该城市的任何地区的开发都起到最合理最科学的引导，所以，这就需要策划师、设计师将控制指标与地段内的实际情况综合考虑，制定适合本项目的指标并反馈到规划部门。这样不仅有利于城市整体规划工作的完善化、合理化、系统化，而且还为自身项目开发获得更大更远的利益提供了科学的保证。

2. 结合自然进行合理布局

当前，建筑设计的理念发生了巨大的变化，以环境为中心的综合设计思想占了主导地位，它要求策划师、建筑师、设计师在设计过程中以环境为出发点和回归点，有效地利用自然，全面衡量得失利弊。于是，建筑“经济性”概念将被更新，取而代之以舒适、实用的综合效益的评定，“舒适”一词含义包括获取自然的程度；“实用”一词包括与自然的关系是否合理。

其实，与自然结合并不仅是单个建筑或单个开发项目的要求，而是整个城市发展的要求。因此，在房地产项目开发中对项目所处地段的自然环境应进行认真细致的调查和科学的分析，提出对开发基地自然环境保留和创造的方法，结合都市整体空间环境初步提出建设项目的布局，以便对以后的设计做到与自然结合起到约定和启发的作用。具体分析的内容有：

1）对开发基地的生态环境进行分析。建筑是环境中的人造物，应与环境、自然共同成为完善的生态系统。分析时要考虑这几个方面：服从自然优先原则；考虑自然因素的作用对基地环境与建筑之间的影响；适应环境，并仿效创造出与之协调的人工环境。

2）对基地景观的分析。对基地自然景观的分析，有利于策划决定选择最佳的建筑布局、造型、朝向等，主要考虑以下几个方面：基础环境的最佳景色和不良景色；基地外对基地内建筑可能有不良影响的景观因素，并考虑其方位、距离和对未来基地内建筑的影响；基地内应保留或清除的自然景观如树木等；对基地的具体使用有影响的其他自然因素。

3）自然环境的保留和创造。巧妙利用自然环境的条件，策划合理的布局，既可以使开发项目有“自然而又独特”的风格，使建筑与自然水乳交融，同时也避免了为强行改造自然条件而付出的不必要的人力物力浪费。策划项目可采取布局方式有：

① 分散布局。当基地足够大，要求的建筑密度较小时，可策划采取分散布局。由于有大量的开敞空间，有利于容纳更多的自然成分，将空间中的自然因素尽情展现在人们眼前，创造出愉悦的视觉环境和自然环境。

② 围合布局。在城区的开发项目，由于周围是较多的城市建筑，自然因素较少，选择围合布局不失为一个较好的办法。它可使开发项目自成一个充满生机的小的自然环境，使其中的一木一石被赋予特殊的意义，在这围合的空间中，人与自然，建筑与自然得到理想的结合。

③ 点式布局。由于城区中基础面积紧张，较高的容积率决定了建筑占有大部分基地，无法形成分散或围合布局，可采用点式布局。为加大其与自然的接触，可采用底层架空、屋顶花园、岛式建筑等形式，以提供更多的自然环境和人们交往空间。

【策划案例：岭南粤园——“森林中的家园”】

“岭南粤园”是逸泉山庄的六期项目，距离广州市中心约60公里，东南依105国道，有广从高速、京珠高速连接广州。逸泉山庄项目占地3500亩，北部为风云岭生态自然保护区。为了营造出“森林里的家园”，打造绿、静、美的自然环境，开发商结合流溪河的美丽景色和原地段的地形地貌，开挖大型人工湖。湖光山色，尽显眼前；一幢幢别墅，高低错落。掩映在浓绿的绿树丛中。区区有景，户户有景，充分体现一种“自由、安逸、闲适、天人合一”的生活境界。

从规划、设计到建筑，无一不体现“回归自然”的原则。整个项目突出“绿”，绿网、绿心、生态绿廊等的点、线、面的结合，完全营造“森林中的家园”氛围。项目绿化率45%，建筑密度17.7%，噪声指数仅为38.9分贝，负离子指数高达2000/立方米，这一系列技术经济指标，完全可媲美森林。其中岭南粤园容积率只有0.45，全部沿荔枝溪两岸而建，大部分别墅都可望岭南园林景观。在规划设计上，该期产品充分利用北高南低的地势，配合广州的气候特诊，营造出“合院生风”的良好通风性能。另外，采取了9个围合式组团设计，每个组团均有一个岭南特色主题中心园林，如花好月圆、岭南仁家、卧虹涛春、探幽秋庐、墨韵琴音、香荔茗茶、雨打芭蕉、翠湖诗意、曲乐升平。而别墅则围绕着中心园林而建，使每栋别墅既可观赏到私家花园的景观又可欣赏到中心园林的美景，真正做到开窗见景。

具有鲜明特色的房地产项目是建筑、景观与案名的统一。岭南粤园就是在充分考虑了当地景观特色后打造的一个成功产品。

13.4.2 人文环境策划

建筑作为城市环境中的一部分，其外在要求与内在要求同等重要。在项目开发时，不仅要注意项目本身功能内容方面的要求，更重要的是要注意来自项目所处环境之外的因素的要求，即除了自然环境因素外，还有人文环境因素。

人文环境是指人们的创建活动产生的物质环境及其体现的人们精神生活的特色。文化始终存在，并世代相传。它充分体现在我们城市布局，建筑形式、文物古迹以及人们的社会生活习俗上。在房地产开发项目策划中，只有使建筑满足内在和外在要求，才能使楼盘真正融入到城市网络中，对创造城市特色，保存和延续历史文脉起到积极的作用。

1. 充分展示城市的生成和发展历史

城市的发展是一个长期的历史积淀过程。现代城市在展示其历史发展的各种痕迹的过程中，其自身的特色可以给人留下深刻的记忆。因此，在房地产概念规划中对于在城市环境中占有重要地位的建筑应予保留或加以利用，这样可保持和丰富城市肌理，帮助人们留下对城市历史的宝贵记忆。这种开发取得良好效果的例子很多。曼哈顿下城琥白尔街上保留了11幢古建筑，基本上保持了历史特征。处在摩天楼群的都市中，这条小街仿佛是一块宁静的孤岛，给曾经到此观光的游客以无限的遐想。

2. 创造延伸城市特有的文脉环境

人文环境是房地产开发设计过程中必须面对的客观存在，是建筑创造的信息源。在开发设计中，人文因素往往复杂难辨并具有特殊性，因而在概念规划中要具体情况具体分析；在设计中，常常需要既保持传统特征，又体现现代风貌，传统与现代交织在一起。通过现代手段表现传统特征，统一和协调传统与现代的矛盾，正是房地产概念规划的基本任务之一。在实践中，人们摸索出大量的方法和理论，但归纳起来，不外乎“模仿”和“抽象”。模仿是“形似”，抽象是“神似”。

模仿。将传统要素的一些形式直接运用到项目设计策划中。这种方法已是普遍采用。如北京的现代化的大楼上曾大量出现的传统亭式小屋顶，还有四合院布局的模仿，如风靡一时的“清华坊”楼盘，在现代的环境中创造出传统的气氛。采用模仿时必须注意合理选择模仿对象和手法，不可轻率从事，否则将导致新的千篇一律。

抽象。具体的特征被抽象为普遍的特征，而将这种普遍的特征通过设计表现出来就是设计中的抽象。这一过程实际上是对传统特征的“二次编码”，第一次编码，即“城市传统分析”，指对传统内容的抽象，抽象出一些本质的特征；而第二次编码主要是表现形式上的抽象。抽象在表现形式上分为物质抽象和概念抽象。抽象也是一种积极的继承传统的方法，但必须注意抽象与大众解读水平程度要相当，否则难以被公众接受。

“模仿”和“抽象”都是历史文化传统在设计策划中的继承方法，如何善用，还需要视具体开发项目以及开发项目所处地段的自然环境与人文环境而定。因为，城市环境具有空间的增值性，环境的开发建设是一个逐步发展和完善的过程，人在后期的改造活动会使之更美好。

【策划思考：高档小区配套标准有什么?】

发达城市高档小区的配套要求较高，尤其是在环境、运动设施、商业配套、教育配套、物业管理、园林绿化等方面的要求尤其严格，那一般有哪些标准？

（1）必须有主题公园或景区公园，及城市中心公园或生态公园。有了主题公园，在空气环境及运动休闲方面都有很大的优势。在世界发达城市乃至中国发达城市，拥有城市主题公园的住宅，其价格都较高，升值空间也高。在现代城市建设中，主题公园充当了城市“心肺”的功能，可以及时地更新及洗涤城市中污浊的空气，具有清洗城市的强大功能。

从事环境研究的专家认为：从空气质量角度来说，生态学家研究发现，房屋的8~11层是环境学上的扬灰层。高层建筑周围气流灰“峡谷效应”最容易影响处于城市建筑群中间、周边有公交干道或工厂的住宅。在“峡谷效应”的作用下，含有灰尘的气流不是平稳移动，而是在高楼之间的某个区间上下“徘徊”。这个“高度”，大概在30米。如是位于城市中央的主题公园、旅游景区公园、滨江公园、海滨公园周边的房屋，就不存在环境学上的扬灰层现象，因河流及海洋可以净化空气，所以，关于“环境学上的扬灰层现象”，要自己根据楼盘的周边环境而定，购房者必须认真的分析并加以识别。

（2）要有江景、海景资源。俗话说“无江不豪宅”，江景房、海景房视野开阔，环境优美、日照强，空气清新，是公认的稀缺资源。居住于城心江畔，倡导的是一种修身养性、引领世界潮流的健康的生活方式，悠然自得，休闲自在。每天下班或者周末，坐在自家阳台上，品一壶好茶，极目远眺，遥看云展云舒，令人心旷神怡！每日清晨，或步行或小跑，随己所欲；夕阳西下，身影随树影、水影交相辉映，波光粼粼，别有一番风味；每天傍晚，手挽爱人，窃窃私语，或江边河畔草坪小坐，或江边幽径散步，悠然自得。这种是最前沿的都市生活方式，领踞时代潮流，健康、时尚、环保。

（3）要有完善的教育配套。如果住宅周边有幼儿园、小学、中学、高中等教育配套，无疑是提供了很多便捷条件，既安全又便利，小孩不用大人接送即可自己步行至学校，尤其是目前很多大城市承载的人口越来越多，交通压力越来越大，如学校离家太远，每天接送小孩上下学是一件非常苦恼但又不得不做的事情。所以，很多家长买房时第一时间就会咨询售楼中心，小区内是否有幼儿园、周边的教育配套如何，可见教育配套对小区的重要性。

再者，楼盘周边的教育配套完善，可以形成浓厚的文化氛围，达到自然、环境、人文的和谐统一。古有“孟母三迁”的故事就充分证明了这一点。让自己的孩子拥有良好的教育，在浓厚的文化氛围的环境中健康成长，赢在起跑线上，是每个家长的愿望与期盼！

（4）要有城市综合体。城市综合体承载了城市的发展及未来，当城市的经济发展到一定的阶段，人们对购物、娱乐、办公、居住、各类消费场所的设施及环境有了更高的要求，由此，都市综合体应运而生。都市综合体的出现是城市形态发展到一定程度的必然产物，从城市与区域的价值来讲，都市综合体不仅是现代大都市的标志，更是催生繁荣与文明、激发城市活力的发动机。城市综合体可以解决居民日常的购物需求及一站式商业服务，如果世界很多发达城市及中国北京、上海、广州等大城市，因为房价高涨，已开始把家庭的很多功能不断转化到城市综合体上，比如接待亲朋好友，都到酒店、咖啡馆、连锁快餐店等，这样家居中的客厅、餐厅面积开始缩小，甚至取消客厅、餐厅的服务功能。这样，购买的房子面积大大缩小，承受的经济压力就小了很多。在上海，周边有城市综合体的住宅，比没有城市综合体的住宅，价格高几倍。

（5）周边有星级酒店及写字楼。酒店赋予城市很多的功能，会客、就餐、住宿、休闲、娱乐等。在发达国家大城市及中国北京、广州、上海等城市，因住宅价格太高，住宅的功能近几年不断的分化，如客房的功能已弱化，很多住宅已没有设计客房，使用功能已转化到酒店。购房者在购买住宅时，已开始根据自己的家庭人数进行提前计划，如只有一个小孩的，已不再购买四房的大户型，有两房、三房已足够，经济承受能力小了很多。如有亲朋好友串门，就带亲朋好友到酒店住宿，因为是间歇及短期行为，在经济上比较划算。如果为了满足客人的需求而特意买一个大户型的带有客房的住宅，势必常年大部分时间空闲，这很不划算。还有写字楼，很多自己有公司的业主，就更为方便，因为办公地点离家近，每天上下班可以节省很多时间。在城市的发展过程中，在规划上已重点考虑住宅与写字楼的配置，即居住区与办公区的合理布局，这样可以减少因上下班产生交通拥堵的问题。

(6) 游泳池。小区的硬件配套，是运动健康生活的必备条件，很多高档小区都有此设施。游泳健身近年来不断得到普及，已公认为较好的体育运动，小区内配置有室内恒温游泳池及室外游泳池，档次必然提高很多。

(7) 高级会所。在发达城市，高级会所是豪宅的必备设施。当人们的生活水平日益提高，运动休闲、健身保健的意识越来越强，而高级会所的恒温游泳池、瑜伽馆、美容、美发、瘦身、美体、有氧运动、健身保健、按摩、足疗、桑拿等设施，即可满足这些需求。

(8) 公共运动设施。公共运动设施是社区居民运动的主要场所，也是业主们举行大型演艺活动、健身体操、广场舞、日常休闲的最佳场所。也是联系业主友好关系的纽带，可以提供和谐的小区氛围，拉近业主的邻里关系。小区内的篮球场、网球场，也给小孩提供了一个周末的运动场所及空间，为孩子进行体育锻炼提供良好场所，为孩子的健康保驾护航。

(9) 综合医院。人都有生老病死，是人都会得病，如果小区周边有一个医疗设施及技术领先的医院，业主住起来无疑会更放心、安心。在一些发达城市，医疗设施的配置越来越高，有的还发展有顶级健康体检中心，提前体检预测各种疾病，把很多不该发生的疾病控制在萌芽状态。

(10) 高端的物业管理。在发达城市，把贴心的物业管理一直放在首位，以前单一的负责安全，现已不断的细化，已渗透到家庭的所有服务中来，如家政服务（包括洗衣、收发邮件、保姆、月嫂、就业咨询、心理咨询、法律咨询、房租代理、保险代理、水电费、燃气费代收代缴）等。在发达城市，新加坡做得最好。而在中国，家政服务一直还很弱。比如，要找一个专业称职的月嫂，如大海捞针，我相信大家都有同感。

(11) 小区内绿化率。在发达城市小区绿化数新加坡做得最好，在被誉为“花园城市”的新加坡，很少有人对小区内部的环境表示不满，这主要得益于小区严格完善的规章制度。根据新加坡建屋发展局有关共管式住宅、公寓房屋建筑与相关设施比例的规定，发展商必须将不少于40%的土地用作花园、风景区以及其他娱乐健身设施，从而保证小区居民拥有一个结构合理、温馨舒适的居住环境。

在新加坡“东陵丽晶园”居住的每一户都有一本《居住守则》，涉及日常生活、娱乐健身设施的使用、停车管理以及公共设施维修等多个方面，详细规定了住户在小区内可以进行的活动以及被严格禁止的行为。一旦有人违反了规定，保安人员会及时予以制止，物业管理处也会向各家各户发出书面通知进行提醒。如果违规者无视警告，没有在限定的时间内纠正错误或者给他人造成了损失，那么他除了要赔偿，还有可能“吃官司”。

(12) 完善的市政配套。政府机关、体育中心、博物馆、图书馆等市政配套，可以为居民提供很多便利，节省居民到行政单位办事的很多时间。同时可以充分参与政府或者社会团体举办的各种大型活动，充分享受纯熟市政配套带来的优越生活。

（13）顺畅的交通。城市交通运输量在全国交通中占了很大比重。城市负担着大量的客货运输、换乘、换装、中转、集散任务，突出表现为出入口交通和过境车辆的增加，严重地冲击着城市内部交通运输。实践告诉我们，城市交通特别是大城市交通，必须要能适应经济社会的大发展，当前，世界现代城市交通正进入以信息化为目标的新时期，一个包括道路建设、客货运体系和交通控制管理组成的快速、便捷、舒适、高效的城市交通系统，是衡量当前城市现代化水平的重要标志。提高现代化水平，既是城市交通发展的客观趋势，也是现代化建设的必经之路。所以，小区交通问题和城市交通问题息息相关，便利的交通对小区非常重要，关系业主的日常生活及方方面面。

13.5 项目设计的功能和空间策划

随着房地产业的发展及人们需求的多样化，增强了对开发项目与城市环境相互协调发展的要求，与此同时，对建筑自身的品质也提到了更高的层次。因为房地产产品是一种特殊的商品，它的功能与空间设计不仅要满足客户要求，还要考虑对城市发展的影响。为了使开发项目既经济又适用、市场效果好、社会效益明显，必须做好对项目本身在建筑的功能和空间上的精心打造，创造出适合市场的精品来。

13.5.1 建筑功能策划

在房地产开发中，每一个开发项目不仅要满足自身的需要，更重要是要满足该地区城市及居民错综复杂的功能使用需要。功能策划是指对建筑的功能要求及使用者使用方式的调查和研究，确定自身的功能内容和布局以及建筑与城市的功能关系，在满足自身要求的同时，照顾整个城市的功能分配，最大能力地利用项目土地。

1. 土地的综合利用要求功能综合化

随着城市经济的发展，城市人口膨胀，市区面积日益扩大，功能的综合开发适应了当前的社会及市场的需要，是经济发展与城市用地紧张的必然产物。

功能综合开发可以形成城市部分中心，把不同性质、用途的社会生活功能空间组织在一起，部分的满足城市的发展弹性和生长的需要，使城市相对紧凑。功能综合开发对调整城市空间结构，减少交通负荷、提高工作效率，改善工作和生活空间具有积极作用。

在房地产开发活动中，要使开发项目体现功能的综合化，在形体组合上的策划主要形式有两种类型：一种是单体式，即一栋建筑；另一种是组群式，即多栋建筑。至于策划何种类型，要根据各种信息和条件诸如基地位置，基地面积大小，投资多少，包含功能多少来综合考虑。在多功能和相互关系来策划有两种：一种是互补型，如住宅与公建，住宅中的居民为公建提供工作人员和顾客，公建为住宅居民提供多种服务和就业机会。另一种是互益型，如不同的商业、金融、办公的综合，可以彼此增加许多潜在的客户。这种是商业性质的综合体，在综合经济效益上较为明显，易被开发商接受作为开发内容，如北京的新东安设计目标就是形成多功能的商业写字楼，以写字楼为主，兼购物、餐饮、娱乐、文化、活动、休闲为一体的综合系统。合理安排以上功能有利于延长购物者的停留时间，提高经济效益，最大能力地提高土地使用价值。

策划不同功能组合关系时，要从功能的内在联系出发，以人们的行为模式和行为特点为基本点，并结合实际地调查研究人们日常生活，来确定能够产生积极的空间效果和经济效益的高功能组织关系。确定关系时要考虑功能间能相互提供共同持续的支持，还要考虑使用不同功能空间及周期性活动时间的合理安排。

在具体的功能组合策划上，因为不同的功能区域对公共性和私密性要求的程度也不同，因此，相互的关系可为完全隔离关系，共容关系、有分隔也有共容的关系。

完全隔离关系。完全隔离关系可以通过运用分区、分块、分层手法来做到。将不同属性的功能区域按适宜的布局方式组织，除公共交通部分外，彼此没有直接的联系。这样能够充分发挥单独区域的使用效益，强调了私密性，避免了相互影响的混乱现象，但由于不同功能部分的严格区分，缺乏了交流性和群体融洽感，宜用于居住、办公、文化教育等功能的组织。

共容关系。在布局上不进行严格的分割，保持一种流通融洽的关系，达到一种协调积极的组合效应。这种布局能发挥整体组织的综合效益，但因人流过多，环境质量相对较差，在共享空间设计上存在一些技术问题如通风、排气、空调等。

有分隔也有共容的关系。保证不同区域具有独立性，然后组织在一个公共空间的周围，这样既能造成适当的共同参与的空间气氛，又能保持独立空间的独立使用。

【策划惊奇：日本门塔大厦】

谁也想不到会有这样的建筑，高速公路在办公楼中穿心而过。

门塔大厦可称是钉子户木材和木炭株式会社（Wood and charcoal industry）的杰作。据称，1983年，木材和木炭株式会社作为该块土地的所有者想建大楼，但当时大阪城市规划已经确定高速公路会从这儿过，所以他们拿不到建筑许可。坚持不放弃土地所有权的木材和木炭株式会社和阪神高速公路公司（Hanshin Expressway corporation）经过5年谈判，最后达成的协议就是让高速公路贯穿大厦层。门塔大厦最终于在1992年竣工，木材和木炭株式会社将大厦的5~7楼租给了高速公路。

当时为了解决法律障碍，日本还专门在1989年修改了一系列法律，制定了建筑可以与道路一体的“立体道路制度”，让高速道路可以合法贯穿大楼。门塔大厦也就成了日本第一栋利用“立体道路制度”建设的大楼。

为了减少高速公路对办公楼的影响，在建设之时，安装了隔音良好的墙壁，运用建筑材料减少车辆通行时的震动，电梯直接跳过高速公路所占的四层……因此，经典建筑得以形成。

2. 市场需要灵活的功能策划

现代社会是高速发展，不断变化的，社会各种因素的变化对建筑提出了“动态要求”，建筑的创作设计要具有弹性设计以满足不断变化的市场需求。

对这种灵活变通的功能设计的指导和策划的原因主要有两种：一是为了促使建筑能跟上时代的速度，二是为了使建筑产品满足变化中的市场需要。

（1）要善于掌握市场发展动向。一般而言，大型公建其寿命在70~100年，而社会需求的变化周期越来越短，如何才能协调两者关系？因为建筑寿命不会改变，所以，关键在于开发出的建筑产品能否具有发展变化的性能，即建筑在使用功能上要有广泛的适应性，比如适应那些更新很快的设备（如电器、办公设备）、社会活动项目（娱乐消遣文化、衣食住行方式等）、公共交通（地铁、城市轻轨等）。要使房地产开发项目具有广泛的适应性，必须在策划中认真搜集社会各种信息，掌握社会发展动向，确定开发项目中各功能的发展趋势与态势，为进一步设计提出指导性建议。

（2）要深入考虑功能转换的可能。市场需求不断变化，房地产产品的商品化对房地产开发提出销得快、销得好的要求，但是市场风云变化，为使建筑产品不失去开发的经济价值，就要做到开发项目随着市场需求来改变内容，在策划过程中考虑功能转换的可能。在房地产开发中，许多3～5层的建筑，也多策划为框架结构，而不用砖混结构，其中一个重要的原因，就是考虑功能转换的可能。另外，为适应市场需求，可以策划二次设计、二次施工的做法，把室内设计、装修工程留到发售后进行。在策划功能分区时，还可按层划分或按栋划分，并考虑功能的相互转换。如在开发设计中，由于写字楼与公寓面积不能确定，开发商要求写字楼与公寓将来可能转换使用功能，故在策划中可考虑为双塔方案，双塔外形相同，一为公寓，二为写字楼，上部相连，这样就可随业主或市场销售情况任意调整二者面积比例。

【策划案例：历经二十年综合体终复活，烂尾写字楼“咸鱼翻身”变公寓】

上一秒是炫酷的时尚跑车，下一秒就变身威力震天的机器人。《变形金刚》横扫全球荧幕，也告诉我们一个道理：唯一不变的，就是不停地改变。变，总是需要勇气。作为局外人，我们可以冠冕堂皇地说，楼盘规划应该具有前瞻性；但作为圈内人，我们深知前瞻的艰难。

中珠·水晶堡原先是一栋烂尾楼，20世纪90年代规划为写字楼，下面5层是商业，其余是写字楼，后来由于政府原因及产权原因搁置了楼盘的开发，搁置后被另外开发商收购。新的开发公司进驻后，从珠海经济发展情况分析，决定调整整栋楼的功能，于是做成了公寓楼。调整规划后，该楼盘1、2层为商业，3～5楼则是4.5米层高的LOFT产品，6楼以上个别户型带“太空舱”设计——“一般的毛坯住宅是3米，但‘太空舱’产品的层高有3.6米。楼盘在2008年已经开售1～16楼的产品，而17～20楼原本公司打算自留，但在2010年，还是决定推向市场”。原先的产品是毛坯和装修都可以选择，现在在售的17～20楼的产品则全部都带精装修。

“烂尾”楼复活是最明显的效果，而且也得到了市场的认可。该楼盘其他楼层的产品在2008年后已经售罄，2010年开卖的17～20层一共140套房，带装修均价约1.4万元/平方米，开盘后就已经卖得仅剩几十套，“烂尾”直接“咸鱼翻身”。

13.5.2 建筑空间策划

房地产开发项目的空间策划是指根据开发项目的各个开发分项目的基本要求和特性进行草拟空间的规定，确定内部空间形式，对平面布局，分区朝向，自然通风，采光采暖进行构想策划；并对建筑内外部空间的文脉延续、空间成长、环境设计以及对城市空间再创造进行构思策划，从而寻找合理的内外部空间形式。

1. 建筑内部空间策划

建筑内部空间是人们为了某种目的而用一定物质材料和技术手段从自然空间中围隔出来

的，是建筑整体的有机组成部分。它和人的关系最为密切，它应当在满足功能的要求的同时，满足人们的精神要求和对美的要求。建筑内部空间策划的目的就是为了使空间丰富和完善，根据空间的使用性质和所处的环境指导设计并运用物质技术及艺术手段创造出功能合理、舒适美观、符合人们生理要求的空间。

建筑内部空间环境有两层含义：一指内部视觉环境、空气质量环境、声光热环境等物理环境和心理环境。二指自然环境、美学环境、文脉环境等审美方面的内容。根据这两层含义，内部空间策划概括归纳为以下几个部分：

1）平面设计和空间组织策划。平面布局策划应根据人对空间的使用要求，按照人对空间的行为和心理，指导有关空间的分区朝向、空间的比例、尺度以及空间的流线组织设计。在进行策划时要熟悉各种空间对人心理的影响，例如高度和进深很大的空间体量容易形成肃穆的气氛，家具隔墙或绿化对空间进行适当的分隔易形成舒适的空间，既能满足不同功能要求，还能创造宜人的空间环境。建筑以人为本，在进行空间策划时要考虑按照人们行为习惯来策划组织空间。

2）室内设计策划。指以创造特定的空间环境气氛为策划目的，综合分析诸多与室内空间有关的因素，指导对空间围合体时，应侧重对这两种趋势的注意。界面以及空间内部进行处理，分析包括空间界面和室内装饰体的尺度、比例、材料肌理、色彩等相关的因素，同时，还要掌握不同色彩、不同材料、不同图案、不同物质对空间的风格和人的心理产生的影响，以此来指导以后的室内设计。

现在的室内设计逐渐自然化和外向化，在对室内设计进行策划自然化是为了满足人们亲近自然的心理需求，适当运用各种技术手段在室内再现大自然的情景。这样与实体建筑物相比，显得富有生气、变化、更具人情味和魅力。纽约 IBM 公司大楼内的“竹园”广场设计创造了充满生机的自然环境，为楼内工作人员及附近市民提供了良好的公共活动空间，提高了该区的空间环境质量。而外向化是力求在内部空间设计中反映出项目外特殊的城市文化环境气氛和自然的环境气氛，有意识地将内外空间相互渗透，可使建筑内部空间获得良好的城市化效果，内外交融，使人耳目一新。

3）内部物理环境概念规划。指对室内气温、采暖、光照、通风、温度调节等方面因素加以测量和分析，为室内物理设计提供指导信息，使建筑内部空间满足生理生存需要。对于内部物理环境策划要敢于采用新技术新方法，节约能源，保护环境，做到既经济又舒适耐用。

在我国北方的一些城市中，开发商正在尝试不同的冬季采暖方式。因为，在一年十二个月中，有四个月是要供暖的，供暖方式不仅关系到开发商和用户的经济利益，还关系着城市的环境保护。传统的小区燃煤集中供热正受到限制，燃气分户采暖以及电热膜等新工艺新技术正逐步采用。在这一环节上，开发商应该深入地调查分析、比较，在经济效益上和社会效益上做好策划。

【策划案例：海峡城，最 IN 办公楼】

你心目中最 IN 的办公室什么样？有人好上网、智能化；有人说不堵车，停车、出行都方便；有人说可就近健身娱乐；有人说必须在江边，远眺过去一种释怀的感觉；有人说温暖适宜，不干不潮；也有人说够高度，多组合、敞而亮；还有人说电梯足、速度快……这一切，在海峡城 38～100 平方米创智空间，都能实现。

（1）新河西，最 IN 的商务之地。

海峡城最新产品 TERA 创智空间作为南京又一商务办公旗舰标杆，即将荣耀呈现。其绿色生态的建筑及环境，云科技云办公的智慧商务模式，以及自由可变的灵动空间，领衔河西核心板块，它倚云腾飞，将智慧、生态、科技、空间融为一体，在河西轴心，重新定义南京高智精英的商务新尺度。必将改写南京商务办公新模式，成就最具 IN 价值办公楼。

（2）青奥大配套，发散迅捷交通。

TERA 创智空间，位于河西新城奥体板块，紧邻 2014 年青奥会主场馆。不仅享有轨电车（建设中）、宁和城际一期（建设中）、地铁 7 号线（规划中）、社区接驳巴士（已开通）等高速交通，更享扬子江大道、过江隧道、长江三桥、沪容宁合绕城等高速公路畅达交通。区域内大型会展中心、商业中心等多极配套在商政转移、青奥盛世举行的大背景下逐步完善提升。同时项目内规划有五星级酒店、国际会展中心、大型购物中心、智慧居住社区、明基医院，儿童医院河西分院，南外河西分校等医疗、教育设施在内的完善商业及生活配套大大满足各项办公配套需求。

（3）一线生态江景，绿色建筑标杆。

TERA 创智空间，融无敌长江一线江景，集中央绿化景观，用最时尚的建筑形式打破常规沉闷刻板环境，带来低辐射、低密度、低能耗的全新商务体验，更首创南京办公健康系统，24 小时空气过滤，健康管理系统、即时身体检测诊断，密切关爱入驻企业员工每一天健康。

（4）云能量，新尺度，最 IN 世界办公室。

在 TERA 创智空间里，您将体验到前所未有的网速：千兆带宽，双网覆盖，快捷不卡速。为了提高效率更拥有 896 个云计算内核，6000 平方米云数据及运营中心，让办公高效不当机。智能化的实现电脑与各设备资源共享（手机、IPAD 等），更让您视频会议信息通讯最及时。

主力约 38～100 平方米，是智慧小户型，户型方正通透、属于非限购、非限贷产品。全框架结构可自由分割、随心布局，满足多样个性化需求。此外更配备星级奢装挑空大堂、3.9 米层高配置、8 部总裁级电梯、1300 余车位静候、24 小时管家特侍、整层餐饮会务中心，以国际领先视角匹配高端企业形象。

（5）冠军投资牛耳，超低投入扶持。

TERA 创智空间，实现免设备、免机房、免维护的即入住、即办公模式，企业主可通过海峡云集市选择所需软硬件，以租赁代替购买，劲减 70% 以上前期投入，可弹性支配公司营运资源。同时企业入驻即可尊享三年免租、增值税、所得税减免、融资担保等办公优惠政策，最高更可获 200 万免费资金扶持，助力无忧创业。另外还具备投资、自用双重利好，可轻松双享，商业地产受政策影响较小，零门槛置业购房绝对无压力。

2. 建筑外部空间策划

建筑学家芦原义信曾指出：建筑“外部空间是由人创造的，有目的的外部环境，比自然环境更有意义的空间……若把整个用地看作一栋建筑，则有屋顶的部分作为室内，没有屋顶的部分就是外部空间”。由于外部空间的存在，将建筑、环境、人联系起来，为人们提供有意义的社交空间。所以，在房地产开发中，设计出好的建筑外部空间可以增加原有城市活力，丰富城市空间和城市结构。在进行外部空间策划时要根据建筑体量的形式、周围的环境、基地大小及投资情况来进行策划。

一般的外部空间有以下几种形式：

（1）庭院。庭院可以解决人们希望有物体挡风、遮雨，有渴望融入自然的矛盾心理。庭院不但可以提供自然化的空间，又能有效地防止不利的自然因素影响人们的生活。

① 主题庭院。其策划的主导思想是以庭院空间为主题，自然围合形成建筑空间，庭院以秀美景色和宜人的环境成为建筑的中心，使人在喧闹的城市中寻找一处安静的绿洲。

② 辅助庭院。在基地较大且周围自然景色较好地段，在资金允许情况下，可以策划建筑与庭院相互交错，使建筑序列随庭院空间变化而展开，可以使建筑更富有生机。

③ 共有庭院。当开发地段周围的城市环境与开发项目的性质有较大差别时，易采用这种方式起到建筑与城市之间过渡的空间作用。这种庭院既可以是城市的公共活动空间，又可减弱城市对建筑的不利影响。

（2）步行街。步行街由两侧建筑界定，具有内在的秩序。它与建筑紧密相连，逐渐成为建筑的一部分，它不仅是建筑的纽带，也是建筑与城市的联系空间。

步行街的设置和开发已从单一的半封闭或全封闭步行街，发展为多功能步行街区，从单一的平面层步行街发展到立体化的地上地下综合空间的步行系统。在北京，有两条比较著名的步行街：王府井和西单。如今已成为北京城市景观的一部分，并起到了改善局部空间环境的作用，创造出集通行、交谈、休闲、商贸等活动为一体的步行空间，为城市中心的复苏起到了积极的作用。

（3）广场。传统广场往往是城市和区域的中心，是城市民众聚集的场所。由于城市人口增多，建筑密度提高，建筑对底层集散较多人群的场地要求日益强烈，从而分化出建筑广场形式。策划这种广场首先要体现交通组织的功能。其次，广场服务的对象是人，所以要体现出对人的关怀，策划时注意广场的步行化、领域化、小型化、多样化、个性化特点。步行化是提供安全舒适的人性化广场的前提，领域化是人在公共空间也有私密感的感觉，小型化能给人适宜的空间尺度，多样化是打破广场的主题，赋予广场以人所能感受的独特的文化内涵和象征意义。就广场的形式而言，主要有平面式广场和下沉式广场。

【策划案例：苹果新总部："世界上最好的办公楼"什么样】

位于加州库比蒂诺的苹果新总部，被称为是乔布斯离世前部署的最后一项杰作。按照乔布斯的描述，这幢"世界上最好的办公楼"看上去就像刚刚降落到地球的一艘宇宙飞船。

苹果曾被国际环保组织绿色和平评为"最不绿色的科技公司"，迫于各方压力，近年来它对环保议题的立场和态度亦经历了耐人寻味的变化。很多人都还记得，乔布斯曾在2007年的MacWorld大会上这样回应环保人士的抗议："远离计算机行业，挽救鲸鱼去吧"；2012年苹果宣布退出EPEAT电子产品环境影响评估工具项目，遭到包括政府、联邦调查局以及大学在内的美国公共机构的抵制，最终以苹果高管发表公开信承认错误并将所有产品重返EPEAT名单收场；另外，环保人士长期以来一直批评苹果使用大量煤炭为数据中心供电，要求苹果在煤炭使用的问题上更加透明，并对之采取措施，而在苹果新总部的设计方案上可以看到积极回应：它拥有一套自己的天然气能量系统，库比蒂诺的供电网只会作为备用的电力资源。除此之外，太阳能也会被充分利用——其大楼屋顶所安装的太阳能电池板毫无疑问是全美最大型的太阳能装置，甚至也很可能是世界范围内最大型的。

土地绿化率高达80%也是苹果新总部的亮点。传说中的果园共有超过6000棵果树，其所结果实会直接供应给员工餐厅，供14000名雇员享用（这里光咖啡厅面积便有8361平方米）。果园中当然少不了苹果，确切的数字是共有包括11种不同品种的243棵苹果树，还有160棵李树和大量杏树——当地原本就是以杏树众多为特色。

苹果新总部还备有专门的自行车道以及超过1000辆的自行车供员工在需要的时候使用，是为“自行车分享项目”。想象一下，176英亩的面积，要想从A点去B点取点东西，还是骑自行车又环保又方便，再想象一下骑着车子在六千多棵果树间穿越，什么感觉？这个自行车分享项目的缘起，是乔布斯生前曾主张苹果新总部的设计应重现库比蒂诺当地的昔日风貌：以果园和绿地为主导，而不是高速公路和停车场。所以在这个设计方案中，设计师特意不让汽车直接进入人们的视野，甚至连沥青路面被绿地取代——停车场当然还是有的，它们都在地下，地面上只能走路、跑步或者骑自行车。

3. 空间品质及造型的策划

完成空间形体策划后，需设计空间品质，包括围合界面的材料、色彩、细部构造、植物等。因为这些都会影响到此空间与相关室外空间的个性。

（1）材料。在策划运用何种材料于空间品质中时，要掌握三个原则：一是要恰当使用新材料，以有利于空间环境个性；二是要尊重并挖掘传统材料在新时代的表现形式，根据经济、地理条件、科技水平选择适宜的材料；三是探索材料与空间形式的完美结合。玻璃幕、花岗石、钢结构等都是高科技下的新兴材料，它们的质感肌理对人们心理感受会产生不同的影响。传统材料常用于创造淳朴的格调和回归自然的感觉，如室外墙体为木材时令人感到亲切质朴和自然，为石材时令人感到典雅凝重。传统材料与新型材料巧妙结合，可以创造出强烈效果，为空间增添无限的趣味。对这些应该认真掌握，并根据不同情况加以分析，以指导对这些材料合理地设计和运用。

（2）色彩。在进行色彩策划时，要依据人的心理进行自然色彩的安排。地面色彩质感可模仿土、沙石及苔藓，室内屋顶的色彩应联想到开阔的天空，色彩范围可从深蓝到水绿色，从云雾色应到柔和的灰色等。观察自然不难发现自然界物体从土地、山水、树木、天空等无不与自然的绿色形成和谐的对比，所以在建筑外部色彩策划时要以模拟这些色彩安排，创造宜人的自然环境色。

（3）细部结构。重视细部构造，丰富其内涵，对于创造一个富有变化的空间具有重要作用。在北京的“今典花园”，你会发现由于对细部构造的重视，即使是体型完全相同的建筑也会在门窗、阳台、入口等处有所不同，这种精心雕琢，创造出丰富的变化。

（4）植物。它也是形成空间特性的又一要素。除了维持生态平衡，保护环境，为居民提供休息娱乐场地外，还为人们带来自然意识与盎然生机，是美化环境，创造丰富而又和谐优美景观的重要手段。空间策划时可利用植物创造千变万化的空间形态和景色。

造型是塑造空间实体的外在形式，对于不同的建筑，其造型策划内容不同，侧重点不同。但是，我们可以从造型的普遍意义上着手，找出策划时所要体现的要求以指导具体设计：①恰当性——合理的、适合需要的运用手段；②分寸性——造型带有必然性，增之太多，减之太少；③统一性——不同的因素综合为一体，多样统一；④整体性——统一而不是多个因素之和的简单相加；⑤深刻性——寓强烈的自觉性于造型之中；⑥一致性——空间、形式、意义、实用和结构的一致；⑦个性——造型要有独特性、与众不同；⑧韵律——秩序、组织、决定性的比例关系。

遵循以上准则，有助于从全局入手，把握造型策划的方向，策划塑造出良好的造型，提高空间环境质量。

【策划故事：艺术家的透明公寓】

在城市住腻了的画家、诗人赵青，选择了洱海玉矶岛一块大礁石建房子。那块礁石上残存着年代久远大户人家豪宅的些许颓垣断壁，让赵青获得灵感，以此统一进行构思。

赵青选用大量的木材，包括旧渔船上浸泡得乌黑的船板，新型的金属和玻璃等材料来建造自己的家。他把新旧材料巧妙地配合礁石的形状，颓垣断壁的风格和周围古树的造型，建造出一个环境非常协调但又充满新意的房子来。房子设了很多的落地玻璃窗，十分透明光亮，一面大玻璃做成的天窗更是可以欣赏日间蓝天白云和夜晚的星星月亮。赵青还嫌不够，还开了12道门，尽量让房子的每一角落都能看到洱海和周围的美景。为了不让人打扰，保护自己的安全和私密性，赵青还在房子的周围用石头砌了一圈围墙。这堵围墙并不阻碍居高临下地看风景，却有效地阻止了那些往上窥视的目光。

13.6 项目设计的户型设计

户型设计一是户型的形式、各房间面积的安排及功能关系的组合，二是户型比例关系和套型面积。前者是概念规划的重点，后者是营销策划的重点。

好的户型可以概括为两点：一是住宅中各种用房之间的数量组成、面积分配比例合理，适宜家庭活动，使用率高；二是各种用房之间的关系安排恰当，符合现代居住生活行为，使用方便。

13.6.1 影响户型设计的因素

1. 目标客户家庭规模与结构

住房消费具有家庭性，住房套型的变化和发展要适应于家庭规模和结构的变化和发展，这是住宅消费行为的一般规律。家庭结构大致可用家庭规模、家庭类型和家庭代际数三个方面来反映。受经济社会、人口政策、道德以及心理多种因素影响，现代社会的家庭结构发生迅速裂变，家庭规模趋于小型化。与家庭小型化这一趋势相一致的是家庭结构类型的核心化，从天津市对181户调查材料中获知，那里的核心家庭比例占到80%，核心户和主干户家庭是目前我国家庭的主要结构类型，合计占全部家庭类型的90%以上。

代际构成的转变反映出各年龄阶段生活的分离。从上海、北京两地的年轻人进行抽样调查表明，愿意与父母分居的分别占到75.5%和89.32%，因而在今后仅由一对老年夫妇组成的老年家庭将大量出现并迅速扩大。当然，另一个值得注意的现象是，受传统伦理道德观念的影响以及一定的经济联系，使我们的核心家庭有保持着“分而不离”的特点，青年夫妇大多希望与父母分住但离得较近，既可以照顾老人又可以减少由年龄、生活差异带来的相互干扰，这也是我国现在主干家庭仍然保持一定数量的原因所在。基于这种社会需要，因而出现“两代居”“老少居”“双核心户”等新的住宅户型。

从一些房地产项目的调查结果也可以表明，市场上选择两居室、三居室的购房人数占总购房人数的80%以上。一般家庭两代居要求卧室两间，此外随着工作家庭化及学习时间在生活中的比例不断增加，新一代家庭非常欢迎有工作室，不管怎样，三居室给核心家庭的生活留下了一定的灵活性，故而有很大的潜力。四居室主要面向主干家庭及极少数要求较高的核心家庭，四居室的购房人数占总购房人数的10%左右。

2. 目标客户行为模式

人们的行为模式及在家中生活、活动的内容和方式，是住宅内部居住空间组织的内在依据，行为模式的改变必将引起住宅内部居住空间组织的变化。在社会不断发展的今天，个人居住行为方式也必然呈现多元化，然而不管是哪一类型的居住，始终都是以追求生活的舒适性为最根本的价值取向。

虽然个人的居住行为方式略有不同，但主要的居住行为由以下四方面组成：

（1）基本行为。即生理行为，属第一生活范畴，是人人都要呈现的行为，如进食、睡眠、梳洗等。基本行为需要一定的空间和界面，即需要基本空间来满足其要求，并要求空间具有安全舒适性，如足够的采光、日照、通风，并具有隐私性（卧室、浴厕）、半隐私性（起居室、厨房）、开敞性（院子、户外场地）等不同性质的特点。

（2）家务行为。是保证基本行为的行为，如生活中的炊事、洗衣、扫除等内容。它除了要符合家务活动的流程外，与居民的经济水平、生活方式有密切的关系。在当前，家用电器、厨房设备日益改变，同时家务劳动社会化，减轻了家务行为的比重，使家务行为的活动空间和活动规律也随之调整。

（3）文化行为。随着科学技术的发展，人们的生活内容越来越充实，除以上两项层次较低的行为外，还有追求精神生活享受的文化行为，如阅读、看电视、文娱、健身等内容。这类行为的差异性较大，居民的性别、年龄、职业、文化水平、性格爱好都对这类行为有直接影响，文化行为既需要外部空间也需要内部空间，对内部空间的需求产生了家庭娱乐室、健身房、阳光室、视听空间等为居住者行为服务的空间。

（4）社会行为。是居住行为中人际地缘关系的体现，也是家庭关系的扩展，如交往、参加会议、购物等内容。社会行为对于户内空间的需求是相对较少的，它需要较广泛的外部空间。

通过对以上居住者主要行为的分析，根据居住者的不同需求，户型策划设计可归纳为以下三种类型：工作学习型——希望有安静学习和工作的空间环境；生活交流型——希望有一个家庭团聚的公共空间和室外活动空间；社会娱乐型——希望有家庭大公共空间和会客交谈空间。

这三种类型的家庭需求并不是完全孤立的，只是在有限条件下，考虑以哪一种为主。在设计策划中的住宅户型策划中，对不同的居住生活模式要有相应的策划内容。

【策划资料：居住生活模式与户型设计】

3. 目标客户心理要求

居民除从文化行为、社会行为等行为模式中获取精神需求影响设计策划外，居民需求的变化也影响概念规划。

表 13-12　居住生活模式与户型设计

	生活行为方式	相应设计内容
工作学习型	在家以工作和学习为中心	确保良好的个人学习、工作空间
	以工作学习为主，在家接待客人的时间较少	单独设置工作、学习空间，保证互不干扰，或特别强调公私分区，保证卧室兼学习空间的私密性
	注重私密性	夫妻领域
	注重孩子的教育	子女有独立的学习空间
	节假日有家庭聚会	起居空间的可变性
	夫妻合作共同主持家务劳动	厨房要求功能合理，有储藏食物、物品的空间，厨房开放，以便家庭成员交流
	注重仪表、化妆、服饰	卫生间设有扮装空间
	一次性购物或买下急需的物品，具有大量书籍	有较大储藏空间，考虑书柜、书架的放置
	与邻居的交往淡漠/注重环境质量	邻里间有界限/环境绿化
生活交际型	回家后可不必考虑工作学习	注重起居空间的生活趣味性
	亲友的关系密切，愿意交往和在家接待客人，来访较多	要求拥有大居室、厅，餐室厨房关系密切
	在家起居、团聚、娱乐、看电视、听音乐、下棋、打牌与朋友交谈、跳舞、唱歌、接待来访者等	以起居厅为中心，起居厅最好朝阳、有良好的采光通风和视野
	夫妇共同操持家务、注重厨房里的活动	厨房要求宽敞、开放、有足够的储藏实物的空间
	注重孩子的学习	孩子有独立的学习空间
	希望房间布置简洁	家具少而精，尽量增加壁柜
	夫妇白天工作不在家	安全防范措施好
	与邻里有礼节性交往	半公共空间、半私密空间
	注重住宅的外观	注重外观设计，强调个性
生活休养型	家庭小型化、核心化，家庭人员人数少，生活工作可以重叠，不受干扰	套内功能多，功能空间可重叠共用
	老夫妇与小夫妇分住且接近	考虑两代居住宅
	与其他生活模式相比，生活休养型在起居室和卧室的时间较长	有朝南卧室、朝南起居室，起居室有宽敞窗口
	青年夫妇在家工作、学习，或者老年退休后有兼职的可能，在家再工作、学习	考虑设置不受干扰，可以学习、工作的空间
	家庭成员和亲戚朋友团聚	起居室为中心，可兼餐室和多功能起居空间
	有亲友来访	考虑临时住宿空间
	考虑老人的特殊需要	卫生间宜设扶手、设安全门，设紧急呼唤通讯，楼栋或组团设医疗保健，设活动室
	有不同兴趣爱好	起居厅、阳台等要充分考虑位置和空间

需求不是静止的，它随着社会的发展和社会实践活动的不断变化而充实。在满足了基本的居住生活要求和基本的安全感、归属感、舒适感等心理需求后，人们居住空间的美感、舒适感、创造欲等有了更高的追求，它影响着住宅户型的形式和面积分配及房间组成。

心理需求对住宅的影响可以从一个例子中看出。如主卧室只解决基本的居住功能时面积分配在 15 平方米左右即可，随着人们对舒适度的要求，目前主卧面积设计在 17 平方米左右就可以满足舒适度的要求，但大部分传统的中国人喜好大的空间，认为大的空间宽敞、气派，现在出现做到 17 平方米以上的主卧，对于追求宽敞气派的人们来说也是非常理想的精神居所，这是心理需求发生变化引起的对房间大小的需求。精神需求对住宅形式的影响更是多方面的，诸如，错层住宅及错复式住宅从使用来说在相同的面积条件下不及平层好，但它恰恰满足了一部分人追求新奇、变化以及别墅的空间感的需求，因此，在户型策划中也不可忽视人们心理需求对住宅的影响。

4. 目标客户经济收入水平和住宅价格水平

目标客户经济收入水平决定了他可能选择的房屋总价，连同住宅价格水平最终可以确定他可能购买的房屋面积。通过对目标客户经济收入水平的了解，可以分析其对户型的要求。在实际操作中我们可以根据经济收入的情况将住宅分为经济型、舒适型、豪华型。经济型即满足住户的基本居住水平，各功能齐全，房间面积都以满足基本生活要求为标准。通常市场上经济型的住宅一般在 120 平方米以内（南北方稍有差别），舒适型是在经济型的基础上适当增加各部分面积，使各部分面积不仅满足基本的居住要求，而且有一定的灵活性、宽敞舒适，同时可以增加一部分的功能面积，如工人房、洗衣房等，舒适型的四室户一般面积在 150 平方米左右。豪华型不仅在面积上与以上两部分有区别，而且在综合配套上优于以上两种情况。

5. 市场现状对户型设计的影响

概念规划的每一个环节都和市场紧密相连，户型设计也不例外。研究市场现状是为了寻找产品的差异性，同时也是为了把握市场的大方向。如住宅流行趋势是我们在商品住宅的户型策划中必须考虑的问题，而住宅的流行趋势也是从现状中发现和分析的。

（1）要把握市场的大方向，与大的发展方向一致。在市场上流行“大厅小室”的年月里，我们一定要与它的大趋势一致。否则要花很大的经历去扭转公众的认识，可能得不偿失，当然，如果时机成熟，在一个项目的户型设计中也是可以与发展的大方向“背道而驰”，但这有很大的风险，只能针对个别的市场空白点。目前，户型设计理念是在满足一般用户舒适住房的基础上考虑多元化发展，尤其是对一些高档用房更注意其多样化和个性化。

（2）对于产品差异化也是户型设计中应考虑的问题。开发商一般给出的任务书中面积指标一般较简练，如三室二厅 150 平方米，但这些面积采用什么形式呢？是错层、平层、错复式？面积分配如何考虑？房间有无特殊要求？与同类产品的区别在哪里？策划师只有通过产品差异化的研究才能最终确定出来。

13.6.2 户型内部空间的构想

在空间构想中，空间和行为的作用和反作用，就使得一方面人类的活动要求空间有合理的排列组合，另一方面，空间有意识的排列组合有启发和构成人类的行为方式，空间构成的关键也就是人类活动方式的关键，而空间构成的全过程也就反映了人类活动的全秩序。对于户型空间的构想主要集中在各功能空间的设置及组织、各空间规模的确定。

住宅功能空间主要包括：入口空间（玄关）、家庭公共空间（起居室、健身、阳光室或其他活动室）、生活服务用房（厨房、餐厅、保姆房、洗衣房、储藏室）、居室及学习空间（主卧、老人卧、儿童卧、客人卧、书房、卫生间和淋浴间），这些功能空间由于户型面积大小、目标客户的差异，组合内容、组合形式、面积分配情况都不完全一样。

一般普通住宅主要设置满足基本居住功能的房间。而面向目标客户的收入水平越高，住宅的档次越高，其功能细分程度越高，就出现为专门的功能使用而设置的各种用房。功能用房的设定没有绝对的标准，只有依据具体的目标客户而设定的相对合理的组合。

各功能空间的组织一般遵循功能分区、动静分区、洁污分区的原则进行布置。对于特殊的目标客户房间组织可略做调整，但都应符合目标客户的使用规律。

各空间规模的确定也是定位中一个比较复杂的问题，因为在有限的总面积中进行合理的面积分配，使居住者能够真正合理地使用空间，而不恰当的面积分配则可能使有的空间难于使用，而有的空间“过剩”，致使面积分配不均衡。面积分配除依据人体工程学的原理外，还应适应不同客户的心理需求。过去，“大厅小室”和“大室小厅”的面积分配方式经过实践的检验都被人们认为是一种不合理的面积分配方式。

【策划资料：中高档户型舒适性情况分析】

表 13-13　中高档户型舒适性情况分析（一）

户型划分标准	起居功能最低标准	面积最低标准/平方米	开间最低标准/平方米	最好朝向或自然通风情况
120～135 平方米/户 三室两厅两卫	起居室	24	4.2	南向或东向
	餐厅	13	—	朝向均可
	主卧室	18	3.8	南向
	主卧卫生间	5.5	—	—
	次卧一	15	3.3	朝向均可
	次卧二	12	3.0	朝向均可
	次卫生间	4.5	—	—
	厨房	6	2.1	—
	主阳台(外沿全面积)	6.2	—	
	工作台(封闭)	4	—	

表 13-14　中高档户型舒适性情况分析（二）

户型划分标准	起居功能最低标准	面积最低标准/平方米	开间最低标准/平方米	最好朝向或自然通风情况
150～160 平方米/户 三室两厅两卫	起居室	28	4.5	南向或东向
	餐厅(独立)	18	3.3	朝向均可
	主卧室	20	3.9	南向
	主卧卫生间	6.5	—	最好自然通风采光
	主卧橱衣间或橱衣柜	3 或 1.68	—	—
	次卧一	16	3.6	南向或东向
	次卧二	13	3.3	—
	次卫生间	4.5	—	—
	厨房	7	2.1	—
	工人房	3.5	—	最好自然通风采光
	杂物间或洗衣间	3.5	—	
	主阳台(外沿全面积)	6.2	—	
	工作台(封闭)	4	—	

表 13-15　中高档户型舒适性情况分析（三）

户型划分标准	起居功能最低标准	面积最低标准/平方米	开间最低标准/平方米	最好朝向或自然通风情况
180～195 平方米/户 四室两厅两卫 （带工人房）	起居室	30	4.8	南向或东向
	餐厅(独立)	18	3.6	朝向均可
	主卧室	21	3.9	南向
	主卧卫生间	9	2.4	最好自然通风采光
	主卧橱衣间	3.5	—	—
	次卧一	17	3.6	南向或东向
	次卧二	15	3.5	朝向均可
	次卧三	13	3.3	朝向均可
	次卫生间	5	—	最好自然通风采光
	厨房	8	2.4	朝向均可
	工人房	3.5	—	最好自然通风采光
	工人房卫生间	1.25	—	—
	储藏空间	1.5	2 延长米	—
	主阳台(外沿全面积)	7.2	—	
	工作台(封闭)	4	—	

13.6.3　市场创新的户型形式

近几年来市场上出现了一些新的住宅形式，如 Townhouse、叠层住宅、Loft（藏酷房）、跃式住宅、错层住宅、错复式住宅以及可变性住宅说它们新是相对于中国原有的住宅形式更具有个性，更多地考虑了一些特殊人群的特定需求，或对未来住宅的变化提出了一些应对的措施。

1. Townhouse 及叠层住宅

Townhouse 即联排别墅。是近年来从国外舶来的一种住宅形式，在国外是中产阶级的一种居住形式，国内最早引进的目的也是为中产阶级和中上层阶级提供一种新的居住形式，和别墅相比，它更节省用地，往往与叠层做在一个区域中，容积率也可以适当提高，同时它满足了喜好独门独户的心理需求。

Townhouse 分大面宽和小面宽户型。小面宽户型可以做到最小面宽 5.1 米左右，进深达到 16 米左右，前后有独立院落，有私人的停车库，以两到三层为主。但由于一些开发商考虑到销售的需要，设计了半地下室或顶层的阳光室、温室等送给购房者，因此它会出现上下五层的形式，但这种形式是极不科学的。小面宽的户型通风采光相对较差，但对于一些用地来说小面宽更为经济。大面宽的户型进深较小，通风采光效果较好，更受购房者的欢迎，设计时也更加容易，只是对于一些用地来说它的经济性较差。

叠层住宅是 Townhouse 的一种新形式，它是上下相叠的两户独立的联排住宅形式。一般下面一户占三层，其中一层是半地下室，上面一户占三层，其中顶部是阳光室或家庭的温室。叠层住宅设计时要注意上下的管道对齐和入口设计。设置合适的楼梯及入口，避免叠层住宅有集合式住宅的入口感觉，使叠层住宅每家有一个小院落。叠层住宅其他部分的设计和

Townhouse 相同，也有大面宽和小面宽之分。

2. Loft（藏酷房）

西方的“藏酷房”（仓库房），它是利用旧厂房改造给艺术先锋们的创作及生活园地。这些老工厂的小车间或仓库大多面积很大，艺术家们看重了它们，重新装饰，把一个家的卧室、客厅、厨房甚至卫生间等都放在一个大房子里。30 年前，Loft 开始在英国的伦敦、巴黎的巴士底、纽约的苏荷区等地流行起来，这种房子大多装饰得极富个性，色调都以白色或浅色为主。如今，它们已成为随意而舒适的中产阶级住房。这种新型的建筑形式被西方艺术家称为 Loft，随着个性化浪潮的卷土重来，它逐渐演变成一种时尚居住生活方式。在《现代英汉综合大辞典》中，Loft 被解释为小型公寓房、一室的公寓房、工作室公寓，常指由一间起居室、一个小厨房及一间浴室组成的小公寓。它们都有一个共同的特点，即空间贯通、可自由灵活的划分功能需求。

Loft 出现的另一原因，就是大的核心家庭的迅速消失，单身及两人家庭增加，与传统的家庭比较，较小的家庭单元的私密性和居住空间的功能划分没有那么强烈。

Loft 大规模的空间和它所带来的自由和灵活性，使人们有机会根据特殊的需要组建不同的室内环境气氛。它体现了艺术家那种集生活和工作于一处的非常规的生活方式，它的魅力在于一个完整开敞的空间里，你可以肆意发挥你的想象力，因为你就是建筑设计师，是一个拥有庞大舞台的美术师，是一个奢侈空间的占有者和使用者，你可以选用钢材或木材分割空间，可搭建二层阁楼，变成温馨的居住空间，也可以是宽大的办公空间，在这里空间没有界限，是一个可以让想象力充分蔓延的地方。

3. 错复式住宅

它是一种既非错层也非复式的住宅形式，但它兼有错层和复式住宅的优势，从户型设计来说它分为上半层和下半层，下半层设置生活用房，上半层考虑居住空间，入口直接到达起居厅，上下功能分区、动静分区明确，起居厅可以达到 3.9 米，整个空间具有别墅的感觉，曾一度受购房者的喜爱，但从使用者来说，对于较少的户型并不经济性，还不宜提高容积率。错复式住宅的设计应注意和平层的户型相对应，保证平层的使用性能，同时管道注意上下对应，使各空间相对完整。

4. 可变性住宅

可变性住宅有两方面含义，即空间上的包容性和时间上的可变性。住宅空间上的包容性是指住宅空间本身基本上不变的情况下能适应多样的家庭生活模式，适应不同的家庭结构，时间上的可变性是以住宅时间可变来适应家庭生活模式，家庭结构的变化。

可变性住宅设计首先要选择灵活多变的大空间的结构体系。其次要提供方便拆装、轻而经济的分隔墙体，还要考虑设备管线、电器插座、开关、灯具散热器等的再调整。国外的一些国家对可变性住宅都进行了研究，如日本百年住宅体系是采用架空地板，将所有设备管线铺设在地面架空层内。荷兰马托拉体系则设计了专用加强聚苯地面填块和工字钢割断基座，填块上下设有凹槽，上槽敷设冷热水管，下槽安排下水和煤气管，而基座两侧布置电气管线和插座，较好地解决了管线的更换和调整。德国则生产管束墙，将所有设备管道装在专用墙体内，但仍有水平管道连接的问题。

事实上，住宅的可变性同住宅产业化发展，工业化水平及建筑技术水平息息相关。住宅可变性越强，经济投入就越高，设计策划要综合考虑可变性与经济投入的关系。当目标客户难于把握和预测时，住宅可变性设计是必需的。由于可变性设计所涉及的技术因素和经济因素的复杂性，很多时候可变是在有限条件下的有限可变和局部可变，这样更适合房地产开发的实际。

以上对几种在房地产开发中新出现的住宅形式进行了分析，为户型策划提供了一些新的元素。随着房地产的不断发展，还会不断出现新的户型。但不管哪一种形式的出现都是为满足人们的需求，因而对缤纷变化的房地产市场，策划师还要仔细研究居住者的生理、心理和精神需求。

【策划案例：心海州，从“高富帅”到亲民盘的转变】

定位为前山板块“豪宅楼盘”的心海州将逾1500套大户型变戏法似的“分解”为4000套左右的刚需中小户型，这一“改头换面”让楼盘充满神奇色彩。

心海州位于珠海市香洲区前山三台石路与粤海西路交汇处，目前规划有45栋近100米的高层住宅，2栋5A级写字楼、大型Shopping Mall以及1栋高达167.8米的超白金五星级酒店，以及别具一格的园林景观元素，以超过22万平方米的占地面积，以及超过100万平方米的建筑面积，是珠海市城区体量最大的项目之一。2011时的规划是大户型豪宅楼盘，一共有28栋大宅，每栋26～31层不等，总户数约1564套，户型有178平方米、210平方米与260平方米，并配有500平方米的大平层空中别墅。此时珠海市还没有实行限价和限购政策，所以当时的客户群是定位全国乃至香港、澳门地区的，范围相对比较大。但是随着珠海市2011年11月开始实行双限政策，楼盘的潜在客户群马上就被大幅度地压缩，再想找这么多的高端客户就会变得很困难。于是，开发商开始改变思路并转变方向，重点改为去考虑那些目前在珠海具备购房资格的客户群，看看他们的需求点在哪里，后来经过了很长一段时间的调研考察，发现在前山这个地段打造中小型的刚需户型更容易受到客户的青睐。于是，户型产品从大户型转变为刚需为主的小户型，调整后心海州主打45～124平方米的刚需户型，这是珠海市区为数不多的刚需楼盘，单价不高、户型小、总价低的优势相当明显，因此也深受刚需族的青睐。当然，心海州也没有放弃当初的大户型梦想，5栋和10栋依旧保留着大户型，待2014年9月珠海市松绑双限政策后，剩余大户型产品也很快被抢购一空。

13.7 房地产概念规划应用案例

【应用案例：成都××别墅区规划设计策划方案】

项目建设条件的研究与分析

1. 用地临界现状

项目地块东北面与某别墅区和康复中心（已停业，现为售楼部）一墙之隔（陈竹康复中心对面有规划占地13882平方米公园和社会停车场用地），紧邻十里烷花溪、草堂路、烷花廊桥和闻名中外的世界名胜——杜甫草堂。

项目东南面临市政规划道路（7米宽）、东面临杜甫草堂组成部分“梅园”（占地近90亩）、东南面为占地162.6亩的市政园林公园——万树园（暂定名）；西面临烷花溪和烷花小区（市统征办拆迁安置房）、西北高隔烷花溪为一占地53亩的别墅项目。

项目比邻占地近20亩的高档餐饮休闲场所（建设单位：市干道指挥所。该场所即将竣工，内有两个标准网球场），与草堂交通饭店相邻。项目地块东、西、北三面被闻名中外的烷花溪包围，形成三面临溪的半岛地形。

2. 根据成都市规划设计局对该片区的详细规划要求，市政规划详细条件和用地指导政策如下：

（1）建筑规划设计需依据《烷花溪历史文化风景区总体规划（修编）》，青羊区《烷花溪历史文化风景区控制性详细规划——土地利用控制性规划图》。

（2）规划结构。规划将用地划分为一类居住用地、风景游览用地和商业文教博览用地三个区域。

（3）规划的用地技术经济指标，见表13-16。

表13-16　规划用地技术经济指标

征地面积	建筑用地面积	容积率	绿地率	建筑密度	建筑高度/米	车位
92669.8平方米	77209.8平方米	1～1.1	50%～45%	25%～30%	12,局部15	1:1

3. 项目用地现状分析

依据对该地块的建筑策划研究，就地块开发的有利和不利因素，简述如下。

（1）地块优势。

1）罕见的高档次住宅用地。该地块在成都市目前开发的房地产项目中，就周边的自然环境、齐备的市政设施、良好的区位等因素而言，属于少见的市区高档次住宅基地。

2）市区少有的大规模住宅用地。在成都市一环路至二环路之间，该用地属少见的大规模用地（目前已开发的超过100亩的住宅项目只有“罗浮世家”“碧云天”以及503亩的万达“河滨印象”等楼盘，数量不超过6个）。

3）地块形状较规整。该地块没有其他道路穿越、没有其他不利于住宅开发的保护性设施如高压线穿过、煤气管网穿越等。

4）开发时机成熟。2001年是成都市政府大力发展、改善城市环境的起步年。许多悬而未决的市政改造今年全面启动，如成立已多年的“烷花风景区改造”指挥部的功能开始发挥，该地块原来长期由窝棚户聚集的现象将全面改善。三个市政公园已经在去年开始建造（预计今年竣工），成都市消费者接受高档次楼盘的消费信心指数有所上升等，都是有利于该地块开发的外部环境因素。

（2）地块不利因素。

1）地块规模不够大。根据研究国外别墅、高档次住宅小区的用地发现，最理想的住宅用地应在180～300亩左右。本项目地块仅有115亩，不太可能形成大盘的效果。

2）基地规划条件限制。由于用地处于烷花风景区，对建筑高度、容积率等指标政府都有严格控制，因此局限了建筑策划的思路，迫使项目只能走高档次、低密度住宅开发一条相对狭窄的道路。

3）邻近低档次住宅干扰。在该项目西北面，隔烷花溪有一拆迁房小区，将直接造成地块一个方向的景观污染、二环路出入口档次降低等。这些均应在小区规划时于予充分重视。

项目市场的研究与分析

1. 项目区域自然、人文景观优势切入点

该项目地处成都市最大规模历史文化保护区——烷花溪风景区，比邻有闻名中外的杜甫草堂和富有传奇色彩的烷花溪。此外，附近有即将建成的四川省博物馆“白鹭洲”“百花潭”“万树园”等主题公园和已建成的艺术学校以及中外知名的“西南财经大学”，使项目文化氛围十分浓厚。

因此，如何在建筑设计依据中充分挖掘文化底蕴，融入区域自然景观指导建筑设计将是本项目的一个创新点。具体来说，在建筑的立面设计依据中，既要和杜甫草堂的风格相呼应，又不能过于中式而缺乏现代感，无法顺应消费者现代化需要。因此，外立面设计应结合中国古建筑精髓进行现代化风格的创作，注意对传统建筑符号的使用。

2. 项目总价控制优势切入点

户型面积及总价与类比项目形成明显差异性优势。成都市正在和已经销售的别墅平均面积为438平方米，联排别墅平均面积为263平方米，市场高端住宅没有140平方米以下的户型。本项目针对不同高档消费者的需求，将弥补高端产品中户型单一、面积偏大的空白，并以此为切入点，真正做到“高贵而不贵”的效果。

因此，本项目的户型面积指标应进行有效控制，在满足豪华性、舒适性、功能性的基础上尽量把建筑空间做得小巧精致，以小面积精致豪宅切入市场，使房屋总价得到有效控制。同时，针对市场空缺，应创新有140平方米以下的花园小洋房类建筑户型。

3. 项目总体规划创新切入点

1）规划方案应具备独特性。创造富有特色的居住小区、居住空间、景观和生态环境，有利于城市居住区的可持续发展。

2）规划设计与景观环境设计协调同步进行，采取互动设计，以达到建筑与景观的完美统一。

3）本项目应具备申报“国家康居工程”等高性能住宅，其标准定位于2A～3A级，故其规划设计有关思路应参照国家有关评定标准进行。

4. 项目建筑形式创新切入点

除了在满足豪华性、舒适性、功能性的基础上尽量把建筑空间做得小巧精致以外，建筑形式创新主要要求建筑师进行户型创新和建筑外立面创新。

5. 项目社区环境优势切入点

本项目依靠天然的森林式开放公园以及美丽的烷花溪。因此，在借助自身环境优势基础上，应充分协助××境外景观设计公司进行景观设计，以期达到小区内部优势环境的营造。

项目目标消费者的研究与分析

针对本项目自身特点，建筑策划进行目标消费者分析包括以下几项：目标消费群锁定、目标客户群购房心理分析、类比项目消费者需求状况专项数据统计分析等。

1. 目标消费群锁定

在进行目标客户群锁定前，有必要对成都市高收入阶层进行全面、细致的调查了解，详细调查结果（抽样部分）如图13-1、图13-2、图13-3所示。

从“年龄结构”统计图可以看出，高收入阶层购房者年龄集中在50岁以下，特别是40岁以下的购房者占71.7%。这说明高档住宅的目标客户趋向年轻化，这与中华英才网2001年英才薪资调查结果（31～45岁年薪收入颇丰，平均年薪收入均高于50000元，是收入最高的年龄段）基本一致。富豪年轻化，已成为我国社会发展的一个基本现象。因此，项目

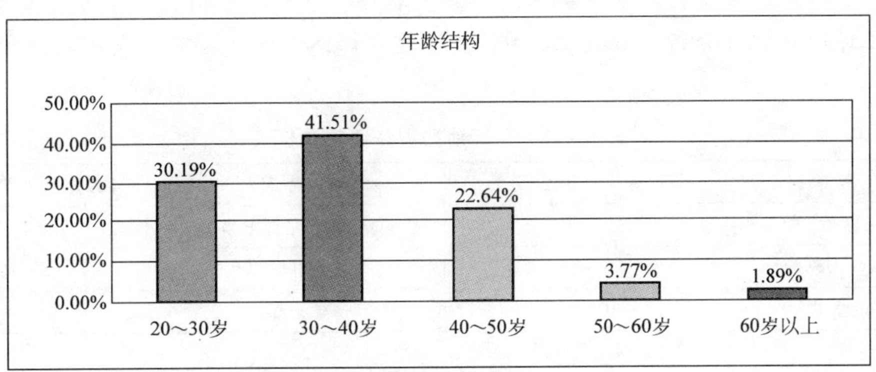

图 13-1　目标消费群年龄结构图

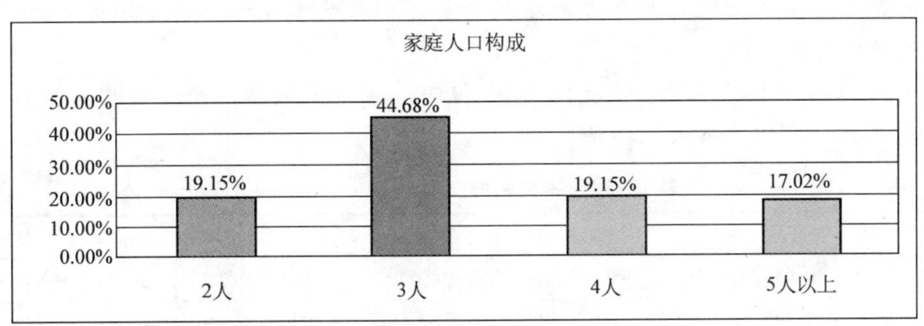

图 13-2　目标消费群家庭人口构成图

在建筑和配套设施的设计依据中应重点考虑青年人的居家需求特点。

从“家庭人口构成”图中可以看出，购买高档住宅的消费者还是以三口之家为主，这与我国家庭结构相符，但也有不少三代同堂的购房者，占样本总数的36.17%，因此，项目在户型、配套等规划设计时还是要充分重视老年人的需求特点。

图 13-3 反映出的“高收入职业背景”，私营企业主、房地产建筑业和商贸从业者是当今高收入者的主流，所占比例达到50.06%，当然，对高级公务员、国有企业高级管理人员应稍做修正，可适当上浮一点，因为这部分人由于职业的敏感性。相对较保守，真实情况不易流露。因此，私营企业主肯定是项目的主要目标客户群之一。

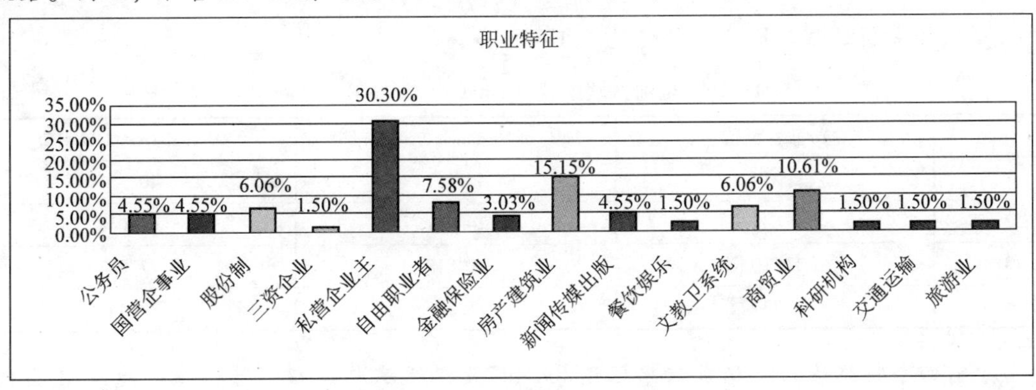

图 13-3　目标消费群职业特征图

同时，本项目还对高收入消费群体的年龄、职业、家庭人口构成、学历、工作和收入等情况进行了详细分析（分析过程同上，略），通过分析，本项目锁定的高收入消费群体见表13-17。

表 13-17　目标消费群体锁定分析表

职业特征	年家庭收入状况/万元	职业特征	年家庭收入状况/万元
高级白领	6～30	公司董事长、主要董事级	50 以上
医师、高收入教授	6～30	公职干部亲属	5～10
私营企业主	10～50	退休干部	2～4

2. 目标客户群购房心理分析

（1）目标客户群购房心理问卷调查表的设计。针对目前成都市房地产市场特征及高消费群体的多样购房心理设计了消费者问卷调查表，调查中共发放问卷 100 份，回收问卷 86 份，其中有效问卷 60 份。

（2）原始数据处理。从有效调查问卷 60 份中收集所需数据，并进行相应的数据整理和预处理。建立指标间相关系数矩阵见表 13-18。

表 13-18　相关矩阵（Correlation Matrix）

	年龄	购房区位	购房类型	住宅形式	购房套型	购房面积	购房总价	购房单价	付款方式	购房目的	喜爱风格
年龄	1.000	0.056	0.042	−0.008	−0.238	−0.133	−0.108	0.225	−0.293	−0.060	−0.099
购房区位	.056	1.000	.322	.101	−.019	−.154	−.039	.009	−.094	.158	.179
购房类型	.042	.322	1.000	.381	.051	−.081	.002	.153	−.130	−.034	.076
住宅形式	−.008	.101	.381	1.000	−.149	−025	−.014	.366	−.122	.145	145
购房套型	−.238	−.019	.051	−.149	1.000	.543	.193	−.242	.184	−.236	.002
购房面积	−.133	−.154	−.081	−.025	.543	1.000	.314	−.036	.232	−.051	−.086
购房总价	−.108	−.039	.002	−.014	.193	.314	1.000	.174	.179	−.093	.104
购房单价	.225	.009	.153	.366	−.242	−.036	.174	1.000	−.128	.166	−.079
付款方式	−.293	−.094	−.130	−.122	.184	.232	.119	−.128	1.000	.186	.116
购房目的	−.060	.158	−.034	.145	−.263	−.051	−.093	.166	.186	1.000	.126
喜爱风格	−.099	.176	.076	.145	.002	−.086	.104	−.079	.116	.126	1.000

（3）因子分析过程。R 的特征值见表 13-19。

表 13-19　全部方差解释（Total Variance Explained）

	Total 特征值	% of Variance 方差贡献	Cumulative % 累积值
1	2.214	40.131	40.131
2	1.641	24.917	65.048
3	1.410	12.815	77.862
4	1.274	11.585	89.447

由于前四个特征值的累积贡献率已达 89.447%，所以取前四个特征值。建立 R 型因子荷载阵见表 13-20。

表 13-20 R 型因子荷载阵

	组成部分(Component)			
	1	2	3	4
年龄	.449	-.291	.393	3.151E-02
购房区位	.346	.364	-.218	-.489
购房类型	.378	.544	.209	-.437
住宅形式	.474	.570	.136	.124
购房套型	-.692	.304	.234	-.331
购房面积	-.644	.352	.334	.158
购房总价	-.328	.441	.317	.257
购房单价	.468	.306	.385	.551
付款方式	-.488	.244	-.456	.296
购房目的	.250	.246	-.554	.459
喜爱风格	6.020-02	.421	-.464	-.162

(4) 因子轴抽出及命名。经检验表明因子分析的结果可以接受。建立因子分析数学模型的目的不仅是要找出公共因子以及对变量进行分组，更重要的是要知道每个公共因子的意义，以便进行进一步的科学分析。使用因子分析法得到了四个因子，变量与某一因子的联系系数绝对值越大，则该因子与变量关系越近。

由结果可知：第一因子中 x1、x5、x6、x9 有绝对值较大的负荷系数，第二个因子中 x3、x4、x7 有绝对值较大的负荷系数，第四个因子中 x2、x8 有绝对值较大的负荷系数。根据这些变量的含义及房地产消费特征可以对四个因子进行命名。

第一个因子主要概括了年龄段消费需求因子：年龄、购房套型、购房面积、付款方式，可以命名为需求因子；第二个因子主要概括了消费层次因子：购房类型、住宅形式、购房总价，可以命名为消费层次因子；第三个因子主要概括了消费动机因子：购房目的、喜爱风格，可以命名为动机因子；第四个因子主要概括了社会区位消费能力因子：购房区位、购房单价，可以命名为能力因子。

(5) 结论。通过以上分析可以看出：运用因子分析法定量分析消费者购房的选择因素。可以使数据的特征明显化，找到数据之间的相互关系，从众多选择因素中很好地概括出主导因素，进而深入把握消费者的核心需求。针对这四个因子，建筑师可以更加明确目标，进行满足消费者需求的建筑创新。

3. 类比消费者需求分析，如图 13-4、图 13-5 所示。

作为主流户型，房间数量仍以适用为主，这说明前期购房者宁可各个房间大一点，也不要太多房间空闲。可见，房间太多并不是很受市场欢迎，愿意购买多厅多房的客户共计才约21%。因此，本项目称心的 140 平方米以下花园小洋房类建筑类型在进行户型设计时应根据目标客户群的家庭人口构成来设计，不宜有空余房间，应以适用为主，建议 3 室 2 厅 2 卫和 4 室 2 厅 2 卫作为主流户型。

图 13-4 与图 13-5 共同构成了类比项目消费者在住房户型选择上的动态变化过程和需求趋势。与图 13-4 相比，3 室 2 厅 2 卫和 4 室 2 厅 2 卫仍是高收入阶层选择的主要户型之一，

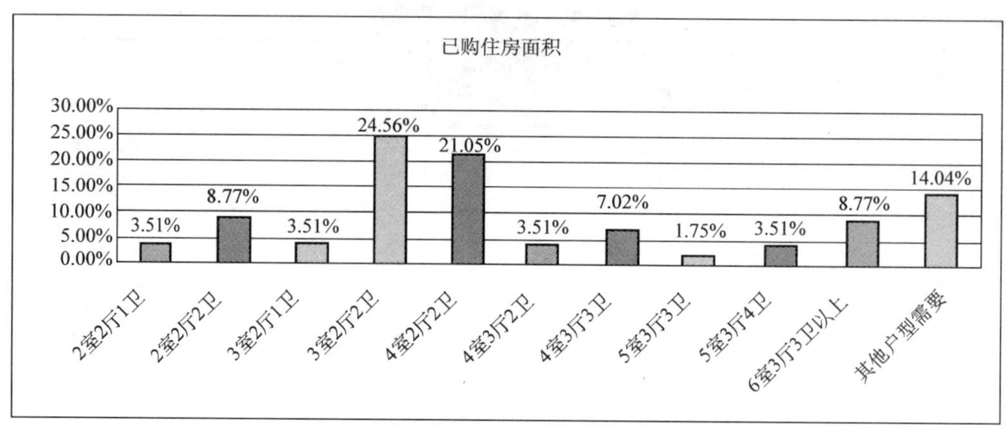

图 13-4　类比项目消费者已购住房面积图

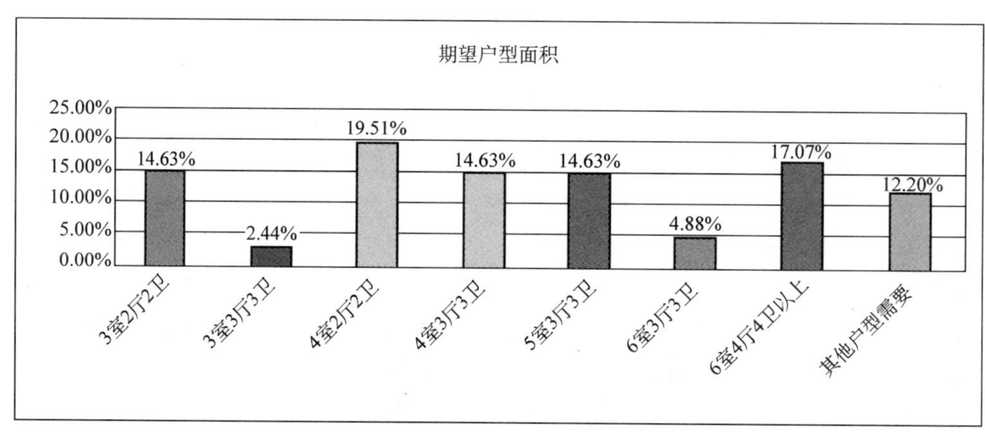

图 13-5　类比项目消费者期望住房面积图

但比例下降了很多，由原来的34.41%下降到21%。同时，期望选择4室3厅3卫以上的购房者由原来的21%上升到51%。可以看出，现在类比项目消费者在满足适用要求以后，还将追求舒适、享受和气派。因此，本项目复式别墅以上物业的户型设计建议以4室3厅3卫及以上套型为主。

项目公建设施配套的研究

通过与第一阶段的信息反馈，针对本项目市场和消费者对公建配套的需求制定目标公建设施配置的问卷调查表，通过统计调查和因子分析进行研究分析，结合国外高档小区的公建配套设置，对项目的公建配套进行设定，项目公建配套设置及面积指标见表13-21。

表 13-21　××项目公建配套设置表

序号	项目	室内面积/平方米	室外面积/平方米	功　能
1	下沉式音乐广场		室外 >500	兼有溜冰场(旱冰场)功能
2	水体		不限	改善环境景观,增加空气调节
3	会所	约 3000		2 ~ 3 层
4	小型托儿所	约 300	约 500	保教、临托
5	卫生站	约 40		防疫保健、就近简易治疗

（续）

序号	项目	室内面积/平方米	室外面积/平方米	功　能
6	文化活动站	约150	约500	书报阅览、棋牌、书画
7	美容、美发	约100		
8	安防中心	约100		
9	物业管理中心	约35		
10	净菜超市	约300		
11	日用品超市	约500		粮油、副食、蔬菜等
12	乒乓球	约50		室内两台
13	小型台球	约50		斯乐克、美式台球2台
14	健身中心	约150	约300	器械健身
15	多功能大厅	约400		会议、音乐、影视、茶座
16	住户服务接待中心	约500		
17	游泳池更衣室	约200		
18	游泳池淋浴室	约150		
19	公共卫生间	约200		访客、物管用
20	四季恒温游泳池	约800		地下室设置、不占用容积率
21	儿童戏水池		>300	
22	网球场		2个	
23	老年活动室		约400	
24	儿童户外活动		约400	
25	室内配电室			按规范设计
26	供水			按规范设计
27	公共厕所	约100		清洁工、保养维修工用
28	垃圾站	约100		单独专用出入口
29	汽车房	约15000		约500个，不占用容积率
30	自行车停车场	约300		
31	防空地下室	按规范		
32	老年康乐球场		200	
33	塑胶跑道		约600	
34	羽毛球场		约300	室外2个

项目总体规划概念设计的研究

依据第一阶段对市场确立的市场差异性定位和切入点，建筑师将对项目总体平面布局、分区朝向、绿化率、建筑密度等进行构想分析，同时，运用建筑学手段验证项目规模（政府详细规划设计条件要求容积率为1～1.1）的可行性。拟定了两个总体规划概念设计方案，方案一的容积率指标为1.0，方案二的容积率指标为1.1。经过专家比较决定，针对此项目的高品质定位，以容积率1.0作为建筑设计的规模指标更加符合市场、消费者、项目自身品质的要求。

从总体规划的概念设计方案可以看出，通过与第一研究阶段的信息反馈和对市场的深入研究，建筑师通过建筑学手段（总体规划的概念设计）明确了项目规模的参量标准，为下一步进行户型创新做了总体规划的铺垫，同时，反馈修正了项目规模，使项目运作后续更加科学可行。

项目户型创新及户型指标研究

首先，还是要对第一阶段消费者的需求信息进行深入的分析研究，不仅要了解消费者对住宅空间具体功能上的需求趋势，还要明确目标消费者在面积指标上的需求，建筑师才能依次进行合理的户型创新。其分析过程如图 13-6、图 13-7（抽样部分）所示。

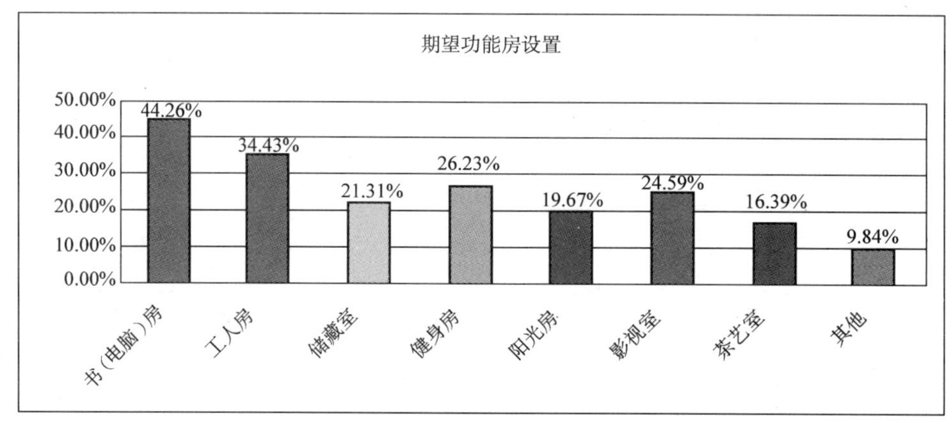

图 13-6　期望功能房设置图

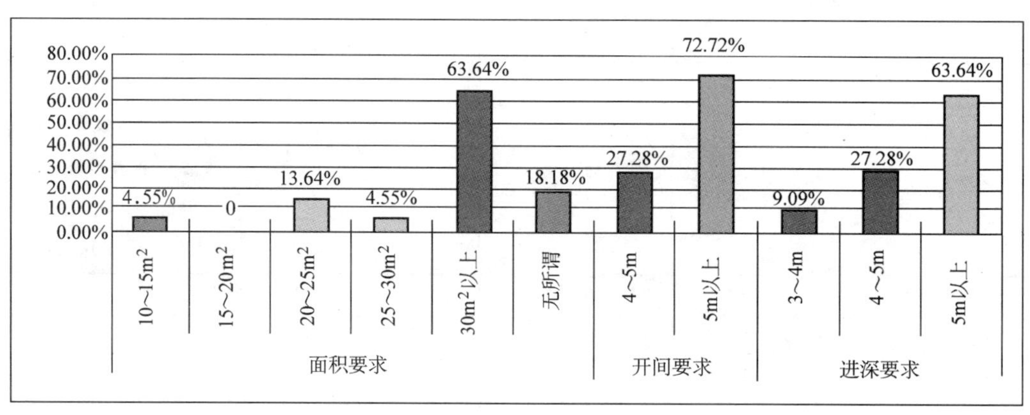

图 13-7　期望客厅面积指标

从图 13-6 的统计中分析发现，对“书（电脑）房”的点击率高居首位，为 44.26%，对“工人房”“健身房”“影视室”的选择率也位居前列。这种选择说明了高收入者对知识文化和健康的追求与重视，这种消费心理和行为与高收入者的高学历、年轻化的趋势相吻合。这些数据为项目在户型功能上提供了一定的市场需求依据。

从“期望客厅面积指标”统计图中分析得出：选择客厅面积 30 平方米以上、开间 5 米以上、进深 5 米以上的名列前茅，它们分别是 63.64%、72.72%、63.64%。这种现象说明高收入者对客厅面积指标追求主要体现的是一种舒适和豪华。

调查统计分析及多因子变量分析还显示，未来居住者们对复式建筑形态持支持态度，希望客厅与餐厅有所分隔并且餐厅要面向花园。对中央空调的要求较高。同时希望达到户均1.5个汽车车位。

紧接着，建筑师依据对消费者需求的研究（第一阶段消费者信息反馈）和项目设定的满足豪华性、舒适性、功能性的面积控制原则（第一研究阶段市场差异性定位和切入点信息反馈），进行户型的创新概念设计。并依据户型概念设计提出了五种创新户型及其面积指标，具体内容如下：

1. 电梯花园小洋房

主要户型90平方米的2房2厅，130平方米的3房2厅，并有入户花园约16平方米，在成都市首创中低层高档次电梯花园小洋房，且建筑面积较小，但舒适度、豪华感等俱佳。可填补城市金领类型、外企高级职员、经济状况极好的老年夫妇等需要高品质社区但建筑面积无须太大的客户需求。

2. 别墅式小洋房

满足许多消费者需要居住在别墅中的感觉，楼层为3层（局部3层）、单幢独立、每幢4户。1~2楼为一户，2~3楼为一户，一梯2户。1~2楼户主享受地面私家花园，2~3层户主享受露天平台花园（局部2层的顶部）。该类型在居住总面积中占12.5%~15%，具体建筑面积为170~190平方米/户。

3. 复式别墅

楼层主要为4层（1~2层为一户、3~4层为一户），通过单元联接组合，形成丰富的空间组合形式。该类型在居住总面积中占40%~45%，具体建筑面积为160~200平方米/户。

4. 联体别墅

楼层为1~3层，第三层为局部，带屋顶花园露台，采取双拼形式。该建筑形态面积为210~240平方米/户（若入户车库则另计车库面积）。户型面积200~220平方米的5房3厅。

5. 都市水岸森林别墅

该建筑形态建筑面积（含公摊面积）较其他别墅有显著的优势在于全部坐落在烷花溪旁，视线开阔，为典型的水岸别墅。户型面积为300~400平方米/户（低于市场平均面积约20%），在满足舒适豪华的前提下，对总建筑面积进行控制。该类别墅在本小区中为最高档次的住宅，配备有专用通道，并通过园林绿化将该区域与其他区域空间进行半隔断，私密性极强。

项目环境综合评价和项目经济分析

1. 项目环境综合评价

运用语义学解析法设定项目的评价尺度，如图13-8所示。根据本项目自身环境特点设定了18个项目环境质量指标，结合总体规划设计概念图，综合项目总体建筑条件，运用专家调查法（Delphi法）对社区环境综合指标进行打分，再运用因子分析法对分析的结果进行因子分析。

因子分析得出三个主因子分别命名为：社区规划体系因子、社区人文体系因子、社区绿化体系因子。

进一步分析研究得出以下结论：①社区规划体系应该重点考虑交通体系的完善性和便捷

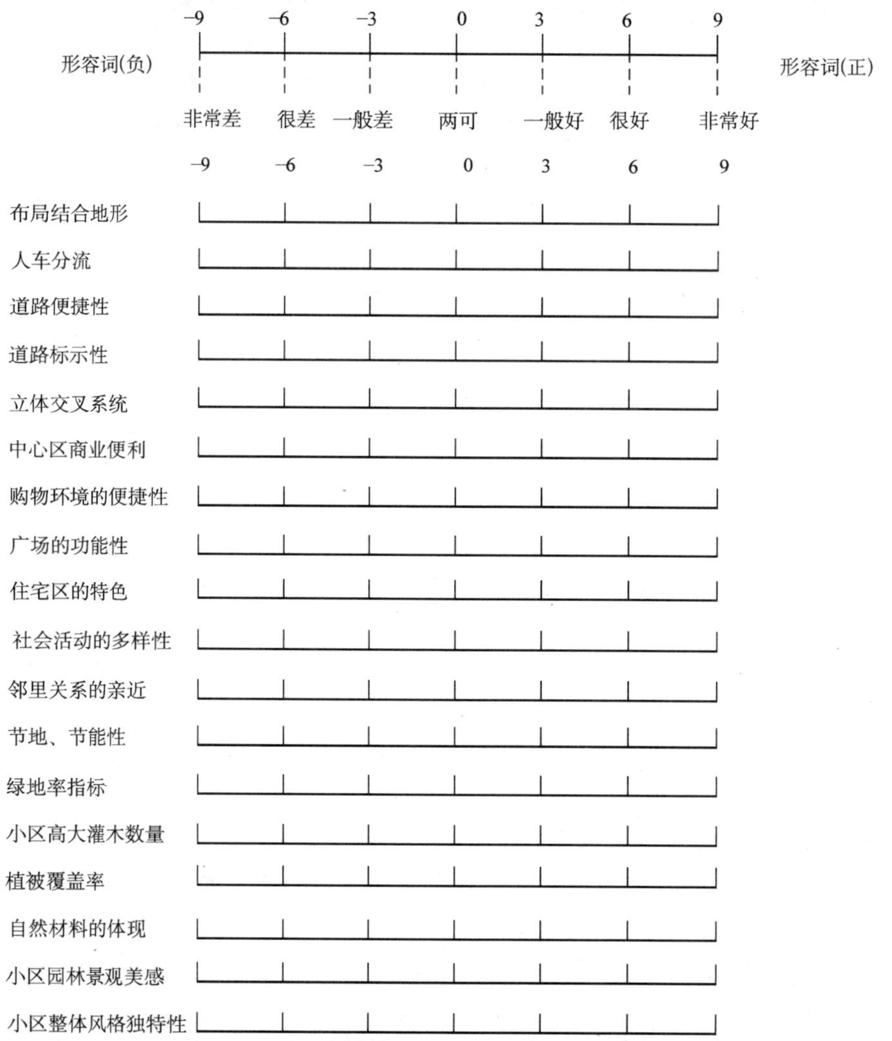

图 13-8　环境综合评价尺度的设定

性；②社区人文体系应进行社区活动的具体导向；③社区绿化体系应注重园林景观和植被的结合性。①项、③项结论分别是对项目总体规划设计和园林环境设计的评价和反馈，而②项结论为本项目的营销和未来社区建设提供合理建议。

2. 项目经济评价

本项目经济评价的目的主要是进行建设规模的反馈和修正，测算在不同规模（容积率指标）下开发商的投资回报率，使开发商的投资目标更加明确。图 13-9 是项目的容积率指标分别为 0.9、1.0 和 1.1 时投资回报率的比较分析。

依据开发商自己提出的投资回报率期望值，从图中可以清楚地分析出：只要容积率大于 0.9，其利润指标均高于开发商期望的投资回报率。在目前成都市房地产竞争激烈的大背景下，这个利润指标还是非常可行的项目。因此，此前总体规划构想阶段设定的容积率 1.0 的建设项目规模指标是科学可行的。

制定建筑设计任务书

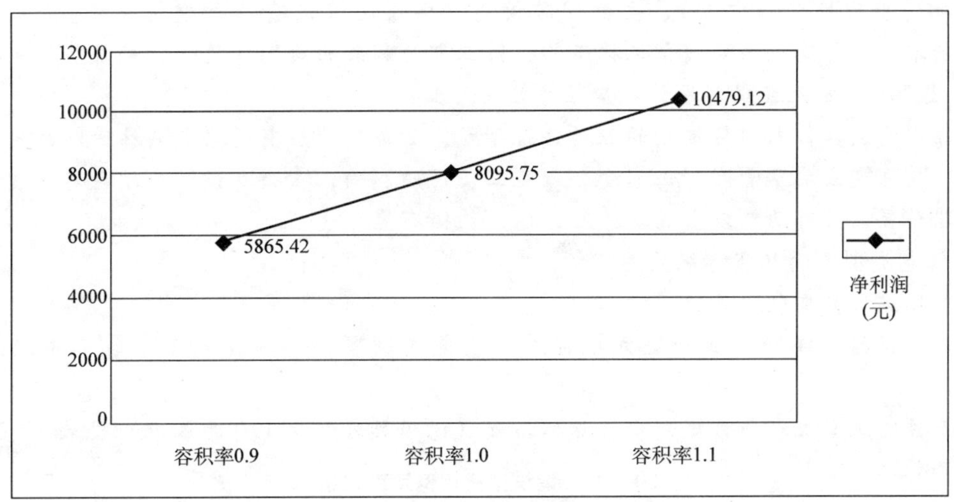

图 13-9　投资回报率分析图

1. 总体规划设计纲要

(1) 总体规划经济指标见表 13-22。

表 13-22　总体规划经济指标

征地面积/平方米	用地面积/平方米	容积率	绿地率	建筑密度	建筑高度	车位
92699.8	77209.8	1.0(可以上下浮动5%)	55%以上	25%(可以上下浮动5%)	12米,局部15米	1:1.5

(2) 总体规划原则。

1) 由于本项目地处成都市文化风景保护区，规划部门要求建筑型式应为现代中式建筑，因此其总体平面规划和园林的风格应与此类建筑风格吻合。

2) 总体规划方案应具备独特性。创造富有特色的居住小区、居住空间、井灌生态环境，有利于城市居住区的可持续发展。

3) 采用多种住宅群体组合。例如院落式空间组合（主要针对电梯花园小洋房、联排复式别墅、联体别墅）、串联式空间组合（联排复式别墅、联体别墅、电梯花园小洋房）和自由式空间组合（独立别墅、别墅式小洋房）。这样既富有变化，又生动、活泼。具有人性化居住空间，也更符合项目中式建筑、园林的特征。

(3) 道路架构原则。参照中华人民共和国有关住宅小区规划及建筑设计规范和有关消防条例。对该项目区内道路进行分级规划。除必要的机动车、消防车通道外，尽可能采用较窄的人行道路布置，最大幅度增加园艺面积，减少硬地面积。同时，应采用“人车分流”的规划设计手法，使居住区的居住环境达到较佳效果。

(4) 机动车、非机动车停放原则。为了节约地面建筑容积率和覆盖率，建议该项目采用“人车分流”的设计，将所有机动车、非机动车布置在半地下室或地下室。

(5) 竖向规划原则。由于该地块比较平坦，建议在总平面规划时，充分利用半地下室、架空层等功能。结合园林景观设计纲要，将居住区规划为有一定坡度、错落有致的效果。

(6) 组团规划原则。本项目拟分三期开发。首期开发主要入口、标志性建筑物、构筑物和会所（兼现场营销中心）、主要园艺景观、样板区（应有各种建筑型式）；第二期为3～4万平方米主题建筑物和围合性构筑物；第三期为剩余的规划建筑物、构筑物。每期间隔3～5个月开工。因此在规划设计时应注意几个方面：

①每期均应具备本项目策划的五种建筑型式；②每期均应有道路或园林景观的自然分割可能性；③每期应共享管网，但不受分期施工使用的影响；④公共设施应结合其功能及管理特点合理布置，若有两个以上的游泳池，均应均衡布置。

2. 住宅类型及面积指标纲要

本项目建筑类型包括五种：

①电梯花园小洋房；②别墅式小洋房；③复式别墅；④联体别墅；⑤都市水岸森林别墅。

这五种建筑型式在项目规划中的具体搭配（以项目容积率1.0为基准）见表13-23。

表13-23　建筑型式比例及面积指标

项目建筑类型	占项目套数比例	占项目户数/户	户均面积/平方米	占项目面积比例
电梯花园小洋房	37.2%～38%	156～188	85～150	25%～30%
别墅式小洋房	12.1%～14.6%	51～61	170～190	12.5%～15%
复式别墅	37%～39%	42～51	160～200	40%～45%
联体别墅	10%～10.3%	42～51	200～230	12.5%～15%
独立别墅	1.7%～2.4%	7～12	200～400	3%～5%

3. 公共配套指标及面积指标纲要

公共配套内容及面积指标详见表13-21所示。

4. 建筑立面设计纲要

立面应现代、简洁，结合坡屋顶宜有装饰性架构，符合烷花风景区整体建筑风格；注重传统建筑符号的适当使用；建筑色彩宜稳重，建筑造型宜丰富。

5. 建筑结构选型纲要

五种住宅建筑类型结合总体规划布局宜采用钢筋混凝土框架结构，同时便于住户室内装修设计。

公建配套部分结合建筑使用要求进行结构选型，除会所外，宜采用砖混结构建筑型式，以节约工程造价。会所结构选型根据建筑形式可采用大空间网架结构、薄壳结构等建筑型式。会所内恒温游泳池结构选型参照相应建筑结构选型规范。

6. 建筑环境装置配置纲要

建筑外墙宜使用保温隔热构造处理；配备中央空调系统和中央吸尘系统，在建筑施工图设计中应预留管线孔洞。

7. 建筑材料使用纲要

建筑材料的选用应符合国家建筑材料使用规范；住宅立面宜采取高档面砖和石材的搭配形式（具体搭配形式在立面效果图中体现），石材使用需符合国家有关规范。

【应用案例：平顶山郏县酒店项目概念规划方案】

1. 项目简介

（1）项目概况。本项目位于平顶山市郏县行政新区，郏县人民法院南侧。项目北边为郏县未来最繁华的商业街，南边目前为一个自然村，西侧现状为环城公路。项目区总用地为6.66万平方米约100余亩，地块开阔平整，无拆迁。

项目具体位置在郏县的行政新区，是未来的郏县政治、经济、金融、商业中心。项目土地平坦、地势开阔，对面为郏县人民法院。项目规划用地100余亩，总建筑面积2.5万平方米左右，容积率0.45左右，建筑密度小于5%，建筑层数12～16层。规划功能主线为企业集团总部自用办公和准五星级商务酒店，拟建为郏县标志性建筑 。

（2）规划用地技术经济指标，见表13-24。

表13-24　规划用地技术经济指标

项 目 名 称	＊＊大酒店（集团名称）	项 目 名 称	＊＊大酒店（集团名称）
地块编号	—	建筑密度	一期≤5%
用地性质	商业用地	建筑限高	—
地块面积	约66666平方米	绿地率	≥80%
容积率	综合0.45左右	建筑日照间距	按国家标准

（3）设计标准依据。

1）《旅游饭店星级的划分与评定》

2）《城市居住区规划设计规范》

2）《平顶山市城市规划管理技术规定建筑管理篇》

3）《平顶山市新建居住区公共服务设施定额指针》

4）《平顶山市停车场（库）规划设计规则》

5）《平顶山市城市住宅建设标准及管理规定》

6）规划设计任务书及国家及地区现行有关规划、建筑设计规范、法规。

2. 项目定位

（1）定位：四星级酒店＋集团总部办公＋高级商务休闲会所。

（2）主要面向人群：集团客户、领导、合作伙伴及其他中高端商务休闲人士和部分旅游度假游客。

（3）突出的特色优势：准五星级酒店＋豪华商务会所＋山水园林景观＋生态型餐厅＋高档休闲娱乐。

（4）价格策略：按四星到准五星级标准定价，消费标准要高，属于平顶山市超一流水平，其他竞争者十年八年无法超越的产品。其次，当价格较高时，自然屏蔽一些低端消费的人群，使半公开的豪华商务会所获得较好的私密性，可以更好地为高端商务人群服务。

（5）创新服务理念：高端商务休闲一体化服务＋国外“私人会所”理念的引入＋生态型餐饮。

“私人会所”出现在20世纪30年代的英国，九十年代初，“私人会所”在京城悄然出现，其成员以“美元的终身会员资格”享受着生活的快乐。加入这些会所者“非富即贵”。他们在“私人会所”里，在彼此熟悉的气息间，摘下面具，把酒言欢，分享成功的感觉。如今，这些顶级会所已从北京发展到了更多的城市，也涌现出一些适合更多中高端商务人士消费的中高级商务会所，逐渐成为一种潮流的社交方式……这种又称为“会员制俱乐部”

的模式主要为会员提供休闲、洽谈生意和交流的场所。“私人会所”最大的特点在于私人化，在舒适豪华的基础上强调私密、尊贵、时尚风格！

生态型餐厅强调拥有自然生态的就餐环境：通常绿意盎然、流水潺潺、翠鸟鸣唱……食客犹如置身山水田园，惬意畅饮。也强调绿色健康的食品，如有机食品、野生食品、天然食品等。这种生态型餐饮店兴起于大连，逐渐成为餐饮界的一个新时尚。大连的生态餐饮店部分已经发展至连锁店，延伸至北京和天津。目前河南省的生态餐厅处于刚刚起步阶段。

3. 项目设计要求

（1）总体要求。

本项目拟建酒店作为整个集团公司的标志，主要外观和内在的要求就是要经典、有气派、稳重而有特色！在突出国际化、全球一体化特点的前提下，结合中国传统的建筑元素，力图展现山水园林式自成一体的中西方建筑的完美融合。

（2）分区功能设计。

项目功能分区设为：休闲娱乐区（豪华商务会所）+餐饮区+会议中心区+酒店客房区+集团办公区。

初步设想为：休闲娱乐加餐饮区10000平方米左右；会议中心区2500平方米左右；酒店客房区5000平方米左右；办公区5000平方米左右。休闲娱乐和餐饮区在大厦最底部，其次是会议中心区在中低层，酒店客房区在中层，办公区设在大厦顶部。办公区和酒店的出入口要分别设计，均有单独的电梯，总电梯数不少于6部。采用中央空调。

1）休闲娱乐区（约7000平方米）包括：歌舞厅（约300平方米）；卡拉OK厅或KTV房（至少10间，约300平方米）；棋牌室（约200平方米）；小型影剧场（约500平方米，可以兼作300人会议室）；多功能厅（暨宴会厅，约500平方米）：能提供冷餐会、酒会等服务也可兼作歌舞厅；健身房（约300平方米）；按摩室（约200平方米）；洗浴中心（约2000平方米）：含桑拿浴、蒸汽浴、冲浪浴、日光浴室、温泉浴（或磁化水浴）；室内游泳池（约1000平方米，至少6条50米的标准泳道，水深1.2~1.8米）；室外游泳池（50×25的标准泳道，水面面积至少1250平方米）；室内网球场（标准网球场36.6×18.3，约700平方米）；保龄球室（约500平方米，5道以上）；桌球室（约100平方米）；乒乓球室（约100平方米）；美容美发室（约100平方米）；精品店（约200平方米）：书店、鲜花店、商务用品店等。可酌情增减，但按国家四星级酒店标准不得低于15项。

2）餐饮区（约3000平方米）：包括中餐厅（含自助餐厅，约1000平方米）、西餐厅（约300平方米）、酒吧（约300平方米）、茶吧（约300×2平方米）、咖啡廊（约300平方米）、特色生态餐厅（约800平方米）（冬季在室内，夏季可考虑在室外园林区设置）。

3）会议中心区（约2500平方米）：包括小会议室可容纳10人的三个（约50×3平方米）、20人的两个（约100×2平方米）、50人的一个（约200平方米）；中级会议室可容纳100人、300人的各一个（共约650平方米，无柱式设计）；以及可容纳1000人的阶梯式超大会议室一个（共约1300平方米，阶梯式设计），平时可以作为电影厅及晚会厅使用。集团和酒店可以共用会议中心。

4）酒店客房区（约5000平方米）：客房总数为80~100套。客房以套房为主，其中包括15套左右的商务豪华套房（每套约100平方米）、1~2套总统套房（每套约200平方米）、40套左右的商务标准套间（每套约60平方米）和20套左右的标准单间（每套约40

平方米)。

5）集团办公区：包括普通办公区和总裁办公区。

① 总裁办公区：在大厦顶部两层约2000平方米。包含顶层一套总面积为500平方米以上董事长办公套房，带卧室、会客间、小会议室、秘书办公室、餐厅、厨房、双卫生间及豪华洗浴间（70平方米以上)。还可以设1～2间面积300平方米左右的总裁办公套房，以及3～4间面积200平方米左右副总裁及总经理办公套间。

② 普通办公区：按集团子公司分区设置普通办公区，每个子公司设置一个主题办公区。为每个子公司的总经理设置100平方米左右的套房办公室。为子公司经理级别以上的高级管理人员设置单独的面积为30～50平方米办公间。为普通员工设置半隔断的开间。设面积为30平方米左右的独立财务间。

（3）项目功能配比表，见表13-25。

表13-25　项目功能配比表

功能分项	休闲娱乐区	餐饮区	会议中心	酒店客房区	办公区	合计
面积	7000平方米	3000平方米	2500平方米	5000平方米	5000平方米	22500平方米
比例	31%	13%	12%	22%	22%	100%
位置	底部	底部	中低部	中高部	顶部	—
层高	大堂挑高8～10米其他净高不低于3.5米，游泳池单独设计	其净高不低于3.5米	阶梯会议室层高单独设计，其他净高不低于3米	净高不低于3米	净高不低于3米，总裁办公区不低于3.5米	—
装修标准	约5000/平方米	约3500/平方米	约2500/平方米	约3500/平方米	约2000/平方米	—

说明：以上分项为初步估算，在设计时注意根据实际要求适当调整。

（4）其他。

1）停车系统。地上设4000平方米园林式停车场，总停车位160个左右，设酒店自备的士10辆（提供有偿自驾)。

按国家标准，每车位所占用面积为25平方米，总停车数须满足国家大中型公共建筑停车场设置管理规定，见表13-26。

表13-26　项目车位设置表

分　类	商务办公楼	一类酒店	一类餐厅	其他商业休闲配套
国家标准	4.5个/1000平方米	0.3个/每套客房	15个/1000平方米	平均6个/1000平方米
项目所有面积	5000平方米	120套	3000平方米	7000平方米
车位总计146个	23个	36个	45个	42个

2）智能系统。

智能化系统主要内容：

中央控制系统：主要包括宽带连接、局域网设置、计算机管理系统、数字智能监控硬盘录像系统（ADR）及其辅助设备。

监控系统：包括安置在停车场、出入口、园林景观等位置的录像、录音、感应探头及定点控制装置。

入户监控系统：包括可视对讲系统、酒店客房和办公区的门禁系统等。

突发事件报警系统：主要包括小区内的异常感应探头和户内各类感应探头，如烟雾感应探头、煤气泄露感应探头、红外探头和触发报警按钮等。

3）工程材料及施工创新。

① 工程材料的选用，根据装修标准和成本核算选取中高档材料。以下为材料选择建议：

门窗：节能型高档断热合金门窗，采用进口隔热材料和先进断热工艺，并使用优质中空浮法玻璃，保温、隔音性能更好；选用高档五金配件，在平开和旋转窗中配备双支点不锈钢滑撑，方便开关并清新；选用高档复合门，填充保温隔音材料，配备名牌锁具和不锈钢五金件；采用优质的喷涂材料，精湛加工工艺和严格的细节控制。

室内：给水管和采暖管采用 PPR 给水管，同材质热熔式连接保证水质不受污染，并有效防止接头滴漏；排水管采用 UPVC 水管。别墅安装钢制散热器，情景花园洋房和公寓采用铝合金散热器，均采用内防腐涂层处理电器开关、插座选用品牌产品等。

外檐：外保温系统、面砖、屋顶、外檐落水管等均可考虑较高档材料。其露台栏杆及楼梯扶手均采用普通铁质镀锌喷涂栏杆和普通木扶手，空调室外机位置，采用槽钢架加普通铁质镀锌喷涂笼，外观好看，造价又低。

② 增加规模化生产的标准件。通过统一规划设计，提高能够实现标准化的材料及构件数量，如：阳台栏杆、窗框、玻璃、轻质隔墙、单元门等，提高标准化构件采用大订购单购买，能够大大降低成本、提高施工速度。

3. 建筑外观设计

（1）建筑风格。国际化、现代化、中西方建筑元素融合。

风格描述：

风格：沉稳、大气、精致、有气派、有特色！在突出国际化、全球一体化特点的前提下，结合中国传统的建筑元素，力图展现山水园林式自成一体的中西方建筑的完美融合。

颜色：整个建筑建议采用同一色系的颜色，部分选配对比色。

立面：可选者采用陶土砖、钢结构、玻璃及涂料，体现质感和国际化气息。

基座：用粗糙质感材料，和周边环境及园林很好融合。

（2）设计理念。建筑融合自然的空间理念 + 西方现代与中国传统建筑融合。

4. 园林景观设计

（1）展现山水园林景观风貌，在西式简约基础上注重中国传统的空间处理方式：亭台、屏风、曲折的回廊、掩映的花木……表现出自成一体，私密雅致，古典高贵的园林景观特征。

（2）在项目地块东部现状为公路，南部为县郊自然村，均存在噪音和视觉景观的污染。希望园林景观设计可以因地制宜，挖湖造山，植树造林，尽量减少污染，营造自成一体、闹中取静的效果。

（3）园林水景设计上注重水系的变化，有瀑布、水幕、迭水、循环水景、水景小品等，使灵性的水与人亲近，不但可观赏并可参与戏玩。

5. 室内设计

大堂：面积宽敞、气氛豪华、风格独特、装饰典雅、色调协调、光线充足。

客房：装修豪华，有高档软垫床、写字台、衣橱及衣架、茶几、座椅或沙发、床头柜、床头灯、台灯、落地灯、全身镜、行李架等高级配套家具。室内满铺高级地毯，或优质木地板或其他高档地面材料。采用区域照明且目的物照明度良好。

客房卫生间：装有高级抽水恭桶、梳妆台（配备面盆、梳妆镜和必要的盥洗用品）、浴缸并带淋浴喷头（有单独淋浴间的可以不带淋浴喷头），配有浴帘。水龙头冷热标识清晰。采取有效的防滑措施。采用高档建筑材料装修地面、墙面和天花，色调高雅柔和，采用分区照明且目的物照明度良好。有良好的低噪音排风系统，温、湿度与客房适宜。

餐厅及休闲区：布局合理、装饰豪华的中餐厅；有独具特色、格调高雅、位置合理的咖啡厅等休闲区。

厨房：位置合理、布局科学，传菜路线不与其他公共区域交叉；墙面满铺瓷砖，用防滑材料满铺地面，有地槽、有吊顶；冷菜间、面点间独立分隔，有足够的冷气设备。冷菜间内有空气消毒设施；粗加工间与其他操作间隔离；有必要的冷藏、冷冻设施，生熟食品及半成食品分柜置放。有专门放置临时垃圾的设施并保持其封闭，排污设施（地槽、抽油烟机和排风口等）保持清洁通畅。

第3篇

房地产营销策划

第14章

房地产营销策划概说

14.1 房地产营销与营销策划

14.1.1 房地产营销

营销是企业一个永恒的话题，房地产企业也不例外，营销成为项目的规划、设计、产品、建设等因素外最主要的重头戏。对于“营销”的含义，在著名的营销经典《营销管理》中是这样阐述的：“营销是个人和集体通过创造，提供出售，并同别人自由交换产品和价值，以获得其所需所欲之物的一种社会和管理过程。”营销的核心观念包括目标市场和细分、营销者和预期客户、欲望和需求、产品、价值与满意、交换和交易、关系和网络、营销渠道、供应链、竞争、营销环境以及营销组合等。

什么是房地产营销？简单地说，就是市场营销科学在房地产行业的应用。从房地产营销来看，也是通过出售商品房，换回房地产企业建设价值的一种管理过程。从这一意义来看，与上述阐述的内容是一样的。所不同的是，由于商品房是不动产且价值大，它的核心营销观念就与其他商品有所不同。最注重的是目标市场的定位、目标客户寻找和产品的设计，至于其他方面都在这三个方面中体现出来。

14.1.2 房地产营销策划

房地产营销策划是以综合运用市场营销学及相关理论为基础，以房地产市场调研为前提，从项目竞争的需要出发，科学地配置企业可运用的资源，制定切实可行的营销方案并组织实施，以实现预定的营销目标。

房地产营销策划是营销管理活动的核心，企业的营销管理活动很多，诸如营销组织、营销决策等，但它的营销管理核心还是营销策划，这是由于营销策划在管理活动中的重要性来决定的。

房地产营销策划是一个综合性、系统性的工程，需要在先进的营销理论指导下运用各种营销手段、营销工具来实现房地产价值的兑现，实质上是一个从了解市场、熟知市场到推广市场的过程，其中心是顾客。顾客的需求千差万别，注定房地产营销策划从单一化趋向全面化，营销服务从注重表面趋向追求内涵。它不仅要体现物业特征，还要体现市场特征和消费习惯及发展要求，体现市场的要求。

市场上对营销有一种肤浅的认识，将营销策划仅仅等同于一本本洋洋洒洒或字字珠玑的策划方案文本，或是花花绿绿、美轮美奂的广告设计，或是精巧细致、豪华铺张的案场布置。追根究底，这些文案、广告、样板房的“精心打造”都只是停留在吸引消费者、营造人气的功效上，离达到销售目的、实现房产价值还有一大截距离呢！

房地产营销策划，属于市场要素整合学。我们知道，任何一宗房地产在市场上都是独一无二的。每一宗楼盘有不同的区位，在同一区位有不同的路段，在同一路段有不同的地块，在同一地块有不同的幢号，在同一幢号有不同的房型等等。这是房地产品天然所具有的差别化。针对不同房地产的营销策划自然就是因时、因地、因人而完全不同的排列组合过程。因此，任何房地产项目的营销策划必须忠实于房地产项目本身所占有的资源，必须忠实于与这些资源的排列组合相对应的市场定位和细分市场。

营销不是万能的。没有物业的基础，就不可能有营销的前提。几年前，当大量商品房完工后开始空置，发展商无不寄希望于营销商的专业水平，迷信房产营销为包治百病的“名医门诊室”。如今，营销策划的重心前移，“物业胎教”即营销的前期介入成为时下的一个市场特征。营销策划的分量发生了重要的变化，以纯市场观念把握物业前期开发设计的市场特征要远远重于后期销售。如果我们不知道市场需要什么产品，不知道人们对价格、地段、房型、环境、物业管理等一系列物业要素有什么要求，不知道目标消费者在哪里，不知道一定区域内人们的生活习性，而光凭个人的意愿、猜想或盲目跟风去设计、去规划、怎么可能简单地凭“营销”去实现市场推广呢！

14.1.3 营销策划在房地产策划中的位置

房地产营销策划作为房地产策划的一个不可缺少的组成部分，可以从以下几个方面来把握它的位置：

1. 从房地产建设的时间来看，房地产策划分为前期和后期，前期是房地产项目策划，后期就是房地产营销策划。

2. 从房地产策划的内容来看，前期房地产项目策划的侧重点是项目的市场定位和产品设计，而房地产营销策划的侧重点是楼盘销售和市场推广，两者的具体操作就有很大不同。

3. 从房地产营销策划的本身来看，它的主要目的是完成项目的营销目标，把将建或建好的楼盘销售出去，从这一角度来讲，它是房地产策划最终实现的关键所在，也是房地产企业开发经营的最终目的。

因此，房地产营销策划的好坏，直接影响到企业的生存和发展，作为企业决策者来说，应引起相当的重视。

14.2 房地产营销发展阶段

14.2.1 推销阶段

在我国房地产营销策划的发展阶段中，经历了一段时间的推销阶段，那是20世纪90年代初的房地产市场治理整顿以后。那时，由于房地产泡沫的破灭，使得南中国一大批房地产项目以及建好的楼盘销售不好，直接影响了企业的经济效益。在无可奈何的情况下，营销者们只能运用一种古老的推销观念和手段来销售商品房。所谓“推销”，即利用一系列有效地推销手段和促销工具去刺激客户购买商品房，如广告推销、人员促销、现场拉客等。这种营销办法，在营销策划发展阶段的初期对房地产的滞销楼房起到了一定的销售作用，也为房地产项目的起死回生有一定的帮助。然而，由于一些项目本身地理位置不佳，市场定位不准确，产品设计没有吻合市场，最终还是起不到预期的效果。

楼盘在推销阶段，并不是产品过剩，而是产品本身有问题。因此，单单用推销手段和促销工具去刺激客户购买商品房是解决不了的，应运用先进营销观念和手段来解决问题。

14.2.2 营销阶段

1996年以后，一些有识之士开始吸收国外的先进营销理念来进行商品房销售，房地产营销进入了一个新的营销阶段。

“营销观念认为，实现组织者目标的关键在于正确确定目标市场的需求和欲望，并且比竞争对手更有效、更有利地传送目标市场所期望满足的东西。”有学者对推销观念和营销观念作了深刻的比较：推销观念注重卖方需要，营销观念注重买方需要。推销以卖方需要为出发点，考虑如何把产品变成现金；而营销则考虑如何通过产品以及与创造、传送产品和最终消费有关的所有事情，从而满足客户的需要。营销观念的主要内容包括目标市场、顾客需要、整合营销和盈利能力。

广州“名雅苑”，就是营销阶段中的突出楼盘。“名雅苑”在项目建设开始直到推出销售，都贯穿了先进的营销观念，在当时最终成为“明星楼盘”。市场细分和定位为豪宅，目标客户针对港澳人士，调动设计、市场、施工、销售等部门进行整合营销来满足客户需要，达到了客户满意和企业获利的双赢。

在营销阶段，顾客的需要、需求放在首位，这是房地产营销策划发展中的一次大转折，为房地产营销策划的日趋成熟奠定了基础。

14.2.3 营销策划阶段

在营销阶段中的营销手段和方法不断成熟以后，专业营销策划阶段就应运而生了。

由于房地产市场的发展相当迅速，楼盘日新月异，从项目楼盘竞争发展到企业品牌的竞争，企业引进科学的策划理念来进行营销就迫在眉睫了。20世纪末，我国房地产业已经基本上进入了营销策划阶段，创造了一个又一个楼盘营销的奇迹。其实，在此之前，营销策划的手段和方法就已经在部分企业运用了。

在营销策划阶段，不单是营销观念和策划理念的简单相加，而是二者的水乳交融，不分你我，创造出惊人的效果。房地产项目一方面从营销的角度出发，注重市场的需要和客户的需求，另一方面又从策划的手段出发，整合营销系统的各种资源，以提升项目楼盘的价值，为企业创造更好的经济效益和社会效益，营销与策划的相互融合，相得益彰。

【策划案例：广州“富力新居”】

广州“富力新居”坐落在广州市荔湾区东风西路与南岸路交汇处的田间道。客观地说，富力新居的地理位置在广州市房地产市场上并无特别的优势；其环境亦并不理想（身处老城区，周围全是高高低低的旧建筑）。但是，就是这样的一个楼盘，在1996年推出时，曾经轰动了整个市场，创下了展销会第一天就成交157套的销售记录并一直保持至今！那么，是什么因素使得“富力新居”获得了如此巨大的成功呢？

任何一件事情的发生都离不开其背景。虽然广州市房地产开发起步较早，但直到1996年，大部分的房地产物业都是针对富裕阶层的。荔湾区的房地产物业本来就偏少，且大多是高层豪宅（如荔湾广场等），其价位亦到了8000元/平方米以上，令一般市民不敢问津。而在当时，荔湾区一带的人们普遍不愿离开市区居住。于是乎，在这一带（西关）的房地产市场需求上便呈现出了一个供应的空白点——中档、较高素质的多层住宅社区。1995年，当“富力新居”的发展商拿下该地时，这里还是一片煤厂，既无优越的环境，更无突出的地理位置，且地价贱。业内人士不以为然，甚至嗤之以鼻：贱地也能淘出黄金来？然而，发展商恰到好处地利用煤厂地价的便宜，大规模（10万平方米）地开发出多层中档住宅（社区）。这既大大地降低了开发成本，又正好填补了广州市荔湾区一带（西关）的市场空白点。

“富力新居”在竞争激烈的广州房地产市场上脱颖而出，创下了商品房销售的惊人奇迹，主要有以下几个方面的原因：

1. 发展商的大胆策划。富力新居首期于1996年5月推出，还在其推出之前10天左右，发展商便在广州市各大报刊上发布公告：请大家在某年某月某日（其展销日）前不要买楼，再过几天东风西路将推出某楼盘（富力新居），将给您一份惊喜……。这在当时并不很景气的房地产市场引起了不小的轰动。众多的购房者都翘首期盼、寄予厚望；甚至于一些已看楼交过订金的客户也身在曹营心在汉，急切地想知道这份惊喜。这种房地产营销手法，确实是一大胆的策划，不同凡响。

2. 发展商善于“造势”。“富力新居”在推出前，其发展商还充分利用其拥有的资源进行“造势”。一是大打低价牌。因为“富力新居”的开发成本低，为确保其首期一炮打响，发展商将首期均价定在3800元/平方米的低价位。这比广州市当时同类商品房价格低15%～25%，极大地刺激了客户的购买欲望。二是免费预售登记。所谓免费预售登记是指购房者先登记，后购房的做法。它对于购房者有这样的好处：不用花订金便有优先购买、选楼（位置）的权利，并能优先享受额外的折扣。另外，它对于发展商也有好处：登记者必须第一天购买，有效地聚积了人气，保持了一定量的客户。能通过预售登记提前发现购房者对本项目的反应，从而有利于采取措施促进销售。三是新颖的广告与形象包装。“富力新居”的发展商非常重视广告，并善于形象包装。以《羊城晚报》为例，1996年5月中旬，富力新居连续发布8则系列广告来进行形象包装与“造势”。且看其包装与形象定位：富力新居利用其规模大的特点，包装形象是“东风西路新加坡式花园屋村”！一时间，“新加坡式花园屋村”成为购房者的热门话题。且看其“造势”：“抢购东风西路新加坡式花园屋村”“你没有理由再犹豫”“第一日已抢购100多套，众口皆碑”……四是辅助多项促销措施。如“优先派发优惠卡，有机会获赠额外购房折扣”“展销会期间全场九八折优惠”“首期只需10%，月供1300元起”等，直把购房者的情绪调动得淋漓尽致。使得“富力新居”骤然成为广州市荔湾区一带（西关）房地产市场的新星，成为该区工薪阶层购房的首选。

“富力新居”首期销售旗开得胜后，发展商并没有被胜利冲昏头脑，相反，他们因势利导，充分利用楼盘的鲜明特点进行新闻炒作和宣传，一环紧扣一环，不断将其销售推向一个又一个高潮。

14.3　房地产营销策划的特征及作用

14.3.1　营销策划的特征

房地产营销策划的基本特征有以下几点：

1. 市场意识性

营销策划是连接产前市场与产后市场之间的一种行为方式。由于房地产开发的长期性以及市场反馈的间接性和滞后性，使得产前产后市场是不尽相同的。而营销策划就是一座桥梁，它必须忠于它所衔接两端的本质特征——市场意识。

楼盘未造，策划先行，所谓“运筹帷幄之中，决胜千里之外”。通常可以看到，许多营销策划方案从楼盘案名到广告推广语，从销售计划到案场布置，表面上花花绿绿，看似闹猛，实则是空洞无物，绣花枕头，中看不中用。这样的营销策划怎能起到对房地产业发展的推动作用？营销策划不是闭门造车，它要体现物业特征、市场特性和消费习惯及发展要求，体现市场的要求。楼盘的竞争，就是各楼盘营销策略结合市场优劣的综合竞争。谁能高屋建瓴，深入市场，把握市场，制定切实可行的营销方案，谁就立在成功营销的潮头。

营销策划的市场意识有两个方面内涵：其一是指结合市场，对楼盘的购买群体、消费层次、房型、价格定位进行决策，以销定产再建楼盘。虽然现在开发商、营销商对市场较为重视，但还是有其盲目性，开发楼盘存在跟风现象——碰到一时市场上好的卖点，不结合具体楼盘区域市场行情，你搞我搞大家搞，结果开发无个性，营销无创意，楼盘被套亦在情理之中。市场意识的第二个内涵，是指营销策划是一种长期行为，它不仅应注意成交消费区域的市场情况，而且还应从长远着眼，重视培育客户区域市场，借此产生楼盘客户市场的恒温效应。第一方面内涵是第二方面内涵的前提和基础，第二方面内涵是第一方面内涵的巩固和创新。许多人对第一方面的内涵尚能理解，往往未能意识到第二方面的内涵。然而从今后发展而言，市场要求深谋远虑的开发商、营销商亟须重视并积极利用第二种市场意识。

2. 创造效益性

现在市场上对营销有一种误解，总认为营销策划只是从属于销售，帮助推销楼盘的文案，其重头无非是做广告而已，因而使营销走上歧途。其实，意在笔先，思在行前。营销策划是一种主动创造经济效益、社会效益的行为方法。这前后两种上的差异，导致在具体策划实战中直接影响到方法的运用。

营销策划是一种导向行为，是一条基于市场需求之上的“纲”，贯穿于房地产定位、开发、销售、物业管理。换言之，营销是一种主动行为，它采用市场调研、分析、营销策略、销售技巧和控制措施来保证引导、开拓、扩大有效市场。有专家认为，房地产营销策划的发展之路要经历推销导向阶段、促销导向阶段、营销导向阶段。但从目前发展而言，许多开发商、营销商对营销策划的理解多停留于第二阶段，正在向第三阶段转变，也就造成市场上的营销策划方案大多重点在价格、付款方式、优惠条件等促销手段上做文章。这也就不难理解为何风行的大多是“按揭营销”“承诺营销”“用租房的钱买房”“承诺提前兑现”等营销方式。从根本上讲，营销的目的不是让利，而是创利。只有摆正营销的地位，才能发挥营销策划的主导作用。还营销本来面目，就是要做好产品定位、包装等系列策划，全面认识营销，创造经济、社会效益的先导作用，而不是将重心放在减价策划上。看来，营销界还需对此进一步开掘，扩大营销策划的功能空间。

3. 资源整合性

营销策划就是房产开发过程中的一种内化行为。这种内化就体现为营销是一种整合效应的运用。

所谓整合效应，是指通过营销方式、手段的系统化结合，根据市场进行动态修正，实现楼盘价值增值的全程营销效果。整合的要义就在于强调动态的观念，主动迎接市场挑战，利用当前市场，发现潜在市场，创造新的市场。它的特征是主动性、动态性、全程性。房地产开发的周期长，不动产的大宗性等特殊性决定了消费者有效需求在建设过程中仍会有不少更新和变动。因此，作为有效策划也不可能是一蹴而就，而是必须贯穿于开发的全过程，采取动态跟踪，动态获取市场信息，及时调整营销策略，主动适应新的有效需要和潜在需求。

营销策划的资源整合性具体特征表现为两方面。其一，营销策划方案组合。策划纵穿于房地产开发的整个过程。它应容纳定位、规划、工程、销售、物业管理等，而不是现在一般意义上的供销售的方案。其二，营销策划行为推广。今后对策划公司的要求将愈来愈高。整合营销需要各方面的联合，像上海由上房置换网、荒岛工作室等联手协作就是整合营销模式的代表。可以说，整合营销行为的运用是目前营销策划发展的主要形式，它对目前众多营销商提出了更高的要求。市场呼唤联合，营销呼唤整合，行业呼唤优秀人才的融合。

4. 人本导向性

现代的房地产营销策划注重人文、文化的居住理念，把策划等同于对居住理念与建筑艺术的追求升华成以人为本、人与自然相融的和谐过程。人本思想的追求是人类自身居住条件达到一定阶段后的需要。这就需要营销策划不断跟上时代的节奏，充分挖掘人性内在的需要。从当前的营销策划实践而言也体现了这一点。主要表现在：

环境氛围的营造。人们内心渴望既有高质量居住空间，又追求回归自然、返璞归真、崇尚生态的生活氛围。环境型、生态型住宅成为热门营销主题。像申城以海派文化环境为营销主题的莲浦花苑等，这种小区环境与人文文化氛围的有机结合所带来的满足，逐步取代人们以往衡量住宅的三个传统标准——地段、房型、价格。

住宅观念的变化。住宅观念表现为房型、朝向、立面等。上海楼市从小房型到大户型到跃层，特别是错层的兴起，如“银河世纪经典”“望源错牌 NO. 1”等，都是适应了人们新的居住需求。这些都是营销策划实践中对人本思想的有益探索。

物业管理的完善。今后的小区，将强化社区人概念，这就为优秀的物业管理提供了空间。如今许多消费者，在选择物业时，已开始意识到自己购买的不单单是产品，而且是服务，因此营销策划就要立足人本思想，充分发挥社区功能，从健康、舒适角度提供良好的物业管理服务。

营销策划要求不仅以消费者为起点（信息反馈、市场需求调研、购买行为研究等），而且还要以消费者为终点（为消费者提供售后跟踪配套服务）。从市场看，房地产业已进入一种“质”的发展，这个“质”不是一种单纯的建筑质量、设计质量等，而是一种创意组合后的质量。这个质量主要的是它的总体概念，是透过小区、建筑单体表象化背后的人文、文化内涵，这也是不动产个性化发展的体现。有话说，客户需要的是能安居享受的家，而不是简单的房子，就是这个意思。

5. 塑造品牌性

策划并力求塑造房地产企业品牌、树立楼盘品牌形象是营销策划的至高境界。任何商品的生产、销售和服务，都蕴含着品牌发展和形成的过程，楼盘也是如此。随着房地产市场的发展和完善，新一轮的竞争是品牌的竞争。市民选购住房时，必须考虑资金投入的安全性，自然就会选择信誉好、品牌佳的企业。品牌楼盘带来的高附加值已逐渐为卖家认识，它为开发商带来开发楼盘各环节中的良性循环机制所产生的收益也愈加显著。从发展形势看，物业是基础，市场是关键，品牌是动力，跟着品牌买房，房地产进入品牌消费时代是一种必然。营销策划就要实实在在地在物业中构筑品牌基础，堆积无形资产。

楼盘品牌的创立，不是营销策划方案的简单虚拟，而是在营销每一环节中追求品牌意识的综合体现。品牌的实现，不是一朝一夕之事。像万科、中海等开发商树立了自身过硬的品牌，他们所拥有品牌旗下的楼盘一再旺销，就是品牌发展的必然，是与相关公司对品牌孜孜以求的努力分不开的。当然，广大开发商、营销商还需高瞻远瞩，在营销策划中把对楼盘品牌形象的塑造，把利用楼盘品牌的影响、示范效应当作一种主动、自觉、精心的行为。

6. 专业操作性

出色的房地产营销策划是智慧的结晶，是一种创造性、跳跃性、发散性思维的结果，难以复制、难以模仿，甚至有点难以捉摸；但房地产营销策划又是一种专业性操作，需要将各种营销策划理论有机地结合，整合各种社会资源。

房地产营销策划的专业操作，决定了项目的专业水平，项目操作专业水平的高低，又决定了项目的成败。有人指出，房地产营销策划工作 80% 的部分是“常规动作”，而只有 20% 的部分是“自选动作”，前者要保障项目的安全性和稳定性，后者则往往决定项目是否能在市场中“脱颖而出”，这也是策划人真正的价值之所在。

房地产营销策划的专业操作，一是体现在策划人对市场的敏感性和洞察力，它决定了楼盘项目的策划思想高度。我们平常看一个项目，不同的策划人就有不同的看法，这里除了策划人的经验、素质以外，关键一点就是对市场的把握和洞察能力，有的人一眼就能看出问题的所在，而有的人则左想想、右猜猜还弄不明白事情的真谛，这就在专业操作上见分晓了。二是体现在策划人对营销策划的“常规动作”，它决定了楼盘项目的策划规范水平。有的策划人连营销策划的“常规动作”还没有做好，就强求做一些“非常规”险动作，弄得发展商不知如何是好。三是体现在策划人对营销策划的创意、创新能力，它决定了楼盘项目的策划水平“制高点”。为什么一些楼盘在推出市场时别人无法“克隆”、无法模仿，其中的奥妙就在于策划人的“点睛”之笔使你拍手叫好，这就是专业操作的至高境界。

14.3.2 营销策划的功能作用

对营销策划在房地产营销中的功能作用，有学者认为：房地产营销策划作用是整合资源、提升价值、创造优势、明晰方向、科学论证、系统操作、减少失误。这简明扼要地道出了房地产营销策划的作用和功能。

一个房地产企业往往拥有大量的营销人员，但是这并不能确保企业营销活动的成功，仅仅具有营销意识或者进行孤立的营销会造成企业营销活动的无序性。营销策划正是解决这一问题的有效武器，是企业获得良好营销效果的根本保证。实施营销策划对房地产营销具有重要作用。

1. 营销策划能够使发展商克服“营销近视症”

“营销近视症”是指发展商把营销任务定得太狭窄，从而给企业的经营增加风险。营销策划能够使营销部门站在市场导向的角度上，以用户的消费心理为指导，综合考虑企业的外部环境和内部资源，从企业的长远利益出发，制定合理的营销目标以及营销的战略和策略，从而避免“营销近视症”。

2. 营销策划能够确保企业营销目标的实现

企业的每一个营销活动都有其目的，都是为了实现一定的目标。营销策划能够使发展商的营销活动紧紧围绕营销目标展开，通过对企业营销活动进行系统科学的规划，确保营销活动不偏离方向。因此，营销策划能够使发展商更好地实现其营销的目标。

3. 营销策划能够确保营销活动有序开展

房地产营销活动是纷繁复杂的，营销策略也是多种多样的。发展商要想获得理想的营销效果和良好的营销效益，除了要有一个明确、合理的营销目标之外，还要保证营销活动紧紧围绕其营销目标有计划有步骤地开展。而营销策划是对营销活动的目标、战略、策略以及具体实施方案事先进行的系统的设计和计划，有其科学的程序和步骤，是一项系统工程，因此能够很好地指导营销活动的有序进行。

4. 营销策划能够在一定程度上降低营销费用

任何营销活动都需要营销费用的大量投入，因此房地产营销就存在一个效益问题。营销策划能够对营销费用的支出进行科学的安排，避免盲目活动给企业带来不必要的浪费。据美国一家市场调查事务所统计，有系统的营销策划比起无系统的营销策划，在营销费用上能够为企业节省五分之二到二分之一。

5. 营销策划能够提升项目楼盘的价值和附加值

一个项目楼盘的价值在其他因素不变的情况下，在特定的地域基本是一样的。但由于营销策划的介入，它的价值就会有所提升，甚至比近邻不做策划或策划做不好的楼盘提升很高，这有很多经典项目可以例证。此外，营销策划还可以增加楼盘的附加值。所谓“附加值”，简言之就是附加在一些楼盘的价值，不经过精心的策划有时还看不出来。一些人文故事，一些民间风俗，一些自然现象，往往经过绞尽脑汁而使之显现出来。

可见，通过策划，房地产企业的各项营销活动得以紧紧围绕企业营销目标科学、系统地展开，从而获得理想的营销效果。

14.4　房地产营销策划的基本原则

多年来，房地产营销策划在具体的实践中积累了不少有用的策划准则，现总结为以下几个原则。

14.4.1　创造市场原则

“市场不是调查出来的，而是创造出来的”，这是在房地产营销策划领域广为流传的一句名言。事实就是这样，市场的调查只是营销策划的基础，而创造市场，在没有市场的空白点中找出市场来，才是营销策划的目的所在。很多项目看去好像没有市场，或建好的房子卖不出去，但经过策划人的精心策划，找到了与客户需求的吻合点，找到了市场的密码，没有的“市场”，真的给“创造”出来了。

用好创造市场原则，我们要把握以下几个方面：

1. 透过现象看本质，善于发现市场的热点。像“健康住宅”的出现，是“非典”疫情造就出来的。2003 年初，一些发展商在“非典”出现的时候，意识到人们购买住宅的发展趋向是注重住宅的采光、通风，注重空气的新鲜，并马上开发了一些回归自然的“健康住宅”，一举成功。这些善于发现市场热点的发展商，不为那些繁杂的现象所迷惑，抓住了当时市场的本质，赢得了市场。

2. 与市场反行其道，占领市场的空白点。2003 年，北京的别墅市场可谓是烽烟滚滚，竞争激烈，业内人士称之为“别墅年”。“别墅年”的主要特点是欧陆风格为主，大套型居多，目标客户主要针对富豪阶层。由于一窝蜂地出现，这些豪华大型别墅都出现了不同程度的滞销。相反，一些发展商在 2002 年就已经敏锐地嗅到了火药味，及时调整策略，改变思路，开发针对能开车上班的、并渴望住上别墅的中间阶层，推出“小型别墅”，如北京“亲爱的 WILE”“湖岸之春”等，购买的踊跃使你无法想象，引起了轰动。这种反市场来创造市场的做法，对我们策划人很有启发。

3. 抓住客户趋同心理，制造市场的注意点。有学者指出，现在的经济是“注意力经济”，谁抓住了客户的注意点，谁就赢得了市场。这话一点不假。广州“旭景花园”，就是在这一点上大做文章而取得成功。“旭景花园”在推出的一年多，发展商运用了不少的推广策略，销售也不算差，但就是没有红红火火的场面。发展商左思右想，不得其解。后来，策划人提出是否制造一下市场的注意点，使客户向某一注意点集中、“聚焦”后才放大、渲染。于是，“70 年代家园”的广告主打语就形成了。报纸广告出街时，发展商还忐忑不安，这不是把其他年代出生的客户排斥掉了吗？殊不料，以 70 年代出生的客户群连夜排队来购买，而且还带动了 60 年代、80 年代的客户来购买。这一做法，把 70 年代出生的客户群集中一起，反而引起其他年代人的注意，达到了“一箭三雕”的销售效果。

14. 4. 2　主客双赢原则

“主”即发展商，“客”即客户，“主客双赢”要求房地产营销策划必须照顾到发展商和客户的利益，使双方都满意，都有好处，达到双赢。这是一个很重要的原则。

我们在做策划时经常会倾向于发展商一边，在规划、设计、价格、策略等方面都保护发展商的利益，对客户的利益不屑一顾，这是营销策划的“近视病”，是违背“主客双赢”原则的。殊不知，客户在你的项目、你的楼盘得不到好处，你没有满足客户的需要和需求，实际上，作为发展商也不会得到太多的利益。就拿规划设计中的容积率来说，在规划部门允许的情况下，是高好还是低好呢？如果只站在发展商的角度，当然是越高越好啊！但是不要忘了，容积率高、面积大、赚钱多是以牺牲整个楼盘的空间和绿地为代价的。另外，容积率高还会使楼盘的整体价格降低。对此，一些精明的发展商很会善于从“主客”中找到平衡。广州“光大花园”，在政府部门批给比较高的容积率的情况下，为了使楼盘空间的扩大，使小区的绿地面积增大，照顾业主活动的需要，硬是把政府批出的容积率降低，但收到的效果是相当好的。楼盘的整体收益不但不会下滑，相反，楼盘售价还越卖越高，使人感到不可思议。其实，这是发展商很善于运用主客双赢原则而取得的实效。

要用好主客双赢原则，营销策划时必须注意以下几点：

1. 在营销策划中要做到“主客双赢”并非易事，需要策划者在发展商和客户中善于找出二者的平衡点，将发展商和客户的利益糅合一起，相互满意，共同取胜。

2. 在运用“主客双赢”原则时，不能只停留在双方的利益上、硬件上，而更要提升到双方的精神上、软件上，这样才能使策划水平上升到一定的档次。有时，为了策略的需要，还可以牺牲眼前利益，为以后获得更大的利益。如楼盘在开盘时“先低价后高走”的策略。有时，不惜重金投入，获得购买者的好感，而会换来客户的口碑，反而带来源源不断的收益等。这些都需要策划者精心设计和策划。

3. 策划时除了“主客双赢”外，还有一个重要方面不能疏忽，那就是要注重社会利益和社会效果。这个方面疏忽大意，往往会影响到发展商的声誉。有的策划者在具体运作时不考虑社会利益和社会效果，虽然也达到了“主客双赢”，但最终距专业策划水平相差悬殊，不值得效仿。

14.4.3 差异策略原则

营销策划的本质就是向日益细分的市场与客户强调单个产品与众不同和度身定做的个性化特征。市场客户的细分决定了产品之间的不同之处，在每一个环节上照顾客户共同关心的产品要素，从客户出发，在整个营销过程中突出对客户有意义的、与其他产品不同的细节点，强调此产品与彼产品的差异性，这就是营销策划的精髓所在。

许多地方的房地产项目争夺的都是同一类客户，它们的价位、楼型、户型、外立面、售楼处包装、营销模式、广告诉求等等大都处于同一思维和操作模式，有些方面甚至惊人地一致，存在严重的“同质化”倾向，这势必加剧狭小市场范围内的竞争，加大单个项目的投资风险。如果其中项目崩盘或价格“跳水”，其他同类项目将同样遭到严重冲击。所以，项目的营销必须坚持差异性，突出产品自身特征，加强产品的易识别性。

14.4.4 顾客导向原则

对这一原则的强调极易被许多策划人嗤之以“老生常谈”——又有谁不明白客户和市场的重要性呢？然而，策划人最易犯的错误就是：以自己的价值认同，以自己的鉴赏品位去取代目标客户的审美情趣和利益关注点，因而在项目的营销主题确立及其表现手法上，策划人对自己的策划成果珍爱不已，尽管市场反应平平。

特定的产品有特定的购买群体，他们的年龄、性格、家庭构成、文化程度、工作经历、婚姻经验、价值认可、个人爱好，以及作为买家的特定心理，都有着他们自然自在的共性，而这些共性与我们策划人或买家的相应体验与表现形式或诉求点有许多区别。唯有在搞好市场调查的基础上，从客户出发，综合分析，投其所好，打动他们，而非打动了我们自己，他们却不屑一顾。只有把客户导向原则放在恰当的位置上，营销策划才能发挥其真正的魅力。

14.4.5 整合营销原则

营销策划往往讲求“创意”，而“创意”最容易表现为思维上的“灵机一动”。这反映在策划工作的表现上往往可能是孤军突进。策划上的灵感与创意一定要结合总的诉求主题。客户最终选择产品的因素中，性价比是竞争胜出的关键，没有哪一个因素是至关重要，就像没有哪一个因素可以被忽视。这就要求各个策划的细节环环相扣，要求统筹安排和立体营销面面俱到。售楼现场广告的布置、媒体发布的立体性配合、工程上的进展、设计上的优化、物业管理方面或某一批硬件设施的确定、价格上的变更、甚至可以配合相关政策法规的调整，统一指挥，规范布局，齐头并进，互相协调，目的一致，坚持整合推广理念，强调点线呼应、立体攻势、善始善终、环环相扣意义上的整合推广，这样才能避免单一营销活动结果——反应平平、费时费钱又费力而贻误市场良机。

此外，策划与销售的紧密呼应也是整合营销的一项内容。营销策划程序上的末端工作就是销售策划，前期策划上的任一诉求点都将通过终端销售验证其效果。销售亦应纳入统一的总体策划思路中。策划的目的只有一个——促进项目成交，优化项目品牌。提高策划对项目销售的帮助程度，强化销售对策划思路的理解、配合与表现就像强调销售对策划的反馈一样至关重要。市场信息的变化是永恒的，销售反馈而来的信息又是至关重要的客户信息，这就要求策划的适时调整，没有终极不变的策划，因为不能有一意孤行的销售执行，二者互为表里，彼此修正，紧密呼应，这就是真正负责且科学的营销思维方式。

14.4.6 提升价值原则

提升楼盘的价值，挖掘项目潜在的增值能力，是营销策划最终要达到的目的之一。同一区域的项目，同一竞争的因素，因营销策划的能力相异，往往出现不同的效果，有的楼盘售价要比相同的楼盘高出一大截，这就反映出营销策划在提升价值的奥妙之处。

策划使项目提升了价值，主要体现在这几个方面：

1. 土地价值的提升。土地价值在政府批租出来时虽然考虑了市场的因素、区域的因素以及级差地租等因素，但在发展商的眼里，远远不止这些。对一个老练精明的发展商来说，比如在郊区，相同地价的坡型地和平坦地——它们的土地价值或者说价格是不一样的。坡型地在规划时可以充分利用地形来布局，规划出参差不齐而又相对统一的小区空间；相对于平坦地来说，难度就大些（除了挖出山来，那要多花一些费用）。也就是说，坡型地提升价值的空间就大些。策划人要善于发现土地价值能够提升的方方面面，把握好土地价值提升的因素，使项目的升值潜力与众不同。

2. 环境价值的提升。楼盘的环境有内部环境（楼盘环境）和外部环境（周边环境）。无论是内部环境和外部环境，都有价值提升的条件和可能，就看你怎么去发现和挖掘了。就拿周边环境来说，不管哪个项目都一样，但善于“借光”的发展商却另有自己的一套想法。一个自然山体的小森林，他看到的是郁郁葱葱的森林公园；一个不起眼的肮脏小河，他看到的是潺潺流水的幸福河……这些看起来不可思议的联想，正是环境价值提升的根基，他挖掘出提升价值的空间因素。

3. 销售价值的提升。这里说的销售价值的提升，是指通过销售的组织、价格的制定、策略的优选、媒体的推广以及公关活动的运用等，使项目的推出提高了楼盘的素质，从而使客户购买物业后物有所值。

销售价值的提升是项目营销的终点，它不但保证项目为发展商获得巨大的利润空间，而且为物业以后的保值和增值创造有利的条件。

14.5　房地产营销策划的理念体系

市场营销在多年的发展中，逐渐形成了各种不同的营销思想和营销体系，如全程营销，4P、4C 和 4R 营销以及组合营销等。这些不同的营销思想和理念对房地产营销策划有很大的指导作用，共同构成房地产营销策划的理念体系。

14.5.1　全程营销理念体系

全程营销理念贯穿于房地产开发的各项活动中，构成房地产全程营销理念体系。最早提倡并运用于房地产项目开发活动的是朱曙东，他不但提出房地产全程营销的理念，还著有《房地产全程营销》一书，总结和阐述了他的观点。此后，一些学者也相继对房地产全程营销的思想内容进行探讨，如上海东方房地产学院学者刘华伟等，使房地产全程营销的体系日趋完善。

1. 房地产全程营销的涵义

房地产全程营销，是以市场营销为基础，以满足消费者需求为核心，以超越竞争对手，获取、保持竞争优势为目标，将营销理念贯穿于房地产开发、经营、销售、管理全过程的一种企业战略。

房地产全程营销的主要特征是把科学的营销理念和方法运用在房地产开发、经营、销售、管理全过程。以消费者为中心，以市场为导向，以获取、保持竞争优势为目标，通过为消费者提供有效商品，满足消费者的需求，以保证企业可持续发展。其核心宗旨是要求在开发的各个阶段都要紧紧围绕市场定位。

当前，房地产市场已进入了一个新的发展阶段。房地产市场由卖方市场进入买方市场，消费者在市场中占有绝对主动。房地产开发商之间的竞争层面提高，他们开始从企业战略层面来研究房地产市场营销，房地产全程营销理念于是应运而生。

进行房地产全程营销很有必要：

（1）房地产全程营销的提出是房地产市场发展的需要。20 世纪 90 年代前，房地产市场处于卖方市场时代，市场存在巨大的需求空间，房地产开发经营，是以房地产开发商自我为中心，“开发什么样的房子，顾客就得买什么样的房子”，当时的房地产市场，实际处于一个推销阶段；1992 年后，房地产投资盲目扩大，市场虚假繁荣，出现了供过于求的买方市场，大量商品房空置，这时，房地产营销进入销售阶段，最典型的模式是广告策划 + 售楼部；而时至今日，房地产市场日趋规范，购房者日趋理性，促销表面的繁华，难掩楼盘内在的品质，开发商之间竞争激烈，开发商越来越感到，只靠已有的传统营销模式已难以适应消费者需求。开发商要使开发的产品赢得消费者的青睐，除了满足市场需求外，还必须研究竞争对手，制定一套具有全局性的营销战略。这种营销战略，要从房地产开发前期的市场定位开始，贯穿于房地产开发、经营、销售、物业管理的整个过程。房地产全程营销策略由此应运而生。

（2）房地产开发经营的特殊性需要引入全程营销理念。房地产是一种特殊的商品，它的开发经营同其他商品不同。房地产商品从前期市场定位、开发，到经营、销售，到后期的物业管理，要经历一个相当长的周期。开发商在开发前期对市场的预测是以今后几年而不是以现在的市场状况为依据，这就要求开发商在开发前期，就要对未来所要销售的楼盘，有一个前瞻性的总体规划，把握市场定位，将营销理念引入房地产开发前期，更好满足购房者的需求，这恰是全程营销理念的核心。

因此，将营销理念贯穿于房地产开发经营的全过程，即全程营销理念，正逐步成为房地产开发企业在激烈的市场竞争中获取竞争优势的有效手段。

2. 房地产全程营销的理念体系

房地产全程营销理念包含的前期开发、项目施工、产品出售和物业管理、善后服务等一系列房地产经营活动，均是以市场需求为目标的经营管理思想，并以房地产建设的全过程通过营销手段而取得最终的经济效益。因此，营销的工作须在实施项目建设的过程中以客户最大接受程度为目标，不断修正实施方案，即贯彻全程营销的理念和实践。

房地产全程营销的理念体系包括：

（1）项目投资营销。项目投资营销是房地产全程营销最为关键的环节，它通过对项目的环境的综合考察和市场调研分析，以项目为核心，针对当前的经济环境，当地的房地产市场的供求状况，项目所在区域同类楼盘的现状及客户的购买行为进行调研分析，再结合项目进行SWOT分析，在以上基础上，对项目进行准确的市场定位和项目价值发现分析，然后根据发展商提供的基本资料，对项目进行定价模拟和投资产出分析，并就规避开发风险进行策略提示，还对项目开发节奏提出专业意见。

项目投资营销的具体内容有：①项目用地周边环境分析；②区域市场现状及其趋势判断；③土地SWOT分析；④目标市场定位；⑤项目价值分析；⑥项目定价模拟；⑦项目投入产出分析；⑧投资风险分析及其规避方式提示；⑨开发节奏建议。

（2）项目规划设计营销。通过完整科学的投资营销分析，发展商有了明确的市场定位，从而进入了产品设计阶段。项目规划设计营销是以项目的市场定位为基础，以满足目标市场的需求为出发点，对项目地块进行总体规划布局，确定建筑风格和色彩计划，紧紧围绕目标客户选定主力户型，引导室内装修风格，并对项目的环艺设计进行充分的提示。

项目规划设计营销的具体内容有：①总体规划；②建筑风格定位、色彩计划；③主力户型选择；④室内空间布局装修概念提示；⑤环境规划及艺术风格提示；⑥公共家具概念设计提示；⑦公共装修材料选择指导；⑧灯光设计及背景音乐指导；⑨小区未来生活方式指导。

（3）项目形象营销。项目形象营销包括房地产项目的总体战略策划、社区文化形象策划、房地产企业行为形象策划、员工形象策划以及项目视觉形象策划等主要营销内容。

（4）项目推广营销。项目推广营销就是房地产企业对未来将要进行的营销推广活动进行超前的整体、系统筹划。它提供一套关于房地产企业营销推广的未来方案，以未来的市场趋势为背景，以房地产企业的发展目标为基础设计的营销推广措施，其内容是在项目投资分析的基础上进一步对区域市场及竞争楼盘的调查分析，从而进一步对项目强、弱势进行分析并得出正确的处理方法。同时，通过对项目市场定位分析，确定项目的正式入市时间，以及采用相应宣传推广策略，并提出对整个营销推广的效果进行有效监控和评估的方法，以达到预期的营销效果。

项目推广营销是房地产全程营销的重头戏，是营销策划水平与销售技巧的高度结合，需要高度的专业化运作。

项目推广营销的具体内容有：①区域市场势态分析；②项目主卖点及强势、弱势分析与对策；③目标客户群体定位分析；④价格定位及策略；⑤入市时机规划；⑥广告策略；⑦媒介策略；⑧推广费用计划；⑨公关活动策划及现场包装；⑩营销推广效果的监控、评估及修正。

房地产全程营销的理念体系除了上述以外，还包括项目质量工期营销、项目服务营销等内容。

14.5.2 4Ps、4Cs、4Rs 营销体系

4Ps、4Cs、4Rs 营销理论是在国外引进的营销理念，经过多年的实践运用，已经融入了房地产开发、经营、管理的一系列过程，形成了房地产营销策划的理念体系。

1. 4Ps、4Cs、4Rs 营销体系涵义

20 世纪 50 年代末，杰罗姆·麦卡锡提出了 4Ps 理论。这一理论使市场营销的 4 个基本要素通过不同的组合策略，像玩“魔方”一样，会出现光怪陆离的神奇效果。这一理论强调以市场为导向，以产品销售为目的。他认为企业主要应该通过生产优质的产品，采用合理的价格，凭借适当的分销渠道，再加上必要的促销手段，从而实现企业的预期目标。

20 世纪 80 年代，美国市场学专家罗德明向传统的 4Ps 理论发起挑战，提出 4Cs 理论。这一理论强调以消费者需求为导向，充分考虑消费者所愿意支付的成本，照顾消费者的便利性，与消费者进行沟通，从而促进社会长期利益和企业经济利益相结合。

20 世纪 90 年代，美国的舒尔茨提出 4Rs 理论，阐述了全新的营销要素，包括与顾客建立关联，提高市场反应速度，重视关系营销和营销回报。这一理论以竞争为导向，注重关系营销，维护企业与客户之间的长期合作关系。

4Ps、4Cs、4Rs 营销体系见表 14-1。

表 14-1 4Ps、4Cs、4Rs 营销体系

经典营销理论		现代营销理论		创新营销理论	
4Ps		4Cs		4Rs	
Product	产品	Consumer	消费者需求	Related	关联
Price	价格	Cost	成本	Reflect	反映
Place	渠道	Convenience	便利性	Relation	关系
Promotion	促销	Communication	沟通	Reward	回报

2. 房地产 4Ps、4Cs、4Rs 营销体系内容

（1）房地产 4Ps 营销。

1）价格不单单是价格，而是一个价格体系。对房地产商品而言，它的价格体系，具体包括土地成本、建筑成本、设计成本、销售成本（企划、代理、广告、促销、人力资源、公共关系等）、税收、利息等成本。基于这些成本之上的一个利润空间，从而制定一系列的价格：底价、开盘价、起步价、均价、最高价、收盘价等以及制定一套相关的价格升降策略。

2）产品也不单单是产品，它是一个产品的体系，对房地产商品而言，它的产品包括：①产品的种类：是别墅还是普通住宅、是平层还是跃式、复式，是多层还是小高层、高层；是联排还是独体；是小户型还是大户型。②产品的质量：包括建材、施工水平、土地状况、

设计风格、小区环境、配套设施、容积率、绿化率等。③产品的售后服务：物业管理水平如何？开发商信用如何？交房后的承诺如何兑现？产生纠纷如何处理等。

3）渠道也不单单是渠道，它包括供应商、物流分销商和客户终端建设几部分组成，由于房地产商品的特殊性，它的商品并不流通，这种物流的过程中层层加码的现象并不存在，因此，开发商的渠道主要集中在对政府、媒体、企划、广告、金融、建筑、装修、印刷、设计等上端渠道的建设，下端则直接面对客户。

4）促销也不单单是促销活动，而是广义上对消费者、对员工、对终端、对经销商的一个促销组合，这样的促销才是完善的。就房地产商品而言，正因为流通环节的消失，才让地产商们有大把大把的钱用来做宣传促销，地产促销的方式几乎无所不包，将传统商品的宣传手段加以扩充与放大。

（2）房地产4Cs营销。对于房地产开发商而言，在开发的初期就必须引入现代营销的理念，从选址征地到规划设计，从建筑施工到市场推广，都要把市场营销的理念放在第一位。所谓的现代营销理念就是要适应市场的需要，为顾客提供满意的房地产商品。

1）瞄准消费者需求。只有探究到消费者真正的需求，并据此进行规划设计，才能确保项目的最终成功。尤其是房产，对消费者来说是一项相当大的投资，其购买行为非常复杂，只有当物业的综合素质真正满足其需求时才会引发购买行为。

由于消费者的生活经历、受教育程度、工作性质、家庭结构、个人审美情趣各不相同，每个人对物业品质需求的侧重点也大不相同，因此要了解并满足消费者的需求并非易事。4Cs理论认为了解并满足消费者的需求不能仅表现在一时一处的热情，而应始终贯穿于楼盘开发的全过程。

纵观近年来我国房地产市场可以发现，大多数风云市场的明星楼盘，如深圳的“万科城市花园”、北京的“现代城”、上海的“世贸滨江花园”、广州的“星河湾”、武汉的“丽岛花园”等无一不深深地契合了人的生命本质、家庭的天伦本质、环境的自然本质、建筑的生活本质，从而充分满足消费者的需要。而那些忽视消费者需求、单凭自己想象或简单抄袭、模仿而生产出来的产品，在市场上很难有销路。

2）消费者所愿意支付的成本。消费者为满足其需求所愿意支付的成本包括：消费者因投资而必须承受的心理压力，以及为化解或降低风险而耗费的时间、精力、金钱等诸多方面。

消费者在购房时必然要面对一系列的风险：建筑质量是否优良、户型结构是否适用、能否及时交付、配套设施是否完善、交通条件能否改善、面积分摊计算是否合理、装修的材质水准、物业管理水平如何、有关法律手续是否齐备、所购物业能否得到人际圈的认同等等。这些风险的大小程度将决定消费者必须投入的精力、时间多少，决定其对物业的满意程度，并最终决定其愿意投入多少金钱成本，这是一个非常复杂的分析过程，唯有深入调查、专业研究，及时准确探明消费者的需求，并采取一切可行措施，切实消除或减低消费者的置业风险。而最有效的则莫过于树立起让消费者能产生充分依赖感的企业形象和品牌声誉，为其节省大量时间并减少心理压力。

3）消费者的便利性。咨询、销售人员是一线与消费者接触、沟通的主力。因此他们的服务心态、知识素养、信息掌握量、言语交流水平，对消费者及时了解掌握物业情况、对消费者的购买决策都有着重要影响，要尽最大的可能为消费者提供方便。

对不少消费者来说，可能一辈子也只有一次置业。由于没有购买经验，购买行为非常谨慎，购买前需要多方收集资料、反复比较权衡。因此发展商们必须秉承“一切为了客户挑选最合适的家”的理念，为消费者提供尽可能多的、涵盖各方面甚至包括竞争对手在内的真实可靠的资料，才能赢得消费者的信任，才能为消费者提供真正的方便。

房产是特殊商品，消费者挑选考察时间长，比较权衡次数多，消耗的精力也多。因此，引入“店铺式”和“连锁化”概念，构建信息网和销售网，为消费者提供就近便捷而价格、信息、质量完全统一的服务，是改变原有购房方式，方便消费者购房的重要手段。

4）与消费者沟通。据调查发现，获得一个新顾客要比维系一个老顾客增加 5～6 倍的成本，每一个抱怨的顾客，就代表了 13 个同样的抱怨者，13 个抱怨者中有 9 个以后绝不会再上门。一个顾客购买了满意的楼房后，可能会告诉他的 15 个亲朋好友，会引来 5～8 个顾客到楼盘现场，可能会引发 1～3 个顾客购买欲望。所以，获得满意的顾客是企业及其产品的最佳推销员，不仅可为企业提出有关产品和服务的好主意，而且还可全面深入地宣传企业及其产品，从而吸引新顾客。

更重要的一点是企业在终端与客户沟通，它的形式多种多样，可以用组建客户俱乐部、积分消费、参观企业、现场专家解答、幸运抽奖、产品征文等等形式。多数企业往往是心血来潮、浅尝辄止，没有把它提到具有战略意义的高度去对待。品牌开发商则花很大的气力去进行上述的各种活动，其目的就是加强和客户的沟通，让客户对他们的品牌死心塌地，然后再慢慢成倍得回收成本与利润。

（3）房地产 4Rs 营销。

1）与顾客建立关联。在竞争性市场中，顾客具有动态性。顾客忠诚度是变化的，他们会转移到其他企业。要提高顾客的忠诚度，赢得长期而稳定的市场，重要的营销策略是通过某些有效的方式在业务、需求等方面与顾客建立关联，形成一种互助、互求、互需的关系，把顾客与企业联系在一起，这样就大大减少了顾客流失的可能性。目前越来越多房地产企业开始重视这个问题。

2）提高市场反应速度。在相互影响的市场中，对经营者来说最现实的问题不在于如何控制、制定和实施计划，而在于如何站在顾客的角度及时地倾听顾客的希望、渴望和需求，并及时答复和迅速作出反应，满足顾客的需求。目前房地产企业多倾向于说给顾客听，而不是听顾客说，反应迟钝，这是不利于市场发展的。房地产应该建立快速反应机制，了解客户与竞争对手的一举一动，从而迅速作出反应。

3）关系营销越来越重要。根据营销大师菲利浦·科特勒的研究证明，在房地产企业中，顾客关系营销是不可缺少的。顾客关系营销是通过不断改进企业与消费者的关系，实现顾客固定化的一种重要营销手段，但并不意味着对每一位顾客都要实施关系营销。因此，房产商必须对不同顾客（从一次性顾客到终生顾客之间的每一种顾客类型）的关系营销深度、层次加以甄别，才不至于分散营销力量。

获得顾客的满意和忠诚感以保持顾客，除对重复购买或介绍他人购买以及与公司有一定业务联系的顾客购买房屋，给予财务奖励外，还可通过建立俱乐部的形式，加强企业与顾客的关系，将公司的服务个性化、私人化，增加顾客的社交利益，把顾客变成亲密的客户，甚至通过定制生产或提供特别服务来直接满足顾客需要，并建立顾客档案以保持长期的合作关系。

如果顾客退出，要分析其原因，利用这些信息改进产品，降低顾客退出率。建立有助于促使员工努力留住顾客的奖酬制度，调动员工积极性，强化公司所期望的员工行为。

4）回报是营销的源泉。对企业来说，市场营销的真正价值在于其为企业带来短期或长期的收入和利润的能力。一方面，追求回报是营销发展的动力；另一方面，回报是维持市场关系的必要条件。企业要满足客户需求，为客户提供价值，同时也要获取利润，因此，营销目标必须注重产出，注重企业在营销活动中的回报。一切营销活动都必须以为顾客及股东创造价值为目的。房地产企业更应该注重回报的运用，对客户、股东、员工、社会政府、媒体、企划、广告；金融、建筑、装修、印刷、设计等一系列相关法人或个人的回报，否则房地产企业绝对不能顺利发展。

（4）房地产4Ps、4Cs和4Rs营销体系的运用。由于房地产商品特性，又基于我国房地产企业层次不同，情况千差万别，市场、企业营销还处于发展之中，所以至少在一个时期内，4Ps、4Cs、4Rs均会在不同的企业有不同的运用。4Ps营销理论站在企业的角度来思考问题，是营销的一个基础框架，4Cs营销理论站在客户的角度来思考问题，但是他们没有侧重从企业整体运作的角度看待问题，更没有侧重从营销的核心目的去分析问题，4Ps营销和4Cs营销都是对营销过程中重点元素的静态描述，没有从营销核心目的的角度出发将其表串成动态的过程。4Rs则是二者综合提炼的结果，它满足营销的核心，而且是一个动态的过程。但是4Rs不是取代4Ps、4Cs，而是在4Ps、4Cs基础上的创新与发展，所以不可把三者割裂开来甚至对立起来。所以根据企业的实际，把三者结合起来，作为房地产的营销模式，扬长避短，指导营销实践，唯有这样，才能在激烈的房地产市场竞争中立于不败之地。

14.5.3　组合营销体系

近几年来，创新营销理念不断出现，构成了庞大的营销创新体系。房地产企业根据自身的特点，灵活运用各种营销理念，为房地产营销策划注入了新鲜血液。这些营销理念经过不同的组合，不同的交融，给房地产企业创造了更大的利润空间，也为房地产营销策划提供了比较完善的理念体系。

房地产市场经过不断地发展，市场投资主体从单一到多元化，市场从简单竞争到多要素的综合竞争，竞争格局发生了巨大而深刻的变化，房地产市场进入了一个新的历史发展阶段。随着我国社会和经济的飞速发展，社会生产方式及居民消费行为的变化以及房地产开发建设方面的技术差异逐渐缩小，产品日趋同质化等因素，加速了房地产业的产品更新换代，对房地产企业原有的营销理念、营销方式和营销模式形成了巨大的冲击。

组合营销实际就是房地产企业依据自身的不同情况，根据市场的不同特点，对房地产营销创新理念进行的优化组合，从而形成企业特有的营销体系，为企业的经营管理服务。

组合营销的主要特征是注重以人为本，以顾客为导向，积极实施全程营销、全员营销和诚信营销的营销理念，把“客户满意度”及客户保持率作为企业发展的核心价值、主要的目标及标准，构筑了“以顾客为导向”的市场营销体系。

【策划案例：广州市城建企业集团房地产组合营销体系】

1. 以“服务营销”为中心

（1）增强全体员工服务营销的群体意识。不管是职能部门、技术部门还是销售部门，都要通力合作为顾客带来可靠的产品和服务；每个部门都要意识到自己在客户服务链条上的作用，从而形成一条以顾客为导向的企业服务运作链条。在房地产售前、售中、售后的每一个环节都对顾客提供细致、周到、充满人情味的服务。全体员工都在不同岗位全心全意服务于顾客并以此作为工作信念和发展目标，形成以服务文化为核心的企业文化。

（2）强化居住文化理念，以先进文化打造社区灵魂。倡导居住文化，关键是要把握社区生态环境与居住文化的统一、居住设施的视觉和谐与个性展示、居住环境与健康的关系。从顾客需求与市场情况出发，对立面、房型、环境、设施等倾力打造、精雕细琢、营造家园、彰显文化。

广州城建集团建设的岭南花园突出了岭南建筑的特色和生活方式，“逸泉山庄”则体现了生态住宅的理念，把山、水、绿、茶文化搬进社区，满足了不同阶层的需求。同时，要关注社区文化与城市文化的关系，照顾到本社区特定人群的价值观，文化取向与经济利益，形成共同的文化趋向与场所定位。通过高层次的艺术传播，丰富社区文化的不足，如分别邀请了俄罗斯小白桦歌舞团、广州芭蕾舞团等为业主演出经典歌舞剧，邀请国内外著名团体举办世界名曲音乐会等，受到业主的欢迎和赞赏。

（3）加强与消费者的沟通。要以积极的态度处理投诉问题。投诉往往体现了企业在经营运作中存在的问题和顾客潜在的需求。如探索建立了客户投诉处理机制，拟组建客户服务中心等，处理客户事宜，为客户提供完善的服务。同时，要改变以往单方面的促销，注重与消费者的有效沟通，以积极的方式适应顾客情感，建立基于共同利益的新型关系。

（4）提供全面的系统服务。广州城建集团于 2000 年 9 月郑重向社会推出“三项承诺、四项服务”和“幸福家园”为核心的“天长地久优质服务工程”。“三项承诺”（包退、包换、包修）体现了大型房地产开发企业的高度责任感，增强了消费者的购房信心；“四项服务”（24 小时物业管理热线服务、社区宽带网络服务、置业后首次放租免佣服务、购房累积优惠服务）则满足了客户多元化服务的需求。“幸福家园”活动则侧重于提升物业管理服务水平，丰富社区服务内容和形式，给业主、客户提供一个良好的居住、度假环境，满足不同层次的生活、居住需求。“天长地久”开展 2 年多来，仅发生 1 例退房和 1 例换房。

全面系统的服务活动有力促进了销售工作。在市场竞争异常激烈，集团缺乏新盘上市的情况下，销售面积还增加了 63%，取得了历史上的最好成绩，达到了“增加商品房卖点，提升住宅的附加价值”的预期目标。

2. 以“诚信营销”为根基

（1）把诚信转变为现实，转变为日常的行为规范。广州城建集团多年坚持“诚实守信，坦诚待人”的职业道德，要求属下所有单位、员工，必须把诚信放在首位。特别是注重提高房地产行业人员素质，要求所有从业人员爱岗敬业，重信誉，信守诺言，以质取胜，反对坑蒙欺诈、假冒伪劣。集团从没有发生过“烂尾楼”“迟交楼”的不良现象，也无侵权事件发生；还是广州房地产界首家实现交楼即交房产证的企业。

（2）真正树立“以顾客为中心”的观念，提高客户服务水平。顾客需要什么样的服务，企业就提供什么样的服务，而且服务有超前性，人性化，深入到业主生活的各种层面，时时处处为顾客着想。面对顾客提出的问题，要竭尽所能寻求解决办法，以此建立客户对企业的忠诚度。

（3）努力建立督促检查和反馈机制。聘请一批义务监督员，对产品、服务和管理工作进行监督；加强对行业内各个环节的管理、服务工作的检查督促，及时发现问题，认真加以整改；要求处于市场第一线的有关单位，注意市场信息的收集和反馈，及时反应来源于客户的信息，进行整理、分析、讨论，洞悉客户的心理，及时更新与改进服务的内容和方式，满足客户越来越高的要求，赢得他们的信任和支持。

3. 以“特色营销”为突破口

(1) 降低销售“门槛”，提供全程优质服务。2002 年 9 月，广州城建集团推出“放心十免”置业计划。“十免”（部分“免”的税费是由本公司支付）包括：免首期入住、免购房税费、免费提供律师服务、免一年物业管理费、免物业管理维修基金、免煤气管道初装费、免费提供一次“幸福家园”家政套餐服务、免有线电视开通费、免宽带网开通费、免费开通电话。此外，煤气管理费、有线电视费、电话费、宽带网费等入住“基础设施开通费”也由发展商支付。

(2) 努力在销售技巧上下功夫，进一步提高营销策划水平。要加强销售手法、意念的研究和创新，力争整体策划水平、质量提升到一个新的层次。要注重研究市场，研究消费者。要深入研究消费者的心理、行为，及时反应来源客户的信息，进行整理、分析、讨论，洞悉客户的心理，确立改进的方向，并及时采取行动，适应市场变化。同时，要注意研究产品的目标市场、品牌状况、产品特点、品牌定位、广告目的、诉求重点等，建立正确的销售策略。

4. 以“全程营销”为重点

要使交到消费者手中的产品，符合设计之初设定的品质标准，质量无缺陷，更要符合消费者对产品的期望，是适销对路的产品，定位无缺陷。产品质量保障从策划和设计的源头抓起，策划和设计的理念要源于市场的有效需求，这是保障产品市场竞争力的关键。要努力建立和完善与市场相连接，与企业发展相适应，与国际经济运行规律相接轨，与企业品牌相一致的营销机制。要完善营销的组织结构和运作模式，营造一种比较成熟的经营制度、高效的业务流程和顺畅的沟通体制，形成企业内部良好的经营环境；构建业务之间的关键流程，如计划流程、信息流程、产品研发流程等，保障营销体系的高效运作。

5. 以“激励营销”为依托

结合营销体系的调整，在整合人力资源的基础上，激发员工的工作热情，提高员工素质，发挥员工潜能。要建立以公平、公开、公正、竞争为原则的竞争上岗机制，将企业内部的人才向营销部门倾斜。要学习、借鉴同行业的先进经验，研究建立积极有效的激励机制。如销售指标层层分解，定期对一线销售人员的销售业绩进行“销售状元”“销售能手”等的评比，及时给予奖励，做出突出贡献的要给予重奖；建立与中介市场接轨的佣金制度，适当提高销售人员的佣金比例；建立奖励制度，对在招商、引资、促进销售等方面做出突出贡献的员工给予奖励等。

以上是广州市城建集团依据自身的不同情况，根据市场的不同特点，对房地产营销创新理念进行优化组合，形成了自己特有的组合营销体系。

目前，房地产的营销理念很多，如文化营销、知识营销、品牌营销、绿色营销、形象营销、整合营销、互动营销、网络营销、定制营销、关系营销、服务营销等等，这些不同的营销理念都有长处，关键是房地产企业如何优化组合，制定出符合自身需要的组合营销体系。

14.6　房地产营销策划的模式类型

房地产营销策划的模式是通过不断的实践而逐渐形成的，它反映了房地产营销策划的一般规律。目前，营销策划的模式主要有两种：

14.6.1　全程营销策划模式

房地产全程营销策划是在实践中总结出来的一种比较可行的策划模式之一，它以全过程为主要特征，把营销策划的理念、技术和方法贯穿到房地产开发的各个环节。

房地产全程营销策划就是运用整合营销概念，对开发商的建设项目，从观念、设计、区位、环境、房型、价格、品牌、包装、推广上进行整合，合理确定房地产目标市场的实际需求，以开发商、消费者、社会三方共同利益为中心，通过市场调查、项目定位、推广策划、销售执行等营销过程的分析、计划、组织和控制，在深刻了解潜在消费者深层次及未来需求的基础上，为开发商规划出合理的建设取向，从而使产品及服务完全符合消费者的需要而形成产品的自我销售，并通过消费者的满意使开发商获得利益的过程。

由于对房地产全程营销策划的“全程”范围有不同的看法，因而有两种不同的倾向：一是以房地产开发的“全程”来进行房地产营销策划，强调的是“自始至终”要进行房地产营销策划；二是以房地产开发的“前期”和“后期”来进行房地产营销策划，强调的是“前”“后”两个重点。本书则倾向于后者。

14.6.2　等值（增值）营销策划模式

等值（增值）营销策划模式也是房地产全程营销策划的一种策划模式，由于策划者在营销策划时对这一模式理念和操作方法还没有成熟或理解不深，因而还没有真正的在策划实践中流行。

等值（增值）营销策划模式是策划人为避免楼盘成本攀升而并未获得同比的售价，或因售价提高造成楼盘空置率攀升的恶性循环，在众多的楼盘优势卖点中进行权衡取舍，或找到楼盘未发现的价值点，使楼盘成本与销售价格相适应，从而达到促销目的的一种策划方式。

由于存在着投资商和策划机构对土地和项目价值的发现与价值发现能力的差异，使得一些楼盘成本高于售价。等值策划要求对该项目的价值因素具有充分的认知能力，并能在众多楼盘优势卖点中进行选择，具有驾驭和实现发展商经营意图的综合能力。等值策划模式毕竟是推销、销售观念的产物，它不可能解决开发与市场需求之间的矛盾，只能缓解这种矛盾。

策划人在项目立项时，即着手进行市场需求调研，正确确定目标市场的需求和欲望，利用差异化、避免竞争等营销理论，营造出既比竞争对手更有效的满足市场需求、又不可替代的楼盘，通过提高消费者可察觉的使用价值，提高楼盘相对销售价格——使楼盘增值，从而达到营销目的。

增值策划的目的，就是要为开发商的楼盘创造最大的附加值（使楼盘增值），为楼盘的市场创造有效需求。价格的制定不能脱离整个房地产营销组合的其他部分，它同时也是市场定位战略的内在要素，真正的问题是房地产的价值，而不是价格。增值策划所要作的，归根结底是为了使开发商获得最大收益。

有学者对“等值策划模式”与“增值策划模式”作如下的比较：

等值策划模式——以更低的价格向住户提供与竞争者相同的可察觉的使用价值。

增值策划模式——在与竞争者相同的价格向住户提供更高的可察觉的使用价值。

增值策划模式的理论核心——DSTP 模式：分析住户需求，细分市场，选择适当的目标市场，为自己产品进行价值定位。

需求（Demand）：是指消费者有能力购买且愿意购买的某个具体产品的欲望。

细分（Segmentation）：指市场细分，根据住户对产品的需要差异，把整个房地产市场分割为若干个子市场的分类过程。

目标（Targeting）：指开发商对市场细分后，确定自己的产品所要进入的领域。

定位（Positioning）：指策划机构为目标项目设计出自己的产品和形象，从而在目标用户中确定与众不同的有价值的地位。

14.6.3 概念营销策划模式

策划人选择楼盘的一个或一个以上的显著特征，向消费者加以强调和宣传，使消费者对楼盘建立起概念认识，引导消费者在众多楼盘的选择过程中，比较容易选择自己偏好的楼盘，从而达到促销目的的一种策划方式。

热销楼盘宣传上都分别有一个以上的显著特点。比如有的强调区域文化人文理念、有的突出社区安全、有的推荐智能化、有的宣传物业管理、有的楼盘更注重环境、有的讲究材料上乘、装备精良、有的鼓吹风格、有的宣传价廉……这些特别推荐的优点，使人建立起概念认识，对销售起到重要的引导作用，使购买者能够在众多楼盘选择过程中，比较容易地按需求选择。

概念楼盘显然是开发商一厢情愿、建设观念的反应，是忽视市场需求的产物。希望依靠突出的某个特征而实现销售，在目前空置率高居不下、买方市场情况下，这种策划方式只是解决了消费者的识别选择，发展商仅靠楼盘的某项优点而实现销售意图，很难圆满实现。

策划人为适应卖方市场和消费者理性选择，采用罗列众楼盘优点并将其集于一身，向消费者做出承诺：能满足消费者所有要求，从而达到促销目的的一种策划方式。

房地产市场供应量的增加、导致需求相对减弱及消费者理性购买，发展商以建设观念、楼盘观念建筑的楼盘，为了迅速适应市场需求的变化，采取“人有我有”的销售策略。策划公司将众楼盘之长集于一身，极尽所能地向市场罗列无尽的卖点，使得开发商必须在短期之内对于购买者做出足够的承诺。其结果，每一个卖点的后面通常都是成本的增加，楼盘的整体素质虽然得到了或多或少的增加，实际已出现明显的成本高于售价的问题。尽管卖点策划模式对提高项目的素质起到了非常积极的作用，但同时也产生了许多高不成低不就的楼盘，如造价是小康型，环境却是生存型，户型又是温饱型。

14.7 房地产营销策划的系统

14.7.1 营销策划的系统

营销策划作为房地产策划的一个子系统，它本身也就是一个庞大的系统，这是由系统的层次性决定的。对营销策划系统的研究，有利于揭示营销策划系统的内在关系以及功能，为寻找其规律性打下基础。

1. 营销策划系统的分类

营销策划系统从策划的内容来看，可分为三个子系统：销售策划系统、形象策划系统和广告策划系统。

销售策划系统的内容包括项目分析、推广策略、销售计划、销售评估、售后服务等。

形象策划系统的内容包括楼盘形象设计、销售现场包装、楼盘工地包装等。

广告策划系统的内容包括客户分析、广告主题、广告诉求、广告媒体、广告计划、广告成本、广告反馈等。

2. 项目策划子系统的功能

营销策划的每个子系统都有自己的功能作用，共同支撑着营销策划的运行。各个子系统的功能作用分别是：

（1）销售策划子系统。销售策划的作用主要是为要销售的楼盘做好项目的态势分析、优劣势分析、竞争者分析，提出楼盘的销售价格和推广策略、为楼盘的推出做好一切案头的、可以执行的系列工作，为楼盘的推出做好预先的准备。

（2）形象策划子系统。形象策划的作用主要是为楼盘推出以正面的、良好的形象展示在人们面前，进而提高楼盘的形象高度，为楼盘的销售顺利进行增添光彩。

（3）广告策划子系统。广告策划的作用是楼盘通过媒体的宣传，进一步树立起品牌印象，从而有效地占领市场和开拓市场；同时，通过对广告活动的统一运筹，可以节约广告费用，提高广告效益。

3. 营销策划系统图

营销策划系统作为房地产策划的两大系统之一，具有自身不同的范畴和内容，它的系统如图 14-1 所示。

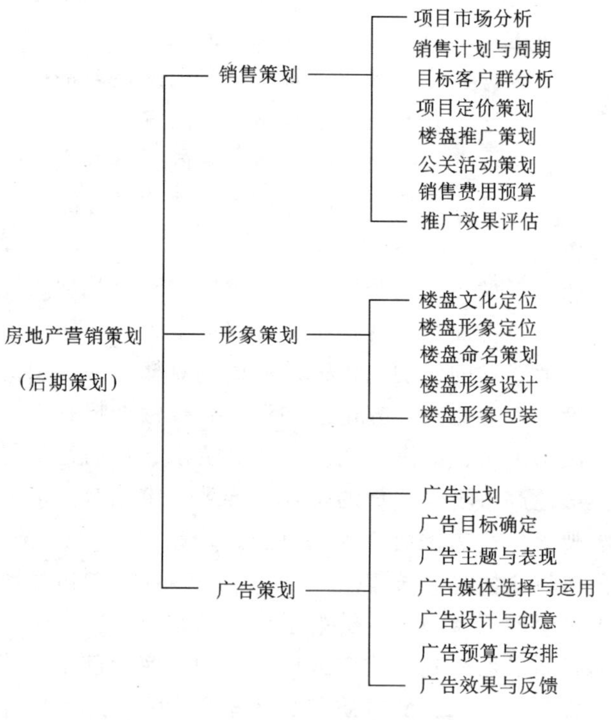

图 14-1　营销策划系统图

14.7.2　营销策划系统相互关系

销售策划、形象策划和广告策划子系统之间不是孤立的，它们相互影响、相互促进、相互制约。

销售策划、形象策划和广告策划都是营销策划的重要组成部分，它们的任一部分搞差了，都会影响另一部分的执行。就拿销售策划中的项目分析来说，如果分析不透彻，对变化多端的市场不敏感，对自身的优劣势不了解，对竞争对手情况不清楚，就会直接影响形象策划和广告策划的定位，从而使整个营销策划大打折扣，最终影响到楼盘推出的成功。

因此，在销售策划、形象策划和广告策划中，把任何的一个子系统孤立地去分析、去执行，都是错误的。

14.7.3　营销策划流程

营销策划流程是指房地产项目或楼盘推出市场前的各项工作安排的程序，它是营销策划的基本操作环节，也是策划人根据实践总结出来的具体运作的客观规律。

营销策划流程一般来说是从时间的先后来进行的，但在实际操作时也不一定按时间先后顺序进行，其流程如图 14-2 所示。

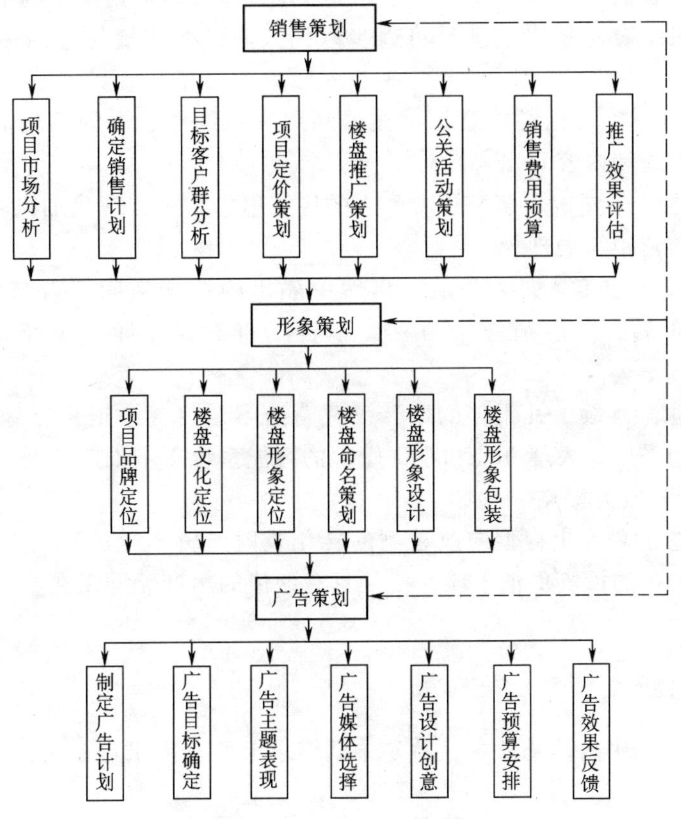

图 14-2　营销策划流程图

14.8　房地产营销策划的创新

创新是房地产营销策划永恒的主题，只有创新，营销策划才有活力，才会走在市场变化的最前头。

要做好营销创新，我们可以在以下几个方面入手。

14.8.1 营销理念创新

1. 在新的时代，营销策划者应该牢牢树立这样几个观念：

（1）知识营销观念。在知识经济时代，营销策划可以依赖信息，传播产品的知识，催化消费者产生新的消费需求，从而主动购买产品和服务。

（2）消费者满意观念。要赢得市场，必须跳出以自我为中心的狭小天地，奉行顾客满意的新理念，以此作为营销策划一切工作的出发点。

（3）绿色营销观念。营销策划应以绿色需求为导向，在市场营销中考虑企业的社会责任，遵循可持续发展原则，积极开发绿色产品，努力拓宽营销新领域，把企业营销带入绿色新境界。

注重文化理念，营造环境氛围。人们内心渴望既有高质量居住空间，又追求回归自然、反璞归真、崇尚生态的生活氛围。环境型、生态型住宅成为营销策划的主流。小区环境与人文文化氛围的有机结合所带来的满足将逐步取代人们以往衡量住宅的三个传统标准——地段、房型、价格。

2. 顺应时代潮流，强化科技意识。充分利用联机网络、电脑通信和数字交互式媒体，创造全新的营销方式和内容。

（1）人性理念。中国古代儒家仁者爱人的传统思想与西方现代的人本主义思潮相结合，融合为以人为本的营销策划理念。

（2）生态理念。建筑本是人类从大自然中隔出的一个空间，人与宅都是自然系统的一部分。小区的布局、环境适应于自然，融合于自然，才能实现企业与社区的可持续发展。

（3）智能理念。延续了几千年的秦砖汉瓦营造习惯将逐渐退出工地，节能防震的绿色材料不断被接受和采用，大厦办公和小区管理的智能系统逐步推广普及，房地产业科技含量不断增加，“智能”成为卖点。

（4）贷殖理念。置业生存型向改善型的转化及财产资本化的深入人心，投资不动产愈来愈成为更多人选择的投资保值手段，一处具有潜值的房产无异于在银行开立的一个零存整取账户。

14.8.2 策略创新

1. 市俗策略。低中高档物业中，总是中间需求大两头需求小。因此，市场推广大众化、通俗化为好。

2. 亲情策略。以物蕴情，以情动人。首先让消费者相信企业，才能相信企业所推介的物业，以诚待人，为商之本。

3. 个性策略。买房可谓一个家庭的百年大计，一百个家庭有一百个选房原则。开发商只有采取人无我有，人有我优，人优我奇的个性设计，以多层次、多元化、多维度的市场组合定位，才能赢得尽可能多的消费者。

4. 人文策略。文化对经济的影响力越来越大，建筑亦不例外。项目选址对历史文脉的承继、挖掘与发扬，对社区人群生态的保留与重构，往往给楼盘带来意想不到的效果。“没有文化的军队是愚蠢的军队”，没有文化的物业不过是钢筋加水泥的壳子。

14.8.3　营销组合创新

面对知识经济，许多传统的营销组合已经不适应新的形势，企业要在新观念的指导下，进行改造和创新。相对而言，以下几项创新显得更为紧迫：

1. 产品创新策略。从把知识产业作为第四产业入手，把产品划分为有形和无形产品，把与知识经济范畴有关的如绿色产品、高技术产品、咨询服务产品等作为产品的新序列。

2. 销售渠道创新策略。企业营销在渠道方面要进行重新调整与构建；既要重视传统渠道的作用，又要以前瞻性眼光积极应用网络营销渠道销售自己产品。

3. 促销创新策略。知识经济将给促销手段带来广泛而深刻的变革，知识促销、无纸化促销成为促销的新潮，网络广告集四大媒体优势于一身，将成为未来众多促销手段中的“巨无霸”。

14.8.4　产品创新

产品创新主要包括产品开发、更新速度及产品质量和水平。集中可划分为四大类：

1. 高科技型。指数字化、智能化建筑，利用信息高速公路实现家庭办公、网络购物等活动。

2. 绿色环保型。从设计、建材选用、公共设施和居室配置到社区管理，都遵循着节约资源和能源的原则，降低对环境的负荷。

3. 社会保障型。主要指老年住宅的开发。老年人的生活问题将是21世纪必须面临的社会问题之一。老年人是一种特殊的消费群体，老年公寓开发的市场潜力相当大。

4. 设计综合型。通过高超的技术设计、完美的艺术设计，令企业获得技术附加值、艺术附加值及心理附加值。

14.8.5　手段创新

营销手段是营销策略的具体化。成功的营销诉求与策略组合靠得力与恰当的营销手段来实施。

1. 公共手段。房地产开发涉及方方面面。开发企业搞好房地产管理部门的行政关系，搞好社团组织的公共关系，搞好潜在客户的供求关系，搞好公司内部的协同关系，是楼盘推广的基本手段和必不可少的前提。

2. 整合手段。在物业买方市场下，单一营销方式不足以取得全胜，应该以整合手段将楼盘的多个卖点与置业者的多种需求买点进行有机结合，打中买者所求，取得认同。整合策略手段实行的是多主题广告诉求，扬项目之所长，补物业之所短，让客户从总体上认可建筑的综合品质。

房地产营销策划一般都由四种主要工具组成——广告、销售促进、公共宣传及人员推销。这些营销工具的有效性以及所花的费用均有所不同。而房地产营销者对营销工具的选择又受到多种因素的影响，因此，策划人员首先要充分了解这些工具独有的特性与成本。

（1）广告。有效的广告不仅能帮助房地产公司建立足够的知名度，而且如果潜在顾客已了解该物业，虽未实现购买，但广告能不断提醒他们。更重要的是，在有影响的报刊杂志上登载广告，可证明房地产公司及其项目的合法性。广告将由传统媒体“大量生产”的模式，转为以顾客为中心的模式，如网络广告，使消费者与企业双方的沟通变得人性化、个别化。

（2）销售促进。包括折让、有奖销售、先租后买、降低利率等各类措施，大多能产生更强烈、更快速的反应，能引起消费者对房产的注意。

（3）公共宣传。公共宣传具有高度的可信性，并能消除消费者的心理防卫。当然，房地产公司要想得到有影响力的媒介宣传，就必须在自身的管理、项目的开发等各方面有独到之处。

（4）人员推销。营销策划人员与潜在的消费者之间存在着一种生动的、直接的和相互影响的关系，双方能在咫尺之间观察对方的需求和特征，并能及时做出调整。销售人员的服务心态、知识素养、信息掌握量、言语交流水平，对消费者及时了解掌握物业情况、对消费者的购买决策都有着重要影响。

3. 专业手段。社会分工的发展和内部效率的需求会使房地产营销逐渐成长为交易，即将来临的“散户时代”更为需要，房地产经纪人公司在规模和数量上会不断增加。

4. 网络手段。网络改变着生活方式和商务活动，房地产信息上网、网上物业超市、网络房屋营销早已开通运行，在搜房网、安居客、微信订阅号等平台发布楼盘信息已成为楼盘网络营销的普遍手段，以线上宣传，线下交易的O2O形式作为目前楼盘营销的主流方式。为了完善和推广物业营销中的网络手段，需要进一步解决因不动产非等质性与房屋交易仅限产权流动所带来的容易虚拟买卖的网上交易痼疾。否则，网络手段只是辅助性的。

14.8.6 服务创新

由于信息时代的来临，发展商在服务品种、服务质量以及服务细节上的市场创新空间加大。同时，开发商更加重视物业管理，既能提供楼盘的品牌，使开发商的形象得到提升，也使业主的居住质量和生活品位得了保障。

产品可以被“克隆”，立足于创新的核心营销策划“技术”却是“克隆”不了的。惯于追风仿效的中小发展商必将被消费者冷落。只有建立自己独立的核心营销策划“技术”，才能成为房地产市场的领旗手。

第15章 房地产销售策划

15.1 房地产销售策划概说

15.1.1 销售策划的涵义

房地产销售策划是指房地产策划师为了实现项目或楼盘的销售目标，对楼盘的销售计划、价格、推广、促销等一系列工作进行有意识地整合，使楼盘按照规范的操作手段进行运作，从而实现项目或楼盘的总体目标的一种创意活动。

房地产销售策划是房地产营销策划中最主要的一项策划工作，后面讲到的形象策划和广告策划实际上也是销售策划的一部分，都是围绕销售策划而进行的。因此，完善的销售策划，加上形象策划和广告策划的有力配合，房地产项目或楼盘的总体销售目标就会很容易实现，达到预期的目标。

15.1.2 销售策划的目的

房地产销售策划的目的，就是整合销售的各种策略和手段，围绕房地产项目或楼盘的总体目标，进行具体的规范的操作，为楼盘的销售打下良好的基础。

15.1.3 销售策划的内容

房地产销售策划的内容主要有：

（1）房地产销售计划与周期。

（2）目标客户群分析与定位。

（3）房地产定价策划。

（4）房地产推广策划。

（5）房地产公关活动策划。

（6）房地产销售费用与推广效果。

（7）房地产销售策划应用案例。

15.2 房地产销售计划与周期

15.2.1 楼盘销售计划

制定销售计划

楼盘销售计划是指针对市场营销活动所做的全面安排，是围绕实现公司的目标，依据市场条件和企业的资源条件，就营销战略、策略、资源配置、行动方案、财务计划、进度计划、控制方案所做的具体安排。楼盘销售计划的内容一般包括如下主要内容：

（1）内容提要。内容的提要是计划开头的简短摘要，是试图给阅读者以强烈印象的，关于本计划的核心内容及主要观点的简短说明。主要应当包括：①楼盘营销目标：包括市场目标、销售目标、利润目标、竞争目标、进度目标等；②主要策略：包括促销策略、价格策略、渠道策略等；③财务指标：销售成本费用及其构成；④计划内容目录：为便于检索而提供的本计划的章节目录表。

（2）现状分析。现状分析是对本次销售的内外环境条件的客观描述及评价。它能提供相关市场环境、产品、竞争对手等的背景资料和数据。主要包括：①关于市场形势的分析研究：按细分市场研究其市场规模、增长变动状况，消费者需求信息，变动趋势等。②关于产品形势的分析研究：详细列举同类产品的特性、变动趋势、市场份额、价格、销售额、收益水平等。③关于竞争状况的分析研究：主要竞争对手的辨识、他们的规模、目标、市场份额、产品质量、技术水平、竞争实力与竞争策略等；④关于相关宏观环境的分析研究，与产品有关的政治、经济、社会、文化、法律环境研究。

（3）市场机会研究与竞争优劣势分析：①市场机会研究，辨认能影响企业发展的内外环境，寻找市场机会并分析机会的发展前景。②竞争优劣势分析，研究公司（项目）的内部条件和面临的竞争环境，辨认公司（项目）所拥有的竞争优势及面临的劣势，确认在计划中必须注意的问题。

（4）目标设置。销售计划的目标主要是指财务目标和销售目标。财务目标是指该产品（或项目）在计划期内的销售规模，市场占有率以及其他财务目标，销售目标是由财务目标转化而来的，包括销售规模、规模市场占有率，以及与市场销售有关的成本、价格，顾客满意程度和指标。各目标应有一定的层次关系，有一定的优先级次，应科学合理，切实可行。

【案例：深圳××项目销售目标】

表15-1 深圳××项目销售目标

<table>
<tr><td>公司内部认购</td><td>市场认购期(以预热)</td><td colspan="2">开 盘 期</td><td>强 销 期</td><td>持 续 期</td></tr>
<tr><td>1个月</td><td>1.5个月</td><td colspan="2">1个月</td><td>2个月</td><td>1.5个月</td></tr>
<tr><td>2012.2.15~2012.3.15
内部认
购截止</td><td>2012.3.15~2012.5.1
市场认购截止</td><td colspan="2">2012.5.1~2012.6.1
正式
开盘</td><td>2012.6.1~2012.7.15
封盘
接受登记</td><td>2012.7.15~2012.8.15
二期
开盘</td></tr>
<tr><td>预计销售26套</td><td colspan="2">预计销售59套</td><td colspan="2">预计销售50套</td><td>预计销售39套</td></tr>
<tr><td colspan="3">开盘前预计130销售套</td><td colspan="3">开盘后与二期预计销售180套</td></tr>
<tr><td>广告引入</td><td colspan="2">广告强销期</td><td colspan="2">广告高峰期</td><td>广告持续期</td></tr>
</table>

（5）战略和策略。由目标市场、产品（项目）定位、价格、销售形成的战略安排到营销队伍，营销渠道，促销手段，分销网点，服务与公共关系等策略上的考虑，均需详实而周到，有的放矢，有效配合。既有针对性，又要有实际意义。

（6）行动方案。它是整个销售活动在运行程序、运作方式、时间、资金、责任者、考核指标、参与部门等方面所做的周密安排。在行动方案中要详细安排销售活动的每个要素，每项战略和策略的实现方法，每项指标的实现步骤。

【案例：深圳××文化楼盘销售总策略分析】

本项目因为以文化主题运作楼盘，因此，销售总策略建议采取“三情营销”。

根据顾客在购买阶段的行为差异，建议将本项目销售划分为“激情营销”、“感情营销”和“风情营销”三种模式进行。

对于本楼盘，建议：项目预热导入阶段以风情营销为主，开盘热销阶段以激情营销为主，持续销售期以感情营销为主。

理由如下：

1. “激情营销”

激情营销，即通过渲染现场气氛，激起人们的购买欲望，并促使人们很快做出购买决定，从而达到快速销售目的。

在实际销售中，“激情营销”的方式运用得非常普遍。其中最典型的手法，便是发展商举办的各种各样促销活动。比如“赠送促销”，由于销售人员极力渲染被赠送物品的价值，促使购买将注意力转向被赠送物品，从而忽视了对房子性价比的考察。这时顾客往往被眼前的蝇头小利所打动，在销售人员的引导下匆忙“落定”。

“激情营销”的特点是速度快，销售效果“立竿见影”因而较适合楼盘规模小，销售周期短的“小盘”。同时由于情绪容易被“煽动”的，大多是年龄较小，社会阅历不深的年轻人，因此“激情营销”对青年人比较有效。对于那些年龄较大、理智冷静的消费者，这种方式的营销效果会大打折扣。

“激情营销”虽然效果“立竿见影”但也有不利的一面，那就是顾客的购买行为不够稳定。由于“激情营销”是一种以感性认识为主的营销方式，客户在购买时，省略了“理性认知与客观比较”的过程，属于一种“冲动性”的购买行为；一旦顾客离开了当时的环境和气氛，当心情平静下来时，往往对当初的购房行为感到后悔，甚至会“变卦”退房。

2. “感情营销”

“感情营销”是根据人们在购买过程中的感情需求，开展的一种“放长线，钓稳鱼”营销方式。其做法是，发展商以“事件（活动）”为纽带，通过与消费者之间的双向交流，满足消费者对未来家园的“感情牵挂”需求，从而使客户产生“惠顾”心理。

人是社会性的动物，其行为具有感情需要。每个人都希望自己能够获得别人的关心、关注和重视，在心理上获得一种归属感和依恋感。许多项目利用顾客的这种“感情需求心理”，在销售过程中，让顾客尽可能多地对自己（楼盘）产生感情，以满足顾客的这种情感需求。当然，这样的最终目的，还是要让顾客“惠顾”（购买）自己的商品（住宅）。

3. “风情营销”

“风情营销”的基础，源于住宅“体现着某种生活方式”。这种营销方式的特征是，发展商按照原来已经策划好的“楼盘主题”（如人文教育、运动健康、休闲养生、绿色生态等）与建筑风格（欧式风格、北美风格、江南风格等），通过建设设计、园林环境和其他措施的气氛渲染，营造出具有“特定风情”的生活环境，从而使具有这种生活（潜在）需求的人对其产生共鸣。

“风情营销”在“大盘”营销中运用得非常普遍。“大盘”规模大、内涵丰富、易于形成自己的小区特色和生活氛围，适于整体展示自己的环境和形象；同时由于“大盘”销售周期长，因而需要不断地向顾客展示自身的楼盘形象，而“风情营销”模式，恰好能满足“大盘”销售的这些要求。

在深圳的大盘销售中，大多采用了“风情营销”模式，如波托菲诺塑造“意大利文化风情”，西海湾花园塑造“新加坡风情”，四季花城打造“欧洲风情小镇”等。不过，由于“风情营销”对楼盘的风情演绎要求较高，内涵丰富，过程持久，因而一个楼盘要真正形成自己独具一格的生活风情，并不是很容易。

（7）财务报表。销售计划的财务报表是反映营销方案在财务实现方面的报表，主要是现金流量表。它应全面反映销售活动的收入和支出状况。收入主要指产品的销售收入，支出主要指销售策划的费用，促销活动广告、展销、推销的费用，分销成本以及其他的营销活动的费用等。财务报表是交由公司决策者审批的营销计划的重要组成部分。经过批准的财务报表，也是营销计划实施过程中财务安排的依据。

（8）控制形式和控制手段。为了便于计划的顺利实施，计划中应具体规定对每项活动，每个参与方（机构和人员）的要求指标或和标准，列出定期汇报或检查内容，作为上级或委托方控制和检查的依据。

【案例：广东佛山丽景花园·阳光星期八销售总策略分析】

销售总策略：口碑营销为主，实现低成本营销。

丽景花园·阳光星期八开盘当日劲销62套，157天实现100%的完美销售记录，宣传推广成本仅为0.8%，销售收益超出开发商预计的10%。

口碑营销是推广与传播的营销渠道，口碑营销的营销效率是一般媒体营销的120倍。正是在口碑营销的作用下，丽景花园·阳光星期八实现了0.8%的营销成本。

丽景花园·阳光星期八项目口碑营销“武器库”中的六件武器：

（1）粘附性信息影响力。占据市场空白点，完美的产品最好的市场竞争力较小的状态下才能得以快速全部消化。根据佛山楼盘销售中“区域购房特征明显”这一特点，锁定以禅城区为主流客户，在项目正式开盘前期，完成工程主体封顶，树立了良好的产品公信力。并且完成入口景观园林的整体施工，以整体划一的形象获得了市场极好的认可度和口碑传播效力，很多客户都是由朋友介绍来的，在楼盘获知途径调查中，“由朋友介绍”占到42%之多，占各类认知途径（包括报纸广告、电视广告、楼体条幅等）的首位，节省了宣传推广。连续四个月的销售反馈统计上，客户信息来源中总是有大约53%的客户来自于“亲友同事的介绍”，相比之下，来源于平面广告的客户只有大约15%。

（2）活动主导。聚集效应。无论是开盘还是促销活动，利用人气聚集局部改变供求关系，在特定销售单位上形成卖方市场，让客户争相落定。

（3）纪念品。利用小恩小惠拉拢消费者，形成小道传播。

（4）媒体舆论支持。实现产品“零”缺陷概念炒作。利用科学的产品策划，按照专业工作模块来解决“零”缺陷理想目标。

（5）接力火炬。利用赞助运动会活动获取公众口碑。

（6）置业专刊。推出专刊，重视客户关系的销售服务，一个由专业营销公司训练的销售人员超过一般的销售人员销售业绩20%～30%，杀手级售楼员的培训也是非常重要的。

15.2.2 楼盘销售渠道

营销渠道又称分销渠道或流通渠道，是指产品或服务由生产者向消费者转移的途径，是促使产品或服务顺利地进入市场，最终被用或消费的一整套相互依存的组织及维持组织正常运行的一系列政策、制度与合同关系。

在市场经济环境下，大多数生产者都不是将其产品直接出售给最终用户，而是利用一些介于生产者和最终用户之间执行不同功能的中间机构，中间商、代理商、经纪人来寻找用户、推销产品。这类中间机构，就构成了市场营销渠道。在房地产开发过程中，市场营销渠道主要表现为楼盘是自行销售，还是委托代理。

1. 自行销售与委托代理

自行销售使房地产开发企业直接面对消费者，可以使发展商准确掌握消费者的购买动机和需求特点，把握市场的脉搏。这样开发企业就可根据市场动态随时做出应变的决策。而且企业能对销售费用进行控制，有利于降低销售费用。但是，直销也存在销售面窄，企业机构臃肿，运行效率不高等缺点。

房地产企业委托房地产中间商进行租售的属于间接营销渠道。代理商一般拥有广泛的客户网络、固定的租售点和训练有素的营销人员。当然，通过中间商代理租售，发展商将支付中介代理费用，不利于降低营销成本，而且中间商的素质对营销影响也较大。

现实中，许多地产商选择了委托代理销售方式，这是因为发展商从本质上讲就是投资商，其自身优势在于资金融通与资源整合。由于房地产开发涉及规划、设计、市场调查、消费者心理与行为、营销、物业管理、资金融通、企业管理、工程、可行性研究许多专业知识，因此，一般的发展商不可能也没必要样样精通。现在，社会中各类房地产咨询专业机构比比皆是，发展商完全可以充分利用市场资源达到预期目的。

2. 开发商与代理商

在和代理商的具体合作中，发展商往往有许多困惑：社会上房地产代理机构很多，鱼龙混杂，如何找到真正专业的代理商？一旦找到，又怎样签订一份双方都满意的代理合同？如果代理商完不成代理任务，怎样处罚代理商？代理商如何与发展商共担风险，代理商如何与发展商实现共赢？

要实现代理商与发展商的共赢，发展商要认真考察一下代理商：

（1）代理商有否策划理念。有许多策划公司缺乏文化底蕴，甚至没有一丝一毫的文化气息，只是一两个职员曾经做过售楼工作，卖过一些楼房，就组建了代理公司。或是组建代理公司后才招聘了一些销售人员。自己根本没有代理能力，更谈不上策划，策划是什么，他们自己都搞不懂。因此，了解代理公司的企划理念是很重要的，它标志着该代理公司的大致水准。

（2）智力结构。策划，并非靠勤奋就能胜任，它是一项综合能力要求相当高的脑力活动。因此，需要几个方面的专家协作完成，更需要那种具备“大局着眼，细节着手”的“全才”，进行综合判断、市场分析、决策。同时，智力结构也表现出代理商的组织架构是否完整、是否有序。一支编制不完善的队伍不能形成对敌人铁桶式的围困打击。

（3）企业文化。一家没有企业文化的公司有如没有灵魂的木乃伊，没有方向、没有目标、没有要求、没有什么要坚持的，也没有什么要放弃的，几千万元、甚至几亿元的房产委托其代理你不觉得有点悬？

（4）以往业绩如何。是否成功地推介过类似的项目。这一点很重要，经验决定了代理销售的工作安排是否井然有序，是否能把握市场的脉动，并能杜绝不该发生的事。当然，业绩不是指某一个案例的辉煌，而是因长期经营，累积而隆起的视觉特效。昙花一现、风光一时的光环，常常是运气惹的祸。当然，有些较小的项目，也可聘请那些有实战经验、刚创建的、新的、有才华的小公司。因为任何一家有绝对实力的大型代理公司，也曾经渺小过，不可完全以业绩一叶障目。

（5）业内口碑。在考察代理商时，不妨多向业内同行及代理商、广告公司了解欲委托的代理商的背景情况，为人处事是否负责任。一个口碑不佳的代理商很难展开他的工作，得不到各界力量的支持，推广的业绩那就可想而知了。最重要的是，遭遇挫折时，口碑不佳的代理商本身就是一道坎。所采取的方略不是全力以赴、强行突破，而是脚底抹油——溜之大吉。

（6）硬件设施。硬件指的是办公场所、办公设备、交通工具、资料库、信息库、人员办公设备、制服等。对硬件的考察可以确认代理商是否“游商”；是否临时组建；只感到房地产是个能挣几个铜钱的行当，是否具备营销策划代理“长征”的能源；从不考虑，一旦想收手，便溜得连小鬼都寻不着他的影子。

（7）管理能力。一家公司的实力如何，并非资金说了算，再雄厚的资金力量，在不利的管理下，终将被消融得尘尽灰散。况且，目前的经济市场，融资不是件很难的事，重要的是代理商的管理力度，能将发展商给予的一分条件，释放出何等的能量。

（8）员工素质。通常，只需查看代理商各级主管的水平，便可判断代理商的综合素质。良臣择主而栖。能留住人才的公司，一定是个好公司、有能力的公司。另外，能容忍、聘用平庸而不良之员工的代理商，对事业以及工作的要求，一定也是极低的标准，兢兢业业从何而来？没有颗颗闪亮的珍珠，哪来一串璀璨的项链？

（9）代理商的擅长面。因为各代理商的背景不同、成长经历不同，所以他的擅长面便有所不同，有的代理商从销售开始起步；有的从广告设计入门；也有的是从管理开始介入房地产销售的。因此，各代理商的擅长面就有所侧重。有的擅长企划，有的擅长广告宣传，有的擅长销售，有的擅长商场招商；有的擅长销售写字楼；有的擅长推广住宅。另外，各代理商的客户群也不一样，有的代理商的客户群仅限于本地，有的代理商能拓展外省客户，更有的代理商有海外的客户源。因此，要仔细评估、考量。

（10）实盘操作。发展商有必要对代理商正在操作的项目，进行现场暗中考察，考察代理商的员工在实盘操作中的执行力如何。不要听代理商说什么，要去看他在做什么！因为，能代表代理商与发展商洽谈业务者，一定是代理商的职员中，口才最好、人缘最佳、长相最俏、知识最渊博、笑容最灿烂的人类精品！千万不可被其迷惑。假若通过考察，确认了代理商的能力，接下来要注意的是对代理商进行有效的监控。代理商与发展商的目标是不完全一致的，不论销售工作进展得顺利与否，均会出现这样或那样的偏差。

发展商如果对代理商失去有效的监控，将出现不良现象：①价格过低：代理商是凭业绩收取佣金的，降低售价对佣金的收益影响微乎其微，但是，对于销售而言却是帮上大忙，因此，不良的代理商会利用“大数”的原理追求局部利益，牺牲总体完善销售的目标，剽完最上层的油，立马走人。②价格过高，增加推广难度，使资金周转不灵。③价差幅度不合理。好楼房去的太快，较差的楼房留下甚多，发展商接管时销售难度大大提高，利润无法体现，所剩下15%的余房就是利润。④代理商越权行事。由于目前策划代理市场正处于发展阶段，部分不良代理商黔驴技穷，常不负责任地向客户做出发展商未授权的不实承诺，而该承诺在未交屋前是不会露馅的，当代理商撤场后，其结果必由发展商承担责任，不仅造成金钱损失，更严重的是使发展商背上食言而肥的骂名。

当然，开发商与代理商也可以参照足球俱乐部运作的模式。某个足球俱乐部意欲高薪多少为好？双方商定，期权激励。若该教练率队打进某级别，荣获冠军，即达到预定目标，可获全额年薪，反之则只能得到约定的50%。从楼盘代理双方共同立场看，只要确定具体目标，则销售业绩是检验营销策略的唯一标准。在房地产营销的市场实践中，人们越来越多地看到这样的操作实例，房地产开发企业把支付营销企划的费用额度、支付时间与楼盘销售周期、销售率紧紧挂钩，以真正体现期权激励。如此操作，使代理商与房地产开发企业的合法权益都得到充分尊重。

3. 发展商与广告公司

发展商不应与广告公司直接接洽。因为，广告策划是营销企划的一部分，要使用怎样的广告计划，代理商自有安排，发展商不必费心。况且广告公司不可能，也不能代替策划公司。诚然，把握大方向，过过目还是有必要的。

只有自行销售楼盘的发展商，才直接与广告公司接洽。但是，最好还是请一位咨询顾问公司的资深顾问作参谋为宜，不是小看广告公司无法胜任策划事务，而是分工不同广告公司的工作重心通常不在策划上，也没有完善的作业系统。广告公司的定位是媒体策略、平面设计、广告内容、广告效果等。每一家策划代理商均有自己的广告搭档，自有配合默契的广告公司，操作执行中，必能得心应手，时效高，价格也优惠。

15.2.3 楼盘销售周期

1. 销售周期划分

房地产项目销售阶段从销售工作组织的角度来看，分为销售准备阶段，销售实施阶段，销售服务阶段。

从产品销售推广的角度看，分为认筹期（导入期）、解筹期（成长期、预热期）、开盘期（强销期、热销期）持续热销期（成熟期），扫尾清盘期（衰退期）。

（1）认筹期。即指项目未取得预售许可证前的对外宣传阶段。主要是对项目主要卖点进行宣传，以提升楼盘形象，积聚客户，预热市场。

（2）解筹期。指项目取得预售许可证后，试探市场反应，检验产品定位等营销策略的对外销售阶段。主要是通过认筹期客户资料的收集，论证项目的定位。

（3）开盘期。指项目热销阶段。主要是利用公开发盘，营造旺销的气氛，同时加强宣传力度，开发潜在客源。

（4）持续热销期。总结前期销售状况，针对竞争楼盘测定有效的推广策略，针对第一批推出单位的主力产品进行策略调整，吸引更多上门客户，同时更新宣传主题重新刺激市场。

（5）扫尾清盘期。项目销售达到90%以上的销售阶段。主要针对困难产品有重点地进行推广，实现重点突破，最终实现发展商总体利润，达到整体销售的目的，同时对发展商，对楼盘形象进行持续推广，为发展商开发下一个项目做铺垫。

【案例：天津××项目销售周期划分】

本项目销售阶段的划分见表15-2。

表15-2 天津××项目销售阶段的划分

内部认购	开 盘	热 销	持续热销	尾 盘
3~6月	6月下旬~8月	9~10月	11月	春节

建议内部认购时间是2010年3月上旬至6月中旬，正式开盘时间是2010年6月下旬，联排别墅前期解筹（签约销售）时间在5月上旬至6月下旬，开盘阶段时间是2010年6月下旬至8月下旬，热销阶段时间是2010年9月至10月，持续热销阶段是2010年11月至2011年1月，尾盘是春节以后。

【案例：广州××楼盘销售进度安排（节选）】

销售进度可分为三个阶段：

1. 引导试销期（预售阶段）

首先选择大型户外看板，以独特新颖的文案引起客户的好奇，激起其购买欲（可视情况需要在公司销售）。

（1）工地现场清理美化，搭设风格新颖清新的售楼处（视情形需要，制作样板房）。

（2）制作好合约书、预约单及各种记录表。

（3）编制完成讲习资料。

（4）完成价格表。

（5）培训销售人员。

（6）做好楼盘引导广告。

（7）销售人员进驻。

其中引导试销期需要注意的事项有：

（1）对预约客户中有希望的客户必须直接拜访。

（2）现场业务销售方向、方式若有不顺畅要即时修正。

（3）不定期举行业务与企划部门经理会议。对来人、来电及区域记录表予以分析后，决定是否修正企划策略。

（4）定期由业务主管召开销售人员和策划人员会议，振奋士气。

（5）售楼处常发生故障，或客户较为在意的设施，如灯光照明亮度、冷气空调位置和冷暖度、签约场所气氛，屋顶的防雨措施，效果图坚牢度等需逐一检查测试。

（6）主控台位置及高度，广播系统音域范围及功能、控台、销售区、样板房与售楼模型，出入口过道是否足以使众多客户十分顺畅地通过。

2. 公开期（引导期之后7~15天）及强销期（公开期后第7天起）

（1）正式公开推出前需吸引引导期有希望客户，配合各种强势媒体宣传，聚集人潮，并施展现场销售人员团队与个人销售力度，促成热购，另可安排鸡尾酒会或邀名人莅临剪彩，提高客户购买信心。

(2) 每日下班前25分钟，现场销售人员将每日应填的资料填好缴回，由业务主管加以审查，第二天交还每位销售人员，并于第二天早晨会议对各种状况及有希望的客户追踪进行讨论，以制定应变措施。

(3) 每周周一由业务部、企划部举行策划会议，讨论本周广告媒体策略，促销活动（SP）项目与销售策略，总结销售成果，拟订派发宣传单计划。

(4) 拟订派发宣传单计划表，排定督报人员表及SP活动人员编制调度表。

(5) 于SP活动前3天，选定协助销售人员及假客户等，并预先安排讲习或演练。

(6) 如周六、周日举行活动，则需要提前一天召集销售人员、协助销售人员讲习，使其全面了解当日活动策略、进行方式及如何配合。

(7) 每逢周六、周日或节日SP活动期间，利用3～5组假客户，应注意销售区和主控台之间自然呼应，每成交一户，便由主控台业务主管播报，随即公司现场人员一起鼓掌，外区人员燃放鞭炮、现场张贴恭贺红纸，使现场气氛达到最高点。

(8) 周六、周日下班前由业务主管或总经理召开业务总结会，对本周来人来电区域、媒体、成交户区域媒体、客户反应、活动优缺点进行总结与奖惩。

(9) 实施责任户数业绩法，每位销售成员自定销售目标或由公司规定责任户数，并于每周一作统计，对于完成目标人员立即颁发奖金，以资鼓励。

(10) 随时掌握补足、成交、签约户数、金额、日期，若有未依订单上注明日期前来办理补足或签约手续者，立即催其办理，补足或签约。

(11) 客户来工作销售现场洽谈或来电询购，要求其留下姓名、联络电话，以便于休息时间或广告期间实行DS直销，出外追踪拜访客户，并于每日下班前由业务主管总结追踪成果，检查是否达到预期销售目标。

(12) 每逢周日、节日或SP期间，公司为配合销售，应每隔一段时间打电话至现场假洽订（电话线若为两条，则轮流打）以刺激现场销售气氛。

3. 持续期（最后冲刺阶段）

(1) 正式公开强势销售一段时间后，客户对楼盘认识程度增加，此时销售人员应配合广告，重点追踪，以期达到成交目的。

(2) 利用已购客户介绍客户，使之成为活的广告，并事先告之若介绍成功，公司将会给一定数额的“介绍奖金”作为鼓励。

(3) 对回头客要积极把握，其成交机会极大。

(4) 退订户仍需再追踪，了解实际问题所在。

(5) 销售成果决定于是否在最后1秒仍能全力以赴，故销售末期的士气高低不容忽视。

2. 各阶段销售策略

(1) 入市期销售策略。房地产市场的发展越来越成熟，置业者在购房时都会反复比较和挑选，寻求性能价格比最高的物业，多注重眼见为实。比之于现楼，置业者对楼花的信心相对不足。因此，往往入市的动机一方面取决于当时市场的竞争状况，更重要的取决于入市时的工程形象和展示是否到位。

1）入市期作用。一般来说，项目在正式进入市场都要有一个预热及提前亮相的阶段，这就是入市导入期。一般来说，入市期有以下几种作用：①不具备销售条件，但需要提前发布将要销售的信息以吸引客户等待。②面对市场竞争日益激烈，提前预销可分流竞争对手的部分客户。③为了在开盘进行中能达到开门红，先行在市场中建立一定知名度和客户基础。④对目标客户及市场进行测试，为正式开盘时的销售策略提供准确依据。

2）入市期认筹流程。入市期形式多数采取认筹方式，即排号内部认购。内部认购是房地产营销的一支街头部队，是检验市场反应和调控市场的手法。内部认购除了在公开发售提前笼络一批买家之外，最主要的目的还是在于营造氛围，只要有足够的人落定认购，发展商就可宣称开盘之日即销售出的数量，造成一片热销的大好形势。

认筹流程如下：填写客户认筹表—交纳诚意金—领取收据—按先后次序编号—领取VIP卡。

【案例：深圳丹枫·白露入市期销售策略】

丹枫·白露是以酒店、投资以及房地产融合的复合型地产，通过实效的创新营销手法，40天完成酒店销售，在短短一个多月的时间内，实现销售2.2亿元，对发展商三九地产的品牌提升起了很好的作用，成为深圳房地产营销的经典案例。

丹枫·白露根据自身的三大基本条件制定入市期。一是具备良好的地理位置和商业氛围，适合酒店经营。丹枫·白露南东路和沿河路，同一位置的三九大酒店已经经营了十几年，经营状况良好。二是发展商实力雄厚，投资者有信心。三九集团在制药行业名列前茅，旗下有多家上市公司。三是具有酒店经营经验，能够保证后期的经营收益。

销售策略：

1. 以产权式经营为主线，建立多赢式

针对项目状况，发展商确定先销售后经营的方针，即将物业销售出去，再由小业主交回给酒店管理公司统一经营，酒店通过经营获得收益来支付小业主的按揭供款。小业主获得稳定投资收益，酒店经营方低成本获得一家酒店，发展商实现了楼盘销售，形成共赢模式。

2. 倡导创新、创富、建立理论高度

有了好的产品和思路，如何顺利有效实施传播成为最大的问题。当时有两本书很流行，《穷爸爸，富爸爸》和《谁动了我的奶酪》，对大众的思想有很大的影响。项目结合产品的特色提出了“创新、创富”的“双创”理论，引起了市场的强烈反响。联合《深圳特区报》组织了地产“双创”研讨会，邀请了包括经济界、证券界以及房地产界的知名人士探讨“丹枫·白露”模式，还特别邀请中国首富刘永好先生参加。

3. 媒体集中投放、迅速建立市场知名度

开盘时已经到了11月中旬，是深圳房地产市场传统销售淡季，要引起市场关注，必须用非常规的手段，项目采用连续一个星期，每天一个整版广告的集中投放方式，广告采用新颖的卡通形象，主标题“首付18万，永不供楼”非常吸引人，每天的电话进线量达到300多条，创了当时的最高纪录。

4. 统一定价，抽签选房，营造升值惊喜

由于酒店客房售价与楼层朝向并无差别，因此在确定每套房的销售价格时，为了便于统一给小业主回报，设定了统一售价。为了解决小业主选房的难题，设定抽签选房序号的方式，刚开始时，遇到很大的阻力，通过说服，逐渐被购房者接受。结果很多客户抱着几岁的小孩来抽房号，非常凑巧，小孩抽的房号大多数是20层以上的好房号。

5. 抓住客户真实需求

先期的广告引起了很高的市场响应，看楼的人很多，但实际成交量却一直上不来。经过与一线销售人员交流和客户访谈调查，发现成交的客户看中的不仅仅是将来不用供楼，更看重资产未来的增值前景，为自己、为家人的将来留下一份财产。迅速调整了广告卖点诉求方向后，成交稳步攀升。

6. 销控组织，奠定胜局

房号的销售控制组织，对本项目的销售起了至关重要的作用。当时除了一些单套房的销售外，还有一些组合套房销售。实际的购买客户经济实力很强，组合单位全因为设置方式有诱惑力，因此第一批组合单位很快销售完毕。针对这种情况，项目及时调整了策略，经过精心测算，推出了新的组合销售方式，使销售速度快速提高。另外，在销售中，实施阶段性提价，也起了良好的效果。

7. 活动配合，做足老客户营销

发展商三九地产有许多优势资源，有非常知名的三九医院，在观澜还有占地两千亩的高尔夫农场。项目几乎每个周末都组织老客户到三九农场进行高尔夫之旅。一方面客户通过对三九的了解，增强了信心，另一方面老客户也会介绍朋友过来，扩大宣传面，到了后期，几乎没有做广告投放。

（2）热销期销售策略。此阶段一般为项目正式进入市场销售，在此阶段策略体现为：项目会投入大量的广告、推广费用，开盘仪式以及其他各种促销活动等紧密配合，相应此阶段的销售数量及能力要求也较高。

热销期内需注意以下问题：

1）销售势头、保持较充足的房源供应量，否则有可能造成客户资源的浪费，如需保留房号，数量不宜超过总量的15%。

2）此阶段现场热销气氛非常重要，因此应加强促销，不要轻易停止，可根据实际情况变换不同方式，以保持热销场面。

3）价格调整一定不能一次太多，一般每次不超过1%，但在客户可接受的前提下，可采用小步慢跑式（即提价可多几次，但每次幅度较小）。

4）此阶段为项目的最关键阶段，如在市场中成功建立入市形象及市场认同感，则为持续期及尾盘期奠定较好基础。

【案例：洛阳恒大绿洲热销期促销策略】

表15-3　促销活动安排表

活动日期	活动名称	活动属性	活动范围	活动力度	备　注
8月11日	“中州路临街商铺认筹”	开盘	中州路临街商铺	1万抵4万	中州路临街商铺11日即将开盘，现VIP认筹中，1万抵4万优惠

（续）

活动日期	活动名称	活动属性	活动范围	活动力度	备　注
8月25日	“5期新品加推，总价38万/套起”	特价房	5期	总价38万/套起	恒大绿洲5期新品已于8月25日开盘，83～118平方米精装住宅，131～168平方米平板式大宅加推
8月26日	“本周每日3套清尾房，购房额外享85折优惠”	特价房	93～154平方米湖景房	/	恒大绿洲郑州公司最后一周让利，93～154平方米湖景房每日三套特价房，并推出周年庆4重置业大礼包：一、准时签约额外优惠99折；二、一次性付款额外优惠95折；三、老带新成功购房新老业主各免三年物管费；四、到访客户即可获赠精美大礼包
9月8日	“百盘大惠战，恒大淘房节”	低首付	/	首付3.4万元	每日十套特价房首付3.4万。新五期49#楼83～133平方米户型加推，总价38万元/套起。恒大绿洲本周9月8日～9日为庆祝教师节，当天到访的教师可享受专属折扣，还可领取礼包、品咖啡。本周凭教师证购房可享受额外99折优惠
9月10日	“五期49#楼加推购房享88折”	特价房	五期49#楼	购房享88折	洛阳恒大绿洲83～133平方米的精装住宅，南北通透，得房率高，说那个1500元/平方米顶配精装，购房享88折
9月22日	“5期50#楼王9月22日开盘”	开盘	5期50#楼	4820元/平方米起	洛阳恒大绿洲5期50#楼王1单元9月22日开盘，131～168平方米景观户型4820元/平方米起
10月20日	“5期47#楼开盘”	开盘	5期47#楼	4875元/平方米起	恒大绿洲精装三房37万元起，实景园林、精装样板房已开放恭迎品鉴。本周认筹额外88折优惠，本周末营销中心将邀请画师、模特举行人体彩绘及婚纱秀表演
11月11日	“51#楼认筹，52#楼新品发售”	认筹	51#楼	1万抵5万	51#楼纯板式大宅（206平方米）11月11日认筹，当日1万抵5万

（3）持续销售期销售策略。

1）持续销售期策略症结。理想的策划项目是：当项目通过大规模广告轰力点及促销攻击后，如果销售超过60%时，逐渐地进入平稳的销售期，此阶段即为持续销售期。此期间上门客户量逐渐趋于平稳，广告量也不如前期那么大，因此，此阶段销售策略也理所当然地体现——多根据项目特点和所剩房源，挖掘个性进行销售。

但是，广告业常用到这样一句话：所有的广告费一半是浪费的。问题是不知道浪费在哪里？很不幸的是，有的广告费用浪费了不止50%，可能浪费了80%！

新楼盘的滞销开始成为老革命的新问题，别把它当尾盘，因为剩余的不是个位数，别当旧楼卖，还是预售呢？所有的招数都用过了，现在能怎么办？

在策划过程中，大多数项目都遇到这种情况：在进入理论上的持续销售期后，项目卖不动了！

这样的结果是谁造成的？是开发商的广告费投入太少，但至少也有几百万啊，是代理商不负责任，可是企业品牌挺响的。是销售团队不专业，所以卖不好？是没有把握好市场时机，还是竞争太激烈，或者项目本身有缺点？

无论是什么原因，是谁惹的祸，作为持续期所需要的，就是找到问题的症结所在，然后快速制定新策略！

2）持续销售期需要“二次启动”策略。何谓“二次启动”？简单地说，一般在一个新楼盘销售了80%以后，该项目可以将它作为尾盘进行处理，但如果它只卖了50%就搁浅了，那就只有重新启动市场，制造新一轮的销售高潮，这就是“二次启动”概念。就像汽车“死火”以后，必须重新点击启动。

“二次启动”实际是包含营销诊断，价值重塑、渠道再建、广告改良、促销执行等多个步骤，是以全面策略重新调整为主线。

“二次启动”必须有一个清晰的定位和销售目标，把项目当作一个整体来运作，而非散盘交易，需要通盘考虑的营销思维和技巧，而不是拿项目来做“show”。

“二次启动”还会碰到这样的问题，就是推广费用和剩余楼盘严重不成比例，也就是说明前期打了大量的广告但不见效果，因此在接手时必须正视这一点，在重新做营销推广设计应充分考虑到这方面的客观条件，要求广告投放更有针对性和实效性，在设计中也要充分考虑最佳资源投入和重组。

(4) 尾盘期销售策略。项目进入尾盘，尾盘销售速度明显减缓，随之项目难点——房号销售、入住监控等问题尤其突出。尾盘期一是剩余房号可供客户选择范围减少，剩余户型集中在设计相对不合理或总价高于市场竞争力的户型；二是部分入住业主带来新的管理问题，如社区文化塑造。

进入尾盘期后，一般剩下的销售额即为开发商利润，因此解决此部分的销售对开发商特别关键，解决尾盘应注意：

1）既考虑售价，也要考虑时间。即尾盘不能追求高价格，因追求高价而不能变现，反而增大风险。

2）可多考虑现楼因素多做促销。如“珍藏单位一口价”“免费试住”等活动。

【案例：上海××项目尾盘销售策略】

策略一主题：旧业主介绍新业主

内容：旧业主介绍新业主成功购买，旧业主可享受现金2000元或一年物业管理的优惠，而新业主可享受额外9.9折。

目的：充分利用旧业主的有效资源的关系网络，调动他们的积极性和归属感，并可以充当高级销售人员的角色，实行泛销售，快速促进尾盘消化。

时间建议：7~9月

策略二主题：定量优惠

内容：当一个客户同时购买两套或两位相认识客户同时购买（各一套）时，每套可额外优惠9.9折；同时购买三套或以上者，可获额外优惠9.8折。

目的：充分利用客户关系网络进行关系营销。

时间建议：7~9月

策略三主题：购房送大礼行动

内容：心动不如赶快行动！凡是在指定的时间段内购买指定单位的，送价值两万元的全屋家私电器、建议选择景观稍逊的户型单位。

目的：通过在价格上优惠和广告宣传上进行比较渲染促进此类单位的销售。

时间建议：9~10月

15.2.4　楼盘销售主题与入市策略

1. 楼盘销售主题

（1）销售主题的作用。到了销售阶段，项目的市场定位与所导入的概念就要表达销售语言。源自于楼盘概念的规划设计、物业管理等方面情况，也只有通过销售语言才能表现与展示出来。也就是说项目的销售主题与项目的总主题一致。

给楼盘确立主题。简而言之，就是赋予楼盘一个思想，使无生命的建筑物“活起来”，并展现出动人的“楼盘个性魅力”。

楼盘销售主题有以下作用：

1）有助于楼盘的品牌化。“品牌”在今天的房地产市场是一个十分重要的概念。在住房成为商品的今天，购房者要看品牌选楼盘。对于精明的买家来说，看楼不但要看楼盘的外表、户型、价格等（这些固然很重要），而且要看发展商小区发展的主题思想，因为买房是一辈子的事，要长久住在小区，所以小区的氛围、环境、社区文化等都是买者追求的。许多受欢迎的楼盘在开发、销售、小区管理的过程中都会围绕主题进行。

2）有助加深消费者对楼盘的印象。房地产市场上的竞争日趋激烈，要给买家留下深刻的印象并不是一件容易的事。因此发展商在开发项目的时候，会力求创新或不断地变换销售形式，但是这样的话又难以令买家对楼盘（项目）留下深刻的印象。发展商在策划房地产项目的时候就要给项目定下一个总主题，再在不同的发展时期围绕主题进行不同方面的主题策划。

3）有助于楼盘保持发展方向。在确定一个主题后，发展商可以有系统地发展项目。在发展不同类型的住宅的时候，可以围绕主题进行策划、建设、宣传、销售和管理。

【策划案例：广东中山××项目销售推广主题方向构想】

1. 主题概念要素分析

（1）中山文化背景分析。

1）属粤语文化圈，岭南文化占统治地位。

2）孙中山的影响无处不在（体现在路名、学校、公园、纪念馆、政令、民风等）。

3）南洋风格骑楼、传统民居遍布，以孙文西路步行街为代表。

4）著名侨乡，有海外侨胞80多万。

（2）中山消费群体分析。

1）务实。

2）重商，讲究契约精神。

3）淳朴、友善、正义。

4）好东西就接受。

5）极强的包容精神。

6）重视教育。

7）中山市人民政府在20世纪80年代拟定“团结、爱国、求实、创新”为中山人精神。

（3）岭南建筑对生活方式的营造。

1）讲究社区居住文化，重视邻里关系和交往空间。

2）重视居住区的大融合，具有高尚感又不失亲和性。

3）注重所谓“天人合一”的环境，讲究建筑、人与自然的和谐。

4）注重私密性空间与公共庭院空间融合，注重园林景观。

（4）产品分析。从第一组团的产品来看，基本可以分为多层、情景洋房、围合式建筑三种类型。

1）多层洋房。是中山房地产市场最常见的产品，中山市民的接受程度较高，销售压力较小，可以自然消化，不用进行针对性推广。

2）情景洋房。是万科的拳头产品，其产品主要特点是空间开阔，通风、采光状况较好，同时户外与户内的景观易于充分结合，可以营造良好的景观效果。

3）围合式建筑。属于新创产品，注重空间层次的变化以及邻里关系的维系，便于创造和谐的邻里关系，在这一角度上也符合前述中山人注重邻里关系的特性，但由于产品毕竟是围合式建筑，且空间距离较窄，并不完全符合中山人现有的居住关系，同时在内部不适宜制造景观带，在一定程度上会使居住空间比较压抑。

2. 概念方向构想

（1）主题概念方向构想。建议以城市风景作为主题进行推广，各期以单独不同主题进行支撑。

建议第一组团：“郁金香（tulip）社区”。

以郁金香作为整个第一组团的形象包装载体，同时通过郁金香深层的文化剖析以及内蕴挖掘，将其提升为一种社区文化。

具体操作手法可将其英文拆解开各个要素的相关联英文单词进行演绎。

（2）主题概念方向阐述。

1）与主题联系。项目整个推广主题为城市风景，因此郁金香以一道风景的形式出现。以后各期开发可以根据产品以外的景物命名。从而构筑一个完整的风景体系。

2）典故。郁金香是荷兰的国花，故郁金香给人的第一感觉也是马上让人联想到荷兰。

城市风景名字来源于加拿大渥太华的一个社区名——CITY VIEW，直译就是城市风景。而渥太华又称“郁金香城”。每年五月的最后两周都会举办的“郁金香花节”。节日期间，渥太华市民要选出一位美丽的“郁金香皇后”，然后由“皇后”花车率领，以乐队为前导，举行各式各样的彩车游行。

3）文化内涵表现。郁金香带给人的第一感觉：

① 时尚、浪漫。可以代表本项目的城市感觉以及注重生活品质的文化，与万科一致所倡导的文化不谋而合。

② 高贵但易接近。可以表现出中山人重视居住区的大融合，具有高尚感又不失亲和性的特性。

③ 淳朴但美丽。表现中山人本身的特性淳朴、善良但又追求良好的生活质素。

④ 透明、晶莹。表现出项目营造的邻里健康、坦荡相处的和谐关系。

⑤ 异域风情。郁金香的第一感觉很容易让人联想到异域风情，在一定程度上可以将其文化内涵推广与地中海建筑风格或新美洲风格进行联合，形成一种新的居住文化解释，淡化围合式建筑产品本身的缺陷。

3. 推广方面

（1）认知度。郁金香是大多数人都知道的花类，具有较高的知名度，且具有较为高档的感觉，因此在整体推广上能迅速在市场中形成较高的认知，并且易于传播。

（2）演绎能力。郁金香给人的感觉层次较为丰满，能进行多个不同文化的演绎。同时从郁金香出产区域来说，可以选择荷兰所在的地中海建筑风情进行表现，也可以选择加拿大的新美洲风情进行演绎。

（3）市场影响力。郁金香的概念与中山房地产市场的传统概念以及包装形象相比，能够脱颖而出，而且包装简单易于操作（如在指定区域专门种植郁金香欣赏区，看楼送郁金香花等），且能形成炒作效应。

（2）楼盘销售主题的要求。确定销售主题的要求有：

1）目的性。主题是一个项目的灵魂，要项目充满生机、灵气而非只是一堆砖瓦石，就必须给项目一个确切的中心或是一个确切的目的，并使项目朝这个方向发展。

2）鲜明性。楼盘的主题突出，个性鲜明是项目成功的一个关键，楼盘的整体若能充分表现出鲜明的主题，将会带来强大的震撼力，面对每个楼盘都想突出个性却又有大同感和归属感的主题，无疑是“突出个性”的一条出路。

3）时代性。唯有紧跟时代的步伐，项目才经得起考验，新的世纪，销售主题作为一个项目的灵魂，其时代性更为突出。

4）灵活多变。销售的主题要经得起考验，就要在不同的时期有不同的表现形式，主题是永久的，但社会文化丰富多彩、瞬间万变，其主题必须有足够的灵活性以适应这种变化。

（3）确定销售主题的步骤与方法。

1）确立一个核心思想。销售主题要保持永不过时才是最有效的。但主题若因此而常常变动，就不能给观众留下深刻的印象，主题的意义就被遮蔽了。所以，一定要给主题确立一个核心思想，让跟随时尚“变动”的主题始终围绕着这一核心思想。

2）围绕核心思想确定一个或多个销售主题。“顾客是最健忘的”。所以，很多发展商都会持续不断地对目标客户进行“吹风宣传”，生怕他们“忘”了自己。但发展商也别忘了，顾客也是很容易厌烦的，整天向他们灌输毫无变化的信息，会激起他们的逆反心理。因此，发展商得学会在适当的时候调整主题，这就涉及到了确定一个还是多个销售主题的问题，一般说来，宣传周期不太长的话，可只确定一个销售主题，这样，容易给客户留下比较深刻的印象，也不会使之感到厌烦。但若宣传周期很长这就需要确立多个主题，才能给客户留下完整的、稳定的、深刻的印象。否则，就容易给客户留下支离破碎的印象。

3）使销售主题富于表现力和感染力。楼盘利用主题可制造精神支柱和基准点，这些基准点可以令顾客在更大的情景范围内联想到该楼盘并辨别出它的地位。如果销售主题能够满足以下条件：第一，被用作原来表达某一企业的核心价值或使命，或者某一品牌特征；第二，在较长的一段时期内得到重复和改善；第三，被发展为整套相互关联的观点，那么销售主题就可以鲜明地表达出来。

2. 楼盘入市策略

在竞争激烈的市场条件下，房地产项目在进入开盘销售时，必须做好充足的准备，形成足够的销售势能，务必保证开盘成功。

（1）市场态势分析。市场态势分析又称项目的二次调查。市场态势分析内容主要有两大方面：竞争者项目分析和项目的目标客户群分析。

竞争者项目调查分析包括项目概况、市场定位、销售价格、销售政策措施、广告推广手法、媒体策略及投入频率、公关促销活动、销售手段、销售情况、特殊卖点分析总结等等。

目标客户群分析包括目标客户群的进一步细化和分类、目标客户群的特征描述、目标客户群的广告诉求等。

【案例：深圳横岗信义湛宝广场入市时机分析】

1. 市场研判

4月中旬以来，力度空前的楼市调控政策在短期内产生了立竿见影的效果，包括深圳在内的国内各大中城市的成交量均有较大幅度的下跌。以“4.15新政”前后50天的商品房市场成交量变化情况来看，北京、上海市成交量分别下跌53%和57%，深圳市成交量下跌59%。

据相关机构的资料显示，深圳楼市投资客比例大幅下降，去年深圳房地产投资客比例最高时达27%，某些片区高达五成。今年4月初，投资客比例仍有22.9%，但是到了4月底，这一比例降为17%。由此看出，作为广大客户群体中实力较为雄厚的群体，投资客纷纷持观望态度折射出抄底的心态，同样也会对于后期楼市的走向产生一定程度的负面影响。

自5月底开始，万科、佳兆业等开发商率先以在深圳的旗下楼盘如第五园，清林径，上品雅园等进行降价促销活动，打破了新政后市场观望僵持的格局，在价格调整后取得了较好的销售业绩，市场开始逐步从有价无市阶段进入价跌量升阶段，降价成为促进销售的主要出路。预计在今年年底之前会有更多的开发商加入降价的行列。

结论：从目前宏观形势来看，目前国内房地产市场受到调控政策的影响，各地成交量均大幅度下滑，消费者观望情绪浓重。在深圳市场，随着万科，佳兆业等开发商带头降价促销，市场开始进入价跌量升阶段，消费者对于降价的心理预期日渐明显。因此，在市场尚未进入主下行通道之时，在项目展示和客户积累充分的条件下，建议本项目尽早入市，避免受到大规模降价潮的影响。

2. 工程配合条件

目前本项目外立面已经脱去绿网展示，住宅外立面施工中，随时可以获取预售许可证进行销售；根据前期会议达成的公示，C、D座样板房已经确定，精装修标准也已经确定，预计样板房自开工后50天左右可以具备展示条件。

结论：依照目前的工程节点和展示周期，以及目前已经储客的数量，以样板房开放三个星期后开盘的进度来看，9月中旬是本项目理想的发售时机。

3. 客户分析

自从5月15日项目售楼处开放接待客户以来，到目前为止累计登记意向客户900批；自项目售楼处开放到目前所接待的客户中，来自横岗本地的客户有785批，占客户总数的87.2%；来自福田，南山，罗湖，盐田的关内客户有54批，占总数的6%；来自布吉和龙岗中心城的客户有44批，占总数的4.9%；来自宝安的客户有4批，占总数的0.4%；来自香港的客户有3批，占总数的0.3%。根据销售现场的情况反映，目前上门客户数量相比初期已有较大下降，每天大概下降10批左右，而且多数上门客户为二次或多次回访，客户对本项目的关注度开始降低，部分客户受目前市场状况影响，心态也已经开始动摇。项目自5

月初售楼处开放以来，由于后续节点无法确定，售楼处开放后再无其他动作和大概节点信息，此前积累的部分诚意客户特别是横岗本地客户开始出现流失的情况，被中心区特别是临近本项目的大运新城片区部分热销项目所截流。

小结：综上市场现状，工程条件和目标客户的分析，建议项目在9月中旬入市。本阶段工作重点在于加快各节点筹备进度，强化对于项目区域价值，地铁价值，建筑品质等目前客户感知较弱的价值传递，同时强化线上线下推广力度，增强项目在市场上的知名度和影响力，为项目成功开盘奠定良好基础。

（2）确定入市时机。在楼盘市场态势分析工作完成以后，紧接下来就是确定入市时机了。确定入市时机的前提有这几个方面内容：

1）营销推广组织建立。为实现项目营销推广的目标，入市前必须建立一个合理的营销推广组织。

从架构来看，主要包括销售部、策划（招商）部、广告部等。

从骨干岗位看，主要如图15-1所示。

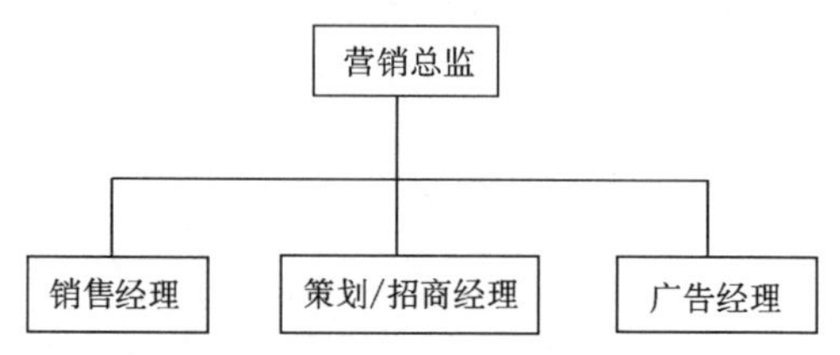

图15-1　营销骨干岗位图

2）形象包装策划完成。项目入市，形象策划至关重要，从工地环境、营销中心、会所、园林、广场、样板房，到企业办公室、周边交通等硬件包装，尽可能使整体形象塑造与氛围创造给人焕然一新的感觉。软件包括对销售人员的培训、考核等包装工作都必须同步完成。

【案例：广州××项目形象包装工作内容要点】

本项目是天河区的超级大盘，形象包装必须到位，在2012年11月中旬必须完成9项形象包装内容策略，并实施部分广告策略。结合广告公司与房地产顾问的方案，建议2013年元旦入市，形象包装要点罗列见表15-4。

表15-4　广州××项目形象包装要点

项目		名称	包装要点
硬件形象包装	1	品牌识别系统建立与设计	1. 项目中英文命名方案
			2. 基础系统设计 项目标志、项目中英文标准字体、印刷字体、象征图形与吉祥物、项目标准色、辅助色、标志、中英文全称及标准字的组合规范、标志、标准字在不同色彩环境下的应用范围
			3. 应用系统设计 名片、徽章、形象墙、请柬、文件夹、售楼员服装、领带、贺卡
	2	现场包装	1. 围板；2. 工地路牌；3. 楼体招示布；4. 楼层进度牌；5. 工地安全警示牌；6. 导视牌；7. 立柱挂牌；8. 欢迎标牌；9. 看楼车；10. 广告气球；11. 挂旗；12. 地盘广告牌；13. 停车导示；14. 彩旗；15. 三角旗；16. 楼梯荧光字
	3	卖场包装	1. 形象墙设计；2. 实体展板；3. 售楼书；4. 折页；5. 价格单页表格；6. 付款方式清单落格；7. 手袋设计；8. 销售人员工作牌；9. 信封信纸；10. 名片；11. 档案袋；12. 售楼处灯箱；13. 活动展板；14. 售楼处挂幅；15. 售楼处指示牌；16. 交楼标准清单；17. 纸杯；18. 欢迎牌；19. 台面标牌；20. 门楣标牌
	4	样板间形象包装	1. 楼体氛围布置；2. 楼梯间欢迎牌；3. 展示中心导示牌；4. 户型标牌；5. 展示空间功能标牌；6. 免费赠送标牌；7. 楼的门牌；8. 大门口宣传牌；9. 示范单位警示牌

（续）

项目		名称	包装要点
硬件形象包装	5	户外流动展示	1. 展位及气氛布置;2. 活动展板;3. 看楼车体形象;4. 车体广告;5. 候车厅广告;6. 户外广告
	6	促销及公关活动礼品	1. 工艺礼品;2. 活动袋包装设计;3. 礼品袋设计
	7	外卖场包装	1. 活动现场包装形象设计;2. 活动现场包装辅助品设计;3. 外卖场形象用品设计;4. 相关印刷品设计
	8	广告深度传播	1. 报纸广告创意表现;2. 户外广告创意表现;3. 其他相关媒体的广告创意表现
软件包装	9	销售包装	1. 销售人员的谈吐、着装;2. 销售气氛的营造;3. 活动现场包装
	10	管理组织上的包装	对工程进度、销售进度总体的筹划和把握

3）销售物料准备就绪。入市前，销售物料必须全部到位，物料数量与制作质量必须满足入市营销需要。销售物料主要包括：

工作类：如工作卡、名片、销售控制表等。

展示类：如沙盘、户型模型等。

宣传类：如影视光盘、海报、折页、楼书、户型图等。

手续类：如购房须知、详细价格表、交房标准、合同书、VIP 卡、公证书、税费说明书、物业管理公约等。

礼品类：各种赠品、纪念品、抽奖品等。

4）广告预热策略实施。在营销广告计划如销售策略、广告策略完成并启动情况下，入市前 1～2 个月，必须加大广告策略攻势，预热市场，为入市造势，形成良好的效应。

【案例：宁波市××项目入市广告预热策略实施方案】（表 15-5）

表 15-5　报纸广告预热投放安排

报纸媒体投放计划(4 月)								
媒体名称	发布日期	性质	规格	投放版面	色彩	宣传主题	投放费用(按 8.8 折计)/元	备注
宁波日报	2/4(周五)	硬广	报眼		彩色		39800.00	
宁波日报	8/4(周四)	硬广	半版	A3 版	彩色		110000.00	
宁波晚报	9/4(周五)	软文	1/3 版		彩色		免费	
宁波日报	9/4(周五)	软文	1/3 版	A3 版	彩色		55000.00	
东南商报	16/4(周五)	硬广	1/3 版	A3 版	彩色		40000.00	
东南商报	16/4(周五)	软文	1/3 版	A3 版	彩色		免费	
宁波晚报	30/4(周四)	硬广	1/3 版	A3 版	彩色		36000.00	
宁波日报	30/4(周五)	软文	半版		彩色		免费	
投放说明： (1)宁波日报在优质人群渗透率更高,在 25～44 岁有较强消费欲和购买能力的群体中阅读较为宁波最高,与本项目目标客户较为吻合。 (2)30 日的整版广告目的是黄金长假期间的活动预告								
本月费用小计:约 28 万元								

5）项目法律手续具备。时下，置业者法律意识越来越强，消费维权观念越来越强，项目的运作，必须在合法与规范的前提下实施，否则可能会导致得不偿失。入市前，必须办理好必需的相关法律手续，如土地使用权证、建设用地规划许可证、建设工程施工许可证、商品房预售许可证、房地产证等，确保项目经营的合法。

6）市场预期商机看好。受市场供求关系的影响，房地产项目销售推出时机至关重要，周边竞争项目推售和项目本身工程进度是决定项目进入市场销售的主要因素之一。通过对市场态势的动态了解，分析与预测，必须确定某一目标市场现时需求情况有利于项目时，才可以考虑入市。

以上各项工作都没有问题，就可以确定入市时机了。

（3）入市时机安排。项目何日何时入市，就像选择婚姻的良辰吉日一样，是策划的难点，入市时机安排手法很多，目前常用的操作规则主要有开工典礼法、开盘法、节假日法、区域文化法、牛市法、逆市法、从政法等。入市个别日期选择必要时可以结合以符合民俗风水吉日。

项目在入市后，至少要达到三个目的，一是宣传品牌，二是市场试探，如果推出少量单元的项目，按定价试探市场反应，及时做出反馈，并根据市场反应调整租售价，三是后期产品调整，根据置业者对产品类型的需求，及时调整产品开发计划。因此，有的项目在入市后，可以调整很大，甚至可能推翻前期的所有定位与策略。

1）开工典礼法。以建筑施工单位开工日为标志，进行入市操作。如果建筑施工单位声誉很高，开工典礼有利用建筑工期质量宣传，由于建筑施工人员数众多，仪态统一，入市日人气召集容易，阵容宏大。

【案例：深圳中信·海阔开盘入市开工典礼法分析】

深圳中信·海阔开盘是中信集团开发的滨海生态高档楼盘。由于中信集团具有品牌影响力，而建筑商为七次获得建筑“鲁班奖”的中国华西建筑企业公司，是工程建筑的质量代表。项目因此采取“品牌＋质量”的入市输入策略，入市节点锁定在开工典礼日。入市前预热市场时，专门对华西建筑企业的建筑质量作了大量的软性新闻炒作，包括记者采访华西建筑企业公司的负责人等炒作内容。中信·海阔天空这个开工典礼法操作，为项目带来入市日不到1h就认购爆满的场面。

2）开盘法。以取得预售证或主体封顶为标志，进行入市操作。开盘法是项目条件比较成熟时采用的做法，入市之前一般都已经过一段时间积蓄客户，已做好客户登记。由于项目整体形象与法律条件成熟，蓄势突发入市可以策划多种精彩活动来加强热烈氛围，来提高销售成交率。

【策划案例：广东佛山东海国际花园认购须知】

欢迎阁下莅临东海国际花园首期产品公开发售现场，阁下如对东海国际花园楼盘物业有购买意向，请在认购之前仔细阅读本须知。本次认购活动采用自然发售方式进行。

（1）7月3日上午9：00开始签到，凭《【东海国际花园】优惠权证登记表》、身份证，领取选房顺序号，然后进入休息区等待叫号。

（2）一份《【东海国际花园】优惠权证登记表》仅限领取一个顺序号。请客户妥善保管自己领取的顺序号，如若遗失请重新排队领取。

(3) 7月3日上午10：00开始叫号选房，每次叫10个号（即10批/组），在工作人员核实客户《【东海国际花园】优惠权证登记表》、身份证及顺序号后，客户进入选房等候区等待选房。

(4) 选购时间为10分钟/组，客户在工作人员协同下进入选房区确定意向、选购房号。

成功选购房号的客户在工作人员协同下进入财务、签约区办理购房相关手续。

(5) 当天购买多套单位的客户，须交齐定金2万元/套之后，客户可以享受同等的优惠折扣。

(6) 认购中每个顺序号原则上仅允许两人进入选房区，客户家属请在休息区耐心等待。

(7) 已被叫号但迟到的客户仍有一次被补叫号的机会，在工作人员确认无误后，可与等候区的客户一同进入选购，原则上迟到客户为该组客户中最后进行选购的客户。

(8) 本认购须知所有条款以"佛山市金色阳光房地产开发有限公司"的最终解释为准。

3）节假法。以国家法定节庆日为标志，进行入市操作。如可以选择元旦、国庆节、"五一"劳动节、周末等。目前据调查，大多数置业者把看房购房的时间安排在节庆或假日，有的甚至专门利用周末来参加活动与选房置业，因此，节假法对置业者的吸引非常大。

4）区域文化法。借助当地同期举行的文化活动，联动操作入市。如元宵节、荔枝节、情人节、圣诞节、冬枣节、苹果节、葡萄节、赛马节、圣诞节、风筝节、高交会、博览会、建市周年庆典节等文化活动。区域文化能够迅速打响项目品牌，尤其是大型商业项目运作，往往必须借助区域文化法。

5）牛市法。看准某一目标市场需求旺盛时，像股市一样，趁市道行情看涨上扬时，迅速操作入市。牛市法是项目充分获取利润的较好做法。

【案例：成都双流北大资源·公园1898入市时机安排牛市法分析】

北大资源·公园1898所在的双流新城区域，不仅独占亚洲最大的8500亩城市生态公园和650亩凤翔湖，更是成都周边区域内唯一一个价值百亿的成熟商圈。区域内还有棠湖中学、棠湖小学、双流实验小学等多个优质教育资源。同时，不久后双流万达广场将强势入驻，届时区域价值必将再度飙升。不仅如此，北大资源集团还为客户提供了北大医疗资源、北大教育资源、北大管理资源等TOP资源，过硬的配套和未来的升值潜力成为项目的绝佳优势。

2015年中，公园1898项目周边的隆鑫十里画卷、威德兰小镇、景茂名都东郡、新双城等楼盘均全面热销飘红。在这种热火朝天的市道下，公园1898项目经过权衡自身的特点，决定趁热强势入市。

2015年6月27日，北大资源·公园1898隆重开盘。开盘当天，从早上6点开始，便有100余组客户蜂拥而至现场排队，重现2009年楼市盛景！到早上8点，现场变成人海，整个金河路变成项目专有停车场，道路两旁竟然找不到一个空车位。还未正式开盘，等候区已经人满为患，数千张座椅座无虚席，更引得区域竞争对手组团围观，纷纷"截和"！据统计，当天共有5500多人到场，短短3小时成交608套，劲销5.17个亿，与2015年成都楼市上半年住宅单盘销售前十强最后一名的成绩单（5.62亿元）几乎相当，刷新了成都楼市三年来开盘销售记录。

6）逆行法。在市道低迷时进行入市操作，逆行法通过热点炒作，带动与诱导需求，力挺供求压力，容易创造品牌。

7）从政法。把项目纳入市政规划的形象工程，政府城建或投资项目的样板工程，与政府行为同步，操作入市。如新开发区的形象工程揭幕庆典、政府重点10大招商项目开工等政府行为。从政法容易获取政府政策支持，节省营销开支，创造社会效益。

【策划案例：××市“天目国际村”开盘策划方案框架】

活动主题：——在城市中修行，在山水中养生

1. 节日的配合

配合5月1至5月7日“五·一”长假期，拉开春夏之交常州地区房屋销售热潮的序幕。

2. 活动的配合

根据天目国际村建设进度与销售节奏，建议做五一系列公开活动。

公开活动作为楼盘的促销直传手段之一，只希望引起一个市场“注目点”，而常规的电视广告、电台广告、报纸广告等媒体只是作为将促销信息传递出去的途径，以及保持楼盘一定的曝光率，建立楼盘的广告形象，运用广告在客户心中建立印象。活动要达到有效的传递，就必须有吸引人们注意力的亮点，足以引起全城瞩目的亮点：

名人风采与热情四射的轰动场面

体育运动与激情放送的火花碰撞

高水准的现场歌舞表演——魅力诱惑

智趣游戏与开心大奖的心理满足

一场促动第七感官、细胞苏醒跃动的经典盛会

有一个理由，一个做公开活动的由头。比如：庆贺开盘、内部认购等。

可是准买家最关心的仍然是赠价优惠，楼盘的综合质素，以及有没有令其满意的可选单元，自身能够得到的实惠等。

3. 方向的讨论

以邀请名人、特型演员、一些有影响力的歌舞、文艺表演、作论坛等作为活动的焦点，再以此带出促销优惠活动；这些表演活动是必须与天目国际村目标客户群欣赏水平相近的节目，才能吸引他们的兴趣。

以举办“回馈业主，服务业主”为名的公开活动，同时，带出一些较有影响力的歌舞、文艺表演活动，期望“充分利用现有的业主资源、以旧带新”，再推出在价格、赠送等方面较具吸引力的信息，吸引购房。

4. 策划建议

（1）以“在城市中修行，在山水中养生——迎‘五·一’系列活动”为题材，以开盘活动的人气，带动开盘购房优惠促销活动。

（2）系列活动的策略及简要计划。计划在5月1日这一天，邀请天目国际村的所有业主代表及其亲友，天目国际村的目标客户，凭事先发出的邀请票，参加在天目国际村现场举办的“燕山之下，国际人家”活动。

操作计划：

4月20日前，向业主赠送推荐“五·一”活动邀请票，计划每户4张。

4月25日前，向部分目标准买家，赠送活动邀请票。

连贯性促销优惠计划：

4月20日至4月30日，前十名定购房的新业主，可获赠惊喜九六折优惠。

5月1日至5月7日，前十名购房新业主，可获赠惊喜九七折优惠。

5月8日至5月31日，由天目国际村业主推荐成功的前十名购房新业主，新业主获赠价值8888元的豪华厨、卫装修（或额外九八折购房优惠），推荐的老业主可以获赠“免全年物业管理费”。

对现场签订认购契约的客户，可以向他们的子女实施赠送巨额保险等促销手法来达到提高成交量的目的。

另外可以考虑与天目湖风景旅游度假区达成合作协议，如：活动期间购房的天目国际村业主，未来可以获得VIP全家贵宾金卡，日后可以免费游玩天目湖游旅风景区的任何景点，获得天目湖风景旅游度假区贵宾游客的待遇（可以扩展成为项目的特色卖点）。

考虑到天目国际村目标客户的独特性，他们有着一定的文化修养，这些群体平时大多对国际国内政治经济情况较关心，有着较敏感的经济头脑。针对目标客户的此类特点，故建议：

开盘当天请经济或政治界名人亲自为天目国际村“现场放号”，以吸引目标客户的眼球和媒体的关注。借此为开盘活动营造气氛，从而在主观形象上提升生天目国际村的产品力，同时增加项目的卖点与公众说服力。

(3)“燕山之下，国际人家”活动的主要内容：①著名乐团表演；②“燕山之下，国际人家”天目国际村内部认购及五一系列活动开幕式；③《经济半小时》女主播与客户面对面；④“活力四射”歌舞表演；⑤活力幸运大抽奖；⑥智趣开心游戏；⑦“精彩一刻”明星合影留念。

15.3 目标客户群分析与定位

15.3.1 目标客户群

所谓目标客户群，是指楼盘销售时所针对的那部分客户群体。也就是说，一个楼盘建成后是要销售出去的，那谁来买呢？是针对谁来建造的呢？如果项目或楼盘把这两个问题弄清楚，目标客户群体也就确定了，楼盘销售就没有问题。因此，目标客户群是开发商日夜寻找的客户对象。有人说寻找客户就是谈恋爱、搞对象，双方同意就没问题了；也有人说是在找楼盘与客户之间的“密码”，只要二者的“密码”找到，销售也就没问题了。这些说法说明了目标客户群体分析的本质特征。

在房地产销售策划中，寻找目标客户群或者说给目标客户定位，是销售策划的重头戏，要对项目的各方面情况了如指掌才能轻松自如的掌握，才能真正地解决项目的销售对象问题，故马虎不得。

【策划案例：北京“华杰大厦”目标客户群分析】

1. 项目所在区域地产市场特点

海淀区是北京房地产投资热点区域之一。华杰大厦所处的大钟寺地区已被海淀区政府规划设定为“大钟寺物流中心”，周边区域的规划及物业管理在将来势必会形成规模效应，现有的空间格局在有限的时间内将会得到有力的提升与改观，而已有的物流领域集散地的品牌意识，将在投资者的消费意识理念中继续延伸、壮大。

2. 客户定位

华杰大厦个体单间40～200平方米的建筑面积，使其购房总价较低，容易吸引中、小型投资者的目光，而该地块现有的物流板块的经营模式，在本案的招商过程中，作为主诉求，应加以有效利用。而作为附属群体，审视本地域经营大环境氛围，配合地缘上的泛中关村地产概念，外地各厂矿驻京的办事处、科技含量高的企业的分支机构、个人IT工作室也是一个侧重点。同时，也可以将本项目作为高端群体二次投资置业的选择地。

3. 客户细分

（1）年龄构成。目标客户年龄段：25～45岁人士。

针对华杰大厦户型结构：65平方米/间约为76套；100平方米/间约为200套左右，200平方米/间约为10套。共300套左右。

由此推断，我们的主力户型在100平方米/间的户型。

根据年龄结构，将购买群体细分为：65平方米/间目标客户年龄层次为25～35岁人士；100平方米/间目标客户年龄层次为30～40岁人士；200平方米/间目标客户年龄层次为35～45岁人士。

（2）客户构成。

1）第一目标群——自用买家特征分析。根据“大钟寺物流中心”规划蓝图及现有的物流经营格局。先期着重在项目周边进行推广，如四道口水产批发市场附近、金五星市场周围。这些地区分布着一些中小规模的商务机构，这些机构处于成长期，对于工作环境质量又非常重视，他们长期在此处工作对此地产生较为深厚的感情，而且更重要的是，企业在对外联络上可以保持原有的联系模式。

他们多为首次置业。

他们的文化层次虽然不很高，但有股干大事业的决心与毅力。

他们较大部分为外地人，有着南方商人特有的机敏与闯劲。

住得好不好他们现在不太在意，他们现在讲究的是用办公环境来提升自己公司的形象力，以保证商业往来中的信誉度。

他们的生存哲学信奉一分耕耘才有一分收获。

因为是外地人，他们多年拼搏的过程比本地人艰辛许多。

获得阶段成功后，他们想在北京这个大都会里扬眉吐气一番。

要达到这种效果最直接的方式就是在北京投资买房，那是展现实力的最佳方式。

他们经营的商贸格局制约他们企业的人员规模。

他们所从事的行业，需要他们把更多的资金押在企业经营的周转资金上，而无过多现金来买办公场地。

所以，他们在买房抉择上比其他行业人士更加斤斤计较。

因为他们信奉一分耕耘换来一分收获，所以，他们也会以开发商到底为他们做了哪些实事为依据，来衡量房屋的实际价值。

此消费群在进行购买比较时，以房子的经济实用为主，也比较注重楼盘的综合素质。他们追求工作便利感受而非追求豪华享受，这群买家做出购房决定时，房屋的性价比是基本要求。

此类买家占华杰大厦项目销售比例的40%～60%，户型选择一般在100平方米/间。

2）第二目标群——投资买家特征分析。他们一般不受地域限制，看重华杰大厦地段、环境、配套设施，看重所属地块的行政规划对土地价值的提升力度。以投资作为财富积累的方式，赚取房屋租金，或期待房价升值后转手卖掉赚取房屋中间差价。

楼盘在功能之外的政府规划行为作为华杰大厦的附加价值，是他们进行购买抉决的砝码。

此类买家占华杰大厦项目销售比例的10%～20%，户型选择一般在65平方米/间以下，求低总价低投入来降低投资风险。

3）第三目标群——中关村楼盘分流客户特征分析。这类客户群体的周转资金较前两类目标群体雄厚，他们有做IT行业的经验与能力，但是还没达到在中关村购买高档楼盘的实力，为了方便工作，把购房目光投向中关村边缘地块上，也就是捎带有泛中关村地产概念的楼盘上。他们一般注重工作环境与品质，讲究商务配套设施上的便捷性、整体感。在价格认定上比较宽松，只要觉得这个楼盘比在中关村买楼便宜多了就认可，进而产生实际购买行动。

但是，他们在物业管理、商务配套的服务态度上，比1）、2）类目标群体苛刻。

此类买家占华杰大厦项目销售比例的10%～15%，户型一般选择在100～200平方米。

15.3.2 目标客户群分类

目标客户的类型有很多的，针对某个类型而言，不一定能反映楼盘销售的具体情况，一般可从年龄、收入、阶层、职业来进行划分。对楼盘销售的目标客户而言，主要是从从事的职业和收入的水平来划分，这样比较容易反映房地产行业的具体情况。

按目前来说，目标客户群分类（以购买住宅为例）大概有：

1）从收入划分：高收入阶层、中收入阶层和低收入阶层。

2）从职业划分：三资企业高级白领人士、个体私营企业主、国有企业高级管理人员、IT人士等高收入职业，其他多为中低收入职业。

3）从年龄划分：18～25岁收入较低，26～50岁收入最高，51岁以上收入中等。

4）从学历划分：高中以下收入较低，大学生收入居中，研究生以上收入较高。

5）从行业划分：电信、金融、科技、房地产、烟草等行业收入较高，其他行业收入次之。

从以上可以看出，在五个方面的分类中，都有高收入阶层、中收入阶层和低收入阶层，因此，在进行目标客户分析时应综合考虑这几个方面的因素，才能真正地反映社会客户群体的具体特征。

就拿广州城市中心的豪华或高尚住宅来说，客户要购买主要决定于目标客户的收入、职业、年龄、行业，他们的类型可有：三资企业高级白领人士、个体私营企业主、国有企业高级管理人员、海外及港澳驻穗人士等，他们的主要特征是收入在中高水平，职业为高级管理和白领，从事的行业是金融、科技、驻穗办事处等。如果我们在为这些人士量身建造的住宅，一定要符合他们的身份、爱好、交友范围以及心理特征，这样做才能受到他们的欢迎。

目标客户类型进一步细分，也能达到很好的效果。在2003年的北京，在小户型热闹了一阵子以后，部分发展商又在目标客户类型细分做文章。一般意义上小户型目标客户是年轻的白领，包括在北京发展的北漂一族。如炫特区的业主大多是在CBD及燕莎商圈工作，年龄从22岁到30岁的年轻白领，蜂鸟社区的也是以中关村地区的白领为目标客户。但是由于市场供应量的大增，这个年龄群的消费者已经远远不能消化投向市场上的小户型产品。因此一些针对老年人或者经济收入比较低的一些家庭的小户型的产品又在市场上出现，如在顺义的东方太阳城就推出了专门针对老年人的小户型公寓。

对于一些前途无限、但是积蓄不丰的年轻白领来说，小户型更多的是一种临时意义上的居所，是他们在取得更大成就、购买更大房子之前的一个跳板。从功能意义上来看，小户型是一种过渡性产品。以炫特区为一个分界线，我们可以看到，之前的小户型项目大多由大户型变脸而来，产品方面存在诸多的不尽如人意之处。很多关于小户型产品将昙花一现的论点主要由此而来。

而老人和低收入者之所以选择小户型，更多的是从经济条件来考虑，小户型的使用价值对于他们来说是长期的。老年和低收入客户群的挖掘，必将重新定义小户型，改变小户型短线产品的形象，为小户型成为一种稳定的产品形式提供了可能。

【策划资料：国家税务部门确定的11类高收入行业及高收入个人】

1. 高收入行业

（1）电信（移动通信）、烟草、金融、保险、证券、电力、供电、石油、石化、航空、铁路、房地产、建筑安装、广告、演出、城市供水、供气等行业。

（2）律师事务所、会计师事务所、税务师事务所、评估师事务所等机构。

（3）足球俱乐部、高尔夫球俱乐部。

（4）高新技术企业、软件企业和集成电路企业。

（5）外商投资企业、外国企业和外国企业驻华代表机构。

（6）设计院、科研所、高等院校、区级以上医疗机构。

（7）四星级及以上酒店（宾馆）。

（8）上年度经营收入额达到1000万元及以上的娱乐业企业。

（9）电台、电视台、报社、杂志社等传媒机构。

（10）上市公司。

（11）经税务机关确定的其他企事业单位。

2. 高收入个人

（1）规模较大的私营业主。

（2）企业承包承租人。

（3）建筑工程承包人。

（4）演员。

(5) 时装模特。

(6) 足球教练员和运动员。

(7) 律师。

(8) 会计师、审计师。

(9) 大(中)学教师。

(10) 医生。

(11) 导游等。

对于“高收入者”门槛的确定，2010年国家税务总局下发的《关于进一步加强高收入者个人所得税征收管理的通知》中规定高收入者的定义为“年收入超过12万以上的个人”。

15.3.3 目标客户群特征分析

目标客户类型定位是有很多原因的，对一个楼盘来说，不外乎从项目的市场、位置、特征、环境以及居住氛围等，但是，楼盘的价格是起决定性的因素。优越的位置、高尚的社区、恬静的环境，以及潜在的升值能力，必然是价格不菲的住宅，因而价格也就决定了适应那些人购买。弄清楚目标客户定位的具体原因，也就使所定位的客户不会出差错，防患于未然。

一般来说，目标客户类型定位原因的分析一般从以下几个方面进行：

(1) 目标客户类型组成分析。

(2) 目标客户类型购买力分析。

(3) 目标客户类型购买动机分析。

(4) 目标客户类型背景分析(包括经济、政治、文化背景)。

(5) 目标客户类型消费行为习惯分析 。

(6) 目标客户类型心理因素分析。

【策划案例：郑州××世纪花园消费群体分析】

1. 目标客户群分析

目标客户群年龄在25～45岁；中等高等学历以上，工作与事业相对稳定，进入事业与家庭的稳定期。家庭可支配收超过2万元，首期支付3～6万元，月供款额约450～1000元。根据前期市场调查显示，南区整体生活消费水平低于全市的平均水平。

2. 目标客户群定位

根据郑州南区的社会经济状况，本项目的消费群体主要是：

(1) 南区经商批发人员(郑州万客来食品城、郑州华中副食品城、郑州食品城、京广路鞋城批发市场、总站纺织品批发市场等)。

(2) 周边学校中青年教师(中州大学、郑州航院、测绘学校、郑州卫校、郑州七中等)。

(3) 铁路、部分行政、企事业单位职工(铁道建筑总公司郑州材料总厂、铁路局工程机械厂、嵩山机械厂等)。

(4) 周边老城区居民。

(5) 郑州中低收入人群。

（6）南部郊县迁入郑州人员。

通过对消费群体的走访结果显示，项目周边经商户与居民对项目都寄托很大希望，也有购买意向，价位希望在1000～1300元/平方米。对周边的市场调查与消费群体的走访都显示：对社区环境、物业管理、人文教育十分重视。

3. 目标客户消费心理分析

（1）共性分析。目标客户群体都有强烈的求廉求荣心理，渴望获得尊重与归属感，希望获得环境幽雅、空气质量较好性价比完美的居所。他们漂泊租房，对子女的未来抱有很高的希望，渴望子女能够受到比他们更好的高等教育，愿意居住在文化气息浓郁的区域。

（2）差异分析。南区板块是生意人集聚群落，外地人比较多。他们成为改革开放以来先富起来的那一群体。几十年的经营积累了大量的财富，虽然拥有别人羡慕的富足，并不意味着生活质量的提高。他们依然寄居在别人的屋檐下，过着都市富裕阶层的租房生活。他们渴望改变当前的居住环境，拥有自我生活的新天地。渴望成为真正意义上的城里人，融入都市现代生活。同时在领略都市繁华之后，又期望一处环境优雅、宁静和谐能令心灵休憩的场所。

这一区域也具有良好的人文环境。周边的中青年教师拥有很高的涵养与文化知识，渴望高品质物业的现代生活环境。相当部分群体也是外来人群，他们对城市生活有着独特的理解，期望在喧哗与骚动之后，享受那份安详、宁静、和谐。在事业与爱情步入稳定时期，他们渴望有个幸福理想家园。同时对未来的社区生活充满幻想与憧憬。

城市工薪阶层经过几十年的辛劳工作，他们积累了相当的财富，但是他们的财富来之不易。由于房地产具有付款额大的特殊性，大多人群持币待购。在购房过程中谨慎，货比三家。由于原来所居住房屋户型、面积、功能不合理，社区环境绿化差，房屋破旧等原因，希望将来的居住场所与环境要有所改善。

15.3.4 目标客户群定位

目标客户的定位或者说是确定，对楼盘的销售推广至关重要，在没有弄清楚该楼盘目标客户具体内容的情况下，贸然把楼盘推出销售，最终还是回过头来重新进行这项工作的。广州“金桂园”的目标客户定位就是一个鲜明的例子。通过目标客户类型的详细分析，“金桂园”的目标客户定位为：希望生活与工作兼顾的人群，也就是附近火车站商圈的商人和环市路、东风路一带的上班族。1997年，当时广州解放北路桂花岗以及环市中路一带并未出现大型住宅小区，“金桂园”就及时填补了这一市场空白。“金桂园”的策划理念是找准目标客户，填补市场空白，打开市场临界点，继而打造品牌、维护品牌。

【策划案例：重庆××花园目标客户群定位】

1. 目标客户群定位

由于本项目属于近郊住宅，使得项目的目标客户定位有一定程度的难度。公寓为中档实用型住宅，吸引部分投资者和工作3～5年的白领阶层、欲改善目前居住环境的购买者以及部分富豪阶层，不排除部分投资者和家庭支付能力强的离退休者购买。

2. 目标顾客区域设定和分析

本项目位于双桥商业步行街，地理位置优越。目标客户区域构成见表15-6。

表 15-6 重庆××花园目标客户区域构成

区域	渝中区	南岸区	巴南区	双桥区	九龙坡区	其他区
所占比例	5%	5%	5%	70%	10%	5%

3. 目标顾客群组成成分分析与判断见表 15-7。

表 15-7 重庆××花园目标顾客群组成成分分析与判断

职业构成	所占比例	购房目的
民营、私企老板、个体户	35%	投资、改善居住环境
高级白领	30%	投资、改善居住环境
机关单位中高层管理者	10%	投资、自住
自由职业者(SOHO)	10%	改善居住环境
离退休人员	5%	改善居住环境
其他	10%	投资、改善居住环境

4. 目标顾客群消费层次设定见表 15-8。

表 15-8 重庆××花园目标顾客群消费层次设定

职业构成	购买户型	购房能力/万元
民营、私企老板、个体户	大户型及中小户型公寓	58~216
高级白领	80~130	40~91
机关单位中高层管理者	80~130	44~91
自由职业者(SOHO)	80~110	48~77
离退休人员	60~110	18~77
其他	80~200	48~160

5. 目标顾客群消费心理分析

(1) 民营、私企老板、个体户。这类买家主要是附近区域经商人士，平常在周边消费较多，具强烈的区域情感，加之目前手头资金充裕，有能力投资物业，希望改变目前居住环境或增大居住面积。这部分人往往是二次置业者，消费行为趋于理性，注重房产的整体素质。

(2) 高级白领。这类客户由于知识层次高，综合素质高，消费行为理性，对事物比较挑剔，属于完美主义者。由于长期工作于办公室，对自然景观和社区人文环境、运动设施极为重视，同时对楼盘建筑风格、色彩、平面布局等也极为关注，地理位置好、综合素质高的楼盘是其首选。这部分人付款方式普遍采取银行按揭，希望装修一次到位，最希望开发商提供套餐装修方式供其选择。

(3) 机关单位中高层管理者。这类客户年龄在 40~55 岁，社会地位稳定，部分有隐性收入，支付能力强，这类客户由于子女相继成年，会考虑购买一套自住或给子女预备，对楼盘综合素质要求较高，消费行为趋于理性。

（4）自由职业者（SOHO）。这类客户年龄在22～40岁，职业为自由撰稿人、广告人、电台电视台主持人、艺人等，追求较高的生活素质，同时对楼盘的智能化程度要求较高，对物业管理服务也要求较高。

（5）离退休人员。主要是指离退休以前任职较高、知识层次较高的群体，或目前子女事业有成的离退休人员。他们购买的首要因素是周边生活配套成熟、完善，价格和户型是其购买决策的重要决定因素。

（6）其他客户。主要是指外地常往返于重庆的商家，外省市长驻重庆的人士，本项目的地理位置是其购买的首要原因。

15.4 房地产定价策划

15.4.1 房地产价格分析

1. 房地产商品的价格构成

房地产价格是房屋建筑物和建房地块价格的综合性表现，是房地产商品与货币交换比例的指数。在整个社会物介体系中，房地产价格是一个自成体系，相对独立的组成部分。房地产商品的价格由房屋建筑造价及其有关价格所构成。具体地说，由以下费用构成。

（1）房地产成本。房地产成本是房地产价格的主要组成部分，应加强成本核算和控制管理，杜绝各种浪费，降低成本。以商品房为例，其主要由下面七项费用组成。

1）基地开发费。包括按国家和各地有关规定支付的征地费、青苗补偿费、菜田建设费、劳动力安置费、养老农民生活补助费、私房补偿费、临时房屋搭建费、自行过渡补贴费、搬迁障碍费、临时水电气费、平整土地费等。

2）勘察设计费。主要包括工程勘察费、工程设计费、施工临时通路通水通电费、场地平整费以及在办理建审手续中指定交纳的有关费用和用于地质和水文地质勘测设计等所需的费用。

3）动迁户用房、建筑安装工程费。包括临时安置过渡和搬家补助费等。

4）房屋建筑安装工程费。按照施工图预算（或竣工决算）计算。

5）市政配套设施费。按有关市政公用设施配套标准所支付的供水、供电、供气、通信、排污、道路、绿化工程等项目费用。

6）管理费。建设过程中支付给开发公司职工工资、工资附加费、办公室差旅交通费、固定资产使用费、车辆使用费、低值易耗品购置费、劳保费、职工教育费、广告费、合同签证费、公证费、保险费、诉讼费、股息等。管理费总额一般以上述1～5项目为基数，近1%～3%计算。

7）贷款利息。

（2）利润。房地产作为一种商品，盈利是价格形成的一个组成部分，利润一般以房地产成本预算的1～5项为基数，按3%～10%计取利润。

（3）税金。房地产商品价格中的税金部分主要包括营业税、城市维护建设费、教育附加费等内容。

（4）其他附加费。其他附加费主要指人防工程费、住宅建设市基础设施大配套费等。

（5）土地使用税（费）。该项税费从1988年11月开征，属于固定税额的税种，一般每年税率为0.5～10元/平方米。只在县城以上城市征收，又称城镇土地使用税。

（6）其他构成商品房价格的因素。

1）房屋装修。随着经济的发展，房屋装修标准日益提高，门、窗、地板等的用料，已成为房产价格的重要构成因素，如超过同类房屋标准，一般可按原单价酌增5%～15%；如低于同类房屋标准，则可按原来单价酌减5%～15%。

2）房屋设备。一般指卫生暖气设备，如果设备因素未列入房屋造价或增加了房屋设备，就应按原价增加房屋设备费用。

3）房屋附属设施。包括围墙、女儿墙和绿化等。围墙、女儿墙可按墙体结构每平方米估算单价，另加20%价格，作为围墙上木门、铁门、竹笆门的费用。

4）地段、层次、朝向。可在原单价基础上合理确定增减率，综合考虑对房屋价格的影响。

2. 房地产产品定价目标

定价目标指开发商在制定价格所要达到的目的和标准，是实现企业经营总目标的手段和保证，也是选择定价方法和策略的主要依据之一，不同的房地产企业会有不同的定价目标，甚至同一企业在不同时期也可能采取不同的定价目标。通常，房地产企业有以下几种定价目标。

（1）以获取最高利润为定价目标。最高利润是指房地产企业在一定时期内可能并准备实现的最大利润总额，在一定时期内，房地产企业可以通过估计市场需求和开发及营销成本，综合考虑竞争情况，并据此选择一种价格，使之能产生最大的当期利润或现金流量。

当一个企业的产品在市场上处于某种绝对优势地位时，固然可以实行高价政策，以获取超额利润。然而，由于市场竞争的存在，任何企业要想长时间维持一个过高的价格几乎是不可能的，况且房地产的保值、增值功能也决定了开发商必须根据市场情况随时调整产品价格，一些企业往往在初期采取相对低价策略吸引顾客，并稳步拉升价位，这样，从企业的长远利益和总收益来看，企业还是能够获得相对最高利润的。

（2）以获取较高的投资收益率为目标。这是一种以投资成本为基础的定价目标，房地产企业将项目的预期收益水平规定为占该项目投资额的一定比率，叫作投资报酬率。这种定价目标的关键是如何确定收益率，企业要认真研究分析行业平均投资收益水平和楼盘的特色及竞争力，使所定的价格能普遍为消费者接受。

（3）以保持市场价格稳定为目标。为了减少在不必要的价格竞争中所造成的损失，增强市场的安定性，保持收益的均衡，一些大企业或独立联合有意识将价格稳定在一定的水平上，而处于追随者地位的中小企业往往采取接近于领导者价格或与领导者价格保持一定比例定价，不会轻易突破大企业的定价，以免遭到价格报复。

（4）以应付或避免竞争为目标，大多数开发商对于竞争对手的价格都很敏感，不希望与竞争者，尤其是对市场价格起决定影响的竞争者进行价格竞争。因此，许多开发商在定价前，往往广泛收集信息，仔细研究竞争对手的定价和有关房屋设计、施工、建材、销售等方面的资料，并以此为基础来制定本企业产品的价格，有意识地通过产品定价去应付或避免竞争。

（5）以提高市场占有率为目标。市场占有率是指一定时期内某企业房地产的销售量占当地细分市场销售总量的份额。以保持市场占有率作为定价目标的开发商，要依据自身实力并结合市场环境，兼顾本企业的近期和远期利益，制定出有利于抢占市场的房地产价格。一般来讲，成长型企业适合采取提高市场占有率的定价目标，如以与同类产品偏低的价格进入市场，迅速打开销路，提高企业所占有的市场份额，再逐步提升产品品质和价格，追求长远发展和广阔的利润空间。

（6）以维持企业生存为目标。当整体经济疲软、市场不景气或由于企业投资决策失策等原因造成产品销售困顿，企业资金周转困难时，企业应首先分析滞销原因，采取补救措施。其中降价销售或制定保本销售价格是主要维持企业生存的方法，可以加快资金回笼，避免资金占压，减少贷款利息支出，降低经营风险。此外企业争取薄利多销，可以将利润压缩到5%～3%，甚至保本、略亏损等水平。

上述目标一般是相互影响、相互制约的，在进行价格策划时，应在经营项目的规范下，综合考虑、协调平衡，制定出合理、科学的价格目标。

3. 房地产价格策划的影响因素

房地产价格策划是在一定的内外环境的背景下进行的，受到各种因素的影响。因此，开发商必须在对各种影响价格定位的因素进行细致分析的基础上，来制定价格策划方案。影响和制约楼盘定价的因素主要包括以下几个方面。

（1）成本因素。在房地产产品的价值构成中，成本占有重要的地位。开发商在建造、发售楼盘时所投入的各种费用，构成了楼盘的生产和销售成本。不同楼盘的建筑容积率、建筑结构和式样、建筑材料的选用、施工质量、楼盘规划与城市规划的协调程度以及销售投入等都不同程度地决定了楼盘的开发和销售成本。一般而言，成本是进行楼盘定价的基础，是影响和制约楼盘定价的重要因素。

（2）竞争因素。市场经济最明显的特点是竞争，而价格作为企业参与市场竞争的最基本的工具，受市场竞争和竞争状况的影响极大。市场供求关系的波动，竞争者销售策略的改变，潜在竞争者的存在和产生等都对开发商的楼盘定价有着极大的影响和制约作用。

（3）产品差异。房地产产品的市场竞争在一定程度上表现为差异竞争，而差异竞争主要集中在产品的差异上，即楼盘本身素质及各种卖点的不同上。产品的差异化程度越高，产品本身的唯一性也越大，其所面临的市场竞争越小，价格也将不再是销售中的最大难点，此产品可因其特殊利益而相对提高定价。

产品差异主要表现在建筑风格、户型、景观环境设计等方面。

1）建筑风格的影响。建筑风格迎合消费者心态，对定价的影响程序是显而易见的。

如1994年初北京“万科城市花园一期”推出时，有清水红砖墙和混水墙两种建筑风格的产品，容积率、户型及建筑安装造价基本相同，清水墙住宅基价3980元/平方米，混水墙为3600元/平方米，价差约为10%，销售速度上，清水房比浑水房略快。至1997年，清水墙住宅的一期房上升至4780元/平方米，很快售罄。二期新推出的清水房价位上升至5080元/平方米（后继续上升），而一期浑水房的基价仍然保持在3600元/平方米，且略有库存，浑水房与一期清水房的价差达到32.7%。与二期清水房的价差高达41%，市场接受程度在形式上有巨大的落差。

2）景观环境设计对市场价格的影响。随着消费者生活水平的日益提高，人们对居住条件的要求已经超越了“好环境，好价格”的居住理念。因此，小区的景观环境设计已成为规划设计的必要环节，已成为开发商加价，取得利润的主要手段。

如北京“万和城市花园”新区丹桂园推出销售时，凡是靠近中心花园，景观较好的房子有加价，加价系数达10%。另外，一楼带小花园的房子也加价10%。正式发售之后，景观好的和带花园的房子虽然有加价，但仍然率先售出，而且，景观最好的房子在推出的第一小时内就出现超额抢购，不得不采取抽签方式来确定归属。

3）户型对市场价格的影响。在绝大多数的地产项目中，户型市场效果的影响都是举足轻重的，在很多户型多样化的小区中，往往其中1~2种户型特别好卖，即使开发商将价格提高，依然比较抢手。而有的户型，会很少有人问津，甚至将价格下调10%以上，仍然卖不动。可见，户型市场效果的影响，往往是致命的，特别是当户型与面积相联系的时候，户型实际上涉及市场定位问题，有效的户型差异，还能避免竞争所造成的两败俱伤。

如2000年底，北京的“珠江骏景”起价是3980元/平方米，小户型多，无精装修。而此前天天家园也几乎以同样的价格推出了小户型为主的产品，两大楼盘面临一场短兵相接的竞争。相比之下，天天家园因离城区更近，对中低收入者有更大的吸引力。所以，天天家园开盘认购过百套，而珠江骏景开盘仅认购几十套，真正签约交钱的不过10套。这时“珠江骏景”十分明智也修改了自己的方案，经过四个月的修改和调整重新面市后，推出了4500元/平方米的精装修房，而且以大户型为主打，将自己离城较远的三环劣势变到了对有车族交通更方便的优势。此后，项目出现热销的局面。最后，珠江骏景获得了全年销售6亿元的业绩。

（4）购房者的心态因素。在逐渐走向成熟的地产市场，开发商的品牌影响力越来越起作用，如果购房者对开发商的产品有极好的印象和偏好，开发商在楼盘定价时就有较大的自由度。

此外，购房者在购买之前通常会考虑产品是否适合自己的要求，从而确定自己的期望价格。所以，定价前必须认真分析消费者对产品的价值判断，这些方面的价值判断在不同的房地产市场发展阶段有所不同。

（5）政府的作用。在房地产业的经济运行中，政府的作用非常大，为了对市场经济活动进行必要的监督和调控，政府通常会制定一些政策和法律法规加以调整和约束。

（6）环境因素。影响房地产价格的环境因素很多，主要有噪声、空气、环境污染等。

1）噪声。噪声大的地方，房价就低，反之，就可能高。如汽车、工厂、飞机场、人群等都可能形成噪声。

2）空气。房地产所处的地域空气、环境污染程度对房地价格有很大的影响，如化工厂、屠宰场、鸡场、厕所等，接近这些地方的物业，价格就较低。另外，视觉和房地产周围清洁好，房地产价格就高，反之，则较低。

15.4.2 房地产定价方法

定价方法是企业为了在目标市场上实现定价目标，而给产品制定一个基本价格或价格浮动范围的方法。在实际定价过程中，企业往往侧重于对价格产品重要影响的一个或几个因素来选定定价方法，并以同地区同类房地产的市场占有率最高的楼盘价格为基础，综合考虑自身位置、设计、技术水平、配套设施等因素进行价格策划。房地产业的定价方法通常有以下三种：

1. 成本导向定价法

成本导向定价是一种按卖房意图定价的方法。其基本思想是在定价时，首先考虑收回企业在生产经营中投入的全部成本，然后加一定的利润。它包括以下几种定价方法：

（1）成本加成定价法。这是一种最简单的定价方法，就是在单位产品成本（含税金）的基础上，加上一定比例的预期利润作为产品的售价。其计算方式为

$$单位产品价格=单位产品成本\times(1+加成率)$$

其中，加成率为预期利润占产品成本的百分比。

如某房地产企业开发某一楼盘，开发成本为1800元/平方米，加成率为20%，同该楼盘售价为

$$1800\times(1+20\%)元/平方米=2160元/平方米$$

这种方法的优点是计算方便，可以简化定价工作，也不必经常依据需求情况作调整，在市场环境诸因素基本稳定的情况下，采用这种方法也可保证开发商获得正常的利润。这种方法也存在着局限性：不利于开发商控制开始成本，没有考虑市场承受能力，有可能形成销售压力。

该方法的关键在于：加成率的估算应根据行业状况和产品特色正确把握。

（2）目标收益定价法。这种方法又称目标利润定价法，或投资收益率定价法。它是在项目投资总额的基础上，按目标收益率的高低计算售价的方法。其计算步骤如下：

1）确定目标收益率。目标收益率可表现为投资收益率、成本利润率、销售利润率、资金利润等多种不同的形式。

2）确定目标利润。由于目标收益率的表现形式的多样性，目标利润的计算也不同，其计算公式为

$$目标利润=总投资额\times目标投资利润率$$
$$目标利润=总成本\times目标成本利润率$$
$$目标利润=销售收入\times目标销售利润率$$
$$目标利润=资金平均占用额\times目标资金利润率$$

3）计算售价。根据总成本、目标利润和预计销售量来计算，计算公式为

$$单位产品价格=(总成本+目标利润)/预计销售量$$

目标收益定价法的优点是：可以保证企业既定目标利润的实现。其最大的缺陷是以预估的销售量来计算应制定的价格，颠倒了价格与销量的因果关系，忽略了市场需求和竞争。

这种方法一般适用于在市场上具有一定影响力、市场占有率较高或具有垄断性质的企业采用。

（3）盈亏平衡定价法。在销量既定的条件下，企业产品的价格必须达到一定水平才能做到盈亏平衡、收支相抵，这个既定的销量就称为盈亏平衡点。以盈亏平衡点为基础制定价格的方法就称为盈亏平衡定价法。

科学地预测销量和已知固定的成本、变动成本是盈亏平衡定价的前提。定价后企业产品的销售量达到盈亏平衡点，可实现收支平衡，超过该点就能获得盈利；不足该点则必然出现亏损。其计算公式为

$$单位产品价格=开发成本/盈亏平衡点销售量$$

或

$$单位产品价格=单位固定成本+单位变动成本$$

以盈亏平衡点确定的价格只能使企业的开发成本得以补偿，而不能获得收益。因而这种定价方法只有在企业的产品销售遇到了困难或市场竞争特别激烈，为避免更大的损失，将保本经营作为定价目标时，才可使用。

（4）边际成本定价法。边际成本是指每增加或减少一个单位产品所引起的成本变化量。因其不考虑企业固定成本的摊销，与产品的变动成本相似，所以边际成本定价法亦称为变动成本定价法，就是以单位产品变动成本作为定价依据和可接受价格的最低界限，结合考虑边际贡献（产品卖价减去边际成本）来制作价格的方法。即企业定价时只要所定价高于单位产品的变动成本，就可以进行生产与销售，以预期的边际贡献补偿固定成本，并获得收益。其计算公式为

单位产品的价格 = 单位产品变动成本 + 单位产品边际贡献

边际成本定价改变了售价低于总成本便拒绝交易的传统做法，通常适用于市场竞争激烈，产品供过于求，库存积压，企业坚持以总成本为基础定价时市场难以接受的情况，这时只要有边际贡献，就可以销售，极大地加强了企业竞争力，如果企业的项目固定成本比重非常小则更为适用。

2. 需求导向定价法

所谓需求导向定价法是指以消费需求为中心，依据买方对产品价值的理解和需求强度而非依据卖方的成本来定价。其主要分为理解价值定价法和区分需求定价法。

（1）理解价值定价法。理解价值也称“感受价值”或“认识价值”，是消费者对于商品的一种价值认知，实际上是消费者对商品的质量、用途、款式以及服务水平的评估。理解价值定价法的基本指导思想是：认为决定商品价格的关键因素是消费者对商品价值的认识水平，而非卖方的成本。

开发商在运用理解价值定价时，首先要估计和测量营销组合中的非价格因素在消费者心目中所起的作用。然后按消费者对产品档次的可接受程度来确定楼盘的售价。由于理解价值定价法可以与现代产品定位思路很好地结合起来，因而为越来越多的企业所接受。其主要步骤是：①通过信息传递和反馈确定顾客的认知价值。②根据顾客的理解程度决定商品的初始价格。③预测商品的销售量。④预测目标成本和销售收入。⑤确定定价方案的可行性，进行价格决策。

理解价值定价法的关键是准确地掌握消费者对商品价值的认知程度。因此必须经过周密的市场调查，了解顾客的需求偏好，反复向消费者宣传产品的性能、用途、质量、品牌、服务等内容，以形成较为准确的产品价值观念。

（2）区分需求定价法。区分需求定价法又称差别定价法，是指房地产品的发售可根据不同需求强度、不同消费取向、不同购买实力、不同购买地点和不同购买时间等因素，形成不同的售价。对于开发商而言，同一种建筑标准、同一种规格、同一外部环境的商品房，可以根据楼层数、朝向、开间等方面，形成朝向差价、楼层差价、边间差价、面积差价、视野差价、建材差价、口彩差价等。该定价方法适合于个性化较强的房地产产品。

3. 竞争导向定价法

竞争导向定价是企业根据市场竞争的需要而采取的特殊定价方法，它是以竞争者的价格为基础，根据竞争双方的力量对比和竞争产品的特色，制定相对偏低、偏高或相同的价格参与竞争，以达到增加利润，扩大销售量或赢得高市场占有率等目标的定价方法。

对于房地产企业而言，当本企业所开发的项目在市场上有较直接的竞争者时，适宜采用竞争导向定价法，竞争导向定价法包括以下几种方法。

（1）随行就市定价法。随行就市定价法就是企业按照行业的平均价格水平来制定自己的产品价格，一般来说，当企业开发的产品特色不强，产品成本预测比较困难，竞争对手不确定，企业竞争能力弱，不愿打乱市场正常秩序，或者在竞争激烈而产品弹性较小的市场上，才采取这种方法。

随行就市定价法是一种比较稳妥的定价方法，在房地产业应用比较普遍，可以避免因硬性竞争造成的两败俱伤，比较受一些中、小房地产企业的欢迎。

（2）直接竞争定价法。如果开发商自身实力较强，开发规模大，成本相对偏低，而且，产品本身并无突出特点参与竞争，则可以打价格王牌，以低于竞争产品的价格发售，可以有效排挤竞争，提升市场占有率。反之，如果产品特色显著，卖点多多，成本较高，则可以高于竞争对手的价格发售，即将本企业的产品提升到更高的档次，避开直面的竞争，以夺取不同层次的消费者群；如果必须与对方制定相同的价位进行竞争时，企业应注意发掘服务卖点，尽量减少正面冲突带来的损害。

【策划案例：东直门某公寓可比楼盘量化定价法】

1. 所在片区范围及样本界定

将本项目与东直门周边项目进行比较，最终片区范围确定为 CBD、朝阳门及东直门周边区域，样本以在售大型综合体项目为主。

（1）定级因素权重确定。权重是一个因素对楼盘等级高低影响程度的体现。由于影响楼盘的因素很多，不可能都被选择为楼盘定级因素，只有在进行了重要性排序和差异性选择后确定的因素，才能确定为楼盘定级因素。上述最终选出 17 个因素，权重总分为 5 分。每一个因素的权重分别为：位置 0.6、配套 0.5、销售情况 0.5、工程进度 0.5、物业管理 0.3、建筑质量 0.3、交通 0.3、城市规划 0.3、楼盘规模 0.3、朝向 0.3、室内装饰 0.2、付款方式 0.2、外观 0.1、发展商信誉 0.1、广告 0.1、停车位数量 0.1。

（2）楼盘定级。

公式：$P = \sum W_i \times F_i/5 = (W_1 \times F_1 + W_2 \times F_2 + W_3 \times F_3 + \cdots\cdots\cdots\cdots + W_n \times F_n)/5$

P——总分。

n——楼盘定级因素的总数。

W_i——权重。

F_i——分值。

表 15-9　可比楼盘综合因素量化统计表（一）

项目名称/因素及权重	东方银座	当代万国城	海晟名苑	财富中心
位置 0.6	10	9	9	14
配套 0.5	10	12	12	12
物业管理 0.3	10	10	10	14
建筑质量 0.3	10	10	9	13
交通 0.3	10	8	8	12
城市规划 0.3	10	10	9	13
楼盘规模 0.3	10	12	11	14

（续）

项目名称/因素及权重	东方银座	当代万国城	海晟名苑	财富中心
朝向 0.3	10	11	11	11
外观 0.1	10	11	9	12
室内装饰 0.2	10	9	12	10
发展商信誉 0.1	10	12	10	12
付款方式 0.2	10	10	10	10
户型设计 0.3	10	12	12	12
销售情况 0.5	10	12	9	14
工程进度 0.5	10	9	10	8
广告 0.1	10	11	8	12
停车位数量 0.1	10	11	11	10
分值	10	10.42	10.02	12.14

注：我们以东方银座为参考样本，将其每一项打为10分，其他项目各因素均以其为标准进行比较打分。

表 15-10 可比楼盘综合因素量化统计表（二）

项目名称/因素及权重	华贸中心	万达广场	金地国际花园	建外 SOHO
位置 0.6	12	12	10	11
配套 0.5	14	13	11	10
物业管理 0.3	14	13	11	9
建筑质量 0.3	12	12	10	9
交通 0.3	10	10	9	10
城市规划 0.3	13	13	12	13
楼盘规模 0.3	15	13	11	11
朝向 0.3	10	10	11	11
外观 0.1	12	11	10	9
室内装饰 0.2	12	12	14	10
发展商信誉 0.1	12	12	13	12
付款方式 0.2	10	10	10	12
户型设计 0.3	12	11	14	13
销售情况 0.5	14	13	13	13
工程进度 0.5	8	8	9	10
广告 0.1	12	12	10	14
停车位数量 0.1	11	10	11	11
分值	12.02	11.54	11.02	10.98

表 15-11 可比楼盘综合因素量化统计表（三）

项目名称/因素及权重	铂宫	昆泰国际中心	和乔丽致	本项目
位置 0.6	11	11	9	10
配套 0.5	11	12	9	14
物业管理 0.3	10	11	14	14
建筑质量 0.3	9	10	10	12
交通 0.3	8	10	8	15
城市规划 0.3	9	11	9	10

（续）

项目名称/因素及权重	铂宫	昆泰国际中心	和乔丽致	本项目
楼盘规模 0.3	11	12	9	14
朝向 0.3	10	10	10	11
外观 0.1	8	9	12	11
室内装饰 0.2	10	12	14	13
发展商信誉 0.1	10	13	14	13
付款方式 0.2	10	10	10	11
户型设计 0.3	10	11	15	14
销售情况 0.5	8	11	13	10
工程进度 0.5	9	9	7	6
广告 0.1	9	12	10	14
停车位数量 0.1	10	10	11	15
分值	9.68	10.78	10.38	11.62

2. 定价

表 15-12　计算定价

楼盘名称	分值	价格
铂宫	9.68	15000
东方银座	10	15000
海晟名苑	10.02	16600
当代万国城	10.42	15000
建外 SOHO	10.98	16000
昆泰国际中心	10.78	14000
和乔丽致	10.38	14500
金地国际花园	11.02	13000
财富中心	12.14	18000
万达广场	11.54	12500
华贸中心	12.02	15000

注：表中楼价为均价（元/平方米）

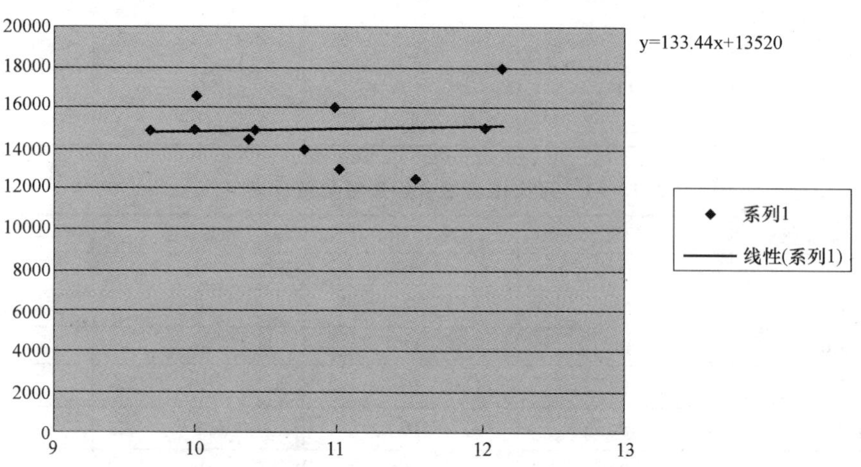

根据表中给出的原始数据，大致可以判断出楼价与楼盘得分因素分值之间近似呈直线相关。故所将要建立方程式为：

$Y = bx + a$

根据原始数据比较，得出 $a = 13520$，$b = 133.44$，即：

$Y = 133.44x + 13520$

其中 Y 为楼盘均价，x 为楼盘得分。

经过初步预估，本项目分值为 11.62，将得分套入公式 $Y = 133.44x + 13520$，得出平均价格为 15070 元/平方米（此价格均为精装修价格，精装修成本在每平方米 800 元以上）。此价格与周边临近项目价格非常接近，考虑到本项目的地理位置和项目特色均比周边项目有优势，因此本项目的均价预估可以有 10% 的上扬空间。

（3）倾销定价法。在特定时期，企业可采用以低于成本的价格推出产品，如开盘初期、或竞争过于激烈时、或初次进入某市场、或经济大萧条时期、或尾盘发售阶段等。倾销的主要目的是提升市场占有率，树立企业形象，但由于对开发前的盈利影响过深，并且易于引发激烈的价格冲突，因此对企业的素质要求较高。一方面，企业必须有能力在占领市场后逐步提升价格，争取盈利，避免消费认知偏颇；另一方向，还要注意横向协调，减少对市场的冲击，避免造成市场动荡。

（4）可比楼盘量化定价法。可比楼盘量化定价法又称市场比较法，是目前房地产项目定价最常采用的一种定价方法。它是将定价项目与周边楼盘或可比性较强的楼盘进行比较，从而确定定价项目价格的一种定价方法。

使用此方法进行定价，要经过以下步骤：首先选择一些可比因素，例如选择楼盘位置、配套设施、价格、物业管理、建筑质量、交通情况、市场规划、楼盘规模、朝向、外观、室内装饰、环保、发展商信誉、付款方式、户型设计、销售情况等因素，然后对定价项目与可比楼盘的这些因素进行相互比较，并进行打分，同时根据可比楼盘对本楼盘影响程度的不同，赋予可比楼盘价格不同的权重，在此基础上，由可比楼盘的价格得到定价项目的价格。

所谓定价策略，就是指企业为了在目标市场上实现自己的既定销售目标所规定的定价指导思想和技巧，有效的定价策略和技巧既能使有效需求得以释放，又可以给开发商带来较高的投资回报。房地产品在不同发售阶段、不同地点采用不同的定价策略。

1. 新开楼盘定价策略

根据房地产企业的主要定价目标，新开楼盘的定价策略一般可分为低价策略、高价策略、中价策略三种，每种定价策略各有其不同的定价依据。

（1）低价开盘策略。所谓低价开盘是指开盘以低于市场行情的价格销售。

低价开盘策略的优点是：①便于市场渗透，促进良性循环。开发商运用价格优势，能吸引相当一部分客户的确认楼盘优质的事实，产生购买行为，这不但意味着企业创利的开始，而且还能积聚人气，营造出售现场热烈的气氛。②便于日后的价格控制。低价开盘，价格的主动权在开发商手里。当市场反应热烈时，可以逐步提高销售价格，形成热销的良好局面；若市场反应平淡，则可以维持低价优势，在保持一定成交量的情况下应付竞争。③便于周转，加快资金回笼。有成交便有资金流入，才能满足公司的周转需要。

低价开盘策略的缺点是：①利润相对较低，投资回收周期长。②楼盘形象难以提升，高价位不一定代表高品质，但高品质是需要高价位来支撑的。低价开盘的初期定位即制造了一种低档次的市场印象，一定程度上局限了消费者群的层次和购买能力，后期不易提升和转变。

一般来讲，对于较低档次的新开楼盘，由于企业的开发成本较低，产品特色不明显，无法实现特色经营，而且竞争相对激烈，适宜采用低价策略。

（2）高价开盘策略。所谓高价开盘是楼盘开盘时以高于市场行情的价格销售。

高价开盘策略主要优点：①便于开发商获取较大的利润，树立楼盘的品牌形象，创造企业的无形资产；②高价开盘后，后期逐步调低价格，消费者也会感到一定的实惠。其缺点是：①若价位偏离当地主流价位过多，则难聚人气，有时会形成有价无市；②楼盘销售速度会受到较大的影响，导致资金周转缓慢；③日后的价格调控余地很小。

一般来说，具有下列特点的新开楼盘可以采用高价策略。

1）具有竞争楼盘所没有的明显特点，如有更为先进、合理、经济的户型设计；有新采用的付款方式、产品配套等。这样的楼盘突破了市场原有的思维定式，能带给客户全新的购买感受，即使定价较高，也会受到客户的追捧。

2）产品的综合性能较佳。高单价大多对应高品质。当楼盘地点、规划、户型、服务等产品的综合性能为客户所接受和钟爱，它所提供的产品品质与客户所能接受的心理价位相符，甚至略高，也利于使用高价开盘策略。

3）开发量适合，开发商信誉好。如果一个楼盘的价格在当地主流价格范围之内，产品的开发量适合，并且公司的品牌响亮，市场需求大，则高价开盘完全有市场基础，基本上在一年内就能销售一空。

4）在一定时期内，这一类型的楼盘供应相对缺乏，企业期望通过高价策略获得较多的利润时，也可以采用高价开盘。

（3）中价开盘策略。所谓中价开盘是指楼盘是以市场行情的价格来销售。

中价开盘策略一般适用于房地产市场状况较为成熟稳定，竞争偏弱，成交量较大的区域内的楼盘，开发企业希望在现有状况下保持其市场占有率，谋取其中的利润。当然也适合于新进入的房地产企业。

总之，无论是低价开盘策略、中价开盘策略还是高价开盘策略，它们都有各自的实施条件和优缺点，究竟采取哪种策略，要视具体情况而定。

2. 整体销售过程定价策略

房地产产品的整体销售过程是指楼盘或小区从预售开始到售完为止的全过程，由于该过程相对比较漫长，市场营销不断调整价格策略手段，争取每一个策略运用都能收到良好的经济效果。房地产产品的整体销售过程定价策略一般有以下几种。

（1）低开高走定价策略。

1）低开高走定价策略的涵义。所谓低开高走定价策略，就是根据项目的施工进度和销售进展情况，每到一个调价时点，就按预先确定的幅度有计划的调高一次售价的策略。

这种策略是房地产品发售时较常见的定价策略。多用于中低档项目的期房销售，尤其适用于宏观经济转好阶段或人气较旺的待售楼盘。

2）调价技巧。低价开盘后，如果价格调控不力，譬如单价升收幅过大，或者升幅节奏过快，都可能对后续来的客户造成一种阻挡（放弃或观望等待），从而造成销售呆滞的局面，不但让原先设定的期望利润落空，而且会抵消已经取得销售业绩。因此，运用这种策略必须掌握一定的技巧。

① 掌握好调价的频率和幅度，调价频率的关键是吸引需求，一般是以一周为一个周期，调价幅度的关键是“小幅递增”一般每次涨幅在3% ~5%之间。

② 调价初期可配以适当的折扣或优惠政策作为过渡，有新生客源时再撤销折扣。

③ 提价要精心策划，高度保密，才能收到出奇制胜的效果。

④ 提价时要勾勒新的卖点，刺激消费信心，提价后要加大对已经购买的业主的宣传，让其知晓所购物业已经升值，向亲戚朋友宣传，起到口头传播的作用。

⑤ 最差的单元一定要在开盘初期推出来，并应尽最大的努力将其卖掉，这是保证后期顺利发售的先决条件。

3）低开高走定价策略的运用模式

开盘起价低、均价也低，即开盘时整体售价低。随着项目工程进度的推进，项目起价、均价随之微调。一般中低档项目多采取这种策略。

采取开盘时整体售价低的策略。其主要优点是：①出于宣传目的，想让更多的人知道这个项目，让市场传播速度加快。事实上，这种让利相当于地产商为自己做了一个广告。②在尚未开工时购房的客户，比工程进度已到后期的客户承担的风险更大些，因此，先购者理应享受更多的优惠。③调价幅度不大，致使均价也不高，符合楼盘本身的质量和所圈定的消费群的整体购买力，销售全程均能起到积聚人气、树立形象的目的。其缺点是开发商的利润空间相对有限。

开盘起价低，均价高。即开盘时整体销售价相对较高。这种策略一般是仅有几套房子开出低价，随着工程的推进，开发商不断推出好单元，并快速提升售价。这种定价策略必须伴随较高水平的宣传。

采取开盘时整体售价相对较高的策略，其主要优点是：以低价格吸引目标顾客的注意力，快速升值创造“好货抢手”的假象，刺激购买欲望，对均好性较强的楼盘较为适用，利于应付市场竞争。其缺点是：这种模式带有较强的宣传目的，并没有真正让利给购房者，会使真正到现场实地咨询房价的购房者有一种很强的失落感，觉得这个项目的定价没有遵循诚信原则。

【策划案例：深圳××楼盘的价格策略】

1. 定价基本原则

中开高走，小步隐形调整的整体价格策略。

增加开盘的人气和成交率，制造旺销局面。由于工程因素，首批推出的单位位置景观方面在项目处中上位置，故入市开盘价格不宜过低，后期产品位置较弱的，以性价比为推售手段。

竞争性定价策略——性价比制胜原则，根据市场竞争结合销售状况，实施竞争性定价策略，面对激烈竞争时凭借优势制胜市场。

建议结合市场竞争需要，配合销售进度安排进行价格隐形调整。

2. 价格策略的执行部分

充分考虑市场价格走势及周边楼盘竞争状况，建议将项目开盘均价定为8000元/平方米；从聚集人气考虑，同时均衡产品要素，建议内部认购推出单位均价为7800元/平方米；

开盘之后再小幅上调。根据销售情况确定调价幅度，步步逼压对价格敏感的目标客户。

3. 付款方式建议

（1）正常销售期的付款建议。公开发售当日签订认购书者享受额外1%的优惠；公开发售一周内签订认购书者，有权参加日后举办的所有抽奖活动。

内部认购落定并购房者，在公开发售一个月内推荐朋友购房成功者，除享受产品的积分奖励外，另获赠5000元购物卡。

公开发售一个月内的客户享有一年的免息贷款。

（2）促销期付款方式建议。公开发售当天落定的客户享有内部认购客户同等待遇。

公司发售一个月内落定的客户享受半年免息贷款。

老业主推荐新业主成功购房，老业主送一年管理费，新业主送1000元会所金卡。

内部员工成功推荐客户购房者，客户享受1%的优惠，员工得1000元的购物卡。

公开发售一周内落定的所有客户送高尔夫或网球的练习券。

所有购房客户的适龄儿童可免费到项目的网球学校学习一年。

（3）尾盘期的付款方式建议。购买赠送，如管理费、装修、家电等。

一口价，推出特价单位。

正价房折后价取整。

买房送购房手续费（如契税、保险费、律师费等）。

举办活动现场拍卖的活动（限五套）。

已购房客户大抽奖。

（2）高开低走定价策略。

1）高开低走定价策略。所谓高开低走定价策略类似“撇脂定价法”，其目的是开发商在楼盘上市初期以高价开盘销售，迅速从市场上获取丰厚的利润，然后逐步降低，力求尽快回笼资金。

2）调价技巧。由于房地产的保值、增值性、消费者买涨不卖跌的心态较多，一旦高价开盘后市场反应冷漠，则降价可能更是雪上加霜。因此，在价格下调时一定要把握一定的技巧。

一次调价幅度不可太大，否则易引发市场恐慌，丧失消费信心。

可以采用“隐蔽式”方法，这种方法下调收到的效果相对较好，如通过公关活动进行优惠赠送、推出付款期、付款方式、成交数量折扣等。

可以强调“尾盘”发售，也能起到刺激购买的良好效果。

3）适用范围。高开低走定价策略一般适用于以下两种情况。

适用于一些高档商品房，开发商在以高价开盘取得成功后，基本完成了预期的营销目标后市场竞争趋于平缓，希望通过降价将剩余部分迅速售出，回笼资金。

适用于楼盘或小区销售处于宏观经济周期的衰退阶段，或者由于竞争过度，高价开盘并未达到预期效果，开发商不得不调低售价，以推动市场吸纳物业，尽早收回投资。

事实上，无论是高开低走，还是低开高走，都不是绝对的。因为销售过程中的价格变化较为微妙。一般开发商都采取“低—高—低”的价格变化节奏。作为开发商，关键的问题是要在楼盘定价的前期，也要根据市场的变化适当地把握，只有不断进行价格曲线的维护，才能达到整合营销的效果。

【策划案例：南京河西苏宁滨江一号“高开低走”定价策略】

苏宁滨江壹号，位于南京富人聚集区——河西，致力于打造江景豪宅，铸就河西最潮地标。

项目区位优越。位于滨江绿化带，毗邻绿博园，项目占据未来金融街的龙头位置，左手瞰城，右手瞰江，拥有优越的区位条件。

项目内质优秀。3.2 米层高、最大 5 米开间设计，务求实现居住舒适度最大化；独树一帜的祥云外立面，足以匹配“河西标杆”的建筑定位；矩阵式排列布局保证了开阔的栋距；完美的弧度把控形成270°的超大景观视界，达到了“户户观江”的目的；告别了“物业管理”，以匹配英国庄园的订制级专享服务为标准，配备近百人的酒店管家式服务团队，开启全新“管家亲临”服务时代。

当时南京河西精装新盘的均价都在27000~28000元之间。而这样一个“内外兼修”的项目却逆市来袭，推出21000元的毛坯房均价。这样的价格，比此前27000元的精装修单价降低了将近四分之一。这无疑是南京楼市的一次地震！“21000元/平方米在河西已经很难找到了，这个机会不能错过啊，否则在河西就真的买不起房了。”一位前来买房的大爷说道。

（3）稳定价格策略。这种价格策略是指在整个发售期间，楼盘的售价始终保持相对稳定，既不大幅度提价，也不大幅度降价。对于开发规模较小，以及房地产市场状况稳定的区域，宜采取稳定价格策略。

【策划案例：北京“锋尚·国际公寓”高开高走价格策略分析】

1. 项目规模

占地面积2.6万平方米，建筑面积8万平方米，其中，二期锋尚·国际公寓4.2万平方米。

2. 项目背景

同期在售项目以板楼为主，竞争激烈，而项目前一期推向市场时塔楼均价为7500元/平方米，略高于区域内板楼价格，不具有竞争力；宣传推广项目所用材料品牌，宣扬高标准配置，但不被市场认同，销售速度缓慢。

开发商希望能够以高价格快速销售，回笼资金，并能够在市场上造成轰动效应，提高开发商知名度。

3. 价格策略策划配合

定位——将项目从传统的公寓项目转变为高科技高舒适度住宅。

通过对锋尚所采用的“八大子系统”进行技术整合，配合强势的宣传推广，使市场认同高科技给我们带来的舒适居住感受。

形象——紧密联系项目的差异性卖点。

整合卖点，更换案名，重新进行现场包装，体现“欧洲发达国家居住标准”，以“告别空调暖气”的独特形式，确立项目高科技住宅的形象。

推广——强势媒体攻关，制造新闻热点。

在对项目产品进行系统分析后，在销售前期，以“告别空调暖气时代”为主打语进行强势推广，用“选房”等事件进行配合宣传，制造新闻热点，受到“经济半小时”等新闻媒体的支持，引发了大规模的参观浪潮，为后期节省了宣传推广费，并使销售价格与速度快速攀升。

4. 项目效果

锋尚开盘均价为9600元/平方米，推出30套开盘当天售空，三个月后，均价攀升到11500元/平方米，锋尚·国际公寓完成整体销售90%。

3. 时点定价策略

除上述所讲的较为系统的定价策略外，在整个价格策划过程中，开发商往往还要用到一些辅助的时间定价策略，即根据不同的销售状况，适当在不同的销售时间上采用不同的销售技巧，以促成价格策略的顺利推行和价格的最终实现。

（1）折扣和折让策略。这种策略是在定价过程中，根据商品房的基本销售价格，在某些特殊时期（如开盘期、庆典、调价初期、尾盘发售等）以各种折扣和折让来刺激中间商或客户，以促进销售。常用的折扣或折让主要有三种。

1）付款期折让。在交纳一定比例的定金之后，卖方为了鼓励买方尽快付款，按原价给予一定的折让。如“2%，30”表示付款期为30天，但如果客户能在10天内付款，则给予2%的折让。付款期折让政策能加强卖方的收现能力，降低信用成本并阻止呆账的发生。

2）现金折扣。现金折扣是指因客户以付现的方式缴款而给予的折扣。

现金折扣又可分为一次性付款折扣和分期付款折扣。显然，一次性付款折扣率要高于分期付款折扣率。对于开发商来说，合算的现金折扣金额，应小于按允许最长的付款期限（如楼宇的按揭期）提前付款的时间计算的利息与购房者中途购房毁约的风险损失之和。

3）数量折扣。数量折扣是指视购房者购买数量不同而给予不同价格优惠的策略，称为数量折扣策略，或称批量销售折扣策略。

数量折扣的目的是刺激客户大量购买，因此，购买量越大，给予的折扣率越高。数量折扣可以按每次购买量计算，也可按一定时间的累计购买量计算。对于开发商来说，合算的数量折扣金额，应小于零售费用与按零售延迟的平均出售时间计算的利息之和。

【策划案例：昆明××项目预热期价格策略价目表（节选）】

本项目因为处于预热期，建议给予一定的优惠折扣，各单元优惠价格价目表见表15-13。

表15-13　昆明××项目各单元优惠价格价目表

单元编号	户　型	建筑面积/平方米	套内面积/平方米	分摊共有建筑面积/平方米	私家花园面积/平方米	定价/元	内部登记价	
							按揭/元	一次性付款/元
2A	三房两厅两卫	117.65	110.15	7.5		892215	713772	624550
2B	三房两厅两卫	117.65	110.415	7.5		894367	715489	626053
3A	三房两厅两卫	122.70	114.87	7.83		930447	744357	651313
3B	三房两厅两卫	122.70	114.87	7.83		930447	744357	716444
4A	三房两厅两卫	122.70	114.87	7.83		930447	744357	716444
4B	三房两厅两卫	122.70	114.87	7.83		941934	758347	706450

（续）

单元编号	户 型	建筑面积/平方米	套内面积/平方米	分摊共有建筑面积/平方米	私家花园面积/平方米	定价/元	内部登记价	
							按揭/元	一次性付款/元
5A	三房两厅两卫	122.70	114.87	7.83		918960	735168	716788
5B	三房两厅两卫	122.70	114.87	7.83		924703	739763	693527
6A	三房两厅四卫	209.97	196.57	13.4	100.00	1710159	1368127	1299720
6B	三房两厅四卫	209.97	196.57	13.4	100.00	1729816	1368127	1314660

注：1. 本售价表折扣有效期至2013年9月30日。
2. 单位面积皆以“平方米”计算。
3. 以上售价皆以人民币计算。
4. 部分大楼外墙附有装饰物。
5. 私家花园面积的使用权为开发商赠送，其使用时间与房产证时间一致。如遇特殊情况（如消防需要、楼宇维护等），业主应开放让其他人使用。

4）特别节日优惠。一些特别节日也是开展促销活动的时机，如公开发售当天、封顶日、入住日、会所开放等项目工程重大阶段性纪念日，优惠可采取对销售有比较大冲击的方式。例如，发放一套特价房，参加抽此大奖的必须是自颁布此优惠条件起至抽奖日已下正式定金的准业主，抽中者已下定的单元可获一定的折扣。

【策划案例：深圳“广博·星海华庭”特别节日优惠策划】

阳光开盘五重喜：

一重喜：阳光首期，买一送一（仅限当日前十位落定客户）。

二重喜：阳光赠礼（当天亲临销售现场均可获精美礼品一份）送完即止。

三重喜：阳光大抽奖（当天落定客户均可参加置业大抽奖）最高奖项不超过8000元。

四重喜：阳光嘉年华（当天现场乐队表演、精彩纷呈）。

五重喜：阳光茶话会（当天现场免费特供糕点、饮品）。

（2）心理定价策略。用户心理定价策略，是根据用户求廉、求吉等购房心理，微调销售价格，以加速销售或取得更大效益的定价策略，常用的有以下几种：

1）尾数定价策略。尾数定价策略是根据消费者求廉的购房心理，尽可能取低一位数，如4980元/平方米，5388元/平方米等。消费者之所以会接受这样的价格，原因主要有两点，一是会给人便宜很多的感觉，如定价为4980元/平方米，消费者会产生每平方米还不到5000元的便宜很多的感觉。二是有些消费者认为整数定价是概略性的，不够准确，而非整数定价则让消费者在心理上产生定价认真，一丝不苟的感觉，增强消费者信任感。

2）整数定价策略。对于同种类型的商品房，特别是对于一些高档别墅，其消费对象多是高收入者和上流社会人士，他们往往更关注楼盘的档次是否符合自己的要求，在不能充分了解房地产特质的情况下，消费者往往以价格作为辨别质量的“指示器”。对于这类商品房，采取整数单价反而会比尾数定价更合适，如直接定价为12000元/平方米，而对于一些装修豪华、外观别致 、气派不凡的高档别墅开价可以是一套100万元或50万美元等，因为这类消费者购买档商品房的目的除了自我享用以外，还有一重要的心理因素，就是显自己的财富或地位，整数定价法可以更好地满足他们的愿望。

3）口彩定价策略。口彩定价策略就是根据某些消费者的消费心态制定商品房的价格，如时下房地产开价比较流行使用吉利数字5888元/平方米，8666元/平方米等，这可能会满足客户求吉利的心理，而类似18号、88栋、616室之类口彩较好的门牌号码，可以制定相对稍高的价格，对于4、7、13等不吉利的数字则以尽量避免或变相削价冲淡人们的感受，又如某些消费者在购买房产时特别讲究地域的“风水”，开发商在选址时也应相应的考虑。

（3）差别定价策略。差别定价是指企业在销售商品房时，根据其不同用途、不同交易对象等施行不同的价格策略。常用的差别定价策略一般有以下几种形式。

1）根据同一楼盘中不同单元的差异制定不同的价格。在同一栋商品房中，虽然设计方案、施工质量、配套设备等都一样，但各单元之间存在着层次、朝向、房型、采光条件等方面的差异。开发商可根据上述情况来综合评定各单元的优劣次序，从而确定从高到低的价格序列。

如多层商品房在确定基价后，可根据层次对价格进行修正。在一幢7层的房屋中，一般可以将2层楼的售价定为基价，3～5层由于层次居中，采光条件较好，通行也较为方便，其售价一般可达到基价的104%～106%，底层虽然采光条件略差，但往往由于有附送条件，其售价也可达到基价的102%，6层虽然采光条件不错，但由于位置较高，通行不便，售价往往只能达到基价的95%，而顶层除了通行不便外，还有因楼顶直接与外面接触，容易因日照、降水等自然侵袭使房屋受损的缺点，因此，其售价一般可定为基价的85%左右。

高层商品房一般是层数越高价格越高，另外朝向的影响往往较多层要复杂，因为朝向不仅关系房间采光、通风问题，一定程度上还与风水有关。因此，受到买家的特别关注，在定价时可按底层朝向优劣为参考因素。在同一楼盘的同一层次中，如果将朝东单元的售价定为销售价定为基价，那么朝南和东南的单元售价可以定得高于基价，而朝西、朝北的单元的定价一般应低于基价。

对于不同房型的商品房也可以制定不同的售价，以促进销售，如在某一楼盘所面对的消费对象中，三室二厅或二室二厅比较受欢迎，或者说有“明厅”的单元较受青睐，那么开发商可以将这种类型的单元售价定得略高一些，而将二室一厅和一室一厅或那些属于“过道厅”房型的单元售价定得略低一些。

2）对不同的消费群体定不同的价格。某些楼盘所面对的消费群体的范围可能较大，开发商可以针对消费群体的不同而制定不同的售价，对有些消费者给予优惠。如对于普通消费者实现照价收款，而对于教师购房则给予九折优惠等。实行这种策略，可以体现开发商重视教育，重视知识分子的良好风尚，有助于树立企业形象，提高企业的知名度，从而提高企业的竞争力。

3）对不同的交易对象定不同的价格。在商品流通中，各流通环节都各有其职能作用。因此，在价格上必须区别对待。在房地产销售过程中可以区分不同环节的交易对象制订成本价、福利价、国家定价、国家指导价、市场调节价等。

【策划案例：深圳“阳光新干线”VIP卡优惠策略】

为充分发挥阳光新干线VIP卡的作用，同时挖掘老客户资源，利用老客户带新客户，特制定“老客户带新客户”策略，顺便推动阳光新干线项目的销售，增加认筹量。策略要点：

凡持有阳光新干线VIP卡客户，在认筹阶段本人介绍新客户认筹，将可以享受以下优惠：

1. 解筹时成功购买的客户

可享受《阳光新干线VIP卡申请须知》里所有优惠权利。

销售期间介绍的新客户成功购买，该名老客户可获得人民1000元的奖励。优先参加项目销售过程中举办的各种促销活动（除针对部分客户举办的活动）。

本项目非对外经营会所投入使用后，在会所消费可享受额外优惠（待会所开放前确定）。

2. 解筹时未成功购买的客户

销售期间介绍的新客户成功购买，可获赠1000元的奖励。

该名持卡客户还可免费参加项目举办的部分促销活动（注：VIP卡解筹时均不回收，仅回收其申请表及收据）。

以上优惠将根据销售不同阶段进行调整。

开发商及相关专业合作单位工作人员均不享有以上优惠。

（4）产品组合定价策略。楼盘也可以像一般商品那样，运用产品组合的观念来定价，但是在实际操作中，由于楼盘的各部分产品之间关系并不明显，也非既定。因此在定价之前，须先辨别各种产品之间的组合关系，再制定组合价格，不求个体利润均好，力求楼盘整体的利润最大化。

如果同类产品（如全是规划相似的住宅，这些住宅之间属于替代关系）这时价格的制定就可采用一般的垂直价格和水平差的定价方法。因此，应区分产品条件的差异程度，以决定彼此间的价格组合。

如果是非同类的产品，如某一楼盘，其规划为地上14层，地下1层的建筑。其中1~3层为商场，4~14层为住宅，地下1层为车库，那么就住宅和商场而言，两者价值、功能、规划均不相同，即属于非同类产品，他们各自的目标客户很少会做两者之间的价格比较，这时就需把商场和住宅作为两个独立无关的产品，针对各自的市场制定价格。

如果住宅、商场和车位之间存在组合关系，前面的例子中如果楼盘位于黄金地段，楼上住宅规划为豪宅，车位对于豪宅的客户而言是不可或缺的一个部分，此时车位与住宅即可形成“互补关系”，车位的定价即可和住宅的定价合并考虑，用总价定出两者所能提供的整体价值。如果楼盘位于车位供给充足的地区，或者楼上住宅的总价已接近目标客户所能接受的总价范围的上限，此时住宅和车位即可形成明确的“主从关系”，即住宅是客户主要购买的产品，车位是附属性的，则车位可采用低价位策略，与住宅组合出售，拉大主产品（住宅）与附属产品（车位）之间的价差，使消费者觉得划算而连带购买车位，如果楼上住宅无法和车位形成主从关系，尤其是总价低的小户型产品，此时就只能从“空间关联性”或“功能独立性”的角度来定价。前者是独立制定车位和住宅的价格，再组合销售，但并不刻意拉大两者的价格差距：后者则独立制定车位的价格进行个别销售，甚至不以住宅的目标客户为购买对象。

拉大主从产品之间的差价，提升产品组合价格的方式，也常见于商铺或住宅附带地下室、顶层附带阁楼、露台等例子。这种组合定价法用于主从产品的定价策略，其价格差异越大，成功的概率也就越大，所以，黄金地段的商铺附带地下室仍很热销，而僻静地段的商铺附带地下室却乏人问津。

15.4.4 垂直价差和水平价差的确定

1. 垂直价差的确定

（1）垂直价差的含义及分布规律。所谓垂直价差指同一幢建筑物中不同楼层之间的价格差异，通常以每平方米的单价差额来表示。

随着城市规模的不断扩张及城市化的进程加快，楼盘已从一般的多层发展到带电梯的小高层、高层乃至摩天大楼，使得我们对垂直空间价值的判断准则也随之复杂起来。一般而言，除非楼盘的最底几层（一般为5层以下）因为商业用途而使楼盘的价值随楼层的增高而减少外，对于带电梯住宅而言，楼层越高，楼价越高；反之，则低。高层住宅部分的顶楼，相对其他楼层，均有价值较高的特殊性。

根据这一原则，在实际操作中宜就垂直层区分价值等级。以一般带电梯住宅（一楼为商业用）为例，均可按基层分为二楼以上到顶楼的各个部分。就二楼以上而言，不论是小高层，还是高层，其最高单价楼层几乎全在顶楼，最低单价楼层则为二楼，至于其他楼层之间价格高低顺序可以依据实际情况划分等级。顶楼之所以价格最高，主要在于私密性好，采光、通风、视野等条件较佳，而且楼层越多，顶楼的价格也越高。

一旦决定了各楼层之间价格的高低顺序之后，接下来即需选定垂直价格的基准层，即垂直价差为0的楼层，其他楼层即可根据基准层来制定正负价差。有关基层的确定一般须视住宅楼层的数量而定，且以取价格顺序居中的楼层最为常见，如楼高为7层的多层，可选择4楼为基准层，14层的小高层可选择7楼或8楼作为基准层等。

至于各楼层与基准层的价差也因产品而异，如多层住宅高度较低，各楼层的采光、通风等条件基本相同，因此，楼层的价格差距一般在50~100元/平方米。而高层住宅，特别是二三十层的高层，与基准层的价格差距的100~200元/平方米甚至更大，顶楼与次顶楼的价差往往在500~1000元/平方米。

（2）影响垂直价差的因素。制定垂直价差，最高与最低单价之价差，可反映各楼层之间可能存在的价差空间，楼层数越多，则最高与最低的楼层的价差越大。影响垂直价差的因素主要有楼层数、市场状况以及目标客户的购房习性等。

1）市场状况。当市场状况较好时，价差幅度大；反之，当市场状况不佳时，价差幅度小。

2）均价水平。当房地产产品单价水平高时，价差幅度大，当房地产产品单价水平低时，价差幅度小，如平均单价在10000元的房地产产品，其最大价差幅度可通达到2500元，而单价4000元的房地产产品，其价差的最大幅度仅为1000元。

3）客户的购房习性。如果目标客户的购房习性比较保守（通常为区域性较强的楼盘），大多无法接受差异大的价格，因此，价差的幅度不宜过大，反之，若客户多来本区域之外，或客户的背景多元化，则价差的幅度较大。

（3）楼层的购房习性。首先来讨论一楼的定价方式。一般而言，无论一楼是作为住宅还是商场来使用，其价格制定的方式大多以二楼以上平均单价的倍数来计算。一楼若做住宅，其价格大约为二楼以上平均单价的1.1~1.3倍。倍数的大小视环境，配套设施，绿化宽度或庭院大小来确定，具体表现为：

1）附近的环境优良，适合住家，同价差的倍数较大；反之，则倍数较小。

2）配套设施完善，例如邻近即为公园，则倍数较大；反之，则倍数较小。

3）庭院的面积大，且形状方正实用，则价差的倍数就大。

若一楼作为商铺使用，由于商铺与住宅的价值差异较大，因此其价格与二楼以上的平均价格的差距可能达到2.5～5倍，倍数的大小受行业结构、商业规模、附近商铺的开店率等因素的影响，具体表现为：

1）附近铺的开店率高，商业气氛已形成，则价差的倍数大，开店率低，商业气氛还未形成，则价差的倍数就小。

2）附近行业结构偏重于零售、服务等行业，则价差的倍数就大，若附近行业的结构多为小作坊（如皮革加工、建材店等），由价差的倍数就较小。

3）楼盘所在位置商业规模大，则价差倍数就大，如果商业规模小，则价差倍数就小，如一楼商铺是小区居民所设，规模小，则价差倍数就小，如果一楼商铺的服务对象为全市市民，规模大，则价差倍数就大。

4）若二楼也作为商铺的规划，则二楼单价大多为一楼单价的40%～70%，百分比的大小可视情况而定。

5）如果地区的消费习惯仅局限于一楼，很难延伸至二楼，则价差百分比就低，如果消费习惯已延伸至二楼，则价差百分比就高，如深圳东门消费习惯仅局限于一楼，因此，二楼与一楼的价差就非常大。

6）如果二楼的商铺面积较大，则价差百分比就大，如果商铺面积较小，则价差百分比就小，如果二楼商品房的地区竞争较小，则价差百分比就大，如果商品房的地区竞争激烈，则二楼的价差百分比就小。

7）若二楼有独立的出入口，进出二楼可以不通过一楼，则价差百分比就大，反之，价差百分比就小。如二楼可以直通过街天桥时，二楼的价差百分比就大。

以上分别说明了二楼以上住宅单位与一楼单位的定价。通常二楼以上至顶楼的正负价差净值为零。一楼价格则为二楼以上楼层之平均单价或基准层单价的倍数。至于地下室的定价，由于地下室不计容积率，且大多地下室规划为停车场，其价值主要视当地停车场车位的行情而定，在广州一般面积为35～45平方米的停车位，可达40万以上人民币（只对住宅而言，商业用途的停车位远不止此数）。若地下室规划为住宅，其价格一般可定为一楼住宅的30%～50%。若地下室规划为商场，其价格大多为一楼商场的40%～60%。

2. 水平价差的确定

（1）水平价差的含义。所谓水平价差是指在同一楼层不同户别的每平方米的价格差异，在同一水平层面，已经排除了楼高的差异。

在制定水平价差时，须先确定同一水平层面的户数或单元数。如只有单栋建筑，则以同一楼层的不同户别制定水平价差，如果有多栋建筑，比较系统化的方式是先制定各栋之间的水平价差，再分别就各栋同一楼层的户别制定价差，如果建筑物各个楼层的户数相同，而且相对位置也相同（一般俗称这类楼层为标准层）则只需制定一个楼层的水平价差，其余楼层均可参照；但如果楼层之间的户数不同，或者户数虽然相同，但相对位置却不同，则须各自制定不同楼层水平价差；还有一种情况是户数及相对位置均相同，但楼层之间的邻近环境却不同，6楼以下均有相邻栋建筑，7～8楼则无遮挡，则会影响相互间的水平价差。

（2）影响水平价差的因素。一般而言，影响水平价差的因素包括以下几项。

1）朝向。朝向通常是指客厅的朝向，简易地判断方式以客厅临接主阳台所朝的方向为坐向。传统的房屋朝向观念是“东南向最好、西北向最差”。不过，广州滨江东某楼盘的西北向单位比东南向售价高60%，并很快被买家抢购完毕，而东南向的单位虽然售价低，却销售进度缓慢，原因是该楼盘是临江物业，江景是最大的卖点，西北向的单位可以望到全江景，相反，东南向望不到珠江。这说明传统的住宅朝向观念已经有所改变了，而且空调机的普及削减了东、南、西、北方向的采光差别，反而窗外的景致更加重要。此外，由广州的天气比较潮湿，房子向西，西斜的阳光洒进屋面，可以起到杀菌除潮的作用，因此，西向受到欢迎就不足为奇了。

2）采光。采光通常指房屋所临接采光面的多寡或采光面积的大小，若以单面采光者为零，再以同楼层作比较，则无采光之暗房价减100~200元/平方米，二面采光者可比单面采光者加100~200元/平方米，三面采光时则可由二面采光之价格再加50~150元/平方米，四在采光乃至于四面以上（如某些多边形造型之住宅）每增加一个采光面，每平方米加价50~100元/平方米，至于应采用何种调整幅度，则视暗房、栋距、道路宽度、日照、楼层位置等不同，而做上下调整。

3）私密性。私密性是指私有空间与公共空间或其他户别私有空间隔离的程度，可用栋距来评估。至于应采用何种调整幅度，则视同一楼层户数多少、管理好坏、防火间隔、与邻房高低差乃至与大门入口距离等之不同，而做上下调整。

4）景观。景观对于住宅购房者而言，常具有决定性的影响力。在制定景观价差时，最好事先观察基地区域的现况图及城市规划图，以判别是否有遮挡，正对他户之屋以及潜在景观条件等因素。目前景观的有无明显决定楼盘是否具有竞争性，通常有景观房屋的售价可比无景观每平方米多300~500元，甚至更高，若景观面不止一面，则每多一个景观面，每平方米再增加200~300元。

5）格局。在同一楼层中，平面格局最好与最坏的价格差距，最小以低于100元/平方米，最大以不超过300元/平方米为参考之适当价差范围。至于价差调整幅度，可根据格局形状、室内动线规划、产品价位、功能配置、室内空气流通等方面进行权衡。

水平差价制定的目的，在于适当反映同一水平层面各户之间相对优劣的程度。就预售楼盘而言，水平差价制定得越成功，各户销售的速度和可能性愈一致 。但由于水平定价相当依赖人员对各个价格因素主观的评定，因此，宜采用三至五人的评估小组提供专业意见综合考量。

（3）制定水平差价的程序。水平差价的制定程序主要包括以下几个步骤：

1）确定同一水平层面的户数或单元数。

2）确定单栋或多栋建筑物，如单栋建筑物，则以该栋同一楼层不同户别定价差；如属多栋，则以同一层面不同栋别制定价差。

3）确定影响水平价差因素。

4）评定（调整）各个因素对价格的影响程度。

5）评定或调整各户或各栋别，并就各个因素的价差计算出个别价差。

6）累计各户各栋别之正负价差总数。

7）确定正负价差总数是否等于零。

8）确定是否再进行单栋定价，并完成水平价差定价。

【策划案例：广州××小区销售价格的确定（节选）】

1. 销售单价的确定

下面分别采用竞争性定价法确定住宅价格（以人民币计，均价）。

住宅销售单价。表15-14、表15-15、表15-16为住宅销售修正情况。

表15-14　竞争性定价法系数修正表一

序　号	项目名称	标准价/(元/平方米)	交易情况修正	区域因素修正			
				交通	配套	环境	繁华
1	吉祥家园	6900	100/100	100/97	100/95	100/99	100/95
2	桦林颐和苑	6200	100/98	100/96	100/95	100/97	100/98
3	富顺苑星都	7500	100/99	100/98	100/97	100/99	100/98

表15-15　竞争性定价法系数修正表二

序　号	项目名称	个别因素修正			交易情况修正	本项目住宅相对售价/(元/平方米)
		装修	实用率	发展率		
1	吉祥家园	100/95	100/98	100/100	100/100	8481
2	桦林颐和苑	100/95	100/97	100/97	100/100	8060
3	富顺苑星都	100/95	100/96	100/102	100/100	8775

表15-16　竞争性定价法销售状况权重系数修正表

项目名称	吉祥家园	桦林颐和苑	富顺苑星都	合　计
住宅相对价格/(元/平方米)	8481	8060	8775	
销售状况权重(销售率)	98%	86%	63%	247%
加权后的相对价格/(元/平方米)	8311	6932	5528	20771
本项目住宅销售价格/(元/平方米)	6924			

2. 建议销售单价（平均价格）

建议住宅销售价格为6900元/平方米。

15.4.5　房地产调价策略

1. 调价的前提

开发商都希望维持一个较高的价格水平，但房地产市场风云变幻，加上房地产产品的差异性很大，实际上找不到两个完全相同的楼盘或单元，因此，开发商对一个小区或一个楼盘的平均价格确定以后，为了尽快把楼盘销售出去，就需要进行价格调整，调价有以下几个前提。

（1）面临强大的竞争压力。竞争是楼盘调价的主要原因，新竞争者的出现，竞争者价格的变动，促销手法的变化，都可能引起消费者需求的改变。此时，进行调价是一种十分必要的营销手段。

（2）楼盘成本费用发生改变。随着楼宇建设和销售的推进，预期成本的降低或提高使价格的底限产生了变动，从而引发必然的价格调整。

（3）产品需求出现变动。如果房地产企业所提供的产品供过于求，空置面积上升，产品就会降低。而产品就供不应求，不能满足所有客户的需求，此时就可以提价，可以创造更大的效益。

（4）销售中的心理战术。针对消费者“买涨不买跌”的心理，为表明房地产产品具备很大的升值空间，楼盘可以相应采取提价措施。

（5）营销策略的改变。随着销售的深入，以及市场行情的变化，营销策略也随之不断调整，作为营销策略的一部分，价格也相应有了调整的必要。

2. 价格调整方式

（1）直接的价格调整。直接的价格调整是房屋价格的直接上升或下降，它给客户的信息是最直观明了的。一般来说，价格上调，是说明物有所值。对于这样的正面消息，开发商宠爱备至，是最希望客户尽快了解的，所以，往往是进行大张旗鼓的宣传；并由此暗示今后价格上升的趋势。与此相反，价格的下调，则说明产品有缺陷，不为买家所看好，或者是经济低迷，整个市场不景气。应该说，除非万不得已，开发商通常是不会直接宣布其楼盘价格下调的，而是通过其他方式，间接地让客户感受价格下降的优惠，以维护其正面形象，直接的价格调整有以下两种方式。

1）基价调整。基价调整就是对一栋楼的计算价格进行上调或下降。因为，基价是制定所有单元的计算基础，所以，基价的调整便意味着所有单元的价格都一起参与调整。这样的调整，每套单元的调整方向和调整幅度都是一致的，是产品对市场总体趋势的统一应对。

2）差价系数的调整。楼宇定价时每套单元因为产品差异而制定不同的差价系数，每套单元的价格则是由房屋基价加权所制定的差价系数而计算来的。但实际销售中每套单元因为产品的差异性而为市场接纳程度的不同未必与开发商预估的一致，差价系数的调整就要求我们根据实际销售的具体情况，对原先所设定的差价体系进行修正，将好卖的单元的差价系数再调高一点，不好卖单元的差价系数再调低一点，以均匀各种类型的销售比例。

差价系数的调整包括：楼宇位置系数、单元楼层系数和单元朝向系数的调整。

① 楼宇位置系数。指在一个小区中，该楼宇的位置、坐向、临街状况，与其他楼宇的间距，与小区花园、公共建筑等配套服务设施的距离，该楼宇的外观，每个梯间的户数等的综合影响系数。

一般来说，南北坐向，临街、较大的楼间距，临近配套设施，外观气派，每个梯间户数少，进出楼宇方便等的楼盘的价格较高。反之，则价格较低。

② 单元楼层系数。指该单元所处的层数，楼宇间距，坐向，采光时间，视野、景观、电梯配置情况，居民生活习惯等的综合影响系数。

如果是多层住宅，一般是一楼和顶楼较便宜，中间的楼层较贵，如果是高层公寓，一般是越高越贵。

③ 单元朝向系数。指该单元的朝向、通风、采光、视野、景观、平面布局和生活习惯等的综合影响系数。

一般来讲，正南朝南、视野开阔、景观秀丽等单元的价格较贵，一般最大系数差可达到15%～20%。

差价系数的调整是经常应用的主要调价手段之一。有时候，一个楼盘的价格差价系数可以在一个月内调整近十次，以适应销售情况的不断变化，自然，这需要一个完善决策机制与之相配套。

（2）付款方式的调整。付款方式本来就是房价在时间上的一种折让，它对价格的调整是较为隐蔽的。付款时段的确定和划分，每个付款时段的款项比例的分配，各种期限的贷款利息高低的斟酌，是付款方式的三大要件。付款方式对价格的调整就是通过这三大要件的调整来实现的。

1）付款时间的调整。指总的付款期限的减少或拉长，各个阶段付款时间的设定是向前移或向后靠。

2）付款比例的调整。指各个阶段的付款比例是前期高或后期低，还是付款比例的各个阶段均衡分布。

3）付款利息的调整。指付款利息高于、等于或者低于银行的贷款利息，或者干脆取消贷款利息，纯粹是建筑付款在交房后的继续延续。

我们经常见到的“建筑进度付款”“开发商提供三年30%免息付款”“首期零付款”“以租代售”“先试住、后买房”等的促销方案都是付款方式调整的最为典型的例子。

（3）优惠折扣调整。优惠折扣是指在限定的时间范围内，配合整体促销活动计划，通过赠送、折让等方式对客户的购买行为进行直接刺激的一种方法。优惠折扣通常会活跃销售气氛，进行销售调剂，但更多的时候是抛开价格体系的直接让利行为。其在形式上的缤纷多彩也给企业标新立异提供了可能。

必须指出的是：优惠折扣要做得好，首先要让客户确实感觉到是在让利，而不是一种花哨的促销噱头，其次，优惠折扣让利应该切合客户的实际需要，是他们所能希望的方式，只有这样才便于促进销售。如买了房屋要装修，提供免费装修或送家具等方式是最为合适的。最后，不要与其他竞争楼盘的优惠折扣相类似也是一条基本准则。

3. 商品房销售过程中的价格调整策略

（1）调价的时机。在市场上，最有竞争力的手段是降价。对于竞争者的降价。有两个标准，一是销售期，二是销售率，二者必须同时考虑。

一般说来，一般楼盘的销售期通常为4～8个月，销售期两个月左右即有调价的必要，同时调价的时机还要结合销售率来确定，当销售率达到三成时即可调价。比如当销售期仅三四周时间即达到30%的销售率时，就有了调价的必要。若三成的销售率经过了很长的时间达到，此时调价危险性较高。应分析消费者的接受程度，如是销售缓慢的原因在于价格，则维持价格是较优选择，除非希望制造热销的假象，引发消费者的逆反心理。

【策划案例：北京“远洋·天著”调价策略】

2012年的初冬应是房地产淡季。金九银十成交量下降，市场观望情绪严重，政策走向不明，又临近国家重大会议，许多开发商都在寻思如何体面地降价或以何手段吸引人气。但远洋·天著却以其卓越的品质“逆市飘红”。

以产品质量说话。远洋集团在产品的塑造上注重更合理的户型搭配、更高的得房率、更舒适的空间感，联排别墅将花园集中在南侧，使私家花园有了更多实用性；户型中间的阳光天井，让室内采光极大提升；主卧南侧的超大露台，极大提升了别墅生活感……各个细节的调整，使远洋·天著的平墅得以在南方同类产品的基础上得以更好地提升。这个北京市场从未见过的别墅类型，结合了平层豪宅的动线、别墅生活的有天有地，成为最受北京精英阶层青睐的产品。

以园林震慑人心。远洋人用了短短7个月的时间潜心打造这个被称为“北京最美示范区”的5万平方米园林，但其中无论是法式接待中心“四海荟”，还是园林的设计、布局，无不体现出超凡的设计思想和极致的创新能力。将接待中心打造成为一个别墅博物馆，运用最新的科技展示技术，更让远洋·天著成为全北京讨论的话题。可以说，现场展示力的无与伦比，产品的无可挑剔，共同组成远洋·天著热销的根本原因。

凭借一个半月的蓄客时间，开盘当日仅用2小时，远洋·天著便创造了103套别墅8.6亿的认筹！此后，远洋·天著通过一系列的市场调研，确认其自身优势对目标客户具有一定的吸引力，决定再次提价，提价幅度近13%，价格愈高销售愈旺，2014年销售额破20亿元！

此外，对于楼花来说，工程进度也是确定调价时机的一个标准，随着工程的不断推进，成本不断发生，价格调整就显得很有必要。从销售策略上讲，楼花销售期的安排一般以工程进度为标准，因此，工程进度与销售期基本上可以合并考虑。

（2）调价的模式。目前，市场上有两种控制“低开高走”的基本模式，工程进度模式和销售推动模式。

1）工程进度模式。工程进度模式指项目价格调整主要依据工程进展。按工程进度进行价格调整要把握以下几点：

① 项目开工未久。项目形象尚无法充分展示，价格也最低，此时，采取内部认购方式，其主要目的是试探市场、检验项目定位的是否正确。

② 项目开始公开发售。项目形象包装卖场包装准备就绪，主力客户即将到来，为确保利润，价格自然要比内部认购期高出一筹，至实景样板间开放（或其他工程进展是标志性时间）工程形象日臻完善，销售高潮已经形成，略略调整价格，客户抗拒心理一般不大。

③ 项目封顶。标志着项目主体完工，购买风险大大降低，项目的大部分优势、卖点大多都能充分展示，至项目完全竣工，项目好坏优劣一览无遗，客户资金垫付时间短，适当调高价格，消费者也能理解。对于分多期开发的大盘或超大盘来说，随着工程不断展开，生活气氛、居家配套设施的日益完善，一期比一期价高更是常见策略。

2）销售推动模式。销售推动模式指主要依据销售进展机动灵活地调整价格。

一般来说是在项目聚集了十足的人气后，为进一步制造销售热潮，以调高价格的方式来对犹豫中的客户形成压迫性氛围：项目极为畅销，如不尽快行动，将不得不高价购买甚至错失良机！

（3）不同销售状况下的价格调整策略。

1）旺销状况下的价格调整。旺销是指商品房推出后，客户踊跃购买、市场反应很好，在很短的时间内售出推出单位的大部分，且潜在购买的客户很多。

在旺销状况下，开发商可以适当提高售价，但幅度不宜太高，一般为5%左右，太高则减少客户群，具体比例多少，主要根据初始定价和潜在客户群而定，但有一个原则，既要赚取更多的利润，实现开发商利润最大化，又要保持旺销的销售局面。当然在旺销状况下，也可在较长一段时间内保持售价不变，吸引更多的客户及时购买，在最短的时间内将所有商品房全部售完。

如北京“国际友谊花园”刚推出时，一周即售出50多套，且客户购买势头不减，于是该项目的开发商随即全面提价6%，取得销售业绩与收入同步增大的良好局面。

2）滞销状况下的价格调整。滞销主要指商品房推出销售以后，市场反应一般，顾客购买并不积极，没有达到预期销售目标，这时，开发商不能简单地降低售价，在分析滞销的原因后，可保持售价不变或价格略微上调，但同时采取一些促销手段，如在保持售价的基础上，适当给予客户一些折扣，或赠送车位（包括优惠售车位），或其他方式，总之，要给予客户其他方面的补偿，增加“人气”以扩大自己的客户群。

15.5　房地产推广策划

15.5.1　房地产销售推广

1. 销售推广的概念

销售推广也称营业推广和销售促进，是指通过采用不属于公关促销、广告促销、人员促销的那些促销活动，用以刺激目标顾客，使其对企业的销售活动产生有利促进或响应，即企业人员对销售有积极性、购买者对产品有强烈购买欲望和要求。

销售推广运用的范围非常广泛，形式多种多样，在很短的时间内可产生立竿见影的效果，甚至引起轰动的销售效应，因此在房地产营销中，被众多企业所重视。

鉴于销售推广手段复杂多样的表现以及销售促进的发展，房地产企业在进行销售促进工作以及对销售促进进行策划时，必须将其进行分类，从而明确销售促进的特点，为房地产销售促进策划提供基本准备。

2. 销售推广的类型

一般情况下，销售推广按其作用来分类，可分为以下四种。

（1）刺激购买欲望的销售推广。刺激购买欲望的销售推广针对购买者的销售推广方式，通常有有奖销售、分期付款等，这种类型的销售推广冲击力强、市场影响大、针对性强。但这种销售推广类型物质利益明显，相对来说，方式单一，企业以让利为代价，负作用大，且管理困难。

（2）建立客户信息的销售推广。这是以扩展企业影响，解答客户疑虑，促进客户依赖和增加购买的销售推广类型，如房展会。它的优点是销售隐蔽性强、规模较大，购买者信任；缺点是销售推广的冲击弱，见效慢。

（3）调整中间商销售的销售推广。由于中间商可以代理多家开发商的产品，为了尽快销出去有时会损害开发商的信誉，因此，必须也应该对他们进行必要的激励，以调动其销售的积极性。它们的优点是有利于开发商同代理之间的协调和合作；缺点是管理工作困难。

（4）消除销售障碍的销售推广。开发商的销售障碍可能来自多方面，如销售员积极性不高，项目内外小组之间缺乏应有的配合等。为此，企业可以开展以消除这些障碍为目的的销售促进，如销售收入与销售额挂钩，这些方式激励性强，针对性强，企业管理较方便，缺点是销售成效标准单一，缺乏周全性，费用投入较大。

3. 销售推广的特征

（1）销售推广的优点。

1）即期效应。销售推广历时短暂，影响也是短暂的，其活动的着眼点是立即引起顾客的反应，开发商通过向目标顾客提供短暂的强烈诱惑感，诱导顾客迅速采取购买行为。虽然在影响期间具有强烈的刺激和促进，但这种影响很快消失。

2）形式多样。销售推广是由各种各样的促销活动组成的，如样品派送、售价折让、竞赛抽奖、联合促销、服务促销、满意促销等。这些方式各有其长处和缺点，开发商应根据不同的房地产特点，不同的营销环境、不同的顾客心理等条件加选以选择和运用。

3）非连续性。销售促进一般是以让利为代价专门开展的一次性活动，同时开展销售促进活动的费用很高，不能连续不断地经常采用。一般来说，对于大盘的一期工程，开发商往往投入促销费用很高，以提高楼盘和开发商的声誉，树立楼盘和企业的品牌。

4）冲击效力。销售推广的种种手段通常是精心策划的，它对目标顾客、企业营销人员的刺激是非常强烈的，它能使销售促进的对象有强烈的驱使动力去实现企业的期望的目标。尤其是对于持币待购的现实顾客具有很强的冲击效应。

5）抗争性强。销售推广已不仅是解决销售困难的应急之策，而是进行竞争的必要手段。尤其是在房地产市场竞争日趋激烈的今天，它的抗争性非常强，是开发商增强竞争力的重要方式。

6）灵活性强。对于销售推广的应用和实施，开发商可以根据企业自身的情况、市场情况灵活运用，可以对内、对外一起使用，可以短期进行，也可以长期进行。

（2）销售推广的缺点。任何手段的使用都有其好坏两个方面，销售推广有效开拓市场的同时，对市场也产生一定的反作用，即销售推广也有一定的缺点。房地产销售推广策划必须把握以下这些特征，使销售推广的缺点和反作用力降低到最小。销售促进的缺点主要有以下几点：

1）损害楼盘自身的形象。一般来说，顾客的买涨不买跌的心理。尤其是房地产，如果一个楼盘长时间地使用一种促销方式，更会使顾客认为楼盘因质量问题、或者功能、或者滞销等问题条件而降价，反而损害楼盘自身形象，因此，销售推广方案推出的时机非常重要，推出的时间不宜太长，同时，加强宣传，消除顾客“便宜没好货”的心理，让顾客了解本楼盘的真诚让利。

2）被竞争者模仿。正因为销售推广的效果非常显著，对市场能产生较大的冲击效应波，也最容易被竞争者模仿。因此，销售促进的策划，应有创意，先声夺人，整合企业的所有资源，力求在短期内取得成功。

3）伤害老顾客。销售推广的实质是降价或变相降价。对于后期推出的楼盘，如果采用此促销手段，会使先期购买者的心理产生不平衡，甚至有可能找开发商要求赔偿或退房。本来效果很好的销售推广活动，反而产生很大的负作用，因此，开发商应采取间接的销售推广手段，来达到促销的目的。

【策划案例：深圳“长城盛世 2 号”销售推广策划】

媒体的投放轰炸能吸引受众对项目的关注，而具有实际利益的活动促销却能起到引发消费者实际购买的行为。长城盛世 2 号一年内促销活动不断，制造一次又一次高潮，一时声名鹊起，轰动全城，引发销售狂潮。一度创造五天内成交 290 套的促销纪录。

春交会进行第一次促销，成功策划“人人有奖，决不落空”现场有奖竞猜活动，介绍项目情况，展现楼盘素质，崭露头角。

深圳实验幼儿园的进驻是长城盛世2号一个有利的契机，适时提出“孩子第一，盛世第二”这种彻底人性化的推广主题。并连续三周时间利用软文及系列报版表现，一气呵成，优势强化，将项目卖点与开发商的人文关注表达得淋漓尽致，引起目标客户的热点关注。同时设计4款报版，首创消费者凭报版认筹的优惠促销手法，以创意而实效的手法积极推介项目的优势，增强客户的购买欲和实际购买信心，结果，4款报版带来认购700余张VIP卡的销售佳绩。

5月期间，充分利用假日经济原则，采取“优惠举措+优势宣传”的营销手法，展开宣传攻势。

6月1日，在五星级圣廷苑大酒店举办的“知音·赏鉴”酒会酬谢活动，配合现场认购VIP的营销举措，极大提升项目品位，带动项目热销。

7月夏交会，利用活动热势，报版配合“营销优惠举措”“机会不容错失”的信息告之，再一次提出“孩子第一，盛世第二”的口号。

组织业主共度重阳佳节。重阳节当天，开展一系列“隆重、欢乐祥和”的敬老活动，充分体现开发商所倡导的一种人文关怀。

进行健康卡献爱心公益服务促销。与深圳市中心医院联合举办“关爱业主健康”赠送爱心卡活动，经推出后，受到目标客户的追捧。

15.5.2 销售推广方式

1. 商品房的销售推广方式

商品房的销售促进方式有房产展销会（包括普通住宅和高档公寓）、现场看楼等。分析开发商的促销手段，大致可分为三类：概念类、产品类和作秀类。销售成功的案例很多，如“现代城”就属于典型的概念类促销，开发商的聪明之处在于先力推SOHO的新概念，利用年轻人善于接纳新事物的心理倾向来引导消费。“阳光100”，则推出与国外著名设计师对话的方式，宣称项目请来的是国际设计大师，以产品设计来打市场。此外，有的开发商主打地段牌、政策环境牌，以达到促销目的，但除了少数项目靠促销手段出奇制胜外，大多数促销仍停留在“表演”的层面，试图以此增加消费者的“印象分”提高其品牌知名度。

对于大众住宅，由于购买群体主要为中低等收入者，其消费心理是实惠性的，因此，对这类群体的销售促进方式主要是使用面积、价格及付款方式上的优惠和实惠，切合他们的现实需要和心理特点。目前，大众住宅销售促进方式具体有以下几种：

（1）买房送面积和买房（若干年）免楼盘管理费。买房送面积一些开发商承诺，顾客买房赠送阳台或厨房或卫生间，即买房时不计算阳台或厨房或卫生间的面积，实际上变相降低房产的价格。

买房（若干年）免楼盘管理费指顾客买房（若干年）免交物业管理费，从而使顾客减少了买房后的一些支出。

其他如买房免公共分推面积、买房送花园等都是让顾客看到这种优惠是实实在在的。

（2）买房免（代缴）相关税费。买房免（代缴）相关税收是指房产商为顾客代缴相关税费，使顾客减少一定的买房费用，提高开发商的得房率，以方便顾客。

除了开发商代缴买房相关税费外，为减轻购房者的负担，2014年国家出台了三招救市策略：第一，房贷利率7折；第二，逐步放松限购，明确二套房认贷不认房；第三，推行购房补贴及税费减免。

（3）抽奖促销。抽奖促销指只要顾客购房，即可参加抽奖，奖品有参加旅游、附赠家电用品等。比较受顾客欢迎的是现金奖项，或者是用作抵冲房款的现金。

（4）竞争销售和限时特卖。竞价销售指由房产商设定房屋的成本价，在此基础上，参与竞价的购房者可以根据市场行情自己定价，三天内无其他竞价对手高于此价，即可签约购房。

限时特卖场在很短的时间内，以低价出售楼秀，造成抢购热潮，吸引顾客购买。

（5）定向让利和限量让利。定向让利指对特定对象（如教师）的购房者大幅度让利，由此既可加速资金回笼，又可控制让利范围。

限量让利则指限制一定数量的房产，公开优惠出售，先购买者可得到一定的实惠（如送家具套餐、装修套餐等）以造成抢购热潮，吸引顾客购买。

（6）一次性付款。这是在卖方市场时最为常见的销售方式，在买方市场时一般多见于那些低价位、小单位的楼盘销售，通常情况下，一次性付款都有优惠。对开发商来说，一次性付款是解决资金危机的灵丹妙药。

（7）分期付款。分期付款又分免息分期付款和低息分期付款，对客户来说分期付款是最合心意，而且越长越好。但对开发商来说却很不利，损点利息是小问题，资金回笼却是大问题，这是在淡市比较吸引人的销售方式。

（8）银行按揭。银行按揭的正确名称是购房抵押贷款，是购房者以所购房屋之产权作抵押，由银行先行支付房款给开发商，以后购房者按月向银行分期支付本息，银行按揭的成数通常由五成到九成不等，期限由5年至20年不等，在国外还有长达30年的。银行按揭业务在国内开始时间不长，但发展非常迅速，这是因为它符合工薪阶层的支付能力，使得市场潜在需求能够迅速转化为有效需求。银行按揭是促进房地产市场活跃的最有效的手段。

（9）无贴息返本销售。无贴息返本销售指购房者到一定时期后（一般是10～20年），开发商按原价将本金免息返还给业主，而房屋产权仍归业主所有，这种销售方式往往是在社会经济发展稳定和法律保障健全的形势下才会流行。

（10）售后返租。售后返租方式指购房者买下物业后将物业返租给开发商，租价和租期由双方议定，同时，购房者也可以选择分期付款。此种方式适合于投资者。

（11）先租后售。客户可以先租住，到客户认为有能力买下房屋产权时，开发商将如数退还此前的租金总额，并且按租住时议定的房价出售。这是在淡市下常用的有效手段。先租后售的另一种情况是：租住不一定就是购买者，开发商可以先将物业出租，而后再找购买者，购买者购买后，开发商此前所收的租金总额连同对租额的权力义务一并转交给购买者，此种情况下的购买者一般都是投资者，写字楼的行销经常采用这种方式，因为已经有了租金回报，投资者很容易算账，因此可以很快做出决定，效率极高，同时，一栋物业可以有两批客户，市场承受面宽广。

（12）以租代售。以租代售指有意购房者的客户先租住，按月收取租金，等租金总额达到当初议定的房屋总价（连本带息）时，房屋产权归该客户所有。这种销售方式对开发商不利，但另一方面其市场承载面积却极其广泛。

以租代售或销售促销方式有三个特点：打破了租与售相脱节的陈旧模式，对买卖双方都有好处；如果租房者想买下所租的房子时，先期所付的租金可以转为购房款，相当于分期付款，但又比分期付款或银行按揭方式省了不少的利息，因此比较实惠；即使租房人不买房，开发商的房子也没有闲置，昔日的包袱变成了财富。

因此，以租代售这种营销方式给购房者以较大的选择余地，又为开发商自己开拓出了一种崭新的销售市场。

（13）升值销售。开发商向购房客户承诺，若干年后该物业将升多少，如届时达不到这一幅度，则开发商将按当初承诺重新收回。此销售方式曾经引起过争议，消费者一般不会相信这种承诺，而且在物业市场供大于求的情形下，此法确是一种办法。

（14）尝试住，后买房。有决心购房的客户可以先试住一段时间，等满意了再买，如果不满意，分文不收，只管搬走。这一销售方式是颇得人心的，尤其对于那些硬件、软件都过关的项目，用这一销售方式正好是向客户证明他们所不相信的事情。一般情况下，试住销售普通住房交2万元定金，复式住宅交5万元定金，然后每月只需支付相当于住房款7成20年按揭月供额的租款，便可入住现楼，在3年以后再决定是否买房款抵作首期房款，补齐首期后，即可办理产权过户手续，并进入正常的银行供款阶段。

除了以上销售方式以外，还有很多促销方式，在这里不一一列举。

2. 具体物业的销售推广方式

（1）写字楼、商铺、酒店的销售推广方式。写字楼、商铺、酒店的销售促进方式除了可以采用上面所介绍的房地产促销方式外，目前主要有以租代售或先租后买、售后包租等形式。

以租代售或先租后买前面已经介绍，这里不再重复。所谓售后包租就是客户购买后，由开发商把客户购买的房地产包租下来，统一向外招租，客户按月或年收取租金的促销方法。

承诺售后包租的，有产权式酒店、产权式公寓和商铺。如上海某开发商的售楼书写到：“3年包租，租金回报20%，一次性全部返还”。其承诺颇具吸引力。因此，一经推出就出现热销局面。据粗略统计，上海大约共计近20家楼盘采用这种营销方式，主要有“万源经典”“精英会”“大众河滨”“金桥凤凰酒店式公寓”等。

售后包租有以下好处：

1）对开发商来说，销售快，资金能快速回笼。

2）对银行来说，按揭贷款10年还清，首付款为40%～50%，相对一般住宅项目而言，按揭比例并不高，期限并不长。

3）对投资者来说，能够有稳定的租金收入，高房价也无所谓，高房价意味着更高的房租。但是，售后包租的销售促进方式，对投资者而言，投资也是有很大风险的。

【策划案例：“新中国大厦”售后包租推广方式的教训】

据报道，某市一开发商于1998年11月开发了“新中国大厦”，开发商承诺买铺包租5年，业主每年可坐收租金12%，此广告一出，吸引了不少投资者，创下了每平方米几万元的天价，开发商则坐收了4亿多元的现金。然而，“新中国大厦”在11层开业后不久，开发商便陷入了财务危机，被迫停工，账户也被法律查封，成为烂尾楼。小业主们只收到了3个月的返租。由于业主大都是按揭的，如果无力续供，将会被法院封铺。至2003年3月6日，有100多位“断供”的业主收到法院的执行通知书。这种方式隐匿的风险，不但对投资者个人会造成伤害，严重者甚至会影响到整个金融体系的安全。因此，建设部2001年6月1日起颁布的《商品房销售管理办法》明确规定，房地产开发企业不得取售后包租的方式销售未竣工的商品房。其出台的初衷就是为了防范楼市泡沫，以防止哄抬楼价。

（2）酒店式公寓与公寓式酒店的销售促进方式。酒店式公寓与公寓式酒店是前几年出现的一种物业，它介于传统式的酒店与传统式的公寓之间，它以其独特的特点在面市后迅速获得消费者的喜爱。

1）酒店式公寓。酒店式公寓指具有星级酒店服务设施的高档公寓。意为“酒店式的服务，公寓式的管理”，市场定位很高，酒店式公寓的促销策略有购房送会员卡、包租、租金回报等。

如上海某酒店式公寓就采用了“零付款”的促销方式。“零付款”的主要内容是：凡该酒店公寓的租房者，每月在向房地产开发商支付租金的同时，还可获得房地产开发商每月赠送的等额酒店公寓消费卡，该卡可以在会所十几个消费场所中任意消费；根据与租房者签订的合同，在租期满120个月（即10年），该楼盘还将自动转至租房者名下。

酒店式公寓，在我国最早出现在深圳，后来又出现在上海、北京等地。这种物业类型在北、上、广、深这些一线城市数量较多也受到消费者的欢迎。

与传统的酒店相比，酒店式服务公寓最大的特点是：

① 酒店式公寓是类似酒店的公寓，提供传统酒店的各项服务，但比较传统的酒店更多了家的味道。

② 兼具传统酒店与传统公寓的长处，更重要的是向住客提供家庭的居住布局、家居式的服务，真正实现宾至如归的感觉。

③ 由于酒店式公寓吸收了传统酒店与传统公寓的长处，投资回报率在8%～10%之间，因此，备受商务人士的青睐。

2）公寓式酒店。在酒店式服务公寓出现的同时，还出现了另一种形式的物业，即公寓式酒店。所谓公寓式酒店，简单地说，就是设于酒店内部的公寓形式的酒店套房。

公寓式酒店物业有以下特点：

① 拥有居家的格局和良好的居住功能，客厅、卧室、厨房和卫生间，一应俱全。

② 配有全套的家具电器。同时，能够为客人提供酒店的专业服务，如室内打扫、床单更换以及一些商业服务等，即既有公寓的私密性和居住氛围，又有高档酒店的良好环境和专业服务。

如北京建国酒店，它的服务就包括餐饮、娱乐、洗理、游泳、复印、传真、打印、翻译等。再如北京新都市A座共166套公寓，在开盘后不到一个月的时间内便全部售罄，买者大多是在亚运村商圈工作的“白领”。顾客入住后，每天早上一起床便可以到酒店内的餐厅进早餐，去上班后，房地产公司可以让公寓的服务员打扫；换下来的衣服可以交给酒店的洗衣房，夜间在住所内加班工作，随时可以电话叫餐，酒店餐厅可以把饭送到房间；出差订机票，也只需给酒店打个电话便可以解决。

酒店式公寓与公寓式酒店的销售促进方式，也可以采用上述的促销方式。

15.5.3 销售控制

在整个营销过程中，销售控制始终保持灵活的广告推广计划，热点不断的促销活动，弹性的价格空间，看似珍稀的房源计划。分时间段根据市场变化情况，按一定的比例面市，这样可以有效地控制客源，而且使物业好像总处于价格或价值的上升期，从而取得比较好的经济效益。销售控制策略主要包括：价格控制、房源控制、客源控制、房号控制以及促销活动控制等。

1. 价格控制

在销售过程中，一般价格控制应低开高走，并且分时间段制定出不断上升的价格走势，价格控制的原则为“逐步走高，留有升值空间”，这样既能吸引投资，又能吸引消费。同时，楼层差价的变化也并非是直线型的比例变化，而是按心理需求曲线变化，它随着心理需求的变化呈不规则变化。价格控制在保证开发商利润要求情况下，必须考虑如下原则操盘。

在付款方式方面：提供多种付款方式选择，在物业定值情况下，实施多种付款方式选择，满足置业者需求。

优惠幅度及折扣比例科学化，价格优惠幅度控制在一定区间幅度内，同时推出优惠单位的总数量要控制，确保利润合理化。

付款方式优缺点分析，可以适当给置业者付款方式引导，给予置业付款数据客观性分析，让置业者感到付款方式可以变通，既灵活又实在。

在按揭方面，明晰项目按揭资料。对按揭流程或所需资料要提示，方便置业者。尽可能扩大年限到30年，争取给置业者最低投资或购房门槛。必要时，对按揭比例进行控制。

2. 客源控制

客源控制关键点是扩大客流，策略是：巩固忠诚客、稳定意向、抢夺中间客、挖掘潜在客、引来参观客。具体对应策略见表15-17。

表15-17　客源控制策略

控制内容	对应策略
巩固忠诚客	业主答谢活动，社区主题文化（儿童绘画赛、运动会）、社区会员组织（俱乐部）、介绍购房奖励等
稳定意向客	重在惊喜赠送推销活动，提高性价比等
抢夺中间客	加大广告投放力度，价格促销，与竞争项目利益分析比较等
挖掘潜在客	加强物业卖点软性新闻炒作等
引来参观客	活动促销“十天一小闹、一月一大闹”热点不断，制造事件新闻等

在现场实际销售的过程，还必须进行客源心理控制、购买决策过程控制、客量积累控制。

（1）客源心理控制。从心理学角度分析，客户购房都有一个“认识—比较—选择”的过程。即每一次客户在购房时，都要首先“认识”房子，然后对所认识的房子进行“比较”，最后做出是否购买的“选择”。“认识—比较—选择”是一个比较普遍的购买行为模式。不过，不同的消费者在各个环节的表现并不相同，即使在同一个环节，他们的购买心理行为重点也存在差异。

一般而言，购房顾客类型有：

1）理智型。

特征：深思熟虑，冷静稳健，不容易被销售人员的言辞所说动，对于疑点必详细询问。

对策：加强房屋品质、公司性质及独特优点的说明，一切说明须讲究合理有据，以获得顾客理性的支持。

2）沉默型。

特征：出言谨慎，一问三不知，反应冷漠外表静肃。

对策：除了介绍楼盘，还须以亲切、诚恳的态度，想办法了解其他工作、家庭、子女以能拉拉家常，以了解其心中的真正需要。

3）冲动型。

特征：天性激动，易受外界怂恿与刺激，很快就能做出决定。

对策：开始即大力强调产品的特色与实惠，促其快速决定。当顾客不欲购买时，须应付得体，以免影响其他顾客。

4）犹豫型。

特征：犹豫不决，反复不断，怯于作决定，如本来认为四楼好，一下又觉得五楼好，再不六楼也不错。

对策：销售人员须态度坚决而自信，来取得顾客依赖，并帮助做出决定。

5）问题型。

特征：过分小心，凡大小事皆在顾虑之内，问题多，顾虑多。

对策：认真、详细地回答问题，以“专业的物业顾问”解决疑问而取得客户的信任。反复突出楼盘卖点，加强其对本楼盘信心，从下定金到签约如“快刀斩乱麻”，免得夜长梦多。

6）盛气凌人型。

特征：趾高气扬，以下马威来吓唬推销员，常拒推销员于千里之外。

对策：态度坦然，不卑不亢，顺水推舟，尊敬、恭维对方，并寻找对方的“弱点”。

7）迷信型。

特征：最终决定权在于风水学知识。

对策：尽力以现代观点来配合其风水观、提醒其勿受一些“歪七理八”的风水所迷惑，强调人的价值。

（2）客源购买决策过程控制。时下，许多消费者由于接触楼盘多了，自己也变成“看房专家”。对每一个楼盘知识与流程甚至比个别销售人员还清楚，深思熟虑的置业者购买决策过程一般体现为“一看”“二查”“三了解”“四注意”“五要”共五大项。

一看：看开发商、代理商及销售人员。

二查：楼盘及相关文件。

如“土地使用权合同”及补充协议，“建设工程规划许可证”“建设工程施工许可证”“房地产预售许可证”（一证、一表、一图）、立面图、楼层平面图、分户平面图及测绘部门出具的房屋面积测绘报告等。

三了解：所购物业。

如了解物业的实际可使用年限，了解房屋的户型布局、墙体结构、采光通风。查看楼盘的周边环境、交通状况、噪音程度、小区配套等。审查开发商交付的房屋是否验收合格，是否有“住宅质量保证书”、“住宅使用说明书”，并审查“建筑工程竣工测量报告”，要求开发商提供深圳市房屋建筑面积和分户丈量图。了解在售楼盘的红线范围（该宗地的界线）、房屋的建筑面积、套内建筑面积、分摊面积和不可分摊的公共面积，房屋交付时的基本配套设施，如水、电、煤气、有线电视等是否开通等，了解和房屋一同出售的项目，包括装修、家私、家电、设施的情况等。

四注意：注意合同条款。

如注意《房地产买卖合同（预售）》示范文本，了解购房合同的具体内容，特别是附件内容及补充条款内容。清楚定（订）金、房款的数额及交付的时间、方式。明确各项收费标准，包括税费、物业管理费、律师费、保险费等。

五要：要理性购房。

如了解自身经济状况、还款能力及银行所能提供的按揭安排，明确违约的法律责任，慎重签订认购书及交付定金，交付定金或任何款项后，立即要求收款人开具机构盖章的票据。

签订合同后应信守合约，依法履行相关责任等。

（3）客量积累控制。意向客量积累到一定程度，要及时把意向客通过特定选房活动转化为业主。对每天每周的总意向量、对不同产品需求量等进行统计把握。

客量积累控制一般执行“略为盈余”的原则，即按“意向客量 > 放盘量”的策略执行，以便在推盘选房时制造供不应求的销售场面。例如：意向客量达到300人时，放盘量可以在250套左右，但最好不要超过300套。

客量积累控制的方法很多，坐销、行销等手段都需要创新。

【策划案例：湖南郴州大华天都认筹蓄客方案】

1. 蓄客时间段：2013年11月~2014年3月

2. 阶段蓄客目标：到开盘前蓄客，登记客户1200组，办理VIP客户300组

（1）蓄客第一阶段（2013年11月）积蓄VIP客户30组。

（2）蓄客第二阶段（2013年12月1日~31日）积蓄VIP客户60组。

（3）蓄客第三阶段（2013年1月1日~1月29<春节前>）积蓄VIP客户40组。

（4）蓄客第四阶段（2014年1月30日~2月14日<春节>）积蓄VIP客户20组。

（5）蓄客第五阶段（2014年2月15日~3月30日）积蓄VIP客户150组。

3. 蓄客活动

（1）项目首次公演。

目的：项目首次公开亮相，通过公演活动，建立市场关注度，快速累积客户，排查客户诚意。

时间：2013年12月1日。

活动准备：活动具体时间点、场地、执行方案落实。

操作方式：通过12月开始售楼部亮相活动，快速累积客户，并做初步客户判断，活动当天登记并派发VIP卡，可享受折后总房款6000~7000元的优惠，为下阶段蓄客累积足够量的准度客户。

排查工具：诚意客户登记，VIP卡。

（2）产品推介会。

目的：提高市场关注度，新增VIP客户，明确前阶段累积客户诚意度，从而有针对性的重点跟进，同时区分住宅客户，和商铺投资客户。

时间：2013 年 12 月 25 日，圣诞节

活动准备：活动具体时间点、场地、执行方案落实。

操作方式：产品推介会前 3～5 天电话通知前期累积客户和新登记客户参加产品推介会，对参加客户意向做初步判断，同时进一步沟通了解客户，跟新客户档案。

排查工具：客户诚意调查表，VIP 卡，华天会员卡。

VIP 卡发放条件：有效银行存款单、房产证明、行驶证、身份证。

（3）认筹活动。

目的：通过价格范围摸底确定客户意向，锁定客户群，为解筹、销控、推盘做依据。

时间：2014 年元月 1 日，元旦节。

活动准备：活动具体时间点、场地、执行方案落实。

操作方式：认筹前 3～5 天通知深度诚意客户（产品推介会累积），参加认筹，办理会员卡、VIP 卡升级、并明确认筹事宜。

排查工具：客户诚意度摸排表，会员卡，VIP 卡升级。

（4）房交会推广。

目的：通过房交会平台，集中展示项目信息，建立市场品质效应，通过集中拉开与其他项目差距，快速累积意向客户群。

时间：房交会确定时间。

活动准备：活动具体时间点、场地、执行方案落实。

操作方式：会展期间派单，做媒体专题活动，房交会现场登记客户，办理 VIP 卡，做客户问卷调查。

排查工具：诚意客户登记，客户问卷调查，VIP 卡登记。

（5）认筹方式和政策。

1）前期积累客户分为钻石卡客户和金卡客户两类，通过圈层营销可以金卡升级，享受优惠：

钻石卡客户为一类客户，住宅用户办理条件为：交纳 3 万元认筹金或者交纳 1 万元认筹金后介绍 2 位以上（包含 2 位）的客户认筹成为金卡以上客户；享受 3 万抵 5 万或者 1 万抵 2 万的购房优惠，并按照卡号顺序优先获得项目解筹选房时的优先选房权；商铺客户为：交纳 10 万元认筹金后介绍 2 位以上（包含 2 位）客户认筹成为金卡以上客户；享受 10 万抵 15 万，并按照卡号顺序优先获得项目解筹选房时的优先选房权。

金卡客户为二类客户，办理条件为：住宅客户交纳 1 万元认筹金成为金卡客户；享受 1 万抵 2 万的购房优惠（商铺客户交纳 10 万元认筹金成为金卡客户，享受 10 万抵 13 万的购房优惠），并按照卡号顺序获得项目解筹选房时的选房权，但需排在钻石卡客户集中选房之后。

金卡客户升级：原定金卡客户（住宅交纳 1 万元认筹金的客户，商铺交纳 10 万元认筹金的客户）可通过以下方式升级为钻石卡客户：介绍 2 位以上（包含 2 位）客户认筹成为金卡以上客户并申请升级为钻石卡客户，获得批准后，换发钻石卡，享受 1 万抵 2.5 万（增加 5000 元优惠额），（商铺客户享受 10 万抵 14 万 <增加 1 千元优惠额>）的购房优惠并享受先于金卡客户群体，按照钻石卡客户序号的优先选房权。

VIP 卡发放顺序：

公司关系客户：1～50号卡。

项目VIP卡在关系户后51～300号卡。

2）认筹优惠“金上加金”。

内容：办理VIP卡金卡和钻石卡客户，从办卡次日起，每过一天可享受总房款1百元优惠叠加，直到开盘前一天截止，住宅和商铺优惠额度一致。

目的：在4个月的时间内以10000～12000元优惠额度，锁住客户，防止客户流失。

备注：客户若参加“金上加金”活动，并办理VIP卡，且认筹客户，在开盘结束过后购房，仍然享受“金上加金”折扣；客户若参加“金上加金”活动，并办理VIP卡，而未认筹客户，在开盘当天购房，则在认筹客户选房完毕后，进行选房，仍然享受“金上加金”折扣；客户若参加“金上加金”活动，并办理VIP卡，而未认筹客户，在开盘当天未购房，则取消“金上加金”折扣，VIP卡不得转让，兑现。

3）认筹跟进工作。

认筹期间，根据认筹客户的基本购房意向，销售主任向其有针对性推荐2～3套房（不给客户确定具体房号及单价），以备开盘当天客户选择。

认筹期间，将每天认筹情况录入电脑，便于认筹结束后迅速汇总分析，以对正式开盘推出组团、房型、价格等策略做最终的微调。

3. 房源控制

进行房源控制的目的是使项目达到该阶段的销售率，保证后期销售高潮的实现及价格提升。房源控制必须用四种办法结合进行。

（1）房源控制配合策略。

方法一：进度控制法。

房源控制必须充分考虑工程能否如期竣工交付使用。

销售进度要符合工程进度和市场需求的规律。

房地产项目销售的每一个环节都不可能是完全独立的，环节之间有着密切的联系。

建设进行影响销售进度、影响房源量。

销售进度要规避法律赔偿。

销售进度不当会引起的相关问题：一是工期延误太长，买家不能入住，而引起投诉；二是买家分散时间过长入住，长期装修干扰容易引起投诉。

方法二：销量控制法。

在整个销售过程中，应始终保持适当房量，根据市场变化情况，分时间段按一定比例逐步放盘。做到有效地控制前期放盘热火过头，又能控制后期的好房源入市时，不至于冷市，争取取得价格走高的利润空间。

方法三：价格控制法。

一般地，价格控制应以“一房一份”为基础，每个单元价格必须有差异，实现“好房卖高价、差房卖好价”。

方法四：时间控制法。

根据销售的四个阶段，以时间为基础，根据不同的时间段如依据工程进度等进行时间控制，确定与之对应的销售和价格，并且围绕该时间的诉求重点进行放盘，以便掌握什么时间该做什么盘，如何去收缩自如。随着时间的推移，不断地将价格按不同的时间段进行调整，并根据不同的时间段放出不同的销量。进度控制、销售控制、价格控制、时间控制四者紧密结合、相互协商，那么整个销售过程就是一个比较完美的销售控制过程，从而产生协同效益。

【策划案例：南京××项目阶段性推盘体量配合策略】

表 15-18　南京××项目阶段性推盘体量配合策略

期　数	推售楼层	单价总数量/套	备　注
认筹期—公开发售期（6月28日）	针对认筹的单位先进行一对一的销售，基本确定并满足已交诚意金的客户，而部分已选几套单位的客户进行相应的抽签	推出120套	照定价下浮5%～8%
二次推出	以景观小单位作为主推单位，配合楼层较高的单位20套作为二次推售的重点	推出40套	照定价下浮2%
三次推售	以20层以上的单位作为主推，配合部分景观较差的单位和景观较好的单元	剩余的全部推出	照定价

（2）房源控制推盘策略。尽可能挤牙膏般控量节点放盘，制造“人多粥少、客多房少”的抢购氛围。

从总体看，房源按一定的比例面市，放盘量节奏通常采用纺锤型。初期量小，试探市场，中期看准目标后，放量大爆发，力图强销，后期量小，消化尾盘。

【策划案例：深圳碧海××项目房源控制“纺锤型”推盘策略】

表 15-19　深圳碧海××项目房源控制“纺锤型”推盘策略

期　数	时　期	推售单位	单位总数量
一期	内部认购	本次推出的单元，原则上是满足关系客户，因此具体的推售策略视具体情况而定	推出的数量为一期的20%
	市场认购	推出单位比例 好:中:一般＝4:3:2	推售货量为一期的30%
	公开发售	原则上是清上次推出的单元后再有选择地售出，大概推出单位比例 好:中:一般＝5:3:3	推售货量为一期的30%
	持续期	将首期剩余货量全部推出	推售剩余货量
二期	市场认购	以首期封盘，暗底下操作二期景观系统好的做主推、高层做辅 好:中:一般＝3:4:3	推售货量为二期的30%
	公开发售	彻底清市场认购期剩余单位，适当加推部分新单元，形成销售良性循环局面 好:中:一般＝3:4:3	推售货量为二期的40%
	持续期	将二期剩余单位全部推出	推销剩余货量

【策划案例：广州某项目的分阶段推盘策略表】

表 15-20　广州某项目的分阶段推盘策略表

项目分期	一　期	二　期	三　期
销售时期	2010 年 3 月 ~2010 年 9 月	2010 年 10 月 ~2011 年 4 月	2011 年 5 月 ~2011 年 12 月
销售时间	5 个月	7 个月	8 个月
主推房源	3、7 号楼	1、2、4、5 号楼	6、8、9、10 号楼
栋数	2 栋	4 栋	4 栋
推盘量	约 167 套	约 332 套	约 332 套
推盘面积	约 2.1 万平方米	约 4.3 万平方米	约 4.9 万平方米
推盘量比例	34%	31%	35%

（3）房源控制现场管理策略。房源控制现场管理策略主要是指按照销售工作进度总表与销售控制表等来进行房源控制。

1）销售工作进度总表。是指该项目完成销售所需的时间及每个时间段需要实现的销售进度见表 15-21。

销售进度表一般以周为单位，一周一次，每周周末，对销售进度表进行分析，主要目的是为了找出销售的规律，完成或者未完成的原因是什么，是任务制定不合理还是外来因素干扰造成的？是主观原因还是客观原因？是销售技巧不成熟还是执行不力造成的？要经常通过这种形式的分析，提出改进的办法。

表 15-21　每周销售工作进度表

日　期		12	13	14	15	16	17	18
计划销售进度								
实际销售进度								
其中	单房							
	1 房							
	2 房							
	3 房							

2）销售控制表。为促进项目销售，拉升售价，而采用的分批次、少量陆续推出销售房屋，以便于一旦形成抢购局面，立即抬高房价的办法称为销控。反映这种销售状态的表格称为销控表。销控表分为内部房号控制表与对外销售情况表。一般购房者在销售部看到的是对外销售情况表，销售情况表是经过处理的表格，是制造销售效果给消费者看的。其中，表中哪些单位是暗中保留的，购房者是看不出来的。保留单位只能在内部房号控制表中体现。

【策划案例：北京××项目A户型销售控制表】

表15-22 北京××项目A户型销售控制表

户　型	单　元	销售（√）	单　元	销售（√）	备　注
A户型（150平方米）	101	√	102		
A	201	√	202	√	
A	301	√	302		
A	401	√	402	√	
A	501		502		
A	601	√	602	√	
A	701		702		
A	801		802		

注：截止　　月　　日止

4. 房号控制

（1）房号的策略控制。一般情况下，房号控制可以采取“劣房先推、好货可居”的次序进行。综合素质较差的单位，可以作为促销单位进行超低价处理，综合素质较好的单位，尽可能保留到热销阶段推出，谋求高价。个别特殊房号，可以采取竞争拍卖的形式实现价格最大化。

【策划案例：广州××项目销售内部房号控制表】

表15-23 朗琴园2号楼房号控制表

户　型	A	B	C	D	E	F	G	H
套内面积/平方米	239.23	109.54	138.49	88.2	101.08	49.96	24.82	66.05
建筑面积/平方米	280.78	129.82	164.13	104.52	119.79	59.21	29.73	78.13
28	—	—	—	28D	28E	28F	28G	28H
27	—	—	—	27D	27E	27F	—	27H
25	—	—	—	25D	25E	25F	—	25H
23	23A	23B	23C	23D	23E	23F	—	23H
22	22A	22B	22C	22D	22E	—	—	22H
17	17A	17B	17C	17D	17E	—	—	17H
16	16A	16B	16C	16D	16E	—	—	16H
14	14A	14B	14C	14D	14E	—	—	14H
12	12A	12B	12C	12D	12E	12F	—	12H
11	11A	11B	11C	11D	11E	11F	—	11H
10	10A	10B	10C	10D	10E	10F	—	10H
8	8A	8B	8C	8D	8E	8F	8G	8H
7	7A	7B	7C	7D	7E	7F	7G	7H
6	6A	6B	6C	6D	6E	6F	6G	6H
5	5A	5B	5C	5D	5E	5F	5G	5H
3	3A	3B	3C	—	—	3F	3G	4H
2	2A	2B	2C	—	—	2F	2G	2H

注：上表为该次推出单位，“—”为保留单位。

（2）房号的现场管理。售前一定统一安排房号（经书面确认），对整层保留、交叉保留、自然保留进行计划。对外有统一的售价与房源结合的资料，每天关注房号的变化。

房号管理应遵循以下原则：

1）房号管理必须由专业人负责，销售人员在收取定金前必须通知房号管理者，确定房号允许销售后，方可办理收取定金手续。

2）房号管理者必须以客户办理定房手续作为销控房号的标准，任何咨询或诚意表示均不能视同成交，其他客户如有交付定金行为，以办理定房手续时间先后为准。

3）发生交易（即客户办理定房手续）后，房号管理必须立即做好书面记录，并通知其他销售人员停止向客户推荐此房号。

5. 促销活动控制

进行促销的有效控制是达到促销目标同时又降低由于促销产生的副作用的有效手段。

在销售的不同阶段用什么方法最合适？如何利用这些方法达成不同的目标？促销活动是许多房地产销售过程中经常采用的策划手段，但不是任何时候举办活动都能取得非常好的效果。同时，举办活动会导致销售成本增加。因此，促销活动必须把握以下几个原则：

（1）必须目标明确、主题突出。要求活动的开展要有针对性，如活动的目的是产品推入，活动的主题必须以突出介绍产品为主；如活动的目的是为了显示竞争优势，则活动的主题必须以展现产品的特点和优点为主；如活动的目的是为了展现企业形象，提高知名度，则活动主题必须围绕企业形象建设开展。当然，在举办活动地，目标往往并不是单一的，这就要求组织者在组织活动时做到主次分明。

（2）选择恰当的时机，活动开展应当结合本项目的实际及市场动态灵活开展，而不能盲目、随意。一般来说，活动大都是在房地营销的重要时期举办，如开盘期、旺销期、销售低谷期、尾盘期。当然，市场上新增加了竞争对手时，为了保证本项目不受影响，亦可举办活动。

（3）活动必须具有广泛的受众参与。举办活动根本出发点就在于扩大影响、促进销售，这就要求活动必须具有广泛的群众参与性，参与的受众应当是具有代表性的潜在消费群体。

（4）活动开展必须有个性。举办活动必须服务于产品营销总体策略，要结合产品自身的特点、结合价格策略，市场变化开展，而不能“鹦鹉学舌”盲目追从。这样要求举办的活动有个性，特点突出。

（5）活动必须全程进行把控。如促销工具的利用、促销活动的组织、促销活动的效果控制、促销活动的效要评估等都要监控到位。

（6）促销活动控制可采VIP卡、折扣、送、奖、多种付款方式等形式进行调整。

1）VIP卡。在预热期应为开盘蓄积人气，留住诚意客户，发送制作精美的VIP卡，可以提升并强化开发商和楼盘的品质。

VIP卡应制作工艺精美，具有收藏价值，同时让持卡者优先选房，享受额外折扣等优惠。

2）折扣。折扣是销售中非常实惠且有用的方式。折扣点可划分不同档次，可选择开盘一星期内、促销活动当日等时间，按当时楼盘市场接受程度制定不同的折扣。

3）送。配合促销活动以及户型推广策略，可采用送家电、送装修、送物业管理费等方式。根据不同的促销目的，选择不同的赠送等。如针对投资客，可采取送装修的方式。

【策划案例：××项目抽奖活动程序】

本项目抽奖兑奖定于×月×日进行，地点在楼盘销售中心前广场。抽奖活动控制在12点前结束，部分兑奖工作延续到下午下班之前。凡未在当日兑奖者，其奖项自动取消。

表15-24　活动安排表

时　间	活动步骤
8:50以前	确认票号
8:50	确认票号结束，主持人准备，开始播放音乐
9:00	主持人宣布抽奖活动开始，董事长讲话
9:05	项目推介
9:10	到会嘉宾参观样板房
9:45	歌舞表演
10:10	活动开始，公证人宣读公证文件，主持人宣读注意事项
12点前结束	抽奖

15.6　房地产公关活动策划

公关活动是指为维护与促进企业或项目所作的关系努力，包括对内与对外的关系努力。公关活动的功能主要包括处理与新闻媒体关系、产品宣传、企业信息传播、与政府关系、危机处理等方面。

公关活动策划是实施地产营销常用的技术手段。成功的公关活动能持续提高品牌的知名度、认识度、美誉度、忠诚度、顾客满意度，提升组织品牌形象，改变公众对项目的看法，累积无形资产，并能从不同程度上促进销售。公关活动策划有常规的方法可供遵循，但也有不少技巧，三分策划，七分实施。公关活动特别是大型公关活动往往耗费很多人力、物力、财力。没有目标而耗费巨资做活动是不可取的，目标不明确是不值得的。

15.6.1　公关活动内容

公关活动是展示企业品牌或项目形象的平台，其内容可以包括促销活动，但又不同一般的促销活动。公关活动内容主要包括新闻发布会、演讲（论坛）、事件营销、现场促销、开业庆典、公益服务活动、CIS塑造等内容。

1. 新闻发布会

无论是新项目入市，还是企业或项目危机处理，新闻发布会都要策划出对企业或产品有利的新闻。项目在启动开发阶段、入市阶段、开盘阶段、事件处理等环节，均可策划新闻发布会，进行新闻造势与热点炒作，吸引眼球，以便让公众或消费者及时知晓项目情况。

【策划案例：深圳××·红树湾新闻发布会策划内容】

时间：6月12日上午10：00

地点：威尼斯酒店

内容：项目新闻发布会暨VIP预约登记

嘉宾：①××·红树湾房地产有限公司姚××总经理。②柏涛公司赵××副总建筑师。③世联公司事业一部王×副总经理。④世联公司陈××董事长。

记者：深圳特区报、深圳商报、香港商报、南方都市报、深圳晚报、深圳电视台、搜房网、深圳房地产信息网、中国房地产报驻深圳记者站、《房地产纵横》杂志。

10：37 现场播放宣传片。

10：38 介绍到会的主要嘉宾。

10：40 中信·红树湾房地产有限公司姚××总经理致辞。

10：44 柏涛公司设计师××介绍有关项目的情况。

10：56 柏涛公司设计有限公司副总建筑师赵××先生介绍中信·红树湾设计理念和亮点户型。

11：27 世联公司董事长陈××董事长介绍从产品到作用的进程。

11：42 世联公司副总经理王×女士介绍××·红树湾贵宾卡。

11：54 新闻媒体提问。

12：06 新闻发布会结束。

2. 演讲（论坛）

即策划公司领导人或权威人士，在公共场所发表演说。当前，房地产各种演讲（论坛）高峰会活动层出不穷，主题丰富多彩。如每年一度的中国住交会，均设有不同主题的专场论坛，或激荡思想，或创新理论，或交流经验，或介绍项目与企业等。演讲（论坛）是房地产项目有效营销的杀手锏之一。

【策划案例：广州黄埔雅居乐富春山居“2014中国新经济力量论坛”主题公关活动分析】

2014年12月6日，第三届中国新经济力量论坛“预见未来——寻找经济新动力”企业峰会论坛在雅居乐富春山居正式启幕。

此次企业分论坛邀请了代表“新业态”的企业掌门人的特斯拉全球副总裁、中国区总裁吴碧瑄、深圳光启创新技术有限公司副总经理张海强、中科招商集团董事执行副总裁谢勇、立白集团董事长兼总裁陈凯旋、广州金域医学检验中心有限公司董事长兼总经理梁耀铭、爱斯达服饰有限公司创始人兼执行董事长樊友斌等新兴产业以及知名公司大腕齐聚雅居乐富春山居熹玥荟，一起探讨中国新产业和新业态的发展现状与未来前景，剖析新技术、新机制、新模式所带来的经济新动力，共同描绘“科技改变生活”的美好场景。

在企业分论坛盛启的同时，当天在雅居乐富春山居现场，还引入了来自众多最新科技产品：纯电动“幻影座驾”，首度面市的探空火箭筒与发射装备，还有最新奇的百度智能硬件，无人机航拍，连同超酷炫的投影键盘，迎宾机器人，3D打印机，引来众多观众争睹，现场情况火爆！

自2014年中国新经济力量论坛第二场峰会——企业分论坛开启线上宣传及开通微信抢票通道以来，抢票热潮早早出现。与首场高峰论坛的情况类似，第二场峰会论坛近1000张论坛入场券早被争抢一空。

在这次中国新经济力量论坛活动完美落幕之后，雅居乐富春山居10月、11月网签金额稳居黄埔区前三位，连续两个月成为天河东最热销的豪宅盘。

3. 事件营销

策划特殊事件来吸引公众的注意。包括记者招待会、讨论会、郊游、展览会、竞赛和周年庆祝活动，以及运动会和文化赞助等。

【策划案例：恒大体育系列公关活动事件营销策划分析】

说到房地产的大新闻，应该没有人会不知道恒大集团入主广州足球俱乐部这件事了吧？这在房地产界掀起一阵言论狂风，一个搞房地产的，一个踢足球的，两个看似风马牛不相及的东西会产生怎样微妙的化学反应呢？

实际上，恒大玩体育营销由来已久，在为中国体育做出巨大贡献的同时，不断地通过争体育营销为自己“追名逐利”。从签约“铁榔头”郎平到“银狐”里皮，从中超夺冠再到登上亚洲之巅，房地产商恒大的名字一次又一次地被登在各大媒体的头版头条。

而真正让恒大扬名的则是2009年。当时，恒大集团出资2000万元注册成立了国内首家职业排球俱乐部，同时将多名前国手拉入麾下。当年8月，恒大女排以500万元年薪聘请“铁榔头”郎平担任主教练，这次签约发布会吸引了来自全国的数百家媒体，若单以广告版面计算，恒大要达到如此宣传效果，花费将近亿元。500万元换来的是近亿元的宣传效果。伴随着这一次经典的体育营销，广州恒大集团来到了台前，开启了一场“许家印”式的体育营销新模式。

2010年3月1日，恒大集团入主广州足球俱乐部签约仪式在广州举行，不仅将球队的所有欠款一次性偿还，并将俱乐部注册资本由过去的2000万元升为1亿元。为了引入孔卡、埃尔克森、穆里奇三名世界级外援，广州恒大共计付出2136万美元转会费。而2012年，恒大又请来了里皮这位世界级功勋教练，并开出1000万欧元的天价年薪，排名世界第四。今年恒大夺得亚冠冠军，最终奖金达到1.63亿元。若加上中超联赛和足协杯累计的奖金，恒大今年仅在奖金上的支出就可能突破2亿元。有统计显示，截至目前，恒大在足球上的投入已近30亿元。

在过去3年里，随着恒大足球成功，恒大房地产的知名度大增，它的年销售额也一路飙升，2009年为303亿元，2010年为500亿元，2011年为803亿元，2012年为923.2亿元。许家印曾表示，恒大在足球中所投入的每一分钱，都得到了十分的回报。对于品牌背后的价值，有机构测算，广州恒大每投资足球1亿元，大约会有15亿元的经济效应回报。几年前还默默无闻的恒大，奇迹般地超越了比自己大得多的对手，跻身房地产行业第一阵营，与万科、中海等四家底蕴深厚的公司为伍。许家印的精明，在于他能用不到2亿的小钱，生出200亿的大钱，而生钱的渠道，就是他走的这条体育事件营销之路。

4. 公益服务活动

公益服务活动是指热点赞助、义务劳动等各种公益活动。项目也可有意识地结合社会热点策划其他公益活动。

公关活动，是信息交流的过程，也是项目宣传的重要手段。项目离开了传播，公众无从了解项目，开发商也难以与公众交流。公益活动服务活动，为三者之间相互联系提供道义与仁爱的纽带和桥梁。房地产项目与消费者沟通，在很大程度上依靠信息与活动的传播。消费者对某一个项目的误解，往往就是由于活动的商业味太浓或信息不畅造成的，因此，一个成功的房地产项目策划，不但要有明确的商业利益目标，符合公众利益的政策和措施，而且还要充分利用活动传播手段，积极参加慈善性、服务性、公益性活动。以便赢得公众的好感与舆论的支持，进而获得良好的经济效益和社会效益。

【策划案例：合肥中环城公益服务活动策划】

2014年12月20日下午2时，由中环投资集团、致公党安徽省委主办，童心桥儿童公益发展中心协办的第五季“大爱中环·暖冬行动”活动启动仪式在中环艺术馆举行，这已经是中环投资集团开展慈善公益活动事业的第五个年头。

自2004年成立以来，集团十年如一日坚持开展关爱农民工、实施阳光救助工程、救助城市特困家庭、发展城市文化事业、构建和谐社区、促进青年创业成才等系列公益活动。集团成立的大爱中环志愿服务团荣获“全国十大优秀志愿组织”称号。在领导的带领下，中环集团的“大爱中环”服务团的志愿者们为农民工宿舍装空调、送清凉、送文化、送教育、送平安；建立全国第一个农民工雕塑广场，组织合肥大建设工地68名农民工家庭游览世博会；成立“中环竹云助学基金”，实施阳光救助工程，救助了1000多名监狱服刑人员的未成年子女；为业主送绿植，献爱心，共建文明社区，组织业主子女开展中环童子军活动，带领他们学习中华传统文化，接受励志教育；开展“大爱中环·感动合肥”活动，志愿者们坚持每天为一户城市特困家庭送去温暖，急人所急，雪中送炭，帮助他们解决生活的困难，鼓起生活信心……

集团还宣布今后每年将拿出3%的收益做慈善回馈社会。五年的不懈坚持，五年的不懈努力，使中环投资集团赢得了社会各界的支持和赞誉。在楼市销量低迷、合肥市民观望情绪浓厚的大背景下，中环城接连两月登上销量榜首宝座，这与其多年来从事公益活动树立的良好企业形象密不可分。

5. 开业庆典

开业庆典是指项目启动开工、开盘或营业的典礼活动。开业庆典属大型的公关活动，需要强有力的策划组织、协调与控制能力。对于大型的商业项目，开业庆典一般以策划跨度大、内容丰富的活动交叉进行。

15.6.2　公关活动要求

1. 公关活动策划的总体要求

公关活动策划中必须把握四要素、三层面、九步骤的总体要求。

（1）四要素。四要素是：产品、主题创意、消费者、执行。

1）产品：此次活动针对项目哪种产品进行？或是针对企业哪个方面进行？等等。

2）主题创意：主题是什么？如何通过主题的创意的设计吸引消费者？等等。

3）消费者：针对的消费者是哪类？活动展示给谁看？等等。

4）执行：如何组织活动确保效果？等等。

（2）三层面。见表15-25。

表15-25 公关活动的三层面

市场面	策略面	执行面
产品特征分析、消费者分析，竞争产品的活动形式等	设定活动项目、主题策划	活动场地规划、执行流程、执行细节检索

（3）九步骤。

1）检讨市场现况、市场热点和产品的市场营销阶段。

2）产品特性分析，以此来为活动确定基调。

3）本次活动的主要传播对象是谁，他们的特征分析。

4）活动目的设定。一般的活动目的分为创建/提高知名度、增加现场销售、传达信息、诠释品牌理念、展示产品特色等。

5）提出具有创意的活动传播口号，并详细阐释活动主题的内涵。无论哪种公关活动，都要提炼一个鲜明的卖点，创造公关活动的主题“眼”并强化传播，集中传播一个卖点，才能把有关资源整合起来，进而完成活动目标。公关活动的高潮环节设计要注重唯一性、相关性、易于传播性。

6）现场勘测—拍照—画规划图—设定人流及活动总规图—现场布置—物料分配。针对活动方案和传播计划，拟定计划，拟定公关预算。

7）针对活动主题，拟定其他媒体，如报纸、广播、电视等配合计划，实施媒介投放。

8）活动执行。

9）活动效果评估。①是否达到活动目的。②主题与产品和目标受众是否一致，对消费者或公众是否产生利益点驱动。

2. 不同市场时期对公关活动的要求

（1）市场启动初期，公关活动的主要目的是缩短市场开发时间，尽快进入成长期。

万科打造第一个深圳的“四季花城”时，无论它在深圳房地产行内还是在深圳的置业者心中都享有很高的知名度，但在全国其他城市就未必了。万科“四季花城”落户武汉时，万科房地产在武汉还有一定的知名度，但因万科房地产在武汉有一多年停工项目，品牌受到一定的损伤。“四季花城”在深圳的知名度及美誉度是武汉市民所不知的，怎样把“四季花城”在深圳的知名度及美誉度嫁接到武汉来将是一个重要的营销话题。尚美佳公司与万科地产营销部联合提出的主题为“深圳四季花城二日游”的营销公关活动，为武汉的“四季花园”推广找到了突破口；从武汉万科会员中招募20名会员前往深圳，武汉主流媒体4名记者随行跟踪报道，在这次活动中会员们不仅参观了美丽的“四季花城”，还参观了万科公司、万科物管及万科在深圳的其他成功项目；带回大量新闻图片及新闻报道素材，在主流媒体释放后反响强烈，置业者对万科“四季花城”的居住理念、人文、物业管理等方面有了一次全面的认识。

（2）市场成长期，公关活动主要是为了进一步促进产品销售，对市场发展推波助澜。

例如：深圳花样年公司投资的“花好园”项目自认筹以来，短短一周时间，受到市场和大量70年代生人的极力追捧，认筹火爆，当时认筹已达到1170个。为了感谢广大业主的关爱和支持，花样年公司免费邀请部分花好园的准业主到场观看“华纳直通车启动仪式”演出。

10日起，由深圳市花样年公司赞助的“华纳直通车启动仪式”在欢乐谷成功举行。当天上午，花样年公司邀请了朴树、老狼、叶蓓、汪峰等知名原创歌手莅临花好园销售中心举行现场签名会，场内人声鼎沸，座无虚席。

花样年公司此次答谢准业主的公关活动的目的就是：进一步促进销售，对热销市场热上加热。

（3）市场成熟期和衰退期，公关活动的主要目的是消化尾盘与延长品牌影响力。

【策划案例：东莞聚龙湾·聚豪华庭公关活动策划】

东莞聚龙湾·聚豪华庭通过以下几个方面的公关活动策划，使项目营销过程充满快乐、充满人情味，让石龙人了解企业、认同聚豪华庭，创造开盘三个月就销售85%的佳绩。

1. 赞助高考状元活动

为表现出企业高度的社会责任感和使命感，树立企业及楼盘良好社会形象，嘉宏实业有限公司开展了赞助高考状元活动。

聚豪华庭入市期间，恰好是高考公布成绩的时段。项目组迅速反应，推出“赞助石龙高考状元”公关活动。

内容：无偿一次性赞助石龙镇文、理科高考状元奖学金；凡是周围五镇高考被一、二批大学院校录取的学生，其家庭任何成员在聚豪华庭已落定者，均无偿给该学生赞助一定数额的奖学金。

方式：售楼部举行赞助活动；舞狮队上门赠奖学金，新闻跟踪。支持单位：镇政府、镇教育局、东莞日报、石龙电视台、石龙周刊。

此活动一公布，社区各界反响很大。首先，赞助石龙高考状元活动，置业者认识到聚华庭是一个高素质居住社区，增加置业者的购房行动信心。活动公布三天后，吸引了20余名旧城区目标客户马上落定，电视台、《石龙周刊》等新闻媒体纷纷作热点追踪报道，东莞市房协即刻在房协网络上免费推介聚豪华庭的典型公益做法。

2. 举办石龙东江风情摄影大赛

与京瓷光学有限公司共同举办。荣获前十名的将获得雅西卡牌照相机。此次摄影大赛将石龙过去与现在的重大变化用照片形式表达出来，特别是新城区这几年的发展变化。既反映了新旧滨江生活变化历程，体现石龙人的奋斗精神；又展现了新城区的人居环境，同时彰显出聚华庭无可替代的地理位置。活动举办当日就吸引了许多消费者前售楼部咨询、落定。项目组将所有获奖照片放大，精心布置在通向样板房的看楼通道中。获奖照片充满人情味，给看样板房的客户留下深刻印象。

3. 中秋赏月晚会

在嘉宏实业有限公司的组织下，300多位聚豪华庭业主在金沙公园水景区举行了中秋赏月晚会。该晚会以一场热辣的外国风情舞——肚皮舞火热开场。此次活动石龙电视台进行现场报道。

15.6.3 活动现场创意包装

在公关活动现场，要做到“四到位”的创意包装，具体要点是：

1. 主题创意包装到位

目前，房地产项目均将公关活动看作一种即时见效的营销战术，导致各商场、步行街、公园、广场等公关活动层出不穷、又多又滥，使消费者眼花缭乱，逐渐对现场活动失去兴趣。要想在众多的公关活动中脱颖而出，迅速引起消费者的关注，必须在活动主题上下功夫，力争符合“两新四性”原则。

（1）两新方针：新主题、新生活。只要主题新，有独一无二的差异，只要可以准确将信息与活动传播公众，哪怕破坏一些常规也未尝不可。

（2）四性原则：实惠性、公益性、娱乐性、新闻时事性。

要有实质性纯粹促销（折价、赠送类）活动，提醒消费者自身相关的需求与利益，让消费者吃下定心丸，感到有利可图。

公益性是指一定要通过现场慈善性、服务性活动扭转公众对项目原有的不良印象与误解，树立良好形象。

现场活动包装要为公众（包括儿童）提供益智游戏或精彩轻松的节目活动，如小丑、喜剧表演等。

现场创意包装必须通过新闻传播才能持久影响。如有的楼盘现场就策划模特人体彩绘比赛或人体艺术摄影等极具社会新闻价值的活动。

2. 前期宣传造势到位

现场活动的开展，目的是让更多人了解、认知项目或企业，甚至直接产生行动——购买房子，达到公关活动的宣传和销售目的。

现场光有创意的形象包装与展示，如果没有人气来支撑，再好的活动也是徒劳。因此，必须要将活动信息最大面积地散播出去，这需要广告的立体宣传配合，需要广告媒体，如电视、广播、报贴、海报、户外广告、网络等的介入，制造效果与召集人气。大型商业项目公关活动操作，前期宣传造势更是要舍得广告投入，煽动商业气氛。

3. 活动现场行政支持到位

所有的公关（尤其户外）活动，均要与众多的政府部门打交道。活动能否顺利举行与政府支持的关系很大，在现场活动实施过程中，如果一个部门出现卡壳，即可能导致整个活动瘫痪或流产。活动现场政府支持非常重要，如交警部门的交通疏导、活动现场的治安维护、水电（照明）设备提供等，均需要与现场政府主管部门建立良好关系，工作做到面前，以防患于未然，才能保证活动正常进行。

4. 活动现场组织分工到位

一般现场活动的执行，分前期准备、活动执行、活动后监控三个阶段，环环相扣，一个细节的不慎或疏忽即会将活动全盘砸锅，必须要求活动执行人员有高度的责任心和强烈协作性，要求活动指挥具有大局观和周密细致的“小心眼”，在进行分工时做到环环紧扣，事事有人，人人有责，分工明确。活动现场舞台、背景板、音响、模特、礼仪、空飘、丝印、花篮、演艺人员等要素必须重点组织好、布置好、协调好、监控好。

【策划案例：北京苹果二十二院街活动现场创意包装分析】

北京苹果二十二院街结合项目推广主题，其活动现场包装充分体现现场的文化创意，切实体现“四到位”策略，为项目赢得很高的品牌效益。

一日，一条看似普通的求购广告出现在深圳的各大报纸上——“‘求购苹果’。因在深圳市举办的第五届中国住交会上，参展项目‘苹果社区’展示的装置作品——‘能吃的房子’现场，苹果的消耗量过大，现急需补充苹果，请手中有苹果的商家速与‘苹果社区’开发商今典集团联系”。（提示：前期宣传造势到位）

随着这条广告的登出，一时间在深圳掀起了一股“苹果热”，房地产盛会竟然造成了深圳苹果“脱销”，而“肇事者”就是北京“苹果社区”所展示的那座“能吃的房子”。

在深圳住交会馆前主入口广场，“能吃的房子”是用铁丝网构成的6m高的建筑，中空的墙壁里装满了苹果，有几个开口可以拿取墙里的苹果。随着参观者的取用，墙里的苹果逐渐减少，整个房子随之发生极富趣味性的变化。（提示：主题创意现场包装到位）

“能吃的房子”的出现，在住交会上引起了轰动效应，参观者奔走相告，蜂拥而至。甚至还没有开放参观，就有好奇的观众爬墙而上，一窥苹果的究竟。住交会组委会有关部门不得不特意组织保安在现场维持秩序，不到一天的时间，“苹果墙”里的苹果就被一抢而空，苹果的香味弥漫在整个住交会现场引。（提示：活动现场政府支持到位）

北京苹果二十二院街策划的“能吃的房子”，曾经在北京地坛“观念地产”展上引起过一轮轰动，4天时间消耗了6吨苹果。这次“能吃的房子”亮相深圳，从北京运来8吨苹果。谁知在住交会上，苹果的受欢迎程度如此之高，以至于供不应求，8吨苹果只支撑了一天半，接着又在深圳市场采购了3吨，还不能满足参观者对苹果的需求，而供应商说苹果已经断货。因此，苹果社区马上在深圳的报纸上登出广告，紧急求购苹果。（提示：现场组织分工到位）

大量参观者慕“苹果之名”而来，“苹果”迅速成为本次住交会最大的热点之一。与“能吃的房子”一起亮相住交会，连锁引起广泛关注的“苹果二十二院街”，也是这一观念的精彩诠释。苹果社区的开发商今典集团董事长张宝全先生说，“能吃的房子”传达的是这样一种观念——“房子是有生命的、会生长的、可以新陈代谢的、能够适应不同时期不同人的需求的”。

正是这种“独一无二”的现场创意包装，体现北京苹果二十二院街这种深厚的自然、人文底蕴和现代理念，以及对体验时代商业建筑形态的深刻研究，使得苹果二十二院街成为本次住交会上最引人注目的项目，并获得“中国优秀楼盘创新奖”。

15.7　房地产销售费用与推广效果

15.7.1　销售费用预算

1. 费用组成

销售推广费用预算依据具体房地产项目进行灵活规划，一般大约可以占项目总销售额的

1.5%～10%。项目的营销，从策划、组织到推广实施，费用由以下几个方面组成。

（1）现场包装费。指项目的售楼现场包装所需的费用，包括：售楼处内外装修费、售楼处内的设备与设施、项目销售环境包装等费用。现场包装体现项目的形象与理念，务必注重创意设计与档次包装。

（2）设计、制作与印刷品费。指房地产项目在销售前应做好的一些准备工作所需的费用，包括：

设计制作售楼书（或称宣传册）；

设计制作录像介绍资料带或光盘；

设计制作展示板，通常有户型平面图、小区规划、地理位置、环境及生活配套、立面效果、项目简介、装修标准等；

设计制作整体模型和分户平面模型，通常有小区规划模型、建筑物模型、单体平面布置模型；

设计建设样板房及家具、物品布置等；

设计制作手提资料袋、宣传品、小礼品等，旨在树立发展商公众形象和扩大项目的社会影响力。

（3）媒介投放费。即广告发布费，指项目在进行市场推广时用于产品形象宣传所需的费用，包括：

发布新闻媒体广告费，包括报刊、杂志、广播、电视等；

发布路牌广告费；

制作地盘广告和地盘围墙广告费；

发布公交广告费；

展销会参展费；

通过邮寄方式发布广告的邮寄费；

通过公众信息网络发布广告的入网费、租金等。

（4）公关活动费。指项目用于宣传产品形象，树立企业及楼盘美誉度与知名度所需的活动费用，如房地产项目的产品推介会、项目的内部认购会、开盘仪式、工程进度上的节点活动（项目动工、封顶、外立面落成）、样板间开放活动、各种节日的促销活动、小区入住活动、客户嘉年华会、项目阶段性社区活动等费用开支。包括行政开支（人工报酬、管理费用、设施材料费用）和项目开支（如社会捐赠赞助费、调研费、公益活动费、场地租用费、接待费、促销活动费等）。

【策划案例：广州中强雅苑盛大开盘庆典活动预算计划】

表15-26　广州中强雅苑盛大开盘庆典活动预算费用表

项目	类别	物料/人员	规　　格	单价(元)	数量	总价(元)
现场气氛布置		包树金布	高级单面金布连装订	250	10	2500
		彩旗	单色印刷	20	50	1000
		空飘	氢气连条幅	600	8	4800
		屋檐秋波	金色,大波浪	20	50	1000

（续）

项目	类别	物料/人员	规格	单价（元）	数量	总价（元）
开盘庆典		拱门	红色 10 跨度	1500	1	1500
	舞台区	地毯	红色 1.5 米 ×100 米	10	150	1500
		主题背景	5 米 ×8 米桁架连喷画	100/平方米	40	4000
		舞台	连红地毯金布裙边 8 米 ×5 米	30/平方米	40	1200
		领导主席台、高级椅子连套	1.5 米 ×2 米桌子 4 张 椅子 8 张	300	1	300
		观众椅子	红色折椅	8	150	1200
		音响	专业舞台音响	1300	1	1300
		启动水晶台		1000	1	1000
		水晶讲台		1000	1	1000
	鲜花装饰系统	西式花篮		300	18	5400
		主席台鲜花		150	4	600
	签到区	签到处背景	3 米 ×2 米　桁架连喷画	100/平方米	6	600
		襟花	贵宾 嘉宾 迎宾等	10	20	200
		签到本、笔		300	1	300
		签到处桌	1.5 米 ×2 米桌子	80	1	80
	其他	电动礼炮		150	6	900
		醒狮	佛山黄飞鸿	1500	6	9000
		主持人	专业主持	5000	1	5000
		礼仪	专业礼仪	250	8	2000
		礼仪服装	紫红晚装	250	8	2000
		工作人员		150	8	1200
		餐饮费用		1000		1000
合计（元）						51390
运输费						3000
执行费						3000
税费 8.5%						10120
共计（元）						67510

（5）其他费用。销售管理费，包括：销售人员工资及福利费；地盘专车的费用；租用场地（房屋）费；工作人员差旅费；业务应酬费用等。

中介服务费：委托中介机构进行市场调查、价格评估、营销策划、销售代理等所需支付的费用。

2. 编制预算

营销推广编制预算流程一般分两步走：制定编制方法、确定内容构成与比例。

制定编制方法。营销推广费用的多少直接取决于其为项目带来的实际收益及品牌影响力。由于预期目的存在难以预料的费用代价，营销推广费用在制定过程中有很大的区别。国内企业通常采用的常见的营销推广费用预算编制方法有：

表 15-27 营销推广预算项目

项　目	内　容
策划顾问费	策划顾问费用
销售代理费	销售代理费用
现场包装费	销售部设计包装与设备、销售部环境包装
广告调查费用	前期市场调研、广告效果调查、咨询费用、媒介调查费用
公共关系活动（SP 活动）	样板房、照相、制板、印刷、录像、文案创作、美术设计、广告礼品等直接制作费用
媒体费用	购买报纸和杂志版面、电视和电台播出和时段、租用户外看板等其他媒体的费用
直效营销	直接营销费用
其他相关费用	机动费用

1）比率法。公式：营销推广预算额度 = 本年度预期销售额或利润额 × 一定比率（%）。

项目以一个特定的销售量或销售额（现行的或预测的）的百分比来安排项目的营销推广费用，即销售百分比法，是最为常用的方法。这种方法意味着营销推广预算可以因企业承担能力的差异而变动，鼓励项目以促销成本、销售价格和单位利润的关系为先决条件进行思考。因为这种方法把销售额看成营销推广的动力原因，缺乏一定的逻辑基础。

2）量力而行法。即将营销推广费设定在企业所能负担的水平上，此法简单易行，但完全忽视推广对销售量的影响，会导致推广支出超量或广告支出不足。

3）竞争对抗法。公式：营销推广预算 = 全行业营销推广费总量 × 企业目标市场占有率。

根据“派肯法则”的说法，新品牌必须要比既存知名竞争品牌的年度广告费多花 1.5 ~ 2 倍，才能达成相同的市场占有率。事实上，企业的声誉、资源、机会和目标有很大的不同，因此将竞争项目的预算作为标准并不科学。

4）追随法。公式：营销推广预算 = 竞争项目营销推广费之和 ÷ 竞争项目总个数。

即留意所有竞争者的推广活动并估计其推广费用，依所有竞争项目平均水平来制定预算。

5）目标任务法。要求项目依据明确的特定目标，确定达到这一目标必须完成的任务，以及估计完成这些任务所需要的费用，从而决定营销推广预算。适合于新项目的营销推广费预算。此方法是衡量广告目标是否已经实现的方法。

目标任务法目前较为合乎逻辑，具体实施过程如图 15-2 所示。

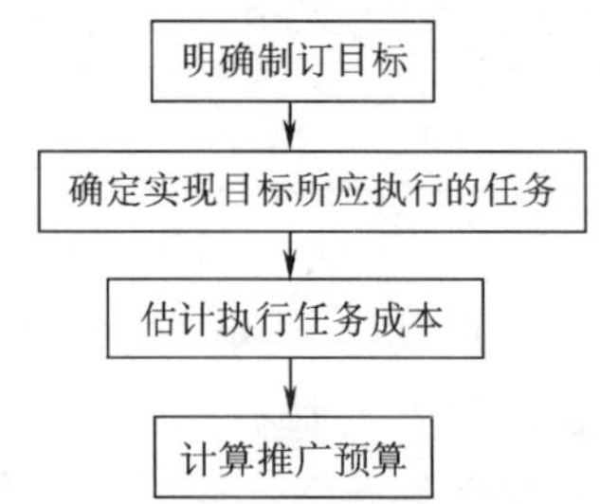

图 15-2　目标任务实施过程图

6）综合法。是综合采用两种或两种以上的方法来确定营销推广的预算方法。

7）利润规划法。公式：营销推广预算 = 同类项目营销推广投放份额 × 市场占有率。

将本项目在同类项目中的营销推广投放份额与本项目的预期市场份额相匹配，从而决定自己的营销推广预算、确定项目营销推广费构成及比例。

3. 项目确定营销推广预算编制方法后，依据营销推广预算总额，再对营销推广费用按比例进行细化分配，见表 15-28。

表 15-28　营销推广预算分配表

项　目	开支内容	费　用	执行时间
广告调研费			
媒介投放费	电视 广播 报纸 杂志 网络 其他		
设计制作费	印刷费 摄制费 工程费 其他		
现场包装费			
策划顾问费			
销售代理费用			
促销费			
公关费	新闻发布会		
机动费用			
合计			

15.7.2　推广效果的监控

营销推广策略实施过程中，必须进行监控，项目营销推广策略实施推广策略实施结束后，必须对营销推陈效果进行检讨。营销推广活动所包括销售策划、广告策划和形象策划的内容，都必须受监控与检讨。

1. 营销推广效果的监控

营销推广效果监控形式一般有两种：

（1）进行性调整。法国著名的管理学家约尔指出："调整就是一个项目所发生的每一件事是否符合规定的计划，已发布的指令与所制定的原则是否正确。其目的是要指出计划实施过程中所出现的缺点和错误，以便改正和避免错误再犯。对人、事、活动都要控制"。进行性调整就是基于这种原则，对项目在策略执行过程中随时监督、随时反馈、随时纠正，处于一种良性循环反馈状态，进行性调整流程如图 15-3 所示。

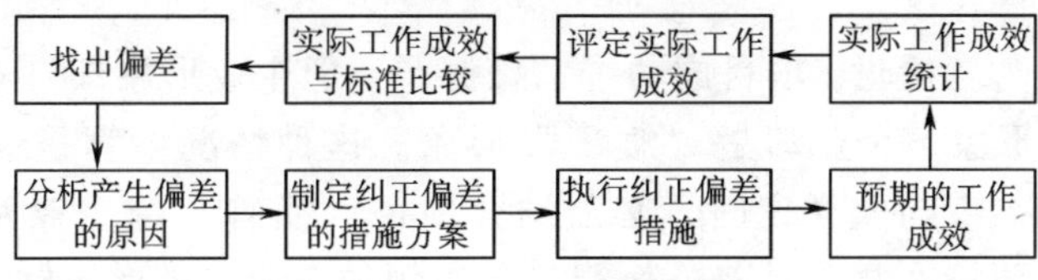

图 15-3　推广监控效果流程图

（2）结论性修正。营销推广效果结论性修正根据内容的不同可以分为四种类型：年度计划修正、广告策略修正、销售策略修正和财务策略修正。

1）年度计划修正的目的是确保企业达到年度计划规定的销售额、利润指标及其他指标。

采取一系列行动使实际营销推广工作与原计划尽可能一致，在控制过程中通过不断评审和信息反馈，对营销推广战略做出修正，具有整体性和全局性的特点，具体可以运用市场营销审计（包含营销环境审计、营销战略审计、系统审计、盈利能力和营销职能审计六个方面）等工具进行修正。将其引申后可以发展出季度计划修正、月度计划修正等。

2）广告策略修正，其目的在于提高人员销售、广告、调研、促销等各项活动的效率与广告策略的有效性，降低营销成本，提高广告精确攻击水平。

3）销售策略修正实质是检讨销售计划的执行情况。其中利用销售额分析、市场占有率分析、销售额/费用分析和顾客满意度跟踪等四种工具来修正。

4）财务策略修正是利用成本控制与赢利能力控制来修正营销推广效果。其主要工具有营销成本控制监控手段、评估指标、修正结论。

2. 营销推广效果的检讨

衡量营销推广效果的指标主要有：销售收入、项目利润、市场占有率、品牌形象与企业形象、知名度、美誉度。

（1）销售收入检讨。俗话说：房地产项目操盘，不看广告看成效。销售收入是硬指标。检讨效果时要进行销售分析，包括销售差异分析与微观分析，即在销售收入中不同因素所起的贡献程度。比如，第一季度与第二季度同样销售额都为5000万元，但第一季度的销售额可能是由于销售房子数量较大的原因，而第二季度可能是由于销售价格提价的原因，要对此进行分析总结。

（2）项目利润检讨。项目利润是衡量项目效果的最好财务检讨指标，是项目盈利能力控制水平的具体体现。营销推广越来越寻求提高利润的策略，而不是仅仅局限于扩大销售量与销售额的策略！营销推广实施效果在某种程度上，仅凭项目利润就基本可以断定项目的成功与否。对项目阶段性利润要分析。例如：项目一期与二期同样的销售额，但一期利润高于二期利润，要进行分析，相对于二期，究竟是一期营销推广费用节省的原因还是一期价格节点提幅过大的原因？等等。

（3）市场占有率检讨。项目的销售额不能表明企业相对于竞争者的绩效如何。因此，项目策划者必须追踪通过项目的运作给企业带来的市场份额。如果企业市场份额增加了，就意味着企业比竞争者跑得快；如果市场份额下降了，则意味着企业的脚步慢于竞争者。在这方面，往往涉及项目运作的速度与现金流转速度，检讨效果时，要考虑在与竞争者同等条件下运作同一体量项目的速度。

（4）知名度与美誉度检讨。项目成功了，赚钱了，但企业形象却打不响、树不起。项目（品牌）是“巨人”形象，企业却是“矮子”形象。这种情况不算是最佳营销推广实施效果。因此，要检讨知名度与美誉度时，必须结合项目（品牌）与企业两者综合考虑。如果只达到一种目的，则要检查是不是忽略执行环节？例如企业美誉度不够，是不是因为公关活动搞得少？

15.8　房地产销售策划应用案例

【应用案例：山东滨州“中海城”营销策划报告】

15.8.1　滨州市房地产市场分析

1. 滨州市房地产总体市场现状

滨州是一个新兴起的城市，撤地设市十年来，滨州社会经济等各项事业都呈现出前所未有的新局面。国民经济快速、健康、持续发展，GDP 增长速度连续位居全省前列，地方财政收入突破百亿元，城区建成区面积迅速扩大，城区城市基础设施基本完善，城市化水平快速提高，房地产的发展水平也逐渐跟上了时代的脚步。

随着国家黄河三角洲及山东半岛蓝色经济区开发战略的实施，滨州作为主战场，将迎来新的发展机遇，产业的聚集，有可能带动滨州率先崛起，支撑滨州房地产业的新一轮跟进发展。

回顾滨州过去以及现在的房地产发展状况，对未来房地产发展有较大影响的，主要有以下几点。

（1）单位集资建房叫停又恢复。

集资建房在滨州，走过三个阶段，初期为鼓励开发西区，政府带头鼓励有能力的单位，在西区集资建房，达到一定规模后，为鼓励房地产行业市场化发展，又限制单位集资建房，单位集资建房转入暗操作；现在政府考虑单位的利益“平衡”，也有近期国家政策调整因素，政府机关集资建房又变成常态化。

在滨州单位集资建房，实际上就是成本价团购，降低成本的措施在于，单位出人组织管理，省管理费、销售费用；职工缴纳首付款、贷款，省财务费用；以为职工办事为由，可利用单位的优势，争取优惠政策，少缴各种规费；个别单位还可以把小区配套的费用摊到其他项目上。

集资建房成了单位领导给职工谋取福利的最好途径，也是职工评价领导政绩的指标，已经成为一种惯例。

目前滨州新区在建的和正在规划建设的集资建房规模超过 100 万平方米，对近期的滨州房地产影响比较大。集资建房综合品质越来越高，成本价进入市场，给开发商的竞争带来很大压力。

（2）物业管理服务水平成为评价楼盘品质的新尺度。

政府对新开发的小区要求有完善的物业管理服务，但物业管理服务市场还处于培育阶段，竞争使收费比较低，普通住宅一般不超过 0.5 元/平方米，多数楼盘规模又小，每个小区往往都存在诸多因素，导致业主缴费不及时甚至拒交物业费的情况，因此，物业管理提供服务非常有限，基本还是维持传统的两大项服务：保安和卫生。

激烈的竞争环境，使城区范围内新建楼盘的建造水准提高，基本处于同一水平，物业管理服务水平则成为未来区分小区品质高低的新尺度。

（3）房地产产品形态日益丰富，增加市场的新机会。

滨州城区、新区发展初期，土地利用指标相对宽松，但投资能力不足，改善居住条件，是清一色的多层住宅，差别在户型大小和楼层高低。政府为加速城市规模的膨胀，制定了大空间、大绿地的规划思路，房地产项目容积率控制在1.0以下，更促成这一局面。

近两年，随着国家土地利用政策的收紧，新的环境下，也是为了提高土地的出让价格，城区出让土地的容积率要求提到3.0，导致高层、小高层住宅成了城区房地产市场供应的主流产品。

土地利用政策的颠覆性调整，原有的规划条件不再适用，市场竞争加剧，各种新的产品形态必然会随着出现，成为市场新的机会。

（4）存量及在建房屋户型面积偏大。

三个主要因素，导致滨州存量和在建的住宅户型总体偏大，一是滨州的历史文化渊源，人们喜欢大房子。二是第一波房改单位集资建房滞后于其他城市，建房政策宽松，后续没有真正停止过集资建房。三是房价长时间处于低价位。

现在市场房价上涨，户型大导致单套房总价位普遍偏高，而目前最需要解决居住问题阶层的购买能力普遍不足，不管是一手房交易还是二手房交易，都是矛盾的。开发商如何在这种市场及文化背景下运作房地产项目，也是非常矛盾的。

（5）房地产市场以刚性需求为主。

滨州房地产市场的存量房屋，主要是单位集资建房建设的，近两年才主要由房地产开发商主导开发，每个项目销售过程或者入住过程都是比较漫长，客户多是以改善自身居住条件为目的，或者为子女准备房子，或者进城工作、养老等居住需要，虽然有投资的成分，也有期间交易的，但不应属于职业投机炒房行为。多是因为房地产开发项目品质不断提高，带来的消费理念的调整引起的，也是刚性需求的一种。

2. 滨州市房地产市场区域板块分析

老城区：东起205国道，南至南外环路，西到渤海十一路，北至220国道。

新城区：东起渤海十一路，南至南外环路，西到渤海十八路，北至220国道。

经济开发区：东起渤海十八路，南至南外环路，西到西外环路，北至220国道。

各版块优劣势对比见表15-29。

表15-29　各版块优劣势功能对比

区域	优　　势	劣　　势
老城区	•路网发达，公交便利 •滨州核心商业中心 •工行、建行、齐鲁证券等金融机构齐全，老北镇中学、市三中、市一小等教育系统完善，滨州医学院附属医院、人民医院等医疗配套完善 •市政配套齐全	•交通相对拥挤 •车流噪音大 •绿化环境一般 •空气质量较差 •人流复杂，治安情况一般 •受市政规划影响，原城区政务中心西移，导致居住群落向西转移，尤其是机关单位领导层
新城区	•路网发达，交通畅通 •北镇中学等名校驻地 •滨州政务中心所在地，治安较好 •空气质量好，绿化环境佳	•公交线路不完善 •社区商业为主，生活配套设施缺乏 •缺乏商业网点
开发区	•开发区与新区相邻，规划要求一致，只是处于规划建设阶段，需要几年的时间完善 •高速路入口、新长途汽车总站在此区，对外交流方便	•公交线路不完善 •商业、饮食业比较缺乏 •人流复杂，治安情况一般 •教育、医疗、市政配套等不完善

滨州市经济开发区、新区属于市级新建城区，经过近十年的规划建设，现在基本成型，环境优美，交通便利，建设了很多优质高档楼盘，目前滨州的优质客户大多居住于此区域。

滨城区区政部门向滨州市东城搬迁，滨城区全力向东发展，因此东城区环境开始改善，楼盘品质也大幅度提升，区位优势也将引领老城区比较优质客户的迁移。

滨州市政府向西发展和滨城区政府向东迁移，使得老城区的居住人群以进城务工的年轻人为主，以购买小户型、二手房或者租房为主。

3. 房地产投资分析

滨州市02年以前房地产尚处于空白阶段，总投资额不足2亿元，房地产发展起步晚。从近几年的发展趋势来看，整个发展速度较快，特别是03年来，投资额大幅度增长。历经几年发展过程，滨州房地产开始步入快速发展轨道，至2011年投资额达80亿元左右，呈现跨越式发展。

受国家调控政策的影响，2011年房地产市场投资趋势减小，房源投放量大，销售缓慢，价格呈下跌趋势。

4. 住宅土地供应量及成交情况

2011年滨州土地供应量为32宗，最高的住宅价格为200万/亩，最高的商业价格为500万/亩，受国家政策控制的影响土地数量在减少。

5. 房地产需求分析

滨州市户籍人口366.15万人，其中滨城区总人口63万，人口增长以自然增长为主，人口总量变化不明显，滨州市家庭成员规模以3.0人左右浮动，2002年以来，家庭户均人口规模呈下降之势，随着社会的进步与生活水平的提高，一些大的家庭逐渐分离，三代同室逐渐向两代同室转变。

滨州市经济总量和财政收入近几年迅速发展提高，滨州市外来流动人口整体上升趋势，外来常住人口（跨市流入且离开其户口所在地时间超过半年的外来人口）为33.58万人。随着国家“黄、蓝大开发战略”的实施，包括魏桥高端铝业选址滨州开发区在内，大项目入驻滨州，滨州市经济发展将有新的加速动力，支持城市功能的进一步完善，人口集聚效应和带动效应也因此显现，外来人口规模将持续增大，主要以省内和周边县区的流动人口为主力军，这一部分流动人口将带动新增的刚性购房需求。

新增需求将呈现两极化的房地产市场格局，即滨州市现有和新进滨州的富裕阶层可利用城市发展初期的机会，相对低价位取得高品质的豪宅房屋，享受高品位的居住生活。而低收入阶层和进城谋生的人们，也可利用新兴城市初期的低准入门槛机会，改变自己的生存空间，改善生存环境，由此，将促进滨州市高端市场、低价位商品房市场、二手房市场的发展。

6. 经济发展与房产市场分析结论

（1）房地产开发业将保持平稳健康发展态势。

随着滨州市城市化建设步伐的加快和居民收入的不断提高，居民消费需求将会与日俱增，住房更新换代步伐将明显加快，加之滨州市企业规模和实力不断增强和安居工程的实施、房地产管理制度的不断完善、棚户区改造力度加大，必将为滨州市的房地产开发业注入新的活力。

（2）房地产建设的品质将不断攀升，随着滨州市A级住宅性能认定工作的不断深入，及争创国家康居示范工程工作的有力开展，滨州市房地产业将向规模化、品质化、集约化、节能化、人本化、科技化、宜居化的方向逐步迈进。将由原来满足居住的毛坯房向品质化的全装房转变。

（3）市场需求将持续拉动开发投资。

滨州作为黄河三角洲高效生态经济区的主战场，加快城市化进程发展已是关键。2009年的市政府城镇化工作会议提出要在2012年实现全市城市化率50%的目标，新增城镇人口近50万，这将有效的拓宽房地产的开发市场空间，从而拉动滨州市房地产开发投资的持续增长。

（4）商品房价格将保持合理稳定。

滨州的房价明显低于同等城市价位，受国家控制政策的影响，销售速度放缓，但受物价上涨等因素的影响，房地产价格不会出现大的波动，将会保持在合理稳定的范围内。

（5）住房供应结构将更加趋于合理。

随着国家宏观政策的进一步落实，以及国家关于调整住房供应结构的各项措施的实施，中小户型住房所占比例将会继续上升，住房供应结构将会更加合理，房地产市场将会更加健康快速发展。

（6）房地产企业规模不断增加、实力不断增强。

高素质的房地产企业队伍是滨州市房地产业发展的基础，通过积极引导支持本地企业的兼并重组，促进企业的做大做强，随着市政府招商引资力度的加大，实力雄厚的外地房地产企业已陆续进入滨州开发，促进本地优势企业壮大规模。

15.8.2　项目所在区域内住宅市场分析

1. 普通住宅

随着滨州市经济的规模发展，房地产开发土地由初期的资源优势，变成市场紧缺资源，土地价格也由几万元、几十万元一亩，上涨到现在的200多万一亩；土地的开发强度从容积率不高于1.0提高到不高于3.0，市区内建筑形态以高层建筑为主。

2011年的房价受国家政策的影响为实现年初破“4望5”的预期，房价维持在3300～3800元/平方米之间。

滨州市属于相对落后的三线或四线城市，人口结构相对稳定，城市化新增人口规模小，购买力不强，制约了普通住宅房价上涨的梯度。

2. 别墅

滨州市是新设的地级市，缺少历史文化沉淀，也没有现代大工业项目支撑，早期基本没有别墅开发的概念。别墅开发是近几年城市环境的改善，部分先富起来的人们的需求推动的。早期因土地便宜，建设标准低，别墅产品没有和普通住宅产品拉开价格档次，后又赶上国家政策控制，导致别墅产品开发量少，不成规模。

滨州经济快速发展，现在富起来的人多了，品位也提高了，为地产高端项目运作奠定了市场基础，虽然国家禁止别墅土地供应，政府规划审批也非常严格，需求的导向，使别墅项目能通过各种名目出现。面对高端客户的需求，别墅产品的外立面、环境打造、内部结构、配置等，越来越精细化、人性化，别墅产品品质紧跟时代的节奏，别墅的稀缺性价值和彰显身份的价值越来越被认同，相对于普通住宅，别墅近几年价格上升幅度比较大。

15.8.3 项目周边环境分析

1. 总体概况

中海城项目所处位置，属于滨州市经济开发区，城市主景区中海高尔夫公园在正前方，适合开发居住区。

区域有严格的整体规划，经过几年的开发建设，城市道路、绿化、管网等配套逐步完善，周边的旧村庄正在组织改造。目前，该区域开发条件比较好，大型市政工程逐渐投入使用，楼盘数量大量增加，是滨州市房地产优质项目聚集地。

新取得地块，属于新城区的中心位置，是滨州政务中心所在地，是成熟区域的稀缺资源。

2. 区域内配套

该区域近邻的滨州新城区，行政配套丰富，滨州市市政府、公路局、税务局、建设局等等各大行政单位齐聚于此；教育资源同样丰富，滨州市实验学校、滨州是技术学院、职业学院、滨州学院、北镇中学等分布于内；商业氛围正在逐步改善，中海银座店、滨州大饭店已顺利开业，滨州市世贸中心正在建设，华商国际商场也在招商启动中。

新城区与开发区的环境极其优美，中海风景区是市政府着力打造的市政工程，已成为滨州的一大旅游景点。奥体中心已投入使用，文化中心正在建设，预计 2012 年可投入使用。

该区域交通发达，距离滨博高速仅 10 分钟路程，滨州市新车站已搬迁至西区，极大了方便了人员出行。

3. 区域未来发展规划

中海城项目外围环境及配套学校等城市基础设施，政府继续高标准打造，包括黄河十二路打造生态廊道、西部大型湿地公园、周边村庄搬迁改造、中海小学等，正在落实之中，完善定型还需几年的时间。

4. 小结

中海片区的有优越的环境优势、便利的行政配套优势，该区域房地产市场发展潜力很大，将成为未来城市居住核心之一。从目前开发的实际状况看，中海片区正在逐步完善成熟，随着未来区域多个项目的启动和开发、入住，势必炒热区域，吸引大量潜在客户。从长期来看，随着政府投入的加大以及执行力的进一步深入，日后该区域的楼盘必然会因土地的稀缺、配套的完善而升值。但同样更多项目的开发入住，会带来更加激烈竞争。

15.8.4 竞争项目分析

1. 产品特点

(1) 建筑规模

中海城及新取得地块，总体都处于新区或开发区的中心区位，各种规模的房地产项目很多，代表了滨州房地产的水平，已建成或正在规划建设的主要楼盘简况见表 15-30。

(2) 建筑类型。

已竣工入住的楼盘，主要是多层住宅，来源以单位集资建房为主，市场开发为辅。

正在销售或规划建设的楼盘，市区内，以高层、小高层为主，少见多层，户型大、小都有，大户型多。市区边缘地带，旧村改造用房主导，以多层为主，少见高层。

表 15-30　滨州已建或在建房地产基本情况表

序号	楼盘名称	位　　置	销售均价（元/平方米）	物业	建筑面积	特点
1	望海花园	渤海十八路、黄河十二路	4000	小高层	30 万平方米	买房后能就读重点学校
2	田园牧歌	渤海十一路、黄河八路	4200	高层	18 万平方米	定位高，配套好
3	领域尚城	渤海十九路、黄河五路	3500	高层	22 万平方米	紧邻魏桥集团
4	信达国际花园	渤海二十路、黄河二路	3600	多层	65 万平方米	汽车总站招商项目
5	城市枫景	渤海十八路、黄河二路	3800	小高层		楼盘较小
6	国际大厦	渤海十六路、黄河五路	4400	高层（公寓）	7 万平方米	户型小好销，大户型抗性大
7	金御园	渤海十六路、黄河二路	未售	高层、小高层	45 万平方米	在建
8	德坤华府	渤海十二路、黄河五路	4200	高层	27 万平方米	价格过高，销售不好
9	中海金都别墅	中海北路，中海湖七星岛宾馆西侧	8500	别墅	13.9 万平方米	位置不正，销售不好
10	祥泰新河湾	新立河东路、黄河八路	6200	别墅	7 万平方米	位置较好
11	渤海城邦	黄河十三路渤海十八路	3800	洋房、别墅	30 万平方米	2011 年销售较好，销售额在 9000 万左右，但回款慢
12	香溪翠庭	长江二路渤海十九	7000～8000	联排别墅	6 万平方米	尚未开盘，已积累意向客户 45 名左右
13	幸福景城	渤海十八路、长江五路	6600	双拼、叠拼（四联排）	30 万平方米	5 月份推出房源 18 套，双拼剩余不多。
14	美信海公馆	黄河八路渤海十八路	起价 3500	高层、别墅	35 万平方米	2012 年年初开盘，销售 140 套

新开发的产品，品种类型丰富，能与发达城市的一般水平看齐，包括：退台洋房、多层电梯公寓，高层大户型（500 平方米）平层公寓，复式公寓，各类别墅等，高层小区地下车位配比超过 1∶1。

（3）容积率。

从 2010 年开始，政府为提高土地的价格，出让土地基本容积率都在 2.0 以上，规定容积率低于 1.0 的土地不予供应。

（4）绿化率。

目前市场上，住宅项目绿化率均在40%左右。

(5) 户型分析。

滨州人的居住习惯，属北方生活习惯，考虑到气候干燥，风多，空气粉尘（粒度很细的黄河土）含量高，现在流行对住房结构的特别要求。

高档住宅：

1）主卧：朝阳，带有采光卫生间、衣帽间。

2）辅卧：无特别要求。

3）客厅：朝阳、窗户落地；面宽要宽，不能有生活阳台功能。

4）餐厅：没有特别要求。

5）厨房：单独设置，避免与客厅南北相连。

6）公共洗手间：面积要具备功能分区条件。

7）外立面：阳台、露台要求封闭，兼顾晾衣服功能。

8）其他：喜欢大空间，包括层高，门窗密封性要好。

普通住宅：

功能尽量齐全，南北必需通透。

(6) 社区配套。

停车场、健身器材、运动场、会所、幼儿园等。

(7) 装修情况。

交房以毛坯房为主，部分有卫生间、厨房做简装项目。

精装修房主要是单位集资建房；位于老城区中心，个别楼盘规模比较小，以小户型为主的房子，采取精装修出售，效果比较好；大规模楼盘或大户型为主的楼盘，采取精装修销售的还没有。

水、电、气、暖一户一表，分户计量，有线、宽带市政统一安装，开户费另缴。

(8) 物业管理。

目前滨州小区物业整体水平不高，以本地物业为主，知名品牌企业少，特别是对叠拼、别墅等高档住宅的管理缺少经验，管理水平亟待提高。

(9) 地下室。

早期开发的楼盘，考虑到地下水位高，为节省成本，都以首层做储藏室或车位，现在车位不够用，争议比较大。目前城区内新开发的项目，普遍采取整体开挖，做地下车库和部分地下储藏间。

(10) 社区车位配比。

新的规划设计条件要求，车位配置要达到，户数：车位达到1:1。

(11) 小结。

滨州前期土地资源相对比较充裕，而资金紧缺，房屋建设以多层为主，户型单一，区别在于户型面积大小，以单位集资建房为多，房价比较低，整体户型设计比较大。

近两年来，政府规划控制容积率都在2.0以上，小高层、高层住宅成为市场主流，车辆的大幅增加，新开发的项目多采用整体下挖地下室满足1:1的车位规划要求。

产品类型丰富了，但受规划、户型结构、成本、房价、购房观念等综合因素的制约，如何做市场最需求的小户型房子是开发商的最大课题。

2. 客群分析

由于中海片区得天独厚的自然条件和市政配套的着力打造，该区域显示出越来越好的发展前景，靠近行政中心的楼盘以滨州市区域的中高端客群为主，而偏离行政中心的楼盘则以滨城区本地的中低端客群为主。

其群体主要是公务员、企业的中高层管理人员、私企老板、公司职员等。

其购买动机特征如下：

（1）自用住房：喜欢实用性强、性价比高的产品；要求内部配套齐全、生活便捷；关注子女教育。

（2）改善性住房：注重生活品质，要求改善居住环境与品质。

（3）投资性可分两种：纯投资客户、居住兼投资客户，看好区域发展，有保值升值需求；手中资金充裕、支付能力较强。

3. 营销分析

（1）推广分析。

该区域的推广主流仍以传统媒体为主，报纸、电视、短信、电台等，这其中报纸与短信利用率最高，由于滨州市场人员的分散性，报纸、短信能更直达的传递销售信息，而电视、电台、网络等很少触及，主要是受制于其覆盖范围的局限性。

伴随着越来越多大的房地产开发公司的入住，新的推广方式也逐步地进入滨州市场，譬如：渤海城邦的产品推介会、田园牧歌的明星代言等，在活动的初期也起到了不少的促进作用。但同时应认识到滨州市场的特殊性，作为建市刚满 10 年的新兴城市，其对外来观点的接受度值得考究。

（2）销售情况。

该区域是滨州市楼盘密度最集中的区域，在建楼盘、开售楼盘均为滨州市之最。各楼盘销售速度的快慢与楼盘的位置、价格是有必然联系的。靠近行政中心的高档楼盘，由于价位较高，面向客群较窄，总体消化速度一般。而偏离行政中心的中低档楼盘由于配套欠缺、公交未通达、生活不便利，较难吸引滨城区的中低端客群，销售速度相对缓慢。

同时受国家调控政策的影响，自 2011 年起，销售速度明显下滑，到 2012 年降至销售的冰点，很多楼盘几乎零成交。

4. 小结

（1）该区域产品同质化严重，花园洋房、联排别墅市场供应量较大，面临的市场竞争激烈。独栋别墅类产品数量较少，竞争压力小，销售较为可观。

（2）该区域户型以大户型为主，销售较为缓慢，中、小户型较少，但销售速度较快，反映出市场对产品的需求。

（3）受国家政策影响，普遍出现了销售低迷、回款速度慢的现象，各楼盘加大了宣传力度，推出了各类优惠政策，但均未涉及降价促销。

15.8.5 项目自身状况分析

1. 项目概况

（1）项目背景。

中海城项目建设用地，是滨州国际会展中心工程款置换土地，规划总用地 2300 亩，已办理土地出让手续的宗地约1000亩。

黄河二路新地块土地，规划用地约89亩，与滨州市福彩中心合作取得，是为解决会展中心工程欠款，与政府协商，通过拿地部分抵顶工程款，解决遗留问题。

（2）项目位置。

中海城项目位置：黄河十二路以北、马堡路以东。

黄河二路项目位置：黄河二路、渤海十七路交叉处。

（3）项目基本数据。

1）西地块别墅。

表15-31　西地块经济技术指标表

总占地	205亩
总建筑面积	26000平方米
独栋别墅	47栋/47户
双拼别墅	7栋/14户

2）棕榈湾西区。

表15-32　棕榈湾西区经济技术指标表

总占地	193.2亩
总建筑面积	66789平方米
140#户型户数/总面积	184户/28221平方米
180#户型户数/总面积	60户/8948平方米
联排、围合别墅户型户数/总面积	101户/28246平方米
容积率	0.68
绿地率	43.8%
建筑密度	18.6%

3）商业街。

表15-33　商业街面积一览表

单位：平方米

序号	楼号	一层面积	二层面积	三层面积	阁楼面积	总合计
1	1号	1141.98	1256.61	1256.61	827.49	4482.69
2	2号	1141.98	1256.61	1256.61	827.49	4482.69
3	3号	1189.41	1189.41	1111.67	435.52	3926.01
4	4号	1913.23	1947.04	1869.28	999.67	6729.22
5	5号	710.24	710.24	689.35	285.9	2395.73
6	6号	1141.98	1256.61	1256.61	827.49	4482.69
7	7号	3919.95	3978.2	2158.92	1274.7	11331.77
8	门楼	512	512	512	0	1536
总计		11670.77	12106.72	10111.05	5478.26	39366.8

4）黄河二路新地块。

表 15-34　黄河二路地块经济技术指标表

<table>
<tr><th colspan="2"></th><th>面积(平方米)</th><th>合计</th></tr>
<tr><td colspan="2">规划总用地面积</td><td>60000</td><td></td></tr>
<tr><td colspan="2">规划用地</td><td>35000</td><td></td></tr>
<tr><td colspan="2">居住面积</td><td>91222.1</td><td>91222.1 平方米</td></tr>
<tr><td rowspan="4">地上公建面积</td><td>商业</td><td>8340.6</td><td rowspan="4">14330.4 平方米</td></tr>
<tr><td>公寓</td><td>4117.2</td></tr>
<tr><td>酒店</td><td>2400</td></tr>
<tr><td>储藏室(架空层,物业)</td><td>2142.6</td></tr>
<tr><td rowspan="4">地下面积</td><td>地下车库</td><td>28703.8</td><td rowspan="4">44564.9 平方米</td></tr>
<tr><td>地下储藏室</td><td>11515.3</td></tr>
<tr><td>地下设备间</td><td>3385.9</td></tr>
<tr><td>酒店地下室</td><td>959.9</td></tr>
<tr><td rowspan="2">停车位数</td><td>地下停车</td><td>865</td><td rowspan="2">1000 个</td></tr>
<tr><td>地上停车</td><td>135</td></tr>
<tr><td rowspan="2">总建筑面积</td><td>地上部分</td><td>105552.5</td><td rowspan="2">150117.4 平方米</td></tr>
<tr><td>地下部分</td><td>44564.9</td></tr>
<tr><td>容积率</td><td colspan="3">3.0</td></tr>
</table>

（4）社区配套情况。

1）小区周边配套设施齐全，滨州学院、滨州市技术学院、北镇中学、实验中学、实验幼儿园、银座商城中海店、奥林匹克公园环绕四周，踞市政府约 5 分钟车程。

2）小区商业街规划以广场、超市、会所等多种商业配套，致力于国际化生活标准，为业主提供全面休闲、娱乐、购物、商务等多种服务。

3）中海城西区及西地块项目聘请广州怡景景观施工队伍专业打造，利用中国传统的古典园林工艺，让设计思想变成眼前的现实。

2. 项目现场情况

（1）工程情况。

1）中海城西地块别墅主体结构已封顶，完成部分楼栋的外立面粉刷，内部管道、线路铺设还未完成。

2）中海城西区花园洋房实现 2 栋多层封顶，6 栋小高层预计于 2012 年 3、4 月份实现封顶。

3）商业街已全部完成施工建设，景观绿化基本完成。

（2）现场包装、推广进程。

1）项目销售道具不足，售楼处展示效果不大气，特别是没有别墅样板间可供观赏，无法展示项目高端品质的内涵。（注：别墅样板间的设计已完成，拟请北京的装修公司专业水平比较高，对承接施工的条件要求比较高，认可的装修施工合同不能通过我公司评审，已拖期半年多而未动工）

2）现场可见的环境品质提升缓慢，项目主体已基本完工，但与主体结构配合展示的展示区环境建设滞后，不利于销售。（注：展示区景观施工合同，由于建造标准控制得比较低而迟迟不能与施工单位达成一致，与施工单位合同无法签署。设计是按600元/平方米做的，施工要求按300元/平方米左右控制，预计实际景观效果会与业主对高品质环境效果期待有很大落差。）

3）商业街的亮化工作在2011年基本完成，有效地提升了商业街的商业氛围，2012年需继续完善商业街的绿化、亮化等工作。

4）黄河二路新地块前期准备工作需要开始筹划，包括售楼处的设计、装修；项目周边围挡、销售资料等等。

5）加强与广告公司合作事宜，确保推广效果。

（3）媒体市场反应。

2011年开盘销售，实现销售额1.68亿元，回款额1.3亿元，良好的销售业绩表明客户对中海城棕榈湾的产品有很高的期望值，但由于现场的包装等原因迟迟未能按期实现，这种期望值在下降，关注度在减退，对项目的后期销售会产生消极影响。

3. 销售现状

（1）2011年成绩的取得得益于公司对市场态势和棕榈湾产品定位的比较准确把握；得益于中海城棕榈湾东地块项目所树立的良好社会形象；得益于客户对棕榈湾新推出产品的高品质预期的认可以及对棕榈湾高端产品未来升值前景的信心。

（2）从2011年11月份至今受国家对整个房地产市场持续打压的大环境影响，棕榈湾目前也处于冰点期，新销售近乎零成交，已成交客户补交欠款意愿低，回款压力大，甚至出现退房现象。

滨州公司2011销售现状及2012年销售计划见表15-35。

表15-35　滨州公司2011年销售现状及2012年销售计划表

房型	总房源数（套）	推出房源数（套）	已售房源数（套）	回收销售额（万元）	欠款额（万）	已开盘未售房源数（套）	未售房源房款额（万）	未开盘房源数（套）	未开盘面积（m^2）	预计估单价（元/m^2）	预估未开盘房源房额（万）	项目可回收总额（万）	2012年度任务回款额（万）	任务额与剩余房款额的比例
独栋别墅	47	24	19	7790	2523	5	2768	23	11252	10000	11252	16543	13000	66.2%
双拼别墅	14	14	4	900	289	10	2800	0	0	8000	0	3089		
联排别墅	101	30	3	449	118	24	5647	81	18067	6000	10840	16605	11000	37.2%
电梯洋房	244	92	42	1787	846	50	3376	152	21894	4000	8757	12979		
商业街	21	21	5	1527	230	16	15973	0	0	4500		15973	8500	53.2%
新地块												8000	8000	暂定
总计	427	181	73	12453	4006	105	30564	256	51213		30849	65189	32500	49.9%

15.8.6　项目SWOT分析

1. 项目SWOT分析

（1）西地块别墅产品的SWOT分析。

1）优势（S）。

① 为升级版的中海城别墅，户型面积比较大，功能设计相对合理，经过东地块的实践，可以保证小区水环境自然生态，具备做豪宅的基本条件。一期已开盘的销售成果也显示了市场对产品的高期望值。

② 已建成入住的中海城东地块别墅，建立了比较好的综合品牌形象，可信度高，为后续项目提供了采用“诚信推广”的条件。

③ 绝版的稀缺资源优势，包括：上风上水的第一居所的地段位置，后续别墅规划国家政策禁止。

2）劣势（W）。

① 滨州别墅市场不规范，不同区域都出现了别墅、类别墅、小产权别墅、新农村房等，分流了渴望接“地气”的别墅客户，也抑制了别墅价位的大幅度提升。

② 现在的滨州高端客户的资金实力及视野，已具备广泛的居住选择范围，对在滨州购买高价位豪宅的认同度还不足，观念调整也比较难。同时项目本身的产品展示不够大气，别墅样板间、项目景观绿化迟迟不能施工，严重影响了项目品质的提升，损坏了项目前期建立起来的高端形象。

③ 项目周边环境、配套，包括黄河十二路打造生态廊道、西部大型湿地公园、周边村庄搬迁改造等还在打造之中，完善定型还需几年的时间。

3）机会（O）。

① 滨州经过几年的快速发展，赶上了目前国家“黄、蓝”经济区的开发建设，城市发展有了新机遇，滨州市财政收入超百亿，部分好的公司、企业从投资阶段转到正常经营且盈利的阶段，造就出一批有钱人。

② 随着魏桥集团把高端铝业投资主战场转到滨州开发区，包括相关产业链的延伸，滨州将会有更多的高端人才集聚，各种高端的消费模式、消费需求也将随着带来，对中海城引领滨州高端消费有促进作用。

③ 国家对低密度房源的控制，使得别墅价值愈发稀缺。

4）威胁（T）。

① 外部威胁：国家调控政策的不断加剧，提高了投资置业门槛，对部分刚需客户又造成伤害，预计未来政策风险还将加剧，总体趋严。

② 市场容量：滨州外来及流动人口少，市场容量小，项目销售将面临很大压力。

（2）棕榈湾西区产品的 SWOT 分析。

1）优势（S）。

① 属于中海城高端产品的延续，设计理念秉承了建筑低密度、环境生态化、居住功能人性化的成熟高端居住理念，与西地块高档别墅产品类型搭配，多种户型的独栋别墅、双拼别墅、联体别墅、多层电梯洋房形成中海城棕榈湾高端产品系列化，可满足滨州几个层次的高端人群改善居住条件的最新需求。

② 沿街建筑，采取围合形式，突出了地块的位置特点，亦商亦住，具备较好的灵活性。

③ 滨州容积率 1 以下的居住用地原则上不再供地，本项目容积率为 0.68，也是今后城区内住宅市场难得的产品。

2）劣势（W）。

① 本项目与西地块别墅，同属高端产品系列，按客户层次在滨州其总价位将是最高的，

因此，项目本身的劣势与西地块别墅是一致的。

② 部分户型未设计车库，对于高端住宅来说，车库是必须配套的附属房，外置车库的概念不易被市场所接受。

③ 产品亮点不足，与周边楼盘同质化较为严重，竞争激烈。

3）机会（O）。

① 本项目的低密度多层电梯洋房、一楼复式带院落住宅、联体别墅，是市场上稀缺的改善居住条件的替代产品，能够满足中等购买力的需求。

② 2012 年“满足第一套住房需求”的银行政策能够有力的拉动普通住宅的销售。

4）威胁（T）。

① 是来自于我们内部，能否把高端产品的每个环节真正做好，协调一致。

（3）商业街产品的 SWOT 分析。

1）优势（S）。

① 项目是按照中海城整体规划的社区服务需求考虑的布局，欧式的建筑风格引人瞩目，与周边的中海风景区、地标性建筑、小区建筑等比较和谐。

② 本身处于滨州最高档的别墅社区，与周围的五星级滨州大饭店、政府接待中心中海酒店、会展中心、体育中心、文化中心等项目的运营有业态互补的硬件条件。

③ 位置交通便捷，周围停车空间大。

④ 周边的市政配套、环境提升的规划建设速度逐渐提速，政府也特别关注，高档的商业氛围和需求也将快速形成。

2）劣势（W）。

① 未来的两年内，小区入住人少，周边人流量也稀少，商业项目的有效辐射空间范围比较小。

② 商业街整体性强，建筑单体面积大，3 层的层数、4.5 米的层高、7.8 米的跨距都比较大，不便于分隔销售，最小的投资单元不低于 200 万元。周边是高端别墅区物业，对商业街的运营要求也是要走高端，制约了商业街招商的客户范围及业态范围。

③ 按照大型连锁超市、连锁酒店、品牌商店等选址要求，棕榈湾商业街位置目前属于陌生区域，还不符合常规商家选址的基本要求。

3）机会（O）。

① 区域乃至滨州这样整体规划的商业街，数量很少，建成后的影响力会很大。

② 在中海板块，棕榈湾商业街独树一帜，可成为区域的商业中心。

③ 区域的商业市场发展，我们有规划优势，避免形成恶性的竞争环境。

4）威胁（T）。

我们自己对商业地产的认识及运作能力不足，制定不出适当的商业街运作方案，从而限制了实现项目的利益最大化。

2. 优劣势交叉分析

为发挥优势，规避劣势，中海城棕榈湾做高端产品，满足高端客户对环境、风水、住宅品质的渴望，同时高端客户对生活配套的位置依赖度不高，可部分化解项目的劣势。

工程建设的重点是把住宅建筑产品真正做好，特别是要把样板房展示区做好、把小区景观做好，经得起客户检验。

表 15-36　优劣势交叉分析表

S——优势	W——劣势
片区价值:经济开发区中轴位置,已在市场上得到较高认同 品牌价值:已建成入住的中海城东地块别墅,建立了比较好的综合品牌形象,可信度高,为后续项目提供了采用"诚信推广"的条件 环境优势:绝版的稀缺资源优势,包括:上风上水的第一居所的地段位置及黄河十二路生态走廊	缺乏配套:周边生活配套设施打造尚需时日,滞后于我们的项目2011年销售 市场因素:滨州别墅市场不规范,不同区域都出现了别墅、类别墅、小产权别墅、新农村房等,分流了渴望接"地气"的别墅客户,也抑制了别墅价位的大幅度提升。 商业氛围:商业街运营存在不确定性,在一定程度上影响整个项目的运作进程。

营销推广的重点是将优势因素展示并宣传出去，把劣势淡化。

3. 核心价值推导

按照前述优劣势分析，中海城项目核心价值，一是坐拥业已形成的中海高尔夫公园良好的大环境。二是中海城已建成项目和在建项目的低密度高端住宅定位，把居住理想变成了现实。

围绕投资收益最大化的目标，要把项目的核心价值通过产品完美体现出来。急需通过展示房的设计与施工，景观的设计与施工，进行实物比对，系统思考，进一步研究、优化各种别墅和电梯洋房的使用功能与外立面，使产品尽量完美，不留遗憾，消除客户入住进行二次调改的不利影响，让客户对产品设计有一个非常人性化的感受。

15.8.7　项目自身定位

1. 定位原则

发挥中海城项目位置的环境优势，淡化生活配套劣势，建立项目高端、诚信品牌，把城市房地产陌生区域做熟，最终取得大盘收益。

2. 客群定位

（1）西地块别墅客户定位：

大型股份企业高级管理者、民营企业家、经商新富阶层等拥有相当物质财富，追求生活品质、善于享受生活的成功人士。

共同特征：

1）购房动机应是自用为主，年龄段在30～50岁之间，购房信息主要来源于公共媒体、朋友介绍。

2）购房没有区域概念，在异地拥有多处房产，注重生活品质。

3）不事张扬，注重细节，渴望宁静。

4）走南闯北，事业有成，对家乡那方水土有眷恋的情感。要寻找衣锦还乡、叶落归根的感觉。

5）“有产阶层”的朋友多，形成小圈子，喜欢与同圈层的朋友聚居，寻找归属感。

（2）棕榈湾西区客群分析

项目定位为滨州市顶级住宅项目，目标客户为滨州市中高收入人群和拥有较多财富的社会群体。

1）客户分布情况。

① 油田单位职工。

② 政府职能部门人员。

③ 中、小型私营企业业主。

④ 大型企业中高级管理人员。

⑤ 周边乡镇的富裕人群。

⑥ 医院、学校的在职人员（5 年以上工作时间）。

⑦ 银行、通讯、法律、保险、汽车、IT 行业的从业人员。

2）共同特征。

拥有 2 ~ 4 处房产，有投资类的也有休闲享受的，注重生活品位和格调，购房动机多为居住与生活的舒适性和便利性，资金实力充足，对住宅的环境、安全性和私密性要求较高。

（3）商业街客户群体特征分析。

1）核心商户圈：滨城区区域内私营业主（重点客户为小区内别墅业主）。

① 有稳定的经济收入以及租金收入，手头上有闲钱储备，有投资临街商铺的偏好性以及选取习惯。

② 期望资金回报高于银行存款、债券及购买住宅，经营方式比较灵活，对投资回报要求较高。

③ 主要看重投资物业的升值潜力，商铺的总价是影响他们购买的重要因素。

2）次核心客户圈：滨州周边县区投资客户。

① 对滨州市的商业环境非常熟悉，曾成功地进行过商铺投资，是成熟的投资者。

② 手头资金相当充裕，投资承受额度较高，希望把事业向城里转移，以扩大视野，又不离开故土已有的人脉关系。

③非常关注物业的升值潜力，商铺的单价是影响他们购买的重要因素。

3. 市场定位

（1）西地块别墅形象定位：高尚生活品质，满足滨州最高层次客户需求，中海生态水岸城市顶级别墅。

（2）棕榈湾西区形象定位：高尚生活品质，满足滨州高层次客户需求，城市顶级住宅社区。

（3）商业街形象定位：棕榈湾特色风情商业街。

突出本项目是为满足别墅区住户、高端花园洋房住户等有高端消费需求住户的奢侈消费习惯。本项目通过业态和业种的规划使商业更具主题性和特色性，满足消费者娱乐、休闲、餐饮的特色风情文化商业街。

15.8.8 推广策略

1. 推广现状分析

（1）项目现状。

中海城东地块销售，在滨州高端市场上已形成影响力，有好的口碑效应。

中海城西地块别墅项目：在 2011 年 8 月实现开盘销售，客户来源主要是中海城一期老客户带来的新客户，客带客效果明显，未做大规模的宣传活动。别墅样板间迟迟未施工装修，严重影响了产品品质的提升。

商业街项目：2011 年商业街 7 月实现开盘，做过两期报纸广告，效果不明显。2011 年的工作重点在于对商业街的亮化、绿化。客户来源多是一期别墅客户，新客户较少。

棕榈湾西区：2011 年 12 月实现开盘销售，在滨州市交通体育台做了为期一个月的电台广告，效果不明显，销售方式主要是老客户的累积及单位内部团购。

总之项目现在的推广以消化现有意向客户为主，媒体选择以短信、报纸为主，工作重点多集中在对项目本身的完善上。

（2）竞争市场现状。

2011 年上半年渤海城邦项目与深圳黑马合作，广告及文宣做得非常规范，遍布滨州城区，他们是借力中海城已有的影响力，形成的销售效果也很不错。2011 年下半年受市场低迷影响，推广宣传逐渐减少。

相邻的望海花园项目，前期推广力度比较大，知名度比较高，现在尾盘销售，宣传力度有所减弱，但由于其前期树立的项目形象，对项目位置有很强的支撑。

中海南岸美信海公馆，属于新建项目，2012 年年初开盘，宣传规模较大，电台、户外、报纸广告较多，由于其位置的优越性，销售情况较好，开盘销售 140 套。

滨州城区范围比较小，市民之间关联性强，客户取得项目信息来源更多的是直接的感受和亲人、朋友等的推荐。

（3）结论。

中海城棕榈湾现在的客户来源主要是客带客带来的新老客户群体，项目对外宣传较少，受房地产市场低迷的影响，滨州市房地产宣传在 2011 年年底是个高峰期，但效果都不明显。

2012 年中海城棕榈湾后续项目的推广一方面要立足于做好自身的项目展示，另一方面要继续完善销售推广方案，直达目标客户群体，以达到事半功倍的效果，同时节省推广费用。

2. 整体推广思路

（1）形象定位。

中海城棕榈湾滨州最高端品牌，有身份的人居住的地方。

（2）整体思路。

住宅营销关键点：让目标客户真正感受、认知我们的独栋别墅、联体别墅、电梯洋房等产品的高档品质和稀缺的价值。核心手段：售楼场所的展示，展示房的展示。关键的工作：一是售楼场所的标准化、规范化，给客户不一样的高档场所的第一印象。二是做出让目标客户有超乎想象或梦幻般感受的展示房，给客户留下“有钱”可以“颠覆”原来一般意义上的“家”的第二印象，形成换房的冲动意识。

商业街营销关键点：让经营业者认为商业街适宜经营，认知其商业潜力。核心手段：整体运筹，寻找主力店加盟带动。关键的工作：一是把商业街业态标识氛围做好；二是围绕商业街的运营要求，把各类配套设施做好；三是对已购房商业街的业主配合做好装修、入住工作。

1）品牌形象。

已建成可入住的中海城棕榈湾东地块别墅，建立了比较好的综合品牌形象，开发商的实力、诚信度、产品的环境塑造等，给很多客户留下更好的产品期待，可信度高。

中海城西地块及西区的销售加热了中海城的销售热度，引起了广大业主对高品质居住小区的期望，树立了滨州第一高档楼盘的信念。2012 年需继续完善莱钢的品牌形象，借助与团购单位的合作关系，扩大影响范围。

2）景观环境。

东地块别墅景观，经过几次反复，由于受预算资金计划的限制，为节省投资，只能以“生态”为主，实用性比较差。客户入住后需要再投资建设，系统效果不好，整体档次下降了，不具豪宅别墅的小区气质。

棕榈湾西地块别墅及西区，公司已聘请 GVL 怡境景观设计有限公司进行景观设计和监理。2012 年工作重点是能按照景观设计的造价标准，选择专业水平高的施工队伍，推进项目展示区景观施工，树一个真正高品质环境的顶级住宅区形象，做到宣传与实际的一致，彰显诚信的企业特质。

3）产品品质。

中海西地块别墅：中海城西地块别墅已实现现房开盘销售，在滨州的高端住宅市场引起了不小的影响，成为滨州市场的价格风向标。

2012 年的工作重点是落实好别墅样板间的施工工作，争取在 2 月签订样板房合同，3 月开工装修，在 7 月实现样板间的顺利展示，从而配合别墅及棕榈湾其他项目的二次开盘活动。

电梯洋房，展示房一套，位置在该排的东头顶层，180 平方米户型，顶层复式总面积 300 平方米，做出空中别墅的感觉，装修标准拟按照 3000 元/平方米。

联体别墅，展示房一套，做主卧在顶层 3 层的户型，面积 300 平方米，展示出大空间的房间效果。装修标准拟按照 3000 元/平方米。

沿街围合住宅，展示房一套，面积 330 平方米，展示出围合别墅的感觉及敞亮的房间效果。装修标准拟按照 3000 元/平方米。

4）营销动线设置：

表 15-37　营销动线表

→	→	→	→	→	→
客户邀约	客户到达现场	观看项目现场	参观展示区	达成购买意向	开盘成交
通过大量短信并配合少量报纸及户外广告，传达项目信息，邀约客户	客户到达项目售楼处现场观看：项目基本情况的告知。	根据客户的初步购买意向，带领客户现场实际看房	有选择的带领客户观看展示区不同类型的展示房。	客户达成购买意向，验资后选定房源，等级客户信息。	开盘后通过促销活动，最终达成销售，完成客户回款。

3. 推广周期

2 ~ 5 月——持续销售期、品质完善期、蓄水积累期、广告推广期。

6 ~ 10 月——二次开盘强销期。

11 ~ 12 月——全面销售期。

4. 推广策略段性细分

（1）西地块别墅。

表 15-38　西地块别墅阶段性推广策略细分

序号	时间	节点	事　项
1	2 ~ 3 月	项目展示准备	签订落实别墅样板间和景观设计施工合同，并尽快进入现场施工
2	4 ~ 6 月	蓄水引导期	配合报纸、短信等媒体，进行二期客户的累积，筛选意向客户签订协议

（续）

序号	时间	节点	事　项
3	7月	区域加热	组织样板间的对外展示、别墅剩余楼盘的开盘热销
4	8～12月	持续销售	延续前期推广及广告效应，进一步深化主题定位的基础上，充分利用口碑传播，配合营销活动，积累和消化客户，提升销售

（2）商业街。

表 15-39　商业街阶段性推广策略细分

序号	时间段	阶段	目　标	备　注
1	3～4月	完善期	对商业街进行绿化完善	
2	5～9月	推广期	持续招商、销售	
3	10月	高潮期	组织商业街开街活动	视商业街的销售及入住情况而定

（3）棕榈湾西区。

表 15-40　棕榈湾西区阶段性推广策略细分

序号	时间段	阶段	目　标	备　注
1	2～5月	持续销售期	实现开盘房源销售80%累积180平方米楼栋客户	
2	6月	开盘推广期	180户型开盘销售	主要是根据累积客户情况
3	7月	开盘推广期	加推联排别墅入市销售	

（4）黄河二路新地块。

表 15-41　黄河二路新地块阶段性推广策略细分

序号	时间段	阶段	目　标	备　注
1	4月	启动期	与经信委签订合作协议，并收取2000万定金	
2	5～9月	蓄水推广期	积累目标客户，开盘发售	准备销售资料、售楼处装修、产品推介会等
3	10月	开盘销售	实现团购合同签订和对外的开盘销售	主要是根据工程节点来进行

15.8.9　媒体计划及媒体选择建议

1. 媒体应用情况

精准化营销：西地块别墅、棕榈湾西区及商业街项目的目标客户群体集中在滨州市中高收入人群，2011年较多的选择手机短信广告进行逐步“渗透”，同时配合少量报纸广告及户外媒体，市场反应比较有效。没有采用大量的报纸广告、电视广告节省了推广费用。

2. 部分选择媒体介绍

鲁中晨报（滨州版）：鲁中晨报滨州部即《鲁中晨报·黄河三角洲》是滨州分众传媒旗下媒体，读者的平均年龄为39.35岁，“个人自费订阅”已成为该报读者第一位的读报来源：71.9%个人自费订阅，“单位集体订阅”占25.8%，“公费为个人订阅”占8.1%，在报摊和邮亭零买占17.6%，3.8%借阅阅读，3.8%在图书馆或公告报栏阅读该报。日发行量10万份。

鲁北晚报：鲁北晚报为周五报，日出版四开十六版，每周四出版视听周刊四开32版。

日发行量约6万份，市区发行约2万份，覆盖滨州市区及各县区城区机关事业单位。

滨州市交通体育台：主要是面向有车一族，针对高消费人群的定点传播，滨州市交通体育台是滨州覆盖面最广的交通频道，可以有效覆盖整个滨州市及下辖各县。

3. 2012中海城各阶段推广费用统计表

（1）中海城西地块及西区推广费用。

表15-42　中海城西地块及西区推广费用表

阶段	时间	形式	主题	数量	费用	总计	月份总计
	1月						
蓄水引导持续销售期	2月	报纸广告	中海城项目销售开启	2个半版	15000	30000	42000
		短信广告		30万条	0.04	12000	
	3月	报纸广告	中海城联排别墅激情开启	2个半版	15000	30000	3282000
		短信广告		30万条	0.04	12000	
		网络广告				30000	
		样板间装修	独栋536平方米户型			2680000	
		看房车		1	60000	60000	
		户外高炮	尊享绝版别墅主题	2	200000	400000	
		广告设计费	与广告公司合作			70000	
	4月	报纸广告	180平方米洋房、独栋别墅开始认筹	3	15000	45000	1452000
		短信广告		30万条	0.04	12000	
		网络广告	持续热销，加推认筹在即			60000	
		杂志		1	5000	5000	
		样板间装修	联体别墅300平方米			900000	
		项目围挡	高端社区为主题，凸显人性关怀			250000	
		网站制作	项目网站			90000	
		DM	项目、户型介绍	20	1000	20000	
		广告设计费				70000	
	5月	报纸广告	180平方米洋房、独栋别墅即将开盘	2	15000	30000	3254000
		样板间装修	180平方米户型样板间	1	900000	900000	
		房展会			250000	250000	
		礼品	用于开盘纪念品	2000	25	50000	
		销售物料				120000	
		围合别墅装修	选定330平方米进行设计装修			990000	
		道旗	沿黄河十二路，加热中海城片区销售			300000	
		广告设计费				70000	
		业主联谊活动	五一劳动节，体现活力小区			50000	
		高炮	滨州五县，扩大客户范围			494000	

（续）

阶段	时间	形式	主题	数量	费用	总计	月份总计
开盘热销期	6月	报纸广告	180平方米洋房盛大开幕	4	30000	120000	344000
		短信广告		60万条	0.04	24000	
		电视广告		15秒		10000	
		开盘活动	主要用于招待、气球等			100000	
	7月	报纸广告	独栋、联排开盘入市	4	30000	120000	312000
		短信广告	样板间正式开放	40万条	0.04	16000	
		电台广告		2个月	20000	40000	
		户外	开盘入市			36000	
		开盘活动	主要用于招待、气球等			100000	
持续销售期	8月	报纸广告	开盘庆贺及加推房源	2	15000	30000	116000
		杂志	最后的盛宴已开启	2	8000	16000	
		广告设计费				70000	
	9月	报纸广告	恭贺中秋，送大礼	2	30000	60000	130000
		广告设计费				70000	
	10月	报纸广告	房源全部推出	3	15000	45000	145000
		冬枣节	拉近与业主的距离			30000	
		广告设计费				70000	
	11月	报纸广告	年底促销信息	2	15000	30000	112000
		短信广告		30	0.04	12000	
		广告设计费				70000	
	12月	报纸广告	圣诞送礼	1	15000	15000	253000
			元旦贺新春（答谢）	1	15000	15000	
		答谢会	业主酒会			153000	
		广告设计费				70000	
总计							9442000

（2）中海城商业街营销推广费用。

表15-43　中海城商业街推广费用表

阶段	时间	形式	主题	数量	费用	总计	月份总计
持续销售蓄水期	1月						
	2月						
	3月	报纸广告	商业街招商	2	30000	60000	138000
		户外道旗	招商		60000	60000	
		电台广告	招商	3个月	6000	18000	
	4月	顾问费				40000	368000
		短信	震撼免租经营	50	0.04	20000	
		网站费用			8000	8000	
		商业街亮化	根据实际现场进度确定			180000	

续表

阶段	时间	形式	主题	数量	费用	总计	月份总计
持续销售蓄水期	5月	顾问费	项目形象广告			40000	121000
		报纸广告		1	15000	15000	
		杂志		2	8000	16000	
		活动公关				50000	
	6月	产品推介会	根据意向客户的数量来确定			150000	220000
		顾问费				40000	
		报纸广告	与入住的商家合作推广	2		30000	
	7月	顾问费				40000	88000
		电台广告	维持热度，主题还是以招租为主题	3个月	6000	18000	
		户外展板				30000	
	8月	顾问费				40000	130000
		业主联谊会	确认意向业主及签约			90000	
开街加热期	9月	顾问费				40000	181000
		开街仪式				73000	
		报纸广告	鸣锣开市	2	30000	60000	
		短信广告		20万	0.04	8000	
持续销售期	10～12月	报纸广告	与入住业主配合宣传	4	15000	60000	196000
		杂志		2	8000	16000	
		顾问费				120000	
总计						1322000	

（3）黄河二路新地块项目推广费用。

表15-44　黄河二路新地块推广费用表

阶段	时间	形式	主题	数量	费用	总计	月份总计
蓄水引导期	1月						
	2月						
	3月	项目围挡	品质楼盘，责任地产，拉高档次			150000	500000
		租用售楼处				200000	
		户外广告	十月激情呈现，敬请期待			100000	
		新项目奠基仪式	根据实际情况举行			50000	
	4月	报纸广告	热烈庆祝××单位入住××项目	2个整版	30000	60000	60000
	5月	售楼处装修				400000	593000
		物料准备	单页、手提袋、动画等			140000	
		参加房展	与中海城共同参展			11000	
		报纸广告	提升项目形象	2个半版	15000	30000	
		短信广告	劳动节问候	30万条	0.04	12000	

（续）

阶段	时间	形式	主题	数量	费用	总计	月份总计
蓄水引导期	6 月	电台广告	新高都项目 10 月激情呈现	3 个月	8000	24000	54000
		定制纪念品	开盘赠送	1500	20	30000	
	7、8 月	报纸广告	新高都项目已开始接受全城	2 个半版	15000	30000	138000
		短信广告	预约登记	20 万条	0.04	8000	
		公交车广告	101 车体	4 月		100000	
	9 月	产品推介会	敲定意向客户			150000	150000
开盘热销期	10 月	项目开盘销售	开盘活动			260000	390000
		报纸广告	新高都项目盛大开盘	3 个整版	30000	90000	
		短信广告		40 万	0.04	16000	
		杂志		3	8000	24000	
持续销售期	11、12 月	报纸广告	持续加热销售	4 个半版	15000	60000	76000
		短信广告		40 万	0.04	16000	
总计						1961000	

4. 费用合计

（1）住宅营销费用概算。

表 15-45 住宅营销费用概算表

第一阶段	第二阶段	第三阶段	总合计
8030000 元	656000 元	756000 元	9442000 元

2012 年的销售形势要比 2011 年更加严峻，为此要从 2 月就开始做好销售推广，避免将销售回款任务积压在下半年。

总销售费用 944 万元，主要费用集中在样板间的装修上，包括独栋别墅、联排别墅、花园洋房。展示房的计划投资费用 547 万元，展示房按 90% 的比例通过销售回收，可冲减销售费用支出 492 万元，2012 年度西地块别墅和棕榈湾西区实际销售费用概算预计为 452 万元。

2012 年度计划支出营销费用比较高，2011 年销售展示区都没有按照原有的计划完成施工，面对 2012 年严峻的销售形势，项目必须更好地做好项目展示，以提高销售利润和回款速度。

作为重要的销售道具，展示区样板间的装修布置投资较高，占总费用比重较大，但投资后，对提升项目品质，增加莱钢品牌的美誉度，建立尊贵的产品品质形象有非常重要的作用，以拉升销售价格，增加销售利润。

（2）商业街费用概算。2011 年阶段推广项目投资费用预计见表 15-46。

表 15-46 商业街费用概算表

第一阶段	第二阶段	第三阶段	总合计
935000 元	311000 元	76000 元	1322000

商业街项目总销售费用分摊为132万，该费用主要集中在与商业街的招商顾问费和开盘活动公关费用上。

（3）黄河二路新地块费用概算。

表15-47　黄河二路新地块费用概算表

第一阶段	第二阶段	第三阶段	总合计
1109000元	656000元	196000元	1961000

黄河二路新地块作为一个全新的项目地块，需要进行项目前期的宣传，扩大知名度，项目现场需要围挡、户外等的广告包装。销售费用的大额集中在售楼处的装修和开盘的公关活动上。目前黄河二路地块与经信委的合作基本确定，可有效地降低相关的销售费用。

15.8.10　销售策略

1. 推售计划

2012年总目标：按照40%的销售量，实现销售回款4.05亿元，具体销售任务及汇款计划分为四个部分。

西地块别墅：回收资金13000万元。

商业街部分：回收资金8500万元。

棕榈湾西区：回收资金11000万元。

新地块：回收资金8000万元。

（1）销售期。

表15-48　各区推售计划表

项目	销售期	二次开盘期
西地块别墅	2012年1~12月	→2012年7月
棕榈湾西区	2012年1~12月	→2012年6月
商业街	2012年1~12月	→2012年9月
新地块	2012年4月团购	→2012年10月

（2）销售阶段安排。

1）持续期：2012年1~5月。

2）预热期：2012年4~5月。

3）强销期：2012年6~10月。

4）持续期：2012年11月~

（3）推售计划表。

表15-49　各区推售计划表

	4月	6月	7月	9月	10月
西地块别墅	/	/	15套	8套	/
棕榈湾西区	/	133套	/	/	100套
商业街	/	/	/	/	/
新地块	签订团购协议	/	/	/	100套

2. 阶段性销售策略

（1）蓄水引导+持续销售期。

持续销售主要是基于2011开盘未售的剩余房源，集中在2~5月实现去化，面对不明朗的国家调控形势，销售任务要集中在上半年完成大部分。

同时对未售房源进行提前的客户蓄水，可适当地制定灵活的预定房源政策，保证意向客户的成交。

蓄水区域不再局限在滨州市区，而是要扩展到滨州的五县，通过设立销售点的方式累计客户，拉动看房销售。

同时由于现在的客源较少，根据客源意向和公司的价格区间，可借鉴“饥饿式营销”模式采用提前预约订房的方式收取诚意金，并签订订房协议，以保证成交率。

（2）开盘热销期。

多种手法并用，特别是样板间的开发参观，冲击滨州市场原有的豪宅理念，塑造“升级版生活概念社区”积累目标。

主要方式采用SP活动+新闻炒作+手机短信+媒体广告+售楼处客户积累。

（3）强销期。

根据开盘后市场反应情况做出销售政策是适时调整，若开盘效果不佳，则进行项目产品的实质性促销，譬如折扣、赠物等，小范围内开展。

若开盘效果良好，则需要加热销售热度。继续深度挖掘产品极致卖点，配合各类媒体全面阐述中海城·棕榈湾在豪宅坐标下的产品系统价值，并综合评介其现实价值、未来价值以及价格走势，以增强业主对项目的信心。

新地块项目主要是团购方式为主，签订合同后即收取首期房款，推广的主要目标是扩大知名度，进行前期客户的蓄水，根据市场反应及客户数量适时开盘。

3. 定价策略

住宅均价厘定。

2011年的销售情况已经对项目的定价有所反应，具体分析如下。

（1）西地块别墅销售价格。

中海城西地块别墅独栋销售价格为10000元/平方米，最高价格为14000元/平方米，双拼别墅销售价格均价8000元/平方米，价格从7600~8500元不等。从现有的销售情况看，独栋别墅的销售情况较好，主要是市场对独栋别墅的价值稀缺性已形成共识，但现在受制于别墅展示区的品质提升速度较慢，后期销售提价的空间受限。双拼别墅实现销售5套，占总房源的35%，每套总价300万左右，从市场销售情况看，双拼别墅销售是一难点，2012年价格暂不提升或少量提升。

（2）棕榈湾西区产品销售价格。

西区联排别墅：联排别墅定价在6000~6500元/平方米，推出30套，预定4套，销售情形不够理想，除了受位置的因素外（保留了中心广场附近的好位置楼盘），联排别墅的价格需更加灵活化，对团购别墅可适当按一定比例给予优惠，同时积极的鼓励客带客，对实现客带客签约的客户给予现金奖励1万元。

西区花园洋房：花园洋房的销售以项目内部团购为主，实现6195、6190号楼的全部认购，6187 号楼对外销售 7 户。花园洋房销售均价在 4000 元/平方米左右，销售价格较高，在现有的市场大环境下没有市场竞争力。2012 年的价格应以团购的方式做适当下调，3500 元左右是现在滨州市场的普遍均价。

（3）商业街销售价格。

根据 2011 年制定的销售方案，商业街以 4500 元/平方米进行对外销售，但除卖出 5 套外（5 套均为一期的老客户），再无任何销售，意向客户也较少，主要受制于商业街单体面积过大和项目入驻人口太少，其销售前景不容乐观。

商业街项目，作为中海城棕榈湾别墅及花园洋房的配套商业项目，随着小区入住人口的增多，商业价值会逐步显现，市场潜力应该是很大的。预计周边社区成熟后（需要三年后），棕榈湾商业街的商业中心地位自然形成，届时商业街地产价值才能充分体现。

2012 年商业街销售仍然以对外销售为主，单价维持不变，按照具体付款方式和商业街体量的大小，总价按照 3% ~5% 的优惠幅度。同时要扩大出租的比例，为提升商业街的商业氛围，可对优质合作项目进行免租金方式，招揽客户群体。

4. 价格策略

（1）独栋别墅：保持剩余房源的价格稳定（10000 ~ 14000 元/平方米），待样板间展示区开启后，最大限度的拉升价格，新开盘房源价格在 12000 ~ 16000 元/平方米。开盘首期交付 200 万订购房源。

（2）联体别墅：在现有的（6000 ~ 6500 元/平方米）基础上，根据购买的数量给予不超过 3% 的优惠幅度，同时对客带客的老客户给予 1 万元的奖励。开盘首期交付 50 万订购房源。

（3）电梯洋房：按照现有的市场价格，4000 元/平方米的价格相对较高，价格保持在均价 3500 元/平方米左右，对带客的老客户给予 2000 元的购物卡。开盘首期交付 15 万订购房源。

（4）商业街：销售价格 4500 元/平方米保持不变，给已购商业街的客户以信心，同时对有意租用商业街的客户，最高可享受免租金的优惠待遇。合作细则经协商后报建设公司批复。（注：为延续滨州公司人脉资源的充分利用，建立与社会各界的良好合作关系，对通过滨州公司领导购买的房源，可再优惠 1%。）

5. 月度销售计划及回款计划

表 15-50 月度销售计划及回款计划

		1	2	3	4	5	6	7	8	9	10	11	12	总计
西地块别墅	销售套数			1	3	2	4	10	3	3	2	2	1	31(38)
	销售面积			0.05	0.12	0.05	0.1	0.5	0.1	0.11	0.07	0.1	0.05	1.25 万平方米
	回款额(万)	100	100	300	500	300	500	1000	1400	2200	2000	2300	2300	13000
西区洋房及联排	销售套数			7	15	15	20	16	18	22	20	20	24	177(291)
	销售面积			0.07	0.1	0.08	0.15	0.08	0.08	0.2	0.33	0.2	0.3	1.59 万平方米
	回款额(万)	100	100	350	400	500	800	500	1000	1800	1850	2000	1600	11000
商业街	销售套数				2	1	2	1	2	1	2	1	1	13(16)
	销售面积				0.6	0.2	0.1	0.3	0.3	0.3	0.4	0.3	0.16	2.66 万平方米
	回款额(万)	0	0		1250	500	400	900	1000	1000	1050	1000	1400	8500

（续）

		1	2	3	4	5	6	7	8	9	10	11	12	总计
新地块（暂定）	销售套数													
	销售面积													3.71 万平方米
	回款额（万）	0	0	0	2000	2000	0	0	0		2000	2000		8000
总计		200	200	650	4150	3300	1700	2400	3400	5000	6900	7300	5300	40500
实际完成		207												207

西地块别墅共计建筑面积为26321平方米，2011年开盘面积为15013平方米，剩余未开盘面积为11308平方米，已销售面积为11407平方米，总计未售面积为14914平方米，剩余面积比建设公司下达的销售任务19100平方米要少。

【应用案例：广东佛山“东海国际花园”首期住宅推售及开盘方案】

公开发售背景及推售原则

1. 新政下，政府对房地产推售监管力度加强，严禁捂盘、公开认筹、聚众抽签、排队开盘等推售方式。因此本方案以规避政策风险为第一要素。

2. 同时受新政影响，未来下半年楼市预期不乐观，因此建议以尽快推货为原则，抢在9、10月楼市第二轮宏观调控前全部推出。

3. 截至6月28日，优惠权证登记客户总累计2738批，预计7月3日到场客户约952批，消化第一批256套产品基本没问题。同时为防止7月3日当天客流量太大，现场失控，造成现场混乱局面，出现事故，建议7月2日提前开放样板房。

首期住宅推售节奏安排

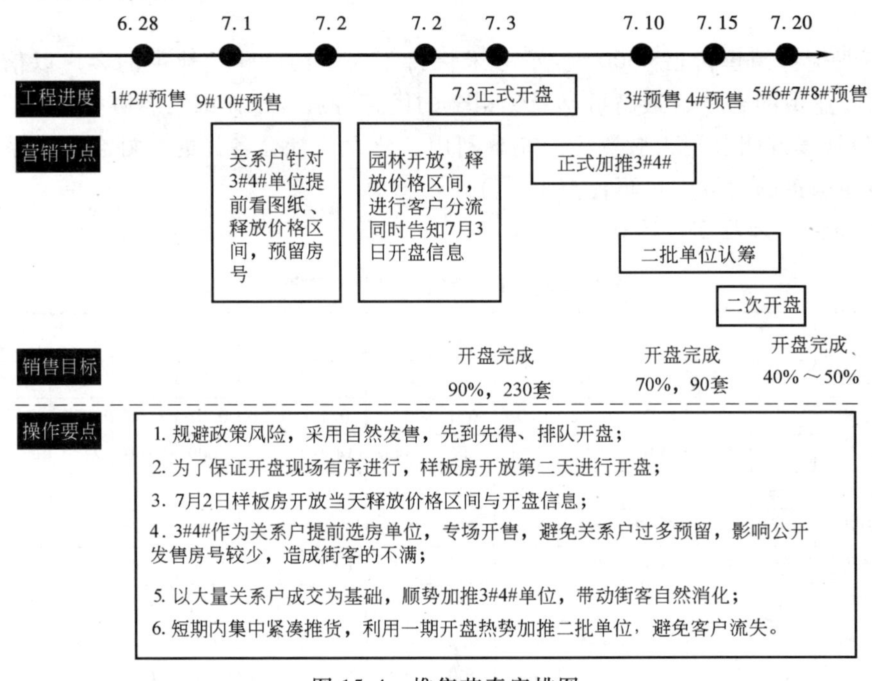

图 15-4　推售节奏安排图

1. 6月30日提前统一通知所有想要预留房号的关系户，可在7月1日、2日两天到售楼处看二批加推单位3#、4#图纸，并当天释放相对准确的价格区间，确认预留房号。

2. 7月1日，1#、2#、9#、10#256套单位取得预售证。

3. 6月30日~7月1日，销售人员电话通知诚意客户7月2日参观现场样板房与园林，7月3日正式开盘。

4. 7月2日，现场样板房与园林提前开放，释放价格区间，进行客户分流。

5. 7月3日首期产品正式开盘。当天不能到场的客户可以通过写委托书的方式，委托亲戚和朋友来现场算价并选定房号（必须携带优惠权证申请表和委托人及到场人的身份证复印件）。

6. 7月3日，不愿预留指定座号单位的关系户，必须当天来到售楼处参与当天的排队选房活动。

7. 7月10日，3#取得预售证，通知已预留3#房号的关系户转定，签订认购书，同时正式自然加推。

8. 7月15日，4#取得预售证，通知已预留4#房号的关系户转定，签订认购书，同时正式自然加推。

9. 7月20日，5#、6#、7#、8# 256套单位取得预售证，二批单位认筹、视收筹情况随时排队开售。

首批单位开盘方案

公开发售时间：2010年7月3日10：00

公开发售地点：东海国际销售中心

公开发售方式：先到先得，集中选房，细则如下：

➢7月2日上午9：00园林、实景板房正式开放，释放价格区间与开盘信息，进行客户分流。

➢7月2日最后一天办理权证登记。

➢7月3日上午9：00，客户凭身份证、优惠权证登记表签到领取选房顺序号，按照客户签到顺序派发进场选房顺序号。

➢7月3日上午10：00，正式开盘，舞台区开始叫号，每组10批客户，每组10分钟选房时间，每批客户原则上只允许2人入场选房。

➢连叫三次不到的客户，则由下一号补位，迟到的客户有一次优先补轮的机会。

➢选房区按先到先得原则，自然发售。

➢已选房客户须当场交齐2万元/套定金，并签订认购协议书；

公开发售流程及发售区域安排

1. 7月2日现场样板房/园林开放接待流程

2. 7月3日公开发售流程

（1）外场流程（前广场、现场园林/样板房）。

（2）内场流程（销售中心）

备注：本流程只在东海国际首期住宅1座、2座、9座、10座公开发售当天实行。公开发售流程细则见各个区域流程细则。

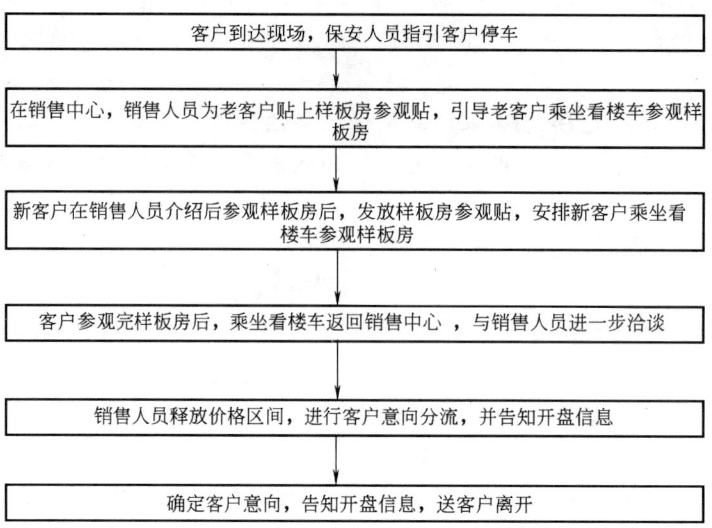

图 15-5　7 月 2 日现场样板房/园林开放接待流程

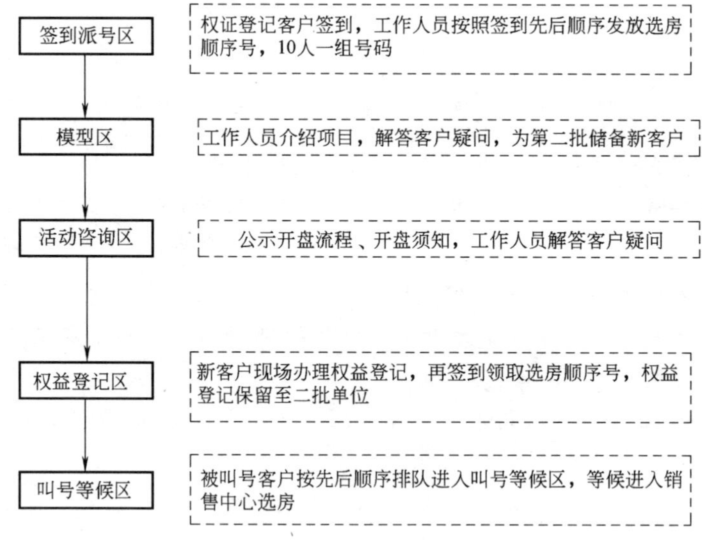

图 15-6　7 月 3 日 外场流程图

场地安排布置

各区域场地布置图（略）

各区域流程细则

1. 7 月 2 日现场样板房及园林开放人员安排

（1）销售中心。

1）销售中心流程细则。

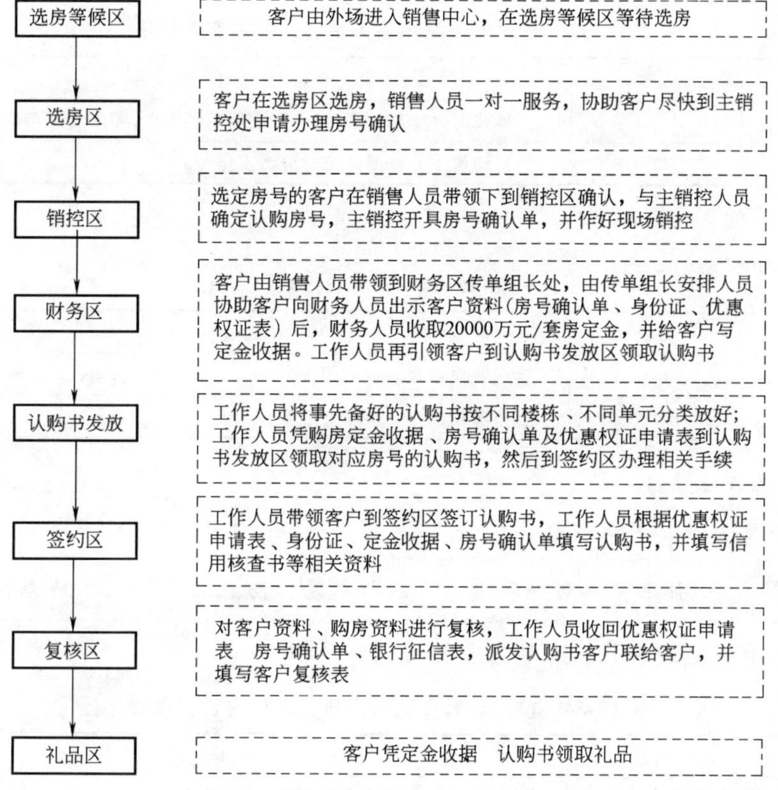

图 15-7　7 月 3 日内场流程图

销售中心	销售人员接待客户，为客户贴样板房参观贴，引导老客户乘坐看楼车参观板房 在给新客户简单介绍项目后，引导客户乘坐看楼车参观板房 客户参观完板房返回销售中心，销售人员与客户进一步洽谈，释放价格区间，进行客户意向分流，告知开盘信息

2）销售人员、工作内容及物料安排。

表 15-51　销售中心销售人员、工作内容及物料安排表

人员名称	人数	工作内容
负责人	3	负责整个销售大厅销售人员工作安排，并维持现场秩序
本项目销售人员	13	负责接待新老客户，为客户贴样板房参观贴，释放价格区间，进行客户意向分流
保安	2	维持秩序

（2）临时停车场。

1）临时停车场流程细则。

临时停车场	指引客户停车

2）销售人员、工作内容及物料安排。

表 15-52　临时停车场销售人员、工作内容安排表

人员名称	人数	工　作　内　容
保安	7	工地临时停车场 4 个，佛山大道停车场 1 个，前广场停车场 2 个
保洁	2	负责销售中心外围区域的清洁工作

物料安排。

表 15-53　物料安排表

物料名称	数量	备　注
看楼车	4 辆	接送客户参观样板房
安全帽	300 个	客户参观板房必须戴安全帽

（3）前广场看楼通道。

1）前广场看楼通道流程细则。

看楼通道	引导客户乘坐看楼车参观样板房，防止客户进入工地自行参观板房

2）前广场看楼通道人员、工作内容及物料安排。

表 15-54　前广场看楼通道人员、工作内容安排表

人员名称	人数	工　作　内　容
保安	4	引导客户乘坐看楼车参观样板房，防止客户进入工地自行参观板房

物料安排。

表 15-55　前广场看楼通道物料安排表

物料名称	数　量	备　注
画框	15 个	内容为中奥物业与生活意向
喷画围栏	若干	看楼通道包装，防止客户进入工地
样板房导示牌	1 个	看楼通道入口处

（4）小区园林。

1）小区园林流程细则。

小区园林	客户乘坐看楼车经过园林至 1 座入口处，客户出入园林必须乘坐看楼车，禁止客户自行参观园林及板房

2）小区园林人员、工作内容及物料安排。

表 15-56　小区园林人员、工作内容安排表

人员名称	人数	工　作　内　容
保安	15	小区主入口 1 名，小区内 8 名，看楼车上下点各 2 名，大堂 1 名，花架连廊 1 名
保洁	2	给客户递鞋套，兼顾板房清洁

物料安排。

表 15-57 小区园林物料安排表

物料名称	数量	备 注
园林温馨提示牌	若干	内容为小草与水池提示
绿植	若干	主要用于防止客户进入施工现场
样板房导示牌	3个	园林转弯处与1座入口处

(5) 大堂及样板房区。

1) 大堂及样板房区流程细则。

大堂	发放鞋套，引导客户乘坐电梯进入样板房
样板房	为客户讲解样板房，解答客户疑问

2) 大堂及样板房区人员、工作内容及物料安排。

表 15-58 大堂及样板房区人员、工作内容安排表

人员名称	人数	工作内容
保安	4	大堂1名,花架1名,消防梯2名(其中1名兼管电梯)
保洁	2	给客户递鞋套,兼顾板房清洁

物料安排。

表 15-59 大堂及样板房区物料安排表

物料名称	数量	备 注
样板房温馨提示牌	若干	
户型说明牌	4个	每个样板房一个
样板房讲解统一口径	8个	样板房讲解人员使用

2. 7月3日首期产品开盘流程细则及人员安排

(1) 外场流程细则。

1) 签到派号区。

① 签到派号区流程细则。

签到派号区	权证客户签到，工作人员按照签到顺序发放选房顺序号，指引签到客户到休息等候区等待叫号选房

② 签到派号区人员、工作内容及物料安排。

表 15-60 签到派号区人员及工作内容安排表

人员名称	人数	工 作 内 容
组长	1	负责签到派号区工作
工作人员	3	负责签到派号区工作
保安	2	维持秩序

物料安排。

表 15-61　签到派号区物料安排表

物料名称	数量	备　注
签到登记本	2 本	工作人员核对客户身份及权证登记表，客户签到后发放选房顺序号
签字笔	4 支	工作人员使用
导示牌	1 个	签到派号区
长条桌	2 张	
椅子	4 把	
隔离带	若干	

备注：考虑到 7 月 2 日晚上可能有客户连夜排队，现场必须安排 6 ~ 8 名保安维持秩序，提供食物、水、椅子等；7 月 3 日早上按照客户排队顺序发放选房顺序号。

2）活动咨询区。

① 活动咨询区流程细则。

活动咨询区	负责解答客户疑问，介绍开盘流程及须知

② 活动咨询区人员、工作内容及物料安排。

表 15-62　活动咨询区人员、工作内容安排表

人员名称	人数	工　作　内　容
工作人员	2	负责解答客户疑问，介绍开盘流程及须知

③ 物料安排。

表 15-63　活动咨询区物料安排表

物料名称	数　量	备　注
资料架	1 个	摆放项目户型图
户型图纸	4000 份	
开盘流程展架	1 块	
购房须知展架	1 块	
长条桌	1 张	
椅子	2 把	
桌牌	1 个	咨询区

3）模型区。

① 模型区流程细则。

模型区	工作人员介绍项目，解答客户疑问，同时为二期储备新客户

② 模型区人员、工作内容及物料安排。

表 15-64　模型区人员及工作内容安排表

人员名称	人数	工作内容
组长	1	协调模型区人员工作
工作人员	10	协助销售人员，进行项目介绍、解答客户疑问，帮助客户预选房号，同时进行二批储客

③ 物料安排。

表 15-65　模型区物料安排表

物料名称	数量	备　注
模型讲解统一口径	10 份	支援人员使用
巡展模型	——	

4）银行咨询区。

① 银行咨询区流程细则。

银行咨询区	银行工作人员提供银行按揭咨询服务，解答客户疑问

② 银行咨询记区人员、工作内容安排。

表 15-66　银行咨询区人员及工作内容安排表

人员名称	人数	工作内容
银行工作人员	2	提供按揭咨询服务，解答客户疑问

5）休息等候区。

① 休息等候区流程细则。

休息等候区	已签到领取选房顺序号客户在休息等候区等待叫号

② 休息等候区人员、工作内容及物料安排。

表 15-67　休息等候区人员及工作内容安排

人员名称	人数	工作内容
保安	2	维持秩序
保洁	2	负责整个前广场清洁工作

③ 物料安排。

表 15-68　休息等候区物料安排表

物料名称	数量	备　注
椅子	400 张	
警戒条	若干	

6）叫号等候区/进场等候区。

① 叫号等候区/进场等候区流程细则。

叫号等候区/进场等候区	已叫到号的客户凭权证申请表、选房顺序号、身份证排队进入销售中心选房

② 叫号等候区/进场等候区人员、工作内容及物料安排。

表 15-69　叫号等候区/进场等候区人员及工作内容安排表

人员名称	人数	工作内容
总控	1	协调整个外场工作，控制进入销售中心人流量
叫号员	1	由主持人承担
保安	4	维持秩序

③ 物料安排。

表 15-70　叫号等候区/进场等候区物料安排表

物料名称	数量	备　　注
话筒	1 个	
警戒条	若干	

7）餐饮区。

① 餐饮区流程细则。

餐饮区	工作人员为现场客户提供点心、饮料等

② 餐饮区人员、工作内容及物料安排。

表 15-71　餐饮区人员及工作内容安排表

人员名称	人数	工作内容
负责人	1	协调餐饮区工作，并及时补充点心、饮料
客服人员	2	中奥客服人员
工作人员	4	准备点心、饮料

③ 物料安排。

表 15-72　餐饮区物料安排表

物料名称	数量	备　　注
长条桌	3 张	
冰箱	1 个	
餐盘	2 个	
点心、饮料	1000 人份	根据现场情况及时补充点心、饮料供应
纸杯	1000 个	根据现场情况及时补充
垃圾桶	2 个	

（2）内场流程细则。

1）选房等候区。

① 选房等候区流程细则。

选房等候区	进场客户在选房等候区等待选房

② 选房等候区人员、工作内容及物料安排。

表 15-73 选房等候区人员及工作内容安排表

人员名称	人数	工作内容
工作人员	2	发放房号确认单,指引客户在房号确认单上填写姓名
保安	3	等候区2名,楼梯口1名

③ 物料安排。

表 15-74 选房等候区物料安排表

物料名称	数量	备注
签字笔	4支	
椅子	30张	
开盘流程展板	1个	
购房须知展板	1个	
价格公示展板	1个	
警戒条	若干	

2) 选房区。

① 选房区流程细则。

选房区	销售人员帮助客户选房、确认房号

② 选房区人员、工作内容及物料安排。

表 15-75 选房区人员及工作内容安排表

人员名称	人数	工作内容
总控	1	负责选房区工作
本项目销售人员	13	帮助客户选房、确认房号
工作人员	4	帮助销售人员逼定客户

③ 物料安排。

表 15-76 选房区物料安排表

物料名称	数量	备注
价格表	13份	销售人员使用
房号确认单	300份	
算价单	300份	
签字笔	18支	

3) 销控区。

① 销控区流程细则。

销控区

主销控确认销控后，方表示房号售出，房号一旦售出，不得更改
选房确认销控后，在销控表上用红色荧光笔标注房号，并对外宣布售出
工作人员带领选中房号的客户至财务区，办理转定手续

② 销控及选房区人员、工作内容及物料安排。

表 15-77 销控及选房区人员及工作内容安排表

区域	人员名称	人数	工作内容
销控区	组长	2	负责协调销控区工作，把控房号销控
	销控表跑单员	1	最新销控情况由销控区传单员告知选房区总控
	唱号员	1	将最新的销控情况等通告全场
	保安	2	维持销控区秩序

③ 物料安排。

表 15-78 销控及选房区物料安排表

物料名称	数量	备注
销控登记表	2 份	杨志娟及王广林使用
红色荧光笔	2 支	杨志娟及王广林使用
价格表	2 份	杨志娟及王广林使用
话筒	1 个	唱号员使用
警戒条	若干	
导示牌（销控区）	1 块	

4）财务区。

① 财务区流程细则。

财务区

客户由工作人员带领到财务区。工作人员向财务人员出示客户资料（房号确认单、身份证、优惠权证表）后，财务人员收取 20000 元购房定金，并给客户写定金收据。工作人员再引领客户到认购书发放区排队领取对应房号的认购书

② 人员、人员工作内容及相关物料安排。

表 15-79 财务区人员及人员工作内容安排表

人员名称	人数	工作内容
财务组长财务总监	1	财务组长协调财务区工作，帮助进行客户解释工作
财务人员	8	收款、刷卡，并开取定金收据
电话接线员	1	负责现场接听电话
跟单员	9	1 个组长，8 个工作人员
保安	1	维持财务区秩序

③ 物料安排。

表 15-80 财务区物料安排表

物料名称	数量	物料内容
桌牌	1	财务
签字笔	9	—
POS 机	2	—
定金收据	300 份	—
警戒条	若干	

5）财务现金收取区。

① 财务现金收取区流程细则。

财务现金收取区

缴纳现金的客户由工作人员带领到现金收取区。工作人员向财务人员出示客户资料（房号确认单、身份证、优惠权证表）后，财务人员收取20000元购房定金，并给客户写定金收据。工作人员再引领客户到认购书发放区排队领取对应房号的认购书

② 人员、人员工作内容及相关物料安排。

表 15-81 财务现金收取区人员及人员工作内容安排表

人员名称	人数	工作内容
财务人员	2	收取现金，开取定金收据

③ 物料安排。

表 15-82 财务现金收取区文库安排表

物料名称	数量	物料内容
签字笔	2	—
点钞机	1	—
定金收据	50 份	—

6）认购书发放区。

① 认购书发放区流程细则。

认购书发放区

工作人员将事先准备好的认购书按照不同楼栋、不同单元分类放好；引导员凭购房定金收据、房号确认单、优惠权证申请表到认购书发放区领取对应房号的认购书，然后到签约区办理相关手续

② 认购书发放区人员、工作内容及物料安排。

表 15-83　认购书发放区人员及工作内容安排表

人员名称	人数	工作内容
组长	1	负责认购书发放区的工作,并做好认购书登记
工作人员	2	安排客户凭定金收据及房号确认单发放对应的认购书,并做好登记
传单员	3	领取对应房号的认购书,带领客户到签约区办理相关手续
保安	1	维持秩序

③ 物料安排。

表 15-84　认购书发放区物料安排表

物料名称	数量	备　注
认购书	256 份	
认购书发放登记表	1 份	登记发放出去的认购书
签字笔	3 支	
空白认购书	100 份	
导示牌	1 块	认购书发放区

7）签约区。

① 签约区流程细则。

签约区	工作人员将客户带签约区，签约人员根据客户的定金收据和客户交款方式、优惠权证登记表、身份证，签订认购书、补充协议及客户信用查核委托书

② 人员、人员工作内容及相关物料安排。

表 15-85　签约区人员及人员工作内容安排表

人员名称	人数	工作内容
签约组长	2	世联及长信各安排组长,签约组长协调签约区工作,帮助进行客户解释工作
签约人员	20	负责认购书、补充协议、信用核查委托书等资料的填写
传单员	3	将客户由签约区带领到复核区
保安	2	维持签约区、复核区秩序

③ 物料名称。

表 15-86　签约区物料安排表

物料名称	数量	物料内容
导示牌	1	签约区
认购书	256 份	传单员由认购书发放区拿过来
补充协议	256 份	印刷品
购房须知	256 份	印刷品
签字笔	20 支	签约人员使用
价格表	10 份	签约人员使用
椅子	20 把	
长条桌	10 张	10 张长条桌
计算器	20 个	签约人员使用

8）签约等候区。

① 签约等候区流程细则。

签约等候区	已交定金客户至签约等候区等待签约

② 人员、人员工作内容及相关物料安排。

表 15-87 签约等候区人员及人员工作内容安排表

人员名称	人数	工作内容
工作人员	3	签约区传单员引导客户至等候区排队等待签约

③ 物料名称。

表 15-88 签约等候区物料安排表

物料名称	数量	物料内容
椅子	30 把	
警戒条	若干	

9）复核区。

① 复核区流程细则。

复核区	对客户的资料进行复核，确认资料无误，填写客户登记表。将客户定金收据、认购书客户联给客户，并给项目资料一套（环保袋、购房须知、交楼标准、银行首期款账号），同时回收优惠权证表、房号确认单、客户信用查核委托书

② 人员、人员工作内容及相关物料安排。

表 15-89 复核区人员及人员工作内容安排表

人员名称	人数	工作内容
复核人员	4	复核客户的资料，给客户项目资料一份，并回收优惠权证表、房号确认单、客户信用查核委托书

表 15-90 复核区物料安排表

物料名称	数量	物料内容
信封	256	装认购书、购房须知、定金收据
购房须知	256	项目购房须知
交楼标准	256 份	
客户复核表	2 本	
签字笔	4 支	复核人员使用
价格表	2 份	复核人员使用
环保袋	256	
长条桌	2 张	
椅子	4 把	
导示牌	1 个	复核区

③ 复核区留存资料。

客户：收据一页、认购书一页、流程须知一页、交楼标准一页。

长信公司：认购书三页、权益优惠登记表一页、房号确认单。

世联公司：认购书一页。

10）礼品区。

① 礼品区流程细则。

礼品区	客户凭认购书领取礼品伞一把，每份认购书限领一把伞

② 礼品区人员、工作内容及物料安排。

表 15-91　礼品区人员及工作内容安排表

人员名称	人数	工作内容
工作人员	2	客户在复核区复核完，即发放礼品伞

③ 物料安排。

表 15-92　礼品区物物料安排表

物料名称	数量	备　注
长条桌	1 张	
椅子	2 把	
礼品伞	256 把	
桌牌	1 个	礼品区

11）吧台区。

① 吧台区流程细则。

吧台区	为销售中心现场客户提供点心、饮料等

② 吧台区人员、工作内容及物料安排。

表 15-93　吧台区人员及工作内容安排表

人员名称	人数	工作内容
客服人员	2	客户在复核区复核完，即发放礼品伞
保洁人员	2	负责销售中心清洁工作

③ 物料安排。

表 15-94　吧台区物料安排表

物料名称	数量	备注
点心、饮料	300 人份	
餐盘	2 个	

关于突发事件的处理

7月2日晚上前广场安排至少8名保安负责前广场秩序，如果客户连夜排队，保安人员负责维持现场秩序，并为排队客户提供食物、水、椅子等。

7月3日，如果现场部分客户有冲突的疑问，应急小组应及时将客户引领至小会议室进行处理。应急小组的成员名单：销售总控1名；工程师1名负责解释图纸、工程等方面的问题；银行按揭方面咨询员1名，即农信社工作人员；后勤行政电工，设备维护人员。

第16章 房地产形象策划

16.1 房地产形象策划概说

16.1.1 形象策划的涵义

项目形象或者说楼盘形象是指楼盘文化物质形态，是指项目在人们心目中形成的总体印象和评价。楼盘竞争优势的形成往往首先的靠楼盘形象的影响力。就像密集的森林中，优质树种能抢占阳光雨露蓬勃向上，劣质朽木被弃置一旁而日渐枯萎一样。

项目形象策划是指对楼盘的形象、命名、视觉、理念、行为各子系统的规范与整合的过程，通过 CIS——项目识别系统来实施。CIS 可以帮助项目树立建筑形象、企业形象，提高消费者对项目的认知程度，实质是帮助项目实施差异化发展战略。

16.1.2 形象策划的目的

良好的项目形象是吸引顾客、扩大市场份额的保证。塑造和美化楼盘形象不是为了自我欣赏，而是“为悦己者容”，即为目标客户而美容。为目标客户美容，也不是给他们看，使他们产生好感，而是吸引他们产生购买决策和行动。企业只有不断地吸引客户，才能扩大市场份额。从这个意义上讲，楼盘形象也是项目进行营销的工具。

形象策划的目的是制造项目整体形象的差异性，使消费者对项目有一种一致的认同感和价值观，并赢得消费者的信赖和肯定，已达到房地产营销的目的。

16.1.3 形象策划的内容

房地产形象策划的内容主要有：

（1）房地产文化定位。

（2）房地产形象定位。

（3）楼盘命名策划。

（4）楼盘形象设计。

（5）楼盘形象包装。

（6）房地产形象策划应用案例。

16.2 房地产文化定位

如今的房地产开发商在推出自己的楼盘时，非常注重自身别具特色的文化定位。不同的文化定位正是开发商们宣传自己楼盘的一个卖点。

随着人们生活水平突飞猛进的提高，社会阶层已经越来越清晰，人们买房更注重居住的质量和环境，以及所居住地区的文化内涵，过去简简单单的居住要求已经不能满足大众对住房的需求。他们要的是良好的周边环境、浓厚的文化氛围和艺术气息、优秀的教育设施、便利的交通、良好的升值潜力等。

文化因素在顾客购房决策中越来越受到重视，在综合因素的多项指标中，文化因素的权重正越来越突出。随着人类物质文明的不断发展，人们从基本生理生活需求逐渐延伸为对文化艺术精神享受的追求。现代人买房，不仅仅追求居住物质环境，更追求居住文化氛围，追求生活个性独特的品位和内涵；现代人买房，是购买一种生活方式，更是购买一种人居文化。

16.2.1 房地产文化与定位

1. 房地产文化

文化，是由人们对世界的认知和反映这些认知的人类活动和人造物品所组成。文化，从广义来说，是指人类社会历史实践过程中所创造的物质财富和精神财富的总和；从狭义来说，是指社会的意识形态，以及与之相适应的制度和组织机构；也泛指一般的知识。文化是一种历史现象，每一个社会形态、历史时段都有与之相适应的文化，并随着社会的发展而发展，同时也遵循着人类文明进步规律而不断地发展变迁。

房地产文化的基本特征是：

(1) 房地产文化是一种科学与艺术、经验与技术相结合的高度综合性的文化。房地产文化内涵丰富，不单单是建筑本身的外观形象和建筑风格，如北京的四合院布局，上海的海派风格，安徽的徽派建筑，广东的岭南风情，青岛的晴天碧海红瓦白墙等富于地域特色的建筑文化；还包括社区空间的人居生活、社会交往等活动中所蕴含的文化品位、生活方式等人居文化。房地产文化源远流长，既源自博大精深的东、西方传统文化，也来自生机勃勃的现代新兴文化；既源自统治社会基调的主流文化，更来自富于民族风情、地域特色和群体特征的亚文化。

(2) 房地产文化是整个房地产的经营开发的灵魂。优秀的房地产文化不但能形成持久竞争优势，而且可作为对付模仿的最有效、最坚固的壁垒。它有利于楼盘产生个性化的特性，而且文化中所包含的只可意会、不可言传的因素，使竞争者难以模仿和复制。房地产文化贯穿整个房地产开发的全过程，影响项目定位的科学性和准确性，并对楼盘的市场销售起着直接推动力，也为未来优秀的社区文化形成和建设奠定良好的基础。

(3) 房地产文化丰富多彩，开发过程中的每一个环节都体现着文化。从项目选址、理念创意、规划设计、建筑施工、市场营销、物业管理等每一过程都在综合应用和体现着文化因素。房地产文化既体现在社区名称、主体概念方面，也体现在社区空间规划、建筑风格设计方面；既体现在楼盘的广告策划、推广宣传方面，也体现在开发商的开发理念、目标使命方面；既体现在社区建筑风格、园林山水的物质空间布局与构建，更体现在社区生活方式、居住理念等精神生活的引导与创造。无论是景观房产、运动社区、智能住宅，还是“郊区运动”“新都市主义”“新自然主义”等，都是文化赋予楼盘社区以精神和灵性。可以说房地产业的每一个理念都离不开文化。

(4) 房地产文化为开发商提供文化积淀和品牌提升。成功的开发商可以利用文化独特的亲和力，把具有相同文化修养与文化追求的人们聚集在一起，并取得价值观上的认同，从而达成有效的沟通，建立起亲密的顾客关系。优秀的开发商通过倡导和塑造优秀的房地产文化，能够真正为顾客提供独特的附加利益、居住体验和生活价值，超越顾客的期望值和满意度，从而提高顾客的忠诚度和美誉度，也为开发商长期发展提供文化积淀和品牌提升。

2. 房地产文化定位

房地产文化定位，就是从楼盘项目本身出发，将投资理念、时代特征同目标顾客群文化价值观念完美地相融合，赋予房地产项目以富有魅力的文化生命，针对顾客的心智模式进行设计、沟通，从而使其在目标顾客的心目中确立一个独特的、有价值的位置。

好的定位本身不是竞争优势，但可以形成竞争优势。个性化的文化定位一旦在顾客心智中确立，它往往是独立的、持久的。这就要求企业开发初始就一定要对房地产文化进行特色定位。房地产文化定位一定要区别于其他竞争者的文化定位，展现出具有旺盛的生命力、鲜明的个性特色。

定位的关键是在目标顾客心智的相应坐标中，确立一个区别于竞争者的、独特的、鲜明的地位。文化定位是企业和顾客通过多种沟通渠道进行互动沟通的结果，最终反映为目标顾客对楼盘项目建立起的一个独特的、有价值的联想。文化定位并不仅仅是你对项目本身做些什么，而且还是你在目标顾客的心目中留下什么。

房地产文化定位贯穿整个房地产开发的全过程，房地产文化定位可以是多个优势的优化组合，也可以是单项的优势强化。对开发商而言，成功的文化定位，既能改变楼盘项目原本不利条件的影响，也可以对项目起到画龙点睛的作用，形成独具魅力的卖点，还能带来轰动效应的销售奇迹。

房地产文化定位受开发商的文化底蕴和对房地产文化理解的影响。只有高品位的开发商，才能塑造高品位的房地产文化。同时文化定位也受到开发企业的使命目标、企业形象、内部实力和经营战略等因素的综合影响。文化定位必须与企业自身的使命目标、品牌形象相匹配。

【策划资料：北戴河“海情世界名人城”文化定位】

随着中国经营城市步伐的加快，北戴河正在以城市主题文化最前瞻的经营城市理念构建自己——北戴河海情世界名人城。

1. 确定主题文化——海情世界名人城

北戴河是我国著名的旅游胜地，名山秀水，景色宜人，阳光明媚，浪软沙细，其自然景观的瑰丽，在中国乃至世界海滨旅游城市中占有一席之地。中国有两大名人喜欢的栖息地，一是北戴河，二是庐山。北戴河自开埠以来，就以吸引天下名人著称，名人文化与这个城市结下了不解之缘。从历史上秦始皇在此派人出海寻找灵丹妙药，到老一辈革命家毛泽东、刘少奇、邓小平、朱德、陈毅都在此留下足迹，尤其是一代伟人毛泽东的一首《浪淘沙·北戴河》，更使北戴河名扬天下，引来无数名人慕名到这里旅游、度假、观光。北戴河大海给了无数名人遐想和陶醉，郭沫若、徐志摩、峻青、杨朔——都对北戴河的大海发出过由衷的赞叹！一个被诸多名人喜欢的城市不正是这个城市的骄傲吗？因此，把北戴河城市主题定位在海情世界名人主题文化上，是符合北戴河人文景观特质和自然景观特质的。

北戴河海情世界名人城市主题文化，从大海、诗、世界名人入手。海是自然景观，诗是美学景观，名人是人文景观；海是自然资源，诗是美学资源，名人是人文资源；大海张扬自然景观魅力，诗张扬美学景观魅力，名人张扬人文景观魅力；把这三种景观、三种资源、三种魅力融合在一起，就构成了北戴河海情世界名人主题文化基础框架。再向经济、旅游、文化、教育方面延伸，就构成了海情世界名人城市主题文化。

2. 软件硬件开发共同构建主题文化

据了解，海情世界名人城市主题文化系统工程分为两部分，即海情世界名人城市主题文化软件部分和海情世界名人城市主题文化硬件部分。软件开发，就是通过海情世界名人城市主题文化把北戴河推向世界；硬件开发，就是通过海情世界名人城市主题文化把北戴河推向市场。软件开发和硬件开发同等重要，没有软件开发的强大态势作支持，就营造不出硬件投资的大环境，没有硬件开发，软件的活动便成了一种虚无。只有软件和硬件一起开发，北戴河才能在经济和文化上一起腾飞。

城市主题文化一旦形成，它为城市发展提供新的理念，为城市发展提供科学的依据，为城市发展提供系统分析，为城市发展提供战略决策，为城市发展提供强有力的支持和保证。

城市主题文化是一种稀有的战略资源，同时也是一种核心竞争力手段。它有不可模仿性、难以替代性和不可复制性。哪个城市优先得到它，哪个城市就优先处于一种战略竞争的最佳位置。

城市主题文化是一个系统工程，它把一个城市的政治、经济、文化教育、旅游都融入了海情世界名人城市主题文化之中，通过海情世界名人城市主题文化，把城市品牌突出出来，形成鲜明的城市个性。

3. 通力协作打造城市主题文化

通过海情世界名人城市主题文化活动系统，使城市品牌明确化；通过公共艺术系统，使城市品牌视觉化；通过新闻系统，使城市品牌深植化；通过主题文化系统，使城市品牌鲜明化；通过旅游系统，使城市系统特色化；通过品牌企业系统，使城市品牌国际化；通过开发区系统，使城市品牌规模化；通过教育系统，使城市品牌规范化；通过战略中心系统，使城市品牌推广化；通过政府工作职能系统，使城市品牌经营化。

设计者为北戴河设计的海情世界名人城市主题文化把夏威夷的旅游概念，好莱坞的名人文化概念，瑞士名人村的名人居住概念，印尼巴厘岛的名人疗养概念融合在一起，欲将北戴河建成世界名人旅游城市、世界名人文化活动城市、世界名人经济开发城市、世界名人理想居住城市，最终实现海情世界名人城的战略目标。

(1) 世界名人文化城市概念。北戴河每年将举办海情世界名人大会、海情世界名人节、海情世界名人论坛等世界名人文化活动。通过这些世界名人文化活动，将把世界文化名人、艺术名人、体育名人等各界名人都吸引到北戴河来，北戴河就可以此为世界名人建造一个展示风采的平台，形成一个世界名人文化活动磁场，聚合世界名人之人气，形成北戴河的名人资源，以世界名人资源把北戴河推向世界推向市场。

(2) 世界名人旅游城市概念。北戴河将建造海情世界名人人文景观主题公园、文化主题公园、国际影视城、国际画廊、国际活动中心、大酒店等旅游设施，为世界游人提供一个世界级的旅游大环境，把世界游人的目光都吸引到这里，以此提高北戴河世界旅游城市形象，使北戴河成为具有世界名人文化氛围的旅游热点地区和世界级旅游胜地。

(3) 世界名人经济开发城市概念。世界上各种开发区都有了，而唯独没有一个世界名人经济开发区，北戴河要构建世界名人城，将要为世界名人建造名人经济开发区和文化产业开发区，使世界名人不仅能在这里参加文化活动，在这里旅游观光，而且能在这里进行经济开发和文化产业开发，让世界名人在这里高兴地投资，满意地经营，丰厚地获取，让世界名人在这里名利双收。

（4）世界名人理想居住城市概念。北戴河计划为世界名人建造海情世界名人村、海情世界名人俱乐部、海情世界名人卫星城，将把美国纽约的长岛、好莱坞的比弗利山庄、西雅图的华盛顿湖、日本的东京湾、悉尼的玫瑰湾、中国香港的浅水湾等富人社区概念融入进来，形成世界最大富人社区概念。让北戴河成为世界上最适合名人居住的理想城市，让北戴河成为世界名人最向往的城市，让北戴河成为世界名人最安全居住的城市，让北戴河成为世界名人最浪漫的生活城市，让北戴河成为世界名人最理想的消费城市。

据悉，海情世界名人城总投资500～1000亿元人民币，分5～10年开发。

3. 房地产文化定位的一般过程

（1）顾客在价值观念、思维方式、宗教信仰等方面，都具有不同的特征，这些特征将影响不同的房地产消费需求，企业首先必须通过详尽深入区域文化调查，利用不同的文化特征作为细分变量，进行细分。此阶段更强调对区域文化的挖掘和提炼。

（2）企业根据自身的使命目标、竞争优势，确定目标顾客群体，再通过顾客本能需求分析，更加透彻地研究目标顾客群体的生活方式、审美情趣、消费观念、思维方式等要素，从中提炼出最核心或最具个性特色的文化特征。

（3）企业再结合自身的企业形象、文化底蕴和竞争者的文化定位及其核心竞争力，进行企业内部文化定位，使内部文化定位与目标顾客的文化理念完美融合。再根据顾客心智模式分析，利用各种传播媒体及沟通渠道，达成企业的文化定位在顾客中产生强烈共鸣，从而在顾客心中确立独特的、持久的定位。

在实践操作中，如果企业的文化定位不能在顾客中产生强烈共鸣，还需要进行多次定位反馈和再定位。

顾客本能需求分析，就是在对顾客生活方式、居住休闲娱乐等行为特征深刻洞察的基础上，对顾客文化观念、消费心理等做出描述，以指导房地产文化定位。顾客心智模式分析就是对顾客的社会心理、思维模式和信息过滤模式等进行分析，以了解他们作为文化定位的受众，在接受信息时的特点，便于选择正确的推广诉求点、宣传媒体和沟通策略。

从互动整合理论角度来讲，在房地产文化定位时，必须处理好企业内部定位和外部目标顾客心智模式中的定位关系，开发商应加强广告宣传与媒体沟通，以防止顾客认知与预期的错位和心理逆反现象的发生，最终为文化定位提供社会心理认同、行为理解、预期共鸣和行动支持的保障。

16.2.2 房地产文化定位模型

根据房地产文化定位流程和文化提出方法的不同，可以分为两种基本的定位模式：传承型文化定位模型和创新型文化定位模型。

1. 传承型文化定位模型

企业从传统主流文化、地方区域亚文化出发，通过广泛缜密地文化调查分析，来提炼区域亚文化特色和精髓，发掘目标顾客群体的核心价值取向、文化个性特色，然后加以整理和提炼，形成个性化的房地产文化，再通过包装策划，有效持续的传播沟通，达成顾客的认同和共鸣，最终付诸消费行动。

其主要过程如图 16-1 所示。

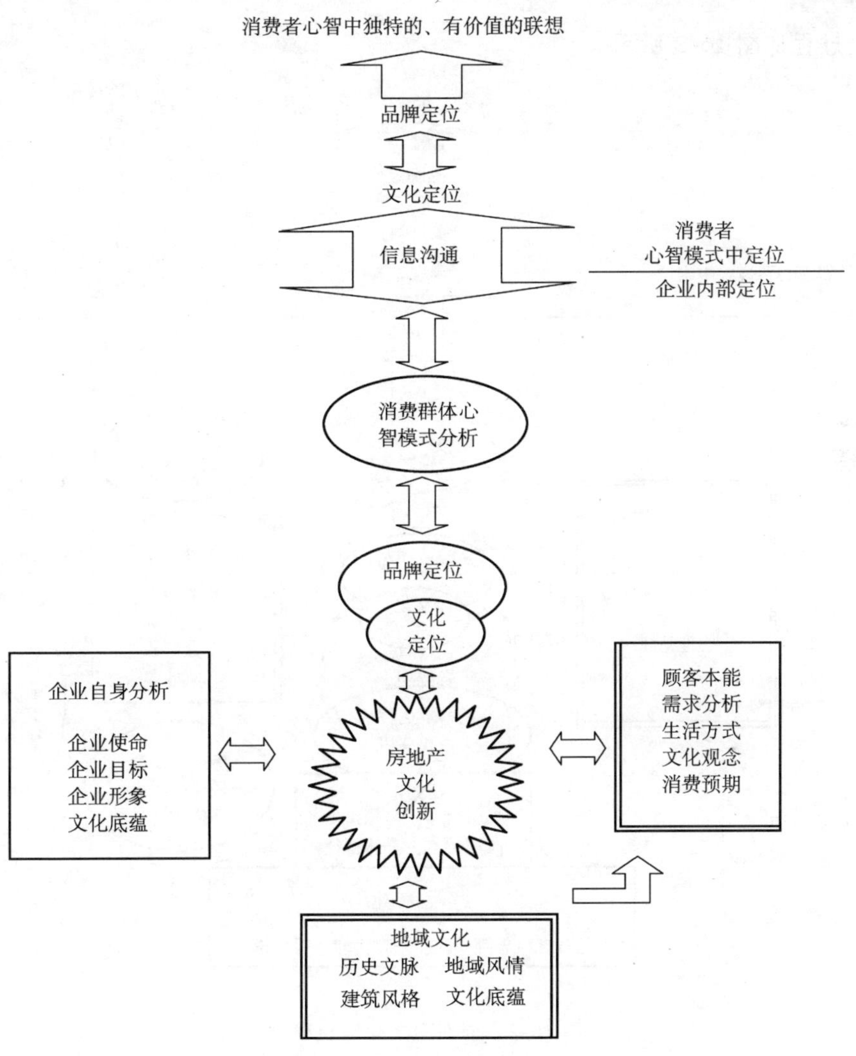

图 16-1 传承型文化定位模型

广州“星河湾”项目开发商通过对中国传统居家、园林、山水等文化的全面理解、深刻洞察、精心提炼，提出“营造一个心情盛开的地方”“打造中国房地产的劳斯莱斯”的文化定位，充分彰显“星河湾”项目的品位和格调，使得该楼盘在华南板块的众多楼盘竞争中脱颖而出，是传承型房地产文化定位的经典杰作。实践证明传承型文化定位模式产生的效果明显、直接，信息沟通成本较低，顾客能较顺利地接受这种文化导向。

2. 创新型文化定位模型

企业通过洞察社会经济发展的趋势，结合科学技术的发展与创新，充分挖掘顾客的潜在人居文化消费需求，对区域文化精髓进行提炼和升华，创造性地塑造出与目标顾客文化相融合的全新的、有魅力的房地产特色文化。然后企业将它物化到房地产的各个方面、各个环节，同时企业把它作为诱发因素，通过媒体强力宣传，来影响和引导顾客的文化价值取向，开辟出房地产市场领域。在创新型文化定位的过程中，经常会有多次的定位反馈与修正，使其核心文化更加完善，更加具有说服力和吸引力，更能让目标顾客接受，为企业带来更大的价值增值潜力。

其主要过程如图 16-2 所示。

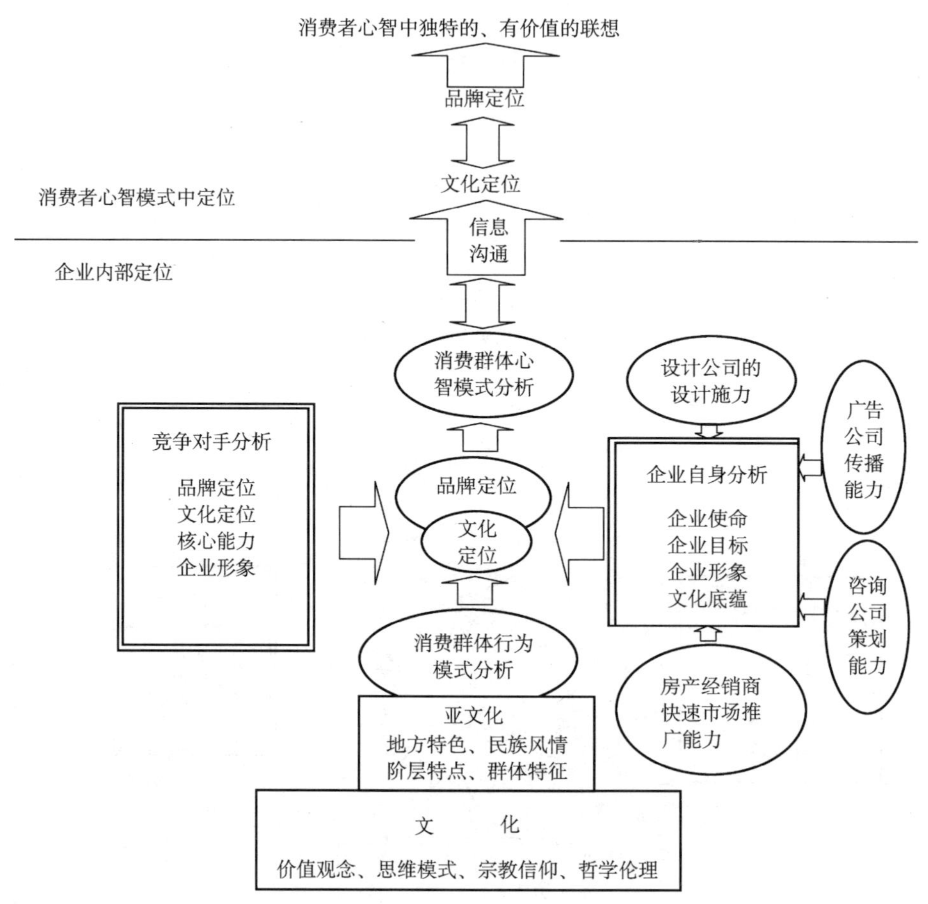

图 16-2 创新型文化定位模型

广州“奥林匹克花园”，针对现代人对健康和运动的需求，在国内史无前例地将奥林匹克运动文化引入房地产文化，增加了项目的文化内涵和品位，在传统的房地产文化的基础上，嫁接了健康生活的理念，提出“运动就在家门口”的宣传主题，并完美地将其塑造成魅力四射的生活方式、居住理念，从而使该项目建立起无法替代的竞争优势，创造出一个超越竞争的利润空间，形成“奥龙”行天下的雄壮气势。实践证明，由于创新型文化定位，所塑造的房地产文化更具个性特色，更能满足顾客人居消费需求，因而更具诱惑力，为开发商所带来的回报更为丰厚。基于此，万通房产董事局主席冯仑发出了“住宅区的文化创新”的号召。

3. 两种基本的文化定位模型比较

传承型文化定位模型和创新型文化定位模型，各具特色，在定位流程、预期利润、经营风险等方面存在差异见表16-1。

表16-1　传承型文化定位模型和创新型文化型定位模型比较

定位模型	创新型文化定位模型	传承型文化定位模型
预期利润	利润远高于平均利润	稍高于平均利润
沟通成本	较高	较低
定位优势	显著、持久	直接、快速
反馈与修正	次数较多、过程多为双向	次数较少、过程多为单向
经营风险	较大	较小
企业创新能力要求	较高	较低

【策划案例：西宁市博纳广场文化二次定位方案】

1. 环境分析

休闲在人们生活中的比重越发重要。在西宁的休闲娱乐场所中，大多定位于娱乐业的基本功能，只能满足消费者的休闲生活需求，极少涉及精神文化层面，在商圈竞争中的程度比较激烈。对于博纳的改造应该打造差异化策略，走精神文化路线，满足消费者潜在的心理需求。

目前，西宁市已顺利实现了成为全省投资环境最佳的创业城市、舒适休闲的宜居城市、功能完善的生态城市、内涵丰富的文化城市等城市建设总体目标。将以坚持“以人为本”“以民为本”，把改善生态环境、营造宜人居住的生活环境作为首要任务。复兴传统文化，增强城市内涵，拓展文化产业，打造城市品牌。进一步拓展城市发展空间，引导城市合理布局，增强城市功能，美化城市形象，努力改善生态环境。因此西宁的旅游市场越加旺盛，而旅游者又向往着西宁的高原夏都的魅力文化。

休闲娱乐行业也应在此大环境趋势下，与政府路线保持一至，采取西宁传统文化之差异化策略，以还原西宁旧时风貌的特色西域文化结合时下新颖的现代古典主义建筑风格包装自己，打造其核心竞争力吸引更多消费人群，以及外来的游客商旅。

2. 消费者分析

(1) 消费群体分析。在西宁，博纳广场定位于集旅游、休闲、娱乐、餐饮、购物于一体的现代古典广场，辐射到整个西宁市，其消费群体包括政府部门、机关单位、企事业单位等社会各白领以上中青年群体，尤其是外来向往西宁文化的旅游者。因此博纳广场应该在西宁市内，以此消费群体为主，扩大在目标消费群体中的知名度和影响力，提高博纳广场的传统特色的雪域高原文化认知度。

(2) 消费行为分析。对于目标消费群体，多为社会高阶层或高素质群体，影响他们选择消费场所的因素中，休闲场所的差异化定位和知名度为首要因素。同样作为综合性的娱乐休闲广场，要使博纳的差异化（即文化特色）体现出来，应通过差异化的文化定位和营销策略来提高在消费群体中的知名度和影响力，以吸引目标消费群体。

通过以上分析，可以比较博纳广场现状既没有明确的商业定位，更没有突出的文化特色，加之设计结构的缺陷，管理的缺失，根本无法吸引消费人群，照这样的发展趋势对资源是一种严重浪费，且前景堪忧。为其发展的长期战略为树立在西宁的全新形象，打造西宁第一且唯一的特色休闲广场，建议博纳应重新定位。

在高度发达的都市，随处可见休闲娱乐之场所，若我们不重新定位，很难吸引早已视觉疲劳的消费者，模糊的外在形象和容易混淆的经营理念，也很难在消费群体中传播。所以我们要通过与其他广场、休闲之所差异化的定位，刺激视觉疲劳的消费者，引起消费者心灵之共鸣。西宁市的广场基本定格为现代化广场有休闲无娱乐，而西宁的娱乐休闲场所又多是有娱乐无文化的基本功能性场所，能满足消费者的物质生活，而没有提高到精神生活。而我们就是要打造出与传统雪域高原文化相结合且其中加入异国特质单品的时尚现代广场。

3. 西宁传统文化背景

西宁文化底蕴深厚，民族特色鲜明。近年来，西宁市把挖掘传统特色文化产业作为一项重要工作。

（1）西宁是多民族多宗教并存，文化特点兼容并蓄。

西宁是典型的移民城市，多民族聚集、多宗教并存。西宁地处黄土高原与青藏高原、农业区与牧业区、汉文化与藏文化的三大结合部，是青藏高原人口唯一超过百万的中心城市，有汉族、回族、藏族、土族、蒙古族、撒拉族等34个民族。佛教、伊斯兰教，道教、基督教、天主教五大宗教并存，藏传佛教和伊斯兰教影响尤为深远，塔尔寺是我国六大藏传佛教寺院之一，东关清真大寺是西北四大清真寺之一。各民族团结奋斗，相濡以沫，谱写了灿烂的发展史，创造了辉煌的成就，赋予了丰富的人文精神，寓示着西宁文化性格所具备的兼容并蓄、勤劳质朴以及宽容开放。

（2）西宁民间传统技艺多样，发掘潜力巨大。

在开展“文化中心户”创建、文化大院以及文化中心建设中，对具有一定规模和影响的农民画、排灯、堆绣、刺绣、剪纸、根雕、玉雕及民间高抬、皮影、戏曲表演等进行了挖掘。

（3）西宁周边县区传承特色文化堪称“艺术之乡”。

西宁大通以培养根雕和玉雕艺人为重点，在帮助他们开展手工雕刻，增加收入的同时，还培养、发掘古老民间乐器口弦加工艺人、民间剪纸、刺绣、书画艺人、“花儿”歌手等近1600名，其作品参加各类展销会、演出会，获得了良好的经济效益和社会效益。大通县被文化部命名为中国民间艺术“花儿之乡”“老爷山”花儿会。湟源县把汇集了绘画、刺绣、堆绣、剪纸、皮影、书法、音乐等多种艺术手段的排灯作为文化产业品牌，大力进行开发，已初步取得良好效益。至目前，湟中县被文化部命名为“中国现代民族民间绘画之乡”，湟源排灯被列为第一批国家级非物质文化遗产保护名录。

（4）西宁旅游结合文化，打造特色文化之旅。

如今西宁走文化与旅游相结合的路子，大力挖掘、宣传塔尔寺、“海藏咽喉”、日月山等一批旅游文化资源，创出了自己的旅游特色。积极发展乡村旅游，以“农家乐”“牧家乐”为切入点，因地制宜，突出特色，帮助农牧民依靠旅游增收。在青藏铁路全线通车和省委、省政府提出把青海建设成旅游名省的机遇下，提出了“天路起点，中国夏都，健康之旅”的旅游品牌。形成了以西宁为中心的两小时车程半径旅游圈，利用已开辟或正在开辟的环青海湖旅游线、黄河源旅游线、唐蕃古道旅游线、宗教朝圣旅游线、世界屋脊旅游线、青藏铁路旅游线等十条精品旅游线路，充分展示塔尔寺、青海湖、原子城、日月山等著名自然和人文景观，以及富有青藏高原魅力的民族风俗文化。

博纳广场改造就是要在大力发展青海西宁的旅游事业的环境契机下，将青海西宁传统文化与艺术特色一点一滴巧妙的渗透进广场的每一处，结合自身优势以及利用多元化的异国元素，带动人们的情绪，调动人们的欲望，吸引人们的眼球，扎根人们的内心，重树人们心中的全新形象。

4. 商场定位

(1) 目标市场定位：西宁市。

(2) 目标消费者：政府部门、机关单位、企事业单位等各界白领以上人士及外来旅游团体。

(3) 博纳广场定位：传统雪域高原文化与点缀其中的异国文化特色单品相结合的时尚现场休闲广场。同时突出广场“博纳”二字的深意，“广博海纳百川”的大气风范，也为广场注入了更加多元化的特色风格。

(4) 文化定位：同为休闲场所，与西宁其他文化广场、休闲场所等不同，差异化在于传统雪域高原文化与点缀其中的异国文化特色单品相结合，将传统文化艺术和异国风情融入其中，返璞归真且风情万种，鉴赏原汁原味的雪域高原文化，体味赏心悦目的异域风情。打造人文、自然、典雅、时尚的休闲氛围，对雪域高原文化之景点起到指示作用的同时对异国情调也有了更深入的感知。在时尚的都市打造这样一道亮丽的风景，能吸引更多的人气。

这里不仅仅是休闲广场，也是一道消费者内心向往的风景，是对雪域高原文化艺术的沉淀，是对异国风情的探知与体味，更是对传统文化艺术的一份保留与怀念。

5. 文化体现

(1) 活动建议。

每周末都举行相应的活动，如品尚大赛等，不但提高博纳广场的文化品位，打造差异化的博纳文化特色，还有利于在目标消费群体中的选播，扩大博纳的影响力和知名度。每逢节日，无论是传统佳节还是新兴的“洋节日”，博纳广场都可以充分利用自身多元化的优势传播文化理念，如春节、元宵节、中秋节或是万圣节、平安夜、圣诞节等。积极赞助政府关于青海文化方面的活动，并打造一个属于自己的文化活动月（每年的一个固定月份设为博纳的文化月）。媒体和公关攻势首先要传播博纳广场的差异化定位（文化定位），同时提高博纳的知名度和影响力，并要注意口碑营销和关系营销的重要性，将博纳广场的文化理念传播出去，打造西宁第一且唯一的形象。

(2) 文化推广。

赞助政府与青海文化相关的活动，借助优势媒体宣传博纳广场；通过自己的文化活动吸引西宁优势媒体进行报道，通过一系列的活动和媒体报道将博纳广场的文化理念传播于目标消费群体。同时与旅行社合作，通过自身的文化定位和文化氛围，吸引更多的旅游者，有利于博纳广场口碑营销的扩展和知名度的提高。

(3) 整体文化氛围。

广场的整体氛围采用古典、典雅与现代时尚相结合的现代古典主义形式，装饰材料和饰品的使用与高原西宁传统特色文化相吻合，体现出一种文化的沉淀。如墙壁的背景采用西宁黑白老照片、青稞酒酿制雕刻壁画、西宁知名景点图、西宁文化历史画、青海“花儿名歌”的历史及牦牛特产图等，广场内使用古香古色的灯、粤剧脸谱等。

（4）单元文化。

每个商铺，每处细节都是广场单元特色文化的体现的载体。对于广场中的单元文化，每个商铺采用与雪域高原的特色文化艺术，部分也可采用异域国度的特色风情相结合。其商铺内的文化布置则与其命名相一致；不同的商铺特点不同则对应不同的特色文化元素，即可涵盖雪域高原传统文化之精华又可展现充满神秘的异国情调。广场的每处细节更加不容忽视，成功源自细节的注重，在每处都应巧妙的结合文化特色元素点亮广场。

16.2.3 房地产文化定位类型

房地产文化定位的类型，现只从楼盘社区的角度分类。

1. 经济适用社区的文化定位

（1）经济适用社区并非是低文化或通俗文化为主导的社区，即文化并不以社区房价贵贱高低而分雅俗，相反更应重视其文化定位和导向。

（2）文化包容度应是最大的，其改变的可能性也是最大的。

（3）文化特征应是最易解读、最易理解并为广大业主所认同的。

（4）经济适用社区应倡导激励人们上进、奋争和自尊的文化价值观和文化活动。

2. 白领社区的文化定位

（1）文化取向千差万别，不一定一律冠以“国际式”或“欧陆式”就意味着高贵或尊严。“多元化”及“乡土化”往往是新一代开明白领的新追求。

（2）有较强的个性化倾向，如愈来愈个性创意、简约时尚、自然朴实的文化审美取向，反映了白领阶层更加理智成熟且个性时尚。

（3）应创造更加宽松、自在、活泼、融洽的文化氛围，给他们更多与人和自然交往的机会，创造激发创新灵感和亲和力的空间场所，不宜再把工作场所的空间秩序、约束和压迫感带入社区。

（4）应提供人们更多参与和共建社区文明的机会，倡导民主意识和参与文化，使业主有更多的自主权和决定权。

3. 移民社区的文化定位

（1）最大的特点是异域乡土文化，但这还不能完全反映移民社区的文化追求，要注意移民社区也在逐步融入所在城市文化。

（2）文化特色应更多地考虑其民族风俗、婚丧嫁娶和语言环境，因气候、地理差异造成的生活习俗上的差异会因入境随俗而改变。

（3）更注重培育其教育环境，增大教育文化设施的投入和比例。

（4）不应与相邻的城市社区有过于明显的差异（包括建筑与环境），避免引起移民群体敏感的心理落差，激发对抗或自卑心理。

4. 特殊社区的文化定位

（1）老年社区的文化定位。老年社区总的文化意境应是深沉而明快、丰富而平淡、温馨而浪漫，以适应老年人淡泊名利、与世无争、豁达开朗又深谙人世的心态。注意创造富有理性的文化环境，即避免时尚文化与传统文化的激烈冲撞和荒诞离奇、不合逻辑的文化景观现象，营造有一定秩序和可认知的空间环境。注意创造富有情趣、乡趣、童趣的文化艺术氛围和空间活动场所，以激发老年人群浓浓乡情、悠悠旧情和返璞归真的文化心境。注意营造亲子、亲和空间场所，通过老少同乐、共享天伦的机会，使老年人焕发童心和慈爱之心，使孩童从小体会人生之乐，有助于培育全社会尊老爱幼的良好风尚。

(2) 宗教社区的文化定位。目前在我国城市中尚无真正意义的宗教社区，但由于历史原因或新时期异域文化的影响，出现了一些相对集中的宗教信徒聚居区，如伊斯兰教、基督教、佛教、喇嘛教等泛宗教社区。这些社区由于宗教信仰不同、文化归属感明显不同，不仅在宗教教义、礼仪、风俗上各具特色，而且其社区的景观风貌、空间构成、建筑形式、文化意境上也各有千秋。在对其进行文化定位时宜结合空间环境的策划一并考虑。

以伊斯兰社区、基督教社区为例。①伊斯兰教社区：具有相对严格的宗教教义和外在的文化表相，如人的服饰、饮食、起居、节日（斋月、斋日、古尔邦节等），并影响空间格局、建筑形式、色彩基调、装饰图案等，特别不要忽略水在社区中独特的象征性作用。清真寺往往是社区活动和景观的中心，但要注意朝拜方向（麦加方向）。②基督教社区：具有较严格的宗教教义和不明显的文化表相，但比较重视基督教的重大节日及其相关的庆贺活动，如圣诞节、复活节、感恩节等，某些节日已具有全社会意义。基督教重视去教堂忏悔和礼拜，因此教堂往往成为社区的中心和公众聚合的场所，特别要注意教堂周围室外环境的配合。

随着城市经济进一步融入全球经济，城市文化更加国际化，城市社区多元化特征更加明显，还会产生更多亚文化的社区聚落（如国外的单亲社区、残疾人社区、新新人类社区、CEO 社区、大学生村、艺术村等），构成了现代城市异彩纷呈的文化景观。

【策划案例：石家庄“苹果城”项目文化定位】

1. 苹果城项目定位

纵观整个中国房地产界，定位于文化主题的社区屈指可数。在房地产整体运作水平相对落后的石家庄市更是如数家珍。苹果城的规模并不算大，而石家庄恰恰缺乏为“白领阶层”量身定做的精品楼盘，综合项目地缘文化、市场定位空白和消费者需求三方面因素，将项目定位为“苹果文化主题社区”，不仅与其他项目形成差异化，更具有唯一性和排他性。

作为项目案名的原生创意点——苹果城的缘起是百余亩苹果园。由“苹果园”到“苹果城”，则实现了项目的“完成差异化”，这是一个质的飞跃。

2. 什么是苹果文化

苹果涵盖了与苹果有关的一切事物，包括神秘的、浪漫的、自然的、清新的、时尚的——

其一：富含自由、浪漫、实现自我的精神气质；

其二：具有清新、自然、唯美的生活风格；

其三：向往阳光、健康、注重生命质量和生活品位的思想追求。

3. 苹果文化六大支持系统

(1) 建筑设计系统：三原色的运用，苹果俱乐部等。单体建筑造型简约现代，大面积突显建筑材料的本质色彩，在立面和屋顶的装饰上，采用红、黄、蓝三原色交替运用。红色是爱情色，是苹果的外衣，热烈、奔放、予人激情；蓝色是海洋色，宽容、平静、深沉，象征宇宙的浩瀚和人性的豁达；黄色是太阳色，温暖、明亮，照亮自己更照亮世界。色彩既是生活，在都市灰色平凡的建筑中，苹果城的三原色让人眼睛一亮，生活从此不再平凡。

（2）景观设计系统：主题景观和雕塑、原生苹果树等。例如，社区依托于与苹果有关的神话故事或典故，建造四大主题景观：

伊甸时光——传奇与浪漫；

加州阳光——健康与收获；

牛顿印象——思想与智慧；

水印长滩——自然与快乐。

（3）现场包装系统：售楼部、样板间、看房通道等。

（4）视觉识别应用系统：空间标识与指示系统等。

（5）人文故事系统：伊甸园、牛顿与苹果等。

（6）整合推广系统：广告、新闻、公关促销活动。例如，推广主题：像苹果一样生活。

4. 什么是苹果生活

苹果城打破了旧有规则，用文化一点一滴渗入生活的每一角落，用苹果的浪漫、清新、自然诠释居住，用苹果的传奇故事和神话让我们平凡的生活从此不再平凡。

苹果生活源于：

——渴望：渴望浪漫、渴望健康、渴望自然、渴望阳光、渴望不平凡……

——浪漫：社区保留大量原生苹果树，春天开花，夏天结果，秋天收获，业主可以深切地体味与自然的共生直接感受生命的成长和收获的快乐。

——阳光：阳光室的创造对钢筋水泥里生活的都市人简直是个意外的惊喜。过去建筑者习惯在客厅外面加一个阳台，这种概念就造成了两层空间，使人很难感觉到与自然的结合。苹果城打破惯例做出了一个阳光室，阳光室采用全落地窗，客厅与阳光室之间也是落地窗，这样人在客厅里便可以直接与自然接近。

——自然：在人们的印象中，草坪似乎是不容践踏的，但是，我们仍然会看到一些草坪中有被踩出来的路（那是人们抄近路的行为造成的）。苹果城则顺应了人类这一天性，设计师在花园里做了人字行的快捷路。一些上班族可能没有时间在吃完晚饭陪着老人孩子到社区转转，那么他在上下班的途中也可以从中心绿地穿过，充分感受小区自然清新的环境。真正体现了以人为本（符合人性或人类的自然天性）的设计理念。

——传奇：项目名称与生俱来的亲和力充分拉近了建筑与人的距离，想象生活在美丽的苹果城堡里，自己也成为浪漫传奇故事的一部分，那种美好的感觉是无法言传的。

5. 苹果城推广主题

说起苹果能让您想起什么？站在苹果树下的牛顿？一次撞击闪现了人类不朽的智慧；伊甸园里的亚当、夏娃？偷食禁果，冲破了外力对伟大爱情的禁锢；还是创造苹果电脑的史蒂夫·乔布斯？苹果给予的灵魂，让人类实现了自然、健康、美好的数字生活……

苹果城的主题广告语有两个：一个是“像苹果一样生活”，一个是“生活的浪漫传奇”。

16.2.4 房地产文化定位方法

1. 从楼盘品质定位

楼盘品质决定文化价值。低品质楼盘，消费群体多为农民、工薪阶层、城市低收入者等相对低文化或低收入群体，文化定位时，可从“自立自强、努力拼搏、成功成就”等方面塑造自强上进的文化理念，可给楼盘带来一定的附加值。中品质楼盘，其消费群体构成十分复杂，也注定了他们的文化需求丰富多彩，在文化价值定位上可各不相同，至于定位为灰领、白领或金领文化，甚至时尚文化，这完全取决于开发商的综合素质、经营技巧等方面的能力了。只要定位得当，可以说文化价值最能增加中品质楼盘的附加值，这种楼盘价格差距最大（常常出现银子卖成金子价的现象），可能就是由其文化价值定位是否得当造成的。高品质楼盘，因其消费群体是由具有一些特殊身份的高收入者构成，只要从“身份尊贵、家财万贯、度假休闲”上做文章，文化价值在这种楼盘上的高附加值就会体现得淋漓尽致。

2. 从消费实力上定位

收入高低决定消费能力，虽然可以“用明天的钱享受今天的生活”，但也只能以消费者明天的支付能力为限，开发商也非常清楚地知道这一点。所以，“出门就乘车”“把家安在车站旁”等广告语，其文化价值定位就是“工薪一族”，这种楼盘要畅销只能是低价格或高品质、低总价。如果广告语是“把家安在车轮上”或“让你永不经受塞车之苦”，其文化价值定位就是“有车有房一族”或“白领金领阶层”。

3. 从文化层次上定位

人以群居，物以类聚。人总是希望与自己身份、文化、兴趣爱好等方面基本一致的同类住在一起，以便于接触，甚或沟通交流。当你见到“书香门第，学院人家”“重大门前的家园”等广告语时，这个楼盘一定是为文化人量身定做的。

4. 从年龄结构定位

“三十而立，四十而不惑”，这是古人对人在不同年龄阶段具有不同生活经验所下的结论。同样，选用“时尚男女”“E 性组合”等广告语的楼盘，一定是为年轻而有一定文化、追求时髦生活的青年人准备的。

5. 模糊定位

有的楼盘既可能是高档，也可能是中档，其消费者不管是从收入、年龄、身份、文化层次等方面都难以确切界定，但人们追求天人合一、自然生态的心理始终是一致的。因此，当你见到“居家新概念”“满意生活每一天”等广告语时，一定是指中高档楼盘。

房地产文化定位的应注意的问题：

（1）文化定位是一个双向的、互动的过程。定位分为企业内部定位和在顾客心智中的定位两个步骤，两者之间一定要达成一致。定位过程中，必须要与顾客进行反复的沟通、交流，避免出现错位现象和仅停留在企业内部定位阶段。

（2）文化定位一定要和目标消费群体的文化相融合，真正做到“从群众中来，到群众中去”。定位要从顾客认知出发，以便让顾客切切实实地感觉到文化特色以及自己的利益，而不仅仅是企业自己认定的文化特色和利益。文化定位需要一定的前瞻性，不仅要迎合顾客的文化需求，还要引导顾客的文化需求。但也不能脱离现实，定位过高或定位太超前，只顾盲目追求新异，舍本逐末，最终形成“曲高和寡”的局面；也不能脱离企业的实际能力，使企业无法满足定位的要求，文化定位流于空谈。

（3）文化定位缺乏个性，毫无特色，流于平庸，根本不可能产生竞争优势。个性是无形因素，顾客接受它并认同它，竞争者知道它的存在，却难以成功模仿，这样特色文化才能产生竞争优势。成功的定位一定要具有权威性、排他性、盈利性，能产生别的企业不能学、不敢学和学不会的效果。创造特色需要与众不同的勇气，需要精确把握顾客的文化需求和区域文化的精髓，更需要利用智慧进行创造性的活动。

（4）文化定位最忌讳缺乏实际内涵，空喊口号，炒作概念。如一味滥用“5A 级全智能型”“经典、豪华、绝版”“现代化、多功能”等词语；泛泛空谈什么欧美的生活方式，什么欧陆风情、美国风格等，好像这些就是品位，但实际上那不过是浅显的认识而已，这种认知的偏差是社会的错位，是文化的误解。

（5）现代房地产市场，呼唤具有雄厚文化底蕴和良好文化修养的开发商，塑造高品位的房地产文化，需要高品位的房地产开发商。优秀的开发商必须重视文化积累，传承文明精华，具备超前意识，富于创新精神，才能打造“刻在石头上的史书”的传世之作，使自己的楼盘散发永恒的魅力。

16.3 房地产形象定位

房地产形象或项目形象，在顾客心目中至关重要。一个好的形象，能帮助项目在竞争激烈的环境中脱颖而出；反之，形象较差的楼盘，无论其怎么吆喝，都脱离不了营销失败的境地。因此，进行房地产形象定位，是房地产形象策划的主要内容之一。

16.3.1 形象定位与原则

1. 形象定位

房地产形象定位是指为房地产的具体项目或楼盘塑造一个恰当的公众形象，透过这样的形象体现楼盘的各方面优势和卖点，经过形象的表现和推广，达到房地产项目的营销目的。

房地产项目形象定位与一般商品的形象定位一样，首先承担表现产品，告知信息和塑造形象的功能，最后达到促进销售的目的。但与一般普通商品形象定位相比又有自己的特殊之处。如房地产产品本身比较复杂，不像普通商品一下能介绍清楚，同时消费者购买行为也比较复杂，往往是各种因素综合作用的结果，很少有普通商品的纯功能性购买和冲动性购买。所以，房地产项目形象定位一般都要同时解决项目独特性和整体综合性两个问题，增加了定位的难度。

在我国南方房地产市场中，由于发展商时间较长，市场整体较为成熟，项目主要以表现楼盘整体综合品质的务实型推广为主，一般并不会刻意地进行形象定位。在以北京为代表的北方市场过去大都是卖楼花，在推广中主要靠各种表现项目独特性的不同形象吸引消费者的眼球，导致市场上各种概念横行，给人以务虚的印象。随着房地产市场的不断发展，现在也有越来越多的项目开始卖现房，强调自己的综合性价比，这正是市场不断成熟的表现。但是，由于激烈的市场竞争，特别是在产品本身没有绝对明显优势的情况下，通过一个合适的形象定位来提炼整个项目的各种优势还是非常必要的。

2. 形象定位原则

项目形象定位应遵循以下原则：

（1）项目形象易于展示和传播。例如楼盘命名和广告主题，应有丰富的内涵和优美的表现，应有利于该楼盘的展示和传播。

（2）项目形象定位应与项目产品特征符合。一个好的形象定位可以传递产品品质特征，引发消费者的联想。与产品特征毫无联系的形象定位，或牵强附会的形象定位，对楼盘销售绝无好处。

（3）项目形象定位应与周边的资源条件相符合。例如项目定位于国际化社区必须与周边的资源条件如国际学校、国际俱乐部等相匹配。

（4）项目形象与目标客户群的需求特征符合。项目定位应吻合目标客户的需求，向客户传递产品信息，在客户心目中引发“这就是我要的”的触动和共鸣。

【策划案例：北京9号公寓豪宅项目市场价值形象定位】

北京9号公寓豪宅拥有以下四大优势：

地段：北京城里最好、最贵、最稀缺、最生活的地段。

景观：拥有亚洲最大的城市绿色景观资源。

建筑：北京最具价值感受的建筑形式。

客群：北京乃至全国最顶端的人群。

然后同属一个区域内的跟北京9号公寓同等的顶级豪宅项目也有不少，竞争压力大，形象不突出。如果要超越区内项目达到北京顶级豪宅的市场形象高度，可从两个“最”入手：

NO.1 最高身份地位+最高建筑品质

形象定位：Queens House——与中央公园共流传

我们的建筑：Queens House

我们的地段：皇后达到

我们是皇后的House，具备了皇后的格调和优雅，也懂得皇后的礼仪。

NO.2 最大景观价值+身份属性地位

形象定位：中央公园·大公馆

诠释：想拥有整个北京的富豪是妄想狂，想拥有一座公园的富豪是浪漫的现实主义者。享有整个北京，却不能拥有一片绿海。我们需要一座中央公园。9号公寓，与中央公园共流传。

形象支撑：

1. 绿洲归来——城市的绿洲必将归来，心灵的绿洲必将归来

9号公寓临近320万平方米朝阳公园，浩瀚的绿滋润城市的心灵。9号公寓与城市绿洲融为一体，是绿洲的心灵。

2. 水域奇观——泊心者，必给予心灵的中央公园；泊心者，必给予300万平方米水域奇观

300万平方米湖水与您大厅只有一肩之隔；12层板式建筑，2层起即可观湖，几乎平视观湖的视角。与大湖惺惺相惜的9号公寓，中央公园里的大公馆。

3. 彼岸重现——在东方绿洲，欧罗巴的世界必将重现；当尘埃落定，心灵的彼岸必将重现

浮华者止于财富，就如建筑止于现代。被各色现代建筑保卫的朝阳公园终于引来欧罗巴的经典，为泊心者勾勒一片彼岸美景。

16.3.2 形象定位要求与方法

1. 形象定位要求

房地产项目形象定位关注的不仅仅是房子，而是要以人文关怀的目光，去发现“家的感觉”，发现“心灵的港湾”，发现迷人的风土人情和历史足音，发现全新的更有价值的生活方式。因此，形象定位还要符合以下的要求：

（1）形象定位要善于进行第二次创造。房地产项目形象定位并不是建筑实体简要的说明，它实际上是继建筑师之后对楼盘的二度创造，就像歌唱家拿到歌谱去演唱一样。楼盘进行形象定位后，它能增加楼盘的附加值和无形资产，它能发掘和引导一种市场需求、一种消费观念、一种时尚潮流、一种社会文化乃至提升人的生存境界。所有这些都要充满科学思维和艺术心灵。一个好的形象定位，是一个项目的灵魂，它能够张扬建筑人本主义，构筑人居精神属性，缔造家园对人生的价值。

（2）形象定位要赋予项目的审美愉悦。房地产项目形象定位也应是像诗一样富有审美愉悦。诗意性不仅仅是华丽辞藻、语句形式的诗化，而是艺术和人生的理想境界。项目形象的诗意性在于营造提升一种诗意的人生境界，以拨动顾客的心弦。人类在不断追求新生活的同时，始终存有一种原始而温馨的情愫——对家的眷念，它本质上是诗意的。房地产项目形象要打动顾客，它体现的不能仅仅是房子，而是要营造一个家的氛围和情调。家虽为人的栖身之地，但更是人们情感、精神、个性的寄托和张扬。项目形象定位是简单描述一栋建筑物效用还是描述一种家的感觉，这是形象定位上乘和平庸的区别之一。

（3）形象定位要在项目中体现人文关怀。房地产项目形象定位应该体现人文关怀，对居住商品来说更要如此。特别是在当今社会，都市人往往被“文明病”所缠绕，快节奏、超负荷、拥挤嘈杂的生存环境，对人产生了太多的紧张、压力和疲惫。项目形象定位与改善人的生存境遇深层次的问题联系起来，倡导一种人文关怀，突出楼盘给予居住者的归宿感，其楼盘必定赢得顾客的爱戴。

（4）形象定位要使项目传承历史内涵。为一个新楼进行形象定位，它不仅应告诉顾客楼盘当时的意义和将来的意义，也应该赋予楼盘过去的历史，告诉人文历史的永恒。如北京老城区的项目，形象定位可以从人们的怀旧情结引申楼盘区域的人文历史。富有历史人文色彩的形象定位，可以有效地接近与消费者的距离，引起他们的共鸣。

（5）形象定位要强调项目的品位价值感。所谓“品”即品质、品级、品位、品味。上等的品质、卓越的品级、优雅的品位、隽永的品味，对人的需求都散发着无穷的艺术魅力。所以品位价值感在项目所定为的形象中是一个非常重要的因素。

在当前的形象定位中，比较常见而且比较容易的做法是移植或套用有代表性的高品位名贵产品，或者打造异域风情。如欧式风格、北美风格、地中海风情等。欧式风格的代表是法兰西的绚丽、巴黎的优美，这些都演绎在“雪奈尔”“轩尼诗”“都彭”“卓丹”等名牌商品中。这些商品演化成法国商品独有的风情，具有永恒的价值。因此，房地产市场中经常出现以“法国风情”的形象定位，如“香榭丽舍”“枫丹白露”，通过精雕细琢法式建筑的韵味，满街梧桐绿荫的风姿，遮阳伞下露天咖啡座的浪漫等表现楼盘的上乘的品质，表达楼盘的“完美”，表现楼盘的艺术氛围。

（6）形象定位要注意项目特点和优势的聚焦。放大镜在太阳下，能将阳光聚成焦点，产生很高的温度。房地产项目形象定位也是一种聚焦，通过高度的提炼和概括，将楼盘的各种优点聚焦成顾客关注的热点，引起顾客的兴趣和好感，激发和创造需求，说服顾客改变和建立消费观念，促发购买动机。

项目的卖点给予顾客利益的承诺，有些是直接表现，有些是间接隐含。如房型经济舒适的卖点是显性利益，企业实力信誉的卖点是隐性利益。此外，项目形象定位中体现的是给予顾客利益物质和精神的统一。

【策划案例：苏州××项目形象定位分析】

××项目为苏州市近郊大户型住宅，三面环湖，面积180~450平方米。

产品结构：别墅、Townhouse、多层住宅。

客户特征：平均年龄在35~50岁之间；成熟，稳重；追求时尚、个性的生活情调；收入高；以车代步；讲究身份地位和功利享受；关心权力与财富；喜欢安静环境，倾向郊区化居住生活。职业多数为公务员、企业老板、演艺界人士。

形象定位诉求：深宅大院，富贵人家。

分析：结合产品特征与市场（客户）特征，本项目在形象定位上要体现出高贵、权力、财富的价值展示，适合于外表圆滑、内在成熟稳健的消费者。

在形象定位上，建议项目外立面色彩以金黄色为主；建议户型平面结构为外圆内方，不但三面取景，而且与目标客户的做人做事特点一致：外表圆滑，内在刚强、原则、个性。

在中国的传统观点中，“深宅大院”在某种程度上等于财富与权力的印象已植根于消费者心里。

“深宅大院，富贵人家”能较好地对产品与客户进行诉求。语素简洁，句子工整对仗。

2. 形象定位方法

项目形象定位的方法一般采用头脑风暴法进行。

头脑风暴法又称智力激励法，是由美国创造学家A. F. 奥斯本提出的一种激发创造性思维的方法。

头脑风暴法是一种通过会议的形式，让所有参与者在自由愉快、畅所欲言的气氛中，自由地交换想法或点子，并以此激发与会者创意及灵感，以产生更多创意的方法。具体到项目形象定位来说，就是通过集体开会，进行创意，集思广益，确定楼盘在产品市场与目标客户市场中的差异性价值地位。

16.3.3 形象定位内容

形象定位内容主要包括对产品与客户的诉求。在对产品与客户的卖点罗列以后，要提炼出符合产品与客户特征的诉求，易于楼盘特点传播，引起目标客户的共鸣。

房地产项目形象定位的具体内容有：

（1）项目形象主题。项目形象主题是在项目总主题下的具体化和深化，它是房地产项目形象的抽象化体现。在项目推广过程中，楼盘形象主题体现在标语口号、广告诉求语以及各项推广活动中。

（2）建筑立面形象定位。房地产项目在前期的设计策划和产品策划中，根据市场调研和目标客户群的定位，已经对建筑立面的总体形象进行了定位，但这还不够，在进入营销策划时，还应根据楼盘在此时市场态势的情况下，进行完善和补充，有时还要作一定的修改，使楼盘形象更加丰满和鲜明。这一方面是因为前期定位随着时间的推移，市场会发生变化原因外，另一方面更是为了丰富和提升楼盘的突出形象。

（3）市场推广形象定位。在市场推广过程中，售楼部的布置、户外广告的安排、样板房的格调、现场工地的包装、各种营销活动的展开等等，都要在项目形象定位的基础上进行体现。

（4）视觉识别形象定位。视觉识别是凭借形态、色彩、文字来构建形象的一种可视符号。当文字、形态、色彩等各种信号不断地作用于顾客的视觉时，会引起顾客的注意和激发顾客的心理要求。对视觉识别形象定位，要依据楼盘的形象定位思路，进行具体实施。

【策划案例：北京“巨库”定位境遇分析】

“秀库＋装库＋食库＋玩库，让你的消费体验酷到顶点！”——这就是定位于35岁以下时尚青年的北京“巨库”新青年时尚卖场喊出的响当当的口号。今天又一次成为大家关注的焦点，来自一家媒体的报道说：“刚刚开业4个多月就风光不再，难觅酷劲。”

1. 盈利模式之痛

巨库是在北京嘉信长城小商品批发市场原址改建起来的，作为目前中国绝大部分房地产开发公司，其选择的盈利模式为出售房产。在巨库，卖场的每一层都被精心地划分成了一家一家的小商铺，分开出售小产权，每家小商铺的面积都在七八平方米到二三十平方米之间，这样的商铺总数共有近千家之多。

这种以出售室内产权小商铺的营销方法，从它面市的那一天起就埋下了后患，虽然不乏成功的项目，如万通小商品批发市场，但是绝大多数都以失败告终。如北京的大都市商业街前期发售的2栋楼。广州、深圳更多，在20世纪90年代，由于当时众多炒家疯炒楼花，许多房地产商在楼盘未竣工前就卷款而逃，在全国造成了许多烂尾楼，历史遗留问题至今不能解决。后来许多开发商又尝试用售后返租的办法，通过出售小产权，开发商组建或委托专门的商业管理公司再以合适回报率返租回来，但是又有骗钱的嫌疑。

这种方法之所以失败的主要因素是：一是产权分割出售后很难统一所有投资人的意愿去经营什么，如果要统一投资人的意愿并且能经营起来就会涉及第二个问题，即承诺一个合适的投资回报售后返租。如果出售出去，并且已经招租成功，但要保证投资人长期稳定投资回报，也就是必须保持租户的长期运营的经营成功，但是大量的广告促销费由谁来投入并不明确。因此，巨库非常清楚其面临的死结，在销售过程中尽量回避政策的风险，不惜投入巨额的广告费用以“秀库、装库、食库、玩库”这一非常好的概念解决招商问题，等于给投资人一个投资的预期。

2. 项目定位之痛

战略决定方向，战术决定沿正确方向前进的道路如何走。应该说，巨库的包装在战术营销上非常成功，根据其定位或者说其战略，在概念设计、猫头LOGO、产品的细分策略以及商场内的装修设计等上花费了心思。当然，最用心的要属销售的广告和推广活动，曾经一段时间铺天盖地，据说在此攻势下销售得非常好，价格每平方米达到4～5万元，在北京的任何一个商场或者市场都没有见过如此阵势，即使同时期开始招商和开业的60万平方米的亚洲商业航母——百荣世贸商城与之相比也相形见绌。但是今天的巨库为什么生意如此冷清并出现商户开始退租等情况？重要的原因还是其市场定位，尤其是在客户群定位和形象定位上出现了问题，同时这也是巨库最引以为豪的东西。

在北京的商界，有一个重新定位的经典案例就是甘家口百货商场。20 世纪 90 年代末，新装修开业的甘家口百货商场也开始走时尚、精品的百货店发展方向，但是开业很长一段时间生意冷冷清清。认真地分析后，其商圈范围内人口结构以中老年人居多，其定位不适合该区域的需求，后甘家口百货商场开始进行业种调整，大幅增加中老年人需求的商品，获得了成功。而巨库所在的位置和区域蒋宅口也存在一样的问题，即商圈范围内居民的人口结构与其定位在35 岁以下的新青年刚好是相反的。对于一个 2 万 ~3 万元/平方米的商场或者市场核心商圈半径 3 公里左右，你要吸引全北京的时尚青年来此消费概念上是可行的，但是必须尊重商业规律。

在形象定位方面，其问题主要在市场和商场的冲突上。大家知道，市场吸引的是无差别的消费人群，而巨库不论在目标客户的定位还是以此为基础的形象定位，都是要吸引 35 岁以下新青年，消费客群相对单一，这是一个矛盾。只要略懂一些商业知识的人都知道百货商场卖的是时尚，便利店卖的是时间，而超市和市场卖的就是便宜。价格便宜就需要更高的营业额，需要更多消费人群支撑，既然巨库的定位在市场，但是价格又没有吸引力，就失去了消费基础。如果因为环境好，价格就贵，那消费者完全可以选择去大商场消费。

3. 整体经营之痛

巨库开业后广告投入与前期销售时广告费的大量投入相比，真有天壤之别。前期广告投入因为是卖房，销售与开发商有直接的关系，而后期广告投入是为了经营，收益的主体是商户。就涉及这笔广告投入从哪来里的问题，从正常情况看，主要来源是向商户收取管理费，刚刚开始经营的商户是最不稳定的，如果经营好，租金提高没关系，而一旦商场整体经营不好，就算提前退租，最多损失押金，这也是产权式商铺的死结。

开发商关心的是是否好卖，价格能否达到预期，从现在的情况看，开发商已经达到了目的，对投资巨库商铺的人，现在矛盾还没有暴露，一旦到绝大部分经营户生意不好并且开始退租的时候，所有的矛盾都将集中释放。室内产权商铺从它出现的那一天就没有解开这个死结，我们不能把前提条件建立在未来这个项目肯定能经营起来并且能赚钱的基础上，因为问题只有在失败后才能暴露，而产权商铺失败了就没有好的良方。因为这种事件主体的任何三方从没有像一个真正的商业零售企业会用心考虑最终赚钱的来源——消费者。

16.4 楼盘命名策划

16.4.1 楼盘命名的重要性

楼盘的名称即案名。“名”有多层意思，常见有两层：第一层是称谓、代号，可以说是识别，是名的原始意义；第二层意思是指荣誉、声誉或头衔之类。一旦第一层次的“名”与品质发生关系，或达到与品质的交融境界，“名”就会受到社会的关注，就上升到第二个层次，就成了一种标示、一种品牌、一种性格、一种炫耀，就有了附加值。“名”不仅成为人或物身份的符号，更是价值的代号。

名字是一种符号。一串好的符号，有时价值连城。正如古人云：予人千金，不如赐子一名。自从进入人类信息社会，特别是互联网出现以来，符号、概念已越来越重要，越来越为企业所重视。

楼盘命名的重要性体现在：

1. 楼盘名字是市场核心定位的反映

随着策划机构介入，房地产开发日趋规范，在楼盘的市场定位完成以后，楼盘命名就是市场核心定位的反映。楼盘名称或文化底蕴深厚，或意味深长，或灌输新居住理念，或反映地域特征，或展示品牌形象，或诉说亲情温馨，总之与楼盘定位紧密相关。

2. 楼盘名字是市场的第一驱动力

楼盘名称是面向市场的第一诉求。一个极具亲和力、给人以审美愉悦的楼盘名称，可让客户产生第一印象，并会强化置业者的第一印象，虽然未必起决定性的作用，但富有内涵的案名，至少可吸引目标客户对楼盘本身的关注，以至于引发现场看房的欲望。成功的案名使全程策划与营销战略事倍功半。

3. 楼盘名字是给置业者的心理暗示

案名的第一印象，贯穿于房地产营销的始终，甚至在整个看房、选房、签约的过程中，都发挥着潜移默化的作用，它的功能性、标识性、亲和力都会给顾客以强烈的心理暗示与鼓动。

4. 楼盘名字是开发商给置业者的承诺

楼盘名称实际上是开发商为自己楼盘向置业者的公开承诺，开发商既要使楼盘属性、功能与楼盘名称相一致，而且要保证名实相符——案名引发置业者美丽的憧憬与楼盘的现实存在相一致。

5. 楼盘名字是楼盘市场品牌的昭示

好的楼盘名称有横空出世与非同凡响之感，当它获得置业者的喜爱和认同时，就可以起到促进销售的效果，甚至可以成为品牌，这对于大型住宅区的后期销售至关重要、意义重大。

【策划史料：楼名见证中国楼市】

1. 浓缩的房地产演进史

纵观中国楼市十多年的楼名的演化，就是另一种意义的浓缩的房地产演进史，构成了中国房地产业发展历程中一个饶有兴味的文化现象，这里试以举例略说：

文锦花园——深圳第一次公开招标出让土地上建造商品住宅的楼名，标志着中国房地产业进入了土地批租的全新发展阶段。

文锦花园地块于1987年11月25日属全国首次公开招标出让；文锦花园相关链接楼名有上海太阳广场；1988年8月8日上海属全国首次以国际招标形式出让虹桥开发区第26号地块，所建楼盘楼名为太阳广场。从这以后，中国各大城市土地批租蓬勃兴起，成为中国第一轮房地产热潮主要热点。

庐山名人别墅——最具名人色彩的楼名，印证中国房地产轮回变迁的虚热泡沫。

1992年夏末初秋，庐山管理局宣布：出让庐山21幢名人别墅50年使用权。1992年9月18日香港运通年投资有限公司一举夺得该项目的改造和转让权。台湾华晟广告公司为此推出的广告一鸣惊人："蒋介石失去的，毛泽东得到的，全都卖给你"。然而，庐山名人别墅两年中无一幢成交，项目从此搁浅。庐山名人别墅相关链接楼名有北京玫瑰园别墅，三亚万国旅游城等烂尾楼盘。

罗马花园——上海早期以欧洲城市命名的楼名，预示中国房地产楼盘欧陆风情纷至沓来。

1992下半年到1993年，上海古北新区三区19A号地块冠以罗马花园楼名的广告频繁出现在上海、香港等各大报纸媒体上，尔后各地以欧洲城市命名或以欧美理念命名的楼盘大量涌现，仅在上海古北新区就有巴黎花园、里昂花园、马塞花园、雅典花园、鹿特丹花园、维也纳广场、维多利亚大厦。

万科城市花园——跨地域以企业名称为前缀的楼名，引领中国房地产企业人文精神的万科模式。

1992年底，深圳万科企业股份有限公司在上海率先开发中档住宅小区"城市花园"，以后万科城市花园又在北京、天津、沈阳等各大城市开发。万科城市花园开发理念是："不以盈利为唯一目标，也不只是单纯为顾客提供居住场所，而是从满足现代人追求舒适、便利、完美的需求出发，旨在推销一种人类生存及生活的方式。"万科城市花园以楼盘开发理念体现企业的人文精神，并成为一种企业模式引领中国房地产企业人文精神。

现代城——北京SOHO概念楼名，开创中国房地产业新经济时代居住样式。

1996年潘石屹开发北京CBD区域内的现代城，并引入SOHO概念。SOHO是"Small Office Home Office"的缩写，从字面理解是小型家庭办公的意思。现代城SOHO概念的运用，是新经济时代通过信息技术在家里实现居住和办公的双重功能。现代城开发上具有超前地位的设计理念，用现代城广告语言来说："有点前卫，有点另类。"潘石屹在SOHO现代城的基础上，又在北京CBD核心区域开发建外SOHO。

SOHO的概念又走出了北京，风靡全国。

奥林匹克花园——跨地域体育运动楼名，打造中国房地产业连锁经营的复合地产。

坐落在广州洛溪地区的广州奥林匹克花园1999年初开始建设，当年开发、当年销售，掀起了"奥林匹克花园旋风"。奥林匹克花园以奥林匹克内涵为主线，以运动与健康为特色和先导，将奥林匹克这种源于体育的生活哲学与社区文化相结合，形成了复合地产。继广州奥园之后，番禺奥园、南国奥园、上海奥园、天津奥园、北京奥园相继诞生，成为连锁经营发展的势态。

祈福新村——广东番禺超级大盘楼名，领衔中国房地产叱咤风云的华南板块。

祈福新村，有"中国第一村"之说。开广州华南板块"大盘时代"之先河，无论在开发时间和规模上都处于领先地位。

2000年5月1日位于广州番禺华南快速干线之侧华南碧桂园成功开盘，标志华南板块整体崛起。2001年以来，在广州番禺10万平方千米的土地上，8个超千亩甚至几千亩的超级大盘同时开发和销售，这在中国房地产发展史上是空前的。华南板块的起点、规模、速度、开发运作、营销广告，给中国房地产带来巨大的冲击，必将深刻影响中国房地产未来进程。

华南板块楼盘楼名和占地面积：祈福新村，433万平方米。锦绣香江花园，297平方米。广州雅居乐，233万平方米。华南新城，210万平方米。华南碧桂园，173万平方米。广州地花园，106 万平方米。星河湾，80 万平方米。南国奥林匹克花园，68 万平方米。

都会 100 ——深圳具有强烈都市色彩的住宅楼名，领跑中国房地产业新都市主义或者说新城市主义发展潮流。

都会 100 位于深圳繁华的商务和商业区内，2001 年春季率先树起“新都市主义”旗号，从楼盘定位到建筑设计，再到营销广告推广，“新都市主义”既是对都会 100 的理论指引，也是引人注目的推广理念。它所带来的新都市主义与郊区化之争鸣，成为消费者关心的话题，引起业界、传媒很大的关注。2001 年夏季，广州城区和非城区的一些楼盘也都聚集在新都市主义旗号下。从这以后全国各地都有楼盘高扬新都市主义大旗，南京栖霞建设集团总裁陈兴汉撰文《新城市生活主义是我们面临建筑时代到来的前瞻性开发理论》。

中国房地产业新都市主义思潮的兴起从思想渊源上来说是 20 世纪 80 年代美国新都市主义建筑思潮中国化，它不局限于突出诸如立面、房型、景观、配套、风格等方面提升住宅开发水准，而是从城市变迁、人性尺度、居住功能、生活方式等互相关联营造全新的住宅社区。

2. 楼名演化的一个切面

（1）深圳的亲水住宅楼名。我们从中国楼市十多年的楼名的演化作一个切面，会选择亲水住宅楼名作一个楼名演化的横向探究。水是大自然的母亲，《易经》说：“水润利万物，得水为上。”水是绚丽的，水是多情的，中国楼市亲水住宅楼名是意味深长的。我们还是首先从深圳说起。

深圳，从地理位置来说，大半个城市被优美曲折的海岸线所包围，它是一个“海滨城市”。更难能可贵的是深圳发展商和广告人以海洋般的激情，为滨海或其他亲水住宅取了一个又一个如此令人心仪的楼名，使我们陶醉于那连绵不断的海岸，那一望无际的蓝天白云大海，那海风、海浪、沙滩、海上的日出和夕阳……

我们就像海边拾贝的孩童，捡起那浸润着海洋气息的楼名：蔚蓝海岸，蓝月湾畔，金域蓝湾，蓝漪花园，东海岸，东海花园，浪琴屿花园，创世纪滨海花园，水云间，晴海洲，海洋之心，御海湾山庄，华侨海景山庄……

（2）上海的亲水住宅楼名。上海，波光潋滟的黄浦江，水流变清的苏州河，还有那城中、城郊众多的水系，是一座“东方水都”。上海的亲水住宅楼名风格多样，有朴实无华、有妙笔生花：新外滩花苑，名门滨江苑，世茂滨江花园，水景苑，水岸茗苑，东方塞纳，半岛水花园，中远两湾城，明月清泉，云间水庄，九溪十八岛，阳光爱琴海。

（3）北京的亲水住宅楼名。北京，世界上最缺水的城市之一，但北京人亲水的情结却分外浓郁，搜房网评出的北京十大水景住宅发出了联合宣言：“让世界更美丽，珍爱水资源，”北京的亲水住宅楼名特别具有诗情画意：上河村，竹溪园，纳帕溪谷，水榭花都，翠堤春晓，陶然湖景，渡水山庄，湖光山舍，康桥水郡，山水倾城，涧桥泊屋馆，莱蒙湖别墅……

16.4.2 楼盘命名的要求

楼盘广告往往大而醒目，且宣传持久而集中，人们不论购房与否都会被其庞大的气势所吸引。因此，构思巧妙的楼盘名称，不仅能强烈地吸引人们的注意力，激发关注者的联想，而且能使关注者不自觉地为它赋予新的内容，从而引发潜在用户对楼盘的关注与向往，这无疑会给楼盘销售带来好的影响。

楼盘命名就像给人起名字，虽然尽可由策划人员依据本案的地理位置、周边环境、竞争楼盘特色、总体规划、风格品位、历史脉络、风土人情等自由创意发挥，但要起一个寓意贴切、涵盖深邃、新鲜贴切的好名字却很难，楼盘命名的具体要求有：

1. 特色命名，个性突出

楼盘命名要体现小区、楼盘的差异性、与众不同，才能富有创意，气派、响亮、吉利而不落俗套。命名时要与市场形象定位相吻合，不能独出心裁而脱离楼盘的形象，造成名不副实。一个好的名字，要易记、易念、易识、显著、简单。这样的名字标识性强、个性突出、并突出房地产的特征，可以增强楼盘的销售力，提高销售率。楼盘名称标识性强，个性突出，要体现楼盘的差异性及与众不同，并与市场形象定位相吻合。命名时，可以强调楼盘的地理，如“虹口典范”；人文，如“汉唐龙脉”；环境，如“云间水庄”；品牌，如“紫薇花园”“万科星园”；楼盘的定位，如“唐御康城”（功能定位）、“北美经典”（风格定位）、“钻石王朝”（目标市场定位——高收入阶层）、“万家灯火”（目标市场定位——普通收入阶层）等。

楼盘命名要打破惯例，尽量避免以“××花园”“××公寓”“××广场”“××大厦”“××小区”“××中心”等形式，或地名、街区名命名楼盘，既俗套，又容易雷同，而且不易起出富有特色的名称。

2. 古为今用，传承文化

楼盘命名可以借鉴古代文化精髓，内涵积极，能传达正面信息，并能启发联想。近来楼盘命名以“村”“庭”“居”“庄”“阁”“轩”等为后缀似有上升趋势，这些后缀，文化品位较高，虽然同样古老，却没有腐朽气，有老子、庄子的神秘飘逸感，如“××村”给人以群体归属感，“××庭”给人以高尚独立感、“××居”悠闲潇洒的空灵感、“××庄”回归自然颐养天年感、“××庐”格调文化的品位感。但“村”“庭”“庄”适宜大型住宅区，而“居”“阁”“轩”适宜于组团命名或独立、小型楼盘。

楼盘命名应富有时代气息，除非楼盘定位情况特殊，尽量少用不为大众所熟知的字眼，如“××邸”“××峰”“××第”“××台”“××堡”“××坊”等。这些后缀，古老而悠久，盛载着厚重的历史与文化，但缺乏时代气息，带给人的心理暗示是灰暗、封闭和缺少阳光的感觉，大型住宅区尤不适宜采用。

3. 好念、好记，寓意美好

尽管楼盘命名时有很大的自由度，可以充分发挥人的想象力和灵感，但含义是必须考虑的首要因素。在我国，由于受汉语表意性质的制约，使人们养成了“顾名思义”的心理定式。因此，楼盘名称还要从义、音、形上进行综合审视，要好记、好念、好听、好看。义，要寓意美好、令人遐想、避免歧义；音，要平仄适当、避免拗口、利于传播；形，要印、草皆宜、大小清晰、搭配美观，如“唐园新苑”“缘源园”等。

4. 中西合璧，超凡脱俗

楼盘命名在字面、寓意方面既要有地域特色的温馨感和亲和力，又要具有异域文化的时尚和感染力。中西合璧，超凡脱俗，富有新意，则楼盘就更加富于吸引力。地域特色包括两个方面，一是本地文化，一是异域文化。本地文化有较强的亲和力和人情味，但往往腐朽、落后和缺乏新意，不能满足人们对外界文化的天然追求心理。异域文化新颖、时尚、感染力强，但又易于画虎类犬，脱离地域特点，案名容易名实不副，以“阅（悦）海豪庭”为例，案名很港台化，最适宜于广东沿海，次适宜于江浙沿海，山东也还勉强（“阅海”尚可，“豪庭”勉强），辽宁就值得探讨，用于西北则贻笑大方，且不说无海可阅（悦），经济收入也“豪”不起来，给人以“土财主”的感觉。

5. 名实相副，内外一致

楼盘名称不仅要与楼盘属性相副，而且要名实相副。如普通住宅却命名“××国际”、经济适用房却命名“××豪苑”，使目标用户望而生畏，“以为神”；而高收入阶层容易认为是“挂羊头卖狗肉”，使开发商丧失信誉；如别墅本是成功人士社会经济地位的象征，楼盘命名要高贵显赫，让居住者感到荣耀和骄傲。若命名“福来花园”“××人家”“××新世纪”，就不能满足成功者被周边尊重、被社会承认的心理需要；如铺块草坪起名“绿洲”，挖坑灌水起名“湖光”，开渠堆丘命名“山水”等，这种名实不副的楼盘不仅在置业者心中造成极大的期望落差，在市场上也就同时丧失了置信度与号召力。

6. 锁定客户，突出卖点

楼盘名称要起到筛分客户的作用，因此命名要与楼盘卖点相副，如以贵族帝王式、欧美名胜式命名的楼盘，则多为高收入阶层的公寓或别墅；以福禄寿传统式、温馨亲切式、风花雪月式命名的楼盘，则多为廉价的平民化住宅或经济适用房；山水风光式面对的是收入中上等阶层要求提升居住质量的高尚住宅；亭台楼阁古典式则对的是文化层次较高的职业者，以“阁”“轩”多为单幢多层、小高层建筑；“大厦”“中心”“广场”多为商务或商住单幢或双体高层、超高层建筑；“公寓”多为商住单幢多层、高层建筑；“苑”“园”多为普通住宅；“庐”“第”“邸”多为高级住宅……

7. 传递信息，凸现优势

楼盘要取得销售成功，要凸现楼盘自己具有而其他竞争楼盘所没有的、且又为广大购房者所接受的产品优势点，楼盘名称作为载体可以突出和强化这些优势点，而以地名标示的，如“兴庆小区”“柿园新村”等，或以建筑标示，如“青龙小区”等，或以功能标示的，如“××证券大厦”，这样的命名只是告诉一般信息，并不是营销手段的一部分。

8. 揣摩心理，昭示价值

不同的区域、不同的定位，就会有不同的顾客，而不同的客户就有不同的格调、品味和价值取向。因此，好的案名必须蕴藏着业主和开发商对产品价值观和文化取向的暗示，迎合目标客户的心理，做到案名与产品一体化。若开发商不了解自己的定位与产品价值导向，不了解客户心理，营销就达不到预期的效果。有时顾客在买房时，小区的名称非常重要，如“非常男女”“非常宿舍”案名，年轻时会感到时尚；人到中年，还住在这个地方就觉得没面子。所以，开发商在命名时，不仅应该考虑业主的今天，还要考虑业主的明天。

9. 物以类别，依人造势

物业不同，所表达的建筑语言和建筑风格不同，就会产生不同的效果，人们会有不同的体会。不同楼盘、不同案名提供给客户不同的需求。一个好的案名，要能够准确传达物业功能属性的暗示信息，命名时要以物业类别，依人造势，灵活命名，避免小气或夸张。台湾地产界曾总结出不同类型物业的案名特征：“写字楼要霸气”，因为写字楼是为企业服务的，大多数企业要品牌、要大气、要实力，“霸气”与之是合拍的；“别墅要雅气”，因为别墅环境很重要，案名要传递环境特征和人们住别墅的感受，其主题是优雅、超脱，摆脱喧闹的城市生活；公寓住宅是“家”的概念，家庭气氛浓，要有温馨和人情味，是符合产品属性的。

【策划案例：“苹果社区 PINGOD” 案名诠释】

1. 天堂的果实：人类生命的原动力正是源于这颗被亚当和夏娃偷食的禁果。

2. 树上树下的智慧：因为有了那颗掉在牛顿脑袋上的苹果，人类才迈出克服地球引力的一大步。

3. 不动声色的浪漫：苹果的丰硕、圆润和不动声色的浪漫，正是中产阶层和小资人群从外在品味到内心快乐的真实表象。

4. 生长在 CBD 的苹果：在 CBD，苹果已成为现代化时尚的代名词，只有在郊区才会被还原为一种普通的农产品。所以苹果具有排他性，仅适用于中国北京的 CBD。

5. 觉悟人群的价值观：英文案名 PINGOD 是中文苹果的音译，由 PIN（个人身份识码）和 GOD（上帝）组成，是今天觉悟人群的价值观……上帝是每一个人，每一个人是上帝。

16.4.3 楼盘名称的分类

楼盘名称可按如下分类：

1. 以楼盘名称的内容来分：

（1）地段位置类。就地取材是这类案名的最大特点，案名直观地反映了楼盘的区域，以独特的黄金地段吸引目标客户。如“朝阳园”“贡院六号”“三环新城”“正阳小区”“东海岸”“徐汇苑”“徐家汇花园”“新外滩花园”“陆家嘴国际华城”“浦江花苑”等。

（2）异域风情类。这类楼盘多以极具欧美风情的名称，来提升楼盘的文化品位，旨在用一种命名的方法改变买房人的平淡生活，让国人足不出户便可领略异国风情，通过楼盘把曾经的出国梦想变成现实，让“海归派”的“海派情结”在此诠释演绎。如“米兰天空”“米兰寓所”“橘郡”“格林小镇”“罗马花园”“英伦花园”“柏林爱乐”“欧陆经典”“维也纳森林”“金色维也纳”“阳光曼哈顿”“阳光加州”“雪梨澳乡”“东方夏威夷”等。

（3）田园山水类。这类案名多以富有诗情画意的山水字眼，勾勒出迷人的田园风光，让人遐想无限，满足生活在喧嚣都市中的人们回归自然、返朴归真的愿望。如“江南山水”“锦绣江南”“水清木华”“风林绿洲”“碧水云天”“阳光棕榈园”“桃源居”“枫林雅苑”“阳光翠竹苑”“秋水云庐”等。

（4）财富尊贵类。财富是社会地位和实力的象征，身份显贵、家境殷实的社会群体需要彰显价值的豪宅。其常用的豪、金、银、华、帝、皇等字眼，让人联想起业主的富足和高贵。如“北京财富中心”“新银座”“紫荆豪庭”“财智中心”“王府世纪”“荣宁园”“富贵园”“时代金领”“金都王府”“御景华城”“华鼎世家”等。

（5）前卫时尚类。此类案名极尽个性张扬之能事，领时代风气之先。如“花样年华”“香域中央”“锋尚”“新风尚”“未来窗”“大宅门”“公馆·艺术·生活”“非常宿舍”“非常男女”“一间房”“自由自宅”“格力 H_2O”“玲珑 1.8”“上城 UPTOWN”等。

2. 以楼盘名称的形式来分：

（1）楼盘总名。即楼盘的总体名称，它是宣传推广的主要名称。

（2）建筑（单体）名称。即每栋楼的具体名称，可以用汉文、英文、阿拉伯数字来命名。

（3）道路名称。即楼盘内各条小区道路的名称。

（4）组团名称。对于一些大盘，往往分为几个组团建设，在总体楼名下，每个组团还要进行具体命名，以作区别。

【策划案例：“理想0769”的命名】

东莞的电话区号是0769，就有楼盘叫作“理想0769”，突出地方特色。同时，项目形象定位为：智慧的、灵活的、创意的、变幻无穷的、丰富多彩的……“理想0769”建筑造型为边长12米的魔方造型建筑，外立面由6种颜色的九方格色块组成，每面分别排列有数字0、7、6、9，意在将东莞比喻为一个魔方般精彩变幻的城市，将“理想0769”打造为魔方般丰富多彩的社区。建筑师把该建筑叫作：东莞魔方。

16.4.4 楼盘命名的方法

近十年来，房地产发展商迅速，式样各异、数量众多的楼盘小区大量涌现，五彩斑驳的楼盘名称随处可见，满足了人们的居住生活要求，也丰富了社区文化和人们的精神生活要求。综合全国各地楼盘名称，主要有以下几种命名方法。

1. 地理位置命名法

地理位置是房地产营销策划的一个硬性指标，如果项目本身有很强的地理位置优势，命名时就可以考虑添加位置标示性词组，向客户传达项目所在位置、产品属性等主要信息，让人们听到或看到后，一目了然。如“朝阳园（北京）”“庐山花园（南昌）”等，地理位置优势显现。这些位置的经济价值和人文价值在当地顾客心目中已成定势，开发商是把其楼盘名称作为主要的营销手段之一来命名的，迎合了顾客的消费心理，体现了区位的经济价值和人文价值在当地顾客心目中心理定位。

2. 品牌形象命名法

突出产品生产者的字号和信誉，突出品牌形象，加深消费者对企业的全面认识。以企业品牌名称命名，可达到以最少的广告投入获得最佳的传播效果。如“万科·城市花园”“万科·四季花园”的命名采用的就是这种方法。

尤其是其他行业转行搞房地产的，建议采用“企业+项目”的形式，便于地产企业形象的统一，集中体现资金、技术、产品，减少营销成本，易于迅速被消费者接受。如美的集团，其操作的楼盘就叫“美的海岸花园”。这种形式是企业的各种品牌利益紧紧联系，促使企业自上到下、自下到上顾大局，重声誉，树立维护品牌与共同承担品牌风险的责任感。

3. 楼盘连锁命名法

由于先期开发的楼盘得到了市场认可，取得了成功，则可以将品牌楼盘名称与地域名称结合统一。统一后的名称作为标示性品牌。通过个性宣扬，口碑传播，为顾客对楼盘的初步感性认识提供了鲜明的引导。楼盘连锁命名法对于品牌楼盘的宣传和企业品牌的提升，都有积极的正向作用，加强了企业和楼盘的影响力与知名度。如“广州奥林匹克花园”“北京奥林匹克花园”；“广州碧桂园”“南海碧桂园”，等等。

4. 楼盘特色命名法

名字是楼盘最基础的体现，命名是能体现楼盘的特色可以反映楼盘的个性。一般来说，一个楼盘的营销策略都会有一个重要宣传点，此即项目的主卖点，配以完善的市政配套设施、浓郁的文化底蕴等向顾客传达、引导一种新的居住理念。如具有欧陆特色的“欧陆经典”“英伦名苑”“爱丁堡”等，体现了顾客追求时尚、希望享受一种异域情调的心理。

5. 目标客户命名法

每一个房地产项目都有其特定的目标客户群体。有的开发商对新开楼盘的命名，是锁定顾客群体，根据目标客户群体的特征来命名，使楼盘名字与顾客的身份特征相符，也是销售楼盘成功的有效方法。如“苹果园”“钻石王”（目标客户定位为高收入阶层）、“万家灯火”（普通收入阶层）、“逸翠雅居”（目标客户定位为教师、医生等知识分子，文化气息较重）等。对于这些以目标客户特征命名的案例，客户的心理感受是倾向于寻找阶层群体感觉，寻找归属感，显现高尚身份的感觉或家的温馨感觉。

6. 名称字数命名法

楼盘的命名就如同起人名一样，命名时采用两个、三个、四个字甚至更多字，要根据实际情况，仔细斟酌定夺。若用两个字命名，如“橘郡”“新村”等，给客户以简洁响亮的感受；相对于两个字的案名而言，三四个字的案名在起名时则有着不同的要求。若用三个字的案名，如“碧桂园”“世纪城”“文秀阁”“盛唐苑”“太阳园”等，给客户的感受是整体感强，读起来朗朗上口。而四个及四个字以上的案名，则要求名称意义的传达更为完善，以展示项目本身的特色为主，如“欧陆经典”（强调楼盘的风格特征）、“海湾豪景”“大西洋海景城”（强调项目所体现的海洋特色）等。这些都可以称之为优秀案名的范例。

7. 民族特色命名法

楼盘名称多富于民族民间色彩，在音、形、义上讲究民族风俗和地方特色。可以考虑蕴涵“王者、贵族、财富、丰茂、和顺、大业”等寓意。有历史标示型，以古代帝王名家命名，令人引起思古之幽情，楼盘名字中出现“帝”“王”“御”“龙”等字，如“帝景苑”“万顺御花园”等；有吉利标示型，以吉祥如意或名利双收命名，让人仿佛能沾点福气，如“三箭·吉祥苑”等。

8. 中西合璧命名法

许多楼盘命名取自国外与国内风景优美、风光宜人地命名，中西结合、五彩缤纷让人如置身于异国或异地风情中，如“优诗美地花园”。

9. 时尚创意命名法

此类命名讲究时尚创意，领先时代潮流。楼名怪异，字义艰涩，追求新潮，如“未来窗”“自由自宅”“城市33”等。无论名字普通还是怪异，重要的是楼盘名称应具备自己的独特性，能产生“案名效应”。

【策划案例：楼名诠释——画意居与波托菲诺】

1. 画意居——演绎益田花园艺术地产

画意居，作为深圳益田花园三期楼名的涵义是“把家安在世界名画里”，并根据荷兰著名画家凡·高五幅名画的意念命名为太阳花广场、晨曦庭园、春之庭园、田园情致、乡野风光五个景区。

益田花园，曾引领深圳房地产建筑形式的变革，1995年益田花园一期作为深圳楼盘欧陆风格的始作俑者推向市场后引起很大的轰动，引发了深圳欧风楼盘的风行。2001年益田花园三期取名为画意居，演绎艺术地产居家概念。

发展商聘请贝尔高林公司对画意居的小区景观进行设计：将画意居近2万平方米小区根据五个景区的命名营造成五个主题景区，分别采用凡·高五幅名画作为景区的创造蓝本，整个小区宛如铺在地上的五幅名画。如太阳花广场以凡·高太阳花为主题，以黄色的花卉作为主打花卉造景。再如春之庭园，以凡·高作品中风车作主线，以兰花、荷兰花卉作点缀，把人带入古典的欧洲城镇文化中去……

画意居演绎益田花园艺术概念地产基本思路是：把艺术和地产和谐地统一起来，把艺术植入建筑、园林，将艺术美引入人们的生活继而成为生活的一部分，以此来提高人们的生活品位和艺术格调，从而拥有艺术的人生。

2. 波托菲诺——演绎华侨城旅游地产波托菲诺，意大利著名滨海旅游小镇 Portofino 的译音。

这里背靠群山绿荫繁密，面临大海碧波浩渺，帆船三三两两，进出港湾，大海的热情澎湃和港湾的温柔宁静在这里交汇，洋溢着迷人的意大利风情。

深圳，华侨城——旅游城。十多年来，华侨城建造了闻名中外的锦绣中华、中国民俗文化村、世界之窗、欢乐谷四大主题公园和其他各种旅游项目。华侨城期望旅游能与房地产业互动，形成先由旅游起步，旅游带靓环境，环境带旺地产的旅游地产发展道路。

2001 年深圳华侨城，谛诺山下，燕栖湖畔，一座占地 80 万平方米，建筑面积 108 万平方米的住宅区正撩开面纱，它取名为波托菲诺，以意大利滨海旅游小镇 Portofino 为蓝本，结合华侨城旅游文化、自然山水等特点，打造旅游地产大型居住社区。

波托菲诺，演绎华侨城旅游概念地产。这种旅游概念地产是对传统旅游地产的一种延伸。旅游地产，原指依托周边丰富的旅游资源（包括自然景区、人造景区），为实现度假休闲功能而开发建设及经营运作的房地产项目，它是一种集投资与消费一体的物业。波托菲诺所演绎的华侨城旅游概念地产，更多的是表现一种“旅游文化特色高尚住宅区”。

16.4.5 楼盘命名的误区

在楼盘命名的过程中，一些策划人员由于对命名的内涵把握不准，或技能不娴熟，或故意炒作，常常出现以下误区。

1. 割裂历史，缺乏文化底蕴

优秀的楼盘是凝固的音乐，是文化的容器，是浓缩的历史，是洞察城市的一扇窗口。而案名正是楼盘实现上述功能的一个重要载体。可惜的是，相当一部分楼盘在命名时忽视了这些构成文化底蕴的元素。无视历史积淀和地域文化，贪大求洋，重今轻古，是古非今者比比皆是。于是，各类洋名在楼市大行其道，至尊至贵至荣的所谓大名、豪名在楼盘命名中大肆泛滥。这些看似文化味极浓的名称，其实与楼盘的风格、环境等大相径庭，格格不入，压根就不相配，实无文化底蕴可言。

2. 朝名夕改，一案多名

在北京、上海等地一案两名的现象十分普遍，有的甚至一案多名。一方面，楼盘案名和地名管理部门审批的名称常常是不同的。管理部门审批、登记的地名绝大多数都不是开发商推广的众所周知的案名。结果是，审批归审批，推广案名归推广案名，二者各行其是。另一方面，案名“变脸”时有发生。不少开发商的楼盘一旦营销不畅，第一件事就是让项目改名换姓，以求起死回生，每每灵验。走在大街上，昨天还是××花园、××小区，今天便摇身一变成了××经典、××广场，不知内情者还以为是又上了一个新项目。

3. 竞相模仿，克隆雷同现象严重

一是同城之内克隆成风，二是不同城市之间也互相克隆。初步统计，全国仅一、二线城市，案名与“香榭里”相同或相似的就不下50个。由此，因案名重复引起的侵权法律纠纷时有发生。沸沸扬扬的“香榭里”商标案、“奥园”商标案纠纷即是明证。

4. 名不副实，哗众取宠

现在不少楼盘“夸夸其名”，有名无实，“广场无场、商城无城、花园无花”的现象十分普遍。名为“花苑”，绿化率却不足20%；名为“广场”，露天公共场地面积只有区区数百平方米；名为“城”，建筑面积却只有2万~3万平方米。大厦、广场、中心、花园、山庄、商城等通用名称的具体内涵和命名标准熟视无睹，肆意篡改。其结果是，所谓“广场”可能就是一栋楼，所谓“豪庭”可能同普通大厦没有什么区别，至于冠以“东方曼哈顿”“柏林春天”“阳光巴黎”之名旨在提升“品位”的楼盘，也可能全无半点“异国风情”，不过是营销的“噱头”而已。

5. 另类化趋势严重，意义含混不清

有的开发商为了吸引客户，不顾国情和楼盘本身品位，让一些怪诞的楼盘名称走向市场。“左岸公社”“甲方乙方”“一栋洋房”“一间房”“一幅画卷”“威凯星期八”“飘HOME”“恋曲70”，这些案名酷则酷矣，个性且前卫，惜乎受众不知所云。“非常宿舍”“非常男女”“非常空间”……一时之间，北京楼市到处“非常”了起来，但究竟如何“非常”，恐怕只有开发商自己知晓。

6. 故意西洋化，与楼盘格调不一致

很多楼盘取了一个西洋化的名称，是希望给购房者带来置身世界名城之内的感觉，同时提升自己楼盘的“品位”。但是楼盘本身没有一点“异国风情”，楼盘的设施、格调与其他楼盘没什么两样，容易使公众产生“挂羊头卖狗肉”的嫌疑，使开发商丧失信誉。走出误区的最好方法就是：加强人性化的意识，强调从生活细节开始，以符合人的行为方式包括生活方式为最高规划准则，为人们提供合理的人性化的“居住空间”，并赋予其现代精神、人性化、个性化的生活方式与价值，营造以人为本的格调家园。

7. 低俗直白化，与楼盘定位不一致

有的楼盘的目标市场定位明明是经济适用房，却一味追求高贵显赫，偏偏要命名为“某某豪庭”“某某洋城”，不但显得俗气，而且还使得目标公众望而却步。要走出误区，就要加强高雅化的意识，即在房屋开发、命名过程中，引入文化概念，提升文化品位。

【策划故事：洋地名覆灭记】

某年某月某日，某开发商老F在当地媒体上打出了一则大大的征名广告：一字千金，名利双收；开盘在即，郑重征名。

广告称开发商老F斥巨资为其即将开盘的商务楼征名，中奖者奖品是100平方米的写字间，价值50万元，评奖委员会有专家学者、准业主、开发商共同组成，公证处公证。

此广告一出顿时吸引了无数人的眼球——有钱的，没钱的，有房的，没房的，无不奢想着把这个奖拿下来。于是，一封封满怀期待与希望的信，一个一个精雕细琢的楼盘名称雪片般飞到开发商老F的案头，目标不外一个：获奖，获奖，获奖！

开发商老F学问不是太深，好多名称看不懂，只好听秘书讲解，边听边乐：看看，看看，这些人，多有学问啊，起的名字多好听啊——好望楼、好莱坞、渊明居、陶然斤……真文雅啊，真浪漫啊！

老F边赞叹边随手拿过一封信，拆了打开一看，上面写着四个大字：帝国大厦！老F顿时觉得眼前一亮：啊，这个名字有气势！于是，就把这封信交给大家传阅，问感觉如何。

看了这封信以后，大多数人都表示这个够气派、够威猛，充满了霸气，更有一个出国留过学的人告诉大家：在美国，纽约市中心，有一个堪称纽约地标建筑的世界知名建筑，就叫帝国大厦……

老F一听，太好了，就用这个名字，显得我们与国际接轨，正在走向世界，以国际视野造项目！最终，商务楼被正式命名为“帝国大厦”。

第二天，印有“重金征名揭晓——帝国大厦”字样的整版广告见诸报端，在社会上引起了强烈的轰动，却也惹来了意料不到的麻烦——地名办公室派人找上门来，在宣传有关地名命名法律法规的基础上，要求其征名活动要遵循地名有关法规，不得以有损国家形象和有伤民族情感的名称命名。

老F不懂这方面的法律法规，心说哪有那么麻烦，我建的楼叫什么名字我还做不了主吗？于是，他嘴上答应，却压根没当回事儿，把地名办公室的人送走之后，指示工作人员：继续使用“帝国大厦”！

于是，报纸上又接连不断地出现了“帝国大厦”的大幅广告。这引起了地名办的高度重视，又派人来与老F沟通，要求他放弃使用这个名称。

老F对地名办的意见置若罔闻，仍然大打广告推介“帝国大厦”。地名办公室迫不得已，在报纸上公开了对此事件的严正声明，声称如果老F坚持使用这个名称的话，将依法进行干涉。

本来，“帝国大厦”这个有着资本主义色彩的名字已引起了不少人的反感，如今，见地名办公室公开征讨“帝国大厦”，众人一下把“帝国大厦”当成了众矢之的，不少人纷纷投书报社，责怪老F《楼是中国楼，何必用洋名》《警惕后世代“假洋鬼子”》《洋地名到底给谁看》……惹得老F火冒三丈，决心要好好反击一番。

第二天，报纸上出现了老F的郑重声明，称自己进行征名是合理合法的，征到的楼名是合法有效的、简明易记，有世界名建筑的豪气，充满了欲与洋人试比天高的气魄，任何单位和个人不得干涉，否则，将依法追究责任云云。

地名办公室即向老F发送了违章使用地名通知书，并联合民政、公安、工商、邮政、房管、报社六个部门联合执法，从即日起停止以“帝国”名称办理的所有立户、办证、广告宣传等一切事宜。

这一下，老F慌了手脚，虽然不服，但还是不得不找到地名办承认用名失误，答应在报纸上承认此名称存在问题，以消除不良影响，并提出了申领使用标准地名的请求。

边办手续，他边心疼自己前期为“帝国大厦”这四个字花的广告宣传费用和以后将为新的名称投入的巨额广告费用：没想到卖楼起个不符合国情的名字，会惹来麻烦一串串，真是吃一堑长一智，以后再也不搞这样花钱不讨好的事儿了！

16.5　楼盘形象设计

16.5.1　楼盘形象设计及内容

楼盘形象设计是房地产形象策划的核心部分，它帮助房地产项目在楼盘理念、楼盘形象以及楼盘的整个优势传递给公众，让消费者对楼盘产生良好的印象。

对楼盘形象的设计，一般是通过 CIS，即企业形象识别系统来完成。CIS 是企业理念、企业行为和视觉标志三者的有机统一体。其三个系统之间相互联系、层层递进，形成一个完整的形象识别系统。

MI（理念识别系统）是 CIS 的核心和原动力，是其他子系统建立的基础和依据。然而，MI 又是一个较为抽象的系统，其内涵和实质必须通过企业行为和视觉标志体现出来。

BI（行为识别系统）是 CIS 的动态识别形式，它以 MI 作为核心和依据。然而，社会公众对于企业的行为规范也不能轻而易举地全面掌握，还必须通过视觉识别系统的设计与运作，来传达给社会公众。

VI（视觉识别系统）是 CIS 的静态识别系统，是企业理念精神和行为规范的具体反映，它是最直观、最具体、最富于传播力和感染力的子系统。

因此，CIS（企业形象识别系统）是三个子系统的有机统一体，只有通过对三个子系统的策划和设计，制定系统化的 CI 战略，才能有效地塑造企业的良好形象。

【策划案例：××大学城项目 CI 设计】

1. MI——理念识别

项目首先从开发商的公众形象上完成从一般层面的开发商到城市运营商的转变，进而以××大学城的开发为契机，形成项目所持有的“城市性”公众形象，以建“民心工程”“放心工程”为理念。

2. BI——行为识别

投资企业在 2003 年将“服务”作为行为识别的核心，加强“服务”系统的建设，从而形成良好公众美誉度。

3. VI——视觉识别

项目标准色彩以白、蓝、红为主，因为上述几种颜色与中国传统的“红砖绿瓦，青楼白墙”的文化涵义相吻合，标准字体及标准图形应飘逸，具有较强的韵律感，使其具有音乐般的艺术渲染力。

16.5.2　理念识别系统

营销理念是房地产企业的灵魂。企业理念识别系统的形成通常是房地产企业所处的社会地位、经济实力的反映，也是房地产企业发展指向、运行轨迹的前瞻性的体现。企业理念识别系统是 CIS 策划的核心部分，其本身也由多元子系统组成。企业的理念识别系统不是凝固不变的，而是动态的，它随着诸多因素的变化而变化。

房地产企业或项目的理念识别系统可分为基本要素和应用要素。

1. 基本要素

经营理念、组织结构、企业精神、发展目标、道德风尚、经营策略等。

2. 应用要素

信念、信条、警语、口号、座右铭、标语、训示、守则、企业歌等。

以下是著名房地产开发企业的企业或项目（楼盘）经营理念。

万科股份——“以客户为导向，以产品为中心”。

中海集团——“中国品质地产探索者”。

中房集团——“诚信为本，质量为先”。

招商地产——“以人为本，以客为先”。

宏宇集团——“舍得、用心、创新”。

富力地产——“奉献社会，服务大众”。

恒大集团——“以质量求生存，以诚信求发展”。

珠江地产——“以客户为中心”。

合生创展地产——“优质生活，完美体现”。

祈福新村——“超前、人性化、国际化、可持续发展”。

南国奥园——“新生活的领跑者”。

丽江花园——“一方水土一方人，美善相随丽江人”。

从整个意义来说，企业的经营理念也可以说是一个项目或楼盘的总体思想和项目主题，如广州“南国奥园”的企业理念是“新生活的领跑者”，也是该楼盘的总主题；广东宏宇集团的企业理念是“舍得、用心、创新”，也是“星河湾”项目的总体思想。看看这些楼盘的形象塑造和形象主题，都是对企业经营理念的具体诠释，这就使人不感到意外了。

但是，企业经营理念终究是针对企业来说的，它的涵义要比具体的项目大得多，广泛得多，不能一概而论，要进行具体的分析和探究。对于一个项目公司来说，其开发的楼盘无论大小就一个，它的项目总主题就是本企业的经营理念；反之亦然。而对于一个集团企业来说，下属有多个项目和楼盘，这些众多的项目和楼盘由于具体的情况不一样，也有不同的开发主题和中心思想。这些开发主题和中心思想是对企业经营理念的具体贯彻和执行。

有时，项目的主题思想也是楼盘的形象主题，只不过是楼盘的主题思想用在形象塑造方面而已。

【策划案例：“朝气、创新、可靠”——中远房地产经营理念释义】

1. 朝气

是中远房地产这支队伍的精神状态：永远年轻、富有活力、充满激情、力求新知、直面挑战、积极应对变化。朝气是创新的土壤，是中远房地产生存和发展的精神基础。

我们的产业——朝阳产业，随着国家经济腾飞快速发展。

我们的企业——青春向上，为团队蓬勃发展提供氛围。

我们的员工——永远保持着年轻的心态，奋发努力，不断超越自我。

我们的客户——高品位的知识阶层，活力四射，中国经济高速发展的中坚力量。

我们的产品——融入全新的科技理念，融合艺术梦想的成功起点。

2. 创新

中远房地产把创新视为企业发展的源动力。唯有不断创新，企业才会拥有旺盛的活力。创新是"朝气"的具体表现，更是"可靠"的智慧源泉。创新是企业长盛不衰的灵魂，是引领时代，启迪未来的远见卓识，是前进永无止境的绵绵动力。真正的领先者从不满足于过去，我们每时每刻都在推陈出新，不懈追求理想。创新已经深深融入中远房地产的灵魂之中，使公司在复杂多变的市场环境里永远处于不败之地。

我们的企业——以变应变，不断优化组织机构，适应发展。

我们的员工——思维大胆活跃，每时每刻都在推陈出新，追求理想。

我们的产品——将世界文明的最新精华运用于本土产品，打造始终领先的国际化典范。

我们的服务——我们是客户专家，预知客户未来的服务需求，产品价值由此延伸。

3. 可靠

是中远房地产做人与做企业所遵循的基本原则，可靠不仅仅是诚信，简单的词汇中饱含了一个企业的社会观。可靠是一种境界，一种品质，一种使命，一种奉献，一种社会责任。

我们对待客户——客户是我们事业的支点，我们每时每刻都在倾听客户的声音，始终用最好的产品和最真诚的服务去回报客户。

我们对待投资者——投资者对我们永远保持信任，因为我们一直在努力使投资者取得最大投资回报。

我们对待员工——面对竞争和挑战，我们珍视稳固的成熟的团队，建设可靠诚信的专业团队，是我们的生存之本。

我们对待合作伙伴——他们是我们发展道路上的同行者和良师益友，诚信待人真诚合作是我们得以高速发展的宝贵财富，彼此形成共赢的发展态势。

我们眼中的产品——我们如珍惜自己子女般珍爱我们的产品，我们对她苛刻的要求，充分保证对客户的承诺。

我们眼中的服务——作为一支为理想奋斗的团队，我们视品牌为生命，我们将服务看作自己生命的延展。

我们眼中的技术——我们保证产品的不断创新，又为客户的切身利益着想，使我们的产品不会为浮躁而付出代价。

我们是朝气、创新、可靠的集体！我们是为理想而坚持的团队！我们力求每一件产品都能成为传承当代文明的百年经典。我们也坚信自己的企业会成为见证历史的百年企业。

16.5.3 行为识别系统

如果说理念识别系统是 CIS 的"想法"，那么行为识别系统就是 CIS 的"做法"。即是说 BI 是 CIS 的动态识别方式。

房地产企业或项目的行为识别系统可分为对内应用和对外应用两部分。

1. 对内应用

教育培训、礼仪、服饰、体态语言、福利待遇、工作场所、环保观念、研究发展等。

2. 对外应用

营销观念、服务和产品开发、公共关系、银企关系、公益活动、文化表现等。

企业理念渗透到行为识别系统的过程是企业理念的行为化过程。企业理念行为化的方法有五种：即仪式化、环境化、楷模示范、培训教育和象征游戏。

理念与行为识别系统也是表里关系。理念支配企业行为，企业行为体现理念的内涵和意向。理念向行为识别系统渗透，是企业由抽象化向具体化实施的过程。

房地产项目也不例外，在楼盘推广活动中，各种推广行为都是项目理念和主题的具体体现，它可体现在营销策略、活动推广、现场布置、人员促销以及销售员服饰等。

【策划案例：给您一个五星级的家——碧桂园导入CI纪实】

1. 策划切入时机

1992年下半年以来，南中国的房地产以令人难以想象的速度与规模“火”了一把。在这场空前的商战中，“碧桂园”后来居上，依靠整体策划战略与成功CI定位，创造了旷世的辉煌奇迹。碧桂园坐落在顺德市与番禺市的交界处，先天条件并不优越。1993年6月，碧桂园开始破土动工的时候，房地产市场的低谷已经悄悄来临。

碧桂园请来了当时还是新华社名记者的王志纲为其指点迷津，并以兴办碧桂园学校为切入点，策划了一系列新闻炒作，使碧桂园逃过了“生死劫”，枯木逢春。

1994年10月中旬，事隔一年的碧桂园大变了样，广东碧桂园学校已开学月余，首批1300多名学生已经入校就读，给碧桂园带来了无限生机。几百幢别墅已经竣工，碧桂园会所（俱乐部）正在兴起，一个大型的高尚住区呼之欲出。

这时，碧桂园的决策者们以及当时的顾问王先生越来越感到以往的经营理念定位和品牌形象已经不能适应碧桂园的发展需求，不适应碧桂园别墅区、俱乐部、学校等的集团化运作，必须导入形象策略之CI工程，以确保后期营运的效益和良好的形象。

碧桂园的顾问王先生和陈荣彪大师是多年的好朋友，这时他想到了陈荣彪和他的“敦煌人”，并请到碧桂园看看。于是，“敦煌人”马不停蹄，数下顺德，摸市场，找感觉；和碧桂园的房地产专业人士座谈，和碧桂园学校的师生访谈。最后，“敦煌人”在和碧桂园的决策者及王先生等人进行数次思想火花碰撞以后，深刻地得出这样一个结论：

今天的社会以“激烈化”“多样化”“专精化”等三轴为中心，不断实现突变，人们的思维方式和生活要求也随之揭开了崭新的一页。过去，国家建房单位分房，能分到一套房子就是一个满足，这种“温饱型”的生活方式着实在那个年代起到了它特有的作用；改革开放后，中国经济高速发展，成片成片生活社区的开发，布局统一，周边生活设施综合配套，讲求实用与舒适的结合，从而将人们的居住由“温饱型”推向了“小康型”。但是，无论是“温饱型”还是“小康型”，都只是传统概念的延续，只注重人的基本生活需求，而忽略了对现代人的生活品位和质量提出了更高的要求，尤其是那些先富裕起来的人们，他们期盼着“理想型”的现代居家方式。

碧桂园，就是要与新时代的节奏合拍，要体现人们对现代理想生活方式的追求。它绝不单单是一个村屋、一个俱乐部、一个学校的建设，而应该是一个实现现代生活方式的系统工程，一个文化存在，一项高品位的创造性实践。正如王先生指出“房地产不等于钢筋加水泥，名牌的背后是文化”那样，一个跨世纪文化生活工程的形象规划俨然已在“敦煌人”的脑际浮现。

2. CI导入思路

“敦煌人”将现代CI理论及实践经验巧妙结合起来，将社区形象与理想生活方式的概念统合起来，把创造“高尚型”和“理想型”的中国一流社区，推广全新的生活方式，提高中国人的生活质量，完善人生的价值和生存观念，锁定于碧桂园物业发展有限公司的经营理念，并提出了我们的规划和方案。

仅仅几天以后，碧桂园传来了消息：正式委托“敦煌”负责碧桂园CI工程的规划设计。碧桂园CI工程的策划，“敦煌人”认为必须跳出一般的房地产概念，用文化元素融入商业行为的经营实体，只有这样，才能得以突破。碧桂园的前哨战突出的是“可怕的顺德人”，其定位在“可怕”之上而诱发“可爱”，且大获全胜，怎样才能更上一层楼呢？重新定位，以及定位是否准确是成败的关键。“敦煌人”这样认为。

的确，正如王先生强调的管理和生活方式的重要性一样，“敦煌人”的思路也归于一点：什么样的管理，什么样的生活方式才能打动人？

毫无疑问：管理的水平、管理的层次莫过于“五星级”的管理。那么，怎么把传统上用于旅游业酒店称谓的星级管理引申到这块1000多亩有几百幢别墅的土地上来呢？人的生活方式是建立在构筑自己的家庭之上的，建立属于自己的理想的家是人类一直以来共同追求的理想。五星级的酒店虽好，但并不是自己的家，“在外千日好，不如在家一日亲”。为什么不把碧桂园定位在“五星级”与“家”上呢？“敦煌人”说：可以，但必须要巧。

3. 经营理念定位

碧桂园学校是孩子的“五星级的家”：来自珠江三角洲各地，甚至更远的外地的孩子，离开自己充满亲情、充满爱的家，来到碧桂园学校，在那里接受现代的教育，要让这些孩子重新认识和熟悉这个陌生的环境，习惯“离家”的独立生活，好好学习，成长为社会未来的栋梁。碧桂园学校一定要营造出“家”的感觉给孩子，而且是要比在自己的家还更具吸引力，让孩子们安心、家长们放心。

碧桂园会所是商旅者的“五星级的家”：商海搏击，犹如战场上的“厮杀”，胜利的喜悦，失败的创伤，都令商家大款们略感一丝疲惫，他们需要有一块属于自己的理想净土，一片港湾。在碧桂园会所，可以舒展自己的身心，或者计划未来，运筹帷幄；或者邀朋唤友，分享果实的甘甜；或者彰显彪炳的成就，显示皇者的地位。从而使狭义的家的概念在这里得到升华，他们将会成为明天商战的大赢家。

碧桂园别墅是业主们的“五星级的家”：“日求二餐，但求一宿”是多少年来老百姓苦苦追求的人生目标，国家的富民政策使更多的人终于实现了拥有属于自己的家的梦想，走出狭窄的古老空间，开辟自由自在的生活天地，在碧桂园购置楼宇，安居乐业，享受高尚的生活方式。家在这里，是何等的赏心乐事。

“给您一个五星级的家”，这是碧桂园的定位和承诺。

“给您一个五星级的家”，是中国现代理想生活方式的呼唤。

4. 策略推广执行

理念策略定位之后，其视觉形象就水到渠成，顺理成章了。如何把这一跨世纪文化工程理念形象化，敦煌形象策略精英从众多创意中披沙烁金，着意发掘出碧桂园作为中国第一个五星级社区，推出全新生活方式的深刻主题，有力地展示出企业的经营属性和充满独到的超前意识。

1）标志由：“碧桂园”之英文“CountryGarden”第一个英文字母“C”为造型基础，同时采用了阿拉伯数字“3”的造型，取意“生机勃勃”的内涵，符合当代人的心理诉求。

2）“碧桂园”地处顺德。顺德市有“凤城”美称。标志造型紧扣凤凰之造型意念，更突显地方个性。

3）标志造型给人以凤凰展翅高飞的感觉，喻义“碧桂园人”感应时代脉搏，调集社会优势力量，凝聚向心力，开拓追求永无止境的敬业创业精神。

4）标志吸收了敦煌壁画飞天图案的造型创意，融合了博大精深的符合东方文化与西方现代设计的抽象元素，以飘逸与高度简练，塑造别具品位的造型，显示出“碧桂园”不单纯是一个屋村、一个俱乐部、一个学校的建设，而是一个系统工程，一个文化存在，一项高品位的创造性实践。是一个中华民族走向世界，走向新世纪的理想化产物。

5）标志极具现代气派，造型前卫、美观流畅，富有视觉冲击力，符合“碧桂园人”创造富足型的中国一流社区的理念。

碧桂园标志的诞生，碧桂园上下一片惊叹，为之兴奋，甚至为之感动。就是它了！我们要的就是这种气派。碧桂园定位的标语化，全新的标志诞生，无疑是给碧桂园一个崭新的由内向外的社区形象，犹如凤凰涅槃一般。

碧桂园形象规划基础确认后，如何把之推广，几百幢的别墅也需要销售，“敦煌人”设计部又投入到了紧张的画册设计与制作之中。针对当时国内房地产遍地开发，售楼画册天花乱坠，海市蜃楼般不着边际的宣传手法比比皆是的情况，为了使碧桂园画册得到理想效应，“敦煌人”决定抛弃国内盛行的以水中月镜中花的虚幻美吸引消费者的画册制作方式，充分利用碧桂园开发建设的实效和现楼销售的优势，决意在定位准确的基础上体现出定位的意念，将碧桂园的竞争优势发挥至最大，采用了实景拍摄的手法，拍摄了大量碧桂园别墅、俱乐部、学校的有关照片，撷其精华，并将形象定位注入到设计之中。这样一来，既增强了消费者的信心，为碧桂园房地产的销售带来了极大的效益，也开创了在售楼书上标注实景拍摄的销售策略的先河。

时至今天，各种报纸、电台、电视台等媒介，甚至街头路牌上，碧桂园的广告铺天盖地，而每个广告上都少不了的那句“碧桂园，给您一个五星级的家”以及以“飞天凤凰”为造型的碧桂园标志，就是“敦煌人”智慧的结晶。

5. 效果好评如潮

当碧桂园通过全新的形象而取得楼盘旺销战绩的时候，一位房地产大亨颇为感慨地说：“此次大胜，关键在于启动定位，‘给您一个五星级的家’这句话，是无价之宝，起码值2000万元！”（现在的无形资产价值已大大增加）。

1995年9月，北京出版的全国性广告专业杂志《国际广告》第47期的一篇论文中讲到：“一句优秀的广告语，应当有诗一般的语言耐人回味，而这种回味可以延伸到商品的特性上，如‘给您一个五星级的家，碧桂园’”。

1995年11月，碧桂园系列广告荣获佛山市第二届广告作品奖系列广告优秀奖。1997年8月，碧桂园标志及定位广告词“碧桂园，给您一个五星级的家”分别获97港澳国际广告作品（创意）国际荣誉评奖标志类“国际设计金奖”和广告词类“国际广告词创意金奖”。

总结这CI个案，希望能给经营者们这样一个认识：一个企业、一个品牌应该从理念定位、视觉识别以及行为规范方面去体现出它对于社会大众的存在价值，它才有生命力，才能为企业带来更丰厚的回报。

16.5.4 视觉识别系统

视觉识别是 CIS 的视觉传递形式，效果最直接。在房地产形象策划中，MI 作为理念精神，是抽象和难以具体显示的；BI 则侧重于房地产项目的行为化过程，缺乏视觉表达功能。只有 VI 充分、明确、一目了然地传达了项目理念、精神等内涵。是 CIS 中最为关键的一部分，它通过个体可见的视觉符号，经由组织化、系统化和统一性的识别设计，传达企业的经营理念和情报信息，塑造企业独特的形象、视觉表现的综合过程。根据统计，在人的生理性情报摄取的机能中，视觉情报约占 80%。VI 在企业识别系统中最具传播力和感染力，所接触的层面最广泛，可快捷而明确地达到认识和识别的目的。

简单地说，一个楼盘的 VI 系统实际上就是创造一个独特的、有别于其他楼盘的视觉的形象。

1. 房地产企业或项目的视觉识别系统可分为基本要素和应用要素

（1）基本要素。楼盘名称、品牌标志、品牌标准字体、标准色、象征图案、专用印刷字体、销售标语和品号等。

（2）应用要素。事务用品、办公用品、设备、器具、招牌、旗帜、标识牌、楼盘外观、建筑物的外观和颜色、销售人员的衣着服饰、交通工具、广告、传播、展示橱窗和陈列规则等。

基本要素为 VI 系统提供了基本的规则及需求，要使应用要素中的所有内容均能形成统一的视觉形象，就必须遵守这些基本的规则和需求。

2. VI 系统设计概念的确定

确定设计概念，是 VI 开发设计的前提。设计概念是楼盘的销售理念在各视觉设计要素上的具体化。

作为一个楼盘 VI 的设计概念无非是从顾客的主要诉求点即顾客买房的目的是什么、他们为买房追求什么等入手来进行 VI 设计。广州“奥林匹克花园”之所以那么畅销，除了它的项目本身规划设计高人一筹外，关键就是他将运动和健康这两个概念贯穿到这个楼盘当中，从篮球场、网球场、游泳池这些硬件的投入，到后期广告的策略，它将生活、运动、健康三者的关系展现得淋漓尽致，将实物和概念进行了有机的结合。

由于不同地区、不同生活水准、不同风俗习惯所致，楼盘也各有不同。因此，作为楼盘的 VI 设计概念的确定，都应该因地制宜、富于变化。

3. 楼盘 VI 系统的设计规则

（1）VI 设计应当遵循法律规则如知识产权保护法、专利法和商标法等。这就决定了楼盘的 VI 系统必须自创新意，而不能照搬以往成功的案例。

（2）VI 设计必须遵守某些风俗习惯，不能采用与传统文化和时尚相抵触的东西作为其视觉形象。

（3）VI 设计必须遵循差异与创新相结合的规则，努力做到“人无我有，人有我新”。在众多的标识中给人以新奇、独特的感觉。

（4）VI 设计还必须遵循美学规则。视觉符号是一种视觉艺术。人们进行识别的过程同时也是一种审美的过程。一个好的 VI 设计，只有具备美学因素，才能吸引顾客的注意力。

4. 房地产项目的 VI 系统

一个楼盘的营销，要进行 VI 策划，必须从几个基本要素入手。

（1）楼盘名称。楼盘的名称不仅要考虑传统，还要具有崭新的时代特色，切忌雷同。厦门“家家景园”案名就是其中一证，此名一听朗朗上口，稍有所思，大脑中便呈现出一幅美妙图画：每家每户生活在一片绿色海洋的景园之中，心旷神怡。

【策划案例：常州奥林匹克花园组团名称策划】

本项目为秉承“科学运动、健康生活”的项目主题与奥运精神，根据五届奥运举办地点，各组团名称相应命名为：

一期：洛杉矶组团

以运动、文化、景观三大元素为核心要素，以现代流畅的奥林匹克文化广场为伊始，将运动城、销售中心、欧美商业街等质感跳跃的物业形态巧妙组合，充分演绎太平洋彼岸浪漫时尚的加州度假生活风情，充分诠释“运动就在家门口”与“新生活的领跑者”的生活理念。

二期：悉尼组团

以“五环”的第二个环形岛屿为中心，形成澳洲水岸式岛居的异域生活情调，构成第二个主题景观带。一方面以发达的水系为景观主轴，为岛心的 Townhouse 营造开阔舒适的独立生活空间，同时围绕环岛水岸将健身广场、沙滩、亭台、运动喷泉、门球场及儿童活动场等运动场所融合到景观中，体现出澳洲的水岸意境，简约建筑风格及运动、健康的文化格调。

三期：雅典组团

以蜿蜒的水流与一期相互呼应贯通，由 10000 平方米高尔夫练习场和岛居的独立别墅湾共同组成中心景观带。以奔放旖旎的地中海式独立别墅建筑为中心，采用大胆的创意手法和细腻的水墨技巧，体现岛屿式别墅建筑表情丰富、韵律跌宕的多维建筑空间，倾情展现希腊雅典爱琴海岸浓郁古朴的生活情调。

四期：巴塞罗那组团

充分演绎地中海浪漫时尚的度假生活风情，以体育主题岛为核心，挖掘水岸线的观赏性、参与性及趣味性，以横亘两岸的木质水上长廊将生活与度假紧密联系，以巧妙的布局将运动、休闲度假、观赏静心相互融合穿插。精心利用丰富的色彩因素营造出棕榈大道、阳光、沙滩的热烈氛围，开创一个生活情趣开放热烈而又生机勃勃的动感地带。

五期：北京组团

作为本项目“五环”岛居规划形态的一个终止符，其音律平和而博大，充分体现北京奥运追求世界平等、和平的愿望，将家居提升到一个生活哲学的层面，潺潺的河流最终汇聚在北京奥运村组团的中央。同时按照世界五大洲的经纬形态在湖中设计五大洲形态岛屿，将不同的运动项目融入到岛屿形成水上乐园，使得运动、健康主题鲜明，让每一户都能充分享受到运动、健康的乐趣。

（2）楼盘标志。标志即项目的 LOGO。在 VI 的多种要素中，应用最广泛、出现频率最高的，当推标志。它是一种单纯的、具有明确特点和便于人们识别的视觉形象。

一个好的房地产企业，必须有一个代表企业品质、信誉、物业管理、开发能力和盈利能力的标志。一个好的标志，会让顾客对该房地产企业的楼盘产生信任感，并认同该开发商的产品。

标志的设计应注意：①构思深刻，项目名称与主题相符；②要有美学意境；③迎合时代潮流，适应中西互用；④个性强，与众不同，具有识别性；⑤在色彩上的运用能够配合大量的色调，如高贵、时尚、环保、热烈等色调，而不会损失信息传递，提高记忆度；⑥满足材质印刷效果。

【策划案例：恒大地产标志设计说明】

1. 标志组成

LOGO有“恒大”汉语拼音的首个字母“H”和“D”变形设计而成。色彩有红色和蓝色组成。

2. 标志形象含义

恒大地产核心LOGO采用红、蓝两色，红色的字体恰似冉冉上升的旭日，象征和蕴含着朝气蓬勃、志存恒远的意义。外延选用蓝色设计，代表天空与海洋，体现稳重干练、沉着冷静，昭示企业博大胸襟、务实高效的作风。

3. 标志理念阐述

极具视觉冲击力的色彩碰撞，搭配构成所形成的深刻含义并结合中英文的文字解析，这样一组LOGO整体设计，具有行业代表性，并更好地鞭策着每一位恒大人不断前行。LOGO的设计简单而不失独特风格，在简单、大气的LOGO中展现不同的恒大精神。

（3）标准字、标准色。标准字可与标志一起使用，可用印刷体，也可采用我国传统的书法艺术字体；标准色是项目专用的色彩，一般由一至三种颜色组合。

对于标准字和标准色，一旦开发商的楼盘名称确定之后，便不得随意更改，同时，标准字和标准色可以作为楼盘的营销广告如售楼海报、售楼书、平面图册、指示牌、售点广告以及与销售相关的工作车辆的识别和工作用纸、名片、信纸和人员如售房部、公关部等对外人员的制服等识别的固定色彩记号。

（4）标语和口号。一个好的楼盘，其销售标语、口号必须要能反映一种处处为业主着想的理念。如时下，房地产市场上很多楼盘都打出了这样一个口号：“宽带上网，竞享科技生活新情趣。”这一案名就让业主感受到了新经济时代的脉搏。明确响亮的标语口号，还能感染销售员工，激发他们为实现销售目标而努力，对外又能表达开发商发展的目标和方向。

5. 应用要素开发

除了对视觉基础要素进行开发外，还应对应用要素进行开发。

标志应用：名片、销售人员胸卡、请柬/请柬封套、车体运用、小区物业管理等。

销售中心室内视觉应用规范：销售人员服务、保安员服务、销售中心形象墙、销售中心展板、示范单位标识、台面标牌、销售进度表等。

销售中心室外视觉应用规范：售楼处指示牌、欢迎牌、销售现场导识、工地围板、彩旗/挂旗、小区名称标牌、工地路牌广告等。

销售资料宣传品部分：手提袋、售楼书、海报等。

楼盘自身的视觉应用规范：楼盘自身的效果图、实体模型、样品屋等。

经过精心设计的楼盘形象，由于深入发掘楼盘内在品质内涵，以简洁的视觉形象直观地将小区规划、建筑设计、环境营造理念展示出来，体现了特定的生活、居住氛围，它也就具备了某种生活气息、某种文化品位，自然就成了楼盘与目标消费者之间最好的沟通桥梁。

因此，个性化形象设计是楼盘从“产品”向“品牌”转化升华的第一步，虽然它不能改变楼盘的本质，但能改变人们对楼盘的认识，使楼盘获得更好的销售业绩甚至更高的销售价格。

【策划案例：上海“海湾大厦”CI营销策划】

海湾大厦位于上海市外白渡桥黄浦路53号，总建筑面积44000平方米，楼层28层。1~3层为金融商业用房，4~14层为智能化办公楼，15~27层为酒店式服务公寓，28层为会所。发展商为上海诚南房地产开发公司。海湾大厦1998年5月28日在香港开盘销售，随后销售重点由香港转向上海，顾客来自港台地区和新加坡、日本等国，还有相当一部分属本国企业和人士。大厦26楼02、03室成交价达每平方米4200美元，创近年来上海楼盘成交价高纪录。

海湾大厦营销前期准备阶段开始实施楼盘的CI的导入，整个销售过程在“经典创造经典”的理念（MI）引导下，开展楼盘酒店式服务行为识别（BI），重视视觉识别系统（VI）。

1. CI营销中的MI和BI

海湾大厦CI营销的起点，从MI理念识别（Mind Identity）开始。

海湾大厦CI营销的MI，不仅突出Mind理念，而且讲究Identity识别，包括它的同一性、恒持性。这个MI是一种浓缩的楼盘理念，便于识别，与楼盘主要特征一致，经得起时间的考验。经过反复研究推敲，海湾大厦MI是：“经典创造经典”，英文译为“Classic is that classic creates”。

海湾大厦经典创造经典的MI，是一个价值链。经典的地段造就经典的楼盘，经典的楼盘吸引经典的顾客，经典的顾客享受经典的人生……这个MI的起点是经典的地段。

海湾大厦被称为上海外滩第二十五栋建筑。海湾大厦紧邻浦江饭店（原理查饭店）。理查饭店是上海第一家享有电话、第一家使用煤气、第一家开张舞厅的饭店，西方的现代文明从这里启动。1990年12月~1997年11月，这里是新中国成立后的上海证券交易所的所在地。

海湾大厦MI的起点作了一系列的演绎：

——雄踞外滩大道，尽览浦江景色。

——坐镇中国证券发祥地，鸟瞰世界金融新焦点。

情系经典——海湾大厦位于外滩金融街和北外滩国际航运街之首，以其象征上海“白玉兰”的拱顶，创造了外滩又一标志建筑。海湾大厦以稀有的地段和上乘的建筑具有收藏价值。

海湾大厦CI营销中的BI即行为识别重要领域是酒店式服务。

结合楼盘底层现代酒店式大堂，海湾大厦酒店式管理引入，设置每日大堂经理当班，代表楼盘管理公司全权管理业主（租户）的投诉、生命、财产安全及其他复杂事务。每日有保安或门卫值班行使安全保护和迎宾服务之职。

增设代订票务（车船、飞机票）、送餐、洗衣、特殊邮件处理、租用文仪器具及可提供的其他一切便利服务。如：楼盘管理公司配合业主（租户）安排接待重要客人的来访；记录了解楼盘内所有业主、租户负责人的姓名、生日，以便在其生日时送鲜花或表示祝贺，提供无偿温馨服务等等。

2. CI营销中的VI构成

海湾大厦CI营销中的MI是楼盘的精神所在，是整个CI营销中的原动力。经由这种内在的动力，影响BI行为识别领域，再由VI统一化、系统化的视觉识别设计和传播，达到营销的目标。

海湾大厦VI由基本系统和应用系统构成。

VI基本系统：

(1) 楼盘标志。楼盘标志，包括彩色图形、黑白正形、黑白负形；楼盘标志网格图。

(2) 标准字体。楼盘中文名称标准字体；楼盘中文名称标准字体网格图；楼盘中文名称指定印刷体；楼盘英文名称标准字体；楼盘英文名称标准字体网格图；楼盘英文名称指定印刷体。

(3) 标准色。标准色（二种）；辅助色（二十种）；标准色与辅助色的色系转换。

(4) 象征图形。象征图形，包括彩色图形、黑白正形、黑白负形；象征图形网格图。

(5) 组合系统。标志、标准字体、标准色基本组合；基本组合特例；组合禁忌。

VI应用系统：

(1) 办公类。名片、胸卡、信纸、信封、便笺、传真用笺、邀请函、贺卡、档案袋、贴纸（文件夹、资料夹）。

(2) 销售服务类。大众传媒广告、户外广告、印刷广告、电子广告、礼品广告、售楼处、样板房、展示会等（版式、样式设计与控制）。

(3) 售后服务类。楼盘管理文件：楼盘标识门牌、住户专用信纸信封、住户停车证等。

(4) 其他。运输车辆装饰、销售人员和楼盘管理人员服装等。

3. VI特点诠释

(1) 标志。海湾大厦标志主体矩形双线框仿楼盘主立面造型，矩形双线框上端拱形弧线突出楼盘顶端特征，寓意准确，个性鲜明。

标志矩形双线框内其英文美术字体P取自海湾大厦英文全称“The panorama Shanghai”。“panorama”本义是“全景”，说明入住海湾大厦“尽览浦江景色”。美术字体P装饰性很强，宛如一盏古铜壁灯，显示楼盘的古典情调。

标志为双色。一色呈深咖啡，色谱为M79Y65K47、一色近橙黄色，色谱为M28Y100K9。标志的双色和本CI系统中的标准色一致，深沉不失明快，典雅又显华丽。

(2) 象征图形。海湾大厦象征图形源自古代罗马宫廷建筑细部装饰图案，线条流畅，构图优美，它是标志的扩展，经典的象征，使人联想到古罗马的艺术奇葩和建筑瑰宝。象征图形可单独使用，也可在彩稿中象征图形中放入标志组合使用。

(3) 办公用品设计。海湾大厦办公用品特别是纸类办公用品基本上保持一种标准短形，其长宽两边之比，概为“黄金比”，或为它的近似值，给人优雅、秩序的感觉。纸类办公用品的图形、色彩、文字、空间布局、纸质肌理、印刷表现等设计要素，运用繁简疏密、粗细大小、虚实浓淡等形态技法，达到对称均衡、变化统一、华贵大气等视觉效果，表现传达楼盘理念。

纸类办公用品设计标准举例如下：

名片，尺寸55mm×90mm（竖式），材料160克乳白色“爱克罗”条纹艺术纸。

胸卡，尺寸55mm×90mm（横式），材料250克荷兰白卡（塑封）。

信笺及传真笺，尺寸210mm×290mm，材料80克白色进口双面胶版纸。

（4）广告版面编排统一设计。海湾大厦VI构成广告版面编排达到具有个性化的统一设计。个性化的广告编排形成本楼盘广告独特的风格，与其他楼盘的广告版面明显区别开来，便于受众识别。个性化的广告编排在一段时间统一出现在各种媒体上，使受众注意力从分散趋向集中。

海湾大厦在上海《解放日报》、《新民晚报》广告的投放以横式半版为主。广告版面均采用大幅全景照片，左右两边伸满版边，称为“出血”。版面上方（天）和下方（地）留出适当空间排以楼盘标志、广告文案等。整个版面较有气势，疏密相间，使受众对本楼盘广告留下较深印象。

（5）售后服务（楼盘管理）物品设计。海湾大厦售后服务（楼盘管理）物品设计除了向住家赠送专用信纸、信封、专用停车证等显示身份的物品之外，重视顾客接触点，物品设计，如大堂接待、总台、电梯厅楼层指示牌、单元门号牌等。在这些物品的设计过程中，邀请将来的住家参与设计，站在住家的立场去研究、设计、制造这些物品。

16.6 楼盘形象包装

16.6.1 楼盘形象包装及作用

“包装”这个词是这几年来在市场营销中提的最多的。以前，一提到包装指的是产品的包装；后来到歌星的包装，又到今天的企业包装。

其实，楼盘作为一种特殊的产品，在激烈的房地产市场竞争中，实际上更需要包装，以起到强化广告宣传的效果。楼盘的形象包装，不应在是印刷精美的静态文字，而是一种竞争手段的重要体现，是房地产营销实践的利器，是房地产竞争日趋成熟化、走向高度发展阶段的一个特征。

1. 楼盘形象包装的涵义

所谓楼盘形象包装是指为促进销售、倡导新的生活理念，运用一定的技术手段、工具和策略对房地产内外形象、销售现场形象和概念性地产形象的设计和实施过程。

包装是对楼盘形象的总体设计，包装的直接目的不是自我表现，而是目标客户群体为满足自己的需要进行的文化和观念消费。形象也不是空洞无物的，在形象之中，暗含着与目标客户群体心理需求千丝万缕的联系。形象只有指向目标客户群体的情感和潜意识，才能够被目标客户群体认可和消费。因而包装不是一种外在的形式，而是构成形象的过程，是形象产品和目标客户的联系。

2. 楼盘形象包装的作用

（1）促进销售。如果形象包装做得比较好，楼盘就等于在无声地自己吆喝自己，能够成为一个销售的翅膀。搞好楼盘形象包装，有利于提升楼盘档次品位，表现楼盘内涵，传播楼盘品牌，获取顾客的认可，直接刺激顾客购买欲望，促进销售。

(2) 有利于树立项目或企业的品牌。通过项目主题形象、行为规范和项目视觉形象的包装，可以为项目的品牌形象打下良好的基础。同时，包装得好的楼盘，是企业的最佳展示，有利于树立开发企业的品牌，加强企业在顾客心目中的良好形象。

(3) 强化及深化广告宣传效果。楼盘形象包装是广告的有益补充，是房地产营销策划中不可缺少的一环。项目形象包装得好，可以使项目形象在市场竞争中脱颖而出，在顾客头脑中留下深刻的印象，起到强化及深化广告宣传效果的作用。

(4) 提升楼盘品位。楼盘包装得好，使楼盘的品质发生了重大的变化，使楼盘处于一种高尚的状态，提高了楼盘的品位和档次，进而不断提升楼盘的价值。

(5) 增强楼盘的市场竞争力。包装得好的楼盘由于形象好，会增加顾客的“注目率”，增强顾客的信任和认可度，进而增加顾客的选择率和自发对比率，因而能增强楼盘的市场竞争力。

此外，还具有增加楼盘附加值、美化楼盘、引领新的生活方式等作用。

16.6.2 楼盘形象包装的内容

对于楼盘形象包装，许多房地产企业是在不自觉中做了许多工作，但是没有进行系统化和整体化，而整个楼盘的个性色彩不突出、不显著，使各个包装的子系统都是松散的、零乱的，这就需要对整个楼盘的包装进行整合化，使其能够在一个包装主题下发挥各自的功能和作用。

1. 项目整体形象包装

项目整体形象包装是多方面的，如通过新闻媒介、售楼书、公关促销活动、户外广告、地盘工程形象、企业形象以及项目的形象设计等，体现项目自然地理位置、经济地理位置的优越，规划设计的一流，施工质量一流，环境绿化一流，管理服务一流，开发商实力雄厚的高素质、高品位、引领时代生活方式、超前意识的项目整体形象。

2. 开发商形象包装

通过介绍开发企业的概况、发展历史、企业实力、开发业绩、企业信誉以及企业管理制度、企业标识、员工形象、精神风貌和企业理念等，充分展示开发商的良好形象。

3. 楼盘外在形象包装

品牌营销是近几年来的一个热点，是楼盘形象包装的重要组成部分。楼盘外在形象包装主要包括以下内容。

(1) 体现楼盘的文化品味。楼盘作为硬邦邦、冷冰冰的建筑物，没有生命，没有生机。一旦注入文化内涵，注入楼盘的主题概念，就拥有了生命活力，拥有了生机，就具有较高的文化品味。因此，应考虑怎样在楼盘中体现出文化品味，用什么样的方式去表现楼盘的文化品位，如何使文化与楼盘有机地结合起来等。

实际上，楼盘中每一个组合的因素都可以注入文化因素，比如楼的形状、楼的布局、花草、房间布局等。

(2) 使楼盘品牌化。品牌具体表达形式既是有形的、又是无形的。主要包括楼盘 VI 形象系统，以及楼盘的色彩、绿化和造型等。

4. 楼盘内在形象包装

楼盘的内在形象，是实实在在，摸得着，看得见的，必须进行系统的功能开发与定位。

（1）街区功能的充分利用与延伸。当某一个楼盘处于一条街时，这条街及附近的环境是什么，都需要实地去调查。比如靠近公园、学校、体育场、商场、医院、停车场等地方应怎样充分合理地利用，调查整个白天与夜晚的差别在哪里。像靠近公园当然是好地方，然而公园里有一个露天舞厅就不好了，夜里响到半夜，早上不亮就吵闹起来，很不适合有小孩的和年轻人的家庭居住，但比较适合老年人居住，因为可以就近锻炼身体。

就街道来讲，每个街道的情况是不同的，比如区域性质、交通和人流量、商业网点、公益场所、其他建筑物、居住人的文化及收入职业等。如何利用街道功能可能较容易些，难的是怎样进行街区功能的再造和延伸，实际上这就是功能定位、市场定位及身份定位的综合作用。

由于历史发展的缘故，城市中的每条街道具备的不同状态决定了所开发的楼盘应以什么状态出现，因此楼盘自身环境应与楼盘周围的社区环境相符。

（2）楼盘区域布局。无论楼盘所占面积是大是小，位置如何，建筑物、公共设施、绿化等都应有一个科学合理的布局；如何能够增加艺术性和文化品位，如何更人性化，如何能更多接受阳光，如何使车道、人行道更合理更安全，如何能够更有效防盗，有更卫生的措施，等等，都需要一个整体科学的布局。

（3）楼盘的配套设施功能。楼盘品质的好坏，对配套设施的完备程度有很高的要求。配套设施，可分为公共设施和特有设施。公共设施是普通楼盘都有的，比如双气、公用卫星电视、电话、空调等。特有设施就是一般楼盘所没有的，比如游泳池、广场、网球场、图书室、商场、健身房、会所、幼儿园、小学等，这些都是特有的设施。在不影响交通下，尽可能增加一些供人们使用的设施，完善各类配套设施，是能够增加人们的购房兴趣的。

（4）房型结构的合理化和人性化。在对质量要求的同时，对房型结构也提出了新的要求。诸如，怎样符合当地居民的文化习俗及心理、风格要求，怎样具有未来性和超前性，怎样更具人性化，怎样增加实用面积而不让面积浪费，等等。

5. 现场销售形象

楼盘都是通过一定的形式销售出去的，其中现场销售占很大的成分，因而对现场销售的形象要求要特别重视，以保持应有的形象。

（1）销售人员形象。很多销售部的销售人员，专业知识与与技巧太差，回答不了顾客所提出的问题，必须进行全方位的培训。

作为销售人员应具备的形象素质有：端正的相貌和身材，气质和仪表更重要；思维敏捷、口齿伶俐、心理承受能力强；专业知识和技巧要高；自信心强，热情开朗；服饰恰当，举止大方；不怕麻烦。

进行培训的内容包括：忠诚度培训，如公司的理念、精神和目标，确立员工对公司的信心等；专业知识培训，房地产基本知识，楼盘的详细情况，该区域的城市发展规划，房地产有关法规等；销售技巧培训，如如何与客户交谈、推销技巧等。

（2）现场售楼部形象。售楼部是消费者和销售人员接洽的第一现场，是消费者了解和通向项目的最主要的渠道之一，对项目形象宣传、项目的推广和销售起着极其重要的作用。如何综合运用楼盘标志、标准字、标准色、广告词、售楼书、宣传画以及楼盘模型、楼型结构图等，对售楼部进行合理布置，塑造售楼部良好的形象。

（3）现场样板房形象。销售商品房，光听你讲是不行的，还需要借助现场样板房的布置形象来发挥作用，增加客户的体验感，刺激顾客的购买欲。样板房集中了发展商对目标客户的承诺兑现，其关键是设计的理念及表现问题，即个性、格调、气氛及布置等。

（4）现场工地形象。业主和往来人流以及参观者往往都是通过工地围墙与施工现场对项目形成最初的印象和了解，因而工地围墙的概念已不仅仅是"围"墙的概念了，它在某种意义上代表了楼盘的形象。现场工地形象的塑造和合理布置，也是现场销售形象不可忽视的问题。

16.6.3　售楼部（营销中心）包装设计

售楼部又称营销中心或销售中心，是向客户介绍楼盘和展示楼盘形象的地方，同时也是客户做出购买决定并办理相关手续的地方，销售现场的准备是营销推广工作非常重要的一环。诚意客户在接收到楼盘销售的信息后，决定来到现场参观，营销中心现场状况将直接影响其购买行为。现场工作包括楼盘建筑模型、看楼通道、样板房、形象墙、户外广告牌、灯箱、大型广告牌、导示牌、彩旗、示范环境、施工环境等都要精心安排。

售楼部（营销中心）的位置选定非常重要，装修设计风格根据项目具体情况进行包装与设计。

1. 售楼部选址原则

一是位置显眼，有利于展示项目形象，最好迎着主干道（或主人流方向），在进行营销活动时，易于吸引过往人流。

二是交通便利，有利于置业者快捷到达。人车都能方便到达，且有一定停车位，最好也能方便到达样板房。场地扩容性较强，停车方便与交通疏通容易。

三是位置相对固定，与施工时序高度结合，营销中心位置要相对固定，与施工场地容易隔离、现场安全性较高，不能因为施工时序的推进而经常变动。营销中心场地阔或环境和视线较好，便于开展大型主题营销活动。

项目的售楼部（营销中心）就设在会所是不错的选择，既保证展示项目形象，位置又相对固定，不会因为项目进度而随时拆掉。

项目所处的城市面积较大或目标客户分布范围大时，项目要设置营销分点或设置接送点，实施专车接送看楼服务。

2. 售楼部设计布置原则

卖房子不像卖日常生活用品那么简单，发展商的成熟与理性，有时就体现在对细节的操作上。有时候，一个小小的细节——售楼部门口摆放的垃圾、乱停的车辆、一句该有而没听到的问候语、举手投足间该有的谦让……诸如此类经常被我们所忽略的"小细节"常常就能决定一次购买行为的放弃。

反之，如果是那样的细节——插在透明玻璃花瓶中的鲜花，精美茶具里一杯醇香的清茶，或者一杯香浓的咖啡，柔和优美的背景音乐、舒适的座椅，室内植物所散发出来的清新空气……不经意处无一不透露出发展商的用心和细致入微，由这样的发展商来建筑我们未来的生活、工作空间，能不令人憧憬吗？

房子在我们眼里的概念是每平方米多少钱，可是，在消费者眼里它是一个倾尽半生心血来交换的一个美好梦想。尤其是对于期房销售，怎样多花些功夫，能让看楼者提前感受到未来的生活方式与工作气息，对于强化消费者对期房的信心起着重要作用。

对于售楼部环境的整体设计和细化，从有利于销售的角度出发，主要有如下原则：①创新——个性化；②环境布置细化；③服务质量的高素质随时随处可见；④丰富售楼部内部空间，延长客户停留时间。

功能分区明确，一般设有：门前广场、停车场、接待区、洽谈区、展示区、放像区、办公区、客户休息室。儿童游戏区、卫生间、储藏室、更衣室等。

进入销售中心前要有明确的导示，如挂旗、灯杆旗、彩旗、指示牌等。

入口广场上要有渲染氛围的彩旗、花篮、气球、绿化等。在空间够大时，还可以布置水体、假山石、花架、休闲椅等。

（1）售楼部室内外展示设计。室外展示设计包括：销售中心大门横眉、路旗、广告牌、绿化小品、围墙等。

室内展示设计包括：背景板、展板、功能牌、台面标牌、导示牌、售楼员胸卡、售楼员名片、绿化小品等。

室内展示设计策划要点：

室内灯光要明亮，重点的地方要有灯光配合为强调，如展板、灯箱、背景板等。

要配合楼盘性质营造氛围，如普通住宅的温馨、高档住宅的尊贵、写字楼的智能化等。

主卖点要有明确的展示，如展板、图片及实体展示。

展示区要与洽谈区相邻或融为一体。

内部空间要尽可能通透，其净高度一般不得低于3.6米，如整体空间的尺度较小，或有特殊要求时，高度可另外考虑。

在必要的地方布置小饰品和绿树。

（2）售楼部功能分区提示。

1）接待台（区）

接待台是置业顾问等候、接待客户、临时休息和摆放楼盘资料的场所；同时也是营销中心的“门户”。接待台建议考虑能摆放电脑3~4台，接待台的尺寸一般是：长不得小于3.0米，宽为0.65~0.75米，高度在0.68~0.75米之间。

接待区要布置在离入口较近，且方便销售人员看到来往客户的位置。

在接待区要通过背景板营造视觉焦点，背景板可以展示楼盘的LOGO（标志）、名称，也可以用图片展示一种氛围。

接待区的灯光要经特别处理，做到整体和局部的结合，天花的造型要特别。

2）展示项目环境与主题区

营销中心的整体环境需运用造景手法体现项目系列开发理念。如可以在营销中心剖析本项目科技创新的水景系统、灯光系统、装修材料等。

3）模型展示区

平面规划模型，需成为客户进入营销中心的首要视觉冲击要素。主要包括总体模型、标准单位的户型等。对模型比例尺度与数量进行策划。

4）洽谈区

洽谈区是销售代表向客户详细介绍项目情况和购房程序的区域。可以全开放布局，也可封闭或半开放布局。洽谈桌的尺寸$D \leqslant 0.80$米。要对桌椅数量进行建议。

5）儿童活动区

为适当烘托营销中心现场气氛与方便儿童活动，可以设立一定面积的儿童益智游戏区。儿童活动区应与洽谈区保持距离，以免影响客户洽谈。

6）影音播放区

在营销中心设背投，播放与项目有关之影音资料，可考虑相封闭或通透布局。

7）咖啡吧台

在影视播放区旁边设咖啡台，供客户自助简易餐饮，给客户创造良好休息环境。配备饮水设备。

8）资料取阅架

放置项目的相关宣传资料。资料取阅可以设置在营销中心大门口内一侧与咖啡吧台旁。

9）形象墙及 POP（促销招贴）

在不影响外部视线通透的周边设形象墙，并运用各种类型 POP 从不同角度表现项目的主题，营造文化氛围。

10）储藏室及更衣休息室

设置资料储藏室、更衣室和休息室，主要供销售人员使用。

11）签约处

作为项目的办公区域、为客户办理购房手续。

12）客户休息区

前来办理手续的客户等待、休息区域，摆放桌椅、配置饮水机，可以考虑和放映区融为一体。

13）银行营业点

银行驻项目的营业点，专为客户办理按揭手续。

14）公证处办公点

公证机关驻项目的合同公证部门。

（3）售楼部大门横眉设计。营销中心大门横眉设计主要是项目名称。

（4）售楼部形象墙设计。好的形象主要是通过客户的视觉感受产生的，而影响客户视觉的常见因素有：项目的标志（或 VI）、营销中心的形象墙（或门脸、LOGO 墙）等。其中形象墙是影响人第一感觉的重要视觉因素，可以改变客户对项目的看法，因此设计必须大胆、新颖、有效，使整个售楼处焕然一新。

对客户视线可及地墙面要进行美化和装饰，可以上裱喷绘，也可用色彩直接上绘。

墙上的内容可以仅仅是楼盘的 LOGO 和售楼电话，也可根据其所在位置通过结合灯箱、广告牌来昭示和展示楼盘的形象和卖点。

其风格和色彩应与整体推广相统一，具有可识别性。

（5）台面设计。根据销售中心室内空间进行弧形、方形等造型设计。对尺度、色彩风格等提出策划建议。

（6）展板设计。展板更多的是告诉客户项目的优点，而是不创造抽象的、客户不明白的艺术作品。因此，展板设计应尽量体现项目的卖点，在艺术表现方面可以生动、形象、有适度创意。对展板内容文案与数量包装策划。

（7）售楼部导视牌。导视牌的设计首先是服务于客户的，在设计方面应与营销中心的颜色相称，同时体现项目的特色与内涵，对营销中心功能区进行指引。如：指示示范单位，指示洗手间的标牌。

【策划案例：金成国贸大厦售楼处包装方案】

1. 售楼处装修建议

（1）功能布置。

从一般的客户看楼程序和需求出发，建议售楼处有如下功能分布：辐射区、迎宾区、接待区、模型区、展板区、洽谈区、销控区、办公区。

（2）基本要求。

1）格调现代、简约、庄重、高雅；又不失轻松欢快气氛，使人乐于流连，具有亲和力。

2）具有吸引和聚集人流功能。

3）能产生强烈的现场促销效果。

4）功能分区明确，有利于分解售楼处内的客流，形成合理流程。

（3）装修风格。

装修风格：实用性、现代性的浓缩型商务办公区域。现代、气派、简洁明快、富有冲击力。

1）突出基本营销主题。

郑州中心区纯商务办公领地·新时代欧美办公潮流。

2）突出项目的品位和品质

装修尤其要注重一些细节问题，例如：颜色的搭配和反衬，饰物的处理，灯光的调和，反映人性化的小提示等；以彰显档次的冷色调为主，而在饰品的选择上宜大量采用暖色调，冷暖搭配，庄重而不失活泼。

（4）售楼外广场布置建议。

1）在紫荆山路和商城路交汇处，清理出一个呈扇形对外开放的小广场。

2）将扇形小广场布置成休闲小广场，具体内容有：

——运用盆栽做出一定绿化造型。

——放置一些造型前卫的休闲座椅，以留住人流。

——小广场设置一定要求的灯光设施，售楼中心外墙安装射灯照射售楼处，大厦东北角的小广场上安装地灯照射整座大楼，夜晚打开灯光，通过灯光吸引过往行人的注意。

3）设立标准旗杆，利用目前金成公司已有的保安队伍，每天早晨举行升旗仪式，以产生社会传播效应，提升项目档次形象，利于商场尤其是写字楼的销售和经营。

4）布置路旗、看板、空中气球、条幅、彩旗，营造热烈气氛。

5）售楼处上方设置一大型广告牌，传达大厦形象。在一层外立面沿商城路和紫荆山路采用喷绘包装。

（5）售楼处内布置建议。

1）接待台不必做得过长、过于庄重，给人看起来像审判台，而应设计得纤秀轻巧，设置四人接待台即可，淡化“强大”的接待阵容。为接待人员专设几个小洽谈台，作为分散接待点，有利于将销售人员分散开来。

2）考虑到本写字楼的档次和购买写字楼客户的特点，专设一组豪华型组合沙发，在此非指材料上的豪华，而是指沙发配备上，比如，一组（3+2）+3+2组合沙发和茶几，方几等。

3）写字楼每一层的平面做一张0.5平方米左右示意图，直接进行单层销控示意，使客人图上看楼一目了然，同时也做一幅总销控表，方便销售管理。

4）展板建议采用悬空垂吊的方式置于售楼处，装点气氛的同时能消除空旷感。

5）大厅玻璃窗内可设计悬挂式双面展板，内外都可观看。

6）内柱全用金色布幔包裹围绕，预示“成熟”之意。

（6）装饰建议。

1）灯光建议分明亮区与柔和区，洽谈区应柔和、参观区应明亮、模型区则可制造暗区、靠模型灯光给客人感受灯光效果和夜景效果，创造独特的“夜景销售区”。

2）大厅入口处设计——10余平方米的玻璃灯箱地面，箱底是郑州中心一带人文地理示意图（标明周围重点大配套项目），让客人一进门，即是踩在位置图上，感受成熟区域与黄金地段，如果不可行，则可直接将位置与配套示意图描在大厅入口的地面上。

3）看房通道须专门包装，要求鲜明，通道明亮、洁净、舒适。

2. 样板房装修建议

（1）样板房是最犀利和直观的销售武器，在考虑工程进度和景观视野的角度原则下，建议选择16层做样板层展示，公共部分的装修可参照今后实际装修标准，从景观和视觉效果考虑以及促销的角度考虑，建议选择东北向和西北向做样板房，从实际效果和成本控制考虑，建议做两套样板房，单拼和双拼在以上建议方位各做一套。

（2）为提升物业形象，增强现场促销力，样板房所在的层数设置为样板层，除特别装修的两套样板房外，全部按交楼标准装修好。公共部分建议16层半层走廊、电梯间、洗手间装修好。

3. 样板房装修风格

（1）单拼样板房：建议东北向。

风格：经济实用型，现代主义简约风格。

功能设置：一个财务室和一个经理室，其余为开放式办公单元。

要求：去掉现有办公单元内的两个卫生间，增加实用性。

（2）双拼样板房：建议西北向。

风格：庄重、气派、典雅、富有时代气息。

功能设置：一个总经理室、一个经理室、一个小型会议室、一个财务室。

要求：去掉现有办公单元内的两个公共卫生间，只需保留一个经理室卫生间，增加经济性、实用性和办公空间的开阔性。

3. 销售人员与物料包装

（1）销售人员服装设计提示。销售人员着装应给人热情周到、亲善友好的感觉。服装设计一定要求款式美观大方，有利于提高工作效率。服装的款式不可太宽松，以合身和不妨碍操作为原则。

销售人员制服的材料、款式及色彩的选择与搭配，还应项目的建筑风格、售楼处设施情调及室内装饰相呼应、浑然一体，使客户感到舒适、典雅、协调。

（2）销售用品系列设计。销售用品系列设计包括名片、价目表、楼书、户型单张、宣传单张（海报）、折页、影像光盘、法律手续说明书、合同书、礼品赠品等。必须对项目销售用品进行内容文案与设计包装。法律手续说明书，合同书等在后面章节详细表述。

销售用品策划内容有：名片、折页、宣传单张（主题海报）、户型单张、楼书、价目表、影像光盘、礼品赠品。策划人员必须对八大要素进行精心设计与策划包装，销售人员必须对八大要素进行灵活运用。

1）名片。一般情况下，项目要独自设计名片，内容风格与项目保持一致。但根据项目具体情况，有的名片内容可以凸现项目、开发商、代理商等不同品牌利益。

2）折页。内容主要对项目卖点或物业特点提炼、图文简单，是楼书简缩本。制作价低、印刷量大，可以在各个营销阶段，各种场合大量派发。项目认购阶段，一般折页为主，到预售阶段以后，改为楼书为主。

3）宣传单张（主题海报）。文案内容为阶段性推广主题活动，多为软性文章并配图。制作价低、印刷量大，可以在各个营销阶段、各种场合大量派发。

4）户型单张。制作价低、印刷量大。根据主推户型，分营销阶段派发，一般限于营销中心派发。

5）楼书。内容为全面、整体地展示项目的卖点与价值，制作成本较高，装帧精美，印刷量需控制。一般在预售（开盘）阶段或重要营销活动（如大型房展会）时控量派发，以期取得最大效用。

楼书内容设计方法很多，常见的有：

价值挖掘法。罗列项目地产、房产、文化价值卖点，如项目价值指数之一、项目指数之二……

综合特点法。如项目内容依次体现为地段位置、建筑规划、园林设计、物业管理等特点。

文化提炼法。结合项目文化价值，提炼项目所在城市的古代历史、近代历史、现代历史、当代历史等。

【策划案例：湖南常德紫金城·金色晓岛楼书内容策划】

常德紫金城·金色晓岛是个占地约1500亩的滨水大盘，项目形象定位为“湖湘首席亲水文化大盘”。楼书设计主题是：“一个城市和她的梦想”。楼书采取文化提炼法，通过对城市文脉的拷问与追思，强烈地展示项目的优势与特点，体现“紫金城的动向、新常德的方向”，意指项目是城市的方向所在、梦想所在。楼书内容节选：

第一部分　梦想源自对过去的思考

一问常德：是小家碧玉，还是大家闺秀？

二问常德：是计划当道，还是市场先行？

三问常德：是追求品位，还是鱼龙混杂？

四问常德：是盲目克隆，还是文化独具？

五问常德：常德人，住的满意吗？

六问常德：是绿地先行，还是盲目扩张？

七问常德：选择高楼大厦，还是临水而居？

八问常德：是活在今天，还是活在明天？

第二部分　梦想源自对过去的追忆

没有历史，人文只不过是句空谈。

没有陶渊明，桃花源只不过是传说中的空洞穴。

没有刘禹易，八百里梦里不是桃源水乡。

没有沈从文，武陵只不过是旅行者理想的幻想。

没有丁玲，人生的历史不过是废墟。

宋教仁，不该遗忘的宪制精英

……

6）价目表。制作价低、印刷量大、根据价格策略调整，分营销阶段派发，一般限于销售中心派发。

7）影像光盘。内容为项目三维动画广告或影视广告集合。制作成本一般，数量需控制。一般在预售（开盘）阶段或重要营销活动（如大型房展会）时配合楼书控量派发，以期取得最大效用。

8）礼品赠品。设计造型要有创意，制作成本较高，数量需控制，一般在预售（开盘）阶段或重要营销活动（如大型房展会）时控量派发，以小恩小惠的形式促进销售，给置业者难忘的惊喜。

16.6.4　工地现场包装

工地环境包装主要包括楼体、围墙、交通指示、绿化、现场办公室、工棚等方面的包装。工地环境策划技巧掌握：楼体广告要少而精；围墙广告要主题新、个性强；交通指示广告要位准图简；环境绿化要分批分量，现场办公室要简易灵活，工棚要整洁环保。

1. 建筑物主体

建筑物主体在建造到一定的高度时，整体形象基本凸现，要进行楼体广告包装。制造“中观”效应，即使置业者在较远距离也能看到楼体广告语，体会到建筑的进度形象与营销活动气氛。这就必须要求楼体的横幅（条幅）广告语简洁易记，即要求广告字数少、制作尺度大。一般依据营销活动需要，可分作固定广告语与临时广告语包装。固定广告语内容包括：项目名、项目主题、销售电话。

临时广告语内容包括：物业阶段性卖点。比如楼盘新近获得荣誉、阶段性活动主题、竣工封顶、入住、物业公司入驻等内容。

【策划案例：某楼盘建筑主体标语】

深圳×楼盘在2004年雅典奥运后，请到奥运金牌运动员作开盘宣传，临时在楼体挂出“热烈欢迎亮晶晶（田亮、郭晶晶）于×月×日莅临开盘仪式”的标语，即刻起到开盘吸引人气的作用。

2. 工地围墙

用于分隔施工现场，保证客户看楼的安全和视线的整洁，一般可用普通的砖墙，也可用围板。选择人流量大或景观视野较好的位置实施工地围墙重点包装。“四至（东、南、西、北）”范围不大的项目，工地围墙可以采取广告喷绘膜或展板；项目“四至”范围较大的，采取砖墙面喷绘或广告铁架节点式摆设形式。

工地围墙广告语内容较为丰富，所有卖点都可以罗列，如建筑单位质量工期宣传、物业特点、企业文化等均可。最主要的是内容必须具备形象差异性。

工地围墙常规的包装广告内容是：前期以展示物业总体形象为主，后期配合营销主题活动（如开盘）进行气氛点缀包装。

【策划案例：凯里永安景苑工地围墙形象包装策划】

贵州省黔东南州凯里市永安景苑是一商住房开项目，整体建筑风格偏中式建筑。同时，凯里市是苗族和侗族的聚集地，更有其他民族集聚，是一个多民族多文化的地方。为彰显地区浓厚文化底蕴，突出项目独有的文化气息，工地围墙不采用现代喷绘包装，而特邀绘画大师以“画笔绘图、毛笔写字”的形式包装整体工地围墙。整体画面充斥着浓厚的中国文化气息和民族文化特色，吸引了大量过往行人的眼球，很好地展示了项目区位、景观、物业、产品、价值等优势，给行人留下深刻的印象，也无形中提高了项目的文化形象和品位。

3. 主路网及指示路线

在项目周边主要交通路口或市政道路指示不明确的情况下，必须进行交通指示系统包装，装设项目位置指示图。施工现场内外环境必须按照文明与安全施工要求地行包装。

施工现场的进出口要装设项目总平面区域划分与交通指示图。现场施工办公室与工棚要进行物业导视系统包装。

4. 环境绿化

环境绿化包装要充分考虑养护、维护的难易程度，依据工期进度与营销活动需要进行建议包装，切记：逐步包装、不能一步到位。一般先进水体造型，雕塑小品等设计施工，如喷泉、叠泉、游泳池、假山石、座椅、花架等。然后进行绿植、花草类；接着在营销活动（如开盘）时再进行绿化丰富，如用时令花卉与装饰灯品进行点缀，以渲染气氛。

环境绿化要结合项目具体情况，注意灵活处理。如旅游度假项目，有时绿植（乔木、灌木、草地）甚至比建筑主体施工要提前进行。

16.6.5 样板房包装

1. 看楼通道

看楼通道是连接售楼处和样板房（或现场实景单位）之间的行走通道。

看楼通道策划应注意以下几点：

（1）看楼通道的选择以保证线路尽可能短和安全通畅为原则。

（2）要保证通道充足的采光或照明。

（3）通道设计不影响施工组织，施工组织也不能影响看房者的通行安全。

（4）对于特殊过道要有示范单位导视牌，必要时进行人性化提示，如注意佩戴安全帽；提示高低不平、顶梁过低等。

（5）在通道较长的条件下，要做到移步换景，要丰富而不单调。

【策划案例：万科·金域蓝湾看楼通道】

万科·金域蓝湾的看楼通道，以王石在世界各地考察的生活图片与王石亲自拍摄的建筑风情图为内容，体现万科对项目的专业追求与创新精神，置业者沿楼梯走动观看，感觉人情味很浓，也很真实。

【策划案例：东莞香榭里公寓看楼通道】

东莞香榭里公寓是小户型为主的项目，客户目标是都市白领，其看楼通道包装则全部以台湾漫画作家几米的作品《向左走，向右走》为内容，沿楼梯进行图文并茂的喷绘包装，既符合项目客户定位，刺激其购买欲望，又给看房者强烈的艺术感受。

2. 样板房

样板房是户型的示范单位。主要是让客户对所购买物业有一个直观的感觉和印象。

（1）样板房设计包装特点。

关联性。样板房的设计与楼盘的定位及销售唇齿相依，因此，样板房的设计必须与定位、卖点相关联、相呼应。

针对性。普通的住宅装饰设计，一般只为某一个体服务，满足个体家庭的居住需求，而样板房则针对某一特定的目标客户群体。设计师必须分析这一群体共性的生活方式需求，通过设计语言表达出来。

展示性。样板房的展示性强于实用性。样板房的首要功能是配合销售，强调感观效果，而普通住宅的主要功能用于居住。现在许多发展商希望样板房将来能卖给客户，要求将样板房做到又好看又实用。

煽动性。样板房为了推动销售，一般做得夸张一些，甚至达到一种舞台布景效果，具有极强的煽动性。通过光、形、色、摆设创造某种非常吸引人的氛围效果，去俘虏客户的心，激起客户的购买欲望。

特色性。一个样板房必须有特色，让人记住。发展商总是希望样板房与众不同，让人耳目一新，甚至引起轰动效应。

体验性。样板房在装修与装饰时、要从客户真实体验出发，不要让客户认为这仅仅是一间“好看”的房子而已，而要增强“家”的温馨的体验，让客户觉得这就是“家”，从而激起客户的购买欲望。

（2）样板房设计包装要求。样板房设计其实是户型结构的美化和再创造，强化自己的优点，掩饰其中的缺点，以便完美地展现在客户面前。因此，样板房设计的关键就是：

扬长——充分展示自己的优点。灵活的房间结构、完美的布局、大面宽、好采光、较好的层高、良好的视野等都可以引导强化。比如有些房子无梁无柱，那我们可以在自由组合上下功夫，展示房间间隔灵活的一面；如果层高高到一定程度，可以引导客户去加盖夹层，使人们觉得房子具有灵活性，于是便有了所谓“使用面积大于建筑面积”的宣传效应，让人们觉得物超所值。

避短——通过设计的手法来弥补户型的缺憾。房子或多或少都存在某些缺憾，需要通过设计师给予弥补或掩饰。

主题风格。样板房设计必须有明显的主题思路或风格，让人们记忆深刻。

（3）样板房设计包装关键因素。人们接触样板房的时间最多只有几分钟，如何在短短的几分钟里去俘虏买家的心，使理性的思维在这个特定的环境里变得亢奋、变得感性。可利用下面几个因素：

光、灯具——光是营造气氛的重要工具。有一个恰当的光环境非常重要，应做到柔和、舒适、有层次。照明分三种方式：背景照明、辅助照明、重点照明。在设计中，这三种灯光照明要注意组合，组合得当可产生迷人的效果。三种照明的光亮度比例是背景照明 1:3:5。照明设计时，有时不希望看到灯具，灯具藏在一个很隐蔽的地方。有时则要让灯具成为装饰的一部分。

色——颜色最能刺激人的视觉神经。设计师必须关注色彩的象征性和意象性，有意识地利用色彩媒介传达出一定的意境、情感和内涵。恰当地用，可以塑造不同凡响的气氛，达到以少胜多的效果。用色彩来组织设计语言是最有效、最经济的手法，往往能收到事半功倍的效果。

新材料、新技术——“新”代表着最新的时尚。科技的发展、新技术的应用可以让人耳目一新，吸引客户的注意力。

配饰——配饰是整个设计工作的重头戏。原则是少而精，装饰也不是越多越好，不能摆得太滥，要有所选择。有人说，“装修是一门选择的艺术”。形式要选择，材料要选择，配饰亦要选择。配饰的选择看是否符合设计的风格、情调，而且要画龙点睛，点到即止。

生命物体——例如盆栽、鱼缸等，可给原毫无生气的样板房带来一丝丝生命气息，给人以耳目一新的全身心感受，提高客户体验。

（4）样板房设计包装中的设计师角色。样板房是销售的一个手段，以刺激销售为依据。设计师这个角色变得重要起来，好的设计师可以跟发展商共同探讨。

参与策划的过程：样板房的设计很大程度上可以说是一种策划。以营销为起点亦以营销为终点。设计师应积极参与这种策划，以便确定档次、风格、定位。

主动引导：一旦风格定位确定后，设计师必须以一种专业精神去引导和影响发展商，坚持原则做出有个性的设计。

积极地跟踪：设计师不是交完图纸就了事，本着设计完美的精神，设计师的职业道德更要发挥。另一方面，保持与客户的良好关系，这不仅是业务的需要，同时也有助于设计师用诚信赢得信誉与更广阔的机遇。

（5）样板房设计包装要体现“一个中心、两个基本点”。“一个中心”是要有空间体验中心，“两个基本点”是要有“看点”与“卖点”。

空间体验中心是指看房者能够迅速以自身为中心，进入置业体验的感觉，空间体验中心与样板房设置的大空间密切相关，包装策划时必须注意以下方面：

1）样板房选择的主力户型、主推户型，要设在朝向、视野和环境较好的位置。

2）样板房要设在可方便由售楼处到达的位置。

3）多层楼花，尽可能设在一楼或低楼层。

4）高层楼花，尽可能设在较高楼层。

5）高层楼花，一般布置在 4 ~ 6 层。如果小区环境已做好，或周边景观已形成，也可以利用施工吊笼或临时电梯作垂直交通工具，布置在尽可能高的楼层。

（6）商业（商务）项目样板房要充分展示商业价值大环境。让看房者在参观过程可以看到周边的人流量、车流量等要素。两个基本点（看点与卖点）与样板房的室内空间设计密切有关，“看点”是使看房者觉得值得参考借鉴，有设计亮点，吸引视觉注意力。“卖点”是充分体现项目物业特点与优点，进一步引起购买欲望。

营造“看点”与“卖点”时必须注意：

1）设计装修应充分展示户型空间的优势，体现家居或商业空间特点。

2）要有统一的标识系统、示范单位说明牌，如门前户型说明，所送家私电器的标识。

3）针对空间的使用要给客户进行引导，特别是难点户型和大面积户型。

4）装修的风格和档次要符合项目定位和目标客户定位，布置应表现真实。

5）色彩要暖和温馨，能煽情。

6）家私的整体风格要统一，干净光洁。

7）做工要精细。

8）光线要充足。

9）对于周边有安全网的样板房，适当加以绿化。

10）样板房门前要设置鞋架或专人派发鞋套，最好可以让客户直接进入。

11）在样板房个别空间如阳台要设挡板，以防施工掉物，给客户安全的印象。

16.6.6 会所包装设计

小区会所，是近年来从香港流行而来的一个概念。小区会所是区别于小区配套设施的，专为小区业主设立的体育、文化、健身、餐饮、娱乐等服务设施。小区配套设施提供给居民最基本的生活保障服务，而小区会所则是提高业主生活品质的服务设施，会所包装设计要与小区档次匹配，讲究适用。许多项目会所由于过分讲究装潢设计，设计功能过多，导致后期开发商每年亏本来补贴。

小区会所作为小区中相对集中的场所，是提供健康的体育、文化、餐饮、休闲、娱乐等活动的公共活动空间，是社区文化的培养基地。一个成功的开发商曾经说过："房地产业是没有秘密可言的，我们培育的是特有的小区文化，这是别人所学不到的，也是我们成功的保证"。每个小区都应有自己独特的文化特色，这样才难使自己在日益激烈的房地产市场竞争中占有一席之地，而小区会所则是社区文化焦点的反映。

1. 小区所处区域决定小区会所包装设计的必要性

如果住宅小区位于市郊，周边缺乏商业、餐饮、娱乐、文化等配套设施，或者配套设施过于分散，则小区会所的建设就可为小区居民提供生活便利，购房者购房时也会将小区会所摆到十分重要的地位去考虑，小区会所的建设就显得尤为必要。当然开发商也要根据小区地段、品质价位、综合环境、自身实力和购房者的定位考虑建造相应档次、特色和品位的小区会所。

2. 小区的规模和档次决定小区会所的功能设计

现在上海许多楼盘不论规模大小，档次高低，都乐于鼓吹自己的会所"功能齐全、豪华舒适"。企图以高档的会所来提升整个小区的形象。明明是一个普通小区，还要设置"豪华 VIP 会所"；"提供十余种高档娱乐设施"，甚至有些品质一般的小区还以"高尔夫球场""室内恒温泳池"作为其卖点；这显然是会所功能与小区功能的错位。

3. 针对小区会所的服务对象设计

小区会所作为住宅小区的一部分，是小区内居民户外活动的一个重要场所。会所的服务对象首先是小区的居民，所以小区建设首先要以此为出发点，以小区居民的需求为中心，其次才是对外开业务，获取一定利润。这样，有必要实行双重收费标准，小区住户可以通过统一发放的"会员卡"享受优惠，以体现小区住户的利益。

4. 应注重小区会所软环境的塑造

目前小区会所建设过多注重硬件配置，却忽视了小区会所的另一重要功能，塑造社区文化。

小区会所作为社区文化的培养基地，也是社会主义精神文明建设的重要基地。在硬件保证的同时，还要注意社区文化的塑造，多种形式地开展居民共同参与的文化、体育、娱乐等集体活动。

【策划案例：上海万科城市花园会所功能设计】

上海万科城市花园总建筑面积60万平方米，侧重会所实际使用功能设计，精心设置的小区全方位会所，不仅按不同的生活情趣分类布局，而且考虑到动静结合，深化万科文化社区的内涵。小区既建立了时尚青年所需要的舞厅、KTV包房、游戏室、网吧等形式的集中会所，也考虑到老年人、儿童的需求，建立了老年人活动中心和儿童乐园等会所。还对高层次生活圈的业主提供了美容沙龙、干洗店便民服务和室外网球场、俱乐部健美协会等多种会所。

【策划案例：深圳桃源居会所分类功能包装设计策划】

深圳桃源居是超大社区，根据社区需求，策划五个社区会所。

五个社区会所：(1) 女子会所，主要为社区内的女性提供技能培训、素质教育及修身养性服务。(2) 老人会所，这里是老人的天堂，为老人白天与朋友相聚、餐上和亲人共享天伦提供服务。(3) 桃李书院，是孩子的第二课堂，使孩子在离开课堂后足不出户就能得到高水准的音乐、美术、书法等课外教育。(4) 体育会所，会所内设有乒乓球、保龄球、篮球、羽毛球、桌球、健身房、棋牌室等休闲运动场所。(5) 文化艺术中心，这时是整个社区居民聚集、会务、文艺活动的中心，是社区的标志性建筑。

16.6.7 展销广场包装设计

项目的展销广场是项目画龙点睛的“眼睛”。从空间角度看，一般是大尺度的公共活动与交流场所，也是项目最核心表现要素。设计上必须充分表现项目的主题与定位。

【策划案例：深圳华侨城玫瑰广场设计分析】

总投资3000万元的玫瑰广场，以“爱”为设计主题，巧妙地利用了深南路的既有地形，同时结合华侨城地铁的建设，综合考虑地铁站出入口，公交车站的位置等因素，最终使转乘地铁及公交的人流与广场空间能有机联系起来。

玫瑰广场的规划设计重点突出了自然生态环境和社会人文环境的结合，强调广场的规划设计主题与华人选城的旅游文化的密切结合，并在保持既有的华侨城都市空间形象的同时大胆创新，力求突破。设计理念将以“玫瑰”为特点，强调玫瑰所代表的以“爱”为主的人文内涵。从空中俯瞰，玫瑰广场就像一朵巨大的玫瑰花。玫瑰花由富有色彩的地砖与花草绿化构成。

该广场主要功能考虑通行之外，同时考虑观光休闲、小型演出、节日庆典等功能。整个广场是将功能与景观有机融合的连续空间。

16.7 房地产形象策划应用案例

【应用案例：江苏常州××商城形象策划方案】

常州××商城项目概况

常州××商城是由××中国投资有限公司、常州市××商业总公司、××信托投资公司三方投资组建的大型商业基础设施项目。项目总投资2500万美元，集商业旺铺、办公写字、餐饮娱乐、商务营房等于一体，建筑面积50000平方米，是一座多功能综合性的楼宇。1995年7月商场部分试营业，1997年1月25日商场投入正式营业。

导入CIS的背景

地处上海经济区辐射圈中的常州商业经济在得以长足发展的同时，也正面临着一场愈演愈烈的无情的竞争。就是在这样的背景条件下，常州××商城商场部分准备于1995年7月投入试营业。

1. 导入CIS前市场状况

当时常州的市场情况，存在着这样一对矛盾——有限的市场容量和无限的经营能力之间的矛盾。

（1）有限的市场容量，表现在这样几个方面：

1）常州不是一个中心城市，常州位于沪宁线中段，东有沪苏锡，西有宁镇扬，商圈就难以向两翼辐射。

2）就城市规模而言，它又不是一个现代化大城市，而是一个典型的小城市，市民购物的交通方式60%为自行车，居民聚集区距市中心仅为15分钟的自行车路程，甚为方便，因此它难以形成多极化的商业中心，而位于市中心的商业楼盘则很容易形成虎踞龙盘之势。

3）从城市性质看，它更不是一个旅游城市，旅游资源十分匮乏，流动人口极为有限，有资料统计，1993年常州的境外旅游者（包括外商投资者）全年仅为2万人次，而同期苏州、无锡则高达30万人次。由此可见，常州的零售业缺乏旅游业这一坚实基础的支撑，零售市场呈典型的地区市场、区域市场特征。据以上分析，可以确立这样的论点：常州百货零售业的市场容量具有很大的局限性。

（2）无限的经营能力，表现在：近年来，由于市场经济的作用，由于流通体制改革的作用，由于经济过热，固定资产投资规模过大的作用，商业经营企业与日俱增，尤以大型零售商业为最，高楼大厦如雨后春笋般地拔地而起，它使常州百货零售业的经营能力有了一个很大的提升。与之相反，市场的容量却未随之相应扩大，商家不断拓展的经营能力与有限增长的市场容量之间的矛盾进一步导致了现今商业竞争趋向白热化。常州百货零售业的竞争已由大鱼吃小鱼的竞争转入大鱼吃大鱼的竞争。

2. 企业所处地理位置

商城的地理位置也不太有利，商城所处火车站的地段一向被视为黄金地段，但是如果仅以流动人口为消费对象，那它远不能满足国际商城近2万平方米商铺的经营能力，因此国际商城的市场定位应该是流动和固定人口市场并举。而要吸引本市固定居民，则环境条件远不如市中心商业繁华地段。

3. 企业导入 CIS 的有利条件

当然，常州国际商城导入 CIS 更有着起决定因素的内部客观因素。

（1）合资企业的运作机制的优势。国际商城为常州首家中外合资大型商业企业，由此产生了全新的用人和管理的体制。

（2）业已奠定的实践基础。讲求树立企业形象并不是自导入 CIS 之日起始，早在 1992 年企业成立之时，就非常强调时时处处维护与体现企业的形象，要求员工把自己看作是企业的一部分，任何时候都要以企业的利益为重，最初倡导的员工精神就是“忠于公司利益，实现自我价值”，它体现了现代人良好的职业风范与追求。

（3）员工素质普遍较高及年龄的年轻化。商场营业员的文化程度都在高中以上，管理人员更是向社会公开招聘的，具有一定经验、资历与阅历的各方面的专业人才。整个公司现在 688 位员工，平均年龄 22.8 岁，这一点也利于 CIS 在企业内部的传播与推广，利于 CIS 在组织内部的渗透。

4. 行业内其他企业与 CIS 相关的行动

近年来，我国掀起的 CIS 风潮，除了工业企业纷纷导入 CIS 获得了巨大成功外，百货业导入 CIS 也风起云涌，上海一百、深圳新世界广场、广州新大新等都已意识到企业形象的无形资产对于服务业来讲更是直接需求，希望通过 CIS 战略将企业理念、行为识别与视觉三者的有机统一，使之真正进入一种系统、科学、合理的形象状态，从而在激烈的商战中独树一帜，创造信誉良好的服务形象。

正是基于以上情况的考虑，常州××商城选择了 CIS。在 1995 年试营业前夕，常州××商城即全面导入 CIS，以期在机遇与挑战并存的商业竞争之中，树立企业整体形象，亲切地走向社会，开拓现代服务业的新天地。

导入 CIS 的策划方案

受托担任 CIS 整体设计的专业形象公司在企业的密切配合下，进行了企业前期实态和外部市场的调研作业。经过一系列紧张而有序的开发设计，至 1995 年底完成了策划与设计工作。包括作为 CIS 体系核心的 MI 即理念部分，规范员工行为的 BI 部分，以及以标志、标准字为核心的 VI 等部分。

1. 企业理念识别系统策划

（1）企业理念。常州××商城确定了“贡献富裕新生活”为企业的经营理念及企业使命，一是为日益繁荣、富裕的新生活做出贡献；二是把富裕、繁荣奉献给现代大众，让他们体会一种新生活。努力遵循受益于社会又反哺社会、回报公众的这种高品位的商业准则，清楚地表达出企业存在于社会的意义，引起社会的反响并取得认同，形成一种良性的互动循环。商城进行的公关活动和促销活动，都要围绕这一主线，体现出国际商城的现代商业观：受益于社会，反哺社会。

（2）经营思想。确立起“以人为本，建立国际大视野，创造卓越企业”的经营思想。也就是要在明确了“做什么”的同时解决好“怎么做”的问题。

以人为本。人是企业最大的资本，是企业的出发点与归宿点。××商城最重要的一点就是确立“人”为第一要素，它又包括三层含义。

1）人才是企业成功之母。一个企业集聚了人才不一定就会成功，但是没有人才却是绝对不会成功的。市场经济的核心是竞争，而竞争的核心是人的智力的竞争。企业的运转与更新、转换与发展，与每一个人的坚韧意志与勤奋劳作，及每一个人的充分想象力、务实的冒险胆略不可分离。

2）人是企业管理中最活跃的因素。人不是一成不变的，是动态的、变化的、发展的。

3）人的工作是企业里最难做的工作。一个企业成亦在人，败亦在人。

(3) 企业定位。处在这样一个世纪交替的时代，经济发展日益趋于全球经济、世界经济的态势，作为一家新兴的商业企业要用更高更远的眼光看待这一发展动态，经营立足高起点，服务追求国际化，努力与国际经济接轨。

2. 视觉识别系统策划

(1) 企业形象定位。用卓越的管理、卓越的质量、卓越的形象，树立起××商城的国际化形象。

(2) 企业标志。这是企业理念的直接核心体现。标志的整体如植物状造型，透过绿色和标准色，给人以勃勃生机的感觉及强烈的视觉冲击力，三点立足，象征着“人和、严谨、高效”的现代企业行为基准，向外呈扇形舒展，象征着企业国际化发展的思路，向外拓展的战略。准确地体现了企业的经营思想与行为基准，向企业内外进行整体传达。

(3) 员工的仪容仪表。员工穿戴统一的衣服、帽子，绿底白字的指示吊牌。

(4) 企业象征物。采用一个活泼可爱的卡通形象 RJP 作为企业吉祥物，这个形象既显示了企业的亲和力，又表示出商城是一个充满了活力的企业。

3. 企业行为识别系统策划

(1) 全面开展公关活动，致力于建立各方关系，树立良好亲和力的企业形象。

1）加强与社会各界联系，争取社会公众的理解与支持。积极依靠常州市委、市政府，争取其认同，将本企业纳入市内重点培植的大型企业集团，以获得优惠待遇。

2）密切关注市委宣传部以及各新闻媒体的宣传取向，结合企业发展战略造势，争取成为公关媒体宣传的重点。

3）建立并保持与客户的良好关系，为客户提高超值服务，以良好的信誉提高企业的美誉度。

4）真诚参与社会公益活动，提高企业知名度与美誉度。

5）积极开展公共宣传活动，强化企业的形象力与向心力。

(2) 精心选用和实施广告策略，宣传企业的服务宗旨。

1）常州××商城广告词：“开创美好未来，提高生活质量”“托起城市辉煌，营造舒适购物环境”。

2）广告标的：以诱导性广告为主体。常州××商城服务对象是广大市民，因此采用这种广告可以吸引消费者前来购物。

(3) 企业内部管理行为策划。

1）企业行为基准“人和、严谨、高效、卓越”。这是对企业内部员工行为的一种规范与约束。员工之间倡导人和，工作态度务必严谨，工作效率实现高效，共同创造卓越的企业。

2）企业口号：忠于公司利益，实现自我价值。

3）员工共同价值观：公司为上，事业为先；集体为根，企业为本；清正廉洁，淡泊名利；团结友爱，正直为人；以客为尊，我为人人。

4）员工的工作格言“国际商城是我家，我爱商城我爱家”“商品有价，服务无价”。

5）员工礼仪：坚持礼貌待客，谈吐文雅，行为文明。

CIS 导入过程

从 1995 年 4 月正式开始 CIS 的策划、设计和推广至今，常州 ×× 商城导入 CIS 的过程可以分成三个阶段：1995 年 4 月～1995 年年底是全面导入和初步推广阶段，1996 年是调整阶段，1997 年以来是深化和固化阶段。下面就分阶段来进行介绍。

1. 初始阶段

1995 年 4 月常州 ×× 商城正式开始导入 CIS 的第一阶段——开发设计阶段。

在前期的设计出台后，企业即不遗余力地予以全面推广。对内进行了广泛、深入的宣传和发动。首先强化企业中高层管理人员的意识，然后自上而下，逐级强化，逐级灌输。其次，通过各种方式，如每天早晨的升旗仪式、员工宣誓、早晚训话等对员工进行企业理念的潜移默化式的传播，使之逐渐转化为一种自觉的意识。还举办各种活动，通过不同的渠道，不断地强化传播，强化员工的意识。就在导入 CIS 后不久的一次对顾客的调查结果显示，接受调查的 520 人中认为营业员服务态度极好的占了 58.68%，较好的 39.52%，得到了消费者的一致好评。导入 CIS 的成效初步得到了印证。

对外，配合开业整体宣传，有计划地不断地推出商城的新形象，通过更名、标志、吉祥物、员工誓言、服务承诺等一系列的报纸广告宣传商城导入 CIS。在开业前夕，×× 商城搞了一次促销活动，产生了极大的反响，引发出来的强烈效应配合开业系列宣传，将开业的轰动效应推向了高潮的顶点，临时营业第一天即创 80 万元的销售业绩，此数字在当时的常州是破纪录的。

据数次调查问卷的数据表明，×× 商城的顾客构成市区固定人口已超过了 50%，此前固定人口消费仅占 15%，CIS 战略功不可没。

2. 调整阶段

全面导入 CIS 战略并向社会初步推广以后，取得了良好的反响，对此企业保持着清醒的头脑，在短短的时间里导入 CIS，肯定有不完善的地方，于是 1996 年即着手进行社会调查，并进行效果评估。分别组织对内部员工和社会公众的调查，向他们了解企业理念、企业标志认知度，征询对视觉识别系统的设计的满意度等。结果显示对于认知度及满意度达到八成以上，作为一个新企业，这个数字说明国际商城的 CIS 工程已初步获得社会认同。公众意见比较多地集中在部分视觉识别系统中的应用物品的设计上。根据此结果，提出了 CIS 设计提案的调整意见，请来形象设计公司结合企业实际情况，进行具体调整，使企业的形象更加完善、完美。

3. 深化阶段

1997 年对于 ×× 商城又是一个新的开端，1 月 25 日装修一新的近 20000 平方米商场正式投入营业，×× 商城继续推行以“贡献富裕新生活”为核心理念的 CIS 战略，在营销策略上，推出一个又一个高品位、可操作、效果好的促销活动。在开业伊始即以一场以情、以行为内容的“经商不言商”的亲情战略轰动了常州，树立了现代商业服务企业的新形象。开业后又接连不断地推出各种营销举措，有节用节，无节造节，在常州商界引发了一轮又一轮促销战，而××商城作为引领者，始终站在潮流的浪尖上。

在企业内部，公司始终把塑造员工自身良好的形象当作塑造企业形象的一个相当重要的方面，坚持“以人为本”的经营思想，以建立企业文化，努力营造浓厚的文化氛围来提高员工的素质，培养员工共同的价值观。使员工和企业忧乐同之，感到自己是企业的一分子，从而产生归属感和自豪感，积极性被充分地调动起来。商城创办了《走向国际》企业报，加强各方联系，宣传企业形象，在企业内部营造浓厚的文化氛围。另外，企业还组织丰富的娱乐活动，活跃员工的业余生活，陶冶高尚情操。

这些举措充分体现了××商城“以人为本”的经营思想，在全体员工建立充分的共识和责任感的基础上，保持企业强大的凝聚力和向心力。

功夫不负有心人，1997 年在市场条件异常艰苦的情况下，××商城开业第一年即一跃跻身于全市屈指可数的亿元商场之列。

导入 CIS 的体会与分析

CIS 是一门涉及面极为广泛，理论相当高深复杂而又必须经由实战发挥其巨大效用的解决问题的学问。通过常州××商城在导入 CIS 中取得的经验。我们可以从中得到如下启示：

1. 企业领导层的价值观与信念是 CIS 的核心，也是成功导入 CIS 的保障

这包含了两层意思：第一，企业领导者是公司的灵魂人物，他的一言一行直接代表着企业，他的思想、意识与胆略直接决定着企业的行为和命运，领导者的价值观实际上决定了企业的价值观。而 CIS 所要体现的核心 MI 部分，即是反映领导者以他自身的价值观为出发点，所导致的对企业前途的把握，对企业现状的理解，对企业发展的思考，因此领导层的价值观就是 CIS 所要体现的核心。第二，CIS 是一种新型的经营战略，需要渗透到企业的各个层面，并且在企业内外长期持久地实施推广，方能产生真正的功效。而这些都必须以领导者坚定不移的信念为导向，甚至在领导者的直接统率下进行。

2. CIS 是注重全员参与及长期推广的战略

CIS 在我国是新生事物，社会各界包括企业界对 CIS 的认识与准备还不充分，缺乏专业人才，并且 CIS 工程是企业的一个长期的综合积累的过程，企业导入 CIS 是企业的第 2 次创业，属于企业长期经营战略的内容，而企业在 CIS 方面的投资，应该理解为一种广义上的储蓄。因此，我们首先认识到，企业员工对 CIS 的认识从理解到接受到支持到积极参与这个问题解决不好，导入 CIS 就只能收到事倍功半的效果，因此，如同上面所介绍的，利用一切机会向全体员工进行教育与灌输，并不断使之深化，在公司每个员工的心目中形成强烈的 CIS 意识。在国际商城的 CIS 作业过程中，对员工的教育工作是永远不会停止的。

3. 建立在 MI 作用下的 VI、BI 相互作用的 CIS 体系

众所周知，CIS 设计本身是一门塑造优美企业形象的科学，但它不是光凭漂亮的外表就可以完整地体现企业的形象。相反地，应该是在企业理念的指导下，透过员工的行为及整体的视觉传达系统将企业的整体形象传达给公众。领会了 CIS 的这个特征，就能在导入过程中较好的注重企业理念在员工中的渗透、理解，使员工自觉地接受与认同，并转化到日常的服务中去。

4. 合资企业内部的现代运作机制和外部的政企分开是CIS导入的基础

××商城是常州首家中外合资的商业零售企业，因此企业的用人机制、管理机制也都与中外合资这个企业的特性相吻合。合资企业的运作的高效率，提倡工作时间里除了工作还是工作，紧紧张张地工作，轻轻松松地做人，领导者的绝对权威、政令的畅通、政令的有效和外部的行政干预较少等等都为CIS导入与贯彻实施建立了一定的基础，这是一般的中资企业无可比拟的优势。正是在这样的环境下，企业确立了“人和、严谨、高效、卓越”的行为基准，要求每位员工在工作中倡导人和，体现严谨，实现高效，以追求卓越，并且不仅仅是停留在口头上、规划上，更要成为每位国际商城人的共识，落实到具体的行动上。

第17章

房地产广告策划

17.1 房地产广告策划概说

17.1.1 房地产广告策划的含义

广告策划，是指广告人通过周密的市场调查和系统的分析，利用已经掌握的知识、情报和手段，合理而有效地开展广告活动的进程。广告策划的特征：一是事前的行为，二是行为本身具有全局性。广告策划是对广告活动所进行的事前性和全局性的筹划与打算。

广告策划在整个广告活动中处于指导地位。广告策划一般有两种形式：一种是单独性的，另一种是系统性的。广告主的营销策略是广告策划的根本依据。广告的诉求策略、定位策略、表现策略和媒介策略是广告策划的核心内容。

广告策划的作用：①使广告活动目标明确；②使广告活动效益显著；③使广告活动更具竞争能性；④提高广告业的服务水平。

房地产开发商要加强广告意识，不仅要使广告发布的内容和行为符合有关法律、法规的要求，而且要合理控制广告费用投入，使广告能起到有效的促销作用。这就要求开发商和代理商重视和加强房地产广告策划。但实际上，不少开发商在营销策划时，只考虑具体的广告的实施计划，如广告的媒体、投入力度、频度等，而没有深入、系统地进行广告策划。因而有些房地产广告的效果不如人意，难以取得营销佳绩。随着房地产市场竞争日趋激烈，广告策划已成为房地产市场营销的客观要求。

房地产广告策划是在广泛的调查研究基础上，对房地产市场和个案进行分析，以决定广告活动的策略和广告实施计划，力求广告进程的合理化和广告效果的最大化。房地产广告策划不仅能够进一步明确开发商的目标市场和产品定位，而且能够细化开发商的营销策略，最大限度地发挥广告活动在市场营销中的作用。

17.1.2 房地产广告策划的原则与目的

房地产策划师在进行广告策划时，应遵循以下原则：

时代性。策划观念具有超前意识，符合社会变革和人们居住需求变化的需要。

创新性。策划富有创意，能够塑造楼盘的独特风格，体现“把握特色，创造特色，发挥特色”的策划技巧。

实用性。策划符合营销战略的总体要求，符合房地产市场和开发商的实际情况，具有成本低、见效快和可操作的特点。

阶段性。策划围绕房地产营销的全过程有计划、有步骤地展开，并保持广告的相对稳定性、连续性和一贯性。

全局性。广告、销售促进、人员推销和宣传推广是开发商促销组合的四种手段，广告策划需兼顾全局，考虑四种方法的综合效果。

房地产广告策划的目的是追求广告进程的合理化和广告效果的最大化，就是实现预定的广告目标。

17.1.3 房地产广告策划的内容

房地产广告策划是根据开发商的营销策略，按照一定的程序对广告活动的总体战略进行前瞻性规划的活动。它以科学、客观的市场调查为基础，以广告活动的效果调查为终结，追求广告活动进程的合理化和广告效果的最大化，广告策划在遵循一般程序与步骤的基础上，要对广告活动的内容进行全面策划。

房地产广告策划的内容主要有：①房地产广告策划流程；②房地产广告目标确定；③房地产广告主题与表现；④房地产广告媒体选择与运用；⑤房地产广告设计与创意；⑥房地产广告预算与安排；⑦房地产广告效果与反馈；⑧房地产广告策划应用案例。

17.2 房地产广告策划流程

17.2.1 房地产广告策划流程

房地产广告策划主要分三个步骤。

1. 调查分析

房地产项目广告策划方案，主要是针对房地产企业营销中的某个问题或针对某个特定目标，因此策划首先就是要设定清楚准确的目标。为了达到既定的目标，这一阶段首先要对策划环境进行分析，主要是开展市场调查，消费者调查和楼盘调查，分析研究所取得的资料，才能有针对性地制定出广告战略和策略，使广告策划建立在科学和可靠的基础之上。

2. 拟定计划

在第一步调查研究的基础上着手拟定广告计划，产生构想，这是策划者创造性思维的用武之地，其主要内容有：

（1）确立整体广告战略。这是确立策划的大致方向，大致方向是围绕着目标与问题，结合环境因素而确定的。

（2）确立广告目标。广告目标与广告战略是相辅相成的，广告战略是围绕着目标提出的，又赋予目标以更明确的方向，而广告目标是广告战略实施的核心环节。

（3）确定广告中的具体策略。策划人找到了解决问题、达到目标的具体方法，如主题策略、媒介策略等，这样，广告策划的构想就显得清晰与完整，具有现实的可行性。

（4）形成广告策划书。策划书是广告战略与策略的具体内容，是见诸于文字的方案，也是广告活动的“蓝本”。策划书的写作实际上从最初的构想就已开始，随着构想的完整并把它展示出来。一份好的策划书应符合市场变幻的实际情况，并反映了策划人驾驭市场的能力，能否提供一份完整的、有说服力的策划书，是广告人或广告公司策划能力的重要表现之一，也是实行广告代理的核心工作。

3. 执行计划

杰出策划方案的效用最终要表现在它的实施上。根据策划书的要求，首先可以开始广告的设计制作，把广告作品用于媒介发布，配合以其他促销活动，这就是广告的实施阶段。在实施后注意收集对广告效果的评价与营销情况的反馈，以便及时总结经验，不断提高广告策划的效果。

房地产广告策划流程如图 17-1 所示。

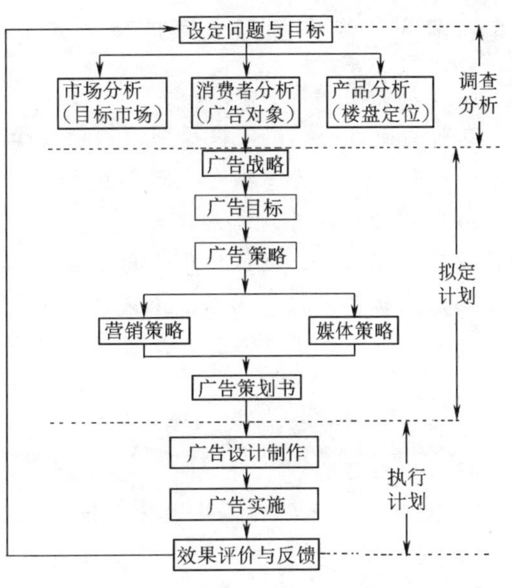

图 17-1　广告策划工作流程图

17.2.2　房地产广告阶段划分

根据销售过程的预热期、强销期、持销期、尾盘期阶段性划分，房地产项目广告的阶段性划分可以相应地分为四个阶段。如果一个项目广告阶段期按 10 个月来划分，则如表17-1。

表 17-1　房地产广告阶段表

阶　　段	时　　间	累计销售量
预热期	开盘前 1 ~2 个月	5% ~10%
强销期	开盘后 1 ~2 个月	40% ~50%
持销期	开盘后 3 ~6 个月	70% ~80%
尾盘期	开盘后 7 ~10 个月	85% ~95%

在不同的销售阶段，广告的任务和具体活动都有所不同，必须制定不同的广告策略。广告阶段的划分是根据市场销售规律、工程进度及形象配合等因素进行。由于实际情况的不可预估性，后期的广告策略应根据项目的实际销售情况、工程进度以及同期市场竞争状况再进行相应调整。

1. 预热期的广告策略

这个阶段的广告策略是信息提示强化攻击策略，营造并提升有效时机。表现整个项目的形象推广，突出项目的物业主题为主，展示楼盘的基本情况，不需要涉及具体情况，主要是让目标客户知道整个项目的主题和倡导的生活方式等。不是简单地将创意通过平面方式表现出来，更重要的是如何让消费者能够接受项目的主题。

这是整个楼盘的档次、定位的最重要的阶段，是奠定项目可持续发展的基础（价格基础、人气基础、客户基础）时期。这个阶段需要进行全面的形象包装，并包括适量的预告性广告策略实施。楼盘入市前，必须实施全方位不间断形象炒作新闻，此阶段的广告策略的实施必须做好首战必胜，做到“不鸣则已，一鸣惊人”，一炮打响。入市广告活动推广时，有时必须要求内部人员到现场事先排队，营造人气，实施“滥竽充数”策略。

【策划案例：海景国际大酒店预热期整合推广方案】

1. 主题推广语

在明确项目的推广定位原则，及项目卖点和消费者特征之后，我们可以分析得出海景国际大酒店在推广中所要表达的三个要素。

（1）万浘金滩畔，风景优美。

（2）四星装修，度假休闲娱乐综合体，万浘唯一。

（3）投资型产权式酒店，未来可长期获取丰厚回报。

由这三个要素可以得出海景国际大酒店的主题推广语——金滩畔·海景居·体验生活之美。

2. 预热期推广策略

（1）推广目标。

1）更快更广地将项目基本信息传播给目标投资者。

2）通过各种推广手段拔高项目品质。

3）通过互动式活动吸引目标投资者关注，并到售楼部现场参观和购买。

（2）推广手段。

1）平面媒体。

① 南国早报。南国早报为区内最强势平面媒体，宣传覆盖面广。但该媒体广告费用高，且因广告客户众多，信息干扰大，适合大项目长时间宣传。对于本项目来说，单纯的硬广告投入并不可取，只能采取一些软性宣传手段，以通过权威媒体的适当曝光，提高项目品质，并吸引区内其他城市投资者的关注。

a. 项目开工典礼邀请南国早报《南国楼市》栏目记者到场，配发图文报道。

b. 项目促销及开盘活动邀请南国早报《南国楼市》栏目记者到场，配发图文报道。

c. 尽力促成南国早报《家周刊》或者《南国楼市》做一期“北部湾地产巡礼”专题报道活动，本项目可作为参展楼盘参加活动。

② 南宁晚报。南宁晚报为南宁市强势平面媒体之一，发行量达 8 万份左右，其《黄金楼市》周刊在广西地产界也拥有一定的影响力。但该媒体不覆盖防城港及东兴地区，不适宜作为项目固定销售信息的发布渠道，可作为活动的媒体承办单位，以增强活动的影响力。同时在项目的进度节点上也可邀请该报记者到场报道，以引起区内宾投资者的关注。

a. 项目开工典礼邀请南宁晚报《黄金楼市》栏目记者到场，配发图文报道。

b. 项目促销及开盘活动邀请南宁晚报《黄金楼市》栏目记者到场，配发图文报道。

c. 以南宁晚报《黄金楼市》作为“金滩小姐”活动评选的媒体承办单位，发动南宁及周边地市的模特参加比赛。

③ 防城港日报。防城港日报作为防城港市唯一一份报纸，其影响力覆盖防城港、东兴、上思的政府机关和事业单位，在当地对于公务员有比较权威的影响力。但该媒体内容与南国早报等都市类报纸相比较古板，不过因为费用较低，且能影响本地公务员的购买行为，所以可作为本地主要宣传平面媒体。

a. 项目开工典礼邀请防城港日报时政部记者到场，在新闻版配发图文报道。

b. 项目促销及开盘活动邀请防城港日报时政部记者到场，在新闻版配发图文报道。

c. 以防城港日报作为“金滩小姐”活动评选的媒体支持单位，发动防城港、东兴、上思的模特参加比赛。

d. 5月起每周四，项目开盘前两周每周三周五，在防城港日报夹派精美DM海报，吸引公务员关注。

④ 广西电信VIP杂志《第e信息》。广西电信VIP杂志《第e信息》是一份发行量五万本左右的高档DM杂志，以广西电信全区VIP客户及高档消费场所消费者为目标客户，目前已覆盖全区14个地市，在防城港地区也有一千多本的发行量。该杂志是目前广西发行量最大和覆盖面最广的DM杂志，而且拥有广西电信多年经营下来所获得的高端人群发行网络，读者群特征与本项目目标投资者特征高度吻合，且广告费用低，合作形式丰富，可作为硬广告及软性活动的DM杂志宣传平台，并放置在售楼部作为高档销售物料。

a. 在6月出版的《第e信息》封底刊登整版硬广告。

b. 以《第e信息》作为“金滩小姐”评选活动的杂志支持媒体，并在6月出版的《第e信息》内页刊登“金滩小姐”评选活动信息。

2）户外媒体。户外媒体的作用是在特定区域内以户外广告的形式，宣传项目的基本信息、形象及活动信息，吸引特地区域户外流动人群的注意力。

① 灯杆旗。

a. 北仑大道两侧。

b. 金滩牌坊至项目靠海一侧。

② 导示牌。

a. 东兴城区拐入金滩T字路口左侧。

b. 金滩牌坊后T字路口靠海一侧。

c. 项目旁大转盘。

d. 明利宾馆门口绿化带。

③ 地盘包装。

a. 工地围墙喷绘。

b. 工地周边彩旗。

c. 明利宾馆前大门两侧喷绘。

d. 明利宾馆门口两侧大理石圆柱喷绘。

e. 明利宾馆门口玻璃喷绘。

2. 强销期的广告策略

这个阶段的广告策略是全面总攻策略（报纸、电视、电台为主要媒体进行配合）。将预热期的形象推广与实际项目的品质相结合，突出物业卖点为主，吸引大量的目标客户关注，使其产生共鸣，利用三维空间媒体组合进一步深化项目主题，并让消费者切身感觉到传播是实实在在的。例如，对于居住项目，可以结合园林的规划设计、生活空间的畅想、户型、生活的方便快捷等进行炒作。

这个阶段的整合传播非常重要，必须立体式炒作与理性解剖项目优势与特点。广告策略必须做到“广告主题日日新鲜、广告活动招招见血、广告投放字字见钱”，进行热点不断的造市，如举办论坛、研讨会等活动，有效促进项目销售。商业项目在强销期要注重活动推广，通过大型的、有效的波浪式活动来推动销售，营造高点，环环相扣，提升项目商业价值。利用广告密集投放来丰富项目的主题，利用活动推广来积累大量人气，获得目标客户的认同感。

在这个阶段广告推广一般由广告公司和代理商共同完成，活动推广则主要由开发商和代理商配合完成。广告预算是推至顶点的预算（广告预算约占40%）。

【策划案例：湖南耒阳万元·西湖广场强销期推广策略】

预计2014年5月举行正式开盘活动，主要是对前期预约客户进行集中签约，制造热烈场面。

1. 目的：产品先行，短时间引爆市场，形成热销。

2. 策略：以强势媒介投放全面展示产品品质和利益点，同时开始小众的渗透式传播，以小范围内的产品推介会的形式，通过对小众的圈子进行灌输式教育和培养。

3. 主要任务

（1）延续开盘后的热烈气氛，深入塑造项目形象，转化成实际销售额。

（2）完成住宅的主要销售份额。

4. 广告诉求

应用开盘后产生的热烈情景，适当投入硬性广告，着重提到开盘间的热销情况，同时继续做意识形态上的包装。在短时间内，在本地区至全市范围造成较大影响、较高知名度，最关键的是营造热销气氛、创造最佳销售业绩。

5. 媒体选择

户外+硬广+活动为主，辅以电视、电台、短信宣传、报纸、车身广告、横幅、工地围墙、夹报。

6. 业务配合

（1）预售证办下后、抓紧时间签订合同，稳定客户。

（2）宣传广告与项目销售必须紧密结合，力争抓住机遇促销困难产品。

7. 注意重点

8. 销售策略

（1）营造畅销气氛，制造鼎盛人气氛围，消除客户疑虑，激起强烈的购买欲望，控制销售表，典藏一些比较好的房源，陆续推出，使销售的热度持续上升。

（2）制造开盘引爆和集中签约，从而造成项目市场热销的效应。

9. 公关活动

（1）在主体广告思路下，依据销售情况，推出新的主体宣传广告语主打语。编制新的宣传单页，达到以老客户带动新客户购买的效果。

（2）开盘当日举动开盘庆典，并可现场发放小礼品。

3. 持销期的广告策略

在持续销售阶段时间较长，销售相对比较困难，对整个项目是否能够实现成功销售尤为关键。在这个阶段可以加强广告主题深化内容，给人以丰富的联想空间，要有大量的促销活动来支持，来积聚人气。此阶段是项目持续性内力大比拼阶段，广告表现策略可以强调价格攻势，利用灵活的价格策略，针对已成交客户的某些需求特征，变化推广主题来吸引准客户成交。

对于平面广告主要是由代理和广告公司共同来确定并推行，而促销则需要开发商和代理商来配合完成。

【策划案例：深圳长丰苑持续销售期广告策略分析】

项目位于深圳罗湖口岸附近，公寓性高层住宅为主。目标客户主要是香港客户与本地投资客。

市场时态：项目推出时，适逢市道淡季，市面周边有大量的公寓单位供应，推出四个月后，处于滞销。

项目经过策划公司与广告公司重新梳理后，采取广告攻心策略与销售行销策略。

攻心策略：

提出“1+1”（一个公寓配送一个厨房）的酒店公寓全新置业概念，抓住投资客的核心利益。具体阶段性主题为：

- 龙的爱心层促销活动
- 二期隆重入住，推出精品珍藏单位
- 附送最高10.8万元办公设备
- 四重优惠贺入住盛事
- 万佳百货入驻特惠活动

销售行销策略：

抓住香港人北上风潮之际，通过深港两地媒体进行“易租易住，香港之业”宣传，加强推广策略实施。具体行销活动为：

- 举办深港巡回房展
- 举办深港联欢酒会

广告策略效果：创造8个月热销1200套的销售业绩，成为市场瞩目热点，赢得“罗湖楼王”称号。

4. 尾盘期广告策略

一般项目销售到85%以后，逐步进入尾盘期。在尾盘期，一般不以华丽广告，而以朴实的宣传为理点，可以全面、系统、连续地以装修、入住、社区文化活动等广告宣传为主，并辅助以适量的价格策略，进行情感广告诉求，潜移默化地进行渗透，引起共鸣。

该阶段的工作主要以代理商和广告公司为主。

【策划案例：深圳花样年华·泰康轩尾盘广告策略分析】

项目位于深圳中心西区，为小户型项目，目标客户为年轻创业者、都市白领。

由于前期的广告策略侧重于“大而全”的综合诉求，反而给消费者印象不深。进入尾盘阶段，销售几乎停滞。为此，项目重新制定尾盘广告策略。经过广告效果调查测试，确定“地铁·海景·小户型”作为诉求重点贯穿宣传。

感性主题：深南大道创意小户型

理性主题：①中心西区唯一投资小户型；②深南大道地铁口，自住投资两相宜。

系列广告推广活动：

- 参观者可获神秘礼品一份

- 购买两个单位以上者免收出租代理佣金
- 购买小两房客户，可获额外惊喜折扣
- 送窗台面积、50%阳台面积
- 送全屋时尚装修、“美的”牌分体空调
- 购房者可参加“幸运风火轮”大抽奖
- 购房者可参加网上35万楼盘大拍卖活动

广告推广成效：剩余15%楼盘全部售完。

17.3 房地产广告目标确定

17.3.1 房地产广告目标

广告目标策划的重点在于选择恰当的广告目标，广告目标是指广告要达到的目的。广告活动的目的是在于提高商品的知名度，挖掘潜在客户群，激发目标客户群的购买欲望，为实现营销目标进而实现企业目标服务。人们从注意广告到产生购买行动，中间存在着一个发展变化的过程。这个过程是通过广告不断积累的效果，达到改变目标客户群的态度，增强目标客户群的信任，争取市场占有率，提高企业和产品的知名度等来实现的。

房地产广告目标是指房地产项目广告在一定的时间内，对特定的目标客户群所完成的沟通任务和销售目标。广告目标是企业营销目标之一，广告目标的确定，必须以企业既定的营销决策为基础。如要求在半年内销售量达到开发量的80%，这时广告目标就以如何达到80%的销售量为目标。

不同的目标客户群对企业及房地产的认知深度不一样，企业不可能让一个对自己所开发的楼盘一无所知的目标客户群来买房，因此，确定广告目标时，也要考虑目标客户群的认知深度和认知过程的阶段性，确定分阶段的广告目标，使广告达到传播某种信息，让人了解产品或观念、促进产品销售、树立某种良好形象等目的。在制定广告目标时，应尽可能制定出具体的指标和要求，并要注意广告目标的可行性和可控性。

17.3.2 房地产广告内容

房地产广告成功的关键就在于广告目标的确定。要看它是否能把想要传达的信息与态度在适当的时候，花费适当的成本传达给目标客户群。广告宣传的投入是必需的，一定时期内的房地产广告应当明确宣传要达到的目标，才能在广告费用与广告效果之间达到平衡。一般而言，进行具体广告策划时，首先要考虑本次广告的目标。

房地产广告目标主要应包括以下五个方面的内容：

（1）宣传房地产企业或一项具体的房地产项目。

（2）宣传发布某项目的动工或建设进展情况。

（3）宣传房地产项目的优势、品质特点及阶段推售信息。

（4）告知房地产项目的具体功能。客户为什么买或不买？要传达给客户的信息是什么？

（5）发布项目竣工入住消息，引导顾客购买。怎样使信息有效地传达给客户？如何测定传达信息的效果？

上述目标表述只是定性表述，而在具体促销活动中，目标则是上述目标要达到的效果，应当尽可能量化。例如：广告的目标是要让市场知道房地产项目的具体功能，那么就要在广告宣传后通过调查广告效果，即房地产产品所有的功能是否被目标客户群所了解，如目标定为让30%市民知道本项目已经竣工验收等。

企业在实现整个营销的过程中，又可以分为若干不同的阶段，在每个阶段，广告起着不同的作用，即有着不同的目标。

【策划案例：广州某住宅小区的广告目标】

1. 广告中必须阐述的机会点和问题点，楼盘的地段和价格的硬件属性；楼盘规划的人文沟通。

2. 目标消费者是年龄在28～45岁之间，文化程度较高，家庭月收入在7000元以上，主要倾向于男性，职业取向以高级白领为主。

3. 广告品牌的个性是轻松置业，均价低出同区楼盘1000元/平方米，轻松居家，创建天河北路清新地带。

4. 媒介计划的考虑。在上市期的一个月内，集中兵力，以总销售额1%的广告费在大众传播上产生集群效应，确立楼盘的形象。总预算250万元人民币。

5. 期待人们看过广告的反应。人们知道了芳草园，认识到了其独特的属性，并感到了价格的适合，有了看楼的想法。

6. 测定广告效果，通过对电话咨询人数登记和现场客流量的多少来鉴定。

17.3.3 房地产广告目标误区

房地产广告目标的误区常见有以下几种：

1. 提高知名度

如果一间广告公司对发展商说，此次广告的目标仅仅在于提高项目的知名度，就等于没有找到目标，因为只要有广告，就自然产生知名度。知名度可以说是广告附带的结果，却无法对创作有指导意义。

2. 促进销售

这是最常见的广告目标，也是最空洞的广告目标，每个房地产广告的最终目标当然都为了促进销售。要实现促进销售的目标，必须要明确具体依靠的手段，一定要具体可行，否则广告就容易落空。

3. 建立品牌

这是广告公司最喜欢讲的广告目标——一个无比美丽却又很容易落空的希望。品牌内涵是什么？靠什么来支持？有足够的广告费吗？这些问题不搞清楚，广告就犹如石子投入大海，只能溅起一点浪花，然后就消失得无影无踪。

认清上述广告的误区对房地产公司是很重要。每一个广告都有其特定的目的，这个目的必须被很清晰的表达，唯有具体、清晰，看广告的人才会清楚广告想要讲什么。如果信息对目标客户群有吸引力，广告的效果自然会水到渠成。

17.4 房地产广告主题与表现

17.4.1 房地产广告主题

广告目标确定之后，广告运动的方向已经明确化，衡量广告效果的标准已经提出。但是如何实现广告目标，如何使广告运动的方向在广告活动中得到具体体现，如何确保广告运动能够达到其效果标准，这些问题还尚未解决，为此在广告目标策划之后，广告主题策划便成为最重要的任务。这是因为广告主题能够将广告目标融入并带进具体的广告作品而获得体现，同时，广告主题也为广告效果的产生或实现准备了强烈的诉求力量，正是这种诉求力量征服了视听众，广告效果方得以产生。

1. 广告主题的涵义

要进行广告主题策划，首先要明确广告主题的涵义。对广告主题涵义的理解，可以从两个角度来看：一个是从广告构成的角度；另一个是从广告传播的角度。从广告构成的角度来看，广告主题就是广告的中心思想。广告的各个构成部分中，从广告创意到广告语言和画面形象，都是为了表现广告主题，广告主题处于中心地位。从广告传播的角度来看，广告主题是广告所要说明或表现的基本观念。广告主题的确定，就是要确定一个明确的能被视听者所接受的基本观念，并以这个基本观念为核心去组织广告传播的内容。可以将广告主题定义为：它是广告的中心思想，是广告所要说明和所要传播的基本观念。

广告主题与广告标题是两个不同的概念，不能混淆，广告标题是广告的题目，广告标题当然要能够突出醒目地体现主题，但不能把它与广告主题等同看待，更不能误以为标题就是主题。广告标题和广告主题主要区别在两个方面。

（1）广告主题是就广告内容的核心而言，是就广告所传播基本观念而言，与广告目标直接相关。而广告标题是就广告表现的文字技巧而言，它只与广告主题即广告内容核心相关联，与广告目标不发生直接关联。

（2）广告主题具有相对稳定性，一旦确定之后，不允许轻易改变，而广告标题则具有灵活性、变动性，只要广告标题在原则上能体现广告中心思想，能突出反映广告主题，所做的广告标题变化都是允许的，只要不是故弄玄虚脱离广告主题去刻意求变就可以。

【策划案例：深圳安联大厦软性广告主题】

生态、健康21世纪建筑的主流理念，从高端写字档的发展趋势，生态含量已成为衡量产品水平的重要取向。由深圳市安联投资有限公司投资开发的安联大厦倡导，“活体建筑，健康商务”国际领先的创新设计理念。其“肺空间设计”“绿色办公”“阳光办公”“环保节能”“城市文脉”等五大创新设计代表了21世纪写字楼建筑的主流趋势，全面引领深圳写字楼的划时代变革，对深圳写字楼建筑设计的提升带来深层次的影响。

主广告语：高端写字楼市场领跑者。

1. 活体建筑之“城市文脉理念”

真正的好建筑，唯有表现出与城市的融合、对环境的尊重，方能与城市互为辉映，并散发出自己的独特魅力和价值。安联大厦充分利用深圳中心区最具价值的中轴线——莲花山公园，市民中心、中轴绿化带，结合本身的中庭空间和空中花园，形成通透流畅的城市视觉走廊。安联大厦南北轴线与深圳中心区城市规划的“龙脊线”相吻合，达成与城市空间规划的交流和统一。

2. 活体建筑之“肺空间设计理念”

当别人还在用材料堆砌空间，我们却在思考如何将建筑做得有生命力打造真正会呼吸的“活”建筑。让活动于此的人，在每一个角落都能享受到自然的新鲜空气，让建筑回归人本的真意。

安联大厦通过高达150米的中庭，上下贯穿而产生竖向气流带空气流通，与室外自然空间相融，形成了独特的建筑“肺”空间，成为“会呼吸的写字楼”。

3. 活体建筑之“绿色办公理念”

我们用建筑表述一种主张：工作与人类热爱自然的天性不应该是对立的。在安联大厦，罕有的大型立体绿体，让你在自然中工作，在工作中享受。

在建筑的竖向不同高度，安联大厦设计了28个空中花园和1个屋顶花园，形成了立体空中花园群。

4. 活体建筑之“阳光办公理念”

无偿的阳光，才是最具心灵震撼力的建筑元素。巧妙利用自然光塑造建筑，是被现代文明所摒弃的古典手法。从罗马神庙开始，已无数次打动人们的心。

安联大厦采用目前深圳写字楼中极为少有的纯板式造型，最大限度地保证了写字楼所有空间的自然采光。

5. 活体建筑之“环保节能理念”

规范上引领设计标准，功能上环保节能，风格上气派独尊，资金上不吝投入。安联大厦堪称环保节能的典范。

在安联大厦楼宇西侧，创新设计了全国最大的金属遮阳架，面积高达8000平方米，并采用低辐射通透玻璃，达到了防止西晒而又自然采光和低能耗，这在中国写字楼市场极为罕见。

2. 广告主题的要求

在广告活动中，广告主题策划是广告创意和广告设计制作的基础，具有举足轻重的作用。没有科学的广告主题策划，就不能产生广告的灵魂和生命力，因而广告策划者对其应予高度重视，广告策划者在进行广告主题策划时，必须使所确定的广告主题符合以下要求。

（1）完整。广告主题是广告目标、信息个性、消费心理这三大要素相融合而成的完整统一的整体，广告目标是广告主题的出发点，离开广告目标的广告主题是不讲效果、无的放矢的；信息个性是广告主题的基础和依据，没有信息个性，广告主题就失去了诉求焦点，没有内容上的侧重点。客户是广告主题的角色，没有注重消费心理因素的广告主题，不能调动客户的心理力量，不能引起心理共鸣，这等于广告主题失去诉求对象。

（2）易懂。广告主题要通过简单明快的形式将企业的意图、产品的特征等迅速而准确的表现出来。主题复杂会给制作带来困难并难于为客户接受。

（3）刺激。广告主题要具备刺激性，以尽可能引起客户的兴趣。

（4）集中。广告主题要保持在广告活动期间不发生基本变化，而且要把握住诉求焦点，防止主题的多元化、分散化。

一个楼盘总有几个主要诉求点，几个次要诉求点，除了说明书外，几乎任何一种媒体形式的每次内容表现都是以一个主要诉求点结合几个次要诉求点来加以展示的。在实际操作中，归纳总结出来的几个主要诉求点往往轮流作为广告的主题来强打，而且，当其中的一个主要诉求点被选为广告的主题时，可以最大限度地吸引目标客户群。精心安排的广告主题轮流展示，则可以保持楼盘的常新常亮。

有时，我们会发现，广告主题的选择好像并没有涉及产品的主要诉求点，而是和都市的四季变化、热门话题和生活习俗等密切相关。其实，这样的广告不是没有主题，而是主题相对隐蔽，创作者试图以亲和的姿态和近距离的角度来吸引客户，间接地引导大众对产品的兴趣。广告主题的轮流安排也不是无序的，它是和广告周期的安排和广告诉求点的内容紧密相连的，在产品引导期和公开期，广告主题多以产品的规划优势，楼盘的地段特征为主，通过形象的着力介绍，让一个新兴的事物尽快为客户所注目和了解。到了楼盘的强销期和持续期，除非产品有特别的优势，价格攻势往往成为广告的主要内容。在客户对产品了解的基础上，通过价格上的优惠折让和某些服务方面的承诺促使成交迅速加快。

（5）协调。广告主题要与广告商品和广告主企业形象相协调一致，并与企业或房地产的名称或标志相联系，以利于形成固定的形象记忆和概念。

（6）独特。广告主题要具有跟其他同类广告相区别的特点，以便在杂乱的媒介中独树一帜而不被其他广告所淹没，并有利于给视听众留下长久深刻的印象。

目前，房地产广告内容单调、枯燥、不能达到视觉上的“冲击”，广告“同质化”现象严重，特别是二手楼广告，几乎所有中介行的广告都是同一个版式。调查显示，没有购买二手楼意欲的市民，很少去看二手楼广告，他们以为目前的广告版式设计较为死板，且文字过多，令人眼花缭乱，很难有兴趣去细读其中内容。最初的一手楼广告也有些类似于现时的二手楼广告，即非常侧重对物业特性、售价等方面的说明，版面设计单调。经过多年的发展，一手楼广告已经跳出了“信息堆砌”的“框框”，转为侧重对楼盘形象、品牌的宣传。二手楼广告应当向一手楼广告“看齐”，加强对公司品牌的宣传，对单调的广告模式进行大胆的变革。在宣传盘信息的同时，争取在版面设计等方面突出个性特色。

【策划案例：上海房地产十大经典广告语】

1. 树是回家的方向

出自：九月森林（2001）

诠释：那个时代，杭州的房子不愁卖，开发商根本不屑于在广告版面上打出价格信息。所以，那时候的杭州房地产广告就显得非常文艺腔。九月森林的广告语——“树是回家的方向”是其中最著名的代表之一。

“树是回家的方向”，将项目所处的环境优势及购房者所需要的强烈的归家感进行了巧妙地结合，富有诗意。短短七个字，历经十多年，仍被杭城不少营销人员奉为经典之一，甚至成就了后期小和山板块项目的定位基调。

2. 有梦过江来

出自：中谷·湘湖人家（2005）

诠释：这绝对是一个超越了项目本身的广告语。2005年，钱塘江南岸对杭州不少购房者而言仍属“新兴板块”。“有梦过江来”，更多的是宣告了杭州楼市发展跨越钱塘江时代的来临。

细观之下，“有梦过江来”早已超越了湘湖人家项目本身，成为整个钱塘江南岸的代名词。后期，在萧山“空港新城”、滨江奥体板块等新板块的造势宣传上，甚至直接原版套用了“有梦过江来”。

3. 西湖之外，还有领土

出自：清源·五韵峰（2012）

诠释：2012年，美国加州橘郡的地中海原版建筑，来到了被《马可·波罗游记》誉为“世界上最华贵之天城”的杭州。这些沉淀着历史光晕的屋宇，从地中海出发，远渡重洋，而今来到中国。从西班牙到美国再到中国，这就是清源·五韵峰原版建筑的传承路径。作为大之江传统别墅区的经典作品，清源·五韵峰由美国BLA担纲建筑设计。清源·五韵峰的广告语——“西湖之外，还有领土”，借鉴自西班牙国旗的文字——“大海之外，还有领土”。对于清源·五韵峰来说，这句广告语不仅意味着在喧嚣西湖之外拥有另一种闲适的山水生活，同时意味着不放弃原有的生活方式。所以，这不是归隐，而是给生活更多可能性。

4. 在中国，很世界

出自：欧美中心（2006）

诠释：不同于市面上多数项目“文艺范”十足的宣传语，欧美中心（EAC）广告语“在中国，很世界”明显霸气很多。

欧美中心（EAC）地处世贸黄龙区核心地段，当时定位为“为世界500强及国内外旗舰型、实力型、品牌型企业提供同步世界的高尚商务平台”。而“在中国，很世界”的广告宣传则恰如其分地表达了欧美中心的与众不同。

5. 曾经是帝王的家

出自：中大·吴庄（2000）

诠释：中大·吴庄冠以“曾经是帝王的家”不仅仅因其位于吴越文化发祥地的区位优势，项目本身也的确是实至名归。2001年，中大·吴庄在施工中发现了保存完好、规模宏大的南宋恭圣仁烈皇后宅，这迫使吴庄对整个项目的总平面图乃至单体、地下室等做出大修改，整个项目停工半年多，并最终让出遗址所在区域。

中大·吴庄在案名的设定上即是豪宅的定位，“吴庄”的构词方式效仿了西湖边著名的“湖上四庄”——刘庄、郭庄、汪庄和蒋庄，都是在姓氏后面冠以“庄”字，原本都是尊贵非凡的私家花园。而配以“曾经是帝王的家”的广告语则更增添了项目的尊贵感。

6. 非经验住宅

出自：郡原·九树公寓（2007）

诠释：当时，之江板块已有绿城·九溪玫瑰园、西湖国际高尔夫别墅、诺丁山郡等经典豪宅林立，九树公寓仅有3万平方米的总建筑面积，若想脱颖而出的难度可想而知。不过郡原却“冒险”走标新立异路线，在设计上首次选择大平层户型作为豪宅户型，并与后现代建筑立面结合，将九树定义为“非经验住宅”。这是基于九树与人们以往的居住经验（独立别墅、联排别墅、公寓）大多无法对应，与国内以往的住宅建造和居住经验都相距甚远，具有高度的个性化，更像一件艺术品。

7. 心灵的归属在乡村

出自：良渚文化村（2005）

诠释：在中国房地产业界，良渚文化村几乎已经人尽皆知。由于体量庞大、产品类型极为丰富、开发周期漫长等因素，良渚文化村诞生过诸多经典广告语。但是最让人念念不忘的一句，还是当年的"心灵的归属在乡村"。

8. 错过了星星，不能错过月亮

出自：景月湾（2000）

诠释："错过了星星，不能错过月亮"，源自泰戈尔的《飞鸟集》，原句为"如果你因失去了太阳而流泪，那么你也将失去群星了"。大意是说，有些东西稍纵即逝，一定要把握机会，不要对已经发生的事后悔，而是要确保以后不留遗憾。虽然这个项目即使放在现在，或许仍有不少人不熟悉。但其在10多年前提出的广告语却成了广告界的宠儿，后来者不乏模仿者，甚至成了一个"错过了某某，不能再错过某某"的固定句式。

9. 你若来了 便是春天

出自：绿城集团招牌广告（2012）

诠释：2012年，绿城用一句"你若来了，便是春天"正式宣告了销售战线自由经纪人模式的启动，这句广告语套用了《你若安好，便是晴天：林徽因传》。彼时，绿城已陷入"破产门"一年多，资金链压力屡屡遭到质疑，更是一口气连续售出了5个项目的股权。而提出自由经纪人模式之际，绿城刚刚度过最艰难的时刻，宋卫平更是在集团年会特刊的刊首语上说，2012年绿城要调整自己，首要目标就是"力求生存"。

10. 毛坯不幸福

出自：万科·良渚文化村七贤郡（2013）

诠释：对于不少购房者而言，装修是比买房更痛苦的过程，甚至出现被戏称为"装修分手症"的怪症，你爱黑白，我偏好暖色；你爱现代风格，我就是喜欢法式的。原本好好的两个人互不相让，从而心生摩擦，甚至走到分手边缘。万科·良渚文化村七贤郡打出"毛坯不幸福"的口号，正式"大张旗鼓"推广其精装修理念。"毛坯不幸福"，这句极具排他性的广告语，估计也只有万科敢用，因为全国那么多房企估计只有万科一家在坚持做全线公寓产品的精装修。讽刺的是，"毛坯不幸福"这句广告语被人举报，理由是涉嫌打击竞争对手的毛坯房源而被工商局叫停。这不是万科的不幸，而是整个中国房地产的悲哀。众所周知，住宅精装修也是未来不可避免的趋势之一，与国外精装修房在70%以上的市场份额相比，我们的精装修普及面尚不广。"毛坯不幸福"，与其说是一种趋势，不如说是一种价值观。

3. 广告主题的提炼

广告主题是项目定位的外在概念表现，是一种可以长久拥有表达方式，给项目带来名誉、意义及品牌特色，是一种必须在媒体广告、公关、直效营销、包装、赞助、促销等所有传播活动中得到贯彻和强调的统一的形象概念。

提炼广告推广主题来源主要有五个方面：①在产品定位、功能定位中提炼物业主题；②在客户定位中提炼市场主题；③在形象定位中提炼广告主题；④在价格定位中提炼价值主题；⑤在开发商定位中提炼信誉主题。

【策划案例：东莞聚龙湾·聚豪华庭主广告提炼】

广告推广主题策略。旖旎的东江景观、完美的建筑，在居住上达到极高点。向置业者传递感性的高贵感、成就感、幸福感。

主广告语：品味人生雍贵 尽阅东江春秋

主广告语诠释。

聚豪华庭高踞于石龙新城区核心之尊贵地段，属中央区首席豪富领地。建筑大气雍雅，江景旖旎迷人。

多情的东江水，哺育了生于斯的人们。东江之春秋，就是这一带（东莞、深圳、惠州、河源、香港）发展过程的真实写照。

广告语一语双关，不但突出地段环境、建筑形势，而且蕴涵人生奋斗的过程，蕴涵致富思源、富贵思源的主题思想，这种把建筑的高度深度与人生的高度深度逻辑关系表达出来的语言要素，充满人情味，极易激起目标客户的共鸣感、认同感乃至信任感。

4. 广告卖点的多与少

房地产的广告卖点是多些好还是少些好这一问题，一直是业内人士争论的话题。有些人认为多些好，理由是房地产商品是属于高价值、耐用性的不动产，其使用期限长，涉及金额大，购买者在做出购房决定前定会慎之又慎，反复考虑清楚后才会形成购买决定，这就决定了房地产广告必须把项目的位置、价格、付款方式、物业特点、发展商售卖地点和时间等信息全部交代清楚。

而持相反观点者则认为：广告不能将广告主的全部愿意不分主次、原原本本、无一疏漏的表现出来。广告内容庞杂，给人的感觉只能是杂乱无章、不得要领，这样往往会造成什么都说而实际上却等于什么也没说，由于广告对人的刺激多属于短时记忆，只有卖点数量少、内容短少，才能使人们有可能在短时间内注意并记住，引发一系列的心理过程，最终导致购买行为。

另一种持折中态度者则认为：卖点过多令人生厌，记不住，过少又会导致不能为消费者提供足够的产品信息，从而妨碍了消费者的购买决策速度和购买意愿，所以卖点的数据不宜过多也不宜过少，以适中为宜。

实际上，广告卖点的多少并不能由产品或消费者单方面或两方面去决定，而应协调考虑众多的因素，应具体问题具体分析，因时因地因事制宜。具体来说，确定广告卖点的数量，应考虑以下因素。

（1）媒体因素。视听媒体，如电台、电视，一般广告费用昂贵，广告时间短，信息容量小，卖点就不宜过多。印刷媒体，如报纸、杂志、单张、说明书等信息容量大，可反复阅读，卖点可多一些。特别是索取式（即由客户主动索取的）说明书，由于一般能主动地去索取者都会想全面地了解该楼盘，卖点应以周全加密，疏而不漏为佳。

（2）主卖点影响力的大小。主卖点是指在两个以上的卖点中最为重要的卖点。主卖点的影响力是指主卖点对消费者的心理所产生的影响力。如果主卖点对消费者的影响力非常大，则其他辅助性卖点（或称次卖点）则可相应地减少到最少的限度。主卖点的影响力的大小主要取决于它的需求度和可信度的大小，一个主卖点的需求度和可信度越大，主卖点的影响力就越大，反之则越小。主卖点的影响力越大，次卖点就要减少，否则就会因次卖点过多而影响了主卖点的传播效果，削弱了它的影响力。

同时，我们也极有可能遇到这样一种情况：本来，主卖点的影响力可以很大，但由于模糊不清，过于朦胧，而影响了效果，这时就要将它加以“放大”，使其清晰化，如广东顺德

“碧桂园”在刚提出“给您一个五星级的家”的主卖点时，对学校的设施的先进性、会所的高贵性等次卖点（是指为说明某一卖点的下一层卖点）粗略带过，效果并不十分理想，后来在改进广告时对这些子卖点进行了更为细致的描写，使“一个五星级的家”的丰满形象跃然眼前，令人怦然心动。

（3）报纸广告传播方式。房地产报纸广告的传播方式常有系列式和一版式这两种方式，所谓系列式是指将所要传播的广告内容先集中起来，然后像切蛋糕一样，把它切成多份，每次传播一份，进行有计划、连接性地传播，而一版式，则无须切成多份，仅将所要传播的广告内容集中在一个版面，有计划地反复传播。一般来说，系列式广告由于可容纳更多的信息量，总的卖点数量可比一版式的多些，而一版式广告的卖点则应尽量少些、精简些。

（4）地域性因素。在广东一带，大凡有能力购买商品房的多是有一定事业基础的从商人士、专业技术人员，他们工作繁忙，生活节奏快，处事较果断，不喜欢拖泥带水。他们一般无暇顾及一些内容繁杂的广告，故在广东做广告能简则简，否则可能看都没人看。但到了上海一带就不同了，上海人做事大多较精细，凡事都要考虑得相当周密才做出决定。故在上海，广告要做到细致些，卖点不妨多些，哪怕繁琐一点也不要紧。

【策划资料：房地产策划卖点类型汇总】

第一大类型卖点——楼盘硬件

产品时代与营销时代似乎是一个循环，然而好房子毕竟是决定购买行为的最终要素。楼盘的硬件价值体现于每个细节当中，我们要从中发现最有打动力的一个。

卖点构成：

户型卖点、配套设施、交通卖点、精装修卖点、板式住宅、建材与配置、景观卖点、新工艺新材料、使用率卖点、楼间距卖点、会所卖点、泳池卖点、户口卖点、大型超市进驻、规划卖点、专业组合、大规模卖点、创新技术、绿化率卖点。

第二大类型卖点——建筑风格

如果说两年前大家还在讨论建筑风格是否可以当作产品的核心要素，那么今天建筑风格几乎是影响住宅魅力的第一元素。风格有很多种，哪些适合于我们的项目？哪些具有更强的杀伤力？

卖点构成：

建筑艺术、德国风格、欧陆风格、法国风格、意大利风格、海派建筑风格、和式筑居、新加坡风格。

第三大类型卖点——空间价值

空间与时间，构成了我们的生命。年华似水，不可扭转。好在人类对空间还有发言权，于是我们的时间里存放过去的记忆，在空间里自由打造未来的设想。

卖点构成：

错层卖点、跃式卖点、复式卖点、空中花园、大露台卖点。

第四大类型卖点——园林主题

环境作为居住空间的重要组成，与住宅一起肩负了“天人合一”的使命。也许没有卖点的环境是最好的，可是为了让房子卖得更好，我们非得要很多说法，但愿买房子的人民多年以后可以继续感觉那么好。

卖点构成：

中心花园、加拿大风情园林、主题园林、艺术园林、亚热带园林、园林规模、欧陆园林、江南园林、自然园林、树木卖点、新加坡式园林、岭南园林、园林社区、澳洲风情、海滨风情、热带园林。

第五大类型卖点——自然景观

拥有自然景观资源的房子，本身便构成了一道风景。在风景与风景的对话中，我们渴望发现一种源自梦想的最大价值。江、河、山、水、房子以及人，将构成一幅完美图景。

卖点构成：

全海景卖点、一线江景、二线江景、园景卖点、人工湖景、山水景观、山景卖点、河景卖点、一线江景、二线江景、自然湖景。

第六大类型卖点——区位价值

对于区位价值的争论其实没有意义，区位对不同定位的居所来说，影响各有不同，但都是决定性的。有些项目的核心价值正是体现于区位之上的，尽管显而易见，却需要更具创造性的发挥。

卖点构成：

繁华路段、CBD概念、中心区概念、奥运村概念、地铁概念、商业地段。

第七大类型卖点——产品类别

人以群分，房以类聚。某些特殊类型产品定位，往往可以更加精确的捕捉特定的目标客户群。这是一次对产品定位与卖点宣传的双重考验。

卖点构成：

小户型物业、Townhouse、产权式酒店、独立别墅、酒店式公寓、大户型物业、商务公寓、国际公寓、学院派公寓、新独院住宅、经济适用房。

第八大类型卖点——人以群分

不同买家对住宅品质的要求也不同。所谓好的产品，就是最适合某种类型的人的楼盘，社会是有阶层的，楼盘也是有阶层的。

卖点构成：

豪宅卖点、白领卖点、单身公寓、工薪阶层、外销卖点、先锋人士、国际化社区。

第九大类型卖点——原创概念

白纸上可以有许多发挥。地产商们为购房创造了许多概念，有些牵强附会，有些动人心扉。在这个资讯过剩的时代，我们总是需要一些简洁而强大的词汇。

卖点构成：

居住主题、新都市主义、宣言卖点、度假式概念、现代主义、游戏规则。

第十大类型卖点——功能提升

为购房者创造剩余价值，往往要通过功能提升来实现，这些价值提升或者是超越了楼盘的先天资源，但是同时也对开发商的操作提出了更高的要求。

卖点构成：

健康概念、投资概念、绿色概念、e概念卖点、环保概念、生态概念。

第十一大类型卖点——产品嫁接

在另外一个领域找寻灵感，已经成为地产界聪明人士的秘密。不管是叫产品嫁接，还是叫复合地产，这种创造都将更好地激发人们对美好生活的向往。然而，找到成功的嫁接点绝非拍脑即可。

卖点构成：

教育概念、音乐概念、艺术概念、运动概念、旅游概念。

第十二大类型卖点——楼盘软性附加值

附加值生活是无形的，发展商在为人们提供有形的居住空间的同时，还应该为住户们构筑一个无形空间。看不见的东西更难做到，这是区别一个杰出地产商与平庸地产商的关键所在。

卖点构成：

服务卖点、文化卖点、物业管理、口碑卖点。

第十三大类型卖点——产品可感受价值

居住者对生活空间的感受是多元化的。这与人类的价值观有紧密关联，在不同时代、不同地域，会有不同的侧重点，这类卖点平和厚实，直奔关键主题。

卖点构成：

品质卖点、成熟社区、身份地位、安全卖点。

第十四大类型卖点——楼盘及发展商形象

好蛋未必一定是好鸡下的，但好鸡总是可以下好蛋的。在信息不对称的环境下，善良的人们喜欢用一个开发商的声誉来判断该买谁的房子。

卖点构成：

荣誉卖点、发展商品牌、知情权卖点、自我标榜、张扬个性。

第十五大类型卖点——居住文化与生活方式

在几十年的时间里，中国人几乎忘记了自己该怎样生活。人们一方面试图去延续几乎遗忘了的传统居住文化，一方面又充满渴望地期待着来自异域的生活方式。

卖点构成：

生活方式、品味卖点、文脉卖点。

第十六大类型卖点——情感

人类是脆弱的，情感即为明证。然而人类最伟大的力量也来自情感。可以说情感是我们这个社会最与众不同的魔杆之一，我们可以用它来撬起许多比地球更沉重的东西。

卖点构成：

孩子卖点、情缘卖点、亲恩卖点。

第十七大类型卖点——销售与工程进度

购房者最直接的信心来自楼盘的工程进度，发展商巧妙利用施工过程中的几个重要阶段，营造出一系列气氛热烈的庆典时刻，中国人总是信任这种一本正经的形式。

卖点构成：

奠基卖点、内部认购、第一期公开发售、第二期公开发售、最后一期公开发售、火爆人气、热销卖点、加推卖点、样板房开放、外立面呈现、封顶卖点、竣工卖点、交楼卖点、入伙卖点、尾房销售、现房卖点、答谢卖点。

第十八大类型卖点——创意促销

如果能吸引买家的眼球，并且进一步将他们带到楼盘现场，可以说已经成功了一半。随着楼市竞争不断白热化，搭台唱戏促销吆喝将成为考验发展商想象力的一道难题。

卖点构成：

价格卖点、付款方式、竞卖卖点、节日促销、折扣促销、送礼促销、特价单位促销、巨奖促销、名人效应、各类比赛促销、征集活动促销、开放日促销、业主联谊促销、音乐会促销、表演活动促销、艺术活动促销、新旧房互动、车房互动、送私家花园、另类营销手法。

17.4.2　房地产广告表现

当确定广告主题与阶段性推广主题之后，就需要借助美工、文案、插图、音乐、视频等形式，生动地表现这一主题概念，使目标受众在接触广告后，能产生所期待的反应。

1. 广告的创意表现技术流程

（1）表现方向（platform）的设定。

（2）表现主题（theme）的检讨。

（3）表现方式（manner）的决定。

（4）表现基调（tone）的决定。

（5）表现物（character）的选择。

根据诉求对象、诉求区域的特点，结合项目推广不同阶段，广告创意表现可采用理性诉求策略，即通过真实、准确、公正地传达开发商或楼盘的有关信息或其带给客户的利益，让受众理智地做出决定；也可采用感性诉求策略，即向受众传达某种情感或感受，从而唤起受众的情感，从而达到最佳的广告效果。

2. 创意表现的“四点”技术原则

一则房地产广告能否清晰具有记忆点（memory）、利益（benefit）、支持点（support）、沟通点（communication）可以反映出该广告的创意表现。

（1）挖掘记忆点（memory）。用李奥贝纳的话来说：“广告就是挖掘产品内在戏剧性、让产品成为过目难忘的英雄。”一个好的房地产广告深刻洞悉目标受众对象，对生活、对家庭的独有理解和潜伏心底的情愫，找寻到最能代表、体现目标消费者对家与生活理解的相关创作元素，通过艺术的方式放大，形成对目标受众的强烈震撼。这处元素可能是一个场景、一个音符、一个生活片段、一个记忆，甚至是一份朦胧的向往。记忆点必须与产品有关联性，能突出产品的特征。

例如：2004 年评为深圳“后海楼王”的“海月花园”三期在解筹月内创出 400 套单位的销售业绩，出色的广告表现是推动其成功的主要原因之一，其广告口号“家在蛇口，做一个没有乡愁的人”成为移民置业者海边置业的极好记点，一方面传达出“招商·海月”5 年的开发，把蛇口后海片区变成国际滨海居住的成熟社区，加之通往香港的西部通道在 2005 年开通，因此明天蛇口就是一个“繁华新天地”；另一方面，切合“招商·海月”在 17 万平方米的土地上，家的温暖来自 2000 余户海月人家的灯火交融点亮，家的温情来自完善的社区配套与招商物业的贴心照顾，那份“家在情在”的惬意，那份一个小女孩对着大海呼唤的充满希望的画面成为撩拨置业者临海而居无法忘记的记忆点。

（2）找准利益点（benefit）。就是告诉置业者项目能提供什么利益和便利，对于竞争激烈，市场发育程度高的深圳楼市而言，开发商卖的不仅是房子，还是一种生活方式，在广告中就要传递出物业所提供的或者说买家入住后所能体验的何种生活境况。找准利益点在广告文案创作中有特别重大意义，如何找到一个利益诉求点并概括成一句精炼的广告语，去说服消费者采取行动，是房地产广告创作中的难题所在。目前房地产广告普遍显示出一种浮躁心态，对项目欠缺深入理解，对置业者购买行为不作深入研究，表现诸如“欧陆经典”“至尊豪宅”的空洞口号和平面表现上的大红大紫的奢华。广州“奥林匹克花园”以健康住宅为项目定位，在广告推广中以“运动就在家门口”为主题创作一系列广告，清晰地告知受众，买的不仅是房子，也是健康的社区、健康的家庭、健康的生活，明确的利益诉求让置业者心动并产生行动。

【策划案例：国内十二大地产广告不可复制的创意】

1. 最实效的创意

桃源居（深圳）——七岁可上清华！

2. 最具沟通力最走心的创意

草山先生住所（台湾）——“草山生活”系列：“多久没听过有人唤我‘林桑’了，直到有天下午，在草山……”“独角兽！金刚！坦克！孙子们要玩具；我说：来，阿公给你们弹珠——那是秋天在苗圃里捡的柏树种子……”“住上草山的那一天，儿子问我想做什么？我说：去呷碗地瓜汤吧……”“飞弹让股市大跌的隔天清晨，我来到这里，水的温度告诉我——留在台湾”“生活愉快吗？一位立委朋友来电问，我说：草山的树和人，都那么挺直腰杆地生活着……”“你知道吗，直到三十九年后的今天，我才真正读完一套福尔摩斯全集……”

3. 最形而上的创意

GELSS 建于果岭上的上层建筑（北京）——“母体·宫殿”“意识决定形态”等。

4. 最布尔乔亚的创意。

波托菲诺（深圳）——“质朴的浪漫，自在的优雅”“在纯水岸，到处弥漫着一种高雅的气息”“每次数数木栈道，结果都会不一样”。

5. 最具思想境界的创意

硅谷别墅（深圳）——“人与人的差别，要远远大于人与猴子的差别”“一栋别墅不足以改变世界，却能改变你对世界的看法”等六款。

6. 最具情调的创意

蔚蓝海岸（深圳）——“极品的生活，就是挥霍得起阳光与空气的亲水生活”……

7. 最具亲和力的创意

丽江花园（广州）——“呼吸是每个人的权力，而选择呼吸则是你的专利”“人总需一些时间去享受，但你藉享受花时间”“街道上，没有喧哗，没有烦嚣，亦没有陌生人”……

8. 最具生活细节的创意

四季花城（深圳）——“那一刻，突然明白，四季花城的动人，是在美丽之外的”“相互依靠着，日子是温暖而甜蜜的”等。

9. 最佳反向诉求创意

万科花园新城（沈阳）——“这是一个万科花园新城的广告，假如到目前为止，你还没听说过它的名字”。这是金奖获得者作品。画面简洁、现代，诉求不随流俗，是出奇制胜的奇葩。

10. 最喧嚣的创意

阳光带，海滨城（深圳）——“您还选择住在20世纪的深圳吗?”。

11. 最具煽动力的创意

美林香槟小镇（北京）——7天创镇记 · 10诚 · 7宗醉

12. 最具民族自豪感的创意

耕天下（北京）——“500年前，它还是一株年轻的龙柏，站在树边的中国人姓朱，号永乐。”

（3）把握支持点（support）。就是应用科学原理或事实说明广告中的利益承诺点，泛指房地产广告中说明部分。深圳“万科 · 17英里”广告以美国加州蒙特里半岛著名的17-Mailsdrive为蓝本。这条著名的公路上有着“令人屏息、难以置信”的美景，“17英里”沿线涵盖21个景点。以“17英里”，我能与这个世界保持的距离“为利益诉求是基于项目本身事实”。背山临海、距离深圳市区大约“17英里”，蓝天碧海环境美伦、周边散布高档物业（别墅、度假村）是深圳海岸天然风光最美的一段等要素，成为项目实现支持点，“17英里”代表着由物理距离上升为精神距离，而这恰恰是目标客户的心态，品位上与常人的距离，距离可以区隔和领先市场，更可形成一剂绝尘的精神力。

乔治 · 路易斯对广告有经典定义：“广告是什么，广告是让一百万看起来像一千万”。房地产广告要做到这步，必须慎重权衡项目支持点。例如东莞“聚龙湾”客户目标是二次置业，当地居民居住现状：多数住在旧城区的自建房（私人自己建造房子），如何通过广告把握项目诉求支持点，引导置业者前往新规划城区置业，非常关键。为此“聚龙湾 · 聚豪华庭”以欧式新滨江生活风情——都市文明与“雍贵的标志”为主题，设计独具一格的滨江生活衡量表格，引导置业者心理横比。

（4）创设沟通点（communication）。就是要建立广告活动与客户进行双向信息沟通的通道，劳特朋（Lauterborn）所宣称的营销事例理论最后一条就是沟能，平面广告中以设立赠品、有奖问答的形式强化客户与开发商沟通的热情。要在各种广告中突出自己，吸引客户的眼球，广告文案的表现手法必须有特色，要独具一格。在项目活动推广中可利用办法更多。利用建立会员俱乐部之类的业主驾车自助旅游组织、举办装修讲座等方式，可以有效增加主客双方沟通接触的频度和深度。如：“全球脑库论坛”，已成为“中国制造”的著名世界会议品牌。由于“万科 · 17英里”的客户是高端的别墅客户群，因此，项目通过举办2004年第四届全球脑库论坛，以题为“万科 · 17英里财富对话”，作为广告活动的创设沟通点，邀请意向目标客户参与。受邀主讲嘉宾包括2002年度诺贝尔经济学奖获得者、世界知名经济学家弗农 · 史密斯以及中国金融界风云人物等。这种活动层面高档，很吻合目标客户沟通心理，很好地拉近与目标客户的信息融通。

17.5 房地产广告媒介选择与运用

房地产广告媒体是用来传播房地产广告信息的工具。房地产产品构成的复杂性，地点位置的不动性，不但决定了它的广告内容、广告形式，而且在广告媒体选择上也有不同的要求。房地产广告的媒体主要有公共传播媒体、印刷媒体和户外媒体三大类。房地产广告如何以最低的成本，通过最好的途径，向目标受众传达有关的房地产信息，是房地产广告能否达到预期效果的关键之一。

17.5.1 房地产广告媒体特点

不同广告媒体在传播范围、表现手法、刺激效果、影响力等方面都有很大差别，对广告效果有很大影响。因此，房地产企业在选择广告媒体时，必须首先了解不同媒体的特点，选择最佳的广告媒体。

1. 公共传播媒体

（1）互联网。目前互联网广告是最主流、最广泛运用的广告形式。楼盘销售中最主要、最有效、最简洁的广告形式也是互联网广告。互联网传媒广告最大的优点是时效性强、受众面广、传播信息量大、传播速度快，每时每刻都可以发送最新信息，每分每秒都有人在关注。如搜房网、楼盘网、安居客等房地产网站每天都有大量的楼盘信息更新并聚集大量购房者。互联网广告成本相对低廉，广告表现手段灵活多样，既有文字和图片，也有音频和视频。最早被广泛运用的电子邮件，已慢慢被淘汰，如今新兴的互联网广告形式是移动互联网广告和社交平台广告，移动互联网让客户随时随地了解楼盘动态，社交平台增强了与客户的互动与沟通。

（2）报纸。报纸广告在十年前由于发行量大、覆盖面广、针对性强等特点，成为楼盘销售中最主要、最有效的广告形式。但近几年来，报纸读者的大量流失，特别年轻一代的80后、90后几乎没有读报的习惯，报纸广告在传播媒体的地位逐步下降。当然报纸也有特定的读者，如60后、70后，机关单位，飞机旅客等。报纸对楼盘的推广形式有三类：一是普通的广告，俗称硬体广告；二是纯新闻报道；三是半新闻半推广的专题报道。

（3）杂志。房地产广告也通常出现在一些专业杂志（如《房地产世界》、《中国商业地产界》、《中国房地产信息》等）上，由于一些杂志印刷精美，制作水平高，且发展某一行业为读者群，所以能发挥明确而感性的诉求。其广告受众集中，广告持续时间长，社会形象好。但近几年来由于大量的读者流失，也面临着跟报纸一样的发展困惑。

（4）电视与广播。电视广告以其视听的双重功能特性，在房地产早期阶段称为发展速度最快、竞争最激烈的广告媒体之一。近几年由于互联网的广泛普及，电视广告的重要性也在逐渐减小。但电视广告也有着不可忽视的优点，如覆盖面广、收视率高、诉求能力强。同时电视的表现手段灵活多样，具有很强的吸引力，其信息不受时空限制，及时迅速，选择性强，可以在不同地区、不同时期、不同时间播放。

广播是传播信息最快的媒体之一，是无所不在的听觉广告媒体。广播广告媒体的优点十分明显：传播迅速、及时，不受时空限制，拥有较高的灵活度，随时可以修改等。尽管听众广泛，但广播广告的针对性仍较强，可以选择特定的地区、特定的时段、特别的专题节目播放，制作简单，费用较低。作为传统媒体，广播并未像某些人认为的那样淡出媒介市场。目前，都市有车族正在迅速增多，而收听车载广播成为驾车者在枯燥的旅途中最主要的消遣方式之一。如果一名有车者打算买房，那么毫无疑问广播将成为他获得房地产信息的有效渠道之一。

电视和广播的视听觉冲击力是相当强烈的，能使产品瞬间打入观众心里，但因为制作成本较高，大多是在塑造房地产形象广告时配合使用，内容短小精炼。此外，由于受众在看电视、听广播的同时，很少会拿笔将一晃而过的楼盘地址和联系方式记下来，房地产又偏偏是位置无法移动的，销售渠道单一的产品，无法在任意地方找到产品本身而不能了解更多更全面的房地产信息。互联网、报纸、杂志等媒体广告则弥补了这方面的不足，它们可以图文结合，甚至是影音，可让客户根据需求去了解产品、购买产品。

不同的公共传播媒体，有不同的广告受众群体，也起到不同的广告效果，要针对产品的目标客户群定位，来选择相应的传播媒体广告，聪明的广告策划者往往会在广告投入中，不断的予以评判和调整。

【策划案例：深圳×项目挖掘潜在客户的媒介选择策略】

1. 与房地产展销联合。如房地产交易会（春交会、秋交会）、南方置业等置业团体，吸引大批有购房意向的客户前来看楼。

2. 在深圳置业地图发布楼盘信息，明示楼盘所在地理位置。

3. 房地产网站广告分布。如深圳房地产信息网、搜房网，运用网络将楼盘信息广泛、长期的传播吸引客户前来销售现场。

4. 在媒体的房地产专刊发布广告。如：南方都市报、深圳特区报、深圳商报等媒体的相关房地产版和地产广告版。介绍目前楼盘的状况并进行楼盘品质承诺，免费服务承诺等销售承诺。

2. 印刷媒体

这里的印刷媒体指的是除报刊杂志广告以外，用于售楼说明的一切印刷制品，如销售海报、售楼书、邮寄海报、派发海报、平面图册等。和户外媒体、公共传播媒体比较，印刷媒体渲染的成分少一点，说明的部分详尽一些，是购房者确切了解所买楼宇的一个有效途径。

（1）售楼海报。售楼海报主要是在现场，供售楼人员用来给客户讲解，并且给客户带回家仔细研究的销售资料。实际运用中的售楼海报大多都是单张，正反两面，成本低，实用性强，还可根据不同的销售阶段随时度身定做。售楼海报没有一个定式，不同总价、不同风格的楼盘，在纸张的大小、质地好坏、形式种类等方面都是千差万别的。

（2）邮寄、派发海报。邮寄、派发海报也算是售楼海报的一类，因为篇幅小，称为小海报。小海报在内容诉求上，往往比较感性，实质性说明则不多。在简洁的主题下，通过艺术化的渲染，直接的功利诱导，竭力使主客户产生兴趣，进而吸引他们来现场进一步询问。好的小海报有的还做成系列，通过持续的、渐进的广告主题，来引发客户的兴趣。和大小海报不一样，小海报不是现场销售的主导工具，它主要是通过在街头派发，上门递送，邮寄或夹报来散发，虽然数量有限，但针对性强，和其他媒体搭配，可以造成局部的活跃景象。小海报优点是费用低廉，比较灵活，由于经过人员散发，广告触及面较广，且广告带有一定的强迫性，对加强宣传印象有相当的效力。

（3）售楼书。售楼书是售楼海报的详解，是有关楼盘情况的最详尽的宣传资料。也是在现场售楼人员给客户讲解，并且给客户带回仔细研究的售楼资料。因为成本高，售楼书不像售楼海报那样随意分发，只是送给有希望购买的准客户。售楼说明书往往是十几页一本，印刷精美，它的资料类的信息和销售海报一样，也包括五个方面，但说明得更为详细。通常，售楼书还会结合产品的特色创造一个说明主题，以其美妙绝伦的艺术渲染来加以衬托，让客户在了解的同时能产生无限遐想。应该讲，一份销售海报基本上是可以满足简单销售需要的，许多低价位的楼盘为节约成本，也开始舍弃使用成本高的售楼书。但对于单价比较高、品质出类拔萃的楼盘，好的售楼书不仅会让客户深切了解产品，而且还会产生一种身份和价位的认同感，从而促进现场的销售。

（4）平面图册。当某一楼盘的户型种类特别多或者本来的品质就特别高时，则应该将平面图从海报和说明中脱离出来，特制成为一本单独的平面图册。平面图册在总的平面规划图下，应包括每一栋楼的标准层平面图、每一套单元的家具配置图，以使购房者能够了解每一套单元在楼宇中确切位置和形状格局。平面图册中的家具配置图，能给客户直观亲切的感觉，因为好的家具配置图还有助于客户理解户型的格局，促进销售。平面图册中的每一套单元还应该注明×栋×层，建筑面积和使用面积，每个房、厅、厨、卫、阳台等的面积，以给客户最为准确的说明。因为有的楼盘平面经常更改，平面图册也可以制作成为活动的可插页式的。总之，和销售海报一样，平面图册更侧重于产品的说明，是楼盘资料的重要组成部分。

3. 户外媒体

户外媒体主要是指在室外（露天或公共场所）张贴、树立、绘制的广告。其种类繁多，包括看板、道旗、指示牌、售点广告、气球、霓虹灯、车身广告等。与其他媒体相比，户外广告的优点是：户外媒体说明的成分较少，主要作用是渲染现场气氛，广告展示时间长，表现手段灵活，可以利用光电技术使户外广告更容易招来客户，从而促进买卖成交，不太受竞争对手干扰。在房屋预购总体中，34.1%的人经常注意户外广告，5.5%的预购者通过户外广告了解房地产信息，两个比例均高于总体平均水平，这说明户外广告对有购买倾向的人群具有较好的广告效果。

（1）看板。看板通常设置在主要路口及人流集中的公共场所，或设置在楼盘所在地，除了联系电话和楼盘地址是不可缺少的因素外，其他的内容都可以视具体情况自由安排。可以是表现产品特色的简短文字口号，可以是楼盘鸟瞰、俯视效果图、单元配置图，也可以是引人注目的图像与卡通绘图。其设计原则除了与整体广告基调相一致外，还要引人注目、突出主要诉求。看板一般是半年或一年收费的，路口好的看板价格较贵，但它的广告效果可持续相当长的一段时间。

（2）道旗。它是古代“酒招”等旗幌广告的发展，通常布置在附近热闹地段至楼盘所在地道路的两侧或者工地的四周。图案简洁、文字精练、色彩鲜艳的旗帜成排招展，长时间的冲击受众群体的视觉，通过每天的接触，潜移默化中迅速地提升广告主品牌知名度，促进广告效益。广义的道旗包括：灯杆道旗、灯杆灯箱、活动彩旗，等等。

（3）空中飞行物。空中飞行物即通过空中飞艇、热气球、降落伞等飞行物的飞行吸引消费者的注意，从而达到宣传效果。这是一种新奇的广告方法，这种方法的特点是通过飞行物的飞行，带动不同地点的消费者的注意，流动性大，范围广。但要求所到的地点人流量很大，例如广州的天河体育中心一带，才能引起轰动效应。目前这种广告方法尚未广泛运用到房地产广告中。

（4）指示牌。指示牌指放置在楼盘附近的路口，引导客户参观的路牌。

（5）售点广告。售点广告是指售楼处或接待中心的广告。它所包含的细项很多，有售楼处的内外装饰、各类灯箱广告、工地围墙广告、模型、效果图、样品屋等。有人在形式上将其分为室外媒体和室内媒体两大部分，它们相辅相成，构成售点广告的全部内涵。基于开发商资金筹集和资金回收的要求，一般房地产项目都存在商品房预售形式，这时还无法看到所交易的商品的真实情况，就需要借助样板房、售楼书、模型等方式来宣传和展示未来的房屋。售点广告的主要优点在于易引导和诱发客户对售点的差别化认识，树立售点的形象，加深客户的印象。有利于提醒客户进入售点，或与售点联系。

4. 常见媒体特点见表 17-2。

表 17-2 媒体特点

媒体	优点	缺点	使用范围
互联网	欣赏价值高，传播速度快，传播范围广，受众多；信息量大，具有演示功能，可以通过图文、音频、视频等演示讲解产品，表达生动直观，使人易于理解和记忆；与客户的互动性强	可信度低，目前暂不能进行交易；互联网同类信息杂乱，不利于突出	所有房地产项目
户外广告	给路过的人群反复提醒，连续记忆，重于强调视觉刺激	缺乏可读性，区域局限性大	形象品牌推广
电视	具有视、听、读的综合功能，表现手法丰富，感染力强，艺术效果可以达到极高的水平，使人易于理解和记忆。欣赏价值高，传播效率高。信息量大，具有演示功能。覆盖面广、收视率高、诉求能力强	成本高，时效性差，宣传无差别，难以锁定目标客户群，具有一定的时间和地域的局限性	形象品牌推广和节点销售信息宣传
广播	费用较低，传播速度快，受众较明确	变现手法单调，感染力差，听众逐渐减少，传播面窄	所有房地产项目
杂志	杂志的读者群比较固定，针对性强，在较长的实效，可以反复阅读，传播效率较高，尤其是专业性杂志，成本较低	杂志的发行量一般不大，周期长，传播和时效性相对较弱	强调诉求特色项目
宣传画册、单张、海报	到达率高，可以反复阅读，有较长的时效性	可信度低，印刷量大，费用相对较高	所有房地产项目
个人传播	效率最高，可信度高	成本高，很难调度楼盘形象与个人风格的统一	所有房地产项目
短信	精准信息推送，受众可控性，针对性强，传播效率高	推送内容有限	节点销售信息宣传
工地现场	现场布置不能一成不变，每隔一段时间就应该做些小变动，以使人有生机勃勃的感觉	不免出现脏乱差现象，影响楼盘形象	所有房地产项目
礼品广告	利于维系客户关系，吸引新客户，时效性强	成本较高，受众面窄	大型节点活动促销、活动奖品
社交平台	互动性强，利于客户维护与发展；广告形式多样，图文、音频、视频均可以；针对性强，实效性强，成本低	客户关注度和数量提高难度大	所有房地产项目
DM 直邮	邮寄范围广，包含了公共场所、单位与目标客户个人；目标受众可控，传播效率高；表达形式灵活，成本易于控制；不受时间低于限制，不受竞争对手干扰	由于是免费寄送和赠送给客户，印刷量大，整体费用相当高	写字楼、商铺、专业市场项目及品牌的推广

17.5.2 房地产广告媒体选择技巧

媒体选择依次包含四个层次：

1. 媒体类别的选择与分配

对电视、报纸、杂志、户外、电影、互联网等媒介的类型选择。

2. 各类别中不同性质的媒介选择

例如电台可按不同覆盖范围分为省台、市台等；电视按技术传递可分为无线、有线等，报纸按不同编辑方向分为日报，晚报、都市报等，必须做出选择建议。

3. 节目（版面）类型的选择

例如电视媒介，必须对节目类型如影视、新闻、综艺、专题等频道做出选择建议。媒介选择策略中，一般不包括具体媒体的选择，具体媒体的选择是在媒体选择策略确定后，在对当地的媒体的可获得性与成本比较后再选择。例如：媒体选择策略定为以有线电视的剧集节目为主，则具体媒体的选择是分析在当地有无该种媒体，以及他们之间的成本差异。

4. 选择考虑的因素

各种媒体发布广告各有优势，选择媒体要充分考虑自身因素，这些因素一般包括：

（1）项目的规模。如果项目的规模较大，开发的时间较长，则需要在公交站点，主要交通位置做大型固定广告，在市区高大建筑物、公交车等载体发布广告，以长期被人认知。如深圳万科就同时在深圳的上述几种载体上发布广告，天天与市民见面，令其项目家喻户晓。“百仕达花园”则在深圳深南大道上的两个高大建筑物顶上树立巨大的广告牌，无论白天黑夜，令市民远远就能看见，且一立就达 3 年之久，其连续效果较佳。规模较小的项目则不需要选择固定广告。

（2）楼盘的档次。楼盘的档次则决定目标客户群的身份层次，大众楼盘的客户显然是工薪人士，则高档次的楼盘的客户则均为非富则贵一族。这样，在媒体选择上，前者只需选择大众媒体即可，而后者不仅要选择大众媒体，还有必要选择一些富贵一族可能会涉猎的专业性较强的媒体。比如深圳《投资导报》就是经理人、老总级的人物常读的报纸，针对这类客户，就应适当在该报纸刊登广告，以加深他们的印象。

（3）项目的区位。项目的区位往往体现目标客户的区域，因此，要根据项目的所在区域有针对性地发布广告。例如深圳的宝安和龙岗两区，由于处于特区之外，大多数购楼者均为当地人，因此两地的楼盘在做广告时就常选择当地的有线电视或具有针对性的直邮广告，而不选择深圳特区报和商报，既节省了费用，又使效果立竿见影。

（4）资金实力。发展商的资金实力则是开展主体广告攻势的先决条件。如果实力雄厚，项目的规模又够大，就应展开大规模广告攻势。如果资金有限，当然就要选择阅读或收视（听）最广的媒体重点发布广告，尽量节省费用，不同媒体所需费用是不同的，这自然会影响到广告媒体的选择。

（5）目标客户层次。对目标客户层次的分析主要考虑以下基本内容：第一，目标客户是哪部分人，其年龄、职业、生活品位是什么；第二，目标客户的关心点是什么；第三，目标客户的消费水平；第四，目标客户对产品的态度；第五，目标客户对广告的态度；第六，目标客户平时与哪种媒体有更多的接触。

（6）目标客户区域。目标客户区域指广告对象生活的区域与范围。对传播区域的确定要重点考虑信息覆盖面，频率强度，内容范围，信息时效等因素。在原则上要突出重点区域，采取分阶段区域策略或层层滚动推进策略等。

以上六个因素中，重点应考虑资金实力和目标客户的情况。

【策划案例：山西太原×项目媒体选择策略】

1. 报纸

从各个侧面打造锦绣花园“辉煌人生，超凡享受”的品牌形象。

2. 电视

配合促销活动和对开发公司的专访等形式对项目从工程设计、工程质量、开发商实力、开发理念和项目的优势方面进行正面宣传，建立项目及开发商的良好口碑。

3. 电台

通过电台配合搜房网的购房者俱乐部活动和配合项目的形象，给目标受众以声音和感官的信息传达。

4. 单张

通过商业信函投递、售楼处发送、报纸杂志夹送、活动资料派送形式使单张广告进入每一个意向客户手中，从而扩大项目自身的影响范围。

5. 户外广告

(1) 在项目周边沿线各人行天桥及繁华路段作灯柱、路牌、建筑物广告。

(2) 在北城中心作巨幅建筑物或路牌广告。

(3) 在北城生意火爆的大酒店对面树巨幅广告牌。

6. 车身广告

项目——繁华地段；项目—— 购物中心；项目—— 火车站。

7. 网络

通过太原搜房进行全面宣传，配合网络炒作和太原市购房者俱乐部的会员看房活动，消化一部分产品。

(1) 太原市购房者俱乐部“假日看房班车”活动。(目前有效会员近千名，并且数字还在以每周5~10人的速度增加，消费能力不可低估)。

(2) 项目网站或是网页的制作（建立廉价互动的沟通平台）。

(3) 网站论坛同时进行讨论，使开发商和未来业主进行全面沟通，以便于了解客户的基本情况，更好的拉动销售。

8. DM 直投杂志

太原市房地产信息杂志的定向投递，通过强大的派发网络进行宣传，杂志本身的信息量大保存时间长和到达率高的优势表现得淋漓尽致。

17.5.3 房地产广告媒体组合策略

媒体的丰富已经使客户获得资讯的方式越来越多，必然会增加受众对媒体的选择，当然，也增加了广告主对媒体的选择。在对一种产品进行传播和推广时，已经无法找到单一的一种媒体可以把产品信息传播给所有受众。因此，如何在众多的媒介中选择最符合广告目标层次与诉求策略的媒介，并把这些媒介合理地配置便显得至关重要。媒介组合策略就是指对经过选择广告媒介进行合理时间、版面的配置，以提高广告的传播和诉求效果。与所有其他媒介计划一样，媒介组合策略的目的是为了提高媒介投资的利用效率，为房地产项目传播选择最佳的广告效果。

媒体组合策略包括目标层次组合，与营销工具配合，媒介时空组合（时段、版次、区域、地点等）媒介类别组合，投放手法组合（轻重法、脉动法等）等策略。

1. 广告目标层次

广告目标层次是指广告对客户的影响程度与效应。目标层次是媒介组合策略的指导原则之一，决定媒介组合强度，投放频率与规模以及媒介费用投入额度。必须对项目做出广告层次策划建议。

【策划案例：天津××项目广告目标层次建议】

表 17-3 天津××项目媒介组合策略广告目标层次建议

认知程度	广告目标
不知名	扩大知名度，达到______%
知名	广告以传递信息为主，使______%潜在客户记住企业在广告中所做的承诺
了解	以竞争性和形象性广告为主，使______%潜在客户对该品牌偏好超过其他品牌
偏好	以 POP 广告、证言广告及 SP 活动为主，使目标市场产生______%认购率
认购	利用直效营销、提醒式广告、老客户传颂俱乐部等活动，强化客户的品牌忠诚度，在本预算年结束前，使目标市场达到______%再购率

从上面案例看出，要达成客户“认购”这个层次，必须进行媒介组合。多种方式的传播力量影响往往大于一种方式的简单重复，这就是媒介的相乘效应。

媒体组合是不同诉求方式的要求。在以一种媒体为主的情况下，以其他媒体尽可能地去影响最有可能购买的人群，即从目标对象的不同决策时期传达多次信息，或向最有可能购买的目标对象传达多重信息。

2. 媒体组合策略量化指标

制定广告目标，最大的考虑是为媒介策略提供一个可以量化的参考指标，各媒介策略均以它为基本出发点与归回点，使得各策略能够协同作用，从而最大限度地发挥广告投资的效率。只有把广告目标量化，才可以制定出可以执行的策略。

目标的量化指标：

目标的量化指标包括：GRPs（总收视点）到达率、有效到达率、知名度、理解度、美誉、购买率（市场占有率）、忠诚度等，他们之间的关系，类似一个倒立的梯形，如图 17-2 所示。

各指标均以百分比来表示，从上至下，数值依次减少，并且除第一个指标“总收视点”可能大于 100% 外，其余均小于 100%。

每一个项目的媒介组合策略，策划者至少要对以上指标中的一项做出确切描述。

例如：如果媒介目标要以知名度及其下方的指标表示，如“知名度要达到 75%”，就要研究 75% 的知名度要求多少的投放量（总收视点），也就是说，要研究各个指标之间的关系。

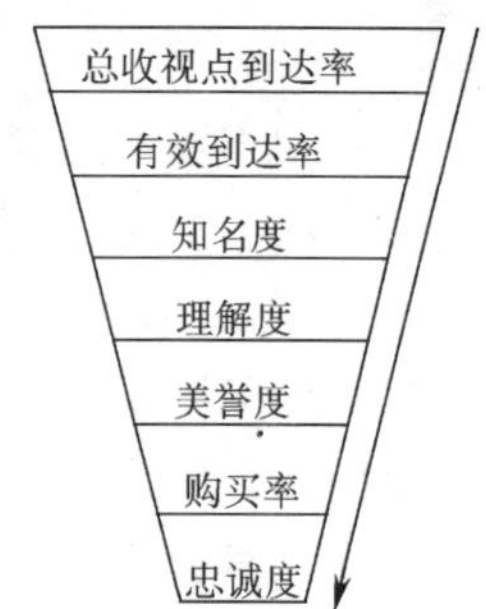

图 17-2 量化指标关系图

3. 媒体组合策略与整合营销策略的配合

一般来说，在进行联动配合时，有以下几个原则。

（1）有助于扩大广告的受众总量。任何一种媒介都不可能与企业产品的目标客户群完全重合，没有包含在媒介受众的那一部分客户群需要借助其他媒介来完成。因此，媒介的组合应该最大程度互补，以满足广告发布覆盖最大的有效人群即目标客户群。

（2）有助于对广告进行适当的重复。客户对广告信息产生兴趣、记忆、购买欲望，需要广告有一定的频率来提醒客户。因为受众对于一则广告在一个媒体上重复刊播的注意力会随时间而减少，因此需要多种媒体配合，延长受众对广告的注意时间。

（3）有助于广告信息的互相补充。不同的媒体有着不同的传播特征，比如电视广告对于吸引客户的注意力有所帮助，但不能传递太大的信息量，报纸、杂志就可以传递较大的信息量。一般促销活动的发布信息可以由电视或报纸发布，但促销活动的详细规则可以由店头海报传递，因此，媒体的组合，应该充分考虑信息的互补。

（4）考虑媒介周期性的配合。不同的媒体有不同的时间特征，比如电视、报纸可以非常及时，可以连续进行宣传，间隔较短。而杂志一般以月为单位，不宜发布即时的新闻。在媒体组合中，应该考虑时间上的配合。

（5）组合的效益最大化原则。在多种媒体上同时发布大版面、长时段的广告不一定达到最佳的效果。要对在各种媒介上发布的广告规格、频次、时间性、广告时段、版位、竞争者采用的媒介等情况进行合理的组合，以保证在达到广告效果的情况下，节省广告费用。此外，地域也是关注的因素。任何一种媒介都有其针对性最强、影响力最大的地域，如每一个城市的电视台在市区范围内影响最大，而报纸的地方版则更直接针对某一地域。如果媒介影响力最大的地域正是广告主要大力争取的市场，那么这一媒介就是投放广告的理想媒介。

【策划案例：广东佛山×项目在引导的宣传方式与运用媒体情况】

1. 网络：在搜房网、楼盘网、新浪乐居等房地产完善，大量投放项目形象广告和认筹广告。

2. 道旗：在项目东边的道路制作项目形象广告道旗。

3. 户外展板：展板设置与交通流量较大的地带，作为大区域明显的指导广告。

4. 工地围挡：用于工地现场搭设围墙广告，塑造现场氛围和销售气氛。

5. 宣传单张：在认筹期间大量外发和扫楼用。

6. 报纸：联合广州日报、佛山日报、南方都市报大力宣传，强势推出。

7. 电台：根据项目针对有车族客户，选择佛山交通广播电台在上下班高峰期投放广告。

4. 媒体组合策略的操作实务

（1）对广告目标层次和诉求策略的把握。在进行媒介的选择和组合前，应该对广告要在什么样的范围内，向什么样的受众群发布有明确的认识，而这些认识要以广告的目标层次和诉求策略为依据。

（2）对可供选择的媒介类型的把握。按照发行量、受众总量、有效受众、千人成本和我们在媒介选择中提到的要素进行分析和评估，以在众多的媒介中选择可以采用的媒介类型。

（3）确定广告发布的具体媒介。在选择出来的多种媒体中，选择最接近受众、有效受众数量很多、对受众影响力最大的媒介作为广告发布的主要媒介。

（4）确定媒介组合与整合营销的配合。确定最主要的具体媒介后，要按照与整合营销原则进行时间和规格上的组合。项目处于不同的广告推广阶段，会有不同的媒介组合策略。如：项目的入市初期，既要打动客户，又要打出品牌，引起业界的关注，就要考虑广告传播上两者兼顾，如果仅仅为了拉动终端销售，则采用的方法又有不同。结合项目实际情况，要灵活运用媒介发布策略，见表17-4。

表17-4　媒介发布策略

方　　法	适用情况
持续法：整个广告期间连续不断地刊播广告	积极拓展客户或热销期；投资性项目，综合品质较低的项目；需要较多的广告预算支持的项目
轻重法：广告定期刊播与定期静止间隔进行的排期方法	广告经费有限，开发进度分期、时间差大的项目，品牌忠诚度高的项目，同期竞争项目太多的项目
脉动法：以持续不断的广告为基础，间歇地增加广告频次的排期方法	弥补上述两种方法的缺陷，既保持项目在消费者心中的连续印象，又在一些特殊时间如销售持续期，通过高频率的广告来强化其威力

【策划案例：广州泊景苑广告媒体组合策略】

表17-5　广告媒体组合策略

广告类别	阶段	升温期							强销期							保温期						
	月份	6月														7月						
报纸广告	星期	一	二	三	四	五	六	日	一	二	三	四	五	六	日	一	二	三	四	五	六	日
	日期	17	18	19	20	21	22	23	24	25	26	27	28	29	30	1	2	3	4	5	6	7
	晚报																					
	版幅																					
	形式																					
	都市报																					
	版幅																					
	形式																					
	主题	打造楼市新高度，世界级园林亲身感受，离公开发售期还有几天																热销情况的反馈与分析				
夹报广告	日期						22			26												
户外广告	广告牌	17	18	19	20	21	22	23	24	25	26	27	28	29	30	1	2	3	4	5	6	7
	车站广告	17	18	19	20	21	22	23	24	25	26	27	28	29	30	1	2	3	4	5	6	7
	灯箱广告	17	18	19	20	21	22	23	24	25	26	27	28	29	30	1	2	3	4	5	6	7
	主题	打造楼市新高度，世界级园林亲身感受，离公开发售期还有几天																				
邮寄广告	日期	17	18	19	20	21	22	23	24	25	26	27	28	29	30	1	2	3	4	5	6	7
	形式	以请柬的方式邀请旧业主和潜在客户，传达公开发售、公关活动和奖品信息																				
电视广告	7	17	18	19	20	21	22	23	24	25	26	27	28	29	30	1	2	3	4	5	6	7
	推广安排	开盘广告宣传推广																				
电台广告	推广主题	开盘广告宣传推广																				

17.5.4　房地产软性广告策略

1. 软性广告概念与来源

从广告学的角度看，广告大致可以划分为硬性广告、软性广告、隐性广告等三类。

软性广告是相对于硬性广告而言。硬性广告是通过直接的媒介购买来实现的，只要不违反广告法，软性广告是在大众媒体（网络、电视、报纸、杂志等）上刊登的新闻采访性、纪实性、介绍性的文章，包括一些特殊的广告形式，如角标、背板或者信息广告节目内的信息广告等。它与一般性的新闻采访纪实或介绍文章的不同点在于：软性广告是由被采访企业或个人通过支付媒体费用而产生的一种特殊广告形式。或者说，这样的报道是由被采访或被介绍的企业或个人支付媒体费用而产生的一种隐形广告。因此，尽管有时采访和报道内容不真实，但其所产生的隐蔽性新闻效应比普通广告更大。

软性广告的前身是媒体的经济报道，经过有偿新闻的演变道路以后，最终演变为一种由媒体工作人员亲自“捉力”的宣传方式。这就是软性广告的来源。

在软性广告出现最初阶段，媒体受众缺乏分辨能力的。但目前软性广告成为一种常见的营销手段之后，媒体受众就开始逐步有了“免疫力”，甚至他们可以轻松地分辨出何为新闻，何为广告。由于对广告的潜在抵触心理，媒体受众对软性广告的反感也开始上升，所以现在的软性广告已经明显没有以前的威力了，这就对时下软性广告炒作提出更高的应对策略与技巧要求。

2. 软性广告的硬道理

许多房地产项目在市场的成功，离不开软性广告的作用。所以，房地产营销越来越重视软性广告的硬作用，不仅是因为它的付费相对低廉，更重要的是软性广告对硬广告是一种很好的补充和配合。任何一名房地产策划者，都不应该忽视软性广告的重要性。

软件广告的具有以下特点。

(1) 真实性。软件广告通过采访、谈访等形式，以不同角度报道项目的亮点，使客户觉得真实可信。

(2) 隐蔽性。很显然，软性文章没有硬广告的那种直接“杀伤力”，但它对目标公众有着极强的隐蔽渗透力。硬广告有时会令客户感到头痛，主要是信息过多过滥，“强制”客户接触这些信息，而且占据了一定篇幅（报刊杂志媒体）、时间（电视广播媒体），占据客户大量的时间和精力。而软性广告具有科普性、知识性、新闻性，使读者愿意接受这些信息，而且无论从行文体裁，文章内容，还是刊登的版位，其广告意图都相对较为隐蔽，让读者不自觉地去留意与阅读。通常有些软性广告光是标题就足以让读者非看不可。

(3) 成本低、承载信息量大。软性广告投入成本较低，如果与新闻媒体合作关系良好，有时根本不需较多费用投入。软件广告可以较详细地剖析与尽情炒作物业特点，比一般硬性广告的传递信息量大，往往有些信息恰是置业者迫切需要详细了解的。

3. 软性广告炒作技巧

技巧一：大标题，短文章

大卫·奥格威认为：“标题是大多数平面广告最重要的部分”。它是决定读者读不读正文的关键所在。标题是广告作品为传达最后或最能引起诉求对象兴趣的信息，而在最显著位置以特别字体或特别语气突出表现的语句。标题的作用就在于在最短的时间内传递重要的信息或者引起诉求对象的注意。广告文案要简洁，即短文章。

标题与广告语在广告作品中的作用同等重要，但二者的本质迥异，就长远效果来看，广告语的重要性无疑超过标题，但就一则广告作品，尤其是平面作品而言，标题远比广告语重要。醒目的标题是文案的关键点。它还是文案与创意的纽带，精妙的标题可以一针见血，直指创意核心，让广告的创造性充分展现。广告效果50% ~70%是大标题的力量。标题一定要醒目，表达清晰，能具备一定文采则更佳。广告文的说明一定要主次分明、言简意赅，楼盘的众多信息没有必要在一则广告中倾诉而尽。突出重点，语言流畅即好。

【策划案例：草山先生的住所——台湾《草山生活》系列房地产软文】

1. “多久没听过有人唤我‘林桑’了，直到有天下午，在草山……”

董事长下了班，最痛苦的身份就是董事长。即使散步在仁爱路口，打拳在台北中山纪念馆，休闲服里总得备上一叠厚厚的名片，应付斜地里闪出来的客户，长官与陌生朋友，应付一个嘈杂的社会尽要名片，让人既注意你，但又忽视你；享受真正宁静的生活，却仅要一个微笑地领首，最检约的礼数，譬如草山的邻人。宁静的山，沉默的树，不会喧哗着身份、地位、成就；山雾、叶落、溪涧、飞鸟、自然的作息、薰陶了草山先生们字根表的人生视野，即使是朴实的店家，在浅浅的一声“林桑”间，你也会觉得她是一位生活的智者。

选择宁静的住所与环境，应该在草山。

2. “独角兽！金刚！坦克！孙子们要玩具；我说：来，阿公给你们弹珠——那是秋天在苗圃里检的柏树种子……”

“文明，使存折里的财富愈来愈多，却使人与人的游戏场所愈来愈少！”，这是梭罗《湖滨散记》里的感叹，而台北许多人抱怨：则是连选择一座湖滨感叹的权力都没有了。种子、草蔓、树枝、竹签、黏土、卵石，曾是多少台湾孩童的玩具，它们取之不竭，无所竞夺，而且拉近了孩童的心灵。这些孩童，陆续长成为台湾的企业家、决策者，成为父亲、也成为祖父，拥有着大理石般厚实的智慧，他们唯一无法回应的答案，是孙子们伸出的双手——“独角兽”“金刚”“坦克”。让孩子们与阿公一齐喜乐的游戏场，台北少了一座湖滨，却还有座阳明山。14000 平方千米国家公园的田野教室，无数的种子弹珠，93 种鸟类与 153 种蝴蝶、台湾国宝级的树蛙与水韭，让阿公的智慧、自然的启蒙，共鸣进入台湾下一代的心中。

3. “住上草山的那一天，儿子问我想作什么？我说：去呷碗地瓜汤吧……”

一碗热腾腾的地瓜汤，一种朴实的 60 年代台北生活揉和着红地瓜的甜味和土味，在 90 年代的台北，已经消失了 30 年。

耿直的农夫，实在的小店，安静的邻居，从不大声说话的草山先生们，老老实实地活出生活的脾气，脚踏丰饶的火山岩，定时收割水稻，地瓜与海芋；买卖口说为凭，相信诚实信用与道义，即使住所的短墙，总是任常春藤活泼攀爬。

4. “飞弹让股市大跌的隔天清晨，我来到这里，水的温度告诉我——留在台湾”

人生有很多抉择，等待着决定，“但千万别在城市里下决定”。松下幸之助有次对着 13000 位松下同仁说：“应该到自然中去！”京都桂离宫的枯山水，那片雪白的白石水纹，多次给予了幸之助智慧的企业经营灵感。使松下渡过了大战后的阴霾；而另一个让他感激的自然导师，则是温泉。他的许多发明——电器开关，安全插座……都是在滚烫的泉水中成型的。“休息，就是让身体休养，让心学习”，几乎已成了他的成长名言。阳明山是台北人常来休息的地方，但如果将家选择在草山，每天的人生都有休养，都能学习，譬如仰德大道那位老而弥坚的作家林语堂。

温泉，古道，松林，荒径……自然生态的节奏与韵律，从容启迪草山先生的智慧，比任何一本“危机处理”企管教科书，都要来得果敢明快！

5. “生活愉快吗？一位立委朋友来电问，我说：草山的树和人，都那么挺直腰杆地生活着……”

树，生活在台北最委屈的，人也是。树的叶子上，满布着汽车排放的油灰，根部纠结的是大小工程的砂石污泥，而人呢？总畏缩地生活在玻璃窗后，在夏天的冷气房里，以秋天的毛衣御寒。

环境的污染使人的身体无法健康，也使得人心很难康健。要在台北挺直腰杆的生活，与要求公园里一棵树的纯然翠漾，同样困难。

所以，台北公园路灯管理处有苗的苗圃，选择在草山，一棵大安公园里强韧的巨树，必先要草山度过山风雨露滋润的童年，才够强的生命力。

人，应该也是，四季分明的天候，新鲜洁净的空气，调节各种温度的变化，给予心灵身体自然开放的舒展机会，交错的古道步径，带领着双脚勇于去探险，让四肢活络，使腰杆挺直。

6. “你知道吗，直到39年后的今天，我才真正读完一套福尔摩斯全集……”

匆忙的城市，总是递给居住者一张不自由的时间表，赛车、会议、应酬、出差……看，那秘书打就的冷峻行事历，完全拒绝着人心的一些真正愿望，好比，安静地读完一套福尔摩斯全集。在台北要求事业成就的城市逻辑网络里，如何寻得一方空间，可以安静地实现愿望，让生活丰富起来！

唯一的答案是阳明山。

宛如东京的箱根，纽约的长岛，透过适当的距离，草山及时地将人拉出城市刻板的时间表，予人实现各种愿望的机会。到巴拉卡公路上就着晨光阅读，在大屯山芒草房写生，与湖山村的种兰老农博一盘围棋，或者只是什么也不做地散步，体验真正的丰富人生。

技巧二：与事件营销结合

成功的事件营销就是成功的新闻。据调查测定，客户接受新闻的记忆度是接受一则广告的6倍。新闻和广告是两个独立的个体，但这两个个体有着互相重合的部分。一方面，只要符合新闻特性的所有材料都是新闻，如果一件带有广告目的的事件符合新闻的这些特征，那么，这则事件出现的本身就是新闻。另一方面，如果一则新闻在发布的同时，达到广告发布者预期的目的，那么这则新闻在一定程度上就具有了广告效果。事件营销的目的，就是使广告内容本着成为新闻，让客户乐于接受而不会产生接收广告时的心理烦恼。

【策划案例：重庆融创欧麓花园城软广告炒作策略“新春大礼包抽奖”事件营销】

2014年8月，融创集团以9.01亿元、1321套的成绩，一举摘下企业单月销售金额、销售套数以及销售面积三项排行榜桂冠。同时，融创·欧麓花园城以450套的成交量成为8月茶园、巴南区域单盘成交冠军。为了回馈重庆人民，融创联手圈圈科技与优点广告，举行了“抢年货大礼包”的大型新春活动，感恩重庆人民，此举大大提升了融创的品牌形象和感知度。

这次活动是重庆首个线上线下全方位拓展的巨型微信活动，这在整个活动中，圈圈科技和优点广告制定了行之有效的推广渠道考核模式，简单有效的活动流程和线上线下协调方式，为整个活动的成功奠定了基础。

1月29日，抢年货大礼包活动开始启动，当日，重庆融创数个项目的自有员工和重庆青年报、重庆晨报、重庆晚报，大渝网等媒体渠道同步进行了活动转发，同时商圈巡展的融创粮仓开始为关注官方微信并分享活动的市民发放爆米花。（配合大量的媒介软广宣传和线

上微信渠道进行炒作）

在融创粮仓的活动现场，人头攒动，大量市民排队参与分享活动、领取爆米花。在活动当日就有超过20000人参加了老虎机活动，有超过7000个用户关注，同时线上用户开始裂变。在周末，整个活动达到了最高潮，截至2月1日，累计有近60000人关注了重庆融创官方品牌微信号，有近10万人参与抢融创新春大礼包抽奖活动，中奖用户超过40000人，有10000多用户到现场领奖。（线下活动把控炒热现场气氛）

技巧三：真实的画面

软件广告的画面一定要真实，不能引起客户歧义的联想。软性广告注重实景图片素材表达，如火爆的抢购场面、优美的建筑、特色园林等。在建项目应注明是效果图。

技巧四：好话多说

好话说多了，如通过文字化，新闻化的卖点诉求或罗列物业卖点，加以细化渲染等，客户不可不信，最后自然而然掏金购买。

【策划案例：郑州美景天城软性广告炒作策略分析】

美景天城位于郑州东南版图，总占地面积350亩，建筑面积35万平方米，美景天城以欧陆风格为主线，依照英、法、意、荷四国风情规划为四个组团，是郑州市一个纯粹的欧洲品质生活大型社区。美景天城围绕“郑州人居形象大使”这一定位主题，依据物业八大卖点，以“八大纲领”来进行软性广告的价值指标炒作，可谓好话尽说、优点尽显。内容简缩为：

美景天城人居八大纲领之一：规划——35万平方米欧洲4国风情社区。

突出浪漫和人文的异城情调，建造一个纯欧洲经典社区。

天城人居八大纲领之二：景观——兼收内花园外公园之美景。

维多利亚广场，60余米的启元塔、泰晤士大道、法兰西会所、中央生态轴等，构成社区景观核心，尽得欧洲园艺之神韵。

美景天城人居八大纲领之三：会所、法兰西主题风情会所。

3000平方米的大型豪华会所，特别设置法国红酒吧、闻香室与服装展示厅，感受与巴黎同步的流行印象。

美景天城人居八大纲领之四：教育——百年名校打造精英教育。

引入百年名校武汉大学幼儿园、附小，在灵隐路入口建造7000平方米的独立校区。

美景天城人居八大纲领之五：商业——4万平方米Shopping mall。

4万平方米的商业区，由主力店、人气店、精品步行街、商业广场四种形式完美组合，引入沃尔玛、星巴克，麦当劳、上岛咖啡、银行、健身中心，SK－Ⅱ、SWATCH等知名机构。

美景天城人居八大纲领之六：休闲——与国际同步的品质生活。

法兰西会所、维多利亚广场、Shopping mall商业街、体育馆、学校、中央生态谷、花池绿地、雕塑小品、钟塔喷泉、露台花园、画栏花窗，阳光、空气、水……绝无仅有的社区及环境。

美景天城人居八大纲领之七：户弄——花园洋房演绎健康自然家。

3A住宅设计标准，户型有13大创新优势，八角形主卧、花园阳台、双向景观、全景观光餐厅、大凸窗，45厘米高跃式，三道穿堂风，步入式的衣帽间……

美景天城人居八大纲领之八：物管——欧洲贵族式贴身管家服务。

贵族是一个历史留下的传统，美景天城承袭欧洲贵族传统，让您体验贴身管家服务。美景天城联合知名物业管理公司，以国际化的服务标准，提供优质高效的服务，为业主营造安全、整洁、舒适、和谐的居住环境。

17.6 房地产广告设计与创意

17.6.1 房地产广告内容构成

房地产广告应注意的基本要素，明确回答客户想了解的基本问题，具体内容如下。

1. 楼盘名称

一个好的楼盘广告应当在醒目位置标明楼盘名称及系统标识，让受众一看即知并且马上能在脑海里留下印象，吸引其继续看下去，绝不能为了画面上的其他诉求点或画面清爽、干净而把楼盘名称及系统标识摆放在不显眼的位置或把比例缩小。

2. 地理位置

一般除了利用图表标明其确切位置外，还要标注周边标志性建筑、重要配套设施，最好加了数据描述语言，如“距××仅300米”让受众有一种实实在在的感受。

3. 价格

售楼广告中的一般起价即最低折后价，都是选择一个楼盘中位置、结构、朝向最差的单位的价格。而诚实的标价应在起价与最高价的范围内，或是标准价的均价，最好是将正在推出的主力户型，某一楼层，某个朝向，具体户型的面积进行列举，并标定单价和总价，这也正是促使消费者密切留意和决定购买的关键。

4. 项目的主要卖点

项目的主要卖点即最能吸引客户的地方，如地块特征、布局、建筑风格，户型、结构、面积、朝向、内外景观、通风采光、交楼标准、社会环境、配套设施、建筑材料、物业管理费用等，要把这些内容以最突出的方式告知客户。

5. 商品房销售“五证”齐全

“五证”即“国有土地使用权证”“建设用地规划许可证”“建筑工程规划许可证”“建筑工程开工许可证”“商品房预（销）售许可证”。随着购房者的日益理性成熟，其关心的问题也越来越专业化，发展商各种证照是否齐备直接影响到他们的购楼信心，因为若“五证”不齐，购房者可能无法拿到房产证，购买的商品房质量就无法得到保障。

6. 发展商、代理商、建筑设计、施工、物业管理单位名称及售楼电话

这是售楼广告中不可缺少的要素，一个实力强、品牌优质的发展商、代理商、建筑设计、施工、物业管理公司甚至会成为吸引购房者的一大因素。一个有长远眼光、有品牌意识的发展商会借助宣传物业品牌的同时，渲染楼盘的实力，给置业者强有力的信心支持和保障。

正因为房地产广告肩负的是让客户感兴趣进而打电话的任务，因此没有必要让广告变成说明书，面面俱到，而只要突出物业最具特色与行销最具特色之处，让客户感兴趣。其实，让客户知道得太多，他可能连打电话进一步了解的兴趣都没有了。而怎么样让客户感兴趣，这就要借助于市场调查，借助于策划者的能力与经验了。

17.6.2 房地产广告创作风格

房地产广告作品有一定的风度格调，广告风格取决于广告制作人的业务水平及一定文化氛围下的艺术表现手法。一般来说，我国房地产广告作品创作风格，大体可归纳为三种类型。

1. 规则式风格

这种创作风格有点近乎公式化，在格调上比较正常、刻板，很少带感情、艺术色彩。有人把它称为“报道或教条式风格”。规则式风格的广告文稿，在介绍楼盘时，一般只从楼盘的地段、质量、价格、房型、服务和买家可从中得到的某种好处与实惠等方面如实介绍，就像新闻报道那样，又仿佛是一份有关产品或劳务项目的报告、通知单，语言文字上一般不做太多的修饰，有一说一，有二说二地如实告诉消费者。如：“××小区由××房地产公司开发，地处××中心地段，邻××商业街，设施齐全，配套完善，房型一室一厅到四室二厅多种款式，精心设计，实惠价位每平方米××元起，现场售楼处地址××，电话××”，再加一张区域位置图和一张房型图。

这种风格的广告文稿多用于生产资料和技术服务广告。其好处是内容具体，介绍比较全面，而且所提供的信息资料都有一定的科学依据。缺点是文稿平铺直叙地写出来，显得平淡枯燥。倘若在语言文字上略加修饰，又容易同客观实际情况不符，而且很难面面俱到，也难突出产品、劳务的形象、功能特点。这种广告如果反复出现，容易引起与广告内容无关的广大客户群体的反感。因此，广播电视中不宜做这类广告，无特定对象的全同性报纸杂志也不宜刊登这类广告。在不成熟的内地房地产市场中，这种方式可能还可以行得通，但在沿海的房地产（如广州、上海等）已基本没有这样的广告存在了。

2. 理性感化风格

这种风格被广泛运用于广告文稿创作。其特点是大都从艺术表现力方面打动客户的情感，通过理性的感情诉求去改变客户的态度。要求创作者必须发挥语言文学天才，巧妙地述说、戏剧性地显示、绘声绘色地描写产品或劳务的优点与可能给人们带来的利益或好处，促使市场潜在需求变为立即购买行动。

理性感化风格的广告文稿又可分为四种。

（1）诱导式。这种房地产广告创作风格的文稿表现为一种许诺性诉求，直接从满足消费心理、需求心理和购买心理的积极因素方面来通过广告语言文字表达的。为了使目标客户感到称心如意，专门以适合楼盘目标消费者购买习惯、购买心理及其他影响购买因素的题材和信息作为广告文稿的构思依据，希望读者见到广告后有一种能实现心愿的心情，并产生到楼盘销售现场的冲动。如商铺通过返租回报计划来告诉业主，有一种可以让别人为你供铺的同时又可以为你赚取利润的投资方式。

（2）同情式。从字面意义看，其做法是给楼盘的目标消费者提出一种困惑或忧虑，而后再提供一种住在某某楼盘就可以消除忧虑的许诺诉求，文学手法上叫“欲扬先抑”。如广州“碧桂园”的电视广告，通过对广州市区的空气污染指数、噪声污染程度来说明市区的生活环境的不理想，而后向向往改善居住环境的消费者推荐空气好，适合居住的广州“碧桂园”。

（3）设身处地式。其特点是把广告诉求的语言文字直接以购买者在推荐的口气来表达，使广告的诉求意愿正好同消费者的心理相一致，用这样的口气说服潜在消费者从速购买，正好抒发了目标消费者和住户发自内心的共同心声。这种方式的表达可以通过对住户的居住情况进行采访，让住户自己说他对楼盘的满意情况作为楼盘的广告。

（4）启发式。启发式风格的房地产广告大都从不同角度摆事实讲道理，而不正面去讲产品如何如何好。这种启发式风格广告充满对客户和用户负责的情感，从深刻的道理、情理、事理中引起人们的关注、指导消费者消费。通过启发式诉式，向人们宣传新消费观念，推广新的生产、生活方式，从而达到促进产品销售的目的。如：广州“番禺奥林匹克花园”电视广告，通过一个其貌不扬的男人打高尔夫球进球时的喜悦形容奥林匹克花园价格低，素质高，“平常人家的高尔夫”的广告主题。

3. 情感诉求风格

这类广告是以向读者或听者的感觉和情绪诉求为主。引起读者兴趣，启发联想，激发心理性购买动机，刺激购买行为发生。这种广告暗示的作用很大，所以又称为暗示广告。如果说理性诉求型的广告是采取“晓之以情”的途径。阅读者是由于受到广告文案的暗示而动情，受情结的影响和支配采取购买情绪的题材，如与人的健康、儿童的成长、经济利益有关的题材，能满足或激发人的好奇心、进取心、自尊心、同情心的题材，能给人以舒适、安全、幸福的题材等。

【策划案例：情感诉求广告语三例】

——打开中银花园的窗户，看深圳未来

中银花园是深圳中心区第一个商品房项目，处于方圆5平方千米的CBD中心区的西北角，而深圳的城市发展趋势则是“前十年看罗湖，后十年看福田”，因此文案让人看到了未来的希望，同时“窗户”本身就是一个感人的符号。

——半个月亮爬上来

文案借用西北名歌的一句歌词，首先用“半个”“月亮”“爬”等生动的符号来抓眼球，然后通过歌曲舒缓优美的夜景来表现生活的祥和气氛，又与许多楼盘的“太阳诉求”相对比。

——小时候我就希望给你一个海边的家，长大了……

这是深圳金地景花园的一个电视广告，时间是1996年，这个广告表现了一对纯真的儿童向往大自然的成长过程。从海边沙滩的房子，到舒适宽敞的海景住宅，表现了一代人的住宅梦，这种广告真实感人，自然地渗入人们的心灵。

4. 论证式风格

运用论证式风格创作房地产广告文稿，一般采用一点论、两点论和比较等三种方法突出信息焦点。

所谓一点论，就是指广告只就房地产本身固有的优点来述说，引用的信息和资料都有利于证明房地产如何如何好的事实依据，广告的立足点站在房地产企业一边，故又称为“一面之词”“拣好听的说”。大多数房地产广告都是正面论证。如“交通方便、房型超前、价格便宜、管理一流”等。

两点论，是客观地向消费者介绍房地产商品，既讲楼盘的优点，也毫不掩饰其缺点。这种广告提高了内容的可信度，也易使消费者对广告主——房地产企业产生好感和信任感，广告效果比仅仅正面论证来得好，因为正如每个人都有缺点，正视缺点也是一个优点，这样反而使得消费者对其印象深刻。

比较是就房地产本身的质量、价格、地段、房型、服务等特点与竞争对手相比较，通过比较来证明它的优势，用这种创作风格撰写广告文稿必须实事求是，不能言过其实或故意贬低别的公司，许多房地产广告采用较为模糊的比较论证方式，如老城区最低价、全市最靓江景等广告用语，以避免产生争议。

17.6.3　房地产广告创意

1. 广告创意内涵

（1）什么是广告创意。随着中国经济持续高速增长、市场竞争日益扩张、竞争不断升级、商战已开始进入“智”战时期，广告也从以前的所谓“媒体大战”“投入大战”上升到广告创意的竞争，“创意”一词成为中国广告最流行的常用词。其意是创造、创建、造成。“创意”从字面上理解是“创造意象之意”，从这一层面进行挖掘，则广告创意是介于广告策划与广告表现制作之间的艺术构思活动。即根据广告主题，经过精心思考的策划，运用艺术手段，把所掌握的材料进行创造性的组合，以塑造一个意象的过程。简而言之，即广告主题意念的意象化。

为了更好地理解“广告创意”，有必要对意念、意象、表象、意境做一下解释。“意念”指念头和想法，在艺术创作中，意念是作品所要表达的思想和观点，是作品内容的核心。在广告创意和设计中，意念即广告主题，它是指广告为了达到某种特定目的而要说明的观念。它是无形的、观念性的东西，必须借助某一有形的东西才能表达出来。任何艺术活动必须具备两个方面的要素：一是客观事物本身，是艺术表现的对象；二是表现客观事物的形象，它是艺术表现的手段。而将这两者有机地联系在一起的构思活动，就是创意。

在艺术表现过程中，形象的选择是很重要的，因为它是传递客观事物信息的符号。一方面必须要比较确切地反映被表现事物的本质特征，另一方面又必须能为公众理解和接受。同时形象的新颖性也很重要。广告创意活动中，创作者也要力图寻找适当的艺术形象来表达广告主题意念如艺术形象选择不成功，就无法通过意念的传达去刺激和说服消费者。符合广告创作者的思想可用以表现商品和劳务特征的客观形象，在其未用作特定表面形式时称其为表象。表象一般应当是广告受众比较熟悉的，而且最好是已在现实生活中被普遍定义的，能激起某种共同联想的客观形象。

在人们头脑中形成的表象经过创作者的感受、情感体验和理解作用，渗透进主观情感、情绪的一定的意味，经过一定的联想、夸大、浓缩、扭曲和变形，便形成转化为意象。表象一旦转化为意象便具有了特定的含义和主观色彩，意象对客观事物及创作者意念的反映程度是不同的，其所能引发的受众的感觉也会有差别。用意象反映客观事物的格调和程度即为意境，也就是意象所能达到的境界。意境是衡量艺术作品质量的重要指标。

（2）广告创意的原则。广告创意的独创性原则。所谓独创性原则是指广告创意中不能因循守旧、墨守陈规，而要勇于、善于标新立异、独辟蹊径。独创性的广告创意具有最大强度的心理突破效果。与众不同的新奇感是引人注目的，且其鲜明的魅力会触发人们强烈的兴趣，能够在受众脑海中留下深刻的印象。长久地被记忆，这一系列心理过程符合广告传达的心理阶梯的目标。

广告创意的实效性原则。独创性是广告创意的首要原则，但独创性不是目的。广告创意能否达到促销的目的基本上取决于广告信息的传达效率，这就是广告创意的实效性原则，其包括理解性和相关性。理解性即为广大受众所接受。在进行广告创意时，就要善于将各种信息符合元素进行最佳组合，使其具有适度的新颖性和独创性。其关键是在“新颖性”与“可理解性”之间寻找到最佳结合点。而相关性是指广告创意中的意象组合和广告主题内容的内存相关联系。

2. 广告创意的金字塔原理

对发展广告表现的创意上，金字塔原理是特别有效而极具实用性的工具。从金字塔原理，可洞察广告设计者的思考过程，究竟用什么逻辑把创意发展到极致。从金字塔结构可以看出什么逻辑把创意发展到极致。从金字塔结构可以看出广告的创意是仅次于金字塔顶端。创意的金字塔原理，共分三个层次，第一层是资讯，它涉及的范围相当广泛，包括企业内部资料、竞争企业情报以及经济环境资讯等。这些包罗万象的资讯只是个别的统计数据，仅供参考，不可照本宣科笼统应用，必须经过第二个层次审慎的分析。此一层次涉及的范畴犹为广泛，必须运用统计学、心理学、经济学以及社会学等，经过分析评估之后，才有第三层次广告创意的出现。唯有通过这些层次所延伸出来的创意才是发挥广告效果的动力，才是弹无虚发的广告招数。

3. 广告创意的过程及其思考方法

（1）广告创意过程。广告创意过程可分下列五个阶段：①准备期。研究所搜集资料，根据旧经验，启发新创意，资料分为一般资料、特殊资料。所谓特殊资料，系指专为某一广告活动而搜集的有关资料；②孵化期。把所搜集的资料加以咀嚼消化，使意识自由发展，并使其结合。因为一切创意的产生，都在偶然的机会中突然发现的；③启示期。大多数心理学家认为印象是产生启示的源泉，所以本阶段是意识发展与结合中，产生各种创意；④验证期。把所产生的创意予以检讨修正，使之日臻完美；⑤形成期。以文字或图形将创意具体化。

（2）广告创意思考方法。创意是从“现有的要素重新组合”而衍生出来的，创意并非天才者的独占品。广告创意思考方法包括以下三种。

1）垂直思考法。即按照一定的思考路线进行的，向上或向下的垂直式思考，是头脑的自我扩大方法。其一向被评价为最理想的思考法，优点是比较稳妥，有一个较为明确的思考方向。其缺陷是偏重于以往的经验、模式、只是对旧意识进行重版或改良。

2）水平思考法。又称横向思考法，在思考问题时向着多方位方向发展，此方法有益于产生新的创意却无法取代垂直思考法，只能弥补后者不足，任何构想的思考，仍就选用垂直法，同时水平思考法又可提醒创意者思考时不故步自封，两方法相互配合，加以灵活运用，可收到事半功倍的效果。

3）集脑会商法。即一组人员运用开会的方式将所有与会人员对特殊问题的主意，聚积起来以解决问题。是一种极有价值的创意思考方法。

4. 房地产广告的创意

房地产广告的创意可以从表述形式和内容等角度切入。从表述形式上看，主要有以下几种：

（1）直陈式。直陈式广告就是针对商品房的相关情况做比较客观具体地介绍。这是一种常见的宣传方式，在收集到的广告中约占45%。它很少借助华丽的表达技巧，语言风格简朴平实。

【策划案例：辽宁“新希望花园”楼盘广告创意】

新希望花园东临马栏河，拥有长400米，宽45米的绿化带。南眺星海湾，北有5400平方米的主题公园，中央有近1万平方米的广场。全景观阳光户型，户户朝南，大落地窗宽敞明亮，飘窗（1.83~2.3平方米窗台面积）免费赠送，明厨明卫。

这种广告直接针对购房者所关心的地理位置、周边环境以及户型等问题进行说明，语言朴素简练，内容介绍全面而具体，增强了广告的可信度，并给人以亲近之感。

（2）计算式。这种形式的广告通常是以计算购房款的方式来突出房价的低廉。在我国，购房是目前多数人用钱款额最大的一项支出。而且，消费者中大部分以贷款买房居多，人们最关心的就是购房款及每月的供款额是否能在承受得起的范围内，针对客户最关心的这个焦点问题，有的开发商采取为消费者算账的方式进行广告创意，以消除他们心中的疑虑。

这种广告具有很强的针对性，它针对购房者中多数人的收入情况和购房支出的普遍心理，站在客户的立场，从维护客户经济利益的角度出发，给人一种亲情力。而且广告中大多以数字说明，更增加了广告语言的真实性，其效果会更好一些。

（3）图文式。“图”既指商品房的平面图，也指未来楼宇的立体模型及交通示意。图文并茂可以使客户比较直观、全面地了解商品房的有关信息，这也是目前房地产广告宣传中比较普遍运用的一种广告宣传方式。

从表述内容上看，主要有以下几种：

（1）突出特色。突出特色就是利用其自身优势进行宣传介绍，诸如地理位置、交通条件、就学情况、周边环境等方面的优势。“华南新城”建在珠江边，是颐养身心的好去处，因此它们从优越的地理位置出发加以创意：

——华南新城得南村山水灵气，是得天独厚的大自然恩赐。而华南新城的规划，又保持了大自然的优美环境，让人与自然充分地、完美地结合在一起……

这种趋利避害的宣传方式，紧紧抓住客户需求心理，进行市场定位，确定目标受众，既有助于房地产开发商准确地把握市场行情，了解市场动态，也便于客户选购理想住宅。

（2）借时优惠。借时优惠就是借助于某重大节日对商品房的出售进行广而告之。

【策划案例：某市安居小区广告】

为庆祝建党八十周年，安居工程指挥部特向社会献礼——拿出80套住宅特价销售。从即日起至7月8日，对离退休老党员（凭单位证明）在原价1280元/平方米的基础上优惠8%。一般购房者优惠5%。

这种广告一般是借重大节日之机，以价格优惠为广告宣传的主要内容，既合天时，又赢人心。同时，对树立良好的企业形象也有积极意义。

（3）报告进度。这种广告的特点是，房地产公司在建房之初打出广告，并把每一个阶段的进度情况都以广告形式告知客户，这样做能使客户做到心中有数。这种内容的广告可以用语言表述，也可以用表格形式。见表17-6。

表 17-6　工程进度情况

楼　号	进　度	楼　号	进　度
1	钢筋混凝土底板地基已完工	4	二层已封顶
2	四层已封顶	5	三层已封顶
3	三层已封顶	6	三层已封顶

对提前交款的客户来说，这样的宣传方式分明已把他作为房屋的主人，定期通过广告的方式向其汇报工程进展情况。而对于那些尚未决定购买的客户来说，也为他们做出决定免除了某些顾虑。看似简单的表格，枯燥的文字，却凝结着房地产开发商的一片真情。

5. 房地产广告语的特点

房地产广告创意视角的多重性带来了广告语形式上的多样性和内容上的丰富性，也体现出多种语言特色。

同其他种类广告比较来看，房地产广告语言形式上是一种平实朴素的风格，很少有华丽的修饰用语。在词语运用方面表现出更为规范性和严谨性的特征，这种规范性和严谨性具体表现在：

（1）专业术语的大量使用。如：框架结构，节能墙体，亚泰型材，落地阳台，楼板全现浇，抗震度 7 度。

——某市“现代家园”广告

也许客户并不是行家里手，不明白其中的含义，但凭借着专业术语的专业性与规范性也能做出放心的选择。这既体现了房地产业的行业特征，也增加了可信度。

（2）准确、简明词语的大量使用。如“购成品房，花安全钱”价位不高，质量好。同样 80 平方米的二室房为您节省 3 万元，布局得当，分布合理。“花一米钱，用一米房”。

——某市“紫东公寓”广告

真诚朴实的词语让人心动，使人感到房地产开发商是站在客户的立场为他们出谋划策，仿佛多年的老朋友，使人倍感亲切。

（3）句式工整是房地产广告语在句式选择方面的一大特色。同时，在长短句的运用方面，短句明显多于长句。快捷的时代特点和市场经济的双重影响，决定着广告语言运用的简洁性，而房地产广告语，又由于强大的信息量，特殊的目标受众群体，有限的篇幅，更要求其语句上的短小精炼。如：城在江畔，楼在山下，屋在林中，人在园中，珠水环境，青山揽绿，别墅、楼阁、山林小径，独为一体……

——广州“华南新城”广告

与长句的严密周详，精确明晰的修辞效果比较来看，短句则能简明的叙述事实、渲染一种快节奏的表达气氛，表达效果简洁、灵活、有力。上述两例看似简短的句子，却容纳了大量的信息，解答了客户诸多疑问。同时也便于理解和记忆，适合于各阶层的客户群体，给客户留下深刻的印象。

房地产广告在语句的选用上整句多于散句，短句多于长句，这种用法既符合经济的原则，也达到了艺术美感的要求，是当今房地产广告界乐于使用的一种语句组合方式。

【策划案例：地缘文化塑造品牌精神——北京“朱雀门”楼盘广告创意五例】

（作者：北京红鹤机构）

“地脉”——价值

“朱雀门”位于500年皇家地脉中，这在北京地产项目中，属于独一无二的地脉资源，在经过深入的研究分析之后，本案的推广策略得到明确，即“在对于历史文化的回溯中，挖掘地脉附加值，在组合建筑元素中，实现历史与现代的对话”。

在创意策略上，“朱雀门”将凭借地缘历史和价值，召唤那些对于中国文化具备感知力的知本精英，以文化记忆中的“情感碎片”为代言物，将人们从这个切口引入到真正的建筑作品中。

“礼仪”——利益

实际创作过程中，“朱雀门”不去空喊“弘扬国粹”，也不会空喊“西化”，而是将中西文化的情感模式、居住模式作具体、深入、细致地介绍、比较、分析和讨论，来重新思考中西文化交流后的真正意义。广告创意系列采用了“新儒家文化精神的外在表现”为创意原点，表达了目标客户群“对仁义的态度与信念所表现出的行为方式”——“礼”（“礼”来自儒家五常系统即“仁、义、礼、智、信”）。中国号称礼仪之邦，中国人也素来以此标榜自己的传统特征。“礼”，中国文化和儒家思想最为重要的基本范畴和观念。

“礼”不仅是一种思想，而且还是一系列行为的具体规范，它不仅制约着社会伦理道德，也制约着人们的生活行为。这些规范的核心思想和主要内容就是建立一种等级的思想和等级的制度。

创意一：《围合篇》

一座城市、一个小区能够长久保持公众或者该地区居民的认同感正是在于其独特的文化及传统。他们依靠旧时共同的印象、共同的情绪找到亲近感、归属感；通过相同的故事、谈资以及对城市或小区的默契，找到“我的小区”与“你的小区”之间的差别，这样的城市或小区才具有认同感，具有家园意识。尊重当地文化传统的项目不仅能够满足居住需求，还提供了居住者充实的精神家园。

创意二：《立世篇》

“礼”对于行为的意义，除了要正直以外，还必须受到正确原则的启发，必须坚持正道，不懈地追求真理、正直和忠诚。

由高尚情操激发出充沛精力的人，他的行动受正直的品格和生活的责任等原则的制约。不管是在商务活动还是在政治活动中，不管是集体活动还是家庭生活中，他都是公平和正直的。任何事情中，他都将“达，亦独善其身”。

创意三：《家族篇》

在《礼记》第一篇《曲礼》就有明确表达："夫礼者，所以定亲疏，决嫌疑，别异同，明是非也"。它主要是一套以血缘纽带为基础关系的尊卑长幼的"度量分界"、等级秩序、体系制度、礼貌规矩，用以在行为上、思想上、情感上规范、指导和约束人们，并贯彻到社会生活的各个方面各个领域中。

而在中西成长背景下，因为"礼"而紧紧维系在一起的家庭，无论"过去、现在、将来，你都是其中一员"再次传达了以文化记忆中的"情感碎片"为代言物，实现与目标客群心里沟通的创意策略。

创意四：《朱雀门篇》

"门"原本只是从属于建筑的构件，但是因为其特殊的地位，和社会文化的关系越来越密切，而被赋予丰富的社会文化内涵。朱雀门正是基于门户的流变而形成的文化，在当代中华民族文化复兴的过程中，把传统的门礼文化得以传承。凝重的"礼仪感"再次将那些对于中国文化具备感知力的知本精英吸引而来，他们将强烈感受到"神行合一"后的更为完整的地缘魅力，而"朱雀门"也同样找到了实现的依据。

创意五：《博弈篇》

在现实层面上，"礼"也以道德理论、商场规则等形式存在于当代华人社会中，不过，这些有时能被意识到或辨别出，有时则不能被意识到或辨别出。它是塑造了中国知识分子那种涵盖天地的气度和胸襟的价值渊源。

数中有术，术中有数
朱雀門
CHAIRMAN

两园合抱，观耕亦陶然
朱雀門
CHAIRMAN

17.6.4 房地产广告设计误区

房地产广告投资，不仅仅是引起客户注意，更重要的是引起客户采取购买行为，是具体回报的投资行为，广告投入一般占销售总额近两个百分点，其效果是企盼快速凝聚人气，有效传播楼盘卖点，消除置业者种种疑惑。尽管房地产广告商为实现这一目标绞尽脑汁，但仍普遍存在明显的失误，主要表现在如下方面。

1. 重平面表面而淡化广告诉求

一条好的房地产广告，其表现形式有着个性鲜明的诉求点，它是很容易被受众接受，而又主动让受众去对号入座的。以深圳前几年房地产广告为例，绝大部分广告的视觉效果都不错。从视觉效果上能吸引受众的注意力（达到第一层面效果：引起注意/基础效果），但广告的内容却模糊不清，没有鲜明的广告诉求点（终极目标未达到：引起消费者的行为/深层效果），有的楼盘广告甚至无视楼盘自身的产品定位，而一味盲目地去模仿其他成功楼盘的广告模式，结果即使广告投入非常大，收效却甚微。

2. 虚张声势，华而不实

不少房地产广告无论在投放量还是广告内容上，都来势凶猛，全方位轰炸（广告商只关心媒体折扣，设计费装入腰包），动不动就有什么“概念”，多少多少“第一”，不对楼盘产品进行详尽分析（典型的“拍脑袋”策划创意）而楼盘本身销售的卖点是什么呢？回答是令人失望的，甚至广告的内容都是虚假的。殊不知广告与实际楼盘的偏差太大，即使引来了一群看楼者，最终结果也只能令看楼者增加疑虑甚至感到失望。

3. 用发展商的金钱，圆广告人的艺术梦

房地产广告诉求的对象是物业的目标客户，而不是艺术展的参观者。不少所谓“创意”高超的地产广告，看上去仿佛是一幅朦胧抽象的现代派作品，创作者为自己的“杰作”激动，但看过之后，除了“画面”上溢美之词的某些表白文字之外，就不知所云了。这样所谓创意“艺术性”的地产广告，又能产生多大的广告效应呢？

4. 盲目选择传播

房地产广告应针对楼盘的自身的目标市场与目标客户，对潜在客户对媒体接触的习惯、程度、频次等要素进行调查，科学地选择媒体组织及发布频次。部分广告公司没有专业媒体调查人员，发布广告多凭感觉，或选择自身利润回报高的媒体。

5. 玩弄技巧、概念模糊

“中心区住宅一万元入住”看这样的房地产广告，想必谁都会怦然心动，打电话咨询，毕竟 10000 元并不是大数目。如此，售楼电话成了“热线”。然而，等你打通了电话问清楚，这 10000 元只不过是定金（或首期）而已。再则是房地产广告中流行的“起价病”。看上去很美，其实不过是一次性付款的折扣价，或者是某个栋号楼层、朝向、布局都很差的单元房价，起价和最高价相去甚远。

6. “豪”字当头，缺乏亲和力

部分发展商在广告中宣称“老百姓买得起的豪宅”“工薪阶层的别墅”，你相信吗？一些针对工薪阶层的实用经济型住区，在多数楼盘广告中大言不惭地鼓吹“经典”“时尚”“精品”，以“豪”字当头，标榜自己的楼盘如何如何，如“明智的选择”“身份的象征”之类广告语的运用，此类房地产广告显然是缺乏与购房者诚心诚意的沟通，缺乏亲和力，不但不能拉近与购房者的距离，甚至会相去甚远，令真正的购房者产生逆反心理。

17.7 房地产广告预算与安排

房地产广告目标确定后，企业即可制定广告预算。正确编制广告预算，可以使广告主有计划地使用广告费用，使有限的经费满足整个计划期限内的营销需要，也可以使广告主有效地管理控制广告活动，确保广告主意图的贯彻落实，同时还可以为广告活动评价得以顺利开展提供保证。

17.7.1 房地产广告预算内容

制定广告预算，必须知道广告费用包括的项目。常见的房地产广告预算内容包括以下几项。

1. 广告调查费用

广告调查费用包括广告前期市场研究、广告效果调查、广告咨询费用、媒介调查费用，约占广告费总额的5%左右。

2. 广告设计与制作费用

广告设计与制作费包括照明、制版、录音、录像、文案创作、美术设计、广告礼品等直接制作费用，一般占广告费用的5%～10%，一般而言，电视广告制作费远远高于广播和报刊广告的制作费。

3. 广告媒体费用

广告媒体费用指购买报纸和杂志版面、电视和电台播出频道和时段，租用户外看板等其他媒体的费用，这是广告费的主要组成部分，约占总费用的80%～85%，这部分费用是影响广告主决定是否做广告的关键因素。

4. 其他相关费用

其他相关费用是指与广告活动有关的公共活动、管理费等费用，一般约占广告费用的5%左右。

以上四项是一般意义上的广告费用构成，其中广告媒介和广告设计与制作费是两项最基本的费用，任何企业的广告预算都少不了这两项。

17.7.2 房地产广告预算方法

编制广告费用的预算的目的是控制广告费用的开支、房地产营销广告费用编制最常见的方法是量入为出法、销售百分比法、竞争对等法、目标任务法。

1. 量入为出法

这是指根据企业自身的承受能力，企业能拿多少钱就用多少钱为企业做促销宣传。房地产企业由于项目开发投入资金量大，在产品产生回报以前，资金状况往往比较紧张，于是多采用这种方法，但这种安排预算的方法完全忽视了广告对销售量的影响，所以在某种程度上存在着片面性。

2. 销售百分比法

这是指企业根据目前或预测的销售额的百分比决定广告费用的大小。方案以可能实现的总营业额为基础，规定一定的百分比，作为广告费用的上限，不得超支。一般以可能实现的总营业额的1.5%～2%为广告费用的支出上限。这种方法常用于广告部门的包干经营。在广州，一般项目广告费用约占销售额的2%～3%。

3. 竞争对等法

这是指按竞争对手的大致广告费用来决定本企业的广告费用支出。它有助于保持竞争的平衡，但是采用竞争对等法的前提条件是房地产企业必须获悉竞争者确定广告预算的可靠信息，只有这样才能随着竞争者广告预算的升降而调高或调低，但是广告费用预算通常被作为企业的商业秘密而不予公开。

4. 目标任务法

这种方法是企业首先确定其促销目标，根据所要完成的促销目标决定必须执行的工作任务，然后估算每项任务所需的促销支出，这些促销支出的总和就是计划促销预算。这是开发企业为实现某一特定的广告促销目标而专门编制预算的方法。此时，企业不应过多考虑营业额和利润。而应注重目标是否能够实现。

在决定广告预算时，不同的房地产企业应根据本企业的特点、营销战略与营销目标，选择合适的促销预算决定方法，做出企业比较合理的广告预算。

【策划案例：大连某住宅小区的广告预算】

采用销售百分比法。预算媒介投放费用占销售金额的1.5%（共555万元人民币）。其中报纸广告约占媒介费用的35%，电视广告约占15%，电台广告约占3%，公关促销活动约占15%，广告品制作、印帽约占10%，展销会设场约占12%，外地市场约占10%。

17.7.3 房地产广告预算分配

1. 预算分配

在确定广告预算总额之后，就要针对广告目标，将预算总额分摊到各种可能的广告活动上去，包括广告调研、广告计划、广告制作、广告发布等各个环节。这是通过广告预算对广告活动进行组织、协调和控制而实施的手段。

就房地产销售而言，广告预算大致应该控制在楼盘销售总额的1%～3%之间。大公司因为有充足的资金保证，往往是根据计划来确定预算的。而大部分中小型公司，因为财力有限，广告预算基本上是量力而行，有时甚至是阶段性的滚动，销售结果一旦不尽人意，广告预算停止执行。

通常，一个完整的营销周期由筹备期、公开期、强销期和持续期这四个部分组成。在销售的筹备期，因为需要包括接待中心、样板房在内的大量户外媒体、印刷媒体，设计制作的工作量是相当大的，再加上其他的准备工作，所以广告体的费用开始上升，其他的销售道具因为已全部制作完成，所以很少再产生费用，进入广告强销期，报纸杂志、广播电视的广告密度显著增加，广告费用又陡然上升，此外，为了推动销售上台阶，穿插其中的各项促销活动又免不了，因此大量的广告预算是必不可少的，这个时候的广告预算约占总量的40%。接近持续期，广告预算则慢慢趋近于零，销售也逐步结束。

在所有广告支出中，若从相对节约、比较常规的角度来分析，销售前期的接待中心、样板房等的设计和建议费用是一大块；贯穿销售始终，印刷媒体、户外媒体持续发布的费用则是另外一大块，这两大块预算项目约占总的广告预算的70% ~80%。

有广告预算的安排，便有广告效果的评判，对投入产出的认真计算是企业生存的基本准则。在具体的产出实现以前，广告预算的编制是否科学、经济则应该依从由市场调研而来的营销决策，并且在执行的过程中，不断地进行回馈和调整。

广告大师大卫·奥格威说过："你必须花钱生钱。"想赚钱，就得做广告，想做广告，没有钱是万万不能的。严格地说，现在房地产市场上是买卖市场，竞争相当激烈；同时，现在的市场媒介林立，信息泛滥，要想使广告信息有效地接触到目标客户群，不进行广告投入是万万不行的。广告投入忌盲目，实施科学的广告预算分配策略是实现广告效用最大的策划之一。

2. 广告预算分配要点

根据要素做出预算分配策略建议，可以用表格方式简要表达。

(1) 传播通路间的分配。在普通大众媒体、数码媒体、SP 活动、公关活动、直效营销等方面具体分配。

(2) 时间的分配。根据项目销售的阶段性和目标消费者接触媒体的时段性，来具体分配广告费用。

(3) 地域间的分配。根据房地产企业或项目在不同市场区域的营销目标以及各地区不同的市场环境因素，有所侧重地在不同区域间进行广告分配。

(4) 产品（品牌）间的分配。适用产品线丰富、品牌多元化的企业或项目。根据不同产品（品牌）在企业经营或项目开发的地位、产品所处的销售阶段、产品的潜在购买力等因素，采取重点产品（品牌）重点投入的方法，来分配广告预算。

(5) 机动费用预留。广告预算中除去绝大部分的固定计划开支外，总有一些不可预见的费用因素存在。

【策划案例：王府花园媒介策略与预算分配策划】

1. 媒介总策略

王府花园在前期推广中，单纯采用了报纸这一媒体，以平面广告为主，在前期比较成功的销售效果掩盖下，媒介策略、媒体方面的问题将会日显重要。

通过对各种类媒体的分析、对比，本案在今后的宣传推文中采用媒介策略为：

(1) 促销型或促销性较强的广告采用报纸平面广告。

(2) 形象宣传或加强品牌形象的广告采用电视广告与报纸平面广告相结合。

(3) 公关活动的公布采用比较性新闻与报纸平面广告相结合为主。

(4) 日常知名度建立以直接邮寄和户外广告为主。

2. 媒体部署

在确定了媒介的总策略后，对媒体的选择亦十分重要，因为若媒体的选择不当，往往会造成资源浪费，又得不到预期的效果。

根据调查资料所得，在今后王府花园的宣传中媒体的选择采用以下原则：

报纸广告：以商报为主，都市报为辅。

电视：以第 15 频道为主，第 33 频道为辅。

3. 宣传阶段划分

分为四个阶段，每个阶段为一个星期时间。

第一阶段推广时间设定：8月21日~27日

推广内容：第一期住宅1~5号楼剩余单位清货

广告诉求点：王府花园首创5年免息供楼

第二阶段推广时间设定：9月3日~4日

推广内容：继续清货，并同时举办现场质量鉴证会

广告诉求点：王府花园现场质量鉴证会

第三阶段推广时间设定：9月4日~10日

推广内容：王府花园第二期住宅6号、7号楼优先登记

广告诉求点：王府花园第二期住宅6号、7号楼优先登记现在举行

第四阶段推广时间设定：9月8日~17日

推广内容：王府花园第二期住宅6号、7号楼正在公开发售

广告诉求点：王府花园第二期住宅6号、7号楼火热登场

4. 宣传推广费用预算及分配

（1）费用预算。预计用两个月时间，可以使王府花园的销售额达到15亿元左右，这一阶段宣传广告上的费用约占总销售额的2%左右，亦即300万元。

（2）费用分配。300万元的宣传费用，主要分为以下几个阶段部分使用，见表17-7。

表17-7 宣传费用的分配

媒介	费用/万元
平面报纸广告发布费用	150
电视广告制作费用	40
电视广告发布费用	60
现场重新包装费用（王府生活标准展示系统）	20
展销会费用（单张、展板、条幅等）	5
机动费用	25

17.8 房地产广告效果与反馈

17.8.1 房地产广告效果评价内容

针对不同的广告目标，房地产广告效果一般可以分为两类，即沟通效果也称信息传播效果和销售效果。信息传播效果是指由于广告的作用，客户对房地产企业或房地产商品的认知程度的变化情况或客户接触广告后的反应，销售效果是指通过广告对房地产销售量所产生的影响，对于不同的广告效果，可以采用不同的广告效果评价。

1. 信息传播效果的评估

信息传播效果的评估，就是评估广告是否将房地产广告信息有效地传递给目标听（观）众。这种评估在事前和事后都应进行。事前，可邀请客户代理或广告专家对已经准备好的广告进行评估，了解他们是否喜欢这则广告，广告信息中是否存在一些问题。事后，企业可能再邀请一些目标顾客，向他们了解是否见过或听到过这一广告，是否还能回忆起该房地产广告的内容，广告突出的地方及其信息是否易记易懂等。此外，还可用一些科学手段（如实

验室、群组等）进行测试。

2. 销售效果的评估

销售效果的评估，就是评估房地产广告使销售额增长多少，这种评估很困难，因为房地产销售额的增长，不仅取决于广告，而且取决于许多其他因素，如经济发展，客户可支配收入的增加，房地产产品本身质量的提高和功能改进，销售效率提高，价格合理调整，其他促销方式的效果提高等。因此，单独衡量房地产广告对销售额的影响比较困难。目前，有的企业尝试着采用试验法来测量广告效果。按照这种方法，可以把某种房地产产品的销售市场按时段划分，例如在第一时段使用电视广告，在第二地段使用杂志广告，在第三时段使用报纸广告等等，各种媒介的广告预算相同，经过一定时期后，检查各相等时段内销售额增长情况，通过这种检查，可以大致分析出哪种媒介最有效。此外，企业还可以采用另一做法，即在第一时段使用大量广告，在第二时段使用少量广告，在第三时段不用广告，一定时期后检查各段销售额增长情况，可以大致估计出广告对销售额的影响。

房地产广告与其他日用品广告在效果反馈上的一条最大的不同就是：对日用品来说，通常是在广告投放后的一段时间直至很长时间之后效果逐渐在销售量上体现出来，而对房地产来说，效果通常是在广告投放的当天就能直接在来电来访上得到体现。这种不同或许是因为，当前的房地产还未像日用品一样进入品牌年代，广告的着眼点通常是以产品为中心，是急功近利的表达方式，房地产广告的效果要求可以归结为：快速有效地使客户感兴趣并打电话询问或来访。尽管这种要求在广告专家看来是很初级，但是吻合于国内很多区域的房地产市场发展阶段，某种程度上也是合理的。

大部分房地产项目都已经能通过客户第一次来电的渠道建立广告效果跟踪制度，来电数量也成为广告投放效果的重要标准。在不同项目的反复实践中发现，来电数量的确能在一定程度上反映广告投放效果，但是，过分强调来电数量就像完全忽视来电数量一样，将走向另一个误区。

【策划案例：深圳××豪庭媒体计划控制调整策略】

本项目根据目前销售情况，尾盘期采取下降式投放，减少投放量，媒体投放计划调整如下：

1. 国内媒体投放以《特区报》A1版眼或活动版面为主，时间为每周五。通过此类报版的投放、传达项目仍处于销售阶段的信息。报版投放主题调整为商务价值的推广及项目近口岸优势，以吸引更多的投资客及商务客。

2. 香港媒体投放则以《东方日报》整版广告为主。投放计划由原计划的每周投放一次，调整为每两周投放一次，投放时间为每周六。通过间断性的投放，每次调整报版版面，以有延续性的主题推出。因CE-PA于2004年1月1日正式实施，建议本段时间以商务投资为主，以提升项目的附加值，适当减轻客户认为本项目价格偏高的心理。

17.8.2　房地产广告效果评价指标

广告计划制定出来后，接下来策划者可能会担心的问题是：广告究竟能否达到预期目标？预期目标实现程度如何？怎样的广告才能更好地实现广告目标？投入不菲的广告，值不值？等等。要回答这个问题，必须对广告效果监控指标进行技术测定。

赫伯特·克鲁门（Herbert Krugman）的“三打理论”（3-hit theory）是广告效果监控的参考依据。

1. “三打理论”原理

克鲁门认为，消费者对广告的反应有三个阶段：第一次看到广告的反应是“这是什么”；第二次产生好奇，并对广告消息产生熟悉感；第三次产生确认感，并起到强化与提醒的作用，甚至会促使其采取行动。三次以上，可能会发生浪费；低于三次，则难以跨越门槛效应。但这三次，必须是有效接触。

2. “三打理论”相关的要素指标

视听率、毛评点（GRPS）、到达率、接触次数、有效到达频率、千人成本（CPM）、点击率、转化率等为主要指标。

（1）视听率（CRP）。也叫作视点、收视率，是指在一定的时段内收看某一节目的人数（或家户数）占观众总人数（或总家户数）的百分比。如电视观众、收音机听众、杂志（报纸）发行量、户外媒体交通流量等，均为评估之基础。收视率＝收看某一节目的人数（或家户数）/观众总人数（或总家户数）。收视率分为家庭收视率和个人收视率，一般而言，家庭收视率大于个人收视率。收视率主要有以下几个方面的作用：第一，它是深入分析电视收视市场的科学基础；第二，它是节目编排及调整的重要依据；第三，它是节目评估的主要指标；第四，它是媒介计划的制定与评估、提高广告投放效益的有力工具。以户为单位统计的称户视听率，以人为单位统计的称人视听率。计算时不能简单相加，应用加权的方法。比如：A、B、C三个市场的人数分别为：100、200、300，TRPS分别为100、50、25，那么这三个市场共同的TRPS平均值为 $(100\times100+200\times50+300\times258)/(100+200+300)$，等于46

（2）毛评点（GRPs）。毛评点为由一表列的特定个别广告媒体所送达的收视率总数。和收视率相同，毛评点为一百分数。毛评点提供说明送达的总视听众，而不关心重叠或重复暴露于个别广告媒体之下，计算毛评点，我们用每一插播播出次数去乘每次插播的收视率（或杂志的刊出率等）。用以衡量媒体计划总强度或总压力。GRPs ＝到达率×接触次数。

（3）到达率（reach）。在一定时间内至少看过或听过所播放的广告一次或一次以上的人或家庭数占总目标人口的百分比。到达率为不同的个人（或家庭）在特定期间中暴露于媒体广告排期表下的人数，一般均以百分数表示。到达率的运作适用于一切类别的媒体。就广播、电视媒体而论，通常到达率于四周期间表示。就杂志、报纸而论，到达率通常以某一特定发行期经过全部读者阅读的寿命期间作为计算标准。

（4）接触次数（frequency）。个人或家庭暴露于广告信息的平均次数。

（5）有效到达率（effective reach）。因接收到的广告频次，而知道某一广告信息并了解其内容的人数占特定人口百分比，有效到达率为在一特定暴露频次程度，由一媒体广告排期所达到之个人（家庭）数目。有效到达率也通称有效暴露频次（effective reach）。

（6）千人成本（CPM）。将销售信息计划每传递给1000个目标视听众所需要的成本，以元表示。CPM＝累计成本×1000/累计接触度或总成本（元）/视听众暴露度或人数（以千元为单位）。

（7）点击率。是网络广告最基本的评价指标，也是反映网络广告最直接、最有说服力的量化指标。随着视频网络一体化，即电视、电脑、广播连为一体，点击率成广告效果的新宠指标。

（8）转化率。转化率最早由美国的网络广告调查公司AdKnowledge在“2000年第三季度网络调查报告”中提出，AdKnowledge将“转化”定义为受网络广告影响形成的购买、注册或者信息需求，被用来反映那些观看而没有点击广告所产生的效果。正如该公司高级副总裁 DavidZinman 所说，“这项研究表明浏览”。Adknowledge 的调查表明，尽管没有点击广告，但是，全部转化率中的32%是在观看广告之后形成的。该调查还发现了一个有趣的现象，随着时间的推移，由点击广告形成的转化率在降低，而观看网络广告形成的转化率却在上升。

【策划案例：上海××项目影视广告效果评测】

见表17-8。

表17-8　上海××项目影视广告效果评测

效果评测指标	实际测定数据	计划数据	广告评测
视听率(%)	10	8	超出计划,效果明显
毛评点(GRPs)	24	30	一家电视台取消播放计划
到达率(家庭户数为基础)(%)	7	8	
接触次数	3	3	
有效到达率(%)	7	3	
千人成本/千元	30	20	节省成本

17.8.3　房地产广告效果评测方法

营销大师菲利浦·科特勒认为：要想妥善规划与控制广告，关键在于要正确估量广告效果。

广告效果评测方法包括：事前测试、事中测试、事后评测。

首先，当广告设计制作出来以后，它的主题概念、它的表现手法，能不能吸引目标消费者的注意力呢？能不能正确传递项目产品信息呢？这必须在广告推出市场之前就进行测试。这种测试一般是在人为的环境下进行的，它有一定的失真性，但仍然可以从中发现广告本身存在问题，以及时进行修改。

其次，在广告执行过程中，也要对广告效果进行跟踪研究、动态监控。借助事中测试，可以直接了解目标客户的反应，得到的结论会更加准确可靠。

最后，在整个广告活动结束之后，要对其整体效果进行事后全面评估，一方面衡量广告活动的成效，衡量对销售的促进程度，对广告效果进行绩效定论，另一方面也可明确广告的流程管理策略的得失，积累经验，以指导广告的管理工作。

1. 事前测试

在广告尚未制作完成之前，对广告可能获得的沟通效果进行评价。根据事前测试中出现的问题，及时调整广告计划以适应广告目标，改进广告制作，提高广告的成功率。

事前测试的主要方法包括：

(1) 专家意见综合法。邀请专家与专业人士进行评审。

(2) 目标客户评定法。包括自由记述法、联想法、比较法、填充法、要点采分法、回函反应法、雪林测试法。

自由记述法。以询问形式、对受测者进行谈心，了解受测者对广告信息的理解与记忆程度。

联想法。针对广告的图案、文字、声音等形式，让受测者记述联想的事物，了解目标客户对项目的体验深度。

比较法。让目标客户对不同项目的广告进行比较按自己的偏好次序排出顺序，并从中选出最佳。次序靠前的广告就是合适的。

填充法。提出一种广告表现方向，让目标客户选择或填写自己偏好的表达方式。选择机会多的方式（图像、声音、文字等）就是合适方案。

要点采分法。将不同广告方案展示给目标客户，让他们打分，以测验广告引发的反应，分高者为合适方案。

【策划案例：要点采分法（核对表法）】

将几种不同方案的广告稿展示给受测者，让目标测试者给每份广告打分，以此测验哪一份广告引起的反应最好，见表17-9。

表17-9　要点采分法例表

评价项目	评价依据	满分	打分
吸引力	吸引注意力的程度（视觉形象）	20	
认知性	对广告销售重点的认识程度	20	
易读性	能否了解广告的全部内容	10	
说明力	广告引起的兴趣如何	10	
	对广告商品的好感程度	10	
行动率	由广告引起的立即购买行动	20	
	由广告唤起的潜在购买准备	10	

优劣分数线	最佳广告	优等广告	中等广告	下等广告	最差广告
	80～100	60～80	40～60	20～40	0～20

回函反应法：这种方法一般采用调查问卷的形式进行，回函反应法一般要给回函者一定报酬，以鼓励他们积极回函反馈信息。调查问卷通常以下不记名的方式，要求调查者将自己的年龄、职业、文化层次、家庭住址、家庭年人均收入等基本情况填在问卷上，调查表中要尽可能详细地列置调查问题，以便对广告的效果进行测试。

雪林测试法：雪林测定法是美雪林调查公司（Sehwerin Research Co.）根据节目分析的原理，于1964年发明的测定广告效果的一种方法。该测定方法又分为节目效果测定法、广告效果测定法和基本电视广告测验三种。这种测验法的目的在于客观地评价和判断电视广告片的优劣，以及用标准化的程序测验电视广告的效果。

这种测验法的优点是客观、全面、能真正反映媒体受众的心理活动状况，取得的资料可信度高，缺点是操作技术性强，成本费用大，具体推行起来有一定的局限性。

（3）仪器测试法。包括视向测验法、瞬间显露测定法、双目镜测试法、心理电流计、测谎器测试法、瞳孔变化装置测定法、睡液测试法、声音测定分析法。

2. 事中测试

房地产市场变化迅速，出自于对竞争反应的需要，广告执行过程中，在随时对广告效果进行测定与评估，以便有效加以修正。

主要方法包括：

（1）询问法。即在广告活动进行的同时，对目标客户进行一系列追踪访问，以确定目标客户对广告的接触与反应程度。最常用的方法是通过电话访问或入户访问的形式。一般可以设计询问下列问题：

- 曾看过或听到某类房地产广告吗？
- 是什么楼盘的广告？

•是从何种媒体上看到或听到的？

•广告说了些什么？

•较喜欢哪个楼盘？

……

（2）目标客户日记法。考查目标客户日常开支情况。目标客户有时会将每日购物与接触广告的情况记入日记。记录的内容可能有：

•所看过的楼盘。

•为什么看楼盘。

•换房的情况及原因。

•媒体接触习惯：经常接触的媒体，接触的时间、地点等。

•看过的房地产广告。

……

（3）居家物品查核法。调查研究人员亲自到目标市场人士家中，询问消费者最近买了和用了什么品牌的居家配套物品，实际点计在家中的家居品牌，并加以记录。也可使用“垃圾箱法”，即要求消费者保留他们使用过的居家包装或带回家中的房地产广告宣传品、礼品等，调查研究小组收集点数并记录这些包装，这一方法在调查期间要做几次，从而确定广告进行期间消费者的心理习惯是否有任何改变。

3. 事后测试

事后测试的主要目的在于：求证原定广告目标是否已经达成？

此时，广告效果好不好，标准就是看其是否达到了先前所制定的广告目标，也就是说，要以预先所设定的广告目标作为衡量标准。例如：如果广告活动的目的是为了提高知名度，那么就必须以知名度的提高程度来测定广告是否成功。如果做广告是为了产生直接销售，那么就必须以销售量的变化来测定广告的结果。

一般来讲，包括以下两个方面：

（1）对传播效果进行测定。根据消费者所处的不同购买阶段，分别采用不同的方法进行测试传播效果。

一个潜在的消费者，在产生购买行为之前，通常必须经过以下的过程：无意识—意识—了解—喜爱—偏好—决心—行动。

当消费者处在不同的购买行为阶段时，广告的目的不同，测定广告效果的方法也就不一样。

在阶段广告策略完成后，必须关注广告传播效果，如：

1）广告接触率。对项目广告接触次数是否增加，增加多少人次点？

2）知名度。看了项目的广告之后，对于项目品牌或公司确有所了解的，究竟增加多少人？

3）理解度。对接触过广告的人做进一步调查，看看正确理解广告诉点的人所占的比例。

4）偏好度。看了项目的广告之后，不论是理智或感情上，对于项目产生有利态度的，究竟增加了多少人？

（2）对销售效果进行测定。所有策划人员知道关键点：有销售力的广告，才是好广告，但如何测定看了项目的广告之后，已采取行为去购买项目房子的，增加了多少人呢？

对销售效果测定方式主要有单一变数法、直接询问法、销售效果指数法等。

1）单一变数法（事前及事后加控制组设计）。即先选择几个测试区和几个比较区，在其他条件都相同的前提下，将广告作为测试的唯一变数，在测试区播放广告，而在比较区不播放广告，通过比较这两个区在广告播出前后销售额的变化情况，即可测出广告对销售的促进程度。

表 17-10　单一变数法例表

区域划分	是否播放广告	销售额变化
测试区	是	增加 8%
比较区	否	增加 5%

从表 17-10 可以看出，在比较区内，虽然并未播放广告，但销售额增加了 5%，由此可推断，测试区内即使不播放广告，也应该增加 5% 的销售额，所以，广告实际上只增加了 3% 的销售额。将此实际增加的销售额与广告费相比较，即可看出做广告是否值得。

2）直接询问法。在购买现场，直接向购买者询问，是什么因素促使他购买这一楼盘品牌的？

根据回答，统计出真正由于广告而促成购买者总数的比例，就可以看出广告在多大程度上促进销售。

3）销售效果指数法（AEI 法）。通过调查得知，在接触过特定广告的 E 人中有 A 人购买了该广告的房子，但并非等于这 A 人都是因为广告的影响而购买的，调查又得知，未接触过广告的 F 人中，却有 B 人购买了该商品。因此，接触过广告的 E 人中，有（$E\times B/F$）人即使未接触过广告也会购买该商品。所以，（$A-EB/F$）人才是真正受广告影响而购买的人。将其除以受调查的总人数 N，就是 AEI 值。

销售效果指数法公式：$AEI=(A-EB/F)/N\times100\%$

【策划案例：深圳“星河·时代”广告推广策略】

（一）内部认筹期

推广内容：项目品牌形象塑造，项目概念的推广及相关活动，认购信息发布。

方法：

1. 宣传资料：楼书、海报、纪念品。
2. 大型户外广告牌引发全民关注。

位置：

济南路与新洲路交汇处的立柱户外广告牌。

深南路与华侨城路交汇处的立柱户外广告牌。

滨河路与新洲路交汇处的立柱广告牌。

内容：

国际生活，率先体验/星河·时代，定格这个时代的精彩。

外形：

大气，国际现代感，视觉冲击力与震撼力强。

3. 电视广告短片，多频次播放，迅速扩大在市内的知名度。

形式：

30秒CF片，节奏现代感强，体现国际社区，国际人，国际生活的理想生活模式。

广告语：

无论何时何地，您总是领先一步。星河·时代，国际生活，您率先体验。

时间：

黄金时间段20：00、22：00每晚至少二次。

频道：

明珠、本港、深圳电视台2~6套。

4. 邀请中央电视台的《对话》节目的第××期来深圳。

主题：

星河·时代与您《对话》。

形式：

将《对话》现场搬至本项目现场会所内摄影播放。邀请深圳各界知名人士亲临现场。

目的：

引起深圳及全国对项目的关注及好奇。

消息传播：

大型户外广告牌（××年××月××日，星河·时代特别邀请您与商界名人《对话》，具体内容略）。

电视广告：

活动的前一个月前，将消息插播到广告后。

报纸广告：

活动的前三周内，每周一款。

邀请函：

邀请深圳名人，少量国内知名人士，以商界为主。

（二）解筹期

推广内容：项目卖点的延展，项目品质全线展示环节，小型促销活动的开展。

前提：样板房开放；项目园林整体风格初步形成；会所装修完成，国际简约风格。

方法：

1. 媒体宣传

（1）户外广告牌。

（2）报纸媒体：《特报》。

时间：持续销售期内每周五：版式、半版。

（3）内容：

优势区位，都市光环圆心/空中花园，尊贵私家领地。

双泳池，双会所/精品户型，创新设计/开放街区。

接轨国际生活/梦幻团队。

打造城市经典/实力就是理由，诚信就是力量。

2. 活动

（1）俱乐部：成立“星河·时代会员俱乐部”。

内容：

户外极限运动。

主题：

“挑战自我，生活更精彩”。

方式：

面向全市组织报名参与并以竞赛的方式给予奖励。

广告宣传：

《海报》《深圳特区报》及相关的报纸。

(2) 社区内活动：以家庭为单位组织的团体活动。

(3) 促销活动：抽奖、看楼送奖……

(三) 开盘销售期

推广内容：项目形象推广，项目卖点推介。

前提：项目外立面已展现，园林小品形成，社区设施已完全完工，社区氛围形成。

方法：

1. 售楼现场的位置：

地址：会所内。

风格：现代的具有国际风尚。

主要设备：音响、楼体模型、户型模型、展板、家具、项目资料、咨询台。

2. 开盘庆典

主题：

星河·时代开盘庆典之国际生活，率先体验。

活动内容：

(1) 雕刻表演：雕刻工艺师可以根据来宾的要求为来宾雕刻，并将完成品作为礼品送给来宾。

(2) 爵士乐队：根据现场的气氛演奏，营造一个浪漫时尚的名流聚会环境。

(3) 现场表演大型的国际伦巴、恰恰……将现场气氛提升至最高点，来宾可一起参与。

(4) 巨型蛋糕出场，庆祝开盘活动，邀请深圳各界知名人士，以商界人士为主，邀请特别嘉宾（如第一个落定者）首切。

实施：发邀请函深圳各界知名人士，以商界人士为主，邀请落定业主。

3. 媒体宣传

(1) 户外广告牌依旧，将华侨城路口的广告牌在开盘三周前，换成“××月××日，星河·时代，OPENDAY，开启国际生活”。

(2) 电视广告只在深圳4、6台播放，开盘前三周播放开盘信息。

《特报》《商报》整版刊登开盘信息，开盘三周前，每周刊登一次。

(四) 强势销售期

推广内容：项目卖点推介，项目品质提升。

前提：居住氛围基本形成；社区设施基本启用，国际化的居住社区完全呈现，《对话》的前期策划工作已完成。

1. 《对话》现场搬至本项目现场会所内，摄制播放的活动正式开始。

（1）活动现场背景板：星河·时代邀请您与名人《对话》。

（2）活动现场地面设计：星河·时代。

（3）《对话》的内容及程序以央视的原计划为主。

注：现场布置广告宣传主要体现在视觉表现上，在节目的结束，主持人宣布此次活动的赞助是本项目发展商等有关口头宣传。

2. 媒体宣传

（1）户外广告。

（2）电视广告暂停。

（3）报纸媒体。

《特报》时间：强销期内每周五；版式：半版。

（4）主要宣传内容：

优势区位：都市光环圆心/空中花园，尊贵私家领地。

双泳池，双会所/精品户型，创新设计/开放街区。

接轨国际生活/梦幻团队。

打造城市经典/实力就是理由，诚信就是力量。

（五）尾盘销售期

推广内容：社区活动，促销活动，发展商品牌的提升。

前提：项目的市场知名度、美誉度已全面建立，发展商的品牌度再次得到提升，对以后的开发项目起到良好的口碑作用。

宣传作用：

主要以口碑传播销售：社区活动的全面开展，项目后期的服务得到业主的好评，通过老客户带动新客户，最后将达到销售完的目的。

17.9 房地产广告策划应用案例

【应用案例：湖南株洲“湘艺苑”广告策划方案】

前言

任何的广告策划方案的目的和宗旨都是在于提高产品的销售，塑造、提升品牌形象。本方案在于为“湘艺苑”提供一个准确的定位与广告方向，做出全程战略性的指导。在对本地市场现状进行了深入细致的了解和研究分析的前提下，找出“湘艺苑”项目的资源问题与机会，以达到或超出“湘艺苑”的原定销售计划，并为鸿宇房地产塑造品牌。

市场分析

1. 株洲市房地产市场基本状况

（1）株洲市属于四线城市，房地产市场虽不是很成熟，但是有融城的美好前景；有高速有效的物流体系；又据东西南北交通要塞；处中南最大服装批发市场；有大批大型国有企业。这意味着株洲的诱人的市场和低廉的劳动力市场。所以，各大商家纷纷进入株洲。房地产更是有大量外资抢入，行业的竞争日益激烈，竞争的层次不断升级。

（2）现有品牌楼盘的基本状况，现有名的楼盘，西区有“湘银房产”“保利房产”等；

南区有“庆云山庄”“湘江四季花园”“南星小区”等；北有“响石岭广场圈”等。但是由于市场不是很成熟，他们有这样或那样的缺点。具体表现在以下这些方面。

1）定位及推广都不是很规范，抱着卖出去就是目的的心理。忽视楼盘品牌的建设，忽视楼盘内涵的建设，导致后继开发力不足。

2）有的没有服务的概念。这又表现在售后服务差劲，物业管理不规范，有的业主不是享受服务而是受气，造成开发商与业主的对立，小区的基本建设搞不上去。

3）小区规划与自然融合概念不足，人为景观痕迹太重。

（3）政府引导监管不够，销售手段不合理，收费不合理，手续不合理，还有的不合法。

2. 株洲市同类住宅调查统计

“同类”定义为具有小高层、别墅等的住宅小区。现将株洲市河西、河东小区进行大体对比分析如下：

（1）河西地带。由于河西为新开发城区，在整个大环境的绿化、城市规划方面有其独特的优势。总体来说，河西地段房地产都在卖自然环境。

“湘银”——核心竞争力：21世纪购房新概念，拥有很高的品牌效应。其周边环境好；用绿色的生活时尚来吸引高级白领、外国投资者、社会成功人士，市场销售反应良好；定位为社会高薪阶层。

“滨江一村”——小区面积大，邻近湘江，周边环境好。

（2）河东地带。包括河东整个地块，北有石峰区，南有芦淞区及东部的荷塘区。

“天鹅花园”——核心竞争力：真、善、美。属于自然水生态屋村、绿化面积广，拥有900亩的面积，其中400亩水面；区内有水上游玩系统。

“映荷园”——核心竞争力：演绎精彩生活塑造经典小区。属未来商业地带，周边交通发展趋势大，房屋设计理念突出。

“银座大厦”——近临中心广场、医院；只是一个连体楼，属小高层，没有自身小区；周边自然环境不是很好；但它属预置房产，其房屋多数为企业或近处金融高层管理人员所预购。

“庆云山庄”——核心竞争力：离尘不离城。品牌知名度高；周边环境绿色条件好；拥有98亩的绿色自然地带；其发展迅速，塑造了良好绿色生活理念在消费者心中形成良好的品牌。其最近开发的“紫南阁”，定位较高，目标群是中高薪阶层。

“湘江四季花园”——核心竞争力：山水之傍，尊贵之居，人文大家。交通便利，环境幽雅；小区为12层左右的带电梯小高层，设计时尚，为江山置业这一实力雄厚的开发商的大手笔；价格定在1800元/平方米左右。

3. 消费者分析

根据“株洲房地产市场调查报告”及“株洲市鸿宇房地产市场调查报告”的结论，我们得出消费者购房心理和对住宅要求如下：

（1）环境规划一定要好，各种生活配套要齐全，各种活动场地、场所要足够；在规划时，一定要有超前的思想，使小区更具现代化气息，特别要注意智能化；在楼盘外立面的设计上要新颖，色调要协调，风格要跟上潮流；92%的消费者倾向于入住全封闭式的小区。

（2）高绿化率。几乎所有的消费者认为高绿化率是十分必要的，由此看来，现在消费者对住宅环境的要求已经越来越高。

(3) 小区及其周围的配套设施的基本要求为学校、幼儿园、菜市场、超市、医院、篮球场、网球场、图书馆、棋牌室等。

(4) 67%的消费者选择多层住宅，因为多层住宅的价格相对高层住宅便宜。而且以后的管理费用也相对较低。有一部分消费者选择小高层住宅，对于单体别墅因为涉及的资金相对较大，所以绝大多数消费者不会现在打算购买别墅。

(5) 消费者对物业管理的要求。

1) 提供保安、清洁卫生、房屋维修、园林绿化和一些特色服务（如家政、订购车票、托儿、托老服务等）。

2) 物业公司应与小区内住户增加联系，加强沟通。

“湘艺苑”项目分析

1. 项目优势分析

(1) 环境。坐拥两山，环境幽雅，闹中取静，拥有天然的巨大绿地覆盖，高达60%，山中成片天然古木是株洲现有楼盘中绝无仅有的。

(2) 地段。位于株洲市南部芦淞区，附近楼盘以庆云山庄为主，经庆云山庄多年的开发，该地区已聚集相当的人气和居住知名度。临近商业繁华地带，电脑城，家具城，水果批发大市场，更有众多服装批发市场，离目标消费群工作地近。

(3) 价格。由于地价较低，节省了巨大成本。房价有回旋余地。并有银行房贷支持，按揭买房，减轻了买房压力。价格完全具有对比优势。消费者买房不是一时冲动，而是完全比较后行为，这一点应是本案拉动销售的最大着力点。

(4) 物管。智能化管理，保证了业主的现代化要求，符合本案的定位主题。二十四小时保安，全封闭式管理。因为株洲的安全环境及以前某楼盘的事故的原因，所以安全是株洲市民关心的大要素，更是目标消费者着重考虑的主题。

(5) 小区设计建设。小区的设计以天然为主题，各种楼层合理布置。更有现代艺术广场，艺术、休闲与自然融为一体、相得益彰。

(6) 小区配套设施齐全，有游泳池、高档会所、银行、超市、停车场、幼儿园、亲子乐园、运动场所、艺术长廊等。

(7) 偏离工业区。远离工业污染区，噪声低，空气好。

2. 项目劣势分析

(1) 交通。显然交通是本案最大的瓶颈，虽有24路、25路、28路、29路、43路公交车停靠，但是尚无直达的公交车。道路条件差，而交通又是考虑买房的很大要素，如何解决交通问题是我们面临的主要问题。可以考虑与市政府合作开通几路专线。

(2) 楼盘外环境。本小区外部的大环境不是很好，房屋杂乱，市政建设差。没有大型购物、休闲场所。缺乏相应的教育设施、医疗设施、娱乐设施。

(3) 物业管理。不是“湘银”的物管，品牌力度不够。

(4) 房屋设计。房屋种类较多，有6层、带电梯小高层、别墅，层次不一，面向复杂。

3. 竞争对手分析

根据楼盘的位置和楼盘的定位，我们把“庆云山庄”和“湘江四季花园”作为竞争对手，状况如下。

“庆云山庄”

（1）优势。

1）地处芦淞区建设南路延伸地段，靠近株洲繁华商业区，无工业废气污染，附近有高中、市级医院，购物环境和文卫设施齐全，方便居民生活。

2）属于株洲市芦淞区。由于目前大多数房地产开发商都紧盯天元开发区，芦淞区的房地产开发明显不如天元区。该区属本地商业旺地，聚集了数量庞大的外来经营户（尤以广东、福建人士居多），加上芦淞区的“本地人士”，这一区域的楼盘对这部分消费者有很大的吸引力，同时由于临近株洲县，也有利于吸引株洲县收入高的消费者购房。

3）价格低。以758～1088元/平方米的价格售房，相对株洲地区其他同类型楼盘而言，价格优势相当明显。

4）交通便利。有专门的公交车路线，并且公交车经过火车站、中心广场、第一医院等繁华地段，方便购物及就医。

（2）劣势。

1）小区规划不够整齐划一，楼型外观设计不够新颖，无法对潜在客户产生强大的视觉冲击力，进而产生强烈的购买欲望。

2）小区内配套服务设施不足，不能满足众多用户需求。

3）低价位商品房，档次不高，不能吸引经济能力强的成功人士入住，不利于整个小区形象的提高。

“湘江四季花园”

（1）优势。

1）项目资金雄厚，有资金可做必要的周转，以应付市场变化。

2）整体项目规划在株洲尚属首例。相比其他竞争项目，无论在住宅档次、小区设计、投资资金等，都处于明显优势。

3）株洲市消费市场楼价有上升趋势，消费者认为手头资金用于购买不动产保值是最好的选择。

4）本地市场楼盘众多，但大盘太少，具有文化底蕴的大盘更少，真正意义上的山水概念楼盘更是绝无仅有。

（2）劣势。

1）品牌号召力：株洲房地产市场经过几年的竞争，优胜劣汰。现在以湘银、中房、中大、联谊、协力为代表的房地产公司经过几年的房地产操作，已积累了相当的经验，已形成了房地产市场上的强势品牌。在客户群中有着不错的口碑。江山置业进入房地产市场较晚，在这一方面并没有太强的品牌号召力。

2）市场承受能力：由于株洲市消费偏低，市场上如此高档的楼盘还未出现。是否能够把高收入人士吸引过来，是相当关键的问题，这要取决于本案品质是否拥有高品质这一因素。

3）竞争因素：由于近年来许多开发商为了赶上房地产加速发展的潮流，盲目开发，低价销售，造成价格波动及销售困难。

4. 项目价格策略分析

（1）楼盘定位可以是“株洲文化艺术之都”，但价格应定位是“中等偏上”。

（2）高开低走，保证品牌支撑，预留楼盘销售力。视销售进度让价应是本案的基本策略。

(3) 确定“高开”的基础价格时，除考虑南区数大楼盘的售价，亦应考虑楼盘定位价。根据“湘江四季花园”的1800元/平方米，“庆云山庄”的800~900元/平方米的定价，以及对手和自身的优劣势，本小区1300元/平方米的基础价格基本合理。

5. 核心价值分析

(1)“湘艺苑”核心定位是“都市文化艺术之都”。营造文化艺术概念。打品牌，人文概念具体化。“湘艺苑”是株洲市有艺术修养的、有文化品位的人，向往艺术文化的人的部落。

(2)“劳动者光荣”，有钱是一种价值，是一种能力。有钱不外显，购买品位是一举两得的好事，“湘艺苑”正是这样的载体。

(3)“家在身旁”，劳累后不是匆匆奔向远远的家。家就在身旁，“湘艺苑”毗邻的电脑城，手机大市场，家具城，水果批发大市场，众多服装批发市场的人气家园。阶级居住区概念是本案的核心价值之一。

推广策略界定

1. 目标消费群界定

从“湘艺苑”项目本身的定位和素质出发，结合中高档住宅的销售特点，界定“湘艺苑”的目标消费群及其相关特征是：

(1) 目标消费者：芦淞区服装市场业主，果品批发市场业主，电脑大市场业主，通信市场业主，南区附近购房者；以及自身具有文化艺术气质的经济能力较强的阶层。

(2) 年龄：年龄大约在35~55岁。

(3) 家庭结构已进入中年期，人口简单，居住空间之娱乐性与休闲性较大。

(4) 对住宅小区有着高档次的要求，有“物有所值”的消费心理，他们追求品位，但他们又是商人，有商人的交易本性，即有“物有所值”。

(5) 有强烈的虚荣心，喜欢攀比和炫耀，文化程度相对较低，但喜欢附庸风雅，希望通过外在条件来追求文化品位。

2. 卖点界定

(1) 项目本身的生活理念。

1) 家在身旁，与工作地临近。

2) 自然入室，独一无二的天然山地树林绿地。

3) 社区内宁静安详、幽雅恬静的生活氛围。

4) 保安设施齐备，安全起居。

(2)“文化艺术”的设计理念。

1) 艺术就在生活中，雕塑、园艺构筑小区。

2) 谈艺术不要出门，会所定期艺术展览。

3) 品位包围生活，文化名人与我们同在。

广告策略

1. 广告宣传目的

(1) 把项目宣传与鸿宇房地产的公司形象推广做有机结合，适当地树立鸿宇房产公司的品牌形象。

(2) 树立项目本身底蕴深厚的形象，与其他南区楼盘没有品牌内涵相区别。

(3) 把“湘艺苑”塑造成品质卓越的东南区第一楼盘。

(4) 促进楼盘销售，为其成为“株洲十佳楼盘”提供动力。

2. 总体策略

(1) 不要过于强调“人文”概念，回避其他楼盘都在渲染的那种所谓的“人文关怀”，而要树立项目富有个性的文化艺术概念。

(2) 与竞争对手相区别，不直接、简单地卖环境，摈弃叫嚣、喧闹地广告格调，而是挖掘环境能给予买家的利益点，使公众形成对“天然绿色”生活的认同。

(3) 要通过广告本身蕴涵的文化气息来塑造项目的文化品位，使项目具有既沉静又不呆板，既现代又不张扬的气质，同时又体现发展商稳健而又内敛的大家风范。

(4) 要体现周到细致，处处为业主着想的专业理念。

3. 要树立的形象

(1) 艺术、文化、有品位、能体现成就感。

(2) 不仅是家，更是修身养性、度假，处处体现出对品质的追求，对业主的尊重。

(3) 精品物业，安全第一的楼盘。

4. 分期广告的整合策略

(1) 引导试销期：广告原则是——给信息。即通过活动与立体广告媒介网告知广大市民，特别是目标客户群，以“艺术文化”为定位设计目的的“湘艺苑”正在建设，即将推出。按“小城有大事”的标准来炒作。转移公众对其他楼盘的注意力。形成对“湘艺苑”的期待心理。并可作内部销售，引导目标客户对楼盘的态度与看法。

(2) 公开发售期：广告原则是——给感觉。以活动与广告塑造项目的文化品位，完成形象沉淀。通过公关及促销活动，使公众对项目形成新的认知，为楼盘销售积蓄形象资源。加深和巩固公众的注意集中度，制造“火热”事件，开发潜在客户群。

(3) 公开发售中期：广告原则是——给实体。通过对“湘艺苑”项目的卖点细节的挖掘和渲染，进一步突显发展商“为业主创造价值”的服务观念和专业、超前的操作程序，给予公众“卓越文化品位，家在身旁”的精品绝版印象，形成物超所值的感觉。

5. 广告主题及口号

(1) 广告主题：自然、艺术、享受。

理由：

1) 自然。既代表了现代人的追求潮流，又在各众多楼盘中诉求的人造绿色、景观中脱颖而出，“湘艺苑”的草地、树木是天然的，还符合楼盘在工业城市中无污染区的优越位置。通过“自然”能使买主有超越时髦、舒适和谐的、广阔自如的空间的感觉。

2) 艺术。艺术是高品质的象征，拥有文化艺术才是真正的品位。艺术又体现了人成功后的一种高级、高尚的愉悦享受，正是艺术给了业主优越感、满足感。

3) 享受。不是人人都能在竞争的社会中有一份快乐的享受，正是因为成功，才能拥有享受，这能给予业主一种成熟、自豪的感觉。并且，享受亦道出了物业周到、安全服务的决心。

(2) 广告口号。“湘艺苑——都市艺术家园”。

理由：

1)“都市艺术家园”既是对“湘艺苑”从设计理念到硬件设施等综合素质的定位确认，

又是对业主的内心需求的直接表达。

2）“都市艺术家园”具有超前的韵味，超越了竞争对手众说一词的空洞无物的“人文”概念炒作，与“湘艺苑”的形象定位十分契合。

3）广告口号与广告主题一脉相承，有利于相互照应。

4）“都市艺术家园”更进一步核心化了项目诉求，有利于诉求的目标性。

广告创意原则：创意原则必须充分体现广告传播主题，即艺术、自然、享受。电视、报纸、广播、户外、车体的视听设计要大胆前卫，不落俗套，以突出表现艺术性。楼书、直邮手册等设计要充分体现楼盘的本质属性（幽雅的自然环境，高品质的物业管理）。

营销活动建议

1. 营销渠道及人员促销建设

（1）营销渠道的建设十分重要，应建设双点两线销售渠道，“双点”指开发商和潜在购房者，“两线”指销售明线和暗线。明线销售是指传统的销售方式，通过建设售楼部，成立电话销售热线，设置样板房，参加房交会等方式公开发售。暗线销售是指从现代体验营销中裂变出来的一种销售方式，以点带面，依靠口头传播。如在目标消费者聚集的会所开展无形广告销售。

（2）人员培训与管理。建设一支高效、优质的售楼队伍，售楼人员队伍的思想意识必须是前卫的、开放的、务实的。在与顾客接触时，他们展现了楼盘的第一形象，必须能体现项目的定位，有修养、有风度、有气质。务实是指必须熟练懂得房屋交易的合法合理程序，业务必须准确到位，交易动作语言标准化。以充分体现开发商的规范与成熟，获得潜在客户的信任与好评。严禁有任何损害楼盘形象的举止言行。

2. 营销公关活动建议

（1）“湘艺苑”奠基典礼暨“我心中的小区有奖征名、征文”活动。

1）策划用意。高格调以产生一鸣惊人的效果，广渗透以引起人们的十分关注 。借典礼邀请政界名人、目标客户群领军人物、著名艺术家参与。给项目的定位打好头阵。征集楼名与楼文是以引起市民特别是目标消费者的深度相关性，扩大客户量，提高购买率。

2）活动内容。①典礼，发布会。②艺术家作秀。③设立征名征文点，发放意见卡。④“我心中的小区有奖征名、征文”活动揭晓。⑤新闻发布会及颁奖晚会。

3）活动实施。时间：楼盘开工期间及楼盘预售期间。地点：典礼在小区现场发布、晚会在国宾大酒店举行。

（2）系列艺术展览活动。

1）策划用意。艺术展览活动是对楼盘的定位的最大支撑。通过艺术展以联络客户和艺术家、明星的关系，以客户的自我品质由外到内的升华。在客户中树立良好的形象为热销打好基础，为迅速收盘做好前奏。

2）活动安排。①大型艺术雕塑落户小区仪式；②书画艺术家的展览；③文人墨客的讲座研讨互动会；④明星才艺表演会。

3）活动参与人员。每次活动的参与人必须是目标客户群所认可的知名人士、各路相关媒体记者、目标客户群代表、后期活动时的业主代表、各发展商、地产经纪人士。

3. 赠房活动

（1）策划用意。制造爆炸新闻事件，以迅速提高楼盘及发展商的知名度和美誉度。由发展商提供一套现房赠送给某著名人士，策动新闻，便于楼盘的软文炒作，以形成目标客户群对楼盘的定位及价值的高度认可。

(2) 活动实施。在公开发售后热售前进行，拟请著名人士有株洲市的院士某人、株洲市市长、株洲籍的国内著名人士、湖南电视台某明星。赠送仪式的规格要高，后继讨论（软文、座谈会）要有良性导向。

媒体策略

1. 媒体目标

(1) 在公众心目中树立楼盘的品牌形象。

(2) 提高发展商在公众心目中的知名度和美誉度。

(3) 力求“湘艺苑”销售顺利，并能引起销售高潮。

(4) 使小区形成良好的口碑效应。

2. 目标受众

小区附近的芦淞区服装市场业主，果品批发市场业主，电脑大市场业主，通讯市场业主，南区附近购房者；以及自身具有文化艺术气质的经济能力较强的阶层；内心向往文化艺术的白领或政府部门人士。

年龄：35～55岁。

主要特质：注重生活品质，有文化品位（或希望有高的文化品位）；有一定的经济基础，但是又比较讲究物有所值；事业有成，希望获得别人的称赞，有种事业有成的豪情；工作环境相对嘈杂，接触人员多，内心向往一种幽雅恬静的家园生活。

媒体接触习惯——有固有的收视、阅读习惯。

(1) 喜欢新闻类节目及娱乐节目；湖南卫视的娱乐节目，株洲电视台新闻综合频道的《晚间报道》为地区收视率最高的节目。

(2) 阅读以《株洲日报》《株洲晚报》和《潇湘晨报》为主。

(3) 收听广播以在坐车（打的）时居多，或驾驶私家车时，多为消磨时间，被动收听。

3. 媒介策略

(1) 销售准备期。所有制作类的设计和制作、工地围墙和户外看板等销售工作的准备。

(2) 引导试销期。

1) 以报纸广告为主，预告楼盘进行内部认购的日期及作前期形象宣传。

2) 邀请报社、电视台、电台的新闻记者发布软性新闻，重点围绕“湘艺苑”的定位——“自然、艺术、享受”来作重点的宣传，配合硬性广告形象宣传。

3) 针对既有的目标客户和潜在客户寄发DM广告。

(3) 公开强销期。

1) 以报纸广告和电视广告为主要媒体，配合电台、DM广告、促销活动和现场广告，来形成强烈的宣传攻势，增加与目标客户的接触频次。

2) 在销售的同时，利用软性广告，用新闻炒作形式即时宣传销售情况，以形成一种新闻热点。

3) 适当使用户外媒体，以保持宣传的持久性。

4) 定期检讨既定的媒介策略和组合，根据客户的反映以及竞争对手的做法，即时调整与更换我们的媒介组合。

(4) 销售冲刺期。

1) 根据前期销售情况及客户反馈意见，对广告诉求及表现形式做出调整，继续以报纸广告为主的广告攻势，并对已购买的客户作跟踪服务，挖掘潜在客户。

2) 媒体新闻炒作，做销售辅助。

4. 媒体分析及选择

(1) 平面媒体。

1)《潇湘晨报》《株洲日报》《株洲晚报》是株洲影响较大的报纸媒体。阅读率高，读者层次广泛。建议作为此次宣传的主要平面媒体。同时，《株洲日报》的房地产专刊可相应投放，该专刊对于潜在购房者来说阅读率很高。

2)《湖南日报》《三湘都市报》《株洲日报》的商业广告气息比较低，权威性更大，读者信度高。建议作为此次宣传的软性新闻媒体。

(2) 电视媒体。湖南经济电视台、株洲电视台新闻综合频道，它们在株洲地区影响大，收视率高。能将信息更形象、生动地传达至目标消费者。建议赞助湖南经济电视台某一专题栏目，在株洲电视台新闻综合频道投放广告宣传片。时间应是开盘前后一个月，时段是在晚8点左右。

(3) 户外媒体。户外媒体在株洲的这种规模不大、人口流向集中的城市具有巨大的影响。建议从动工到封盘在施工外围树立3D效果图，开盘前一个月在中心广场，金三角大市场，北区主干道，南区摩托车大市场树立大型户外广告牌。车体广告选择28路、1路、2路公交车。另外，在开盘当天，建议使用“汽艇”这种新型的媒体。同时，南大门和中心广场地下通道的电子屏幕也可适当投放，给予辅助。

(4) 广播媒体。株洲交通频道覆盖面广，影响大。虽然针对性差，但成本低。故建议作为长期、高容量信息投放方式。

(5) 楼书，DM手册，企业形象画册，宣传单，海报，样品屋，接待中心。这些广告载体对细节要求高，信息内容要准确到位。

5. 广告预算及分配

(1) 广告总额应是总销售额的5%左右。“湘艺苑”的建筑面积为S平方米，均价为R元，广告预算为$SR5\%$。其中，80%为计划广告投入，20%为机动费用。

(2) 媒体费用为计划广告投入总额的60%，包括报纸50%，电视30%，户外10%，广播5%，车体5%。

(3) 表现制作类为计划广告投入总额的6%。

(4) SP活动及公关计划广告投入总额为30%。

(5) 礼品制作为计划广告投入总额的4%。

方案说明

1. 建议

(1) 在进行促销、公关活动时媒体投放必须相互照应，以确保每次活动都能达到相关目的，人员协调必须准确，要设立活动负责人。每次活动都要有媒介负责人，能够保证相关信息的及时有利的报道、宣传。

(2) 至于交通及道路建设问题，开发商必须说服政府，与政府合作，由政府出面，开发商承担一部分费用共同来解决道路改造问题，同时必须申请开通专线公交。

(3) 小区外居安环境及市容环境建设，开发商一定要有看得见的手段，让目标消费者相信小区是安全可靠的，与街区合作，搞好市容环境卫生。

(4) 价格是一种随市场变化的东西，“高开低走”只是一种预见性想法，价格应该视开盘后销售环境来定，遇高走高，遇低走低。

(5)“暗线销售”十分重要，在房地产市场不成熟的情况下，从操作过程和手法来说，真正的“商品化房”还是不多见。所以必须全面建设暗线销售通路。

2. 广告脚本

(1) 电视广告文字脚本示例。

广告主题：家在身旁，突出“湘艺苑”距目标消费群工作地之近。

画面1：两老板从某市场下班回家，配音：无。

画面2：两人走到门外路旁，配音：公众场合喧嚣、嘈杂声。

画面3：公交车开过来，车拥挤不堪，配音：嘈杂声。

画面4：两人中一人要不顾一切地挤上公交，另一人优雅地看着，微笑，配音：嘈杂声节奏加快。

(特写)

画面5：车上的人挤的变形，配音：金属刺耳声。

画面6：没有上车的人出现在“湘艺苑”。

小区门口，美丽的妻子和可爱的儿子在迎接他。配音：轻快温柔的声音。

画面7：虚化画面，打出“湘艺苑”，配音：美丽的声音读出文字——“家在身旁”。

(2) 广播广告文字脚本示例。

广告主题：“湘艺苑”是艺术之都。

(一阵流畅的钢琴声)

一个女孩：“哎，听说著名钢琴家××要来株洲演出耶!”

一个男孩：“是啊，听说票很难买到，我真想去看看!”

(两个人同时叹息)

开门声，一个男人的声音：“你们两个怎么了，不开心吗？走，我带你们去看钢琴演奏会!”

两个人同时问：“你有票?”

男人笑着说：“当然啦，我刚买了湘艺苑的房子，演奏会就在湘艺苑举行，我是在家享受艺术啊!”

标准广告语：“湘艺苑”——都市的艺术家园!

(3) 报纸（户外）广告示例。

广告主题：体现“湘艺苑”的天然古木之多和环境的优雅恬静。

画面构成：以小区实际的茂林为主体画面，画面应简洁，但要有冲击力。

外加小区名，发展商名，及电话号码!

广告语：湘艺苑，没有“开封”的自然之绿!

【应用案例：武汉“北冰洋城市广场”开盘前广告策划方案】

前言

本方案根据最新的时间节点计划，针对当下的营销形势。本着圆满实现开盘目标的核心宗旨，为使本项目取得迅速的成功，将运用整体推广手段，实现最终的效益目标。“不鸣则已，一鸣惊人”，前期运筹帷幄，后期决胜千里！

广告推广目标

1. 终极目标：开盘即售罄。

目标论证：事实上，现在的销售已基本进入清尾阶段，在余下一个多月的时间完成全部清货的终极目标，情况相对乐观。

2. 当前目标：稳定客户、招商。

目标论证：应该说目前工作最主要的部分是稳定当前认购的客户，用强势的广告推广，让他们觉得本项目的“钱景”一片光明，死心塌地地等着签合同；同时侧重点要转向招商；让商家认同此地的升值潜力。

开盘营销推广任务

在开盘前，我们面临以下任务，只有解决所有任务，才能实现最终销售目标。这也是营销推广的核心任务点！

1. 品牌任务

如何在最短的时间内打响项目品牌？

作为北冰洋商贸集团的首个商业综合体项目，短期打响项目的品牌，在创意上需要不走寻常路，形成焦点；在推广密集度上要加大火力。

2. 市场任务

如何在最短的时间内启动市场？

需要在媒体、渠道等各方面的都要采用非常规手段，把广告推广预算放在关注度高的媒体和渠道上。

3. 客群任务

如何在最短的时间找到目标客群？

新项目的入市，面对目标最核心的就是找对购买人群，并打动他们。本项目的项目特性，主要目标人群锁定在吴家山客户，其次是武汉的投资商户，再其次是武汉市周边甚至外地客户。

4. 产品任务

如何在最短的时间内打透产品？

本项目根据营销推广定位，对产品提出“往大了赚”的概念，足以阐释项目核心。新概念的传播，必须要“集中爆发”，瞬间大街小巷都充斥着这种概念，以此引起市场全面关注！

开盘前营销推广思想

1. 营销推广主题

表 17-11　各月营销主题

月份	7 月	8 月	9 月
主题	西天取“金”	点“石”成金	有“金”无险
作用	以此为主题，讲解项目有为什么有“金”可取	以此为主题，讲解项目怎么能点“石”成金，卖点解码	以此为主题，强化讲解项目收益高、风险小的本质特性

2. 营销推广执行思想。

核心思想：紧扣“往大了赚”，综合营销。

（1）关于“往大了赚”。之所以说“往大了赚”是因为这里完全具备往大了赚的条件：地段优越、区域成熟、作为区域首席商业体，已有知名品牌强势入驻等诸多利好消息。

（2）关于综合营销。综合营销就是摆脱单一的营销推广手法，运用一切可以利用的方式，进行市场的传播。

媒体推广包括报纸、网络、渠道推广包括短信、户外、车体等。

媒体推广执行计划

1. 媒体组合思想

报广＋软文＋网络＋户外＋车体

本阶段媒体推广采用报纸、软文、网络、户外、车体五种主要推广手法，多管齐下，进行打开市场。

2. 报广媒体执行

报广传播，以“半版为主、密度传播”的策略，持续保持热度！

3. 报纸媒体投放计划表：假定本项目9月10日开盘

表17-12　报纸媒体投放计划表

轮次	日期	星期	媒体	版面	主　　题	费用/元
第一轮	7月21日	周四	晚报	半版	“西天取金”——城市发展向西看	36000
	7月28日	周四	楚报	半版	临街黄金铺，财富摇钱树	54000
第二轮	8月4日	周四	晚报	半版	背靠500强，赚钱响当当——区位商机、品牌汇聚	36000
	8月11日	周四	楚报	半版	抢占东西湖财富高地——地段	54000
	8月18日	周四	晚报	半版	把生意做出档次来——品质	36000
	8月25日	周四	楚报	半版	汇聚鼎盛人气 掀起财富风暴——人气	54000
第三轮	9月1日	周四	楚报	半版	龙头铺王 钱景辉煌——钱景	54000
	9月8日	周四	楚报	半版	即将开盘	54000
	9月9日	周五	楚报、晚报	半版	开盘倒计时	9万
合计	共出街9次					468000

4. 网络软文媒体执行

软文执行，旨在深入阐述本项目的产品特点及营销意图，主要配合报广进行宣传。

5. 每月份软文思路

（1）7月软文思路。

表17-13　7月软文思路

标　　题	切入点	思　　路
吴家山“无街可逛”将成历史	街区的从无到有	从吴家山人逛街难的现实，到大众的盼街情结，由此北冰洋广场的出现来填补这一空白，叙述我们有什么样的一条街
潜力地段拓宽商铺财富空间	掘金地段	来西天取金必然是有金矿地段，由此从地段稀缺入手，来写商铺要看地段，东西湖地段是潜力地段，商业配套稀缺有金可寻，最后落实到北冰洋城市广场上面
谁将领衔武汉西财富大商圈	次商圈	先讲武汉商圈的历史演变，然后次商圈的出现的意义，吴家山次商圈有待升级，到北冰洋现在对于次商圈的带动意义
掘起武汉西商业第一桶金	稀缺性	先讲武汉西的商业空白格局，再到北冰洋城市广场创造了多少个第一，分述这些第一有如何的价值，有如何的商业前景

(2) 8月软文思路

表 17-14 8月软文思路

标题	切入点	思路
背靠500强赚钱响当当	周边配套	先讲周边配套人群，这对于商铺销售具有决定性，人潮即钱潮，背靠世界500强，配套人群多，客群稳定，消费水平高，我们的商铺能坐享其成
一站式商业旗舰即将首现吴家山	报告项目进度	以预告项目进度的方式来切入，然后谈项目要打造一个什么样的商业综合体，深入谈项目
买铺要看“倍赢率”	倍赢率	先谈大家卖铺都注意什么，但是忽略了倍赢率的问题，北冰洋城市广场的商铺具备这样的优势，具有更高的倍赢率，更加赚钱
买商铺就要循“轨”而动	轻轨	先讲大家为什么爱买轻轨铺，轻轨铺对商圈的带动意义，然后北冰洋城市广场有轻轨铺，他还有哪些优势，财富收益肯定高

(3) 9月软文思路。

表 17-15 9月软文思路

标题	切入点	思路
财富风暴引爆东西湖 北冰洋城市广场受热捧	热销	从项目热销现状来讲，突出项目特质，何以引爆东西湖商业地产
北冰洋城市广场盛世开盘	开盘	描绘项目开盘当天现状，产品卖点，意义以及宏观规划
投资者热议“有金无险”商铺	收益高风险低	强化项目的赚钱特点，给投资者强调赚钱的心理作用
北冰洋城市广场：执掌武汉西财富新旗帜	加深印象	强化项目的整体功能、升值钱景，能带来的区域作用

渠道组合策略

渠道组合策略：户外 + 车体 + 短信。

1. 户外

表 17-16 户外广告投放策略

名称	数量	路段	执行日期	主题
户外广告牌	3块	解放大道和宝丰路、吴家山	7月19日~9月10日	

2. 车体广告

表 17-17 车体广告投放策略

名称	线路	数量	执行日期	主题
车体	已定	50辆	7月19日~9月10日	西天取金、往大了赚、火热招商

3. 短信群发

表 17-18 短信群发策略

名称	针对对象	执行日期	星期	次数
短信	吴家山地区、汉口中心城区	7月16日~9月10日	每周二、周三、周四	4万条/次，共发布20次，共计80万条

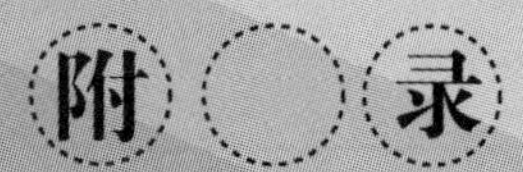

房地产策划师国家职业标准

中华人民共和国劳动和社会保障部制定

（2006 年 1 月 17 日起施行）

1. 职业概况

1.1 职业名称

房地产策划师。

1.2 职业定义

从事房地产行业的市场调研、方案规划、投融资管理、产品营销、项目运营和物业管理等工作的策划人员。

1.3 职业等级

本职业共设四个等级，分别为：房地产策划员（国家职业资格四级）、助理房地产策划师（国家职业资格三级）、房地产策划师（国家职业资格二级）、高级房地产策划师（国家职业资格一级）。

1.4 职业环境

室内外，常温。

1.5 职业能力特征

具有较强的学习能力和文字表达、观察、分析判断、人际沟通、协调合作、信息处理、计算能力。

1.6 基本文化程度

高中毕业（或同等学历）。

1.7 培训要求

1.7.1 培训期限

全日制职业学校教育，根据其培养目标和教学计划确定。晋级培训期限：房地产策划员不少于 180 标准学时；助理房地产策划师不少于 160 标准学时；房地产策划师不少于 140 标准学时；高级房地产策划师不少于 120 标准学时。

1.7.2 培训教师

培训房地产策划员的教师应具有本职业房地产策划师及以上职业资格证书或相关专业中级讲师及以上专业技术职务任职资格；培训助理房地产策划师的教师应具有本职业房地产策划师及以上职业资格证书或相关专业高级以上专业技术职务任职资格；培训房地产策划师的教师应具有本职业高级房地产策划师资格证书或相关专业高级以上专业技术职务任职资格；培训高级房地产策划师的教师应具有本职业高级房地产策划师职业资格证书后2年以上或相关专业高级专业技术职务任职资格。

1.7.3 培训场地设备

具有满足教学需要的标准教室。

1.8 鉴定要求

1.8.1 适用对象

从事或准备从事本职业的人员。

1.8.2 申报条件

——房地产策划员（具备以下条件之一者）

（1）连续从事本职业工作1年以上。

（2）具有中等职业学校本专业（职业）或相关专业[⊖]毕业证书。

（3）经本职业房地产策划员正规培训达到规定标准学时数，并取得结业证书。

——助理房地产策划师（具备以下条件之一者）

（1）连续从事本职业工作6年以上。

（2）具有以高级技能为培养目标的技工学校、技师学院和职业技术学院本专业或相关专业毕业证书。

（3）取得本职业房地产策划员职业资格证书后，连续从事本职业工作4年以上。

（4）取得本职业房地产策划员职业资格证书后，连续从事本职业工作3年以上，经本职业助理房地产策划师正规培训达到规定标准学时数，并取得结业证书。

（5）具有本职业或相关职业大学专科及以上学历证书。

（6）具有其他专业大学专科及以上学历证书，连续从事本职业工作1年以上。

（7）具有其他专业大学专科及以上学历证书，经本职业助理房地产策划师正规培训达到规定标准学时数，并取得结业证书。

——房地产策划师（具备以下条件之一者）

（1）连续从事本职业工作13年以上。

（2）取得本职业助理房地产策划师职业资格证书后，连续从事本职业工作5年以上。

（3）取得本职业助理房地产策划师职业资格证书后，连续从事本职业工作4年以上，经本职业房地产策划师正规培训达规定标准学时数，并取得结业证书。

（4）取得本专业或相关专业大学本科学历证书后，连续从事本职业工作5年以上。

⊖ 本标准中相关专业是指：建筑学、土木工程、城市规划、建筑环境与设备工程、投资学、市场营销、工商管理、广告学、房地产经营管理、物业管理。

（5）具有本专业或相关专业大学本科学历证书，取得本职业助理房地产策划师职业资格证书后，连续从事本职业工作4年以上。

（6）具有本专业或相关专业大学本科学历，取得本职业助理房地产策划师职业资格证书后，连续从事本职业工作3年以上，经本职业房地产策划师正规培训达规定标准学时数，并取得结业证书。

（7）取得硕士研究生及以上学历证书后，连续从事本职业工作2年以上。

——高级房地产策划师（具备以下条件之一者）

（1）连续从事本职业工作19年以上。

（2）取得本职业房地产策划师职业资格证书后，连续从事本职业工作4年以上。

（3）取得本职业房地产策划师职业资格证书后，连续从事本职业工作3年以上，经本职业高级房地产策划师正规培训达规定标准学时数，并取得结业证书。

（4）取得本专业或相关专业大学本科学历证书后，连续从事本职业或相关职业工作13年以上。

（5）具有硕士、博士研究生学历证书，连续从事本职业或相关职业工作10年以上。

1.8.3 鉴定方式

分为理论知识考试和专业能力考核。理论知识考试采用闭卷方式或上机考试的方式。专业能力考核采用闭卷笔试或上机考试的方式。理论知识考试与专业能力考核均采用百分制，成绩皆达60分及以上者为合格。房地产策划师和高级房地产策划师的考核还需要进行综合评审。

1.8.4 考评人员与考生配比

理论知识考试考评人员与考生的配比为1:20，每个标准教室不少于2名考评人员。专业能力考核考评员与考生的配比为1:5且不少于3名考评员。综合评审委员不少于5名。

1.8.5 鉴定时间

理论知识考试时间不少于90min；专业能力考核时间不少于120min；综合评审时间不少于30min。

1.8.6 鉴定场所设备

理论知识考试在标准教室进行。专业能力考核在标准教室或具备计算机及网络设备的教室进行。

2. 基本要求

2.1 职业道德

2.1.1 职业道德基本知识

2.1.2 职业守则

（1）遵纪守法，尊重知识产权。

（2）忠诚敬业，恪尽职守。

（3）公正诚信，杜绝欺诈。

2.2 基础知识

2.2.1 房地产策划基础知识

(1) 房地产开发的概念。
(2) 房地产开发的内容与流程。
(3) 城市规划的内容。
(4) 房地产策划的概念、程序与内容。
(5) 房地产策划的发展历史。
(6) 房地产策划的本质、地位、作用。
(7) 房地产项目设计、规划的基础知识。
(8) 房地产项目投融资的基本概念与流程。
(9) 房地产市场营销概论、特性及流程。
(10) 房地产项目物业管理的基本概念、职能与作用。

2.2.2 相关法律、法规知识

(1)《中华人民共和国劳动法》的相关知识。
(2)《中华人民共和国城市房地产管理法》的相关知识。
(3)《中华人民共和国土地管理法》的相关知识和土地出、转让条例。
(4)《中华人民共和国城市规划法》的相关知识。
(5)《中华人民共和国合同法》的相关知识。
(6) 关于房地产开发企业开发建设的相关法规。
(7) 关于房地产金融业务管理方面的相关法规。
(8)《物业管理条例》及物业管理招投标管理、物业管理服务协议等相关法规。
(9) 关于房地产行业相关税收法律知识和房地产税费相关政策。

3. 工作要求

本标准对房地产策划员、助理房地产策划师、房地产策划师、高级房地产策划师的技能要求依次递进，高级别涵盖低级别的要求。

3.1 房地产策划员

职业功能	工作内容	技能要求	相关知识
一、房地产项目市场调查研究	（一）市场调研	1. 能够至少使用一种调研方案完成市场调查工作 2. 能够收集和记录市场调研信息 3. 能够收集市场信息	1. 市场调查的作用与特点 2. 市场调查访问的方法 3. 市场供求的知识 4. 统计数据收集知识
	（二）信息分类汇总	1. 能够对市场调研信息进行汇总 2. 能够按照信息来源和特征进行分类	1. 调研信息分类的知识 2. 信息分类的方法
二、房地产项目定位	（一）市场细分调研	1. 能够进行市场细分资料整理 2. 能够进行消费者心理与行为调查 3. 能够对消费者心理与行为信息汇总整理	1. 市场细分的概念与作用 2. 信息汇总的方法 3. 消费者调查与分析的知识
	（二）收集项目规划设计资料	1. 能够收集项目及周边规划信息 2. 能够对项目规划设计资料进行汇总	规划设计资料分析汇总的方法

（续）

职业功能	工作内容	技能要求	相关知识
三、房地产项目投资策划	（一）收集房地产投资环境资料	1. 能够收集项目投资环境资料 2. 能够收集政府的政策与法规	1. 房地产项目投资环境要素 2. 政策法规收集的范围与内容 3. 投资估算知识
	（二）房地产投资环境资料分类	1. 能够收集、汇总地段的影响因素 2. 能够对投资科目进行分类	1. 项目总投资构成的知识 2. 地块影响因素分析的内容与方法
四、房地产项目整合营销策划	（一）建立市场和客户资料表	1. 能够填写周边竞争性楼盘调查表 2. 能够填写客户购买行为类型表 3. 能够收集客户信息、建立客户档案 4. 能够填写和汇总客户回馈信息	1. 数据统计方法 2. 市场竞争的分析方法 3. 消费行为学相关知识
	（二）广告投放与监控	1. 能够根据项目特点提出媒体推广的建议方案 2. 能够收集客户和供应商的信息资料 3. 能够监控广告投放实施情况	1. 广告投放的主要形式与内容 2. 反馈信息的收集方法 3. 广告媒体效应监控方法
	（三）销售资料汇总	1. 能够对现场销售过程进行跟踪调查 2. 能够对现场销售情况进行分类汇总	1. 销售工具种类及用途、特点的相关内容 2. 销售情况日报表的撰写方法

3.2 助理房地产策划师

职业功能	工作内容	技能要求	相关知识
一、房地产项目市场调查研究	（一）制定市场调研计划	1. 能够确定市场调研范围与流程 2. 能够设计调查表和调研问卷 3. 能够组织人员开展市场调研工作	1. 市场调查的原则 2. 市场调查问卷的制定方法
	（二）市场调研内容分析	1. 能够评定调研信息、剔除误差信息 2. 能够对项目概况进行分析 3. 能够对市场宏观调查进行分析 4. 能够对竞争对手资料进行分析 5. 能够对市场需求状况进行估算 6. 能够对消费者行为进行分析	1. 项目概况调查与分析的方法 2. 市场宏观调查的内容与方法 3. 竞争对手资料分析与方法 4. 市场需求估算方法与内容 5. 消费者行为的分析方法
二、房地产项目定位	（一）制定市场细分计划	1. 能够制定目标市场细分计划 2. 能够制定项目细分参数 3. 能够进行项目竞争性分析	1. 房地产市场细分的原理 2. 市场评估报告的编写方法
	（二）产品分析	1. 能够进行产品分类分析 2. 能够进行竞争产品的分析和判别	1. 城市规划与建筑知识 2. 设施与配套对比与分析的方法 3. 户型特点与配比的知识

（续）

职业功能	工作内容	技能要求	相关知识
三、房地产项目投资策划	（一）房地产投资决策的影响因素	1. 能够对投资环境进行分类 2. 能够对投资环境要素进行分析	1. 投资环境的内容 2. 房地产项目投资环境的影响要素
	（二）房地产项目投资估算	1. 能够计算投资项目的具体费用 2. 能够制作各项投资汇总表	1. 房地产项目投资成本费用的构成 2. 投资估算方法 3. 房地产相关经营税费内容
四、房地产项目整合营销策划	（一）目标市场分析	1. 能够分析市场消费群体的构成 2. 能够分析项目所在地经济发展状况和消费人群分布情况 3. 能够进行目标客户群定位分析	1. 房地产营销的机会威胁分析方法 2. 房地产营销环境分析
	（二）媒介信息搜寻和分析	1. 能够进行媒体的选择和组合 2. 能够制定投放频率及规模 3. 能够对广告设计工作进行指导 4. 能够组织和实施公共宣传现场活动	1. 广告媒体的投放原则 2. 广告媒体选择方法与注意事项
	（三）营销准备	1. 能够准备销售资料 2. 能够制定销售工作计划	1. 销售策划的程序 2. 销售计划的编制方法
五、房地产项目售后服务和物业管理	（一）客户跟踪	1. 能够收集客户反馈资料 2. 能够整理归纳客户信息 3. 能够编制客户意见表	客户意见表的编制方法
	（二）项目物业管理资料准备	1. 能够收集项目周边物业管理资料 2. 能够编绘物业管理流程示意图 3. 能够进行物业公司的初步筛选	1. 物业管理的内容与业务范围 2. 物业工作流程示意图的编制方法
	（三）确定项目物业管理合同文本	1. 能够对物业管理前期介入提出合理建议 2. 能够指导编写物业管理合同书	1. 物业管理前期介入的概念 2. 物业管理合同书的编写格式与方法

3.3　房地产策划师

职业功能	工作内容	技能要求	相关知识
一、房地产项目市场调查研究	（一）组织市场调查	1. 能够确定调查的主题和内容 2. 能够选择市场调研方法 3. 能够组织实施市场调研活动	1. 市场调查的流程与方法 2. 市场调查组织方法
	（二）市场分析评价	1. 能够针对项目强、弱势进行分析 2. 能够进行项目定价分析 3. 能够对市场进行预测	1. 市场分析与预测的方法 2. 项目 SWOT 分析方法 3. 成本和需求估算方法
	（三）商务环境分析	1. 能够分析社会、经济状况 2. 能够对法规、政策等软环境进行分析	商务环境分析的内容与方法

（续）

职业功能	工作内容	技能要求	相关知识
二、房地产项目定位	（一）确定目标市场	1. 能够确定市场细分的内容和目的 2. 能够对市场现状与趋势进行分析 3. 能够对项目进行市场定位分析	1. 市场细分的方法 2. 细分市场的评估方法 3. 市场定位的内容与方法
	（二）项目规划建议	1. 能够对产品进行定位 2. 能够提出项目方案规划 3. 能够制定设计任务书	1. 项目规划设计的概念 2. 规划设计原则 3. 项目用地的功能性质分类方法
三、房地产项目投资策划	（一）项目效益评估	1. 能够对项目成本进行估算 2. 能够对项目投资收益进行静态与动态评估 3. 能够制定投资项目的运营计划	1. 房地产项目财务评价概述 2. 总成本的构成 3. 房地产投资项目成本计算方法 4. 财务分析工具的使用和评价方法
	（二）项目风险评估	1. 能够确认投资风险因素 2. 能够评估投资风险 3. 能够提出投资风险防范对策	1. 投资风险分析的基本方法 2. 投资风险评估的方法 3. 投资风险防范对策的相关知识
	（三）编制商业计划书	1. 能够编制商业建议书 2. 能够编制预期现金流量表 3. 能够撰写项目市场评估报告 4. 能够撰写可行性报告	1. 项目可行性研究报告的撰写方法 2. 文案撰写格式与方法
四、房地产项目整合营销策划	（一）营销价格策划	1. 能够制定目标价格方案 2. 能够制定价格策略	1. 价格形成的原理 2. 产品定价方法
	（二）制定销售推广计划	1. 能够编写项目销售推广计划书 2. 能够估算项目销售推广费用 3. 能够制订项目销售推广活动方案	1. 项目销售推广计划书的撰写方法 2. 销售推广活动的组织技巧
	（三）营销管理和培训	1. 能够制定营销目标和策略 2. 能够制定各阶段营销控制实施方案 3. 能够组织和实施营销培训计划 4. 能够提出营销组织构架建议	1. 销售控制的方法 2. 阶段性营销策略的制定方法 3. 销售培训流程与内容 4. 销售组织与日常管理的方法 5. 营销成本费用的构成
五、房地产项目售后服务和物业管理	（一）售后服务策划	1. 能够制定客户维持与服务计划 2. 能够制定售后服务方案	1. 售后服务技巧 2. 售后服务组织方法
	（二）选择物业管理方案	1. 能够确定项目物业管理要求 2. 能够选择物业管理方案	1. 物业管理成本构成 2. 现代物业管理发展趋势

3.4　高级房地产策划师

职业功能	工作内容	技能要求	相关知识
一、房地产项目市场调查研究	（一）制定市场调研策略	1. 能够分析市场宏观环境、微观环境对项目的影响 2. 能够制定市场调研的目标	1. 房地产项目的影响因素的内容 2. 市场调研目标的设计方法
	（二）市场定位策划	1. 能够进行项目土地价值分析 2. 能够制定市场定位策略 3. 能够审定项目功能设计方案 4. 能够根据市场调研报告进行项目投资机会分析 5. 能够进行市场投资预测 6. 能够进行房地产项目财务分析 7. 能够进行风险分析并制定防范措施	1. 土地价值分析方法 2. 项目市场定位决策方法 3. 项目功能设计的相关知识 4. 成本控制的方法 5. 财务评价的分析指标 6. 财务评价中主要变量分析方法
二、房地产项目定位	（一）项目产品定位	1. 能够制定产品设计方案 2. 能够制定产品定位策略	1. 产品定位的流程与内容 2. 产品定位的注意事项及方法
	（二）项目形象定位	1. 能够制定项目概念设计方案 2. 能够制定项目品牌策略	1. 项目形象策划的概念 2. 项目概念设计的制定方法 3. 项目品牌策划的概念
	（三）项目整体定价	1. 能够制定项目定价目标 2. 能够制定项目定价策略	项目价格定位的原则
三、房地产项目投资策划	（一）房地产投资项目资金管理	1. 能够制定项目投资资金来源与运用方案 2. 能够制定项目资金筹措方案	1. 房地产项目资本结构知识 2. 资金筹措的方式、渠道和制度
	（二）房地产投资项目融资策划	1. 能够设计项目资金筹措渠道 2. 能够制定项目投资资金间接筹措的途径	1. 投资资金筹措渠道的种类 2. 投资资金间接筹措的途径与方法
四、房地产项目整合营销策划	（一）审定营销总体策略	1. 能够选择定价方法，确定项目基本价格 2. 能够制定项目上市计划	1. 项目价格阶段性调整策略的相关知识 2. 上市计划的制定原则
	（二）营销推广的总体策划和评估	1. 能够制定媒体推广策略 2. 能够选择推广效果测评机制并制定评估方案	1. 广告时机与媒介的选择方法 2. 广告测评机制与评估方案的制定方法
五、房地产项目售后服务和物业管理	（一）物业管理机构组建	1. 能够制定和实施物业管理团队组建和招聘计划 2. 能够制订和实施人员培训计划	1. 物业管理组织与人员架构的知识 2. 物业管理人员培训计划的制定方法
	（二）全程物业管理策划	1. 能够制定物业管理模式 2. 能够策划全程物业管理概念	1. 物业管理模式的制定方法 2. 物业管理全程策划的概念确定知识
	（三）综合经营模式策划	1. 能够制订物业管理综合经营模式策划 2. 能够进行物业管理品牌策划	1. 物业管理经营战略的知识 2. 物业经营与品牌战略的知识

4. 比　重　表

4.1　理论知识

项　　目		房地产策划员	助理房地产策划师	房地产策划师	高级房地产策划师
基本要求	职业道德	5	5	5	5
	基础知识	30	25	15	5
相关知识	房地产项目市场调查研究	15	14	15	16
	房地产项目定位	15	15	20	22
	房地产项目投资策划	15	16	15	20
	房地产项目整合营销策划	20	15	20	22
	房地产项目售后服务和物业管理	—	10	10	10
	合　　计	100	100	100	100

4.2　专业能力

项　　目		房地产策划员	助理房地产策划师	房地产策划师	高级房地产策划师
能力要求	房地产项目市场调查研究	30	20	18	18
	房地产项目定位	20	16	26	24
	房地产项目投资策划	15	20	20	22
	房地产项目整合营销策划	35	28	24	24
	房地产项目售后服务和物业管理	—	16	12	12
	合　　计	100	100	100	100

参考文献

［1］ 祖立厂．房地产营销策划［M］．北京：机械工业出版社，2004.

［2］ 莫宏伟．房地产全程策划实战教程［M］．北京：中国电力出版社，2005.

［3］ 黄福新．房地产策划［M］．北京：中国建筑工业出版社，2004.

［4］ 贾士军．房地产项目策划［M］．北京：高等教育出版社，2004.

［5］ 邓扬威．房地产创意点评［M］．广州：广东旅游出版社，2005.

［6］ 郑华．房地产市场分析方法［M］．北京：电子工业出版社，2004.

［7］ 阿德里安娜·施米茨，德博拉·L·布雷特．房地产市场分析［M］．张红，译．北京：中信出版社，2003.

［8］ 刘秋雁．房地产投资分析［M］．大连：东北财经大学出版社，2003.

［9］ 赵明华．创意学教程［M］．西安：西北工业大学出版社，2004.

［10］ 北京百年建筑文化中心．市场与战略［M］．北京：清华大学出版社，2004.

［11］ 北京百年建筑文化中心．策划与设计［M］．北京：清华大学出版社，2004.

［12］ 孙德禄．点击中国策划［M］．北京：中国经济出版社，2005.

［13］ 左农，周军平，等．房地产商的101种死法［M］．北京：中国市场出版社，2004.

［14］ 叶万春，万后芬，等．企业形象策划［M］．大连：东北财经大学出版社，2001.

［15］ 李宝元．广告学教程［M］．2版．北京：人民邮电出版社，2004.

［16］ 崔蓁．市场营销学教程［M］．2版．北京：经济管理出版社，2004.

［17］ 李道容，王梅芳．现代经济写作［M］．武汉：湖北人民出版社，2004.

［18］ 柴强．房地产估价理论与方法［M］．北京：中国建筑工业出版社，2004.

［19］ 冯晖，刘浩．中国商业地产运营［M］．广州：暨南大学出版社，2004.

［20］ 张红．房地产经济学讲义［M］．北京：清华大学出版社，2004.

［21］ 中国房地产估价师学会．房地产经纪实务［M］．北京：中国建筑工业出版社，2003.

［22］ 陈琳，潘蜀健．房地产项目投资［M］．2版．北京：中国建筑工业出版社，2004.

广州万欣房地产代理有限公司简介

广州万欣房地产代理有限公司成立于2008年，是集产业地产策划代理、产业地产营销代理、产业地产策划培训于一体的专业房地产策划代理专业服务机构。公司秉承“万欣地产，服务万家”理念，立足珠三角，足迹遍及全国20多个省市；八年耕耘，操作产业地产项目100多个，总结出既有实践基础又有理论提升的房地产策划理念、策划方法和策划规程，为企业房地产项目提供专业、科学、规范的策划咨询和代理服务。

公司专注于产业地产策划运营，特别擅长住宅地产、商业地产、文化地产、旅游地产、汽车地产、物流地产以及专业市场7大板块的前期策划、营销策划、招商运营及销售代理工作。在项目招商与销售代理方面，总结出招商销售代理的指导模式、联合模式、独家模式、精英模式和分销模式，为企业提供优质的专业服务。公司下设策划中心、营销中心、培训中心、行政中心等业务部门。

在2009年第六届“诸葛亮”策划奖颁奖盛典和首届“中国智慧经济论坛”上，公司和黄福新总经理经过层层选拔，以其务实、活跃、独特的思想方法和操作实战，凭借多年来在业界的出色表现，入围“2009中国十大最具影响力策划机构”和“2009中国十大房地产策划专家”双项提名，并最终获得第六届“诸葛亮”策划奖。

公司经营范围：房地产中介服务；房地产咨询服务；物业管理；房屋租赁；汽车产业园的招商、开发、建设；房地产评估；土地评估；企业管理咨询；策划创意服务；投资咨询服务；市场调研服务；市场营销策划服务；工程技术咨询服务；工程造价咨询服务；城乡规划编制；城市规划设计。

公司地址：广州市天河区瘦狗岭路379号北岸商务大厦A1004室

联系方式：020-37398913　37399519

公司网址：www. wxfdcch. com

电子邮箱：wxfdcch@ 163. com